€ 14,-

Streck
Körperschaftsteuergesetz

Körperschaftsteuergesetz

mit Nebengesetzen

Erläutert von

Dr. Michael Streck

Rechtsanwalt in Köln

5., völlig neubearbeitete Auflage

C. H. BECK'SCHE VERLAGSBUCHHANDLUNG
MÜNCHEN 1997

Zitierweise: Streck, KStG, 5. Auflage 1997, § 1 Anm. 1

Die Deutsche Bibliothek – CIP-Einheitsaufnahme

Streck, Michael:
Körperschaftsteuergesetz : mit Nebengesetzen / erl. von
Michael Streck. – 5., völlig neubearb. Aufl. – München :
Beck, 1997
  ISBN 3 406 42358 2

ISBN 3 406 42358 2

C. H. Beck'sche Verlagsbuchhandlung (Oscar Beck), München
Satz und Druck der C. H. Beck'schen Buchdruckerei, Nördlingen
Gedruckt auf säurefreiem, alterungsbeständigem Papier
(hergestellt aus chlorfrei gebleichtem Zellstoff)

Vorwort

Der Kommentar ist aus der gemeinsamen anwaltlichen Berufsarbeit mit Rechtsanwalt Prof. Dr. Günther *Felix* entstanden. Er war Mitautor der ersten und zweiten Auflage. Auch die 5. Auflage hat noch Wurzeln, die in diese Zusammenarbeit hineinreichen. Prof. Dr. *Felix* ist am 2. Juni 1997 verstorben. Ich verdanke ihm viel.

Die Kommentierung des Anrechnungsverfahrens (§§ 27–43 KStG) war immer recht kurz ausgefallen, weil mir hier spurbarer die praktische Erfahrung fehlte als zu den sonstigen Themen, die eher den Steueranwalt erreichen. Herr StOAR Ortwin *Posdziech*, Finanzbeamter der OFD Köln, hat jetzt die Überarbeitung der Kommentierung der §§ 27–43 KStG übernommen. Ich würde mich freuen, wenn die Zusammenarbeit andauert.

Dies ist ein anwaltlicher Kommentar, der das sichere Recht für Steuererklärungen, -veranlagungen und -gestaltungen aufbereiten, zudem das Augenmerk auf die Steuerrechtsargumente lenken will, die für die steuerrechtliche und streitige Auseinandersetzung wichtig sind. Auch wenn es ein Kurzkommentar ist, so verfolgt er doch das Ziel, dem Leser die ganze Breite der körperschaftsteuerlichen Diskussion zu erschließen. Dies führt teilweise zu einer Informationsdichte, die nicht flüssig lesbar ist. Ein Informationsvermittler muß jedoch kein Lesebuch sein.

Mußten sich die ersten Auflagen mangels einer entsprechenden Rechtsprechung des Bundesfinanzhofes noch weitgehend auf die Rechtsprechung des alten, dem KStG 1977 vorangehenden Rechts stützen, so hat inzwischen das KStG 1977 den BFH – hier den I. Senat – voll erreicht. Daß sich das oberste Gericht erst mit mehr als zehn- bis fünfzehnjähriger Verspätung mit Grundfragen des KStG 1977 befaßt, dessen einheitliche Rechtsanwendung es von Beginn an garantieren soll, ist für den Steuerfachmann nichts Erstaunliches, für den Steuerbürger befremdlich und verunsichernd.

Aus der Sicht des Fachmanns ist es auch sachnotwendig, daß der BFH im vom Anrechnungsverfahren geprägten KStG nach Antworten sucht, die nicht auf Anhieb gelingen. Folglich ist die Rechtsprechung durch „Korrekturentscheidungen" gekennzeichnet. Im Mittelpunkt der Rechtsentwicklung steht weiter das Recht der verdeckten Gewinnausschüttung und das Bemühen, dieses Rechtsinstitut begrifflich und systematisch im Anrechnungsverfahren zu erfassen. Ein sicheres Plateau der systematischen und begrifflichen Erfassung ist noch nicht erreicht; wie § 8 Anm. 65 zeigt, arbeitet der BFH bis in die jüngste Zeit mit unterschiedlichen Gewichtungen in der Umschreibung, ohne daß ein klares und eindeutiges Konzept sichtbar ist. Vielleicht wäre es besser, wenn die Auslegung des Körperschaftsteuerrechts nicht bei einem Senat konzentriert wäre; mehrere Senate können, aneinandergebunden, zu einer größeren Stetigkeit der Rechtsentwicklung führen.

Das Anrechnungsverfahren selbst hat demgegenüber wegen seiner mathematischen Grundstruktur zu weit weniger Streitverfahren und Unsi-

Vorwort

cherheiten geführt. Die hier im Mittelpunkt stehenden Fragen zum Feststellungsverfahren nach § 47 KStG sind durch die Neufassung dieser Vorschrift ab 1991 weitgehend beantwortet.

Die kritische anwaltliche Sicht konzentriert sich in erster Linie auf die Entwicklung des Rechts der verdeckten Gewinnausschüttung. Sie ist mit ihren merkwürdigen Folgen – der Begünstigte wird noch einmal belohnt (§ 8 Anm. 116) – und mit ihrer abstrakten Formstrenge bei beherrschenden Gesellschaftern – Vertragserfordernisse dort, wo diese Strenge nach dem ursprünglichen Zweck der Verträge nicht notwenig ist (§ 8 Anm. 120 ff.) – dem Steuerbürger, dem GmbH-Geschäftsführer und dem Mandanten kaum zu vermitteln. Die Betriebsprüfung, die in der Regel bei gut beratenen GmbHs kaum noch Mehrergebnisse findet, entdeckt fortlaufend neue, bisher nicht gekannte verdeckte Gewinnausschüttungen. Die Rechtsprechung könnte und sollte hier zügeln und eingrenzen. Der Berater sieht sie jedoch eher als Schrittmacher und Unruhestifter für diese Prüfungspraxis. Beispiel war die Diskussion um das Wettbewerbsverbot (vgl. § 8 Anm. 150 „Wettbewerbsverbot und Betriebsabgrenzung"). Ausgelöst wurde die Verunsicherung durch die Rechtsprechung, später wollte sie dies nicht wahrhaben; die Finanzverwaltung mußte durch Erlasse Sicherheiten gewähren. Rückblickend bleibt die Frage, ob die ganze streitige Auseinandersetzung und die Verunsicherung notwendig waren. An die Stelle dieser Problematik ist nunmehr die „Geschäftschancenlehre" getreten. Ob dies eine Klärung oder ob dies der Beginn neuer Unklarheiten ist, werden die nächsten Jahre zeigen; die Finanzverwaltung hat die einschlägige Rechtsprechung noch nicht für das Bundessteuerblatt freigegeben.

Der Kommentar konnte das Gesetz zur Fortsetzung der Unternehmenssteuerreform – Beschluß des Vermittlungsausschusses vom 4. 8. 1997 und Zustimmung des Bundesrates vom 5. 9. 1997 – noch einarbeiten und kommentieren; er ist im übrigen auf dem Stand vom 30. 6. 1997.

Bis zur dritten Auflage stellte die Kommentierung zu jedem Paragraphen die vollständige Rechtsentwicklung dar. Das Steuerrecht ist in seiner Anwendung nicht jeweils zum jüngsten Rechtsschnitt, sondern über alle Jahre der finanzamtlichen Prüfung hin gefragt. Mit der vierten Auflage konnte dies nicht, zurückgehend bis zum KStG 1977, fortgesetzt werden. Das KStG 1991 (BGBl. I 91, 638; BStBl. I 91, 135) wurde zur Schnittstelle genommen. Die Dokumentation der Änderungen beginnt mit diesem Gesetz. Wegen vorangehender Änderungen muß auf die dritte Auflage zurückgegriffen werden.

Köln, 5. September 1997 *Michael Streck*

Inhaltsübersicht

Inhaltsverzeichnis IX

Abkürzungsverzeichnis XV

I. Körperschaftsteuergesetz (KStG) 1

II. Gesetz über steuerrechtliche Maßnahmen bei Erhöhung des Nennkapitals aus Gesellschaftsmitteln *und bei Überlassung von eigenen Aktien an Arbeitnehmer* (KapErhStG) 581

III. Texte 600
   1. Einkommensteuergesetz (§§ 20, 36–36 e, 43, 45 c, 46, 50, 50 b, 50 c) 600
   2. *Solidaritätszuschlaggesetz 1991* 617
   3. Solidaritätszuschlaggesetz 1995 618
   4. Richtlinie (EWG) Nr. 90/435 über das gemeinsame Steuersystem der Mutter- und Tochtergesellschaften verschiedener Mitgliedstaaten 620
   5. Umwandlungssteuergesetz (UmwStG) 625
   6. Verordnung über die steuerliche Begünstigung von Wasserkraftwerken 643
   7. Verordnung über die Steuerbegünstigung von Stiftungen, die an die Stelle von Familienfideikommissen getreten sind 645
   8. Gesetz über Kapitalanlagegesellschaften (KAGG) 645

IV. Beratungs-ABC (Themen und Beratungshilfen) 661

Sachverzeichnis 743

Inhaltsverzeichnis

Abkürzungsverzeichnis XV

I. Körperschaftsteuergesetz (KStG)

Einleitende Hinweise zum KStG mit Schrifttumshinweisen 1

Erster Teil. Steuerpflicht

§ 1	Unbeschränkte Steuerpflicht	16
§ 2	Beschränkte Steuerpflicht	26
§ 3	Abgrenzung der Steuerpflicht bei nichtrechtsfähigen Personenvereinigungen und Vermögensmassen sowie bei Realgemeinden	29
§ 4	Betriebe gewerblicher Art von juristischen Personen des öffentlichen Rechts	32
§ 5	Befreiungen (mit Text der **KStDV 1994 und KStDV 1984**)	60
§ 6	Einschränkung der Befreiung von Pensions-, Sterbe-, Kranken- und Unterstützungskassen	114

Zweiter Teil. Einkommen

Erstes Kapitel. Allgemeine Vorschriften 120

§ 7	Grundlagen der Besteuerung	120
§ 8	Ermittlung des Einkommens	125
	ABC zur vGa und verdeckten Einlage	185
§ 8a	Gesellschafter-Fremdfinanzierung	278
§ 8b	Beteiligung an ausländischen Gesellschaften	289
§ 9	Abziehbare Aufwendungen	297
§ 10	Nichtabziehbare Aufwendungen	307
§ 11	Auflösung und Abwicklung (Liquidation)	317
§ 12	Verlegung der Geschäftsleitung ins Ausland	323
§ 13	Beginn und Erlöschen einer Steuerbefreiung	327

Zweites Kapitel. Sondervorschriften für die Organschaft 334

§ 14	Aktiengesellschaft oder Kommanditgesellschaft auf Aktien als Organgesellschaft	334
§ 15	Besondere Vorschriften zur Ermittlung des Einkommens der Organgesellschaft	360
§ 16	Ausgleichszahlungen	364
§ 17	Andere Kapitalgesellschaften als Organgesellschaft	365

Inhalt

§ 18 Ausländische Organträger 368
§ 19 Steuerabzug bei dem Organträger 370

Drittes Kapitel. Sondervorschriften für Versicherungsunternehmen und Bausparkassen 373

§ 20 Schwankungsrückstellungen 373
§ 21 Beitragsrückerstattungen 375
§ 21a Zuteilungsrücklage bei Bausparkassen 377

Viertes Kapitel. Sondervorschriften für Genossenschaften 378

§ 22 Genossenschaftliche Rückvergütung 378

Dritter Teil. Tarif; Besteuerung bei ausländischen Einkunftsteilen

§ 23 Steuersatz 382
§ 24 Freibetrag für bestimmte Körperschaften 387
§ 25 Freibetrag für Erwerbs- und Wirtschaftsgenossenschaften sowie Vereine, die Land- und Forstwirtschaft betreiben 389
§ 26 Besteuerung ausländischer Einkunftsteile 390

Vierter Teil. Anrechnungsverfahren

Erstes Kapitel. Körperschaftsteuerbelastung des ausgeschütteten Gewinns unbeschränkt steuerpflichtiger Körperschaften und Personenvereinigungen 420

§ 27 Minderung oder Erhöhung der Körperschaftsteuer 420
§ 28 Für die Ausschüttung verwendetes Eigenkapital 442
§ 29 Verwendbares Eigenkapital 454
§ 30 Gliederung des verwendbaren Eigenkapitals 460
§ 31 Zuordnung der bei der Einkommensermittlung nichtabziehbaren Ausgaben 473
§ 32 Einordnung bestimmter ermäßigt belasteter Eigenkapitalteile 482
§ 33 Verluste 488
§ 34 Gliederung bei Erlaß 491
§ 35 Fehlendes verwendbares Eigenkapital 494
§ 36 Gliederung des Eigenkapitals bei dem Organträger 496
§ 37 Gliederung des Eigenkapitals der Organgesellschaften 499
§ 38 Gliederung des Eigenkapitals bei Verschmelzung 503
§ 38a Gliederung des Eigenkapitals bei Aufspaltung oder Abspaltung 509
§ 38b Gliederung des Eigenkapitals in Sonderfällen des Vermögensübergangs 511
§ 39 *Gliederung des verwendbaren Eigenkapitals nach Übertragung von Anteilen* 512
§ 40 Ausnahmen von der Körperschaftsteuererhöhung 514
§ 41 Sonstige Leistungen 517
§ 42 Körperschaftsteuerminderung und Körperschaftsteuererhöhung bei Vermögensübertragung auf eine steuerbefreite Übernehmerin 524

Inhaltsverzeichnis **Inhalt**

§ 43 Körperschaftsteuerminderung und Körperschaftsteuererhöhung bei sonstigen Körperschaften 526

Zweites Kapitel. Bescheinigungen; gesonderte Feststellung 528

§ 44 Bescheinigung der ausschüttenden Körperschaft 528
§ 45 Bescheinigung eines Kreditinstituts 535
§ 46 Bescheinigung eines Notars 538
§ 47 Gesonderte Feststellung von Besteuerungsgrundlagen 540

Fünfter Teil. Entstehung, Veranlagung, Erhebung und Vergütung der Steuer

§ 48 Entstehung der Körperschaftsteuer 546
§ 49 Steuererklärungspflicht, Veranlagung und Erhebung der Körperschaftsteuer 547
§ 50 Sondervorschriften für den Steuerabzug vom Kapitalertrag 550
§ 51 Ausschluß der Anrechnung und Vergütung von Körperschaftsteuer 552
§ 52 Vergütung des Erhöhungsbetrags 554

Sechster Teil. Ermächtigungs- und Schlußvorschriften

§ 53 Ermächtigungen 557
§ 54 Schlußvorschriften 559
§ 54a Sondervorschriften für Körperschaften, Personenvereinigungen oder Vermögensmassen in dem in Artikel 3 des Einigungsvertrages genannten Gebiet 578
§ 55 *Berlin-Klausel* 580

II. Gesetz über steuerrechtliche Maßnahmen bei Erhöhung des Nennkapitals aus Gesellschaftsmitteln *und bei Überlassung von eigenen Aktien an Arbeitnehmer* (KapErhStG)

Vorbemerkung 581
§ 1 Steuern vom Einkommen und Ertrag der Anteilseigner 582
§ 2 *(aufgehoben)* 583
§ 3 Anschaffungskosten nach Kapitalerhöhung 584
§ 4 Mitteilung der Erhöhung des Nennkapitals an das Finanzamt 585
§ 5 Herabsetzung des Nennkapitals 585
§ 6 Anschaffungskosten nach Kapitalherabsetzung innerhalb von fünf Jahren 589
§ 7 Anteilsrechte an ausländischen Gesellschaften 591
§ 8 *Einkommensteuer (Lohnsteuer) bei Überlassung von eigenen Aktien an Arbeitnehmer zu einem Vorzugskurs* 594
§ 8a *Schlußvorschriften* 597

Inhalt

§ 9 Anwendung im Land Berlin ... 598
§ 10 Anwendungszeitraum ... 598
§ 11 Inkrafttreten ... 599

III. Texte

1. Einkommensteuergesetz (EStG 1997) – Auszug ... 600
2. *Solidaritätszuschlaggesetz 1991* ... 617
3. Solidaritätszuschlaggesetz 1995 ... 618
4. Richtlinie (EWG) Nr. 90/435 über das gemeinsame Steuersystem der Mutter- und Tochtergesellschaften verschiedener Mitgliedstaaten ... 620
5. Umwandlungssteuergesetz (UmwStG) ... 625
6. Verordnung über die steuerliche Begünstigung von Wasserkraftwerken ... 643
7. Verordnung über die Steuerbegünstigung von Stiftungen, die an die Stelle von Familienfideikommissen getreten sind ... 645
8. Gesetz über Kapitalanlagegesellschaften (KAGG) – Auszug ... 645

IV. Beratungs-ABC (Themen und Beratungshilfen)

Abfindungen ... 661
Anrechnungsverfahren (Überblick) ... 663
Anteilsrotation ... 666
Auffanggesellschaft ... 666
Ausländer als Unternehmer im Inland ... 666
Ausländische Anteilseigner ... 668
Ausländische Einkünfte ... 673
Ausschüttungsverhalten ... 673

Basisgesellschaften ... 673
Berlinförderungsgesetz ... 678
Beteiligungserträge ... 678
Betriebsaufspaltung ... 678
Betriebsführung ... 682
Betriebsprüfung ... 683
Betriebsübernahmegesellschaft ... 684
Buchwertfortführung ... 684

Dividendenregelung ... 684

Einziehung von Geschäftsanteilen ... 684
Erfolgsabhängige Bezüge ... 684

Familiengesellschaft ... 684
Flucht aus der GmbH ... 684
Fortführungsgesellschaft ... 684
Freibetrag ... 685

Inhaltsverzeichnis **Inhalt**

Geschäftsführergehalt	685
Gesetzgebungsmaterialien	685
Gewinnausschüttung	685
Gewinnverteilung	688
Handelsbilanz	688
Investment-Club, Investmentverein	689
Kantinen	690
Körperschaftsteuerrückstellung	690
„Leg-ein-Hol-zurück"-Verfahren	690
Liquidation	692
Marktförderungs-, Marktstabilisierungsfonds	694
Mißbrauch	695
Mitunternehmerschaft	696
Nichtabziehbare Aufwendungen	696
Nichtanrechnungsberechtigte Anteilseigner	697
Nichtrechtsfähige Stiftungen	697
Öffentliche Hand	699
Personengesellschaft	700
Sammelvermögen	700
Sanierungsgesellschaft	700
Satzung der GmbH und KSt	700
Schachtelprivileg	702
Schrifttum	702
„Schütt-aus-Hol-zurück"-Verfahren	702
Solidaritätszuschlag	706
Sportvereine	707
Steuerbefreite Anteilseigner	710
Steuerbefreite Körperschaften	710
Steuerbelastungsvergleich	711
Steuerfreie Erträge	712
Steuerfreie Körperschaften	712
Steuergünstige Gestaltungen	712
Steuerstreit	714
Stiftung	715
Tantieme	715
Tauschring	715
Übergangsfragen	715
Unternehmensform	718

Inhalt
Inhaltsverzeichnis

Veräußerung von Anteilen an KapGes und Anrechnungsverfahren	726
Verdeckte Gewinnausschüttungen	729
Verluste	730
Vorabausschüttung	737
Vorabdividende	738
Vorauszahlungen	739
Zweckvermögen	739
Zwischengesellschaft	741
Sachverzeichnis	743

Abkürzungsverzeichnis

A	Abschnitt
aA (AA)	anderer Ansicht
aaO	am angegebenen Ort
Abk	Abkommen
abl	ablehnend
Abs	Absatz
Abschn	Abschnitt
abw	abweichend
abzb	abziehbar
AdV	Aussetzung der Vollziehung
aE	am Ende
aF	alte Fassung
AfA	Absetzung für Abnutzung
AG	Aktiengesellschaft; auch Zeitschrift „Die Aktiengesellschaft"; mit Ortsbezeichnung: Amtsgericht
AIG	Auslandsinvestitionsgesetz
AktG	Aktiengesetz
Allg (allg)	Allgemein(es)
an	analog
Anl	Anlage
Anm	Anmerkung
Anr	Anrechnung
AnrBer	Anrechnungsberechtigung
anrber	anrechnungsberechtigt
AnrV	Anrechnungsverfahren
Anspr	Anspruch
AntE	Anteilseigner
Anw	Anweisung
AnwErl	Anwendungserlaß
AO	Abgabenordnung
AöR	Archiv für öffentliches Recht
Ap	Außenprüfung
AR	Aufsichtsrat
Arch	Archiv
ArchSchwAbgR	Archiv für Schweizerisches Abgaberecht
arg	argumentum (Argument)
Art	Artikel
ARV	Aufsichtsratsvergütung
AmtlSlg	Amtliche Sammlung
AStG	Außensteuergesetz
Aufl	Auflage
Ausl, ausl	Ausland, ausländisch

Abkürzungen

Abkürzungsverzeichnis

AuslInvestmG	Gesetz über den Vertrieb ausländischer Investmentanteile und über die Besteuerung der Erträge aus ausländischen Investmentanteilen
AWD	Außenwirtschaftsdienst des BB
Az	Aktenzeichen
B/(Verfasser)	Blümich, EStG – KStG – GewStG und Nebengesetze (Loseblatt)
BA	Betriebsausgabe
BAG	Bundesarbeitsgericht
BAnz	Bundesanzeiger
BaWürt	Baden-Württemberg
Bayer (bayer)	Bayern (bayerisch)
BB	Der Betriebs-Berater
Bd	Band
BdF	Bundesministerium der Finanzen
BdI	Bundesministerium des Innern
BdJ	Bundesministerium der Justiz
Begr	Begründung
Beisp	Beispiel
Beitr	Beitrag, Beiträge
Bel	Belastung
BerlFG	Berlinförderungsgesetz
beschr	beschränkt
bestr	bestritten
betr	betrifft
Betr	Betrieb
BetrAufsp	Betriebsaufspaltung
BetrAusg	Betriebsausgabe
BetrAVG	Gesetz zur Verbesserung der betrieblichen Altersversorgung
BetrVerm	Betriebsvermögen
BewG	Bewertungsgesetz
BfF	Bundesamt für Finanzen
BFH	Bundesfinanzhof
BFHE	Sammlung der Entscheidungen des Bundesfinanzhofs, hrsg von den Mitgliedern des Bundesfinanzhofs
BFH/NV	Sammlung amtlich nicht veröffentlichter Entscheidungen des Bundesfinanzhofs
BFM	Bundesministerium der Finanzen
BFuP	Betriebswirtschaftliche Forschung und Praxis
BgA	Betrieb gewerblicher Art
BGB	Bürgerliches Gesetzbuch
BGBGes	Gesellschaft des bürgerlichen Rechts
BGBl	Bundesgesetzblatt
BGH	Bundesgerichtshof
BGHZ	Amtliche Sammlung von Entscheidungen des Bundesgerichtshofs in Zivilsachen

Abkürzungsverzeichnis **Abkürzungen**

BiRiLiG, BilRiG	Bilanzrichtlinien-Gesetz
bish	bisherige(r)
Bln	Berlin
BlStA	Blätter für Steuerrecht, Sozialversicherung und Arbeitsrecht
BMF	Bundesminister der Finanzen
Bp	Betriebsprüfung
BpO	Betriebsprüfungsordnung
BR	Bundesrat
BRD	Bundesrepublik Deutschland
BReg	Bundesregierung
BR-Drucks	Bundesrats-Drucksache
BStBl	Bundessteuerblatt
BT	Bundestag
BT-Drucks	Bundestags-Drucksache
BV	Betriebsvermögen; Betriebsverpachtung
BVerfG	Bundesverfassungsgericht
BVerfGE	Entscheidungen des Bundesverfassungsgerichts, hrsg von den Mitgliedern des Bundesverfassungsgerichts
BVerfGG	Bundesverfassungsgerichtsgesetz
BVerwG	Bundesverwaltungsgericht
BVerwGE	Entscheidungen des Bundesverwaltungsgerichts, hrsg von den Mitgliedern des Bundesverwaltungsgerichts
bzgl	bezüglich
bzw	beziehungsweise
d	der, die, das
Darst	Darstellung
DB	Der Betrieb
DBA	Doppelbesteuerungsabkommen
D'dorf	Düsseldorf
DDR	Deutsche Demokratische Republik
D/E/J/W	Dötsch/Eversberg/Jost/Witt, Die Körperschaftsteuer (Loseblatt) (der Verfasser ist ausgeschrieben)
ders	derselbe
DGStZ	Deutsche Gemeindesteuer-Zeitung (heute: ZKF)
dh	das heißt
dies	dieselben
Diss	Dissertation
DJT	Deutscher Juristentag
DM	Deutsche Mark
DNotZ	Deutsche Notarzeitung
DöV	Die öffentliche Verwaltung
Drucks	Drucksache
DStJG	Deutsche Steuerjuristische Gesellschaft
DStPr	Deutsche Steuer-Praxis
DStR	Deutsches Steuerrecht
DStV	Deutscher Steuerberaterverband

Abkürzungen Abkürzungsverzeichnis

DStZ	Deutsche Steuerzeitung
DStZ/A	Deutsche Steuerzeitung Ausgabe A
DStZ/B	Deutsche Steuerzeitung Ausgabe B (Eildienst)
dt	deutsch(en)
DV (DVO)	Durchführungsverordnung
DVBl	Deutsches Verwaltungsblatt
DVR	Deutsche Verkehrsteuerrundschau
E	Entscheidung; Elektrizität
EAV	Ergebnisabführungsvertrag
EDV	Elektronische Datenverarbeitung
EFG	Entscheidungen der Finanzgerichte
EG	Einführungsgesetz; Europäische Gemeinschaft
EGAO	Einführungsgesetz zur AO 77
EGBGB	Einführungsgesetz zum Bürgerlichen Gesetzbuch
EGKStRG	Einführungsgesetz zum Körperschaftsteuerreformgesetz
eGmbH	eingetragene Genossenschaft mit beschränkter Haftung
eGmuH	eingetragene Genossenschaft mit unbeschränkter Haftung
ehem	ehemalig(es)
Eigenkap	Eigenkapital
EinfErl	Einführungserlaß
Eink	Einkünfte
EK	Eigenkapital
ekstl	einkommensteuerlich
einschl	einschließlich
Einspr	Einspruch
einstw	einstweilig
entspr	entspricht, entsprechend
Entw	Entwurf
ErbStG	Erbschaftsteuergesetz
Erl	Erlaß; Erläuterung
ESt	Einkommensteuer
EStDV	Einkommensteuer-Durchführungsverordnung
EStG	Einkommensteuergesetz
EStPfl	Einkommensteuerpflicht
estpfl	einkommensteuerpflichtig
EStpfl	Einkommensteuerpflichtiger
EStR	Einkommensteuer-Richtlinien
EStZ	Europäische Steuer-Zeitung
eV	eingetragener Verein
evtl	eventuell
Ew	Einheitswert
EWG	Europäische Wirtschaftsgemeinschaft
f	folgende; für
FA (FÄ)	Finanzamt (Finanzämter)

Abkürzungsverzeichnis **Abkürzungen**

FArch	Finanzarchiv
Fbg	Freiburg
FBeh	Finanzbehörde
Festschr	Festschrift
ff	folgende
FG	Finanzgericht
FGO	Finanzgerichtsordnung
FGUrt	Finanzgerichts-Urteil
Fin	Finanz, Finanzen
FinA	Finanzausschuß
FinArch	Finanzarchiv
FinBeh	Finanzbehörden
FinVerw	Finanzverwaltung
F/M	Körperschaftsteuergesetz (KStG 1977), hrsg von Frotscher/Maas (der Verfasser ist ausgeschrieben)
FMBl	Finanzministerialblatt
FMin	Finanzminister
Fn	Fußnote
FR	Finanz-Rundschau
FS	Festschrift
FuSt	Finanzen und Steuer
G	Gesetz
GAV	Gewinnabführungsvertrag
GBl	Gesetzblatt
GbR	Gesellschaft des bürgerlichen Rechts
gem	gemäß
GemH	Der Gemeindehaushalt
gen	genannt
Gen	Genossenschaft
GenG	Genossenschaftsgesetz
Ges	Gesellschaft, Gesellschafter
GesBl	Gesetzblatt
GesR	Gesellschaftsrecht
GesSt	Gesellschaftsteuer
GesVers	Gesellschafterversammlung
GewErtrSt	Gewerbeertragsteuer
GewO	Gewerbeordnung
GewSt	Gewerbesteuer
GewStDV	Gewerbesteuer-Durchführungsverordnung
GewStG	Gewerbesteuergesetz
GewStR	Gewerbesteuer-Richtlinien
GG	Grundgesetz
ggf (ggfs)	gegebenenfalls
glA (GlA)	gleicher Ansicht
GmbH	Gesellschaft mit beschränkter Haftung
GmbHHdbch/(Verfasser)	Handbuch der GmbH

Abkürzungen

GmbHG	Gesetz betreffend die GmbH
GmbHR	GmbH-Rundschau
GmbH-StB	Der GmbH-Steuerberater
GoB	Grundsatz (Grundsätze) ordnungsmäßiger Buchführung
GrESt	Grunderwerbsteuer
GrS	Großer Senat
G/Sch	Greif/Schuhmann, Kommentar zum Körperschaftsteuergesetz (der Verfasser ist ausgeschrieben)
GuV-R	Gewinn- und Verlustrechnung
GVBl	Gesetz- und Verordnungsblatt
hA	herrschende Ansicht
HandwO	Gesetz zur Ordnung des Handwerks (Handwerksordnung)
Hbg	Hamburg
HB	Handelsbilanz; Hoheitsbetrieb
Hdbch	Handbuch
Hess, hess	Hessen, hessisch
HFR	Höchstrichterliche Finanzrechtsprechung
HGA	Hypothekengewinnabgabe
HGB	Handelsgesetzbuch
H/H/R	Herrmann/Heuer/Raupach, Einkommensteuer- und Körperschaftsteuergesetz mit Nebengesetzen (Loseblatt)
hL	herrschende Lehre
hM	herrschende Meinung
HR, HReg	Handelsregister
Hrsg, hrsg	Herausgeber, herausgegeben
iAnw	in Anwendung
idF	in der Fassung
idR	in der Regel
idS	in dem Sinne
ieS	im engeren Sinne
IFA	International Fiscal Association
IHK	Industrie- und Handelskammer
iHv	in Höhe von
Inf	Zeitschrift: Die Information
Inl, inl	Inland, inländisch
insbes	insbesondere
InvHAbg	Investitionshilfeabgabe
InvHG	Investitionshilfegesetz
InvZul	Investitionszulage
iSd	im Sinne des
IStR	Internationales Steuerrecht
iSv	im Sinne von

Abkürzungsverzeichnis **Abkürzungen**

iVm	in Verbindung mit
IWB	Internationale Wirtschaftsbriefe
iwS	im weiteren Sinne
JbFfSt	Jahrbuch der Fachanwälte für Steuerrecht
JStErgG	Jahressteuer-Ergänzungsgesetz
JStG	Jahressteuergesetz
jur	juristisch
JuS	Juristische Schulung
JZ	Juristen-Zeitung
KAGG	Gesetz über Kapitalanlagegesellschaften
Kap	Kapital
KapAnlGes	Kapitalanlagegesellschaft
KapErh	Kapitalerhöhung
KapErhStG	Gesetz über steuerrechtliche Maßnahmen bei Erhöhung des Nennkapitals aus Gesellschaftsmitteln *und bei Überlassung von eigenen Aktien an Arbeitnehmer*
KapErtrSt	Kapitalertragsteuer
KapGes	Kapitalgesellschaft
KapVerm	Kapitalvermögen
KapVSt	Kapitalverkehrsteuer
KartStVO	Verordnung über Körperschaftsteuer, Vermögensteuer und Gewerbesteuer der Kartelle und Syndikate
KFR	Kommentierte Finanz-Rechtsprechung
Körp	Körperschaft
Kfz	Kraftfahrzeug
KfzSt	Kraftfahrzeugsteuer
KG	Kommanditgesellschaft; Kammergericht
KGA	Kreditgewinnabgabe
KGaA	Kommanditgesellschaft auf Aktien
KiSt	Kirchensteuer
kistpfl	kirchensteuerpflichtig
Kj	Kalenderjahr
Kläschen	Körperschaftsteuergesetz, Kommentar von Kläschen
KO	Konkursordnung
KÖSDI	Kölner Steuerdialog
KostO	Kostenordnung
KöStI	Kölner Steuerinformation
krit	kritisch
KSt	Körperschaftsteuer
KStDV	Körperschaftsteuer-Durchführungsverordnung
KStG	Körperschaftsteuergesetz
KStHdbch/(Verfasser)	Handbuch des Körperschaftsteuerrechts von Schöberle/Hofmeister (der Verfasser ist ausgeschrieben)
kstl	körperschaftsteuerlich
KStPfl, kstpfl	Körperschaftsteuerpflicht, körperschaftsteuerpflichtig
KStpfl	Körperschaftsteuerpflichtiger

Abkürzungen

KStR	Körperschaftsteuer-Richtlinien
KStRG	Körperschaftsteuerreformgesetz
KStZ	Kommunale Steuerzeitung
KVSt	Kapitalverkehrsteuer
KVStG	Kapitalverkehrsteuergesetz
KWG	Kreditwesengesetz
L/(Verfasser)	Lademann, Kommentar zur Körperschaftsteuer (Loseblatt)
LA	Lastenausgleich
LAG	Lastenausgleichsgesetz
lfd	laufend
Lfg	Lieferung
LG	Landgericht
LS	Leitsatz
lSp	linke Spalte
LSt	Lohnsteuer
LStDV	Lohnsteuer-Durchführungsverordnung
lstpfl	lohnsteuerpflichtig
LStR	Lohnsteuer-Richtlinien
lt	laut
LZB	Landeszentralbank
maW	mit anderen Worten
MDR	Monatsschrift für Deutsches Recht
mE	meines Erachtens
MeVo	Mecklenburg-Vorpommern
MinBl	Ministerialblatt
Mitgl	Mitglied
Mitt	Mitteilung
mj	minderjährig
mR	mit Recht
M/S	Mössner/Seeger, Körperschaftsteuerkommentar (der Verfasser ist ausgeschrieben)
mwN	mit weiteren Nachweisen
Nachw	Nachweise
Nbg	Nürnberg
Nds (nds)	Niedersachsen (niedersächsisch)
NennKap	Nennkapital
nF	neue Fassung
nichtrechtsf	nicht rechtsfähig
NJW	Neue Juristische Wochenschrift
Nr	Nummer
nrkr	nicht rechtskräftig
NRW	Nordrhein-Westfalen
NSt	Neues Steuerrecht von A bis Z
nv (NV)	nicht veranlagt; nicht veröffentlicht
NWB F	Neue Wirtschaftsbriefe Fach

Abkürzungen

Abkürzungsverzeichnis

O	Ordnung
oa	oben angeführt
oä	oder ähnlich
obj	objektiv
od	oder
öff (öffentl)	öffentlich
ÖR, ör	Öffentliches Recht, öffentlich-rechtlich
ÖStZ	Österreichische Steuerzeitung
OFD	Oberfinanzdirektion
OFH	Oberster Finanzgerichtshof
oGa	offene Gewinnausschüttung
oHG	offene Handelsgesellschaft
oJ	ohne Jahresangabe
OLG	Oberlandesgericht
oO	ohne Ortsangabe
Org	Organschaft
OrganGes, OrgGes, OrgG	Organgesellschaft
OrganT, OrgT	Organträger
OVG	Oberverwaltungsgericht
P	Punkte
Palandt	Palandt, Kommentar zum BGB
PartG	Parteiengesetz
Pers	Person
PersGes	Personengesellschaft
Pfl, pfl	Pflicht(iger), pflichtig
PKa	Pensionskasse
PrivVerm	Privatvermögen
PrVBl	Preußisches Verwaltungsblatt
PZ	Pensionszusage
R	Recht; Rechtspruch
RAO	Reichsabgabenordnung
Ratsdok	Ratsdokument
rechtsf	rechtsfähig
Reg	Regierung; Register
regelm	regelmäßig
RegEntw, RegE	Regierungsentwurf
RFH	Reichsfinanzhof
RFHE	Sammlung der Entscheidungen und Gutachten des Reichsfinanzhofs, hrsg vom RFH
RFM	Reichsminister der Finanzen
RG	Reichsgericht
RGBl	Reichsgesetzblatt
RGZ	Entscheidungen des Reichsgerichts in Zivilsachen, hrsg von den Mitgliedern des Gerichtshofes und der Reichsanwaltschaft

Abkürzungen

RhPf	Rheinland-Pfalz
Richtl	Richtlinien
RIW	Recht der Internationalen Wirtschaft
RIW/AWD	Recht der Internationalen Wirtschaft, Außenwirtschaftsdienst
rkr	rechtskräftig
RdNr	Randnummer
Rpfl	Der Deutsche Rechtspfleger
Rspr	Rechtsprechung
RStBl	Reichssteuerblatt
RV	Rückvergütung
RVG	Reichsvereinsgesetz
RVO	Reichsversicherungsordnung; Rechtsverordnung
RWP	Rechts- und Wirtschaftspraxis, Blattei-Handbuch
Rz	Randzahl; Randziffer
S	Satz
s	siehe
Saarl	Saarland
SchH (SchlHol)	Schleswig-Holstein
Schmidt oder Schmidt/(Verfasser)	Einkommensteuergesetz, hrsg von Ludwig Schmidt, 15. Aufl, 1996, sofern keine andere Angabe
sog	sogenannt
SoliZ	Solidaritätszuschlag
Sp	Spalte
St, st	Steuer, steuerlich; ständig
StandOG	Standortsicherungsgesetz vom 13. 9. 1993
StÄndG	Steueränderungsgesetz
StAnpG	Steueranpassungsgesetz
StB	Steuerberater; Steuerbilanz; Zeitschrift: Der Steuerberater
StBel	Steuerbelastung
StBev	Steuerbevollmächtigter
StBG	Steuerberatungsgesetz
Stbg	Zeitschrift: Die Steuerberatung
StbJb	Steuerberater-Jahrbuch
StbKongrRep	Steuerberater-Kongreß-Report, hrsg von der Bundessteuerberaterkammer (ab 1977)
StBp	Die steuerliche Betriebsprüfung
StEK	Steuererlasse in Karteiform, hrsg von Felix
Steufa	Steuerfahndungsstelle (Steuerfahndung)
StGB	Strafgesetzbuch
StKongrRep	Steuer-Kongreß-Report, hrsg von der Bundeskammer der Steuerbevollmächtigten (1961-1976)
stl	steuerlich
StLex	Steuerlexikon
StMBG	Mißbrauchsbekämpfungs- und Steuerbereinigungsgesetz vom 21. 12. 1993

Abkürzungsverzeichnis **Abkürzungen**

StPfl (Stpfl)	Steuerpflicht(iger)
stpfl	steuerpflichtig
StPO	Strafprozeßordnung
str	streitig
StR	Steuerrecht
StRefG	Steuerreformgesetz
StRK	Steuerrechtsprechung in Karteiform
StRKAnm	Anmerkungen zur Steuerrechtsprechung in Karteiform
StV	Strafverteidiger
StVj	Steuerliche Vierteljahresschrift
StuW	Steuer und Wirtschaft
StWa	Steuerwarte
StWK	Steuer- und Wirtschafts-Kurzpost
su	siehe unten
subj	subjektiv
teilw	teilweise
Tit	Titel
Tz	Textziffer
u	und
ua	unter anderem
uä	und ähnliches
uE	unseres Erachtens
UKa	Unterstützungskasse
umstr	umstritten
UmwG	Umwandlungsgesetz
UmwStG	Umwandlungssteuergesetz
unbeschr	unbeschränkt
UR	Umsatzsteuer-Rundschau
Urt	Urteil
USt	Umsatzsteuer
USt-EV	Umsatzsteuer-Eigenverbrauch
UStG	Umsatzsteuergesetz
UStR	Umsatzsteuer-Rundschau
usw	und so weiter
uU	unter Umständen
v	von, vom
VA	Vermögensabgabe
VAG	Versicherungsaufsichtsgesetz
vEK	verwendbares Eigenkapital
Verb	Verband
Verf	Verfahren; Verfasser
VermBG	Vermögensbildungsgesetz
Verpfl	Verpflichtung, Verpflichteter
Vers	Versicherung

Abkürzungen

VersSt	Versicherungsteuer
Verw	Verwaltung
VerwAkt	Verwaltungsakt
VerwArch	Verwaltungsarchiv
Vfg	Verfügung
vGa	verdeckte Gewinnausschüttung
vgl	vergleiche
vH	vom Hundert
VIZ	Zeitschrift für Vermögens- und Investitionsrecht
VO	Verordnung
VorausZ	Vorauszahlung
Vorb	Vorbemerkung
Vorschr	Vorschrift
Vorst	Vorstand
VSt	Vermögensteuer
VStG	Vermögensteuergesetz
VStPfl	Vermögensteuerpflicht
VStR	Vermögensteuer-Richtlinien
vT	vom Tausend
VuG-R	Verlust- und Gewinnrechnung
VuV	Vermietung und Verpachtung
VVaG	Versicherungsverein auf Gegenseitigkeit
VwGO	Verwaltungsgerichtsordnung
VZ	Veranlagungszeitraum
WG	Wirtschaftsgut
WGG	Gesetz über die Gemeinnützigkeit im Wohnungswesen – Wohnungsgemeinnützigkeitsgesetz –
WGGDV	Verordnung zur Durchführung des Wohnungsgemeinnützigkeitsgesetzes
wistra	Zeitschrift für Wirtschafts-, Steuer- und Strafrecht
Wj	Wirtschaftsjahr
WK	Werbungskosten
WM	Wertpapiermitteilungen
Wpg	Zeitschrift: Die Wirtschaftsprüfung
WPK-Mitt	Wirtschaftsprüferkammer – Mitteilungen
z	zur, zum, zu
zB	zum Beispiel
Zeitschr	Zeitschrift
ZfgG	Zeitschrift für das gesamte Genossenschaftswesen
ZfZ	Zeitschrift für Zölle und Verbrauchsteuern
ZgK	Zeitschrift für das gesamte Kreditwesen
ZGR	Zeitschrift für Unternehmens- und Gesellschaftsrecht
ZHR	Zeitschrift für das gesamte Handels- und Wirtschaftsrecht
Ziff	Ziffer
zit	zitiert

Abkürzungen

ZKF	Zeitschrift für Kommunalfinanzen (vormals: DGStZ)
ZPO	Zivilprozeßordnung
zT	zum Teil
zutr	zutreffend
zw	zweifelhaft
zZ (zZt)	zur Zeit
zzgl	zuzüglich

I. Körperschaftsteuergesetz 1996 (KStG 1996)

In der Fassung der Bekanntmachung vom 22. Februar 1996
(BGBl I 96, 340; BStBl I 96, 166)

Geändert durch Jahressteuergesetz 1997 vom 20. Dezember 1996 (BGBl I 96, 2049; BStBl I 96, 1523) und durch Gesetz zur Fortsetzung der Unternehmenssteuerreform (BT-Drucks 13/8325 iVm BR-Drucks 221/97)

Einleitende Hinweise zum KStG

Übersicht

1. Schrifttum – Körperschaftsbesteuerung und KStReform
2. Schrifttum – Zum KStG und zum AnrV
3. Schrifttum – Körperschaftsteuerrichtlinien 1977–1995
4.–10. Kommentare, Gesamtdarstellungen und Schrifttum zu einzelnen Körperschaften
11. Schrifttum – Rechtsvergleichung und -harmonisierung
12. Gesetzgebungsmaterialien zur KStReform 1977
13. Die Entwicklung des KStRechts
14. Die Reformdiskussion vor dem KStG 1977
15.–17. Entstehung, Zwecke und Wertung des KStG 1977
18. Reformdiskussion nach dem KStG 1977
19. Änderungen des KStG 1977 und Materialien
20. Neufassungen
21. KStDV

1. Schrifttum – Körperschaftsbesteuerung und KStReform

Bis 1960: Verhandlung des 33. DJT, Heidelberg, 1925 (zur Unternehmensbesteuerung); *Fischer, C,* Um ein Unternehmungs-Steuerrecht, StuW 42, 601; *Veiel,* Betriebsteuern, Unternehmer und Unternehmergemeinschaften, StuW 43, 465; *Rossbach,* Die geschichtliche Entwicklung der Körperschaftsbesteuerung in Deutschland, Diss Bonn, 1948; *Boettcher, C,* Vorschlag eines Betriebsteuerrechts, StuW 47, 67; *Schmölders,* Entwicklung und Wandlung der KSt, StuW 48, 905; *Seuffert,* Betriebsteuer jetzt, StuW 48, 695; *Dornemann,* Reformfragen der Unternehmungsbesteuerung, FinArch Bd 11, 1949, 355; Bericht und Gesetzesentwürfe zur Betriebsteuer, vorgelegt vom Betriebsteuerausschuß der Verwaltung für Finanzen, mit Einführungen von *Schmölders, Fischer, Gast, Klein, Boettcher,* StuW 49, 929; *Bühler,* DB 49, 582; *Binder,* Zur Frage einer Betriebsteuer, BB 50, 597; *Steiner,* Gedanken zur Betriebsteuer, StuW 50, 645; *Boettcher, C,* Zur Betriebsteuer, StuW 51, 411; *Heimann,* Die historische Entwicklung der Besteuerung der Körperschaften in Deutschland, unter besonderer Berücksichtigung der Einkommenbesteuerung, Diss München, 1952; *Känzig,* Die AG im EStSystem, Bern, 1953; *Boettcher, C,* Zur Problematik der Besteuerung des Gewinns einerseits und der Ausschüttung bzw Entnahmen andererseits, FinArch Bd 20, 1959/60, 143.

1961–1970: *Schmidt, K,* Zur Reform der Unternehmensbesteuerung, FinArch Bd 22, 1962/63, 35; Die große Finanzreform, Institut FuSt, Heft 80, 1966; *Rädler,* Zur Ausgestaltung der KSt, FR 66, 361; *Stützel,* StSystem und Kapitalverkehr, Die Ansprache 66, 135; Gutachten zur Reform der direkten Steuern, Wissenschaftl Beirat beim BMF, Schriftenreihe des BMF, Heft 9, 1967; *Schulte, H,* Der Vorschlag einer „Betriebsteuer" und das geltende deutsche StSystem, 1967; *Ruppe,* Die stl DoppelBel der Körperschaftsgewinne, Wien, 1967; *Nebe,* Die Problematik des gespaltenen KSt-Tarifs, Diss Göttingen, 1967; *Engels,* Die KSt als EStVorabzug, Die Aussprache 67, 9; *Rädler,* Nochmals: Zur Ausgestaltung der KSt, FR 67, 167; *Stützel,* Reform der KSt, Die Aussprache 67, 313; *Rose,* Große StReform für KapGes?, GmbHR 67, 223; *Engels/Stützel,* TeilhaberSt, 2. Aufl, 1968; *Somogyi/Welter,* Nochmals: Einige Aspekte des Stützelplans, Zeitschr f d gesamte Kreditwesen 68, 1090; *Rasch,* Der Stützel-Plan, Zeitchr f d gesamte Kreditwesen 68, 870; *Stützel,* TeilhaberSt, StKongrRep 69, 320; Karl-Bräuer-Institut des Bundes der Steuerzahler, Zur TeilhaberSt, 1969; *Friauf,* Die TeilhaberSt als Ausweg aus dem Dilemma der DoppelBel der Körperschaftsgewinne, FR 69, 27; *Ketzel,* Teilhabersteuer, Diss Saarbrücken, 1969; *Raupach,* Stand der Diskussion um die KStReform, DStR 69, 389; *Winkler,* Die TeilhaberSt, Versicherungswirtschaft 69, 1058; *Egner,* Die Bel deutscher und französischer KapGes mit gewinnabhängigen Steuern, Diss Saarbrücken, 1969; *Wehner,* Die Reform der KSt, WWI-Mitteilungen 69, 269; *Kreile,* Möglichkeiten und Grenzen einer grundsätzl Reform des KSt-Rechts, BB 70, 893; *Oberleitner,* Die DoppelBel kapitalgesellschaftl Gewinne in der BRD und die Reformvorschläge zu ihrer Beseitigung in kritischer Sicht, Diss Saarbrücken, 1970; *Walter,* Kapitalertragbesteuerung und Kapitalmarkt, Diss Frankfurt, 1970.

1971–1977: Gutachten der StReformkommission 1971, Schriftenreihe des BMF, Heft 17, 1971; *Wrede,* Reform der KSt und der GewSt, Bulletin Nr 95, Presse- und Informationsamt der BReg v 23. 6. 71 „StReform 1974"; *Fredersdorf,* Minderheitsgutachten zum Gutachten der StReformkommission, 1971; SPD, StReform, Außerordentlicher Parteitag 71, Bonn, oJ; CDU, Die Beschlüsse des SPD-Parteitages 71 und ihre Folgen, Bonn, oJ; Reform der KSt, Stellungnahme eines gemeinsamen Arbeitskreises des BDI und des DIHT, 1971; Karl-Bräuer-Institut des Bundes der Steuerzahler, Der Weg zu einem zeitgemäßen StSystem, Heft 20, 1971; *Koch,* Zur StReform, DStZ/A 71, 217; *Thiel/Haarmann,* Grundtendenzen des Gutachtens der StReformkommission, FR 71, 209; *Thiel/Schad,* Der Vorschlag der StReformkommission zur Reform der KSt, GmbHR 71, 101; *Wöhe,* Möglichkeiten und Grenzen einer großen StReform, DStR 71, 199; *ders,* Zur Reform der Unternehmensbesteuerung, DStR 71, 263; *ders,* Die GmbH in der KStReform, GmbHR 71, 245; *ders,* Grundprobleme der KSt- und GewStReform, Schmalenbachs Zeitschr f betriebswirtschl Forschung 71, 502; *Flume,* Die BetriebsertragSt als Möglichkeit der StReform, DB 71, 692; *v Lindeiner,* Vergleich des bestehenden KSt- und EStSystems mit dem von der StReformkommission vorgeschlagenen AnrSystems,

Schrifttum **1 Vor § 1**

StuW 71, 247; *ders*, Auswirkungen des Vorschlags der StReformkommission zur Reform der KSt auf die Steuer- und LiquiditätsBel von KapGes, BB 71, Beil 5; *Eggesiecker*, Gutachten und Stellungnahmen zur StReform, StuW 71, 353; *Vodrazka*, Die Körperschaftsbesteuerung der KapGes – Argumente und Folgerungen, StuW 71, 235; *Best*, Neue KSt: Fast ungeliebtes Wunschkind, Zeitschr f d gesamte Kreditwesen 71, 1070; *Packenius*, Die StReform-Vorschläge der BReg und der Eberhard-Kommission – Eine vergleichende Übersicht zum geltenden StR, Wpg 71, 354; *Troeger*, Gedanken zur StReform, DB 71, 1130; *Bitz*, Der Vorschlag der StReformkommission zur KSt, Sparkasse 71, 308; *Kuhn*, StReform, KSt, Gewinnermittlung, StKongrRep 71, 99; *Flume*, Einige Gedanken zur StReform, StbJb 71/72, 31; *Thiel*, Die Reform der KSt und die gesetzestechnische Gestaltung der Grundvorschriften für das AnrV, 1972; Körperschaftsteuerrechtliches AnrV, Institut FuSt, Heft 102, 1972; *Eggesiecker*, Die Veränderungen der StBelUnterschiede zwischen Kap- und PersGes durch die geplante StReform, GmbHR 72, 85; *Mittelsteiner*, StReform-KSt, Gewinnermittlung, StKongrRep 72, 65; *Hillert*, Zur Problematik der Reform der KSt, StB 72, 75; *Wöhe*, Die KStReform unter besonderer Berücksichtigung des AnrV, DStR 72, 303, 334; *Strömer*, Das AnrV und die Kritik der StReformkommission an der TeilhaberSt, DB 72, 1743; *Engels/Mitschke/Starkloff*, Staatsbürgersteuer, 1973; *Croneberg*, Die TeilhaberSt, Diss Braunschweig, 1973; *Bezold*, Die Konzeption des AnrV, ein möglicher Weg zur Reform der Besteuerung von Körperschaften mit Berücksichtigung übernationaler Beziehungen, Diss München, 1973; *Kruse*, StReform, Dokumente, 1973 (im wesentl ESt betr); *Winkler*, Zur Reform der KSt, Versicherungswirtschaft 73, 43, 169; *Schredelseker*, Kritik der KStReform, FinArch Bd 31, 1972/73, 27; *Rasenack*, Die Theorie der KSt, Berlin 1974; *Wrede*, Die Reform der KSt, DStZ/A 74, 181; *Stäuber*, Zur Reform der KSt, GmbHR 74, 197; *Krawitz*, Steuern und Finanzpolitik der KapGes, 1975; *Schneider*, KStReform und Gleichmäßigkeit der Besteuerung, StuW 75, 97; *Klein/Schöberle*, Reform der KSt/Dokumentation, 1975; *Klein*, Reform der KSt, StKongrRep 75, 75; Zur StReform, Die KSt, Institut FuSt, Heft 100, 1976; *Wöhe*, StReform, Investitionsfinanzierung und Vermögensbildung, DStR 76, 3; *Feuerbaum*, Konsequenzen der ausufernden Besteuerung von Scheingewinnen, DB 76, 1595, 1637; *Barth*, Wird das deutsche Vielsteuersystem in seiner heutigen Gestalt den Anforderungen an eine tragbare Unternehmensbelastung gerecht?, DStR 76, 299; *Jung*, Allgemeine Bemerkungen zum KStReformgesetz, WM 77, 94.

1978–1987: 53. DJT 1980: „Empfiehlt sich eine rechtsformunabhängige Besteuerung der Unternehmen?", Gutachten von *Walz*, Referate von *Knobbe-Keuk* und *K Littmann;* Ergebnisse s FR 80, 511, GmbHR 80, 243; *Flämig*, StuW 81, 160; *ders*, Rechtsformneutrale Besteuerung der Unternehmen, ZRP 80, 237; *Weber*, Zu einigen rechtspolitischen Grundfragen der Besteuerung selbständiger Unternehmen, JZ 80, 545; *Schippozeit*, Ziele und Möglichkeiten einer UnternehmungSt, StuW 80, 190; *Heidinger*, Nochmals: Für und Wider BetriebSt, StuW 82, 268; Institut FuSt, Zur Beseitigung der vstl DoppelBel bei KapGes und ihren AntE, 1982; *Riedel*, Die stpolitische Willensbildung bei der KStReform 1977, Frankfurt, 1982;

Vor § 1 2   Schrifttum

Elschen, Die BetriebSt – von niemandem gewünscht und doch wünschenswert?, StuW 83, 318; *Heidinger,* BetriebSt und vollsynthetische ESt, Wien, 1983; *Kampmann,* Theoretische u ökonometrische Untersuchungen zur KStüberwälzung, 1983; *Kornblum/Kleinle/Baumann/Steffans,* Neue Rechtstatsachen zum Unternehmens- und Gesellschaftsrecht, GmbHR 85, 7, 43; *Euler/Rzepka,* Fehlwirkungen der Unternehmensbesteuerung in der BRD – aufgezeigt am Beisp der Besteuerung der KapGes, BB 85, 857; *Mösbauer,* Zur aktuellen Diskussion einer Reform der Unternehmensbesteuerung, FR 87, 49; dazu *Dziadkowski,* FR 87, 306; *Schneider,* Reform der Unternehmensbesteuerung durch „Eckwerte" oder durch Cash-flow-Besteuerung?, BB 87, 693; *Schreiber,* Reformabhängige Unternehmensbesteuerung?, 1987.

S auch *Federmann,* Bibliographie zur Unternehmensbesteuerung – Deutschsprachige Monographien aus den Jahren 1920 bis 1980, 1983.

Ab 1988: *Lang,* Reform der Unternehmensbesteuerung, StuW 89, 3; *Knobbe-Keuk,* Möglichkeiten und Grenzen einer UnternehmensStReform, DB 89, 1303; *Schneider,* Reform der Unternehmensbesteuerung aus betriebswirtschaftl Sicht, StuW 89, 328; *Seidl,* BetriebSt und Neutralität, StuW 89, 350; *Ritter,* Reform der Unternehmensbesteuerung aus der Sicht der Wirtschaft, StuW 89, 319; *Giloy,* Reform der Unternehmensbesteuerung, DStZ 89, 547; *Funk,* Zur Notwendigkeit einer UnternehmensStReform, Institut FuSt Nr 284, 1989; *Schneider,* Die überfällige Neuordnung der Unternehmensbesteuerung, StbKongrRep 89, 47; *DStV,* Zehn Thesen des DStV zur UnternehmensStReform, StBg 90, 9; *Rose,* Strategieorientierte Reform der Unternehmensbesteuerung, StVj 90, 1; *Ritter,* Konzept einer Reform der Unternehmensbesteuerung, BB 90, 2197; *Gobrecht/Ammann/Fuhrmann,* Anstöße zur Neuordnung – Besteuerung der Unternehmen, Besteuerung der Alterseinkünfte, Hamburg, 1990; *Korth,* Reformgedanken zur Unternehmensbesteuerung, Stbg 90, 126; *Gobrecht,* Thesen zur Reform der Unternehmensbesteuerung, Stbg 91, 453; *Cansier/Wellisch,* BetriebSt u internationale Neutralität, StuW 91, 179; *Fischer,* Die Reform des Unternehmenssteuerrechts in den wichtigsten Industriestaaten, FS Rose 1991, 217; *Gattermann,* Unternehmenssteuerreform – für Gesamtdeutschland noch mögl und notwendig, IDW-Fachtagung 1991, Bericht, 15; *Schuster,* Kstl Aspekte der geplanten UnternehmensStReform, 1991; *Wosnitza,* Zur Erweiterung der BetriebSt zu einer UnternehmenSt, StVj 92, 146; *Kaiser,* Konsumorientierte Reform der Unternehmensbesteuerung, 1992; *Graß,* Unternehmensformneutrale Besteuerung, 1992; *Carl,* Neue Vorschläge zur Vereinheitlichung der Unternehmensbesteuerung, DStZ 93, 2; *Crezelius* u *Knobbe-Keuk,* UnternehmensStReform aus nationaler Sicht und Entwicklungen in Europa, JbFSt 92/93, 33; *Lang,* Das Standortsicherungsgesetz auf dem Prüfstand, StbJb 93/94, 9; *Reiß,* Rechtsformabhängige Unternehmensbesteuerung, DStJG 17 (1994), 3; *Pezzer,* Rechtfertigung der KSt u ihre Entwicklung zu einer allg UnternehmenSt, FS Tipke, 1995, 419.

2. Schrifttum – Zum KStG und zum AnrV
1973–1976: *Nickol/v Nussbaum,* KStAnrV nach dem Referenten-Entwurf eines 3. StRefG, DB 73, 2010; *Stäuber,* Zur Reform der KSt,

Schrifttum **2 Vor § 1**

GmbHR 74, 197; *Hofmann,* Die Reform der KSt, AG 74, 301; *Jünger,* Grundzüge des kstl AnrV, DB 74, 303; *Wrede,* Die Reform der KSt, DStZ/A 74, 181; *Baurichter,* Von der DoppelBel zum AnrV, GemH 74, 77; *Greif,* Grundzüge der Besteuerung der KapGes und ihrer AntE nach dem modifizierten AnrV, DStR 75, 59; *Pezzer,* Die Entlastung ausgeschütteter Gewinne von der KSt nach dem KStG 19/7, StuW 76, 311; *Pinggéra,* Erste Erkenntnisse zur Praxis des neuen KStRechts, DB 76, 1927; *Sarrazin,* Die Reform der KSt, FR 76, 493; *Streck,* KStReform, KöStI 76, 1914, 1996, 2023, 2088; *Thiel,* Wegweiser durch den Irrgarten der kstl AnrVorschriften, DB 76, 1495; *Weisse/Willemsen,* Reform der KSt, 1976; *Wrede,* Grundüberlegungen zur Reform der KSt, DStZ/A 76, 411; *Haas,* Die KStReform in der BRD – Grundsätze und Auswirkungen auf ausl (österreichische) AntE, ÖStZ 76, 255; *Fasold,* Die Praxis des AnrV im neuen KStG 77, DStR 76, 627; *Ault,* Germany: The New Corporation Tax System, Intertax 76, 262; *Freericks,* Zur Reform der KSt: Grundzüge des AnrV, AG 76, 253; *Herzig,* Funktionsweise des kstl AnrV auf der Gesellschafterebene – Überblick und Analyse, FR 76, 441; *Schmidt, L,* Die KStReform, NJW 76, 2233; *Jünger,* Besteuerung der GmbH nach dem KStReformgesetz, GmbHR 76, 173; *ders,* Überblick über das KStReformgesetz in der vom Bundestag verabschiedeten Fassung, DB 76, 1122; *Jurkat,* Das KStReformgesetz (KStG 1977), Wpg 76, 513, 545; *Krebs,* Die Reform der KSt, BB 76, Beil 3 = Sonderveröffentlichung, Heidelberg, 1976; *Geiger/Zeitler,* KStReform 1977, 1976.

1977–1984: *Kläschen,* Die Reform der KSt, Stbg 77, 39, 142, 278, 234; 78, 110; *Ault/Rädler,* The German Corporation Tax Reform Law 1977, 1977; *Flämig,* Die Reform der KSt, JuS 77, 83, 152, 222; *Hoppe,* Die Reform der KSt, GemH 77, 1; *George,* Das AnrV im neuen KStG, BlStA 77, 13; *Nöremberg,* Neuregelung der KSt ab 1. 1. 77, BlStA 77, 29, 46; *Felix/Streck,* Eine erste Zwischenbilanz über die Anwendung der KStReform, BFuP 77, 305; *Streck,* KöStI 77, 2552; *Lichtenberg,* Änderungen des KStRechts vom VZ 77 an, Inf 77, 7; *Wrede,* Die KStReform, 1977; *Eggesiecker,* Das KStSystem ist gar nicht so kompliziert, GmbHR 77, 202; *Müller-Dott,* Auswirkungen der KStReform, DStR 77, 432; *Fick,* Die Reform der KSt, DGStZ 77, 98; 78, 19; *Paulick,* Die Besteuerung der Erwerbs- und WirtschaftsGen nach dem KStRG v 31. 8. 78, Zeitschr f d Genossenschaftswesen, Bd 27, 1977, 171; *Kläschen/Jurkat,* KSt, StbKongrRep 77, 269; *Greif,* Die wirtschaftl Auswirkungen des AnrV bei der KSt, 1977; *Bähr,* Ausgewählte betriebswirtschaftl Fragen zur KStReform, JbFfSt 77/78, 391; *Widmann/Gassner,* Aktuelle Fragen des KStRechts, JbFfSt 77/78, 310; *Märkle/Gottstein/Seibold/Stegmüller,* AnrV nach dem KStG 1977, 1978; *Dötsch,* Das kstl AnrV, DB 78, 265, 314, 361, 413, 459, 509, 555; *Streck,* Die KSt im ersten Jahr ihrer Anwendung – ein Modellfall, KÖSDI 78, 2763; *Schroth,* Die Anr der KSt in Beispielen, StWa 78, 1, 59, 104, 141, 173; 79, 113, 150; 80, 176; 81, 72; 82, 6, 26, 105; *Fasold,* Die Praxis der neuen KSt 77, DStR 78, 366; *Uhrmann,* Die Berechnung der KSt und die Gliederung des verwendb EK nach dem KStG 1977, StWa 78, 107; *Schardt,* Die KStReform 1977 und ihre belastungsmäßigen Auswirkungen, 1978; *Tillmann,* Ausgewählte Fragen zum kstl AnrV, StbKongrRep 78, 167; *Raupach,* Die Systematik der Grund-

5

vorschriften des kstl AnrV (§§ 20, 36 EStG, §§ 27, 41, 43 KStG), FR 78, 570; *Kofler*, Die kstl Reformvorschläge und ihre Beurteilung in betriebswirtschaftl Sicht, Wien 1978; *Döllerer*, Die Besteuerung der KapGes im Licht der neueren Rspr des BFH und des KStG 1977, JbFfSt 78/79, 365; dazu Koreferat *Widmann*, 387; *Goetzke/Sieben*, Betriebswirtschaftl Auswirkungen der KStReform, 1979; *Kuhn*, Ungelöste stl Probleme und wirtschaftl Aspekte der KStReform, FR 79, 313; *Behrens*, Ausgewählte Fragen aus der KStReform, StbKongrRep 79, 83; *Schafhausen*, Die Auswirkungen der KStReform auf die Finanzierungspolitik der KapGes, 1980; *Krebs* u *Herzig*, Erfahrungen mit dem KStG, StbKongrRep 81, 355; *Metz*, Das KStG 1977, Diss Freiburg, 1981; *Brezing*, Zwischenbilanz zum KStG 77, StbJB 81/82, 393; *Männer*, Grundfragen des kstl AnrV, 1982; *Riedel*, Die steuerpolitische Willensbildung bei der KStReform 1977, 1982; *Sarrazin*, Ausgewählte Fragen des KStRechts, GmbHR 82, 161; *Schmidt, L,* u *Herzig*, Einzelfragen des KStRechts, JbFfSt 82/83, 343; *Döllerer*, Zur Rechtsnatur der neuen KSt, BB 83, 1; *Streck*, KSt-Beratungsschwerpunkte, KÖSDI 83, 5084; *Heinemann*, Beratungsspezifische Fragen des GmbH-Rechts in der aktuellen StPraxis, DStZ 84, 37; *Leisner*, Kein AnrV für Stbefreite?, StuW 84, 244; *Krebs*, Überlegungen zur Vereinfachung des KSt-AnrV, BB 84, 1862.

Ab 1985: *Herzig*, KStGuthaben oder verwendb EK, GmbHR 85, 37; *Mayer-Wegelin*, Das verwendb EK: Eine Zwangsjacke für kstpfl Unternehmen, BB 85, 1757; *Maas*, Überlegungen zur Vereinfachung des kstl AnrV, BB 85, 45; *Jost*, KStGuthaben als Ersatz für das verwendb EK oder vereinfachte Gliederung des verwendb EK?, DB 86, Beil Nr 3; *Clouth*, Überlegungen zur Reform der KSt-Plädoyer für einen einheitl StSatz, DStR 86, 752, mit Entgegnung von *Jonas*, DStR 86, 753; *Sarrazin*, Gesetzgeberische Pläne zur Vereinfachung des AnrV, DStZ 86, 235; *Saß*, KStReform und Mutter-/Tochter-Richtlinien der EG, BB 86, 1195; *Uelner*, JbFfSt 86/87, 29; *Schwachert* GmbHR 87, 311; *Dötsch*, Vereinfachung des kstl AnrV, DB 87, 1858; *Krebs*, Steuerpolitische Entscheidung zu Beginn des zweiten Jahrzehnts des deutschen KStSystems, GmbHR 87, 156; *Knobbe-Keuk*, Bilanz der KStReform 1977, GmbHR 87, 125; *Herzig*, Ausgewählte Schwachstellen des KStRechts, GmbHR 87, 140; *Dötsch*, Der Referentenentwurf des KSt-Vereinfachungsgesetzes, DB 88, 2426; *Wassermeyer*, Das ÄnderungsG zum KStG – Ein neues BFH-Rspr-KorrekturG, DB 88, 2531; *Herzig/ Schuler*, Die Vereinfachung der Gliederungsrechnung wird vertagt – Eine vertane Chance zur Steuervereinfachung, DB 89, 495; *Herzig*, Nationale u internationale Aspekte einer Reform der KSt, StuW 90, 22; *Raupach/ Sarrazin*, Das körperschaftstl AnrV, DStJG 20 (1997), 21, 57.
S auch Schrifttum jeweils vor §§ 27 ff.

3. Schrifttum – Körperschaftsteuerrichtlinien 1977 v 29. 12. 77 (BStBl I 77, 790): S 2. Aufl.
1981 v 22. 12. 81 (BStBl I 82, 71): S 3. Aufl.
1985 v 30. 12. 85 (BStBl I 86, SonderNr 1): S 4. Aufl.
1990 v 14. 3. 91 (BStBl I 91, SonderNr 1); *Dötsch/Singbartl*, DB 91, 355, 406.
1995 v 15. 12. 95 (BStBl I 96, SonderNr 1).

4. Kommentare: *Herrmann/Heuer/Raupach*, EStG/KStG Kommentar; *Lademann*, Kommentar zum KStG; *Singbartl*, KSt, Kommentar der WK-Reihe (nicht fortgeführt); *Gehrmann* Inf 96, 197; *Dötsch/Jost* DB 96 Beil 4. *Kläschen*, KSt; *Frotscher/Maas*, Kommentar zum KStG; Handbuch des KSt-Rechts, hrsg v *Schöberle/Hofmeister*; *Mössner/Seeger*, KStG; *Greif/Schuhmann*, Kommentar zum KStG; *Blümich*, EStG-KStG-GewStG und Nebengesetze; *Dötsch/Eversberg/Jost/Witt*, Die KSt.

5. Gesamtdarstellungen: *Kießling/Pelikan/Jäger*, KSt, 14. Aufl, 1995; *Felix*, Reform der KSt und UmwandlungSt, 3. Aufl, 1978, bearb v *Felix/Heinemann/Korn/Streck/Richter*; *Lange/Reiss*, Lehrbuch der KSt, 6. Aufl, 1991; *Dötsch/Cattelaens/Gottstein/Stegmüller/Zenthöfer*, KSt, 11. Aufl, 1995; *Schöne*, Die Besteuerung der KapGes, 2. Aufl, 1990; *Pietsch/Posdziech*, Grundriß der KSt, 1991; *Knief*, KSt, 3. Aufl, 1996.

6. GmbH/AG: GmbH-Hdbch, bearb v *Eder/Kellmeyer/Heuser/Tillmann/Gaul/Moll*; *Felix* (Hrsg), Die GmbH in der Steuerberatung, 1979, bearb v *Felix/Heinemann/Carlé/Korn/Streck/Richter*; *Heinemann*, Die GmbH-Novelle in der Steuerberatung, 1982; *Winter/Posdziech*, Hdbch der GmbH-Besteuerung; *Brandmüller/Küffner*, Bonner Hdbch der GmbH; Hdbch der AG, bearb v *Nirk/Brezing/Bächle*; *Klauss/Birle*, Die GmbH, 5. Aufl, 1992; *Ammon/Burkert/Görlitz/Wagner*, Die GmbH, 2. Aufl, 1994; Beck`sches Handbuch der GmbH, 1995; *Wrede*, Die Besteuerung der GmbH, 1992.

7. Genossenschaft: *Zülow/Schubert/Rosiny*, Die Besteuerung der Gen, 7. Aufl, 1985; *Schubert/Steder*, Genossenschafts-Hdbch.

8. Verein: *Reichert/van Look*, Hdbch des Vereins- u Verbandsrechts, 6. Aufl, 1995; *Troll*, Die Besteuerung von Verein, Stiftung und Körp des öffentl Rechts, 3. Aufl, 1983; *Märkle*, Der Verein im Zivil- und StRecht, 8. Aufl, 1992; *Reuber*, Die Besteuerung der Vereine; *Sauter/Schweyer*, Der eingetragene Verein, 15. Aufl, 1994; *Kroeker/Multrus*, StPraxis im Verein, 3. Aufl, 1989; *Schleder*, StR der Vereine, 2. Aufl, 1993.

9. Stiftung: *Hahn/Schindler*, Die Besteuerung der Stiftungen, 2. Aufl, 1977; *Troll* aaO (Anm 8); *Berndt*, Stiftung und Unternehmen, 5. Aufl, 1995; *Düll*, Stiftungen im Ertrag- und Substanzsteuerrecht, 1984; *Schick/Rüd*, Stiftung u Verein als Unternehmensträger, 1988; *Seifardt*, Hdbch d StiftungsR, 1987; *Brandmüller*, Gewerbliche Stiftungen, 1988.

10. Körp des öffentl Rechts: *Troll* aaO (Anm 8).

11. Schrifttum – Rechtsvergleichung und -harmonisierung: *Silcher*, Doppelbesteuerung von vereinnahmten und ausgeschütteten Gewinnen von KapGes, Cahiers de Droit Fiscal International, Vol XXIX, 1955; *Fischer*, Die KSt im Rahmen der Harmonisierungsbestrebung, GmbHR 62, 82; *Rädler*, Nochmals: Zur Ausgestaltung der KSt, FR 67, 167 (betr Kanada); *van den Tempel*, Beseitigung der Doppelbesteuerung, 1967; *ders*, Internationale Aspekte der Integration von KSt und ESt, EStZ Nr 26 (1968), 3; *Rädler*, Struktur der KStSysteme aus dt Sicht, EStZ Nr 42 (1970); *Vogelaar*, StHarmonisierung in der EG, AWD 70, 198; *Mennel*, StReform im internationalen Vergleich, DStZ/A 70, 167; *Schulze-Brachmann*, Methoden zur

Ausschaltung der wirtschaftl Doppelbesteuerung in den EWG-Mitgliedstaaten unter dem Aspekt des internationalen Kapitalverkehrs, AWD 70, 289; *Koschorrek,* Nationale StReform und StHarmonisierung in der EG, Bulletin Nr 95 des Presse- und Informationsamtes der BReg v 23. 6. 71, „Steuerreform 1974"; *Mennel,* KSt im internationalen Vergleich, DStZ/A 71, 153; *Mennel,* Probleme der Körperschaften in internationalen Vergleich, Steuerlast und Unternehmenspolitik, Festschrift für Kuno Barth, 1971, 117; *Mersmann,* Der Kongreß der IFA 1970 zum Problem der stl DoppelBel der Ausschüttung der KapGes und AntE, DStZ/A 71, 2; *van den Tempel,* KSt und ESt in der EG, 1971; *Hintzen,* Überlegungen für ein gemeinsames KStSystem in der EG, AWD 72, 463; *Jap/Hintzen,* Der „avoir fiscal" im klassischen KStSystem und im AnrV, AWD 72, 402; *Grasmann,* Die Besteuerung der Unternehmensgewinne im Gesamtkonzept der europäischen StHarmonisierung und Harmonisierung der Gewinnermittlungs-, StKontroll- und StErhebungsmethoden, AG 73, 228; *ders,* Die Harmonisierung der KSt in der erweiterten EG und stl Harmonisierungsmaßnahmen, um den Unternehmen die Anpassung an die Verhältnisse des erweiterten europäischen Marktes zu ermöglichen, AG 73, 258; *Vogelaar,* Ein AnrSystem für Europa, DStZ/A 74, 291; *van den Tempel,* EG und Deutschland: Vorschläge für das KStSystem, Intertax 74, 59; *Schneider,* KStReform und Gleichmäßigkeit der Besteuerung, StuW 75, 97; *Saß,* Zum Richtlinienvorschlag zur Harmonisierung der KStSysteme in der EG, DStZ/A 77, 43, 59; *Rädler,* Model Computation of Tax Burden of a German Subsidiary or branch, Intertax 78, 14; Die dt KStReform in der internationalen Entwicklung, FR 78, 141; *Hintzen,* Ein gangbarer Weg zur Harmonisierung der KSt in der EG, DStZ/A 78, 219; *Burke,* Harmonisierung der KSt, Intertax 79, 240; *Hintzen,* Die dt KSt im Vergleich zu den Ländern der erweiterten EG, FR 79, 77; *Euler/Olufs,* Die Benachteiligung dt KapGes im internationalen Wettbewerb durch inl StBel, BB 80, 1849; *Mennel,* KSt 1981 im internationalen Vergleich, GmbHR 81, 123; *Saß,* Zum Richtlinienvorschlag der EG-Kommission für die Anwendung der Richtlinien zur Harmonisierung der KSt-Systeme auf Investmenteinrichtungen, DStZ 81, 248; *Chown/Hopper,* Company Tax Harmonisation in the European Economic Community, Intertax 82, 275; *Meichssner,* Die Besteuerung der KapGesGewinne im internationalen Vergleich und Wege zu einer Verbesserung dieser Besteuerung, 1982; *Lutz,* Die KSt in der EG, 1984; *Saß,* KStReform und Mutter-/Tochter-Richtlinie der EG, BB 86, 1195; *Mennel,* KSt im internationalen Vergleich, IWB 10 International Gr 2, 635 (12/87); *Carl,* Neue Vorschläge zur Vereinheitlichung der Unternehmensbesteuerung, DStZ 93, 2; *Saß,* StHarmonisierung in der EG-Perspektiven für eine Harmonisierung der KSt u der Gewinnermittlung, DB 93, 113; *Willemsen,* Das deutsche KStRecht im gemeinsamen europäischen Markt, FS Bensch, 1993, 915; *Jacobs,* Unternehmensbesteuerung in EU-Staaten, DStJG 16 (1994); *Jacobs,* Die Körperschaftsteuersysteme in Deutschland, Frankreich und Großbritannien, FS Meyding, Steuervereinfachung, 1994; *Herzig,* Anrechnungsverluste als steuerliches Hemmnis grenzüberschreitender Kooperationen, IStR 96, 196; *Kessler,* Grenzüberschreitende KStGutschriften – Gestaltungsmöglichkeiten nach geltendem Recht, IStR 95, 405.

Gesetzgebungsmaterialien **12, 13 Vor § 1**

S auch ABC „Ausl Anteilseigner".

EG-Materialien: Vorschlag einer Richtlinie des EG-Rates zur Harmonisierung der KStSysteme und der Regelungen der Quellensteuer auf Dividenden v 1. 8. 75, BT-Drucks 7/3981; dazu FinA, BT-Drucks 7/5310, 7 und die übrigen Materialien zur KStReform Vor § 1 Anm 12; Mitteilung der Kommission an den Rat und das Europäische Parlament im Anschluß an die Schlußfolgerungen des unabhängigen Sachverständigenausschusses unter dem Vorsitz von Herrn Ruding über die Leitlinien für die Unternehmensbesteuerung im Rahmen der Vertiefung des Binnenmarktes (Ratsdok-Nr 7021/92); dazu Beschlußempfehlung und Bericht des FinAusschusses v 6. 3. 96, BT-Drucks 13/4138.

12. Gesetzgebungsmaterialien zur KStReform 1977: StReform 1974, Bulletin des Presse- und Informationsamts der BReg Nr 95 v 23. 6. 71; Gesetzentwurf der BReg/Entwurf eines Dritten StReformgesetzes, BR-Drucks 700/73 v 8. 11. 73 – BT-Drucks 7/1470 v. 9. 1. 74; Erster Antrag des FinA zum 3. StRefG v 24. 5. 74, BT-Drucks 7/2164 v 24. 5. 74; Erster Bericht des FinA zum 3. StRefG v. 30. 5. 74, BT-Drucks 7/2180 v 31. 5. 74; Gesetzentwurf der BReg v 24. 2. 76 zu einem EG zum KStReformgesetz (EGKStRG, BT-Drucks 7/4803 v 24. 2. 76; Gegenäußerung der BReg zur Stellungnahme des BR zum EGKStRG, BT-Drucks 7/5021 v 9. 4. 76; Synopse zum Entwurf des KStG (BT-Drucks 7/1470), hrsg v BMF, nicht veröffentlicht, Arbeitspapier des FinA; Dritter Antrag des FinA zum von der BReg eingebrachten Entwurf eines 3. StRefG v 3. 6. 76, BT-Drucks 7/5303 v 3. 6. 76; Dritter Bericht des FinA zum Entw des 3. StRefG v 3. 6. 76, BT-Drucks 7/5310 v 4. 6. 76; Gesetzesbeschluß zum KStReformgesetz v 10. 6. 76, BR-Drucks 421/76 v 11. 6. 76; KStReformgesetz v 31. 8. 76 (BGBl I 76, 2597; BStBl I 76, 445); EG zum KStReformgesetz v 6. 9. 76 (BGBl I 76, 2641; BStBl I 76, 467); KStDV 1977 v 14. 6. 77 (BGBl I 77, 848; BStBl I 77, 318). S zu diesem Thema umfassend *Riedel,* Die stpolitische Willensbildung bei der KStReform 1977, Frankfurt, 1982.

13. Die Entwicklung des KStRechts. Schrifttum zur Rechtsentwicklung s Anm 1 ff, insbes Gutachten der StReformkommission, 1971, 294 ff; *Rasenack,* Die Theorie der KSt, 1974, 19 ff; *Riedel* aaO (Anm 12); BT-Drucks 7/1470, 323. Ländergesetze **bis 1920:** geringe Steuersätze (3–4 vH); kaum Milderung der DoppelBel. **KStG 1920** (RGBl 20, 393); 10 vH KSt, Zuschlag (!) bei Ausschüttungen. Erhöhung der Sätze, verbunden mit einer TeilAnr beim AntE. **1922:** Neufassung (RGBl I 22, 472). **KStG 1925** (RGBl I 25, 208): Staffeltarif für kleinere Ges, kein Zuschlag mehr bei Ausschüttungen. Keine Milderung der DoppelBel und Wegfall der Vergünstigung für kleinere Ges durch das **KStG 1934** (RGBl I 34, 1031; RStBl 34, 1287). In der Folgezeit steigender KStSatz, und zwar – ohne DoppelBelMilderung – bis zur Währungsreform nach dem 2. Weltkrieg auf 65 vH (EStSpitzensatz: 95 vH). Gesetz v **24. 6. 53** (BGBl I 53, 413; BStBl I 53, 192) führte die Milderung des StSatzes bei Ausschüttungen ein; allg StSatz 60 vH (1954, BGBl I 54, 373; BStBl I 54, 575, auf 45 vH ermäßigt), Ausschüttungen 30 vH. Gesetz v **18. 7. 58** (BGBl I 58,

473; BStBl I 58, 412): ab 1. 1. 58 51 vH allg StSatz, 15 vH Ausschüttungs-StSatz.

14. Die Reformdiskussion vor dem KStG 1977. Der Wissenschaftl Beirat beim BMF lehnte 1967 die DoppelBel der Gewinne der Körperschaften ab und trat für die Anr der KSt auf die StSchuld des AntE ein (Gutachten zur Reform der direkten Steuern, Schriftenreihe des BMF, Heft 9). Ähnlich die Überlegungen der StReformkommission in dem Gutachten aus 1971 (Schriftenreihe des BMF, Heft 17); das bis 1976 geltende Recht belaste die Unternehmen je nach Rechtsform unterschiedl, die Eigenfinanzierung sei gegenüber der Fremdfinanzierung benachteiligt, die DoppelBel führe zu einer mangelnden Attraktivität für eine breite Vermögensbildung. Die SPD trat für eine Beibehaltung des bisherigen Systems ein (Außerordentl Parteitag v 18./19. 11. 71 in Bonn; s StReform, Außerordentl Parteitag 71, Bonn, oJ; kritisch die CDU, Die Beschlüsse des SPD-Parteitags 1971 und lehre Folgen, Bonn, oJ); für das AnrV die FDP, StReformkommission v 2. 6. 71; *Kruse,* StReform, 1973, 160. Die wissenschaftl Diskussion (s Anm 1 ff) befaßte sich im wesentl mit folgenden Reformmodellen, die alle die Milderung oder Beseitigung der DoppelBel bezweckten (für das bisherige System allerdings insbes *Rasenack,* Die Theorie der KSt, 1974). Betriebsteuer: Alle „Betriebe" sollen unabhängig von der Rechtsform gleich besteuert werden; zB Erstreckung der KSt auch auf Einzelunternehmen oder aber Abspaltung der gewerbl (betriebl) Eink des Einzelunternehmens aus der ESt; abl Gutachten der StReformkommission, 1971, 315 u BT-Drucks 7/1470, 328, da eine Betriebsteuer das bisherige StSystem in seinen Grundprinzipien ändern würde; außerdem Erhebungsschwierigkeiten und Probleme des angemessenen Unternehmerlohns auch bei Einzelunternehmen. **Teilhabersteuer:** Das Einkommen der Körperschaft wird unabhängig von Ausschüttungen auf die AntE aufgeteilt, dort versteuert und eine erhobene KSt angerechnet (*Schneider* StuW 75, 97: Integrationsverfahren); abl Gutachten der StReformkommission, aaO, 317 ff, 331, jedoch nur wegen der technischen Schwierigkeiten, im übrigen weitgehend in den Grundgedanken bejahend; nach BT-Drucks 7/1470, 328, wegen verwaltungstechnischer Schwierigkeiten nicht durchführbar. **Anrechnungsverfahren:** Beim AnrV unterliegen die Gewinne der Körperschaft der KSt. Soweit Ausschüttungen erfolgen, wird die KSt bei der Besteuerung des AntE angerechnet. Ist der anzurechnende Betrag höher als die StSchuld des AntE, wird der Differenzbetrag erstattet. Die Bruttodividende des AntE setzt sich zusammen aus der Bardividende und der StGutschrift; diese Bruttodividende wird beim AntE der Besteuerung unterworfen. Das AnrV tritt in mehreren Varianten auf: **AnrV mit Einheitssteuersatz:** Die KSt kennt keinen besonderen StSatz für ausgeschüttete Gewinne, sondern nur einen EinheitsStSatz. Folge: Die Bardividende wird durch die hohe KStBel gedrückt. Die KStBel wird erst im individuellen Veranlagungsverfahren auf das dem AntE entspr Niveau gesenkt oder angehoben; der Kleinaktionär mit niedrigerem Einkommen erhält regelmäßig einen Teil der für ihn zu hoch gezahlten KSt erstattet. Für dieses Verfahren hatte sich die StReformkommission entschieden (s aaO, 178 ff; in vielen Einzelheiten allerdings deutlich Gedanken der „Teilhabersteuer" verwendend, s BT-Drucks 7/1470, 331 ff). **AnrV mit gespaltenem Steuersatz:** Neben dem RegelStSatz steht ein niedrigerer StSatz für Ausschüttungen. Die unerwünschte Senkung der Bardividende wird hierdurch vermieden. Dies ist das Verfahren des KStG 1977. **Teilanrechnungsverfahren (französisches AnrV):** KSt auf nichtausgeschüttete und ausgeschüttete Gewinne 50 vH. Ausgeschüttete Gewinne sind estpfl. StGutschrift („avoir fiscal"), die selbst stpfl ist: 50 vH des ausgeschütteten Gewinns. Folge: Milderung der StBel; die ausgeschütteten Gewinne bleiben mit 25 vH KSt belastet (s Körperschaftsteuerrechtl AnrV, Institut FuSt, Heft 102, 8 ff). Dieses Teil-AnrV sieht auch der Vorschlag einer Richtlinie des EG-Rats zur KStHarmonisierung v 1. 8. 75, BT-Drucks 7/3981, vor (s auch Anm 11 aE), vom dt Gesetzgeber nicht übernommen, s FinA, BT-Drucks 7/5310, 7. **Dividendenabzugsverfahren:** Dividenden werden wie Betriebsausgaben zum Abzug zugelassen (abl Gutachten der Reformkommission, aaO, 325, 336 u BT-Drucks 7/1470, 329 aus den gleichen Gründen, die gegen das Modell „Gespaltener Steuersatz" – s u – sprechen). **Gespaltener Steuersatz:** Der AusschüttungsStSatz wird auf 0 vH gesenkt (abl StReformkommission, aaO, 325, 336 u BT-Drucks 7/1470, 329: unzulässige Begünstigung der AntE, die nicht der ESt- oder KStBesteuerung unterliegen; außerdem keine sichere Entlastung von Ausschüttungen, die der Rücklage entnommen werden). **Dividendenfreistellung:** Die Dividenden werden – ganz, teil- oder stufenweise – von weiteren ErtragSt freigestellt (s *Kreile*, BB 70, 895 „Kreile-Vorschlag"; *Meilicke,* StI Erleichterung der Umwandlung und Umgestaltung von Unternehmen, Die Aussprache 67, 213, zit nach Gutachten der StReformkommission, aaO, 329: „Meilicke-Vorschlag"; abl Gutachten, aaO, 328 ff; BT-Drucks 7/1470, 329, da die Progressionswirkung entfällt). **Wegfall der KSt:** Die Gleichbehandlung der Körperschaften mit PersGes – dh der Wegfall der KSt – wird letztlich aus Praktikabilitätsüberlegungen abgelehnt; zB würde die fiskalisch notwendige KapErtrSt entfallen, die die Besteuerung des Streubesitzes und des Ausländerbesitzes sicherstellt (als nicht ernsthaft diskutiert von der StReformkommission, aaO, 317, bezeichnet).

15. Entstehung des KStG 1977: Die BReg beschloß am 11. 6. 71 die Grundzüge des KStG (sog Eckwertbeschlüsse), s Bulletin des Presse- und Informationsamts der BReg, Nr 95 v 23. 6. 71, mit Erläuterungen von *Wrede*. Im dem „Dritten StReformgesetz" legte die BReg am 8. 11. 74 dem Bundestag die Entwürfe eines EStG 1975 u KStG 1976 vor (BR-Drucks 700/73; BT-Drucks 7/1470). Der Entw entschied sich für ein VollAnrV mit gespaltenem KStSatz (s Anm. 14). Die Entw EStG 1975 und KStG 1976 wurden im Gesetzgebungsverfahren geteilt (s Antrag und Bericht des FinA v 24. 5. 74 und v 30. 5. 74, BT-Drucks 7/2164, 7/2180). Die EStReform trat – das Reformwerk wurde wesentl beschnitten – 1975 in Kraft (Neubekanntgabe des EStG v 5. 9. 74, BGBl I 74, 2165; BStBl I 74, 733). Im Gesetzgebungsverfahren wurde der RegEntw des KStG 1977 geringfügig geändert; der StSatz für nicht in das AnrV einbezogene Körperschaften wurde auf 50 vH, der StSatz für Sparkassen auf 44 vH gesenkt;

Aufsichtsratsvergütungen sind nur zur Hälfte abzugsfähig; auf eine ausführl Regelung der Zulässigkeit versicherungstechnischer Rückstellungen wird verzichtet (vgl BT-Drucks 7/5302, 2). Im übrigen wurde der Entw in seinen prinzipiellen Entscheidungen unangetastet Gesetz. Das KStReformgesetz wurde am 31. 8. 76 (BGBl I 76, 2597; BStBl I 76, 445) verkündet. Ergänzt wurde das KStG durch die KStDV 1977 v 14. 6. 77 (BGBl I 77, 848; BStBl I 77, 318) und durch das UmwStG 1977 v 6. 9. 76 (BGBl I 76, 2641; BStBl I 76, 476; Teil des EG zum KStReformG) – inzwischen reformiert durch das Gesetz zur Änderung des Umwandlungssteuerrechts v 28. 10. 94 (BGBl I 94, 3267; BStBl I 94, 839).

16. Die mit der KStReform 1977 verfolgten **Zwecke** (s BT-Drucks 7/1470, 326; BT-Drucks 7/5303, 2): Nicht ausgeschüttete Gewinne sind grundsätzl mit einer besonderen KSt zu besteuern. Die KSt bleibt folgl eine eigenständige St der KapGes (BFH BStBl II 82, 401; II 87, 508; *Döllerer* BB 83, 1). Die Entlastung erfolgt auf der Ebene des AntE bei Ausschüttungen. Durch die Anr wird der stl bedingte Interessengegensatz zwischen Großaktionär (Interesse an Gewinnthesaurierung in der Körperschaft) und Kleinaktionär (Interesse an Ausschüttungen) abgebaut. Durch die Spaltung des StSatzes wird eine allg Verringerung der Bardividende dt KapGes vermieden. Die Differenz zwischen den Kosten der Eigen- und Fremdfinanzierung wird geringer, da die stl DoppelBel auf die Eigenfinanzierung entfällt. Weiter wird eine breitere Vermögensbildung bezweckt. Die Besteuerung soll von der Unternehmensform gelöst werden und diese nicht mehr bestimmen; ua soll auf diese Weise der GmbH & Co KG entgegengewirkt werden (durch die handelsrechtl Bel der GmbH – PublizitätsPfl, PrüfungsPfl – u die vermögenstl u erbschaftstl Behandlung wird allerdings weiter die GmbH & Co KG begünstigt). Schließl soll der sog Ausländereffekt (s ABC „Ausl Anteilseigner") beseitigt werden.

Mit der KStReform wurde die BReg aufgefordert, über die Auswirkungen der Reform auf die **Stiftung** zu berichten (BT-Drucks 7/5303, 4); dieser Bericht kommt zu dem Ergebnis, daß kein Grund besteht, die StBel zu senken, vielmehr sei sie in einigen Fällen zu verschärfen (vgl BT-Drucks 8/3165); s auch *Sorg* BB 83, 1620.

17. Wertung: Aus den Gesetzen der Steuerreform der siebziger Jahre ragt das KStG 1977 deutlich heraus. Es ist das einzige Gesetz – selbst im Vergleich zur AO 1977 –, das uneingeschränkt den Namen Reform verdient. Die Beseitigung der DoppelBel wurde radikal durchgeführt. Kompromisse im Gesetzgebungsverfahren verwässern nur im Randbereich das Reformwerk (Aufsichtsratsvergütung). Als fortbestehender Mangel ist die DoppelBel mit VSt und Bel dieser VSt mit nicht anrechenb KSt zu vermerken (dazu § 31 Anm 1, 8). Außerdem ist sachl nicht zu rechtfertigen, stfreie Erträge der KapGes im Ausschüttungsfall zu stpfl Erträgen umzuqualifizieren (vgl auch ABC „Steuerfreie Erträge"; eine Teilkorrektur brachte § 8b). Während vor der KStReform die Zahl der kstpfl KapGes jährl um etwa 5000 stieg, betrug die jährl Zunahme nach der Reform ca 26 000 Gesellschaften. Ende 1980 gab es über 250 000 Gesellschaften (gegenüber 147 000 am 31. 12. 76; *Krebs* StbKongrRep 81, 356), 1986 rund 350 000,

Änderungen des KStG **18, 19 Vor § 1**

im Mai 1992 509949 (*Hansen* GmbR 93, 146, 147; die Zahl erfaßt auch die GmbHs in den neuen Bundesländern), inzwischen 770000 (*Hansen* GmbHR 97, 204). Dem Ziel, die Unternehmensreform von der Besteuerung zu lösen, kam die KStReform mithin sicher ein wesentl Stück näher. Soweit *Krebs* aaO berichtet, auch das Ziel, die Attraktivität der Aktie zu erhöhen, sei erreicht, sind Zweifel angebracht. Zur Kritik s insbes *Metz,* Das KStG 1977, Diss Freiburg, 1981; *Brezing* StbJb 81/82, 392; auch *Knobbe-Keuk,* Bilanz- und UnternehmensStR, 9. Aufl, 1993, 564.

18. Reformdiskussion nach dem KStG 1977. Schrifttum s Anm 1, 2. Der DJT forderte 1980, s FR 80, 511, GmbHR 80, 243: Das VollAnrV soll bestehen bleiben; PersGes mit kstl Struktur sollen kstpfl sein; Änderung des KStRechts im Hinblick auf ausl AntE; Einf des AnrV für die VSt. Dagegen steht zT die Bestrebung im Rahmen der EG-Harmonisierung, das TeilAnrV einzuführen, s Anm 11, 14. 1988 stellte der BMF einen Ref-Entw zur Vereinfachung des AnrV zur Diskussion; s hierzu in Anm 2 angegebene Literatur (insbes *Dötsch* DB 88, 2426); es geht insbes um eine Vereinfachung der Gliederungsrechnung. Auch mit dem StandOG v 13. 9. 93 (Anm 19) wurde versucht, das AnrVerf zu vereinfachen; auch hier wurden diese Vorhaben nicht realisiert (vgl die Materialien zum StandOG, Anm 19). Noch kaum gelöst sind die Probleme, wenn verschiedene nationale Anrechnungssysteme aufeinanderstoßen; dazu *Herzig* IStR 96, 196.

19. Änderungen des KStG 1977. Das KStG 1977 v 31. 8. 76 (BGBl I 76, 2597; BStBl I 76, 445) wurde erstmals durch das StÄndG v 16. 8. 77 (BGBl I 77, 1586; BStBl I 77, 442) geändert; eingefügt wurden die §§ 5 I Nr. 16, 54 VIII. Durch das ErdölbevorratungsG v 25. 7. 78 (BGBl I 78, 1073; BStBl I 78, 380) wurde § 5 I Nr. 1 ergänzt.

Ab 1980: Das G zur Änderung und Vereinfachung des EStG und anderer G v 18. 8. 80 (BGBl I 80, 1537; BStBl I 80, 581; sog OmnibusG) änderte die § 5 I Nr 2, 14, §§ 9, 23 u 54; dazu BT-Drucks 8/2116, 8/3688, 8/3898, 8/4007, BR-Drucks 295/80. Änderungen der §§ 26, 28, 39, 47, 54 durch das G zur Änderung des EStG, des KStG und andere G v 20. 8. 80 (BGBl I 80, 1545; BStBl I 80, 589); dazu BT-Drucks 8/3648, 8/4141, 8/4157, BR-Drucks 511/79, 325/80. §§ 5 I Nr 2 u 54 wurden durch das Erste G zur Änderung des G über die Zusammenlegung der Dt Landesrentenbank und der Dt Siedlungsbank v 22. 8. 80 (BGBl I 80, 1558; BStBl I 80, 624) geändert. Das SubventionsabbauG v 26. 6. 81 (BGBl I 81, 537; BStBl I 81, 523) änderte die §§ 7, 22, 23, 53, 54; dazu BT-Drucks 9/92, 9/217, 9/378; BR-Drucks 631/80, 194/81.

Ab 1983: Das 14. G zur Änderung des VersicherungsaufsichtsG v 29. 3. 83 änderte § 5 I Nr. 4 (BGBl I 83, 377; BStBl I 83, 311). Das G zur Änderung des PartG und anderer G v 22. 12. 83 (BGBl I 83, 1577; BStBl I 84, 7) änderte § 5 I Nr 7 u §§ 9, 54; dazu BT-Drucks 10/183, 10/684, 10/685, 10/697, 10/702; BR-Drucks 519/83. Das G zur Stärkung der Wettbewerbsfähigkeit der Wirtschaft und zur Einschränkung von stl Vorteilen (StEntlastungsG 1984 v 22. 12. 83, BGBl I 83, 1583; BStBl I 84, 14) reformierte die §§ 9, 26, 27–30, 32, 37, 38, 54; dazu BT-Drucks 10/336, 10/345, 10/348, 10/686, 10/716; BR-Drucks 303/83, 515/83. Das G zur

Vor § 1 19 Änderungen des KStG

Änderung des EStG und des KStG v 25. 7. 84 (BGBl I 84, 1006; BStBl I 84, 401) änderte die §§ 10, 54; Materialien s § 10 Anm 15. Durch das StBereinigungsG 1985 v 14. 12. 84 (BGBl I 84, 1493; BStBl I 84, 659) wurden die §§ 5 I Nr 2, 8 III, 31, 33, 49, 50, 51, 54 geändert; dazu BT-Drucks 10/1636, 10/2364, 10/2370; BR-Drucks 140/84, 555/84. Das StBereinigungsG 1986 v 19. 12. 85 (BGBl I 85, 2436; BStBl I 85, 735) änderte die §§ 7 II, 44 I Nr 5, 54; dazu BT-Drucks 10/1636, 10/4498, 10/3426, 10/4513; BR-Drucks 568/85.

Ab 1986: Das G zur Änderung des G über die Lastenausgleichsbank v 20. 2. 86 (BGBl I 86, 297; BStBl I 86, 146) änderte § 5 I Nr 2. Das G über das Baugesetzbuch v 8. 12. 86 (BGBl I 86, 2191; BStBl I 87, 95) fügte § 5 I Nr 17 ein und änderte § 54. Das StReformG 1990 v 25. 7. 88 (BGBl I 88, 1093; BStBl I 88, 224) änderte die §§ 5 I Nr 2, Nr 10, Nr 11, Nr 12, Nr 13, Nr 16, Nr 17, 7 V, 8, 10 Nr 2, 23, 26, 30 I Nr 1, 31 I Nr 4, 32 IV Nr 2, 33, 50 I Nr 3, 54; Materialien: BT-Drucks 11/2157, 11/2226, 11/2299, 11/2529, 11/2536, 11/2559; BR-Drucks 100/88, 300/88. Das G zur stl Begünstigung von Zuwendungen an unabhängige Wählervereinigungen v 25. 7. 88 (BGBl I 88, 1185; BStBl I 88, 397) änderte § 9 Nr 3 u fügte § 54 V ein, wobei § 54 V durch das HaushaltsbegleitG v 20. 12. 88 (BGBl I 88, 2262; BStBl I 89, 19) erneut korrigiert wurde. §§ 9 Nr 3, 54 wurden abermals durch das 5. G zur Änderung des PartG ua G v 22. 12. 88 (BGBl I 88, 2615; BStBl I 89, 40) geändert.

Ab 1989: Das G zur Verbesserung und Vereinfachung der Vereinsbesteuerung v 18. 12. 89 (BGBl I 89, 2212; BStBl I 89, 499) änderte § 5 Nr 2 u 9 sowie abermals § 9 Nr 3, außerdem §§ 24 u 54; Materialien: BT-Drucks 10/6298, 11/4176, 11/4305, 11/5582; BR-Drucks 621/89. Durch das RentenRefG 1992 v 18. 12. 89 (BGBl I 89, 2261; BStBl I 90, 113) wurden die §§ 5 I Nr 8 u 54 geändert. Das WohnungsbauförderungsG v 22. 12. 89 (BGBl I 89, 2408; BStBl I 89, 505) korrigierte §§ 5 I Nr 14, 50 u 54; dazu BT-Drucks 11/5970; BR-Drucks 692/89.

Der **Einigungsvertrag 1990** (BGBl II 90, 889, 976; BStBl I 90, 656) fügte durch die Anlage I B Kap IV Sachgebiet B II Nr 19 die § 5 I Nr 1a, 2a, § 30 III an, änderte § 54 I, XII, XIII und schaffte § 54a neu; dazu BT-Drucks 11/7760 u Bulletin des Presse- und Informationsamts der BReg v 6. 9. 1990. Zur **Ausdehnung** der **Geltung** des **KStG auf** das Gebiet der **früheren DDR** s § 54 I, § 54 Anm 2.

Ab 1990: Das G zur Änderung des G über Bausparkassen v 13. 12. 90 (BGBl I 90, 2770; BStBl I 91, 43) fügte § 21a ein und ergänzte § 54 um Abs 8a. Das Kultur- u StiftungsförderungsG v 13. 12. 90 (BGBl I 90, 2775; BStBl I 91, 51) änderte §§ 9 Nr 3 Buchst a, 13 IV u 54 V, VII a; Materialien: BT-Drucks 11/7833, 11/8383; BR-Drucks 258/90; 756/90. Das StÄndG 1991 v 24. 6. 91 (BGBl I 91, 1322; BStBl I 91, 665) faßte § 49 I neu u ergänzte § 54 V; dazu BR-Drucks 141/91; BT-Drucks 12/219. Das StÄndG 1992 v 25. 2. 92 (BGBl I 92, 297; BStBl I 92, 146) änderte die §§ 1 Nr 1, 5 I Nr 2, 3, 5, 16, 17, die §§ 12 II, 14, 17, 26, 31, 47, 54, 55; dazu BT-Drucks 12/1108, 12/1368, 12/1466; BR-Drucks 654/91. Das G zur Umsetzung des Förderalen Konsolidierungsprogramms – FKPG – v 23. 6. 93 (BGBl I 93, 944; BStBl I 93, 510) änderte § 26a II a u § 49 I; da-

Änderungen des KStG 20, 21 **Vor § 1**

zu BT-Drucks 12/4401, 12/4748, 12/4801. Zu einer Vielzahl von Änderungen, näml der §§ 5, 8, 13, 23, 26, 27, 28, 30, 31, 32, 33, 35, 40, 42, 44, 45, 46, 52, 53 u 54, und zur Normierung der §§ 8a, 8b führte das G zur Verbesserung der stl Bedingungen zur Sicherung des Wirtschaftsstandorts Deutschland im Europäischen Binnenmarkt – Standortsicherungsgesetz – StandOG – v 13. 9. 93 (BGBl I 93, 1569; BStBl I 93, 774); dazu BT-Drucks 12/4158, 12/4487, 12/5016; BR-Drucks 1/93, 368/93, 479/93. Durch das G zur Bekämpfung des Mißbrauchs u zur Bereinigung des StR (Mißbrauchsbekämpfungs- u StBereinigungsG – StMBG) v 21. 12. 93 (BStBl I 93, 2310; BStBl I 94, 50) wurden die §§ 5, 8b, 15, 31, 53 u 54 geändert; Materialien: BT-Drucks 12/5630, 12/5764, 12/5940, 12/6078; BR-Drucks 788/93. Das EisenbahnneuordnungsG v 27. 12. 93 (BGBl I 93, 2378; BStBl I 94, 136) änderte § 5 I Nr 1, strich § 5 I Nr 1a und fügte § 54 Ia ein. Das Sechste G zur Änderung des ParteienG u anderer G v. 28. 1. 1994 (BGBl I 94, 142; BStBl I 94, 207) änderte §§ 5 I Nr 5, 9 u 54 VII; dazu BT-Drucks 12/4425, 12/5774, 12/5777, 12/6090. Das Versicherungsbilanzrichtlinie G v. 24. 6. 94 (BGBl I 94, 1377; BStBl I 94, 466) änderte § 20 u § 54; Materialien: BT-Drucks 12/5587, 21/7586; 12/7646. § 5 I Nr 3d wurde durch Art 15 des G v 21. 7. 94 (BGBl I 94, 1630; BStBl I 94, 742) korrigiert. Das PostneuordnungsG v 14. 9. 94 (BGBl I 94, 2325) änderte § 5 I Nr 1 u fügte § 54 Ib ein. Das G zur Änderung des UmwandlungsStR v 28. 10. 94 (BGBl I 94, 3267; BStBl I 94, 839) änderte §§ 8b, 12 II, 13 III, IV, 30 III, 38, 54 VIIIb, XII u fügte die §§ 38a, 38b ein; Materialien: BT-Drucks 12/6054, 12/6885, 12/7263, 12/7945; BR-Drucks 132/94, 587/94).

Ab 1996: Das JStG 1996 v 11. 10. 96 (BGBl I 95, 1250; BStBl I 95, 437) änderte §§ 5 I Nr 3e, 9 u 54; dazu: BT-Drucks 13/4251, 13/901, 13/1558, 13/1686, 13/1960; BR-Drucks 304/95. Das JStErgG 1996 v 18. 12. 95 (BGBl I 95, 1959; BStBl I 95, 786) änderte § 5 I Nr 2, fügte hier Nr 21 ein und ergänzte § 54. Das JStG 1997 v 20. 12. 96 (BGBl I 96, 2049; BStBl I 96, 1523) ergänzte § 5 um die Nr 22 und änderte die Nr 2a; zum Inkrafttreten s § 54 idF des G v 20. 12. 96; Materialien: BT-Drucks 13/4838, 4839, 4845, 5359, 5504, 5758, 5951, 5952, 6530; BR-Drucks 390/96, 423/96, 804/96. Das G zur Fortsetzung der Unternehmenssteuerreform (Beschluß des Vermittlungsausschusses v 4. 8. 1997) änderte § 8 IV mit Wirkung ab VZ 1997 (§ 54 VI idF dieses G); Materialien BT-Drucks 13/901, 13/7000, 13/7570, 13/7579, 13/8325; BR-Drucks 2221/97.

20. Neufassungen: KStG 1981 v 10. 12. 81 (BGBl I 81, 1357; BStBl I 82, 1); **KStG 1984** v 10. 2. 84 (BGBl I 84, 217; BStBl I 84, 158) u **KStG 1991** v 11. 3. 91 (BGBl I 91, 638; BStBl I 91, 135); **KStG 1996** v 22. 2. 96 (BGBl I 96, 340; BStBl I 96, 166).

21. Zum KStG gilt die **KStDV 1977** v 14. 6. 77 (BGBl I 77, 848; BStBl I 77, 318), die **KStDV 1984** v 31. 7. 84 (BGBl I 84, 1055; BStBl I 84, 483) u die **KStDV 1994** v 22. 2. 96 (BGBl I 96, 365; BStBl I 96, 191) mit nachfolgenden Änderungen (s zu § 5 u § 26).

Erster Teil. Steuerpflicht

§ 1 Unbeschränkte Steuerpflicht

(1) Unbeschränkt körperschaftsteuerpflichtig sind die folgenden Körperschaften, Personenvereinigungen und Vermögensmassen, die ihre Geschäftsleitung oder ihren Sitz im Inland haben:
1. Kapitalgesellschaften (Aktiengesellschaften, Kommanditgesellschaften auf Aktien, Gesellschaften mit beschränkter Haftung, bergrechtliche Gewerkschaften);
2. Erwerbs- und Wirtschaftsgenossenschaften;
3. Versicherungsvereine auf Gegenseitigkeit;
4. sonstige juristische Personen des privaten Rechts;
5. nichtrechtsfähige Vereine, Anstalten, Stiftungen und andere Zweckvermögen des privaten Rechts;
6. Betriebe gewerblicher Art von juristischen Personen des öffentlichen Rechts.

(2) Die unbeschränkte Körperschaftsteuerpflicht erstreckt sich auf sämtliche Einkünfte.

(3) Zum Inland im Sinne dieses Gesetzes gehört auch der der Bundesrepublik Deutschland zustehende Anteil am Festlandsockel, soweit dort Naturschätze des Meeresgrundes und des Meeresuntergrundes erforscht oder ausgebeutet werden.

Abs 1 Nr 1 lautete bis zur Änderung durch das G v 25. 2. 92 (Anm 2):
1. Kapitalgesellschaften (Aktiengesellschaften, Kommanditgesellschaften auf Aktien, Gesellschaften mit beschränkter Haftung, Kolonialgesellschaften, bergrechtliche Gewerkschaften);

Körperschaftsteuerrichtlinien: Abschnitte 2, 3

Übersicht

1.	Allgemeines
2.	Geltungszeit
3.	Unbeschränkte StPfl (Abs 1)
4.–6.	Qualifikationsfragen
7.–10.	Beginn/Ende der KStPfl
11.	Geschäftsleitung oder Sitz im Inland
12.	Kapitalgesellschaften (Abs 1 Nr 1)
13.	Erwerbs- und Wirtschaftsgenossenschaften (Abs 1 Nr 2)
14.	VVaG (Abs 1 Nr 3)
15.	Sonstige juristische Personen des privaten Rechts (Abs 1 Nr 4)
16.–21.	Nichtrechtsfähige Vereine, Anstalten, Stiftungen und andere Zweckvermögen (Abs 1 Nr 5)
22.	Betriebe gewerblicher Art von juristischen Personen des öffentlichen Rechts (Abs 1 Nr 6)
23.	Sachliche StPfl (Abs 2)
24.	Inland (Abs 1, 3)
25.	Festlandsockel (Abs 3)

Qualifikationsfragen 1–4 § 1

1. Allgemeines: § 1 I iVm § 3 legt die subj StPfl fest; hier wird normiert, wer stpfl ist. In § 1 II wird die obj StPfl (was ist stpfl?) für die unbeschr Stpfl geregelt; daneben tritt die obj StPfl der beschr Stpfl (§ 8 I KStG iVm § 49 EStG).

2. Geltungszeit § 1 gilt ab VZ 1977 (§ 54 I idF des KStG 1977); allerdings liegt gegenüber § 1 KStG aF nur eine Formulierungs-, keine Rechtsänderung vor. Das StÄndG 1992 v 25. 2. 92 (BGBl I 92, 297; BStBl I 92, 146; s Vor § 1 Anm 19) streicht aus § 1 I Nr 1 die KolonialGes (s auch Anm 12), und zwar ab VZ 1991 (§ 54 I idF des KStG 1991, Vor § 1 Anm 20).

3. Unbeschränkte StPfl: Abs 1 zählt die Körperschaften auf, die subj stpfl sind. Die Aufzählung ist abschließend; Analogie ist grundsätzl nicht mögl (BFH BStBl II 71, 187); Ausnahme: ausl Körperschaften (s Anm 5) und GründungsGes (s Anm 8). Wenn Abs 1 vor der Aufzählung von „Körperschaften, Personenvereinigungen und Vermögensmassen" spricht, so haben diese Begriffe für Abs 1 keine eigenständige Bedeutung; entscheidend sind die Begriffe der Nr 1–6; anders § 2 (s § 2 Anm 3).

Die **KStPfl** kann **nicht** durch die Vereinbarung **unterlaufen** werden, die Körperschaft handele stets für die AntE (RFH RStBl 30, 714; FG Nbg EFG 57, 96) oder sie sei allg **Treuhänderin** der AntE (BFH BStBl II 75, 553). **Gewinnausschlußvereinbarungen** sind nicht mögl (vgl BFH BStBl II 75, 124 betr Unzulässigkeit von gewinnlosen Einkaufs- und VerkaufsGes; s auch § 8 Anm 97, 98 zur vGa in diesen Fällen). Zu einer weiteren unzulässigen Gestaltung s auch BFH BStBl II 88, 629.

4. Qualifikationsfragen. Zur abschließenden Aufzählung und zum Analogieverbot s Anm 3. Für die KStPfl und zur Anwendung von Abs 1 Nr 1–6 ist die zivilrechtl Rechtsform entscheidend (RFH RStBl 44, 396; BFH BStBl III 56, 95; III 59, 50: KG ist auf keinen Fall kstpfl; III 59, 197, 369; II 71, 187; auch nicht die sog kapitalistische KG: BFH GrS BStBl II 84, 751); dazu A 2 I KStR, § 3 Anm 3. Die PartnerschaftsGes ist nicht kstpfl. EinmannGes oder EhegattenGes ist anzuerkennen (RFH RStBl 31, 741; 35, 1159; 36, 682; BFH BStBl III 55, 397; III 59, 369: auch wenn die GmbH – zB als Anwalts-GmbH – freiberufl Tätigkeit ausübt). Dies schließt Unterschiede bei der Besteuerung im Verhältnis zum beherrschenden Gesellschafter nicht aus (vgl § 8 Anm 120 ff). Aufspaltung eines Unternehmens, zB in Besitz- und VertriebsGes oder die sog Betriebsaufspaltung, ist ebenfalls anzuerkennen (ständige Rspr, RFH RStBl 44, 396; BFH BStBl III 59, 50). Unerhebl ist, ob die Gründung einer Körperschaft betriebl oder aus anderen Gründen motiviert ist (RFH RStBl 44, 396). Zur Einheitstheorie bei Ordensgemeinschaften, die ab 1994 nicht mehr angewandt wird, FinVerw 1992 StEK KStG 1977 § 1 Nr 36.

FamilienGes sind unbedenkl; die Rspr zu den Familien-Mitunternehmerschaften ist nicht übertragb; die jur Pers und die Beteiligung von Familienmitgliedern nach den Normen des GmbHG, AktG usw können nicht negiert werden. Das AnrV kennt weiterhin die Subjektfähigkeit der Körperschaft als StSchuldner (BFH BStBl II 82, 401). Die Körperschaft wird kstrechtl anerkannt. Zwar mag man wirtschaftl davon sprechen, daß die KSt nichts anderes ist als eine VorausZ auf die ErtragSt des AntE; gleich-

§ 1 5 Unbeschränkte Steuerpflicht

wohl dürfen steuerrechtl Körperschaft und AntE nicht gleichgesetzt und Regeln der Mitunternehmerschaft nicht auf die Körperschaft übertragen werden (gegen die Durchgriffsthese von *Mannhold* StuW 80, 135 u *ders,* BetrAufsp u GmbH & Co KG als Rechtsformalternative im kstl AnrV, 1979, 253 ff).
Zum **Mißbrauch** s ABC. Gegen die Nichtanerkennung einer inl GmbH wegen Mißbrauchs FG RhPf EFG 87, 332. Nach *Arndt/Ringel* BB 88, 2147 soll die Rspr zu den ausl BasisGes auch auf inl KapGes zu übertragen sein, wenn an ihr ausl AntE beteiligt sind; mE abzulehnen.

5. Ausl Körperschaften können unbeschr stpfl sein, wenn sie im Inl über Sitz o Geschäftsleitung verfügen; findet auf die Ges dt Recht Anwendung, ist die Einordnung unter Abs 1 unproblematisch. Untersteht die Körperschaft hingeg ausl Recht (zB bei Anknüfung an den Ort der Geschäftsleitung: tatsächl Geschäftsleitung im Ausl, Sitz aber im Inl; oder bei tatsächl Geschäftsleitung im Inl u Anknüpfung an ein ausl Gründungsrecht wie im EG-Abk über die Anerkennung von Ges u jur Pers, BGBl II 72, 369 – nicht in Kraft getreten – vorgesehen), so hat ein „Typenvergleich" zu erfolgen; entspricht die Körperschaft einer inl in Abs 1 aufgezählten Körperschaft, ist sie als kstpfl Körperschaft zu behandeln (RFHE 27, 73 (1930) betr venezolanische KG; 27, 303 (1930) betr rumänische Ges; BFH BStBl II 68, 695; BFH BStBl II 83, 77 betr GewSt; BFH BStBl II 88, 588 betr thailändische KG mit HFRAnm 88; 465; *Maas* 1989 StRKAnm KStG 1977 § 2 Nr 1 R 1; FG Karlsruhe (1961) IWB 3 Deutschland Gr 4, 1 betr niederländische N. V.; FinVerw 1976 StEK Dopp Best Spanien Nr 4: spanische PersGes sind Mitunternehmerschaften; *Arendt* StuW 59 Sp 381 u 60 Sp 351; *Bellstedt,* Die Besteuerung international verflochtener Ges, 3. Aufl, 1973, 250; *Krabbe* RIW/AWD 76, 135; *Kluge* DStR 76, 365; *Mössner* RIW 86, 208; *Lehner* RIW 88, 201; ähnl, jedoch ausschließl an steuerrechtl Kriterien anknüpfend, *Wurster* FR 80, 588 u RIW/AWD 81, 679; aA *Hintzen* DStR 71, 327 u StuW 74, 319). BFH BStBl II 92, 972 u Vorinstanz FG D'dorf EFG 87, 202 gehen diesen Weg konsequent weiter: Eine liechtensteinische AG, deren Geschäftsleitung im Inl und die gesrechtl nicht anzuerkennen ist, ist nach diesem Typenvergleich KStSubjekt (vgl hierzu *Ebenroth/Auer* RIW 92, 998; krit *Wassermeyer,* DStJG 20 (1997), 83; vgl auch BFH/NV 94, 661 eine spanische AG betr). Die im Inl tätige englische Ltd kann mithin kstpfl sein. Die FinVerw hatte zuerst differenziert (vgl 1985/1988 StEK KStG 1977 § 1 Nr 20, 23): Ist der Ort der Geschäftsleitung in England, so liegt beschr KStpfl vor, ist er im Inl, so ist ein KStSubjekt nicht anzuerkennen, weil die Ltd nach der Sitztheorie hier nicht anerkannt wird (vgl OLG Oldenburg GmbHR 90, 346); krit *Hartmann* DB 87, 122; *Meilicke* RIW 90, 449. Aus BFH BStBl II 92, 972 folgt, daß die FinVerw an dieser Differenzierung nicht mehr festhält (vgl auch FinVerw 1993 StEK KStG 1977 § 1 Nr 37: KStPfl ist zu bejahen, auch wenn die Geschäftsleitung im Inland ist). Der Erlaß Nr 37 aaO und die Ergänzungen FinVerw 1994, 1995 StEK KStG 1977 § 1 Nr 38, 41, 42 enthalten eine **Liste** der **ausl Körperschaften,** die den inländischen Körperschaften entsprechen. Zur Vercharterung von Hochseeyachten durch eine

Ltd s *Horlemann* BB 87, 740. Der Vergleich entscheidet nicht nur über die KStPfl, sondern auch über die Eingruppierung in Abs 1 Nr 1–5. Diese Qualifizierung ist auch für § 7 KapErhStG maßgebend (s dort Anm 3); folgl können die Erlasse der FinVerw (§ 7 KapErhStG Anm 6) auch für die KStPfl herangezogen werden (HFR Anm 88, 465). Zur Sitzverlegung über die Grenze s weiter *Baranowski* IWB 3 Deutschland Gr 4, 331 (6/89); *Dötsch* DB 89, 2296; *Meilicke* aaO; *Debatin* GmbHR 91, 164. Kriterien zur KStSubjektivität im US-Recht *Bodes/Walz* GmbHR 86, 435.

Sonderbehandlung ausl Körperschaften in Niedrigsteuerländern nach §§ 7ff AStG, s dort; zu ausl Familienstiftungen s § 15 AStG; zu **ausl BasisGes** s ABC.

6. Zu den sog **SpaltGes** (Ges mit Vermögen in verschiedenen Staaten, das aufgrund politischer Ereignisse nicht mehr einheitl beurteilt werden kann) s BFH BStBl III 56, 289; III 57, 243; III 66, 207 (kritisch *Flume* DB 66, 754); III 66, 682 betr Gen; FG D'dorf EFG 65, 240; FinVerw 1963 StEK KStG § 1 Nr 8.

7. Beginn/Ende der KStPfl

Schrifttum: *Heuer* DStZ/A 52, 12; *Salditt* StuW 71, 191; *Streck* BB 72, 261; *Stolterfoth* StRKAnm KStG § 1 R 74; *Henninger* GmbHR 74, 269; *Heckmann* DB 76, 980; *Werndl* ÖStZ 77, 138; *Römer,* Die stl Behandlung von Vorformen der KapGes, Diss Göttingen, 1978; *Schuhmann* GmbHR 81, 196; *Crezelius,* Die werdende GmbH – Gesellschaftsrechtl Grundlage, bilanz- und steuerrechtl Konsequenzen, DStR 87, 743, 749; *W Wassermeyer,* Die VorGes im KStRecht, DStR 91, 734.

Die Vereinbarung, eine Körperschaft zu errichten oder zu gründen, führt zur sog **VorgründungsGEs** (BFH BStBl II 90, 91 mit Hinweisen zur Terminologie); falls sie gewerbl tätig wird, handelt es sich um eine gewerbl Mitunternehmerschaft (§ 15 I Nr 2 EStG); FG Münster EFG 88, 651; *Crezelius* DStR 87, 743, 749). A 2 III, IV KStR mit dem Hinweis, im Einzelfall sei eine Steuerpflicht nach § 1 I Nr 4 u § 3 denkbar.

8. Die **KStPfl beginnt** mit dem Vertragsabschluß (Satzung, Statut, Vertrag usw); es entsteht die sog **Gründungs-** oder **VorGes** (vgl BFH BStBl II 90, 91 468; II 93, 352), die wie im Zivilrecht eher Ähnlichkeit mit der gegründeten Körperschaft als mit anderen Gebilden hat und folgl wie diese kstpfl ist (vgl für einen problemlosen Fall BFH BStBl II 83, 247). Unerhebl ist, ob diese Ges nach außen auftritt oder Vermögen besitzt; diese Bedingung, bei entstandenen Körperschaften unerhebl, muß auch im Gründungsstadium unerhebl sein (*Streck* BB 72, 263; HFRAnm 93, 193 aus BFH BStBl II 93, 352 herleitend; aA BFH BStBl III 60, 319). Nach BFH BStBl II 81, 600 – ähnlich auch FG Münster EFG 88, 651 – beginnt die StPfl – hier: die VStPfl – mit dem Abschluß des GesVertrages, der Übertragung von Vermögen und dem Auftreten nach außen; diese Entscheidung ist dahingehend zu verstehen, daß zumindest in diesen Fällen die StPfl beginnt; nicht entschieden ist, ob alle Merkmale vorliegen müssen (HFRAnm 81, 482; ähnl *Döllerer* ZGR 82, 573: an die Voraussetzungen einer nach außen in Erscheinung tretenden Tätigkeit dürfen keine übertriebenen Anforderungen gestellt werden). Die Gründung muß ernst gemeint sein. Selbst ein Mangel in der Form ist unerhebl, wenn die Gründer den Vertrag wirtschaftl durchführen (BFH BStBl II 73, 568). AA, VorGes nicht kstpfl, *Heckmann* DB 76, 980; *Römer* aaO; *Schuhmann* GmbHR 81, 198; diese Ansicht kann sich in erster Linie auf die zivilrechtl Haftung der Gründer stützen, s zB BGH NJW 81, 1343 u GmbHR 84, 40; BayOblG BB 78, 1685; die Haftung betrifft auch StSchulden, FG Nds GmbHR 84, 51; *Schmidt* NJW 81, 1345; *Flume* NJW 81, 1753; *Fleck* GmbHR 83, 5. Zweifelhaft ist die Beurteilung, wenn die **Gründung scheitert,** die Körperschaft im zivilrechtl Sinn nicht zur Entstehung gelangt, insbes bei AG, GmbH, Gen, Verein, die Eintragung im Handels-, Genossenschafts- oder VereinsReg unterbleibt. ME kann die KStPfl nicht rückwirkend wieder entfallen (vgl *Streck* BB 72, 261; glA *Stolterfoth* 1973 StRKAnm KStG § 1 R 74; GmbH-Hdbch/*Tillmann* III, 321; *W Wassermeyer* DStR 91, 734, 736, mit der Besonderheit, daß die VorGes der KapGes keine KapGes iS des Abs 1 Nr 1 darstellt), anders die hA, die sich auf BFH BStBl III 52, 172, 180; III 60, 319 stützt; sie nimmt rückwirkend eine GbR und ggf eine gewerbl Mitunternehmerschaft an, sofern nicht ein nichtrechtsf Verein vorliegt (s zB FinVerw 1980 StEK KStG 1977 § 1 Nr 17; *Herrmann* StbJb 68/69, 181; H/H/R § 1 Anm 80, 85; *Werndl* ÖStZ 77, 138; FG Hbg EFG 89, 594). BFH BStBl II 73, 568 läßt diese Frage ausdrückl offen. Soweit sich BFH BStBl III 52, 172 auf die Rspr des RFH stützt, ist die Verweisung unzutreffend (s *Streck* aaO). Scheitern der Gründung kann im Einzelfall Indiz sein, daß es an einer ernsthaften Gründung mangelte. Die gescheiterte VorGes bleibt im übrigen bis zur Beendigung der Liquidation kstpfl; erfolgt eine Umgründung in eine PersGes, so erfolgt ein Wechsel der KStPfl der VorGes zur StPfl der an der Mitunternehmerschaft Beteiligten. Die gleiche Rechtslage gilt bei der Ein-Mann-GmbH (*Streck* KÖSDI 80, 3961; *Tillmann* in Das neue GmbHRecht in der Diskussion 1981, 142; *Heinemann,* Die GmbH-Novelle in der Steuerberatung, 1982, Anm 156). ME gelten diese Grundsätze im übrigen für **alle Körperschaften** der Nr 1–5. Allerdings sind der VVaG und der nichtrechtsf Verein vor ihrer Entstehung in der Gründungsphase idR nichtrechtsf Vereine und als solche kstpfl. Die Stiftung entsteht als KStSubjekt mit dem Stiftungsakt; staatl Genehmigung ist nicht erforderl (*Troll,* Best v Vereinen, Stiftung und Körp des öffentl Rechts, 3. Aufl, 1983, 159; aA RFHE 5, 30). Zweckvermögen s *Streck* StuW 76, 144; Beginn mit bindender Vertragsgestaltung. Zum Beginn der KStPfl einer GmbH, die 1990 aus einem ehemaligen volkseigenen Betr der DDR hervorgegangen ist, FG MeVo EFG 96, 77; dazu *Goutier/Holdorf-Habetha* BB 96, 1305. Die unbeschr KStPfl kann ebenfalls durch **Verlegung** des Sitzes oder der Geschäftsleitung ins Inland beginnen (s auch Anm 5 am Ende).

9. KStPfl endet mit der Beendigung der Liquidation; der Beginn der Auflösung berührt die StPfl nicht; s § 11 Anm 3. Für das Ende der Liquidation hat die entspr Eintragung in das HR nur deklaratorische Bedeutung; die StPfl kann fortbestehen, wenn die Liquidation tatsächl noch nicht beendet war. Zwangsliquidation ohne Beendigung der Tätigkeit beendet nicht die KStPfl (FG BaWürt EFG 90, 540). Beendigung jedoch durch Verschmelzung, Aufspaltung und Formwechsel in eine Personengesell-

Versicherungsvereine auf Gegenseitigkeit 10–14 § 1

schaft; alte und neue Ges sind nicht identisch (RFH RStBl 36, 789, 790; BFH BStBl III 64, 306). Bei Formwechsel in eine andere kstpfl Rechtsform bleibt die Identität gewahrt (BFH BStBl III 58, 468 gegen RFH-Rspr). Kein Ende der StPfl bei Konkurs; s § 11 Anm 15. Bei einem sog Mantelkauf kann eine Beendigung und ein Neubeginn der KStPfl anzunehmen sein; zum konkreten Problem des Verlustvortrags in derartigen Fällen s § 8 Anm 151 f. Zur Beendigung der unbeschr KStPfl durch Verlegung von Sitz und/oder Geschäftsleitung ins Ausl s § 12 mit Erläuterungen.

10. Bei einem **Wechsel** von der beschr zur unbeschr StPfl oder umgekehrt sind jeweils getrennte **Veranlagungen** erforderl (RFH RStBl 37, 1008; § 2 Anm 5).

11. Die unbeschr StPfl wird durch **Geschäftsleitung oder Sitz** im **Inl** bestimmt; die Erfüllung einer dieser Voraussetzungen genügt. Geschäftsleitung s § 10 AO; Sitz s § 11 AO; Inl s Anm 2.

12. KapGes (Abs 1 Nr 1); Schrifttum s Vor § 1 Anm 5, 6. Es liegt eine sog Klammerdefinition vor; die Aufzählung ist abschließend. AG, HandelsGes nach dem AktG. KGaA, maßgebend sind die Vorschriften des AktG, s dazu auch zu § 9 Nr 1. GmbH, HandelsGes nach dem GmbHG. KolonialGes, sterbende Rechtsform; Auflösung s BGBl I 75, 2253; gestrichen ab VZ 1991 (Anm 2). Bergrechtl Gewerkschaft, maßgebend landesgesetzl Vorschriften, Art 67 EGBGB. KStPfl auch, wenn sie nur verwaltend tätig wird (RFH RStBl 25, 207; 31, 837). Pfännerschaften (Gewinnung von Steinsalz) sind kstpfl, wenn es bergrechtl Gewerkschaften im vorgenannten Sinn sind. Die bergrechtl Gewerkschaften sind zum 1. 1. 86 aufgelöst, wenn sie nicht in eine allg Rechtsform umgewandelt werden (s BundesbergG v 13. 8. 80, BGBl I 80, 1310, insbes §§ 163 ff). Nicht unter Abs 1 Nr 1 fallen jur Pers des Gemeinen Rechts (Art 163, 164, 165, 166 EGBGB; BFH BStBl II 71, 187, dazu Anm 15 und § 3 Anm 5); GmbH & Co KG; auch AbschreibungsGmbH & Co KG mit einer Vielzahl von Kommanditisten (BFH GrS BStBl II 84, 751; dazu § 3 Anm 3). GründungsGes s Anm 7, 8.

13. Erwerbs- und WirtschaftsGen (Abs 1 Nr 2); Schrifttum: *Kirchhof,* Die Eigenständigkeit der Gen als StRechtssubjekt, 1980, s auch Vor § 1 Anm 7. Rechtsform regelmäßig als eingetragene Gen nach dem GenG; Nr 2 verlangt jedoch nicht die Eintragung in das GenReg und damit die Rechtsfähigkeit; daher sind Gen ebenfalls nichtrechtsf Vereine mit genossenschaftl Zügen (Konsum-, Molkereivereine usw; aber auch bei vielen Labor- und Apparategemeinschaften denkb); zu dieser nichtrechtsf Gen *Paulick,* Recht der eingetragenen Gen, 1956, 90 ff; die Qualifikation ist von Bedeutung, da die Gen im Gegensatz zu den nichtrechtsf Vereinen (Abs 1 Nr 5) ins AnrV einbezogen sind (§ 43 Anm 3). Keine Gen iSd Abs 1 Nr 2 sind öffentl-rechtl Gebilde, die den Namen Gen tragen. Zu den Hauberg-, Wald-, Forst- und LaubGen s § 3 Anm 5. Sondervorschriften für Gen s § 22.

14. VVaG (Abs 1 Nr 3): Maßgebend sind die §§ 15–53b VAG. Ist die vorgeschriebene Erlaubnis (§ 15 VAG) erteilt, spricht eine Vermutung dafür, daß ein VVaG vorliegt (RFH RStBl 30, 551); anders, wenn das FA feststellt, daß Satzungsbestimmungen oder tatsächl Geschäftsgebahren den anerkannten Grundsätzen eines VVaG widersprechen (RFH aaO). VVaG auch mögl, wenn die Erlaubnis gem § 15 VAG nicht vorliegt; in diesem Fall liegt ein nichtrechtsf Verein vor; s dazu RFH RStBl 33, 1243; 41, 742 mit strengen Anforderungen für das Vorliegen eines VVaG; vgl auch *Hecker* FR 85, 464.

15. Sonstige jur Pers des privaten Rechts (Abs 1 Nr 4); Schrifttum s Vor § 1 Anm 8, 9. Rechtsf Vereine (§§ 21 ff BGB), und zwar die ideellen ebenso wie die wirtschaftl (§ 22 BGB; BFH BStBl III 55, 12: Verein als Träger einer Getreidebörse); rechtsf Stiftungen (§§ 80 ff BGB); rechtsf Vereine und Stiftungen des Vor-BGB-Rechts, Art 163, 164, 165, 166 EGBGB (zB BFH BStBl II 71, 187). Kirchengemeinde mit verliehener Rechtsfähigkeit ist, sofern nicht Körp des öffentl Rechts entsteht, Verein (RFH RStBl 39, 66). Zur KStPfl v Ordensgemeinschaften und klösterl Niederlassungen s *Maier,* Grundlagen und Probleme der Klosterbesteuerung, 1959, 82 ff, oben Anm 4 u § 5 Anm 11. Zur Frage, ob Stiftung des privaten oder öffentl Rechts vorliegt, BFH BStBl III 51, 120. Zu Familienstiftungen, die an die Stelle von Familienfideikommisse getreten sind, s A 3 I KStR.

16. Nichtrechtsfähige Vereine, Anstalten, Stiftungen und andere Zweckvermögen **(Abs 1 Nr 5);** Schrifttum s Vor § 1 Anm 8. Die nichtrechtsf Vereine stehen als Personenvereinigungen den Anstalten, Stiftungen und Zweckvermögen als Vermögensmassen gegenüber (BFH StRK KStG § 1 R 48; *Streck* StuW 75, 138). Nr. 5 gilt nur für Körperschaften des Privatrechts; Klarstellungen durch das KStG 1977. Nichtrechtsf Vereine (§ 54 BGB) sind abzugrenzen von BGB-Ges, die, falls gewerbl tätig, Mitunternehmerschaften iSv § 15 I Nr 2 EStG sind, u v PartnerschaftsGes, die als Mitunternehmerschaften Eink nach § 18 (oder § 15) EStG erzielen. Der nichtrechtsf Verein hat regelmäßig eine körperschaftl Organisation, Organe wie Vorstand, Mitgliederversammlung; die Möglichkeit des leichten Mitgliederwechsels und die Unabhängigkeit des Vereins von bestimmten Mitgliedern sind typisch; erhebl ist, wer wirtschaftl als Träger des Vermögens anzusehen ist; bei dem Verein überwiegt die Eigenständigkeit des Vermögens gegenüber den Individualrechten der Einzelnen. S § 3 Anm 3. RFH RStBl 39, 702: Preis- und Konditionenkartell kstpfl. RFH RStBl 41, 374: Röntgeninstitut aus zwei Mitgliedern kein Verein; fünf Ärzte keine Körperschaft (FG Münster EFG 81, 143); Labor- und Apparategemeinschaft einer Mehrzahl von Ärzten kann nichtrechtsf Verein sein (FinVerw BB 78, 899 nimmt GbR an; dazu *Kröger* DStR 79, 220); ebenso Werkskantine. Investment-Club s ABC. Fleischer-Einkaufs- und VerwertungsGes kstpfl (FG Karlsruhe EFG 56, 393). Zu sog Tauschringen s *Brandenstein/Corino/Petri* NJW 97, 825. Zur Freiwilligen Feuerwehr s BFH BStBl II 97, 361. Untergliederungen von Großvereinen können ihrerseits nichtrechtsf Vereine sein (FinVerw 1988 StEK UStG 1980 § 2 Abs 1 Nr 45, 1989 Nr 49, 51; 1989 StEK KStG 1977 § 5 Nr 104 betr Parteien). Zur Frage, ob eine betriebl Unterstützungskasse ein nichtrechtsf Verein ist, s FG RhPf EFG 91, 266. Kirchen oder Gemeinden, die nicht Körp des öffentl Rechts sind, sind Vereine (RFH RStBl 39, 66 betr rechtsf Verein); zu Ordensgemeinschaf-

Zweckvermögen 17–19 § 1

ten s Anm 15 u 4. Zur kapitalistischen KG s § 3 Anm 3. Bei langjähriger Behandlung als Mitunternehmerschaft kann nicht dann, wenn es für den Stpfl günstiger ist, KStPfl behauptet werden (BFH BStBl III 65, 554; Bedenken insoweit, als die Rspr dem FA eher einen Wechsel zum richtigen Recht gestattet als dem StBürger).

17. Zweckvermögen sind **nichtrechtsf Stiftungen,** Anstalten und sonstige Zweckvermögen; es handelt sich um einen oder mehrere abgrenzb Vermögensgegenstände, die rechtl oder tatsächl einer Vermögensbindung unterliegen, so daß kein sonstiges einkommensteuer- oder kstpfl Subjekt über den Vermögensgegenstand und über die daraus gezogenen Erträge wie ein Eigentümer verfügen und auch die Zweckbindung nicht einseitig aufheben kann (vgl BFH BStBl III 53, 54; StRK KStG § 1 R 18, 51 und die nachfolgend zitierte Rspr; *Streck* StuW 75, 135). Ob ein oder mehrere Zweckvermögen vorliegen, ist eine Frage der jeweiligen wirtschaftl und organisatorischen Selbständigkeit (RFHE 10, 258 (1922)), also gestaltb. Eine zivilrechtl Übertragung auf einen anderen Träger ist nicht erforderl (RFH RStBl 38, 284; 36, 442); die Schaffung von Zweckvermögen ist folgl ohne Eigentumsänderung mögl (vgl RFHE 10, 240 (1922)); regelmäßig wird der Gegenstand allerdings unter Zweckbindung auf einen anderen Träger übertragen. Tatsächl Durchführung der rechtl Bindung ist notwendig (RFH RStBl 43, 658). Einkunftserzielung ist keine Rechtsbedingung für das Zweckvermögen. **Beispiele:** Treuhänderische Stiftungen, zB die vom Stifterverband für die dt Wissenschaft gehaltenen nichtselbständigen Stiftungen mit eigenem Entscheidungsgremium (vgl *Berkel/Krüger/Medling/Schindler/Steinsdörfer,* Treuhänderische Stiftungen, 5. Aufl, 1995). RFH RStBl 36, 442: Schulstiftung; RFH RStBl 38, 284: Unterstützungsfonds; RFH RStBl 38, 573: adliges Fräulein- und Witwen-Stift; RFH RStBl 38, 827: Grabpflegelegat; Fürsorgefonds von RFHE 7, 177 u StuW 43, 244 nicht als Zweckvermögen anerkannt. S weiter ABC „Nichtrechtsfähige Stiftung", „Zweckvermögen".

18. Nichtrechtsf **Anstalten** haben im Privatrecht keine eigenständige Bedeutung.

19. Sonstige Zweckvermögen: Allg s Anm 17; Beispiele: Marktbeeinflussende Förderungs- und Stabilisierungsfonds (vgl FinVerw 1971 StEK KStG § 4 Nr 69) s ABC; Sammelvermögen (§ 1914 BGB) s ABC; Urlaubskasse eines Betr (*Felix* BB 82, 2127); Erträge, die von dem Empfänger von Beginn an für einen bestimmten Zweck gebunden sind (vgl *Streck* StuW 75, 137, 144: Künstler, der für einen wohltätigen Zweck eine Schallplatte besingt; Urheberrecht kann Zweckvermögen sein); Werbefonds, gebildet aus Beiträgen der Gewerbetreibenden einer Branche, kann Zweckvermögen sein; Erbmasse s u; Vermögen mit unklaren Eigentumsverhältnissen kann Zweckvermögen sein, zB Erbmasse mit unbekannten Erben (RFH RStBl 40, 918); Grabpflegekonto (FinVerw 1995 StEK EStG § 44 a Nr 38); ausl Zweckvermögen, zB der Trust des anglo-amerikanischen Rechts; Sondervermögen der KapAnlGes sind kraft Gesetzes Zweckvermögen (§§ 38, 44 KAGG), jedoch nur für die KSt und VSt (FinVerw 1977 StEK VSt 1974 § 3 Nr 2). Kein Zweckvermögen: oHG, KG, GbR,

Kinder-, Familienfonds mit zeitl befristeter Verfügungsbeschränkung (RFH RStBl 30, 364); gepfändete, verpfändete, sicherungsübereignete Gegenstände (RFH RStBl 43, 236); Gegenstand unter Zwangsverwaltung; Konkursmasse (RFH RStBl 38, 843); Erbengemeinschaft (RFH RStBl 40, 918); Vorerbschaft (RFH RStBl 29, 467). Ist allerdings der Erbe oder Vorerbe nur formeller zivilrechtl Träger der Erbmasse, die im übrigen zugunsten des Nacherben oder eines Dritten streng gebunden ist, so daß die Erbmasse für den zivilrechtl Eigentümer jede Bedeutung verliert, liegt ein Zweckvermögen, zB eine nichtselbständige Stiftung, vor (RFHE 16, 67 (1925); RStBl 29, 467; StuW 30 Nr 14; RStBl 38, 573; 41, 505, 911). Zur Erbmasse mit unbekannten Beteiligten s o. Zusammenfassung mehrerer Hafenbetriebe zu einem Verband Gesamthafenbetrieb ohne dauernde Vermögensbindung kein Zweckvermögen (BFH BStBl III 53, 54); Verselbständigung eines Vermögensteils kein Zweckvermögen, wenn jederzeit die Eingliederung wieder erfolgen kann (RFH RStBl 33, 872). Zweckvermögen bei Körp des öffentl Rechts können nach Abs 1 Nr 6 kstpfl sein; Abs 1 Nr 5 ist auf die privatrechtl Zweckvermögen beschränkt. Zu Hauberg-, Wald-, Forst-, LaubGen, Realgemeinden s § 3 Anm 5.

20. Das Zweckvermögen ist stets selbst **kstpfl Subjekt,** und zwar auch dann, wenn der zivilrechtl Träger den gleichen Zweck verfolgt; auch die Gemeinnützigkeit des Trägers überträgt sich nicht automatisch auf das Zweckvermögen. Die StPfl erstreckt sich auf die **Erträge** des Zweckvermögens, nicht auf die Beiträge zur Schaffung des Zweckvermögens (RFH RStBl 40, 835). Da die Zweckvermögen selbständige StSubjekte sind, sind „Verträge" zwischen dem Zweckvermögen und dem Träger anzuerkennen, und zwar entspr der Rechtslage bei den Betr gewerbl Art (s § 4 Anm 28; außerdem ABC „Zweckvermögen").

21. Zur **zivilrechtl Gestaltung** von Zweckvermögen, insbes v nichtrechtsf Stiftungen s ABC „Nichtrechtsfähige Stiftung", „Zweckvermögen".

22. Betriebe gewerbl Art von jur Pers des öffentl Rechts (Abs 1 Nr 6): s zu § 4.

23. Sachliche (obj) StPfl (Abs 2): Stpfl ist das sog Welteinkommen, soweit Eink gem § 2 I EStG vorliegen (A 2 V KStR); Abs 2 enthält keine eigene Einkunftsart für Körperschaften. Einschränkung mögl durch Befreiungen, zB aufgrund eines DBA.

24. Inland (Abs 3): Der Inlandsbegriff hat zB Bedeutung für Abs 1 (unbeschr StPfl), aber auch für § 49 I EStG (inl Eink). Keine gesetzl Definition des Inlandsbegriffs. Inl umfaßt die BRD, Zollausschlüsse, Freihäfen, Küstengewässer, Handelsschiffe mit Berechtigung zur Führung der dt Flagge (vgl BGBl I 51, 79) in dt Gewässern und auf hoher See (RFH RStBl 37, 899), nicht bei Aufenthalt in ausl Küstengewässern und Häfen; Festlandsokkel s Anm 25. Inl sind nicht im Ausl belegene Botschafts-, Gesandtschafts- oder Konsulargebäude. Die DDR war bis zur Vereinigung Ausland; s dazu die Regelung des **Einigungsvertrags** in § 54 I, § 54 Anm 2, u § 54a idF des G v 23. 9. 90 (BGBl II 90, 889; BStBl I 90, 656).

Festlandsockel 25 § 1

25. Festlandsockel (Abs 3):

Schrifttum: *Kölble,* Bundesstaat und Festlandsockel, DöV 64, 217; *Menzel,* Der dt Festlandsockel in der Nordsee und seine rechtliche Ordnung, AöR Bd 90 (1965), 1; *Willecke,* Der Festlandsockel – seine völker- und verfassungsrechtl Problematik, DVBl 66, 161; *Hillert* FR 74, 266, 445; *Scholtz* DStZ/A 74, 241; *Grebner,* Die Rechtsstellung der Bohrinsel, AWD 74, 75; *Bode* DB 76, 105; *Schröer,* Staatl Gebietshoheit u die verfassungsrechtl Verhältnisse am dt Festlandsockel, RIW/AWD 78, 507; *Rüster,* Die Rechtsordnung des Festlandsockels, 1977; *Gaster,* Der Meeresbodenbergbau unter der hohen See – Neuland des Seevölkerrechts und der nationalen Gesetzgebung, 1987.

Zur **Rechtsentwicklung** siehe Vorauflage. Nach Abs. 3 gehört zum strechtl Inland der Festlandsockel, soweit dort Naturschätze des Meeresgrundes und des Meeresuntergrundes erforscht oder ausgebeutet werden. Die Definition des Festlandsockels sowie seine Erforschung und Ausbeutung ergibt sich aus der UN-Seerechtskonvention und den entspr Ausführungsgesetzen. Am 16. 11. 94 ist das Seerechtsübereinkommen der Vereinten Nationen (SRÜ) vom 10. 12. 82 in Kraft getreten (BGBl. II 94, 1799). Die BRD ist im SRÜ mit G vom 2. 9. 94 beigetreten (BGBl II 94, 1798). Die nach dem Übereinkommen erforderl VO zur Durchführung des Teils XI des SRÜ wurde am 4. 10. 94 erlassen (BGBl II 94, 2565). Die Bestimmung und Abgrenzung des Festlandsockels wird in Teil VI des SRÜ geregelt. Hiernach umfaßt der Festlandsockel den Meeresgrund und den Meeresuntergrund jenseits des Küstenmeeres in der natürlichen Verlängerung des Landgebietes bis zur äußeren Kontinentalrandlinie, jedenfalls aber bis zu einer Entfernung von 200 Seemeilen und höchstens 350 Seemeilen von der Küstenlinie. Eine Konkretisierung der Festlandsockelanteile der BRD ist für die Nordsee und für die Ostsee zum Teil vertragl geregelt (Kopenhagener Verträge vom 28. 1. 71 mit Dänemark und den Niederlanden, BGBl II 72, 881, 1616; Vertrag mit Großbritannien vom 25. 11. 71, BGBl II 72, 897; Protokoll mit Dänemark vom 9. 6. 65 betr die Ostsee, BGBl II 66, 205). Im Rahmen der Umsetzung des SRÜ ist am 15. 6. 95 das G zur Ausführung des SRÜ in Kraft getreten (AusführungsG Seerechtsübereinkommen 1982/1994, BGBl II 95, 778). Das G enthält in Art. 9 das G zur Regelung des Meeresbodenbergbaus. In dem nach dem SRÜ definierten Gebiet des Festlandsockels übt der Küstenstaat die Hoheitsrechte aus, und zwar zum Zweck der **Erforschung** und **Ausbeutung** der **natürlichen Ressourcen.** In entspr Umfang erfaßt Abs. 3 den Festlandsockel als **steuerliches Inland.** Die natürlichen Ressourcen umfassen gem. Art. 77 Abs. 4 SRÜ die mineralischen und sonstigen nicht lebenden Ressourcen des Meeresbodens und seines Untergrunds sowie die zu den seßhaften Arten gehörende Lebewesen, dh. solche, die im nutzbaren Stadium unbeweglich auf oder unter dem Meeresboden verbleiben oder sich nur in ständigem körperlichen Kontakt mit dem Meeresboden oder seinem Untergrund fortbewegen können. Eine weitere Definition enthält das MeeresbodenbergbauG in § 2 Nr. 4: Ressourcen sind danach mit Ausnahme von Wasser alle im Gebiet vorkommenden mineralischen Rohstoffe in festem, flüssigem oder gasförmigem Zustand, die sich in Ablagerungen oder Ansammlungen im Gebiet auf oder unter dem Meeresboden befinden.

Erforschung und Ausbeutung müssen sich auf diese Ressourcen beziehen, zB auf die Suche nach Lagerstätten, nicht aber die ozeanographische Forschung (glA *Scholtz* DStZ/A 74, 242) oder Untersuchungen über den Fischfang. Geophysikalische Forschungen rechnen hierzu, wenn sie die Suche nach Naturschätzen bezwecken. Das Betreiben einer Transit-Rohrleitung stellt keine Ausbeutung, sondern Transport von Naturschätzen dar. Ist die Körperschaft unbeschr stpfl, gehören die Eink im Zusammenhang mit dem Festlandsockel zu ihrem Welteinkommen; es liegen keine ausl Eink iSd §§ 34c, 34d EStG, § 26 vor; außerdem ist mE der Festlandsockel ausl Staaten zu deren Staatsgebiet iSv §§ 34c, 34d EStG, § 2 AIG bzw § 2a EStG zu rechnen.

Zweifelhaft ist, ob der Festlandsockel über Abs 1 die **unbeschr StPfl** vermitteln kann. Die Bedingungen des Abs 1 stehen in keinem Zusammenhang mit einer Forschungs- und Ausbeutungstätigkeit; die unbeschr StPfl kann hierdurch und folgl durch den Festlandsockel nicht begründet werden (glA *Schmidt/Heinicke* § 1 Rz 31). Bei den „inl" Eink, die der **beschr Stpfl** gem § 49 EStG unterliegen, wirkt sich Abs 3 in erster Linie aus. Gewerbl Eink aus der Erforschung oder Ausbeutung von Naturschätzen des Festlandsokkels fallen unter § 49 I Nr 2a EStG. Betriebstätte ist erforderl. Bohranlagen als ortsfeste oder flutbare Plattformen, sog Hubinseln und Bohrschiffe sind Betriebstätten (§ 12 Nr 7, 8 AO); s weiter *Grebner* AWD 74, 75; *Mittermüller* RIW 82, 812. Reine Forschungsschiffe sind keine Betriebsstätten. Die Verpachtung einer Anlage zur Erforschung oder Ausbeutung kann unter § 49 Abs 1 Nr 6 EStG fallen; das gleiche gilt, falls eine Forschungs- oder Ausbeutekonzession an Dritte zur Nutzung überlassen wird, sofern eine Verwertung in einer inl Betriebstätte (einschl Festlandsockel) vorliegt.

§ 2 Beschränkte Steuerpflicht

Beschränkt körperschaftsteuerpflichtig sind
1. **Körperschaften, Personenvereinigungen und Vermögensmassen, die weder ihre Geschäftsleitung noch ihren Sitz im Inland haben, mit ihren inländischen Einkünften;**
2. **sonstige Körperschaften, Personenvereinigungen und Vermögensmassen, die nicht unbeschränkt steuerpflichtig sind, mit den inländischen Einkünften, von denen ein Steuerabzug vorzunehmen ist.**

Körperschaftsteuerrichtlinien: Abschnitt 4

Übersicht

1. Allgemeines
2. Geltungszeit
3. Ausländische Körperschaften (Nr 1)
4. StPfl mit inländischen Einkünften
5. Beginn/Ende der beschränkten KStPfl
6. Beschränkte StPfl nach Nr 2
7. StPfl mit steuerabzugspfl Einkünften

Steuerpflicht mit inländ. Einkünften 1–4 § 2

1. Allgemeines: Es gibt zwei Gruppen beschr StPfl: Körperschaften ohne Sitz und Geschäftsleitung im Inland (Nr 1; entspr der beschr StPfl des EStG); im übrigen „sonstige" Körperschaften – also ohne die der Nr 1 –, die nicht unbeschr stpfl sind, mit ihren inl Eink, von denen ein StAbzug vorzunehmen ist (Nr 2). Zweck der beschr StPfl: Einmal werden die inl EinkQuellen ausl Körperschaften erfaßt, zum anderen einzelne inl EinkQuellen inl, nicht stpfl Körperschaften, insbes Ausschüttungen von KapGes. Das KStG erfaßt in § 2 im Inland erwirtschaftete Leistungsfähigkeit, wobei kritisch zu fragen ist, ob die StPfl der inländischen Körp des öffentl Rechts nicht unangemessen eng abgegrenzt ist.

2. Geltungszeit: § 2 gilt ab 1. 1. 77 (§ 54 I idF des KStG 1977). S bis zum KStG 1991 (Vor § 1 Anm 20) die 3. Aufl. Zur Wirkung des **Einigungsvertrags** s § 54 I, § 54 Anm 2, u § 54a idF des G v 23. 9. 90 (BGBl II 90, 885; BStBl I 90, 654).

3. Ausländische Körperschaften (Nr 1): Sie sind beschr stpfl ohne Begrenzung auf den Katalog des § 1 I (vgl Begr zum KStG 1934, RStBl 35, 82); Abgrenzung s § 3. Auch wenn das Gesetz einen Oberbegriff „Körperschaften, Personenvereinigung und Vermögensmasse" voraussetzt, so wird dieser jedoch erst durch die Aufzählung in § 1 I erschlossen. Folgl ist es gerechtfertigt, die Frage der KStPfl ausl Gebilde durch einen Typenvergleich mit inländischen Körperschaften zu ermitteln (s § 1 Anm 5). Die fehlende Einschränkung zeigt sich jedoch an ausl Körp des öffentl Rechts. Beziehen sie inländische Eink aus VuV oder aus Land- und Forstwirtschaft, so sind sie damit im Gegensatz zu inländischen Körp des öffentl Rechts stpfl (anders noch RFH RStBl 31, 552 zum KStG 1925). Beschr StPfl bedingt, daß weder Sitz (s § 11 AO) noch Geschäftsleitung (s § 10 AO) im Inland sind. Keines dieser Merkmale darf im Inland erfüllt sein, andernfalls greift unbeschr StPfl ein (zB Sitz in der Schweiz, Geschäftsleitung Inland). Inland s § 1 Anm 24.

Sonderbehandlung ausl Körperschaften in Niedrigsteuerländern nach **§§ 7 ff AStG;** s dort; zu ausl Familienstiftungen s § 15 AStG. Zur Beurteilung ausl **BasisGes** s ABC.

4. StPfl ist gegeben **mit den inländischen Einkünften.** Verweis auf § 49 EStG. Die Möglichkeit, daß Eink aus der beschr StPfl herausfallen, weil die ausländische Körperschaft eine gewerbl tätige KapGes ist, wird durch § 49 II EStG, sog isolierende Betrachtungsweise, aufgefangen; Beisp: inländische VuV-Eink sind auch dann stpfl, wenn sie „eigentlich" als gewerbl Eink zu qualifizieren sind, es an einer inländischen Betriebstätte mangelt (§ 49 I Nr 2 EStG) und sie folgl „eigentlich" steuerfrei sein müßten (s BFH BStBl III 59, 133; II 75, 464). Inländische Eink aus Land- und Forstwirtschaft, Gewerbebetrieb und VuV werden veranlagt (§ 49 I Nr 1, 2, 6 EStG); StSatz: s § 23 III, sofern nicht der StAbzug gem §§ 50a IV, 50 V EStG eingreift. Zur Besteuerung von inländischen SonderBetrVermögen einer beschr stpfl KapGes s BFH BStBl II 83, 771. Zur StPfl ausländischer Management-KapGes s BFH BStBl II 93, 462. Zur BetrAufsp über die Grenze s ABC „BetrAufsp". Eink aus selbst Arbeit (§ 49 I Nr 3 EStG) können bei KapGes nicht vorkommen (BFH BStBl II 71, 771; II

74, 511; II 84, 828; aA *Wurster* RIW 82, 888; s auch § 8 Anm 19). Keine Bedeutung haben die Eink aus nichtselbst Tätigkeit (§ 49 I Nr 4 EStG); denkbarer Ausnahmefall: geerbte Lohnansprüche; sodann § 50 V EStG. Eink aus KapVerm (§ 49 I Nr 5 EStG); StPfl durch KapErtrSt abgegolten (§ 50 I Nr 2); das gilt auch für die Vergütung gem § 52 (§§ 43 I Nr 6, 45c EStG); Anrechnungsberechtigung ist nur gegeben, wenn Eink gem § 20 I Nr 1, 2 EStG bezogen werden und die Beteiligung einem inländischen stpfl gewerbl oder land- und forstwirtschaftl Betr zuzurechnen ist (§§ 50 I Nr 2, 51); in diesem Fall auch keine Abgeltung der StPfl durch die KapErtrSt (§ 50 I Nr 2). Hinweis auf § 52: Vergütung in bestimmten Ausschüttungsfällen. StPfl entfällt, wenn die ausländische KapGes nicht kapertragstpfl Eink aus KapVerm bezieht und die Eink § 49 I Nr 1, 2 EStG nicht zugerechnet werden können. Sonstige Eink (§ 49 I Nr 7 EStG) zZt gegenstandslos. Mögl hingegen Eink aus Spekulationsgeschäften (§ 49 I Nr 8 EStG); veräußert eine ausländische Körperschaft ein Grundstück, dessen Eink als Eink aus VuV qualifiziert wurden (BFH BStBl III 59, 133; II 75, 464), so ist die Veräußerung allenfalls als Spekulationsgeschäft (dagegen allerdings *Gottwald* DStR 92, 168), nicht aber als gewerbl Gewinn stpfl; das Grundstück ist nicht BetrVerm (*Streck* KÖSDI 83, 5089); das StMBG v 21. 12. 93 (Vor § 1 Anm 19) hat mit § 49 I Nr 2f EStG diese Lücke geschlossen. § 49 I Nr 8a EStG ist im KStRecht ohne Bedeutung. Eink aus der Überlassung von bewegl Sachen und Know-how, soweit nicht Eink gem § 49 I Nr 1–8 EStG vorliegen (§ 49 I Nr 9 EStG); Auffangvorschrift; Besteuerung: §§ 50a IV, 50 V EStG. Ist die StPfl gegeben, so kann sie durch DBA aufgehoben, eingeschränkt oder modifiziert sein. Keine Befreiung nach § 5 (§ 5 II Nr 3; s § 5 Anm 6, 80). Zinsen für die Finanzierung inländischer Steuern kann die ausländische KapGes mit inländischem Grundbesitz nicht abziehen (*Kossow/Schindler* DB 83, 1674). Pauschalierung der Steuer mögl nach § 50 VII EStG; s § 26 Anm 76ff. Zuständiges FA: § 20 III,IV AO. Ausführl Regelung der KStPfl beschr stpfl Versicherungsunternehmen, FinVerw BStBl I 79, 306; sie gilt für Wj, die nach dem 31. 7. 78 beginnen.

5. Beginn/Ende der beschränkten KStPfl: Die beschr StPfl ausländischer Körperschaften beginnt, wenn die Körperschaft als KStSubjekt entstanden (dazu § 1 Anm 8) und die Möglichkeit für inländische Eink geschaffen ist; sie beginnt ebenfalls, wenn die unbeschr StPfl endet und im übrigen die vorgenannten Voraussetzungen vorliegen. Ende der beschr StPfl: Ende des KStSubjekts (dazu § 1 Anm 9) oder Beendigung der Möglichkeit für inländische Eink; außerdem Beendigung durch Beginn der unbeschr StPfl. Beim Wechsel von der beschr zur unbeschr StPfl und umgekehrt sind zwei Veranlagungen durchzuführen (RFH RStBl 37, 1008).

6. Beschr StPfl nach Nr 2: Betroffen sind alle Körperschaften, die nicht unbeschr stpfl (§ 1) sind und nicht unter Nr 1 fallen. Gehört zB die Beteiligung an einer inländischen KapGes zu einem Betr gewerbl Art einer jur Pers des öffentl Rechts, so ist § 1 I Nr 6 gegeben. Unter Nr 2 fallen nicht die unbeschr stpfl oder befreiten Körperschaften; dies entspr dem bis 1976 geltenden Recht, führte dort jedoch bei der StPfl und ihrer Abgel-

Abgrenzung der Steuerpflicht **1 § 3**

tung zu Schwierigkeiten (s BFH BStBl III 56, 155; III 61, 341). Zu dieser Klarstellung auch BT-Drucks 7/1470, 340, 380. Umgekehrt kann im Einzelfall eine gem § 2 Nr 2 beschr stpfl Körperschaft unter § 5 zu subsumieren sein (zB Kirchen unter § 5 I Nr 9; dazu § 5 Anm 6). In erster Linie zählen zu Nr 2 die jur Pers des öffentl Rechts, wie Bund, Länder, Gemeinden, Gemeindeverbände usw. Zur Treuhänderschaft für dt jur Pers des öffentl Rechts außerhalb des Geltungsbereichs des GG s FinVerw 1968 StEK KStG § 2 Nr 5 u 1979 StEK KStG 1977 § 2 Nr 2.

7. StPfl mit steuerabzugspfl Eink, dh mit inländischen Eink mit Abzügen nach §§ 43 ff EStG (KapErtrSt); auch der Vergütungsbetrag gem § 52 ist beschr stpfl (§§ 43 I Nr 6, 45 c EStG); ebenso die Aufsichtsratsvergütung, § 50 a I, II EStG (seltener Fall); StPfl ist auch gegeben nach § 50 a IV EStG; nicht jedoch für den Fall des § 50 a VII EStG (BFH BStBl III 55, 63); keine LSt, wenn eine Ges „Angestellte" einer anderen Ges ist (RFH RStBl 28, 360). Für die Ermittlung des abzugspfl Betrages gelten im übrigen die allg Vorschriften der §§ 43, 50, 50a EStG. Nichtabziehbarkeit der VSt nicht verfassungswidrig (BVerfG BStBl II 77, 190). Die StPfl ist durch den StAbzug abgegolten (s § 50 V). Keine Anrechnungsberechtigung, es sei denn, die Anteile sind zB einem Betr gewerbl Art zuzurechnen; dann tritt aber die beschr StPfl hinter diejenige der unbeschr StPfl (§ 1 I Nr 6) zurück; s im einzelnen zu § 50 I Nr 2 (§ 50 Anm 6). Haftung: §§ 44 V, 50a EStG, 50 II Nr 1.

§ 3 Abgrenzung der Steuerpflicht bei nichtrechtsfähigen Personenvereinigungen und Vermögensmassen sowie bei Realgemeinden

(1) **Nichtrechtsfähige Personenvereinigungen, Anstalten, Stiftungen und andere Zweckvermögen sind körperschaftsteuerpflichtig, wenn ihr Einkommen weder nach diesem Gesetz noch nach dem Einkommensteuergesetz unmittelbar bei einem anderen Steuerpflichtigen zu versteuern ist.**

(2) ¹**Hauberg-, Wald-, Forst- und Laubgenossenschaften und ähnliche Realgemeinden, die zu den in § 1 bezeichneten Steuerpflichtigen gehören, sind nur insoweit körperschaftsteuerpflichtig, als sie einen Gewerbebetrieb unterhalten oder verpachten, der über den Rahmen eines Nebenbetriebs hinausgeht.** ²**Im übrigen sind ihre Einkünfte unmittelbar bei den Beteiligten zu versteuern.**

Übersicht

1. Allgemeines
2. Geltungszeit
3. Abgrenzung (Abs 1)
4. Kartelle/Syndikate
5. Realgemeinde (Abs 2)

1. Allgemeines: Bezweckt ist die Abgrenzung der kstpfl Gebilde, ein theoretisch notwendiger Zweck, eine in der Praxis wenig bedeutsame Vorschrift. Sie steht in Gefahr leerzulaufen. § 3 verweist auf das EStG und

§ 3 2, 3   Abgrenzung der Steuerpflicht

KStG; diesen Gesetzen ist aber, sieht man von § 3 ab, kaum ein abgrenzendes Merkmal zu entnehmen, wann eine Vereinigung zur kstpfl Körperschaft wird (vgl schon *Evers,* KStG 1925, 1927, § 6 Anm 2; nach *Mirre/Dreutter* KStG 1934, 1939, § 3 Anm 3, drückt sich hier die grundsätzl Vorrangigkeit des „ursprünglichen" EStG aus). Im Mittelpunkt der Bestimmung der KStSubjekte steht die Aufzählung des § 1 I. § 3 gewinnt Leben bei der Abgrenzung des nichtrechtsf Vereins von der BGBGes (Anm 3), bei ausländischen Körperschaften (§ 2 Anm 3) und bei der sog kapitalistischen KG (Anm 3).

2. Geltungszeit: § 3 gilt ab 1. 1. 1977. Der Systemwechsel hat keinen Ausfluß auf die Auslegung des § 3, da die KStPfl als solche unberührt bleibt.

3. Abgrenzung (Abs 1): Sie gilt sowohl für die unbeschr wie für die beschr stpfl Körperschaften. Entscheidend ist, wem nach den Prinzipien des EStG und KStG die Eink, dh die Leistungsfähigkeit, zuzurechnen sind. Problematisch ist zumeist die Abgrenzung BGBGes/nichtrechtsf Verein. Für KStPfl sprechen: Selbständiger wirtschaftl Organismus, unabhängig von bestimmten Mitgliedern; ausgebildete Organisation; eigenes Auftreten nach außen; wirtschaftl Eigentum des Organismus; wirtschaftl Zurücktreten der Eigentümerstellung des Mitglieds; wirtschaftl Anrecht an fremden Vermögen anstelle von unmittelbarer Berechtigung; Charakter einer kapitalistischen Beteiligung; leichter Mitgliederwechsel (RFH RStBl 26, 321; 29, 572; 33, 990; 35, 523; 38, 736; 39, 702; FG Karlsruhe EFG 56, 393 betr Fleischer-Einkaufs- und VerwertungsGes; BFH HFR 66, 211 betr Arbeitsgemeinschaft von Lohnschlächtern). Mündl Vereinbarung über die Organisation usw genügt (BFH HFR 66, 211). Aus der Tatsache, daß bei den Beteiligten aufgrund individueller StBedingungen keine Steuer anfällt, kann nicht auf die KStPfl der Vereinigung geschlossen werden (RFH RStBl 38, 843). Die Praxis richtet sich nach anerkannten Qualifikationen und löst Zweifelsfälle durch Vergleiche. OHG, KG, GmbH & Co KG, BGBGes, PartnerschaftsGes, Partenreederei, stille Ges, Unterbeteiligung, die anerkannten Mitunternehmerschaften des § 15 I Nr 2 EStG sind nicht kstpfl; dagegen steht die Aufzählung des § 1 I. Weitere Fälle: KStPfl ja: Ein- und VerkaufsGes, falls KapGes: Keine Gewinnlosigkeit mögl (BFH BStBl II 75, 124; § 1 Anm 3); HoldingGes regelmäßig KapGes iSv § 1 I; Zweckvermögen s § 1 Anm 16 ff; öffentl-rechtl Körperschaften (Einschränkung bei der unbeschr StPfl, s § 2 Anm 6). KStPfl nein: Ehel Güterrecht führt nicht zur KStPfl; Interessengemeinschaft: regelmäßig BGBGes, evtl Mitunternehmerschaft; Investment-Club u Kantinen s ABC; Konsortien: regelmäßig BGBGes, auch nichtrechtsf Verein mögl (so RFH RStBl 38, 736 betr Rittergutskonsortium); Konzern: Kein Begriff, der ein kstpfl Gebilde als solches bezeichnet; Zusammenfassung mehrerer KStSubjekte.

Anlage- und sog AbschreibungsGes, die als KG oder GmbH & Co KG gestaltet sind, sog **PublikumsGes** oder **Kapitalistische KG**, sind Mitunternehmerschaften, keine KStSubjekte; Tendenzen, diese PersGes mit einer Vielzahl von Mitunternehmern als KStSubjekte zu qualifizieren (vgl *Uelner* JbFfSt 80/81, 359; *ders* DStZ 80, 363; *Walz,* StGerechtigkeit u Rechtsanwendung, 1980, 407), ist der Große Senat des BFH nicht gefolgt (BFH GrS

Realgemeinde 4, 5 § 3

BStBl II 84, 751). Eine Publikums GmbH & Co KG ist weder als rechtsfähiger Verein iSd § 1 I Nr 5 noch als nicht rechtsfähige Personenvereinigung nach § 3 I kstpfl. Folgend A 2 I KStR; zum Beschluß des Großen Senats im übrigen HFRAnm 84, 572; *Felix* DStZ 84, 575; *Erdweg* FR 84, 601; *Groh* Wpg 84, 655; *Paus* DStZ 85, 450; *Schellenberger* DStR 85, 163; *Wollny* DStZ 85, 107; *Jurkat* GmbHR 85, 62, 86; *Schulze zur Wiesche* Wpg 85, 65; *Weber* Inf 85, 97; *Lutz* Inf 85, 25; *Strunz* Stbg 85, 81; *v Wallis*, FS Meilicke, 1985, 139; *Streck* DStR 86, 3. Vergleich zur USA *Schwochert* GmbHR 84, 101.

4. Kartelle/Syndikate: Zusammenschlüsse zur Markt- und Wettbewerbsbeeinflussung; geregelt ab 1941 durch die KartStVO v 20. 12. 41 (RGBl I 41, 791; RStBl 41, 953). Sie waren nach § 1 dieser VO kstpfl, und zwar unabhängig von der Rechtsform. Die KartStVO ist rechtsungültig (BFH BStBl II 74, 695; dazu *Friedrich* BB 74, 1340; *Niemeier* DB 74, 2423); förmlich zum 1. 1. 1977 außer Kraft gesetzt durch Art 15 Nr 6 EG-KStRG (BGBl I 76, 2641; BStBl I 76, 467); die FinVerw wendet sie an für alle Wj, die vor dem 1. 1. 1977 endeten (FinVerw FR 75, 66). Die KStPfl des Kartells bzw die StPfl der Mitglieder richtet sich nach allg Regeln. BGBGes ist nicht kstpfl; nichtrechtsf Verein, Zweckvermögen, GmbH sind kstpfl. Zur umstrittenen Abgrenzung s vergleichsweise auch die nicht mehr uneingeschränkt anwendb Rspr vor 1941, RFH RStBl 33, 329; 35, 517, 523; 39, 702, 744, 746; 40, 945. Über die Ausweichmöglichkeit im Wege einer Organschaft s *Friedrich* u *Niemeier* aaO.

5. Realgemeinde (Abs 2): Verbände alten Rechts, die gem Art 83, 164 EGBGB fortbestehen. Abs 2 ist gegenüber Abs 1 lex specialis und hat ebenfalls Vorrang vor § 5 I Nr 14, da die Frage der Befreiung der Frage der KStPfl nachrangig ist (aA *H/H/R* § 3 Anm 8). Abs 2 verweist auf § 1; folgl muß die Realgemeinde unter § 1 I Nr 4, 5 oder 6 subsumiert werden können; nicht § 1 I Nr 1 (BFH BStBl II 71, 187). AA *H/H/R* § 3 Anm 31, die diese Frage für nicht erhebl halten und sich auf die RFH-Rspr RStBl 32, 828; 39, 1058 (aufgegriffen von BFH BStBl III 62, 7) stützen, die jedoch den abweichenden Wortlaut der KStG 1925, 1934 behandelt; demgegenüber läßt RFH RStBl 29, 594 zu § 4 I Nr 5 VStG 1925 diese Frage für entscheidend. Siehe diese Entscheidungen und BFH BStBl III 64, 117 betr Jahnschaft auch zur Frage, wann privatrechtl und wann öffentlrechtl eine Realgemeinde vorliegt; regelmäßig ist ersteres der Fall; für die Praxis der Besteuerung hat diese Frage keine große Auswirkung, da die land- und forstwirtschaftl Verbände durch § 3 II freigestellt sind und gewerbl Betr im Rahmen des § 1 I Nr 4–6 gleichbehandelt werden. Abs 2 erfaßt nur land- und forstwirtschaftl Realgemeinden (RFH RStBl 34, 1060; 38, 736; *H/H/R* § 3 Anm 30); sonstige fortbestehende Realgemeinden können nach § 1 I Nr 4–6 uneingeschränkt unbeschr kstpfl sein; Beisp: Realgemeinde von Braubürgern (BFH BStBl III 53, 90; III 66, 579).

Realgemeinden iSv Abs 2 sind **nur kstpfl** mit Eink aus einem GewerbeBetr und aus der Verpachtung eines GewerbeBetr; mit den übrigen Eink sind sie befreit. Zu kirchl WaldGen s FinVerw 1993 StEK KStG § 3 Nr 2. Gestattung des Abbaus von Mineralien führt nicht zur StPfl (RFH RStBl 39, 1058). NebenBetr ist unschädl, er setzt voraus, daß er dem Zweck des HauptBetr dient und ihn fördert; die Verbindung darf nicht zufällig und ohne Nachteil lösbar sein (RFH RStBl 32, 828: Saline kein NebenBetr zur Forstgenossenschaft; BFH BStBl III 63, 243: Erzschlackenverkauf kein NebenBetr zur Forstwirtschaft). Soweit die Befreiung reicht, sind die Eink unmittelb bei den Beteiligten, und zwar als Eink aus Land- und Forstwirtschaft (§ 13 I Nr 4 EStG) zu versteuern. Nach § 180 AO gesonderte Feststellung bei mehreren Beteiligten (FinVerw 1966 StEK EStG § 13 Nr 62 u DStZ/B 67, 116); diese sind jedoch keine Mitunternehmer (Nds FG EFG 83, 369; aA FinVerw 1994 StEK EStG § 13 Nr 604). Einbehaltene StAbzugsbeträge sind den Beteiligten zuzurechnen. Ebenfalls können sie die Begünstigung nach §§ 6b, 6c EStG in Anspruch nehmen (BFH BStBl II 87, 169). Bei der Besteuerung eines GewerbeBetr, der über einen NebenBetr hinausgeht, gelten die allg Vorschriften; so kann im Rahmen des stpfl GewerbeBetr gewillkürtes BetrVerm gebildet werden (BFH BStBl II 73, 194). Realgemeinden sind mE nicht in das AnrV einbezogen (vgl hierzu im einzelnen § 43 Anm 3; aA ist die Verw); folglich finden die §§ 23 II, 24 Anwendung, nicht aber die §§ 27 ff, 47. Ausschüttungen von solchen Erträgen, die nicht unmittelb den Beteiligten zuzurechnen sind, führen zu Eink aus KapVerm bzw wegen § 20 III EStG zu Eink aus Land- und Forstwirtschaft (BFH BStBl III 62, 7; III 64, 117; III 65, 319; III 66, 579; s dazu auch § 43 Anm 3). Die Realgemeinde muß mE keine KapErtrSt einbehalten, da die Eink in § 30 I nicht aufgezählt sind (abw die hL, § 43 Anm 3). Zu den nds Realverbänden s FinVerw 1995 StEK KStG 1977 § 3 Nr 4.

§ 4 Betriebe gewerblicher Art von juristischen Personen des öffentlichen Rechts

(1) ¹Betriebe gewerblicher Art von juristischen Personen des öffentlichen Rechts im Sinne des § 1 Abs. 1 Nr. 6 sind vorbehaltlich des Absatzes 5 alle Einrichtungen, die einer nachhaltigen wirtschaftlichen Tätigkeit zur Erzielung von Einnahmen außerhalb der Land- und Forstwirtschaft dienen und die sich innerhalb der Gesamtbetätigung der juristischen Person wirtschaftlich herausheben. ²Die Absicht, Gewinn zu erzielen, und die Beteiligung am allgemeinen wirtschaftlichen Verkehr sind nicht erforderlich.

(2) **Ein Betrieb gewerblicher Art ist auch unbeschränkt steuerpflichtig, wenn er selbst eine juristische Person des öffentlichen Rechts ist.**

(3) Zu den Betrieben gewerblicher Art gehören auch Betriebe, die der Versorgung der Bevölkerung mit Wasser, Gas, Elektrizität oder Wärme, dem öffentlichen Verkehr oder dem Hafenbetrieb dienen.

(4) **Als Betrieb gewerblicher Art gilt die Verpachtung eines solchen Betriebs.**

(5) ¹Zu den Betrieben gewerblicher Art gehören nicht Betriebe, die überwiegend der Ausübung der öffentlichen Gewalt dienen (Hoheitsbetriebe). ²Für die Annahme eines Hoheitsbetriebs reichen Zwangs- oder Monopolrechte nicht aus.

Körperschaftsteuerrichtlinien: Abschnitte *5, 28*

Allgemeines 1 § 4

Übersicht

1. Allgemeines
2. Geltungszeit
3., 4. Steuersubjekt
5. Betrieb gewerblicher Art (Abs 1)
6. Nachhaltige Tätigkeit zur Einnahmeerzielung
7., 8. Einrichtung, die sich wirtschaftl heraushebt
9. Keine Gewinnerzielungsabsicht
10. Keine Beteiligung am wirtschaftl Verkehr
11. Außerhalb der Land- und Forstwirtschaft
12. Vermögensverwaltung
13. Beteiligung an einer Mitunternehmerschaft
14. Betreiben in der Rechtsform einer privatrechtl jur Person
15. Zusammenfassung mehrerer Betr gewerbl Art
16. Zusammenfassung in einer juristischen Person des Privatrechts
17. Betr gewerbl Art ist jur Pers des öffentl Rechts (Abs 2)
18. Versorgungsbetriebe (Abs 3)
19., 20. Verpachtung eines Betr gewerbl Art (Abs 4)
21. Hoheitsbetrieb (Abs 5)
22. Trennung von hoheitlicher und nichthoheitlicher Tätigkeit
23. Hoheitsbetriebe in der Rechtsform einer privatrechtl jur Person
25.–40. Ermittlung der Eink, des Einkommens, Tarif, Veranlagung
41. **ABC** Betr gewerbl Art – Betriebsverpachtung – Hoheitsbetrieb

1. Allgemeines

Schrifttum (ab 1977): *Mayr,* Wer ist StSubjekt zur KSt bei den Betr gewerbl Art von Körp des öffentl Rechts, ÖStZ 77, 82; *Niebler,* Die 60 000 DM – Umsatzgrenze für Betr gewerbl Art, GemH 77, 34, 241; *Rader,* vGa bei Stiftungen, Vereinen und Betr gewerbl Art v jur Pers des öffentl Rechts, BB 77, 1441; *Piltz,* Nießbrauch und KSt bei kommunaler Beteiligung an EnergieversorgungsGes, KStZ 78, 24; *Selmer/ Schulze-Osterloh,* Besteuerung öffentl Unternehmen und Wettbewerbsneutralität, DöV 78, 381; *Böhme,* Besteuerung gemeindl Einrichtungen nach den KStR 1977, GemH 79, 169; *Gutschick,* Die vGa nach dem KStG 1977 unter besonderer Berücksichtigung der Beziehungen zwischen den Gemeinden und ihren Unternehmen, GemH 79, 62, 85; *Piltz,* Zur Besteuerung der Betr gewerbl Art v jur Pers des öffentl Rechts, FR 80, 34; *Bink,* Betr gewerbl Art bei Verpachtung durch jur Pers des öffentl Rechts, FR 83, 87; *Endrös,* Die zivilrechtl Rechtsfähigkeit der Körp des öffentl Rechts in der Praxis des dt u internationalen Wirtschafts- u StRechts, RIW 83, 104; *Niebler,* Stadthallen-BetriebsGes-steuerl, KStZ 83, 85; *Knobbe-Keuk,* Betr gewerbl Art v jur Pers des öffentl Rechts und der Tatbestand der vGa, StuW 83, 227; *Schmid,* vGa bei Konzessionsabgaben und Zinsen für Stadtdarlehen der Eigenbetriebe, ZKF 83, 182; *Selling/Riegler,* Vergütung der KSt u Erstattung der KapErtrSt an Gemeinden durch das BfF, ZKF 84, 27; *Messmer,* Der Betr gewerbl Art im KStRecht – ein Stiefkind des Gesetzgebers, Festschrift v Wallis, 1985, 341; *Laule,* Die Körperschaftsteuerfreiheit für Hoheitsbetriebe – wann dient ein Betrieb der Ausübung öffentl Gewalt? DStZ 88, 183; *Seer,* Inhalt u Funktion des Begriffs „Betr gewerbl Art" für die Besteuerung der öffentl Hand, DStR 92, 1751, 1790; *Koch,* Die wirtschaftl Betätigung der Gemeinden, 1992; *Hofmeister,* Zur Ertragsbesteuerung inl jur Pers des ö R mit mehreren Betr gewerbl Art, FS L Schmidt, 1993, 691; *Altehoefer,* Betr gewerbl Art von jur Pers des ö R – Zur Abgrenzung der wirtschaftl von der hoheitl Tätigkeit, FS L Schmidt, 1993, 677; *Klein,* Besteuerung der Betr gewerbl Art v jur Pers des öffentl Rechts, NWB F 4, 4145 (3/97).

§ 4 2–4 Betriebe gewerbl Art von jur Pers des öffentl Rechts

§ 4 beschäftigt sich mit dem Betr gewerbl Art von Körp des öffentl Rechts, die nach § 1 I Nr 6 unbeschr kstpfl sind. Im wesentl wurden die §§ 1–6 KStDV 1968 in das Gesetz übernommen. Die StPfl selbst ist durch Wettbewerbsgründe gerechtfertigt; dazu *Selmer/Schulze-Osterloh* DöV 78, 388. Wenn die jur Pers des öffentl Rechts wie eine Privatperson am gewerbl Wettbewerb teilnimmt, so soll sie wie diese stpfl sein, allerdings nur mit den einzelnen Betr gewerbl Art (Anm 3). Die StPfl verstößt nicht gegen das GG (BFH/NV 91, 628).

Zu optimalen Gestaltungen s ABC „Öffentl Hand"; zu Gestaltungen zum Verlustausgleich s ABC „Verluste".

2. Geltungszeit: § 4 gilt ab 1. 1. 77 (§ 54 I idF des KStG 1977); keine materielle Änderung gegenüber den §§ 1–6 KStDV 1968, auch insoweit nicht, als KStDV-Vorschriften nicht in das KStG 1977 übernommen wurden (BT-Drucks 7/1470, 335).

3. Steuersubjekt ist die jur Pers des öffentl Rechts, so BFH BStBl II 74, 391 in Abkehr von der bis dahin hL, die den Betr gewerbl Art als StSubjekt ansah (folgend A 5 I KStR; BFH BStBl II 82, 784; II 83, 147; II 90, 242; II 92, 432; die Auswirkungen dieser Rechtsänderung sind noch nicht abgeschlossen – vgl hierzu *Felix* 1975 StRK Anm KStG § 1 R 76; *Rader* BB 77, 1441 – *Tipke/Lang,* StR, 14. Aufl, 1994, Rz 12; *Seer* DStR 92, 1790). Nach BFH aaO ist die jur Pers des öffentl Rechts Zuordnungssubjekt wegen jedes einzelnen Betr gewerbl Art; das Einkommen eines jeden Betr sei gesondert zu ermitteln und gesondert gegen die jur Pers des öffentl Rechts festzusetzen. ME wäre folgerichtiger, wie bei den wirtschaftl GeschäftsBetr der steuerbefreiten Körperschaften ein einheitl Einkommen zu ermitteln (§ 5 Anm 10; vgl weitere Folgerungen *Felix, Rader* aaO). Zu den Problemen des Verlustausgleichs und den Ausweichgestaltungen s Anm 15, 38 und ABC „Verluste". **Jur Pers des öffentl Rechts** sind rechtsf Körperschaften, die ihre Rechtsfähigkeit und ihre rechtl Gestaltung aus dem öffentl Bundes- und Landesrecht herleiten (BFH BStBl III 51, 120); gleichgültig, ob Körperschaft, Anstalt, Zweckvermögen, Personenvereinigung. Liegt eine jur Pers des Privatrechts vor, gilt § 1 I Nr 1–5; insoweit besteht zwischen § 1 I Nr 1–5 und Nr 6 eine eindeutige Trennung. **Beispiele:** Bund, Land, Gemeinde, Gemeindeverbände, Kreise, Kreisverbände, Zweckverbände, Landschaftsverbände (NRW), Universitäten, Studentenwerke, IHK, Handwerkskammern, Innungen, Anwalts-, Steuerberater-, Ärzte-, Landwirtschaftskammern, LZB, Bundesbank, Rundfunkanstalten (OFH StRK KStG § 1 R 8; BFH BStBl III 67, 582; II 74, 391), öffentl-rechtl ReligionsGes (dazu BFH BStBl II 75, 746); zu historischen Gebilden, bei denen die öffentl-rechtl oder privatrechtl Qualifikation zw ist, s BFH BStBl III 51, 120, u § 3 Anm 5. Bescheinigungen anderer öffentl-rechtl Körperschaften haben bei Wahrung des vollen richterl Prüfungsrechts bedeutsamen Indiziencharakter (RFH RStBl 38, 322; BFH BStBl III 51, 120).

4. § 4 setzt unbeschr StPfl, § 1 I Nr 6, voraus. Da folgl die jur Pers des öffentl Rechts im Inland Sitz oder Geschäftsleitung haben muß, ist die Frage, ob auch **ausländische jur Pers** des öffentl Rechts unter § 1 I Nr 6

Einrichtung 5–7 § 4

u § 4 fallen können, regelmäßig ohne Bedeutung; vgl auch A 2 II KStR. Zu dem Vermögen in der BRD der alten jur Pers des öffentl Rechts im ehem DDR-Gebiet und den Ostgebieten s RechtsträgerAbwicklungsG 1965, BStBl I 65, 1065 (unberührt durch den Einigungsvertrag, BGBl II 90, 889, BStBl I 90, 656, Anlage I B Kap IV Sachgebiet A I Nr 14) und FinVerw 1968 KSt Kartei NRW § 1 KStG G 16. Zur beschr StPfl s § 2 Anm 3.

5. Betrieb gewerbl Art (Abs 1): Legaldefinition (BT-Drucks 7/1470, 325). Allerdings dürfte der Begriff des Betr gewerbl Art kaum definitorisch zu erschließen sein; es handelt sich mE um einen sog Typus-Begriff, der nur durch eine Vielzahl von Merkmalen vergleichend und umschreibend zu erfassen ist (vgl auch *Selmer/Schulze-Osterloh* DöV /8, 381; ähnl BFH BStBl II 79, 746: unbestimmter Rechtsbegriff). Betr gewerbl Art haben nur jur Pers des öffentl Rechts; dazu oben Anm 3.

6. Betr gewerbl Art ist eine Einrichtung, die einer **nachhaltigen** wirtschaftl **Tätigkeit** zur **Erzielung** von **Einnahmen** oder anderen wirtschaftl Vorteilen dient. Daß § 4 entgegen § 1 I KStDV 1968 nur noch von Einnahmen spricht, bedeutet keine Rechtsänderung, da die Einnahmen die wirtschaftl Vorteile umfassen (s § 8 EStG). Damit wird jeder Funktionszusammenhang und jede wirtschaftl Einheit angesprochen, die auf nachhaltige Einnahmeerzielung ausgerichtet sind und das Bild eines GewerbeBetr bieten (vgl z Begriff RFH RStBl 29, 666 u BFH BStBl II 74, 391; II 76, 793; II 79, 746; A 5 II KStR). Entscheidend ist die Nachhaltigkeit; ist sie gegeben, erfolgt die Verneinung eines Betr gewerbl Art allenfalls noch durch das Merkmal der wirtschaftl Gewichtigkeit (Anm 7), des Nichtvorliegens einer Land- und Forstwirtschaft (Anm 11) oder Abs 5 (Hoheitsbetrieb, Anm 21). Nachhaltigkeit entspr dem Merkmal des § 15 II EStG. S die ESt-Kommentare zu § 15 EStG und die GewStKommentare zu § 2 GewStG. Einmalige Verkäufe führen zB nicht zur Nachhaltigkeit. Werden die Entgelte als Gebühr erhoben oder bezeichnet, hindert dies nicht die Annahme eines Betr gewerbl Art (BFH BStBl II 77, 813).

7. Die Einrichtung muß sich innerhalb der Gesamtbestätigung der jur Pers **wirtschaftl herausheben.** „Einrichtung" und „wirtschaftl herausheben" sind Tatbestandsbedingungen, die kaum trennb miteinander verknüpft sind. Das Schwergewicht beruht weniger auf der Einrichtung als auf der wirtschaftl Bedeutsamkeit. Dazu § 1 II S 2 KStDV 1968: „Diese wirtschaftl Selbständigkeit kann in einer besonderen Leistung, in einem geschlossenen Geschäftskreis, in der Buchführung oder in einem ähnl auf eine Einheit hindeutenden Merkmal bestehen. Daß die Bücher bei einer anderen Verwaltung geführt werden, ist unerhebl." Diese Aussage hat weiterhin Gültigkeit, vgl auch A 5 IV KStR; allerdings handelt es sich bei den genannten Merkmalen um Indizien für die Selbständigkeit; kein Merkmal ist zwingend; die Selbständigkeit kann auch durch andere Merkmale begründet sein (vgl BFH BStBl II 74, 391). Getrennte Aufzeichnung der Entgelte kann ausreichen (BFH BStBl II 77, 813); ebenfalls kann die Art der Tätigkeit zur Heraushebung führen (BFH BStBl II 77, 813). Ein Markt zB wird durch Marktmeister und besonderen Haushaltsplanausweis selbständig

§ 4 8 Betriebe gewerbl Art von jur Pers des öffentl Rechts

(BFH BStBl III 57, 146). Eigenes Personal ist nicht erforderl (BFH BStBl II 77, 813), spricht aber, falls vorhanden, für einen Betr gewerbl Art (BFH BStBl II 79, 746). Vgl auch A 5 II KStR. Selbständigkeit bedeutet keine völlige Loslösung von der jur Pers des öffentl Rechts; der Betr gewerbl Art bleibt dieser stets untergeordnet.

8. Die wirtschaftl Selbständigkeit setzt eine Tätigkeit von einigem Gewicht und damit nach hM – indiziell – **Mindesteinnahmen** voraus (Umsatzgrenze nach unten). Der RFH hat gefordert, daß der Betr unter normalen Aufschlägen einer Person eine bescheidene Existenz muß bieten können (RFH RStBl 26, 666; 33, 53; 39, 449; BFH BStBl III 57, 146); insoweit ist nicht mit den tatsächl Preisen zu rechnen, sondern mit übl Gewinnaufschlägen. FG München UStR 73, 123: Schwimmbad kein Betr gewerbl Art, weil Umsatz nur 8000 DM–9000 DM erreicht; glA Nds FG EFG 74, 450 bei Umsatz von 20 000 DM. A 5 V KStR verneint einen Betr gewerbl Art, wenn der Jahresumsatz nachhaltig 60 000 DM nicht übersteigt. Keine Realisierung von stillen Reserven wegen der Neubestimmung der Grenze (BdF BStBl I 75, 934). Umsatz iSv § 1 I Nr 1 UStG maßgebend; Eigenverbrauch zählt nicht mit (BdF BStBl I 75, 934; FG München UStR 73, 123). Bei SelbstversorgungsBetr (s Anm 10) sind mE die Innenumsätze maßgebend. Auf der anderen Seite soll ein Betr gewerbl Art stets vorliegen, wenn der Umsatz 250 000 DM übersteigt (A 5 IV KStR unter Berufung auf RFH RStBl 42, 405 u BFH BStBl III 57, 146). Aus den Einnahmen wird auf die Notwendigkeit organisatorischer Maßnahmen und aus der Notwendigkeit auf den Betr gewerbl Art geschlossen. Der Umsatz muß nachhaltig sein; liegt der Umsatz jährlich unter 60 000 DM und wird die 250 000 DM-Grenze nur durch die Veräußerung des Betr oder eines Anleguts überschritten, kein Betr gewerbl Art. Diese Typisierung ist nicht bedenkenfrei. Der BFH hat eine feste Umsatzgrenze als mit dem Begriff des Betr gewerbl Art unvereinb verworfen (BFH BStBl II 79, 746; II 90, 868; zust *Weiss* UStR 79, 85; *Heilmaier* UStR 79, 120; ebenso FG München EFG 78, 628). Durch BdF BStBl I 79, 684 wurden die genannten Grenzen nur noch als wichtige Indizien gewertet (so folgend auch A 5 IV und V KStR); Betr, die die Grenzen unterschreiten, können insbes bei Wettbewerbsverzerrungen stpfl sein; die Regelung gilt ab VZ 1980, zugunsten des Stpfl bereits ab VZ 1976, sofern die Veranlagungen noch offen sind. Auf das Verhältnis der Einnahmen zum Gesamthaushalt der Körperschaft kommt es nicht an (BFH BStBl II 83, 386; A 5 V KStR; zur Frage, ob BFH BStBl II 83, 491 – V. Senat – hiervon abweicht s DB 83, 2393). Die vor 1976 geltenden Umsatzgrenzen von 12 000 DM erkennt FG Ba-Würt EFG 80, 150 gleichwohl gegen BFH für die Jahre vor 1976 als Maßstab an.

Neben der Umsatzgrenze kennt BFH BStBl III 61, 552 eine **Gewinnuntergrenze** von 2000 DM. Sinkt der durchschnittl Jahresgewinn unter diese Zahl, soll ein Betr gewerbl Art nicht vorliegen. Da Gewinnerzielungsabsicht kein Kriterium des Betr gewerbl Art ist (s Anm 9), ist die Umsatzgrenze systematisch richtiger. Gibt es eine solche Gewinnuntergrenze, müßte sie im übrigen heute deutlich höher liegen.

Beteiligung an einer Mitunternehmerschaft 9–13 § 4

9. Gewinnerzielungsabsicht ist nicht erforderl, Reingewinnschätzungen bei Betr gewerbl Art sind nicht folgerichtig (so aber BFH (1960) StRK KStG § 1 R 40). Gewerbl Eink u die GewStPfl des Betr gewerbl Art setzen Gewinnerzielungsabsicht voraus.

10. Keine Beteiligung am allg wirtschaftl Verkehr erforderl. Dies betrifft insbes die sog Eigen- oder Selbstversorgungsbetr der öffentl Hand, die ebenfalls Betr gewerbl Art darstellen (vgl BT-Drucks 7/1470, 336); BdF BStBl I 74, 911 ist mE überholt.

11. „Außerhalb der Land- und Forstwirtschaft", die keinen Betr gewerbl Art begründet, folgt im Ergebnis, sofern sie von einer jur Pers des öffentl Rechts betrieben wird, steuerfrei ist. Zweifelhafte Privilegierung der öffentl Hand. Land- und forstwirtschaftl NebenBetr sind ebenfalls steuerfrei (A 5 VII KStR). Zur Abgrenzung kann R 135 EStR herangezogen werden (A 5 VII KStR). Das gleiche gilt für verpachtete land- und forstwirtschaftl Betr (KStR aaO). Jagd gehört zur Land- und Forstwirtschaft. Wird die Land- und Forstwirtschaft in einer Rechtsform des Privatrechts betrieben (zB GmbH), tritt volle StPfl ein. Die Herausnahme der Land- und Forstwirtschaft führt nicht zur sachl StBefreiung von Eink aus Land- und Forstwirtschaft; fallen diese in einem Betr gewerbl Art an, ohne einen eigenen Land- und forstwirtschaftl Betr zu bilden, so sind die Eink stpfl. Wegen der Befreiung der Land- und Forstwirtschaft sollten entspr Betr ausgegliedert werden; Vorsicht wegen Gewinnrealisierung.

12. Vermögensverwaltung ist kein Betr gewerbl Art. Sie liegt dann vor, wenn sie bei einer natürl Person zu Eink aus KapVerm oder aus VuV führen würde. Hierzu zählen Raum-, Haus-, Grund- und Bodenvermietung, Vermietung einer Blumenhalle ohne Verkaufseinrichtung (RFH RStBl 42, 609). Häufiger Wechsel von Mietern kann zur Gewerblichkeit umschlagen, zB Messehalle, Kongreßhalle. S Anm 41 zum Grundstückshandel („Grundstücksverkauf, Grundstücksankauf"). Abgrenzung notwendig zur BetrVerpachtung, die einen Betr gewerbl Art darstellt (Anm 19; dort auch zur Betriebsaufspaltung). Verwaltung von Wertpapieren, Beteiligungen usw ist Vermögensverwaltung (OFH 1947 StRK KStG § 1 R 6); § 17 EStG führt nicht zur StPfl; die Veräußerung einer wesentl Beteiligung ist folgl nicht stpfl (RFH RStBl 38, 471). Allerdings kann die Verwaltung von Beteiligungen zu einem betr gewerbl Art werden, zB durch Kauf und Verkauf, die den Rahmen der Vermögensverwaltung sprengen (§ 5 Anm 14 „Beteiligung an einer Körperschaft"). Betr gewerbl Art kann auch begründet werden, wenn die Verwaltung der Beteiligung ersetzt wird durch Übernahme der oder ständige Eingriffe in die laufende Geschäftsführung (s § 5 aaO; die Grundsätze können entspr herangezogen werden). Schließlich kann bei der Verwaltung ein Betr gewerbl Art entstehen, wenn die Beteiligungen in einer Verwaltungsholding zusammengefaßt sind, die in den gehaltenen Unternehmen für eine einheitliche Unternehmenspolitik sorgt (s § 14 Anm 26 zum GewerbeBetr bei einem Organträger).

13. Beteiligung an einer **Mitunternehmerschaft**, zB KG, oHG, GbR, atypische stille Ges (BFH BStBl II 84, 726), deren Gegenstand bei der jur Pers des öffentl Rechts einen Betr gewerbl Art darstellen würde, ist selbst Betr gewerbl Art (RFH RStBl 39, 301; BFH BStBl II 73, 616; II 84, 726). Bei der Prüfung der Gewichtigkeit und der Umsatzzahlen (s o Anm 7, 8) ist auf den Betr insgesamt abzustellen, keine Aufteilung. Allerdings sind die typisierenden Umsatz- und Gewinnzahlen nur anzuwenden, falls an der Mitunternehmerschaft ausschließlich jur Pers des öffentl Rechts beteiligt sind. Führt der Betr bei einem der Beteiligten zu stpfl Eink, so muß mE aus Gleichbehandlungsgründen auch die Beteiligung der jur Pers des öffentl Rechts unabhängig von der Gewichtigkeit als Betr gewerbl Art angesehen werden. „Wirtschaftl herausgehoben" ist durch die Beteiligungsform erfüllt. Zur Feststellung der Eink s Anm 40.

14. Wird der Betr in der Rechtsform einer **privatrechtl jur Pers** betrieben, gelten die hierfür maßgebenden Vorschriften. Das Halten der Beteiligung ist Vermögensverwaltung, nur in Ausnahmefällen ein Betr gewerbl Art (s Anm 12). S auch Anm 16 zur Zusammenfassung mehrerer Betr gewerbl Art in einer GmbH usw.

15. Zusammenfassung mehrerer Betr gewerbl Art zu einem Betr gewerbl Art (s dazu *Hofmeister,* FS L Schmidt, 1993, 691). Die Problematik wurde durch das Bemühen verursacht, einen Verlustausgleich durch Zusammenfassung von Verlust- und GewinnBetr zu erreichen. Würde dieser Verlustausgleich allg gestattet (Anm 3), würde das Problem seine Bedeutung verlieren. Grundsätzl „hat es die Körp des öffentl Rechts . . . in der Hand, die organisatorischen Maßnahmen beim Aufbau ihrer Betr gewerbl Art im Rahmen der gesetzl Vorschriften . . . so zu treffen, wie sie es für zweckmäßig hält" (BFH BStBl III 56, 238; III 55, 210). Die Grenze liegt dort, wo die Zusammenlegung ausschließl oder überwiegend zum Zweck der StVermeidung geschieht. Voraussetzung ist eine organisatorische Zusammenfassung; hinzutreten muß eine wechselseitige technisch-wirtschaftl Verflechtung (BFH GrS BStBl III 67, 240; der vorher in der sog Bäder-Rspr – Zusammenfassung von VersorgungsBetr und Schwimmbädern – geforderte innere funktionale Zusammenhang wird nicht aufrechterhalten, vgl BFH BStBl III 56, 166; III 62, 450; III 66, 287; StRK KStG § 1 R 46 (1962), 49 (1964); dem GrS folgend BFH BStBl III 67, 510; II 92, 432, betr Versorgungs- u BäderBetr; kritisch *Hofmeister,* FS L Schmidt, 1993, 700). Unter bestimmten technischen Bedingungen können aber auch heute Bäder- und VersorgungsBetr zusammengefaßt werden (FinVerw 1995 StEK KStG 1977 § 4 Nr 42). Räuml Trennung hindert nicht die Zusammenfassung (*Piltz* FR 80, 35). Die Zusammenfassung kann kettenförmig erfolgen (Betr A mit Betr B, der mit Betr C verbunden ist), sofern die Zusammenfassungsbedingungen jeweils zwischen zwei Kettengliedern gegeben sind. VersorgungsBetr und Bäder können zusammengefaßt werden, da die Verflechtung regelmäßig gegeben ist. Zusammengefaßt werden können auf jeden Fall ohne weitere Voraussetzungen VersorgungsBetr, Verkehrs-Betr, HafenBetr, auch untereinander (BFH BStBl III 56, 133; III 62, 448; 450; III 66, 287; III 67, 679; II 90, 242; A 5 IX KStR); diese Zusammenfassung wird regelmäßig von den „EigenbetriebsVO" für die Versorgungs- und VerkehrsBetr gefordert (zB § 8 EigenBetrVO-NRW). Das Parkhaus bzw die Tiefgarage ist ein VerkehrsBetr (BFH BStBl II 90, 242; aA die

Vorinstanz FG Köln EFG 86, 143 und noch FinVerw 1979 StEK KStG 1977 § 1 Nr 11 u 1980 StEK KStG 1977 § 1 Nr 12 betr park-and-ride-System). Keine Zusammenfassung von Gaststätte und Markt (BFH BStBl III 61, 552 gilt auch nach GrS noch), von Ratskellerverpachtung und Kur- und Verkehrsverwaltung (BFH BStBl III 67, 679 iAnw v GrS, mE nicht überzeugend). Nach A 5 IX KStR können gleichartige Betr stets zusammengefaßt werden, zB mehrere Gaststätten. Ist die Zusammenfassung mögl, ist sie jedoch nicht zwingend; zusammengefaßte Betr können wieder aufgeteilt werden (FG D'dorf EFG 70, 464); Gewinnrealisierung, falls ein Betr nach der Aufteilung die Eigenschaft verliert, Betr gewerbl Art zu sein; ansonsten steuneutrale Realteilung.

Einrichtungen, die mangels Gewicht (Anm 7, 8) keine Betr gewerbl Art darstellen, können untereinander und mit einem Betr gewerbl Art nur nach den vorgenannten Regeln zusammengefaßt werden (A 5 XI KStR).

Zusammenfassung von **Betr gewerbl Art** und **Hoheitsbetrieben** s Anm 22.

Zu sonstigen Gestaltungen zum **Verlustausgleich** s Anm 16 u ABC „Verluste."

16. Zusammenfassung auch in einer **jur Pers** des Privatrechts möglich, zB in einer **GmbH.** Könnten beide Betr bei der jur Pers unmittelb nach Anm 15 nicht zusammengefaßt werden, so ist eine vGA (zur VGa s *Pott* StuW 79, 321) oder ein Mißbrauch (§ 42 AO; A 5 XI a KStR; ausführl FinVerw 1991, 1993 StEK KStG 1977 § 4 Nr 24, 30; krit *Hofmeister* FS L Schmidt, 1993, 702; zu Fallgestaltungen in den neuen Bundesländern s BMF DB 92, 1555) denkb. ME ist in diesem Fall die Annahme einer vGa systematisch verfehlt; richtig ist vielmehr zu prüfen, ob der VerlustBetr nach Liebhabereigrundsätzen außer Betracht bleibt (§ 8 Anm 26, 31); da sich die jur Pers des öffentl Rechts einer privatrechtl Rechtsform bedient, greifen die hierfür geschaffenen Rechtsinstitute ein. Liegt aber kein obj anhaltender LiebhabereiBetr vor, kann die Zusammenrechnung von Verlusten (zB Anlaufverlusten) und Gewinnen nicht deshalb untersagt werden, weil eine wechselseitige technisch-wirtschaftl Verflechtung fehlt. Übernimmt jedoch die priv jur Pers konkret bestimmb Aufwendungen für den AntE, dh die jur Pers des öffentl Rechts, sind vGa mögl (*Hofmeister* aaO). Auf diese Weise kann die Pachtung eines VerlustBetr vGa sein (vgl RFH RStBl 36, 696; *Pott* StuW 79, 324). Nicht kostendeckende Tarife der Versorgungsunternehmen sollen nicht zur vGa führen (FinVerw DB 78, 1377; *Pott* StuW 79, 323); der Bürger sei kein Nahestehender (s § 8 Anm 72 ff; so *Pott* StuW 79, 323; aA RFH RStBl 39, 482; *Hofmeister* aaO; auch BFH BStBl II 94, 479 sieht keine Schwierigkeiten, den Begriff des Nahestehenden, sofern erforderl, zu bejahen). Ebenfalls sollen unentgeltl arbeitende Gesellschaften zur Arbeitsförderung, Beschäftigung und Strukturentwicklung (ABS) nicht zu vGa führen (FinVerw VIZ 92, 358). Zweifelhaft ist, wie dies mit dem Recht der vGa vereinb sein soll. Zur Überlegung, das Recht der vGa durch das öffentl Recht insoweit zu überlagern, s *Döllerer/Raupach* DB 93 Beil 11. Keine vGa, wenn die jur Pers des öffentl Rechts vor Übertragung des Betr gewerbl Art einen Verlustvortrag ausgleicht.

Deckt der AntE der GmbH oder AG, die jur Pers des öffentl Rechts, einen Verlust der KapGes ab, ist dies idR als Einlage zu werten; anders, falls die Verlustübernahme Teil eines anzuerkennenden Vertrags ist (vgl BFH BStBl II 83, 744 betr einen VerkehrsBetr). VGa durch Konzessionsabgabe s FinVerw 1983 StEK KStG 1977 § 8 Nr 32.

17. Betr gewerbl Art ist jur Pers des öffentl Rechts (Abs 2). Vorgänger § 5 I KStDV 1968. Wird der Betr gewerbl Art nicht nur als Teiltätigkeit von einer jur Pers des öffentl Rechts geführt, sondern als Hauptzweck betrieben, so ist die jur Pers des öffentl Rechts kstpfl. ME überflüssige Klarstellung. Werden der jur Pers des öffentl Rechts andere Hoheitsrechte übertragen, so entfällt insoweit die KStPfl und die jur Pers des öffentl Rechts entspricht dann im Erscheinungsbild den sonstigen Pers des öffentl Rechts; der Unterschied ist also nur ein gradueller. Beispiele für Abs 2: öffentl-rechtl Versicherungsanstalten (falls nicht HoheitsBetr, s Anm 21) und Sparkassen. Zur Trennung und Vermischung der Tätigkeit eines Betr gewerbl Art und eines Hoheitsbetriebs s Anm 22f.

18. Versorgungsbetriebe (Abs 3): Bedeutsamer Anwendungsfall von Abs 1; Klarstellung ohne Einführung von in Abs 1 nicht normierten Bedingungen. Vorgänger § 2 KStDV aF. Abs 3 nennt die Betr, zu deren Aufgaben die Versorgung der Bevölkerung mit Elektrizität, Gas, Wasser, Wärme usw zählt und die dem sog Verwaltungsprivatrecht unterstehen (BFH BStBl II 75, 563). Soweit hieran besondere StFolgen geknüpft wurden oder werden, ist erhebl, daß es sich nicht um Betr ausl Körperschaften handeln darf (RFH RStBl 31, 634). Zur Wasserversorgung s BFH BStBl III 56, 133; BStBl II 69, 415; II 72, 500; II 90, 452; StRK KStG § 1 Nr 9 (1950), 56 (1965); BVerwG UStR 82, 221, 223; und Anm 37. Verkehrsbetriebe: Personenbeförderung durch Bahn, Bus, Obus, Schiff, Fähre, Flughafen, Tiefgarage (BFH BStBl II 90, 242; aA FG Köln EFG 86, 143); nicht reine Güterbeförderung (RFH RStBl 30, 552). Hafenbetriebe: Unterhaltung von Hafenbauten, Kaianlagen, Schleusen, Stromregulierung, Kennzeichnungen, Eisbrecher, Baggerei, Lotsen; Lagerhaus kann unselbständiger Teil sein (RFH StuW 32 Nr 295). Nicht: Schiffsbau und -reparatur, Schleppen, Bugsieren, Tanken. Gemeint sind nur öffentl, nicht Werkshäfen (FG RhPf EFG 56, 83). Besonderheiten bei der Einkommensermittlung s Anm 25 ff. Zur Behandlung von Abschlagszahlungen an ein Versorgungsunternehmen s BFH BStBl II 95, 742. Zur Beendigung der Möglichkeit von Billigkeitsmaßnahmen bei der Veräußerung von Stromversorgungsanlagen s BMF DB 96, 1440.

19. Verpachtung eines **Betr gewerbl Art (Abs 4).** Vorgänger § 1 III 3 KStDV aF vor 1977. Verpachtung führt zum Betr gewerbl Art; die BetrVerpachtung kann nicht als Vermögensverwaltung geführt werden (BFH BStBl II 79, 716 mit HFRAnm 79, 530; dazu *Winter* StRK Anm KStG § 1 R 84 (1980), und zwar auch dann nicht, wenn die BetrVerpachtung nachhaltig zu Verlusten führt (BFH BStBl II 90, 1100 betr VSt). Ein Betr wird nur dann verpachtet, wenn die Summe von Sachen und Rechten, von der jur Pers des öffentl Rechts selbst geführt, einen Betr gewerbl Art darstellen würde. Erhebl ist, daß das notwendige Anlagever-

Verpachtung 19 § 4

mögen mitverpachtet wird. „Die Verpachtung eines Betr, dessen Führung größeres Inventar erfordert, ist nur dann stpfl, wenn Inventarstücke vom Verpächter beschafft und dem Pächter zur Nutzung überlassen sind. Das gilt auch dann, wenn das mitverpachtete Inventar nicht vollständig ist, jedoch die Führung eines bescheidenen Betr gestattet." (A 5 VI KStR) Vgl BFH BStBl II 72, 776; II 74, 391; II 83, 386. Unschädl, wenn einzelne Inventarstücke vom Pächter beschafft werden müssen (BFH BStBl II 69, 443). Der Umfang der Einrichtung bestimmt sich nach der Art des Betr, er kann je nach Betr unterschiedl sein (BFH BStBl III 67, 679; II 72, 776). Das Vorhandensein einer kaufmännischen Organisation ist für eine BetrVerpachtung nicht Voraussetzung (BFH BStBl II 83, 386). Liegt die Verpachtung eines Betr vor, so können die Inventarstücke tatsächl zur Verfügung gestellt werden; insoweit bedarf es keines besonderen Vertrags (BFH BStBl III 67, 679). Inventarstücke werden auch dann – wirtschaftl gesehen – pachtweise überlassen, wenn sie zwar übereignet werden, aber später zurückzuübereignen sind (vgl hierzu BFH BStBl II 72, 776). Im übrigen ist die Veräußerung des Inventars keine Verpachtung, wenn sie nicht rechtsmißbräuchlich eine Verpachtung verdeckt (BFH BStBl II 83, 386). Nicht ausreichend ist die Verpachtung einzelner Gegenstände oder Rechte, zB bei reiner Raummiete, auch bei gewerbl Räumen, gleich welcher Größe (RFH RStBl 40, 60), oder bei einer Kiesgrubenverpachtung, es sei denn, sie werde mit Einrichtungen verpachtet (RFH RStBl 40, 444). Wird der Betr veräußert und ein Grundstück zurückbehalten und an den Erwerber verpachtet, liegt keine BetrVerpachtung vor (BFH BStBl III 64, 559). Nicht ausreichend ist die Verpachtung des Rechts zum Anschlag in der Stadt oder in einem Stadion ohne besondere Einrichtungen (BFH BStBl II 70, 151; II 72, 776; II 77, 94; II 83, 386; abl auch *Niebler* DGStZ 75, 7 für die Verpachtung der Bandenwerbung ohne besondere Einrichtung); werden jedoch die in gemeindl Eigentum stehenden Anschlagstellen mitverpachtet, liegt eine BetrVerpachtung vor (RFH RStBl 39, 560; 41, 501; 45, 42; BFH BStBl II 83, 386). Nicht ausreichend für die BetrVerpachtung ist die Verpachtung des Rechts zur Wegebenutzung (RFH RStBl 38, 1184) oder des Rechts, amtl Unterlagen auszuwerten (RFH RStBl 41, 682). Werden nur einzelne Gegenstände verpachtet, so liegt auch nicht deshalb eine BetrVerpachtung vor, weil mit dem Pächter ein sog „Öffentlichkeitsvertrag" geschlossen wurde, durch den der Pächter dem Verpächter gegenüber bestimmte auf die Öffentlichkeit bezogene Pfl übernimmt (*Piltz* FR 80, 36). Gehört der verpachtete Einzelgegenstand zu einem bestehenden Betr gewerbl Art, so ist die Verpachtung Teil des Betr (vgl BFH BStBl II 74, 391). Zur Pachtung eines VerlustBetr s Anm 16.

Besteht eine **Betriebsaufspaltung,** dh beherrscht die jur Pers des öffentl Rechts auch die Pächterin, so liegt auch dann ein Betr gewerbl Art vor, wenn nur die wesentl Betriebsgrundlagen, nicht aber Inventar, verpachtet werden; die jur Pers des öffentl Rechts ist insoweit dem privaten Stpfl gleichzustellen (aA FinVerw 1993 StEK KStG 1977 § 4 Nr 31 betr Betriebsaufspaltung bei U-Bahnen unter Berufung auf BFH BStBl II 90, 868, s Anm 20).

20. Auch für die Verpachtung gilt, daß der Betr von **einigem Gewicht** sein muß. Für die Umsatzgrenzen ist nach A 5 V KStR 1985 auf die Pachtverträge abzustellen, nicht auf die Umsätze des verpachteten Betr (glA FG BaWürt EFG 80, 150). Nach BFH BStBl II 90, 868 ist demgegenüber auf den verpachteten Betr abzustellen (ebenso A 5 V KStR 1990; glA FG München EFG 78, 628; DStV StBg 81, 268; Übergangsregelung FinVerw BStBl I 90, 635). Im Hinblick auf BFH BStBl II 90, 868 soll die Verpachtung im Rahmen einer reinen BetrAufspaltung idR nicht zur StPfl führen (s Anm 19 aE).

Mehrere verpachtete **Betr** können, auch wenn sie an unterschiedl Dritte verpachtet sind, bei Gleichartigkeit **zusammengefaßt** werden (A 5 X KStR). Voraussetzung ist, daß sie auch unmittelb als Betr gewerbl Art hätten zusammengefaßt werden können (BFH BStBl III 59, 339; abw RFH RStBl 40, 359). Wegen der Zusammenfassung mit HoheitsBetr s Anm 22.

Zw ist, ob bei der BetrVerpachtung ein **Wahlrecht** besteht, zu Eink aus VuV überzugehen; mE zu verneinen angesichts des klaren Gesetzeswortlauts (glA BFH BStBl II 79, 716; A 5 XII KStR; aA FG D'dorf EFG 70, 464). **Entfallen** die **Bedingungen** der BetrVerpachtung, erfolgt eine Gewinnrealisierung (A 5 XII KStR). Eine Aufgabeerklärung und ein Wahlrecht entspr BFH BStBl III 64, 124 ist auch hier nicht mögl (BFH BStBl II 79, 716; A 5 XII KStR).

21. Hoheitsbetriebe (Abs 5): Das Vorliegen eines HoheitsBetr schließt einen Betr gewerbl Art aus. Der HoheitsBetr dient „überwiegend der Ausübung der öffentl Gewalt". Die jur Pers des öffentl Rechts muß Aufgaben erfüllen, die dem Träger der öffentl Gewalt eigentüml und vorbehalten sind (vgl BFH BStBl II 76, 793 mwN; BFH/NV 87, 810; A 5 XIII KStR; Kritik an dieser Formel v *Selmer/Schulze-Osterloh* DöV 78, 383: das StRecht dürfe nicht zu einer Staatsaufgabenlehre führen; *Altehoefer* FS L Schmidt, 1993, 677). Eine befriedigende Definition ist noch nicht gefunden. „Die Grenzen zwischen einem HoheitsBetr und einem Betr gewerbl Art sind flüssig" (BFH BStBl III 52, 41). *Selmer/Schulze-Osterloh* aaO stellen allein auf den Begriff des Betr gewerbl Art ab; nur auf diese Weise könne auch die Wettbewerbsneutralität des KStG garantiert werden; anders die hL, die den HoheitsBetr unmittelbar stl zu erfassen sucht. Nach § 4 KStDV 1968 liegt ein HoheitsBetr insbes dann vor, „wenn es sich um Leistungen handelt, zu deren Annahme der Leistungsempfänger aufgrund gesetzl oder behördl Anordnung verpflichtet ist. Hierher gehören zB Forschungsanstalten, Wetterwarten, Schlachthöfe, Friedhöfe. Anstalten zur Lebensmitteluntersuchung, zur Desinfektion, zur Leichenverbrennung, zur Müllbeseitigung, zur Straßenreinigung und zur Abführung von Abwässern und Abfällen." Übernommen v A 5 XIV KStR, zustimmend BFH/NV 87, 810. Allerdings handelt es sich hierbei nur um Indizien, die weder für die Annahme noch die Ablehnung zwingend sind (RFH RStBl 37, 982; BFH BStBl III 66, 150; II 76, 793). Abs 5 sagt, insofern die Sicherheit nicht gerade erhöhend, ausdrückl, daß Zwangs- und Monopolrechte zur Annahme eines HoheitsBetr nicht ausreichen (BFH BStBl II 70, 519 verursachte

Hoheitsbetriebe 22 § 4

diese Klarstellung, BT-Drucks 7/1470, 337). Umgekehrt schließt die Möglichkeit, daß die Aufgaben auch durch einen Privaten erfüllt werden können, HoheitsBetr nicht aus (BFH BStBl III 52, 41). Nicht entscheidend ist ebenfalls, daß das Entgelt als Gebühr erhoben wird (BFH BStBl II 77, 813). Das Gesamtbild ist maßgebend (BFH BStBl III 66, 150); die Grenzen des HoheitsBetr sind eher enger als weiter zu ziehen (BFH BStBl II 76, 793). Typische HoheitsBetr: FinVerw, Zoll, Bundeswehr, öffentl Schulwesen, Polizei, Sozialfürsorge. Zu Friedhöfen s BFH BStBl II 83, 491; *Prugger* UStR 83, 147; HFR Anm 83, 530; A 5 XXII KStR; zur wettbewerbsrechtl Zulässigkeit privatwirtschaftl Betätigung BGH NJW 87, 60, 62. Die StPfl der öffentl-rechtl Versicherungsanstalten, die in § 6 KStDV 1968 normiert, wurde nicht in das Gesetz übernommen, da zweifelhaft ist, ob der Bundesgesetzgeber insoweit unbeschr Gesetzgebungskompetenz hat (BT-Drucks 7/1470, 336 unter Berufung auf BVerfG BStBl II 71, 567 betr UStPfl der Rundfunkanstalten); regelmäßig liegen jedoch Betr gewerbl Art vor (BFH BStBl II 76, 355 betr Versorgungseinrichtung für freie Berufe; Ausnahme s BFH BStBl II 70, 519 betr Gebäudeversicherung; BFH/NV 96, 366). Sozialversicherung ist regelmäßig HoheitsBetr, und zwar auch mit den Krankenanstalten, Bädern, Genesungsheimen usw (A 5 XVI KStR mit Bagatellregelung; RFH RStBl 39, 482, 483).

Auch die **Verpachtung** eines HoheitsBetr bleibt HoheitsBetr (FinVerw 1987 StEK KStG 1977 § 4 Nr 18; *Buciek* DStZ 85, 113).

22. Ist eine jur Pers des öffentl Rechts sowohl **hoheitl** als auch **nichthoheitl** tätig, so sind die Bereiche, soweit möglich, zu **trennen** (BdF BStBl I 75, 934). Stellt die nichthoheitl Tätigkeit einen Betr gewerbl Art dar, so ist insoweit StPfl gegeben. Trennung kann auch zB nach zeitl Beanspruchung von Personal oder Maschinen erfolgen (BdF aaO). **HoheitsBetr** und **Betr gewerbl Art,** die getrennt vorliegen oder getrennt werden können, können nicht **zusammengefaßt** werden (A 5 VIII KStR; BFH BStBl III 62, 448: Wasserversorgung und Kanalwerk; BFH BStBl II 77, 813: Friedhof und Grabpflege, dazu *Padberg* StRK Anm UStG 1967 § 2 III R 4 (1978)); abw die ältere Rspr. Infolge der älteren Rspr zusammengefaßte Betr können ohne Gewinnrealisierung getrennt werden (zB Straßenbeleuchtungsanlagen werden von den E-Werken abgetrennt; vgl FinVerw 1965 StEK EStG § 4 GewVerw Nr 6). Läßt sich eine Trennung nicht durchführen, weil die Bereiche untrennb miteinander verwoben sind, so ist der Betr einheitl zu beurteilen (vgl BFH BStBl III 62, 408). Er ist nach Abs 5 hoheitl, wenn dieser Bereich überwiegt. Vgl auch A 5 III KStR. Es wird kaum möglich sein, dieses Überwiegen zu quantifizieren. Entscheidend ist, welcher Bereich der Tätigkeit das Gepräge gibt (BdF BStBl I 75, 934: überwiegende Zweckbestimmung). Tritt die jur Pers des öffentl Rechts mit anderen Personen in Wettbewerb und führt sie wie diese Geschäfte, so spricht das für das Vorliegen eines Betr gewerbl Art (vgl BFH BStBl III 66, 150; II 77, 813). Veräußert die Bibliothek des Finanzministeriums Bücher an ein Antiquariat, wird bei dem Kauf von Büromaschinen ein Altgerät in Zahlung gegeben, wird die Benutzung des Amtstelefons den Beamten gegen Bezahlung für Privatgespräche gestattet, verkauft die Ge-

§ 4 23–28   Betriebe gewerbl Art von jur Pers des öffentl Rechts

schäftsstelle des Landgerichts Altpapier, so beeinträchtigt dies nicht den HoheitsBetr; vgl auch A 5 XV KStR. Unzulässig ist, vom stl günstigen Ergebnis her zu schließen und die Frage des Überwiegens an Überschüsse zu knüpfen; kein Betr ist deshalb nichthoheitl, weil er Überschüsse erzielt.

23. Werden Betr gewerbl Art und HoheitsBetr in einer **Rechtsform** des **Privatrechts** betrieben, so ist ein einheitl Einkommen einschl Verlustausgleich möglich, falls der HoheitsBetr nicht nach Liebhabereigrundsätzen wegen anhaltender Verluste ausscheidet (s o Anm 16). Ein HoheitsBetr, der Erträge abwirft, genügt regelmäßig dem Gewerbebegriff; in diesem Fall folgt mE aus der Nutzung der privaten Rechtsform die hieran anknüpfende StPfl.

24. *einstweilen frei*

25. Ermittlung der Eink, des Einkommens, Tarif, Veranlagung: Hier werden nur Besonderheiten behandelt. S im übrigen § 8.

26. Einkünfte und Einkommen sind für jeden Betr gewerbl Art **gesondert** zu **ermitteln** und gesondert zu **veranlagen;** s o Anm 3.

27. Einkunftsart: Eink aus dem Betr gewerbl Art sind stets Eink aus GewerbeBetr (BFH BStBl II 79, 716; II 90, 246 betr Steuerberatungseinnahmen); das gilt auch für verpachtete Betr (BFH BStBl II 79, 716); folgend A 27a I KStR. Für die **Einkunftsermittlung** gelten die Vorschriften des EStG (§ 8 I). Zur BuchführungsPfl s *Schulte de Groot* ZKF 95, 271. Auch jur Pers des öffentl Rechts können Kaufleute, nach dem HGB zur Buchführung verpflichtet, sein (*Brüggemann* in *Staub,* HGB-Großkomm, 4. Aufl, 1983, § 1 Rz 11: Gaswerk zB nach § 1 II Nr 1, Elektrizitäts- und Wärmegewinnung ist Urproduktion, Kaufmann nach § 2 HGB; *Baumbach/Duden/Hopt,* HGB, 29. Aufl, 1995, § 1 Rz 24). Allerdings ist nach dem HGB Gewinnerzielungsabsicht erforderlich (vgl *Baumach/Duden/Hopt* aaO); dies kann beim Betr gewerbl Art fehlen; insoweit kann eine BuchführungsPfl nach dem HGB entfallen. BuchführungsPfl nach dem HGB ohne Begr ablehnend RFH RStBl 31, 822; 37, 979. Weiter BuchführungsPfl zB nach der EigenBetrVO mögl. Für HGB- und EigenBetrVO-Pflicht gilt § 140 AO (FinVerw 1979 StEK KStG 1977 § 4 Nr 6). Darüber hinaus kann § 141 AO eingreifen. BuchführungsPfl bei gewerbl Eink führt zu § 5 EStG; das gleiche gilt bei freiwilliger Führung von Büchern.

28. Verträge zwischen Betr gewerbl Art und jur Pers des öffentl Rechts werden grundsätzlich nach den für vGa geltenden Bedingungen anerkannt (A 28 II KStR): Sie müssen klar und ernst gewollt, rechtzeitig abgeschlossen u durchgeführt sein (§ 8 Anm 120 ff). Da „ernst gewollt" unmittelb verknüpft ist mit dem wirksamen Eingehen einer Verpflichtung (so im vGa-Recht, § 8 aaO, und bei FamilienGes) und eben diese Verpflichtung hier nicht vorliegt, ähneln die Vertragsbedingungen einer steuerrechtl Spiegelfechterei. Zur grundsätzl Anerkennung der Verträge s RFH RStBl 30, 466; 36, 769; BFH 1964 StRK GewStG § 2 I R 232; BStBl III 61, 67; III 65, 598; II 79, 192; II 82, 784; II 83, 147. Ausweis im Haushaltsplan ersetzt keinen Vertrag (BFH BStBl III 67, 679). Eine tatsächl

Eigenkapital § 4

langjährige Übung nach bestimmten Bedingungen läßt jedoch vermuten, daß eine entspr Vereinbarung vorliegt. Insbes bei alten Nutzungsverhältnissen muß nicht unbedingt ein ausdrückl Vertrag gefordert werden (vgl RFH RStBl 36, 922). FG BaWürt EFG 96, 449, rückt von dem Erfordernis allzu präziser Verträge ab. Nicht anerkannt werden **Miet- oder Pachtverträge** über Gegenstände, die eine wesentl Grundlage des Betr gewerbl Art sind (BFH BStBl II 84, 496, unter Abweichung von der bisherigen Rspr, die weit großzügiger solche Verträge anerkannte; BFH/NV 87, 123; beide Entscheidungen betrafen ein Wasserwerk; Nds FG EFG 91, 419; A 27a IV KStR); da die nicht existenten Verträge grundsätzlich anerkannt werden, ist die Nichtanerkennung in diesem Fall dogmatisch nicht zu begründen. Die vertragl Verbindlichkeiten werden auch nicht so ernst genommen, daß sie bei der Umwandlung eines EigenBetr in eine GmbH auf diese übergehen (BFH BStBl II 89, 473).

29. Der betr gewerbl Art muß jedoch in **ausreichendem Maß EigenKap** haben; der Schuldenausweis steht nicht in dem Belieben der Trägerkörperschaft (RFH RStBl 37, 979; 38, 365; 39, 483). Seit BFH BStBl III 62, 450 soll bei VersorgungsBetr das WidmungsKap 40 vH der Aktivseite nicht unterschreiten. Die 40 vH-Grenze galt auch für sonstige Betr gewerbl Art (FinVerw 1979 StEK KStG 1977 § 4 Nr 2); sie bestimmen auch die Konzessionsabgaben (BFH BStBl II 82, 783; krit *L Schmidt* FR 83, 49). Die FinVerw hat sich die 40 vH-Grenze zögernd zu eigen gemacht; vgl StEK KStG § 1 Nr 14, 16 (1963), 22 (1964), 44 (1967), 47 (1968). BFH BStBl II 83, 147 hält an der Notwendigkeit einer prozentualen Grenze fest, fordert die Vorinstanz jedoch auf zu prüfen, ob die 40 vH-Grenze nicht anzupassen ist; dazu *Klempt* DStZ 83, 262; *Schmid* ZKF 83, 182. Die KStR 1985 senken die Grenze in A 27a III (heute A 28 III) auf **30 vH** (gilt ab VZ 85, A 1 II KStR); weitere Einzelheiten s A 28 III KStR. Offene Rücklagen zählen zum EigenKap (FG BaWürt EFG 78, 239). Baukostenzuschüsse der Abnehmer sind keine Verpflichtungen; sie bleiben wie eine Korrektur der Aktivseite der Bilanz außer Ansatz (BFH BStBl II 70, 694; II 83, 147; FinVerw 1972 StEK KStG § 1 Nr 57); das gleiche gilt für passive Wertberichtigungen; Pensionsrückstellungen sind als Verpflichtungen zu behandeln (s FinVerw aaO). Stille Reserven rechnen nicht zum EigenKap (BFH BStBl II 83, 147). Soweit die 40 (30) vH-Grenze erreicht ist, können verzinsl Darlehen anerkannt werden (FG BaWürt EFG 78, 239). Nach Einführung der 40 vH-Grenze konnte das EigenKap herabgesetzt werden; allerdings keine Rückwirkung (BFH BStBl III 56, 238; III 62, 450). Das gleiche gilt für die Einführung der 30 vH-Grenze. Die Angemessenheitsprüfung (30/40 vH-Grenze bzw die allg Prüfung der angemessenen Ausstattung) gilt für den Beginn des Betr gewerbl Art und für Kapitalherabsetzungen, nicht aber bei steigendem Kapitalbedarf; insoweit ist volle Fremdfinanzierung oder Darlehenshingabe durch die jur Pers des öffentl Rechts mögl (FG D'dorf EFG 69, 426; ähnl FinVerw 1968 StEK KStG § 1 R 47). A 27a (28) III KStR ist nicht auf Darlehen anzuwenden, die Körperschaften des öR an rechtl selbständige Anstalten iS des Abs 2 (Anm 17) gewähren (FnVerw DB 95, 1540).

30. *einstweilen frei*

31. Eröffnungsbilanz: § 6 I Nr 6, 5 EStG; Teilwert (RFH RStBl 37, 1210; 39, 464; BFH BStBl 87, 865). **Gewillkürtes BetrVerm** ist mE mögl, da der Träger den Umfang des Betr bestimmen kann (glA *Theis* DB 81, 1256 und für EigenBetr FinVerw 1979 StEK KStG 1977 § 4 Nr 6; aA *Piltz* FR 80, 35). Wegen der Eigenständigkeit der Gewinnermittlung der Betr gewerbl Art (Anm 3) führt die Überführung eines WG von einem Betr gewerbl Art in einen anderen zur Entnahme und Gewinnrealisierung (FinVerw FR 97, 503); zu § 6b EStG s nachfolgend. **Öffentl Zuschüsse** von dritter Seite: Wahlrecht gem A 34 I EStG (BFH BStBl III 66, 167). Die jur Pers des öffentl Rechts soll jedoch nach Ansicht der FinVerw die Möglichkeit haben, durch entspr Gestaltung den Zuschuß selbst außerhalb des Betr zu empfangen und sodann einzulegen (FinVerw StEK KStG § 1 Nr 4 (1962), Nr 15 (1963), Nr 37 (1966), Nr 38 (1966), Nr 49 (1968); dazu *Winter* StBp 69, 82); mE nicht gerechtfertigte Privilegierung der öffentl Hand. **Enteignungsentschädigungen** der jur Pers des öffentl Rechts sind keine BA eines Betr gewerbl Art, wenn durch die Enteignung die öffentl Aufgaben des Trägers gefördert werden (BFH BStBl II 69, 17). **§ 6b EStG** ist anwendb, auch bei Veräußerung an die Trägerkörperschaft oder andere Betr gewerbl Art (evtl finden jedoch die Grundsätze Anwendung, die für die Übertragung zwischen zwei Betr eines Stpfl gelten, s o Anm 3 zur neuen Rechtsentwicklung). Zum Umfang des BetrVerm bei Schwimmbädern FinVerw 1988 StEK KStG 1977 § 4 Nr 21. **Pachtzinsen** für ein vom Betr gewerbl Art genutztes Grundstück sind BetrAusg (BFH BStBl II 93, 459).

32. *einstweilen frei*

33. Konzessionsabgaben der VersorgungsBetr sind BetrAusg. Zur geschichtl Entwicklung: BVerwG HFR 66, 148; *H/H/R* § 4 Anm 34. BFH-Rspr BStBl III 53, 122; III 54, 104; III 57, 169, 218; III 62, 339; II 68, 692; II 82, 783 mit Anm *L Schmidt* FR 83, 49; II 91, 315. Ist der Empfänger der Konzessionsabgabe am VersorgungsBetr mittelb oder unmittelb beteiligt, ist eine Abgrenzung zur **vGa** erforderl; so können Konzessionsabgaben einer Versorgungs-GmbH, die nur an Ges-Gemeinden gezahlt werden, vGa sein (FinVerw 1983 StEK KStG 1977 § 8 Nr 32). Im übrigen Hinweis auf die detaillierte VerwRegelung in A 32–34 KStR 1990, FinVerw 1987 StEK KStG 1977 § 8 Nr 53 betr mittelb Beteiligungen u BStBl I 94, 264; die KStR 1995 enthalten keine Regelung der Konzessionsabgaben, da dies einem besonderen BMF-Schreiben vorbehalten bleiben soll (*Dötsch/Jost* DB 96, Beil Nr 4), s auch BFH BStBl II 91, 315. Konzessionsabgaben, die vereinbarungsgemäß als Kapital zurückgewährt werden sollen, sollen keine BetrAusg sein (FG D'dorf EFG 85, 142; mE nicht überzeugend). Zur Konzessionsabgabe nach einer **Eingemeindung** FG D'dorf EFG 80, 96. Folgekosten der **Verlegung** von **Versorgungsleitungen** bei Verlegung, Umbau von Straßen, U-Bahnbau usw s *Lenz* DB 72, 1005. Konzessionsabgaben für **Fernwärme** s FinVerw 1987 StEK KStG 1977 § 8 Nr 56. Zu den **Fahrgelderstattungen** wegen unentgelt Beförderung von Schwerkriegsbeschädigten s FinVerw StEK KStG § 1 Nr 25 (1964), Nr 30, 33 (1965), Nr 40 (1966).

34. *einstweilen frei*

35. Abgaben und **Gewinnabführungen** an die jur Pers des öffentl Rechts dürfen den Gewinn grundsätzl nicht mindern (RFH RStBl 31, 652); Ausnahmen: zB Konzessionsabgabe, anzuerkennende Verträge (s o Anm 28, 33). Keine Gewinnminderung auch durch Gewinnabführung an einen weiteren Betr der Körperschaft (RFH RStBl 32, 526; 37, 979). Es gelten insoweit **vGa-Grundsätze** (BFH BStBl II 83, 147; II 90, 237; I R 108–109/95 v 10. 7. 96, BB 97, 135; A 28 KStR; aA *Rader* BB 77, 1441: aus BFH BStBl II 74, 391, s o Anm 3, folge, daß Entnahmegrundsätze gelten; mE nicht ohne Berechtigung; ebenso *Tipke/Lang,* StR, 14. Aufl, 1994, Rz 12). Zur vGa s § 8 Anm 60ff u oben Anm 16. Im Ergebnis heißt das: Der Betr gewerbl Art kann keine BetrAusg oder sonstige Aufwendungen abziehen, die der Trägerkorperschaft zuzuordnen sind oder die die Abzugsfähigkeit überschreiten; geschieht dies, liegen vGa vor (vgl zB BFH BStBl II 69, 17 betr Enteignungsentschädigung, oben Anm 31; BFH BStBl II 74, 586 betr Spenden, dazu § 9 Anm 13, 15). Zum Nahestehenden im Recht der vGa s Anm 16 u § 8 Anm 75. Die vorrangige Erfüllung der eigenen hoheitl Aufgabenstellung vor einer Maximierung des Gewinns ist kein Grund für die Annahme einer vGa (*Knobbe-Keuk* StuW 83, 227). Keine vGa, wenn die Preise aus politischen, sozialen, kirchl Gründen niedrig gehalten werden (so BFH 1960 StRK KStG § 1 R 40; unzutreffend aber, soweit die Grenze bei den Selbstkosten gesehen wird, inkonsequent, soweit eine Reingewinnschätzung durchgeführt wird, s Anm 9). Ebenfalls keine vGa, wenn Versorgungsunternehmen nicht mit kostendeckenden Tarifen arbeiten (FinVerw DB 78, 1377) oder wenn unentgeltl ABS-Maßnahmen durchgeführt werden (FinVerw VIZ 92, 358); zweifelhaft, s Anm 16. Keine Minderung durch sog Finanzzuschläge (RFH RStBl 36, 923); anders, falls echte durchlaufende Posten vorliegen (RFH RStBl 37, 912). Auch die Überschußverwendung bei öffentl Pfandleihanstalten ist Gewinnverwendung (FinVerw DStZ/B 65, 220). Die Verzinsung eines Kontokorrentkontos zwischen Betr gewerbl Art und der jur Pers des öffentl Rechts muß nicht zur vGa führen (FG München EFG 81, 465); ebenso ist die Erstattung der Kosten des Rechnungsprüfungsamtes durch den Eigenbetrieb einer Gemeinde keine vGa (BFH BStBl II 90, 647; FG Münster EFG 87, 89; aA noch BFH BStBl II 85, 435; FinVerw 1985 KStG 1977 § 8 Nr 47, 1988 Nr 65). Die unentgeltl Abgabe von Daten aus dem Betr gewerbl Art in den Hoheitsbereich stellt eine vGa dar (BFH I R 108–109/95 v 10. 7. 96, BB 97, 135; aA FG BaWürt EFG 96, 449; FG SchlHol EFG 96, 155). Sondervorteile der Sparkassen an die Gewährsträger können vGa sein (BFH BStBl II 83, 152; zurückhaltender FG BaWürt EFG 79, 251). Spenden s Anm 38.

36. Verkauf eines Betr gewerbl Art ohne Betriebsgrundstücke führt zur Gewinnrealisierung auch hinsichtl des Grundstücks (BFH BStBl III 64, 559; A 5 XII KStR). Ebenfalls führt die **BetrAufgabe** zur Gewinnrealisierung. BetrAufgabe ist zB der Übergang eines Betr gewerbl Art zum HoheitsBetr (glA *Piltz* FR 80, 36). Keine Gewinnrealisierung, wenn das BetrGrundstück einem anderen Betr gewerbl Art gewidmet wird (BFH BStBl III 64, 559; zweifelhaft, mE Entnahme, Anm 31) oder selbst einen

§ 4 37–41 Betriebe gewerbl Art von jur Pers des öffentl Rechts

Betr gewerbl Art darstellt. Veräußerungsgewinn bei Verkauf von Elektrizitätsversorgungsbetr: StErlaß zur Hälfte; vgl FinVerw DStZ/B 57, 268.

37. Zur stl Begünstigung von **Wasserkraftwerken** s VO RGBl I 44, 278; RStBl 44, 657; Änderungen BGBl I 57, 807; BStBl I 57, 528; BGBl I 69, 141; BStBl I 69, 116; BGBl I 77, 1586; BStBl I 77, 442; BGBl I 84, 1493; BStBl I 84, 659; betr Verlängerung bis 1990. Text s Texte Nr 6. BFH-Rspr: BStBl III 62, 52; II 75, 618; II 91, 150. FinVerw: StEK KStG § 1 Nr 10 (1944), Nr 18 (1963), Nr 19 (1964), Nr 21 (1963), Nr 24 (1964); Auswirkungen der KStReform s *Merkert/Telkamp* BB 80, 1792.

38. Kein **Verlustausgleich** möglich unter mehreren Betr gewerbl Art (BFH BStBl II 74, 391; s o Anm 3). **Verlustrücktrag, -vortrag** bei einem Betr mögl nach § 10d EStG. Zum Rücktrag eines Verlustes zusammengefaßter Betr in die Zeit vor der Zusammenfassung s BFH BStBl II 92, 432. **Spenden** im Rahmen des § 10b EStG sind mögl; falls Spende an die eigene Trägerkörperschaft, Abgrenzung zur vGa erforderlich (s BFH BStBl III 62, 355; § 9 Anm 15).

39. Tarif: § 23 II. **Freibetrag:** § 24. Soweit der Betr gewerbl Art Ausschüttungen von Körperschaften erhält, die die AusschüttungsBel herzustellen haben, zB von einer GmbH, deren Anteile dem Betr gewerbl Art zuzurechnen sind, ist der Betr gewerbl Art **anrechnungsberechtigt.** S auch § 50 Anm 6 u § 51.

40. Ist die jur Pers des öffentl Rechts Mitunternehmerin (s o Anm 13), so ist § 180 AO, **gesonderte Feststellung,** anzuwenden. Auch über das Bestehen der Mitunternehmerschaft ist ein gesondertes Feststellungsverfahren nach § 180 AO durchzuführen (BFH BStBl II 84, 726).

41. ABC: (Abkürzungen: + = ja; ./. = nein; BgA = Betr gewerbl Art; HB = HoheitsBetr; BV = Betriebsverpachtung iSv § 4 IV).

Abfallbeseitigung
HB + (FinVerw 1978 StEK UStG 1967 § 2 Nr 96, auch wenn sie für eine andere jur Pers des öffentl Rechts übernommen wird, FinVerw 1978 StEK KStG UStG 1967 § 2 Nr 101; BStBl I 87, 373; BFH BStBl II 97, 139 betr Hausmüllentsorgung; dazu *Wellmann* DB 97, 501); das gleiche gilt für die Beistandsleistung zur Abfallbeseitigung (FinVerw 1980 StEK UStG 1980 § 2 III Nr 7); s auch Abfallverwertung und Müllverbrennung.

Abfallverwertung
BgA + (FinVerw 1978 StEK UStG 1967 § 2 Nr 96); falls Teil der Abfallentsorgung, liegt jedoch nach der neueren Erkenntnis der FinVerw ein HB vor (FinVerw BStBl I 87, 373); sodann A 5 XXIV KStR 1990; die Aufgabenerfüllung nach der Verpackungsverordnung ist kein HB (FinVerw 1994 StEK KStG 1977 § 4 Nr 35, 37; zu Problemen des Dualen Systems s auch *Meier* FR 93, 736); s auch Müllverbrennung.

Abwasserbeseitigung
HB + (vgl BFH BStBl II 69, 280). Zur Zusammenlegung mit der Wasserversorgung in einer KapGes in den neuen Bundesländern s BFM DB 92, 1555.

Amtl Unterlagen
Auswertung BV ./., s Anm 19.

Amtsblatt
HB +, BgA + nur insoweit, als durch Anzeigen Werbung betrieben wird.

Anschlagstellen
auf öffentl Plätzen, Wegen usw BV +, falls mit Einrichtungen (BFH BStBl II 72, 776; II 77, 94; II 83, 386); anders, falls nur das Recht zum Anschlag verpachtet wird (BFH aaO); zu einer mißbräuchl Verdeckung einer BetrVerpachtung s BFH BStBl II 83, 386; s weiter Anm 19.

Apotheke
BV + (BFH BStBl III 56, 105). Von der Treuhandanstalt verwaltete Apotheken sind BgA (FinVerw 1991 StEK UStG 1980 § 2 Abs 3 Nr 30, 31).

Arbeitsmedizinische Zentren
von BerufsGen BgA + (FinVerw 1978 StEK KStG 1977 § 1 Nr 3).

Architektenkammer
S Berufskammer.

Ärztekammer
S Berufskammer.

Ärzteversorgung
BgA + (BFH BStBl II 74, 631; s auch BFH BStBl II 76, 355; evtl befreit nach § 5 I Nr 8).

ASU-Plaketten
Verkauf s Innung.

Asylbewerber
Billigkeitsregelung betr die vorübergehende Unterbringung von Aus- und Übersiedlern sowie Asylbewerbern und Obdachlosen s FinVerw BStBl 91 I, 744, 92 I, 166, DB 97, 21.

Aussiedler
S Asylbewerber.

Auswärtiger Dienst
HB +.

Bäderverwaltung
S Kur- und Bäderverwaltung.

Bahn
S VersorgungsBetr.

Bandenwerbung
im Stadion s Anschlagstellen u Anm 19.

Bauhof
Überlassung für den hoheitl Bereich einer Körp des öffentl Rechts HB + (FinVerw 1980 StEK UStG 1980 § 2 III Nr 1).

Beregnungsverband
mit der Lieferung v Beregnungswasser BgA + (FG Nds EFG 87, 145).

Berufskammer
Die Berufskammern sind Körp des öffentl Rechts, jedoch nicht notwendig HB. Allein die berufsrechtl Selbstverwaltung ist kein HB (BFH BStBl III 57, 395 betr Ärztekammer; III 62, 201 betr kassenärztl Vereinigung; II 85, 681 betr Landwirtschaftskammer). Die Tätigkeit ist im einzelnen zu untersuchen. StPfl ist gegeben mit dem BgA. S auch Handwerksinnung, Landwirtschaftskammer, Versicherungsvermittlung, Versorgungseinrichtung.

Bestattungswesen
BgA +, wenn neben der Bestattungshoheitsverwaltung auf privatrechtlicher Basis Leistungen eines Bestattungsunternehmens erbracht werden (Bestattungswirtschaftsbetrieb, vgl BFH/NV 87, 810); zur wettbewerbsrechtl Zulassung vgl BGH NJW 87, 60, 62; s auch Friedhof.

Beteiligungen an Ges
Zur Vermögensverwaltung s Anm 12.

Betriebsaufspaltung
S Anm 19.

Betriebsverpachtung
S Anm 19f.

Blutalkoholuntersuchungsstelle
BgA + (BFH BStBl II 90, 866; FG Köln EFG 88, 41).

Bodenuntersuchungsanstalten
BgA +.

Börse
BgA + (zB BFH BStBl III 52, 12 betr Getreidebörse; weitere BFH-Urteile BB 59, 330).

Botanischer Garten
BgA + (BFH HFR 62, 64).

Buchstelle
S Handwerksinnung.

Bullenhaltung
Zweckverband HB + (BFH BStBl III 52, 41), zumindest steuerfrei als LandwirtschaftsBetr (s Anm 11 und RFH RStBl 45, 19).

Bundesbahnhotel
S § 5 Anm 17.

Bundeswehr
HB +.

Bundeswehr/Betreuungseinrichtungen
wie Kantine, Friseurstuben, Kinos usw BgA +, falls mit Inventar verpachtet BV +; bei BV wurde stl Einkommen bis 1974 geschätzt; s FinVerw StEK KStG § 1 Nr 5 (1962: bis 1963), Nr 29 (1964: 1964, 1965), Nr 39

(1966: 1966–1968), Nr 51 (1970: 1969–1971), Nr 62 (1974: 1972–1974); völlige Neuordnung ab 1976 mit Übergangsregelung s FinVerw StEK KStG § 1 Nr 69; Gehalt des Personals ist BA, sofern es aus den Einnahmen gedeckt werden soll (FG Nbg EFG 62, 411).

Bus
S VersorgungsBetr.

Cafeteria
S Studentenwerke.

Campingplatz
BgA + und BV +, falls eingerichtet (BFH BStBl II 69, 443); anders, falls nur Grundstück verpachtet wird; A 5 VI, XX KStR.

Datenzentrale
Stellt ein HB einem funktionell gleichartigen HB die EDV-Anlage entgeltl zur Verfügung, soll nach BFH BStBl III 65, 339 kein BgA vorliegen; mE zw, da wettbewerbsverzerrend.

Desinfektion
HB +, s Anm 21, nicht zwingend.

Deutsche Bundesbahn
S § 5 I Nr 1 u § 5 Anm 17.

Deutsche Bundespost
S § 5 I Nr. 1 u § 5 Anm 17.

Duales System
S Abfallverwertung.

EigenversorgungsBetr
S Anm 10.

Elektrizitätswerk
S VersorgungsBetr; zur Abgabe von Elektrizität bei Müllverbrennungsanlagen s Müllverbrennung.

Erholungsheim
BgA + (A 5 XV KStR). S auch Erholungspark, -gebiet, Jugend- und Erholungsstätte.

Erholungspark, -gebiet
BgA +, falls Benutzung gegen Entgelt; BV +, falls mit Erholungsinventar, zB Bänke, Unterstellhütten, Kiosk, Trimm-Dich-Pfad verpachtet. S auch Erholungsheim, Jugend- und Erholungsstätte.

Erschließungstätigkeit
HB + (BayVGH BayVBl 79, 181).

Fähre
S VersorgungsBetr.

Ferienerholung
BgA + (*Rass* GemH 78, 226).

Fernsehturm
BV möglich bzgl Turm, Gaststätte usw (s BFH BStBl II 74, 391).

Fernwärme
S VersorgungsBetr.

Feuerwehr
HB +, Festveranstaltung der Freiwilligen Feuerwehr zur Selbstdarstellung u Mitgliederwerbung kein BgA (FG D'dorf EFG 91, 752).

Finanzverwaltung
HB +.

Flughafen
S VersorgungsBetr.

Forschungsanstalten
HB +, s Anm 21, allerdings nicht zwingend. S auch Universität.

Forstwirtschaft
S Anm 11.

Freie Berufe
S Berufskammer, Versorgungseinrichtung.

Freiwillige Feuerwehr
als nichtrechtsf Verein s BFH BStBl II 97, 361.

Freizeitgebiet
S Erholungspark, -gebiet.

Friedhof
HB +, s Anm 21 u insbes BFH BStBl II 83, 491; BFH/NV 87, 810 mit ausführl Umschreibung der hoheitl Tätigkeit; dazu *Prugger* UStR 83, 147; HFRAnm 83, 530; A 5 XXII KStR. S auch Bestattungswesen.

Friedhofsgärtnerei
BgA + (BFH BStBl II 77, 813; dazu *Padberg* StRKAnm UStG 1967 § 2 III R 4; s auch BFH BStBl II 83, 491 aE), auch wenn unter Ausschluß von Wettbewerbern betrieben (dazu *Müller-Hannemann* DVBl 77, 440); gegen eine extensive Anwendung des Urteils BFH BStBl II 77, 813 durch die FÄ *Niebler* DGStZ 78, 178; die Verw wendet das Urteil an (FinVerw 1980 StEK KStG 1977 § 1 Nr 9).

Gaststätte, Gastwirtschaft
BgA +, BV +, falls eingerichtet (RFH RStBl 40, 60; BFH BStBl III 67, 679; II 90, 868; dazu *Löblein,* UR 91, 130; BFH/NV 90, 533; FG München EFG 78, 628).

Gaswerk
S VersorgungsBetr.

Gerichte
S Rechtspflege.

Grabpflege
S Friedhofsgärtnerei.

Grundbuchamt
HB +.

ABC zum Betrieb gewerbl Art 41 § 4

Grundstücksverkauf, Grundstücksankauf
kann BgA sein; in der Praxis wird dieser Möglichkeit – im Gegensatz zum privaten Bereich – kaum nachgegangen; der Verkauf von Grundstükken im Rahmen der Grundstücks- und Siedlungspolitik soll jedoch nach FinVerw 1980 StEK KStG 1977 § 1 Nr 14 HB, nicht BgA sein; mE sehr zw, da bei Privatpers die Gewerblichkeit bei Verkäufen unabhängig von den Verkaufsmotiven angenommen wird.

HafenBetr
S VersorgungsBetr.

Handelsregister
HB +.

Handwerksinnung
sind jur Pers des öffentl Rechts u stpfl mit ihren BgA (RFH RStBl 31, 651, 822 betr Bäckerinnung mit Hefe- und Diamaltgeschäft; BFH BStBl II 91, 595 betr Buchstelle; FinVerw 1993, 1994 StEK KStG 1977 § 4 Nr 32, 38 betr Verkauf v ASU-Plaketten). S auch Berufskammer.

Hausmüllentsorgung
S Abfallbeseitigung.

Innung
S Handwerksinnung.

Jagd
S Anm 11.

Job-Tickets
Die Vermittlung von Job-Tickets gegen Kostenersatz stellt kein BgA dar; wird hierfür eine Verwaltungsgebühr oder ein Entgelt erhoben, das den Kostenersatz übersteigt, ist ein BgA möglich.

Jugend- und Erholungsstätte
Kann BgA sein (FinVerw 1994 StEK KStG 1977 § 4 Nr 36); s auch Erholungsheim, Erholungspark, -gebiet.

Kantine
BgA + (RFH RStBl 32, 82; 38, 477), evtl Befreiung nach § 5 I Nr 1, 2; falls mit Einrichtung verpachtet: BV; s auch Bundeswehr.

Kartenverkäufe
der Landesvermessungsämter mit Ausnahme von Katasterkarten und amtl topographischen Karten, insbes also von Wanderkarten, Straßenkarten, historischen Karten BgA + (FinVerw 1980 StEK UStG 1980 § 2 III Nr 5).

Kassenärztl Vereinigung
ist Körp des öffentl Rechts. Die Tätigkeit ist nicht notwendig hoheitl (BFH BStBl III 62, 201; s Berufskammer). StPfl ist gegeben mit dem BgA.

Kfz-Einstellplätze
Übernahme der Bauherrenverpfl kann BgA sein (FinVerw 1973 StEK UStG 1967 § 2 Nr 54).

Kiesgrube
BgA +, falls selbst betrieben; BV ./., falls nicht mit Inventar verpachtet, s Anm 19.

Kirchturmbesteigung
Kirchenbesichtigung uä BgA + (RFH RStBl 38, 1189; 39, 910).

Kleiderkasse
S § 5 Anm 17.

Kliniken
S Universitätsklinik.

Klosterbetriebe
Klosterbrauerei, BgA + (RFH RStBl 29, 573); zur EinkErmittlung s § 5 Anm 10; die Grundsätze gelten entspr.

Kongreßhalle
Konzerthalle, lfd Vermietung BgA +, s Anm 19.

Kongreßveranstaltungen
BgA +.

Krankenbeförderung
HB + (BFH BStBl III 56, 353).

Kreditanstalten
öffentl-rechtl, BgA +, evtl Befreiung (§ 5 I Nr 2); Sparkassen- u Giroverbände sind nicht insgesamt Betr gewerbl Art (FinVerw 1978 StEK KStG 1977 § 4 Nr 12); zu den unter Treuhandschaft stehenden Wertvermögen der öffentl-rechtl Kreditinstitute s § 2 Anm 6 u FinVerw 1979 StEK KStG 1977 § 2 Nr 2.

Kur- und Bäderverwaltung
BgA + (A 5 XXV KStR); Kurtaxen, Mitgliedsbeiträge uä führen zu stpfl Eink (RFH RStBl 41, 506; FinVerw 1983 StEK KStG 1977 § 4 Nr 16); die frühere Vergünstigung war ohne Rechtsgrundlage (s BFH BStBl III 62, 542); keine Zusammenfassung mit Gaststätten, s Anm 15.

Kurtaxe
S Kur- u Bäderverwaltung.

Lagerhaus
BgA +, s auch VersorgungsBetr.

Land- und Forstwirtschaft
S Anm 11.

Landwirtschaftskammer
ist Körp des öffentl Rechts. Die Tätigkeit ist nicht notwendig hoheitl (BFH BStBl II 85, 681; s Berufskammer). StPfl ist gegeben mit dem BgA. Vermittlung von Holzverkäufen kann BgA sein (FG Nds EFG 74, 502); die Betreuung des Privatwaldes ist nach FG Nds EFG 80, 100 ein BgA (abw noch FG Nds EFG 74, 502). S auch Berufskammer, Handwerksinnung.

Lebensmitteluntersuchung
HB +, s Anm 21.

ABC zum Betrieb gewerbl Art

Leichenverbrennung
HB +, s Anm 21.

Leihanstalten
öffentl-rechtl, BgA + (vgl RFH RStBl 39, 1186).

Lotsen
S VersorgungsBetr.

Märkte
jeder Art BgA + (RFH RStBl 37, 982; 39, 477; BFH BStBl III 55, 176; III 57, 146; III 61, 67; A 5 XIX, XX KStR); auch hier gilt die Gewichtigkeitsbedingung, s o Anm 7f und FG D'dorf EFG 55, 201; keine Zusammenfassung mit Gaststätten, s Anm 15; unerheblich ist, ob mit dem Markt Heimatpflege, Fremdenverkehrswerbung usw verbunden ist; zwischen der jur Pers des öffentl Rechts und dem BgA Markt kann ein Pachtvertrag vereinbart werden (BFH BStBl III 61, 67). Ausnahme: gemeindeeigene Schlachtviehmärkte sind HB (A 5 XIX); s zu diesem Stichwort.

Markthalle
BgA + (RFH RStBl 38, 15).

Materialprüfungsanstalten/-ämter
bilden mit ihren entgeltl Untersuchungs-, Beratungs- und Begutachtungsleistungen einen BgA (FinVerw GemH 77, 115).

Mensa
S Studentenwerke.

Messehalle
BgA +.

MineralwasserBetr
BgA + (RFH StuW 32, 296).

Mitunternehmerschaft
Beteiligung BgA + (s Anm 13).

Müllverbrennung
HB + (s Anm 21), Abgabe von Elektrizität u Wärme ist ebenfalls HB (FG Münster EFG 86, 619; FinVerw 1987 StEK KStG 1977 § 4 Nr 19; *Niebler* DGStZ 76, 70); das gleiche gilt für die Veräußerung sonstiger Brandrückstände (FinVerw aaO); anders, wenn Elektrizität u Wärme selbständig, unabhängig von der Müllverwertung abgegeben werden (FG Münster aaO; FinVerw aaO). Wird die Müllverbrennungsanlage verpachtet, verliert sie mE den Charakter des HB; es liegt eine BV vor. S auch Abfallbeseitigung u Abfallverwertung; zur Gewinnermittlung *Rass* GemH 78, 226.

Museum
BgA + (RFH RStBl 37, 1306).

Notarkammer
S Berufskammer.

Notarverweserschaft
der Notarkammer HB + (BFH BStBl III 66, 150 gegen ältere Rspr).

Obdachlose
S Asylbewerber.

Orden
S Klosterbetriebe.

Pack-Sets
Verkauf durch die (hoheitl) Bundespost BgA +, aber befreit (§ 5 I Nr 1, § 5 Anm 17).

Parkhäuser
BgA + (FinVerw 1978 StEK KStG 1977 § 1 Nr 2; A XXI KStR; BFH BStBl II 93, 380 mit HFRAnm 1993, 458: auch wenn die Nutzung durch Satzung geregelt wird); BV +, falls mit Inventar verpachtet (s *Felix* KStZ 71, 240); Parkhäuser als VerkehrsBetr s Anm 15.

Parkplatz
BgA + (FinVerw 1973 StEK UStG 1967 § 2 Nr 54; A 5 XXI KStR; BFH BStBl II 76, 793, auch wenn tatsächl Benutzungszwang besteht, zust Anm *v Mangold* StuW 78, 163; *Felix* KStZ 72, 240); BgA + auch dann, wenn entgeltl an eigene Bedienstete überlassen wird; BV +, falls eingerichtet verpachtet.

Parkscheinautomaten, Parkuhren
HB +, falls im Rahmen der Straßenverkehrsordnung (FinVerw 1973 StEK UStG 1967 § 2 Nr 54; A 5 XXI KStR).

Personalgestellung
gegen Kostenerstattung BgA ./. (FinVerw 1987 StEK UStG 1980 § 2 Abs 3 Nr 22).

Plakatierung
S Anschlagstellen.

Polizei
HB +.

Postbank
S Deutsche Bundespost.

Postdienst
S Deutsche Bundespost.

Psychiatrisches Landeskrankenhaus
BgA sind die Behandlungsfälle, HB die Verwahr- und Pflegefälle; s FinVerw 1984 StEK AO 1977 § 52 Nr 32; 1987 StEK KStG 1977 § 5 Nr 77.

Rechtsanwaltskammer
S Berufskammer.

Rechtspflege
HB +.

Reklameamt
BgA + (RFH RStBl 30, 620).

ABC zum Betrieb gewerbl Art 41 § 4

Rundfunkanstalten
sind jur Pers des öffentl Rechts und HB + (BFH BStBl III 67, 582; FG München EFG 70, 189; BVerfG BStBl II 71, 567 betr Nichtigkeit des § 2 III S 2 UStG 1967; aA OFH StRK KStG § 1 R 8); Rundfunkanstalten können BgA haben (BFH BStBl II 73, 391: Verpachtung von Fernsehturm, Aussichtsterrasse, Gaststätte; FG München EFG 70, 189; Werbesendungen; die Beteiligung an einer für die Werbesendung gegründeten GmbH soll einen BgA darstellen).

Schiffe
S VersorgungsBetr.

Schlachthausbetrieb
BgA + (RFH RStBl 31, 502), falls von Innung betrieben; HB + (vgl A 5 XIX KStR), falls von Gemeinde betrieben; Differenzierung sehr zw.

Schule
HB +, Ersatzschule HB +; Fachschulen von jur Pers des öffentl Rechts nur, falls sie innerhalb des Zweckes der jur Pers des öffentl Rechts tätig werden, zB Fachschule für Meister und Gesellen der Handwerkskammer oder Priesterseminar der Kirche.

Schülerheime
HB +, falls durch Zweck öffentl Schulen gefordert, sonst BgA + (A 5 XVII KStR).

Schulschwimmbad
Für einheitl HB + *Pfister* StWa 83, 8, da Schulschwimmen (= HB, BFH BStBl II 79, 746; FG Nds EFG 74, 450) überwiegt; mE aufteilbar, entgeltl Benutzung durch Dritte ist mE BgA (ebenso BFH BStBl II 79, 746; A 5 XXIII KStR).

Schulverpflegung
entgeltl, BgA mögl (*Rass* GemH 78, 226).

Schwimmbad
BgA +, s jedoch Anm 8 zur Gewichtigkeit; zur Zusammenfassung mit VersorgungsBetr s Anm 15. Zum Umfang des BetrVerm FinVerw 1988 StEK KStG 1977 § 4 Nr 21.

SelbstversorgungsBetr
S Anm 10.

Sozialfürsorge
HB +.

Sozialversicherung
HB +, s Anm 21.

Sparkassen
BgA +, s Kreditanstalten.

Spazier- und Wanderwege
HB + (FinVerw 1980 StEK UStG 1980 § 2 III Nr 4).

Staatsbanken
S Kreditanstalten.

Steuerberaterkammer
S Berufskammer.
Steuerberatung
BgA + (BFH BStBl II 90, 246).
Strafvollzugsanstalt
HB + (BFH BStBl III 65, 95 gegen abw ältere Rspr; FG Nbg EFG 74, 499; A 5 XVIII KStR).
Strandkorbvermietung
BgA + (FinVerw StEK UStG 1967 § 2 Nr 8).
Strandpromenade
BgA + (FG SchH EFG 78, 353).
Straßenbaulast
HB + (FG München UStR 82, 228); Ausnahme mögl, falls der Verkehrsweg eine Betriebsvorrichtung eines BgA darstellt (FG München aaO).
Straßenbeleuchtung
HB +, s auch Anm 21.
Straßenreinigung
HB +, s Anm 21.
Studentenwerke
in NRW: Rechtsfähige Anstalten des ö R (FinVerw DB 91, 993). Der Mensa- u CafeteriaBetr ist – gemeinnütziger (s § 5 Anm 6) – BgA (FinVerw aaO). Ebenso in Thüringen (FinVerw BB 95, 2568). S auch § 5 Anm 14 Mensa.
Talsperre
ist als Teil der Wasserversorgung (= BgA) notwendiges BetrVerm (FinVerw 1982 StEK KStG 1977 § 4 Nr 11).
Telekom
S Deutsche Bundespost.
Tiefgarage
BgA + (FinVerw 1973 StEK UStG 1977 § 2 Nr 54); die Tiefgarage ist VerkehrsBetr (s Anm 15); s auch Parkhäuser.
Tierkliniken
von Universitäten BgA + (FinVerw 1981 UStG 1980 § 2 III Nr 10); zw, s Universitätsklinik.
Tierzucht
ist Land- und Forstwirtschaft, s Anm 11 und Bullenhaltung.
Trauerfeiern
Organisation BgA + (BFH BStBl II 77, 813; dazu *Padberg* StRK Anm UStG 1967 § 2 III R 4 (1978)).
U-Bahn
Verpachtung der Anlagen an eine Eigengesellschaft führt zur nicht stpfl BetrAufspaltung (s Anm 19, 20).

Übersiedler
S Asylbewerber.

Ufermauern
Verpachtung, BV ./. (FG RhPf EFG 56, 83).

Universität
HB +. Unter bestimmten Bedingungen kann die Forschung zum BgA werden (FinVerw BB 90, 1334).

Universitätsklinik
Str, BgA + (RFH RStBl 37, 1306; 38, 743; FinVerw 1984 StEK AO 1977 § 52 Nr 32; *Strate* UStR 69, 152), HB + (*Knies* UStR 69, 24, 153).

VerkehrsBetr
S VersorgungsBetr.

Verkehrswege
S Straßenbaulast.

Verlag
BgA + (RFH RStBl 41, 158).

Vermögensverwaltung
S Anm 12.

Verpackungsverordnung
S Abfallverwertung.

Versicherungen
öffentl-rechtl, BgA +, auch wenn mit Monopol- oder Zwangsrechten ausgestattet (s § 4 V); s Anm 21 u Versorgungseinrichtung; s auch Sozialversicherung.

Versicherungsvermittlung
einer Ärztekammer als BgA s BFH/NV 91, 628 u FG Münster EFG 86, 37.

VersorgungsBetr
S Anm 18: allgemein; Anm 15: Zusammenfassung; Anm 22: Zusammenfassung mit HB; Anm 25 ff: zur Einkommensermittlung, Tarif usw; Anm 33: zur Konzessionsabgabe.

Versorgungseinrichtung
für freie Berufe BgA + (BFH BStBl II 76, 355; dazu *Mangold* StuW 78, 162). S heute die Befreiung nach § 5 I Nr 8 u § 5 Anm 58.

Viehmarkt
S Märkte. Es gelten die allgemeinen Regeln (A 5 XIX KStR).

Volkshochschule
BgA +, falls freiwillig betrieben, HB +, falls aufgrund gesetzl Verpflichtung unterhalten (zB NRW); glA *Piltz* FR 80, 36.

Wärme
S VersorgungsBetr; ein solcher liegt auch bei Abgabe an andere Hoheitsträger gegen Entgelt vor.

§ 5 Befreiungen

Wasserentnahme
Die Wasserentnahmegebühr in Nds führt nicht zu einem BgA (FinVerw 1993 StEK UStG 1980 § 2 Abs 3 Nr 35).

Wasserversorgung, -werk
S VersorgungsBetr; Wasserbeschaffung alleine ist HB, geht jedoch in der damit verbundenen Wasserversorgung (= BgA) auf (BFH BStBl II 90, 452; FinVerw 1982 StEK KStG 1977 § 4 Nr 11; A 5 XXVI KStR). Zur Zusammenlegung mit der Abwasserbeseitigung in den neuen Bundesländern s Abwasserbeseitigung.

Wegebenutzungsrecht
BV ./., s Anm 19.

Wetterwarte
HB +, s Anm 21.

Wirtschaftsprüferkammer
S Berufskammer.

Zeltplatz
S Campingplatz.

Zentraleinkauf
BgA +, wenn Wettbewerb mit anderen Unternehmen gegeben ist (RFH RStBl 41, 744, Arzneimittelzentraleinkauf für Klinik).

Zoll
HB +.

Zoo
BgA + (BFH HFR 62, 64). S auch § 5 Anm 14 Zoo.

§ 5 Befreiungen

(1) [1] **Von der Körperschaftsteuer sind befreit**
1. die Deutsche Post AG, die Deutsche Postbank AG, die Deutsche Telekom AG, das Bundeseisenbahnvermögen, die Monopolverwaltungen des Bundes, die staatlichen Lotterieunternehmen und der Erdölbevorratungsverband nach § 2 Abs. 1 des Erdölbevorratungsgesetzes vom 25. Juli 1978 (BGBl. I S. 1073);
2. die Deutsche Bundesbank, die Kreditanstalt für Wiederaufbau, die Deutsche Ausgleichsbank, die Landwirtschaftliche Rentenbank, die Bayerische Landesanstalt für Aufbaufinanzierung, die Hessische Landesentwicklungs- und Treuhandgesellschaft mit beschränkter Haftung, die Niedersächsische Gesellschaft für öffentliche Finanzierungen mit beschränkter Haftung, die Finanzierungs-Aktiengesellschaft Rheinland-Pfalz, die Hanseatische Gesellschaft für öffentliche Finanzierungen mit beschränkter Haftung Bremen, die Landeskreditbank Baden-Württemberg-Förderungsanstalt, die Bayerische Landesbodenkreditanstalt, die Investitionsbank Berlin – Anstalt der Landesbank Berlin-Girozentrale –, die Hamburgische Wohnungsbaukreditanstalt, die Niedersächsische Landestreuhandstelle für den Wohnungs- und Städtebau, die Wohnungsbauförderungs-

Befreiungen § 5

anstalt Nordrhein-Westfalen – Anstalt der Westdeutschen Landesbank Girozentrale –, die Niedersächsische Landestreuhandstelle für Wirtschaftsförderung Norddeutsche Landesbank, die Landestreuhandstelle für Agrarförderung Norddeutsche Landesbank, die Saarländische Investitionskreditbank Aktiengesellschaft, die Investitionsbank Schleswig-Holstein – Zentralbereich der Landesbank Schleswig-Holstein Girozentrale –, die Investitionsbank des Landes Brandenburg, die Sächsische Aufbaubank, die Thüringer Aufbaubank, das Landesförderinstitut Sachsen-Anhalt – Geschäftsbereich der Norddeutschen Landesbank Girozentrale Mitteldeutsche Landesbank –, die Investitions- und Strukturbank Rheinland-Pfalz, das Landesförderinstitut Mecklenburg-Vorpommern – Geschäftsbereich der Norddeutschen Landesbank Girozentrale – und die Liquiditäts-Konsortialbank Gesellschaft mit beschränkter Haftung;
2 a. die Bundesanstalt für vereinigungsbedingte Sonderaufgaben;
3. rechtsfähige Pensions-, Sterbe- und Krankenkassen, die den Personen, denen die Leistungen der Kasse zugute kommen oder zugute kommen sollen (Leistungsempfängern), einen Rechtsanspruch gewähren, und rechtsfähige Unterstützungskassen, die den Leistungsempfängern keinen Rechtsanspruch gewähren,
a) wenn sich die Kasse beschränkt
aa) auf Zugehörige oder frühere Zugehörige einzelner oder mehrerer wirtschaftlicher Geschäftsbetriebe oder
bb) auf Zugehörige oder frühere Zugehörige der Spitzenverbände der freien Wohlfahrtspflege (Arbeiterwohlfahrt-Bundesverband e.V., Deutscher Caritasverband e.V., Deutscher Paritätischer Wohlfahrtsverband e.V., Deutsches Rotes Kreuz, Diakonisches Werk – Innere Mission und Hilfswerk der Evangelischen Kirche in Deutschland sowie Zentralwohlfahrtsstelle der Juden in Deutschland e.V.) einschließlich ihrer Untergliederungen, Einrichtungen und Anstalten und sonstiger gemeinnütziger Wohlfahrtsverbände oder
cc) auf Arbeitnehmer sonstiger Körperschaften, Personenvereinigungen und Vermögensmassen im Sinne der §§ 1 und 2; den Arbeitnehmern stehen Personen, die sich in einem arbeitnehmerähnlichen Verhältnis befinden, gleich;
zu den Zugehörigen oder Arbeitnehmern rechnen jeweils auch deren Angehörige;
b) wenn sichergestellt ist, daß der Betrieb der Kasse nach dem Geschäftsplan und nach Art und Höhe der Leistungen eine soziale Einrichtung darstellt. ²Diese Voraussetzung ist bei Unterstützungskassen, die Leistungen von Fall zu Fall gewähren, nur gegeben, wenn sich diese Leistungen mit Ausnahme des Sterbegeldes auf Fälle der Not oder Arbeitslosigkeit beschränken;
c) wenn vorbehaltlich des § 6 die ausschließliche und unmittelbare Verwendung des Vermögens und der Einkünfte der Kasse nach der Satzung und der tatsächlichen Geschäftsführung für die Zwecke der Kasse dauernd gesichert ist;

§ 5 Befreiungen

d) wenn bei Pensions-, Sterbe- und Krankenkassen am Schluß des Wirtschaftsjahrs, zu dem der Wert der Deckungsrückstellung versicherungsmathematisch zu berechnen ist, das nach den handelsrechtlichen Grundsätzen ordnungsmäßiger Buchführung unter Berücksichtigung des Geschäftsplans sowie der allgemeinen Versicherungsbedingungen und der fachlichen Geschäftsunterlagen im Sinne des § 5 Abs. 3 Nr. 2 Halbsatz 2 des Versicherungsaufsichtsgesetzes auszuweisende Vermögen nicht höher ist als bei einem Versicherungsverein auf Gegenseitigkeit die Verlustrücklage und bei einer Kasse anderer Rechtsform der dieser Rücklage entsprechende Teil des Vermögens. ²Bei der Ermittlung des Vermögens ist eine Rückstellung für Beitragsrückerstattung nur insoweit abziehbar, als den Leistungsempfängern ein Anspruch auf die Überschußbeteiligung zusteht. ³Übersteigt das Vermögen der Kasse den bezeichneten Betrag, so ist die Kasse nach Maßgabe des § 6 Abs. 1 bis 4 steuerpflichtig; und

e) wenn bei Unterstützungskassen am Schluß des Wirtschaftsjahrs das Vermögen ohne Berücksichtigung künftiger Versorgungsleistungen nicht höher ist als das um 25 vom Hundert erhöhte zulässige Kassenvermögen. ²Für die Ermittlung des tatsächlichen und des zulässigen Kassenvermögens gilt § 4d des Einkommensteuergesetzes. ³Übersteigt das Vermögen der Kasse den in Satz 1 bezeichneten Betrag, so ist die Kasse nach Maßgabe des § 6 Abs. 5 steuerpflichtig;

4. kleinere Versicherungsvereine auf Gegenseitigkeit im Sinne des § 53 des Versicherungsaufsichtsgesetzes, wenn
a) ihre Beitragseinnahmen im Durchschnitt der letzten drei Wirtschaftsjahre einschließlich des im Veranlagungszeitraum endenden Wirtschaftsjahrs die durch Rechtsverordnung festzusetzenden Jahresbeträge nicht überstiegen haben oder
b) sich ihr Geschäftsbetrieb auf die Sterbegeldversicherung beschränkt und die Versicherungsvereine nach dem Geschäftsplan sowie nach Art und Höhe der Leistungen soziale Einrichtungen darstellen;

5. Berufsverbände ohne öffentlich-rechtlichen Charakter sowie kommunale Spitzenverbände auf Bundes- oder Landesebene einschließlich ihrer Zusammenschlüsse, wenn der Zweck dieser Verbände nicht auf einen wirtschaftlichen Geschäftsbetrieb gerichtet ist. ²Die Steuerbefreiung ist ausgeschlossen,
a) soweit die Körperschaften oder Personenvereinigungen einen wirtschaftlichen Geschäftsbetrieb unterhalten oder
b) wenn die Berufsverbände Mittel von mehr als 10 vom Hundert der Einnahmen für die unmittelbare oder mittelbare Unterstützung oder Förderung politischer Parteien verwenden.
³Die Sätze 1 und 2 gelten auch für Zusammenschlüsse von juristischen Personen des öffentlichen Rechts, die wie die Berufsverbände allgemeine ideelle und wirtschaftliche Interessen ihrer Mitglie-

Befreiungen § 5

der wahrnehmen. ⁴Verwenden Berufsverbände Mittel für die unmittelbare oder mittelbare Unterstützung oder Förderung politischer Parteien, beträgt die Körperschaftsteuer 50 vom Hundert der Zuwendungen;

6. Körperschaften oder Personenvereinigungen, deren Hauptzweck die Verwaltung des Vermögens für einen nichtrechtsfähigen Berufsverband der in Nummer 5 bezeichneten Art ist, sofern ihre Erträge im wesentlichen aus dieser Vermögensverwaltung herrühren und ausschließlich dem Berufsverband zufließen;
7. politische Parteien im Sinne des § 2 des Parteiengesetzes und ihre Gebietsverbände. ²Wird ein wirtschaftlicher Geschäftsbetrieb unterhalten, so ist die Steuerbefreiung insoweit ausgeschlossen;
8. öffentlich-rechtliche Versicherungs- und Versorgungseinrichtungen von Berufsgruppen, deren Angehörige auf Grund einer durch Gesetz angeordneten oder auf Gesetz beruhenden Verpflichtung Mitglieder dieser Einrichtung sind, wenn die Satzung der Einrichtung die Zahlung keiner höheren jährlichen Beiträge zuläßt als das Zwölffache der Beiträge, die sich bei einer Beitragsbemessungsgrundlage in Höhe der doppelten monatlichen Beitragsbemessungsgrenze in der Rentenversicherung der Arbeiter und Angestellten ergeben würden. ²Ermöglicht die Satzung der Einrichtung nur Pflichtmitgliedschaften sowie freiwillige Mitgliedschaften, die unmittelbar an eine Pflichtmitgliedschaft anschließen, so steht dies der Steuerbefreiung nicht entgegen, wenn die Satzung die Zahlung keiner höheren jährlichen Beiträge zuläßt als das Fünfzehnfache der Beiträge, die sich bei einer Beitragsbemessungsgrundlage in Höhe der doppelten monatlichen Beitragsbemessungsgrenze in der Rentenversicherung der Arbeiter und Angestellten ergeben würden;
9. Körperschaften, Personenvereinigungen und Vermögensmassen, die nach der Satzung, dem Stiftungsgeschäft oder der sonstigen Verfassung und nach der tatsächlichen Geschäftsführung ausschließlich und unmittelbar gemeinnützigen, mildtätigen oder kirchlichen Zwecken dienen (§§ 51 bis 68 der Abgabenordnung). ²Wird ein wirtschaftlicher Geschäftsbetrieb unterhalten, ist die Steuerbefreiung insoweit ausgeschlossen. ³Satz 2 gilt nicht für selbstbewirtschaftete Forstbetriebe;
10. Erwerbs- und Wirtschaftsgenossenschaften sowie Vereine, soweit sie
    a) Wohnungen herstellen oder erwerben und sie den Mitgliedern auf Grund eines Mietvertrags oder auf Grund eines genossenschaftlichen Nutzungsvertrags zum Gebrauch überlassen; den Wohnungen stehen Räume in Wohnheimen im Sinne des § 15 des Zweiten Wohnungsbaugesetzes gleich;
    b) im Zusammenhang mit einer Tätigkeit im Sinne des Buchstabens a Gemeinschaftsanlagen oder Folgeeinrichtungen herstellen oder erwerben und sie betreiben, wenn sie überwiegend für Mitglieder bestimmt sind und der Betrieb durch die Genossenschaft oder den Verein notwendig ist.

§ 5 Befreiungen

²Die Steuerbefreiung ist ausgeschlossen, wenn die Einnahmen des Unternehmens aus den in Satz 1 nicht bezeichneten Tätigkeiten 10 vom Hundert der gesamten Einnahmen übersteigen;

11. *(weggefallen)*
12. die von den zuständigen Landesbehörden begründeten oder anerkannten gemeinnützigen Siedlungsunternehmen im Sinne des Reichssiedlungsgesetzes in der im Bundesgesetzblatt Teil III, Gliederungsnummer 2331-1, veröffentlichten bereinigten Fassung, zuletzt geändert durch Artikel 2 Nr. 24 des Gesetzes vom 8. Dezember 1986 (BGBl. I S. 2191), und im Sinne der Bodenreformgesetze der Länder, soweit die Unternehmen im ländlichen Raum Siedlungs-, Agrarstrukturverbesserungs- und Landentwicklungsmaßnahmen mit Ausnahme des Wohnungsbaus durchführen. ²Die Steuerbefreiung ist ausgeschlossen, wenn die Einnahmen des Unternehmens aus den in Satz 1 nicht bezeichneten Tätigkeiten die Einnahmen aus den in Satz 1 bezeichneten Tätigkeiten übersteigen;
13. *(weggefallen)*
14. Erwerbs- und Wirtschaftsgenossenschaften sowie Vereine, soweit sich ihr Geschäftsbetrieb beschränkt
    a) auf die gemeinschaftliche Benutzung land- und forstwirtschaftlicher Betriebseinrichtungen oder Betriebsgegenstände,
    b) auf Leistungen im Rahmen von Dienst- oder Werkverträgen für die Produktion land- und forstwirtschaftlicher Erzeugnisse für die Betriebe der Mitglieder, wenn die Leistungen im Bereich der Land- und Forstwirtschaft liegen; dazu gehören auch Leistungen zur Erstellung und Unterhaltung von Betriebsvorrichtungen, Wirtschaftswegen und Bodenverbesserungen,
    c) auf die Bearbeitung oder die Verwertung der von den Mitgliedern selbst gewonnenen land- und forstwirtschaftlichen Erzeugnisse, wenn die Bearbeitung oder die Verwertung im Bereich der Land- und Forstwirtschaft liegt, oder
    d) auf die Beratung für die Produktion oder Verwertung land- und forstwirtschaftlicher Erzeugnisse der Betriebe der Mitglieder.
    ²Die Steuerbefreiung ist ausgeschlossen, wenn die Einnahmen des Unternehmens aus den in Satz 1 nicht bezeichneten Tätigkeiten 10 vom Hundert der gesamten Einnahmen übersteigen. ³Bei Genossenschaften und Vereinen, deren Geschäftsbetrieb sich überwiegend auf die Durchführung von Milchqualitäts- und Milchleistungsprüfungen oder auf die Tierbesamung beschränkt, bleiben die auf diese Tätigkeiten gerichteten Zweckgeschäfte mit Nichtmitgliedern bei der Berechnung der 10-Vomhundertgrenze außer Ansatz;
15. der Pensions-Sicherungs-Verein Versicherungsverein auf Gegenseitigkeit,
    a) wenn er mit Erlaubnis der Versicherungsaufsichtsbehörde ausschließlich die Aufgaben des Trägers der Insolvenzsicherung wahrnimmt, die sich aus dem Gesetz zur Verbesserung der betrieblichen Altersversorgung vom 19. Dezember 1974 (BGBl. I S. 3610) ergeben, und

Befreiungen § 5

b) wenn seine Leistungen nach dem Kreis der Empfänger sowie nach Art und Höhe den in den §§ 7 bis 9, 17 und 30 des Gesetzes zur Verbesserung der betrieblichen Altersversorgung bezeichneten Rahmen nicht überschreiten;
16. Körperschaften, Personenvereinigungen und Vermögensmassen, die als Sicherungseinrichtung eines Verbandes der Kreditinstitute nach ihrer Satzung oder sonstigen Verfassung ausschließlich den Zweck haben, bei Gefahr für die Erfüllung der Verpflichtungen eines Kreditinstituts Hilfe zu leisten. ²Voraussetzung ist, daß das Vermögen und etwa erzielte Überschüsse nur zur Erreichung des satzungsmäßigen Zwecks verwendet werden. ³Die Sätze 1 und 2 gelten entsprechend für Einrichtungen zur Sicherung von Spareinlagen bei Unternehmen, die am 31. Dezember 1989 als gemeinnützige Wohnungsunternehmen anerkannt waren;
17. Bürgschaftsbanken (Kreditgarantiegemeinschaften), deren Tätigkeit sich auf die Wahrnehmung von Wirtschaftsförderungsmaßnahmen insbesondere in Form der Übernahme und Verwaltung von staatlichen Bürgschaften und Garantien oder von Bürgschaften und Garantien mit staatlichen Rückbürgschaften oder auf der Grundlage staatlich anerkannter Richtlinien gegenüber Kreditinstituten, Versicherungsunternehmen, Leasinggesellschaften und Beteiligungsgesellschaften für Kredite, Leasingforderungen und Beteiligungen an mittelständischen Unternehmen zu ihrer Gründung und zur Erhaltung und Förderung ihrer Leistungsfähigkeit beschränkt ist. ²Voraussetzung ist, daß das Vermögen und etwa erzielte Überschüsse nur zur Erreichung des in Satz 1 genannten Zwecks verwendet werden;
18. Wirtschaftsförderungsgesellschaften, deren Tätigkeit sich auf die Verbesserung der sozialen und wirtschaftlichen Struktur einer bestimmten Region durch Förderung der Wirtschaft, insbesondere durch Industrieansiedlung, Beschaffung neuer Arbeitsplätze und der Sanierung von Altlasten beschränkt, wenn an ihnen überwiegend Gebietskörperschaften beteiligt sind. ²Voraussetzung ist, daß das Vermögen und etwa erzielte Überschüsse nur zur Erreichung des in Satz 1 genannten Zwecks verwendet werden;
19. Gesamthafenbetriebe im Sinne des § 1 des Gesetzes über die Schaffung eines besonderen Arbeitgebers für Hafenarbeiter vom 3. August 1950 (BGBl. I S. 352), soweit sie Tätigkeiten ausüben, die in § 2 Abs. 1 dieses Gesetzes bestimmt und nach § 2 Abs. 2 dieses Gesetzes genehmigt worden sind. ²Voraussetzung ist, daß das Vermögen und etwa erzielte Überschüsse nur zur Erfüllung der begünstigten Tätigkeiten verwendet werden. ³Wird ein wirtschaftlicher Geschäftsbetrieb unterhalten, dessen Tätigkeit nicht ausschließlich auf die Erfüllung der begünstigten Tätigkeiten gerichtet ist, ist die Steuerbefreiung insoweit ausgeschlossen;
20. Zusammenschlüsse von juristischen Personen des öffentlichen Rechts, von steuerbefreiten Körperschaften oder von steuerbefreiten Personenvereinigungen,

§ 5 Befreiungen

a) deren Tätigkeit sich auf den Zweck beschränkt, im Wege des Umlageverfahrens die Versorgungslasten auszugleichen, die den Mitgliedern aus Versorgungszusagen gegenüber ihren Arbeitnehmern erwachsen,
b) wenn am Schluß des Wirtschaftsjahrs das Vermögen nicht höher ist als 60 vom Hundert der im Wirtschaftsjahr erbrachten Leistungen an die Mitglieder;
21. die nicht in der Rechtsform einer Körperschaft des öffentlichen Rechts errichteten Arbeitsgemeinschaften Medizinischer Dienst der Krankenversicherung im Sinne des § 278 des Fünften Buches Sozialgesetzbuch und der Medizinische Dienst der Spitzenverbände der Krankenkassen im Sinne des § 282 des Fünften Buches Sozialgesetzbuch, soweit sie die ihnen durch Gesetz zugewiesenen Aufgaben wahrnehmen. ²Voraussetzung ist, daß das Vermögen und etwa erzielte Überschüsse nur zur Erreichung der in Satz 1 genannten Zwecke verwendet werden;
22. gemeinsame Einrichtungen der Tarifvertragsparteien im Sinne des § 4 Abs. 2 des Tarifvertragsgesetzes vom 25. August 1969 (BGBl. I S. 1323), die satzungsmäßige Beiträge auf der Grundlage des § 186a des Arbeitsförderungsgesetzes vom 25. Juni 1969 (BGBl. I S. 582) oder tarifvertraglicher Vereinbarungen erheben und Leistungen ausschließlich die tarifgebundenen Arbeitnehmer des Gewerbezweigs oder an deren Hinterbliebene erbringen, wenn sie dabei zu nicht steuerbegünstigten Betrieben derselben oder ähnlicher Art nicht in größerem Umfang in Wettbewerb treten, als es bei Erfüllung ihrer begünstigten Aufgaben unvermeidlich ist. ²Wird ein wirtschaftlicher Geschäftsbetrieb unterhalten, dessen Tätigkeit nicht ausschließlich auf die Erfüllung der begünstigten Tätigkeiten gerichtet ist, ist die Steuerbefreiung insoweit ausgeschlossen.

(2) Die Befreiungen nach Absatz 1 gelten nicht
1. für inländische Einkünfte, die dem Steuerabzug unterliegen;
2. soweit nach den Vorschriften des Vierten Teils die Ausschüttungsbelastung im Sinne des § 27 herzustellen ist;
3. für beschränkt Steuerpflichtige im Sinne des § 2 Nr. 1.

Abs 1 Nr 1 lautete bis zur Änderung durch das G v 14. 9. 94 (Anm 2):
1. die Deutsche Bundespost, das Bundeseisenbahnvermögen, die Monopolverwaltungen des Bundes, die staatlichen Lotterieunternehmen und der Erdölbevorratungsverband nach § 2 Abs. 1 des Erdölbevorratungsgesetzes vom 25. Juni 1978 (BGBl. I S. 1073);

Abs 1 Nr 1 lautete bis zur Änderung durch das G v 27. 12. 93 (Anm 2):
1. die Deutsche Bundespost, die Deutsche Bundesbahn, die Monopolverwaltungen des Bundes, die staatlichen Lotterieunternehmen und der Erdölbevorratungsverband nach § 2 Abs. 1 des Erdölbevorratungsgesetzes vom 25. Juli 1978 (BGBl. I S. 1073);

Befreiungen § 5

Abs 1 Nr 1 a lautete bis zur Streichung durch das G v 27. 12. 93 (Anm 2):
1 a. die Deutsche Reichsbahn;

Abs 1 Nr 2 lautete bis zur Änderung durch das G v 18. 12. 95 (Anm 2):
2. die Deutsche Bundesbank, die Kreditanstalt für Wiederaufbau, die Deutsche Ausgleichsbank, die Landwirtschaftliche Rentenbank, die Bayerische Landesanstalt für Aufbaufinanzierung, die Hessische Landesentwicklungs- und Treuhandgesellschaft mit beschränkter Haftung, die Niedersächsische Gesellschaft für öffentliche Finanzierungen mit beschränkter Haftung, die Finanzierungs-Aktiengesellschaft Rheinland-Pfalz, die Hanseatische Gesellschaft für öffentliche Finanzierungen mit beschränkter Haftung Bremen, die Landeskreditbank Baden-Württemberg-Förderungsanstalt, die Bayerische Landesbodenkreditanstalt, die Investitionsbank Berlin – Anstalt der Landesbank Berlin-Girozentrale –, die Hamburgische Wohnungsbaukreditanstalt, die Niedersächsische Landestreuhandstelle für den Wohnungs- und Städtebau, die Wohnungsbauförderungsanstalt Nordrhein-Westfalen – Anstalt der Westdeutschen Landesbank Girozentrale –, die Niedersächsische Landestreuhandstelle für Wirtschaftsförderung Norddeutsche Landesbank, die Landestreuhandstelle für Agrarförderung Norddeutsche Landesbank, die Saarländische Investitionskreditbank Aktiengesellschaft, die Investitionsbank Schleswig-Holstein – Zentralbereich der Landesbank Schleswig-Holstein Girozentrale –, die Investitionsbank des Landes Brandenburg, die Sächsische Aufbaubank, die Thüringer Aufbaubank, das Landesförderinstitut Sachsen-Anhalt – Geschäftsbereich der Norddeutschen Landesbank Girozentrale Mitteldeutsche Landesbank –, die Investitions- und Strukturbank Rheinland-Pfalz und die Liquiditäts-Konsortialbank Gesellschaft mit beschränkter Haftung;

Abs 1 Nr 2 lautete bis zur Änderung durch das G v 21. 12. 93 (Anm 2):
2. die Deutsche Bundesbank, die Kreditanstalt für Wiederaufbau, die Deutsche Ausgleichsbank, die Landwirtschaftliche Rentenbank, die Bayerische Landesanstalt für Aufbaufinanzierung, die Hessische Landesentwicklungs- und Treuhandgesellschaft mit beschränkter Haftung, die Niedersächsische Gesellschaft für öffentliche Finanzierung mit beschränkter Haftung, die Finanzierungs-Aktiengesellschaft Rheinland-Pfalz, die Hanseatische Gesellschaft für öffentliche Finanzierungen mit beschränkter Haftung Bremen, die Landeskreditbank Baden-Württemberg-Förderungsanstalt, die Bayerische Landesbodenkreditanstalt, die Investitionsbank Berlin – Anstalt der Landesbank Berlin-Girozentrale –, die Hamburgische Wohnungsbaukreditanstalt, die Niedersächsische Landestreuhandstelle für den Wohnungs- und Städtebau, die Wohungsbauförderungsanstalt Nordrhein-Westfalen – Anstalt der Westdeutschen Landesbank Girozentrale –, die Niedersächsische Landestreuhandstelle für Wirtschaftsförderung Norddeutsche Landesbank, die Landestreuhandstelle für Agrarförderung Norddeutsche Landesbank, die Saarländische Investitionskreditbank Aktiengesellschaft, die Investitionsbank Schleswig-Holstein – Zentralbereich der Landesbank Schleswig-Holstein Girozentrale –, die Investitionsbank des

§ 5 Befreiungen

Landes Brandenburg, die Sächsische Aufbaubank, die Thüringer Aufbaubank und die Liquiditäts-Konsortialbank Gesellschaft mit beschränkter Haftung;

Abs 1 Nr 2 lautete bis zur Änderung durch das G v 13. 9. 93 (Anm 2):
2. die Deutsche Bundesbank, die Kreditanstalt für Wiederaufbau, die Deutsche Ausgleichsbank, die Landwirtschaftliche Rentenbank, die Bayerische Landesanstalt für Aufbaufinanzierung, die Hessische Landesentwicklungs- und Treuhandgesellschaft mit beschränkter Haftung, die Niedersächsische Gesellschaft für öffentliche Finanzierung mit beschränkter Haftung, die Finanzierungs-Aktiengesellschaft Rheinland-Pfalz, die Hanseatische Gesellschaft für öffentliche Finanzierungen mit beschränkter Haftung Bremen, die Landeskreditbank Baden-Württemberg-Förderungsanstalt, die Bayerische Landesbodenkreditanstalt, die Wohnungsbaukreditanstalt Berlin, die Hamburgische Wohnungsbaukreditanstalt, die Niedersächsische Landestreuhandstelle für den Wohnungs- und Städtebau, die Wohnungsbauförderungsanstalt des Landes Nordrhein-Westfalen, die Niedersächsische Landestreuhandstelle für Wirtschaftsförderung Norddeutsche Landesbank, die Landestreuhandstelle für Agrarförderung Norddeutsche Landesbank, die Saarländische Investitionskreditbank Aktiengesellschaft, die Investitionsbank Schleswig-Holstein – Zentralbereich der Landesbank Schleswig-Holstein Girozentrale –, die Landesinvestitionsbank Brandenburg und die Liquiditäts-Konsortialbank Gesellschaft mit beschränkter Haftung;

Abs 1 Nr 2 lautete bis zur Änderung durch das G v 25. 2. 92 (Anm 2):
2. die Deutsche Bundesbank, die Kreditanstalt für Wiederaufbau, die Deutsche Ausgleichsbank, die Landwirtschaftliche Rentenbank, die Bayerische Landesanstalt für Aufbaufinanzierung, die Hessische Landesentwicklungs- und Treuhandgesellschaft mit beschränkter Haftung, die Wirtschaftsaufbaukasse Schleswig-Holstein Aktiengesellschaft, die Niedersächsische Gesellschaft für öffentliche Finanzierung mit beschränkter Haftung, die Finanzierungs-Aktiengesellschaft Rheinland-Pfalz, die Hanseatische Gesellschaft für öffentliche Finanzierungen mit beschränkter Haftung Bremen, die Landeskreditbank Baden-Württemberg-Förderungsanstalt, die Bayerische Landesbodenkreditanstalt, die Wohnungsbau-Kreditanstalt Berlin, die Hamburgische Wohnungsbaukreditanstalt, die Niedersächsische Landestreuhandstelle für den Wohnungs- und Städtebau, die Wohnungsbauförderungsanstalt des Landes Nordrhein-Westfalen, die Wohnungsbaukreditanstalt des Landes Schleswig-Holstein, die Niedersächsische Landestreuhandstelle für Wirtschaftsförderung Norddeutsche Landesbank, die Landestreuhandstelle für Agrarförderung Norddeutsche Landesbank, die Saarländische Investitonskreditbank Aktiengesellschaft, und die Liquiditäts-Konsortialbank Gesellschaft mit beschränkter Haftung;

Abs 1 Nr 2 a lautete bis zur Änderung durch das G v 20. 12. 96 (Anm 2):
2a. die Staatsbank Berlin, die Treuhandanstalt;

Befreiungen **§ 5**

Abs 1 Nr 3 Buchst d lautete bis zur Änderung durch das G v 21. 7. 94 (Anm 2):

d) wenn Pensions-, Sterbe- und Krankenkassen am Schluß des Wirtschaftsjahrs, zu dem der Wert der Deckungsrückstellung versicherungsmathematisch zu berechnen ist, das nach den handelsrechtlichen Grundsätzen ordnungsmäßiger Buchführung unter Berücksichtigung des von der Versicherungsaufsichtsbehörde genehmigten Geschäftsplans auszuweisende Vermögen nicht höher ist als bei einem Versicherungsverein auf Gegenseitigkeit die Verlustrücklage und bei einer Kasse anderer Rechtsform der dieser Rücklage entsprechende Teil des Vermögens. ²Bei der Ermittlung des Vermögens ist eine Rückstellung für Beitragsrückerstattung nur insoweit abziehbar, als den Leistungsempfängern ein Anspruch auf die Überschußbeteiligung zusteht. ³Übersteigt das Vermögen der Kasse den bezeichneten Betrag, so ist die Kasse nach Maßgabe des § 6 Abs. 1 bis 4 steuerpflichtig.

Abs 1 Nr 3 Buchst e lautete bis zur Änderung durch das G v 11. 10. 95 (Anm 2, 19):

e) wenn bei Unterstützungskassen am Schluß des Wirtschaftsjahrs das Vermögen ohne Berücksichtigung künftiger Kassenleistungen nicht höher ist als das um 25 vom Hundert erhöhte zulässige Kassenvermögen im Sinne des § 4 d des Einkommensteuergesetzes. ²Bei der Ermittlung des Vermögens der Kasse sind der Grundbesitz mit dem Wert anzusetzen, mit dem er bei einer Veranlagung zur Vermögensteuer auf den Veranlagungszeitpunkt anzusetzen wäre, der auf den Schluß des Wirtschaftsjahrs folgt, und noch nicht fällige Ansprüche aus einer Versicherung mit dem Wert des geschäftsplanmäßigen Deckungskapitals zuzüglich des Guthabens aus Beitragsrückerstattung am Schluß des Wirtschaftsjahres; das übrige Vermögen ist mit dem gemeinen Wert am Schluß des Wirtschaftsjahrs anzusetzen. ³Übersteigt das Vermögen der Kassen den bezeichneten Betrag, so ist die Kasse nach Maßgabe des § 6 Abs. 5 steuerpflichtig;

Abs 1 Nr 3 Buchst e lautete bis zur Änderung durch das G v 25. 2. 92 (Anm 2):

e) wenn bei Unterstützungskassen am Schluß des Wirtschaftsjahrs das Vermögen ohne Berücksichtigung künftiger Kassenleistungen nicht höher ist als das um 25 v. H. erhöhte zulässige Kassenvermögen im Sinne des § 4 d des Einkommensteuergesetzes. ²Bei der Ermittlung des Vermögens der Kasse ist der Grundbesitz mit dem Wert anzusetzen, mit dem er bei einer Veranlagung zur Vermögensteuer auf den Veranlagungszeitpunkt anzusetzen wäre, der auf den Schluß des Wirtschaftsjahrs folgt; das übrige Vermögen ist mit dem gemeinen Wert am Schluß des Wirtschaftsjahrs anzusetzen. ³Übersteigt das Vermögen der Kasse den bezeichneten Betrag, so ist die Kasse nach Maßgabe des § 6 Abs. 5 steuerpflichtig;

Abs 1 Nr 5 lautete bis zur Änderung durch das G v 28. 1. 1994 (Anm 2, 39):

5. Berufsverbände ohne öffentlich-rechtlichen Charakter sowie kommunale Spitzenverbände auf Bundes- oder Landesebene einschließlich ihrer

§ 5 Befreiungen

Zusammenschlüsse, wenn der Zweck dieser Verbände nicht auf einen wirtschaftlichen Geschäftsbetrieb gerichtet ist. ²Wird ein wirtschaftlicher Geschäftsbetrieb unterhalten, ist die Steuerbefreiung insoweit ausgeschlossen. ³Die Sätze 1 und 2 gelten auch für Zusammenschlüsse von juristischen Personen des öffentlichen Rechts, die wie die Berufsverbände allgemeine ideelle und wirtschaftliche Interessen ihrer Mitglieder wahrnehmen;

Abs 1 Nr 5 lautete bis zur Änderung durch das G v 25. 2. 92 (Anm 2, 39):

5. Berufsverbände ohne öffentlich-rechtlichen Charakter, deren Zweck nicht auf einen wirtschaftlichen Geschäftsbetrieb gerichtet ist. ²Wird ein wirtschaftlicher Geschäftsbetrieb unterhalten, ist die Steuerbefreiung insoweit ausgeschlossen;

Abs 1 Nr 17 fehlte bis zur Änderung durch das G v 25. 2. 92 (Anm 2, 74).

Abs 1 Nr 18, 19 fehlten bis zur Änderung durch das G v 13. 9. 93 (Anm 2, 75).

Abs 1 Nr 20 fehlte bis zur Ergänzung durch das G v 21. 12. 93 (Anm 2, 76).

Abs 1 Nr 21 fehlte bis zur Ergänzung durch das G v 18. 12. 95 (Anm 77).

Abs 1 Nr 22 fehlte bis zur Ergänzung durch das G v 20. 12. 96 (Anm 77).

Gesetzesfassungen bis zum KStG 1991 (Vor § 1 Anm 20) s 3. Auflage.

Körperschaftsteuer-Durchführungsverordnung 1994 (KStDV 1994)

Vom 22. 2. 96 (BGBl I 96, 365; BStBl I 96, 191)

Zu § 5 Abs 1 Nr. 3 des Gesetzes

§ 1 Allgemeines

Rechtsfähige Pensions-, Sterbe-, Kranken- und Unterstützungskassen sind nur dann eine soziale Einrichtung im Sinne des § 5 Abs. 1 Nr. 3 Buchstabe b des Gesetzes, wenn sie die folgenden Voraussetzungen erfüllen:

1. Die Leistungsempfänger dürfen sich in der Mehrzahl nicht aus dem Unternehmer oder dessen Angehörigen und bei Gesellschaften in der Mehrzahl nicht aus den Gesellschaftern oder deren Angehörigen zusammensetzen.
2. Bei Auflösung der Kasse darf ihr Vermögen vorbehaltlich der Regelung in § 6 des Gesetzes satzungsmäßig nur den Leistungsempfängern oder deren Angehörigen zugute kommen oder für ausschließlich gemeinnützige oder mildtätige Zwecke verwendet werden.
3. Außerdem müssen bei Kassen mit Rechtsanspruch der Leistungsempfänger die Voraussetzungen des § 2, bei Kassen ohne Rechtsanspruch der Leistungsempfänger die Voraussetzungen des § 3 erfüllt sein.

KStDV 1994 § 5

§ 2 Kassen mit Rechtsanspruch der Leistungsempfänger

(1) Bei rechtsfähigen Pensions- oder Sterbekassen, die den Leistungsempfängern einen Rechtsanspruch gewähren, dürfen die jeweils erreichten Rechtsansprüche der Leistungsempfänger vorbehaltlich des Absatzes 2 die folgenden Beträge nicht übersteigen:

als Pension	50 400	Deutsche Mark jährlich,
als Witwengeld	33 600	Deutsche Mark jährlich,
als Waisengeld	10 080	Deutsche Mark jährlich für jede Halbwaise,
	20 160	Deutsche Mark jährlich für jede Vollwaise,
als Sterbegeld	15 000	Deutsche Mark als Gesamtleistung.

(2) Die jeweils erreichten Rechtsansprüche, mit Ausnahme des Anspruchs auf Sterbegeld, dürfen in nicht mehr als 12 vom Hundert aller Fälle auf höhere als die in Absatz 1 bezeichneten Beträge gerichtet sein. Dies gilt in nicht mehr als 4 vom Hundert aller Fälle uneingeschränkt. Im übrigen dürfen die jeweils erreichten Rechtsansprüche die folgenden Beträge nicht übersteigen:

als Pension	75 600	Deutsche Mark jährlich,
als Witwengeld	50 400	Deutsche Mark jährlich,
als Waisengeld	15 120	Deutsche Mark jährlich für jede Halbwaise,
	30 240	Deutsche Mark jährlich für jede Vollwaise.

§ 3 Kassen ohne Rechtsanspruch der Leistungsempfänger

Rechtsfähige Unterstützungskassen, die den Leistungsempfängern keinen Rechtsanspruch gewähren, müssen die folgenden Voraussetzungen erfüllen:

1. Die Leistungsempfänger dürfen zu laufenden Beiträgen oder zu sonstigen Zuschüssen nicht verpflichtet sein.
2. Den Leistungsempfängern oder den Arbeitnehmervertretungen des Betriebs oder der Dienststelle muß satzungsgemäß und tatsächlich das Recht zustehen, an der Verwaltung sämtlicher Beträge, die der Kasse zufließen, beratend mitzuwirken.
3. Die laufenden Leistungen und das Sterbegeld dürfen die in § 2 bezeichneten Beträge nicht übersteigen.

Zu § 5 Abs. 1 Nr. 4 des Gesetzes
§ 4 Kleinere Versicherungsvereine

Kleinere Versicherungsvereine auf Gegenseitigkeit im Sinne des § 53 des Gesetzes über die Beaufsichtigung der privaten Versicherungsunternehmungen in der im Bundesgesetzblatt Teil III, Gliederungsnummer 7631–1, veröffentlichten bereinigten Fassung, zuletzt geändert durch das Gesetz vom 18. Dezember 1975 (BGBl. I S. 3139), sind von der Körperschaftsteuer befreit, wenn

§ 5 Befreiungen

1. ihre Beitragseinnahmen im Durchschnitt der letzten drei Wirtschaftsjahre einschließlich des im Veranlagungszeitraum endenden Wirtschaftsjahrs die folgenden Jahresbeträge nicht überstiegen haben:
   a) 1560000 Deutsche Mark bei Versicherungsvereinen, die die Lebensversicherung oder die Krankenversicherung betreiben,
   b) 600000 Deutsche Mark bei allen übrigen Versicherungsvereinen,
   oder
2. sich ihr Geschäftsbetrieb auf die Sterbegeldversicherung beschränkt und sie im übrigen die Voraussetzungen des § 1 erfüllen.

Zu § 26 Abs. 3 des Gesetzes

§ 5 *[Abgedruckt zu § 26]*

Schlußvorschrift

§ 6 Anwendungszeitraum

(1) Die vorstehende Fassung dieser Verordnung ist, soweit in Absatz 2 nichts anderes bestimmt ist, erstmals ab dem Veranlagungszeitraum 1993 anzuwenden.

(2) § 5 ist erstmals ab dem Veranlagungszeitraum 1994 anzuwenden.

§ 7 (Inkrafttreten)[1]

Körperschaftsteuer-Durchführungsverordnung 1984 (KStDV 1984)

Vom 31. 7. 84 (BGBl I 84, 1055; BStBl I 84, 484)

Geändert durch VOen vom 3. 6. 93 (BGBl I 93, 815; BStBl I 93, 485)
und vom 14. 12. 93 (BStBl I 93, 2041; BStBl I 94, 25)

Zu § 5 Abs 1 Nr. 3 des Gesetzes

§ 1 *Allgemeines*

Rechtsfähige Pensions-, Sterbe-, Kranken- und Unterstützungskassen sind nur dann eine soziale Einrichtung im Sinne des § 5 Abs. 1 Nr. 3 Buchstabe b des Gesetzes, wenn sie die folgenden Voraussetzungen erfüllen:

1. Die Leistungsempfänger dürfen sich in der Mehrzahl nicht aus dem Unternehmer oder dessen Angehörigen und bei Gesellschaften in der Mehrzahl nicht aus den Gesellschaftern oder deren Angehörigen zusammensetzen.
2. Bei Auflösung der Kasse darf ihr Vermögen vorbehaltlich der Regelung in § 6 des Gesetzes satzungsmäßig nur den Leistungsempfängern oder deren Angehörigen zugute kommen oder für ausschließlich gemeinnützige oder mildtätige Zwecke verwendet werden.

---

[1] Die VO in ihrer ursprünglichen Fassung trat am 24. 6. 1977 in Kraft. Das Inkrafttreten der späteren Änderungen ergibt sich aus dem Anwendungszeitraum der Änderungen und Neufassungen.

3. Außerdem müssen bei Kassen mit Rechtsanspruch der Leistungsempfänger die Voraussetzungen des § 2, bei Kassen ohne Rechtsanspruch der Leistungsempfänger die Voraussetzungen des § 3 erfüllt sein.

§ 2 Kassen mit Rechtsanspruch der Leistungsempfänger

(1) Bei rechtsfähigen Pensions- oder Sterbekassen, die den Leistungsempfängern einen Rechtsanspruch gewähren, dürfen die jeweils erreichten Rechtsansprüche der Leistungsempfänger vorbehaltlich des Absatzes 2 die folgenden Beträge nicht übersteigen:

als Pension	50 400	Deutsche Mark jährlich,
als Witwengeld	33 600	Deutsche Mark jährlich,
als Waisengeld	10 080	Deutsche Mark jährlich für jede Halbwaise,
	20 160	Deutsche Mark jährlich für jede Vollwaise,
als Sterbegeld	15 000	Deutsche Mark als Gesamtleistung.

(2) Die jeweils erreichten Rechtsansprüche, mit Ausnahme des Anspruchs auf Sterbegeld, dürfen in nicht mehr als 12 vom Hundert aller Fälle auf höhere als die in Absatz 1 bezeichneten Beträge gerichtet sein. Dies gilt in nicht mehr als 4 vom Hundert aller Fälle uneingeschränkt. Im übrigen dürfen die jeweils erreichten Rechtsansprüche die folgenden Beträge nicht übersteigen:

als Pension	75 600	Deutsche Mark jährlich,
als Witwengeld	50 400	Deutsche Mark jährlich,
als Waisengeld	15 120	Deutsche Mark jährlich für jede Halbwaise,
	30 240	Deutsche Mark jährlich für jede Vollwaise.

§ 3 Kassen ohne Rechtsanspruch der Leistungsempfänger

Rechtsfähige Unterstützungskassen, die den Leistungsempfängern keinen Rechtsanspruch gewähren, müssen die folgenden Voraussetzungen erfüllen:

1. Die Leistungsempfänger dürfen zu laufenden Beiträgen oder zu sonstigen Zuschüssen nicht verpflichtet sein.
2. Den Leistungsempfängern oder den Arbeitnehmervertretungen des Betriebs oder der Dienststelle muß satzungsgemäß und tatsächlich das Recht zustehen, an der Verwaltung sämtlicher Beträge, die der Kasse zufließen, beratend mitzuwirken.
3. Die laufenden Leistungen und das Sterbegeld dürfen die in § 2 bezeichneten Beträge nicht übersteigen.

§ 5 Befreiungen

§ 4 Kleinere Versicherungsvereine

Kleinere Versicherungsvereine auf Gegenseitigkeit im Sinne des § 53 des Versicherungsaufsichtsgesetzes sind von der Körperschaftsteuer befreit, wenn

1. ihre Beitragseinnahmen im Durchschnitt der letzten drei Wirtschaftsjahre einschließlich des im Veranlagungszeitraum endenden Wirtschaftsjahrs die folgenden Jahresbeträge nicht überstiegen haben:
   a) 1560000 Deutsche Mark bei Versicherungsvereinen, die die Lebensversicherung oder die Krankenversicherung betreiben,
   b) 600000 Deutsche Mark bei allen übrigen Versicherungsvereinen, oder
2. sich ihr Geschäftsbetrieb auf die Sterbegeldversicherung beschränkt und sie im übrigen die Voraussetzungen des § 1 erfüllen.

Zu § 26 Abs. 3 des Gesetzes:

§ 5 *[Abgedruckt zu § 26]*

§ 6 Anwendungszeitraum

(1) Die vorstehende Fassung dieser Verordnung ist, soweit in Absatz 2 nichts anderes bestimmt ist, erstmals ab dem Veranlagungszeitraum 1993 anzuwenden.

(2) § 5 ist erstmals ab dem Veranlagungszeitraum 1994 anzuwenden.

§ 7 (Inkrafttreten)

§§ 2, 4, 5 und 6 lauten bis zur Änderung durch die VO v 3. 6. 93:

§ 2 Kassen mit Rechtsanspruch der Leistungsempfänger

(1) Bei rechtsfähigen Pensions- oder Sterbekassen, die den Leistungsempfängern einen Rechtsanspruch gewähren, dürfen die jeweils erreichten Rechtsansprüche der Leistungsempfänger vorbehaltlich des Absatzes 2 die folgenden Beträge nicht übersteigen:

als Pension	36000	Deutsche Mark jährlich,
als Witwengeld	24000	Deutsche Mark jährlich,
als Waisengeld	7200	Deutsche Mark jährlich für jede Halbwaise,
	14400	Deutsche Mark jährlich für jede Vollwaise,
als Sterbegeld	10000	Deutsche Mark als Gesamtleistung.

(2) Die jeweils erreichten Rechtsansprüche, mit Ausnahme des Anspruchs auf Sterbegeld, dürfen in nicht mehr als 12 vom Hundert aller Fälle auf höhere als die in Absatz 1 bezeichneten Beträge gerichtet sein. Dies gilt in nicht

Übersicht **§ 5**

mehr als 4 vom Hundert aller Fälle uneingeschränkt. Im übrigen dürfen die jeweils erreichten Rechtsansprüche die folgenden Beträge nicht übersteigen:

als Pension	54 000	Deutsche Mark jährlich
als Witwengeld	36 000	Deutsche Mark jährlich
als Waisengeld	10 800	Deutsche Mark jährlich für jede Halbwaise,
	21 600	Deutsche Mark jährlich für jede Vollwaise.

§ 4 Kleinere Versicherungsvereine

Kleinere Versicherungsvereine auf Gegenseitigkeit im Sinne des § 53 des Versicherungsaufsichtsgesetzes sind von der Körperschaftsteuer befreit, wenn

1. ihre Beitragseinnahmen im Durchschnitt der letzten drei Wirtschaftsjahre einschließlich des im Veranlagungszeitraum endenden Wirtschaftsjahrs die folgenden Jahresbeträge nicht überstiegen haben:
   a) 1 300 000 Deutsche Mark bei Versicherungsvereinen, die die Lebensversicherung oder die Krankenversicherung betreiben,
   b) 500 000 Deutsche Mark bei allen übrigen Versicherungsvereinen,
   oder
2. sich ihr Geschäftsbetrieb auf die Sterbegeldversicherung beschränkt und sie im übrigen die Voraussetzungen des § 1 erfüllen.

§ 5 Anwendungszeitraum

Die vorstehende Fassung dieser Verordnung ist erstmals für den Veranlagungszeitraumn 1984 anzuwenden.

§ 6 Berlin-Klausel

Diese Verordnung gilt nach § 14 des Dritten Überleitungsgesetzes in Verbindung mit § 55 des Körperschaftsteuergesetzes auch im Land Berlin.

Körperschaftsteuer-Durchführungsverordnung 1977 (KStDV 1977)

[abgedruckt bis zur 4. Aufl.]

Körperschaftsteuerrichtlinien: Abschnitte 6–22 a, 84

Übersicht

1. Allgemeines
2. Geltungszeit
3. Steuerbefreiung
4. Beschränkte Steuerpflicht
5.–12. Wirtschaftlicher Geschäftsbetrieb
13. Zweckbetrieb
14. **ABC:** Einzelfälle wirtschaftl GechäftsBetr
15.,16. Befreite Körperschaften im AnrV
17. Staatsbetriebe (Abs 1 Nr 1, Nr 1 a aF)
18. Kreditinstitute (Abs 1 Nr 2, 2a)
19.–22. Pensions- und Unterstützungskassen (Abs 1 Nr 3)

§ 5 1, 2 Befreiungen

23.–25. Beschränkung der Leistungen auf bestimmte Personen (Abs 1 Nr 3 a)
26.–30. Soziale Einrichtung (Abs 1 Nr 3 b)
31.–35. Vermögensbindung (Abs 1 Nr 3 c)
36. Keine Überdotierung bei Pensionskassen (Abs 1 Nr 3 d)
37. Keine Überdotierung bei Unterstützungskassen (Abs 1 Nr 3 e)
38. VVaG (Abs 1 Nr 4)
39.–46. Berufsverband (Abs 1 Nr 5)
47. Berufsverband; **ABC:** Einzelfälle
48.–53. Vermögensverwaltung für BerufsVerb (Abs 1 Nr 6)
54.,55. Partei; politischer Verein (Abs 1 Nr 7)
56. Öffentl-rechtl Versicherungs- und Versorgungseinrichtung (Abs 1 Nr 8)
57.–60. Gemeinnützige Körperschaften (Abs 1 Nr 9)
61.–65. Wohnungs- und Siedlungsunternehmen (Abs 1 Nr 10–13 bzw 10, 12)
66.–71. Land- und forstwirtschaftl Genossenschaften und Vereine (Abs 1 Nr 14)
72. Pensionssicherungsverein (Abs 1 Nr 15)
73. Sicherungseinrichtungen von Banken (Abs 1 Nr 16)
74. Bürgschaftsbanken (Abs 1 Nr 17)
75. WirtschaftsförderungsGes; GesamthafenBetr (Abs 1 Nr 18, 19)
76. Versorgungsverbände (Abs 1 Nr 20)
77. Medizinischer Dienst (Abs 1 Nr 21), Einrichtungen der Tarifvertragsparteien (Abs 1 Nr 22).
78. Sonstige Befreiungen
79.,80. Einschränkung der Befreiung (Abs 2)

1. Allgemeines. § 5 regelt subj (Nr 1, 1 a aF, 2, 2 a) u sachl (Nr 3–21) StBefreiungen. Die sachl StBefreiungen lassen sich unterscheiden in solche, die die Körperschaft unter bestimmten Bedingungen insgesamt freistellen (Nr 4, 6, 8, 10, 12, 14–18, 20–22), solche, die die Körperschaft unter bestimmten Bedingungen mit Ausnahme eines „wirtschaftl GeschäftsBetr" befreien (Nr 5, 7, 9, 19, 22) und Befreiungen unter bestimmten Bedingungen, die abstrakt bestimmte Einkaufs- und Vermögensteile ausnehmen (Nr 3 iVm § 6). Entspr Befreiungen in § 3 GewStG und § 3 VStG.

2. Geltungszeit. S auch zu den einzelnen Nr u bzgl der Änderungen bis zu dem KStG 1991 (Vor § 1 Anm 20) die 3. Aufl. Das StÄndG 1992 v 25. 2. 92 (BGBl I 92, 297; BStBl I 92, 146; s auch Vor § 1 Anm 19) änderte die Nr 2, 3 Buchste a und b, Nr 5; Nr 17 wurde angefügt; die Änderungen gelten ab VZ 1991 (§ 54 I idF des G v 25. 2. 92); Ausnahmen gelten für die Nr 2 u 3; dazu § 54 II, II a idF des G v 25. 2. 92; Materialien s Vor § 1 Anm 19. Das StandOG v 13. 9. 93 (BGBl I 93, 1569; BStBl I 93, 774; s auch Vor § 1 Anm 19) faßte Nr 2 neu und fügte der Nr 18 u 19 an; zum Inkrafttreten der Nr 2 s § 54 II Abs 2 idF des StandOG; die Nr 18 und 19 treten ab VZ 1993 in Kraft (§ 54 V a idF des StandOG). Materialien s Vor § 1 Anm 19. Abs 1 Nr 2 wurde ergänzt durch das StMBG v. 21. 12. 93 (BGBl I 93, 2310; BStBl I 94, 50), außerdem wurde Nr 20 angefügt; zum Inkrafttreten s § 54 II, V b idF des G v 21. 12. 93. Abs 1 Nr 1 wurde durch das Eisenbahnneuordnungs G v 27. 12. 93 (BGBl I 93, 2378; BStBl I 94, 136) geändert; Nr 1 a wurde gestrichen; zum Inkrafttreten s § 5 I a idF des G v 27. 12. 93. Abs 1 Nr 5 wurde durch das Sechste G zur Änderung des PartG u anderer G v 28. 1. 94 (BGBl I 94, 142; BStBl I 94, 207) geän-

Wirtschaftlicher Geschäftsbetrieb **3–5 § 5**

dert, und zwar ab VZ 1994 (§ 54 I idF des G v 28. 1. 94). § 5 Abs 1 Nr 3 d wurde durch das Dritte DurchführungsG/EWG zum VAG v 21. 7. 94 (BGBl I 94, 1630; BStBl I 94, 742) korrigiert. Abs 1 Nr 1 wurde durch das PostneuordnungsG v 14. 9. 94 (BGBl I 94, 2325) geändert; zur Geltungsdauer s § 54 I b idF des G v 14. 9. 94. § 5 I Nr 3e wurde durch das JStG 1996 v 11. 10. 95 (BGBl I 95, 1250; BStBl I 95, 437) mit Wirkung ab Wirtschaftsjahre, die nach dem 31. 12. 95 beginnen (§ 54 II b idF des G v 11. 10. 95). § 5 I Nr 2 wurde ergänzt, Nr 21 angefügt durch das G v 18. 12. 95 (BGBl I 95, 1959; BStBl I 95, 786); Nr 2 gilt ab VZ 1995, Nr 21 ab VZ 1991 (§ 54 II, V c idF des G v 18. 12. 95). Nr 2a wurde korrigiert, Nr 22 angefügt durch das G v 20. 12. 96 (BGBl I 96, 2049; BStBl I 96, 1523, zur Geltungsdauer s § 54 idF des G v 20. 12. 96; Materialien Vor § 1 Anm 19. Zu den einzelnen Änderungsgesetzen s auch Vor § 1 Anm 19.

3. Die Bedingungen der **StBefreiung** müssen bei der Körperschaft selbst vorliegen; die StBefreiung des Trägers, beherrschenden AntE oder dessen StPflicht berührt nicht die StBefreiung oder StPflicht der abhängigen Körperschaft (RFH RStBl 39, 910; BFH BStBl II 74, 391). Eine entsprechende oder ausdehnende **Auslegung** von Befreiungsvorschriften ist dann mögl, wenn sie durch den Zweck der Befreiungsvorschrift gefordert wird. Zwar handelt es sich um Ausnahmevorschriften; Analogie innerhalb des Ausnahmezwecks ist jedoch mögl. Nach Auffassung der FinVerw kann auf die Befreiung nicht **verzichtet** werden (1962 StEK KStG § 4 Nr 5); mE abzulehnen; Verzicht auf steuerrechtl Begünstigung ist mögl (*Felix* StE-KAnm aaO, offengelassen von BFH BStBl III 62, 73). Im Einzelfall läßt das Gesetz den Verzicht ausdrückl zu (s § 54 V u § 54 Anm 25 betr die Befreiung nach Nr 10, 14). **Antrag** auf Befreiung ist nicht erforderl. Gestaltet werden kann insoweit nur der Sachverhalt. **Beginn** und **Ende** der StBefreiung s § 13.

4. Die Befreiungen gelten nicht für **ausl beschr Stpfl** (§ 5 II Nr 3); eine ausl gemeinnützige Körperschaft, ein ausl Berufsverband ist zB mit den inl VuV-Eink stpfl (BFH BStBl II 77, 175 betr engl gemeinnützige Körperschaft mit VuV-Eink im Inl); kein Verstoß gegen die Diskriminierungsverbote der DBA und des EG-Vertrags (BFH BStBl II 77, 176; zust und die Begr verkürzend *Mangold* StuW 78, 164). Die Befreiungen setzen die **StPfl nach § 1** voraus; § 5 gilt auch für Betr gewerbl Art (§ 1 I Nr 6; BFH BStBl II 85, 162; II 90, 246). Nach RFH RStBl 39, 910 (folgend: BFH BStBl II 74, 391; BT-Drucks 7/1470, 340, 380) soll § 5 (bzw § 4 aF vor 1977) nicht für die beschr Stpfl nach **§ 2 Nr 2** gelten (zB für eine Kirche, die die Voraussetzungen des § 5 I Nr 9 erfüllt); dies ist aus dem Gesetzeswortlaut nicht herzuleiten; wegen fehlender Unterschiede bei der Besteuerung der befreiten Körperschaft und der Körperschaft nach § 2 Nr 2 (StPfl mit StAbzug) hat diese Frage geringe Bedeutung.

5. Wirtschaftl GeschäftsBetr. *Hönik-Schreiner/Viehbeck,* Der wirtschaftl GeschäftsBetr nach § 14 AO, 1983; *Herbert,* Der wirtschaftl GeschäftsBetr des gemeinnützigen Vereins, 1988; *Franz,* Grundlagen der Besteuerung gemeinnütziger Körperschaften bei wirtschaftl Betätigung, 1991; *Scholtz,*

Der wirtschaftl GeschäftsBetr, FS L Schmidt, 1993, 707. Abs 1 Nr 5 (Berufsverbände), Nr 7 (politische Parteien), Nr 9 (gemeinnützige Körperschaften) und Nr 19 (Gesamthafenbetriebe) kennen eine partielle StPflicht der befreiten Körperschaft mit einem wirtschaftl GeschäftsBetr. Die Vorschriften können weitgehend einheitl ausgelegt und angewendet werden. Die Annahme eines wirtschaftl Geschäftsbetr einer Körperschaft und der StPflicht setzt voraus, daß die Körperschaft im übrigen nach § 5 von der KSt befreit ist (BFH/NV 87, 397); entfällt die StBefreiung, begründet der wirtschaftl GeschäftsBetr als solcher keine StPflicht und auch nicht die Annahme bestimmter Einkunftsarten. Stpfl ist in diesen Fällen die Körperschaft, nicht der wirtschaftl GeschäftsBetr.

6. Begriff: „**Wirtschaftl GeschäftsBetr**" ist eine selbständige nachhaltige Tätigkeit, durch die Einnahmen oder andere wirtschaftl Vorteile erzielt werden . . . Die Absicht, Gewinn zu erzielen, ist nicht erforderlich." Die Definition in § 14 AO ist auch für das KStG bindend; auf die Kommentierung zu dieser Vorschrift wird verwiesen. Kein notwendiger Bezug besteht zu dem in § 4 I besonders und abweichend definierten Betr gewerbl Art des § 1 I Nr 6. Zum ZweckBetr s Anm 13. Nachhaltigkeit: Die Schwelle zur Nachhaltigkeit ist gering; vgl BFH BStBl II 86, 88 mit HFRAnm 86, 197; BFH/NV 86, 239. Es handelt sich um den gleichen Begriff, der Bestandteil des Gewerbebetriebsbegriffs ist (§ 1 GewStDV). Selbständigkeit: Der GeschäftsBetr muß sich äußerlich objektivierb von der Körperschaft abheben; da auch mit dem wirtschaftl GeschäftsBetr der Zweck der Körperschaft verfolgt werden kann, bedeutet Selbständigkeit nicht Zwecktrennung; Geschäfte der Gechäftsstelle bzw die entgeltl Zurverfügungstellung einer Geschäftsstelle sollen mangels Selbständigkeit nach A 8 VI KStR kein wirtschaftl GeschäftsBetr sein; nicht restlos überzeugend. Zweifelhaft ist, ob die Selbständigkeit stets das Überschreiten einer bestimmten Einnahme- oder Überschußgrenze voraussetzt (FG Münster EFG 61, 171: Winterfest kein wirtschaftl GeschäftsBetr, da Überschuß unter 1000 DM); als besondere Bedingung allgemein nicht zu rechtfertigen. Allerdings entfällt in derartigen Fällen oft die Nachhaltigkeit. Ein nachhaltiger Gewinn von 500 DM durch Anzeigen in der VereinsZeitschr wird einen wirtschaftl GeschäftsBetr begründen. In Bagatellfällen kann auch die objektivierb Selbständigkeit fehlen (Kaffee-, Geburtstags-, Freud- u Leidkasse). Einnahmeerzielungs-(nicht Gewinn- oder Überschußerzielungs-)absicht erforderl (BFH/NV 87, 397). Der wirtschaftl GeschäftsBetr kann auch durch einen Erfüllungsgehilfen begründet werden (so FG BaWürt EFG 88, 88). Zu den Einkunftsarten s Anm 9. Mitgliederbeiträge führen nicht zu einem wirtschaftl GeschäftsBetr; die Abgrenzung kann schwierig sein, da in den Beiträgen Entgelte für einen Geschäftsbetr enthalten sein können (s A 8 IV KStR u § 8 Anm 157 ff).

7. Für **gemeinnützige Körperschaften** gilt ab 1. 1. 1990 der neugefaßte **§ 64 AO.** Mehrere wirtschaftl GeschäftsBetr werden zusammengefaßt (§ 64 II AO). Übersteigen die Einnahmen einschließl USt aus wirtschaftl Geschäftsbetr, die keine ZweckBetr sind, insgesamt nicht DM 60 000,– im Jahr, so unterliegen die diesen GeschäftsBetr zuzuordnenden Besteue-

Einkünfteermittlung **8, 9 § 5**

rungsgrundlagen nicht der KSt und der GewSt (§ 64 III AO). Um zu verhindern, daß die stfreien Körperschaften durch Aufteilung mehrfach diese Bagatellgrenze nutzen, fingiert § 64 IV AO diese Aufteilung als Mißbrauch isd § 42 AO.

Beteiligung an einer **PersGes:** Hier ist mE die PersGes zu beurteilen; genügt sie den Bedingungen des wirtschaftl GeschäftsBetr, ist auch der Anteil, die Beteiligung, ein wirtschaftl GeschäftsBetr. PersGes mit VermVerw (Anm 8) begründet daher keinen wirtschaftl GeschäftsBetr (FG D'dorf EFG 85, 83). Zurückhaltend bzgl der Beteiligung an einer PersGes als wirtschaftl GeschäftsBetr *Roolf* DB 85, 1156; *Scholtz,* FS L Schmidt, 1993, 721.

8. Kein wirtschaftl GeschäftsBetr ist die **Vermögensverwaltung,** die idR dann vorliegt, „wenn Vermögen genutzt, zB KapVerm verzinslich angelegt und unbewegl Vermögen vermietet oder verpachtet wird" (§ 14 AO). Zur Abgrenzung Vermögensverwaltung/wirtschaftl GeschäftsBetr s *Niemann,* Institut FuSt Nr 330 (1994). Vermögensverwaltung regelmäßig, wenn Eink aus KapVerm und VuV erzielt werden (FG Nds DStZ/B 67, 268). S hierzu auch Anm 14 „Beteiligung an einer Körperschaft", „Landund Forstwirtschaft"; § 4 Anm 12. Zu VermVerw durch PersGes s Anm 7. Zur Betriebsverpachtung u BetrAufsp s Anm 11. Zur optimalen **Gestaltung** von Beteiligungen steuerbefreiter Körperschaften im steuerfreien Bereich oder im wirtschaftl GeschäftsBetr s ABC „Stbefreite Körperschaften".

9. Für die **Einkünfteermittlung** des wirtschaftl GeschäftsBetr gelten die allg Vorschriften (§§ 7 ff). Die Eink **eines jeden wirtschaftl GeschäftsBetr** werden **gesondert** ermittelt (BFH BStBl II 92, 103), aber zum Zweck der Besteuerung im Einkommen zusammengefaßt (vgl A 8 VII KStR); anders § 64 II AO für GeschäftsBetr gemeinnütziger Körperschaften: mehrere GeschäftsBetr bilden einen GeschäftsBetr (Anm 7). **Eink aus GewerbeBetr** sind nicht zwingend, schon deshalb, weil Gewinnerzielungsabsicht nicht erforderl ist (§ 14 AO; Anm 6). Die **EinkArt** bestimmt sich nach den allg Vorschriften (vgl BFH BStBl III 66, 632: falls mangels Gewinnerzielungsabsicht kein GewerbeBetr vorliegt, Eink nach **§ 22 Nr 3 EStG**) mögl. Eink aus GewerbeBetr können jedoch für die Körperschaft günstiger sein als solche aus § 22 Nr 3 EStG, weil der Verlustausgleich, -vor- und -rücktrag mögl ist (*Streck* KÖSDI 79, 3420). Zweifelhaft ist, ob der wirtschaftl GeschäftsBetr auch zu stpfl **Eink** aus **KapVerm** und **VuV** führen kann. Diese Einkunftsarten sind idR ausgeschlossen, da sie grundsätzl der Vermögensverwaltung zuzurechnen sind und diese keinen wirtschaftl GeschäftsBetr darstellt (Anm 8). ME sind derartige Eink jedoch in Ausnahmefällen im wirtschaftl GeschäftsBetr mögl. Der wirtschaftl GeschäftsBetr scheidet einen organisatorischen Bereich aus der StBefreiung aus. Innerhalb dieses Bereichs können Kapitalerträge anfallen. Beispiel: Gelder des GeschäftsBetr werden vorübergehend angelegt. ME verlassen diese Gelder nicht notwendig den GeschäftsBetr, wenn sie nicht mehr gewerbl Eink sind; die Erträge können Eink nach §§ 8 KStG, 20 EStG sein. Bei anhaltenden Verlusten kann auch **Liebhaberei** vorliegen.

10. Für die **Ermittlung** der einzelnen **Eink** gelten die allg Vorschriften des EStG. Werden Bücher geführt, gilt bei gewerbl Eink § 5 EStG. Ein vom Kj abweichendes Wj ist möglich (FinVerw 1991 StEK KStG 1977 § 7 Nr 1; DB 94, 2318). Die **BetrEinnahmen** müssen dem wirtschaftl GeschäftsBetr zuzuordnen sein (BFH BStBl II 92, 103). Aus den Einnahmen ist regelmäßg ein **Spendenteil** nicht abspaltb (FG Nbg EFG 60, 312); anders, wenn die Spenden ohne unmittelb Zusammenhang mit den Leistungen des wirtschaftl GeschäftsBetr für den Zweck der Körperschaft erbracht werden; sie gehören sodann nicht zu den Einnahmen (BFH BStBl II 76, 472). Keine Einnahme sind **Mitgliederbeiträge** (§ 8 VI, § 8 Anm 155 ff). Zur Aufteilung von Mitgliedsbeiträgen s § 8 Anm 158 f. Die **BetrAusg** müssen in unmittelb wirtschaftl Zusammenhang mit den Einkünften des wirtschaftl GeschäftsBetr stehen (BFH BStBl II 92, 103). Gibt es mehrere Gründe, die die Entstehung der BetrAusg verursachen, ist eine Gewichtung erforderlich. Dazu BFH aaO: „Für die Gewichtung ist von Bedeutung, daß eine Körperschaft, die die teilweise Befreiung von der KSt erlangen und bewahren will, nicht in erster Linie eigenwirtschaftl Zwecke – zB gewerbl Zwecke oder sonstige Erwerbszwecke – verfolgen darf ... Deshalb ist davon auszugehen, daß primär Anlaß für das Entstehen einer sowohl mit stbefreiten als auch mit steuerpflichtigen Tätigkeiten zusammenhängenden Ausgabe die nicht erwerbswirtschaftl, stbefreite Tätigkeit ist. Der primäre Anlaß ist für die Zuordnung allein maßgebend, wenn die Ausgabe auch ohne den stpfl wirtschaftl GeschäftsBetr entstanden wäre ... Wäre die Ausgabe ohne den steuerpflichtigen wirtschaftl GeschäftsBetr geringer gewesen, ist sie nach einem objektiven und sachgerechten Maßstab aufzuteilen." (Ebenso auch BFH/NV 92, 412; 96, 268) Berechtigte Kritik an dieser Rspr, die zu einer „Übersteuerung" der gemeinnützigen Körperschaften führt, von *Thiel* DB 93, 1208; *Lang/Seer* FR 94, 521; die FinVerw hat die Anwendung zumindest für die Werbeeinnahmen gemeinnütziger Sportvereine ausgeschlossen (*Thiel* aaO, Anm 14 „Sportwerbung"). Besonderheiten bei wirtschaftl GeschäftsBetr von geistl Orden s FinVerw 1964 StEK KStG § 4 Nr 23; abw BFH BStBl II 69, 93; dazu FinVerw DB 71, 601; s auch § 1 Anm 4, 15. Bzgl der **Altmaterialverwertung** erlaubt § 64 V AO die Schätzung eines branchenüblichen Reingewinns.

11. Wird ein Haus, das ursprüngl einem wirtschaftl GeschäftsBetr diente, später vermietet, ohne daß der wirtschaftl GeschäftsBetr aufgegeben wird, so bleibt das Haus **BetrVerm** (BFH HFR 66, 21). Bei der Überführung von WG aus dem wirtschaftl GeschäftsBetr in den steuerbefreiten Bereich und umgekehrt können die **Entnahme-** und **Einlageregeln** der §§ 4, 6 EStG angewandt werden. Wird ein **wirtschaftl GeschäftsBetr** insgesamt auf eine andere Körperschaft übertragen, so ist die FinVerw der Ansicht, eine Gewinnrealisierung sei nur dann zwingend geboten, wenn der wirtschaftl GeschäftsBetr der empfangenden Körperschaft steuerbefreit ist (vgl *Widmann* JbFfSt 76/77, 396; vgl hierzu auch *Wegehenkel* DB 86, 2514). Dieser Grundsatz sollte auch dann angewandt werden, wenn einzelne WG auf eine steuerbefreite Körperschaft übertragen werden. Keine Realisierung in solchen Fällen, wenn die Voraussetzungen des § 6 I Nr 4

Verlustausgleich 12 § 5

S 2 EStG vorliegen; diese Regelung gilt mE nicht nur für einzelne WG, sondern auch für wirtschaftl GeschäftsBetr insgesamt (glA *Hahn/Schindler, Die Besteuerung der Stiftungen*, 2. Aufl, 1977, 118 f). Bei der **Verpachtung** eines wirtschaftl GeschäftsBetr hat mE die Körperschaft ein Wahlrecht hinsichtl der Gewinnrealisierung; die Grundsätze zur Betriebsverpachtung finden Anwendung (glA FinVerw 1977 StEK KStG 1977 § 5 Nr 1; *Widmann* JbFfSt 76/77, 398). Beherrscht die steuerbefreite Körperschaft eine voll steuerpflichtige GmbH, die von ihr wesentl BetrGrundlagen anmietet, gelten die Regeln der **BetrAufsp** (BFH/NV 86, 433; FG Köln EFG 95, 360; DB 80, 425 den Berufsverband betr; FinVerw DB 82, 153 betr gemeinnützige Körperschaften; s allerdings FG Köln GmbHR 87, 32, das die personelle Verflechtung ablehnt, wenn die BetrGes erst über die Mitglieder des Vereins – Verein = Besitzunternehmen – beherrscht wird). Beherrscht der Besitzunternehmer eine steuerbefreite Körperschaft und überläßt er ihr wesentl BetrGrundlagen zur Nutzung, kann mE nur dann ein GewerbeBetr des Besitzunternehmers angenommen werden, wenn die Körperschaft, dh die BetrGes, einen wirtschaftl GeschäftsBetr mit Gewinnerzielungsabsicht unterhält und diesem GeschäftsBetr die wesentl BetrGrundlagen überlassen werden. Ob dies ein ZweckBetr iSv § 65 AO ist oder nicht (Anm 13), ist nicht entscheidend. Ein wirtschaftl GeschäftsBetr ohne Gewinnerzielungsabsicht begründet hier mE ebensowenig eine BetrAufsp wie reine Vermögensverwaltung einer BetrGes. Die evtl Steuerfreiheit (zB des ZweckBetr) strahlt in solchen Fällen der BetrAufsp nicht auf die Besitzunternehmer zurück, die selbst – zumindest bzgl des Besitzunternehmens – nicht persönl steuerbefreit (gemeinnützig) sind. Die FinVerw nimmt jedoch dann keine BetrAufsp an, wenn ein ZweckBetr ausgegliedert wird und Besitz- und Betriebsunternehmen gemeinnützig sind (DB 95, 1785); hier wird also das Besitzunternehmen ebenfalls als ZweckBetr begriffen. Für **vGA** gelten die allg Regeln (§ 8 Anm 60 ff).

12. Da die Körperschaft einheitl veranlagt wird, ist ein **Verlustausgleich** unter mehreren wirtschaftl GeschäftsBetr mögl. Kein Verlustausgleich mit nicht stpfl GeschäftsBetr, zB mit ZweckBetr iSv §§ 65 ff AO (BFH BStBl II 76, 472). Zum Verhältnis eines Verlustvortrags u § 64 III AO s FG RhPf EFG 97, 306. **Spenden** s § 9 Anm 14. **§ 10 Nr 1** ist zu beachten; kein Abzug von Aufwendungen, die innerhalb des Zwecks der Körperschaft liegen (vgl BFH BStBl II 77, 493 betr Nichtabzug der Aufwendungen für eine Schule und ein Waisenhaus); der Spendenabzug ist jedoch gegenüber § 10 Nr 1 vorrangig (§ 10 Anm 5). Die Körperschaft ist mit ihrem wirtschaftl GeschäftsBetr voll **anrechnungsberechtigt**, soweit dem GeschäftsBetr die Beteiligung an einer in das AnrV einbezogenen Körperschaft zuzurechnen ist (Anm 15). **Bagatellgrenze** s § 49 Anm 3 oder **Freibetrag** gem § 24 s dort; Bagatellgrenze und Freibetrag stehen der Körperschaft nur einmal zu (vgl A 8 VI KStR).

Für einen wirtschaftl GeschäftsBetr, den eine Körperschaft mit einer anderen Körperschaft durchführt, ist eine **gesonderte Feststellung** gem § 180 AO durchzuführen (BFH BStBl II 76, 472). Im gesonderten Gewinnfeststellungsbescheid für eine KG wird festgestellt, ob eine als Kommanditistin beteiligte gemeinnützige Körperschaft gewerbl Eink bezieht und damit einen wirtschaftl GeschäftsBetr unterhält (BFH BStBl II 84, 726; II 89, 134).

Beginn, Ende der StPfl durch einen wirtschaftl GeschäftsBetr s § 13. Fällt die Gemeinnützigkeit fort, ist im einzelnen zu ermitteln, welche Eink vorliegen (BFH BStBl II 88, 75).

13. Bei **gemeinnützigen Körperschaften** führen wirtschaftl Geschäfts-Betr dann nicht zur StPfl, wenn diese Betr gleichzeitig die Bedingungen eines sog **ZweckBetr** erfüllen, §§ 64–68 AO. Der Betr muß die Verwirklichung des gemeinnützigen Zwecks bezwecken; dazu § 65 AO. Der Überschuß muß für die begünstigten gemeinnützigen Zwecke der Körperschaft verwendet werden. Beisp: §§ 66–68 AO. Zu den **Sportvereinen** s ABC.

14. Einzelfall-ABC (+ = wirtschaftl GeschäftsBetr zu bejahen, ./. = zu verneinen; ZweckBetr: s Anm 13):

Aktienbesitz
./., s Beteiligung.

Altenheim
Altenwohnheim +, aber bei gemeinnützigen Körperschaften ZweckBetr (§ 68 AO).

Altkleidersammlung
Sammeln und Verkauf + (BFH BStBl II 92, 693; BFH/NV 92, 839; FinVerw 1988 StEK UStG 1980 § 12 Abs 1 Nr 95; 1990 StEK KStG 1977 § 5 Nr 32; DB 91, 2415), bei gemeinnützigen Körperschaften kein ZweckBetr (BFH BStBl II 92, 693; BFH/NV 95, 568; FG D`dorf EFG 82, 203; FinVerw DB 95, 2042; aA FG D`dorf EFG 91, 151). Die Vermittlung von Plätzen für Kleidercontainer, die Überlassung des Namens der gemeinnützigen Körperschaft gegen Entgelt ist wirtschaftl GeschäftsBetr (FinVerw DStR 92, 1364).

Altmaterialsammlung
S Altkleidersammlung, hier insbes FinVerw 1991, aaO.

Angelkarten
Verkauf ./. (FinVerw 1968 DStZ/B 68, 338).

Anzeigengeschäft
in VereinsZeitschr, Jahrbüchern, jährl erscheinenden Festschriften usw + (BFH BStBl III 62, 73 u FG Saarl EFG 88, 135: Vereinszeitung; *Widmann* JbFfSt 76/77, 384; A 8 IV KStR), zweifelhaft, wenn zB eine Festschrift nur einmal erscheint (zum 100jährigen Bestehen); mE keine Nachhaltigkeit; BFH BStBl II 76, 472 läßt die Frage offen; Kosten müssen im Schätzungsweg aufgeteilt werden; Aufteilung nach Seiten ist unzuverlässig, aber mangels eines anderen Maßstabs mögl (BFH BStBl III 62, 73; zur Aufteilung s auch FG Fbg EFG 66, 292); tritt das Werk mit anderen Werken in Wettbewerb, so kann es auch ohne Aufteilung insgesamt einen wirtschaftl GeschäftsBetr darstellen (BFH BStBl III 55, 177: Kalender-Jahrbuch). Verpachtung des Anzeigengeschäfts an einen Verlag ist Vermögensverwaltung auch bei gewinnabhängiger Pacht (BFH BStBl III 67, 373; *Widmann* JbFfSt 76/77, 385).

Apotheke
S Krankenhausapotheke.
Arbeitsmedizinische Zentren
des Vereins berufsgenossenschaftl arbeitsmedizinischer Dienst eV + (FinVerw 1978 StEK KStG 1977 § 1 Nr 3).
Auftragsforschung
S Forschung.
Ausbildungsveranstaltungen
(Schulungen, Kurse, Vorträge, Tagungen etc) +, falls entgeltl.
Aussiedlerheime
Aus- u Übersiedlerheime gemeinnütziger Körperschaften sind unter bestimmten Bedingungen ZweckBetr (§ 68 AO); vgl FinVerw 1989 StEK AO 1977 § 65 Anm 31 u 1990 StEK KStG 1977 § 5 Nr 103.
Bandenwerbung
S Sportwerbung.
Behindertenwerkstatt
+, bei gemeinnützigen Körperschaften ZweckBetr mögl (§ 68 AO).
Beratung
entgeltl von Mitgliedern, Gesellschaftern usw + (A 8 IV KStR).
Beschaffungsstellen
steuerbegünstigter Körperschaften +, kein ZweckBetr (FinVerw BB 96, 676).
Beteiligung an einer Körperschaft
./., auch beherrschende, selbst zu 100 vH, ist Vermögensverwaltung (BFH BStBl II 71, 753; *Völzke* DStZ/A 66, 379; *Ranft* StRKAnm KStG § 4 I Ziff 8 R 11; A 8 V KStR). Auch die Veräußerung einer wesentl Beteiligung begründet keinen wirtschaftl GeschäftsBetr (FinVerw 1982 StEK KStG 1977 § 5 Nr 43). Wirtschaftl GeschäftsBetr dann, wenn die Körperschaft unmittelb in die laufende Geschäftsführung eingreift oder diese übernimmt, und zwar gleichgültig, ob dies durch die Körperschaft alleine oder iVm anderen Körperschaften geschieht (BFH BStBl II 71, 753; FinVerw 1967, 1972 StEK KStG 1977 § 4 Nr 49, 75; A 8 IV, V KStR); Möglichkeit des Eingriffs genügt nicht; von ihr muß Gebrauch gemacht werden (*v Wallis* GmbHR 69, 112; FG Münster DStZ/B 67, 495); die Beteiligung an einer Vermögensverwaltungs-GmbH ist aber auch unter diesen Bedingungen kein wirtschaftl GeschäftsBetr (KStR aaO); wirtschaftl GeschäftsBetr auch mögl, wenn mehrere Beteiligungen an einer „Holding" zusammengefaßt sind oder wenn Beteiligungen oder Aktienbesitz spekulativ und die Vermögensverwaltung sprengend umgeschichtet werden (BFH BStBl II 69, 269). Vgl weiter *Roolf* DB 85, 1156; *Schick* DB 85, 1812.
Beteiligung an einer PersGes
S Personengesellschaft.
Betriebsaufspaltung
S Anm 11.

Betriebsverpachtung
S Anm 11.

Bewirtung
S Bierzelt, Eßwarenverkauf, Gaststätte, Gesellige Veranstaltungen, Getränkeverkauf, Kulturelle Veranstaltungen, Sportveranstaltungen, Tabakwarenverkauf.

Bierzelt
+ (BFH/NV 89, 342). S auch Gaststätte, Getränkeverkauf.

Blindenbetrieb
S Behindertenwerkstatt.

Blutspendedienst
des DRK s FinVerw 1981 StEK AO 1977 § 65 Nr 7 mit mE nicht verständl Grenzziehungen.

Buchführung
für Mitglieder usw + (A 8 IV KStR).

Buchstelle
+ (A 8 IV KStR).

Café, Cafeteria
+ (BFH BStBl II 90, 724); eines Studentenwerks s Mensa. S auch Bewirtung mit Verweisungen.

Clubhaus
Entgel Betreiben +, selbst wenn Verkauf von Getränken u Tabakwaren grundsätzl nur an Vereinsmitglieder erfolgt (BFH/NV 86, 239); kein ZweckBetr nach § 68 AO (BdF BStBl I 78, 202); soweit Verpachtung an Dritte vorliegt ./., da Vermögensverwaltung.

Darlehen
./., da Vermögensverwaltung.

DRK
S Blutspendedienst.

Eislaufbahn
als wirtschaftl GeschäftsBetr eines Eissportvereins s FG BaWürt EFG 93, 694.

Erholungsheim
+ (BFH BStBl III 56, 29), bei gemeinnützigen Körperschaften ZweckBetr (§ 68 AO).

Eßwarenverkauf
+ BFH/NV 86, 239. S auch Bewirtung mit Verweisungen.

Fachausstellung
+ (A 8 IV KStR).

Fachmesse
+.

ABC zum wirtschaftl Geschäftsbetrieb

Festschrift
kann einer geselligen Veranstaltung, s dort, zuzurechnen sein, wenn sie sich ausschließl auf diese Veranstaltung bezieht (BFH BStBl II 76, 472). Bereits ein Anzeigenteil macht diesen oder die gesamte Festschrift zu einem eigenen wirtschaftl GeschäftsBetr (BFH aaO; mE sehr zw; s die treffende Kritik von *Mangold* StuW 78, 164; s auch Anzeigengeschäft); selbst ein ZweckBetr iSv § 65 AO soll idR nicht vorliegen (BFH aaO); Nachhaltigkeit ist bei sich jährl wiederholenden Festen gegeben (BFH aaO).

Filmproduktion
+, bei gemeinnützigen Körperschaften uU kein ZweckBetr (BFH BStBl II 86, 831).

Filmvorführung
-verleih + (A 8 IV KStR).

Formularverkauf
+, aber ZweckBetr (§ 65 AO) mögl (FG Münster EFG 67, 476).

Forschung
Zu den Fragen der Zusammenarbeit einer gemeinnützigen Körperschaft mit anderen Unternehmen auf dem Gebiet der Forschung s *Wegehenkel* BB 85, 116, 395, 792. Zur Auftragsforschung und zur Projektträgerschaft als wirtschaftl GeschäftsBetr s FG Köln EFG 91, 574.

Forstwirtschaft
S Land- und Forstwirtschaft.

Fortbildungsveranstaltungen
S Ausbildungsveranstaltungen.

Freud- und Leidkasse
S Anm 7.

Fürsorgeerziehung
Einrichtung der Fürsorgeerziehung als ZweckBetr s § 68 AO.

Fußball der Bundesliga
S ABC „Sportvereine" u § 67a AO u AnwErl BStBl I 87, 664 zu § 67a AO.

Gärtnerei
S Land- und Forstwirtschaft.

Gaststätte
+ (BFH BStBl II 92, 103 u BFH/NV 92, 412 betr Sportverein). S auch Bierzelt, Eßwarenverkauf, Getränkeverkauf.

Geburtstagskasse
S Anm 7.

Gehaltsabrechnungsstellen
S Zentrale Gehaltsabrechnungsstellen.

Geschäftsstelle
der Körperschaft ./. (A 8 VI KStR); auch wenn zB Altpapier, Möbel usw verkauft werden; das gilt auch, wenn die Geschäftsstelle, ganz oder

teilweise, sachl oder personell, einer anderen Körperschaft entgeltl zur Verfügung gestellt wird (KStR aaO); in diesen Fällen fehlt die Selbständigkeit (s Anm 7).

Gesellige Veranstaltungen
+, falls Einnahmen nachhaltig erzielt werden sollen (Beisp: Veranstaltung eines bereits bekannten, sich jährl wiederholenden Rosenmontagsballs); regelmäßige Waldfeste u Heimatabende eines Trachtenvereins BFH BStBl II 86, 92 mit HFRAnm 86, 197; Festveranstaltung gelegentl einer Kirmes FG Saarl EFG 86, 38; Faschingsball FG Nürnberg EFG 91, 629; mE nicht bei einmaliger Veranstaltung; auch nicht bei sich wiederholenden, unentgeltl Veranstaltungen (jährliches Winterfest), die in einem Jahr einmal entgeltl durchgeführt werden; als ZweckBetr einer gemeinnützigen Körperschaft s § 68 AO (dazu BFH BStBl II 76, 472; dazu *Mangold* StuW 76, 164); zur Frage einer Einnahme- oder Gewinngrenze s o Anm 7. Bewirtung anläßl solcher Veranstaltungen + (BFH BStBl II 86, 88, 92 mit HFRAnm 86, 197; BFH/NV 86, 239); kein ZweckBetr (FG Saarl EFG 86, 38).

Getränkeverkauf
+ BFH/NV 86, 239. S auch Bierzelt u Bewirtung mit Verweisungen.

Greenfee
Überlassung der Golfanlage an Dritte gegen das sog Greenfee + (FinVerw StEK AO 1977 § 68 Nr 14); s auch Sportanlagen.

Grundstücksverwaltung
ist bzgl des eigenen Grundvermögens Vermögensverwaltung (vgl. BFH I R 35/95 v 24. 7. 96, BB 96, 2181 mit HFR Anm 96, 817, auch zur Problematik der Verwaltung kirchlicher Immobilien).

Heimatabende
S Gesellige Veranstaltungen.

Holding
S Beteiligungen an einer Körperschaft.

Hütten
von Wandervereinen +, falls bewirtschaftet (FinVerw 1987 StEK AO 1977 § 52 Nr 48). S auch Bewirtung mit Verweisungen.

Inkasso
+.

Jahrbuch
./. falls unentgeltl; + falls entgeltl; evtl ZweckBetr (§ 65 AO) gegeben; zum Anzeigengeschäft s dort; s auch Festschrift.

Jugendheim
S Kindergarten.

Jugendherberge
+, bei gemeinnütziger Körperschaft ZweckBetr mögl (§ 68 AO).

Jugendreisen
+, aber ZweckBetr mögl (§ 65 AO; FinVerw 1981 StEK AO 1977 § 65 Nr 6).

Kaffeekasse
S Anm 7.

Kalenderjahrbuch
S Anzeigengeschäft u Jahrbuch.

Kantine
+ (A 8 IV KStR); kein ZweckBetr (§ 68 AO; BdF BStBl I 78, 202).

Karnevalssitzungen
gemeinnütziger Vereine sind ZweckBetr (FinVerw DB 91, 2315 mit Abgrenzungen zu den wirtschaftl Geschäftsbetr, Tanzveranstaltungen, Maskenball u Getränkeverkauf).

Karnevalsumzug
+, aber ZweckBetr (s FinVerw zu Karnevalssitzungen).

Kindergarten, -heim
+, bei gemeinnützigen Körperschaften ZweckBetr (§ 68 AO).

Kirmes
durch Schützenverein + (DStPr KStG § 4 Nr 8).

Kleidersammlung
S Altkleidersammlung.

KommanditGes
S Anm 7.

Konzert
S Kulturelle Veranstaltungen.

Krankenhaus
+, bei gemeinnützigen Körperschaften im Rahmen des § 67 AO ZweckBetr.

Krankenhausapotheke
die auch andere Krankenhäuser versorgt, ist wirtschaftl GeschäftsBetr, kein ZweckBetr (FinVerw 1982 StEK KStG 1977 § 5 Nr 44).

Krankentransporte
S FinVerw 1983 StEK AO 1977 § 65 Nr 15–18.

Kreditschutz
+ (A 8 IV KStR).

Kulturelle Veranstaltungen
+, falls nachhaltige Einnahmeerzielung; nicht, wenn es sich zB um ein einmaliges Konzert handelt; ZweckBetr bei gemeinnütziger Körperschaft mögl (§ 68 AO). Bewirtung +; s Gesellige Veranstaltungen.

Kunstausstellung
+, weil bei gemeinnütziger Körperschaft idR ZweckBetr; vgl hierzu *Orth* DStZ 87, 319. S im übrigen Kulturelle Veranstaltungen.

Kurse
S Ausbildungsveranstaltungen.

Labor- und Untersuchungseinrichtungen
 + (A 8 III KStR; Hess FG EFG 79, 507 betr Zentrallabor in der Rechtsform eines eV).

Land- und Forstwirtschaft
 + (BFH BStBl III 60, 131: Weingut; aA für ForstBetr RFH-Rspr u BFH BStBl II 77, 493 wegen der fehlenden Verpachtungsmöglichkeit; demgegenüber hält die FinVerw 1982 StEK KStG 1977 Nr 45 u 1988 Nr 86 die RFH-Rspr für überholt und bejaht den wirtschaftl GeschäftsBetr für den Forst einer gemeinnützigen Stiftung); wird der ForstBetr mit dem landwirtschaftl Betr mitbewirtschaftet, so liegt ein einheitlicher wirtschaftl GeschäftsBetr vor (BFH BStBl II 77, 493: $^2/_3$ Landwirtschaft u $^1/_3$ Forst; abl *Flämig* StRKAnm KStG § 4 I Ziff 6 R 36 (1979); bei gemeinnützigen Körperschaften ZweckBetr mögl (§ 68 AO).

Leistungsabzeichen
 Verkauf +, aber ZweckBetr (§ 65 AO) mögl (FG SchH EFG 64, 30).

Leistungsschau
 + (A 8 IV KStR).

Lizenzverträge
 ./., Vermögensverwaltung. Lizenzvergabe an eigene BetriebsGmbH: BetrAufspaltung mögl; s Anm 11.

Lohnaufträge
 +; ZweckBetr mögl, falls Langzeitarbeitslose an geregeltes Arbeiten herangeführt werden sollen (FG BaWürt EFG 93, 462).

Lotterie
 +, falls Einnahmeerzielung angestrebt wird; mE nicht, falls einmalige Veranstaltung; ZweckBetr bei gemeinnützigen Körperschaften s § 68 AO.

Mahlzeitendienst
 +, bei gemeinnützigen Körperschaften ZweckBetr möglich (§ 68 AO).

Märkte
 + (A 8 IV KStR).

Mensa
 eines Studentenwerks +, aber ZweckBetr; das gilt nicht für Cafeterien (FinVerw 1985 StEK VStG 1980 § 4 Ziff 18 Nr 6). S auch § 4 Anm 41 Studentenwerk.

Mitunternehmerschaft
 S Anm 7.

Müllverbrennungsanlage
 Die entgeltl Abgabe der Energie ist wirtschaftl GeschäftsBetr (Nds FG EFG 94, 498).
 Museum
 S Kulturelle Veranstaltungen.

Offene HandelsGes
 S Anm 7.

ABC zum wirtschaftl Geschäftsbetrieb 14 § 5

Organtransporte
bei gemeinnützigen Körperschaften sind ZweckBetr (§ 68 AO); s FinVerw 1986 StEK AO 1977 § 65 Nr 24.

Parteienfinanzierung
als wirtschaftl GeschäftsBetr denkb, s Anm 44

PersonenGes
S Anm 7.

Pferde
einstellen, Pferde vermieten + (BFH BStBl II 69, 43; FinVerw 1974 StEK KStG § 4 Nr 79).

Pferderennvereine
Zu wirtschaftl GeschäftsBetr s FinVerw 1991 StEK KStG § 5 Nr 125.

Pflegeheim
+, aber bei gemeinnützigen Körperschaften ZweckBetr (§ 68 AO).

Projektträgerschaft
S Forschung.

Prüfungsmarken
Verkauf +, aber ZweckBetr (§ 65 AO) mögl (FG Münster EFG 67, 476).

Schützenfest
+ (FinVerw 1987 StEK AO 1977 § 68 Nr 15); s auch Standplätze.

Schule
+, evtl ZweckBetr (§ 68 AO).

Schullandheim
+, evtl ZweckBetr (§ 68 AO).

Schulung
S Ausbildungsveranstaltungen.

SelbstversorgungsBetr
+, bei gemeinnützigen Körperschaften ZweckBetr mögl (§ 68 AO).

Sportanlagen
Vermietung, + bei kurzfristiger Vermietung an Nichtmitglieder (glA BFH BStBl II 87, 659; FG D'dorf EFG 79, 308 betr Vermietung von Turnhalle als Tennishalle; FinVerw 1987 StEK AO 1977 § 68 Nr 14), aber ZweckBetr (§ 68 AO) bei kurzfristiger Vermietung an Mitglieder, ./. bei langfristiger Vermietung, da Vermögensverwaltung; s BdF BStBl I 78, 202.

Sportreisen
Veranstaltung +, unter bestimmten Bedingungen ZweckBetr (§ 68 AO) mögl (vgl BdF BStBl I 78, 202).

Sportunterricht
+, aber bei einer gemeinnützigen Körperschaft ZweckBetr mögl (BdF BStBl I 78, 202).

Sportveranstaltungen
+, falls nachhaltige Einnahmeerzielung; auch der Verkauf von Getränken und Eßwaren während einer Sportveranstaltung (BFH/NV 86, 239; BFH BStBl II 86, 88; HFRAnm 86, 197; FG Saarl EFG 86, 38); Sonderregelung s § 67a AO betr Sportveranstaltungen allg; ABC „Sportvereine". Zur Werbung s Sportwerbung.

Sportwerbung
Stadion-, Banden-, Trikotwerbung, Werbung durch Werbetafeln + (BFH BStBl II 92, 101 mit HFRAnm 91, 549 betr Bandenwerbung; II 92, 103; BFH/NV 92, 412; FinVerw 1974 StEK KStG § 4 Nr 80; 1979 StEK AO 1977 § 65 Nr 3; 1984 StEK AO 1977 § 52 Nr 31; AnwErl AO (BStBl I 87, 664) zu § 67a). Die entgeltl Übernahme der Verpflichtung, Nationalspieler in bestimmten Schuhen spielen zu lassen, führt zu einem wirtschaftl GeschäftsBetr (BFH BStBl II 83, 27), falls der Nationalspieler nicht ohnehin einem wirtschaftl GeschäftsBetr angehört. Nach FinVerw 1979 StEK AO 1977 § 65 Nr 3 – Ergänzung 1985 § 65 Nr 20 – sind die mit den Werbeeinnahmen verrechenbaren BetrAusg mit 25 vH der Werbeeinnahmen anzusetzen, wobei hierdurch auch konkrete zurechenbare BetrAusg erfaßt sind; hiergegen für Aufteilung der Kosten eines Vereins bei Werbeeinanhmen nach dem Verhältnis dieser Einnahmen zu den sonstigen Einnahmen FG BaWürt EFG 89, 424; die FinVerw bleibt bei der 25 vH-Regelung; so Anm zu BFH BStBl II 92, 103, RevUrteil zu FG BaWürt aaO; s auch *Thiel* DB 93, 1208. Wenn die Banden an einen anderen Werbeunternehmer verpachtet werden, liegt mE Vermögensverwaltung vor (vgl FinVerw 1983 StEK AO 1977 § 52 Nr 29; 1984 StEK AO 1977 § 52 Nr 31; AnwErl AO BStBl I 87, 664 zu § 67a u BStBl I 90, 18 zu § 67a; *Jansen* DStR 92, 133; ebenso Anm der FinVerw zu BFH BStBl II 92, 103, ebendort); ebenso, wenn nur ohnehin vorhandene Flächen verpachtet werden (FG Saarl EFG 88, 135: Tennisplatzumzäunung). Kein wirtschaftl GeschäftsBetr, wenn die Stadt Einnahmen aus der unschädl Bandenwerbung auf dem städtischen Sportplatz an den Vereinen weiterleitet (FG Köln EFG 91, 698). Muß die Körperschaft selbst das Werbeinventar für den Pächter stellen, so hat sie das Betriebsverpachtungswahlrecht (s Anm 11).

Stadionwerbung
S Sportwerbungen.

Standplätze
auf einem Schützenfestplatz + (RFH RStBl 38, 688; BFH BStBl II 69, 94; keine Vermögensverwaltung).

Sterbekasse
+ (A 8 IV KStR).

Steuerberatung
+ (A 8 IV KStR; BFH BStBl II 90, 246, 248).

Stiftungsfest
S Gesellige Veranstaltungen.

ABC zum wirtschaftl Geschäftsbetrieb 14 § 5

Stille Beteiligung
typische, ist Vermögensverwaltung; die Erträge sind steuerfrei *Widmann* JbFfSt 76/77, 393); atypische s Anm 7.

Studentenheim
+, bei gemeinnutziger Körperschaft ZweckBetr mögl (§ 68 AO).

Tabakwarenverkauf
+ (BFH/NV 86, 239). S auch Bewirtung mit Verweisungen.

Tagungen
S Ausbildungsveranstaltungen.

Tanzveranstaltungen
+ (s FinVerw zu Karnevalssitzungen).

Theater
S Kulturelle Veranstaltungen.

Theaterkartenverkauf
+, aber ZweckBetr bei Theatervereinen (FinVerw 1989 StEK AO 1977 § 65 Nr 29).

Tierzuchtverband
+ (FinVerw 1971 StEK KStG § 4 Nr 70).

Tonbandverleih
+ (A 8 IV KStR).

Trägerschaft
entgeltl, für eine Veranstaltung, zB eine Messe: mE ./., falls keine besonderen Aktivitäten entfaltet werden.

Trikotwerbung
S Sportwerbung.

Übersiedlerheime
S Aussiedlerheime.

Untersuchungseinrichtungen
+ (A 8 IV KStR).

Urheberrechtsverträge
./.,Vermögensverwaltung.

Vereinsgaststätte, -heim
S Clubhaus.

Vereinssäle
und -räume, Vermietung an wechselnde Benutzer (./. BFH BStBl III 58, 96; + hingegen A 8 IV KStR).

Vermietung
./. Vermögensverwaltung, s Anm 8; evtl aber BetrAufsp, s Anm 11.

Verpachtung
./. Vermögensverwaltung, s Anm 8; evtl aber BetrAufsp, s Anm 11.

Verrechnungsstellen
ärztliche +.

Versicherungen
+ (A 8 IV KStR; abl FG Köln EFG 97, 485).

Volkshochschule
+, aber ZweckBetr (§ 68 AO), auch bzgl Beherbergung und Beköstigung.

Vorträge
S Ausbildungsveranstaltungen.

Waldfeste
S Gesellige Veranstaltungen.

Wäscherei
S Zentralwäscherei.

Weingut
S Land- und Forstwirtschaft.

Werbung
+, falls nicht zulässiger Zweck der befreiten Körperschaft, der durch Mitgliederbeiträge finanziert wird (A 8 IV KStR mit Einzelheiten); zum Berufsverband s Anm 47; s auch Sportwerbung.

Wesentl Beteiligung
S Beteiligung an einer Körperschaft.

Würstchenverkauf
+; s Anm 7 zum Erfordernis einer Überschußgrenze.

Zeitschrift
./., soweit sie unentgeltl an die Mitglieder, Gesellschafter, Träger der Körperschaft abgegeben werden; +, soweit dies gegen besonderes Entgelt geschieht; + Anzeigengeschäft s dort (vgl A 8 IV KStR). Die entgeltl Überlassung des Verlagsrechts an einer Publikation der Körperschaft an einen Dritten ist Vermögensverwaltung, kein wirtschaftl GeschäftsBetr (BFH BStBl III 67, 373).

Zentrale Gehaltsabrechnungsstellen
gemeinnütziger Körperschaften + (FinVerw DB 92, 2064).

Zentrallabor
S Labor- und Untersuchungseinrichtungen.

Zentralwäscherei
mehrerer Krankenhäuser + (FinVerw 1978 StEK KStG 1977 § 5 Nr 23).

Zoo
S zur Abgrenzung des wirtschaftl GeschäftsBetr vom ZweckBetr FinVerw 1982 StEK AO 1977 § 65 Nr 10. S auch § 4 Anm 41 „Zoo".

15. AnrV: Ist die **steuerbefreite** Körperschaft mit ihren Ausschüttungen in das **AnrV einbezogen** (dazu § 27 Anm 3 und § 43 Anm 3), so gelten die §§ 27–47. Das **verwendb Eigenkap** ist zum Ende eines jeden Wj zu ermitteln, zu gliedern und gem § 47 festzustellen. Vgl A 84 KStR. Ermittlung, Gliederung und Feststellung erfolgen für die Körperschaft insgesamt und nicht einzeln für den stfreien und stpfl Bereich. Befreite Erträge sind in EK_{02} (§ 30 II Nr 2; § 30 Anm 15) einzuordnen. Ist die Körperschaft

Staatsbetrieb

partiell stpfl, zB mit einem wirtschaftl GeschäftsBetr, so sind die besteuerten Einkommensteile den verschiedenen EK-Gruppen – ggf nach Aufteilung gem § 32 – zuzuordnen. Die stfreien und stpfl Erträge sind insoweit gesondert einzuordnen; aus beiden Einkommensteilen entsteht nicht nach Zusammenrechnung ermäßigt belastetes EK. StPfl mit Abzugsbeträgen (Abs 2 Nr 2) führt zu gemilderten SteuerBel und folgt zur Aufteilung gem § 32 (A 84 I KStR).

Nimmt eine in das AnrV einbezogene, steuerbefreite Körperschaft **offene** oder **verdeckte Ausschüttungen** (zum Begriff s § 27 Anm 4ff) vor, so muß die steuerbefreite Körperschaft die AusschüttungsBel herstellen, da bei der Besteuerung der AntE die AusschüttungsBel vorausgesetzt und angerechnet wird. Folgl nimmt Abs 2 Nr 2 die Herstellung der AusschüttungsBel von der Befreiung aus; insoweit auch keine Abgeltung der StSchuld durch StAbzug im Fall des Abs 2 Nr 1 (§ 50; s Anm 80 u § 50 Anm 8). Erfolgt die Ausschüttung an eine steuerbefreite Körperschaft oder an eine jur Pers des öffentl Rechts, so verzichtet § 40 Nr 3 auf die Herstellung der AusschüttungsBel (s § 40 Anm 5, 6); Ausnahme § 40 S 3 (s § 40 aaO).

Vermögensübertragung auf befreite Körperschaften s § 42. Die Auskehrung des Vermögens einer **gemeinnützigen Körperschaft** aufgrund der gemeinn Bindung (§§ 55, 61 AO) ist mE keine Ausschüttung, die die AusschüttungsBel verursacht; hilfsw ist der Gedanke des § 40 Nr 2 heranzuziehen.

16. Soweit die befreite Körperschaft eine **Beteiligung** an einer in das AnrV einbezogenen Körperschaft hält, ist sie nicht **anrechnungsberechtigt** (§§ 51, 50 II Nr 1), anders, wenn die Beteiligung in einem stpfl wirtschaftl GeschäftsBetr gehalten wird; in diesem Fall ist die AnrBer gegeben, da die befreite Körperschaft als unbeschr Stpfl grundsätzl in das AnrV einbezogen und die Ausschlußgründe der §§ 50, 51 nicht greifen. Ob das Halten der Beteiligung selbst einen wirtschaftl GeschäftsBetr darstellt, s Anm 14 „Beteiligung an einer Körperschaft".

17. Abs 1 Nr 1 (Staatsbetrieb): Subj Befreiung; abschließende Aufzählung. Voraussetzung der Befreiung ist, daß § 1 I gegeben ist; soweit die genannten Unternehmen hoheitl tätig sind, entfällt bereits die StPfl. Mit der Deutschen Bundespost (befreit bis VZ 1994; s § 54 Ib idF des G v 14. 9. 94 (Anm 2)) sind auch die Sondervermögen Postdienst, Postbank u Telekom befreit (*Luttermann* StuW 93, 141); das gleiche gilt für den VZ 1995 für die Nachfolge-AGs (§ 54 Ib idF des G v 14. 9. 94 (Anm 2)). Durch das EisenbahnneuordnungsG v 27. 12. 93 wurde die Befreiung der Deutschen Bundesbahn durch die des Bundeseisenbahnvermögens ersetzt (s Anm 2); die Deutsche Bahn AG ist nicht befreit. Monopolverwaltung: Branntweinmonopol (zZ einziges Monopol mit Bundesverwaltung); zum Zündwarenmonopol s StBefreiung für die Dt ZündwarenmonopolGes, G v 29. 1. 30, RGBl I 30, 11 (dazu im einzelnen BMF-Finanznachrichten 5/82 v 12. 2. 82); das Monopol endete am 16. 1. 83 (G zur Abschaffung des Zündwarenmonopols v 27. 8. 82, BGBl I 82, 1241); zum Süßstoffmonopol s G v 14. 7. 26, RGBl I 26, 409, ohne BundesverW. Staatl Lotterieunternehmen sind nur die als Betr gewerbl Art geführten; KapGes fallen nicht unter die Befreiung (BFH BStBl III 64, 90). Umfang: Die Körperschaften sind uneingeschränkt steuerfrei, gleichgültig, ob sie innerhalb oder außerhalb ihres Zwecks tätig werden (glA FG München EFG 70, 91 betr Dt Bundespost; aA RFH RStBl 40, 747 und 43, 84 betr Kantinen; RStBl 37, 321 betr Kleiderkasse; die Verpachtung von Bahnhofshotels und -gaststätten liegt noch innerhalb des Zwecks, BFH BStBl III 58, 429 ohne ausdrückl Bestätigung der RFH-Rspr; FG D'dorf DStZ/B 58, 171). Mißbräuchlichem Einsatz steuerbefreiter Unternehmen für offensichtl fremde Zwecke kann durch § 42 AO begegnet werden.

Abs 1 Nr 1a (Deutsche Reichsbahn): Subj Befreiung wie Abs 1 Nr 1; eingefügt durch den Einigungsvertrag (Vor § 1 Anm 19) u gestrichen durch das EisenbahnneuordnungsG v 27. 12. 93 (Anm 2); zum Inkrafttreten s § 54 Ia idF des G v 27. 12. 93.

18. Abs 1 Nr 2 (Kreditinstitute): Subj Steuerbefreiung. Abschließende Aufzählung, die nahezu mit jedem SteueränderungsG erweitert oder korrigiert wird. Den Änderungen ist im einzelnen nach Gesetzesdaten in Anm 2 nachzugehen.

Abs 1 Nr 2a: Subj Steuerbefreiung, die die Steuerbefreiung der Treuhandanstalt (Nr. 2a aF) für die Nachfolgeorganisation fortsetzt.

19. Abs 1 Nr 3 (rechtsfähige Pensions-, Sterbe-, Kranken- und Unterstützungskassen). Dazu §§ 1–3 KStDV. Sachl Steuerbefreiung; weitere Einschränkung durch Abs 1 Nr 3d und e iVm § 6. Die Befreiung entspr § 4 I Nr 7 KStG aF in der Fassung des BetrAVG v 19. 12. 74 (BGBl I 74, 3610; BStBl I 75, 22). Die Neufassung durch das BetrAVG gilt ab VZ 1974, hinsichtl der Unterstützungskassen ab VZ 1975 (§ 24 KStG idF des BetrAVG). § 5 I Nr 3 gilt im übrigen ab VZ 1977 (§ 54 I idF des KStG 1977); Nr 3 Buchst e wurde hinsichtl der Bewertung von Versicherungsansprüchen durch das StÄndG 1992 ergänzt (Anm 2; dort auch zum Inkrafttreten). §§ 1–3 KStDV 1977 gelten ebenfalls ab VZ 1977 (§ 5 KStDV), §§ 1–3 KStDV 1984 ab VZ 1984.

Die Voraussetzungen des § 5 I Nr 3 und der §§ 1–3 KStDV müssen spätestens am **Ende** des **VZ vorliegen** (A 6 II KStR). Für GründungsGes gelten die allg Voraussetzungen (§ 1 Anm 7f); lag zum Ende eines VZ eine Gründung vor, kann die Eintragung ins HR im nächsten VZ nachfolgen.

20. Rechtsfähige Pensions-, Sterbe- und Krankenkassen, die dem Leistungsempfänger einen Rechtsanspruch gewähren (vgl auch § 1 III BetrAVG), unterliegen dem VAG; eingeschränke Rechtsformwahl durch das VAG; für alle Arten der Lebensversicherung ist der VVaG und die AG zulässig. **Rechtsfähige Unterstützungskassen** sind solche, die den Leistungsempfängern keinen Rechtsanspruch gewähren (§ 3 Nr 1 KStDV; s auch § 1 IV BetrAVG); unschädl ist ein arbeitsrechtl Anspruch auf Gleichbehandlung. Keine Einschränkung bei der Rechtsformwahl (BFH BStBl II 71, 654; II 73, 632; regelmäßig eV, GmbH, aber auch Stiftung, AG). Für **nichtrechtsfähige** Kassen gilt die Befreiung nicht (zu einer nichtrechtsfähigen UKa s FG RhPf EFG 91, 266), wohl aber – als Billigkeitsregelung – für Zusatzversorgungskassen der öffentl Hand, FinVerw DStZ/B 65, 348; BB 77, 1748; in A 6 I KStR übernommen; s bereits FinVerw

BStBl I 80, 230. Die früher erwähnten Witwen-, Waisen- und Hilfskassen werden von den genannten Kassen umfaßt (BT-Drucks 7/1281, 42).

21. Die **Mittel** der PKa können vom Träger und den Leistungsempfängern aufgebracht werden; die Mittel der Uka werden nur vom Trägerunternehmen erbracht; Spenden der Leistungsempfänger sind unschädl (vgl § 3 Nr 1 KStDV). Zu der stl Behandlung der Zuwendung bei dem leistenden Unternehmen s §§ 4c, 4d EStG.

22. Zum Begriff des **Leistungsempfängers** s Anm 23 ff. Hierzu zählen auch die Anwärter auf Leistungen, seien sie noch im Betr beschäftigt oder bereits ausgeschieden.

23. Nr 3a (Beschränkung der Leistungen auf bestimmte Personen): aa) Zugehörige oder frühere Zugehörige einzelner oder mehrerer **wirtschaftl GeschäftsBetr.** Zu diesem Begriff s Anm 6 f. Er muß an dieser Stelle jedoch weiter gefaßt werden; er umfaßt mE auf jeden Fall alle Betr mit gewerbl Eink (zB vermögensverwaltende GmbH). Kassen für die Geschäfts-Betr mehrerer Körperschaften (Konzern-, Gruppenkasse) sind mögl. Unschädl ist die Tätigkeit für ausl Betriebstätten und TochterGes; ebenso die Mitgliedschaft ausl Arbeitnehmer von TochterGes und ausl Betriebstätten, wenn entspr Beiträge geleistet werden (vgl A 6 V KStR). Zugehörige sind Arbeitnehmer und arbeitnehmerähnl Personen, zB auch Gewerbetreibende oder Freiberufler in einem abhängigen Verhältnis von einer gewissen Dauer, zB Vertreter, Hausgewerbetreibende, aber auch Steuerberater, Anwälte, Architekten (vgl A 6 III KStR; *Höfer/Abt,* BetrAVG Band 2, 2. Aufl, 1984, KStG § 5 Abs 1 Nr 3 Anm 10); außerdem zählen im Unterschied zu cc (Anm 25) zu den Zugehörigen Unternehmer, Mitunternehmer, für das Unternehmen tätige AntE, wesentl beteiligte AntE (Beteiligung mehr als 25 vH, *Höfer/Abt* aaO; aA *Frotscher/M* § 5 Anm 29), sonstige Selbständige, die für das Unternehmen tätig sind oder waren (*Höfer/Abt* aaO; *Heubeck* BB 78, 489). Unschädl, wenn Zugehörige über die Pensionierung hinaus im Betr tätig sind (A 6 III KStR). Außerdem zählen die Angehörigen (§ 15 AO) der Zugehörigen zu dem zugelassenen Kreis der Leistungsempfänger. Nicht erforderl ist, daß die Kasse bereits während der Zeit des Zugehörigenverhältnisses bestanden hat; frühere Zugehörigkeit zum Betr ist ausreichend (A 6 III KStR). In den Fällen des § 4 II BetrAVG muß auf die Zugehörigkeit ganz verzichtet werden (*Heubeck* BB 78, 489).

24. bb) Zugehörige und frühere Zugehörige bestimmter **Spitzenverbände** der freien **Wohlfahrtspflege** und ihre Untergliederungen, Einrichtungen und Anstalten; außerdem Zugehörige und frühere Zugehörige sonstiger gemeinnütziger Wohlfahrtsverbände. S im übrigen Anm 23.

25. cc) Arbeitnehmer und arbeitnehmerähnl Personen bei **sonstigen Körperschaften** iSv § 1 und § 2 Nr 1 und Nr 2. Zur Einschränkung gegenüber dem Begriff des Zugehörigen s Anm 23. Es fehlt im Wortlaut die Ausdehnung auf „frühere Arbeitnehmer", mE ist insoweit eine entspr Anwendung – wie zu aa und bb – geboten (zust *Frotscher/M* § 5 Anm 32). Angehörige (§ 15 AO) zählen zu den Arbeitnehmern bzw den arbeitnehmerählichen Personen.

26. Nr 3b (soziale Einrichtung): Dazu §§ 1–3 KStDV. Bei der PKa u UKa muß es sich um eine soziale Einrichtung der Trägerkörperschaft zugunsten der Zugehörigen oder Arbeitnehmer handeln. Keine StFreiheit folgl, wenn sich die Zugehörigen oder Arbeitnehmer selbst zu einer Kasse zusammenschließen (BFH BStBl III 55, 28; Befreiung nach I Nr 4 mögl). Keine StFreiheit wegen fehlender sozialer Einrichtung, wenn sich die Kasse auf leitende Angestellte und/oder den Unternehmer selbst beschränkt (RFH RStBl 31, 114, 499), unschädl jedoch, wenn diese Personen auch zu den Leistungsempfängern zählen, sofern die übrigen Zugehörigen oder Arbeitnehmer die Mehrzahl der Leistungsempfänger darstellen (vgl dazu § 1 Nr 1 KStDV; A 6 IV KStR). Ebenfalls verstößt es gegen die Bedingung einer sozialen Einrichtung, wenn der Unternehmer unverhältnismäßig begünstigt wird (BFH BStBl II 70, 473). Ist eine Differenzierung sozial bedingt, können bestimmte Leistungen auf einzelne Gruppen beschränkt werden. Beisp: Betriebszugehörigkeit ist zulässiger Unterscheidungsmaßstab. Mehrere Körperschaften können eine gemeinsame Kasse tragen (Konzern-, Gruppenkasse; vgl. *Brendle/Schaaf* BB 75, 1296).

27. Die soziale Einrichtung wird im übrigen durch den **Geschäftsplan** sowie die **Art** und **Höhe** der **Leistung** der Kasse garantiert. Geschäftsplan sind im Versicherungsrecht die das Versicherungsverhältnis bestimmenden Grundlagen (Satzung, Versicherungsbedingungen, sonstige Unterlagen); er ist bei PKa rechtl notwendig (§ 5 VAG). Bei UKa müssen diese förmlichen Bedingungen nicht eingehalten werden, sofern auf andere Weise, zB durch einen Leistungsplan, sichergestellt ist, daß eine soziale Einrichtung vorliegt (vgl BFH BStBl II 90, 1088; FG BaWürt EFG 87, 203; A 6 XIV KStR). Entspricht nur ein Teilbereich der Kasse nicht dem Gebot einer sozialen Einrichtung, so entfällt die StBefreiung insgesamt (RFH RStBl 37, 989). Das gleiche gilt, wenn die soziale Zweckbestimmung tatsächl nicht ausgeübt wird (FG BaWürt EFG 73, 123).

28. Zur Konkretisierung der Bedingung der sozialen Einrichtung legt § 2 KStDV **Höchstbeträge** fest, die die Rechtsansprüche von Leistungsempfängern von **PKa** nicht überschreiten dürfen; andernfalls liegt eine soziale Einrichtung nicht vor (RFH RStBl 33, 1054; BFH BStBl II 70, 227). Zur Gesamtleistung iS dieser VO gehören auch Gewinnzuschläge, auf die ein Rechtsanspruch besteht (BFH BStBl II 70, 227). S auch BFH aaO u A 6 XIII KStR zur Ermittlung der 12 vH in § 2 II KStDV. **UKa** s gleichlautende Höchstbeträge in §§ 3 Nr 3, 2 KStDV (vgl auch A 6 XIV KStR). Kapitalisierung auf der Basis der Höchstbeträge ist mögl (A 6 XVI KStR). Bei PKa beträgt der Kapitalisierungszinsfuß entgegen KStR aaO 3,5 vH (*Heubeck* BB 78, 489; aA FinVerw DB 78, 2149 u KStR aaO: 5,5 vH). Bei Renten, die die Höchstbeträge unterschreiten, kann auch nach Ansicht der FinVerw mit einem niedrigeren Zinsfuß gerechnet werden, sofern der sich hier noch ergebende Kapitalwert, mit 5,5 vH zurückgerechnet, zu einer Rente führt, die die Höchstbeträge nicht übersteigt (vgl *Singbartl/Hundt/Dötsch* DB 82, 15). Die Höchstbeträge müssen tatsächl eingehalten werden; satzungsmäßige Festschreibung ist nicht erforderl (BFH BStBl II 68, 24).

Unterstützungskassen 29–31 § 5

Auf konkrete Notfälle kommt es im übrigen innerhalb dieser Höchstbeträge nicht an (BT-Drucks 7/1281, 42; A 6 XV KStR).

29. Für **UKa,** die Leistungen von Fall zu Fall gewähren, fordert das Gesetz, daß sich die Leistungen – abgesehen von einem **Sterbegeld** – auf Fälle der **Not** oder **Arbeitslosigkeit** beschränken. Urlaubsgeld darf folgl nur in Notfällen gezahlt werden; das gleiche gilt für Schulgelder und Ausbildungsstipendien und -zuschüsse. Bergschäden sind alleine noch keine Notfälle (RFH RStBl 30, 145). Das Lohnniveau als solches rechtfertigt nicht, bei allen Arbeitnehmern einen Notzustand anzunehmen (RFH RStBl 44, 443; Ausnahmen sind denkbar). Jubiläumszuwendungen dürfen nicht von der UKa erbracht werden. Der Begriff der Not ist im übrigen nicht eng auszulegen (RFH RStBl 44, 443); erhöhter Geldbedarf in Zwangslagen – auch soziale Zwangslagen – reicht aus. Beisp: Unglücksfälle, Krankheit und Tod, auch von nahen Angehörigen, Naturkatastrophen wie Sturm, Hagel, Frost, Hochwasser, Deichbruch oder Erdbeben, Diebstahl, Feuer, Unfälle, aber auch Geburt, Heirat, silberne oder goldene Hochzeit. Die StFreiheit von Geburts-, Heirats-, Krankheits-, Kurbeihilfen usw indiziert einen Notfall (aA *Frotscher/M* § 5 Anm 42). Überbrückungsbeihilfen sind bei Arbeitslosigkeit mögl (FinVerw 1968 StEK KStG § 4 Nr 57).

30. Dem Charakter einer UKa als sozialer Einrichtung entspricht es, daß den Leistungsempfängern ein **Mitspracherecht** eingeräumt sein muß (§ 3 Nr 2 KStDV). Einschränkung dieses Rechts hebt die StFreiheit auf (BFH BStBl II 68, 24: Mitsprache, „soweit erforderlich" ist schädl; BFH/NV 93, 329: faktischer Ausschluß des Mitspracherechts hebt StFreiheit auf). Betriebsrat hebt die Verpflichtung nicht auf (A 6 VII KStR). Beirat der UKa, der alle Betriebszugehörigen repräsentiert, dh von diesen unmittelb oder mittelb gewählt ist, reicht aus (BFH BStBl II 81, 749; II 88, 27). Zur Mitsprache der Arbeitnehmer einer Dienststelle s *Krebs* BB 76, 129. Mitsprache bedeutet nicht Zustimmung, sondern Information und Gelegenheit zur Stellungnahme.

31. Nr 3 c (Vermögensbindung): Dazu § 1 Nr 2 KStDV. Vermögen und Eink der Kasse müssen während des Bestehens der Kasse und bei ihrer Auflösung nach Satzung und tatsächl Geschäftsführung für den Zweck der Kasse als sozialer Einrichtung (BFH BStBl II 77, 490) gebunden sein. Bindung gilt für Vermögen und Eink; sie muß nach Satzung und Geschäftsführung gegeben sein. Die Vermögensbindung gilt – abweichend von der früheren Regelung – für UKa und für PKa. Wegen der Versicherungsaufsicht ist eine Zweckentfremdung bei PKa allerdings selten. Ausschließl und unabänderl Zweckbestimmung in der Satzung ist ausreichend (RFH RStBl 42, 910). Der Grundsatz der Vermögensbindung ist verletzt, wenn über das Vermögen nur mit Zustimmung des Trägerunternehmens verfügt werden kann (Nds FG EFG 95, 536). Geht der Anspruch der Leistungsempfänger über die Höchstbeträge der §§ 2, 3 KStDV hinaus, wird die Bindung durchbrochen; das gleiche gilt, wenn tatsächl mehr gewährt wird. Abfindungen und Übernahmen gem §§ 3, 4 BetrAVG verstoßen nicht gegen die Vermögensbindung (FinVerw 1976 StEK KStG § 4 Nr 87).

32. Insbes für den Fall der **Auflösung** ist die Vermögensbindung zugunsten des Zwecks der Kasse erforderl (§ 1 Nr 2 KStDV: Vermögen darf nur den Leistungsempfängern, den Angehörigen oder – das Gesetz erweiternd (!) ausschließl gemeinnützigen oder mildtätigen Zwecken zugute kommen; s auch A 6 VIII, X KStR). Das Vermögen darf nicht zugunsten des Trägerunternehmens an dieses zurückfließen. Vgl § 61 AO, der entspr herangezogen werden kann (A 6 VIII KStR). Bei einer GmbH dürfen auch die Stammeinlagen nicht an das Trägerunternehmen zurückgezahlt werden (A 6 VIII KStR; BFH BStBl II 73, 79). Zur Stiftung s A 6 VIII KStR. Konkrete, überprüfb Bindung erforderl (§ 61 I AO). Die Bindung kann nach BFH BStBl II 68, 24 nicht alleine durch einen Einwilligungsvorbehalt zugunsten des FA ersetzt werden. Wird hingegen die Bindung allg zugunsten des Kassenzwecks eindeutig ausgesprochen, so kann diese Bestimmung mit einem Einwilligungsvorbehalt kombiniert werden (vgl § 61 II AO).

33. Anlage der Mittel im TrägerBetr ist mögl. Angemessene, dh mit fremden Kreditkonditionen vergleichb, Verzinsung erforderl (s BFH BStBl II 69, 269; II 73, 632; *Hill/Klein* DB 89, 1942). Maßgebend ist eine Einzelfallbeurteilung. BFH DB 82, 1040 entzieht sich einer Fixierung (Vorentscheidungen BFH BStBl II 77, 442; FG D'dorf EFG 77, 87). Nach BFH BStBl II 90, 1000 mit HFRAnm 91, 105 kann auch der durchschnittl untere Spareckzins unterschritten werden (gegen FG D'dorf EFG 86, 254). Eine Unverzinslichkeit oder niedrige Verzinsung ist mögl, wenn das Trägerunternehmen eben diese Darlehensforderung zuwendet (A 6 X KStR). Die Leistungsfähigkeit des Betr muß die Rückzahlung sicherstellen, anderenfalls Aussonderung erforderl (A 6 X KStR). Darlehensvergabe an die Leistungsempfänger mögl; das gleiche gilt für Anlage im Wohnungsbau, sofern die Mittel in üblicher Weise verzinst werden. Verfügt die Kasse über Grundvermögen, kann dieses an das Trägerunternehmen vermietet werden. Unschädl sind idR auch partiarische Darlehen u typisch stille Ges (glA FG BaWürt EFG 84, 189 betr Unterbeteiligung; *Stuhrmann* BB 80, 879). Schädl, wenn die Kasse die Vermögensanlage zu einer gewerbl Betätigung ausgestaltet (BFH BStBl II 69, 269). Beteiligung als Mitunternehmer an einem GewerbeBetr ist schädl (BFH BStBl II 80, 225).

34. Unschädl ist der Rückfluß an den **Trägerunternehmer,** soweit er Vermögensteile als Leistungsempfänger der Kasse erhält. Den Leistungsempfängern kommt mE das Vermögen auch dann zugute, wenn es zwar an den Trägerunternehmer zurückfließt, dieser aber die Leistungen der Kasse ohne Einschränkung übernimmt (DB 77, 1676; FinVerw 1980 StEK KStG 1977 § 5 Nr 27 betr UKa; A 6 XII KStR; aA FG BaWürt EFG 88, 202: steuerunschädl ist eine Rückzahlung nur, soweit das Kassenvermögen die 25vH-Grenze (Nr 3 e Anm 40) übersteigt, die Übernahme von Versorgungsleistungen durch das Trägerunternehmen ist unbeachtl). Rückfluß ist auch unschädl, soweit eine UKa ihre Leistungen einschränkt (A 6 XII KStR). Keine Unschädlichkeit, wenn sich die Leistungsempfänger die Leistungen durch erneute Prämien erst verdienen müssen (vgl FinVerw 1976 StEK KStG § 4 Nr 86). Zu §§ 3 I, 4 II BetrAVG s A 6 XI KStR. Zur

Übertragung von Pensionsverpflichtungen auf eine UKsa s *Rau* DB 79, 520. Zur Umwandlung einer UKa auf das Trägerunternehmen s FinVerw 1987 StEK KStG 1977 § 5 Nr 81.

35. Eine **Aufhebung** der **Zweckbindung** hat bis zur Verjährungsgrenze rückwirkende Kraft, da anderenfalls die Zweckbindung ihren Sinn verliert. Veranlagungen sind gem § 175 I Nr 2 AO zu ändern. GlA BFH BStBl II 77, 490.

Keine Vermögensbindung mehr für das **überdotierte Vermögen** (s § 6 Abs 6 u § 6 Anm 13 u o Anm 34).

36. Nr 3d (keine Überdotierung bei PKa): Übersteigen die Vermögenserträge und Beiträge einer PKa die Leistungen, steigt das Vermögen der Kassen ständig an. Dieses Problem löst das BetrAVG durch die Anknüpfung der StFreiheit an ein nach oben begrenztes Vermögen der Kasse. Überschreitung führt zur partiellen StPfl (s § 6). Die Überdotierung kann durch Rückübertragungen vermieden oder beseitigt werden (§ 6 Anm 7). Zur Begrenzung bei PKa s Gesetzeswortlaut (Anpassung durch G v 21. 7. 94, s Anm 2). Einzelheiten s A 23 KStR und dazu ergänzend FinVerw 1983 StEK KStG 1977 § 5 Nr 50; 1988 Nr 94; *Heubeck* BB 78, 489; *Höfer/Abt*, BetrAVG Band 2, 2. Aufl, 1984, KStG § 5 Abs 1 Nr 3 Anm 43ff und Schrifttum vor § 6; Berechnung bei der Zusatzversorgungseinrichtung des öffentl Dienstes FinVerw 1977 StEK KStG 1977 § 5 Nr 19. Die Berechnung des Wertes der Deckungsrückstellung erfolgt nach den Regeln der Versicherungsaufsicht; die versicherungsrechtl Pfl („zu berechnen ist") ist für den Beginn der StPfl entscheidend, nicht eine freiwillige Berechnung (glA *Frotscher/M* § 5 Anm 57; aA A 23 IV KStR); s auch § 6 Anm 3.

37. Nr 3e (keine Überdotierung bei UKa): S Anm 36 einleitend, im übrigen Gesetzeswortlaut, A 23 V KStR, § 4d EStG u BFH BStBl 90 II, 1088. Die Änderung durch das JStG 1996 v 11. 10. 95 stellte eine enge Verbindung zu § 4d EStG her, um in Zukunft Paralleländerungen überflüssig zu machen (BT-Drucks 13/901, 143). Die 25 vH-Grenze soll bei geringfügigen Schwankungen nicht sogleich den Eintritt der partiellen StPfl auslösen. Da der Grundbesitz mit dem Vermögensteuerwert angesetzt wird und dieser Wert regelmäßig unter dem gemeinen Wert liegt, kann für die UKa die Geldanlage in Immobilien günstig sein (vgl KöStI 77, 2368).

38. Abs 1 Nr 4 (kleinere VVaG): Die Befreiung ist hervorgegangen aus § 12 KStDV 1968, der seinerseits auf eine Richtlinienbefreiung zurückgeht; der KStDV ist nur noch die Fixierung bestimmter Höchstbeträge vorbehalten (s § 53 Ib; dazu § 4 KStDV u A 7 KStR). § 53 VAG ist maßgebend. Die Versicherungsaufsichtsbehörde bestimmt, ob ein kleinerer VVaG vorliegt (§ 53 IV VAG); die Bedingungen des § 5 I Nr 4 müssen zusätzl erfüllt sein. Nr 4 steht selbständig neben Nr 3 und kann folgl auch die partielle StPfl des § 6 beseitigen. **a:** Beitragseinnahmen sind alle Leistungen der Mitglieder, die für den Versicherungsschutz und die lfd Verwaltung des VVaG bestimmt sind, auch Zuschläge und Zinsen für bestimmte Zahlungsweisen, nicht aber Mahngebühren, Verzugszuschläge und öffentl Abgaben wie VersSt. **b:** Die Befreiung ist in erster Linie als Auffangbefreiung neben Nr 3 gedacht, zB für die Fälle, in denen der VVaG nicht vom Betr, sondern von den BetrAngehörigen getragen wird (s o Anm 27). Soziale Einrichtung s Anm 26 ff. Buchst b ist eine selbständige Alternative neben Buchst a. Sind die Bedingungen von b nicht erfüllt, kann gleichwohl a eingreifen.

39. Abs 1 Nr 5 (Berufsverband): Das KStG 1925 kannte in § 9 I Nr 8 eine Befreiung der BerufsVerb, nicht aber das KStG 1934. Die Befreiung wurde 1948 wieder eingeführt, ergänzt durch die KStDV; das Unterhalten eines wirtschaftl GeschäftsBetr war schädl. S hierzu auch *Schlieder,* Die steuerliche Behandlung der Berufs- u Wirtschaftsverbände, Diss. Köln, 1960. Durch StÄndG 1961 wurde bestimmt, daß die StFreiheit eines BerufsVerb nicht durch einen wirtschaftl GeschäftsBetr verlorengeht, der dem Verbandszweck dient. Volle StPflicht trat ein, wenn der wirtschaftl GeschäftsBetr nicht dem Verbandszweck diente. Ab 1. 1. 77 (§ 54 I idF des KStG 1977) gilt: BerufsVerb darf nicht auf einen wirtschaftl GeschäftsBetr gerichtet sein; wird ein solcher unterhalten, tritt insoweit StPflicht ein. Weitere Klarstellung ohne inhaltl Änderung durch das StÄndG 1992 (Anm 2; dort auch zum Inkrafttreten); s Anm 44. Neufassung sodann durch das G v 28. 1. 94 (Anm 2) mit Wirkung ab VZ 1994.

40. Verknüpfung von **BerufsVerb** und **wirtschaftl GeschäftsBetr** ist verwirrend. Einmal wird der wirtschaftl GeschäftsBetr in den Begriff des BerufsVerb einbezogen („... deren Zweck nicht auf einen wirtschaftl GeschäftsBetr gerrichtet ist" bzw ab StÄndG 1992 (Anm 2): „... wenn der Zweck dieser Verbände nicht auf einen wirtschaftl GeschäftsBetr gerichtet ist"); zum anderen führt der GeschäftsBetr losgelöst vom Berufs-Verb zur partiellen StPflicht. Die gewollte Vereinfachung durch das KStG 1977 (BT-Drucks 7/1470, 338) ist im Wortlaut nicht gelungen, da man sich einerseits nicht von der Formulierung des KStG 1925 trennen, diese aber andererseits mit neuem Inhalt füllen wollte. Die Auslegung muß die gesetzl gewollte Vereinfachung zu Ende führen. Es ist zwischen dem Begriff des BerufsVerb und dem des wirtschaftl GeschäftsBetr zu trennen. Zuerst ist zu prüfen, ob ein BerufsVerb vorliegt; wird das bejaht, führt der wirtschatl GeschäftsBetr nur zur partiellen StPflicht, gefährdet im übrigen nicht die StFreiheit des Verb. Unterhaltene GeschäftsBetr können nur anzeigen, daß evtl die Bedingungen eines BerufsVerb nicht vorliegen (dazu unten). Ein BerufsVerb, dessen bestimmender Zweck auf einen GeschäftsBetr gerichtet ist, ist ein Widerspruch in sich; ein BerufsVerb, dessen zusätzlicher oder Nebenzweck ein GeschäftsBetr ist, kann BerufsVerb sein. Beisp: Eine PKa ist kein BerufsVerb und nicht etwa ein BerufsVerb, dessen Zweck auf einen wirtschaftl GeschäftsBetr gerichtet ist; Soldaten-Verb mit Versicherungsvermittlung ist BerufsVerb mit dem Nebenzweck eines wirtschaftl GeschäftsBetr. Um die bis 1976 geltende Rspr und VerwAnw ggf im nachfolgenden Recht anzuwenden, ist stets zu prüfen: Wird ein BerufsVerb abgelehnt, weil er den Bedingungen des BerufsVerb nicht genügt, so kann dies weitergelten; wird ein BerufsVerb abgelehnt, weil ein schädl GeschäftsBetr vorlag, gilt dies nicht zwingend weiter; der Verb kann ab 1. 1. 77 stfrei und nur mit dem GeschäftsBetr stpfl sein. Dies ist

Berufsverband 41–43 § 5

im Einzelfall nicht leicht zu trennen, da Rspr und Verw die Begriffe BerufsVerb und schädl wirtschaftl GeschäftsBetr vermischten. S auch Anm 44.

41. Berufsverband: Alle Rechtsformen des § 1 I Nr 1–5 möglich. Körperschaftszweck s Umschreibung A 8 I KStR. Der Zweck muß gerichtet sein auf die Wahrnehmung der „allgemeinen, aus der berufl oder unternehmerischen Tätigkeit erwachsenden ideellen und wirtschaftl Interessen des Berufsstandes oder Wirtschaftszweigs" (KStR aaO). Gleichgültig ist, ob die Interessenwahrnehmung nur den Mitgliedern oder dem Berufsstand oder Wirtschaftszweig insgesamt zugute kommt. Schädlich ist die Vertretung von Individualinteressen; die Verfolgung ganz untergeordneter Einzelinteressen ist unschädl. Zuwendungen von Mitgliedern, die keiner Beitragsverpflichtung entsprechen, stehen dem BerufsVerb nicht entgegen; allenfalls ist zu prüfen, ob ein wirtschatl GeschäftsBetr vorliegt. Zum Begriff s die BFH-Rspr BFH BStBl III 52, 221, 228; III 54, 204; III 55, 12; III 55, 271; III 66, 525, 632; II 68, 236; II 74, 60; II 85, 92. Zum Begriff des BerufsVerb ist die RFH-Rspr nur bedingt heranzuziehen, einmal angesichts der heute nicht mehr geltenden Beziehung zwischen BerufsVerb und GeschäftsBetr (s Anm 39 f), zum anderen, da der RFH WirtschaftsVerb nicht als BerufsVerb anerkannte; Änderung durch KStDV 1951 ff, die die WirtschaftsVerb ausdrückl erwähnte. Der Charakter des BerufsVerb muß sich nicht notwendig in der Satzung usw ausdrücken, sofern sich der Verb nachweisb tatsächl als BerufsVerb betätigt (s BFH BStBl III 52, 221). Im Zweifel ist die tatsächl Tätigkeit maßgebend (BFH BStBl III 56, 29). Zusammenschlüsse von BerufsVerb (BundesVerb, LandesVerb, internationale Verb usw) sind ebenfalls BerufsVerb (A 8 I KStR; *Troost* DB 93, 1321). Öffentl-rechtl Körp, Vereinigung oder Anstalten scheiden aus; zu Zusammenschlüssen und Spitzenverbänden s weiter unten.

42. Vermögensverwaltung ist unschädl, solange der BerufsVerb-Zweck verfolgt wird und die Vermögensverwaltung diesem Zweck dient (mE aus Abs 1 Nr 6 ableitb, Anm 48 ff); fehlt die letzte Bedingung, kann insoweit ein wirtschaftl GeschäftsBetr entstehen. Zum **wirtschaftl GeschäftsBetr** s Anm 6 ff u 46 ff; Verfahren zur **Überprüfung** der KSt- und VStPflicht von BerufsVerb s FinVerw DStR 96, 830.

43. Einmalige oder lfd **Zuwendungen** an **politische Parteien** hinderten **bis 1993** den BerufsVerb nur dann, wenn sie ihn im Charakter veränderten (vgl BFH BStBl III 52, 228; FinVerw 1969 StEK EStG § 10 b Nr 45, 101; *Felix* StRKAnm KStG § 6 I S 1 Allg R 211 (1982); *List* BB 84, 460; VerwPraxis: 25–30 vH der Beiträge, weitergeleitet an Parteien, sind unschädl; vgl Institut FuSt Brief 223 (1983), 8; FinVerw SchH 1988 StEK KStG 1977 § 5 Nr 91: 10 vH ab VZ 1989; zur Hintereinanderschaltung von BerufsVerb zur Parteienfinanzierung unter Ausnutzung der VerwPraxis s *Weinmann*, Die Finanzierung politischer Parteien in steuerrechtl Betrachtung, 1966, 112; Aberkennungsfolgen wegen Parteienfinanzierung s FinVerw 1983 StEK EStG § 4 BetrAusg Nr 262 mit Anm *Felix/Streck*).

Anläßl der Gesetzesänderung durch das G zur Änderung des PartG v 22. 12. 83 (BGBl I 83, 1577; BStBl I 84, 7) wurde erwartet, daß diese Rechtslage überprüft werde (BT-Drucks 10/697, 6); für weitgehende Unschädlichkeit *Kohlmann/Felix* DB 83, 2328; auch nach der Änderung v. 22. 12. 83 *Felix/Streck* DStZ 84, 81; *List* BB 84, 460. BVerfG BStBl II 92, 766 hält die Praxis für verfassungswidrig, aber bis 1993 für hinnehmbar. **Ab 1994** gilt Abs 1 Nr 5 S 2b. Wird die hier normierte **10 vH-Grenze** überschritten, ist der Berufsverband insgesamt stpfl. Mittel sind sowohl Geld- als auch Sachzuwendungen. Zu den Einnahmen gehören auch die Mitgliederbeiträge. Politische Parteien sind solche iSd ParteienG. Im übrigen werden Mittel für die Parteienfinanzierung mit 50% KSt belastet (Abs 1 Nr 5 S 4). Vgl. auch A 8 III KStR.

44. Durch das StÄndG 1992 (Anm 2) wurden die **kommunalen Spitzenverbände** einschließl ihrer **Zusammenschlüsse** sowie die den privaten BerufsVerb entsprechenden Zusammenschlüsse der jur Pers des öR dem BerufsVerb gleichgestellt. Die Befreiung und StPfl der öffentl-rechtl Körperschaften nach § 1 I Nr 6 iVm § 4 greifen hier nicht, da die Zusammenschlüsse idR privatrechtl organisiert sind (vgl auch BT-Drucks 11/1108, 66). In der Praxis hatte allerdings die FinVerw derartige Zusammenschlüsse bereits wie BerufsVerb behandelt.

45. Gemeinnützige Körperschaften, die von BerufsVerb getragen und/oder finanziert werden, sind im Einzelfall verdeckte BerufsVerb (*Felix* BB 82, 2175). Zur Frage, ob ein BerufsVerb gemeinnützig sein kann *Heynen,* DStZ/A 73, 93. Die Bedingungen des BerufsVerb müssen in jedem VZ erfüllt sein (BFH BStBl III 52, 221).

46. Wirtschaftl GeschäftsBetr eines BerufsVerb s Anm 6 ff.

47. Einzelfall-ABC (+ = BerufsVerb zu bejahen; ./. = BerufsVerb zu verneinen):

Abrechnungsstelle
./. (BFH BStBl III 54, 204); unter dem KStG 1977 als wirtschaftl GeschäftsBetr eines BerufsVerb mögl.

ArbeitgeberVerb
+ (A 8 II KStR).

Architektenkammer
./. Körp des öffentl Rechts. S Zusammenschluß von Berufskammern.

Ärztekammer
./. Körp des öffentl Rechts (vgl BFH/NV 91, 628). S Zusammenschluß von Berufskammern.

BankenVerb
+, s auch KreditwirtschaftsVerb.

BauernVerb
und -verein + (A 8 II KStR).

Beamtenbund
+.

ABC zum Berufsverband 47 § 5

Börse
./. (BFH BStBl III 55, 12 betr Getreidebörse); als wirtschaftl Geschäfts-Betr eines BerufsVerb mögl.
Bundesvereinigung der kommunalen Spitzenverbände
S Kommunale Spitzenverbände.
Deutscher Landkreistag
S Kommunale Spitzenverbände.
Deutscher Städtetag
S Kommunale Spitzenverbände.
Deutscher Städte- und Gemeindebund
S Kommunale Spitzenverbände.
Erzeuger- und Kontrollringe
+ (FinVerw 1971 StEK KStG § 4 Nr 69).
Getreidebörse
S Börse.
Gewerkschaften
+ (A 8 II KStR).
Güteschutzgemeinschaft
./. (FinVerw StEK KStG § 4 Nr 50; krit *Erasmy* BB 67, 327; *Goetz* BB 67, 581); unter dem KStG 1977 als wirtschaftl GeschäftsBetr eines BerufsVerb mögl.
HandwerkerVerb
+.
Handwerksinnung
§§ 52 ff HandwO, ./. Körp des öffentl Rechts. S Zusammenschluß von Berufskammern.
Handwerkskammer
./. Körp des öffentl Rechts. S Zusammenschluß von Berufskammern.
Hausbesitzervereine
+ (A 8 II KStR).
IHK
./. Körp des öffentl Rechts. S Zusammenschluß von Berufskammern.
Industrieclub
+ mögl (vgl *Felix* StRKAnm KStG § 6 I S 1 Allg R 211).
Innung
S Handwerksinnung.
Kommunale Spitzenverbände
werden wie Berufsverbände behandelt (FinVerw 1989 StEK KStG 1977 § 5 Nr 96). Seit dem StÄndG 1992 auch gesetzl normiert (Anm 44). Die Landesverbände der Spitzenverbände sind ebenfalls Berufsverbände.
KreditwirtschaftsVerb
+; Sondervermögen zur Einlagesicherung werden von der FinVerw in die Befreiung einbezogen, s Hinw in BT-Drucks 8/292, 23; dazu ab 1978 § 5 Abs 1 Nr 16.

Landwirtschaftskammer
./. Körp des öffentl Rechts. S Zusammenschluß von Berufskammern.
Lohnsteuerzahler
Interessengemeinschaft ./. (BFH BStBl II 74, 60; dazu *Flämig* StRKAnm KStG § 4 I Ziff 8 R 12; BerufsVerb könnte bejaht werden, jedoch liegt ein wirtschaftl GeschäftsBetr vor).
Marketing-Club
+ (FinVerw 1982 StEK KStG 1977 § 5 Nr 41).
Mieterverein
./. (BFH BStBl III 66, 525; keine Erwerbsinteressen).
Mittelstandsvereinigung
+ (aA noch RFH RStBl 30, 146, überholte Rspr s Anm 41).
Notarkammer
./. Körp des öffentl Rechts. S Zusammenschluß von Berufskammern.
Politischer Verein
./. s auch Anm 55.
PrüfungsVerb
genossenschaftl ./. (FinVerw 1964 StEK KStG § 8 Nr 1).
Rabattsparverein
./. (BFH BStBl II 68, 236).
Rechtsanwaltskammer
./. Körp des öffentl Rechts. S Zusamenschluß von Berufskammern.
Rechtsanwaltsvereine
+.
SchweinezuchtVerb
+ (FinVerw 1971 StEK StG § 4 Nr 69).
SoldatenVerb
+.
Steuerberaterkammer
./. Körp des öffentl Rechts. S Zusammenschluß von Berufskammern.
Steuerberaterverband, Steuerberatervereine
+.
Studentenverbände
./., so herrschende Praxis, mE jedoch +.
WarenzeichenVerb
./. (BFH BStBl III 66, 632); ab 1977 als wirtschaftl GeschäftsBetr eines BerufsVerb mögl.
Werbung
für Mitglieder als ausschließl Zweck ./. (BFH BStBl III 66, 638); Werbung als Teil der Gesamtinteressenvertretung entspr dem BerufsVerb (A 8 IV KStR); Einzelwerbung kann ab 1977 als wirtschaftl GeschäftsBetr eines BerufsVerb betrieben werden (KStR aaO mw Einzelheiten); für wirtschaftl GeschäftsBetr spricht die Werbung für eine bestimmte Firma oder eine Kostendeckung, die in unmittelb Zusammenhang mit der konkreten Leistung für den Zahlenden steht.

Wertpapierbesitzervereine
sofern sie allg die Interessen der Wertpapierbesitzer vertreten +.

Wirtschaftsprüferkammer
./. Körp des öffentl Rechts. S Zusammenschluß von Berufskammern.

Wirtschaftsrat
der CDU eV beschäftigt bis heute die Gerichte mit der Frage, ob nun ein Berufsverband vorliegt oder nicht. Dem BFH reichten bisher alle tatsächl Feststellungen nicht aus, diese Frage zu entscheiden. Vgl: ./. nach Ansicht der FinVerw, vielmehr politischer Verein (1981 StEK KStG 1977 § 5 Nr 53 mit Anm v Felix); + nach Ansicht des FG Köln EFG 85, 369 u FG RhPf EFG 92, 449; Aufhebungen und Zurückverweisungen durch BFH DB 89, 156; BStBl II 89, 92; BFH/NV 90, 360; DStR 94, 52.

Zusammenschluß von Berufskammern
+ (Anm 44; BT-Drucks 12/1108, 66), sofern allg ideelle u wirtschaftl Interessen ihrer Mitglieder wahrgenommen werden.

Zusammenschluß von jur Pers des öffentl Rechts
+, s Zusammenschluß von Berufskammern.

48. Abs 1 Nr 6 (Vermögensverwaltung für BerufsVerb): § 4 I Nr 9 KStG aF wurde unverändert zu I Nr 6, der ab 1. 1. 77 gilt (§ 54 I idF des KStG 1977). Ergänzung der StFreiheit zu Nr 5. Wenn ein nichtrechtsf BerufsVerb einen rechtsf Träger seines Vermögens zwischenschaltet, soll dies keine StPfl auslösen. Die Befreiung gilt auch für die kommunalen Spitzenverbände und die Zusammenschlüsse der jur Pers des öffentl Rechts, sofern sie BerufsVerb iSd Nr 5 darstellen (Anm 44).

49. Der Vermögensträger muß eine **Körperschaft** oder eine **Personenvereinigung** sein; zweifelhaft ist, ob damit Vermögensmassen (Stiftung, Anstalten, Zweckvermögen) ausgeschlossen sind. ME ist dies abzulehnen, da das KStG den Begriffen Körperschaft, Personenvereinigung und Vermögensmassen eine derartige eigenständige Bedeutung nicht zuerkennt. **AntE** oder **Mitglied** kann der BerufsVerb, aber auch ein Dritter (zB Mitglieder des Berufsstands, Geschäftsführer des Verb usw) sein, sofern dieser keine Erträge erhält (s u). Hauptzweck muß die Vermögensverwaltung sein; zum Begriff der Vermögensverwaltung s Anm 8 u § 4 Anm 12; die Körperschaft kann weitere Nebenzwecke verfolgen, ohne die StFreiheit insgesamt zu verlieren. Tatsächl Gesellschaftszweck entscheidend; satzungsmäßige Fixierung nicht erforderl. Beisp: Hausverwaltung und Betreiben eines Getränkeautomaten; Vermietung eines Verbandshauses und Herausgabe einer Festschrift mit Anzeigenteil; schwierige Abgrenzung; für die Gestaltung aber attraktive Möglichkeit, da kleinere wirtschaftl GeschäftsBetr eines BerufsVerb auf diese Weise von der KSt befreit werden.

50. Vermögensverwaltung für einen **BerufsVerb** iSv § 5 I Nr 5 (Anm 39 ff) erforderl; unschädl, wenn der BerufsVerb einen wirtschaftl GeschäftsBetr unterhält, sofern der BerufsVerb selbst nicht gefährdet wird; unschädl auch, wenn die Anteile an der vermögensverwaltenden Körperschaft dem wirtschaftl GeschäftsBetr des BerufsVerb zugerechnet werden.

51. Die **Erträge** müssen (zusätzl Bedingung) im wesentl aus der Vermögensverwaltung herrühren; unwesentl andere Erträge sind unschädl; unwesentl heißt mE 25 vH und weniger. Schädl ist folgl, wenn der Hauptzweck auf einen wirtschaftl GeschäftsBetr gerichtet ist (Anm 49) – gleichgültig, welche Erträge er bringt – oder wenn die Erträge aus einem wirtschaftl GechäftsBetr wesentl sind – gleichgültig, ob der GeschäftsBetr Hauptzweck ist. Unschädl ist hingegen zB ein umfangreicher wirtschaftl GeschäftsBetr, der nicht Hauptzweck ist und (!) nicht wesentl Erträge erbringt.

Alle Erträge – aus der Vermögensverwaltung und den wirtschaftl GeschäftsBetr – müssen schließlich – zulässig über Treuhänder – dem **BerufsVerb zufließen.**

52. Zeitlich müssen alle Voraussetzungen jeweils im gesamten VZ vorliegen; fließen die Erträge nicht ausschließl dem BerufsVerb zu, so ist dies schädl für den Zeitraum, in dem die Erträge erwirtschaftet wurden (Beisp: vGa an einen fremden AntE für 1996 schädl für 1996, ordnungsgemäße Ausschüttung für 1996 in 1997 an diesen fremden AntE schädlich für 1996).

53. Die **StFreiheit** erstreckt sich auf **alle Eink;** sie gilt auch für vGa. Ausnahme insbes § 5 II Nr 2. Ist die Körperschaft in das **AnrV** einbezogen, so ist die AusschüttungsBel jedoch nur herzustellen, wenn die Anteile dem wirtschaftl GeschäftsBetr des BerufsVerb zuzuordnen sind oder wenn sie einem nicht steuerbefreiten AntE – der BerufsVerb als AntE verliert zB die StFreiheit – gehören (vgl § 40 Nr 3).

54. Abs 1 Nr 7 dehnte die StBefreiung auf **politische Parteien** iSd § 2 PartG und auf politische Vereine (dazu Anm 55) aus. Geltung ab 1. 1. 77 (§ 54 I idF des KStG 1977). Bis 1976 waren die Parteien und politischen Vereine grundsätzl stpfl; ihre Eink waren befreit, soweit sie zu den EinkArten § 2 I Nr 3–5 und 7 EStG zählten (§ 8 II KStG aF vor 1977).Verglichen mit diesen sachl Befreiungen werden durch die subj Befreiung des KStG 1977 nur die Eink aus VuV ab 1977 zusätzl steuerbefreit. Durch das G zur Änderung des PartG v 22. 12. 83 (BGBl I 83, 1577; BStBl I 84, 7) wurde die Befreiung auf die Gebietsverbände ausgedehnt (mE klarstellend) und der politische Verein ausgeschlossen (Anm 55). Die politische Partei bestimmt sich nach dem PartG. Ortsverbände der Parteien sind selbständige StSubjekte (FinVerw 1989 StEK KStG 1977 § 5 Nr 104); zu den Vereinigungen auf Bundesebene FinVerw 1990 StEK KStG 1977 § 5 Nr 106. Soweit die Partei einen wirtschaftl GeschäftsBetr unterhält, ist die Steuerbefreiung ausgeschlossen; dazu Anm 6 ff.

55. Befreit waren weiterhin *bis VZ 1983* der *politische Verein.* Durch das G v 22. 12. 83 (Anm 54) wurde der politische Verein in Abs 1 Nr 7 gestrichen, und zwar ab VZ 1984 (§ 54 XIV idF des G v 22. 12. 83). Den politischen Verein kannte wohl das Vereinsgesetz v. 19. 4. 08 (RGBl 08, 151), nicht aber das BGB und das Vereinsgesetz v 5. 8. 64 (BGBl I 64, 593), durch das das erstgenannte Gesetz aufgehoben wurde. Wenn der Gesetzgeber dennoch den politischen Verein anführte, so muß man annehmen, daß er ihn weiterhin besonders behandelt wissen wollte. Zur Begriffsbestimmung kann auf § 3 RVG v. 19. 4. 08 zurückgegriffen werden, wonach er durch den Zweck gekennzeichnet wird, Einwirkungen auf politische Angelegenheiten zu nehmen (zustimmend FG Berlin EFG 83, 197). Ein politischer Verein kann also bereits vorliegen, wenn die Bedingungen von § 2 PartG noch nicht gegeben sind. Einengend eine ältere BFH-Rspr, um den politischen Verein von dem BerufsVerb abzugrenzen: Der Verein muß hiernach bestrebt sein, unmittelb Einfluß auf die staatl Willensbildung zu nehmen (BFH BStBl III 52, 228); da im KStG 1977 BerufsVerb und politischer Verein befreit sind, hat die abgrenzende Rspr an Bedeutung verloren (glA FinVerw 1980 StEK KStG § 10b Nr 101; von Bedeutung noch für § 5 I Nr 6; zur Abgrenzung *List* BB 84, 460). Die Organisationsform des Vereins ist Bedingung; eine GmbH kann kein politischer Verein sein (RFH RStBl 30, 12). Zur Frage, ob ein politischer Verein gemeinnützig sein kann, vgl FG Berlin EFG 83, 197. Ein Verein, der Spenden für eine oder mehrere Parteien sammelt, ist kein politischer Verein (vgl FinVerw 1980 StEK EStG § 10b Nr 101); der Wirtschaftsrat der CDU eV soll nach Ansicht der FinVerw politischer Verein sein (1981 StEK KStG 1977 § 5 Nr 53 mit Anm v *Felix;* dazu auch oben Anm 47 „Wirtschaftsrat"). Verein zur Wiedereinführung der Todesstrafe kann politischer Verein sein (nicht gemeinnützig, FG D'dorf DStZ/B 65, 421). Sog Rathausparteien können politische Vereine sein; auch insoweit keine StBefreiung mehr ab VZ 1984 (*Gérard* NWB F 2, 4274 [1/84]). Bürgerinitiativen sind idR keine politischen Vereine (BFH BStBl II 84, 844; BStBl II 85, 106). Zur Staatsbürgerl Vereinigung eV s Anm 60.

Nach dem Gesetzeswortlaut durfte der Zweck des Vereins nicht auf einen wirtschaftl GeschäftsBetr gerichtet sein; dies war Abs 1 Nr 5 nachgebildet. Bestimmender Hauptzweck des politischen Vereins kann bereits wegen des Begriffs des politischen Vereins kein wirtschaftl GeschäftsBetr sein, wohl aber weiterer Zweck. S zu dieser begriffl Schwierigkeit und ihrer Auflösung Anm 39 ff. Soweit ein wirtschaftl GeschäftsBetr von dem politischen Verein unterhalten wurde, trat partielle StPflicht ein; s dazu Anm 6 ff.

56. Abs 1 Nr 8 (öffentl-rechtl Versicherungs- und Versorgungseinrichtungen); entspr § 4 I Nr 10 KStG aF vor 1977. Gleichstellung der berufsständischen Pflichtversicherungen mit den Sozialversicherungsträgern, die als HoheitsBetr nicht kstpfl sind (§ 4 Anm 21). Beispiele: Versorgungswerke der Ärzte, Apotheker, Notare, Rechtsanwälte. Keine Beeinträchtigung der StFreiheit durch die Einführung der flexiblen Altersgrenze (FinVerw 1974 StEK KStG § 4 Nr 78). Regelung von Einzelheiten s FinVerw 1987 StEK KStG 1977 § 5 Nr 79. Anpassung durch das RentenRefG 1992 v 18. 12. 89 (Vor § 1 Anm 19) mit Wirkung ab VZ 1992.

57. Abs 1 Nr 9: Die StBefreiung der **gemeinnützigen Körperschaften** ist in der Sache nahezu unverändert von § 4 I Nr 6 KStG aF vor 1977 in I Nr 9 übergegangen. Begriffl erfolgte eine Anpassung an die §§ 51 ff AO. Neufassung gilt ab 1. 1. 77 (§ 54 I idF des KStG 1977). Kritisch zur Subventionierung gemeinnütziger Körperschaften *Lang* DStZ 88, 18. Die Befreiung gilt für alle Körperschaften iSv § 1 I, zB AG (RFH RStBl 29, 493), GmbH (dazu *Thiel* DStJG 20 (1997), 103), Gen, Verein,

§ 5 58–61 Befreiungen

Stiftung, Zweckvermögen, Betr gewerbl Art. Zu den einzelnen Bedingungen der Gemeinnützigkeit wird auf § 51 AO und seine Kommentierung verwiesen. „Sportvereine" s ABC. Hinter einer gemeinnützigen Körperschaft kann sich ein BerufsVerb verbergen, der die Gemeinnützigkeit ausschließt (vgl *Felix* BB 82, 2175). Kritisch zur StBel gemeinnütziger Stiftungen *Felix* BB 76, 407; *Vogel* u *Neuhaus* DB 80 Beil Nr 11. Zum Status der Staatsbürgerl Vereinigung eV s VO v 23. 10. 56, BGBl I 56, 836, BStBl I 56, 457; BVerfGE 8, 51 u 2. Aufl. Die VO v 23. 12. 56 ist mit Wirkung v 1. 1. 84 durch VO v 7. 3. 84 (BGBl I 84, 385; BStBl I 84, 220) aufgehoben.

58. Die **Befreiungsvoraussetzungen** müssen bei der Körperschaft selbst gegeben sein. Gemeinnützigkeit des Träges, eines beherrschenden AntE, des zivilrechtl Treuhänders oder der öffentl-rechtl Körperschaft selbst ist nicht ausreichend (vgl FinVerw 1985 StEK KStG 1977 § 5 Nr 71). Die Befreiungsvoraussetzungen müssen während des **gesamten VZ** vorliegen (vgl §§ 60 II 2, 63 II AO). Entfällt die Vermögensbindung, tritt rückwirkend StPflicht bis zur 10-Jahres-Grenze ein (vgl §§ 61 III, 63 II AO; dazu A 12 KStR 1985 u BdF BStBl I 87, 664 zu § 61).

59. Über die Befreiung wird im **Veranlagungsverfahren** entschieden; kein gesondertes Verfahren; die vorläufige **Bescheinigung** des FA iSv Muster 2 Anl 8 zu A 111 EStR aF war keine Freistellung durch Verwaltungsakt (BFH BStBl II 79, 481; FinVerw 1962 StEK KStG § 4 Nr 9); die Bescheinigung kann folgl auch nicht widerrufen (BFH BStBl II 79, 481; BFH/NV 93, 150; aA *Gast-de Haan* FR 93, 708) oder durch eine Anordnung nach § 114 FGO erzwungen (BFH BStBl II, 86, 677) werden; sie begründet jedoch nach FG BaWürt EFG 78, 191 einen Vertrauenstatbestand, der die rückwirkende Versagung der Abzugsfähigkeit der Spende hindern kann (glA BFH BStBl II 81, 52 betr sog Durchlaufspenden; EStReferenten 1975; s *Widmann* JbFfSt 76/77, 399). Um die StBefreiung kann auch durch Rechtsbehelfe gegen Null-Bescheide gestritten werden (BFH BStBl II 95, 134, 499). Zum Verfahren s weiter FinVerw 1975 StEK KStG 1977 § 5 Nr 69; 1982 StEK KStG 1977 § 5 Nr 49; 1987 StEK KStG 1977 § 5 Nr 92; 1988 § 5 Nr 87, 90; 1991 StEK KStG 1977 § 5 Nr 124; 1996 StEK KStG 1977 § 5 Nr 152 betu Stiftungen.

60. Wirtschaftl GeschäftsBetr: Insoweit tritt partielle StPfl ein; dazu Anm 6 ff. Bei den ZweckBetr (§§ 64–68 AO) entfällt allerdings die StPfl; auch dazu Anm 13. Keine StPfl für selbstbewirtschaftete ForstBetr; S 3 eingefügt durch G v 18. 12. 89 (Vor § 1 Anm 19) mit Rückwirkung (s § 54 III idF d G v 18. 12. 89; § 54 Anm 25); zu den ForstBetr FinVerw 1990 StEK KStG 1977 § 5 Nr 114.

61. Abs 1 Nr 10, *11,* **12,** *13* **(Wohnungs- und Siedlungsunternehmen)**

Schrifttum zur Rechtslage **bis** zur Änderung durch das StRefG 1990 (Anm 64): *Riebandt-Korfmacher/Zergiebel,* KStReform im Überblick, Aus der Sicht der gemeinnützigen Wohnungswirtschaft, „Gemeinnütziges Wohnungswesen" 76, 347; *Nüsing,* KStG 1977, Auswirkungen auf gemeinnützige Unternehmen, „Gemeinnütziges Wohnungswesen" 78, 19; *Kröger,* Die Bedeutung der KStReform für die gemeinnüzige Wohnungswirtschaft, StLex 6, 5–6, 11 (3/78); *Strobel,* Gemeinnützige Wohnungsunternehmen im Handels- u StR, NSt Gemeinnützigkeit, Darst 1 (4/82); *ders,* Die Wohnungsgemeinnützigkeit in der Bewährung, BB 82, 1001; *Felix,* Ein Gemeinwohl und zweierlei GemeinnützigkeitsStR? BB 82, 667; *ders,* Die strechtl Beurteilung des Grundstückshandels gemeinnütziger Wohnungsbauunternehmen, BB 82, 1850; *Deutsche Baurevision* (Hrsg), Besteuerung gemeinnütziger Wohnungsunternehmen, 1990. **Schrifttum zum StRefG 1990:** *Althoefer* NWB F 4, 3581 (11/88); *Braun* DB 88, 1664; *Herzig/Förster* DB 87, 1205; *Singbartl/Dötsch* DB 88, 1767, 1819, 1871; *Schulze zur Wiesche* GmbHR 88, 350; *Krebs* GmbHR 88, 228; *Bareis/Geiger/Höflacher* GmbHR 88, 312.

62. Die StBefreiung der Wohnungs- und Siedlungsunternehmen, bis 1976 geregelt in § 8 KStDV, wurde leicht geändert und schärfer abgegrenzt in Abs 1 Nr 10–13 KStG 1977 übernommen, s dazu BT-Drucks 7/1470, 339 u 7/5310, 10. Neufassung galt ab 1. 1. 77 (§ 54 I idF des KStG 1977). Kritisch *Felix* BB 82, 667; weitere Einzelheiten s das Schrifttum u A 13–15 KStR 1985. Änderung ab VZ 1990 (Anm 66).

63. Zum *bis VZ 1989* geltenden Recht: Allg zum StR der Wohnungsunternehmen FinVerw 1980 StEK KStG 1977 § 5 Nr 54. Kein Verstoß gegen das WGG und keine vGA, wenn nicht die Kostenmiete, sondern die Marktmiete genommen wird (FinVerw 1980 StEK KStG 1977 § 5 Nr 28). Die Übernahme der Verwaltung von Eigentumswohnungen, die ein anderes gemeinnütziges Wohnungsunternehmen errichtet hat, ist mögl (FinVerw 1982 StEK KStG 1977 § 5 Nr 38). Zur StPfl des Grundstückshandels s *Felix* BB 82, 1850. Zur Zulässigkeit der Veräußerung von Wohnungsbeständen FinVerw 1987 StEK KStG 1977 § 5 Nr 78. Zur Aberkennung der Gemeinnützigkeit der Neuen Heimat NRW FinVerw 1986 StEK KStG 1977 § 5 Nr 75. Zu den nach § 9 I Buchst g WGGDV notwendigen GewerbeBetr s FinVerw 1980 StEK KStG 1977 § 5 Nr 25. Zu den Voraussetzungen für die Erteilung von Ausnahmebewilligungen nach § 10 WGGDV s FinVerw 1978 StEK KStG 1977 § 5 Nr 11; dazu auch FG Münster EFG 83, 573. Zur Körperschaftsbesteuerung bei Ausnahmebewilligungen nach § 10 WGGDV s FinVerw 1980 StEK KStG 1977 § 5 Nr 34; 1987 Nr 84; FG Nds GmbHR 90, 146 u BFH/NV 93, 329; FG BaWürt EFG 93, 542. Zur Saldierung von Gewinnen aus ausnahmebewilligten Geschäften mit Verlusten aus solchen Geschäften s BFH/NV 95, 69. Einnahmen aus der Vermietung von Reklameflächen an Wohngebäuden sind nicht stpfl (FinVerw 1977 StEK KStG 1977 § 5 Nr 18). Zur Verwaltung fremder Miet- und Eigentumswohnungen FinVerw 1980 StEK KStG 1977 § 5 Nr 31. Zu Architekten- und Ingenieurleistungen s FinVerw 1980 StEK KStG 1977 § 5 Nr 33. Zur „Landentwicklung" in § 5 I Nr 12 s FinVerw 1977 StEK KStG 1977 § 5 Nr 3 u 1982 StEK KStG 1977 § 5 Nr 52. Zur Besteuerung von Veräußerungsgewinnen s Hess FG 95, 394. Zur Gliederung des verwendb EK bei gemeinnützigen Wohnungsunternehmen FinVerw BStBl I 77, 466; FinVerw 1977 StEK KStG 1977 § 5 Nr 6; DB 79, 625. BGH WM 82, 900 u FinVerw 1978 StEK KStG 1977 § 49 Nr 1; 1979 StEK KStG 1977 § 5 Nr 21 sehen die 4 vH-Grenze nach § 9 Buchst a WGG als Bruttogrenze an; Bardividende zzgl StGutschrift dürfen das 4 vH-Limit nicht übersteigen. Gemeinnützige Wohnungsunternehmen können steuerbegünstigte Spenden nicht in Empfang nehmen (FinVerw 1978

StEK KStG 1977 § 5 Nr 20; anders für vor dem 1. 1. 77 geleistete Spenden FinVerw 1979 StEK KStG 1977 § 5 Nr 24). Zu KStVorausZ s FinVerw DB 81, 138. Keine Berücksichtigung zu vergütender KSt bei der Festsetzung von KStVorausZ (FinVerw 1982 StEK KStG 1977 § 49 Nr 6). Zum wirtschaftl GeschäftsBetr (Nr 12, 13) s Anm 6 ff.

64. Das StRefG 1990 v 25. 7. 88 (Vor § 1 Anm 19) **schränkte** die **St-Freiheit** der Wohnungs- u Siedlungsunternehmen **ein.** Die **Nr 10, 12** wurden **neu gefaßt,** die Nr 11 ersatzlos gestrichen. Die Änderung gilt **ab VZ 1990;** Übergangsregelung § 54 III (s § 54 Anm 23). Das Wohnungsgemeinnützigkeitsgesetz (WGG) u die VO zur Durchführung des WGG wurden mit Wirkung ab 1. 1. 1990 durch das StRefG 1990 aufgehoben. Gesetzesbegründung: BT-Drucks 11/2157, 169; 11/2226, 21; 11/3536, 88. Dazu FinVerw BStBl I 89, 271; v 30. 3. 90, DB 90, 965; 1990 StEK KStG 1977 § 5 Nr 111; BB 94, 547; A 13, 15 KStR.

65. Das StRefG normiert eine **Befreiung** für **Genossenschaften** u **Vereine,** deren GeschäftsBetr auf bestimmte, eng umrissene Tätigkeiten beschränkt ist; s im einzelnen das Gesetz. Eine nicht begünstigte Tätigkeit schließt die StBefreiung aus, wenn die Einnahmen aus dieser Tätigkeit 10 vH der Gesamteinnahmen übersteigen. Die Gesetzesregelung enthält keine Beschränkung auf bestimmte Tätigkeiten. So sind beispielsweise die Beteiligung an gewerbl tätigen PersGes oder die Überlassung von Räumen an Nichtmitglieder zulässig, soweit die 10 vH-Grenze nicht überschritten wird. Die verabschiedete Gesetzesfassung regelt entgegen dem Gesetzesentwurf nicht ausdrückl die Frage, ob die StBefreiung insoweit entfällt, als eine zulässige, aber nicht begünstigte Tätigkeit ausgeübt wird. Der Wortlaut zwingt nicht zu dieser Auslegung. Daraus folgt, daß beispielsweise die Einnahmen aus einer zulässigen Beteiligung an eine gewerbl PersGes stbefreit sind (aA FinVerw aaO). Die Einfügung des S 11 an § 13 Abs 3 durch das G v 28. 10. 94 (§ 13 Anm 2) geht allerdings ebenfalls davon aus, daß sich die StFreiheit nicht auf den 10 vH-Anteil bezieht (vgl BT-Drucks 12/7945, 93). Unternehmen, die aufgrund der gesetzl Neuregelung die StFreiheit verlieren, haben nach § 13 auf den ersten Tag des Wj, für das die StFreiheit entfällt (idR also 1. 1. 1990, bei vom Kj abw Wj auch früher, vgl FinVerw aaO), eine steuerliche Anfangsbilanz aufzustellen und darin die WG mit den Teilwerten anzusetzen (vgl *Krebs* GmbHR 88, 28, 236; *Selchert* DStR 85, 195). Weitere Einzelheiten FinVerw aaO. Dazu auch die Neuregelung des § 13 Abs 3 (§ 13 Anm 8). Zu Dividendenausschüttungen s FinVerw v 23. 5. 90, BB 90, 1334. Zur Behandlung von Ausschüttungen nach dem Recht bis 1990 steuerbefreiter Körperschaften nach diesem Zeitpunkt s BFH BStBl II 95, 740; BFH/NV 96, 177. Zur kstl Org mit ehemals gemeinnützigen Wohnungsunternehmen s *Fuchs* DB 95 Beil 12.

66. Abs 1 Nr 14 (land- und forstwirtschaftl Erwerbs- und WirtschaftsGen und Vereine). § 4 I Nr 11 KStG idF des 2. StÄndG 1973 – hervorgegangen aus § 31 KStDV aF – wurde Abs 1 Nr 14. S dazu *Krebs* BB 76, 127; *Söffing* Inf 74, 272. Übergangsregelung für 1974 FinVerw 1977 StEK KStG § 4 Nr 88. S 3 wurde geändert durch G v 18. 8. 80 (Vor

§ 1 Anm 19); dazu Anm 69. Weitere Änderung durch das G v 22. 12. 89 (Vor § 1 Anm 19 u unten Anm 70).

67. Ausführl zu den **Bedingungen** der **StBefreiung** s A 16 KStR ergänzt durch A 20 KStR betr Produktionsarten, die in den Bereich der Landwirtschaft fallen. In A 16 VII KStR auch Erläuterung der für die Gen wesentl Begriffe **Zweckgeschäft, Gegengeschäft, Hilfsgeschäft, Nebengeschäft, Mitglieder-** und **Nichtmitgliedergeschäft**. Dazu BFH BStBl II 88, 753 u FinVerw BStBl I 90, 730. Ergänzend: Offene und stille Rücklagen sind eingeschränkt zulässig (FinVerw 1981 StEK KStG 1977 § 5 Nr 36; Mißbrauch ist mögl, vgl BFH BStBl III 54, 38; FinVerw aaO). Ist bei einem Veräußerungsgeschäft noch unentschieden, ob ein Hilfs- oder Nebengeschäft vorliegt und wird eine § 6b-Rücklage gebildet, so gefährdet die Auflösung der Rücklage nicht die StFreiheit (BFH BStBl II 80, 577; aA FG München EFG 79, 100 – Vorinstanz –). Beschaffung von Gummistiefeln durch MolkereiGen kein Hilfsgeschäft (BFH HFR 63, 75); Nebengeschäfte sind auch schädl, wenn sie mit stbefreiten Gen getätigt wurden (FinVerw 1990 StEK KStG 1977 § 5 Nr 113). Einnahmen aus einem GAV sind Nebengeschäfte, selbst wenn die OrganGes die Gewinne aus Zweckgeschäften erzielt oder aus Geschäften mit dem Organträger, dh der Gen. Die Herstellung von Quarkmischungen für Käsekuchen durch MolkereiGen ist noch Landwirtschaft (FinVerw 1982 StEK KStG 1977 § 5 Nr 39). Zur Herstellung v bestimmten Dressing-Soßen durch MolkereiGen s FinVerw 1985 StEK KStG 1977 § 5 Nr 66. Zu steuerunschädl Finanzierungshilfen von MolkereiGen an Milchlieferanten zur Beschaffung von Milchkühlanlagen FinVerw 1977 StEK KStG 1977 § 5 Nr 2. Stl Behandlung von Butteraktionen s FinVerw 1977 StEK KStG 1977 § 5 Nr 5; 1978 Nr 13; 1979 Nr 22; 1982 Nr 48; 1984 Nr 62. Verpachtung von Anlagevermögen ist Nebengeschäft (BFH BStBl II 72, 498). S BFH BStBl II 72, 498 auch zur Frage der Aufteilung des Mitgliedergeschäfts und des Nichtmitgliedergeschäfts bei einer MolkereiGen, die ihr Anlagevermögen verpachtet hat. Ausnahmeregelungen für Züchtervereinigungen: partielle StPfl bei Geschäften mit Nichtlandwirten, zu deren Aufnahme als Mitglieder sie gesetzl verpflichtet sind (FinVerw 1977 StEK KStG § 5 Nr 88).

In A 16 KStR auch zu Anschluß- und LieferungsGen. A 17 KStR befaßt sich mit MolkereiGen (zur Kooperation zwischen MolkereiGen FinVew 1988 StEK KStG 1977 § 5 Nr 88). A 18 KStR befaßt sich mit den WinzerGen (dazu FinVerw 1983 StEK KStG 1977 § 5 Nr 56; 1985 § 5 Nr 65, 70; 1987 § 5 Nr 76, 82), A 19 KStR mit den PfropfrebenGen, FinVerw 1984 StEK KStG 1977 § 5 Nr 61 mit TrocknungsGen, A 21 KStR schließlich mit den GenZentralen. Die A 17-21 KStR gelten entspr für land- und forstwirtschaftl Vereine (A 22 KStR). Zum Wegfall von Billigkeitsregelungen der KStR infolge der Neufassung der Nr 14 s FinVerw 1990 StEK KStG 1977 § 5 Nr 116. Zu BrennereiGen FinVerw 1983 StEK KStG 1977 § 5 Nr 58 (Billigkeitsregelung). Zu den land- und forstwirtschaftl Betriebshilfediensten FinVerw 1985 StEK KStG 1977 § 5 Nr 68.

68. Besonderheiten zum **AnrV** s FinVerw BStBl I 78, 418 u 1977/1979 StEK KStG § 29 Nr 2; 1979 StEK KStG 1977 § 27 Nr 3; 1979, 1980 StEK KStG 1977 § 7 Nr 1, 3; Abschn 84 KStR.

69. *Bis VZ 1989* galt, daß volle KStPfl eintrat, falls Tätigkeiten ausgeübt werden, die die gesetzl Beschränkung überschreiten; Beispiele: Rechts- oder StBeratung; Buchführung. Unschädl ist die Beteiligung an einer vermögensverwaltenden PersGes, schädl die Beteiligung – wegen der GeprägeRspr bzw § 15 III Nr 2 EStG – an einer vermögensverwaltenden GmbH & Co KG (FinVerw 1975 StEK KStG § 4 Nr 84, 85). Durch die Änderung der Nr 14 S 3 (Anm 66) soll die Beteiligung an steuerbefreiten KapGes ohne Einschränkung zugelassen werden, um den Rechtszustand vor der Gesetzesänderung in 1974 wiederherzustellen (vgl BT-Drucks 8/3688); auf die Höhe der Beteiligung kommt es nicht an; die FinVerw hatte dies zuvor bereits im Verwaltungswege angeordnet (1977 StEK KStG 1977 § 5 Nr 16). Keine StPfl nur wegen der Mitgliedschaft an einer Vereinigung nach dem MarktstrukturG v 16. 5. 69, auch wenn das Mitgliedschaftsrecht mehr als 4 vH der Stimmen vermittelt (Billigkeitsregelung der FinVerw 1977 StEK KStG § 4 Nr 88). Schädl bis 1973, wenn der Gen eine Erzeugergemeinschaft nach dem MarktstrukturG v 16. 5. 69 als Mitglieder angehört (vgl BFH BStBl II 78, 285). Keine StPfl der BetrHilfsdienste (FinVerw 1978 StEK KStG 1977 § 5 Nr 14).

70. Ab VZ 1990 greift die Änderung des G v 22. 12. 89: Land- und forstwirtschaftl Genossenschaften und Vereine sind stfrei, soweit sich der GeschäftsBetr auf die im Gesetz genannten Tätigkeiten beschränkt. Üben die Genossenschaften in geringem Umfang auch andere Tätigkeiten aus, führen diese Tätigkeiten zur partiellen StPflicht (dazu FinVew 1993 StEK KStG 1977 § 5 Nr 138). Hinsichtl der begünstigten Tätigkeit bleibt die StFreiheit erhalten. Die partielle StPflicht wird durch die im Gesetz genannte 10 vH-Grenze gezogen. Übersteigen die Einnahmen aus stpfl Tätigkeit 10 vH, entfällt die StBefreiung insgesamt. Die Beteiligung an einer PersGes, einer KapGes oder weiterer Genossenschaft als solche beschränkt die StFreiheit nicht mehr; die Einnahmen aus den Beteiligungen sind Einnahmen aus nicht begünstigten Tätigkeiten. Vgl BT-Drucks 11/5970, 113; *Krebs* BB 90, 527, 529. Zur Ausnahme von der 10 vH-Grenze für Gen und Vereine, deren GeschäftsBetr sich überwiegend auf Milchqualitätsprüfung und/oder Milchleistungsprüfungen oder auf die Tierbesamung beschränkt, s das Gesetz. Die Sonderregelungen für MolkereiGen sind mit der ab VZ 1990 geltenden Neuregelung entfallen (FinVerw DB 91, 18). Zur Möglichkeit, auf die StBefreiung zu verzichten, s § 54 V u § 54 Anm 25.

71. Beginn u **Ende** der StBefreiung: § 13 findet Anwendung; s FinVerw 1978 StEK KStG 1977 § 13 Nr 1 mw Einzelheiten.

72. Abs 1 Nr 15 (Pensions-Sicherungs-Verein): VVaG, Träger der durch das BetrAVG v 19. 12. 74 (BGBl I 74, 3610; BStBl I 75, 22) eingeführten Insolvenzsicherung. Befreiung gilt ab VZ 1975 (§ 24 KStG idF d BetrAVG).

Sonstige Befreiungen 73–77 § 5

73. Abs 1 Nr 16 (Sicherungseinrichtungen von Banken): Befreiung eingeführt durch StÄndG 1977 (BGBl I 77, 1586; BStBl I 77, 442). Sie gilt ab VZ 1978 (§ 54 VIII idF d StÄndG 1977). Schrifttum: *Uelner* DStZ/A 77, 409; *Forst/Oepen/Sarrazin* DB 77, 1767. Korrektur durch das StRefG 1990 (Vor § 1 Anm 19) im Zusammenhang mit der Einschr der Befreiung für Wohnungs- und Siedlungsunternehmen (Anm 61 ff). Befreit sind die in § 46a KWG genannten Einrichtungen. S dazu die Begründung BT-Drucks 8/292. Die StFreiheit setzt keine bestimmte Rechtsform voraus.

74. Abs 1 Nr 17 wurde eingeführt durch das G v 25. 2. 92 mit Wirkung ab VZ 91 (Anm 2; zur früheren Fassung und Streichung der Nr 17 s 3. Aufl). **Bürgschaftsbanken** u **Kreditgarantiegemeinschaften** wurden bisher als gemeinnützige Körperschaften behandelt. Da insoweit Bedenken bestanden, erfolgte die Befreiung in Nr 17 (BT-Drucks 12/1108, 66). Beide Institutionen sind funktionsmäßig identisch; sie tragen in den Ländern nur unterschiedl Namen (BT-Drucks 12/1368, 22). Es handelt sich um Selbsthilfeeinrichtungen der mittelständischen Wirtschaft. Befreit sind nur kstpfl Subjekte. Sie müssen ausschließl mit Vermögen und Ertrag den im Gesetz umschriebenen Zweck verfolgen. Zur Mittelstandsförderung gehört auch die Förderung freier Berufe (BT-Drucks aaO). Der finanzielle Aufbau der Bürgschaftsbanken erfolgte durch das eigene Kapital und dadurch, daß Beteiligungskapital durch die beteiligten Wirtschaftsträger (Kammern, Verbände etc) gezeichnet wird, außerdem durch Bürgschaften der öffentl Hand u ERP-Mittel (BT-Drucks 12/1108, 67).

75. Nr 18, 19 – Befreiungen von **WirtschaftsförderungsGes** u **GesamthafenBetr** – wurde durch das StandOG (Anm 2) angefügt, und zwar mit Wirkung ab VZ 1993 (Anm 2). Nr 18 wurde in den Beratungen durch den Bundesrat (BR-Drucks 12/4487, 61) vorgeschlagen, Nr 19 im FinAusschuß (BT-Drucks 12/5016, 91). In beiden Fällen wurden die Körperschaften bisher als gemeinnützig angesehen. Zweifel hinsichtlich dieser Beurteilungen führten zur gesetzl Klarstellung. Zur Überleitung s FinVerw 93, 2509. Zu den WirtschaftsförderungsGes s BMF BStBl I 96, 54. Die Nrn 18, 19 schließen heute die Anwendung der Nr 9 (Befreiung wegen Gemeinnützigkeit) aus (FG RhPf EFG 96, 826). Nr 19 kennt einen wirtschaftl GeschäftsBetr, dessen Tätigkeit ausschließl auf die Erfüllung der begünstigten Tätigkeit des GesamthafenBetr gerichtet ist und die StFreiheit nicht gefährdet; er ist dem ZweckBetr der gemeinnützigen Körperschaften vergleichbar; im übrigen führt der wirtschaftl GeschäftsBetr zur partiellen Steuerpflicht (Anm 6 ff).

76. Nr 20 – Befreiung von Versorgungsverbänden – wurde angefügt durch das StMBG (Anm 2), und zwar mit Wirkung ab VZ 1993. Zur Begründung s BT-Drucks 12/6078, 129. Auch hier soll eine bereits in der Praxis gewährte StBefreiung abgesichert werden.

77. Nr 21 – Arbeitsgemeinschaften Medizinischer Dienst – wurde eingefügt durch das G v 18. 12. 95 (s Anm 2), **Nr 22** – Einrichtungen der Tarifvertragsparteien – durch das G v 20. 12. 96 (s Anm 2).

§ 6   Einschränkung der KSt-Befreiung von Pensionskassen usw

78. Sonstige Befreiungen: § 5 ist nicht abschließend. Weitere Befreiungen zB aufgrund von DBA, Völkerrecht und besonderen Gesetzen. Beispiele: Befreiung nach dem G über KapAnlGes, BGBl I 70, 127, BStBl I 70, 187, mit nachfolgenden Änderungen, über den Absatzförderungsfonds, BGBl I 76, 3109, nach dem früheren StädtebauförderungsG, nach dem VorruhestandsG, der Saarland-Sporttoto GmbH (dazu BFH HFR 77, 146 mit Anm), der Internationalen Mosel GmbH, BGBl II 56, 1837, II 57, 2, der Aktionsgemeinschaft Dt Steinkohlereviere GmbH, BGBl I 67, 403, des Rationalisierungsverbands Steinkohlebergbau, BGBl I 63, 549, der European Transonic Windtunnel GmbH, BGBl II 89, 739, BStBl I 89, 387; vgl auch A 22a KStR. Befreiungen aufgrund § 163 AO **(Billigkeit)** mögl; Beispiel: FinVerw 1973 StEK KStG § 4 Nr 76 für forstwirtschaftl Zusammenschlüsse.

79. Einschränkung der Befreiung (Abs 2). Die Befreiung gilt nicht für inl Eink, die dem **StAbzug** unterliegen **(Abs 2 Nr 1).** Die befreiten Körperschaften werden insoweit behandelt wie die beschr stpfl Körperschaften nach § 2 Nr 2; obwohl im Wortlaut nicht übereinstimmend, besteht hinsichtl der StPfl mit den steuerabzugspfl Eink sachl Übereinstimmung; auf § 2 Anm 7 kann verwiesen werden. Abgeltung der StSchuld s § 50 II Nr 1, III u § 50 Anm 4f. Abs 2 Nr. 1 gilt nicht, falls die EinkQuelle, die zu den abzugspfl Erträgen führt, dem stpfl Bereich der befreiten Körperschaft zuzurechnen ist, zB einem wirtschaftl GeschäftsBetr. Zum AnrV s Anm 15. Keine Befreiung, soweit die **AusschüttungsBel** herzustellen ist **(Abs 2 Nr 2;** dazu Anm 15). Nach **Abs 2 Nr 3** keine Anwendung des Abs 1 auf **beschr Stpfl** iSd § 2 Nr 1 (Körperschaften ohne Geschäftsleitung und Sitz im Inland); die Befreiungen gelten für unbeschr Stpfl; dazu oben Anm 4.

80. Abs 2 muß im Wege der Analogie auch für die nach **anderen Gesetzen** oder im **Billigkeitsweg befreiten Körperschaften** (Anm 78) angewandt werden, soweit im Einzelfall keine Sonderregelung vorgeht oder die Analogie nach der Art der Befreiung ausgeschlossen ist.

§ 6 Einschränkung der Befreiung von Pensions-, Sterbe-, Kranken- und Unterstützungskassen

(1) Übersteigt am Schluß des Wirtschaftsjahrs, zu dem der Wert der Deckungsrückstellung versicherungsmathematisch zu berechnen ist, das Vermögen einer Pensions-, Sterbe- oder Krankenkasse im Sinne des § 5 Abs. 1 Nr. 3 den in Buchstabe d dieser Vorschrift bezeichneten Betrag, so ist die Kasse steuerpflichtig, soweit ihr Einkommen anteilig auf das übersteigende Vermögen entfällt.

(2) Die Steuerpflicht entfällt mit Wirkung für die Vergangenheit, soweit das übersteigende Vermögen innerhalb von achtzehn Monaten nach dem Schluß des Wirtschaftsjahrs, für das es festgestellt worden ist, mit Zustimmung der Versicherungsaufsichtsbehörde zur Leistungserhöhung, zur Auszahlung an das Trägerunternehmen, zur Verrechnung mit Zuwendungen des Trägerunterneh-

Einschränkung der KSt-Befreiung von Pensionskassen usw 1 § 6

mens, zur gleichmäßigen Herabsetzung künftiger Zuwendungen des Trägerunternehmens oder zur Verminderung der Beiträge der Leistungsempfänger verwendet wird.

(3) Wird das übersteigende Vermögen nicht in der in Absatz 2 bezeichneten Weise verwendet, so erstreckt sich die Steuerpflicht auch auf die folgenden Kalenderjahre, für die der Wert der Deckungsrückstellung nicht versicherungsmathematisch zu berechnen ist.

(4) ¹Bei der Ermittlung des Einkommens der Kasse sind Beitragsrückerstattungen oder sonstige Vermögensübertragungen an das Trägerunternehmen außer in den Fällen des Absatzes 2 nicht abziehbar. ²Das gleiche gilt für Zuführungen zu einer Rückstellung für Beitragsrückerstattung, soweit den Leistungsempfängern ein Anspruch auf die Überschußbeteiligung nicht zusteht.

(5) ¹Übersteigt am Schluß des Wirtschaftsjahrs das Vermögen einer Unterstützungskasse im Sinne des § 5 Abs. 1 Nr. 3 den in Buchstabe e dieser Vorschrift bezeichneten Betrag, so ist die Kasse steuerpflichtig, soweit ihr Einkommen anteilig auf das übersteigende Vermögen entfällt. ²Bei der Ermittlung des Einkommens sind Vermögensübertragungen an das Trägerunternehmen nicht abziehbar.

(6) ¹Auf den Teil des Vermögens einer Pensions-, Sterbe-, Kranken- oder Unterstützungskasse, der am Schluß des Wirtschaftsjahrs den in § 5 Abs. 1 Nr. 3 Buchstabe d oder e bezeichneten Betrag übersteigt, ist Buchstabe c dieser Vorschrift nicht anzuwenden. ²Bei Unterstützungskassen gilt dies auch, soweit das Vermögen vor dem Schluß des Wirtschaftsjahrs den in § 5 Abs. 1 Nr. 3 Buchstabe e bezeichneten Betrag übersteigt.

Körperschaftsteuerrichtlinien: Abschnitt 23

Übersicht

1. Allgemeines
2. Geltungszeit
3.–6. Partielle StPfl der Pensions-, Sterbe- und Krankenkassen (Abs 1)
7. Rückwirkender Wegfall der StPfl (Abs 2)
8. Beendigung der StPfl (Abs 3)
9. Besonderheiten der Einkunftsermittlung (Abs 4)
11., 12. Partielle StPfl der Unterstützungskassen (Abs 5)
13. Wegfall der Bindung (Abs 6)

1. Allgemeines

Schrifttum: *Rau* BB 75, Beil 1, 15; *Söffing* Inf 75, 25; *Wrede* DStZ/A 75, 104; *Brendle/Schaaf*, StI Behandlung von überdotierten GruppenUKa u den Mitgliedsunternehmen, BB 75, 1296; *Schusinski/Rösinger* DStR 75, 299; *Horn,* Überdotierte betriebl UKa, DStR 78, 136; *Heubeck,* Die Behandlung der PKa und UKa in den KStR 1977, BB 78, 489; Bericht der BReg über die Erfahrungen bei der Durchführung des BetrAVG, BT-Drucks 8/2377 v 11. 12. 78; *Ahrend,* Aktuelle strechtl Fragen zur betriebl Altersversorgung, insbes zur Unternehmensversorgung, JbFfSt 78/79, 111; *Röder,* Zuwendungen an betriebl UKa, StPfl von betriebl UKa, StBp 79, 278; *Heim,* Zur Ermittlung der partiellen StPfl von überdotierten UKa, DB 79, 472; *Haug,* Ermittlung der Besteuerungsgrundlagen bei teilweiser StPfl von UKa, DB 80, 511; *Blomeyer,* Betriebl Altersversorgung und UKa, BB 80, 789; *Förster/Heger,* Die gesetzl Neuregelung der UKaFinanzierung, DStR 92, 969; *Buttler,* Die stl Behandlung von UKa, 2. Aufl, 1996.

§ 6 entspr ohne inhaltl Änderung § 4a KStG aF, der durch das BetrAVG v 19. 12. 74 (BGBl I 74, 3610; BStBl I 75, 22) eingeführt wurde. Er behandelt die partielle StPflicht überdotierter rechtsf Pensions-, Sterbe- und Krankenkassen (Abs 1–4, 6) sowie rechtsf UKa (Abs 5, 6) und knüpft an § 5 I Nr 3 d und e an (s § 5 Anm 19 ff). Die StPflicht des überdotierten Vermögens ist Folge der Entwicklung der Nachkriegszeit, in der die Kassen weit mehr Zuwendungen erhalten haben und Eink aus der Vermögensbildung erwirtschaften konnten, als es den Leistungen der Kasse entsprach. Da das Vermögen regelmäßig dem Trägerunternehmen als Kredit zur Verfügung gestellt wurde, wurden abzugsfähige Zinsen verursacht, denen keine entspr StPflicht gegenüberstand. Durch das BetrAVG wurde die Zuwendungsmöglichkeit neu geregelt (s §§ 4c, 4d EStG) und die StPflicht der Kassen mit ihrem überdotierten Vermögen eingeführt (dazu BT-Drucks 7/1281, 42). Die partielle StPflicht insbes der UKa macht diese weit weniger attraktiv, als sie es vor dem BetrAVG waren (*Kiefer/Giloy,* Verbesserung der betriebl Altersversorgung, 1975, KStG § 4 Anm 1; aA die Begr zum RegEntw BT-Drucks 7/1281, 42: keine Beeinträchtigung). Liegen die Voraussetzungen des § 5 I Nr 4 für die Kasse insgesamt vor, entfällt die StPflicht; Nr 4 enthält keinen Vorbehalt zugunsten § 6. Der partiellen KStPflicht entspr eine partielle GewStPflicht und VStPflicht (s §§ 3 Nr 9 GewStG, 3 Nr 5 VStG).

2. Geltungszeit: Die partielle StPflicht gilt ab VZ 1974, für UKa ab VZ 1975 (§ 24 KStG idF d BetrAVG); die jetzige Fassung gilt ab 1. 1. 77 (§ 54 I idF des KStG 1977).

3. Partielle StPflicht der Pensions-, Sterbe- und Krankenkassen (Abs 1): Zum Begriff der Kasse s § 5 Anm 20. Maßgebend ist die Überdotierung zu dem Zeitpunkt, zu dem der Wert der Deckungsrückstellung versicherungsmathematisch zu berechnen ist (§ 5 I Nr 3 d); diese versicherungsrechtl Pflicht ist entscheidend, nicht eine freiwillige Berechnung (s auch Anm 8 zu Abs 3; BT-Drucks 7/1281, 45). Die entspr Anforderung, regelmäßig alle 3 Jahre (vgl § 5 Anm 36), durch die Versicherungsaufsicht bestimmt folgl die Prüfung der partiellen StPflicht. Die in A 23 IV KStR erwähnte freiwillige Berechnung kann mE nur für die Beendigung, nicht für den Beginn der StPflicht erhebl sein (vgl auch *Heubeck* BB 78, 489). A 23 III, IV KStR betonen den Vorrang des SteuerR vor dem Handels- u VersR. Zum Begriff der Deckungsrückstellung s § 20. StPflicht ist der Teil des Vermögens aus, der das zulässige Höchstvermögen gem § 5 I Nr 3 d übersteigt. Dazu § 5 Anm 36. Stpflichtig ist die PKa, nicht das Vermögen als solches. Die sachl StPflicht wird auf ein bestimmtes Teileinkommen begrenzt. Die StPflicht bezieht sich erstmals auf das Einkommen des Wj, zu dessen

Steuerpflichtiges Einkommen 4–6 § 6

Ende die StPflicht festgestellt wird; das Einkommen wird in dem VZ veranlagt, in dem das Wj endet. Soweit § 6 keine Sonderregelung enthält, gilt für den Beginn der StPflicht im übrigen § 13. Zur Beendigung der StPflicht s Anm 8 zu Abs 3; auch bzgl der Beendigung gilt subsidiär § 13.

4. Das **stpfl Einkommen** wird durch eine einfache Verhältnisrechnung ermittelt:

$$\frac{\text{stpfl Einkommen}}{\text{Gesamteinkommen}} = \frac{\text{überdotiertes Vermögen}}{\text{Gesamtvermögen}}$$

Beisp: Übersteigt ein Kassenvermögen das zulässige Vermögen von 0,5 Mio DM um 1,0 Mio DM, so beträgt bei einem Gesamteinkommen von 100 000 DM das stpfl Einkommen (vgl BT-Drucks 7/1281, 44; A 23 I KStR):

$$\frac{x}{100\,000} = \frac{1\,000\,000}{1\,500\,000}$$

$$x = \frac{1\,000\,000 \times 100\,000}{1\,500\,000}$$

$$x = 66\,667$$

5. Der stpfl Anteil bleibt konstant bis zur erneuten von der Versicherungsaufsicht angeforderten Berechnung der Deckungsrückstellung (BT-Drucks 7/1281, 45). Zum Ansatz der StSchuld bei der Vermögensermittlung s *Heim* DB 79, 472; zust *Haug* DB 80, 511): Aufzuteilen ist das **Einkommen;** abzb u nicht abzb Aufwendungen werden mitaufgeteilt. Anteiliger Verlustrücktrag u -vortrag mögl; Rücktrag nicht in stbefreite Zeit. Das Einkommen richtet sich im übrigen nach den allg Vorschriften. Es liegen gewerbl Eink vor. Einzelheiten *Höfer/Abt,* BetrAVG Band 2, 2. Aufl, 1984, § 6 KStG Rz 16 ff. Besonderheiten s Anm 9 zu Abs 4. Beiträge sind Einnahmen, Leistungen sind Ausgaben (anders bei den UKa, s Anm 12). Die Einkommensermittlung fordert eine jährl Neuberechnung der Deckungsrückstellung (aA *Frotscher/M* § 6 Rz 5); da dies gerade vermieden werden soll (BT-Drucks 7/1281, 45), hat mE die PKa ein Wahlrecht, ob sie ihr Einkommen Jahr für Jahr neu ermittelt oder das Einkommen des ersten Jahres, zu dessen Ende die StPflicht ausgelöst wird, auch für die kommenden Jahre maßgebend sein soll (hierzu auch *Höfer/Abt* aaO Rz 20 f).

6. Ist die Kasse eine Körperschaft, die in das **AnrV** einbezogen ist (zB AG), so sind auf Ausschüttungen die §§ 27 ff anzuwenden; keine Besonderheit, da bei Ausschüttungen sowohl der stfreien als auch der stpfl Einkommensteile die AuschüttungsBel herzustellen ist (s § 5 Anm 15). Bei der Einordnung in das verwendb EK ist zu trennen: Die partielle StPflicht führt zu ungemildert belasteten Einkommensteilen ($EK_{45(50/56)}$); die steuerfreien Teile sind unbelastet (EK_{02}); eine MischBel wird nicht ermittelt (s auch § 5 Anm 15). Soweit die StPflicht mit den Abzugsbeträgen anzunehmen ist, ist eine gemilderte StBelastung gegeben, die zur Aufteilung nach § 32 führt (s § 5 Anm 15). Das verwendb EK wird einheitl, nicht getrennt nach stfreiem und stpfl Bereich ermittelt; einheitl Verfahren nach § 47. Die allgemeinen Vorschriften über StBerechnung, Veranlagung und VorausZ finden Anwendung. Zweifelhaft ist, ob anzurechnende StAbzüge und die StGutschrift bei Eink gem § 20 EStG aufzuteilen sind; mE gilt für StAbzüge, die der Sache nach VorausZ sind, die Vollzurechnung zum stpfl Bereich und folgl die VollAnr, während KapErträge und StGutschrift aufzuteilen sind (aA BFH BStBl II 92, 98; FG Hbg EFG 81, 144; 89, 251 (Vorinstanz zu BFH aaO); A 6 I KStR; *Ahrend* JbFfSt 78/79, 125: in jedem Fall Aufteilung).

7. Rückwirkender Wegfall der StPflicht (Abs 2): Da die Überdotierung stets nachträgl festgestellt wird, hat der Gesetzgeber in Abs 2 die Möglichkeit eröffnet, die partielle StPflicht rückwirkend wieder zu beseitigen. Die Zustimmung der Versicherungsaufsicht ist Rechtsbedingung; unerhebl ist, ob sie vorher oder später erteilt wird. Zu versicherungsrechtl Einzelheiten s *Höfer/Abt,* BetrAVG Band 2, 2. Aufl, 1984, KStG § 6 Rz 7 ff. Die Rückübertragung an das Trägerunternehmen führt hier zu Betriebseinnahmen. Besteht die Möglichkeit einer rückwirkenden Beseitigung der StPflicht, sind StErklärungsfristen angemessen zu verlängern (*Wrede* DStZ/A 75, 109). Bei bereits bestandskräftig durchgeführter Veranlagung erfolgt eine Berichtigung gem § 175 I Nr 2 AO.

8. Beendigung der StPflicht (Abs 3): Die StPflicht dauert bis zum Ende des Wj, in dem eine Überdotierung gem Abs 1 nicht mehr festzustellen ist. Auch hier wird grundsätzl an die versicherungsrechtl Pflicht zur Ermittlung der Deckungsrückstellung angeknüpft; A 23 IV KStR läßt jedoch eine freiwillige Ermittlung – zB zur zutreffenden Einkommensermittlung, s Anm 5 – ausreichen (so *Heubeck* BB 78, 489). Beendigung bereits mit Wirkung für den VZ, in dem das Wj endet, zu dessen Ende eine Überdotierung nicht festgestellt wird.

9. Besonderheiten der EinkErmittlung (Abs 4): Kein Abzug von Beitragsrückerstattungen u Vermögensübertragungen auf das Trägerunternehmen sowie Rückstellungen für Beitragsrückerstattungen, sofern – nur im letzteren Fall – ein Anspruch auf Überschußbeteiligung nicht besteht. Soweit die StPflicht eingreift, können Beitragsrückerstattungen vereinbart werden; sie sind auch bei der Ermittlung des Einkommens zu berücksichtigen (vgl *Nies* Stbg 64, 98).

10. *einstweilen frei*

11. Partielle StPflicht der Unterstützungskassen (Abs 5): Entspr Regelung wie in Abs 1 für PKa, s Anm 1, 3. Übersteigt zum Ende eines Wj das tatsächl Kassenvermögen das um 25 vH erhöhte zulässige Kassenvermögen, so ist die Kasse mit diesem Vermögensteil in dem VZ, in dem dieses Wj endet, stpfl. Die StPflicht ist für jeden VZ neu zu ermitteln. Keine rückwirkende Vermeidung der Steuerpflicht mögl. Überdotiertes Vermögen muß folgl rechtzeitig zurückübertragen werden (s Anm 13). Jede UKa ist hinsichtl der partiellen Steuerpflicht gesondert zu beurteilen (FinVerw 1976 StEK KStG § 4 Nr 86).

12. Zum Einkommen, seiner Ermittlung, AnrV s auch Anm 4 ff. Nachfolgend nur Besonderheiten für UKa. Zur Aufteilung der Einkünfte s BFH BStBl II 92, 98 u Vorinstanz FG Hbg EFG 89, 251; dazu auch Anm 6 aE. Zweifelhaft ist, wie das Einkommen ermittelt wird. Dies hängt davon ab,

Wegfall der Bindung   13 § 6

wie die Beiträge des Trägers zu behandeln sind. Die FinVerw hat die Beiträge des Trägers und die Leistungen der Kasse – im Gegensatz zur PKa (s Anm 5) – weder als Betriebseinnahmen noch als Betriebsausgaben qualifiziert (FinVerw 1963 BB 64, 26; 1982 StEK KStG 1977 § 5 Nr 47; A 35 II KStR vor 1995; krit *Heissmann* BB 64, 26; die Ansicht der Verw betraf zwar die voll stpfl Kasse; da die Überdotierung jedoch auf seiten des Trägerunternehmens der Nichtabzugsfähigkeit entsprach (§ 4d EStG), konnte die Ansicht auch auf die Beiträge an UKa übertragen werden, die partiell stpfl sind). Ist dies richtig, so muß die Kasse nicht zwingend gewerbl Einkünfte beziehen, soweit solche nicht wegen der Rechtsform (zB GmbH) vorliegen; in diesem Fall werden regelmäßig Eink aus KapVerm oder VuV bezogen (FinVerw 1982 StEK KStG 1977 Nr 47; *Haug* DB 80, 511). **BFH** BStBl II 92, 744 ist dem nicht gefolgt; aus der Sicht des leistenden Unternehmens sind Aufwendungen im Rahmen des § 4d EStG BetrAusg. Dem müssen **Betriebseinnahmen** auf seiten der UKa entsprechen. Der BFH ließ es jedoch ausdrückl dahinstehen, wie solche Leistungen zu beurteilen sind, die § 4d EStG übersteigen, oder Leistungen, die an UKa gewährt werden, die andere Arbeitnehmer eines Konzerns versorgen. Für den Fall der Umwandlung und Verschmelzung von UKa hat der Gesetzgeber durch § 12 Abs 2 UmwStG auf die Rspr reagiert (vgl BT-Drucks 12/7945, 63). Die Qualifikation hat auch für das AnrV Bedeutung: Einlagen eines GmbHAntE sind innerhalb des verwendb EK in EK_{04} einzuordnen; bei Rückgewähr (= Ausschüttung) entfällt die Herstellung der Ausschüttungs-Bel (§ 40 Nr 2). Die KStR 1995 haben die alte Regelung A 35 II nicht übernommen. Weitere Erlasse der FinVerw bedürfen im Hinblick auf BFH BStBl II 92, 744 der Überprüfung: Zur Anwendung des Werbekosten-Pauschbetrags u des Sparer-Freibetrags bei UKa s FinVerw 1985 StEK KStG 1977 § 5 Nr 63. Zur Behandlung der Leistungen in der EK-Gliederung FinVerw 1987 StEK KStG 1977 § 5 Nr 83. Zur Behandlung der Leistungen in der EK-Gliederung FinVerw 1987 StEK KStG 1977 § 5 Nr 83. Für eine Anpassung der UKa an die PKa hinsichtlich der Einkommensermittlung infolge der arbeitsrechtl Entwicklung *Blomeyer* BB 80, 789.

13. Wegfall der Bindung (Abs 6): Da die Überdotierung die StPflicht auslöst, muß insoweit die Bindung gem § 5 I Nr 3c entfallen. Für UKa entfällt die Bindung bereits im Laufe eines Wj, so daß rechtzeitig eine Rückübertragung an den Träger erfolgen kann. Eine entspr Betriebseinnahme (Bewertung bei Sachwertübertragungen: Teilwert) beim Träger kann ggf durch Pensionszusagen oder Direktversicherungen kompensiert werden. Verluste des Trägerunternehmens hindern nicht die Rückübertragung. *Höfer*, BetrAVG, 1976, KStG § 4a Rz 15 u *Heubeck* BB 78, 489 schlagen außerdem eine Verpflichtungserklärung der UKa gegenüber dem Träger vor, Überdotierungen zurückzugewähren; für eine entspr Satzungsklausel *Haug* DB 80, 512; diese allg Verpflichtungen können allerdings einer von-Fall-zu-Fall-Gestaltung im Wege stehen (vorsichtiger auch *Höfer/Abt*, BetrAVG Band 2, 2. Aufl, 1984, KStG § 6 Rz 30 ff). Eine Überdotierung kann auch zum Zweck der Aufhebung der Vermögensbindung dadurch bewußt herbeigeführt werden, daß das Trägerunternehmen Leistungen der Kasse übernimmt (s dazu auch FinVerw 1975, 1976 StEK KStG § 4 Nr 83, 86; bei Rückübertragung gegen Übernahme von Leistungen liegt evtl keine Verletzung der Vermögensbindung vor, s weiter § 5 Anm 34). Soweit die UKa in das AnrV einbezogen ist (zB GmbH), können Rückübertragungen an den Träger-AntE Ausschüttungen sein, die nach Herstellung der AusschüttungsBel zur Anr berechtigen; anders, wenn Einlagen zur Ausschüttung verwendet werden (s Anm 12; die Reihenfolge des § 28 bleibt jedoch bestehen).

Zweiter Teil. Einkommen

Erstes Kapitel. Allgemeine Vorschriften

§ 7 Grundlagen der Besteuerung

(1) **Die Körperschaftsteuer bemißt sich nach dem zu versteuernden Einkommen, im Falle des § 23 Abs 6 nach den Entgelten (§ 10 Abs 1 des Umsatzsteuergesetzes) aus Werbesendungen.**

(2) **Zu versteuerndes Einkommen ist das Einkommen im Sinne des § 8 Abs 1, vermindert um die Freibeträge der §§ 24 und 25.**

(3) ¹Die Körperschaftsteuer ist eine Jahressteuer. ²Die Grundlagen für ihre Festsetzung sind jeweils für ein Kalenderjahr zu ermitteln. ³Besteht die unbeschränkte oder beschränkte Steuerpflicht nicht während eines ganzen Kalenderjahrs, so tritt an die Stelle des Kalenderjahrs der Zeitraum der jeweiligen Steuerpflicht.

(4) ¹Bei Steuerpflichtigen, die verpflichtet sind, Bücher nach den Vorschriften des Handelsgesetzbuchs zu führen, ist der Gewinn nach dem Wirtschaftsjahr zu ermitteln, für das sie regelmäßig Abschlüsse machen. ²Weicht bei diesen Steuerpflichtigen das Wirtschaftsjahr, für das sie regelmäßig Abschlüsse machen, vom Kalenderjahr ab, so gilt der Gewinn aus Gewerbebetrieb als in dem Kalenderjahr bezogen, in dem das Wirtschaftsjahr endet. ³Die Umstellung des Wirtschaftsjahrs auf einen vom Kalenderjahr abweichenden Zeitraum ist steuerlich nur wirksam, wenn sie im Einvernehmen mit dem Finanzamt vorgenommen wird.

(5) *(weggefallen)*

Gesetzesfassungen bis zum KStG 1991 (Vor § 1 Anm 20) s 3. Auflage.

Körperschaftsteuerrichtlinien: Abschnitt 24–26

Übersicht

1. Allgemeines
2. Geltungszeit
3. Bemessungsgrundlage (Abs 1)
4. Zu versteuerndes Einkommen (Abs 2)

Buchführungspflichtige 1–6 **§ 7**

5. KSt als Jahressteuer (Abs 3)
6.–10. Das Wirtschaftsjahr für Buchführungspflichtige (Abs 4)
11.–15. Umstellung des Wirtschaftsjahres (Abs 4)
16. *LAG (Abs 5 aF)*

1. Allgemeines: § 7 normiert allg Grundsätze der Besteuerung; er gilt, falls sich die Einschränkung nicht aus dem Wortlaut ergibt, zB Abs 4, für alle Körperschaften, seien sie beschr oder unbeschr stpfl.

2. Geltungszeit: § 7 gilt ab 1977 (§ 54 I idF des KStG 1977). Er setzt § 5 KStG aF ohne wesentl Änderung mit Ergänzungen fort. Zu den nachfolgenden Änderungen bis zum KStG 1991 s 3. Aufl.

3. Bemessungsgrundlage (Abs 1): Besteuert wird das Einkommen der Körperschaft. Das KStG knüpft an die Begriffe des EStG an. S Anm 4, 5 und § 8 Anm 3 ff. Zur Frage, ob die Körperschaft im Vereinbarungsweg ihr Einkommen einem anderen Stpfl zurechnen kann, s § 1 Anm 3. Sonderregelung für das ZDF; hier wird an die Entgelte gem § 10 I UStG angeknüpft; die umsatzsteuerl Entgelte gelten als kstl Bemessungsgrundlage; Tarif für das ZDF s § 23 VI u § 23 Anm 19 zur Verfassungsmäßigkeit.

4. Zu versteuerndes Einkommen (Abs 2): Gesetzl Definition. Die Neufassung des Abs 2 durch das StBerG 1986 (Vor § 1 Anm 19) soll klarstellen, daß in Organschaftsfällen der Verlustabzug nach § 10d EStG erst nach den organschaftlichen Hinzurechnungen bzw Kürzungen vorzunehmen ist. Der abzuziehende Verlust kann sich sowohl aus Verlusten des OrgTrägers als auch der OrgGesellschaft ergeben. Er ist deshalb mit dem saldierten organschaftlichen Ergebnis bei OrgTräger zu verrechnen. Vgl BT-Drucks 10/4513, 25.

5. KSt ist Jahressteuer (Abs 3). Die Grundlagen für die Besteuerung, dh die Summe der Besteuerungsgrundlagen, werden für das Kj ermittelt **(Bemessungszeitraum);** die Körperschaft wird für das Kj veranlagt **(Veranlagungszeitraum),** s § 49 Anm 3. Die einzelnen Elemente des Einkommens, insbes die Eink, werden ebenfalls grundsätzl für das Kj ermittelt **(Ermittlungszeitraum);** Ausnahme: s Abs 4 und Anm 6 ff zu BuchführungsPfl und A 26 KStR zu kleineren Körperschaften, die jur Pers des öffentl Rechts angeschlossen sind oder von ihr verwaltet werden, sowie zum TÜV und zu gemeinnützigen Körperschaften; für sie kann Abs 4 entspr angewandt werden. Für Land- und Forstwirte findet § 4a I Nr 1 u 3, II EStG u § 8c EStDV Anwendung (A 27 I KStR); mE ist allerdings zweifelhaft, ob EStDV-Vorschriften im KStRecht mangels Ermächtigungsgrundlage Anwendung finden (§ 8 Anm 3). Gilt für eine ausl Land- oder Forstwirtschaft nach dem Belegenheitsrecht ein hiervon abw Wj, so ist es mE auch für die deutsche Besteuerung anzuerkennen; § 4a II EStG ist entspr anzuwenden. Bei **unbeschr** oder **beschr StPfl,** die nicht während eines ganzen Kj besteht, gilt der verkürzte Zeitraum als Bemessungs- und Ermittlungszeitraum; zum VZ in diesen Fällen s § 49 Anm 3.

6. Buchführungspflichtige: Abs 4 verdrängt § 4a I Nr 2 EStG, der keine Anwendung findet. Voraussetzung ist **BuchführungsPfl** nach den Vorschriften des HGB; stl BuchführungsPfl nach der AO genügt nicht.

HGB-BuchführungsPfl gilt für alle Vollkaufleute, §§ 238 ff HGB, damit auch für HandelsGes, für die AG (§§ 3 AktG, 6 HGB), KGaA (§§ 278, 3 AktG, 6 HGB), GmbH (§§ 13 GmbHG, 6 HGB), Genossenschaft (§ 17 GenG), VVaG (§ 16 VAG), sonstige Körperschaften, zB Sparkassen, die nach §§ 1, 2, 3, 5 HGB Vollkaufleute sind; zum Betr gewerbl Art s auch § 4 Anm 27. Andere Körperschaften, die freiwillig bilanzieren, konnten nach A 10 VI KStR 1985 nach Abs 4 verfahren; die Richtlinienregelung war durch das Gesetz nicht gedeckt. S heute die Billigkeitsregelung nach A 26 KStR. Inländische Zweigniederlassungen ausl Körperschaften iSv § 13 b HGB können ebenfalls nach § 38 HGB buchführungspfl sein (s *Streck* BB 72, 1364). Die BuchführungsPfl, der inländische Kaufleute und Körperschaften nach Handelsrecht unterliegen, umfaßt auch ausl Vermögenswerte, zB auch ausl Betriebstätten. Unterliegt ein Ertrag der inländischen KSt und ist die Körperschaft nicht nach inländischem Handelsrecht, wohl aber nach ausl Handelsrecht buchführungspfl, so kann dieser Ertrag mE ebenfalls nach einem gewählten Wj ermittelt werden; das gilt erst recht, wenn der ausl Ertrag nur zur Anwendung eines Progressionsvorbehalts ermittelt werden muß.

7. Die BuchführungsPfl ermitteln ihren Gewinn, dh die gewerbl Eink, s § 8 II und § 8 Anm 25 ff, nach dem **Wj**, für das sie **regelmäßig Abschlüsse machen;** abw von § 4 a I Nr 2 EStG ist Firmeneintragung nicht Bedingung; Wj ist der steuerliche Ermittlungszeitraum, s Anm 5 (handelsrechtl: Geschäftsjahr). Dies gilt nur, falls gem § 238 ff HGB regelm auf einen Stichtag im 12-Monats-Rhythmus Abschlüsse (s Anm 8) gemacht werden. Der Stichtag wird bei HandelsGes idR in der Satzung festgelegt; gleichwohl knüpft Abs 4 nicht an die Vereinbarung, sondern an die tatsächl Handhabung an. Mit der ersten Schlußbilanz – nicht Eröffnungsbilanz – wird das Wj festgelegt, sofern damit die regelm Abschlüsse begonnen werden; die Folgezeit ist also noch von Bedeutung. Mehrfache grundlose Änderung des Stichtags führt zum Kj als Ermittlungszeitraum (RFH RStBl 31, 531). Die erste Schlußbilanz muß nicht ordnungsgemäß sein; sie muß nur klar den Willen der Körperschaft ausdrücken, zu dem Ende eines Wj eine Schlußbilanz zu erstellen.

Für Körperschaften auf dem Gebiet der ehemaligen DDR gelten nach § 53 D-MarkbilanzG Besonderheiten (vgl Einigungsvertrag, BGBl II 90, 889; BStBl I 90, 656, Anlage II B Kap III Sachgebiet D I).

8. Die Wahl muß grundsätzl auf ein **12-Monats-Jahr** gerichtet sein. Ein RumpfWj, dh ein Wj, das kürzer als 12 Monate ist, ist in den Fällen des § 8 b EStDV zulässig, dh bei Beginn, Beendigung, Umstellung; allerdings ist die Aufzählung in § 8 b EStDV nicht erschöpfend (BFH BStBl II 74, 692 betr RumpfWj bei Beginn der Liquidation); zweifelhaft ist im übrigen, ob § 8 b EStDV mangels Ermächtigungsgrundlage im KStRecht gilt, s § 8 Anm 3. Auch das RumpfWj ist ein Ermittlungszeitraum; es erfolgt in diesen Fällen keine Umrechnung des Ergebnisses auf ein 12-Monats-Wj oder auf das Kj.

9. Die Wahl des Wj geschieht nicht durch **Erklärung** gegenüber dem FA; eine solche Erklärung hat nur deklaratorische Bedeutung; sie kann je-

Einvernehmen   10–12 § 7

derzeit geändert werden, sofern der erste Abschluß noch nicht erfolgt ist
(aA FG Münster EFG 76, 379). Es gilt keine **Frist** für die Wahl des Wj; sie
muß spätestens bei der Veranlagung getroffen sein; Wahl ist also noch nach
dem VZ u nach einer handelsrechtl Bilanzerstellungsfrist mögl. Beisp: Beginnt die GmbH am 1. 1. 96, so kann mE durch Bilanzierung im Juli 97
noch der 30. 11. als Bilanzstichtag gewählt werden. Unterblieb die Wahl,
so kann sie im Einspruchsverfahren nachgeholt werden. Die BetrGes in der
BetrAufsp kann das Wj selbständig wählen (BFH BStBl II 80, 94; zust *Koewius* DB 81, 1308).

Ist das Wj gewählt, ist es für die Ermittlung der Eink maßgebend. Auch
Schätzungen müssen für das Wj vorgenommen werden, sofern die Körperschaft selbst einmal ein Wj rechtswirksam bestimmt hat. Zweifelhaft, ob
dies zeitl unbeschr gilt. Liegen die Bedingungen eines Wj als Ermittlungszeitraum nicht vor, läßt sich zB die Wahl eines Wj nicht feststellen, ist der
Gewinn grundsätzl nach dem Kj zu ermitteln.

10. Zurechnung der gewerbl Eink: Sie gelten bei abweichendem Wj
als in dem VZ bezogen, in dem das Wj endet. Das Ergebnis des Wj 1. 3.
95–28. 2. 96 gilt als im VZ 1996 bezogen; keine Aufteilung. Das gilt für
positive Eink ebenso wie für negative. Die gleiche Rechtsfolge gilt bei
RumpfWj. In diesen Fällen können zwei Wj in einem VZ enden. Beisp:
Umstellung des Wj 1. 6.–31. 5. auf das Kj in 1996; im VZ 1996 enden das
Wj 1. 6. 95–31. 5. 96 und das RumpfWj 1. 6.–31. 12. 96.

11. Umstellung des Wj: Umstellung des Wj auf das Kj ist stets möglich. Zur Berücksichtigung der Erträge aus einer Beteiligung an einer ausl
PersGes in diesem Fall s BFH BStBl II 92, 750. Die Umstellung eines Wj
auf ein Wj, das vom Kj abweicht, ist grundsätzl nur mögl, wenn wieder auf
ein 12-Monats-Wj umgestellt werden soll; Umstellung auf zwei hintereinander geschaltete RumpfWj ist unzulässig (BFH BStBl II 69, 337). Ist
allerdings in einem ersten Schritt die Umstellung auf einen 12-Monats-Zeitraum ernsthaft gewollt und stellt sich im Laufe des neuen Wj heraus,
daß das eine oder ein anderes Wj optimaler ist, so kann das Wj grundsätzl
erneut umgestellt werden, auch wenn zwei RumpfWj, die hintereinander
liegen, entstehen; dabei ist die Umstellung auf das Kj stets zulässig (vgl
Streck/Schwedhelm BB 88, 679; vgl auch FinVerw 1989 StEK KStG 1977
§ 14 Nr 12 u § 14 Anm 34 für den besonderen Fall der Begründung einer
Organschaft). Die Umstellung auf eine vom Kj abw Wj ist in allen Fällen
nur im Einvernehmen mit dem FA mögl; das gilt sowohl, wenn ein Wj =
Kj auf ein abw Wj umgestellt wird, als auch, wenn ein abw Wj auf ein anderes vom Kj abw Wj umgestellt wird.

12. Das **Einvernehmen** oder seine Ablehnung ist ein selbständiger
VerwAkt, der nach § 348 I Nr 2 AO selbständig mit dem Einspruch angefochten werden kann; BFH BStBl III 63, 142 läßt zusätzl die Entscheidung und Anfechtung innerhalb des Veranlagungsverfahrens zu; mE bleibt
die Entscheidung über das Einvernehmen auch in diesem Fall selbständig
und selbständig anfechtb, mag sie auch mit der Veranlagung ergehen und
mit der Veranlagung angefochten werden; so kann der Einspruch gegen
die Veranlagung zurückgenommen werden, während der Einspruch gegen

die Ablehnung des Einvernehmens bestehen bleibt. Die Entscheidung über das Einvernehmen ist mE kein Grundlagenbescheid mit Bindungswirkung (glA *Schmidt/Seeger* § 4a Rz 17f, die allerdings § 175 I Nr 2 AO anwenden). Das Einvernehmen kann schriftl, mündl oder konkludent erklärt oder abgelehnt werden, zB durch entspr Veranlagung (§ 119 I AO). Gegen die Auslegung eines Vorauszahlungsbescheides als Einvernehmen BFH BStBl II 74, 238. Eine unanfechtb Ablehnung des Einvernehmens ist bei gleichem Sachverhalt auch für die Zukunft bindend (BFH BStBl III 64, 304). Rücknahme oder Widerruf durch das FA richtet sich nach §§ 130, 131 AO.

13. Einvernehmen ist **Ermessensentscheidung** des FA, allerdings stark gebundenes Ermessen. Die Ermessensentscheidung setzt voraus, daß das FA den Sachverhalt einwandfrei und erschöpfend ermittelt (BFH BStBl II 83, 672). Einvernehmen ist zu erteilen, falls wirtschaftl einleuchtende, ernsthafte betriebl **Gründe** vorliegen; wirtschaftl zwingende oder betriebsnotwendige Gründe sind nicht Voraussetzung (vgl BFH BStBl III 63, 142; III 65, 287; II 70, 85; II 74, 238). Es muß sich um eine für den Betr auf die Dauer nützl Maßnahme handeln (BFH BStBl II 74, 238); entscheidend ist also die Begründung aus der Sicht des Betr, nicht diejenige aus der Sicht des FA. Durch das Erfordernis des Einvernehmens sollen Mißbräuche verhindert werden (BFH BStBl III 65, 287; II 74, 238); daher nicht ausreichend, wenn die Umstellung alleine wegen einer Steuerpause erfolgt (BFH BStBl III 65, 287; II 92, 486); wegen der Möglichkeit des § 49 II scheidet dieses Motiv bei Körperschaften jedoch regelmäßig aus; es kann auch nicht vom FA vermutet werden. Ausreichende Gründe: Bessere Inventurmöglichkeiten (BFH BStBl III 65, 287 unter Hinweis auf die WjRegelung bei den Landwirten; III 67, 111); bessere Personalauslastung (BFH BStBl III 67, 111; II 69, 71); die Ermöglichung von Betriebsvergleichen (BFH BStBl II 72, 87); Gleichschaltung von PächterWj mit VerpächterWj und umgekehrt (BFH BStBl II 70, 85); einheitl Wj in der Organschaft (FinVerw 1973 StEK KStG § 7a Nr 12); einheitl Abschluß bei verbundenen Unternehmen, in einem Konzern oder in einer Unternehmensgruppe; bei Umgründungen kann ein fortbestehendes Unternehmen sein Wj auf den Beginn der neuen Unternehmensform – zB Beginn der Betriebsaufspaltung – umstellen; jede Umstellung ist ausreichend begründet, wenn durch die Umstellung ein gesetzl gewollter Vorteil, eine StErmäßigung oder -Vergünstigung ausgenutzt werden kann.

14. Wird das **Einvernehmen nicht erteilt,** ist die Umstellung steuerl nicht anzuerkennen, auch wenn sie handelsrechtl rechtens ist. Der Gewinn ist weiterhin nach dem bisherigen Wj – eventuell durch Schätzung – zu ermitteln (BFH BStBl II 69, 337). Da zu dem bisherigen Wj aber keine Abschlüsse mehr gemacht werden, ist das bisherige Wj, sofern es vom Kj abweicht, nur für eine Übergangszeit, mE etwa 3 Jahre, wirksam; sodann ist das Kj Ermittlungszeitraum (s Anm 5, 9). Für die Ordnungsmäßigkeit der Buchführung ist das handelsrechtl zulässige Geschäftsjahr, nicht das stl Wj maßgebend (BFH BStBl II 69, 337).

Ermittlung des Einkommens § 8

15. Das **FA** kann nur zustimmen oder ablehnen; es kann **nicht** von sich aus ein **Wj festsetzen.**

16. *LAG: Abs 5 idF bis zum StRefG 1990 v 25. 7. 88 (Vor § 1 Anm 19).* S. 4. Aufl.

§ 8 Ermittlung des Einkommens

(1) **Was als Einkommen gilt und wie das Einkommen zu ermitteln ist, bestimmt sich nach den Vorschriften des Einkommensteuergesetzes und dieses Gesetzes.**

(2) **Bei Steuerpflichtigen, die nach den Vorschriften des Handelsgesetzbuchs zur Führung von Büchern verpflichtet sind, sind alle Einkünfte als Einkünfte aus Gewerbebetrieb zu behandeln.**

(3) [1]**Für die Ermittlung des Einkommens ist es ohne Bedeutung, ob das Einkommen verteilt wird.** [2]**Auch verdeckte Gewinnausschüttungen sowie Ausschüttungen jeder Art auf Genußrechte, mit denen das Recht auf Beteiligung am Gewinn und am Liquidationserlös der Kapitalgesellschaft verbunden ist, mindern das Einkommen nicht.**

(4) [1]**Voraussetzung für den Verlustabzug nach § 10d des Einkommensteuergesetzes ist bei einer Körperschaft, daß sie nicht nur rechtlich, sondern auch wirtschaftlich mit der Körperschaft identisch ist, die den Verlust erlitten hat.** [2]**Wirtschaftliche Identität liegt insbesondere dann nicht vor, wenn mehr als die Hälfte der Anteile an einer Kapitalgesellschaft übertragen werden und die Kapitalgesellschaft ihren Geschäftsbetrieb mit überwiegend neuem Betriebsvermögen fortführt oder wieder aufnimmt.** [3]**Die Zuführung neuen Betriebsvermögens ist unschädlich, wenn sie allein der Sanierung des Geschäftsbetriebs dient, der den verbleibenden Verlustabzug im Sinne des § 10d Abs. 3 Satz 2 des Einkommensteuergesetzes verursacht hat, und die Körperschaft den Geschäftsbetrieb in einem nach dem Gesamtbild der wirtschaftlichen Verhältnisse vergleichbaren Umfang in den folgenden fünf Jahren fortführt.** [4]**Entsprechendes gilt für den Ausgleich des Verlustes vom Beginn des Wirtschaftsjahres bis zum Zeitpunkt der Anteilsübertragung.**

(5) [1]**Gewinne aus Anteilen an einem nicht steuerbefreiten Betrieb gewerblicher Art einer juristischen Person des öffentlichen Rechts bleiben bei der Ermittlung des Einkommens außer Ansatz.** [2]**Eine mittelbare Beteiligung steht der unmittelbaren Beteiligung gleich.**

(6) **Bei Personenvereinigungen bleiben für die Ermittlung des Einkommens Beiträge, die auf Grund der Satzung von den Mitgliedern lediglich in ihrer Eigenschaft als Mitglieder erhoben werden, außer Ansatz.**

(7) **Besteht das Einkommen nur aus Einkünften, von denen lediglich ein Steuerabzug vorzunehmen ist, so ist ein Abzug von Betriebsausgaben oder Werbungskosten nicht zulässig.**

§ 8 Ermittlung des Einkommens

Abs 4 lautete bis zur Änderung durch das G zur Fortsetzung der UnternehmensStReform (Anm 2, 151):

(4) ¹ Voraussetzung für den Verlustabzug nach § 10 d des Einkommensteuergesetzes ist bei einer Körperschaft, daß sie nicht nur rechtlich, sondern auch wirtschaftlich mit der Körperschaft identisch ist, die den Verlust erlitten hat. ² Wirtschaftliche Identität liegt insbesondere dann nicht vor, wenn mehr als drei Viertel der Anteile an einer Kapitalgesellschaft übertragen werden und die Gesellschaft danach ihren Geschäftsbetrieb mit überwiegend neuem Betriebsvermögen wieder aufnimmt. ³ Entsprechendes gilt für den Ausgleich des Verlustes vom Beginn des Wirtschaftsjahrs bis zum Zeitpunkt der Anteilsübertragung.

Abs 5 lautete bis zur Änderung durch das G v 13. 9. 93 (Anm 2, 153):

Der Verlustrücktrag nach § 10 d Abs. 1 des Einkommensteuergesetzes ist bei Kapitalgesellschaften und bei sonstigen Körperschaften im Sinne des § 43 nur vorzunehmen, soweit im Abzugsjahr das Einkommen den ausgeschütteten Gewinn übersteigt, der sich vor Abzug der Körperschaftsteuer ergibt und für den die Ausschüttungsbelastung nach § 27 herzustellen ist.

Gesetzesfassungen bis zum KStG 1991 (Vor § 1 Anm 20) s 3. Auflage.

Körperschaftsteuerrichtlinien: Abschnitte 27–40

Übersicht

1. Allgemeines
2. Geltungszeit
3. Generalverweisung auf das EStG (Abs 1)
5.– 19. §§ 2 ff EStG
20. EStDV
25.– 31. Gewerbl Einkünfte der Buchführungspflichtigen (Abs 2)
32.– 37. Einlagen; Allgemeines
38. Offene Einlagen
40.– 50. Verdeckte Einlagen
55. Gewinnausschüttungen; Allgemeines (Abs 3)
56. Offene Gewinnausschüttungen
58. Genußrechte
60.– 64. Verdeckte Gewinnausschüttungen; Allgemeines (Abs 3)
65., 66. Begriff
67.– 70. Gesellschaftsrechtl bzw mitgliedschaftl Beteiligung
72.– 75. vGa an Nahestehende
76., 77. Vorteilsgewährung
78. Abgrenzung zur Nichtabzugsfähigkeit von BetrAusg
79.– 82. Verfügung über das Einkommen bzw den Vorteil
83.– 86. Maßgebender Zeitpunkt
88.– 90. Angemessenheit; Allgemeines
92.– 95. Gegenstand der Angemessenheitsprüfung; Vorteilsausgleich; gemischtes Interesse
97.–100. Einzelkriterien der Angemessenheit
101. Feststellung der Angemessenheit
102. Beweislast
103.–109. Rechtsfolgen der vGa

EStG-Vorschriften   1–5 § 8

110.–117. Beseitigung der vGa; Satzungsklauseln
120. Sonderbedingungen für beherrschende Gesellschafter
121., 122. Klare und eindeutige, zivilrechtl wirksame Verträge
123.–126. Zivilrechtl gültiger Vertrag
131.–136. Rückwirkungsverbot
137. Durchgeführte Verträge
138–145. Beherrschung
150. **ABC zur vGa u verdeckten Einlage;** vorab: Übersicht über die Stichworte
151., 152. Beschränkung des Verlustabzugs (Abs 4)
153. Beschränkung des Verlustrücktrags (Abs 5 aF)
154. Erträge aus Betr gewerbl Art (Abs 5)
155.–160. Mitgliedsbeiträge (Abs 6)
161. Steuerabzugspflichtiges Einkommen (Abs 7)

1. Allgemeines: § 8 enthält für die **Besteuerungsgrundlagen** dem Grunde und der Höhe nach die Generalverweisung auf das EStG unter gleichzeitiger Regelung von Besonderheiten, für die jedoch § 8 nicht erschöpfend ist; so zB §§ 9, 10, 20, 22. Die Vorschrift gilt, soweit die Einschränkung nicht ausdrückl formuliert ist, zB Abs 2, 5 u 6, für alle Körperschaften, seien sie beschr oder unbeschr stpfl.

2. Geltungszeit: § 8 gilt ab VZ 1977 (§ 54 idF des KStG 1977). Er löst §§ 6, 7, 8 KStG aF ab, die allerdings auch an anderer Stelle fortgesetzt werden; so wurde zB § 6 II–IV KStG aF geändert in §§ 20, 21. Zu den weiteren Änderungen bis zum KStG 1991 (Vor § 1 Anm 20) s 3. Aufl. Abs 5 wurde durch das StandOG v 13. 9. 93 (BGBl I 93, 1569; BStBl I 93, 774) gestrichen, die Abs 6–8 wurden die Abs 5–7; zur letztmaligen Anwendung des Abs 5 s § 54 VI a idF des StMBG v 21. 12. 93 (BGBl I 93, 2310; BStBl I 94, 50); Materialien s Vor § 1 Anm 19. Das G zur Fortsetzung der UnternehmensStReform aus 1997 änderte mit Wirkung ab VZ 1997 Abs 4 (§ 54 VI idF dieses G; s Vor § 1 Anm 19 mit Materialien).

3. Generalverweisung auf das **EStG (Abs 1).** Was als Einkommen gilt – StPfl der Vermögensmehrungen dem Grunde nach – und wie es bemessen wird, richtet sich grundsätzl nach den Vorschriften des EStG, soweit das KStG nicht Besonderheiten kennt. Damit sind andere StGesetze von ihrer Anwendung auf Körperschaften nicht ausgeschlossen; diese Gesetze müssen sich jedoch selbst für Körperschaften anwendb erklären; so zB § 1 AStG durch den allg Begriff „Steuerpflichtige". Eine **Aufzählung** der **anwendb Vorschriften** des **EStG** und der EStDV enthält A 27 KStR; diese Liste ist allenfalls für die FinVerw bindend. Abs 1 spricht nur von dem EStG; mE werden damit die **EStDV** nicht angesprochen; es fehlt für die Geltung der EStDV eine ausreichend präzise Verweisung oder Ermächtigungsgrundlage des KStG (vgl *Kohlmann/Felix* DB 83, 1062, aA die FinVerw).
Anmerkungen zu einzelnen EStGVorschriften, soweit für Körperschaften erwähnenswerte Besonderheiten gelten:

4. *einstweilen frei*

5. § 2 EStG: Alle EinkArten können anfallen; s aber Anm 25 ff. Entfällt die Gemeinnützigkeit eines körperschaftspfl Vereins, so ist im einzelnen zu prüfen, welche Einkunftsarten anfallen (BFH BStBl II 88, 75). A 26 II

KStR bis 1985 klammerte die Eink aus nichtselbständiger Arbeit aus; sie können jedoch ererbt stpfl sein. Der wirtschaftl GeschäftsBetr ist nur für bestimmte befreite Körperschaften von Belang (§ 5 Anm 5); entfällt die Befreiung, begründet der wirtschaftl GeschäftsBetr weder die StPflicht allgemein noch die StPflicht einzelner Einkünfte. Soweit eine EinkArt nicht gegeben ist, liegen keine stpfl Eink vor; dazu und zur möglichen **Liebhaberei** s Anm 28 ff. Zweifelhaft ist, inwieweit die Entscheidung zur Gepräge-Rspr (BFH-Beschluß GrS BStBl II 84, 751) auf die Körperschaft übertragbar ist. Die Idee des **Totalgewinns** ist so allg, daß sie auch für die Körperschaft gelten muß, wenn auch unklar ist, wie hier die Grenzen im einzelnen zu ziehen sind (vgl *Gonella* FR 86, 621; *Weber-Grellet* DStR 94, 12). Soweit eine Körperschaft mehrere EinkArten hat, zB ein Verein, sind die Eink untereinander auszugleichen; insoweit findet ein **Verlustausgleich** statt. Mehrere wirtschaftl GeschäftsBetr einer Körperschaft sind, soweit die Körperschaft mit ihnen stpfl ist, mit ihren positiven und negativen Erträgen ausgleichungspfl, s § 5 Anm 9; anders bei mehreren Betr gewerbl Art, s § 4 Anm 3.

§ 2a EStG: s A 27 I KStR.

6. einstweilen frei

7. § 3 EStG: s A 27 I KStR.

§ 3 Nr 11 EStG: Keine Anwendung auf die Freistellung nicht bundeseigener Eisenbahnen, BeförderungSt zu Lasten des Fahrgastes zu erheben (BFH BStBl III 66, 324; II 72, 839; II 75, 577). Offen ist die Frage, ob Körperschaften hilfsbedürftig iS dieser Vorschrift sein können.

§ 3 Nr 66 EStG: Sanierungsgewinne. Historisch bedingt, befand sich diese Vorschrift bis 1976 in § 11 Ziff 4 KStG aF. Die StFreiheit gilt gleichermaßen im EStRecht und im KStRecht. Die Sanierung kann auch im Verhältnis AntE und Körperschaft, gleichgültig wer sanierungsbedürftig ist, erfolgen; auch zwischen AlleinAntE und Körperschaft, da die Sanierung auch durch einen einzigen Gläubiger mögl ist (BFH BStBl III 64, 122, 128). Allerdings liegt in diesen Fällen die Möglichkeit einer verdeckten Einlage oder vGa nahe, wobei die Annahme einer verdeckten Einlage bei der begünstigten Körperschaft ebenso zur StFreiheit führt wie die Sanierung. Maßstab ist, ob ein ordnungsgemäß handelnder Geschäftsleiter saniert hätte. Ist die Körperschaft bzw der AntE nur ein Gläubiger von vielen, so spricht die Vermutung für eine Sanierungsmaßnahme auch zwischen Körperschaft und AntE. Bei der Frage der Sanierungsbedürftigkeit einer Körperschaft kommt es nur auf die wirtschaftl Verhältnisse der Körperschaft, nicht auf diejenigen des AntE an. Keine Sanierung in der Liquidation der Körperschaft oder wenn sie liquidationsreif ist (BFH BStBl III 64, 370). S auch Anm 50 u Anm 150 „Sanierung".

Entschädigungen für stfreie Einnahmen sind stfrei (BFH BStBl II 79, 120 betr InvZul; dazu HFR Anm 79, 57); widersprüchl hierzu sind Schadensersatzleistungen für StNachteile stpfl (s § 10 Anm 14).

8. § 3c EStG: Die ausdrückl Regelung des § 13 KStG aF vor 1977, § 3c EStG sei anwendb, konnte entfallen, da die Anwendbarkeit bereits aus

EStG-Vorschriften 9–11 § 8

Abs 1 folgt. Ausgaben, die mit Einlagen oder MitglBeiträgen zusammenhängen, können abzb sein, sofern BA oder WK vorliegen (vgl BFH BStBl II 78, 346 betr Einlage u GesSt; Änderung der Rspr; dazu HFR Anm 78, 243 u mit weiterer Rspr § 9 Anm 3). § 3 c EStG gilt nur für stfreie Eink, nicht für nichtsteuerbare Einlagen.

Zur Abzugsfähigkeit von **Finanzierungsaufwendungen** für **ausl Schachtelbeteiligungen** s FG BaWürt EFG 95, 181 bejahend, FinVerw IStR 95, 190 verneinend; s auch § 8 b Anm 7.

9. § 4 EStG. Einlagen s Anm 32 ff; Entnahmen s Anm 80.

§§ 4 a – 4 d EStG: s A 27 I KStR.

10. *einstweilen frei*

11. § 5 EStG. S auch ABC „Handelsbilanz".

Bilanzierung von **Schachtelerträgen:** Die MutterGes bilanziert den Dividenden- bzw Gewinnanspruch gegenüber der TochterGes idR, sobald der Anspruch entstanden ist; hierdurch entsteht bei parallellaufenden Wj ein „Jahressprung". Der Ertrag für 1995 wird bei der MutterGes erst in 1996 bilanziert. Hiervon abweichend kann nach BGHZ 65, 230 (dazu *Weber/Willich* Wpg 76, 329; *Schulze-Osterloh* ZGR 77, 104) die MutterGes den Gewinnanspr gegen die TochterGes bereits in dem parallellaufenden Wj bilanzieren, für das ausgeschüttet wird, wenn der Jahresabschluß der TochterGes noch vor Abschluß der Prüfung der MutterGes (bzw, falls wie bei der GmbH eine Prüfung nicht vorgeschrieben ist, vor der Feststellung des Jahresabschlusses der MutterGes) festgestellt worden ist (§ 172 AktG; § 46 GmbHG) und mindestens ein entspr Gewinnverwendungsvorschlag vorliegt. Stl folgt hieraus ein Aktivierungsgebot – sog phasengleiche Aktivierung – (BFH BStBl II 80, 702; II 81, 184; FinVerw BStBl I 76, 679 u BStBl I 76, 755 Tz 3.7; dort auch Übergangsregelung; dazu *Reuter* BB 76, 1264 u DStR 77, 186; *Pasdika* AG 77, 159; *Uelner* StbJb 76/77, 143; Bedenken bei *Schröder* FR 78, 403). Der BGH hat die **Aktivierungspflicht** jetzt übernommen (BGH ZIP 94, 1259 – Vorlage an den EuGH –; EuGH DStR 96, 1093, die Entscheidung des BGH gegen das Votum des Generalanwalts, ZIP 96, 397, billigend; zur Vorlage *Schulze-Osterloh* ZGR 95, 170; *Hoffmann* BB 95, 1075; *Felix* ZIP 96, 396). Zur EuGH-Entscheidung Anm DStR 96, 1094; *Theile* IStR 96, 395; *Hoffmann* BB 96, 1493; *Thömmes* IWB F 11a, 112; *Haselmann/Schick* DB 96, 1529; 97, 58; *Kraneis* DB 97, 57; *Gelhausen/Gelhausen* Wpg 96, 573; *Schulze-Osterloh* ZIP 96, 1453; *Küting* DStR 96, 1947; allg *Groh* DStR 96, 1206. Die FinVerw aaO verlangt, daß die MutterGes bei der TochterGes über die Stimmrechtsmehrheit verfügt. Der Gewinnverwendungsvorschlag kann sich in der KSt-Rückstellung ausdrücken (*Reuter* DStR 77, 187). Die Bilanzierung führt zur vorgezogenen Anr der KSt (*Reuter* BB 78, 83); zur Frage der Bilanzierung der StGutschrift s ABC „Handelsbilanz". BFH BStBl II 80, 702 und II 81, 184 dehnen die vorgezogene Aktivierung auf andere Fälle aus, in denen infolge einer Beherrschung die Entstehung der Gewinnanspruchs-Forderung gesichert erscheint; dazu *Mertens* DStZ 81, 371; *Schoor* BB 84, 828; dagegen FG Köln EFG 95, 109. Folgl gilt dieses Bilanzierungsrecht bzgl der TochterGes auch in der **Betriebsaufspaltung** (BFH BStBl II 89, 714 betr einen Einzelunternehmer als MehrheitsGes; FinVerw BB 92, 466; *L Schmidt* FR 89, 399; *Hoffmann* DStR 93, 558), und für die stille Gesellschaft (BFH BStBl II 91, 569); ausdehnend auch FG Berlin EFG 96, 75; eingrenzend FG Köln EFG 96, 1022. Trotz des Aktivierungsgebots" liegt faktisch ein **Wahlrecht** vor, da die Voraussetzungen gestaltbar sind.

Beteiligung einer Körperschaft an einer **PersGes** s BFH BStBl II 76, 73; Nds FG EFG 82, 154; *L Schmidt* JbFfSt 76/77, 327; *ders* GmbHR 77, 239; *Döllerer* DStZ/A 77, 139 u Wpg 77, 81; *Geßler* Wpg 78, 93 u *Müller-Welser* DB 78, 2186 betr Ausweis in der aktienrechtl Bilanz. Verlustauswirkung im AnrV s FinVerw BB 78, 162.

Zur Aktivierung von Beteiligungserträgen im Hinblick auf das **KStGuthaben** u die **KapErtrSt** s ABC „Handelsbilanz".

Zur Bilanzierung der **InvHAbg** s *Meilicke* DB 84, 145.

Zw ist, ob bei dem Vorhandensein von EK_{01-03} eine **Rückstellung** wegen der zukünftigen KStErhöhungen im Fall der Ausschüttung gebildet werden kann; bejahend *Selchert* BB 82, 407, wenn mit der Erhöhung in absehbarer Zeit zu rechnen ist. Keine KStRückstellung bei negativem $EK_{50\ (56)}$ nach *Herzig/Borstell* BB 86, 1540.

Passivposten für **Baukostenzuschüsse** bei **Gasversorgungsunternehmen** in der Rechtsform der GmbH s BFH BStBl II 77, 392.

Für Körperschaften auf dem Gebiet der ehemaligen DDR im übrigen Hinweis auf das **D-MarkbilanzG**.

12. § 6 EStG: anwendb.

§ 6a EStG: Die Vorschrift ist anwendb.

§ 6b EStG: Anwendung bei Körperschaften, die Land- und Forstwirtschaft betreiben, s A 29 KStR.

§ 6d EStG: Die Vorschrift ist anwendb.

13. § 7 EStG: Die Vorschrift ist anwendb.

§ 7a VI aF EStG (bis zur Ablösung durch § 15a EStG): Der Begriff Betrieb ist bei KapGes, Gen u VVaG auf die gesamte Tätigkeit anzuwenden; es erfolgt keine Aufteilung in EinzelBetr; das gilt auch bei mehreren wirtschaftl GeschäftsBetr einer Körperschaft. Bei OrgGes und OrgT ist die Vorschrift auf jedes Unternehmen gesondert anzuwenden; es erfolgt keine Zusammenrechnung zur Ermittlung der Verlustentstehung oder -erhöhung (FinVerW BStBl I 74, 956 Tz 7.6). Bei Betr gewerbl Art jeder Betr gesondert ein Betr iSv § 7a VI aF EStG. Zu § 7a VI aF EStG, wenn eine Körperschaft an einer PersGes beteiligt ist, s *L Schmidt* JbFfSt 76/77, 333.

14. § 7b EStG: Grundsätzl anwendb (BFH BStBl II 68, 584); allerdings bei Ersterwerbern waren die Körperschaften zeitweise ausgeschlossen (vgl BFH BStBl II 68, 584).

§ 7c aF EStG: s A 30 KStR 1977; in den KStR 1981 gestrichen.

§ 7d EStG: s A 27 I KStR.

§ 7e EStG: s A 27 I, 30 KStR.

§ 7f EStG: s A 27 I KStR.

§ 7g EStG: s A 27 I KStR.

§ 7h EStG: s A 27 I KStR.

§ **7i EStG:** s A 27 I KStR.
§ **7k EStG:** s A 27 I KStR.
§ **8 EStG:** s A 27 I KStR.
§ **9a EStG:** Werbungskostenpauschbetrag bei Eink aus KapVerm findet Anwendung (A 27 I KStR).
§ **10b EStG:** s § 9 Anm 11 ff.

15. *einstweilen frei*

16. § **10d EStG:** Die Regelungen zum Verlustrück- und -vortrag sind in vollem Umfang anwendbar. Dies gilt auch für das Wahlrecht bzgl des Verlustrücktrags (zur optimalen Ausnutzung des Wahlrechts s ABC „Verluste"). Soweit § 10d EStG die Änderung von StBescheiden erlaubt und soweit der verbleibende Verlustabzug gesondert festzustellen ist, ist dies auch im KStRecht zu beachten. Keine Minderung des Verlustes im Rück- oder Vortragsfall durch stfreie Einnahmen (s A 37 II KStR). Aufwendungen iSv §§ 9, 10 erhöhen bzw vermindern, die Freibeträge nach §§ 24, 25 erhöhen nicht den Verlust (BFH BStBl II 82, 177; A 37 KStR). Abzug bei unterschiedl StSätzen s § 23 Anm 15 und dortige Hinweise; bei inl und ausl Eink in der EKGliederung s § 30 Anm 10.

Bei **Formwechsel** in eine kstpfl Rechtsform bleibt der Verlustabzug erhalten (BFH BStBl III 57, 468). Bei Verschmelzung, Aufspaltung u Abspaltung auf eine Körperschaft geht ein Verlustabzug unter den Voraussetzungen des § 12 Abs 3 S 2 UmwStG bzw §§ 15 Abs 1, 12 Abs 3 S 2 UmwStG (anteilig) über. – Verlust im **Liquidationszeitraum** s § 11 Anm 11. – Über Besonderheiten im **AnrV** s § 8 Anm 153.
Beschr Verlustabzug bei sog **Mantelkauf** durch Abs 4 s dazu Anm 151 f.
§§ **14, 14a EStG:** Freibetrag s zu § 16 EStG (Anm 18).

17. § **15 EStG:** Das Wahlrecht bei BetrVerpachtung nach BFH GrS BStBl III 64, 124 gilt auch für Körperschaften, soweit nicht Abs 2, s Anm 25 ff, eingreift. Zur Verpachtung eines wirtschaftl GeschäftsBetr s § 5 Anm 11, eines Betr gewerbl Art s § 4 Anm 19. Ebenfalls finden, vorbehaltl Abs 2 und Anm 25 ff, Betriebsaufspaltungsgrundsätze Anwendung, zB wenn ein Verein wesentl BetrGrundlagen an eine GmbH verpachtet und beide Körperschaften von der gleichen Personengruppe beherrscht werden; hierzu ist Beherrschung durch Beteiligungsbesitz nicht erforderl (BFH BStBl II 76, 750 u nachfolgende Rspr; BFH BStBl II 82, 662 betr Beherrschung über eine Stiftung); s auch § 4 Anm 19 und § 5 Anm 11. Zur kapitalistischen BetrAufsp s ABC „BetrAufsp".
§ **15a EStG:** s A 27 I KStR.

18. § **16 EStG:** § 16 IV EStG – Freibetrag – ist anzuwenden (BFH BStBl II 76, 360; II 92, 437 betr Liquidation gegen FG München EFG 90, 381); das gleiche gilt hinsichtl der Freibeträge nach §§ 14, 14a, 17 und 18 EStG, sofern die entspr Einkunftsart vorliegt (BFH BStBl II 92, 437, 439; s auch A 27 III KStR). Das gleiche gilt im Fall der Schlußsteuer nach § 13.
§ **17 EStG:** Freibetrag s vorstehend zu § 16.

19. § **18 EStG:** Wenn eine Körperschaft freiberufl Leistungen erwirbt, um sie zu verwerten, führt dies zu gewerbl Eink (BFH BStBl II 70, 428; II

§ 8 20–26   Ermittlung des Einkommens

71, 771; II 74, 511; dazu § 8 Anm 27). Ärztl Laborvereine beziehen gewerbl Eink (*Kröger* DStR 79, 222). Zum Freibetrag bei Veräußerung und Aufgabe nach § 18 III EStG s § 16 EStG (Anm 18).

§ 19 EStG: s zu § 2 EStG (Anm 5).

§ 20 EStG: Sparerfreibetrag ist anzuwenden (A 27 II KStR).

§ 21 II aF EStG: findet bei Körperschaften keine Anwendung (FG Berlin EFG 78, 43, rkr; BFH BStBl II 85, 407 läßt die Frage offen; werden die Räume nur für satzungsgemäße Zwecke genutzt, findet § 21 II EStG keine Anwendung; damit sind auch die Aufwendungen dieser Räume nicht abzugsf, sofern sie nicht BetrVerm darstellen; vgl auch *L Schmidt* FR 85, 509).

§ 24 b aF EStG: Der Ausbildungsplatz-Abzugsbetrag steht auch Körperschaften zu.

§ 32 b EStG, Progressionsvorbehalt: In A 27 KStR nicht erwähnt. ME zumindest entspr anzuwenden, wenn der allg StSatz wegen Auslandsverlusten auf 0 vH sinkt (glA *Herzig* RiW/AWD 79, 545).

§ 34 b EStG: Eink aus außerordentl Holznutzung bei Familienstiftungen s A 3 II KStR 1985; Ausdehnung auf alle Körperschaften durch FinVerw 1988 StEK KStG 1977 § 8 Nr 67 u A 105 KStR 1990.

§ 34 g EStG: nicht anwendb.

§ 50 VII EStG: Pauschalierung bei beschr KStPfl mögl.

20. EStDV; allg s Anm 3.

§ 76 EStDV: Anwendung bei Körperschaften, die Land- und Forstwirtschaft betreiben, s A 29 KStR.

21.–24. einstweilen frei

25. Gewerbl Eink der Buchführungspflichtigen: Abs 2 setzt BuchführungsPfl nach dem HGB voraus; dazu s § 7 Anm 6; Abs 2 und § 7 IV sprechen die gleichen Körperschaften an. Bei beschr stpfl Körperschaften ist Abs 2 entspr anwendb. Sind sie nach ausl HRecht zur Buchführung verpflichtet, beziehen sie – vorbehaltl der isolierenden Betrachtungsweise (§ 2 Anm 4) – Eink aus GewerbeBetr. Zu freiberufl Eink von Körperschaften s Anm 27.

26. Alle Einkünfte sind als Eink aus GewerbeBetr zu behandeln. Nach BFH BStBl II 77, 96 hätte es des Abs 2 nicht bedurft, da bereits ohne diesen Abs eine KapGes nur Eink aus GewerbeBetr erzielen kann (zust *Leingärtner* FR 79, 111; zu der BFH-Entscheidung s weiter *Mangold* StuW 78, 165). Voraussetzung ist, daß überhaupt Eink iSv § 2 EStG vorliegen. Abs 2 schafft keine neue EinkArt, sondern enthält nur eine Umqualifizierung von Eink; vgl BFH BStBl II 70, 470, folgend BT-Drucks 7/1470, 341; zurückhaltend FinVerw 1971 StEK KStG § 5 Nr 3 u § 6 vGa Nr 32. ME gilt diese Auslegung des Abs 2 erst recht nach der KStReform 1977. Wenn die KSt Vorauszahlungscharakter im Hinblick auf die definitive ESt hat, müssen die Bemessungsgrundlagen, also auch die Qualifizierung der Eink, identisch sein. Die Vorschrift ist verfassungsgem (BFH BStBl II 77, 10 u BVerfG HFR 77, 255 betr die entspr Vorschrift des § 2 II GewStG).

Buchführungspflichtige 27–29 § 8

27. Die **Umqualifizierung** gilt auch, wenn die **Körperschaft zusammen** mit anderen Stpfl an einer EinkQuelle beteiligt ist und die anderen Beteiligten keine Eink aus GewerbeBetr aus dieser EinkQuelle, sondern zB Eink aus VuV beziehen (BFH BStBl II 85, 291, 372; zur weiteren Problematik *Schmidt* § 15 Rz 200 ff). Tierzucht und Tierhaltung wird iSv § 15 EStG nur dann gewerbl, wenn die allg Bedingungen des GewerbeBetr vorliegen; Abs 2 reicht nicht aus (FinVerw DB 73, 1921). Betreibt die Körperschaft **ausschließl Land- und Forstwirtschaft**, finden § 6b EStG für die Veräußerung von Aufwuchs oder Anlagen im Grund und Boden mit dem dazugehörigen Grund und Boden sowie § 76 EStDV gleichwohl Anwendung (so A 29 KStR). **Ausl Körperschaften** können nicht aufgrund der isolierenden Betrachtungsweise im Inland freiberufl Eink haben; sie beziehen gewerbl Eink. S auch Anm 25. Allerdings leiten BFH BStBl II 70, 428; II 71, 771; II 74, 511 u II 84, 828 dies nicht aus Abs 2, sondern unmittelbar aus §§ 15, 18 EStG her; auch hier zeigt sich der Vorrang der die Eink bestimmenden Vorschriften des EStG.

28. Soweit eine Körperschaft über Bereiche oder Vermögensmehrungen verfügt, die nicht zu Eink iSv § 2 EStG führen oder zählen, kann man von der **außerbetriebl Sphäre**, von der **Privatsphäre** und der **gesellschaftsrechtl Sphäre** der Körperschaft sprechen. Die Entscheidungen BFH BStBl II 88, 215; II 91, 255; II 92, 359 u II 93, 799 sprechen den Fragenkreis an, lassen im übrigen jedoch offen, ob die KapGes eine Privatsphäre hat. Aus den Entscheidungen kann abgeleitet werden, daß sich der I. Senat vom Weg befand, eine derartige Privatsphäre generell abzulehnen (vgl HFRAnm 92, 302 zu BFH BStBl II 92, 359; *Schuck* FR 92, 537; *Thiel* DStR 93, 1881; *Weber-Grellert* DStR 94, 12; *Rüd* DStR 94, 1874). Mit dem Urt I R 54/95 v 4. 12. 96, DB 97, 707 eine Segelyacht betreffend hat der **I. Senat** nunmehr die Existenz einer **Privatsphäre verneint** (dazu auch *Wassermeyer* FS Haas, 1996, 401). Daß die Tätigkeit der KapGes im GewStRecht in vollem Umfang als gewerbl gilt, entspricht Besonderheiten des GewStRechts (BFH BStBl II 91, 250). Gibt es – entgegen der Ansicht des BFH – eine außerbetriebl Sphäre, eine Privatsphäre, so dürfen diese Bereiche und die hier anfallenden Vermögensänderungen die EinkErmittlung nicht beeinflussen; soweit dies geschieht, müssen Korrekturen vorgenommen werden (vgl Anm 29). Auch soweit die Privatsphäre verneint wird, wird es bei der gesellschaftsrechtl Sphäre, die die Eink-Ermittlung nicht beeinflussen darf, bleiben; sie rechtfertigt die Korrekturen im Einlage- und Gewinnausschüttungsbereich (Anm 40 ff u Anm 65 ff).

29. Folgt man der Rspr nicht und hält eine Privatsphäre für möglich, so gilt: Soweit keine stpfl Eink vorliegen, bilden die den keiner Einkunftsart zuzurechnenden „Eink" dienenden Vermögensgegenstände kein **BetrVerm**. Die Eink eines Gestüts einerseits als steuerlich unbeachtliche Liebhaberei anzusehen, s Anm 31, den Hof, den Grund und Boden usw andererseits als BetrVerm zu qualifizieren, ist widersprüchl und mit §§ 2, 4, 5, 15 EStG, 8 I KStG nicht zu vereinbaren. Der **Übergang** zu einer außerbetriebl Sphäre, zB zur Liebhaberei, kann zur Entnahme oder BetrAufgabe führen. Soweit ein Betr zur Liebhaberei übergeht, verneint BFH BStBl II 78, 626; II 82, 381

§ 8 30, 31   Ermittlung des Einkommens

die zwingende Gewinnrealisierung; die stillen Reserven werden eingefroren, es sei denn, der Stpfl wählt die Realisierung. Diese Rspr könnte auch im KStRecht angewandt werden. Die Rückkehr in den Betr wäre Einlage nach allg Grundsätzen. Soweit stille Reserven eingefroren waren, werden die Buchwerte nur um die stillen Reserven aufgestockt, die außerhalb der betriebl EinkArt entstanden sind. § 13 ist in diesem Fall nicht anwendb (*Streck/ Rainer* KÖSDI 80, 3662). Erfolgt eine Veräußerung in der außerbetriebl Sphäre, sind die realisierten eingefrorenen stillen Reserven zu versteuern. Im übrigen sind VeräußerungsEink in der außerbetriebl Sphäre stfrei, es sei denn, eine StPfl nach anderen Vorschriften ist ausdrückl gegeben (zB Spekulation). Im Ergebnis in diesem Sinn *Job* AG 80, 108; *v Wallis* FR 68, 460 u StbJb 70/71, 124.

Im **AnrV** müssen die Vermögensbewegungen der außerbetriebl Sphäre über EK_{02} abgewickelt werden, es sei denn, man klammert bestimmte Bereiche — zB LiebhabereiBetr — völlig aus der EK-Gliederung aus; dies ist mE möglich, soweit nicht die EK-Gliederung die Erfassung fordert (zB gesellschaftsrechtl Einlagen).

30. Insbes sind von Auswirkungen auf die EinkErmittlungen alle **gesellschaftsrechtl Vorgänge** auszuschließen. Hierzu zählen die Vermögensmehrungen und Vermögensminderungen, die ihren Grund in der gesellschaftsrechtl Stellung des Leistenden oder Empfangenden haben, dh insbes Einlagen (dazu Anm 32ff) und Gewinnausschüttungen (dazu Anm 55ff). Haben Einlagen den Gewinn erhöht, so sind sie nach der Rspr unter Anwendung von § 4 I S 1 EStG aus der EinkErmittlung herauszunehmen (BFH BStBl II 71, 409). Dies gilt auch, falls gesellschaftsrechtl Vorgänge zu Buchgewinnen führen, zB bei Kapitalherabsetzung oder Kapitalzusammenlegung (vgl RFHE 24, 267 betr Erwerb eigener Aktien und Kapitalherabsetzung; RStBl 33, 1321 betr Zusammenlegung; RStBl 35, 139 betr Kapitalherabsetzung). Ausnahmen s Anm 47f.

31. Keine Eink sind weiter: **Erbschaften, Schenkungen** (BFH BStBl II 93, 799 — dazu *Thiel/Eversberg* DStR 93, 1881, dazu *Jost* DB 94, 910 — u III 56, 154 betr Erbschaft). In Ausnahmefällen können Schenkungen und Erbschaften auch BetrEinnahmen sein, sofern sie betriebl veranlaßt sind. **Liebhaberei:** Zur Anwendung von GrS BStBl II 84, 751 s Anm 5; weiter BFH BStBl III 64, 181 betr Jagdaufwendungen; III 66, 225 u II 70, 470 betr Gestüt: *Job* AG 80, 106; *Bayer,* Die Liebhaberei im StR, 1981, der grundsätzl von der Totalgewerblichkeit der KapGes ausgeht und keinen Teil ausklammert; ähnlich *Rüd* DStR 94, 1874; außerdem *Lohaus,* Abzb und nicht abzb Aufwendungen im KStRecht, Diss Münster, 1988, der sich ebenfalls ausführl mit Fragen der Liebhaberei befaßt; *Weber-Grellet* DStR 94, 12 bejaht die Anwendung von Liebhabereigrundsätzen; FG Bremen EFG 88, 133: Der Charterflugbetrieb einer GmbH mit Dauerverlusten stellt Liebhaberei dar; die die Kosten nicht deckende Miete für das Flugzeug von AntE ist vGA. Ablehnend jetzt der I. Senat des BFH, s Anm 28. Zur Liebhaberei bei Betrieben gewerbl Art der öffentl Hand s § 4 Anm 16. Zu den Vorteilen des AntE aus den Liebhabereibetrieben als vGa s Anm 150 „Liebhaberei". Nicht in die EinkErmittlung sind auch **PersonenSt** einzubeziehen (§ 10 Anm 8ff).

Einlagen 32–35 § 8

32. Einlagen

Schrifttum: *Otto,* Die Anwendung der Begriffe „Einlagen" und „Entnahmen" des EStG bei der Gewinnermittlung von KapGes, Diss Berlin, 1976; *ders,* Der Einlage- und Entnahme-Begriff in der bei KapGes anzuwendenden Gewinnermittlungsvorschrift, DB 79, 30, 131, 183; *Gassner,* Gesellschafterzuschüsse u Gesellschafterdarlehen bei Kap- und PersGes, JbFfSt 76/77, 227; *Nolte,* Zum Problemkreis „vGa und Einlagen der AntE", DB 80, 1364; *Groh,* Nutzungseinlagen im Handels- und StR, DB 82, 133; *Wassermeyer,* Einlagen in Kap- und PersGes und ihre ertragstl Behandlung, StbJb 85/86, 213; *Sarrazin,* Sacheinlage in KapGes, NWB F 4, 3527 (10/86); *Döllerer,* Einlagen bei KapGes nach HR und StR, BB 86, 1857; s auch Anm 40 u 60.

Einlagen sind alle **Vorteilszuwendungen eines AntE** an seine Ges mit Rücksicht auf sein Mitgliedschaftsrecht. Mitgliedschaftsrechte kennen ua AG, GmbH, Gen, VVaG, nicht aber zB die Stiftung. Die Einlage kommt offen (Anm 38) oder verdeckt (Anm 40 ff) vor; sie kann als Geld- oder als Sacheinlage erfolgen. Begriffl setzt die Einlage voraus, daß ein Vermögensgegenstand von dem AntE auf die Körperschaft übergeht.

33. Einlagefähig sind nur bilanzierb Vermögenswerte. Dies soll aus § 4 I S 1 EStG folgen, der eine Auswirkung auf den Vermögensbereich voraussetzt (vgl BFH BStBl II 71, 408; II 81, 181; II 82, 631; VIII R 133/82 v 22. 11. 83 BB 84, 513; VIII R 37/79 v 22. 11. 83 BB 84, 514; BStBl II 84, 747; insbes auch BFH GrS BStBl II 88, 348 betr die Nutzungseinlage, s Anm 48). Dies ist insoweit richtig, als sich hier die Frage der Auswirkung auf die EinkErmittlung stellt. Geht aber zB ein Geschäftswert oder ein Nutzungsvorteil auf die Körperschaft über, so liegt mE gleichwohl eine Einlage vor, auch wenn sie – beim Geschäftswert nach altem Recht (s Anm 47) – nicht bilanzmäßig auszuweisen ist. Wird der Geschäftswert veräußert oder verdeckt ausgeschüttet, wird die Nutzung weitergegeben, zeigt sich, daß sie „in der Körperschaft vorhanden" ist.

34. Die Einlage kann nur **vom AntE** erfolgen (s auch Anm 67 ff betr die vGa). Verpflichtet sich ein Arbeitnehmer, vor Erwerb eines Anteils der Arbeitgeber-GmbH diesen Anteil beim Ausscheiden zu einem unter dem Wert liegenden Betrag auf die GmbH zurückzuübertragen, so ist dies folgl keine Einlage (BFH BStBl II 85, 227; krit *Glade* GmbHR 86, 128, *Kicherer/Hannemann* BB 85, 2236). In solchen Fällen ist allerdings eine Einzelfallanalyse erforderl. Hat die Vorteilszuwendung an die GmbH von dem NichtAntE ihren Grund in der zukünftigen Gesellschafterstellung, so ist eine Einlage mögl; s hierzu auch Anm 38 u Anm 78. Einlagen können **mittelbar erbracht** werden, zB Forderungserlaß zwischen SchwesterGes aufgrund einer Weisung der gemeinsamen Mutter (BFH BStBl II 68, 720) oder durch Forderungsbegründung zwischen SchwesterGes (BFH BStBl II 77, 574). Eine mittelb Einlage liegt auch vor, wenn für den AntE **nahestehende Personen,** dazu Anm 72 ff, die Einlage erbringen (Beisp RFH RStBl 36, 951; Einlage durch Forderungsverzicht des Vaters des AntE; vgl auch BFH BStBl II 83, 744).

35. Einlagen werden, sofern sie zu aktivieren sind, bei der Körperschaft mit dem **Teilwert bewertet** (BFH BStBl III 66, 690; II 93, 799 betr Erbschaft; § 6 I Nr 5 Buchst a und b EStG finden keine Anwendung, *Döllerer* BB 71, 1251; *L Schmidt* Inf 79, 364; *Groh* BB 82, 135 u DB 88, 514, 522; BFH

BStBl III 67, 766 u HFR 80, 375 sprechen bei verdeckten Einlagen von dem tatsächl Wert; BFH BStBl II 80, 494 spricht von dem Verkehrswert; die begriffl Klärung in der Rspr ist – für die Praxis von geringerer Bedeutung – noch nicht überzeugend durchgeführt). Soweit bei dem AntE ebenfalls die Einlage zu bewerten ist, besteht kein Gebot der „Wertverknüpfung". Aufgrund besonderer gesetzl Grundlage oder rechtl Überlegungen können Einlagen auch zu **Buchwerten** oder zu Werten zwischen den Buchwerten und den Teilwerten erfolgen. Hierzu zählen Möglichkeiten des UmwStG oder die Buchwertfortführung im Fall der BetrAufsp; s Anm 150 „BetrAufsp". Zur Anwachsung s Anm 150 zu diesem Stichwort. S auch Anm 45 zu GesAnteilen u Anm 47 zu immateriellen WG. Zur Bewertung von vGa s Anm 90. Zu Besonderheiten bei stbefreiten Körperschaften s § 5 Anm 11.

36. Keine Bindung besteht an die gesellschaftstl Beurteilung in einem **GeStBescheid** (BFH BStBl II 70, 442; II 76, 226).

37. Auswirkung der Einlagen auf die **EinkErmittlung** s Anm 30.

38. Offene Einlage: Der handelsrechtl Begriff der Einlage deckt sich nicht notwendig mit dem steuerlichen Begriff (BFH BStBl II 73, 59). Pflicht- und freiwillige Einlagen nach § 272 II Nr 4 HGB, §§ 54 I, 55 AktG, §§ 5, 19, 26 GmbHG sind jedoch regelmäßig steuerl Einlagen. Auch zur Aufbringung des Kapitals gewährte Nutzungsrechte sind als Sacheinlagen zu behandeln, mit dem Teilwert zu bewerten (Anm 35) und über die Nutzungszeit abzuschreiben (*Groh* BB 82, 135; insoweit ist BFH BStBl II 78, 386 anwendb, *Döllerer* ZGR 79, 355 u JbFfSt 80/81, 240). Das zu verdeckten Einlagen von Nutzungsrechten geltende Recht (Anm 48) findet hier keine Anwendung. Bei **§ 3 II GmbHG** kommt es auf die Art der Leistung an, die zu erbringen ist. Wer ein Darlehen aus ausgeschütteten Gewinnen geben soll, erbringt keine Einlage. Nutzungsüberlassungen als gesellschaftsrechtl Nebenleistungen sind erfolgswirksam zu behandeln (*Groh* BB 82, 135). Beisp: Unentgeltl Dienst- oder Kapitalüberlassungen, die nach der GmbH-Satzung zu erbringen sind. Das in Anm 48 zur verdeckten Einlage Gesagte gilt entspr. Das **Aufgeld,** das bei der Ausgabe neuer Gesellschaftsrechte zu zahlen ist, ist Einlage; dazu auch § 9. Auch das Aufgeld von Wandelschuldverschreibungen und Optionsanleihen ist Einlage (*Döllerer* AG 86, 237, 240 mit Untersuchungen von verschiedenen Gestaltungen); insoweit hindert also auch die zukünftige Gesellschaftereigenschaft nicht, die Leistung als Einlage zu werten (*Döllerer* AG 86, 237, 241; vgl Anm 34). Die Abführung von Mehrerlösen aus Aktienemissionen werten *Meilicke/Meilicke* DB 85, 457 als Einlage. Ebenfalls ist die **Verlustabdeckung** durch die AntE Einlage (RFH StuW 34 Nr 761; BFH BStBl II 80, 494; II 90, 797), es sei denn, die Verlustübernahme ist Verpflichtung aus einem als betriebl anzuerkennenden Vertrag (BFH BStBl II 83, 744); s auch § 14 Anm 102. Zum Verhältnis zu **§ 1 AStG** s Anm 64.

39. *einstweilen frei*

40. Verdeckte Einlagen

Schrifttum: *Kamm,* Gesellschafterdarlehen an KapGes, Diss Genf, 1967; *Hussmann,* Verdeckte Einlagen im KSt- und GesellschaftStRecht, Diss Erlangen-Nürnberg, 1976; *Döllerer,* Verdeckte Einlagen bei der AG, BB 71, 1245; *ders* BB 79, 57;

Verdeckte Einlagen 41 § 8

Farrenkopf, „Kapitalersetzende" Gesellschafterdarlehen bei der AG, Diss Frankfurt, 1984; *Sarrazin,* Neue Entwicklungen bei der stl Behandlung vGA und verdeckter Einlagen, Wpg 85, 625; *Wassermeyer,* Verdeckte Nutzungseinlagen im Verhältnis zwischen in- und ausl KapGes und ihre ertragstl Behandlung, AG 85, 285; *Döllerer,* Verdeckte Einlagen bei KapGes – das Spiegelbild der vGa? FS v Wallis, 1985, 293; *Westerfelhaus,* DB 86, 713; *Eppler,* Neue Tendenzen beim verdeckten StammKap? DStR 86, 741; *Wassermeyer,* Die Gesellschafterfremdfinanzierung – Ein Mißbrauch von Gestaltungsmöglichkeiten? IdW – Fachtagung 1986, Bericht, 149; *Fichtelmann,* NWB F 4, 3549 (8/87); *Streck,* VGa und verdeckte Einlagen in der Steuerpraxis, GmbHR 87, 104; *Meyer-Scharenberg,* Zur Bewertung vGa und verdeckter Einlagen, StuW 87, 11; *Korn,* Entnahmen und Einlagen von Nutzungen, KÖSDI 87, 6772; *ders,* Beratungserkenntnisse aus der Rspr zur verdeckten Einlage und vGa, KÖSDI 89, 7528; *Wassermeyer/Döllerer/Uelner/Raupach* JbFfSt 88/89, 325; *Groh,* Verdeckte Einlagen unter dem BilRiG, DB 90, 379; *Westerfelhaus* DB 90, 2035; *Seibold,* Die ertragstl Behandlung sog verdeckter Einlagen, DStR 90, 719; *Beiser,* Nutzungseinlagen in Körperschaften, StuW 91, 136; *Wassermeyer,* Eigenkapitalersetzende Leistungen im StR, StbJb 91/92, 345; *Thiel,* Einlagen in KapGes – Aktuelle StFragen bei der Gesellschaft u beim Gesellschafter, DStR 92, 1; *ders,* Im Grenzbereich zwischen Eigen- u Fremdkap – Ein Streifzug durch die ertragsteuerrechtl Probleme der Gesellschafter-Fremdfinanzierung, GmbHR 92, 20; *Hoffmann,* Die Einlagen in KapGes als Bilanzierungsproblem beim Einlegenden, BB 96, Beil 16; *ders* DStJG 20 (1997), 141; s auch Anm 32 und Anm 60 und die nachfolgenden Zitate.

Offene und verdeckte Einlagen werden im KStRecht gleich behandelt; abw also von den Gewinnausschüttungen, wo die vGa besondere Rechtsfolgen auslösen kann. Die **begriffl Unterscheidung** zwischen offenen und verdeckten Einlagen ist nicht exakt. Offene Einlagen sind die handelsrechtl Einlagen, die die Kennzeichnung der Einlage auf der Stirn tragen (s Anm 3). Verdeckte Einlagen sind erst aufzuspüren, da sie sich regelmäßig in ein anderes Rechtsgewand kleiden.

41. Begriff: Eine verdeckte Einlage liegt **nach der Rspr** – analog zur früheren Begriffsbestimmung der vGa, s Anm 65 – vor, wenn der AntE seiner Ges oder der dem AntE Nahestehende der Ges des AntE (vgl Anm 34 u Anm 72 ff; BFH BStBl II 83, 744) einen Vermögensvorteil gewährt, den ein NichtGes bei Anwendung der Sorgfalt eines ordentl Kaufmanns nicht gewährt hätte (BFH BStBl II 68, 722; II 70, 442; II 80, 494; II 83, 744; II 85, 227, 320; II 90, 86 betr Ges; A 36 a I KStR 1985; *Döllerer* BB 71, 1248; aA – rein objektive Bestimmung – *L Schmidt* in einer Bemerkung JbFfSt 79/80, 337; A 36 a I KStR u die „Verwaltungsgrundsätze", dazu Anm 99, sprechen in Tz 1.3.1.2. neutral von einlagefähigen Zuwendungen, die ihre Ursache im GesVerhältnis haben). Zweifelhaft ist die Anknüpfung an die vGa (die begriffl ohnehin wegen ihres Bezugs zum AnrVerf eigene Wege geht; vgl BFH GrS BStBl II 88, 348, Anm 65); die verdeckt ausschüttende Körperschaft ist zwar Kaufmann, nicht aber notwendig der AntE, der folgl nicht mit dem Maßstab eines Kaufmanns gemessen werden kann. Der vom BFH BStBl II 83, 744 angebotene Ausweg, der Nichtkaufmann müsse sich so behandeln lassen, als sei er Kaufmann, überzeugt nicht; es gibt keinen zwingenden Grund für diese Gleichschaltung. Ist der AntE gleichzeitig Geschäftsführer der GmbH, kann der diese Tätigkeit bestimmende Maßstab herangezogen werden. Ist er Privatier, muß der Maßstab des ordnungsgemäß handelnden AntE entwickelt werden. Im Verhältnis zur vGa ist bedeutsam, daß die vGa handelsrechtl idR untersagt, die verdeckte Einlage hingegen zulässig ist (BFH VIII R 133/82 v 22. 11. 83 BB 84, 513). Absicht der Vorteilszuwendung ist ebensowenig erforderl wie eine vertragl Einigung über die Einlage. Haben die Leistungen bei der empfangenden Körperschaft einen betriebl zureichenden Grund, liegen keine Einlagen vor (BFH BStBl II 72, 339); das gleiche gilt bei angemessener Gegenleistung (BFH BStBl II 80, 752; diese Entscheidung zur KVSt gilt auch für die KSt, *Döllerer* ZGR 82, 576). Die Regeln über den **Vorteilsausgleich** (s Anm 93) sind anwendb. Maßgebender **Zeitpunkt** für die Frage, ob eine verdeckte Einlage vorliegt, ist der Zeitpunkt des Vertragsabschlusses, dh das Verpflichtungs-, nicht das Erfüllungsgeschäft; liegt ein obligatorischer Vertrag nicht vor, ist der Zeitpunkt der Leistungserbringung maßgebend. S auch Anm 83 zur vGa; hier gelten die gleichen Grundsätze. Zur Besteuerung s Anm 30. Soweit verdeckte Einlagen bei der inl Besteuerung von Bedeutung sind, ist dt StRecht maßgebend, auch wenn ein **Sachverhalt im Ausl** gegeben ist (BFH BStBl II 77, 574 betr Einlagen zwischen SchwesterGes; VIII R 37/79 v 22. 11. 83 BB 84, 514; BStBl II 90, 875). Zur verdeckten Einlage im Verhältnis zum HandelsR nach dem BilRiG s *Groh* BB 90, 379.

42. Darlehen des AntE an die eigene KapGes bilden keine verdeckte Einlage; dies mag allenfalls in extremen Ausnahmefällen mögl sein. Entspr gilt auch für Einlagen des **stillen Gesellschafters** (vgl *Tillmann* StbKongrRep 78, 293). Selbst Darlehen an die eigene überschuldete GmbH führen nach der Rspr nicht zu verdeckten Einlagen (BFH BStBl II 76, 236; s außerdem BFH BStBl III 59, 197; III 65, 119, II 83, 147; erneute Bestätigung BFH/NV 87, 326, 328; folgend FinVerw 1976 StEK KStG § 6 vGa Nr 37). Verdecktes Stammkapital war und ist (s weiter unten) damit praktisch ausgeschlossen. Zweifelhaft könnte sein, ob sich diese Beurteilung durch die §§ 32a f GmbHG änderte; mE war dies zu verneinen (vgl *Streck* KÖSDI 80, 3959; *Tillmann,* Das neue GmbHRecht in der Diskussion, 1981, 134; *ders* GmbHR 81, 17; *Heinemann,* Die GmbH-Novelle in der StBeratung, 1982, Anm 120ff). Das gleiche gilt für kapitalersetzende Darlehen iSd BGHRspr zu §§ 30, 31 GmbHG. Unter Berücksichtigung der weiter unten behandelten Entscheidung BFH BStBl II 92, 532 wird man wie folgt zu unterscheiden haben: Liegt eine direkte Einlage vor, ist der Einlagecharakter eindeutig. Liegt ein Darlehen vor, das gesellschaftsrechtl als kapitalersetzendes Darlehen zu werten ist, so liegt zivilrechtl weiterhin eine Schuldverpflichtung vor, die nicht als Einlage zu werten ist. Das gleiche gilt für sonstige Darlehen. Eine Einlage liegt erst dann vor, wenn auf das Darlehen verzichtet wird. Sodann stellt sich allerdings das Problem der stl Behandlung dieses Verzichts (dazu Anm 43).

In Abweichung von dieser Rspr bemühte sich die **FinVerw,** die Fremdfinanzierung durch nichtanrechungsberechtigte AntE unter bestimmten Bedingungen dem Eigenkapital gleichzusetzen; die gesetzl Regelung des § 8a sollte vorweggenommen werden (vgl BdF BStBl I 87, 373, ergänzt 1988 StEK KStG 1977 § 8 Nr 60 u 61 betr inl Betriebstätten ausl KapGes u keine Anwendung bei bestandskräftigen Veranlagun-

Verdeckte Einlagen 43 § 8

gen; FinVerw 1988 StEK KStG 1977 § 8 Nr 62 betr Treu und Glauben; dazu *Thiel* GmbHR 92, 20). Die Regelung war in ihrer Grenzziehung und in ihren unklaren Tatbeständen auf scharfe Kritik gestoßen; vgl *Centrale für GmbH* GmbHR 86, 218, *DAV* AnwBl 86, 392; *DStV* Stbg 88, 66; *Korn* KÖSDI 87, 6761; *Haug* DStZ 87, 287; *Streck* GmbHR 87, 104; *Tillmann* GmbHR 87, 329, 332, *Wassermeyer,* IdW Fachtagung 1986, Bericht, 149; *Curtius-Hartung* StbJb 86/87, 9, 12; *Krüger* BB 87, 1081, *Kaiser* DStR 91, 1105; *Horlemann* DStZ 92, 138; *Weber* BB 92, 525. Sie war dogmatisch nicht begründbar, tatbestandl unscharf und in ihrer Konsequenz nicht hinreichend bedacht. BFH/NV 87, 326, 328 bestätigte den bis dahin geltenden Rechtszustand; FG D'dorf EFG 89, 80; 91, 147 und FG RhPf EFG 90, 198 lehnten die BdF-Regelung ab. BFH BStBl II 85, 320 verwendete allerdings betr einer Bürgschaft Formulierungen, die Darlehen als verdecktes NennKap für mögl erscheinen lassen (so auch *Mathiak* StuW 85, 273; für Überprüfung der Rspr auch *Döllerer* JbFfSt 86/87, 37). BFH BStBl II 91, 935 gewährte die Aussetzung der Vollziehung und kündigte damit die Ablehnung des Erlasses an; ähnl BFH BStBl II 91, 588 betr Forderungsverzicht gegen Besserungsschein. Endgültige **Ablehnung** des Erlasses sodann durch **BFH BStBl II 92, 532** (ebenso BFH/NV 92, 629; FG Nds GmbHR 92, 392; dazu auch *Wassermeyer* ZGR 92, 639; *Müller-Gatermann* FR 92, 497). Eigenkapital ersetzende Darlehen, die die Rspr aus §§ 30, 31 GmbHG ableitet, bleiben zivilrechtl Darlehen, die auch Zinszahlungen rechtfertigen können. Dies gilt auch für nichtanrechnungsberechtigte AntE, zB für ausl Darlehensgeber. Eine bestimmte Eigenkapitalquote schreibt weder das StR noch das ZivilR vor. IdR gibt es auch wirtschaftl vernünftige Gründe, der Fremdfinanzierung der Eigenfinanzierung vorzuziehen, so daß § 42 AO ausgeschlossen ist. BMF BStBl I 92, 653 hob den Erlaß BStBl I 87, 373 auf. Mit dieser Rspr ist der **neue § 8a** vereinb, da er die Schuldverpflichtung bestehen läßt und nur bestimmte Zinsen als vGa fingiert (s § 8a Anm 1). Soweit die FÄ der Anweisung 1987 gefolgt sind, sind Korrekturen iSd BFH-Entscheidung BStBl II 92, 532 angebracht. Soweit zB die Fremdfinanzierung inl Immobilien ausl Töchter ausl Pensionsfonds nicht anerkannt wurden (vgl *Streck* BB 84, 1999 u GmbHR 87, 104), ist die Anerkennung geboten. In der Praxis zeigt sich, daß die FÄ dem BFH nicht uneingeschränkt folgen. So sollen zB zinslos gestellte Gesellschafterdarlehen, die darüber hinaus ein Kündigungsrecht ausschließen, weiterhin verdecktes StammKap darstellen; abzulehnen: die Zinslosigkeit ist nicht ungewöhnl; sie entspricht dem gesetzl Modell der §§ 607ff BGB; der Ausschluß der Kündigung ist bei Gesellschafterdarlehen nicht selten.

43. Abtretungen von werthaltigen **Forderungen** stellen mit dem Nennwert der Forderung eine Einlage dar. Abtretungen von bedingten und befristeten Forderungen sind keine unmittelb zu bilanzierenden Einlagen, da kein gegenwärtiger Vermögensgegenstand übertragen wird; tritt die Bedingung ein, läuft die Frist ab, ist die Einlage zu bilanzieren. Zweifelhafte Forderungen sind in Höhe des Teilwerts einzulegen. Strittig ist, mit welchem Wert nicht werthaltige oder wertlos gewordene **Gesellschafterdarlehen** –

zB durch Verzicht – **eingelegt** werden können. Die Gesellschafterdarlehen sind bei der Gesellschaft mit dem Nennwert passiviert. Die Einlage ist mithin mit dem Nennwert anzusetzen, da es sich um den Wegfall einer Verbindlichkeit handelt (*Thiel* DStR 92, 1 u GmbHR 92, 20, 23; *Hoffmann* BB 91, 773 u BB 92, 575; *Orth* FR 94, 251, 391; *Hollatz* DStR 94, 1137); aA *Wassermeyer* DB 90, 2288, der die Forderung mit dem Teilwert – bei notleidenden Darlehen idR mit 1 DM – ansetzen will (glA *Elberg* FR 94, 391). Forderungen sind – Auswirkungen des Imparitätsprinzips – auf der Gläubiger- und Schuldnerseite unterschiedl zu bewerten. Insoweit ist es für die Erfassung der Einlage auf der Seite der KapGes auch unerhebl, wie die Einlagen beim AntE – insbesondere bei der Anwendung des § 17 EStG – bewertet werden. Wie *Thiel* auch FG Münster GmbHR 93, 448; Az der Revision I R 23/93; ohne Stellungnahme *Widmann* StbJb 93/94, 303. BFH BStBl II 95, 27 hat das Problem dem **GrS** vorgelegt; er selbst spricht sich mit der Mehrheitsmeinung der Einlage zum Nominalwert aus (ebenso *Hoffmann* DStR 95, 77 u DB 95, 614; *Marx* FR 95, 453; aA *Weber-Grellet* BB 95, 243, GrS 1/94 v 9. 6. 97, DStR 97, 1282: Einlage in Höhe des **Teilwerts** der Forderung). Zum Forderungsverzicht zwischen Schwester-Ges als Einlage der MutterGes s BFH BStBl II 68, 720. Gewinnchance als Einlage s FG Berlin EFG 90, 264.

Bürgschaftszahlungen eines AntE können Einlagen darstellen, wenn der AntE keinen Rückgriff bei der KapGes nehmen will und diese endgültig von einer Verpflichtung befreit wird. Da die Forderung wegen der Bürgschaft werthaltig ist, stellt sich mE hier das Problem der Bewertung nicht (s oben zum Verzicht auf nicht mehr werthaltige Gesellschafterdarlehen). Tritt der Rückgriffanspruch an die Stelle der erfüllten Verbindlichkeit, entscheidet erst das weitere Schicksal dieser Gesellschafterforderung über die Frage der Einlage. Vgl zu diesen Problemen auch *Wassermeyer* StbJb 91/92, 345, 351; *Fichtelmann* GmbHR 88, 72. Das Problem ist zu trennen von der Frage, wie sich Bürgschaftszahlungen im Rahmen des § 17 EStG auswirken (s dazu die Kommentierung zu § 17 EStG).

44. Der Verzicht auf eine **Pensionsanwartschaft** ist keine Einlage; falls eine Rückstellung passiviert war, führt der Verzicht nach BFH BStBl III 67, 421 und II 93, 804 zu einem Ertrag. Anders bei Pensionsansprüchen nach Eintritt des Versorgungsfalls; hier kann der Verzicht zur Einlage führen. Eine entgeltl Ablösung der Pensionszusage ist mögl (vgl Anm 150 „Pensionszusage" gegen Ende). **Gehaltsverzicht** als Einlage s FG Saarl EFG 92, 44. Zahlungen an den Geschäftsführer für einen Verzicht auf Tantiemeansprüche müssen keine Einlagen sein (BFH VIII R 37/79 v 22. 11. 83 BB 84, 514).

45. Gesellschaftsanteile können Gegenstand einer Einlage sein (BFH BStBl III 67, 733; II 80, 494: Gewinnrealisierung; glA *L Schmidt* Inf 79, 361; s auch HFRAnm 80, 375; abweichend BFH III 66, 110 betr Buchwertfortführung – keine Gewinnrealisierung – bei Übertragung einer wesentl Beteiligung auf die Körperschaft, an der die Beteiligung besteht). Zur Anwachsung s Anm 150 zu diesem Stichwort. **Immobilien:** Keine verdeckte Einlage eines AntE bei Verzicht auf Mitbietung in der Zwangsversteigerung zugunsten der GmbH (FG RhPf EFG 86, 200).

Nutzungsüberlassung 46–48 § 8

46. Soweit die Einlage über **unangemessene Preise** erfolgt, zB bei Warenlieferungen, sind die Preise zu korrigieren – Gewinnminderung – und der Differenzbetrag als Einlage zu behandeln (vgl BFH BStBl II 90, 86 betr landwirtschaftl Gen; FG BaWürt EFG 89, 369). Nachträgl Preissenkungen oder Preiserhöhungen können verdeckte Einlagen sein (BFH BStBl II 75, 125). War von Anfang an nur ein vorläufiger Preis vereinbart – zB bei ausl Vertriebstöchtern, deren Gründungsaufwand und Anlaufverluste noch nicht abzusehen sind –, so ist diese Vorläufigkeit und ihre spätere endgültige Festlegung mit entspr Rück- oder Nachzahlungen anzuerkennen (BFH BStBl II 72, 339). Keine verdeckte Einlage, wenn sich die MutterGes gegenüber einem bestimmten Lieferanten der TochterGes verpflichtet, ihren Warenbedarf bei diesem Lieferanten zu überhöhten Preisen zu decken (BFH BStBl II 81, 181; zust *Jurkat* StRKAnm KStG § 11 Ziff 4 R 12).

47. Immaterielle Wirtschaftsgüter, zB Geschäftswert, Know-how, Kundenstamm usw, sind nach Ansicht des BFH einlagefähig; die Werte werden realisiert; § 5 II EStG findet keine Anwendung (BFH BStBl II 87, 455 betr Firmenwert mit Anm v *L Schmidt*, FR 87, 231; BStBl II 87, 705 betr Firmenwert mit HFRAnm 87, 512 u *L Schmidt* FR 87, 380; BFH/NV 90, 20 u BStBl 91 II, 512 betr Firmenwert; BFH/NV 87, 468 betr geschäftswertähnl WG; zu dieser Rspr auch *Lange* NWB F 4, 3557 (8/87); *Jahn* DB 87, 1459). Der BFH hat seine Rspr geändert; nach der vorangegangenen Ansicht waren diese WG nicht einlagefähig (BFH BStBl III 66, 690; II 75, 553 korrespondieren mit BFH BStBl II 77, 467 betr Gewinnverteilungsänderung in der **GmbH & Co KG**, s dazu heute Anm 150 „GmbH & Co KG"; II 82, 631 mit Bestätigung von BFH BStBl II 75, 553; die FinVerw wandte BFH BStBl II 75, 553 nicht an, BStBl I 76, 418; gegen die frühere Rspr auch *L Schmidt* StbKongrRep 77, 83; *Paus* StBp 82, 65 betr Einlage eines Mitunternehmeranteils).

48. Unentgeltl oder unangemessen niedrig vergütete **Dienst-, Gebrauchs- oder Nutzungsüberlassung** führt nach der Rspr nicht zur Einlage (BFH BStBl III 55, 397 betr Geschäftsführervertrag; BStBl III 56, 288; III 60, 513; II 71, 408 u VIII R 133/82 v 22. 11. 83, BB 84, 513 mit HFR-Anm 84, 214 betr Mieten/Pacht; II 82, 631 allg u betr Dienstleistungen). Dies gilt auch für Darlehen; eine ZinszahlungsPfl der KapGes besteht nicht (BFH BStBl II 81, 612; II 84, 747; FG Nds EFG 77, 134 u FG D'dorf EFG 79, 201 betr verbilligte Zinsen zwischen verbundenen Unternehmen). GlA FinVerw BStBl I 79, 564; A 36a KStR; *Groh* BB 82, 135 u andere; aA *Sarrazin* JbFfSt 79/80, 388, 393; *Raupach* JbFfSt 80/81, 26 u FR 78, 580 u andere. Zur Problematik der Entscheidung BFH BStBl II 81, 612 und ihren Ausführungen s auch *Fuchs/Lempenau* BB 82, 484; *Fiedler* BB 83, 240, 1014; *Jonas* BB 83, 682; *Brezing* StbJb 83/84, 216. Zur Frage von verdeckten Einlagen, wenn ausl MutterGes Zahlungen an Arbeitnehmer leisten, die auf Zeit zur Dienstleistung an die inl TochterGes abgeordnet sind s BFH BStBl II 84, 535.

Die Auseinandersetzung um die Nutzungseinlage führte zur Vorlage an den **GrS** (Vorlagebeschluß BStBl II 87, 65). BFH GrS BStBl II 88, 348 hat im wesentl die bisherige Rspr bestätigt: Einlage kann nur das sein, was in

§ 8 49   Ermittlung des Einkommens

den Vermögensvergleich nach § 4 I EStG eingeht (s auch Anm 33); dazu zählen nicht die Nutzungsvorteile, da keine bilanzierbaren WG vorliegen. Anwendb auch auf Dienstleistungen (BFH BStBl II 89, 633). Das Problem der Nutzungsvorteile zwischen SchwesterGes löst der GrS wie folgt: Die vorteilsleistende Ges erbringt eine vGa an die MutterGes; die MutterGes gibt Vorteile an den Vorteilsempfänger weiter; bei der MutterGes wird der Vorteil verbraucht; sie kann das KStGuthaben anrechnen. Fazit: vGa-Versteuerung bei der Vorteilsleistenden; Anrechnung bei der MutterGes ohne (!) Ansatz der vGa. Zur StBel bei dieser Berechnung s *Herzig/Förster* DB 88, 1329. Aus der Diskussion um die Nutzungseinlage vor und nach dem Beschluß des GrS: *Raupach*, FS v Wallis, 1985, 309; *Weber* StBp 87, 269; *Korn* KÖSDI 87, 6772; *Schröder* StBp 87, 147; *Paus* DStZ 87, 535; *Fasold* BB 87, 1220; *Streck* GmbHR 87, 110; *Bordewin* NWB F 3, 6389 (1/87); *Meyer-Scharenberg* DB 87, 1379 u StuW 87, 11; *Sarrazin* FR 87, 448; *Schneeloch* BB 87, 481; HFRAnm 87, 199; *Groh* DB 88, 514, 571; *Döllerer* BB 88, 1789; *Schneeloch* BB 88, 1929; *Brezing* AG 88, 230; *Scheel* BB 88, 1211; *Bordewin* DStR 88, 227; *Felix* DStZ 88, 179; *Koenen* BB 89, 1455; *Meermann* StBp 89, 121; S *Schröder* StBp 90, 196.

Soweit von der unentgeltl oder verbilligten Dienst-, Gebrauchs- oder Nutzungsüberlassung **Kosten** anfallen – Beisp: Refinanzierungskosten für unentgeltl Darlehen –, stellen auch diese Aufwendungen keine Einlagen dar (BFH GrS BStBl II 88, 348). A 36 a KStR 1985 hielt diese Kosten noch für einlagefähig (unter Berufung auf RFH RStBl 44, 434 u BFH BStBl III 60, 513). Entstehen bei einer **BetrAufsp** aufgrund zu niedriger Pacht nachhaltige Verluste im Besitzunternehmen, so führen auch diese Verluste nicht zur Einlage (BFH VIII R 133/82 v 22. 11. 83, BB 84, 513 u Vorinstanz FG RhPf EFG 82, 585 für den Fall, in dem eine Pacht aus wirtschaftl vernünftigen Gründen herabgesetzt wurde; aA BFH BStBl III 60, 513). BFH BStBl III 60, 513 ist in diesem Zusammenhang eine schillernde Entscheidung; denn auch BFH GrS aaO stützt sich auf dieses Urteil. Führt die Nutzungsüberlassung dazu, daß sie selbst iSd GesR **kapitalersetzend** wird, so wird allerdings erwogen, den zur Nutzung überlassenen Gegenstand, auf den sich der Sachhaftungsanspruch bezieht, mit seinem Teilwert als Einlage einzubuchen (vgl *Wassermeyer* StbJb 91/92, 345). Waren Entgelte für die Dienst-, Gebrauchs- oder Nutzungsüberlassung vereinbart und wird hierauf später **nach Leistungserbringung verzichtet,** ist die Forderung (bzw bei der KapGes die passivierungspfl Verbindlichkeit) entstanden, so daß eine Forderungseinlage (Anm 43) vorliegt (BFH VIII R 133/82 aaO mit HFRAnm 84, 214; BFH BStBl II 84, 747 mit Anm *L Schmidt* FR 84, 543 betr entstandene Zinsforderungen; *Korn* KÖSDI 82, 4761).

49. In diesen Fällen (Anm 48) liegt auch keine Einlage vor, wenn der Begünstigte eine **ausl Körperschaft** ist (BFH BStBl II 81, 612; II 82, 632; VIII R 37/79 v 22. 11. 83, BB 84, 514; FinVerw BStBl I 79, 564; FG Nds EFG 77, 134 u FG D'dorf EFG 79, 201 mit zust Anm v *Döllerer* BB 79, 1539 betr niedrig verzinste Darlehen; offengelassen noch von BFH BStBl II 71, 408; aA früher FinVerw 1970 StEK KStG § 5 Nr 2 betr Darlehen inl

Gewinnausschüttungen **50–56 § 8**

MutterGes an ausl TochterGes). Ab 1972 kann insoweit **§ 1 AStG** eingreifen; s Anm 64. Die Fragen, ob eine verdeckte Einlage vorliegt oder ob § 1 AStG begründet ist, sind gesondert zu beantworten; die verdeckte Einlage kann nicht mit § 1 AStG begründet werden (BFH BStBl II 84, 747).

50. Sanierung und Einlage schließen sich gegenseitig aus (BFH BStBl II 68, 720); es ist jeweils zu prüfen, ob das eine oder das andere vorliegt. S Anm 7 u Anm 150 „Sanierung".

Zur **Rückzahlung** einer verdeckten Einlage s Anm 150 „Einlagenrückgewähr"; zur Rückzahlung einer vGa s Anm 150 „Rückzahlung".

51.–54. *einstweilen frei*

55. Gewinnausschüttungen (Abs 3) dürfen die stl Bemessungsgrundlage nicht mindern. Es liegt Einkommensverwendung vor, die wie im EStRecht – aus versteuertem Einkommen erfolgen soll. Dies gilt gleichgültig, ob die Körperschaft beschr oder unbeschr, ob der AntE beschr oder unbeschr stpfl ist. Dieser Grundsatz hat nach der KStReform an Überzeugungskraft verloren; die KSt ist nur noch eine Steuer mit Vorauszahlungscharakter. Entscheidend ist, daß die Gewinnausschüttungen bei dem AntE der ErtragSt unterliegen; die Belastung mit einer „Vorauszahlungssteuer" hätte zurücktreten können. Soweit der AntE nicht unbeschr stpfl ist, bleibt jedoch die Notwendigkeit, alle Gewinnausschüttungen der KSt zu unterwerfen; das gleiche gilt, solange die GewSt an die körperschaftsteuerl Bemessungsgrundlage anknüpft. Zur Sicherung der GewSt und ErtragSt nicht unbeschr stpfl AntE würde jedoch eine Hinzurechnungsvorschrift des GewStG und eine Regelung der KapErtragSt reichen (*Friauf* StbJb 79/80, 549 ff; *Streck* GmbHR 82, 31). FG D'dorf EFG 86, 478 u 87, 373 verzichtet dort, wo beim AntE eine Versteuerung erfolgt ist, auf die Herstellung der AusschüttungsBel (das FG folgt *Pezzer,* Die vGa im KStRecht, Köln, 1986, 2 ff; s auch *Pezzer* DStJG 20 (1997), 5 ff). Der BFH ist ihm nicht gefolgt (BFH BStBl II 87, 508). S auch Anm 61.

56. Handelsrechtl ordnungsgemäß beschlossene Ausschüttungen (**offene Ausschüttungen**) dürfen grundsätzl das Einkommen nicht mindern. Bei der GmbH sind auch solche Ausschüttungsbeschlüsse ordnungsgemäß, die zeitl später erfolgen, zB in 1996 für 1994. Anders nur, wenn bereits eine Vertrauensgrundlage für Gläubiger entstanden ist, etwa weil ein Gewinn als Gewinnvortrag oder Rücklage in der Bilanz ausgewiesen wurde (*Stockmeyer* GmbHR 80, 63). Unter den gleichen Bedingungen können Gewinnverteilungsbeschlüsse auch geändert werden; BFH BStBl II 83, 512 u Nds FG EFG 87, 138 erkennen eine spätere Änderung mit stl Wirkung auch an, wenn sie stl motiviert ist (Änderung wegen Einführung des Verlustrücktrags); ebenso BFH/NV 90, 454. Führen nicht beachtete Bilanzierungsvorschriften oder das Fehlen einer Prüfung einer prüfungspflichtigen GmbH zur **Nichtigkeit** des Jahresabschlusses einer AG, ist auch der auf dem Jahresabschluß basierende Ausschüttungsbeschluß nichtig, ordnungsgemäß beschlossene Ausschüttungen werden zu vGa (vgl *Stockmeyer* GmbHR 80, 59; *Rauch* BB 97, 35 betr unterlassene Pflichtprüfung); „Jahresabschluß", das gleiche gilt idR bei der GmbH (vgl *Stockmeyer* aaO); s auch Anm 150 „Prüfungspflicht"; zur Auswirkung im AnrV s § 28 Anm 4. Hat der Ausschüttungsbeschluß aufgrund eines nichtigen Jahresabschlusses noch nicht das AnrV ausgelöst (dazu § 27 Anm 10, 12), so kann der ordnungsgemäße Beschluß noch erfolgen (vgl FG Nürnberg EFG 87, 139). Zur Abgrenzung von Gewinnausschüttungen und Schulderfüllung s BFH BStBl II 83, 128.

57. *einstweilen frei*

58. Genußrechte: Nach Abs 3 dürfen auch Ausschüttungen auf Genußrechte, mit denen das Recht der Beteiligung am Gewinn und am Liquidationserlös der KapGes verbunden ist, das Einkommen nicht mindern. Durch das StBerG 1985 (vor § 1 Anm 19) wurde das Wort „Genußscheine" durch das Wort „Genußrechte" mit Wirkung ab VZ 1985 ersetzt, um sicherzustellen, daß auch nicht verbriefte Rechte betroffen sind (BT-Drucks 10/2370). Entscheidend für die Abzugsfähigkeit ist, ob mit den Genußrechten eine Beteiligung am Gewinn und am Liquidationserlös der KapGes verbunden ist (BFH BStBl II 96, 77 u NichtanwendungsErl BMF BStBl I 96, 49). Vgl hierzu weiter FG BaWürt EFG 93, 174; *Sontheimer* BB 84, Beil 19; *Sarrazin* StbJb 85/86, 135; *Meilicke* BB 87, 1609; *Pougin,* Genußrechte, 1987; *Linscheidt* DB 92, 1852; *Winter* GmbHR 93, 31; *Hoffmann* GmbHR 93, 280. Zur wirtschaftl Bedeutung der Genußrechte: *Ziebe* BB 84, 2210, 88, 225; *Pougin,* FS für Oppenhoff, 1985, 275, 285; *Angerer* DStR 94, 41; *Mudrack* BB 88, 1268 betr Besonderheiten bei Versicherungsunternehmen. Zur bilanziellen Behandlung der Genußrechte s *Emde* BB 88, 1214; *Lutter,* FS Döllerer, 1988, 383; *Emmerich/Naumann* Wpg 94, 677; *Küting/Kessler/Harth* BB 96 Beil 4 zu Heft 8. Zur Besteuerung der Berechtigten aus den Genußrechten *Hoffmann* RiW 85, 390.

59. *einstweilen frei*

60. Verdeckte Gewinnausschüttungen

Schrifttum: *Harder,* Pflichtprüfung und vGa im Aktienrecht, in: Prüfung und Besteuerung der Betriebe, FS Eich, 1959, 61; *Westerfelhaus/Glade,* VGa als strechtl und betriebswirtschaftl Problem, 2. Aufl, 1961; *Fröhlich,* Die vGa, 1968; *v Wallis,* Der betriebl u gesellschaftsrechtl Bereich bei KapGes im Handels- u StR, Festgabe Maunz, 1971, 435; *de la Motte* StKongrRep 73, 125; *Brezing,* Verrechnungsentgelte und Umlagen zwischen KapGes und ihren Gesellschaftern im StRecht, 1975; *Röhrkasten,* Die vGa im Gesellschafts- und StRecht, Diss Hamburg, 1976; *Otto,* Die Anwendbarkeit der Begriffe „Einlagen" und Entnahmen" des EStG bei der Gewinnermittlung von KapGes, Diss Berlin, 1976; *W Schneider,* Probleme der kstl Einkommensermittlung bei Leistungsbeziehungen zwischen verbundenen KapGes, 1977; *Barth,* VGa, die keine sind, BB 77, 636; *ders,* Stl Diskriminierung der FamilienKapGes in der BFH-Rspr durch die Annahme von vGa, DB 77, 2157, 2199, 2252, 2300, 2348; *Brezing,* Die Bedeutung des Zivilrechts für die Annahme einer vGa, FR 77, 463; *Brandt-Pollmann,* VGa in der Rspr des BFH, DStR 78, 127; *Otto,* Der Einlage- und Entnahme-Begriff in der bei KapGes anzuwendenden Gewinnermittlungsvorschrift, DB 79, 30, 131, 183; *Döllerer,* VGa und verdeckte Einlagen nach neuem KStRecht, BB 79, 57; *Wittstock,* Die ErtragStBel von offenen und vGa nach der KStReform, Diss Berlin, 1979; *Nolte,* Zum Problemkreis „vGa und Einlagen der AntE", DB 80, 1364; *Döllerer,* Die vGa und ihre Rückabwicklung nach neuem KStRecht, DStR 80, 395; *Stockmeyer,* Aktuelle Probleme der Gewinnausschüttung in kstl und handelsrechtl Sicht, GmbHR 80, 59; *Kupsch,* Zur Problematik der vGa bei öffentl Unternehmen, in *Friedrich/Kupsch,* Die Besteuerung öffentl Unternehmen, 1981, 363; *Weindl,* Probleme der vGa im neuen KStG,

Diss Regensburg, 1981; *Streck,* Aktuelle Probleme offener und vGa, GmbHR 82, 22; *Briese,* Verdeckte Ausschüttungen beim Erwerb von Gegenständen des Anlagevermögens, DB 83, 846; *Schulze,* Zur KapErtrSt bei vGa in Form von Nutzungsüberlassungen und Dienstleistungen, BB 83, 1846; *Brezing,* Überlegungen zum Zufluß, Abfluß und Rückfluß vGa, StbJb 83/84, 215; *Ebert,* Die Besteuerung von vGa bei der Ges u beim AntE, BB 84, 1221; *Lang,* Besteuerung vGa bei verbundenen Unternehmen, FR 84, 629; *Knolle,* Die vGa im Schnittpunkt von GmbH-Recht, BilRecht u StR, 1984; *Woerner,* VGa an beherrschende Gesellschafter einer KapGes – Auflockerungstendenzen der Rspr des I. Senats? FS von Wallis, 1985, 327; *Westerfelhaus,* Zum Begriff der vGa, DB 85, 937; *Sarrazin,* Wpg 85, 625; *Becker,* Der ordentl Geschäftsleiter – wachsender Einfluß oder abklingende Bedeutung? StbJb 85/86, 381; *Carlé,* Sonderstatus beherrschender GmbH-Ges in stl Sicht, KÖSDI 86, 6349; *Reich,* Verdeckte Vorteilszuwendungen zwischen verbundenen Unternehmen, ArchSchwAbgR Bd 54 (1986), 609; *Wassermeyer,* Rechtsprechungstendenzen zur Besteuerung der GmbH, GmbHR 86, 26; *Pezzer,* Die vGa im KStR, 1986; *Streck,* vGa und verdeckte Einlagen in der StPraxis, GmbHR 87, 104; *Wassermeyer,* Die Auswirkungen der vGa auf die Steuerbilanz, DStR 87, 484; *ders,* Einige grundsätzl Überlegungen zur vGa, DB 87, 1113; *Meyer-Scharenberg,* Zur Bewertung vGa und verdeckter Einlagen, StuW 87, 11; *Krebs* StbJb 87/88, 337; *Holtermann,* Verbotene Kapitalrückzahlung und vGa durch Dritte im Recht der AG, BB 88, 1538; *Klemm,* DStR 88, 484; *Becker,* Der ordentl Geschäftsleiter – im deutschen und ausl Recht, FS für Döllerer, 1988, 17; *Schuhmann,* ABC der vGa, 2. Aufl, 1988; *Hellwig,* VGa und verdeckte Einlagen – Doppeltes Lottchen oder Kain und Abel? FS für Döllerer, 1988, 205; *Wassermeyer,* Der Zu- und Abfluß von Gewinnausschüttungen – bilanzrechtl und steuerrechtl gesehen, FS für Döllerer, 1988, 705; *ders,* StbJb 88/89, 231; *Borst,* Ertragstl Folgen von Vereinbarungen zwischen einer KapGes und deren Gesellschafter, BB 89, 38; *Döllerer,* VGa, verdeckte Einlagen – neue Rspr, neue Fragen, DStR 89, 331; *Wassermeyer,* 20 Jahre BFH-Rspr zu Grundsatzfragen der vGa, FR 89, 218; *Utech/Meine,* wistra 89, 241; *Schulze zur Wiesche,* Zur neuen Definition der vGa, GmbHR 90, 44; *Bellstedt,* Die vGa – neue Definition, neue Tendenzen, internationale Auswirkungen, FR 90, 65; *Wassermeyer,* vGa u verdeckte Einlagen, DStR 90, 158; *ders,* VGa auch durch Nicht-KapGes? FR 90, 1; *Maas,* Die neue Rspr des BFH zur vGa, StVj 90, 42; *Döllerer,* VGa u verdeckte Einlagen bei KapGes, 2. Aufl, 1990; *Herzig,* vGa bei Mitgliedergeschäften von Genossenschaften, BB 90, 603; *Scholtz,* Zur vGa – eine oder vier Definitionen? FR 90, 321; *ders,* Die neue Definition der vGa im KStRecht – Kein Beitrag zur Vereinfachung des StR, FR 90, 386; *Meyer-Sievers,* Der „neue" Begriff der vGa im Verhältnis zum BetrVerm Begriff des § 4 I EStG und zum Bestandsvergleich, DStR 90, 543; *Pezzer,* Ungeklärte Probleme der vGa vor dem Hintergrund der KStReform, AG 90, 365; *Schulze zur Wiesche,* Stl Anerkennung von Verträgen mit Angehörigen eines wesentl beteiligten Gesellschafters bei KapGes, Wpg 90, 637; *Wassermeyer,* Die vGa – unerschöpfliche Quelle dauernden Streits? IdW Steuerfachtagung 1990, Bericht, 27; *Mössner,* Neuere Entwicklungen bei vGa, Harzburger Protokoll 90, 1991, 277; *Lange,* vGa, NWB F 4, 3697 (8/91); *Wassermeyer,* VGa im Zusammenhang mit Gesellschafter-Geschäftsführern, DStR 91, 1065; *Streck,* Der „Vertrag" zur Vermeidung von vGa bei beherrschenden Gesellschaftern aus Beratersicht, DStR 91, 1645; *Winter,* VGa, GmbHR 92, 32; *Schuhmann,* StBp 92, 230; *Meyer-Arndt,* Für eine Reform der ungerechten Vorschriften über vGa, GmbHR 93, 469; *Wochinger,* vGa u verdeckte Einlagen, 1993; *Lange,* vGa, 6. Aufl, 1993; *Wassermeyer,* Die vGa rechtssystematisch gesehen, StVj 93, 208; *Felix,* Neue Doktrin des BFH zur extensiven Auslegung des unbestimmten Rechtsbegriffs der vGa, KÖSDI 93, 9584; *Schulze zur Wiesche,* vGa u Bilanz, StBp 93, 269; *Thiel,* Die vGa im Spannungsfeld zwischen Zivil- u StR, DStR 93, 1801; *Lempenau,* VGa an besondere Ges, FS L Schmidt, 1993, 605; *Wassermeyer,* Reform der „ungerechten" Vorschriften über vGa, GmbHR 94, 27;

Meyer-Arndt, Die StrafSt auf vGa muß abgeschafft werden, GmbHR 94, 34; *Westerfelhaus* GmbHR 94, 224; *Schuhmann* FR 94, 309; *Schulze-Osterloh,* VGa im Grenzgebiet zwischen Handels- u StRecht, StuW 94, 131; *Müller,* VGa im Zivil- u StR, DStJG 17 (1994), 289; *Sturm,* Die vGa im europäischen Konzern, 1994; *Kahlert,* vGa an Nichtgesellschafter im Gesellschaftsrecht, 1994; *Wichmann,* vGa an Nicht-Ges?, DB 94, 2101; *Krüger,* Ausgewählte Probleme der vGa, Steuerrecht, Gesellschaftsrecht, Berufsrecht, FS Berufsakademie Villingen-Schwenningen, 1995, 83; *Neufang/Laufer/Schmidt* Inf 95, 615; *Schäfer,* DStZ 95, 364; *Lehmann/Kirchgesser* DB 95, 2052; *Wichmann,* Das gesetzesadäquate Verständnis der vGa, BB 95, 433; *Kirchgesser,* Die vGa als Entgelt-Differenz, 1996; *ders* BB 95, 703; *Habammer,* Die vGa, 1995; *Hoffmann,* Der wirtschaftl Vorteil für die KapGes als vGa, DStR 96, 729; *ders,* Mangelnde Ernsthaftigkeit als neues Kriterium der vGa, GmbHR 96, 664; *Lange,* VGa, NWB F 4, 4083 (1996); *Becker,* Der ordentliche Geschäftsleiter – Ist sein Grab schon geschaufelt?, DB 96, 1439; *Schäfer,* Quo vadis-vGa?, DStZ 96, 330; *Fiedler,* Verdeckte Vermögensverlagerungen bei KapGes, 1994; *ders,* vGa-Aufwand oder Ergebnisverwendung?, BB 95, 1341; *Wassermeyer,* Stand der Rspr zur vGa, Stbg 96, 481; dazu *Wichmann* Stbg 97, 64; *Pezzer,* Frotscher, DStJG 20 (1997), 5, 205. S auch Anm 40.

61. VGa dürfen das Einkommen nicht mindern. Dies folgt aus dem **Zweck,** die StBel mit KSt u ErtragSt des AntE zu sichern. Dieser Zweck, bis 1976 im alten System offensichtl notwendig, hat mit dem KStG 1977 seine Tragfähigkeit verloren, s Anm 55 mit der verbleibenden unzureichenden Rechtfertigung u in diesem Sinn *Döllerer* ZGR 78, 609, 617; *Friauf* StbJb 79/80, 549 ff. Wegen der systematisch bedingten nachlassenden Bedeutung der vGa hätte die FinVerw bei der Gesetzesauslegung dort, wo die vGa zu unangemessen belastenden StFolgen führt, flexibler sein können, wenn im Ergebnis der fiskalische Zweck nicht gefährdet wird (s zB § 28 Anm 8). Aus gleichem Grund hätte die FinVerw die FÄ anweisen sollen, vGa nur dort aufzugreifen, wo das GewSt-Aufkommen u die Besteuerung für nicht unbeschr stpfl AntE gefährdet sind (vgl *Streck* GmbHR 82, 31). In der Praxis geschah nach 1976 allerdings das Gegenteil. Die vGa beschäftigte zunehmend die Bp-Praxis; sie wurde zum Lieblingskind der Prüfer (s Anm 150 „Steuerstreit"). Die Änderung der §§ 27–29 durch das St-EntlG 1984 (s § 27 Anm 1, 2 mit Verweisungen) hätte erneut Anstoß sein können, über die Prüfungserheblichkeit der vGa nachzudenken. Soweit sofort die AusschüttungsBel herzustellen war und der AnrMechanismus funktionierte, wurde es immer weniger einsichtig, problematische vGa aufzugreifen. FG D'dorf EFG 86, 478 u 87, 373 hat sodann im Anschluß an *Pezzer* aaO Anm 55 die Grundsatzfrage aufgeworfen, ob in Fällen versteuerter vGa überhaupt die AusschüttungsBel herzustellen ist; das FG D'dorf hat die Frage verneint. Der BFH ist dem nicht gefolgt (BStBl II 87, 508; sodann *Pezzer* AG 90, 365). Dies mag so rechtens sein; gleichwohl kann – obwohl KStG und Anrechnungsverfahren jetzt 20 Jahre in Kraft sind – nicht davon ausgegangen werden, daß das grundsätzl Problem der vGa „erledigt" sei. Der schlingernde Kurs des BFH bei der systematischen Erfassung der vGa (Anm 65) hat auch seinen Grund in den fehlenden grundsätzlichen Untersuchungen zur Rechtfertigung einer vGa unter der Herrschaft des Anrechnungsverfahrens. Verständlich ist, daß der Ruf nach einer gesetzl Korrektur nicht verstummt (vgl *Meyer-Arndt,* FR 92, 121 u

Beurteilung von vGa 62–64 § 8

GmbHR 93, 469 u 94, 39; dagegen *Wassermeyer* GmbHR 94, 27). Mit **verfassungsrechtl** Argumenten kann gegen die vGa grundsätzl nicht vorgegangen werden; das Institut der vGa verstößt nicht gegen das GG (vgl BFH BStBl II 88, 25; BFH/NV 89, 395).

62. Der Empfänger einer abfließenden vGa kann **unbeschr** oder **beschr stpfl** (vgl zB BFH BStBl II 73, 449) sein. Maßgebend für im Inland zu erfassende vGa ist **dt StRecht,** auch wenn sich der Sachverhalt im Ausland ereignet (BFH BStBl II 77, 571, 574).

63. Die **grundsätzl Regeln** des **Abs 3** (Einkommensverwendung, vGa) gelten für **alle Körperschaften** unabhängig davon, welche Einkunftsarten sie beziehen (BFH I R 65/94 v 21. 12. 94, DB 95, 1312 betr Eink aus VuV). Sie gelten für unbeschr und beschr stpfl Körperschaften (BFH I R 65/94 aaO; Anm 1). Die in Abs 3 S 2 erwähnten **verdeckten Gewinnausschüttungen** kommen nur bei mitgliedschaftl organisierten Körperschaften vor. BFH BStBl II 87, 643 schränkte hingegen den Begriff der vGa auf KapGes ein, die dem AntE Gewinnausschüttungen vermitteln; die Einschränkung erfolge aus dem Ineinandergreifen von AnrV u Eink aus KapVerm; die FinVerw wandte diese Entscheidung nicht an (FinVerw 1987 StEK KStG 1977 § 8 Nr 58). Sie konnte bereits deshalb nicht aufrechterhalten werden, weil der BFH später den Begriff der vGa iSd Abs 3 auf die Einkommensebene der Körperschaft beschränkt (vgl Anm 65). Inzwischen wurde die Rspr korrigiert (BFH BStBl II 90, 237; II 92, 429; wie hier auch *Wassermeyer* FR 90, 1). **Abs 3 S 1** verbietet die Einkommensminderung durch Einkommensverwendung; dies ist die allgemeine **Grundaussage.** Abs 3 S 2 sagt sodann, daß „auch" vGa das Einkommen nicht mindern dürfen; dieses „auch" verbietet, in S 2 eine ausschließl Aufzählung verdeckter Einkommensverwendungen oder in der vGa einen das Einkommen notwendig beeinflussenden Faktor zu sehen; normativ erfaßt wird eine besonders häufig anzutreffende **Beispielsgruppe,** nämlich die Vorteilszuwendung mitgliedschaftl organisierter Körperschaften an ihre Mitglieder. Folglich setzt die vGa des Abs 3 S 2 begriffl nicht voraus, daß in jedem Fall notwendig das Einkommen beeinflußt wurde. Diese Einschränkung des BFH (Anm 65) ist abzulehnen. Vorteilszuwendungen an den Gesellschafter, die sich auf das Einkommen nicht ausgewirkt haben, bleiben vGa, auch wenn Abs 3 nicht eingreift; umgekehrt: vGa, die nach der neueren Rspr einerseits keine Einkommenszuwendungen an den Gesellschafter bzw das Mitglied darstellen, andererseits gleichwohl hinzuzurechnen sind, sind der Sache nach keine vGa, sondern nicht anzuerkennende BetrAusg. Vergleicht man Abs 3 mit § 12 Nr 1 S 2 EStG, so ist Abs 3 S 1, nicht aber notwendig S 2 (so aber BFH BStBl II 92, 359; HFR Anm 91, 491 u 92, 302) vergleichbar.

64. Bei der Beurteilung von vGa ist das **KStRecht selbständig;** keine Bindung zB an das **Bewertungsrecht** oder das **Kapitalverkehrsteuerrecht** (s auch oben Anm 36). Das gilt sowohl für die Frage, ob eine vGa dem Grunde nach vorliegt, als auch für die Bewertung. Diese rechtl Eigenständigkeit gab bzw gibt mE jedoch der FinVerw als entscheidende Behörde nicht das Recht, den einen Sachverhalt in einer normalen Bp einerseits und einer KapVStPrüfung andererseits (oder körperschaftsteuerl und bewertungsrechtl) unterschiedl zu qualifizieren. Die FinVerw darf sich durch einen Beurteilungswechsel nicht mit sich selbst in Widerspruch setzen.

VGa und **verdeckte Einlage** sind eigenständige Rechtsinstitute, die nicht notwendig von gleichen Regeln beherrscht werden (BFH GrS BStBl II 88, 348). Die Regeln der verdeckten Einlage und der vGa sind der Korrekturvorschrift des **§ 1 AStG** vorrangig (vgl „Verwaltungsgrundsätze", dazu Anm 99, Tz 1.1.3; *Baranowski* JbFfSt 81/82, 119; *Wörner* BB 83, 845). Zum Verhältnis der vGa und verdeckten Einlage zur Zugriffsbesteuerung nach dem AStG s *Köhler* RIW 88, 979.

Der Begriff der vGa im steuerrechtl Sinn ist nicht deckungsgleich mit dem des **Handelsrechts.** Die steuerrechtl vGa ist eine Gewinnkorrekturvorschrift, die von subjektiven Elementen ebenso unabhängig ist wie von der Frage, ob die vGa von allen Gesellschaftern gebilligt wird oder nicht. Bei der handelsrechtl vGa handelt es sich eher um eine unerlaubte Vorteilszuführung. Vgl BFH VIII R 133/82 v 22. 11. 83 DB 84, 513; *Wassermeyer* StVj 93, 212.

Zur Frage, ob der Begriff der vGa **öffentl-rechtl** bestimmt sein kann, s *Gröpl* StuW 97, 131 betr vGa bei der Erfüllung öffentl Aufgaben u *Döllerer/Raupach* DB 93 Beil 11 betr die Maßnahmen der **Treuhandanstalt.**

65. Begriff: Es gibt keine gesetzl Definition der vGa. Die Rspr des BFH hat den Begriff in den letzten Jahren teils inhaltl, teils den Worten nach geändert und fortentwickelt, ohne daß sie den Eindruck vermittelt, bereits einen langfristig gesicherten Abschluß erreicht zu haben; im Gegenteil: In jüngster Zeit (1995/1996) wird die Begriffsbildung wieder zunehmend unsicher und unklar. Auch ein Kurzkommentar muß die Entwicklung darstellen.

a) Bis 1984: In der 2. Auflage (1984) hieß es zur **langjährigen Rspr:** Nach der Rspr des BFH liegt eine vGa vor, wenn eine Ges ihrem Gesellschafter außerhalb der gesellschaftsrechtl Gewinnverteilung einen Vermögensvorteil zuwendet, den sie bei Anwendung der **Sorgfalt** eines **ordentl** und **gewissenhaften Geschäftsleiters** einem NichtGes unter sonst gleichen Umständen nicht gewährt hätte. Gewinnverteilungsabsicht und Einigung über die Gewinnzuwendung sind nicht erforderl. Allein die Unangemessenheit ist nicht ausreichend, wenn sie betriebl motiviert ist. Vgl BFH BStBl II 73, 322; II 75, 366; II 77, 467, 477; II 78, 109; II 81, 260, 492; II 82, 631.

b) 1984–1989: Erstmals durch die Entscheidung BFH BStBl II 84, 384 (mit HFRAnm 84, 292) stufte der I. Senat den Maßstab des ordnungsgemäß handelnden Geschäftsleiters zurück: „Das Wesen der vGa (ihr Kern) besteht darin, daß den Gesellschaftern oder ihnen nahestehenden Personen von der Ges Gewinn in der Form zugeführt wird, in der er nicht als Gewinn erscheint, sondern unter anderen Bezeichnungen verborgen ist ... Entscheidend ist, ob Leistungen an den Gesellschafter aus betriebl Gründen oder mit **Rücksicht** auf das **Gesellschaftsverhältnis (societatis causa)** gewährt werden." Grundsätzl ist damit entscheidend, ob eine Vorteilszu-

Begriff der vGa § 8

wendung mit Rücksicht auf ein Gesellschaftsverhältnis (societatis causa) erfolgt. Vgl idS auch BFH BStBl II 84, 673; II 85, 683; II 86, 86, 195. Soweit der Zweck der Zuwendung angesprochen ist, handelt es sich um einen inneren Vorgang, der stl durch äußere Merkmale zu erschließen ist (BFH BStBl II 84, 673).

c) 1989–1995: Durch Entscheidungen vom 22. 2. 89 (BStBl II 89, 475, 631) hat der **BFH – I. Senat** – die **Definition** teilweise **geändert:** Eine vGa ist bei einer KapGes eine **Vermögensminderung** oder **verhinderte Vermögensmehrung,** die durch das Gesellschaftsverhältnis veranlaßt ist, sich auf die Höhe des Einkommens auswirkt und in keinem Zusammenhang mit einer offenen Ausschüttung steht. Aus der Definition wird der Vermögensvorteil, der dem AntE zukommen muß, gestrichen Es geht alleine darum, ob eine eingetretene Vermögensminderung oder eine nicht eingetretene Vermögensmehrung betriebl veranlaßt ist. NachfolgeRspr: BFH BStBl II 89, 633, 673, 1029; BFH/NV 89, 669; BStBl II 90, 88 betr Gen; II 90, 89, 454, u alle weiteren Entscheidungen des I. Senats. S dazu *Graffe* DStZ 89, 531; *Bellstedt* FR 90, 65; *Maas* StVj 90, 42. Die **Begründung** der RsprÄnderung ist dürftig; hier hätte man mehr erwartet, insbes angesichts der Tatsache, daß die Entscheidungen durch Pressemitteilung Nr 13 v 26. 5. 89 ausdrückl hervorgehoben wurden. Die zur Begründung erwähnte Entscheidung BFH BStBl II 84, 673 ist nicht einschlägig, da sie ausdrückl sagt, daß unter dem Begriff der vGa „alle Vorgänge zu verstehen (seien), durch die letztl Vermögen einer KapGes den Gesellschaftern bzw diesen nahestehenden Personen zugeführt wird . . .". Zur Begründung müssen die Begleitliteratur (*Wassermeyer* DB 87, 113; *ders* FR 89, 218; *ders* DStR 90, 158; *ders* StVj 93, 208) und spätere Entscheidungen (zB BFH BStBl II 89, 636) herangezogen werden. BFH BStBl II 94, 479 läßt erkennen, daß es weniger um eine Einkommens-, als um eine Gewinnkorrektur geht. Der I. Senat fügt die vGa des Abs 3 S 2 in folgende **Systematik** ein: Die vGa iSd § 8 III ist eine reine Einkommenskorrekturvorschrift; der Begriff der vGa iSd § 27 erfaßt den abfließenden Vorteil (andere Ausschüttung iSv § 27 III S 2); die Kapitalerträge iSd § 20 I EStG die zufließenden Vorteile. Die vGa wird mithin **dreifach,** wie ein Dreieck, durch drei Seiten definiert. Darüber hinaus enthalten die Entscheidungen zur neuen Definition möglicherweise eine weitere Korrektur (vgl zB BFH BStBl II 89, 633, 673; 90, 454; *Wassermeyer* FR 89, 218). Sie verknüpfen die **Sonderbedingungen** für **beherrschende AntE** (Anm 120ff) so intensiv mit der Definition der vGa, daß man annehmen muß, eine gesellschaftsrechtl Veranlassung liege zwingend dann vor, wenn es an einer klaren und von vornherein abgeschlossenen Vereinbarung über Entgelte fehlt. Während diese Rspr ihren Ursprung darin hat, Willkürlichkeiten, Schwierigkeiten der Sachverhaltsermittlung und Mißbräuchen vorzubeugen (Anm 120), werden hier die Sonderbedingungen normativ in den Begriff der vGa aufgenommen.

d) Kritik: Es ist zwar richtig, daß Abs 3 eine Einkommenskorrekturvorschrift darstellt (s Anm 63). Dies fordert jedoch nicht, den in Abs 3 S 2 verwandten Begriff der vGa inhaltlich um den dem AntE zukommenden Vermögensvorteil zu kürzen (vgl auch *Thiel* DStR 93, 1801). Abs 3 nennt „auch" die vGa, folgl als Beispiel eines häufig auftretenden Sachverhalts, der ein Anwendungsfall des Abs 3 S 1 sein kann, aber nicht sein muß (Anm 63). Der in Abs 3 S 2 verwandte Begriff der vGa ist nicht ein anderes Etikett für eine isolierte Korrekturvorschrift, die sich auf BetrAusg und BetrEin bezieht (glA *Döllerer* DStR 89, 331). Wenn auch vGa das Einkommen nicht mindern dürfen, so vermag der Begriff der vGa auch solche Vermögensabflüsse zu umfassen, die ohnehin das Einkommen nicht gemindert haben. Umgekehrt kann es nicht richtig sein, daß eine begriffl Trennung zwischen der vGa iSd Abs 3 und Vorschriften zum Verbot des BetrAusg-Abzugs (zB §§ 4 V EStG, 160 AO) der Sache nach aufgehoben wird. Der vom BFH angeführte Beleg, daß die überhöhte Pensionszusage immer schon als vGa behandelt worden und die Korrektur gerade deshalb eine reine Einkommenskorrektur sei (BFH BStBl II 89, 475), hätte eher die Überlegung veranlassen müssen, ob es nicht hier bei der Pensionszusage um nicht anerkannte BetrAusg gehe (s § 8 Anm 150 „Pensionszusage" 1); die Belegführung mit diesem besonderen Detailproblem im Rahmen der allg Definition ist verfehlt. BFH BStBl II 92, 359 rückt § 8 III S 2 allerdings bewußt in die Nähe einer reinen Korrekturvorschrift für BetrAusg. Soweit der BFH die Sonderbedingungen für beherrschende AntE normativ in den Begriff der vGa aufnimmt, ist dies abzulehnen. Durch diese Tendenz erhöht der BFH die Unverständlichkeit der Sonderbedingungen. Dem Stpfl ist noch verständlich, daß das StRecht in der Lage sein muß, dort, wo der Sachverhalt willkürlich geändert werden kann, auf klare Sachverhaltsstrukturen zurückzugreifen. Daß es jedoch normativ – dh unabhängig von den Anforderungen aus konkreten Sachverhaltsgestaltungen – notwendig ist, daß ein AlleinGes mit seiner GmbH über alles und jedes Verträge abschließen muß, ist den StBürgern nicht mehr begreifl zu machen, zumal der ursprüngl Zweck des Vertrages, der Interessenausgleich, gerade hier den Vertrag keineswegs fordert. Kritisch auch *Lange* NWB F 4, 3631 (1/90); *Scholtz* KFR F 4 § 8 KStG 4/89; *ders* FR 90, 321, 386; *Thiel* DStR 93, 1801; *Frotscher* DStJG 20 (1997), 205, 235. Im übrigen wird zu Recht darauf hingewiesen, daß im Einzelfall die neue Definition **kaum zu anderen Ergebnissen** führt als die frühere (*Döllerer* BB 89, 1175 u ZGR 90, 690). Der **Praxis**, die schon immer vereinfachend die **einseitige vGa** (Korrektur nur bei Körperschaft) und die **zweiseitige vGa** (Korrektur bei der Körperschaft und dem AntE) unterschied, mag die neue Definition, die sich hier in Abs 3 S 2 auf die einseitige vGa beschränkt, entgegenkommen.

e) Zur **weiteren Konkretisierung** der **Bedingung** der **gesellschaftsrechtl Veranlassung** wird – **erster Hilfsmaßstab** – auf die **Sorgfalt** des **ordentl** und **gewissenhaften Geschäftsführers** zurückgegriffen. Der Maßstab folgt aus den §§ 93 I AktG, 43 I GmbHG, 347 I HGB, 34 GenG (zur Gen BFH BStBl II 90, 88). Ein diesem Maßstab entspr Spielraum der Geschäftsleitung ist zu berücksichtigen (Anforderungen im „menschlichen Maß", *Brezing* StbJb 83/84, 226). Zu prüfen ist immer, wie der Geschäftsleiter in der konkreten Situation gehandelt hat (vgl BFH BStBl II 77, 765 betr Preisgestaltung; II 85, 120 betr die Tätigkeit eines Geschäftsleiters im Ausl; *Streck* GmbHR 87, 104, 106). Die Situationsbedingtheit wird nicht dadurch gehindert, daß der Maßstab selbst objektiv, nämlich bezogen auf die individuelle Situation, zu bestimmen ist

Begriff der vGa

(zur Objektivität des Maßstabs vgl BFH BStBl II 78, 109; BFH/NV 87, 63; II 92, 359). Der Maßstab bezieht sich auch innerhalb der Organschaft auf die Ges, deren Geschäftsführung zu bewerten ist; der Geschäftsführer einer OrganGes darf nicht den OrganT begünstigen (BFH BStBl II 85, 18). Es gibt Tendenzen, den Maßstab des ordentl u gewissenhaften Geschäftsführers herabzustufen und dem Fremdvergleich nachzuordnen (vgl *Wassermeyer* StVj 93, 208, 216); s nunmehr unten i.

f) Neben den ordnungsgemäß handelnden Geschäftsleiter ist ein **zweiter Hilfsmaßstab** getreten, die sog **Erstausstattung** (vgl BFH BStBl II 84, 673; BFH/NV 87, 398; FG Bremen EFG 85, 463): Wird eine GmbH gegründet und von dem AntE mit Geschäften „ausgestattet", so wird der ordnungsgemäß handelnde Geschäftsleiter über jeden Gewinn froh sein, der eine angemessene Verzinsung des eingesetzten Kap und ein Entgelt für die Haftungsrisiken bringt. Nach dem Maßstab eines ordnungsgemäß handelnden Geschäftsleiters liegt also auch dann keine vGa vor, wenn bei einer Gesamtbetrachtung die GmbH einen unangemessen niedrigen Teil des Geschäftsergebnisses erhält. Hier versagt der Maßstab des ordnungsgemäß handelnden Geschäftsleiters. Allgemein der I. Senat: Eine Gestaltung, die bei der Erstausstattung der GmbH nur eine angemessene Verzinsung des eingezahlten Kap und eine Vergütung für das Risiko des nicht eingezahlten Kap beläßt, indiziert eine vGa. Hierbei rechnet allerdings der Geschäftsführervertrag nicht zur Erstausstattung (BFH BStBl II 89, 854). In der **Beratungspraxis** ist es schwierig, konkrete Maßstäbe aufzustellen. Vertragl ist sicherzustellen, daß die GmbH zumindest eine Chance hat, nennenswert mehr zu erhalten als die erwähnte Verzinsung des Kapitals.

g) Schließl tritt ein **dritter Hilfsmaßstab** hinzu. Dieser betr das Rechtsverhältnis, „das **nur zwischen Gesellschaft und Gesellschafter denkb** ist und (bei dem) ein Vergleich mit dem Verhalten gegenüber einem Nichtgesellschafter . . . von vornherein ausscheidet. Dies gilt insbes für die Rechtsverhältnisse im Zusammenhang mit der Gründung und der KapAusstattung der KapGes . . ." (BFH BStBl II 86, 86 mit HFRAnm 86, 141; ebenso II 84, 384; II 85, 69). Auch hier ist es schwer, weitere Konkretisierungsmaßstäbe zu finden. HFRAnm 84, 292 stellt – resignierend – fest, daß hier nur ein allg Angemessenheitsmaßstab verbleibt. Vgl hierzu auch *Streck* GmbHR 87, 104, 107.

h) Erst unterhalb dieser Hilfsmaßstäbe sind (oder waren, s nachfolgend i) die **weiteren Maßstäbe** des **Fremdvergleichs** (der allerdings möglicherweise eine größere Wirksamkeit entfalten wird, vgl *Wassermeyer* DB 94, 1105, u nachfolgend i), **Kalkulationsüberlegungen** etc (Anm 89) einzuordnen.

i) Ab 1995: Entscheidungen des I. Senats in jüngster Zeit bieten erneut ein diffuses Bild der systematischen Behandlung der verdeckten Gewinnausschüttung (unabhängig davon, ob die Entscheidungen zu den konkreten Problemen richtig oder falsch sind). In dem Urteil zur Nur-Pension (BStBl II 96, 204) wird der Fremdvergleich zum entscheidenden Kriterium und verdrängt den Maßstab des ordnungsgemäß handelnden Geschäftsleiters (vgl *Wassermeyer* Stbg 97, 481, 483; so auch FG Nds, EFG 95, 848 – § 1 AStG wird zum Maßstab genommen –; dazu *Bilsdorfer* Inf 96, 705; krit

Hoffmann DStR 95, 1750; *ders* DStZ 96, 236; *Cramer* BB 95, 2055); diese Entscheidung läßt fragen, ob die Gesellschaft mit ihren Gesellschaftern überhaupt noch die Gesellschaft bereichernde, unangemessen niedrige Entgelte zu Lasten des Gesellschafters vereinbaren dürfen (dazu *Hoffmann* DStR 96, 729, 735; nach *Wassermeyer* DStR 96, 733 ist diese Frage nicht gewollt). Das Tantieme-Urteil BFH BStBl II 95, 549 wird demgegenüber wiederum vom Maßstab des ordnungsgemäß handelnden Geschäftsleiters beherrscht (für diesen Maßstab auch *Becker* DB 96, 1439). Das Urteil zur Erdienbarkeit von Pensionen (BFH BStBl II 95, 419) läßt sich vorrangig von einer „Typisierung zur Rechtssicherheit" leiten. Die Urteile BFH BStBl II 96, 246 betr § 181 BGB; I R 127/94 vom 12. 10. 95, BB 96, 466 betr Geschäftsführer als Subunternehmer; BStBl II 96, 383 betr Beratungshonorare knüpfen allgemein – wohl für beherrschende wie nicht beherrschende Gesellschafter – an die „Nichternstlichkeit des Rechtsgeschäfts" an (krit *Hoffmann* GmbHR 96, 664). Diese Entscheidungen erwecken nicht den Eindruck, von einem einheitlichen systematischen Konzept der vGa bestimmt zu werden (vgl auch *Pezzer* FR 96, 379).

Die bis heute nicht behobene Unsicherheit hat mE letztlich seinen Grund darin, daß die Rspr sich allzu schnell nur mit dem § 8 III befaßt und Funktion und Rolle der vGa im vom Anrechnungsverfahren beherrschten Körperschaftsteuerrecht nicht grundsätzlich neu überdacht hat (siehe Anm 61; s auch *Frotscher* DStJG 20 (1997), 205).*Wassermeyer* Stbg 96, 481, 482 beklagt, daß sich die Wissenschaft nicht der Definition der vGa annehme; aber ist der I. Senat tatsächlich bereit, Kritik aufzunehmen und sich von außen herangetragenen „fremden" Überlegungen zu stellen?

j) Organisationsrechtl Akte, dh Beschlüsse über Satzungsänderungen, Zweckänderungen, Umwandlung, Fusion, Liquidation etc, führen nicht zu vGa. Durch § 8 III wird die Freiheit des AntE, über die Existenz und die Organisation der Körperschaft zu bestimmen, nicht eingeschränkt; vgl *Wassermeyer* StVj 93, 208, 218.

66. Die Begriffsbestimmung der Rspr ist in erster Linie auf den typischen Anwendungsfall, die **KapGes,** zugeschnitten. Er ist für die übrigen Körperschaften entspr anzupassen. An die Stelle des Gesellschaftsverhältnisses tritt die genossenschaftsrechtl Beziehung, die Mitgliedschaft des Vereins; der ordentl und gewissenhafte Geschäftsführer der GmbH wird ersetzt durch den ordnungsgemäß handelnden Geschäftsleiter einer **Gen** (§ 34 I S 1 GenG; BFH BStBl II 90, 88), eines VVaG (BFH BStBl II 92, 429) bzw den ordnungsgemäß handelnden **Vereinsvorstand.**

67. Die vGa iS des Abs 3 S 2 setzt ein **gesellschaftsrechtl** oder **mitgliedschaftl Verhältnis** voraus, sei es – je nachdem welchem Begriff der vGa man folgt – als Grund der zu korrigierenden Einkommensermittlung, sei es als Grund der Vorteilszuwendung; zur Frage der Beschränkung der vGa auf bestimmte Körperschaften s Anm 63, zum Begriff der vGa s Anm 65. Eine gesellschaftsrechtl oder mitgliedschaftl Beteiligung ist gegeben bei KapGes, Gen (BFH BStBl III 56, 43; II 72, 361; II 84, 273; II 93, 376 betr Gen), Gewerkschaften des alten Rechts (RFH RStBl 35, 827), VVaG (BFH BStBl III 62, 89; III 63, 244; StRK KStG § 6 I S 2 R 151;

BFH BStBl II 92, 429; s auch Anm 150 „Versicherungsunternehmen"), Vereinen (RFH RStBl 29, 253), Betr gewerbl Art (BFH BStBl II 68, 692; HFR 69, 26; II 90, 237, 647; s § 4 Anm 35), nicht bei Stiftungen (BFH BStBl III 60, 37; *Rader* BB 77, 1442; aA *Schulze zur Wiesche* DStZ 91, 161 im Hinblick auf die Rspr des I. Senats, der die Grenze zwischen der vGa des Abs 3 S 2 u der allg Korrekturvorschrift des Abs 3 S 1 verwische (Anm 65)).

68. Auf die **Höhe, Größe** oder den **Umfang** des Gesellschafts- oder Mitgliedschaftsrechts kommt es nicht an; zu beherrschenden AntE s jedoch Anm 120 ff. Ist an dem GesAnteil ein steuerlich anzuerkennender Nießbrauch bestellt, so kann der Nießbraucher Empfänger einer vGa sein bzw diese bedingen, sofern ihm auch die offenen Ausschüttungen zugerechnet werden können; aufgrund seiner Gesellschafterstellung kann aber auch der Besteller die vGa begründen. BFH BStBl III 55, 397 behandelt einen Nießbrauchsfall, der allerdings nicht aussagekräftig ist, da Nießbrauchsbesteller und Nießbraucher gleichzeitig nahestehende Personen waren; BFH BStBl III 67, 372 läßt das Problem offen. BFH BStBl II 77, 115 erkennt den Nießbrauch an Anteilen an einer KapGes nicht an; folgend FG Saarl EFG 82, 629. Zu diesem Problem s auch den sog Nießbrauchserlaß der FinVerw BStBl I 83, 508. Auch in der Org ist eine vGa zu erfassen (Anm 15 „Organschaft"; § 14 Anm 73, 85; § 15 Anm 9).

69. Keine vGa, wenn zwischen der einen Vorteil gewährenden Körperschaft und dem Empfänger ein **gesellschaftsrechtl** oder **mitgliedschaftl Verhältnis fehlt** (BFH BStBl II 95, 198 betr einen Geschäftsführer, der Gelder unterschlagen hat; BFH BStBl II 69, 14 betr Sondervorteil an jemanden, der als AntE geworben werden sollte; RFH RStBl 37, 934 betr Überlassung eigener Anteile an neue AntE). Ebenfalls keine vGa bei Zuwendungen der AntE untereinander (BFH BStBl III 52, 148 betr Veränderung der Beteiligungsverhältnisse; II 75, 230 betr Vorteile durch Bezugsrechte). Ist allerdings der Mitgesellschafter selbst AntE des zuwendenden Gesellschafters, zB einer beteiligten GmbH, so kann eine Beteiligungsverschiebung zugunsten des Mitgliedschafters eine vGa sein (BFH BStBl III 67, 626). Eine vGa ist jedoch auch bzgl eines **zukünftigen** oder bzgl eines **ausgeschiedenen Gesellschafters** mögl, wenn sie durch das zukünftige oder vergangene Gesellschaftsverhältnis veranlaßt ist (BFH BStBl II 89, 419 betr Vermögensvorteil an zukünftigen Gesellschafter; dazu HFRAnm 89, 376; *Lange* NWB F 4, 3609 (6/89); ablehnend *Wichmann* DB 94, 2101). Bei NichtGes spricht jedoch mE die Vermutung gegen die vGa.

70. Die vGa ist von dem Augenblick an möglich, in dem das **KStSubjekt entsteht**, s § 1 Anm 7f (BFH BStBl II 83, 247).

VGa sind auch in der **Liquidation** möglich. Beisp: Die Ges veräußert ein Grundstück unangemessen niedrig an den AntE. Diese vGa darf den Liquidationsgewinn nicht mindern. Zur Zahlung unter Verstoß gegen § 30 GmbHG als vGa im Liquidationsstadium s FG Nds GmbHR 92, 59. Die vGa ist als Liquidationsrate dem Endvermögen hinzuzurechnen, s § 11 Anm 8. Die Liquidation selbst ist ein organisationsrechtl Akt, der als solcher eine vGa nicht auslöst (Anm 65).

71. *einstweilen frei*

72. VGa sind auch hinsichtl **nahestehender Personen** mögl. Grund der vGa bleibt jedoch das Verhältnis zu dem Gesellschafter bzw Mitglied, dem die dritte Person nahesteht. Die Vorteilszuwendung bzw die Einkommensveränderung erfolgt im Hinblick auf den Nahestehenden, jedoch begründet durch das Gesellschafts- bzw Mitgliedschaftsverhältnis. Nahestehender kann eine natürl oder jur Pers sein. Das Nahestehen kann durch persönl oder sachl Gründe bedingt sein. Vgl BFH BStBl II 68, 322; II 69, 15; II 69, 243; II 70, 466; II 71, 408; II 72, 320; II 74, 497; II 75, 306; II 77, 569; II 85, 635; ausdehnend BFH I R 139/94 v 18. 12. 96, DB 97, 806. Zum GesRecht s *Kahlert,* vGa an Nichtgesellschafter im Gesellschaftsrecht, 1994.

73. Der Nahestehende kann den Vorteil auch **mittelbar** erhalten bzw das Einkommen mittelbar beeinflussen. Die Vorteilsgewährung bzw Beeinflussung bleibt eine vGa, wenn der Grund letztl im Verhältnis zum AntE zu suchen ist (vgl FG Saarl EFG 73, 90: Vorteil an eine GmbH des Nahestehenden). Der Vorteil des Nahestehenden muß aber nicht zugleich ein Vorteil des AntE sein (BFH I R 139/94 v 18. 12. 96, DB 97, 806). Nicht ausreichend, wenn der Dritte der **Gesellschaft** nahesteht, er muß dem AntE nahestehen (BFH BStBl III 64, 17). Keine vGa, wenn der Empfänger des Vorteils bzw der Verursacher der Einkommensveränderung einem **Nichtgesellschafter** nahesteht. Steht der Dritte einer Pers nahe, die erst AntE werden soll, so ist eine vGa idR nicht mögl (s auch Anm 69). Sind für den Nahestehenden ebenso wie für einen Dritten betriebl Gründe maßgebend, keine vGa (BFH BStBl III 67, 791 betr Altersversorgungszusage einer GmbH an die Mitglieder eines AntE, eines Vereins). Keine vGa auch, wenn der Grund ausschließl in dem Verhältnis Körperschaft/Nahestehender begründet ist (BFH BStBl II 77, 569). Ist der Nahestehende zugleich AntE, ist idR anzunehmen, daß das unmittelb GesVerhältnis maßgebend ist (BFH BStBl II 82, 248 mit Anm *Streck* StRK EStG § 20 I 1 R 34; Zurückhaltung bei *L Schmidt* FR 82, 152).

74. *einstweilen frei*

75. Bestimmte **persönl** oder **sachl Beziehungen** zwischen AntE und Empfänger lassen **vermuten,** daß das GesVerhältnis bzw Mitgliedschaftsverhältnis maßgebend ist (zum weiten Begriff des Nahestehenden s BFH I R 139/94 v 18. 12. 96, DB 97, 806); die Vermutung ist aber widerlegbar, s Anm 102. **Beispiele:** Verwandtschaft (BFH BStBl III 64, 17), keine Einschränkung durch § 15 AO (BFH I R 139/94 aaO); bei Kindern hindert die Volljährigkeit nicht das Nahestehen (BFH BStBl II 75, 306; II 77, 569); Ehe (BFH BStBl II 72, 320). Den Ehegatten als Nahestehenden zu qualifizieren, widerspricht nicht Art 3 GG (BFH BStBl II 88, 786). Auch die Witwe, die von dem AntE testamentarisch bedacht wird (FG Hbg EFG 88, 385), oder die geschiedene Frau können Nahestehende sein, allerdings nur, wenn sich hinter Zuwendungen eine private Veranlassung – zB Unterhaltszahlungen – verbirgt; nahestehend ist auch die KapGes der Ehefrau bzw des Ehemannes (s BFH BStBl II 75, 48). Die Frage, ob der nichtehel Partner Nahestehender ist, hängt davon ab, ob durch die Bevorteilung des

Vorteilsgewährung 76 § 8

nichtehel Partners zugleich der AntE bevorteilt werden soll (vgl DB 88, 2176). Arbeitnehmer des AntE (BFH BStBl III 64, 33); ausgeschiedene Arbeitnehmer. Gesellschafter im Konzern, SchwesterGes (BFH BStBl III 61, 460; III 62, 338; III 65, 27; III 66, 285; II 69, 243; II 71, 69, 408; II 73, 449; II 77, 571, 574); s auch Anm 107 zu den Folgen einer vGa in diesen Fällen. PersGes, an der die AntE der KapGes – nicht notwendig ausschließl oder im gleichen Verhältnis, nicht notwendig auch alle – beteiligt sind, kann Nahestehende sein (BFH BStBl II 87, 459; aA FG München EFG 85, 141); ebenso eine Gesellschaft des bürgerl Rechts (BFH/NV 91, 841). Staatshandelsunternehmen Rumäniens untereinander (Hess FG EFG 82, 204). Vereinsmitglieder eines AntE (BFH BStBl III 67, 791), selbst wenn der Empfänger ein von diesen Mitgliedern gebildeter weiterer Verein ist (BFH BStBl II 68, 322). Bei Betr gewerbl Art sind Nahestehende der jur Pers der öffentl Rechts deren andere Betr gewerbl Art (vgl zB RFH RStBl 37, 979), aber auch von der jur Pers des öffentl Rechts gehaltene KapGes (s hierzu § 9 Anm 15 betr die spezielle Problematik bei Sparkassen), nicht jedoch die Bürger, für die die jur Pers des öffentl Rechts zuständig ist (§ 4 Anm 16). Nahestehend können Körperschaften sein, an denen Nahestehende beteiligt sind (BFH BStBl II 75, 48). Sonstige intensive Beziehungen zwischen AntE u Empfänger können zu einem nahestehenden Verhältnis führen (BFH BStBl III 64, 17).

76. Nach der jüngeren Rspr des BFH ist nur Voraussetzung, daß sich die vGa als Vermögensminderung oder verhinderte Vermögensmehrung auf die **Einkommensermittlung** der Körperschaft **auswirkt** (Anm 65). Eine vGa beginnt hiernach in dem Augenblick, in dem sie in diesem Sinn das **Einkommen** der KapGes **beeinflußt** (BFH BStBl II 87, 733 unter Berufung auf BFH BStBl II 77, 444). Dieser Augenblick muß weder mit dem tatsächl Vermögensabfluß (= Erfüllung der verdeckten Gewinnausschüttung) noch mit dem Zufluß beim Ges zusammenfallen (BFH BStBl II 87, 733). Mithin liegt keine vGa vor, wenn im Jahresabschluß einer GmbH Rücklagen auf ausstehende Einlagen umgebucht werden (BFH BStBl II 84, 717). Bis zur RsprÄnderung (Anm 65) war Voraussetzung der vGa, daß dem AntE durch die vGa ein **geldwerter Vorteil gewährt** wurde, wobei diese Vorteilsgewährung auf Seiten der Körperschaft nur dann als vGa eine Auswirkung hatte, wenn sie die Einkommensermittlung beeinflußte. Wird in diesem Sinne die ältere Rspr herangezogen, behält sie ihre Gültigkeit. Der geldwerte Vorteil muß bestimmt und meßb sein (BFH BStBl II 69, 15). Ob eine Vorteilsgewährung vorliegt, bestimmt sich aus der Sicht der Ges (BFH BStBl II 68, 809). Eine ausdrückl erklärte Vorteilsgewährung ist nicht erforderl; es genügt, wenn sie tatsächl erfolgt (BFH BStBl II 82, 631). Die Vorteilsgewährung muß nicht notwendig den Gewinn der KapGes berühren (Anm 63). Ist die Körperschaft Gesellschafterin einer PersGes, so kann die Vorteilsgewährung darin zu erblicken sein, daß sie zugunsten ihrer AntE auf einen höheren Gewinnanteil verzichtet (BFH BStBl II 80, 531; zust *L Schmidt* FR 80, 361). In diesem Fall bestimmt mE die Höhe des Gewinnverzichts die Höhe der vGa (vgl auch HFRAnm 80, 415). S hierzu auch Anm 150 „GmbH & Co KG". Die Vorteilszuwendung kann auch mittelb geschehen (BFH/NV 86, 301 betr Vorteilszuwendung durch Befreiung von einer Verbindlichkeit; BFH/NV 86, 638). Der Zufluß im steuerrechtl Sinn bei dem AntE war auch nach der früheren Rspr für die Erfassung der vGa nicht erforderl (BFH BStBl II 68, 809; II 81, 612; II 82, 631); er kann zeitl später erfolgen oder vollständig entfallen. Beispiele: Pensionszusagen, Zinsen, stille Ges, Nutzungsüberlassung. Zufluß und Vorteilsgewährung sind unterschiedl Begriffe; aus dem fehlenden Zufluß kann nicht auf eine fehlende Vorteilsgewährung geschlossen werden (vgl *Reuter* DStR 83, 320; *Jonas* BB 83, 682 gegen *Fiedler* BB 83, 240, 1014). Zum Zufluß als Voraussetzung der Erfassung der vGa beim AntE s Anm 105. Zur vGa und ihr Abfluß im AnrVerf § 27 Anm 10.

77. Zu den möglichen **Gegenständen einer vGa** (sofern man die Vermögenszuwendung als erforderl ansieht) zählen materielle Vermögensgegenstände; das gleiche gilt für immaterielle (vgl BFH BStBl II 71, 536; II 71, 69 betr Geschäftswert; weitere Rspr Anm 150 „GmbH & Co KG"; BStBl II 72, 227 betr Vertragschancen oder Gebrauchs- und Nutzungsmöglichkeiten). Ideelle Vorteile mit rein subjektivem Wert können keine vGa begründen (vgl BFH BStBl II 70, 470 betr Vorteile, die ein Gestüt dem AntE vermittelt).

78. Die **Nichtabzugsfähigkeit** von **Betriebsausgaben** (§§ 9, 10; § 4 EStG; keine Empfängerbenennung nach § 160 AO usw) berühren zwar die Einkommensermittlung; vGa liegen insoweit jedoch nicht vor, da solche BetrAusg betriebl und nicht gesellschaftsrechtl veranlaßt sind und im übrigen der AntE keinen Vorteil erhalten hat (vgl BFH BStBl II 81,108 betr nach § 4 V, VI EStG nicht abzb BetrAusg). Hier hat die jüngere Rspr des BFH allerdings die Grenzen verwischt; s Anm 65; BFH BStBl II 92, 359 betr den Geburtstag des GesGeschäftsführers u *Wassermeyer* StVj 93, 208.

79. Die Körperschaft muß durch die **Geschäftsleitung,** dh ihre **Organe, Einfluß** auf die Einkommensermittlung nehmen bzw über den Vorteil verfügen (BFH BStBl II 89, 1029; II 91, 484; *Seeger* FR 90, 53). Dies kann durch Handeln, Dulden oder Unterlassen geschehen (BFH BStBl II 77, 467), auch durch rechtl (BFH BStBl II 93, 351) oder faktisch (BFH BStBl II 93, 352) Bevollmächtigte. Handeln die Geschäftsführer einer GmbH, so ist es unerhebl, ob dies mit oder ohne Genehmigung der Gesellschafterversammlung geschieht (FG Hbg EFG 92, 40). Zu den Organen einer GmbH gehört neben den Geschäftsführern die Gesellschafterversammlung in ihrer Gesamtheit, und zwar auch dann, wenn sie ihre Kompetenz überschreitet; sie kann mithin vGa veranlassen (BFH BStBl II 91, 484), auch wenn sie nicht durch formell korrekte Beschlüsse handelt (BFH aaO); BFH BStBl II 93, 351, 352 dehnt dies allg auf beherrschende AntE – nicht nicht beherrschende AntE – aus. Verfügungen durch nachgeordnete Angestellte führen zu keiner vGa (BFH BStBl II 91, 484). Anders nur, wenn ein pflichtgemäß handelnder Geschäftsleiter ihre Handlungsweise hätte verhindern können und tatsächl verhindert hätte. Keine die vGa rechtfertigende Einkommensbeeinflussung bzw Vorteilsverschaffung ist als solche die Zustimmung eines AntE zu einer vGa an einen anderen AntE, es sei denn, es wird bewiesen, daß die Zustimmung gerade die Vorteilsgewährung an den Zustimmenden, der den Vorteil an den Empfänger weitergibt, darstellt (BFH BStBl II 82, 248); zwischen dem zustimmenden und dem empfangenden AntE muß sodann ein besonderes Leistungsverhältnis bestehen (HFR Anm 82, 214 zu BFH aaO; s auch die Anm von *Streck* StRK EStG § 20 I 1 R 34).

80. Die **unberechtigte Entnahme**, die **Unterschlagung** oder **Veruntreuung** eines AntE oder eines ihm Nahestehenden ohne die tatsächl oder faktische Genehmigung durch die Geschäftsleitung oder die Gesellschafterversammlung führt nicht zu einer (abgeflossenen, s § 27 Anm 10) vGA; denn diese unberechtigte Entnahme ist nicht auf eine Organentscheidung iSd Anm 79 zurückzuführen (FG RhPf EFG 72, 255; FG BaWürt EFG 77, 170; FG RhPf EFG 87, 474). Die Einkommensbeeinflussung wird grundsätzl durch die Aktivierung entsprechender Gegenansprüche kompensiert. Allenfalls diese Ansprüche können Gegenstand einer vGA sein.

Bewirkt der Geschäftsführer und **AlleinGes** die Entnahme, ist sie genehmigt; es liegt eine – auch abgeflossene – vGA vor (vgl BFH BStBl II 93, 352). Problematisch sind die Fälle, in denen der **nicht beherrschende** Gesellschafter-Geschäftsführer oder der beherrschende Gesellschafter, sei er – ohne AlleinGes zu sein – Geschäftsführer oder nicht, unberechtigt entnimmt, veruntreut oder unterschlägt. Die Organhandlung (Anm 79) liegt vor. Der Geschäftsführer oder Gesellschafter haftet der Gesellschaft aufgrund der deliktischen (nicht gesellschaftsrechtl) Handlung. Zum Schutz der übrigen AntE kann selbst bei dem von § 181 BGB befreiten Geschäftsführer nicht von einer Genehmigung oder einem Verzicht ausgegangen werden (vgl BFH StRK KStG § 6 I S 2 R 58 mit zust StRK Anm v *Ranft*; FG BaWürt EFG 77, 170; *Seeger* FR 90, 53). Läßt man den Ersatzanspruch an die Stelle des entnommenen bzw unterschlagenen Vermögensgegenstandes treten, so scheidet eine dem Anteilseigner zuzurechnende Einkommensbeeinflussung und evtl auch ein Vermögensabfluß iSd vGA aus. Erst der spätere Verzicht auf die Rückforderung kann zur vGA führen (vgl BFH BStBl II 87, 733 betr nicht weitergeleiteter Schmiergeldzahlungen; BFH BStBl II 97, 89 mit HFR Anm 95, 209, und abweichender Auslegung der FinVerw BStBl I 97, 112; FG RhPf EFG 72, 255; FG BaWürt EFG 77, 170; *Ranft* aaO; *Seeger* aaO; GmbHR 80, 308; vgl auch *Brezing* StbJb 83/84, 226; *Wassermeyer* StVj 93, 208, 213).

Wendet man jedoch auf diese Sachverhaltsgestaltung die **Rspr** zur **Rückgängigmachung** einer **vGA** an (s Anm 110 ff), so kann der entnommene bzw unterschlagene Betrag nicht durch einen Rückforderungsanspruch kompensiert werden; es bleibt bei der vGA (so auch die FinVerw in der Interpretation von BFH BStBl II 97, 89 FinVerw BStBl I 97, 112; FG Hbg EFG 92, 40, 42; krit dazu *Wichmann* Stbg 93, 116). BFH I R 126/95 v 13. 11. 96, BB 97, 1241 unterscheidet zwischen Ansprüchen, die die vGA hindern oder eine vGA unzulässig umkehren, ohne ein befriedigendes Unterscheidungskriterium zu formulieren. Beim beherrschenden Gesellschafter wird es idR zweifelhaft sein, ob die vGA durch einen Rückforderungsanspruch kompensierbar ist (vgl hierzu BFH BStBl II 93, 351, 352, die in vergleichbaren Fällen eine abgeflossene vGA annehmen). Beim nicht beherrschenden Gesellschafter-Geschäftsführer tritt mE jedoch die gesellschaftsrechtl Veranlassung zurück. Der Rückforderungsanspruch ist Teil des betriebl, nicht des gesellschaftsrechtl Bereichs. Hier realisiert sich die vGa erst dann, wenn auf den Rückforderungsanspruch verzichtet wird. Erfolgt der Verzicht mit Rücksicht auf die Geschäftsführerstellung, so können auch lohnstpfl Bezüge vorliegen, wenn der Verzicht noch zu einem angemessenen Gehalt zu rechnen ist. Zu dieser Problematik s auch die Diskussion von *Paus* und *Wassermeyer* DB 93, 1258, von *Wassermeyer* und *Flume* DB 93, 1949 und *Paus* DStZ 93, 595, in deren Mittelpunkt die BFH-Entscheidung BStBl II 93, 351 steht; BFH I R 6/94 (s o) berührt diese Frage nicht. S auch Anm 150 „Schwarzgeld".

Unterschlägt ein Geschäftsführer Gelder, der **nicht AntE** oder Nahestehender ist, so liegt keine vGa vor (BFH BStBl II 95, 198).

81. Alleine durch die **Buchführung** oder durch **Buchungen** werden keine vGa vorgenommen. Die Buchführung stellt Vermögensbewegungen dar; sie bewirkt sie nicht. Buchungsfehler, Irrtümer bei der Dateneingabe usw sind regelm keine vGa (glA FG BaWürt EFG 80, 518; FG D'dorf GmbHR 90, 56; FG Saarl GmbHR 90, 58 u GmbHR 94, 491; *Schuhmann*, vGa ABC, 2. Aufl, 1988, 57). Das gleiche gilt für Hinzuschätzungen aufgrund von Buchführungsmängeln (Nds FG GmbHR 92, 688). Oft ist jedoch die Buchung der Ausdruck einer vorgenommenen oder mit der Buchung sich vollziehenden Einkommensbeeinflussung bzw Vorteilsgewährung. **Beispiel:** Die Gutschrift einer falsch berechneten Tantieme an den AntE auf dem Privatkonto, veranlaßt durch den StB, führt nicht zu einer vGa; die Gutschrift einer rückwirkend gewährten Gehaltsnachzahlung kann hingegen eine vGa sein, wenn sie durch die Geschäftsleitung verfügt wurde, nicht aber, wenn der nachgeordnete Buchhalter sich „großzügig" erweisen wollte. Verkümmert hingegen die vGa zu einer BetrAusgKürzungsvorschrift (Anm 65), kann man letztl auch Buchungsfehler als vGa qualifizieren; allerdings nicht als „abgeflossene" vGa.

82. Subjektiv muß eine vGa nicht gewollt sein; insoweit ist ein **Wissen** oder **Nichtwissen** um die vGa unerhebl. Entscheidend ist nur, ob ein ordnungsgemäß handelnder Geschäftsleiter einem NichtGes den Vorteil nicht gewährt bzw die Einkommensänderung nicht bewirkt hätte; hier wirkt sich die von subj Vorstellungen freie Begriffsbestimmung der vGa aus (s Anm 65).

83. Maßgebender Zeitpunkt für die Frage der Annahme einer vGa ist der Vertragsabschluß, der die Einkommensermittlung berührt bzw dem AntE den Vorteil einräumt (BFH BStBl II 71, 600 u BStBl II 80, 477 betr stille Ges; II 75, 617 betr Grundstückskauf; II 89, 854 betr Geschäftsführergehalt); I R 139/94 v 18. 12. 96, DB 97 806 betr Pensionszusage). Spätere Umstände, zB Wertsteigerungen, bleiben außer Betracht (BFH BStBl II 75, 617). Liegt im maßgebenden Zeitpunkt eine vGa noch nicht vor, so ist sie auch in Zukunft zu verneinen, wenn ein Entgelt später als unangemessen erscheint. Für den maßgebenden Zeitpunkt ist selbst dann der Vertragsabschluß maßgebend, wenn sich zuerst die vGa noch nicht auswirkt; Beisp: Bürgschaftsübernahme ohne Regreßabsicht, s Anm 150 „Bürgschaft". Insoweit ist zwischen dem Zeitpunkt, der für die Beurteilung der vGa maßgebend ist, und demjenigen, zu dem sich eine vGa auswirkt, zu unterscheiden.

Sorgfaltsmaßstab   **84--88 § 8**

84. Bei Dauerrechtsverhältnissen kann darüber hinaus eine vGa vorliegen, wenn von einer zivilrechtl möglichen Beendigung oder Änderung des Vertrags nicht Gebrauch gemacht wird (BFH BStBl II 89, 248). Hierbei ist nicht nur die Kündigungsmöglichkeit, sondern auch ein Wegfall der Geschäftsgrundlage in Betracht zu ziehen (BFH BStBl II 84, 65; BFH/NV 86, 564). Ob ein pflichtgemäß handelnder Geschäftsleiter ein Dauerrechtsverhältnis kündigt, hängt jedoch nicht nur von den durch die Kündigung erzielbaren Vorteilen ab; auch die Nachteile sind in Betracht zu ziehen (BFH BStBl II 75, 366 betr Betriebspacht). Die Nichtdurchsetzbarkeit einer Änderung schließt eine vGa aus (vgl BFH BStBl II 72, 802; II 75, 366). Bei Tantiemevereinbarungen fordert BFH BStBl II 95, 549, eine Überprüfung alle drei Jahre, offenbar unabhängig von der zivilrechtl Kündigungsmöglichkeit; wie diese Überprüfung funktionieren soll, wenn der Vertrag eine Änderung nicht erlaubt, ist unklar.

85. Fehlt ein **Vertrag,** so ist der Zeitpunkt der Auswirkung auf das Einkommen bzw der tatsächl Vorteilszuwendung maßgebend.

86. Verliert der AntE nach dem maßgebenden Zeitpunkt die **Stellung** eines AntE, so bleibt die vGa bestehen; Beisp: AntE und Körperschaft schließen einen langfristigen Mietvertrag ab; die Körperschaft, Mieterin, zahlt eine überhöhte Miete. Veräußert der AntE seine Beteiligung, bezieht er weiterhin nebeneinander Eink aus VuV und Eink aus KapVerm. Ebenso BFH BStBl II 78, 33 betr Pensionszusage. Die vGa bleibt auch unberührt, wenn die Forderung aus dem unangemessenen Vertrag nach dem maßgebenden Zeitpunkt an einen NichtGes abgetreten wird (RFH RStBl 32, 1145). Kann die Körperschaft den langfristigen Vertrag kündigen und unterläßt sie es, nachdem der Begünstigte nicht mehr AntE ist, entfällt die vGa von dem Zeitpunkt an, zu dem hätte gekündigt werden können. Vereinbart umgekehrt ein Vermieter mit der GmbH eine obj unangemessen hohe Pacht, so wird nicht dadurch der unangemessen hohe Anteil zur vGa, daß der Vermieter AntE wird. Erst wenn der Vertrag kündbar wird, kann sich die Frage der vGa neu stellen.

87. eintweilen frei

88. Im Leistungsverkehr zwischen Körperschaft und AntE müssen **angemessene Entgelte** – Preise, Gehälter, Pachten, Zinsen, Gebühren usw – berechnet werden. Die Rspr bestimmt die Angemessenheit weitgehend nach dem **Sorgfaltsmaßstab** eines **ordentl Geschäftsleiters** (zur Problematik Anm 65). Der Sorgfaltsmaßstab des ordentl Geschäftsleiters ist mE vorrangig vor einem allg abstrakten Angemessenheitsgebot. Entspricht diesem Maßstab im Einzelfall ein unangemessener Preis, hält der unangemessene Preis der vGa-Überprüfung stand. Der Sorgfaltsmaßstab ist **objektiviert.** Er wird nicht dadurch aufgehoben, daß man die Entgeltsbestimmung einem Sachverständigen überträgt; das Sachverständigenurteil bleibt nach vGa-Kriterien überprüfbar (BFH BStBl II 78, 109). Diese Rspr ist formal in Ordnung. Da für die Feststellung einer vGa wiederum auf den Sachverständigen zurückgegriffen wird (Anm 101), muß, will man das Sachverständigenurteil nicht entwerten, die Entgeltsbestimmung durch einen Sachverständigen zumindest die Vermutung der Angemessenheit in sich tragen.

89. Der Sorgfaltsmaßstab des ordentl Geschäftsleiters wird durch **Näherungswerte** erschlossen (vgl oben Anm 65; dort auch zu Tendenzen, dem Fremdvergleich Vorrang vor dem Maßstab des ordnungsgem handelnden Geschäftsleiters zu geben). Maßgebend für die Angemessenheit ist idR der sog **Fremdvergleich,** dh der Vergleich mit Geschäften, die mit Nichtgesellschaftern vereinbart werden. Allerdings gilt auch hier (s o Anm 88), daß der Fremdvergleich im Einzelfall aufgrund des entscheidenden Sorgfaltsmaßstabs Ausnahmen kennt. Der Fremdvergleich gilt für alle Körperschaften, auch zB für Vereine (vgl FG Berlin EFG 78, 43: Vorteile, die satzungsgemäß an Nichtmitglieder und Mitglieder gewährt werden, sind keine vGa). Der Fremdvergleich ist kein Maßstab, wenn er durch unangemessene Fremdgeschäfte künstl beeinflußt wird, um vGa zu rechtfertigen (so die Annahme in BFH I R 78/92 v 2. 2. 94, DB 94, 1064). Der Fremdvergleich gilt aber nur – wenn man ihm nicht einen absoluten Vorrang einräumt, s Anm 65 – in der Regel; denn im Einzelfall kann und muß auch der ordnungsgemäß handelnde Geschäftsleiter von der Regel und dem Üblichen abweichen (vgl die Entscheidung BFH BStBl II 77, 765 betr Warenpreise; BStBl II 81, 492; BFH/NV 89, 131; s auch Anm 150 „Lieferkehr" 2; ähnl die „Verwaltungsgrundsätze", Anm 99, zu Tz 2.1.). Wegen der Einzelfallbezogenheit sind Richtsatzsammlungen der FinVerw oder Kostenstrukturstatistiken der statistischen Bundes- und Landesämter über Gewinne, Kosten usw idR untaugl, bieten allenfalls Ansatzpunkte (vorsichtiger bzgl Kostenstrukturstatistiken FinVerw 1981 StEK AO 1977 § 162 Nr 7). Soll der AntE wie ein Nichtgesellschafter behandelt werden, so darf er jedoch auch nicht schlechter als ein Nichtgesellschafter behandelt werden (BFH BStBl III 67, 498; auch der Gesellschafter-Geschäftsführer einer ruhenden GmbH kann ein Gehalt verlangen, weil kein Dritter diese Tätigkeit und Verantwortung unentgeltl übernehmen würde). Auf der anderen Seite kann bei einem AntE ein niedrigeres Entgelt angemessen sein, wenn der AntE weniger Kosten verursacht (BFH 1964 StRK KStG § 6 I S 2 R 96), und ein auch mit einem Nichtgesellschafter vereinbartes Entgelt unangemessen sein, wenn es nur vereinbart wurde, um eine vGa zu verdecken (RFH RStBl 32, 1026). Weitere Näherungsverfahren sind Berechnungen und Kalkulationen, um angemessene Entgelte zu ermitteln; hierbei handelt es sich nicht um Fremdvergleiche; s dazu Anm 150 „Lieferkehr".

BFH BStBl II 90, 454 betr Geschäftsführervertrag dehnt den Maßstab des **Fremdvergleichs** auch auf die **Durchführung** des Vertrags – eine eigentlich für den beherrschenden AntE bestimmte Tatbestandsbedingung (Anm 137, HFRAnm 90, 439) – aus. Die von diesem Maßstab abweichende Durchführung soll die vGa indizieren; mE abzulehnen (zu diesen Unklarheiten s auch Anm 65).

90. Die **Bewertung** der als vGa vorzunehmenden Einkommenskorrektur bzw des als vGa anzusetzenden Vorteils – das Unangemessene – richtet sich grundsätzl nach dem, was ein ordnungsgemäß handelnder Geschäftsleiter verfügt, gezahlt oder gefordert hätte (BFH BStBl II 75, 722; II 77, 569; *Döllerer* BB 79, 58); diese Werte gehen sodann nach den für sie maßgebenden steuerlichen Ansätzen in die Einkommensermittlung ein. Der Maßstab ist die konsequente Ableitung aus der allgemeinen vGa-Formel, s Anm 65, 88 f. Arbeitet eine Körperschaft ohne Gewinn, so kann als vGa nicht einfach eine Global-Gewinnschätzung angenommen werden; abzuleiten ist der Gewinn aus der Handlungsweise eines ordnungsgemäß handelnden Geschäftsleiters (BFH BStBl II 75, 722; Anm 97 f). Regelmäßig ist die vGa mit dem gemeinen Wert, § 9 BewG, anzusetzen (A 31 X KStR); allerdings ohne jedes pauschalierende Element; § 9 II S 3 BewG – Nichtberücksichtigung ungewöhnl oder persönl Verhältnisse – entfällt (BFH BStBl II 75, 306). Bei Betr- oder TeilBetrBewertungen gilt der Teilwert (BFH BStBl II 71, 69); ebenfalls bei Mitunternehmeranteilen (Beisp s DStPr 1982 KStG § 8 vGa Nr 14 betr Veräußerung eines risikobehafteten Komplementäranteils); § 7 I EStDV ist nicht anzuwenden (BFH BStBl II 92, 832). Für Nutzungsüberlassungen ist idR die erzielb Vergütung anzusetzen (A 31 X KStR). Aufwendungen auf der Ebene des AntE, um den Ertrag der vGa zu erhalten oder zu verwalten, mindern nicht die vGa bei der Körperschaft; es können allenfalls WK oder BetrAusg beim AntE vorliegen (BFH BStBl II 89, 475). Es besteht keine rechtl zwingende Übereinstimmung zwischen der Bewertung einer vGa bei der Körperschaft und beim AntE (aA *Schulze zur Wiesche* GmbHR 90, 44). S auch Anm 104 und Anm 35 betr Einlagen. Zur Frage, ob bei einer BetrAufsp eine Buchwertfortführung der Bewertung mit tatsächl oder gemeinen Werten vorrangig sein kann, s Anm 150 „BetrAufsp". Zur USt s Anm 150 „Umsatzsteuer". Zu Besonderheiten bei stbefreiten Körperschaften s § 5 Anm 11.

91. *einstweilen frei*

92. Gegenstand der **Angemessenheitsprüfung** ist das ganze Schuldverhältnis; das Gesamtentgelt ist zu berücksichtigen (BFH BStBl II 68, 809 betr Gehalt und Pension), einschl aller Haupt- und Nebenvereinbarungen. Ein Vorteilsausgleich (Anm 93) erfolgt folgl in einem gegenseitigen Vertrag zwingend (BFH BStBl II 77, 704).

93. Bei der Angemessenheitsprüfung ist ein **Vorteilsausgleich** zwischen **mehreren Geschäften** bzw **Verträgen** zu berücksichtigen, wenn hierüber eine eindeutige Abmachung und zwischen den Geschäften bzw den Verträgen ein zeitl Zusammenhang besteht (BFH BStBl III 64, 370; III 65, 598; Einschränkung der Rspr s u; s auch *Winter* GmbHR 92, 294). Der Austauschwille muß dokumentiert werden. Liegen diese Voraussetzungen vor, ist auch ein Ausgleich unter verschiedenartigen Leistungen möglich. Bei Dauerrechtsverhältnissen sind mehrere Jahre zu berücksichtigen (vgl zB BFH BStBl III 65, 27; II 68, 152). Der zeitl Zusammenhang muß nicht notwendig in einem Wj oder einem VZ gegeben sein. Ist ein Vertrag unklar und unbestimmt, ist ein Vorteilsausgleich nicht mögl (BFH BStBl II 74, 497). BFH BStBl II 77, 704 hält diese strengen Voraussetzungen nur noch bei beherrschenden AntE (dazu Anm 120 ff) aufrecht (zu den strengen Voraussetzungen s auch BFH BStBl II 89, 248); im übrigen ist ein Vorteilsausgleich dann mögl, wenn ein ordnungsgemäß handelnder Geschäftsleiter

Vorteil und Nachteil im Zusammenhang gesehen hätte und im Zeitpunkt der Vorteilsgewährung der Gegenvorteil dem Grund und der Höhe nach in irgendeiner Form – nicht notwendig durch einen gegenseitigen Vertrag – gesichert ist (dazu *Offerhaus* StBp 78, 19; HFRAnm 77, 540: ständige Übung kann zur Verknüpfung ausreichen; FG Hbg EFG 86, 86; zur zivilrechtl Zweifelhaftigkeit der BFH-Differenzierung *Mangold* StuW 78, 168; *Henninger* GmbHR 78, 115; positiv zur Änderung der Rspr *Ranft* StRK-Anm KStG § 6 I 2 R 232). Soweit diese Bedingungen vorliegen, ist ein weiterer zeitl Zusammenhang nicht mehr notwendig (HFRAnm 77, 540). Die „Verwaltungsgrundsätze" (Anm 99) wenden in Tz 2.3. BFH BStBl II 77, 704 auch auf die Entgeltsbeziehungen im Konzern an, konkretisieren jedoch – mE ohne Rechtsgrundlage – darüber hinaus: Erfolge der Vorteilsausgleich erst nach Ablauf eines Wj, müsse vor dem Ablauf bestimmt sein, durch welche Vorteile ein Nachteil ausgeglichen werde; außerdem müsse der Ausgleich innerhalb der folgenden drei Wj erfolgen, es sei denn, der Vorteil würde aktiviert. Es ist zweifelhaft, welche Bedeutung die „Verwaltungsgrundsätze" hier haben, ob sie § 1 AStG oder vGa-Normen konkretisieren, die gerade im Bereich des „Vorteilsausgleichs" differieren können (krit auch *Katterbe* DB 83, 365). Kein Vorteilsausgleich, wenn eine von der KapGes zu erbringende Leistung um bereits realisierte vGa gemindert wird (BFH BStBl II 93, 635).

94. Da die vGa an **Nahestehende** durch das Verhältnis zum AntE bedingt ist, s Anm 72, können auch die Beziehungen zwischen der Ges und dem Nahestehenden in den Vorteilsausgleich einbezogen werden (vgl auch FG Hbg EFG 86, 86).

95. Gemischtes Interesse: Erfolgen Aufwendungen der Körperschaft sowohl im eigenen Interesse als auch im Interesse eines AntE, so ist eine Aufteilung in BetrAusgaben und vGa erforderl (vgl BFH BStBl III 56, 94 betr Beerdigungskosten; III 56, 179 betr Prüfungskosten; II 76, 753 betr Auslandsreisen; s auch Anm 150 „Einfamilienhaus", „Repräsentation", „Vermietung und Verpachtung", „Vertragskosten"). Das Aufteilungsverbot des § 12 Nr 1 S 2 EStG gilt nicht mit entsprechend zwingender Wirkung (BFH BStBl II 76, 753; II 81, 108; BFH/NV 86, 48; vorsichtiger BFH BStBl II 92, 359). Das Interesse muß eindeutig in beiden Sphären liegen, um eine Aufteilung zu rechtfertigen; daß eine Betriebsausgabe auch im Privatinteresse des AntE liegt, ermöglicht noch keine Aufteilung (RFH RStBl 32, 80); hätte der ordnungsgemäß handelnde Geschäftsleiter die Ausgabe trotz des Interesses des AntE voll getätigt, keine vGa und keine Aufteilung; Beisp: Geschäftsreise nach Nizza; Mercedes als Geschäftswagen; Blumenschmuck im Büro.

96. *einstweilen frei*

97. Für die Angemessenheit spielt die **Gewinnsituation** der Körperschaft eine bedeutende Rolle. Vgl auch Anm 150 „Betriebs-, Teilbetriebsverpachtung", „Lieferungsverkehr", „GmbH & Co", „Stille Gesellschaft". Kostendeckende Gegenleistung reicht nicht aus; eine GmbH will Gewinne erzielen (BFH 1964 StRK KStG § 6 I S 2 R 96). Hierbei ist auf einen längeren Zeitraum abzustellen (BFH 1964 StRK KStG § 6 I S 2 R 96). Die

Gewinnlosigkeit 98 § 8

vereinbarte Gewinnlosigkeit ist nicht zulässig (BFH BStBl II 75, 722; II 75, 124 betr Ein- u VerkaufsGes; dazu *Henninger* GmbHR 77, 134; BFH BStBl II 74, 695 betr Kartelle und Syndikate; BFH BStBl II 94, 479 betr EinkaufsGes einer Handwerksinnung). Anders bei Genossenschaften; hier soll die Gewinnlosigkeit nicht unbedingt ein Anzeichen für eine vGa sein (BFH 1965 StRK KStG § 6 I S 2 R 118), mE ist diese Entscheidung durch die vorgenannte Rspr überholt. Auch der Verein kann nicht innerhalb eines GewerbeBetr Mitglieder vorteilhafter behandeln als Nichtmitglieder. Wohl kann er ausschließl Mitgliedern zu Selbstkostenpreisen Leistungen anbieten (vgl *Kröger* DStR 79, 223); ebenfalls kann er Mitgliedern und Nichtmitgliedern gleichermaßen günstige Leistungen anbieten (s auch Anm 89 u den Vorbehalt von BFH BStBl II 94, 479); in diesen Fällen stellt sich allenfalls die Frage, ob noch ein GewerbeBetr vorliegt. Werden Nichtmitglieder bewußt preislich schlechter, dh mit unangemessenen Preisen, behandelt (zB zur Mitgliederwerbung), liegt bei den Mitgliedern, sofern die Preise angemessen sind, keine vGa vor. Gewinnabsaugende u verlustverursachende Verträge mit AntE deuten auf vGa hin (BFH StRK KStG § 6 I S 2 R 79 betr Pachtvertrag; BFH BStBl II 75, 722). Bei einer Verzinsung von 10 vH des eingezahlten StammKap u der offenen Rücklagen u von 3 vH für das nicht eingezahlte StammKap fehlt ein erster Anschein für das Vorliegen einer vGa; allerdings wird der ordnungsgemäß handelnde Geschäftsleiter bemüht sein, mehr zu erzielen (BFH BStBl II 77, 679 betr BetrPacht; II 78, 234 betr Gehalt).

98. Allerdings **erlaubt** die Gewinnlosigkeit allein noch **nicht**, auf die Angemessenheitsprüfung zu **verzichten** (BFH BStBl II 72, 320 betr BetrPacht). Gewinnlosigkeit berechtigt die FinVerw insbes nicht zu einer Globalschätzung, auch in diesen Fällen ist die FinVerw verpflichtet zu prüfen, wie sich ein ordnungsgemäß handelnder Geschäftsleiter verhalten, welche Entgelte er vereinbart und welche Gewinne er folgl erzielt hätte (BFH BStBl II 75, 722). Das Einzelgeschäft ist zu beurteilen (Tz 2.1.2. der „Verwaltungsgrundsätze", Anm 99; *Höppner* StBp 83, 128). Richtsatzsammlungen der FinVerw oder Kostenstrukturstatistiken bieten allenfalls Anhaltspunkte für die Gewinnermittlung, keinen zwingenden Ableitungsmaßstab (glA für die Kostenstrukturstatistik FinVerw 1981 StEK AO 1977 § 162 Nr 7). Die in der Praxis anzutreffende Argumentation, wonach im Hinblick auf Vergleichspreise, KapVerzinsung usw ein bestimmter Gewinn erzielt werden muß, ist verfehlt. Es gibt keinen Zwang zum Gewinn, keinen „Pflichtgewinn". Maßgebend ist alleine die Handlungsweise des ordnungsgemäß handelnden Geschäftsleiters, der alle Umstände des Einzelfalls, alle Besonderheiten der konkreten Situation berücksichtigen muß. Wo jedoch im Hinblick auf die Gewinnerzielung und die KapVerzinsung Verträge abgeschlossen werden, die unmittelb oder als Entgelt-Untergrenze der Körperschaft garantieren, daß ihr eingesetztes Kapital angemessen verzinst wird, sind diese Verträge anzuerkennen. Nicht zu übersehen ist allerdings, daß „Soll- oder Pflichtgewinne", daß Richtsatzsammlungen und Statistiken dann eine umso größere Bedeutung gewinnen, je mehr der **Fremdvergleich** den ordnungsgemäß handelnden Geschäftsleiter verdrängt (s Anm 65).

99. Zu den **Verrechnungspreisen** und zur **Einkünfteabgrenzung** in **multinationalen Unternehmen** liegt ein Bericht des Steuerausschusses der OECD „Verrechnungspreise und Multinationale Unternehmen" (veröffentl 1979 im Verlag Dr Otto Schmidt KG) vor, bei dem es sich im wesentl um einen Kommentar zum „dealing at arm's length-Prinzip" handelt und der für die einzelnen Länder und die Stpfl nicht bindend ist (*Baranowski* JbFfSt 81/82, 110 f; s hierzu auch *Ebenroth,* Die verdeckten Vermögenszuwendungen in transnationalen Unternehmen, 1979, Stand: vor OECD-Bericht). Die deutsche FinVerw hat den OECD-Bericht inzwischen zum Anlaß genommen, „**Verwaltungsgrundsätze** für die Prüfung der Einkunftsabgrenzung bei international verbundenen Unternehmen" vorzulegen, vgl BStBl I 83, 218; s zu dem Bericht und den „Verwaltungsgrundsätzen" *Baranowski* JbFfSt 81/82, 111; Kommentar in *Flick/Wassermeyer/Becker,* AStG; *Flick* JbFfSt 81/82, 133; *Jonas* DStR 83, 218; *Höppner* StBp 83, 121; *Borggreve* Inf 83, 293; *PJ Schmidt* DB 83, 1389; *Ritter* BB 83, 1677; *Menck/Schelle/Becker* JbFfSt 83/84, 125 ff; *Baumhoff,* Verrechnungspreise für Dienstleistungen, 1986; *Reuter* IWB F 3 Deutschland Gr 1, 1129 (2/1987); *Kussmaul* RIW 87, 679; *Popp/Theisen* DB 87, 1949 (empirische Untersuchung zu den Verrechnungspreisen); *Baumhoff* DStR 87, 497; *Weber* StBp 87, 117, 141; *Menger* GmbHR 87, 397; *Portner,* Ermittlung von Verrechnungspreisen in multinationalen Unternehmen, IWB 10 International Gr 2, 863 (7/92); *Klein* BB 95, 225; *Schreiber,* Vergleich der (endgültigen) Verrechnungspreisrichtlinien (Deutschland-OECD-USA), IStR 95, Beihefter zu Heft 11; s auch Anm 107 und die dort angegebene Literatur. Zum Beweisrecht der Verwaltungsgrundsätze s *Ritter* FR 85, 34.

100. In der **Praxis** steht die FinVerw bei der Überprüfung von angemessenen Entgelten idR vor großen **Schwierigkeiten.** Konkrete Vergleichspreise fehlen, da die Leistungsangebote jederzeit Differenzierungen und damit die Ablehnung der von der FinVerw behaupteten Vergleichspreise erlauben (vgl *Baranowski* JbFfSt 81/82, 118). Die Kalkulations- und sonstigen Berechnungsmethoden lassen sich in Bp-Berichten abstrakt in Standardformulierungen wiedergeben; die Anwendung ist weitgehend subjektiv fehlerhaft oder objektiv so schwierig, daß sie griffige Gegenargumente erlaubt. Das Ergebnis sind ein deutlich spürbares Ausweichen auf die formalen Bedingungen bei beherrschenden AntE (vgl Anm 120 ff), selbstgestrickte Berechnungsmethoden der Bp (*Strobl* RIW/AWD 80, 741), die undifferenzierte und unkritische Anwendung von Statistiken oder der Ersatz einer argumentativen Begründung durch hoheitl Behauptungen (vgl *Streck/Rainer* KÖSDI 82, 4573).

Weitere **Einzelheiten** zur Angemessenheit s zu betr Stichworten im **ABC** Anm 150.

101. Der angemessene Preis, das angemessene Entgelt sind letztl zu **schätzen** (BFH BStBl II 72, 594). Würde der angenommene angemessene Preis nur geringfügig von dem vereinbarten Entgelt abweichen, gilt die Vereinbarung (BFH BStBl III 58, 229); denn der Geschäftsleiter hat nach der allg vGA-Formel einen **Bemessungsspielraum** (s Anm 65 und BFH BStBl II 73, 322); auch der Fremdvergleich kennt einen **hinnehmbaren**

Beweislast **102 § 8**

Unschärfebereich (dazu rechnet FG Saarl EFG 94, 940 eine Unangemessenheitsdifferenz iHv DM 7692 bei einer Gesamtausstattung iHv DM 325 000). Die Angemessenheit ist eine **Tatsachenfrage**, die, wenn Vergleichspreise uä fehlen, nur ein Sachverständiger entscheiden kann. Im finanzgerichtl Rechtsstreit fällt die Entscheidung über die Angemessenheit daher regelmäßig in der FG Instanz (s zB BFH BStBl II 68, 809; BFH/NV 96, 339).

102. Beweislastfragen: Eine offenbleibende Unklarheit über das Vorliegen einer vGa dem Grund und der Höhe nach geht zu Lasten des FA, eine vGa ist nicht anzunehmen; insoweit trägt die FinVerw die Beweislast (BFH 1963 StRK KStG § 6 I S 2 R 75 betr Geschäftsführergehalt; BStBl II 74, 430 betr Witwen- und Waisenrente; BStBl II 77, 568 betr Kostenbelastung). Die Vermutung spricht gegen die vGa (BFH BStBl III 65, 119 betr partiarisches Darlehen). So die bisherige Rspr. Es gibt Überlegungen, die allg Beweislastregel bei BetrEinnahmen und BetrAusg auch auf die vGa zu übertragen. Wird um die Einkommensminderung gestritten, so trägt die Körperschaft die Beweislast, wird um die Einkommenserhöhung gestritten, die FinVerw (vgl im Ansatz BFH/NV 86, 490; BStBl II 93, 247; FG SchH EFG 87, 206; *Eppler* DStR 88, 339; *Wassermeyer* FR 89, 218, 223). ME ist diese Beweislastverteilung in ihrer formalen Zuordnung nicht sachgerecht; es ist allzu zufällig, ob die Einkommensminderung oder die Einkommenserhöhung streitig ist. Nimmt man das Streitverfahren des AntE hinzu, bedingen diese Regeln sogar sich widersprechende Ergebnisse. Geht es um die Angemessenheit des Geschäftsführergehalts, so liegt die Beweislast im KStVerfahren bei der Stpfl, im Verfahren um die Zurechnung der vGa beim AntE beim FA (s zB BFH/NV 90, 635). Dieses Auseinanderlaufen ist widersinnig. Es geht um die richtige Besteuerung des „positiven" Einkommens; will die FinVerw dieses erhöhen, so trifft sie die Beweislast (glA *Döllerer* DStR 89, 331, 332). A 31 VIII a KStR versucht die verschiedenen Ansätze in einer Formel zu vereinigen. Je geringer die Beteiligung des AntE, der die vGa bewirkt haben soll, um so wahrscheinl die Angemessenheit (*Jonas* DStR 83, 220). S auch Anm 130 zu beherrschenden AntE. Liegt eine vGa in bezug auf einen Nahestehenden, s Anm 72, vor, so ist zu vermuten, daß der Vorteil bzw die Einkommensauswirkung durch das GesVerhältnis zum AntE bedingt ist (BFH BStBl II 75, 48, 306; II 77, 569; BFH/NV 89, 395); die Vermutung ist widerlegbar. Sie kann im übrigen im Hinblick auf BVerfG BStBl II 85, 475 betr die Zusammenrechnung von Ehegattenanteilen in der BetrAufsp nicht mehr zu Lasten von Ehegatten gelten (FG RhPf EFG 87, 372). Ist der Nahestehende gleichzeitig AntE, ist von dem Vorrang des gesellschaftsrechtl Verhältnisses auszugehen (BFH BStBl II 82, 248; s Anm 73).

Bei **grenzüberschreitenden Beziehungen** ist § 90 II AO – gesteigerte MitwirkungsPfl bei Auslandsbeziehungen – einschlägig; vgl „Verwaltungsgrundsätze", Anm 99, Tz 9.1. Die inl TochterGes ist verpflichtet, dafür Sorge zu tragen, daß sie die Angemessenheit der Leistungsentgelte mit Hilfe von Informationen der ausl MutterGes darstellen kann (BFH BStBl II 81, 492). Art 273 Schweizer Strafgesetzbuch ist insoweit unbeachtl (BFH

BStBl II 81, 492). Wird die MitwirkungsPfl verletzt, so muß das FA von dem wahrscheinl Sachverhalt ausgehen; nach den „Verwaltungsgrundsätzen" Tz 9.3. soll unter Berufung auf BFH BStBl II 68, 695 der mögl Sachverhalt zugrunde gelegt werden können (mE gibt dies BFH aaO in dieser Allgemeinheit nicht her). Die MitwirkungsPfl setzt eine Auslandsbeziehung voraus. Die Behauptung einer Auslandsbeziehung, die man sodann als gegeben annimmt, weil der Stpfl der aus der behaupteten Auslandsbeziehung folgenden MitwirkungsPfl nicht nachkommt, ist zwar eine häufig anzutreffende Argumentation der FinVerw, weil sie Argumente schafft, die nicht vorhanden sind, sie ist jedoch rechtens nicht haltbar.

103. Rechtsfolgen der vGa: Bei der Körperschaft erfolgt eine **Korrektur** des **Einkommens.** Das Ziel ist, die Einkommensermittlung so durchzuführen, wie dies ohne gesellschaftsrechtl Beeinflussung, dh bei ordnungsgemäß handelnder Geschäftsleitung geschehen wäre. Hat die vGa das Einkommen gemindert, wird die Minderung rückgängig gemacht. Die Korrektur erfolgt zu dem Zeitpunkt, zu dem bei richtiger Behandlung der Mehrgewinn ausgewiesen worden wäre. Liegt eine vGa durch Verzicht auf Erträge vor, werden diese Erträge hinzugerechnet. Führen Überpreise durch die Körperschaft zu überhöhten Aktivierungen, erfolgt eine Korrektur des Einkommens, sobald und soweit sich über AfA, Abschreibung, Wertberichtigung, Veräußerung der Überpreis bei der Einkommensermittlung auswirkt (vgl BFH/NV 86, 116; *Wassermeyer* FR 93, 793: solche vGa stellen stl keine Anschaffungskosten dar). Werden Sachwerte unter Preis abgegeben, ist das Einkommen um den Differenzbetrag zu erhöhen; insoweit erfolgt eine Auflösung stiller Reserven. Hätte die vGa zu stfreien Eink geführt, ist auch die vGa stfrei. Die erforderl **Korrektur** erfolgte nach dem KStRecht vor dem KStG 1977 außerhalb der Bilanz in der KStErklärung bzw in dem KStBescheid; dies soll auch nach der KStReform gelten (so BFH I R 137/93 v 29. 6. 94, BB 94, 2319 mit HFR Anm 95, 141 u DStR 94, 1803; *Döllerer* BB 79, 60; *Winter* DStZ 87, 269; *Maas* StVj 90, 65), wegen der Korrespondenz zwischen StB und EK ist es unter der Herrschaft des KStG 1977 richtiger, die Korrektur innerhalb der StB durchzuführen (*Wassermeyer* DStR 87, 484; *Wuttke* DStR 96, 485). Hat die vGa zu überhöhten Anschaffungskosten geführt, so ist zB der Bilanzansatz zu ändern, um in Zukunft eine vGa durch AfA, Veräußerung usw zu vermeiden.

Ist die vGa bei der Körperschaft steuerlich erfaßt, kann bei der Körperschaft die gleiche Vorteilszuwendung nicht nochmals erfaßt werden. Ist die bilanzielle Passivierung eine vGa, ist die Erfüllung der Schuld keine vGa.

104. Eine zwingende **Beziehung** zwischen der Behandlung der vGa bei der **Körperschaft** und dem **AntE** besteht nicht (vgl zB BFH BStBl II 70, 526; II 71, 408; II 77, 467; II 81, 612; II 82, 631), zB ist ein Einnahmezufluß beim AntE nicht erforderl (Anm 76), wobei dies nach der Abtrennung der vGa auf der Ebene der Körperschaft von der Qualifikation der Vorteilszuwendung beim AntE insbes durch die jüngere Rspr noch klarer geworden ist (vgl Anm 65). Der **dreiseitige Begriff** der vGa – Einkommenskorrektur, Abfluß u Zufluß – des I. Senats (Anm 65) zeichnet hier deutliche Trennlinien.

Rechtsfolgen **105, 106 § 8**

Die vGa-Rechtsfolge läßt die **bürgerl-rechtl Vereinbarungen** idR unberührt (BFH BStBl II 68, 50).

105. Bei dem AntE wird der Vorteil der vGa den **Eink** aus **KapVerm** zugerechnet (bzw nach § 20 III EStG behandelt), und zwar nach § 20 I Nr 1, 2 EStG; die Subsumtion unter diese Nr war nicht ganz unproblematisch, aber unbestr, um den Weg zum AnrVerf zu eröffnen. Das StRefG 1990 v 25. 7. 1988 (Vor § 1 Anm 19) hat dies inzwischen in § 20 I Nr 1 S 2 EStG ausdrückl klargestellt. S § 43 Anm 3 zur Frage, welche EinkArt bei Vereinen vorliegt; die Frage ist umstr; sie ist erhebl, da von ihr die Anwendung des AnrV abhängt. Soweit bei Vereinen keine Eink aus KapVerm (oder bei Betriebsbedingtheit keine Eink nach §§ 13, 15, 18 EStG) anzunehmen sind, liegen Eink nach § 22 Nr 3 EStG vor (*Rader* BB 77, 1443). Voraussetzung der Erfassung der vGa beim AntE ist der **Zufluß** oder **bilanzielle Zugang** nach allg Regeln des EStG.

Unentgeltl oder verbilligte **Nutzungs-**, Gebrauchs- oder Dienstleistungs**vorteile** konnten nach der älteren Rspr nicht zufließen (BFH BStBl II 81, 612; II 82, 631; s auch Anm 48). Änderung durch BFH GrS BStBl II 88, 348 (Vorlagebeschluß BFH BStBl II 87, 65; dazu auch Anm 48; vorbereitend BFH BStBl II 86, 178 u 195). Hiernach wird der Vorteil bei dem AntE erfaßt, um die Anr sicherzustellen. Gibt der AntE – zB als MutterGes – den Vorteil an eine SchwesterGes weiter, so wird bei ihr der Vorteil „verbraucht"; der AntE kann anrechnen, ohne daß die vGa angesetzt wird (so BFH GrS aaO). Die Entscheidung des GrS erging zum Konzern; sie gilt jedoch auch dann, wenn natürliche Pers AntE der Körperschaft sind. Überläßt die GmbH unentgeltlich ein Grundstück oder einen Betrieb zur Nutzung an den AntE, führt dies bei der GmbH zur vGa. Bei dem AntE wird die vGa dann iSd GrS „verbraucht", wenn die Nutzungsentgelte BetrAusg oder Werbungskosten darstellen. Der AntE kann ohne Ansatz der vGa bei den Eink das KStGuthaben anrechnen.

Auch **immaterielle WG** werden bei dem AntE als vGa erfaßt; dadurch wird die Anr sichergestellt (vgl BFH BStBl II 87, 455 betr Geschäftswert; dazu *L Schmidt* FR 87, 231; *Jahn* DB 87, 1459; BFH/NV 87, 468 betr geschäftswertähnl WG; BFH/NV 87, 471 betr Kundenstamm; aA die ältere Rspr: vgl BFH BStBl II 75, 553; II 77, 467; II 82, 631; FinVerw BStBl I 77, 350). Die bis zur RsprÄnderung erforderl Aufteilung bei der Betriebs- oder Teilbetriebsübertragung in materielle und immaterielle WG (BFH BStBl II 82, 631) ist zumindest im Hinblick auf die vGa-Regeln nicht mehr von wesentl Bedeutung. Fragl ist, wie sich diese Rspr beim privaten AntE auswirkt. ME sollten auch hier die Grundsätze von BFH GrS angewandt werden: Beim ersten Schritt wird das immaterielle WG erfaßt (damit die Anr vermittelt); im gleichlautenden zweiten Schritt wird es noch – betriebl – verbraucht, so daß beim AntE nur die Anr des KStGuthabens Platz greift.

106. Die Qualifizierung der vGa als Einkommenskorrektur oder als Vorteilszuwendung ist auch im übrigen konsequent **zu Ende zu denken** (*Wassermeyer* FR 89, 218, 221 f; *ders* StVj 93, 208, 214 ff). Soweit beim AntE insoweit höhere Ausgaben an die Körperschaft anzunehmen sind (weil die Zahlungen an die Körperschaft zu gering waren), sind entspr „fiktiv" Werbungskosten, Betriebsausgaben, Anschaffungskosten, Sonderausgaben, nichtabziehb Ausgaben usw anzunehmen (vgl BFH BStBl III 61, 80; III 62, 338; II 71, 53 betr Zinsen; II 71, 408 betr Miete; II 75, 722; II 76, 88 betr Unternehmenspacht). Verkauft die GmbH ihrem AntE verbilligt ein Mietshaus, erhöht die vGa die Abschreibungsgrundlage des AntE. Bei der vGa an **Nahestehende** (Anm 72 ff) ist bei der hypothetischen Abwicklung des Geschäfts ggf eine unentgeltl Verfügung zwischen den AntE und den Nahestehenden „zwischenzuschalten". Beisp: Verbilligter Hausbau der GmbH für den Sohn des AlleinAntE. Folge: Eink aus KapVerm beim AntE; in Höhe der Preisdifferenz unentgeltl Verfügung an den Sohn; Abschreibungsgrundlage des Sohnes: Preis + vGa; BFH I R 139/94 v 18. 12. 96, DB 97, 806 läßt offen, ob dies auch gilt, wenn der AntE keinerlei Vorteil erhalten hat. Zur sog **Fiktionstheorie** und zum **Theorienstreit** s im übrigen *Frotscher/Maas*, KStG, Anh vGa zu § 8 Anm 94 ff; *Meßmer* StbJb 77/78, 121; *Brezing* FR 78, 499; *Wassermeyer* StVj 93, 208).

107. vGa zwischen **SchwesterGes** erfordern eine sorgfältige Analyse des wirtschaftl Sachverhalts, um das hypothetisch durchzuführende Geschäft richtig zu beurteilen. Werden zwischen SchwesterGes für Waren überhöhte Preise gezahlt, stehen sich bei der MutterGes vGa und verdeckte Einlage gegenüber (BFH BStBl II 82, 631). Das gleiche gilt, wenn materielle WG unentgeltl von einer SchwesterGes auf die andere übertragen werden (BFH BStBl II 69, 243; II 82, 631). Inzwischen behandelt die Rspr auch immaterielle WG wie materielle (s Anm 47 u Anm 105). Die bis zur RsprÄnderung erforderl Aufteilung bei einer Betriebs- oder Teilbetriebsübertragung in materielle und immaterielle WG (s Anm 105) ist im Hinblick auf die vGa-Regeln nicht mehr notwendig. Ebenfalls hat die Rspr die Dienstleistungs- und Nutzungsüberlassung zwischen SchwesterGes für das AnrVerf anwendb gemacht (vgl Anm 98 u Anm 105). Vgl im übrigen zur Auswirkung der vGa bei verbundenen Unternehmen Anm 99 u *Herzig/Förster* Wpg 86, 289; *Schirmer* GmbHR 86, 52; *Nickol* BB 86, 1688; *Menger* StRevue 87, 461, 482 (das Verhältnis zur Schweiz betr); *Weber* StBp 87, 269; *Würfele* IWB 3 Deutschland Gr 1, 1189 (7/88); *Schröder* StBp 89, 73; *Schirmer* GmbHR 89, 513 betr die vGa nach dem StRefG 1990.

108. *einstweilen frei*

109. Rechtsfolgen der vGa im **AnrV**: Der BFH unterscheidet streng zwischen der Einkommenskorrektur nach Abs 3 und den Auswirkungen einer vGa im AnrV (Anm 65). Hier ist zu prüfen, ob die vGa als „andere Ausschüttung" iSd § 27 Abs 3 S 2 eine KSt-Minderung oder -Erhöhung auslöst. S hierzu § 27 Anm 29. Soweit dann beim AntE Eink iSv § 20 I Nr 1, 2 EStG vorliegen (s Anm 105), vermittelt auch die vGa die StGutschrift. Der AntE wird also zusätzlich bereichert; zu dieser Problematik s Anm 116 f. Zur Problematik der sachl und zeitl Inkongruenz s § 27 Anm 11.

110. Korrektur u Rückgängigmachung der vGa: In Ausnahmefällen erlaubte die Rspr die nachträgl Korrektur einer vGa. Voraussetzungen sind offensichtl Unkenntnis, ungewöhnl belastende StFolgen, Korrektur spätestens bei der Aufstellung der Bilanz (vgl BFH BStBl III 57, 400; III 62, 255; III 67, 152). Diese Rspr hat allerdings bisher keine NachfolgeRspr gefunden.

111. Korrektur der vGa durch **Rückgewähransprüche.** Umstr ist, ob eine nachträgl, zB durch die Bp entdeckte vGa durch **nachträgl Einbuchung** eines Rückgewähranspruchs aufgehoben werden kann. Der Rückgewähranspruch kann gesetzl oder vertragl gegeben sein. Ein **Interesse** an der Rückgewähr kann insbes bei Beteiligung verschiedener, nicht interessenverbundener AntE aus gesellschaftsrechtl Gründen bestehen; s dazu auch Anm 116f. Darüber hinaus besteht ein steuerliches Interesse an der Rückgängigmachung der vGa; dieses Interesse ist hier Gegenstand.

112. Bei der Körperschaft können **gesetzl Rückgewähransprüche** aus §§ 60, 62 AktG und §§ 31, 32 GmbHG folgen; sonstige gesetzl Anspruchsgrundlagen werden kaum greifen (vgl *Wellnhofer* FR 78, 257; *Seeger* StVj 92, 249; s auch *Flume* ZHR 80, 18). **Vertragl** können Rückgewähransprüche in der GmbH-Satzung und in den jeweiligen Verträgen vereinbart werden (Satzungsklauseln; dazu *Lagemann*, Die StKlausel, Diss Gießen, 1979; *Theisen* GmbHR 80, 132, 182). Wird eine vGa festgestellt, werden die Rückgewähransprüche nachträgl eingebucht und hierdurch die Gewinn- und Einkommensminderung beseitigt (*Döllerer* BB 79, 61; JbFfSt 78/79, 382; DStR 80, 399; Institut FuSt, Grüner Brief Nr 304 (1991); *Seeger* StVj 92, 249 u *Wichmann* GmbHR 93, 337 beschränkt auf gesetzl Rückgewähransprüche; grundsätzl ebenso, aber weiter differenzierend *Buyer*, Gewinn u Kapital, 1989, 81 ff; positiv auch FG D'dorf EFG 87, 373). Dieser Technik steht der **BFH ablehnend** gegenüber (vgl BFH BStBl II 71, 64; II 76, 88; II 84, 842; II 86, 178; II 87, 733; BFH/NV 89, 460; verfassungsrechtl unbedenkl BVerfG GmbHR 93, 595; zur BFH-Rspr *Wassermeyer*, StbJb 95/96, 213; zur Kritik s *Döllerer* ZGR 77, 503 u aaO; *Meyer-Arndt* JbFfSt 79/80, 298), dies, obwohl handelsrechtl die Nichtberücksichtigung der Korrekturansprüche zu nichtigen Jahresabschlüssen führen kann (*Wichmann* GmbHR 92, 643). Nach BFH BStBl II 84, 723 setzt der Rückgewähranspruch die Kenntnis der vGa voraus; daher ist der Anspruch – wenn überhaupt – nicht im Jahr der vGa aktivierb; dazu *Schmidt* FR 84, 540; *Brezing* DB 84, 2059; *Gassner* DStZ 85, 204; *Jonas* FR 85, 285; *Knolle* DB 85, 1265; *Seeger* aaO. BFH BStBl II 87, 733 läßt dies wiederum ausdrückl dahingestellt. Widersprüche zeigen sich in der Rspr zu den unberechtigten Entnahmen; s Anm 80. BFH I R 126/95 v 13. 11. 96, BB 97, 1241 unterscheidet zwischen Ansprüchen, die die vGa hindern, und solchen, die sie umkehren, ohne ein befriedigendes Unterscheidungsmerkmal zu formulieren. Bereits aufgrund dieser umstrittenen Rechtslage ist es zw, ob man zu einer **Satzungsklausel** raten soll, zumal auch die mit ihr gegebene zivilrechtl Verpflichtung ihre Tücken haben kann (*Streck* GmbHR 82, 25). Nimmt man die Nutzlosigkeit auf der Ebene der AntE hinzu (Anm 113f), so sollte man von ihr Abschied nehmen, sofern sie nur aus steuerlichen Gründen in die Satzung aufgenommen wird. Ist sie zivilrechtl gewollt, soll sie bestehenbleiben. Keine „Rückgewähr" schließt auch dadurch, daß korrekt vereinbarte Entgelte um erfolgte vGa gemindert werden, also **keine Rückgewähr** durch **Saldierung** (BFH BStBl II 93, 635).

113. Gelingt die Beseitigung der Gewinnminderung bei der Körperschaft, stellt sich weiter die Frage der **Ausschüttung.** Nach BFH BStBl II 77, 545; BFH/NV 89, 460 liegt eine Ausschüttung und ein Zufluß beim AntE selbst dann vor, wenn ein gesetzl oder vertragl Rückgewähranspruch entsteht. Da der BFH die Ausschüttung und den Kapitalertrag gem § 20 I EStG bejaht, gilt dies auch bei bilanzierenden AntE. Die Ausschüttung zwingt bei der Körperschaft zur Herstellung der AusschüttungsBel; trotz evtl möglicher vGa-Beseitigung bei der Körperschaft ist folgl dem stl Interesse an der Aufhebung der vGa (s Anm 111) nicht Genüge getan. Zwei Lösungen bieten sich an: Entweder nimmt man entgegen BFH an, daß der Rückgewähranspruch die Ausschüttung verhindert (so *Lempenau* BB 77, 1213; *Tillmann,* Das neue KStRecht der GmbH, 2. Aufl, 1978, Rz 81ff; *ders* StbKongrRep 78, 188; *Gassner* JbFfSt 78/79, 434, 438; *Theisen* GmbHR 80, 189; *Herzig* StbKongrRep 81, 390; *Wichmann* BB 95, 433; *Kirchgesser,* Die vGa als Entgelt-Differenz, 1996; *ders* DB 96, 703; so auch im Fall der **Vorabausschüttung** FG Berlin EFG 94, 409; *Kohlhaas* DStR 96, 525; OFD Berlin DStR 95, 1587, allerdings korrigierend und zur herrschenden Ansicht der FinVerw zurückkehrend mit GmbHR 96, 388; vgl auch FinVerw Wpg 96, 132; Anm 115), evtl nur beim bilanzierenden Empfänger (so *Wellnhofer* FR 78, 262). Oder man beläßt es bei der Ausschüttung, ermöglicht aber der Körperschaft, nach der Bilanzberichtigung (Anm 112) die bereits erfolgte Ausschüttung nachträgl ordnungsgemäß zu beschließen; dies kann wieder eine ordnungsgemäß beschlossene Vorabausschüttung oder eine reguläre Jahresausschüttung sein.

114. Wird die vGa nicht ex tunc, dh einschließl Ausschüttung, beseitigt, ist weiter problematisch, wie eine **vGa-Rückzahlung** beim AntE zu behandeln ist, nämlich infolge von BFH BStBl III 64, 184 u – bei Rückzahlungsverpflichtung – BFH BStBl II 77, 847; II 78, 102; II 79, 510 als **negative Eink** aus **KapVerm,** die den stpfl Zufluß, evtl zeitverschoben, im wirtschaftl Ergebnis beseitigen, oder als **Einlage,** die die Anschaffungskosten des AntE auf die Beteiligung erhöhen (so BFH BStBl II 66, 250 – dazu auch Anm 117 –; II 87, 733; II 89, 800; II 89, 1029 betr §§ 30, 31 GmbHG II 97, 92; FG BaWürt EFG 86, 307; FinVerw 1981 StEK KStG 1977 § 8 Nr 26; Bestätigung 1985 DB 85, 1437; *Krebs* StbKongrRep 81, 362; *Sarrazin* GmbHR 82, 277; *Classen* BB 84, 327; *Wassermeyer* Stbg 96, 481, 483). Krit an der Rspr *Buyer* DB 89, 1697; *ders,* Gewinn u Kapital, 1989, 81ff; *ders* DB 94, 602; *Seeger* StVj 92, 249; *Wichmann* GmbHR 93, 337, GmbHR 92, 643 u Stbg 97, 64: Einlage ist eine handelsrechtl unzulässige Qualifikation. Eine Rückzahlungsverpflichtung kann im übrigen gerade bei beherrschenden AntE zweifelhaft sein (vgl *Raupach* JbFfSt 80/81, 269ff; *Sarrazin* GmbHR 82, 281). Nds FG EFG 83, 461 folgert sie aus eindeutig finanziellen Schwierigkeiten. Zahlt der Nicht-mehr-Gesellschafter eine vGa zurück, wird man trotz der vorgenannten Rspr neg Werbungskosten bejahen können (*Wichmann* Stbg 95, 319). Bei der Körperschaft hängt hiervon ab, ob die zurückerhaltene Gewinnminderung in

Steuergutschrift 115–117 § 8

EK$_{45(50/56)}$, EK$_{02}$ oder in EK$_{04}$ (Einlagen) eingeordnet wird (s dazu auch BFH II 97, 92 u § 30 Anm 17). Die sich systematisch anbietende Antwort, zurückgezahlte vGa sei eine Einlage, widerstreitet dem Interesse an der gesamten Operation, da beim nicht bilanzierenden AntE die Versteuerung des Zuflusses nicht aufgehoben wird. Wird die vGa durch einen sofort einzubuchenden Rückzahlungsanspruch neutralisiert und wird diese „Einlage" im EK$_{04}$ ausgewiesen, wird sodann dieses durch den Rückzahlungsanspruch begründete EK$_{04}$ für die vGa verwendet, so kann dies zu einer stfreien (s § 20 Abs 1 Nr 1 S 3 EStG) vGa führen. Zu dieser Möglichkeit s den BFH-Aussetzungsbeschluß BFH/NV 94, 126; dazu *Wichmann* Stbg 94, 217.

115. ME kann nur eine **Antwort** die **Probleme** in befriedigender Weise **lösen:** Aufgrund eines gesetzl oder vertragl Rückgewähranspruchs wird die vGa bei der Körperschaft und (!) dem AntE gehindert. Die Gewinnminderung bei der Körperschaft und die Ausschüttung heben sich auf. Bei allen Zwischenlösungen stehen die sich anschließenden Schwierigkeiten in keinem rechten Verhältnis zu dem Erfolg dieser Lösungen. Ohne die „helfende Hand" der Rspr (*Döllerer* KÖSDI 78, 2867; *Streck* GmbHR 82, 24; *Jonas* FR 85, 285) oder des Gesetzgebers (*Sarrazin* GmbHR 82, 281) wird jedoch eine für die Praxis befriedigende Regelung, die Rechtssicherheit verspricht, nicht zu erreichen sein, nachdem sich die FinVerw in dem Erlaß 1981 StEK KStG 1977 § 8 Nr 26 und DB 85, 1437 verweigert hat. Die Rspr ist jedoch auch zZ nicht gewillt, auch nur einen kleinen Schritt auf eine Korrekturmöglichkeit hin zu unternehmen; eher wird die Ablehnung immer deutlicher. Der Entwurf des JStG 1996 sah eine gesetzl Regelung der Rückgängigmachung der vGa vor (BT-Drucks 13/901), die nicht Gesetz wurde, weil sie noch nicht ausgereift war (vgl *Wassermeyer* DB 95, 946; *Reiß* BB 95, 1320; *Wichmann* BB 96, 721).

116. Die vGa führt darüber hinaus nach der KStReform zu dem Problem des **zusätzl Vorteils der StGutschrift:** Erhält der A 100 P zuviel Gehalt, so führt die Annahme einer vGa zu dem zusätzl Zufluß bei dem AntE von $^{3}/_{7}$ anrechenbarer KSt. Versteuerte er vorher 100 P zu 40 vH = 40 P, so versteuert er nunmehr 100 P + ($^{3}/_{7}$) = 142,86 P zu 40 vH = 57,14 P ./. KSt in Höhe von 42,86 P = 4,28 P. Entsprechendes galt für das $^{9}/_{16}$ Guthaben. Der zusätzl Vorteil ist offensichtl. (Absurde) Folge: Die Feststellung von einem unangemessenen Abfluß führt zu einem weiteren Abfluß, erhöht also die Ausschüttung. Der Begünstigte der vGa wird zu Lasten der übrigen AntE noch einmal bereichert. Dieses Problem stellt sich nicht, wenn eine ex-tunc-Beseitigung der vGa eingreift (s Anm 115).

117. Zur **Lösung** des **Problems** (Anm 116) wollte *Thiel* DB 76, 1542 auf die Besteuerung der **vGa** unter bestimmten Bedingungen ganz **verzichten;** so auch bereits Gutachten der StReformkommission, 1971, IV/233. Allerdings sind hierzu entspr Entscheidungen der FinVerw oder des Verordnungsgebers erforderl, mit denen nicht zu rechnen ist. S auch oben Anm 55, 61 mit den Hinweisen auf die Lösung von *Pezzer* sowie FG D'dorf einerseits u die Ablehnung durch den BFH 1986/1987 andererseits. *Fasold* DB 76, 1886; DStR 76, 634 u DStR 78, 368 betrachtet jede vGa so, als umfasse sie die anrechenbare KSt; glA zB *Brezing* FR 77, 261; *Knobbe-*

Keuk StuW 77, 157; *Deppe* DB 77, 1155; abl, aber ähnl im Ergebnis, falls ein Rückgewähranspruch besteht, *Lempenau* BB 77, 1209; zweifelnd *Hoffmann* BB 77, 239: Der AntE muß soviel zurückgewähren, daß ihm ein Betrag verbleibt, der zusammen mit $^9/_{16}$ KSt die festgestellte vGa ergibt; abl FG Hdg EFG 89, 139. Unsicher ist jedoch, ob der Austausch – anrechenbare KSt gegen Zahlung – rückwirkend mögl ist; dem von *Fasold* angeführten BFH-Urt BStBl II 72, 547 steht die bezügl der Satzungsklausel negative Rspr entgegen (s Anm 112, 114); abl auch *Mannhold* BB 77, 987; *Wellnhofer* FR 78, 257. In FR 77, 267 wendet *Thiel* zugunsten der KapGes **§ 812 BGB** auf die volle StGutschrift an (ähnl *Wichmann* BB 96, 88); zurückhaltend bzgl § 812 BGB *Lempenau* BB 77, 1212. Wird mit einer **Steuer- und Satzungsklausel** gearbeitet, so sollte durch sie abgesichert werden, daß der zusätzl KStVorteil zurückzugewähren ist; zur Satzungsklausel s auch oben Anm 112.

118., 119. *einstweilen frei*

120. a) Bei Leistungsbeziehungen mit **beherrschenden Gesellschaftern** verlangt die Rspr **klare** und **eindeutige,** dazu Anm 121 f, **zivilrechtl rechtswirksame,** dazu Anm 123 ff, **zeitgerechte,** dazu Anm 131 ff, und **durchgeführte,** Anm 137, **Verträge.** Vgl aus der Rspr zB BFH BStBl III 56, 288 u III 60, 513 betr Pachtvertrag; II 72, 501 betr Pension und Gehalt; II 74, 719 betr Gehalt; II 82, 612 betr Pensionszusage; II 82, 761; dazu die nachfolgende, in Anm 120 bis 145 zitierte Rspr. Folgend A 31 V KStR. **Grund:** BFH BStBl II 69, 268 „hält eine klare, nachweisb und im voraus getroffene Vereinbarung für geeigneter, die engen und oft schwer durchschaubaren Beziehungen zwischen einer KapGes und ihrem beherrschenden GesGeschäftsführer zu ordnen und offenzulegen". Gewinnmanipulationen sollen vermieden werden (BFH BStBl II 74, 363; II 86, 469; II 96, 246). Da im übrigen kein AntE verpflichtet ist, Leistungen seiner Ges entgeltl aufgrund eines obligatorischen Vertrags zu erbringen, muß rechtzeitig geklärt werden, ob der AntE Leistungen **unentgeltlich** als AntE, dh auf gesellschaftsrechtl Ebene, **teilentgeltl** oder **vollentgeltl** erbringt (vgl BFH BStBl III 63, 440, bestätigt durch BVerfG 1967 StRK KStG § 6 I S 2 R 131 betr Dienstleistungen; II 88, 590; II 89, 633). Folglich ist die Angemessenheit von Leistung und Gegenleistung ebenso unerhebl (BFH/NV 96, 266) wie die Tatsache, daß auch leitende Angestellte ähnl Leistungen zum entsprechenden Entgelt erhalten oder erbringen (BFH BStBl II 92, 434). Die Klärung muß für einen außenstehenden Dritten deutlich sein (BFH BStBl II 90, 645). Werden die Sonderbedingungen verletzt, kann vermutet werden, daß die Leistungen im GesVerhältnis begründet sind. Die Rspr ist stark durch Beweislastüberlegungen bestimmt; GmbH und beherrschender AntE müssen beweisb klären, ob der Gesellschafter betriebl oder gesellschaftsrechtl tätig ist (vgl *Wassermeyer* GmbHR 86, 26, 29).

b) Kritik: Die Sonderbedingungen sind für die Stpfl nur sehr schwer einsehb und vom Berater kaum zu vermitteln. Der Vertrag ist für den Interessenausgleich zwischen einander Fremden geschaffen. Hier wird er gerade dort gefordert, wo es an einem solchen Interessenwiderspruch fehlt und wo der StBürger selbst aus nicht steuerl Gründen nicht auf den Gedanken käme, ausdrückl vertragl Regelungen zu schaffen. Gerade die Bedingung der zivilrechtl Wirksamkeit ist in ihrer Strenge kaum verständlich (s Anm 123, inzwischen aufgelockert, Anm 123 aE). Gleichwohl ist der Rspr grundsätzl zuzustimmen. Da Körperschaft und AntE jeweils getrennte StSubjekte sind, müssen Abgrenzungsregeln geschaffen werden. Das KStG 1977 hätte Anlaß sein können, die Rspr zu überdenken u beweglicher zu gestalten (*Döllerer* ZGR 78, 617). Wenn das Leistungsentgelt auf der Ebene des AntE versteuert ist, ist die Umqualifizierung als vGa durch höhere Gerechtigkeitsgebote nicht notwendig. S hierzu auch Anm 55, 61. Widersinnig ist auch, daß die Annahme einer vGa bei fehlendem Vertrag zu einem zusätzlichen Vermögensabfluß führt (s Anm 116). Auch dies hätte Anlaß sein sollen, vorsichtiger mit dem Instrument der vGa umzugehen. Die Rspr wurde jedoch strikt fortgesetzt, ohne den Systemwechsel 1977 zum Anlaß eines parallellaufenden „Systemwechsels" der vGa zu nehmen (s Anm 61); ausdrückl abl bzgl einer Änderung BFH BStBl II 82, 761. Die Tendenz geht heute leider dahin, mit einer immer förmlicher werdenden Betrachtungsweise bei beherrschenden AntE zunehmend vGa zu bejahen. Da das ganze Unternehmensleben einer GmbH nicht in Verträge eingefangen werden kann, müssen immer subtiler analysierte Sachverhalte herhalten, um mangels vertragl Regelung die vGa zu begründen. Kritik s weiter bei *Lempenau*, FS L Schmidt, 1993, 605; *Hoffmann* DStR 95, 1210; *Frotscher* DStJG 20 (1997), 235. Hinweis auch auf Anm 65 und die Tendenz, die Sonderbedingungen voll in den **Begriff der vGa** aufzunehmen.

c) In jüngeren Urteilen spielt der Begriff der **Üblichkeit** und Unüblichkeit zunehmend eine Rolle; auffallend unübliche Verträge scheinen allein schon die vGa bei beherrschenden Gesellschaftern zu indizieren (vgl BFH BStBl II 93, 311 eine Nur-Tantieme u BFH II 93, 455 eine Pensionszusage betreffend). Ob sich hier ein zusätzliches besonderes Merkmal für die Verträge zwischen der GmbH und ihrem beherrschenden Gesellschafter herausbildet, ist noch unklar. Eine Vorsicht bei solchen unübl Verträgen ist angebracht (vgl auch *Hoffmann* DStR 93, 714; *Tillmann* GmbHR 93, 466).

d) Da die Rspr ihren Grund in der Möglichkeit der AntE hat, ihrer Gesellschaft unentgeltl Leistungen zu erbringen, ist mit ihr – auch bei beherrschenden AntE – ein **Zwang** zur **Entgeltlichkeit** nicht zu vereinbaren (vgl auch BFH BStBl III 60, 513; aA *Sarrazin* JbFfSt 79/80, 393). Gäbe es diesen Zwang, würde keine Notwendigkeit für das Gebot klarer und rechtzeitiger Verträge bestehen. Ein **Wechsel** zwischen unentgeltl und entgeltl Leistungserbringung ist grundsätzl für die Zukunft, nicht für die Vergangenheit, mögl; zur Rückwirkung auf die Durchführung des Vertrages s Anm 137.

e) Die Rspr gilt auch für KapGes im **Gründungsstadium** (BFH BStBl II 83, 247). Eine klare Vereinbarung muß im für die vGa maßgebenden Zeitpunkt vorliegen; dazu Anm 83 ff. Eine Ausnahme ist mögl, falls die rechtzeitige Vereinbarung unmögl oder unzumutb ist (BFH BStBl II 82, 761; dazu HFRAnm 82, 576; DB 82, 2599; dazu auch Anm 121 f).

f) Die Rspr gilt nicht nur für Leistungsbeziehungen zwischen beherrschenden AntE und ihren Gesellschaften, sondern auch für Leistungsbeziehungen zwischen den **Nahestehenden** der beherrschenden AntE und ihren Gesellschaften (BFH BStBl II 87, 459, 461 mit HFRAnm 87, 417; BStBl II 87, 792; BFH/NV 87, 247; BStBl II 88, 786; BFH/NV 89, 131, 669; BStBl II 89, 631; Abkehr von der früheren Rspr BFH BStBl III 67, 372; II 70, 466). Damit kann die Rspr auch auf Leistungsbeziehungen im **Konzern** zwischen **SchwesterGes** angewandt werden (abl noch im Hinblick auf die ältere Rspr *Günkel* BB 81, 1084; die Praxis zeigt allerdings, daß die strengen Bedingungen für beherrschende AntE im Konzern weit großzügiger und vorsichtiger angewandt werden).

121. Klar und **eindeutig** heißt, daß ein außenstehender Dritter zweifelsfrei erkennen kann, daß die Leistung aufgrund einer entgeltlichen Vereinbarung erbracht werden soll (BFH BStBl II 90, 645; II 92, 362). Das Entgelt für die Leistung muß bestimmt oder zahlenmäßig bestimmbar sein (BFH BStBl II 76, 734). Der Rechenvorgang darf durch keine Ermessensentscheidung beeinflußbar sein (BFH BStBl II 86, 469). Eine falsa demonstratio ist unschädl, wenn das Gewollte eindeutig, evtl durch Auslegung, feststellb ist (BFH/NV 91, 90; FG Köln EFG 90, 595). Fehlt eine Neben-Detailvereinb, ist nicht die Leistung insgesamt, sondern nur bzgl dieses Nebenpunktes vGa (BFH BStBl II 88, 301; II 92, 434). Die Bestimmbarkeit ist rein formal zu verstehen; sie muß nicht wirtschaftl vernünftig sein (BFH BStBl II 68, 49 betr Mieterhöhung); sie ist von der Frage der Angemessenheit zu trennen. Die Vereinb eines „angemessenen Gehaltes" ist für die Bedingung des eindeutigen Vertrags ungenügend (BFH BStBl II 74, 497); ebenso die Vereinb eines Entgelts „an der oberen Grenze des Angemessenen" (BFH BStBl II 71, 64) oder der Hinweis auf einen Maßstab nach betriebswirtschaftl Grundsätzen (BFH BStBl II 76, 734). Knüpft eine Tantiemevereinb an eine Rechenformel an, in die die konkret beschlossene Ausschüttung eingeht, so liegt eine klare Vereinb nicht vor (BFH BStBl II 85, 345); ebenso, wenn nur Höchst- und/oder Mindestbeträge vereinbart sind (FG Hbg EFG 90, 125; FG Nds GmbHR 90, 420). Zur Eindeutigkeit von Tantiemevereinbarungen s weiter Anm 150 „Dienstverhältnis". Ist im Geschäftsführervertrag vereinb, daß der Ges-Geschäftsführer den ihm zur Verfügung gestellten Pkw privat nutzen darf, so liegt bzgl des Privatanteils keine klare Vereinb vor, wenn der vom FA angesetzte Nutzungsanteil maßgebend sein soll (BFH/NV 86, 48). Ist die Angemessenheit eines Entgelts schwierig zu bestimmen, so kann die Festlegung einem unbeteiligten Sachverständigen übertragen werden, seine Entscheidung wirkt auf den Zeitpunkt des Vertragsabschlusses zurück, in der Zwischenzeit können Abschlagszahlungen erbracht werden (BFH BStBl II 71, 566 betr Betriebspacht). Das FA gilt offenb in der Rspr nicht als solcher Sachverständiger (BFH/NV 86, 48). Wurde ein Entgelt fest vereinb und wird es später aufgrund eines Sachverständigengutachtens korrigiert, so gilt das Rückwirkungsverbot, s Anm 131 ff (BFH BStBl II 71, 566). Das Sachverständigengutachten ermögl im erstgenannten Fall die Erfüllung der Bedingung einer rechtzeitigen, klaren und eindeutigen Vereinb; der Sachverständige garantiert im übrigen nicht die Angemessenheit (BFH BStBl II 78, 109; Anm 88). Eine ursprüngl bestehende Unklarheit kann später ausdrückl oder durch ständige Übung beseitigt werden (BFH BStBl II 92, 362; s auch Anm 123)

122. Klare und eindeutige Vereinb sind auch dann erforderl, wenn ein **gesetzl zivilrechtl Anspruch** besteht, da dieser abbedungen sein könnte (BFH BStBl II 77, 172 betr Pkw-Kosten und Miete; BStBl II 88, 590 betr Zinsen; abl *Barth* DB 77, 2255; *Brezing* FR 77, 463). ME reichen gesetzl Ansprüche zumindest dort aus, wo das Leistungsverhältnis im übrigen geregelt ist und die gesetzl Ansprüche der Ergänzung dienen; hier ist geklärt, daß der AntE eine schuldrechtl, nicht eine gesellschaftsrechtl Leistung erbringen will. Beisp: Der aufgrund eines Dienstvertrags tätige GesGeschäftsführer handelt im Einzelfall für die GmbH in Geschäftsführung ohne Auftrag (§§ 677 ff BGB); zw nach BFH BStBl II 88, 301. Außerdem muß auf gesetzl Ansprüche zurückgegriffen werden können, wenn die **Situation,** die zur Leistung führt, **überraschend** auftritt, so daß ein **rechtzeitiger** Vertrag **nicht mögl** ist (vgl idS *Woerner,* VGa an beherrschende Gesellschafter einer KapGes, FS von Wallis, 1985, 327; *Wassermeyer* GmbHR 86, 26; *Streck* GmbHR 87, 104, 108; zurückhaltend *Meier* FR 92, 438; s auch Anm 126 zu branchenüblichen Nebenleistungen u Anm 150 „Aufwendungsersatz").

123. Die Rspr fordert, daß die besonderen Verträge **zivilrechtl rechtswirksam** sind (BFH BStBl II 91, 597; *Wassermeyer* DStR 91, 105). **Kritik:** Das Erfordernis der zivilrechtl Gültigkeit ist aus dem Zweck des besonderen Vertrags nicht ableitb. Einkunftsquelle und Leistungsbeziehungen können auch durch zivilrechtl ungültige Verträge klar und eindeutig festgelegt und definiert werden. Im übrigen erkennt das StR auch zivilrechtl ungültige Verträge dann an, wenn sie durchgeführt werden (§ 41 AO). Die Nichtanwendung dieser Vorschrift kann aus dem Zweck des besonderen Vertrags nicht hergeleitet werden (vgl auch *Meyer-Arndt,* FS Rose, 1991, 373, 379; *Streck* DStR 91, 1645, 1646; *Tiedtke* DStR 93, 933). Die Rspr selbst ist nicht konsequent. Sie wendet das Erfordernis einer klaren Vertragsabgrenzung auch für Leistungsbeziehungen zwischen dem Betrieb gewerbl Art oder jur Pers des öffentl Rechts an, obwohl insoweit eindeutige Verträge zivilrechtl wirksam nicht abgeschlossen werden können (Abschn 28 II KStR; § 4 Anm 28). Der Vertrag hat hier ausschließl Abgrenzungs- und Definitionsfunktion. Das gleiche gilt zB für die Notwendigkeit eines Betriebsabgrenzungsvertrags (Anm 150 „Wettbewerbsverbot u Betriebsabgrenzung"), der keinen zivilrechtl Sinn hat. Der BFH umgeht das Problem der Anwendung des § 41 AO durch einen Zirkelschluß, der wie folgt lautet (vgl BFH/NV 91, 704; *Streck* DStR 91, 1645, 1646): Voraussetzung ist ein zivilrechtlich gültiger Vertrag. § 41 AO findet keine Anwendung, wenn ein zivilrechtlich gültiger Vertrag notwendig ist. Da hier ein zivilrechtlich gültiger Vertrag gefordert wird, findet § 41 AO keine Anwendung.

Vorsichtige **Lockerung** der **Rspr** durch BFH BStBl II 93, 131: Bei einer **problematischen Zivilrechtslage** ist es ausreichend, wenn sich der

Geschäftsführer um einen zivilrechtl gültigen Vertrag bemüht, auch wenn später die Ungültigkeit festgestellt wird. Denn „Zweck der Rspr ist es . . . nicht, dem Stpfl die . . . Risiken einer . . . ungeklärten Zivilrechtslage . . . aufzubürden (BFH BStBl II 96, 246 betr § 181 BGB; s nachfolgend d). Ähnlich BFH/NV 1996, 363, 644. BVerfG BStBl II 96, 34 – Beschluß zum Oder-Konto – hat mit zur Lockerung beigetragen.

124. a) Die Verträge zwischen der KapGes und ihren AntE müssen daher auch den spezifischen **gesellschaftsrechtl** Vorschriften entspr.
b) Der **Gesellschafterbeschluß** hat seine eigenständige Bedeutung. Er ersetzt nicht den Vertrag, sondern bereitet ihn vor und kann für seine zivilrechtl Gültigkeit notwendig sein. Ist der beherrschende AntE an einem GesBeschluß beteiligt, der einen Vertrag mit ihm selbst betrifft, so kann allerdings der Beschluß dahingehend ausgelegt werden, daß er den Vertrag umfaßt (BFH BStBl II 92, 434).
c) Der **Geschäftsführervertrag** wird bei der GmbH zwischen der GesVersammlung und dem Geschäftsführer abgeschlossen, soweit die Satzung nichts anderes vorsieht (BFH BStBl II 92, 434). Nach BGH GmbHR 91, 363, gilt dies auch für Änderungen von GesVerträgen (dazu FinVerw BStBl I 94, 868 mit Übergangsregelung zum 1. 1. 96, ergänzend für Pensionszusagen BStBl I 96, 50 mit Stichtag 1. 1. 97; dazu *Tillmann/Schmidt* GmbHR 95, 796 u DStR 96, 849; *Grönwald* DB 96, 752). Zur mitbestimmten GmbH s FinVerw GmbHR 96, 797. Beteiligung der GesVersammlung heißt nicht, daß alle Gesellschafter unterschreiben müssen (BFH/NV 96, 644; BStBl II 96, 246).
d) In-sich-Geschäfte müssen nach außen kenntl gemacht werden (BFH BStBl II, 68, 49 betr Miete; II 72, 721; II 77, 15: nachträgl Genehmigung reicht nicht; Anweisungen an den Buchhalter, ein Darlehen zu verzinsen, ist ausreichend (BFH BStBl II 76, 761). Bei In-sich-Geschäften zwischen KapGes und Geschäftsführer muß dieser von der **Beschränkung des § 181 BGB** rechtswirksam befreit sein (BFH/NV 91, 704; 94, 661; *Gosch* DStR 91, 765). Die Befreiung im Einzelfall erfolgt durch Beschluß der GesVersammlung. Eine generelle Befreiung bedarf der Satzungsgrundlage; sie muß außerdem im HR eingetragen sein (vgl BGHZ 87, 59; BayObLG DB 84, 1517; *Tiedtke* GmbHR 93, 385). Da die Frage der Notwendigkeit der Satzungsgrundlage bis heute streitig ist und die Eintragung im Handelsregister nicht konstitutiv wirkt, kann das Fehlen der einen oder anderen Bedingung keine vGA begründen (BFH BStBl II 96, 246; BFH/NV 96, 363, 644; Hess FG EFG 95, 386, 388; aA A 31 VI a KStR). Ab 1981 muß bei Verträgen zwischen der **Ein-Mann-GmbH** und ihrem Geschäftsführer jede Befreiung von § 181 BGB in der Satzung vereinbart sein (§ 35 IV GmbHG; BayObLG DB 84, 1517; FG RhPf EFG 90, 124; Hess FG EFG 94, 941; FG München EFG 95, 861; *Mink* BB 90, 1393). Diese strenge Bindung ist auch steuerlich zu berücksichtigen. Die satzungsgemäße Befreiung kann mit Rückwirkung auch beim Alleingesellschafter-Geschäftsführer nachgeholt werden (BFH I R 71/95 v 23. 10. 96, BB 96, 2664; krit *Hoffmann* DB 97, 444). Liegt nur eine Satzungsermächtigung vor, so muß von ihr allerdings auch durch Beschluß und Anmeldung zum

HR Gebrauch gemacht werden; allein ein Vertrag, der die Befreiung enthält, reicht nicht (BFH/NV 96, 509). Eine Befreiung von § 181 BGB, die dem Geschäftsführer einer GmbH mit mehreren AntE erteilt wurde, bleibt wirksam, wenn die GmbH zur Ein-Mann-GmbH wird (BFH BB 91, 925; BFH BStBl II 91, 597 mit HFR Anm 91, 668; A 31 VI a KStR). Auf den Geschäftsführervertrag selbst, den die GesVersammlung mit dem Geschäftsführer abschließt, finden § 181 BGB und § 47 IV GmbHG keine Anwendung (BFH BStBl II 92, 434). Allerdings greift § 181 BGB für Vertretungen unter den Gesellschaftern in der GesVersammlung (BGH BB 91, 85).

e) Verletzen Beschlüsse der Ein-Mann-GmbH die Aufzeichnungspflicht des **§ 48 Abs. 3 GmbHG,** so ist der Beschluß nicht nichtig; ein Nachweis in anderer Weise ist möglich (FinVerw DStR 94, 1459).

125. a) Der **Nachweis** über **Inhalt** und **Zeitpunkt** der zivilrechtlich gültigen Vereinb muß in „irgendeiner Weise" erfolgen (BFH BStBl II 72, 721 betr Gehalt), die nach außen erkennb ist (BFH BStBl II 72, 721). Der Nachweis kann mit **allen Mitteln der Glaubhaftmachung** der AO und FGO geführt werden, insbes durch Urkunden, Auskünfte Dritter (Zeugenbeweis), ggf auch durch eidesstattl Versicherungen oder durch einfache schriftl Erklärung (BFH/NV 86, 430). BFH BStBl II 84, 65 läßt auch Sprachgutachten zu, um die Bedeutung einer Vereinb zu ermitteln. Die Auslegung des Vertrags durch **übereinstimmende Interpretation** der Vertragsparteien ist zu beachten (BFH/NV 93, 386).

b) Der Nachweis der klaren und eindeutigen, zivilrechtl gültigen Vereinbarung kann auch durch **langjährige tatsächl Übung** oder durch eine tatsächl **Durchführung** erbracht werden (vgl BFH 1965 StRK KStG § 1 I S 2 R 111; BStBl II 80, 531, 532; insbesondere BFH BStBl II 90, 645; BFH/NV 91, 773; BFH/NV 93, 385; BFH I R 9/95 v 25. 10. 95, FR 96, 220 betr Tantieme; FG Saarl EFG 86, 620 u EFG 94, 674; *Meier* GmbHR 91, 70). Anwendbar ist diese Rspr allerdings idR nur auf Dauerschuldverhältnisse (BFH BStBl II 93, 139). Hat zB die Vereinbarung von Preisabsprachen in laufenden Geschäftsbeziehungen ihren Ausdruck in einem Computerprogramm gefunden, kann mittels dieses Programms der Nachweis des Vertrags erfolgen. Der Vertrag gilt erst ab dem Zeitpunkt mittels langjähriger Übung als nachgewiesen, zu dem diese Übung feststeht; dies ist zB nicht notwendig der Zeitpunkt, zu dem von einem schriftl Vertrag abgewichen wird (vgl BFH BStBl II 92, 362).

c) Schriftform der Vereinbarung ist empfehlenswert, jedoch nicht zwingend (vgl BFH 1963 StRK KStG § 6 I S 2 R 74; BFH BStBl II 72, 721 betr Gehalt; BFH/NV 91, 90; BFH/NV 91, 773 betr Gehaltsnebenleistungen). Auch § 48 III GmbHG gebietet bei der Ein-Mann-GmbH nicht die Schriftform für Verträge, sondern regelt nur eine Protokollierungspflicht für GesBeschlüsse (vgl *Streck* KÖSDI 80, 3960). Ist die Schriftform oder die **notarielle Beurkundung gesetzl** geboten, ist sie unter der Bedingung des besonderen Vertrags für beherrschende AntE auch steuerl geboten, da es anderenfalls an der zivilrechtl Gültigkeit mangelt (s Anm 123). Wird die gesetzl nicht gebotene Schriftform gewählt, so liegt nicht notwendig eine klare Vereinbarung erst ab schriftl Vertragsabschluß vor. Der Vertrag kann auch einen bestehenden Vertrag bestätigen. Besteht über Leistung und Entgelt Einvernehmen und wird die Leistung erbracht, so kann sich gleichwohl die schrifl Fixierung aus rein technischen Gründen oder weil über Nebenpunkte noch gestritten wird, hinauszögern. Wird der in den steuerlich erhebl Punkten bestehende Vertrag schließl schriftl niedergelegt, so kann er steuerlich „rückwirkend" anerkannt werden, da letztl nichts anderes als die Schriftform zur vorhandenen Vereinbarung hinzugetreten ist (glA *Frotscher/M* § 8 Anh Anm 38 f). Um einer Auseinandersetzung mit dem FA aus dem Weg zu gehen, sollten die für die Verw wesentl Punkte – Entgelt und Leistung – rechtzeitig schriftl in einem Kurzvertrag niedergelegt werden, der später durch den endgültigen umfassenden Vertrag ersetzt wird. Auf jeden Fall ist stets zu prüfen, ob die Schriftform gleichläuft mit einer in diesem Zeitpunkt getroffenen Vereinbarung, ob sie eine mündl bestehende Vereinbarung bestätigt oder diese ändert. Umgekehrt kann auch eine schriftl vorliegende Vereinbarung **mündlich geändert** sein.

Sieht ein Vertrag vor, daß jede **Änderung** des Vertrages der **Schriftform** bedarf, so ist auch diese Vereinbarung steuerlich zu beachten; der Vertrag ist allerdings mündl abänderbar, sofern der Vertragswille eindeutig ist (BFH BStBl II 90, 645; II 97, 138; zurückhaltend BFH/NV 88, 122; FG Hbg EFG 89, 651). Anders wenn die Schriftformklausel dahingehend auszulegen ist, daß sie selbst mündlich nicht abbedungen werden kann und nur die schriftl Änderung zulässig ist (BFH BStBl II 91, 933; Hess FG EFG 95, 384; krit *Depping* DStR 92, 341; *Tiedtke* DStZ 92, 195).

d) Je **unterschiedlicher** die **Beteiligungsverhältnisse** bei Mutter- und TochterGes oder je weniger der beherrschende AntE an der Ges beteiligt ist, um so eher kann von einer rechtzeitigen Vereinbarung ausgegangen werden, da nicht zu unterstellen ist, daß der beherrschende AntE seine Machtstellung benutzt, um ohne Zustimmung des MinderheitsAntE Vorteile zu erlangen.

126. Branchenübl Kosten- und Leistungsberechnungen müssen nicht im voraus schriftl vereinbart werden (BFH BStBl II 77, 568 betr Frachtkosten; s auch Anm 150 „Lieferungsverkehr"). Keine Vereinbarung ist erforderl, soweit **Nebenleistungen üblicherweise** ohne besondere Vereinbarung erbracht werden, zB Benutzung des Firmen-Pkw für Fahrten zwischen Wohnung und Arbeitsstätte; nicht aber für sonstige Stadt-, Erholungs- und Urlaubsreisen (BFH StRK KStG § 6 I S 2 R 70 u Anm 150 „Bagatellaufwendungen", „Reisekosten"); anders, wenn der Pkw zur ständigen privaten Verfügung steht (BFH BStBl II 78, 234; klare Vereinbarung notwendig).

127. Zu den Fragen des **Wettbewerbsverbots** und der **Betriebsabgrenzung** s Anm 150 „Wettbewerbsverbot und Betriebsabgrenzung".

128. Zu klaren, eindeutigen und rechtzeitigen Vereinbarungen als Voraussetzung für den **Vorteilsausgleich** s Anm 93.

129, 130. *einstweilen frei*

131. Die Vereinbarungen müssen **zeitgerecht,** dh im maßgebenden Zeitpunkt, s Anm 83 ff, vorliegen. Die Rspr erkennt bei beherrschenden AntE bei der vGa-Prüfung **keine Rückwirkung** an; vgl *Lange* GmbHR 91, 427. Das Rückwirkungsverbot gilt nicht für den nichtbeherrschenden AntE und die diesem Nahestehenden (BFH BStBl III 59, 374; II 74, 497); es gilt erst recht nicht zB für Geschäftsführer, die keine AntE sind (BFH BStBl III 67, 372; s auch Anm 142). Das Rückwirkungsverbot hat Vorrang vor der Angemessenheitsprüfung; dazu Anm 88 ff. Aus der ständigen Rspr: BFH BStBl III 56, 288; III 58, 381; 1962 StRK KStG § 6 I S 2 R 69, 95; BStBl III 63, 440 betr Gehaltsvereinbarung im letzten Monat des Wj; BStBl II 72, 438; II 74, 179; II 74, 719 betr Tantieme u Weihnachtsgeld, verfassungsrechtl unbedenkl nach BVerfG 1967 StRK KStG § 6 I S 2 R 131; s auch die weitere Rspr zum Urlaubs- und Weihnachtsgeld (Anm 150 „Urlaubsgeld", „Weihnachtsgeld") u die nachfolgend in Anm 132 ff zitierte Rspr.

132. Das Rückwirkungsverbot gilt nicht nur für die Rückwirkung in einen **abgelaufenen VZ** oder ein abgelaufenes Wj, sondern auch für die Rückwirkung **innerhalb eines VZ** oder eines Wj (BFH BStBl II 72, 721). Eine Tantieme, am 1. 11. für das lfd Wj = Kj vereinbart, muß aufgeteilt werden; soweit sie sich auf die Monate Januar-Oktober bezieht, gilt das Rückwirkungsverbot; für eine Tantieme, die am 31. 12. des Wj vereinbart wird, würde voll das Rückwirkungsverbot eingreifen (vgl BFH BStBl II 68, 482; II 74, 719 betr Tantieme; BStBl II 77, 172 betr Erfolgsprämie; FG Nds GmbHR 91, 483 betr Sonderzahlung). Diese gedankl Aufteilung gilt nicht, wenn die Zahlung ihrem Zweck nach keine Rückwirkung hat (zB Gehaltserhöhung ab 1. 6. oder besonderes Entgelt für eine Leistung im Dezember).

133. Das Rückwirkungsverbot gilt **allg** und für **jede Art von Verträgen.** Keine Rückwirkung auch, wenn anderen fremden Angestellten oder Vertragspartnern in gleicher Weise Rückwirkung gewährt wurde (BFH BStBl II 74, 719 betr Sondervergütung). In BFH BStBl II 82, 761 wird in leichter Auflockerung der Rspr eine laufende nachträgl Entgeltsvereinbarung ausnahmsweise anerkannt; dazu HFR Anm 82, 576; DB 82, 2599. Es gibt **keine Vermutung** dafür, daß der beherrschende Gesellschafter Leistungen seiner Ges nur **entgeltl** erbringt (s Anm 120); folgl kann dem Rückwirkungsverbot nicht mit einer solchen Vermutung begegnet werden; vgl zB BFH BStBl III 63, 440, gebilligt von BVerfG 1967 StRK KStG § 6 I S 2 R 131 betr Tätigkeit gegen Gehalt. Soweit Rückwirkung gewollt war und das Verbot Anwendung findet, ist eine nachträgl **Umqualifizierung** als laufender zeitgerechter Aufwand nicht mögl. Zu prüfen ist jedoch, ob die gewollte Rückwirkung nicht tatsächl eine zeitgerechte Vereinbarung darstellt; zB ist denkb, daß die Rückwirkung nur aus Vereinfachungsgründen vereinbart wird, um zeitgerechte Berechnungen zu erleichtern. Auch kann die Rückwirkung nur die schriftl Fixierung bestehender Verträge bedeuten (Anm 124).

Zum **Nachweis** der **Rechtzeitigkeit** s im übrigen Anm 125.

134. Kein Verstoß gegen das Rückwirkungsverbot liegt vor, wenn ein bestehender, rechtzeitig vereinbarter **Anspruch zu spät erfüllt** wird (BFH BStBl II 74, 179 betr gestundete Gehaltszahlung wegen finanzieller Schwierigkeit der GmbH; II 78, 234 betr Gehalt); allerdings müssen in diesem Falle alle sonstigen Folgerungen aus der Vereinbarung, insbes die Passivierung, gezogen sein (vgl Anm 137). Unschädl sind rechtzeitige **Wertsicherungsklauseln.** Ebenso ist eine **Anpassung** der **Pensionszusage** mögl, wenn sie bei allen Mitgliedern erfolgt (BFH BStBl II 72, 501; II 74, 430; II 79, 687; s Anm 150 „Pensionszusage"). Die Rspr hat auch Ersatzvergütung wie Urlaubsabgeltung anerkannt (BFH BStBl II 69, 327; II 73, 322). Zulässig sind ebenfalls Klauseln, die die Anpassung an eine **geänderte stl Beurteilung** oder geänderte StBescheide vereinbaren (BFH BStBl II 71, 600). Unschädl ist die **jährl Neufestsetzung** der Vergütung, sofern sie rechtzeitig erfolgt. Ohne Verstoß gegen das Rückwirkungsverbot kann die Bestimmung des Angemessenen einem **Sachverständigen** übertragen werden; dazu oben Anm 121. Soweit ein **Gesetz Rückwirkungen zuläßt,** wird hierdurch nicht ohne weiteres das Rückwirkungsverbot durchbrochen. So erlaubt die Rückwirkung nach **§ 20 VII UmwStG** nicht, rückwirkende Verträge abzuschließen; auch in diesem Fall müssen die Erträge bereits am Umwandlungsstichtag vereinb sein (vgl BFH BStBl II 84, 384 betr die Vereinb einer stillen Ges; BStBl II 86, 880 betr Geschäftsführervertrag; dazu auch *Raudszus* BB 87, 944; weitergehende Rückwirkung durch FG Köln EFG 82, 533; zu dieser Problematik auch *Streck/ Schwedhelm* BB 88, 1639 u Anm 150 „Umwandlungsvorgänge". Auch bei der Rückwirkung von **Einbringungsvorgängen** gem. § 20 Abs 8 S 3 betrifft die Rückwirkung den Einbringungsvorgang, nicht Leistungsverträge zum Ausschluß von vGa.

135. Soweit Vereinbarungen **unter das Rückwirkungsverbot fallen,** sind Vorteilszuwendungen der Körperschaft aufgrund dieser Vereinbarungen als vGa anzusehen, und zwar unabhängig davon, ob der AntE zeitl vor der Vereinbarung eine Gegenleistung an die Körperschaft erbracht hat und die Nachzahlung folgl angemessen ist. Nur der rückwirkende Teil führt zur vGa; wird eine Tantieme im Dezember erhöht, verstößt allenfalls der Erhöhungsbetrag gegen das Rückwirkungsverbot (s o Anm 132).

136. Das Rückwirkungsverbot ist in seinem Absolutheitsanspruch **nicht zu rechtfertigen;** mE sollte der Körperschaft der Nachweis ermöglicht werden, daß die rückwirkende Vereinbarung betriebl veranlaßt ist. Das strikte Rückwirkungsverbot ist eine ständige Versuchung, Verträge nachzufertigen. Sicher kann diese Nachfertigung den Tatbestand des § 370 AO erfüllen. Der BFH sollte jedoch bedenken: Je unverständlicher seine Rspr zu den besonderen Vertragsbedingungen bei beherrschenden AntE ist, um so eher sind selbst Betriebsprüfer geneigt, Kopien, dh möglicherweise nachgefertigte Verträge, zu akzeptieren. Besonders bemerkenswert war und ist dies zum Thema Wettbewerbsverbot und Betriebsabgrenzung (s Anm 150 zu diesen Stichworten). Die schweigende Verweigerung der strengen Bedingungen kann ein Indiz dafür sein, daß ihnen die innere Legitimität fehlt. Vgl auch *Streck* DStR 91, 1645, 1647.

Durchführung 137 § 8

137. Die vereinb Verträge müssen, um anerkannt zu werden, **durchgeführt** sein (BFH BStBl II 78, 234 u II 86, 469, 880, I R 53/95 v 13. 11. 96, DStR 97, 697 betr Gehalt; II 88, 25 betr Treuhandvereinb; II 88, 301 betr Pachtverträge; II 88, 786 betr Beratungsvertrag). Wer ein vereinb Entgelt, zB eine Tantieme weder zahlt noch als Rückstellung ausweist, kann nicht später, wenn zB anläßl eines Bp-Mehrgewinns dies zweckmäßig erscheint, die Rückstellung oder Zahlung nachholen (BFH BStBl II 74, 585). Keine Durchführung auch, wenn das Gehalt nicht gezahlt wird, ohne daß eine eindeutige Vereinbarung vorliegt (BFH BStBl II 93, 247, u I R 53/95 v 13. 11. 96 aaO). Keine Durchführung eines Pachtvertrags, wenn es für die verspätete Pachtzahlung betriebl Gründe nicht gibt (FG BaWürt EFG 96, 342). Die strengen Anforderungen für beherrschende AntE haben ihren Grund darin, das Verhältnis zwischen Ges und AntE durchschaubar zu machen und die rechtzeitige Klärung herbeizuführen ob der AntE gesellschaftsrechtl (unentgeltl) oder schuldrechtl (entgeltl) Leistungen erbringt (Anm 120). Diese Klärung wird durch den rechtzeitigen klaren und eindeutigen Vertrag grundsätzl herbeigeführt, so daß an die Durchführungsbedingungen keine so strengen Anforderungen gestellt werden müssen, wie dort, wo es um die Trennung von Leistungsverträgen und Unterhaltszahlungen im Familienkreis geht (vgl *Streck* GmbHR 87, 104, 108 f). Die Rspr sieht dies strenger; so soll nach BFH BStBl II 88, 786 das vereinb Beratungshonorar bereits dann nicht als durchgeführt gelten, wenn die vereinb Auszahlung nicht erfolgt, sondern das Beratungshonorar als Schuld stehenbleibt; mE zu eng, da es keinen Sinn macht, diese Gestaltung nicht anzuerkennen, während die Auszahlung und Zurückzahlung wohl anzuerkennen sind (vgl *L Schmidt* FR 88, 481).
Maßstab der Durchführung sind **wirtschaftl vernünftige Gründe** (vgl BFH BStBl III 60, 513) und die Antwort auf die Frage, ob die mangelhafte Durchführung die fehlende Ernstlichkeit der Vereinbarung indiziert (BFH I R 53/95 v 13. 11. 96, DStR 97, 697). Werden aufgrund der finanziellen Situation der Ges laufende Gehalts- oder Pachtzahlungen ausgesetzt, so ist der Vertrag durchgeführt, wenn die Schuld passiviert wird (vgl BFH BStBl II 78, 234 betr Gehalt; s auch BFH BStBl II 74, 585, der die Passivierung als Minimum fordert, selbst wenn die Konkursreife dokumentiert wird; vgl auch BFH BStBl II 74, 179). Ein Mietvertrag mit einer Monatspacht ist auch dann noch durchgeführt, wenn aus Praktikabilitätsgründen auf die laufende Zahlung zugunsten einer jährl Einmalzahlung oder Passivierung verzichtet wird; ähnl KÖSDI 84, 5705 bei vereinb monatl Zahlung und tatsächl nur dreimal erfolgter Zahlung. Allerdings fordert der BFH, daß die Körperschaft den Nachweis erbringt, warum die Abweichung von dem Vertrag betriebl gerechtfertigt ist; ohne weitere Begründung bestätigt BFH/NV 86, 116 in einem solchen Zahlungsfall eine vGa. BFH/NV 90, 64: Ist eine monatl Gehaltszahlung vereinbart, muß es betriebl Gründe geben, falls hiervon abgewichen wird; anderenfalls vGa. Eine Tantieme muß aber nicht notwendig bei Fälligkeit gezahlt werden (BFH/ NV 94, 345). Ein Forderungsverzicht indiziert nur dann die Nichtdurchführung, wenn von ihm auf eine von Anfang an nicht ernstlich gewollte Verbindlichkeit zu schließen ist (BFH BStBl II 94, 952). Der Berater sollte überlegen, ob es

§ 8 138

in kleineren Vertragsfällen nicht sinnvoll ist, von vornherein eine Jahreszahlung zu vereinb (vgl FG Saarl EFG 87, 90: Wird eine Mietzahlung als jährl Zahlung vereinb, ist sie anzuerkennen, wenn sie jährl gezahlt wird).

Die **Teildurchführung** eines Vertrages gefährdet nur den Teil des Vertrages, nicht die Durchführung des gesamten Vertrages (vgl BFH BStBl II 88, 301 entspr).

Zur **Beweislast** will BFH BStBl II 88, 301 vermuten, daß bei Nichtdurchführung von der Unentgeltlichkeit auszugehen ist (BFH BStBl II 88 301; allg so nicht zutreffend; mE gelten die allg vGa-Beweislastregeln, s Anm 102).

Die **Änderung eines Vertrages** ist etwas anderes als die fehlende Durchführung. Der Gesellschafter kann von der entgeltl Leistungserbringung zur unentgeltl übergehen. Dies gefährdet nicht die Durchführung der entgeltl Vertragsphase. Allenfalls ein häufiger Wechsel zwischen Entgeltlichkeit und Unentgeltlichkeit kann die Durchführung der entgeltl Vereinb in Frage stellen (vgl BFH BStBl III 60, 513; FG Saarl EFG 94, 678); mE ist dies allenfalls bei extremer Wechselgeschwindigkeit denkb. Die Verlustvermeidung in der GmbH ist zB eine vernünftige Begründung für die gesellschaftsrechtl (unentgeltl) Arbeits- oder Nutzungserbringung, die die Ernsthaftigkeit der regulären obligatorischen entgeltl Verträge nicht in Frage stellt.

Die Rspr gilt auch mit umgekehrten Vorzeichen: Wird eine getroffene **Vereinbarung** mit den beherrschenden AntE **bewußt nicht durchgeführt,** so ist sie nicht anzuerkennen. Es erfolgt in diesen Fällen keine Zwangsdurchführung durch die FinVerw (*Streck* GmbHR 82, 30). Das gilt sowohl für angemessene wie auch für unangemessene Vereinbarungen, im letzteren Fall gibt es keinen Zwang zur angemessenen Entgeltlichkeit oder zur vGa (s auch Anm 120). Der mögl Einwand, der Vertrag sei in diesen Fällen insgesamt, dh auch für frühere oder spätere Jahre, in der Durchführung gefährdet, so daß frühere oder spätere Zahlungen zur vGa werden, ist allenfalls in Extremfällen stichhaltig. Verträge, die ständige Leistungen und Gegenleistungen regeln (Dienstvertrag, Pachtvertrag usw), begründen laufend für die jeweil Leistungserbringung die Anerkennung. Die Verträge u ihre Durchführung beziehen sich auf bestimmte Leistungen u Leistungsentgelte, nicht auf frühere u nicht auf spätere. Liegt dem entgeltl Zeitraum ein rechtzeitiger, eindeutiger und durchgeführter Vertrag zugrunde, so wird die damit herbeigeführte Klärung (s Anm 120) nicht durch die Nichtdurchführung in späteren Zeiträumen gefährdet. S auch ABC „Verluste".

Zur Ausdehnung des Merkmals der Durchführung auf die **nicht beherrschenden AntE** s Anm 89.

138. Beherrschung vermittelt eine Beteiligung **über 50 vH** (BFH BStBl III 59, 374; II 69, 347; II 74, 179); $49^{2}/_{3}$ vH reichen nicht aus (BFH BStBl II 69, 347), ebenso nicht 50 vH (BFH BStBl III 66, 605; III 67, 153; II 74, 719; II 78, 659). Richtiger: Beherrschung heißt, über die Mehrheit für allg Beschlüsse der GmbH zu verfügen; idR ist § 47 I GmbHG maßgebend (BFH BStBl II 78, 659; aA Hess FG EFG 82, 203: die Möglichkeit der Verhinderung von Mehrheitsbeschlüssen reiche aus); sieht die Satzung allg eine Mehrheit von ²/₃ der Stimmen vor, reicht eine 51%ige Beteiligung nicht; auch BFH BStBl II 69, 347 weist ausdrückl auf Ausnahmen von der 50 vH-Grenze hin. Ebenso BFH/NV 90, 455: Beherrschung liegt vor, wenn der Abschluß des zu beurteilenden Rechtsgeschäfts erzwungen werden kann. Weichen Kapital- und Stimmbeteiligung voneinander ab, ist die Stimmenmehrheit maßgebend (vgl Sachverhalt in BFH 1959 StRK KStG § 6 I S 2 R 45). Durch **Rücklagen** wird weder eine Beherrschung vermittelt noch erhöht (BFH BStBl II 69, 347).

139. Mittelbare Beherrschung ist ausreichend (BFH BStBl III 64, 163) wenn jede vermittelnde Ges, KapGes oder PersGes ihrerseits beherrscht wird (was im Fall BFH BStBl III 64, 163 nicht gegeben war: die Beherrschung erfolgte über eine 50 vH-Beteiligung unmittelb und eine 24 vH-Beteiligung an einer KG, die die restl 50 vH hielt; eine Beherrschung über die Anteile war hier nicht mögl; gleichwohl ist die Entscheidung möglicherweise richtig, da die übrigen AntE der KG nahe Verwandte waren; der wiedergegebene Sachverhalt läßt insoweit eine Beurteilung nicht zu; zur Zusammenrechnung von Anteilen naher Verwandter s u Anm 141). BFH BStBl II 74, 694 nimmt eine Beherrschung an, weil der Vater die Ges-Rechte des Sohnes ausüben konnte.

140. In besonderen Sachverhalten kann die **Beherrschungsmöglichkeit widerlegt** werden (zB: Bezüge der Vorstandsmitglieder einer **AG** unterliegen nicht notwendig der uneingeschränkten Einflußnahme durch den Mehrheitsaktionär, da die AG insoweit durch den Aufsichtsrat vertreten wird; s Anm 150 „Aktiengesellschaft").

141. Bei der Ermittlung der Beherrschung werden **Anteile von Ehegatten** nicht zusammengerechnet; diese Zusammenrechnung ist mit Art 3, 6 GG nicht vereinb (BFH BStBl II 86, 62 betr den Zufluß an einen beherrschenden AntE; BFH/NV 86, 490; II 89, 522; II 90, 454; jeweils im Anschluß an BVerfG BStBl II 85, 475 die BetrAufsp betr; glA *Offerhaus* StBp 85, 189; *Klempt* DStZ 86, 259; *Streck/Rainer* StBg 86, 46). In Ausnahmefällen ist jedoch auch noch nach der Rspr des BVerfG eine Zusammenrechnung von Ehegattenanteilen mögl. Fragl ist, welche Auswirkungen die Rspr in der Praxis hat. Der BFH hat seine Rspr geändert, wonach die besonderen Bedingungen für beherrschende AntE nur im Verhältnis KapGes/beherrschende AntE gelten; sie gelten auch im Verhältnis KapGes/Nahestehenden von AntE (vgl Anm 120). Sind die Ehefrau zu 60%, der Ehemann zu 40% an einer KapGes beteiligt, bedarf es folgl für Verträge zwischen der KapGes und dem Ehemann der Zusammenrechnung nicht, um die strengen Regeln anzuwenden (*Streck* GmbHR 87, 104, 108). Anders jedoch, wenn die Ehepartner jeweils zu 50% an einer GmbH beteiligt sind; hier können die Verträge zwischen der GmbH und einem Ehepartner nur auf die Angemessenheit überprüft werden (vgl hierzu zB FG Saarland EFG 88, 592), es sei denn, es liegen gleichgerichtete Interessen vor (Anm 143). Hat die Ehefrau die Ausübung des Stimmrechts auf ihren Ehemann übertragen, so ist auch weiterhin ihr Anteil mit dem des Mannes zusammenzurechnen (BFH BStBl II 86, 469; vgl auch BFH BStBl II 69, 42).

Die Zusammenrechnung der Anteile bezog sich auch stets auf die **minderjährigen Kinder.** Art 3 Abs 2 GG kann hier nicht unmittlb angewandt werden. Es ist zu erwarten, daß insoweit der BFH bei der Zusammenrechnung bleibt.
Zur Zusammenrechnung bei **Interessengleichklang** s unten Anm 143.

142. Keine Zusammenrechnung mit den Anteilen **vollj Kinder** (BFH BStBl III 66, 604; BStBl II 86, 469).

143. Bei einer Beteiligung von **50 vH und weniger** liegt regelm keine Beherrschung vor, es sei denn, besondere Umstände sind gegeben; solche besonderen Umstände können vorliegen, wenn der AntE aufgrund gesellschaftsrechtl Vereinb (BFH BStBl II 86, 195) die Ges beherrscht. Ebenfalls ist eine Beherrschung anzunehmen, wenn der AntE in einer bestimmten Einzelfrage, bei einem bestimmten Vertrag die Ges mit einem anderen fremden AntE beherrscht, mit dem er bzgl dieser Frage oder bzgl dieses Vertrages in **Interessenübereinstimmung** steht. Beisp: Zwei AntE halten je 40 vH der Anteile; hinsichtl ihrer Gehaltsbezüge sind sie beherrschend (vgl BFH BStBl III 66, 73; II 68, 234, 483; II 69, 347; II 71, 463; BFH/NV 86, 637; s auch Anm 150 „Pensionszusage"). Diese Rspr gilt auch, wenn Anteile von Familienangehörigen entspr Anm 141 nicht zusammengerechnet werden können (BFH BStBl II 86, 469). Die Interessenübereinstimmung muß nicht auf vertragl Bindung beruhen (BFH/NV 88, 742). In den Fällen der Interessenübereinstimmung wird auch ein mit einem beherrschenden AntE zusammenwirkender Minderheitsgesellschafter dem beherrschenden AntE gleichbehandelt (BFH BStBl II 76, 734: der beherrschende AntE habe sich aus zivilrechtl Gründen der Mitwirkung des Minderheitsgesellschafters versichern müssen; krit *Mangold* StuW 78, 171). Drei unterschiedl beteiligte AntE handeln nicht mit gleichem Interesse, wenn sie sich die gleiche Tantieme gewähren (BFH BStBl II 78, 659; anders bei gleicher Beteiligung und gleicher Tantieme: BFH BStBl II 83, 150). In GmbHR 79, 215 wird aus BFH BStBl II 78, 659 zutreffend gefolgert, daß gleichgerichtete Interessen nur dann zur Beherrschung führen, wenn die einzelnen AntE einen ihrem Anteil entspr Vorteil erhalten; vgl auch *Streck* GmbHR 82, 26. Keine Zusammenrechnung aber mit den Anteilen, die ein Arbeitnehmer hält, wenn es sich um eine 50 vH-Beteiligung handelt (BFH BStBl II 74, 719). Die die AntE mit gleichlaufenden Interessen bevorteilenden Beschlüsse müssen zeitl zusammenfallen; nicht erforderl ist ein einheitl Beschluß (GmbHR 79, 215).

Diese klaren Regeln sind durch die Entscheidung BFH BStBl II 86, 469 in Frage gestellt. Der BFH erlaubt hier nur einen Vergleich des in gleichgerichteten Interessen vereinb Entgelts mit der Gewinnbeteiligung oder Gewinnkürzung bei einer tatsächl vorgenommenen Ausschüttung (nicht einer mögl). Die Entscheidung überzeugt nicht. Denn der Nachweis, daß eine Entgeltszahlung betriebl oder nicht gesellschaftsrechtl bedingt ist, ist bereits dann erbracht, wenn der ausschüttungsfällige Gewinn gekürzt wird; auf den ausgeschütteten Gewinn kommt es nicht an (vgl jetzt auch die Änderung der Rspr zum Begriff der vGA, Anm 65). Unklar, wie BFH in BFH/NV 86, 48 das gleichgerichtete Interesse behandelt; die Entscheidung vermittelt den Eindruck, als werde die (unzulässige) Zusammenrechnung von Ehegatten-Anteilen (Anm 141) durch die – möglicherweise allzu leichte – Annahme von gleichgerichtetem Interesse bei Ehegatten ersetzt (dagegen aber FG Saarl EFG 88, 592).

144. Bei einer Beteiligung **unter 25 vH** scheidet regelm eine Beherrschung aus, von besonderen Ausnahmefällen abgesehen; vgl BFH BStBl III 59, 374; III 66, 73 (anders, falls Zusammenwirken mit beherrschenden AntE vorliegt); III 67, 372; II 68, 482; II 68, 234 (Ausnahme: Interessengleichheit mehrerer AntE, die zusammen über die Mehrheit verfügen; Anm 143); II 69, 347.

145. Maßgebend für die Beherrschung ist der **Zeitpunkt** des Vertragsabschlusses (BFH BStBl II 82, 612; I R 70/95 v 29. 5. 96, HFR 97, 101). Ein **Erwerb** oder **Verlust** der **Beherrschung** wirkt grundsätzl nur für die Zukunft. Wer beherrschend wird, behält die erworbenen Ansprüche. Das Gebot klarer Absprachen und das Rückwirkungsverbot beziehen sich ab Beherrschung jedoch auch auf Vereinbarungen, die auf die Zeit der Nichtbeherrschung zurückwirken (BFH BStBl II 74, 497). Vor dem Erwerb der Beherrschung müssen folgl die bestehenden Ansprüche eindeutig festgelegt werden (BFH BStBl II 74, 497; mE ist diese Rspr bedenkl, da der Tatbestand „Beherrschung" ohne eigene Aktivität eintreten kann; abl *Brezing* FR 77, 463). Wird die beherrschende Mehrheit verloren, gilt das Rückwirkungsverbot nicht mehr; rückwirkende Verträge, auch für die Zeit der Beherrschung, sind, Angemessenheit unterstellt, stl wirksam. Verliert ein AntE die beherrschende Mehrheit aufgrund einer KapErhöhung, so gilt dies erst ab Eintragung der KapErhöhung im Handelsregister (BFH BStBl III 66, 605); anders mE, soweit der beherrschende AntE ab Erhöhungsbeschluß der Beherrschung entspr Rechte nicht mehr ausüben kann.

146.–149. *einstweilen frei*

150. ABC zur vGa und verdeckten Einlage

ABC-Übersicht

Abfindung
Agio
Aktien
Aktiengesellschaft
Amortisation
Angestelltenverhältnis
Anscheinshaftung
Anteilsbewertung
Anwachsung
Arbeitgeberanteil
Arbeitnehmererfinder
Arbeitnehmerwohnungen
Arbeitsverhältnis
Arztkosten
Aufgeld

Aufsichtsrat
Auftragsforschung
Aufwendungsersatz
Aufwertungsgewinn
Ausbildung
Ausgabe von Gesellschaftsanteilen
Ausgleichszahlungen
Ausländische Anteilseigner
Auslandsreise
Außensteuergesetz
Avalgebühren

Bagatellaufwendungen
Bahn-Card
Bahnkosten

Baugenehmigung, Baupläne
Baukostenzuschüsse
Bauten auf fremdem Grund und Boden
Bauzinsen
Beerdigungskosten
Beratung
Beratungskosten
Berlindarlehen
Berufsverband
Bescheinigung
Besserungsschein
Beteiligung
Betrieb gewerblicher Art
Betriebsabgrenzung
Betriebsaufspaltung
Betriebsführung
Betriebsprüfung
Betriebs-, Teilbetriebsveräußerung
Betriebs-, Teilbetriebsverpachtung
Bewertung
Bewirtungskosten
Bezugsrecht
Bilder
Buchungen
Buchwertfortführung
Bundesverdienstkreuz
Bürgschaft

Damnum
Darlehen
DDR
Devisengeschäfte
Diebstahl
Dienstverhältnis
Differenzgeschäfte
Direktversicherung
Dividende

Edelmetallgeschäfte
Ehrung des Gesellschafter-Geschäftsführers
Eigene Anteile
Eigentumswohnung
Einfamilienhaus
Einführungskosten
Einlagen
Einlagenrückgewähr
Ein- und Verkaufsgesellschaft
Einziehung
Elektrizitätslieferung
Empfängerbenennung
Entnahme
Entschädigung
Erbbaurecht
Erbschaft

Erfinder
Erfüllung
Ergebnisabführungsvertrag
Erschließungskosten
Erwerbschance

Fensterwerbung
Finanzgeschäfte
Finanzierungskosten
Firma
Firmenjubiläum
Firmenwert
Flugkosten
Flugzeug
Forderungserfüllung
Forderungsverzicht
Forschung
Frachtkosten
Freiberufliche Praxis
Freier Mitarbeiter

Garantieversprechen
Gärtner
Gebäude
Gebrauchsmuster
Gebrauchsüberlassung
Geburtstag
Gehalt
Geheimnisse
Geldbuße
Gelegenheitsgeschenke
Generalversammlung
Genossenschaft
Genußrechte, Genußscheine
Geschäftsberichte
Geschäftschancen
Geschäftsführergehalt
Geschäftsführerhaftung
Geschäftswert
Geschenke
Gesellschafterversammlung
Gesellschaftsanteile
Gesellschaftsteuer
Gestüt
Gewerbesteuer
Gewinnabführung
Gewinnabführungsvertrag
Gewinnausschüttungen
Gewinnchance
GmbH-Anteile
GmbH & Co KG
Gründerlohn
Gründungskosten
Grundstückskauf

Haftung
Handelsvertreter
Handelsvertreter-GmbH
Handwerksinnung
Hauptversammlung
Hausgehilfin
Hauskauf
Heizungskosten
Hinterbliebenenrente
Hinzuschätzungen

Immaterielle Wirtschaftsgüter
Incentive-Reise
Informationskosten
In-sich-Geschäft
Invaliditätsrente
Investitionszulage

Jahresabschluß
Jahresabschlußkosten
Jubiläum

Kapitalerhöhung
Kapitalerhöhungskosten
Kapitalherabsetzung
Kapitalrückzahlung
Kapitalverkehrsteuer
Kauf
Kaufangebot
Know-how
KoKo-Bereich
Kongreß
Kontokorrent
Konzernhaftung
Konzernname
Konzernrückhalt
Konzernumlagen
Konzernvorteil
Konzessionsabgabe
Kostenersatz
Kreditvermittlungsgebühren
Kundenstamm
Kunstwerke

Lästiger Gesellschafter
Leasing
Lebensversicherung
Leibwächter
Liebhaberei
Lieferverkehr
Liquidation
Lizenz
Lohnsteuer

Management Buy-out
Mandantenstamm
Markteroberung
Metageschäft
Mieterstattung
Mietverträge
Miles and More
Mißbrauch
Mitgliedsbeiträge
Mitunternehmerschaft

Nachzahlungen
Nachzahlungsverbot
Namenslizenz, Namensüberlassung
Nichtigkeit des Jahresabschlusses
Nutzungsüberlassung

Öffentliche Hand
Optionsgeschäfte
Ordnungsgemäße Ausschüttung
Organisationsrechtliche Akte
Organschaft

Pachtvertrag
Parteispenden
Patente
Patronatserklärung
Pensionszusage
Personalgestellung, Personalkostenübernahme
Personengesellschaft
Personenschutz
Pflichtprüfung
Pilotlizenz
Pkw-Kosten
Postgebühren
Praxisverkauf
Praxiswert
Preiskorrekturen
Provisionen
Prüfungskosten
Prüfungspflicht
Putzfrau

Rabatte
Rabattvereinigung
Rechtsberatungsgesellschaft
Regieverlag
Reisekosten
Repräsentation
Risikogeschäfte
Rübenpreise
Rückhalt im Konzern
Rückvergütungen

§ 8   Ermittlung des Einkommens

Rückzahlung
Ruhende GmbH

Sachbezüge
Sanierung
Satzung
Satzungsklausel
Sauna
Schadensersatz
Schätzung
Schenkung
Schmiergelder
Schuldübernahme, Schuldtilgung
Schwarzgelder
Schwestergesellschaft
Schwimmbad
Segelyacht
Sozialabgaben
Sparkasse
Spenden
Stammeinlagen
Steuerbelastung
Steuerberatungsgesellschaft
Steuerberatungskosten
Steuerberatungspraxis
Steuerbescheinigung
Steuerfreie Erträge
Steuerhaftung
Steuerhinterziehung
Steuerklauseln
Steuerstreit
Steuerzahlung
Stille Gesellschaft
Strafen
Strafverteidiger
Stromlieferung
Studienfahrt
Studium
Stuttgarter Verfahren
Subunternehmer

Tageszeitung
Tantieme
Tätigkeitsvergütungen
Tausch
Teilbetriebsveräußerung
Teilbetriebsverpachtung
Teilhaberversicherung
Telefongebühren
Terroristenschutz
Tigerfall
Treuhandanstalt
Treuhandschaft
Trinkgelder

Überstundenvergütung
Umlageverträge
Umsatzsteuer
Umwandlungsvorgänge
Unberechtigte Entnahmen
Unterschlagung
Unterstützungskasse
Urheberrechte
Urlaubsabgeltung
Urlaubsgeld

Verdecktes Stammkapital
Verein
Verfügungsbeschränkung
Vergleichsverfahren
Verlagsrecht
Verlustbetriebe
Verlustübernahme
Verlustvermeidung
Vermietung und Verpachtung
Verrechnungskonto
Verschmelzung
Versicherung
Versicherungsunternehmen
Versorgungsbetriebe
Vertragschancen
Vertragskosten
Vertretertätigkeit
Vertreterversammlung
Vertriebsgesellschaft
Verzicht auf Anspruch oder Recht
VVaG

Währungsrisiko
Waisenrenten
Warenentnahme
Warentermingeschäfte
Warenverkehr
Warenzeichen
Weihnachtsgeld
Werbung
Wertpapiergeschäfte
Wettbewerbsverbot und Betriebsabgrenzung
Wirtschaftliches Eigentum
Witwenrente

Zeitung
Zeitungsgelder
Zinsen
Zinstermingeschäfte
Zuckerfabriken/Rübenpreise
Zuschläge nach § 3 b EStG
Zustellungsbevollmächtigter

Abfindung
S „Dienstverhältnis", „Lästiger Gesellschafter".
Abfindungen an AntE, die in einem Dienstverhältnis zur Ges stehen (Beisp: Geschäftsführer), müssen angemessen sein (DB 84, 483). Sind private Erwägungen ursächl (zB Schwiegersohn scheidet nach Scheidung aus), kann vGa vorliegen; evtl Aufteilung wegen gemischten Interesses (Anm 95). Sagt der Gesellschafter-Geschäftsführer einem Dritten rechtsverbindl ein Anstellungsverhältnis zu, stirbt er und löst sich der Erbe-Gesellschafter-Geschäftsführer aus betriebl Gründen von dieser Verpflichtung durch eine Abfindung, liegt mE keine vGa vor. Zur entgeltl Ablösung einer Pensionszusage s „Pensionszusage". Verbindet sich das Ausscheiden mit einem Ausscheiden aus der Ges, kann ein Teil der Abfindung als Abfindung für das Ausscheiden oder als Erwerbspreis bei dem Anteilserwerb zu behandeln sein. S auch „Lästiger Ges".

Agio
S „Aufgeld".

Aktien
S „Gesellschaftsanteile".

Aktiengesellschaft
S „Bauzinsen", „Bezugsrecht", „Einlagenrückgewähr", „Gesellschaftsanteile", „Grundstückskauf".
Im Hinblick auf die Funktion des Aufsichtsrats sind Mehrheitsgesellschafter idR nicht beherrschend iS der Anm 120 ff (BFH BStBl II 72, 436, 438; Ausnahmen s BFH BStBl II 76, 74).

Amortisation
S „Einziehung".

Angestelltenverhältnis
S „Dienstverhältnis".

Anscheinshaftung
S „Haftung".

Anteilsbewertung
S „Stuttgarter Verfahren".

Anwachsung
Gehen Anteile an einer PersGes, zB KG-Anteile, dadurch auf eine KapGes – zB die Komplementär-GmbH der GmbH & Co KG – über, daß die Gesellschafter aus der PersGes (die Kommanditisten aus der GmbH & Co KG) ausscheiden, so ist in diesem Fall der Anwachsung streitig, ob eine Gewinnrealisierung hinsichtl der Anteile aufgrund des Einlagevorgangs zwingend geboten ist (gegen Gewinnrealisierung *Seithel* GmbHR 78, 70; *Krüger* NJW 82, 2849; aA FinVerw 1988 StEK UmwStG 1977 § 20 Nr 12; *Schwedhelm*, Die Unternehmensumwandlung, 2. Aufl 1996, Anm 1554; *Kramer* BB 82, 1724 und insbes *Widmann/Mayer*, Umwandlungsrecht, Anm 7591 ff). Da die Anwachsung die gesetzl Folge des Ausscheidens ist, folgl keine Einlagehandlung vorliegt, liegt mE eine gewinnrealisierende Einlage nicht vor. Da die stillen Reserven voll der KSt/ESt verhaftet bleiben, besteht auch kein stl Interesse an der Realisie-

rung. Bei Gestaltungen ist mE angesichts der kontroversen Beurteilung Vorsicht geboten.

Arbeitgeberanteil
S „Sozialabgaben".

Arbeitnehmererfinder
S „Erfinder".

Arbeitnehmerwohnungen
Langfristige Darlehen zur Finanzierung von Arbeitnehmerwohnungen sind keine vGa; s „Darlehen".

Arbeitsverhältnis
S „Dienstverhältnis".

Arztkosten
Übernimmt die Körperschaft für ihren Gesellschafter-Geschäftsführer oder Gesellschafter-Angestellten Arztkosten, so liegt bei betriebsbedingten Krankheiten, Unfällen oder Verletzungen mE keine vGa vor. Bei beherrschenden AntE ist vorherige Vereinbarung erforderl (s Anm 121 ff).

Aufgeld
Als Einlage s Anm 38. Zur vGa bei KapErhöhungen s zu diesem Stichwort.

Aufsichtsrat
S „Aktiengesellschaft".

Auftragsforschung
S Tz 5.3. u 7. „Verwaltungsgrundsätze", Anm 99.
Die Forschung und Entwicklung für den AntE oder einen Nahestehenden darf zur Vermeidung einer vGa nur gegen angemessenes Entgelt erfolgen. IdR kann das Entgelt durch „Kosten plus Gewinnaufschlag" (4–10 vH) bemessen werden; vgl auch Tz 5.3. „Verwaltungsgrundsätze", Anm 99. S auch „Konzernumlage".

Aufwendungsersatz
S „Bagatellaufwendungen", „Reisekosten".
Bei beherrschenden AntE ist eine rechtzeitige klare Vereinbarung selbst dann erforderl, wenn ein zivilrechtl Ersatzanspruch besteht (BFH BStBl II 77, 172 betr Kfz-Reparaturkosten und Miete; krit *Barth* DB 77, 2255; s dazu Anm 122). ME kann das nicht für überraschend notwendige Aufwendungen gelten, die der AntE in Geschäftsführung ohne Auftrag oder als Geschäftsführer für die Körperschaft erledigt. Wer bei Gefahr im Verzug als AntE eigene Güter oder Wirtschaftsgüter für die Körperschaft einsetzt, kann auch als AntE Ersatz verlangen. Ebenfalls gilt diese Strenge mE nicht für „Bagatellaufwendungen" und bestimmte „Reisekosten". S weiter Anm 122.

Aufwertungsgewinn
S „Währungsrisiko".

Ausbildung
Ausbildungskosten für den Sohn des Gesellschafters können – nicht: sind zwingend – vGa sein (FG Köln EFG 95, 541, bejahend BFH/NV 95, 548,

diese Entscheidung als nicht ausreichend begründet aufhebend; abschließend sodann BFH/NV 96, 510). Ein berufsbegleitendes Studium kann zur Minderung der Gehaltsbezüge führen (FG Saarl GmbHR 95, 463).

Ausgabe von Gesellschaftsanteilen
S „Kapitalerhöhungskosten"

Ausgleichszahlungen
S hierzu § 16 Anm 4. Sie können als verdeckte Ausgleichszahlungen und damit als vGa anfallen.

Ausländische Anteilseigner
S „Ausländische AntE".

Auslandsreise
S „Reisekosten".

Außensteuergesetz
§ 1 AStG und verdeckte Einlagen bzw vGa s Anm 38, 49, 64.

Avalgebühren
S „Bürgschaft".

Bagatellaufwendungen
S „Aufwendungsersatz", „Reisekosten".
Beisp: Trinkgelder, Zeitungsgelder, Telefongebühren, Postgebühren; derartige Aufwendungen fallen oft ohne Beleg an. Bei Erstattungen – auch an beherrschende AntE – liegt mE erst eine vGa vor, wenn und soweit die Aufwendungen wegen ihrer Höhe oder aus anderen Gründen unglaubwürdig sind; Glaubhaftmachung genügt (glA Nds FG EFG 62, 149; *Felix* StRK KStG § 6 I S 2 R 114; *Richter* GmbHR 81, 171); BFH BStBl III 66, 72 betr nicht belegte Reisekosten steht dem nicht entgegen, da es hier gerade an der Glaubhaftmachung fehlte. ME sind bei diesen Bagatellaufwendungen auch bei beherrschenden AntE im voraus getroffene Erstattungsvereinbarungen nicht notwendig; allerdings zw, ob das FA dieser Ansicht folgt; daher ist eine entspr Absprache empfehlenswert. S auch Anm 122.

Bahn-Card
S „Bahnkosten".

Bahnkosten
S „Reisekosten".
Nutzt der GesGeschäftsführer die von der GmbH angeschaffte Bahn-Card auch zu verbilligten Bahnfahrten im privaten Interesse, die er selbst zahlt, so liegt in der Nutzung der Bahn-Card keine vGa. Da die GmbH durch diese private Nutzung keinen Nachteil hat, kann sie auch kein Entgelt vom Geschäftsführer verlangen. Mithin kann sich der Verzicht auch nicht als vGa oder Eink nach § 19 EStG darstellen.

Baugenehmigung, Baupläne
behandelt BFH/NV 87, 63 als Nutzungsrecht, die bei einem Grundstückskauf mitzuvergüten sind, sofern der ordnungsgemäß handelnde Geschäftsleiter hierfür einen Preis gezahlt hätte (s auch „Grundstückskauf").

§ 8   150   Ermittlung des Einkommens

Baukostenzuschüsse
können vGa sein. Zu den § 7c-Darlehen aF s BFH BStBl III 51, 176, III 56, 73; III 61, 460.

Bauten auf fremdem Grund und Boden
Baut die GmbH auf dem Grund und Boden ihres AntE, ist eine vGa ausgeschlossen, wenn die GmbH zivilrechtl Eigentümerin des Bauwerks (Erbbaurecht, § 95 BGB) oder wirtschaftl Eigentümerin bleibt oder über einen angemessenen Ausgleichsanspruch gegen den AntE verfügt (BFH BStBl II 90, 244; FG Saarl EFG 95, 173; FG Köln EFG 97, 39).

Bauzinsen
sind bei der AG (§ 57 III AktG aF) keine vGa (BFH BStBl II 70, 529); anders bei der GmbH.

Beerdigungskosten
Die Übernahme der Beerdigungskosten für einen AntE kann zumindest zum Teil zu BetrAusg führen (BFH BStBl III 56, 94); zur Aufteilung s Anm 95. BetrAusg sind mE auf jeden Fall betriebl Kranz- u Blumenspenden, betriebl Todesanzeigen und Beerdigungsfeiern im Betrieb.

Beratung
S „Konzernumlagen".
Der AntE kann seine Körperschaft beraten; vgl DB 80, 616; *Koenig* Inf 96, 673. VGa liegt vor, wenn das Beratungshonorar unangemessen, nicht ernstlich gewollt ist (BFH BStBl II 96, 383) oder bei beherrschenden AntE (s Anm 120ff) keine rechtzeitigen (s Anm 131ff), klaren, eindeutigen, zivilrechtl wirksamen Vereinbarungen vorliegen. Die Geschäftsführertätigkeit kann vollständig als Beratungsverhältnis mit Eink nach §§ 15 oder 18 EStG ausgestaltet sein (*Richter* GmbHR 81, 167; umstritten s „Dienstverhältnis"). Ein Beratungsvertrag kann auch mit dem – im übrigen aufgrund eines Anstellungsvertrags mit Eink nach § 19 EStG angestellten – Geschäftsführer vereinbart werden; hier stellt sich drängend die Angemessenheitsfrage; übernimmt der AntE im Beratungsvertrag Aufgaben, die Teil der Geschäftsführertätigkeit sind, muß sich das Geschäftsführergehalt entspr mindern. Hinsichtl des Beratungsentgelts haben die Parteien im Rahmen der Angemessenheit freie Hand; das Entgelt kann auch durch eine Pensionszusage erfolgen (BFH BStBl II 74, 363). Erfolgt nach Beendigung der Geschäftsführertätigkeit eine Beratung, können nicht anerkannte Pensionszusagen und Pensionszahlungen in Beratungsentgelte umgedeutet werden (vgl BFH BStBl III 62, 318; 1957 StRK KStG § 6 I S 2 R 35; III 67, 154; II 74, 363). Ist ein monatl Honorar vereinb, so kann es bei beherrschenden Gesellschaftern an der Durchführung fehlen, wenn das Honorar nicht ausgezahlt wird (BFH BStBl II 88, 786). Soweit der Gesellschafter-Geschäftsführer neben seiner Geschäftsführertätigkeit entgeltl Dritte über Fragen berät, die auch Gegenstand der Körperschaft sind, ist eine klar vereinbarte Abgrenzung u eine Befreiung vom Wettbewerbsverbot erforderl, s „Wettbewerbsverbot u Betriebsabgrenzung".

Beratungskosten
S „Vertragskosten".
Die Übernahme von Steuerberatungskosten für den AntE sind idR vGa, können jedoch auch BetrAusg sein, wenn mit der Beratung ein eigenes betriebl Interesse der Körperschaft verbunden ist (vgl auch *Felix* FR 86, 577).

Berlindarlehen
S „Darlehen".
Bei Darlehen nach § 16 IV BerlFG ist im Verhältnis AntE/Körperschaft auf eine angemessene Verzinsung zu achten; s „Darlehen"; dort ebenso zur langen Laufzeit; 30–50 Jahre sind bei Gebäudefinanzierungen nicht ungewöhnl; bei anderen Finanzierungen sollten die Laufzeiten kürzer sein. § 17 I BerlFG ist lex specialis zur vGa.

Berufsverband
Zur vGa bei stbefreiten Körperschaften s § 5 Anm 15. Zu einer gewinnlos gehaltenen GmbH, die die Funktionen eines BerufsVerb erfüllt, ohne BerufsVerb im stl Sinn zu sein, s BFH BStBl II 75, 722. Zur EinkaufsGes einer Handwerksinnung BFH BStBl II 94, 479; s im übrigen § 5 Anm 5 ff, 39 ff.

Bescheinigung
S „Steuerbescheinigung".

Besserungsschein
S „Sanierung". Zur Anerkennung eines Forderungsverzichts einer GmbH mit Besserungsschein s „Forderungsverzicht".

Beteiligung
S „Gesellschaftsanteile".

Betrieb gewerblicher Art
S § 4 Anm 35.

Betriebsabgrenzung
Zwischen dem Betr der KapGes und dem Betr des beherrschenden AntE s „Wettbewerbsverbot und Betriebsabgrenzung".

Betriebsaufspaltung
S „Betriebs-, Teilbetriebsverpachtung", „Bürgschaft", „Darlehen", „Dienstverhältnis", „Erfinder", „Pensionszusage", „Personalgestellung, Personalkostenübernahme".

Schrifttum: S ABC „Betriebsaufspaltung".

1. In der BetrAufsp ist jede Leistungsbeziehung zwischen AntE und KapGes daraufhin zu überprüfen, ob verdeckte Einlagen oder vGa vorliegen. Es gelten die **allg Regeln** (dazu auch *Schulze zur Wiesche* DStR 91, 137). Spezifische Besonderheiten für verdeckte Einlagen und vGa im Recht der BetrAufsp s nachfolgend.

2. Der Gesellschafter ist regelm **beherrschender Gesellschafter,** so daß das Gebot des klaren, zivilrechtl gültigen, rechtzeitig abgeschlossenen und durchgeführten Vertrages gilt (Anm 120 ff).

3. In der BetrAufsp laufen häufig verschiedene Leistungsbeziehungen zwischen AntE und KapGes parallel. Der scheinbaren Vorteilszuwendung auf der einen entspr eine Benachteiligung auf der anderen Seite. Auch wenn

§ 8 150   Ermittlung des Einkommens

die Rspr zum **Vorteilsausgleich** gelockert wurde, fordert der BFH weiterhin für den beherrschenden AntE eine klare, Vor- und Nachteile verbindende Vereinbarung (BFH BStBl II 77, 704). Es **empfiehlt** sich, in der BetrAufsp zu vereinbaren, daß sich – bezogen auf den beherrschenden AntE – Vor- und Nachteile aus Leistungsverhältnissen ausgleichen; vgl *Korn* in Kölner Hdbch der BetrAufsp, 4. Aufl, 1979, Tz 460. S hierzu auch Anm 93.

4. Buchwertfortführung in der „klassischen" BetrAufsp: Es ist anerkannt, daß bei der Gründung einer BetrAufsp WG zu Buchwerten von den zukünftigen Besitzunternehmern auf die BetrKapGes übergehen können. Es besteht kein Zwang zur Gewinnrealisierung nach Einlagegrundsätzen (Anm 32 ff). Die Begründung ist schwierig. § 20 UmwStG ist nicht einschlägig. Die Rechtfertigung kann nur aus der die BetrAufsp begründenden sachl und personellen Verflechtung hergeleitet werden; die hierdurch bedingte Unternehmensverbindung erlaubt, auf die Gewinnrealisierung zu verzichten. Die Überlegung aus BFH BStBl II 76, 748 – sog Einbringungsurteil bei Mitunternehmerschaften – kann zur Begründung herangezogen werden. Die Buchwertfortführung entspr der hL und der Praxis (vgl BdF zum UmwStG 1969, BStBl I 70, 922 zu § 17 Nr 6 IV unter nicht einzeln nachgewiesenem Bezug auf BFH BStBl III 52, 261; III 55, 88, 125; Bestätigung durch BdF 1978 StEK UmwStG 1977 § 20 Nr 1 Tz 49 u BdF BStBl I 85, 97; *Streck* in Kölner Hdbch der BetrAufsp, 4. Aufl, 1979, Tz 283; *Heinemann/Korn,* Beratungsbuch zur Gründung von BetrAufsp, 1980, Tz 119 ff; *L Schmidt* DStR 79, 706; *Schmidt* § 15 Rz 877; *Dehmer,* BetrAufsp, 2. Aufl, 1987, Anm 996 ff; Zurückhaltung bei *Grohe,* Harzburger Protokoll 82, 382; problematisierend *Woerner* JbFSt 83/84, 429). Die FinVerw erkennt die Buchwertfortführung nur insoweit an, als die Anteile an der BetrGes BetrVerm beim Besitzunternehmen sind; im übrigen kann es zu Entnahmen kommen, vgl BdF BStBl I 85, 97; mE unzutreffend, da die Fortsetzung der BetrVermEigenschaft in der KapGes das Entscheidende ist, nicht aber die StPfl stiller Reserven in den GmbH-Anteilen (aA *Felix* DStZ 88, 621). Neben der Buchwertfortführung ist auch die Anwendung der Normalregel, damit eine Vollrealisierung und folgl – konsequent – auch der Ansatz aller Zwischenwerte mögl (vgl *Wendt,* Harzburger Protokoll 82, 382). §§ 16, 34 EStG finden keine Anwendung, es sei denn, es wird zB ein Teilbetrieb oder Mitunternehmeranteil gewinnrealisierend auf die BetrGes übertragen. Werden die Buchwerte teilweise aufgestockt, ist es mE nicht erforderl, eine quotale gleichmäßige Aufstockung vorzunehmen; selektive Aufstockungen bei einzelnen WG sind mögl, dh eine Gestaltung wie im Verhältnis Mitunternehmer/Mitunternehmerschaft (vgl *Heinemann/Korn* aaO Tz 122; *Dehmer* aaO Anm 1013). Gleichgültig ist, ob die WG eingelegt oder von der BetrKapGes gekauft werden (*Wendt* StbKongrRep 78, 230 will differenzieren und bei dem Kauf eine Gewinnrealisierung annehmen; mE nur dann richtig, wenn über dem Buchwert verkauft wird; im übrigen ist auch ein Buchwertkauf mögl; vgl Kölner Hdbch BetrAufsp aaO Tz N 283; *Heinemann/Korn* aaO Tz 121). Zwischen Gründung und bestehender BetrAufsp kann sachl nicht unterschieden werden. Vorbehaltl der nachfolgend zu behandelnden vGa-Problematik gilt die Möglichkeit der Buchwertfortführung auch während und bei Beendigung der BetrAufsp (glA *Schmidt* § 15 Rz 877; *Heinemann/Korn* aaO Tz 121; aA *Woerner* FS für Döllerer, 741, 754).

5. Buchwertfortführung in **sonstigen BetrAufspFällen.** Da die Buchwertfortführung durch die sachl und personelle Verflechtung von Besitz- und BetrUnternehmen gerechtfertigt wird, ist sie immer dann anzunehmen, wenn diese Bedingungen vorliegen. Die sachl und personelle Verflechtung rechtfertigt zB die Buchwertfortführung auch dann, wenn die Gewerblichkeit des Besitzunternehmens anderweitig begründet ist; denn diese zusätzl Begründung der Gewerblichkeit tritt hinzu und berührt nicht die Buchwertfortführung aus der ebenfalls gegebenen BetrAufspVerflechtung (so *L Schmidt* JbFfSt 82/83, 346 für die kapitalistische BetrAufsp). Buchwertfortführung auch dann, wenn das Besitzunternehmen und die BetrGes KapGes sind (*L Schmidt* JbFfSt 81/82, 235 und 82/83, 346; aA *Hauber/Sarrazin/Woerner* JbFfSt 83/84, 420 ff; *Söffing/Herzig* StbKongrRep 87, 494); soweit die Rspr eine BetrAufsp zwischen SchwesterGes verneint (mE abzulehnen), ist auch eine Buchwertfortführung nicht mögl. S hierzu im übrigen ABC „Betriebsaufspaltung". Die Einbindung der Buchwertfortführung in die Bedingungen der BetrAufsp verbietet es, dem BesGesellschafter (BesUnternehmer), der nicht an der BetrGes beteiligt ist, die Buchwertfortführung zu ermögl, wenn er WG in die BetrGes einbringt. Auf der anderen Seite ist die Buchwertfortführung jedoch auch dann mögl, wenn der „Einbringende" die KapGes nur mittelb beherrscht.

6. Buchwertfortführung und **vGa** können kollidieren. Beisp: Vermögenstransfer von BetrKapGes auf Besitzunternehmen der AntE; Vermögenstransfer in der umgekehrten BetrAufsp (Besitzunternehmen = KapGes; BetrGes = natürl Pers oder Mitunternehmerschaft) von der Besitz- auf die BetrGes; Vermögensübertragung von der BesitztochterGes auf die BetrMutterGes (vgl *L Schmidt* JbFfSt 82/83, 347). Wenn die Verbindung der Unternehmen in der BetrAufsp ausreicht, der Buchwertfortführung den Vorrang vor den Einlageregeln einzuräumen, so gilt dies mit der gleichen Rechtfertigung auch im Verhältnis zur vGa. Die Buchwertfortführung ist der vGa vorrangig. Wo sie in der BetrAufsp Anwendung findet, geht sie den vGA-Grundsätzen vor (glA *Schmidt* § 15 Anm 150 bis zur 6. Aufl, zurückhaltender ab der 7. Aufl; *Dehmer* aaO Anm 1042 ff mit ausführl Begründung; aA *Heinemann/Korn* aaO Tz 121; ebenfalls noch *Streck* in Kölner Hdbch der BetrAufsp aaO Tz 287). Greift auf diese Weise die Buchwertfortführung ein, ist auch ein Geschäftswert nicht zu realisieren; s auch „Geschäftswert".

7. Beratungshinweis: Die Fragen der Buchwertfortführung sind höchstrichterl noch nicht abschließend geklärt. Bei Gestaltungen ist dies zu berücksichtigen. Insbes bei dem Problem Buchwertfortführung/vGa ist Vorsicht am Platz.

8. Zum Problem der **Verlustvermeidung** s Anm 48 u ABC „Verluste".

Betriebsführung
S auch ABC „Betriebsführung".
Führt eine KapGes den Betr eines AntE, muß das Entgelt angemessen sein. Ein zu geringes Entgelt führt zur vGa. Führt umgekehrt der AntE den Betr der KapGes, folgt aus einem überhöhten Entgelt die vGa. Bei beherrschenden AntE muß der BetrFührungsvertrag klar, eindeutig, rechtzeitig und durchgeführt sein (vgl Anm 120 ff). Vgl weiter *Schulze zur Wiesche* BB 83, 1028.

Betriebsprüfung
S „Steuerstreit" u ABC zu diesem Stichwort.

Betriebs-, Teilbetriebsveräußerung
S „Geschäftswert".
Sie muß zu einem angemessenen Entgelt im Fall der Veräußerung an einen AntE erfolgen; auch der Geschäftswert ist zu entgelten. Veräußert der AntE an seine Ges, führt der überhöhte Preis zur vGa. Zur vGa von Geschäftswerten und immateriellen WG s Anm 77, 105; zur entspr Einlageproblematik s Anm 47.

Betriebs-, Teilbetriebsverpachtung
S „Vermietung und Verpachtung", „Einfamilienhaus", „Praxiswert".

Schrifttum: *Korn* in Kölner Hdbch der BetrAufsp, 4. Aufl, 1979, Tz 375 ff; *Schimpf,* Die Pachtzinsermittlung bei BetrAufsp, GesRZ 78, 112; *Heinemann/Korn,* Beratungsbuch zur Gründung von BetrAufsp, 1980, Tz 151 ff; *Maser,* Betriebspacht- u Betriebsüberlassungsverhältnisse im Konzern, 1985; *Knoppe,* Betriebsverpachtung/Betriebsaufspaltung, 7. Aufl, 1985; *Dehmer,* Betriebsaufspaltung, 2. Aufl, 1987, Tz 556 ff; *Kleineidamm/Seutter,* Zur Angemessenheit der Entgeltsvereinbarung bei der Betriebsaufspaltung, StuW 89, 250; *Brandmüller,* Die BetrAufspaltung nach Handels- u StR, 6. Aufl, 1994.

1. Im Rahmen der Angemessenheit, s u, sind AntE und Körperschaft frei in der **Gestaltung** von Betr- oder TeilBetrVerpachtungen. Die Pacht kann als Festpacht oder variable Pacht (zB Umsatzpacht) oder als Kombination von Fest- und variabler Pacht vereinbart werden. Sie kann umsatz- und gewinnabhängig sein. Aus BFH BStBl II 78, 234 folgern Prüfer teilweise, eine Umsatzpacht bei der BetrAufsp führe zu vGa; mE unzutr; der Urteilsfall betraf einen extremen Sachverhalt, in dem eine 10 vH-Umsatztantieme der GmbH langfristig keine KapVerzinsung sicherte (gegen Verallgemeinerung des Urteils auch *Ranft,* StRKAnm KStG aF § 6 I S 2 R 234 (1978); s auch „Dienstverhältnis"); BFH BStBl II 75, 366; II 77, 679 kann demgegenüber ein positives Urteil zur Umsatzpacht entnommen werden. Die Umsatzpacht ist auch deshalb der ertragsabhängigen Pacht vorzuziehen, weil letztere eher zur Mitunternehmerschaft überleitet. Zur Festsetzung der Pacht durch Sachverständige s Anm 101, 121. Bei wechselndem oder sich änderndem Bestand von verpachteten bewegl WG kann die Pacht auch jährl neu berechnet werden, zB um KapVerzinsung und Wertverzehr genau zu erfassen.

2. Der **angemessene** Pachtzins für eine Betr- oder TeilBetrVerpachtung durch die Körperschaft oder an diese ist äußerst schwierig zu bestimmen. Das gilt für den StBürger ebenso wie für die FinVerw, die allerdings hin und wieder die Begr durch hoheitl Angemessenheitsentscheidung ersetzt (s Anm 100). Aus diesem Grund kann mE eine vereinbarte Miete oder Pacht nur in offensichtl Fällen fehlender Angemessenheit verworfen werden. **Maßstab** ist die Handlungsweise des ordnungsgemäß handelnden Geschäftsleiters. Zur Konkretisierung nachfolgend.

3. Die angemessene Pacht wird regelm sowohl dem Verpächter als auch dem Pächter eine angemessene **Rendite** belassen. Abzulehnen ist mE, den Gewinn auf Verpächter und Pächter in einem bestimmten prozentualen Verhältnis aufzuteilen; derartige Pauschalschätzungen sind unvereinbar mit dem auf die individuellen Umstände abstellenden Maßstab der vGA; s auch Anm 97f (glA *Korn* in Kölner Hdbch der BetrAufsp, 1. Aufl, 1979, Tz 391). Führt die Pacht zu andauernden Verlusten der Körperschaft, so ist eine vGA zu vermuten, aber nicht zwingend (s Anm 97f). Soweit die BetrKapGes betroffen ist, hat sich der BFH langsam von dem Maßstab der reinen Verzinsung des eingesetzten Kap gelöst. BFH BStBl II 77, 679: Reicht der Gewinn der KapGes für eine angemessene Verzinsung des eingezahlten StammKap (mE ggf zu ergänzen: und der Rücklagen) aus, „fehlt es an einem ersten Anschein für das Vorliegen einer vGA". Eine Verzinsung von 10 vH des Kap und eine Risikovergütung von 3 vH für das nicht eingezahlte Kap – so die Vorinstanz – beseitigen nach dieser Entscheidung daher den ersten Anschein einer vGA. Zumindest war mit BFH BStBl II 77, 679 eine Grenzziehung gegenüber den Fällen gegeben, in denen eine vGA vermutet wird. Allerdings wird jeder ordnungsgemäß handelnde Geschäftsleiter bestrebt sein, eine bessere Rendite zu erzielen, zumal wenn der Verpächter bei der Minimalbegrenzung eine offensichtl Überrendite erhalten würde (vgl BFH BStBl II 78, 234). Die Beratungspraxis ging daher davon aus, daß die Verzinsung des Kap der BetrGes eher mit 20 vH als mit 10 vH angesetzt wurde. Nach der Rspr zur sog **„Erstausstattung"** der GmbH (Anm 65) muß darauf geachtet werden, daß die BetrKapGes auch die Chance hat, bei höherem Gewinn eine höhere Verzinsung, einen höheren Gewinnanteil zu erhalten. Der Gedanke der Verzinsung hat auch eine andere Seite. Erzielt die GmbH durch den gepachteten Betrieb eine Verzinsung, die diese angemessene Verzinsung weit übersteigt, so ist die Pacht auch dann nicht unangemessen, wenn sie nach sog objektiven Methoden der Berechnung der Angemessenheit (s nachfolgend) unangemessen ist; jeder Geschäftsleiter zahlt gerne eine unangemessene Pacht für einen unangemessen hohen Gewinn (*Streck* GmbHR 82, 29). Auf der anderen Seite muß die angemessene Verzinsung nicht garantiert werden; aus betriebl Gründen (Anlaufphase, Wirtschaftskrise, Streik, vorübergehende Insolvenzschwierigkeiten) kann die Mindestverzinsung auch vorübergehend unterschritten werden; ebenso BFH BStBl II 72, 320: Verlust der pachtenden GmbH allein rechtfertigt keine vGA. Die Entscheidung BFH BStBl II 77, 679 betraf den Fall der pachtenden GmbH. Sie gilt ebenso für die verpachtende Körperschaft; allerdings ist hier ggf ein Geschäftswert in die Renditebemessung einzubeziehen. Wird durch entspr Vertragsformulierungen die angemessene Verzinsung vorsorgl als Untergrenze gesichert, sind die Vereinbarungen anzuerkennen.

4. Eine Methode, um sich der angemessenen Pacht zu nähern, ist der **Fremdvergleich** (s auch Anm 89). Ist dieser, wie häufig, nicht mögl, ist die angemessene Pacht idR aus den Entgelten für den KapEinsatz, dem Wertverzehr und den lfd Kosten festzustellen. **KapVerzinsung:** Bezieht sich auf die Summe der Teilwerte zzgl Geschäftswert. Eine überschlägige Ermittlung ist ausreichend. Die Höhe des Zinsfußes ist schwer zu bestimmen. Die Ansichten im Schrifttum nennen zwischen 6 und 15 vH; mE ist von einem Zins von 5–8 vH für Immobilien und 6–10 vH für das übrige Vermögen auszugehen (vgl *Korn* in Kölner Hdbch der BetrAufsp, 4. Aufl, 1979, Tz 410 f; *Heinemann/Korn,* Beratungsbuch zur Gründung von BetrAufsp, 1980, Tz 160 ff). **Wertverzehr:** Entfällt, wenn Pächter Erhaltungs- und Erneuerungspflichten übernommen hat. In der Praxis werden die steuerlichen AfA-Möglichkeiten zugrunde gelegt; mE zulässig. Ebenso zulässig ist mE eine AfA nach Wiederbeschaffungspreisen. Auch der Geschäftswert unterliegt dem Wertverzehr (5–8 Jahre); kein Entgelt hierfür, wenn der Pächter verpflichtet ist, bei Pachtende den Geschäftswert entschädigunglos zurückzuübertragen. Kein Entgelt mehr, wenn die Gegenstände abgeschrieben sind. ME sollten keine Bedenken bestehen, wenn die vorstehenden Wertverzehrüberlegungen pauschalierend berücksichtigt werden. Aus der Rspr s FG München EFG 93, 404. Ebenfalls kann die Verpachtung des **Geschäftswerts** pauschalierend in die Pacht für die übrigen WG einbezogen werden, s hierzu die Modelle bei *Heinemann/Korn* aaO Tz 168 ff. Es gibt **keine einzig gültige Methode** zur Ermittlung der angemessenen Pacht. Maßstab ist das Handeln des ordnungsgemäß handelnden Geschäftsleiters. Wendet er eine bestimmte Methode zur Ermittlung der Pacht an, so ist diese nicht deshalb falsch, weil das FA eine andere für richtig hält, sondern nur dann, wenn sie für den ordnungsgemäß handelnden Geschäftsleiter unakzeptabel wäre (*Streck* GmbHR 82, 29). Ebenfalls führen **Berechnungsfehler** nur dann zur vGa, wenn sie einem ordnungsgemäß handelnden Geschäftsleiter auf keinen Fall unterlaufen wären (*Streck* GmbHR 82, 29). Zur Angemessenheit des Betriebspachtzinses im internationalen Konzern s *Kleineidam/Baumhoff/Seutter* DB 86, 233.

5. Die **Verteilung** der **Kosten** im Pachtverhältnis muß angemessen sein. Im Verhältnis zum beherrschenden AntE ist eine klare Vereinbarung über die Tragung der laufenden Kosten notwendig, um den hier geltenden besonderen Bedingungen zu genügen (s Anm 120 ff). Die lfd Kosten trägt regelm der Pächter.

6. Zum maßgebenden **Zeitpunkt** s Anm 83 ff. War nach den mögl Vorausschätzungen die Umsatzpacht angemessen, so bleibt sie angemessen, auch wenn der Umsatz unerwartet steigt (BFH BStBl II 75, 366); anders, falls die Geschäftsgrundlage entfällt (BFH BStBl II 75, 366).

7. Auch bei der **Beendigung** des Pachtverhältnisses sind vGa mögl, falls der AntE zu Lasten der Körperschaft bevorteilt wird. Allerdings muß die Körperschaft nicht unbedingt entschädigt werden, falls sie als Pächterin Investitionen dem verpachtenden AntE überläßt. Regelm investiert der Pächter auf eigenes Risiko und muß bei Pachtende die Investitionen beseitigen. Eine von vornherein vereinbarte Pfl zur Entschädigung des Pächters ist

ABC zur vGA und verdeckten Einlage 150 § 8

nicht die Regel. Gleichwohl kann bei dem unentgeltl Übergang von Wirtschaftsgütern von der KapGes auf den AntE eine echte Bereicherung des verpachtenden AntE zu Lasten der Körperschaft mögl sein, die dann zur vGa führt, wenn es sich nicht um eine im Betriebspachtverhältnis übliche und angemessene Dereicherung des Verpächters handelt, sondern um einen von vornherein planvoll kalkulierten Vermögenstransfer. Die Rückgabe des Geschäftswerts bei Pachtende führt nicht zur vGa, falls er mitverpachtet war; anders, wenn eine Geschäftswertverpachtung nicht vorlag (vgl BFH BStBl II 71, 536; II 75, 204). Keine vGa liegt in diesem Fall auch dann vor, wenn sich der verpachtete Geschäftswert durch Leistungen der pachtenden Körperschaft erhöht hat.

8. Bei **beherrschenden AntE** muß der Miet- oder Pachtvertrag klar, eindeutig, rechtzeitig vereinbart und durchgeführt sein (s Anm 120 ff; FG Nds GmbHR 91, 132); zB müssen zu Beginn des Pachtverhältnisses die Berechnungsweisen der Pacht festgelegt werden. Investiert der Verpächter, ist im Pachtvertrag, zumindest aber vor der Durchführung der Investition, die Auswirkung auf die Pacht zu regeln, falls sich durch die Investition der Pachtgegenstand verändert. Eine Vermutung für den Abschluß eines Miet- oder Pachtvertrages besteht bei beherrschenden AntE nicht (BFH BStBl III 56, 288 betr Pacht; Anm 120, 133). Beherrschung liegt zB regelmäßig in der **BetrAufsp** vor.

9. Zur **verfahrensmäßigen** Abwicklung einer vGa, die durch zu geringe Pacht einer KG an die ihr Unternehmen verpachtende GmbH, die selbst an der KG beteiligt war, entstanden war, s BFH BStBl II 76, 88: Behandlung der vGa wie bei der GmbH & Co KG, s dort.

10. Zum Verzicht auf Pachtzahlungen zur Vermeidung von **Verlusten** innerhalb der BetrAufsp s ABC „Verluste". Zur mögl **Einlage** bei zu geringer Pacht s Anm 48.

Bewertung
der vGa s Anm 90.

Bewirtungskosten
S „Gesellschafterversammlung".

Bezugsrecht
S „Gesellschaftsanteile".
Das günstige Bezugsrecht für junge Aktien ist keine vGa (RFHE 4, 222 (1920)), und zwar auch dann nicht, wenn es rechtmäßig oder rechtswidrig nur einzelnen AntE gewährt wird (BFH BStBl II 75, 230). Ist allerdings AntE eine GmbH und verzichtet sie auf ein Bezugsrecht oder Beteiligung an einer KapErhöhung zugunsten ihrer eigenen AntE, so kann eine vGa vorliegen (BFH BStBl III 67, 626).

Bilder
S „Kunstwerke".

Buchungen
Irrtüml Buchungen sind keine vGa, s Anm 79, 81; als Mittel der vGa s Anm 81; Bedeutung bei beherrschenden AntE Anm 125.

Buchwertfortführung
S „Betriebsaufspaltung" und Anm 35, 90.

Bundesverdienstkreuz
Feiern der Körperschaft im Hinblick auf die Verleihung des Bundesverdienstkreuzes an den Gesellschafter-Geschäftsführer sind mE BetrAusg (vgl *Mittelbach* GmbHR 82, 93). S jedoch „Geburtstag".

Bürgschaft
S „Garantieversprechen", „Schuldübernahme, Schuldtilgung".
S auch Tz 4.4. „Verwaltungsgrundsätze", Anm 99.
Die Übernahme der Bürgschaft ist keine vGa, wenn die Ges gewillt ist, ggf den Rückgriffsanspruch geltend zu machen. Anders, wenn die Bürgschaft die Körperschaft abschließend belasten, auf den Rückgriffsanspruch verzichtet werden soll oder verzichtet wird (s hierzu auch „Darlehen"). Ebenfalls ist eine vGa mögl bei hohem Risiko, wenn der Rückgriffsanspruch wertlos ist (BFH BStBl II 75, 614). Maßgebend ist der Zeitpunkt der Übernahme der Bürgschaft, nicht der der Inanspruchnahme (*Döllerer* DStR 80, 395). Die vGa ist bei der Körperschaft erst zu berücksichtigen, wenn sich die Inanspruchnahme gewinnmindernd auswirkt. Die Bürgschaftsübernahme durch die Körperschaft setzt ein angemessenes Entgelt (Avalgebühr) voraus (vgl BFH BStBl II 92, 846); wird hierauf verzichtet, so ist eine vGa in Höhe dieser Gebühr gegeben. Avalgebühr kann entfallen, wenn auch ein ordnungsgem handelnder Geschäftsleiter entspr gehandelt hätte; Beisp: Bürgschaft ohne besonderes Entgelt an einen wichtigen Geschäftspartner (= AntE) im lfd Geschäftsverkehr; oder: Bürgschaft an Nahestehenden, der Arbeitnehmer ist und die Bürgschaft wie seine Kollegen erhält; oder: ausreichende, ebenfalls unentgeltl Ausfallsicherung. Ist die Betriebsbedingtheit der Bürgschaft anerkannt, muß auch der Eintritt der Bürgschaft, dh die Zahlung des Bürgschaftsvertrages zu BetrAusg führen (*Reuter* IWB 3 Deutschland Gr 1, 1129, 1135 (2/87)); dies gilt auch dann, wenn eine Bürgschaftsprovision nicht vereinb worden ist, die Nichtvereinb der Provision jedoch von der FinVerw als vGa gewertet wird; denn durch die Qualifizierung der nicht vereinb Provision als vGa wird die volle Betriebsbedingtheit der Bürgschaft hergestellt.

Übernimmt der AntE umgekehrt für die Körperschaft eine Bürgschaft, sind angemessene Avalgebühren keine vGa an denselben (BFH 1964 StRK KStG § 6 I S 2 R 100); vGa aber, wenn in der BetrAufsp das Besitzunternehmen die BetrGes für die Darlehensaufnahme zwischenschaltet und dafür von ihr eine Avalgebühr erhält (FG Hbg EFG 78, 568, rkr).

Bei beherrschenden AntE ist auf klare, eindeutige, zivilrechtl wirksame sowie rechtzeitige Vereinbarung zu achten, s Anm 120 ff. Die Nichtvereinbarung von Rückgriffsrechten hindert nicht das Vorliegen einer klaren Vereinbarung; § 774 BGB greift als gesetzl Folge ein. Soweit in Anm 122 darauf hingewiesen wurde, daß gesetzl Ansprüche gleichwohl vertragl zu vereinbaren sind, kann dies nicht für gesetzl Folge- und Rückgriffsansprüche gelten, deren Vereinbarung, zB auch im Gesamtschuldverhältnis, absolut unübl ist.

Zur Bürgschaft durch den BeraterGes s DB 80, 616 u den Gesellschafter-Geschäftsführer DB 86, 1258. Zur Bürgschaftszahlung als Einlage s Anm 43. Zur Behandlung einer unentgeltl Bürgschaft zwischen Schwester-Ges s FG Hbg EFG 79, 467; BFH BStBl II 82, 631. Zu den Bürgschaften bei international verbundenen Unternehmen s auch *Reuter* IWB 3 Deutschland Gr 1, 1129, 1131 (2/87).

Damnum
S „Darlehen", „Sanierung".
Das Damnum bei Darlehen zwischen AntE und Körperschaft gehört bei der Frage der Angemessenheit zur Gesamtausstattung des Darlehens. S „Darlehen". Maßstab ist, was ein ordnungsgem handelnder Geschäftsleiter als Damnum fordern bzw gewähren würde. Die Damnum Regeln und -Maßstäbe, die die FinVerw zu den „Bauherrenmodellen" usw entwickelt hat, finden hier keine Anwendung, da sie sich mit der Abgrenzung Werbungskosten/Herstellungskosten und nicht mit dem vGa-Maßstab beschäftigen.

Darlehen
S „Berlindarlehen", „Damnum", „Gewinnausschüttungen", „Währungsrisiko".
S auch Tz 4. „Verwaltungsgrundsätze", Anm 99.

1. Die **Darlehensgewährung** selbst – also die Hingabe der Valuta – durch die Körperschaft **an den AntE** kann eine vGa darstellen, wenn die Rückzahlung nicht gewollt ist. Da sich das Darlehen idR nicht auf das Einkommen auswirkt, handelt es sich um eine vGa, die nur als **Ausschüttung** im Rahmen des § 27 III und beim AntE zu erfassen ist. Vgl hierzu *Neumann* GmbHR 96, 424. IdR ist der vertragl Vereinbarung zu folgen. Die Darlehensvereinbarung kann mündl getroffen werden; eine bestimmte Form ist nicht Bedingung, Schriftform aber empfehlenswert. Fehlen Vereinbarungen über Kündigung, Tilgung und Rückzahlung, gelten die §§ 607 ff BGB. Die Bezeichnung „Darlehen" ist nicht erhebl (BFH BStBl III 56, 80). Das Verhältnis der Darlehenshöhe zum StammKap, zu den Rücklagen und zum Gewinn spricht nicht gegen die Darlehensgewährung (anders BFH BStBl III 56, 80). S jedoch Anm 42.

2. Auch die gewollte **Ausschüttung** zu einem **späteren Zeitpunkt** führt nicht zu einer Sofortausschüttung; Vorschüsse auf Gewinnausschüttungen können als vorübergehende Darlehen vereinbart werden; dies ist von Bedeutung wegen der Problematik von Vorabausschüttungen, s ABC zu diesem Stichwort; außerdem sind Ausschüttungen kapitalertragstpfl, Darlehen nicht. Soweit eine Finanzierung für beschlossene Gewinnausschüttungen erforderl ist, liegt hinsichtl der hierfür aufgewandten Zinsen keine vGa vor, da die AntE einen Anspruch auf die Auszahlung des Gewinns haben (RFH RStBl 35, 119); s auch „Gewinnausschüttungen".

3. Zu unberechtigten **Entnahmen** s Anm 80; berechtigte Entnahmen werden gerade in kleineren Verhältnissen oft darlehensweise als Vorschüsse auf die spätere Gewinnausschüttung gegeben; die Darlehensvereinbarungen werden konkludent geschlossen. Hier ist bei der Annahme einer vGa Zurückhaltung geboten. In diesem Sinn BFH BStBl II 82, 245 u II 86, 481: Werden Gehalts- oder sonstige Zahlungen über ein Privat- oder Verrechnungskonto des AntE gebucht, so liegt keine vGa, sondern Darlehensgewährung vor, wenn der AntE durch Abhebung den Kontobestand überzieht; dazu auch *Klempt* DStZ 82, 219; ähnl auch FG BaWürt EFG 80, 518. Allerdings kann eine Gewinnausschüttung, Vorabdividende, Unkostenerstattung usw, dh eine Zahlung, die endgültig an den AntE geleistet wurde, nicht im nachhinein in ein Darlehen umgewandelt werden.

4. Besondere, extrem atypische Gestaltungen können für eine gewollte **Ausschüttung durch die Darlehensvergabe** sprechen, dh für den Willen der Körperschaft, eine Rückzahlung des Darlehens vom Auszahlungszeitpunkt an nicht mehr zu fordern. Beisp: 100jährige Laufzeit des Darlehens (BFH BStBl III 56, 80) oder 85, 95jährige Laufzeit (BFH BStBl III 58, 69: vGa sind nur die Beträge, die nach einer 15jährigen Laufzeit zu tilgen sind). Allerdings kann im Einzelfall auch eine langfristige Darlehensgewährung betriebsbedingt sein (BFH BStBl III 59, 4: 50 Jahre bei der Finanzierung von Arbeitnehmerwohnungen mögl). Werden die Darlehen nicht in der Bilanz als Darlehen ausgewiesen, so kann dies als Indiz gegen das Vorliegen eines Darlehens gewertet werden. Wird in auffallend kurzer Zeit nach der Darlehensgewährung auf die Rückzahlung verzichtet, so ist es mögl, daß eine vGa bereits durch die Auszahlung erfolgte. Werden ungesicherte Darlehen gewährt, so kann die spätere Wertberichtigung oder der spätere Verzicht eine vGa darstellen (BFH BStBl III 58, 451; II 75, 48 betr nahestehende Körperschaften; II 90, 795). Hierzu auch *Neumann* GmbHR 96, 424.

5. Ist mit der **Uneinbringlichkeit** des Darlehens bei der Darlehensvergabe sicher zu rechnen, kann vGa vorliegen (A 31 III Beisp 4 KStR; BFH/NV 91, 839). Wird die Darlehensforderung später uneinbringl aus Gründen, die in der Sphäre des AntE liegen, zB Verlust der Bonität, Insolvenz usw, so führt der Verzicht oder die Teilwertabschreibung auf die Darlehensforderung nicht zur vGa. Hier hat die Körperschaft nichts, über das sie wirtschaftl verfügen könnte. Das gleiche gilt bei der Teilnahme der Körperschaft an einem Vergleichsverfahren über das Vermögen des AntE oder bei einem stl anzuerkennenden Sanierungserlaß. S „Sanierung" und „Vergleich". Anders, wenn der Verzichtsgrund in der Gesellschaftssphäre der Körperschaft liegt; dann kann der Verzicht auf die Darlehensforderung oder die Rückzahlung zur vGa führen. Beisp: Verzicht bei solventem AntE; unterlassene Rückforderung vor Vermögensverfall des AntE, obwohl dieser bemerkbar war. In solchen Fällen kann auch eine Teilwertabschreibung als vGa zu qualifizieren sein (Hess FG EFG 96, 451).

§ 43 a GmbHG schränkt die Kreditvergabe an Geschäftsführer, Prokuristen ein. Die Darlehen sind nicht nichtig. Damit ist der Kreditvergabe unter Verstoß gegen § 43 a GmbHG keine vGa. Folgt die GmbH den Rechtsfolgen des § 43 a GmbHG nicht, so kann dies Indiz dafür sein, daß das Kap endgültig dem Geschäftsführer usw verbleiben soll. Liegt eine vGa nicht vor, wird das Darlehen nicht zurückgefordert und mit einer MehrBel refinanziert, kann die MehrBel vGa sein (vgl *Streck* KÖSDI 80, 3961).

6. Zu welchem **Zeitpunkt** auf die Rückzahlung verzichtet wird, kann schwierig zu bestimmen sein. Es gibt nur einen richtigen Zeitpunkt (vgl BFH BStBl III 58, 451) und folgl einen bestimmten VZ, um die stl Wirkungen der vGa zu erfassen. Ggf erfolgt der Verzicht in dem VZ, für den die meisten Umstände sprechen (Bilanzierung, Teilwertabschreibung, Verzicht usw); die weitergreifende Rspr des RFH ist abzulehnen (zB RFH RStBl 42, 350). Abzulehnen auch BFH BStBl II 90, 795, der die Rspr zum Bilanzenzusammenhang anwendet; sie mag für die Einkommenskorrektur maßgebend sein, sagt jedoch nichts über den Zeitpunkt der Herstellung der AusschüttungsBel. Bei Unklarheiten besteht eine gesteigerte MitwirkungsPfl (BFH BStBl III 58, 451). Eine Unklarheit muß aber tatsächl bestehen. Die Behauptung des FA, es liege eine vGa vor, führt weder zu einer vGa noch zu einer gesteigerten MitwirkungsPfl.

7. Die **Rückzahlung** einer **Darlehensvaluta**, die die KapGes von dem AntE erhalten hat, von der KapGes an den AntE ist keine vGa, und zwar auch dann nicht, wenn die Rückzahlung einsetzt, wenn andere Leistungsentgelte, zB Gehalt, Pacht, nicht mehr gezahlt werden.

8. Ist die **Verzinsung**, die die Körperschaft für ein Darlehen an einen AntE erhält, unangemessen niedrig oder ist die Verzinsung, die der AntE für ein Darlehen an die Körperschaft dieser erhält, unangemessen hoch, so liegt eine vGa vor, es sei denn, die niedrige oder hohe Verzinsung ist betriebl veranlaßt (vgl zB RFH RStBl 29, 253 betr Zinsen eines Vereins; BFH BStBl III 64, 17; FG Nds GmbHR 90, 421, 422 u 92, 120; A 31 III Beisp 3, 5 KStR). Zinsfreie oder zinsverbilligte Darlehen an die Körperschaft sind stl unerhebl (s Anm 48); Darlehen der Körperschaft gegen überhöhte Zinsen führen in Höhe des unangemessenen Teils zu Einlagen.

9. Die **Angemessenheit** richtet sich nach dem Maßstab des ordnungsgemäß handelnden Geschäftsleiters, idR nach dem Fremdvergleich, s Anm 89. Entscheidend ist die Gesamtausstattung des Darlehens, dh Zinsen, Damnum, Bindung, Sicherung, Kosten, Provisionen sind zu berücksichtigen. Zinsgleitklauseln zur Anpassung an das allg Zinsniveau hindern nicht die Angemessenheit. Erhebl ist, ob die Körperschaft oder der AntE dringend Kap benötigt oder ob nur eine KapAnlage geboten werden soll; im ersten Fall ist ein höherer Zinssatz als im zweiten Fall gerechtfertigt. Werden kurzfristige Darlehen an AntE mit höheren Zinssätzen langfristig oder mit gleicher Fristigkeit refinanziert, besteht die Möglichkeit einer vGa, falls für die Körperschaft ein nicht unerhebliches Risiko bleibt. BFH BStBl II 90, 649 läßt im AdV-Verf den Zins für Drei-Monats-Gelder gelten. Bei einem **Kontokorrentkonto** führt die zinsfreie Abrechnung nur dann zu einer vGa, wenn ein klarer Vorteil für den AntE gegeben ist (vgl BFH BStBl II 75, 21 betr SchwesterGes; das gleiche gilt aber auch für Verrechnungskonten des AntE; vgl BFH BStBl II 82, 245; *Henninger* GmbHR 78, 114; *Schulze zur Wiesche* GmbHR 82, 192; dazu oben auch 3). Besteht eine **offene Einlageforderung**, kann es angemessen sein, das Darlehen des AntE an die Ges in dieser Höhe zinslos zu stellen; s „Einlagen". Umstr ist, ob es für die Frage der Angemessenheit auf den **Ort** des Darlehensgläubigers oder des Darlehensnehmers ankommt. Daß der AntE den Kredit billiger oder so billig wie bei der Körperschaft im Ausl erhalten kann, soll unerhebl sein (BFH BStBl III 65, 176). ME ist maßgebl die pflichtgemäße Handlungsweise der Geschäftsleitung (s Anm 65); diese ist aber in Darlehensfragen ortsungebunden; die Entscheidung BFH BStBl III 65, 176 ist daher nicht überzeugend. Zu den AuslKrediten s auch die „Verwaltungsgrundsätze", Anm 99, Tz 4.2. Soweit ausnahmsweise ein Darlehen als **verdecktes StammKap** zu qualifizieren ist (s aber Anm 42), sind die Zinsen vGa. Zum Kontokorrent bei Betr gewerbl Art s § 4 Anm 35.

10. Bei **beherrschenden AntE** gilt das Gebot klarer, zivilrechtl gültiger Vereinbarungen und das Rückwirkungsverbot; mangels einer Vereinbarung gilt mE die gesetzl Zinsregelung (§§ 246 BGB, 352, 353, 354 HGB); aA – Vereinb einer Zinspflicht ist auch dort erforderl, wo es einen gesetzl Zinsanspruch gibt – BFH BStBl II 88, 590, s dazu auch Anm 122. Gerade bei Darlehen kann sich die Vereinbarung aus der Verbuchung oder der langjährigen Übung ergeben (s Anm 125); vgl: bei alleinvertretungsberechtigten, von § 181 BGB befreiten AntE reicht die Anweisung an den Buchhalter aus (BFH BStBl II 76, 761). Ein rückwirkender Zinsverzicht ist innerhalb eines Konzerns nicht mögl (FG Münster EFG 87, 163). Darlehen unter SchwesterGes s Anm 48 u 105.

11. Auswirkungen einer vGa: S Anm 103 ff, soweit der AntE hiernach fiktiv höhere Zinsen zahlt, konnten entspr höhere BetrAusg, Werbungskosten oder – bis 1973 – Sonderausgaben bei ihm die Auswirkung der vGa mindern.

12. Zur **Verlustvermeidung** durch unentgeltl Darlehen s ABC „Verluste".
DDR
S „Treuhand".
Inländische GmbHs vermittelten zu DDR-Zeiten Westgeschäfte für die DDR und die hierfür gegründeten Unternehmen (KoKo-Bereich). Die inländische GmbH erhielt Provisionen und gab diese zum Teil in die DDR weiter. Dies wird von der FinVerw als vGa qualifiziert; dazu noch nicht entschieden FG Münster 9 K 3894/95, 10 K 693/96. Zum strafrechtl Hintergrund s BGH wistra 93, 185.
Devisengeschäfte
S „Risikogeschäfte".
Diebstahl
S „Unberechtigte Entnahme", „Unterschlagung".
Diebstahl des AntE bei der eigenen Körperschaft ist regelmäßig keine vGa; s die angegebenen Stichworte u die Weiterverweisungen.
Dienstverhältnis
S „Abfindung", „Aufwendungsersatz", „Berlindarlehen", „Direktversicherung", „Einfamilienhaus", „Erfinder", „Freier Mitarbeiter", „Kfz-Kosten", „Kongreß", „Lohnsteuer", „Pensionszusage", „Reisekosten", „Sozialabgaben", „Überstundenvergütung", „Urlaubsgeld", „Versicherung", „Weihnachtsgeld", „Wettbewerbsverbot u Betriebsabgrenzung".

1. Der AntE kann wählen, ob er der Körperschaft Dienste zB als Geschäftsführer aufgrund eines **Dienstvertrages** – zB eines Geschäftsführervertrages – erbringt oder als **gesellschaftsrechtl** Leistung (s Anm 120). Nur wenn ein Gehalt aufgrund eines Dienstvertrages gezahlt wird, entstehen BetrAusg. Da der AntE diese Gestaltungsmöglichkeit hat, besteht bei beherrschenden AntE (dazu Anm 120 ff) keine Vermutung für die eine oder andere Alternative (BFH BStBl III 63, 440). Anders bei nicht beherrschenden AntE; hier kann vermutet werden, daß diese Dienstleistungen entgeltl erbringen (RFHE 2, 183). Der AntE kann auch teils entgeltl, teils unentgeltl tätig sein. Schließl ist es ihm unbenommen, mehreren Körperschaften in unterschiedl Weise seine Dienste zur Verfügung zu stellen.

Die Eink aufgrund des Dienstvertrages sind idR **Eink** aus **nichtselbständiger Arbeit**; dies ist aber nicht zwingend (vgl zB österr VwGH Beil ÖStZ 80, 71). Eine Ausgestaltung als Beratungsvertrag mit Eink nach §§ 15 oder 18 EStG ist mögl (*Richter* GmbHR 81, 167; FG Saarl EFG 92, 70; aA BFH XI R 47/96 v 9. 10. 96, DB 97, 812; FG Köln GmbHR 96, 474; FG RhPf EFG 95, 25; FG BaWürt UR 89, 291 u FG D'dorf GmbHR 91, 81 u GmbHR 97, 91).

2. Bei der **Vereinbarung** des **Entgelts** haben AntE und Körperschaft bis zur Angemessenheitsgrenze grundsätzl **freie Hand** (vgl RFHE 2, 183 (1919) mit dem allgemeinen Angemessenheitsgebot; BFH BStBl II 89, 854). Alle Vergütungsarten können vereinb werden, zB laufendes Monatsgehalt, Jahresgehalt usw. Diese Freiheit wird jedoch im einzelnen durch die Rspr eingeschränkt.

Für **Gewinntantiemen** stellt BFH BStBl II 95, 549 für beherrschende und nicht beherrschende Gesellschafter-Geschäftsführer Regeln auf. Soweit die Tantieme gegenüber mehreren Gesellschafter-Geschäftsführern insgesamt den Satz von 50% des Jahresüberschusses übersteigt, spricht der Beweis des ersten Anscheins für die Annahme einer vGa. „Bei der Beurteilung der Angemessenheit einer Gewinntantieme ist von der Höhe der angemessenen Jahresgesamtbezüge auszugehen, die die GmbH bei normaler Geschäftslage ihrem Geschäftsführer zu zahlen in der Lage und bereit ist. Die Jahresgesamtbezüge sind in ein Festgehalt (idR mindestens 75 vH) und in einen Tantiemeteil (idR höchstens 25 vH) aufzuteilen. Der variable Tantiemeteil ist in Relation zu dem erwarteten Durchschnittsgewinn auszudrücken" (Leitsatz 4). Die Tantiemevereinbarungen können Verlustvorträge berücksichtigen. Sie dürfen keinesfalls der Gewinnabsaugung dienen. Im konkreten Fall ging der BFH von einer Höhe des Jahresüberschusses vor KSt, GewErtrSt und der Tantieme selbst aus. War die Vereinbarung von Anfang an angemessen, sind Sprünge nach oben oder unten unschädlich. Die Tantiemevereinbarung muß alle drei Jahre überprüft werden. Ausnahmen dieser Regeln bleiben möglich; sie müssen von der Gesellschaft ausführlich erläutert werden. Liegt eine vGa vor, ist nur der unangemessene Teil der Tantieme vGa. Ähnl BFH/NV 96, 437; übernommen von A 33 II KStR; Übergangserlaß FinVerw BStBl I 96, 53: Gewinntantieme für vor dem 1. 1. 97 endende Wj, die auf einer vor dem 30. 8. 95 getroffenen Vereinbarung beruhen, sind nicht bereits deshalb vGa, weil sie nicht dem

Urteil entsprechen; Ergänzungen FinVerw GmbHR 96, 557, 797, DStR 96, 1246, 97, 202. Zu dieser Rspr und ihren Auswirkungen s DStR 95, 719; *Eder* DStR 95, 665; HFR Anm 95, 467; *Tillmann/Schmidt* GmbHR 95, 796; *Natschke* StB 96, 177; *Korn* KÖSDI 96, 10611; *Brenner* DStZ 96, 65; *Neumann* GmbHR 96, 740; *Fritsche/Köhl* GmbHR 96, 677. Entscheidungen zur Unangemessenheit von Tantiemen vor der erwähnten BFH-Rspr: FG Saarl GmbHR 92, 478; FG D`dorf EFG 94, 17, GmbHR 94, 414; FG Saarl EFG 94, 413, 675, 679; 95, 174, 540; FG Köln EFG 95, 391; nach der Rspr FG Köln GmbHR 96, 552. Eine Mindesttantieme ist nicht als solche eine vGa (BFH/NV 94, 660). Tantiemen sind insoweit unangemessen, als sie selbst verdeckte Gewinnausschüttungen zum Maßstab nehmen (BFH BStBl II 92, 691). Die Tantieme kann – muß nicht – auf einen absoluten Betrag beschränkt werden (A 33 II KStR). Nur Tantiemen bedürfen der besonderen Begründung (BFH BStBl II 93, 311; krit *Felix* BB 92, 2478). Zu möglichen Rohgewinntantiemen, die den Umsatztantiemen (s nachfolgend) nicht vergleichbar sind, s BFH I R 9/95 v 25. 10. 95, FR 96, 220 mit Anm von *Pezzer*.

Nach BFH BStBl II 78, 234 (folgend FG Hbg EFG 84, 517) sollen idR nur Gewinntantiemen, **nicht Umsatztantiemen** anerkannt werden. Bestätigung durch BFH BStBl II 89, 854: Der Stpfl muß die besonderen Gründe für eine Umsatztantieme dartun (so auch Hess FG EFG 92, 415; 94, 219; 95, 285, 464). Beide BFH-Entscheidungen betrafen den besonderen Fall einer „Gewinn-Absaugungstantieme" (so auch Nds FG GmbHR 90, 578). Besonderer Grund ist gegeben, wenn die Leistungssteigerung durch eine Gewinntantieme nicht zu erreichen ist (BFH/NV 94, 124; BFH/NV 96, 508; FG Münster GmbHR 94, 268). Nach BFH/NV 96, 265 sind die Fragen zur Umsatztantieme weitgehend geklärt (dazu *Ditges/Graß* BB 96, 509). ME sind Ges und Gesellschafter-Geschäftsführer in der Vereinb des Entgelts frei; daher muß auch die Umsatztantieme mögl sein (positiv FG München EFG 87, 41; FG Hessen GmbHR 94, 265; *Ranft* GmbHR 79, 42; DB 79, 562; *Winter* GmbHR 86, 442; *Felix* BB 88, 277; *Meier* Fr 89, 547). **Mindesttantieme** ist nicht als solche eine vGa (BFH/NV 94, 660). Tantiemen sind insoweit unangemessen, als sie selbst verdeckte Gewinnausschüttungen zum Maßstab nehmen (BFH BStBl II 92, 691). **Nur-Tantiemen** bedürfen der besonderen Begründung (BFH BStBl II 93, 311; krit *Felix* BB 92, 2478).

Weiter können **vereinb** werden: Geld- oder Sachbezüge, Weihnachtsgeld, Urlaubsgeld, Altersversorgungen wie Pensionszusagen, Direktversicherungen (zur Übernahme einer Einmalprämie FG RhPf EFG 95, 384), Übernahme von Versicherungen usw. Auch eine Überstundenvergütung ist – obwohl ungewöhnlich – möglich; s zu diesem Stichwort. Laufende Bezüge können gegen Pensionszusagen ausgetauscht werden (FG BaWürt EFG 93, 403). Keine Rückstellung für ein Gehalt oder für Gehaltsteile, die nicht vereinbart sind (BFH BStBl III 66, 72 betr nicht belegte Reisekosten bei beherrschenden AntE; II 69, 327: keine vGa bei Anspruch auf Urlaubsentgelt; BStBl II 70, 466 betr Provisionszahlung); allerdings kann eine stillschweigende oder konkludente Vereinbarung vorliegen.

Problematisch ist BFH BStBl II 90, 454, der auch bei nicht beherrschenden AntE – unabhängig von der Angemessenheit der Bezüge selbst – fordert, daß der Vertrag „wie unter fremden Dritten" durchgeführt wird; das Merkmal der Durchführung ist mE auf den beherrschenden AntE beschränkt (Anm 137).

3. Ein als BetrAusg abziehbares Entgelt kann bis zur Höhe der **Angemessenheit** vereinbart werden. Das angemessene Entgelt muß nicht voll ausgeschöpft werden. Dienstvertragl und gesellschaftsrechtl Leistungserbringung können verbunden sein. Für die Angemessenheit ist die Gesamtvergütung bzw **Gesamtausstattung** des GesGeschäftsführers oder -Angestellten (Arbeiters) maßgebend, dh die Summe aller Vorteile und Entgelte des Dienstverhältnisses (BFH 1963 StRK KStG § 6 I S 2 R 75; BStBl II 68, 809); Pensionszusagen sind einzubeziehen, der Zufluß ist nicht entscheidend (BFH BStBl II 68, 809). Bei der Angemessenheitsprüfung sind auch Sachbezüge zu berücksichtigen; das gleiche gilt für die Übernahme von Sozialabgaben, Versicherungsbeiträgen und nachgeforderter LSt (vgl *Kröller* GmbHR 86, 195). S die einzelnen Stichworte dieses ABC. Die Unterbewertung von Sachbezügen ist allerdings in erster Linie eine LSt-Frage; zur vGa wird der Sachbezug erst, wenn bei richtiger Bewertung unangemessene Gesamtbezüge vorliegen. Die Gesamtausstattung ist zu messen an den **Diensten** des AntE; hierbei sind alle Einzelumstände und Besonderheiten der Dienstleistung zu berücksichtigen. Nichtentlohnenswerte Tätigkeiten verdienen kein Entgelt (Beisp: BFH 1962 StRK KStG § 6 I S 2 R 68). Eine Dienstleistung wird aber auch zB für die Geschäftsführung einer ruhenden GmbH erbracht (BFH BStBl III 67, 498). Die Arbeitszeitregelung als solche ist unerhebl; die Frage, inwieweit und wann die Dienstleistung tatsächl erbracht wird, kann natürl für die Angemessenheit der Bezüge Bedeutung haben. Erhält ein Geschäftsführer, der nach **§ 6 II GmbHG** nicht als Geschäftsführer tätig sein darf, für seine Tätigkeit ein angemessenes Gehalt, so ist dies keine vGa. Wegen der fehlenden Geschäftsführerverantwortung wird man bei der Gehaltsbemessung einen geringen Abschlag akzeptieren müssen (*Streck* KÖSDI 80, 3961). Ist der Geschäftsführer gleichzeitig beherrschender AntE, kommt eine Voll-vGa in Betracht, sofern man annimmt, daß § 6 II GmbHG zur Nichtigkeit des Vertrages führt (*Heinemann,* Die GmbH-Novelle in der StBeratung, 1982, Tz 143). Der Geschäftsführervertrag rechnet **nicht** zur **Erstausstattung** (BFH BStBl II 89, 854; s zu dem Begriff Anm 65); der Geschäftsführervertrag ist mithin kein Mittel, um der GmbH Gewinne zu sichern.

4. Bestimmung der **Angemessenheit.**

Schrifttum: *Spitaler/Niemann,* Die Angemessenheit der Bezüge geschäftsführender Gesellschafter einer GmbH, 5. Aufl, 1988; *Tänzer* GmbHR 87, 342 u GmbHR 89, 324; *Seitrich* BB 87, 877; *Schuhmann* StBp 88, 197; *Tänzer,* Die angemessene Vergütung der Geschäftsführer in kleinen GmbH, GmbHR 93, 728; *ders,* Welche Fixbezüge und Tantiemen sind angemessen?, GmbHR 96, 40; *Muders* StBp 96, 147, 176, 201; *Niehues,* Betriebswirtschaftl Defizite bei der Diskussion um die Gesellschafter-Geschäftsführervergütungen, DB 96, 2449. *Evers/Grätz/Näser,* Die Gehaltsfestsetzung bei Geschäftsführern der GmbH und GmbH & Co KG, 4. Aufl, 1997.

Die Bestimmung der Angemessenheit der Bezüge eines Geschäftsführers oder eines Gesellschafter-Angestellten (Arbeiters) ist in jedem Einzelfall äußerst schwierig. Ist der AntE Angestellter (Arbeiter) und unmittelb anderen Angestellten (Arbeitern) vergleichb, kann der Vergleich mit Gehältern von „Fremden" durchgeführt werden. Im übrigen ist die Unangemessenheit idR nur in eindeutigen Fällen nachweisbar, zB bei gewollter Gewinnabsaugung (BFH BStBl III 58, 229; BStBl II 78, 234: Hat die GmbH bei einer 10 vH-Umsatztantieme anhaltend nur einen Gewinn von 2000 DM, so ist dies ein Indiz für eine vGA; FG Nds GmbHR 90, 51). So werden Gehälter u Tantiemen gefährl, wenn sie ständig zu Verlusten führen oder nur einen Minimalgewinn verursachen (vgl BFH BStBl II 78, 234; II 88, 25; FG München EFG 91, 147; FG Nds GmbHR 91, 289). Auch die schnelle Anpassung von Gehältern an die Gewinnsteigerung kann die Unangemessenheit indizieren (FG Saarl GmbHR 94, 635, 636). Die Gewinnabsaugung allein genommen ist allerdings ein trügerisches Indiz für die vGA; denn bei einer weniger ertragreichen GmbH kann gerade das angemessene Gehalt die Körperschaft zu Verlusten führen (auch bei Verlusten ist ein angemessenes Gehalt möglich, FG Nds EFG 95, 537).

5. Als **Anhalt** für die **Angemessenheit** können die Gehälter anderer Geschäftsführer und Angestellten (Arbeiter) der gleichen Körperschaft dienen. Insoweit ist der innerbetriebliche Vergleich das Nächstliegende (BFH BStBl III 58, 229); Geschäftsführer und Angestellte untereinander sind aber nur bedingt vergleichb (BFH 1963 StRK KStG § 6 I S 2 R 75). Bei einem Geschäftsführer ist seine „Totalzuständigkeit" zu berücksichtigen (BFH BStBl II 93, 247). ME kann der Geschäftsführer – als Faustregel – bis zu 300 vH des bestbezahlten Angestellten nach ihm verdienen. Die für die KVStG aF gegebene Weisung, 150 vH des bestbezahlten Angestellten anzusetzen (1976 StEK KVStG § 5 Nr 4), ist für die vGa-Bemessung zu gering (glA *Richter* GmbHR 81, 169). Der Geschäftsführer einer GmbH erhält nicht nur ein Gehalt für seine Dienste sondern auch für die Verantwortung, die er übernimmt; daher kann auch ein Gehalt an den Geschäftsführer einer ruhenden GmbH gezahlt werden (BFH BStBl III 67, 498). Wenn jemand für zwei oder mehr GmbH als Geschäftsführer tätig ist, ist sein angemessenes Gehalt folgl insgesamt höher, als wenn er nur für eine GmbH tätig wäre (dies wird zB in FG Saarl EFG 95, 171 nicht ausreichend gewürdigt). BFH/NV 86, 490 löst sich von den individuellen Gegebenheiten, soweit die Entscheidung es als unübl und unangemessen mit der Folge einer vGa ansieht, wenn die Vergütung an den GesGeschäftsführer nur erfolgsabhängig ist und immer im nachhinein festgesetzt wird; da es sich nicht um eine Vergütung an einen beherrschenden AntE handelte, ist die Entscheidung mE falsch. Neben den innerbetriebl Vergleich tritt der Vergleich mit den Gehältern vergleichbarer Körperschaften (BFH StRK KStG § 6 I S 2 R 75). Dieser Vergleichsmaßstab versagt aber in der Praxis gerade bei leitenden Angestellten; durch „Vergleiche" läßt sich hier fast jedes Gehalt begründen.

In der Bp-Praxis u vor den Finanzgerichten spielen inzwischen **statistische Erhebungen** von Zeitschriften und Unternehmensberatungen zur

Höhe von Geschäftsführergehältern eine erhebliche Rolle. Sie sind mE in der Regel untauglich, da hier statistische Querschnitte dargestellt werden, die nichts über die individuelle Angemessenheit aussagen. Krit gegenüber solchen Vergleichen FG SchH EFG 87, 206; FG Saarl EFG 88, 204; *Schneider/Alimüller* DB 96, 1003. Auch sog „Aufgriffsgrenzen" u absolute Höchstbeträge (vgl zB OFD Stuttgart 1995, DB 97, 243) mögen die Beurteilung vereinfachen, sind aber mit dem vGa-Maßstab nicht in Übereinstimmung zu bringen. Soweit die statistischen Erhebungen **Branchenunterschiede** deutlich machen, wird man dies allerdings bei der Angemessenheit zu berücksichtigen haben. Zur Berücksichtigung der Verhältnisse in den **neuen Bundesländern** s FG Brandenburg EFG 97, 303.

Für die **Steuerberatungs-GmbH** hält das FG Saarl (EFG 91, 144 u Stbg 91, 277) eine Aufteilung des Gewinns im Verhältnis von 1/3 (GmbH) und 2/3 (Geschäftsführer) für angemessen; in beiden Fällen waren Gehälter vereinbart, die den Gewinn der GmbH im wesentlichen abschöpften. Ausdehnung dieser Rspr auf Versicherungsagenturen (FG Saarl GmbHR 92, 60). Der BFH lehnt diese pauschale Aufteilung ab; die Gehälter der Geschäftsführer der Steuerberatungs-GmbH seien danach zu bestimmen, was man ihnen im Fall des Verkaufs für eine Fortsetzung ihrer Tätigkeit zahlen würde (BFH/NV 92, 341 in einem AdV-Verf; BFH BStBl II 92, 690; die Tatsache, daß die Gehälter den Gewinn aufzehren, spielte für den BFH keine Rolle). S auch FG Saarl EFG 93, 407 u die aufhebende Entscheidung BFH/NV 95, 440; BFH/NV 97, 65. Problematisch sind auch hier Umsatztantiemen (FG Saarl EFG 94, 118). Zu einer **Unternehmensberatungs-**GmbH s BFH BStBl II 84, 673, anschließend FG Bremen EFG 85, 463. Zum **Frisörhandwerk** s FG BaWürt EFG 96, 675.

6. Die Dienstleistung und ihr Entgelt sind nicht zu trennen von der **Leistungsfähigkeit** der **Ges**. Eine GmbH mit geringer Rendite wird ein niedrigeres Gehalt zahlen als ein gut verdienendes Unternehmen (BFH/NV 92, 341). Ohne Zweifel ist jedoch ein Gehalt und dessen Fortzahlung auch in Verlustjahren angemessen. Stammt der Dienstvertrag aus einer Zeit guter Gewinne, so erfolgt eine Anpassung regelmäßig erst mit dem ersten Kündigungszeitpunkt. S hierzu auch Anm 84.

7. Eine vGa kann nur angenommen werden, wenn ein **krasses Mißverhältnis** zwischen Leistung und Entgelt besteht (BFH 1963 StRK KStG § 6 I S 2 R 75; Bestätigung allerdings durch BFH BStBl II 74, 430 offengelassen; keine Bestätigung durch jüngere Rspr). S auch oben 4. Nach FG Köln GmbHR 96, 781 kann von einem krassen Mißverhältnis erst dann gesprochen werden, wenn die Angemessenheitsgrenze um mehr als 20% überschritten wird. Im Zweifel ist die Gehaltsfestsetzung durch die Körperschaft maßgebend (BFH BStBl III 58, 229; 1963 StRK KStG § 6 I S 2 R 75; s aber Anm 102). Je weniger und geringer der Einfluß des angestellten AntE auf die Ges ist, um so wahrscheinl ist die Angemessenheit der Bezüge.

Die FinVerw, teilweise auch die Rspr, haben sich allerdings in letzter Zeit von dieser vorsichtigen Annahme einer vGa entfernt. Ohne hinreichende Begründung wird in der Praxis sehr schnell die Angemessenheit verworfen. Der Streit um die Angemessenheit ist zu einem Standardthema in der Bp geworden.

8. Ist die Gesamtausstattung **unangemessen,** ist sie bis auf die angemessene Ausstattung als **vGa** zu qualifizieren. Kann die Unangemessenheit einem bestimmten Teilentgelt zugeordnet werden, so ist dessen unangemessener Teil eine vGa. Ist nur die Summe unangemessen, ohne daß ein einzelner Teil als unangemessen bezeichnet werden kann, so ist mE zuerst die Pensionszusage, sodann die Tantieme und erst zuletzt das feste Gehalt zu kürzen (s auch „Pensionszusage"). Eine unangemessene Tantieme kann nicht zwingend nur insgesamt gestrichen werden. Stets ist zu prüfen, ob sie teilweise angemessen ist (vgl BFH BStBl II 78, 234; von einer 20 vH-Gewinntantieme könnten zB 10 vH angemessen sein; so auch BFH BStBl II 95, 549, s o 2).

9. Bei **beherrschenden AntE** muß der Dienstvertrag und dessen Änderung zivilrechtl gültig, klar und eindeutig und rechtzeitig vereinbart sowie durchgeführt sein, s Anm 120 ff. Zum Abschluß des Dienstvertrages s insbes Anm 124. Das Erfordernis der klaren und eindeutigen Vereinbarung gilt insbesondere auch für die **Tantieme.** Sie muß nach einer Rechenformel ohne weitere willkürl Entscheidung zu ermitteln sein (BFH BStBl II 85, 345; FG Nds GmbHR 91, 341; s dazu auch oben Anm 121). Die Bemessungsgrundlage der Tantieme muß klar und eindeutig sein (vgl *Hoffmann* GmbHR 94, 239); bei der Gewinntantieme muß vereinbart sein, ob sie den Gewinn vor oder nach Tantieme und anderen gewinnabhängigen Bezügen, ob sie den Gewinn nach der Handels- oder Steuerbilanz meint. Die Vereinbarung von Höchst- und/oder Mindestbeträgen ist nicht ausreichend (FG Hbg EFG 90, 125; FG Nds GmbHR 90, 420 u 91, 288, 489, 595). Richtet sich die Tantieme ohne weitere Festlegung nach dem Jahresgewinn, sind KSt u GewSt abzusetzen (BFH/NV 91, 269, allerdings ohne Berücksichtigung der „Willkür", die hierbei die Ausschüttung selbst auf die Höhe der KSt hat; daher sollte, um diese Willkür auszuschließen, vereinbart werden, daß die KSt mit der TarifBel oder unter der Annahme einer Vollausschüttung angesetzt wird). „Steuerlicher Reingewinn" ist der HB-Gewinn vor nicht abzugsfähigen Steuern (so FG D'dorf GmbHR 92, 685). Zur Problematik des Begriffs „Steuerbilanzgewinn" s BFH BStBl II 92, 362 mit Anm von *Flume* DB 92, 1697. Ein Vorbehalt zugunsten der Entscheidung der GesVersammlung kann schädlich sein (BFH BStBl II 92, 851). Sich widersprechende Tantiemevereinbarungen sind schädl (BFH BStBl II 89, 800). Zur Rückwirkungsproblematik bei Tantiemen s Anm 132. Wird die Tantieme einem beherrschenden Gesellschafter-Geschäftsführer bei Fälligkeit nicht ausgezahlt, so liegt eine vGa nur dann vor, wenn dies die mangelnde Ernstlichkeit der Tantiemeverpflichtung indiziert (A 33 III KStR). Auch der **private Kfz-Anteil** muß vertragl konkret bestimmt sein; er darf nicht der Entscheidung der FA überlassen bleiben. Entsprechendes gilt für **Urlaubsgelder** und **Weihnachtsgelder** (s „Urlaubsgeld", „Weihnachtsgeld"). Das Rückwirkungsverbot gilt auch für die Übernahme von **Sozialabgaben** und Versicherungsbeiträgen (*Kröller* GmbHR 86, 195) sowie für die Erstattung von Repräsentationsaufwendungen (BFH BStBl III 61, 68); s „Aufwendungsersatz". Ist monatl Gehaltszahlung vereinbart, ist die monatl Zahlung notwendig; dies folgt aus dem Durchführungsgebot (BFH/NV 90, 64; Anm 137). Mangelhafte Durchführung auch, wenn das Gehalt nicht ausgezahlt wird, ohne daß eine klare Darlehensvereinbarung vorliegt (BFH BStBl II 93, 247).

Diese strengen Anforderungen gelten auch für den beherrschenden AntE-Geschäftsführer der Komplementär-GmbH der **GmbH & Co KG** (FG Köln EFG 82, 137).

10. Zur **Verlustvermeidung** durch unentgeltl Dienste s ABC „BetrAufsp". Zur unentgeltl Diensterbringung als **Einlage** s Anm 48 f.

Differenzgeschäfte
S „Risikogeschäfte".

Direktversicherung
S „Dienstverhältnis", „Pensionszusage".

Für die Direktversicherung als Altersversorgung für Geschäftsführer gelten die gleichen allg Grundsätze wie für Pensionszusagen; s dort. Die Ernsthaftigkeit kann im engsten Familienkreis bei einer Direktversicherung eher angenommen werden, als bei einer Pensionszusage (FG RhPf EFG 84, 81; dagegen FG Nds GmbHR 91, 133 betr eine vGa-Gestaltung). Da die Prämien sofort als Arbeitslohn erfaßt werden, spielt die frühere 75-Jahres-Grenze – heute die 65-Jahres-Grenze – (s „Pensionszusage") allerdings keine Rolle (glA FinVerw BStBl I 80, 253; dazu DB 80, 2262). Für die Angemessenheitsprüfung werden die Jahresbruttoprämien angesetzt (DB 80, 2262). Zur Versicherung durch Einmalprämie FG RhPf EFG 95, 384.

Dividende
S „Gewinnausschüttungen".

Edelmetallgeschäfte
S „Risikogeschäfte".

Ehrung des Gesellschafter-Geschäftsführers
S „Bundesverdienstkreuz", „Geburtstag", „Jubiläum".

Maßgebend für die Frage des BetrAusgAbzugs ist, ob die Aufwendungen für die Ehrung betriebl veranlaßt sind; vgl im einzelnen *Mittelbach* GmbHR 82, 93. Evtl ist eine Aufteilung nach den Regeln des gemischten Interesses mögl (Anm 95).

Eigene Anteile
S „Einziehung", „Gesellschaftsanteile".

Schrifttum: *Thiel,* Die stl Behandlung eigener Anteile von KapGes, 1967; *ders,* FS L Schmidt, 1993, 567; *Brenninger,* DStZ 91, 420; *Wassermeyer,* FS L Schmidt, 1993, 621.

Eigentumswohnung
S „Einfamilienhaus".

Einfamilienhaus
S auch „Betriebs-, Teilbetriebsverpachtung", „Dienstverhältnis", „Grundstückskauf", „Schwimmbad", „Vermietung und Verpachtung".

1. Vermietet die **Körperschaft an** ihren **AntE** ein Einfamilienhaus, so muß die angemessene Miete berechnet werden. Angemessen ist die sog

Marktmiete, dh die Miete, die die Körperschaft bei einer Vermietung auf dem Wohnungsmarkt erzielen würde. § 21 a EStG aF war nicht anwendb. Die frühere Rspr verlangte relativ starr als Mindestmiete die Kostenmiete (zB BFH BStBl II 68, 435), wobei ein niedriger Zinssatz, näml der für langfristige KapAnlagen, gelten sollte (BFH BStBl II 72, 883); Kosten, die der Mieter übernimmt, mindern die Kostenmiete (BFH BStBl II 71, 536 mit Vorentscheidung EFG 69, 466). BFH BStBl II 72, 594 rückt hiervon ab. Maßgebend ist der Mittelwert aus Kostenmiete und Marktmiete. Die Kostenmiete ist zuvor um die Kosten zu bereinigen, die auf das Repräsentationsbedürfnis der Körperschaft fallen; zu dieser Aufteilung wegen gemischten Interesses s Anm 95 u „Repräsentation". Soweit im EinkommenStRecht der BFH bei aufwendigen Zweifamilienhäusern die Kostenmiete ansetzen will (BFH BStBl II 86, 394 u Nachfolge-Rspr), kann dem für das Recht der vGa nicht gefolgt werden. Ein ordnungsgem handelnder Geschäftsleiter wird sich zwar bemühen, die Kostenmiete zu erzielen; erzielt er sie nicht, weil die Marktmiete niedriger ist, wird er zumindest zur Marktmiete vermieten. Ist eine Marktmiete nicht zu ermitteln, ist gleichwohl ein Abschlag von der Kostenmiete gerechtfertigt, wenn die Körperschaft das Haus auch einem fremden Geschäftsführer zu einer Miete unter der Kostenmiete überlassen hätte (BFH BStBl II 77, 569 betr Haus mit Schwimmbad). Führt die angemessene Miete zu anhaltenden Verlusten bei der Körperschaft, so ist zu prüfen, ob das Einfamilienhaus aus dem betriebl Bereich ausscheidet, s Anm 28 ff.

2. **Vermietet der AntE** ein Einfamilienhaus an die Körperschaft, so gelten die vorstehenden Ausführungen mit umgekehrten Vorzeichen: Die Körperschaft darf nicht mehr als die angemessene Miete, dazu oben, zahlen.

3. Ist der mietende **AntE gleichzeitig Angestellter,** zB Geschäftsführer der Körperschaft, so können Dienst- und Mietverhältnis völlig getrennt nebeneinander stehen. Die Vermietung kann jedoch auch Teil des Angestelltenvertrags sein. In diesem Fall gehört der Mietwert oder Teil-Mietwert, falls keine oder eine zu geringe Miete gezahlt wird, zur Gesamtausstattung der Angestelltenbezüge, die auf ihre Angemessenheit hin zu prüfen sind (vgl zB BFH 1963 StRK KStG § 6 I S 2 R 74 betr Mehrmietwert als Gehalt). S hierzu „Dienstverhältnis".

4. Zum **Kauf GmbH/AntE** s „Grundstückskauf".

Veräußerung einer Eigentumswohnung durch eine Genossenschaft an ein Mitglied zu einem unangemessen niedrigen Kaufpreis als vGa s BFH BStBl II 93, 376.

Einführungskosten
S „Lieferverkehr".

Einlagen
S „Einlagenrückgewähr".
Die Einlagenerbringung auf das NennKap bei der Gründung oder KapErh ist dann vGa, wenn die Ges selbst die Einlage erbringt (BFH BStBl II 75, 230). Der Verzicht der GmbH auf eine Einlage zugunsten ihrer Gesellschafter ist nach FG Berlin EFG 80, 305 keine vGa, weil die Verfügung nicht zu Lasten des Einkommens vorgenommen wird; mE grundsätzl nicht

zutreffend, da die vGa als Ausschüttung nicht zu Lasten des Einkommens erfolgen muß (vgl Anm 63). Die Nichteinforderung der MindestEinl nach § 7 II GmbHG kann vGa (iS einer Ausschüttung) sein, nicht jedoch dann, wenn die GmbH ernsthaft mit Gegenforderungen rechnen muß, die die AntE der Einlageforderung entgegensetzen können (BFH BStBl II 86, 86: Sachgründung statt vereinb Bargründung; hätte die GmbH auf Bareinzahlung bestanden, hätte sie die Sachwerte zurückgeben müssen; keine vGa, dazu HFR Anm 86, 141). Die Umbuchung von Rücklagen auf ausstehende Einlagen führt nicht zu einer vGa, weil die Einlageverpflichtung nicht erfüllt wird (BFH BStBl II 84, 717 mit HFR Anm 85, 20); anders, wenn es zu einer wirksamen Erfüllung der Einlageverpflichtung kommt (BFH aaO). Zur Qualifizierung einer Zahlung als vGa, wenn der Empfänger noch für nicht eingezahltes StammKap haftet, s FG RhPf EFG 91, 43. Soweit in diesen Fällen eine vGa angenommen werden muß, weil die Einlageverpflichtung erfüllt wird, kommt es zum „Abfluß" und zum Funktionieren des AnrV. Die Forderung auf ausstehende Einlagen auf das Grund- oder StammKap (§§ 63 II AktG, 20 GmbHG) führt nur durch Inverzugsetzen, dh durch Einforderung innerhalb einer bestimmten Frist, zu (Verzugs-)Zinsen (vgl FG D'dorf EFG 79, 202; anders zutr Nds FG GmbHR 90, 580 bzgl MindestKap). Keine vGa, wenn ansonsten keine Zinsen gezahlt werden. Das gilt auch, wenn die Körperschaft trotz der Möglichkeit der Einforderung fremdfinanziert (BFH BStBl II 69, 11); ebenfalls, wenn diese Fremdfinanzierung über den AntE erfolgt (BFH BStBl II 69, 11). Angesichts einer offenen Einlageforderung kann es gerechtfertigt sein, Darlehen des AntE in dieser Höhe zinslos zu stellen; Zinsen können vGa sein (BFH BStBl II 92, 532).

Einlagenrückgewähr

S „Einlagen", „Einziehung", „Kapitalherabsetzung".

Die Einlagenrückgewähr darf den Gewinn nicht mindern (BFH BStBl II 85, 69 beide AG). Einlagenrückgewähr ist im KStG 1977 Ausschüttung und beim AntE Teil der Eink aus KapVerm (*Döllerer* JbFfSt 78/79, 384; aA die FinVerw zur Abfindung bei der Einziehung; s „Einziehung"). Ob Einlagenrückgewähr im Sinne von § 20 I Nr 1 letzter Satz EStG vorliegt, hängt nicht von der tatsächl oder gewollten Einlagenrückgewähr ab, sondern alleine von der Gliederung des verwendb Eigenkap und der Verwendungsfiktion des § 28; s § 27 Anm 6f und „Kapitalherabsetzung". Rückgewähr verdeckter Einlagen war bereits im alten Recht vGa (BFH BStBl II 77, 571; *Döllerer* BB 71, 1252).

Ein- und Verkaufsgesellschaft

S „Lieferverkehr" u Anm 97 u BFH BStBl II 94, 479.

Einziehung

S „Einlagenrückgewähr", „Gesellschaftsanteile", „Kapitalherabsetzung".

Die Einziehungsvorgänge dürfen das Einkommen nicht mindern oder erhöhen; das gilt auch bei Einziehung eigener Anteile (RFH RStBl 34, 436; *Thiel,* Die stl Behandlung eigener Anteile von KapGes, 1967, 28 ff). Regelm unproblematisch. Abfindungszahlungen der Körperschaft sind mE Ausschüttungen im Sinn des AnrV (s § 27 Anm 9). Bei dem AntE führen sie zu Eink iSv § 20 I Nr 1, 2 EStG, sofern nicht § 20 I Nr 1 letzter Satz EStG – Verwendung von EK_{04} – gegeben ist, was selten vorkommen dürfte; s auch „Kapitalherabsetzung"; aA die FinVerw (s § 27 Anm 9) u betr eigene Anteile der GmbH 1982 StEK EStG § 20 Nr 94. Zur unentgeltl Einziehung eigener Anteile BFH BStBl II 93, 369. Die ältere Rspr, wonach keine vGa vorliegt, wenn die Einziehung mit einer Herabsetzung oder Anpassung des StammKap verbunden wird (BFH BStBl III 60, 90; III 64, 578; III 66, 245; II 75, 230 betr die Umwandlung von Vorzugsaktien in Stammaktien, dh die Verbindung von Einziehung, KapHerabsetzung und KapErhöhung), hat an Bedeutung verloren.

Elektrizitätslieferung
S „Stromlieferung".

Empfängerbenennung
S „Schmiergelder".

Entnahme
S „Darlehen", „Unberechtigte Entnahme".
Berechtigte Entnahmen sind vGa, sofern sie nicht darlehensweise gewährt werden. Werden die „Entnahmen" über ein Verrechnungskonto gebucht, so spricht dies für eine Darlehensgewährung, dh keine vGa; s „Darlehen". S auch *Hoffmann* GmbHR 95, 215.

Entschädigung
VGa und Entschädigung iSv § 24 Nr 1 EStG schließen sich nicht aus (FG Saarl EFG 88, 571).

Erbbaurecht
Bestellt der AntE der Ges ein Erbbaurecht, muß der Erbbauzins angemessen sein. Gleitklauseln sind anzuerkennen. Der Zinssatz kann sich auch an den Gewinn oder Umsatz des im Erbbaurecht betriebenen Gewerbebetriebs bemessen (DB 81, 2101). Beim Heimfall ist die GmbH zu entschädigen; der entschädigungslose Übergang kann eine vGa sein (vgl BFH BStBl II 72, 802). Maßgebend für die Angemessenheit der Entschädigungsregelung ist der Zeitpunkt der Vereinbarung (DB 81, 2101; s Anm 83 ff).

Erbschaft
Eine überschuldete Erbschaft nicht auszuschlagen, kann eine vGa darstellen (BFH BStBl II 93, 799).

Erfinder
S „Patente", „Immaterielle Wirtschaftsgüter", „Know-how".

1. Ist der AntE **freier Erfinder** und verfügt er über Patente, so kann er sie der Körperschaft gegen angemessene Lizenzzahlung zur Nutzung überlassen (RFH RStBl 40, 889). Er kann sie ihr auch verkaufen. Ein Entgelt ist dann gerechtfertigt, wenn tatsächl das Schutzrecht überlassen wird. Neben einem angemessenen Veräußerungspreis des aufgrund der Erfindung hergestellten Produkts kann eine eigene Lizenz nicht berechnet werden (vgl Tz 5.1.2. „Verwaltungsgrundsätze", Anm 99).

2. Für die **Angemessenheit** gilt der Fremdvergleich bzw der allg vGa-Maßstab des ordnungsgem handelnden Geschäftsleiters. Die Angemessenheit ist schwierig zu bestimmen. 5 vH des Nettoumsatzes ist ein mittlerer

ABC zur vGa und verdeckten Einlage 150 § 8

vH-Satz für Lizenzen (*Habersack,* Erfindungsverwertung, 5. Aufl, 1982, 24). Die Werte schwanken im übrigen zwischen 0,2 vH und 10 vH; vgl *Felix/Stahl,* Erfinder in der Besteuerungspraxis, 2. Aufl, 1981, Tz 184; s auch *Knoppe,* Die Besteuerung der Lizenz- und Know-how-Verträge, 2. Aufl, 1972, 100, der außerdem eine Lizenzgebühr von 25–33^1/$_3$ vH vom vorkalkulierten Gewinn als angemessen betrachtet (S 102) u *Mohr,* Die Besteuerung der Erfinder u Erfindungen, 1985, 104 ff. Hinweise zu Lizenzen in der Bp-Praxis von *Strobl* RIW/AWD 80, 741, s auch KÖSDI 81, 4042: Lizenzgebühren zwischen 0 und 5 vH des Umsatzes werden idR ohne Schwierigkeiten anerkannt; 5–10 vH: die FinVerw verlangt eine Begründung, also Beweislastumkehr; 10–15 vH werden nur in Ausnahmefällen anerkannt; Änderungen eines einmal vereinbarten Lizenzsatzes zu Lasten des deutschen Fiskus finden nur mit großer Schwierigkeit Anerkennung. Die Angemessenheit kann dadurch abgesichert werden, daß eine Lizenzhöchstgrenze durch Vereinbarung einer Mindestverzinsung des bei der GmbH eingesetzten Kap vereinbart wird (*Felix/Stahl* aaO Tz 193). Die vH-Sätze, die der Arbeitnehmererfinder beanspruchen kann, s u, scheiden als Vergleichsmaßstab aus, da sie für freie Erfinder zu gering sind (FG RhPf EFG 72, 603); als Beispiel einer überhöhten Lizenz s FG BaWürt EFG 77, 235. In die Angemessenheitsprüfung ist die Kostentragungslast einzubeziehen (Patentgebühren, Abwehrkosten), die bei beherrschenden Erfinder-Gesellschaftern rechtzeitig, dh vorher, klar vereinbart sein muß. Erstattet die GmbH ganz oder teilweise die Entwicklungskosten, was nicht unübl ist, ist auch diese Vereinbarung in die Angemessenheitsprüfung einzubeziehen.

3. Ist der Erfinder beherrschender Gesellschafter-**Geschäftsführer** einer GmbH, so müssen GmbH und AntE rechtzeitig klären, **wem** die **Rechte** an Erfindungen **zustehen.** Ist dieser Punkt offen, gibt es zB kein vereinbartes freies Verwertungsrecht des Erfinders, so kann der Erfinder nach Dienstvertrags- oder Arbeitsrecht verpflichtet sein, die Erfindung der Körperschaft anzubieten; dies gilt auch, wenn das arbeitsrechtl Arbeitnehmer-ErfG, dazu s u, keine Anwendung findet (vgl BFH BStBl II 70, 824). Verzichtet die Körperschaft in derartigen Fällen auf die Erfindung, kann der Verzicht zur vGa führen. Gibt der Geschäftsführer der eigenen Körperschaft eine freiverwertbare Erfindung in Lizenz, so kann das Entgelt als Teil des Gehalts vereinbart werden (RFH RStBl 40, 889); dieser Teil muß sodann bei der Angemessenheitsprüfung der Tätigkeitsvergütung (s „Dienstverhältnis") ausscheiden.

4. Findet auf den AntE das **ArbeitnehmerErfG** v 25. 7. 57 mit nachfolgenden Änderungen Anwendung (letztmalig für den VZ 1988), sind Vergütungen aufgrund dieses Gesetzes keine vGa. Sie rechnen auch nicht zur Gesamtausstattung des Dienstverhältnisses, s zu diesem Stichwort, soweit damit die Tätigkeit abgegolten wird. Zur Angemessenheit der Vergütung s die Richtlinien für die Vergütungen von Arbeitnehmererfindungen im privaten Dienst v 20. 7. 59; dazu *Kremnitz,* Das Arbeitnehmererfinderrecht in der Praxis des Unternehmens, 1977, 71 ff; *Reimer/Schade/Schippel,* Das Recht der ArbeitnehmerErf, 6. Aufl, 1993, 182 ff; *Habersack,* Erfindungsverwertung, 5. Aufl, 1982, 147 ff; *Felix/Stahl* aaO Tz 310 ff.

Erfüllung
einer Forderung s „Forderungserfüllung".

Ergebnisabführungsvertrag
S „Gewinnabführungsvertrag".

Erschließungskosten
Übernahme durch die GmbH zugunsten des AntE als vGa s FG Saarl EFG 87, 137 u 92, 158 betr Kanalbaubeiträge.

Erwerbschance
S „Kaufangebot", „Wettbewerbsverbot u Betriebsabgrenzung".

Fensterwerbung
S „Werbung".

Finanzgeschäfte
S „Risikogeschäfte".

Finanzierungskosten
für offene und verdeckte Gewinnausschüttungen s „Gewinnausschüttungen".

Firma
S „Konzernumlage", „Namensüberlassung".

Firmenjubiläum
S „Jubiläum".

Firmenwert
S „Geschäftswert".

Flugkosten
S „Reisekosten".
Zahlt die GmbH für eine betriebl veranlaßte Reise die Flugkosten für den GesGeschäftsführer, steht ihr der Vorteil aus gutgeschriebenen Flugmeilen (sog Miles and More) zu. Verzichtet sie hierauf, kann dies beim GesGeschäftsführer zur vGa oder zu Eink nach § 19 EStG führen.

Flugzeug
S „Pilotlizenz".

Forderungserfüllung
Erfüllung einer vermeintl Forderung als vGa s BFH/NV 91, 121.

Forderungsverzicht
S „Kaufangebot".
Forderungsverzicht zugunsten des AntE ohne betriebl Anlaß ist vGa; allerdings idR nur dann, wenn der Anspruch bestand (BFH BStBl II 77, 571 betr SchwesterGes mit zum anwendbaren Recht im konkreten Sachverhalt erläuternder HFRAnm 77, 380; FG Nds GmbHR 91, 134). BFH BStBl II 81, 260 hält es für ausreichend, wenn auf einen nicht bestehenden, von dem Schuldner jedoch anerkannten Anspruch verzichtet wird. Wertberichtigung ist kein Verzicht (FG Nds GmbHR 90, 49). BFH BStBl II 91, 588 erkennt den Forderungsverzicht des AntE zugunsten der GmbH mit Besserungsmöglichkeit an; umfaßt der Forderungsverzicht auch den Anspruch auf Darlehenszinsen, so sind nach Eintritt der Besserungsbedingungen Zin-

sen auch für die Dauer der Krise als Betriebsausgaben anzusetzen (dazu auch *Eppler* DB 91, 195).

Forschung
S „Auftragsforschung".

Frachtkosten
S „Lieferverkehr".
Ist die Übernahme der Frachtkosten durch die Produktionsfirma branchenübl, so können die Kosten weiter belastet werden (BFH BStBl II 77, 568; hier wird sogar beim beherrschenden AntE auf eine klare, im voraus getroffene, gültige Vereinbarung verzichtet). S Anm 126.

Freiberufliche Praxis
S „Praxisverkauf", „Praxiswert", „Rechtsberatungsgesellschaft", „Steuerberatungsgesellschaft".

Freier Mitarbeiter
S „Dienstverhältnis".
Der AntE kann freier Mitarbeiter der GmbH sein. Ob er Eink nach § 19 EStG oder § 18 EStG bezieht, bestimmt sich nach den allg Regeln; abzulehnen Centrale für GmbH GmbHR 95, 581, die sich grundsätzl für Eink nach § 19 EStG ausspricht. Für vGa gelten ebenfalls die allg Regeln (Angemessenheit; ggf Sonderbedingungen für beherrschende AntE).

Garantieversprechen
Übernimmt die Körperschaft ein Garantieversprechen für den AntE, so muß hierfür ein angemessenes Entgelt gezahlt werden. S „Bürgschaft".

Gärtner
Trägt die Körperschaft die Aufwendungen für den bei ihr angestellten Gärtner, der ausschließl für den AntE tätig ist, so liegt eine vGa vor; vgl A 31 III Beisp 10 KStR 1985. Entspricht diese Tätigkeit des Gärtners jedoch einem betriebsnotwendigen Repräsentationsbedürfnis, so kommt eine Aufteilung von Betriebsausgaben nach den Grundsätzen des gemischten Interesses, s Anm 95, in Frage; s „Einfamilienhaus", „Repräsentation". Das gleiche gilt, wenn der Gärtner zum Teil auch die Gärten und Anlagen der Körperschaft pflegt; die Gärtneraufwendungen sind insoweit keine vGa. Ist der Gärtner bei dem AntE angestellt, so gelten die vorstehenden Regeln für den Kostenersatz entsprechend. Bei einem beherrschenden AntE ist das Gebot einer rechtzeitigen Erstattungsvereinbarung zu beachten.

Gebäude
S „Einfamilienhaus".
Zur Errichtung eines Gebäudes durch die Körperschaft auf dem Grundstück des AntE s „Vermietung u Verpachtung" 3.

Gebrauchsmuster
S „Immaterielle Wirtschaftsgüter".

Gebrauchsüberlassung
und Einlage s Anm 48 f.

Geburtstag
S „Jubiläum".
Die Aufwendungen für eine Geburtstagsfeier – auch bei „runden" Geburtstagen – des Gesellschafter-Geschäftsführers sind idR keine BetrAusg, mithin, von der GmbH getragen, vGa (vgl BFH BStBl II 81, 108; BFH/ NV 92, 560; BStBl II 92, 359). Die Rspr ist insbes im Hinblick auf die von öffentl-rechtl Körperschaften veranstalteten Geburtstagsempfänge für Behördenleiter usw bedenkl. Ist der Veranstalter der Feier die GmbH und stehen im Hinblick auf die Art der Veranstaltung und die Gäste BetrInteressen im Mittelpunkt, können mE auch BetrAusg vorliegen (vgl idS FG Köln EFG 90, 266; Nds FG EFG 91, 99; aA aber eben BFH BStBl II 92, 359 selbst dann, wenn überwiegend Geschäftsfreunde eingeladen werden). Zu der mögl Ausnahme bei Jubiläen s „Jubiläum".

Gehalt
S „Dienstverhältnis".

Geheimnisse
S „Immaterielle Wirtschaftsgüter".

Geldbuße
S „Strafen".

Gelegenheitsgeschenke
S „Geschenke".

Generalversammlung
S „Gesellschafterversammlung".

Genossenschaft
S Anm 67. VGa und Mitgliedergeschäfte s *Herzig* BB 90, 603.

Genußrechte, Genußscheine
S Anm 58.

Geschäftsberichte
S „Gesellschafterversammlung".
Die Versendung von Geschäftsberichten bei einer AG ist keine vGa (FinVerw 1962 StEK KStG § 6 Allg Nr 3); das gleiche gilt für Geschäftsberichte anderer Körperschaften.

Geschäftschancen
S „Wettbewerbsverbot und Betriebsabgrenzung".

Geschäftsführergehalt
S „Dienstverhältnis".

Geschäftsführerhaftung
S „Haftung".

Geschäftswert
S „Betriebs-, Teilbetriebsveräußerung", „Betriebs-, Teilbetriebsverpachtung", „GmbH & Co KG", „Praxiswert".
Geht der Geschäftswert ohne Gegenleistung von der Körperschaft auf einen AntE über, so liegt eine vGa vor (BFH BStBl II 73, 418). Das Entgelt für einen übernommenen Firmenwert an eine gesellschafteridentische Ges stellt auch bei einer neugegründeten Ges nicht notwendig eine vGa

ABC zur vGa und verdeckten Einlage

dar (FG Saarland EFG 95, 390). Übergang des Geschäftswerts bei der umgekehrten BetrAufsp von der GmbH auf die PersGes als vGa s FinVerw 1965 StEK KStG § 6 vGa Nr 14 (s „Betriebsaufspaltung"). Ebenso bei TeilbetrVeräußerung unter SchwesterGes, wenn der Kaufpreis den TeilbetrGeschäftswert nicht erfaßt (s Anm 77, 105). Folge: Geschäftswertrealisierung bei der Körperschaft. Zur Erfassung beim AntE s Anm 105 u § 27 Anm 10 f. Auf eine Geschäftswertrealisierung bei der Körperschaft kann nur im Fall der Liquidation, s § 11 Anm 8, kraft gesetzl Anordnung in den Fällen des UmwStG und im Fall der BetrAufsp (s zu diesem Stichwort) verzichtet werden. Dieser Verzicht ist auf andere Fälle nicht entspr anzuwenden (BFH BStBl II 73, 418). Die Rückgabe eines Geschäftswerts aufgrund einer vertragl Verpflichtung, zB bei der Rückgabe eines gepachteten Unternehmens mit Firmenwert, begründet keine vGa (s „Betriebs-, Teilbetriebsverpachtung").

Geschäftswert u Einlagen s Anm 47.

Geschenke
S „Schenkung".

Geschenke können, falls betriebl bedingt, auch BetrAusg sein, wenn sie an den AntE erfolgen; Indiz ist Gleichbehandlung von Kunden und AntE anläßl entspr Geschäftsbeziehungen (vgl BFH 1964 StRK KStG § 6 I S 2 R 107 betr Taschenlampen und Geldbörsen). In diesem Fall sind auch Geschenke an den beherrschenden AntE mögl, die – da es sich um Geschenke handelt – naturgemäß nicht vorher vereinbart werden können.

Gesellschafterversammlung
S „Geschäftsbericht", „Konzernumlage".

Die Kosten der Gesellschafterversammlung sind BetrAusg (FinVerw 1962 StEK KStG § 6 Allg Nr 3 betr Hauptversammlung der AG; für die Gesellschafterversammlung der GmbH und für die Generalversammlung der Gen gilt das gleiche). Hierunter fallen Organisations- und Raumkosten, Personalkosten usw. Reisekostenersatz für die Fahrt zur Gesellschafterversammlung als vGa s BFH BStBl III 56, 43 u FinVerw 1980 StEK EStG § 4 BetrAusg Nr 221 betr Gen; III 62, 89 betr VVaG; FinVerw BStBl I 84, 591 allg. Die pauschale Barerstattung von Bewirtungskosten ist vGa. Keine vereinfachende Besteuerung der vGa (FinVerw 1981 StEK KStG 1977 § 8 Nr 25). Bewirtungsaufwendungen können bis zu bestimmten Grenzen anerkannt werden (FinVerw DStZ/B 73, 131: 20 DM je AntE oder Genosse; ab VZ 79 25 DM, FinVerw 1979 StEK EStG § 4 BetrAusg Nr 206; BStBl I 84, 591; zust für VVaG FG Hbg EFG 90, 443). Sitzungsgelder, Verpflegungs-, Übernachtungspauschalen und Fahrtauslagenersatz an Mitglieder einer Vertreterversammlung gem § 43a GenG sind keine vGa (BFH BStBl II 84, 273; Abweichung von BFH BStBl III 62, 89; dazu HFR Anm 84, 235; zust FinVerw BStBl I 84, 591).

Gesellschaftsanteile
S auch „Bezugsrechte", „Eigene Anteile", „Einziehung", „Lästiger Gesellschafter", „Liefervehrkehr", „Verfügungsbeschränkung".

1. Bei dem **Kauf** oder **Verkauf** von Gesellschaftsanteilen ist der Preis zu vereinbaren, der mit einem NichtAntE vereinbart würde. Unangemessene

§ 8 Ermittlung des Einkommens

Preise zu Lasten der Körperschaft führen zur vGa (RFHE 4, 222 (1920)). Bei Börsenpapieren, zB Aktien, ist der Börsenkurs maßgebend. Im übrigen regelm der gemeine Wert (BFH BStBl III 65, 618; II 68, 105 betr Ges, die durch GAV gebunden ist; II 69, 243; II 75, 306: gemeiner Wert, korrigiert nach der Bemessung durch einen pflichtgem handelnden Geschäftsleiter). Stuttgarter Verfahren ist nicht maßgebend (BFH BStBl III 65, 618), wenn auch als Anknüpfungspunkt für eine Schätzung verwendb (BFH BStBl II 69, 243; ablehnender BFH BStBl II 75, 306). Ist mit dem Kauf der Wertpapiere ein Risikogeschäft verbunden, so führt dies nicht zur vGa, wenn die Chancen auf seiten der Körperschaft und des AntE ausgeglichen sind (vgl BFH BStBl II 68; II 70, 442 betr Einlage).

2. Auch bei dem Kauf und Verkauf **eigener Anteile** vom oder an den AntE kann es zur vGa kommen. Keine vGa, wenn der Erwerb ein betriebl Vorfall, also nicht gesellschaftsrechtl bedingt ist. Ist er gesellschaftsrechtl bedingt, kann es sich um ein Erwerbsgeschäft außerhalb der EK-Gliederung, um eine Zurückzahlung des NennKap oder um vGa handeln. Erwirbt eine GmbH eigene Anteile zu einem angemessenen Preis, so kann dieser Wert unmittelb durch den Erwerb beeinflußt werden; denn die den Wert beeinflussenden stillen Reserven vermindern sich, soweit sie dem Veräußerer bezahlt werden. Der Erwerbspreis kann mithin nicht unmittelb Maßstab für den Preis sein, zu dem die GmbH die Anteile wieder veräußert. Veräußert sie sie zu einem entspr verminderten Preis, muß keine vGa vorliegen (aA BFH BStBl II 91, 255 mit HFRAnm 91, 293). Allerdings beeinflußt auch der Veräußerungsverlust bei der GmbH nicht notwendig das steuerl Einkommen (BFH BStBl II 91, 255 nimmt daher auch nur eine Ausschüttung iS des § 27 III S 2 an). Eine Teilwertabschreibung hat idR keine steuerliche Auswirkung (BFH I R 51/95 v 6. 12. 95, DB 96, 710; großzügiger FG Münster EFG 96, 453). VGa im übrigen nur, falls AntE erwerben oder veräußern; keine vGa, wenn durch einen niedrigen Preis neue AntE geworben werden sollen (s Anm 69). Die Behandlung der eigenen Anteile ist insgesamt noch sehr umstr (vgl *Thiel* u *Wassermeyer,* FS L Schmidt, 1993, 569, 621; *Brenninger* DStZ 91, 420). Aus Rspr und Literatur zum Recht vor dem KStG 1977 (nur bedingt übertragbar): Erwirbt die Ges eigene Anteile, so liegt, soweit nur der Buchwert gezahlt wird, regelm keine vGa vor (BFH BStBl III 54, 201); vGa erst mögl bei höherem Preis (BFH BStBl III 54, 201; II 79, 553); s auch BFH BStBl II 77, 572 betr vGa an Minderheitsaktionäre bei einem Kauf eigener Aktien von den Minderheitsaktionären unter Verstoß gegen § 71 AktG (dazu *Brezing* FR 77, 463; *Mangold* StuW 78, 170 u *Raupach* JbFfSt 80/81, 266: zutreffender wäre die Annahme einer vGa an die Mehrheitsaktionäre; dagegen *Döllerer* JbFfSt 80/81, 246). Als besonderer Umstand, der zur vGa führt, kann die einheitl entgeltl Übertragung eines bestimmten Bruchteils durch alle AntE auf die Körperschaft gelten (BFH BStBl III 54, 201; II 79, 553; dazu *Döllerer* JbFfSt 80/81, 248; krit *Raupach* JbFfSt 80/81, 266; *Haas* BB 80, 775). Das gleiche gilt, falls der AlleinAntE einen Teil der Anteile gegen Entgelt auf die Ges überträgt (*Thiel,* Die stl Behandlung eigener Anteile von KapGes, 1967, 48). BFH BStBl II 79, 553 nimmt in einem solchen Fall Eink nach § 20 II 1 EStG an; Folge: kein AnrV

ABC zur vGa und verdeckten Einlage 150 § 8

(*Döllerer* JbFfSt 80/81, 249f). Im Einzelfall kann ein Teil des Erwerbspreises die Abfindung an einen lästigen Gesellschafter darstellen; s zu diesem Stichwort. Keine vGa an die verbleibenden AntE, wenn die Ges den Anteil eines Ausscheidenden übernimmt (BFH BStBl III 64, 578; III 66, 245; II 69, 501). Das gilt auch, falls der eigene Anteil später eingezogen wird (BFH BStBl III 66, 245). Verzichtet jedoch die GmbH zugunsten ihrer AntE auf das Recht, den Anteil eines ausscheidenden AntE unter Wert zu erwerben, kann dies eine vGa darstellen (BFH BStBl II 85, 227; krit *Glade* GmbHR 86, 128; *Kicherer/Hannemann* BB 85, 2236).

3. Gesellschaftsanteile und **Einlage** s Anm 45.

Gesellschaftsteuer
Zur vGa-Problematik bei der Gründung einer KapGes s „Gründungskosten". In der Übernahme der aus Anlaß der Gründung einer von den Kommanditisten beherrschten GmbH & Co KG anfallenden GesSt durch die Komplementär-GmbH liegt nur dann eine vGa vor, wenn die GmbH die Erstattung der Steuer verlangen kann; dies war nach dem KVStG 1959 nicht der Fall (BFH BStBl II 83, 763; aA Nds FG EFG 80, 198). Soweit unter der Geltung des KVStG 1972 die GmbH abredegemäß einen höheren Anteil an der GesellschaftSt trägt, als ihrem Gewinnanteil entspricht, liegt eine vGa vor, da die GmbH & Co KG StSchuldner ist (vgl HFR-Anm 83, 581). Gesellschaftsteuer und Einlage s Anm 36.

Gestüt
S „Liebhaberei".

Gewerbesteuer
Die vGa gehört zum Gewerbeertrag (DStPr GewStG § 7 Nr 16). Die erweiterte Gewerbeertragskürzung nach § 9 Nr 1 S 2 und 3 GewStG umfaßt auch die vGa (GmbHR 81, 204).

Gewinnabführung
Gewinnabführungen ohne ordnungsgem Ausschüttungsbeschlüsse führen zur vGa, soweit nicht die Bedingungen der Org vorliegen; dazu § 14 Anm 102 betr gescheiterte Organschaft. – Ist der AntE verpflichtet, Gewinn aus eigenen Geschäften an die eigene GmbH abzuführen, so führt der Verzicht nicht zu vGa (BFH I R 126/95 v 13. 11. 96, BB 97, 1241).

Gewinnabführungsvertrag
Keine vGa, wenn Org vorliegt, s § 14 Anm 80ff. Verzichtet bei einer mittelb Org die vermittelnde Ges auf den Abschluß des GAV, so liegt hierin keine vGa (s § 14 Anm 58). Zum verunglückten GAV als vGa s § 14 Anm 102. Die einvernehml, jedoch nicht vertragsgemäße, dh hier nicht vorgesehene Aufhebung eines GAV kann, um eine Verlustübernahme zu vermeiden, vGa sein. S auch „Einlagen" bzgl des Verzichts auf Einlagen.

Gewinnausschüttungen
Finanzierungsaufwendungen für beschlossene Ausschüttungen sind keine vGa; s „Darlehen". Ist der Gewinnanspruch entstanden, so kann er verzinst werden. Die satzungsgem Verzinsung ist keine vGa (DStPr 1982 KStG § 8 vGa Nr 13). S im übrigen Anm 55f. Das gleiche gilt für Finanzierungskosten, die Aufwendungen betreffen, die später als vGa qualifiziert werden

(dafür spricht BFH BStBl II 89, 116; § 10 Anm 10; BFH BStBl II 89, 475 steht nicht entgegen, weil Aufwendungen des Empfängers betroffen sind).
Gewinnchance
S „Forderungsverzicht", „Kaufangebot", „Wettbewerbsverbot und Betriebsabgrenzung".
GmbH-Anteile
S „Gesellschaftsanteile".
GmbH & Co KG
S „Dienstverhältnis", „Gesellschafter", „Immaterielle Wirtschaftsgüter".

1. Eine vGA liegt vor, wenn die Komplementär-GmbH mit zu **geringem Gewinn** ausgestattet wird. In der **typischen GmbH & Co KG,** an der die GmbH ohne nennenswerte KapBeteiligung beteiligt ist, ist die angemessene Gewinnverteilung nach der klärenden Rspr BFH BStBl II 68, 152 kaum noch umstr. Auf die Beteiligung der GmbH ist die Rspr zu den Familienmitunternehmerschaften nicht anzuwenden (BFH BStBl II 77, 346; *L Schmidt* StbKongrRep 77, 72; FG Köln EFG 88, 302). Die GmbH erhält Erstattung der Unkosten sowie eine Haftungsprämie und KapVerzinsung. Beisp: „Kostenersatz + 3 vH Gewinnbeteiligung, mindestens 30 vH des Stammkap + Rücklagen + Gewinnvortrag ./. Verlustvortrag" ist eine in der Praxis nicht mehr angegriffene Verteilungsvereinbarung. Ist die GmbH am Kap der KG nicht beteiligt, entfällt die KapVerzinsung (BFH BStBl II 77, 346). BFH BStBl II 77, 346 bestätigt im übrigen die bisherige Rspr zur GmbH & Co KG; nach dieser Entscheidung ist der Gewinnanteil einer am Vermögen der KG nicht beteiligten Komplementär-GmbH angemessen, wenn sie neben der Unkostenerstattung für die Haftung ein Entgelt erhält, das 6 vH ihres StammKap – auch in Verlustjahren – beträgt (2 vH ist zu niedrig, BFH IV R 48/74 nv; *L Schmidt* StbKongrRep 77, 71). Nach BFH BStBl II 77, 346 kann dieses Entgelt auch verlustabhängig sein; in diesem Fall ist es anzuheben. Das Urteil ist großzügig. Die Angemessenheit der Gewinnverteilung wird hiernach nur noch schwerer anzugreifen sein (glA *Behrens* StbKongrRep 78, 316; Bestätigung BFH VIII R 290/84 v 24. 7. 90, BB 90, 2025; vgl auch FG Saarl EFG 90, 586). Es ist darauf zu achten, daß sich das Haftungsentgelt nicht nur auf das StammKap bezieht. Rücklage + Gewinnvortrag ./. Verlustvortrag haften ebenso; sie sind in die Bemessungsgrundlage einzubeziehen. Führt die Gewinnverteilung dazu, daß der Komplementär-GmbH ständig Verluste zugewiesen werden, können vGa begründet vorliegen (FG Münster EFG 87, 262). Offen ist, wie sich die Überlegung zur „Erstausstattung der GmbH" (Anm 65) mit dieser Rspr zum Gewinnteil der Komplementär-GmbH verträgt (vgl *Streck* GmbHR 87, 104, 106).

2. Bei der **atypischen GmbH & Co KG** bringt die GmbH einen eigenen Betr in die KG ein. In diesem Fall muß die GmbH ein angemessenes Entgelt für den eingebrachten Betr, und zwar einschl stiller Reserven und Firmenwert, erhalten (vgl *Richter* Inf 78, 146). Nach *L Schmidt* StbKongrRep 77, 74 ist in diesem Fall die 15 vH-Rspr zur Familienmitunternehmerschaft anwendb. Dies gilt mE jedoch nur mit der Maßgabe, daß die 15 vH-Grenze hier als Untergrenze wirkt, während sie bei der Familienmitunternehmerschaft die Obergrenze darstellt. Erbringt die GmbH entgegen der Gründungsvereinbarung keine Einlage, ist eine einlagebezogene Gewinnzuweisung nicht erforderl (DStPr 1980 KStG § 8 vGa Nr 11).

3. Ist der Anteil der GmbH **unangemessen niedrig,** so wird der GmbH-Gewinnanteil auf das angemessene Maß erhöht, ohne daß der Anteil der Kommanditisten entspr gemindert würde, da die gedankl notwendige Minderung durch die vGa von seiten der GmbH an die Kommanditisten-AntE wieder ausgeglichen wird; anders, wenn die GmbH-AntE nicht Kommanditisten sind; dann vermindert sich der Kommanditistenanteil zugunsten der AntE der Komplementär-GmbH. Die Feststellung erfolgt im gesonderten Gewinnfeststellungsverfahren (s u). Der Rechtsstreit um die Behandlung der vGa im AnrV vor 1984 (vgl § 28 Anm 7) war gerade für die Komplementär-GmbH in der GmbH & Co KG besonders gefährl, da diese GmbH idR über kein nennenswertes EK_{56} und EK_{36} verfügt (vgl *Schulze zur Wiesche* Inf 79, 349). Trotz gleichbleibenden ziffernmäßigen Gewinnanteils der Kommanditisten muß die vGa offen ausgewiesen werden, da mit der vGa die StGutschrift verbunden ist (vgl *L Schmidt* Stb-KongrRep 77, 76); zur Frage der Erfassung der Gutschrift im Feststellungsverfahren s § 44 Anm 5 u ABC „Mitunternehmerschaft". Ist die gesonderte Feststellung nicht mehr zu ändern, ist die Erfassung der vGa ausgeschlossen (BFH BStBl III 65, 54).

4. Die **Änderung** der **Gewinnverteilung** (dazu *Richter* Inf 78, 145; *L Schmidt* StbKongrRep 77, 76 u Nachfolgende) innerhalb der GmbH & Co KG **zu Lasten** der Komplementär-GmbH führt zur vGa, wenn ein ordnungsgem handelnder Geschäftsleiter der Änderung nicht zugestimmt hätte (BFH BStBl II 77, 467 betr Änderung durch KapErh; II 77, 477; II 77, 504 ebenfalls betr KapErh). Voraussetzung ist mE, daß die Komplementär-GmbH der Änderung überhaupt zustimmen mußte. Sieht der KG-Vertrag vor, daß die Komplementärin zB nicht an KapErhöhungen teilnimmt, so kann die Änderung der Gewinnverteilung über eine Änderung der KapBeteiligung nicht zu einer vGa führen. Soweit die GmbH berechtigt und in der Lage ist, an den Bedingungen der Änderung der Gewinnverteilung teilzunehmen, wird sie regelm teilnehmen wollen. Allerdings sind alle Umstände in Betracht zu ziehen. Eine GmbH wird auf eine Beteiligung verzichten, wenn ansonsten die Kommanditisten ausscheiden und dem Betr wesentl Grundlagen wie Patente, Know-how entziehen (BFH BStBl II 77, 477; abl *Mangold* StuW 78, 169); das gleiche gilt zB für den betriebsnotwendigen Grundbesitz, der in der Hand des Kommanditisten liegt. Ebenfalls wird sie möglicherweise der Nichtbeteiligung zustimmen, wenn anderenfalls die tätigen Kommanditisten ihre Geschäftsführervergütung, bisher unangemessen niedrig, auf das angemessene Maß heraufsetzen, so daß letztl die erhöhte Gewinnbeteiligung für die GmbH ohne Interesse ist (vgl BFH BStBl II 77, 504, vorbereitet durch HFRAnm 77, 123; krit *Mangold* StuW 78, 169). Achtung jedoch bei der Änderung der Geschäftsführervergütung: nach BFH BStBl II 77, 504 unter Berufung auf BFH BStBl II 73, 298 kann die Zustimmung zu einem Geschäftsführergehalt eine vGa enthalten. Gewinnverteilungsänderung oder Gewinnverzicht

§ 8 150   Ermittlung des Einkommens

zugunsten der GmbH führt zur Einlage (BFH BStBl III 64, 619; II 91, 172; dazu *Döllerer* DStR 91, 1033 u *Kaufmann* DStR 91, 1517, auch zur streitigen Frage, ob ein Zugang zum EK_{04} erfolgt oder nicht).

5. **Liegt eine vGa vor,** so ist zu unterscheiden: Berührt die Änderung der Gewinnverteilung auch die **vermögensmäßige Beteiligung** – Anteil bei der **Abfindung,** im **Liquidationsfall** – so liegt eine vGa hinsichtl eines Mitunternehmeranteils vor. Realisierung bei der Körperschaft, und zwar einschließl eines Geschäftswertes nach dem Maßstab eines angemessenen Veräußerungsentgelts. Der Mitunternehmeranteil ist zudem als vGa bei den AntE in gesondertem Feststellungsverfahren der KG mit dem realisierten Wert zu erfassen (BFH BStBl II 77, 467; II 77, 477; abl *Ring* Inf 77, 491: lfd Ertragskorrektur). Allerdings galt dies nach der früheren Rspr nicht für den realisierten Geschäftswert; BFH BStBl II 77, 467 u 477 verneint die Entgeltlichkeit und damit wegen § 5 II EStG die Aktivierung bei der KG; ebenso BFH BStBl II 77, 501 bei der Einheitsbewertung; zust Fin Verw BStBl I 77, 350; zur Rspr-Änderung s Anm 105; in diesen Fällen ist nunmehr der Geschäftswert auch beim AntE – im Feststellungsverfahren – zu erfassen. Diese vGa-Rechtsfolge gilt nur, soweit der GmbH für ihren Anteil noch ein angemessener Gewinnanteil bleibt; wird der Anteil unangemessen, liegt insoweit eine fortlaufende vGa vor, s nachfolgend (vgl hierzu *L Schmidt* StbKongrRep 77, 81).

6. Berührt die Gewinnverteilungsänderung hingegen **nur die Gewinnverteilung,** so liegt eine fortlaufende vGa nach den Grundsätzen BFH BStBl II 68, 152 vor (BFH BStBl II 77, 467 u 477). Das gleiche gilt, falls eine vGa nur zeitl bis zum nächstmögl Kündigungszeitpunkt des KG-Vertrages vorliegt (BFH BStBl II 77, 477). Die **rückwirkende** Änderung der Gewinnverteilung zu Lasten der GmbH führt hinsichtl der rückwirkend den Kommanditisten überlassenen Gewinne zur vGa, wenn die Kommanditisten beherrschende AntE sind (BFH BStBl II 77, 477 u 504). Die vGa ist bei dem AntE im Jahr der Rückwirkung, nicht im Jahr, für das die Rückwirkung gelten soll, zu erfassen (BFH BStBl II 80, 723).

7. Die zur vGa führende Gewinnschmälerung der GmbH kann auch **in anderer Weise,** zB durch eine Begünstigung der AntE durch die KG, erfolgen. Die Vorteilsgewährung wirkt sich hier über den verminderten Gewinnanteil der GmbH an der KG aus (BFH BStBl II 80, 531; zust *L Schmidt* FR 80, 361; BFH BStBl II 85, 683 betr den Verkauf der KG und einen Unter-Wert-Verkauf ihres Anteils durch die Komplementär GmbH; BStBl II 86, 17 mit HFRAnm 86, 65; zur Frage einer Differenz bei der Bewertung in den beiden zuletztgenannten Urteilen s *Schulze zur Wiesche* DStZ 86, 98; s Anm 76; DStPr 1978 KStG 1977 § 8 vGa Nr 2: Vermögen der KG wird auf Kommanditisten übertragen; ebenso *Behrens* StBKongrRep 79, 90; DStPr 1978 KStG 1977 § 8 vGa Nr 3: Leistungen zwischen GmbH & Co KG mit gleicher Beteiligung zu Selbstkosten). In diesem Fall bestimmt der verminderte Gewinnanteil der GmbH die Höhe der vGa (vgl auch HFRAnm 80, 416; Anm 76); bleibt der Gewinnanteil der GmbH unberührt, liegt keine vGa vor. Verkauft die Komplementärin ihren Anteil an

ABC zur vGa und verdeckten Einlage

der KG unter Wert, liegt eine vGa vor; § 7 EStDV ist nicht anwendb (BFH BStBl II 92, 832).

8. Soll bei einer GmbH & Co KG die GmbH durch vGa ihre AntE begünstigt haben, so ist hierüber stets im **Gewinnfeststellungsverfahren** der KG zu entscheiden, und zwar sowohl dann, wenn die AntE der GmbH Gesellschafter der GmbH & Co KG sind, als auch dann, wenn die AntE an der GmbH & Co KG nicht beteiligt sind (BFH BStBl II 68, 152; II 76, 88; II 80, 531; II 86, 17; BFH/NV 89, 682; VIII R 290/84 v. 24. 7. 90, BB 90, 2025; s auch oben 3.).

Gründerlohn

Ein angemessenes Honorar für die Gründer ist keine vGa, sofern es statutarisch vereinbart ist (s „Gründungskosten"). Die Körperschaft sollte jedoch sehr zurückhaltend sein, den Gründer einen eigenen Gründerlohn zu zahlen. In der Praxis ist dies – zumindest bei mittelständischen Unternehmen – nur selten anzutreffen. Ein lfd Gründerlohn durch Gewinnbeteiligung ohne lfd Gegenleistung führt zur vGa (RFH RStBl 32, 1026).

Gründungskosten

Die Steuern, Kosten und Gebühren für die Errichtung einer GmbH (Gesellschaftsteuer, Rechtsanwalts- und Notargebühren, Registerkosten, Kosten der Veröffentlichung) sind grundsätzl von den Gesellschaftern zu tragen. Soweit die Ges solche Kosten aufgrund gesetzl Vorschriften selbst schuldet (zB Registergebühren § 2 Nr 1 KostO, Gesellschaftsteuer § 10 Abs 1 KVStG aF), haben die Gesellschafter den Gründungsaufwand zu erstatten (analog § 26 II AktG; BGH II ZB 10/88 v 20. 2. 89, DB 89, 871). Soll die Ges den Gründungsaufwand tragen, ist dies im GesVertrag festzulegen. Hierzu genügt es nicht, die Kosten der Art nach zu benennen. Vielmehr sind die einzelnen Kosten zusammengefaßt als Gesamtbetrag auszuweisen. Kosten, die noch nicht genau beziffert werden können, müssen geschätzt werden. S BGH aaO. Fehlt die bezifferte Benennung des Gründungsaufwands in der Satzung, ist die Klausel zivilrechtl unwirksam. Die Gründungsgesellschafter haben der GmbH den Aufwand zu erstatten (BGH aaO). Geschieht dies nicht, liegt in dem Verzicht auf die Geltendmachung des Erstattungsanspruchs eine vGa (BFH BStBl II 90, 89, der allerdings bereits in der Zahlung der Kosten durch die GmbH die vGa sieht; insoweit unzutreffend), also nicht bereits in der Tatsache, daß die GmbH die Kosten trägt. Vgl hierzu auch Hess FG EFG 96, 829; *Streck/Rainer* Stbg 89, 326; 90, 76, 120; *Piltz* DStR 91, 1650; *Jürgenmeyer/Maier* BB 96, 2135. Nach BdF BStBl I 91, 661 wird BFH BStBl II 90, 89 auf Gründungen vor dem 1. 4. 90 nicht angewandt.

Grundstückskauf

S „Baugenehmigung, Baupläne", „Einfamilienhaus", „Kaufangebot", „Lieferverkehr".

Grundstückskauf unter Wert an AntE als vGa s BFH BStBl III 66, 97 betr AG; II 68, 322 betr Nahestehende; II 70, 296; II 75, 617 betr maßgebenden Zeitpunkt; StRK KStG § 6 I S 2 R 84 (1963) betr Rückwirkung; FG Hbg EFG 92, 42. Zuflußzeitpunkt: Übergang des bürgerl-rechtl oder (!?) wirtschaftl Eigentums (BFH/NV 94, 786); mE ist nur letzteres maßgebend. Grundstückskauf über Wert von AntE als vGa FG München EFG 94, 998: Wird der Kaufpreis in Raten gezahlt, abfließende vGa erst, wenn die Raten den angemessenen Kaufpreis übersteigen. S die ältere BFH-Rspr zusammenfassend GmbHR 78, 285. Grundstücksverkauf an Dritte unter Wert kann vGa sein, wenn der AntE einen Gegenwert, zB ein verbilligtes Grundstück, erhält (FG Münster EFG 80, 44). Liegen Baupläne und Baugenehmigung für ein Grundstück vor, die der Erwerber nutzen kann, ist dies bei der Preisbemessung zu berücksichtigen (BFH/NV 87, 63). Kaufpreiserhöhung als vGa s FG Nbg GmbHR 91, 82. Zu dem Thema insgesamt auch DB 87, 1226.

Haftung
S „Bürgschaft", „Garantieversprechen".

1. Der AntE und Geschäftsführer kann für Schulden oder Verluste der KapGes **haften.** Eine solche Haftung ist möglich wegen Verletzung der Pflichten aus der Organstellung des Geschäftsführers, wegen Verletzung seines Dienstvertrags, nach den Regeln unerlaubter Handlung, nach den Regeln der Anscheinshaftung – der Geschäftsführer erweckt den Anschein, für sich zu handeln –, nach sonstigen Haftungsvorschriften (zB §§ 69, 71 AO; Steuerhaftung) oder nach der Rspr zur Konzernhaftung.

2. Soweit die **Geschäftsführerstellung** die Haftung auslöst (Schadensersatz im Hinblick auf die Organstellung, wegen Verletzung des Dienstvertrags, Anscheinshaftung oder Haftung nach §§ 69, 71 AO), hängen die Haftungsfolgen mit der Geschäftsführerstellung zusammen, nicht mit einer etwa zugleich vorliegenden Gesellschafterstellung. Wird auf die Haftung verzichtet, können allenfalls Eink aus nichtselbständiger Tätigkeit vorliegen. Zur Haftung nach § 71 AO s auch „Steuerhinterziehung".

3. Liegen die Voraussetzungen der **Konzernhaftung** vor, so wird vertreten, daß in der Nichtgeltendmachung der Haftung durch das beherrschte Unternehmen eine vGa im Hinblick auf den haftenden Gesellschafter vorliege (*Geck* NWB F 18, 3205 (9/92)). Soweit für das herrschende Unternehmen angenommen wird, daß im Hinblick auf eine Konzernhaftung eine Rückstellung mit sofortiger stl Wirkung zulässig sei (*Schwarz/Fischer-Zernin* DB 92, 1742 unter Hinweis auf *Knobbe-Keuk* DB 92, 1461), muß auch diese Ansicht den Verzicht auf die Haftung als vGa qualifizieren. ME ist eine solche Rückstellung abzulehnen. Die Verlustübernahme hat ihre Ursache nicht in einer Leistungsbeziehung zwischen beherrschendem und beherrschtem Unternehmen, sondern in der beherrschenden Gesellschafterstellung und der damit verbundenen Möglichkeit, das abhängige Unternehmen für Zwecke des beherrschenden Unternehmens zu nutzen. Der Verlustausgleich ist damit nicht BetrAusg, sondern steuerliche Einlage, die bei dem Beherrschenden zu nachträgl Anschaffungskosten führt (vgl auch für den Fall der verunglückten Organschaft BFH BStBl II 90, 797; § 14 Anm 102). Damit führt die unterlassene Geltendmachung des Verlustausgleichsanspruchs auch nicht zu einer vGa. Auf der Ebene des beherrschten Unternehmens fehlt es bereits an der Auswirkung auf den Gewinn. Insoweit entfällt eine Korrektur nach § 8 III. Ein Vermögensabfluß ist nicht gegeben, da dies einen wirksamen Verzicht auf den Verlustausgleichs-

ABC zur vGa und verdeckten Einlage 150 § 8

anspruch voraussetzen würde. Der gesetzl Verlustausgleichsanspruch nach § 2 AktG, auf den die Konzernhaftung zurückgreift, ist jedoch unverzichtbar, solange die Konzernvoraussetzungen gegeben sind. Diese Regelungen dürften für den faktischen Konzern analog gelten.

Handelsvertreter
S „Handelsvertreter-GmbH", „Vertretertätigkeit".

Handelsvertreter-GmbH
Die angemessene Provision zwischen dem nahestehenden Produktionsunternehmen und der Handelsvertreter-GmbH ergibt sich aus den marktüblichen Provisionssätzen. Wenn der Geschäftsführer der Handelsvertreter-GmbH für seine Tätigkeit eine angemessene Vergütung erhält, verbleibt der GmbH lediglich ein Gewinn, der um die Tätigkeitsvergütung geringer ist, sofern man ihn mit dem Gewinn einer natürlichen Person vergleicht, die eine Handelsvertretung betreibt. Dies hindert nicht die Angemessenheit. Der Verzicht der Vertreter-GmbH auf den Ausgleichsanspruch nach § 89 b HGB zugunsten einer verbundenen GmbH kann vGa sein (vgl den von *Neubeck* BB 87, 254 mitgeteilten Sachverhalt).

Handwerksinnung
Die Einkaufs-GmbH einer Handwerksinnung kann nicht frei ihre Gewinne an die einkaufenden Mitglieder der Innung als Umsatzvergütungen zurückgeben; auch dann nicht, wenn Nicht-Mitglieder gleich behandelt werden (BFH BStBl II 94, 479). BFH aaO läßt grundsätzl die Möglichkeit offen, daß Einkaufs-Ges durch klare und eindeutige rechtzeitige Vereinbarungen Umsatz-Vergütungen weitergeben.

Hauptversammlung
S „Gesellschafterversammlung".

Hausgehilfin
Kostenübernahme durch die Körperschaft ohne betriebl Veranlassung ist vGa (BFH 1963 StRK KStG § 6 I S 2 R 93). Evtl kommt Aufteilung in Betracht, wenn die Hilfe auch für die Körperschaft tätig ist; s Anm 95.

Hauskauf
S „Einfamilienhaus", „Grundstückskauf".

Heizungskosten
Übernahme der Kosten des AntE durch die GmbH als vGa s FG Nds GmbHR 92, 688.

Hinterbliebenenrente
S „Pensionszusage".

Hinzuschätzungen
sind dann nicht als vGa zu behandeln, wenn sie nicht durch das Gesellschaftsverhältnis veranlaßt sind, zB auf Buchführungsmängel zurückgehen (Nds FG GmbHR 92, 688). S auch Anm 81 und „Schwarzgelder".

Immaterielle Wirtschaftsgüter
S „Erfinder", „Know-how", „Patente".
S Tz 5 der „Verwaltungsgrundsätze", Anm 99.
Bei der Überlassung immaterieller WG wie Patente, Gebrauchsmuster, Warenzeichen, Urheberrechte, geschützter und ungeschützter Erfindun-

gen, Geheimnisse iSv § 16 UWG, Know-how uä ist ein angemessenes Entgelt gerechtfertigt und zu leisten; vgl BFH/NV 93, 269 betr die Übertragung eines Verlagsrechts. Ist die Überlassung durch den Verkauf oder die Überlassung zur Nutzung eines anderen Wirtschaftsguts mitumfaßt, so entfällt das Entgelt, wenn es in dem Entgelt für den Verkauf oder die Überlassung dieses Wirtschafsguts enthalten ist. S auch Anm 105 ff zur Behandlung der vGa. Immaterielle WG und Einlage s Anm 47.

Incentive-Reise
S „Reisekosten".

Informationskosten
S „Prüfungskosten".

In-sich-Geschäft
S Anm 127.

Invaliditätsrente
S „Pensionszusage".

Investitionszulage
S „Steuerfreie Erträge".

Jahresabschluß
Ist der Jahresabschluß nichtig, sind auch „ordnungsgemäß" beschlossene Ausschüttungen nichtig. Offene Ausschüttungen werden zu vGa. S Anm 56 u „Prüfungspflicht".

Jahresabschlußkosten
Wird ein Einzelunternehmen oder eine PersGes in eine GmbH eingebracht oder umgewandelt, so darf die GmbH nicht die Bilanzierungs-, Jahresabschluß- und Prüfungskosten tragen, die auf den letzten Abschluß des eingebrachten bzw umgewandelten Unternehmens entfallen (glA *Behrens* StbKongrRep 79, 86).

Jubiläum
S „Geburtstag".
Die Bewirtung von AntE und Ehegatten bei dem 50jährigen Bestehen der Körperschaft als vGa s BFH 1963 StRK KStG § 6 I S 2 E 73; von Bedeutung ist, daß an der Feier im wesentl nur AntE teilnahmen. ME gehört es auch zum betriebl Interesse eines Unternehmens, ein Jubiläum zu feiern. BFH II 92, 359, s „Geburtstag", hält die Anerkennung von Aufwendungen für Firmenjubiläen als BetrAusg für mögl. Evtl ist Aufteilung angebracht, s Anm 95.

Kapitalerhöhung
Bei gezahlten oder nicht gezahlten Aufgeldern anläßl einer KapErh kommt es regelmäßig nicht zur vGa. Sie wirken sich auf der Einkommensebene nicht aus. Beim AntE gibt es auch dann keinen Zufluß als Kap-Ertrag, wenn er die neuen Anteile unter Wert bezahlt. Vgl *Wassermeyer* FR 93, 532. KapErh aus GesMitteln als vGa s KapErhStG § 1 Anm 5; bei ausl Ges KapErhStG § 7 Anm 7.

Kapitalerhöhungskosten
sind BetrAusg der KapGes; s § 9 Anm 3. Es ist zweifelhaft, ob die Regeln zu den Gründungskosten (s zu diesem Stichwort) Anwendung fin-

den; *Piltz* DStR 91, 1650 empfiehlt, hier wie bei Gründungskosten zu verfahren.
Kapitalherabsetzung
S „Einlagenrückgewähr", „Einziehung".

KapRückzahlungen dürfen das Einkommen nicht mindern; das gilt auch für KapHerabsetzungen; unproblematisch, da sie regelm das Einkommen tatsächl nicht gemindert haben. Im AnrV kann die KapRückzahlung „Ausschüttung" iSv § 27 I, III sein; dazu § 27 Anm 4 ff; § 29 Anm 12; § 41 Anm 4 f; BFH BStBl II 93, 369. Entspr richtet sich die Behandlung auf seiten des AntE nach dem verwendeten verwendb EK. Mögl ist auch die StPfl nach dem KapErhStG; s KapErhStG § 5 mit Anm. Ab 1977 hat sich die Rechtslage insoweit geändert, als vor 1977 KapRückzahlungen aufgrund eines ordnungsgem KapHerabsetzungsbeschlusses einkommensteuerfrei waren, wenn die Anteile PrivVerm bildeten, nicht unter § 17 EStG fielen und für die Herabsetzung nicht das KapErhStG anwendb war. Die Unterscheidung zwischen ordnungsgem KapHerabsetzung und einfacher KapRückzahlung hat heute an Bedeutung verloren. Für die Anwendung von DBA-Vorschriften kann sie allerdings noch entscheidend sein (vgl zB BFH BStBl II 93, 189). Die Rspr vor dem Systemwechsel, die auf das KStG 1977 nicht zu übertragen ist (*Gassner* JbFfSt 77/78, 331; HFRAnm 80, 191; *Reuter* AG 82, 306), nahm bei einer Auszahlung vor der Eintragung des Herabsetzungsbeschlusses im HReg eine vGa an (BFH BStBl II 63, 454), schränkte aber durch BFH BStBl II 76, 341 ein: keine vGa, falls die AntE alles handelsrechtl Erforderl getan haben und kein Mißbrauch vorliegt. Eine mißbräuchl KapHerabsetzung, dh also vGa, lag nach BFH BStBl II 68, 145 vor, wenn die KapHerabsetzung überwiegend im Interesse des AntE erfolgt; zw Entscheidung (abl *Döllerer,* vGa und verdeckte Einlagen bei KapGes, 1975, 50). BFH BStBl II 76, 341 formuliert demgegenüber sehr viel vorsichtiger. Abkehr von BFH BStBl II 68, 145 schließl durch BFH BStBl II 80, 247.

Zur vGa neben einer KapHerabsetzung, die von dem KapErhStG erfaßt ist, s dort § 5 Anm 13.
Kapitalrückzahlung
S „Kapitalherabsetzung".
Kapitalverkehrsteuer
S „Gesellschaftsteuer".
Kauf
S „Einfamilienhaus", „Grundstückskauf", „Kaufangebot", „Lieferverkehr", „Tausch".
Kaufangebot
Verzicht auf ein günstiges Kaufangebot zugunsten eines AntE als vGa BFH BStBl II 72, 227; s „Gesellschaftsanteile". Durch das Kaufangebot muß eine rechtl geschützte Position geschaffen sein. Ist in Vorverhandlungen vorgesehen, daß eine GmbH erwirbt, und wird später an den AntE veräußert, mE keine vGa. Allerdings sieht BFH BStBl II 91, 593 mit HFRAnm 91, 491 in dem Verzicht auf eine Erwerbschance eine vGa (Bestätigung von FG Berlin EFG 91, 264). Konnte allerdings wirtschaftl

nur die Ges, nicht der AntE den günstigen Kauf realisieren, weil zB nur sie über die geforderte Gegenleistung verfügt, kann das Überlassen des Kaufs an den AntE vGa sein (FG Münster EFG 80, 44).

Know-how
S „Erfinder", „Immaterielle Wirtschaftsgüter", „Patente".
Der AntE kann seiner Körperschaft Know-how entgeltl überlassen. Die Angemessenheit des Entgelts ist in hohem Maße einzelfallbezogen (*Knoppe, Die Besteuerung der Lizenz- und Know-how-Verträge*, 2. Aufl, 1972, 104). Hohe Know-how-Gebühren, zB 10 vH bestimmter Umsätze für einen bestimmten Zeitraum, sind wegen des fehlenden Rechtsschutzes nicht ungewöhnl. Häufig werden Einmalvergütungen vereinbart. Ist der know-how-gebende AntE gleichzeitig Geschäftsführer, so ist die Abgrenzung zwischen Gehalt und Know-how-Entgelt problematisch. Sofern der AntE über Know-how verfügt, das ein fremder Geschäftsführer nicht bringen wird, kann mE die Gesamtvergütung das angemessene Entgelt für das Dienstverhältnis alleine übersteigen. Know-how und Geschäftsführerkenntnisse sind nicht identisch.

KoKo-Bereich
S „DDR".

Kongreß
Schickt die Körperschaft ihren AntE-Vorstand oder ihren Gesellschafter-Geschäftsführer auf einen Kongreß, den sie bezahlt, so stellt sich die Frage, ob nur BetrAusg oder auch Arbeitslohn vorliegt (vgl *Felix* AG 87, 176); eine vGa kommt erst in Betracht, wenn keine betriebl Veranlassung gegeben ist und beim Arbeitslohn die Angemessenheitsgrenze durchbrochen wird („Dienstverhältnis") oder wenn bei einem beherrschenden AntE die Kostenübernahme nicht rechtzeitig vereinb ist (Anm 120 ff).

Kontokorrent
S „Darlehen".

Konzernhaftung
S „Haftung".

Konzernname
S „Konzernumlagen".

Konzernrückhalt
S „Konzernumlagen", „Konzernvorteil".
Der Konzernrückhalt kann nach Tz 6.3. der „Verwaltungsgrundsätze", Anm 99, nicht entgolten werden.

Konzernumlagen
S Tz 6., 7. „Verwaltungsgrundsätze", Anm 99.
Konzernumlagen sind Umlagen für Assistenzleistungen (Werbung, EDV usw), Management- und Kontrolleistungen, die im Konzern von einer Ges konzentriert erbracht werden. Sie sind solange keine vGa, als mit ihnen in angemessener Höhe echte Leistungen abgegolten werden. Keinen Ersatz kann der AntE für die Kosten verlangen, die mit dem Halten der Beteiligung, dh der Gesellschafterstellung, verbunden sind (so BFH BStBl II 69, 497 betr Regie- oder Kontrollkosten; allerdings ist der Leitsatz dieser Ent-

scheidung nur schwer mit den Gründen in Übereinstimmung zu bringen; II 85, 120: Vergütungen für „rein konzernleitende Maßnahmen" sind vGa). Schwierig ist es, die angemessene Höhe zu bestimmen; praktikabel ist eine Kostenumlage + Gewinnaufschlag; so auch Tz 6.4. „Verwaltungsgrundsätze", Anm 99. BFH 1960 StRK KStG § 6 I S 2 R 49 hält einen Gewinnaufschlag von 10–15 vH nicht für unangemessen, S auch *Felix* StuW 64, 19. Nach Tz 6.3. der „Verwaltungsgrundsätze", Anm 99, können Entgelte verrechnet werden für die Übernahme von Buchhaltungsarbeiten, Beratungsleistungen (vgl aber BFH BStBl II 93, 801, der für eine konzerneigene StBerGes eine Einzelberechnung verlangt), Überlassung, Aus- und Fortbildung von Personal, Beschaffung von Waren und Dienstleistungen, die Bereitstellung von Dienstleistungen auf Abruf. Kein Entgelt kann hiernach berechnet werden für den Rückhalt im Konzern, die Führung des Konzernnamens, für Vorstand u Aufsichtsrat (krit *Niehues* RIW 88, 808), Gesellschafterversammlung der MutterGes, Organisation, Investitions- und Produktionsplanung und -steuerung des Gesamtkonzerns, für den Schutz und die Verwaltung von Investitionen (letzteres ist mE abzulehnen). Tz 7. der „Verwaltungsgrundsätze", Anm 99, fordert strenge Voraussetzungen für **Umlageverträge.** Sie müssen rechtzeitig, klar und eindeutig vereinbart und durchgeführt werden. Die Kosten sind nach anerkannten Methoden zu erfassen und zu verteilen, kostenunabhängige Maßstäbe, zB Umsatzschlüssel, scheiden aus (vgl auch *Schulze* FR 83, 92). Ein Gewinnaufschlag ist verboten, was mE dem vGa-Recht und dem Maßstab des ordnungsgemäß handelnden Geschäftsleiters widerspricht (dazu auch *Roser* FR 89, 417). Tz 7.2. kennt genaue Bedingungen des Vertragsinhalts, bei denen man angesichts ihrer Detailregelungen spontan nach der – mE nicht vorhandenen – Rechtsgrundlage fragt (zur Kritik auch *Zabel* DB 86, 2557). Der Vertrag ist lfd auf seine Angemessenheit hin zu überprüfen und ggf anzupassen (dieses Gebot widerspricht der Forderung eines Vertrages, der idR für eine zeitl Bindung sorgt). Tz 7.4. verlangt schließl umfangreiche Nachweisungen für die Anerkennung des Umlagevertrags. ME überfordert Tz 7. die praktische Möglichkeit und führt zur Unanwendbarkeit; es handelt sich um eine klassische Anweisung vom grünen Tisch. In der Praxis werden heute weitaus pauschalere Konzernumlagen anerkannt; vgl auch *Flick/Wassermeyer/Becker,* AStG, Kommentierung zu Tz 7. der „Verwaltungsgrundsätze"; *Baumhoff,* Verrechnungspreise für Dienstleistungen, 1986; *Klein,* Die Verrechnung konzerninterner Dienstleistungen durch Kostenumlagen, DB 84, 2049; zu den Bemühungen der OECD, die Konzernumlage präziser zu erfassen, s *Becher* FR 84, 609 zu einer einschlägigen Fortschreibung des OECD-Berichts 1979; s auch die Angaben in Anm 99.

Konzernvorteil
S „Konzernrückhalt".
Konzernvorteil ist kein Vorteil, der in den Vorteilsausgleich, s Anm 93, einbezogen werden kann.

Konzessionsabgabe
S § 4 Anm 33.

Kostenersatz
S „Aufwendungsersatz".
Kreditvermittlungsgebühren
Kreditvermittlungsgebühren sind von der Körperschaft auch dem eigenen AntE zu berechnen. Sie können jedoch bei AntE (Mitgl) geringer sein als bei Nichtgesellschaftern (Nichtmitgl), wenn der notwendige Aufwand geringer ist (BFH 1964 StRK KStG § 6 I S 2 R 96).
Kundenstamm
S „Immaterielle Wirtschaftsgüter", „Praxiswert".
Geht ein Kundenstamm von der KapGes auf den AntE über, ist ein angemessenes Entgelt zu leisten. Zur Einlage s Anm 47.
Kunstwerke
Auch eine KapGes kann wertvolle Kunstwerke, zB Bilder, erwerben. Dies ist nicht nur eine Kapitalanlage, sondern dient auch der Werbung und dem Marketing. Ist der Erwerb ein betriebl Vorgang, so ist auch die fachgerechte Verwaltung betriebl bedingt. Die Kunstwerke können im Unternehmen verwahrt oder einem Museum zur Verfügung gestellt werden. Auch die Leihgabe an ein Museum ist betrbedingt und keine vGa. Problematisch ist die Leihgabe an den AntE. Das gilt auch dann, wenn der AntE auf seine Kosten die fachgerechte Aufbewahrung übernimmt. Die unentgeltl Nutzung dieses Vorteils kann eine vGa darstellen, wobei die Bewertung schwierig sein wird. Eine KapVerzinsung, in der Bp-Praxis vorgeschlagen, scheidet mE aus; die Belastung durch die Verwahrung und die Notwendigkeit des Schutzes mindern den Nutzen. Allerdings kann auch die Überlassung des Kunstwerks an den AntE betrbedingt sein, nämlich dann, wenn die Ausstattung seines Hauses mit Kunstwerken der KapGes im betriebl Interesse liegt (vgl hierzu „Einfamilienhaus", „Repräsentation").

Lästiger Gesellschafter
S „Gesellschaftsanteile".
Abfindungen (vgl dazu § 27 Anm 9) an lästige Gesellschafter können zu BetrAusg führen (= keine vGa); die Grundsätze für die Abfindung lästiger Gesellschafter bei Mitunternehmerschaften gelten entspr; vgl BFH BStBl III 61, 463; III 65, 618; BFH/NV 96, 438; bei der AG dürfen die Anteile lästiger AntE durch die AG nur erworben werden, wenn die Voraussetzungen des § 71 AktG gegeben sind (BFH BStBl II 77, 572). Da ein nicht wesentl beteiligter AntE die Körperschaft nicht ernsthaft soll gefährden können, soll er nicht „lästig" sein können (BFH BStBl III 63, 454; mE zw, ausgestattet mit Sonderrechten kann er sehr wohl lästig sein). Die Abfindung ist, falls sich ein reguläres Ausscheiden mit einer wegen der Lästigkeit überhöhten Abfindung überlagert, in eine Ausschüttung und eine BetrAusg aufzuteilen. Bei dem Erwerb der Anteile von einem lästigen Gesellschafter durch die Ges kann ebenfalls ein Teil des Erwerbspreises BetrAusg sein (*J Thiel,* Die stl Behandlung eigener Anteile von KapGes, 1967, 56).

Leasing
S „Investitionszulage", „Vermietung und Verpachtung".
Auch im Verhältnis zwischen GmbH und AntE sind Leasingverträge mögl. Es gelten die allg Angemessenheitsbedingungen. Wird der Vertrag

mit einem beherrschenden AntE oder einem diesem Nahestehenden abgeschlossen, so müssen die Verträge klar und eindeutig, zivilrechtl gültig, rechtzeitig vereinb und durchgeführt sein.
Lebensversicherung
S „Direktversicherung".
Leibwächter
S „Terroristenschutz".
Liebhaberei
S „Verlustbetriebe".
S oben Anm 31. LiebhabereiBetr einer Körperschaft führen, sofern man sie für mögl hält (ablehnend der I. Senat des BFH, s Anm 28), in der Höhe des Verlustes nicht zur vGa; diese Betr gehören zu keiner EinkArt und können nicht den Gewinn der Körperschaft beeinflussen; s Anm 28 ff u BFH BStBl II 70, 470 betr Gestüt; *Job* AG 80, 107. Konkret in Anspruch genommene, bewertb Einzelvorteile − zB bei einem Gestüt die regelm unentgeltl Benutzung der Pferde − können nach BFH aaO gleichwohl zur vGa führen; bei einer solchen „vGa" kann es sich jedoch nur um Eink iSv § 20 II Nr 1 EStG handeln, nicht aber um Ausschüttungen aus dem grundsätzl stpfl und in das AnrV einbezogenen Gewinn einer Körperschaft, dh um Eink iSv § 20 I Nr 1, 2 EStG; gegen Annahme von Eink *Wassermeyer* DB 87, 1113, 1114. Zur Liebhaberei bei KapGes u Betr gewerbl Art der öffentl Hand s § 4 Anm 16.
Lieferverkehr
S auch „Aufwertungsgewinn", „Frachtkosten", „Gesellschaftsanteile", „Grundstückskauf", „Kaufangebot", „Konzernumlagen", „Rabatte", „Risikogeschäfte", „Stromlieferung", „Tausch", „Währungsrisiko" „Zuckerfabrik/Rübenpreise".
S auch Tz 2. u 3. der „Verwaltungsgrundsätze", Anm 99.

1. Im lfd Lieferverkehr (Warenverkehr) zwischen Ges und AntE müssen **angemessene Preise,** dh solche, die ein ordnungsgem handelnder Geschäftsführer einem fremden Dritten berechnen würde, vereinbart werden; zum Maßstab s Anm 65. Anderenfalls liegt eine vGa vor, wenn der AntE durch den günstigen Preis bevorteilt wird. Unter- oder Überfakturierungen unter SchwesterGes führt hierbei zur vGa, wenn die MutterGes begünstigt wird (BFH BStBl II 66, 285; II 69, 243; II 73, 449; II 82, 631; II 84, 842 mit HFRAnm 85, 79; II 89, 475; Anm 107), nicht, wenn sie betriebl veranlaßt ist. Sind Preise fest vereinbart, kann keine Nachzahlung − auch bei nichtbeherrschenden AntE − selbst dann zu einer vGa führen, wenn die ursprüngl Preise zu niedrig waren, sich aber ein ordnungsgem handelnder Geschäftsleiter mit einer rückwirkenden Preiskorrektur nicht einverstanden erklärt hätte (BFH BStBl II 70, 526); anders, wenn auch ein ordnungsgem entscheidender Geschäftsführer die Nachbelastung akzeptiert hätte; anders auch, wenn die Preise von vornherein vorläufig vereinbart waren (vgl die Entscheidung BFH BStBl II 72, 339 zur verdeckten Einlage); dann sind Nachzahlungen bei endgültiger Preisbestimmung mögl. Entspr gilt für nachträgl Rabatte, Vergütungen usw. Bei der Preisprüfung ist der gesamte Geschäftsverkehr mit all seinen Bedingungen als Einheit zu beurteilen. Unangemessene Preise können durch andere, gegenläufige unangemessene Bedingungen ausgeglichen werden; zum Vorteilsausgleich s Anm 93.

2. Der Vergleich der Preisbedingungen mit entspr Vereinbarungen mit NichtGes **(Fremdvergleich)** ist der Prüfungsmaßstab, der sonstigen Ersatzmaßstäben, insbes kalkulierten Preisen, vorangeht, der jedoch den allg Maßstäben der vGa, insbes dem des ordungsgemäß handelnden Geschäftsleiters, nachgeht (s Anm 65 mit dem Hinweis, daß die Rspr möglicherweise dem Fremdvergleich in Zukunft wieder einen größeren Rang einräumt, Anm 89). Der Verkauf von Waren unter den Selbstkosten ist dann keine vGa, wenn dies der auf dem Markt erzielb Erlös ist (BFH BStBl II 77, 765). Ähnl auch auf die individuellen Bedingungen abstellende Entscheidung BFH BStBl II 89, 510. Abzulehnen Hess FG EFG 89, 200: vGa, wenn eine inl Vertriebs-GmbH Verluste trägt, weil die MutterGes ihr keine hinreichende Gewinnspanne beläßt, wobei die MutterGes unter Selbstkosten liefert; es gibt nicht das Gebot, einen „Soll"-Gewinn zu erzielen. Liegen Vergleichspreise vor, können also auch Abweichungen gerechtfertigt sein. Jeder Fremdvergleich erfordert eine Anpassung an die konkreten Geschäftsbeziehungen (Tz 2.1. „Verwaltungsgrundsätze", Anm 99). Die Kostenstruktur des Abnehmers kann die Preise beeinflussen (vgl BFH BStBl II 77, 765: mögl, daß bei der MutterGes besondere Vertriebskosten anfallen). Der Gewinn eines neuen Abnehmers, das Halten eines Großkunden spielen für die Preisbemessung eine wichtige Rolle (BFH BStBl II 77, 765). Die Abhängigkeit von einem Hauptabnehmer kann ein niedrigeres Preisniveau rechtfertigen, auch wenn der Hauptabnehmer die MutterGes ist (BFH BStBl II 81, 492).

3. Ist ein Fremdvergleich nicht mögl, so sind die Preise nach **Kontrollmethoden** zu überprüfen. Zu den einzelnen Methoden s Tz 2.2. „Verwaltungsgrundsätze", Anm 99. In Frage kommen insbes: die Preisvergleichsmethode (sog „comparable uncontrolled price method") in Form des inneren BetrVergleichs (Preise, Kosten, Gewinne werden mit BetrErgebnissen des StPfl selbst und ihm Nahestehenden verglichen) oder des äußeren BetrVergleichs (Preise, Kosten u Gewinne werden mit BetrErgebnissen von vergleichb Dritten verglichen). Kostenaufschlagsmethode (sog „cost plus method"): Die entstandenen Kosten werden um betriebs- oder branchenübl Gewinnaufschläge erhöht. Wiederverkaufspreismethode (sog „resale price method"): Aus dem Weiterverkauf an fremde Dritte wird der angemessene Preis errechnet. Einzelheiten zur Anwendung dieser Methode s Tz 2.4. „Verwaltungsgrundsätze", Anm 99. Ultima ratio einer Angemessenheitsgrundlage bleibt die Überprüfung der **Verzinsung** des **eingesetzten Kap** (s auch § 1 AStG u Anm 97 f). **Alle Maßstäbe** sind **zweifelhaft,** angreifbar und geeignet, von dem gewollten Ergebnis auf die Prüfungsmethode und ihr Ergebnis zu schließen. In der Praxis findet man von seiten der Verw nicht selten die allein hoheitl Entscheidung über die Angemessenheit, die der Angemessenheitsbegründung aus dem Wege geht; s Anm 100; Negativbeisp zu Lasten der FinVerw aus der Rspr BFH BStBl II 80, 531.

ABC zur vGa und verdeckten Einlage **150 § 8**

4. Im Lieferverkehr wird die GmbH auf jeden Fall versuchen, einen angemessenen **Gewinn** zu erzielen; vgl Anm 97 f. **Laufende Verluste** über viele Jahre sprechen gegen angemessene Preise (BFH BStBl III 67, 495; II 73, 449 betr VertriebsGes; *Schreiber* IStR 94, 315), sofern nicht besondere Umstände die Preisvereinbarungen und den Fortbestand der Ges trotz der Verluste betriebl (aus der Sicht der Ges) rechtfertigen. So sind zB **Anlaufverluste** anzuerkennen (vgl Tz 3.5. „Verwaltungsgrundsätze", Anm 99); das gleiche gilt für Anlaufverluste, die mit der Liquidation enden (= Fehlmaßnahme). Weiter sind langjährige Verluste denkb bei Neuentwicklungen und häufigen Rückschlägen (Beisp: Atomreaktorindustrie); bei langen Erprobungsphasen; bei tiefgreifendem Strukturwandel; sie sind auch gerechtfertigt bei übermächtigen Wettbewerben, denen nur bei langfristiger Planung Marktanteile zu nehmen sind (Beisp: Computermarkt); glA *Mertens* FR 78, 166. Die Tatsache, daß der Gesamtkonzern Verluste erwirtschaftet, nimmt mE dem Verlust nicht zwingend die vGa-Indizwirkung (aA *Mertens* FR 78, 166). Verluste sind bei der **Markteroberung** gerechtfertigt (vgl BFH BStBl III 67, 495: Einführungskosten gehen zu Lasten der produzierenden MutterGes, falls branchenübl; ähnl Tz 3.4. „Verwaltungsgrundsätze", Anm 99, die allerdings die Branchenüblichkeit nicht erwähnen; zur Üblichkeit ist regelm ein Sachverständigengutachten erforderl; sind die Preise angemessen und ist die Kostenübernahme nicht branchenübl, lassen sich mithin auch lange Verlustphasen rechtfertigen, *Mertens* FR 76, 545). In der Pharmaindustrie trägt idR die inl Vertriebstochter die Werbekosten und Marktzulassungskosten für die Arzneimittel der ausl Mutter-Produktions-Ges (FG BaWürt v 29. 11. 68, nv Entscheidung des FG nach BFH BStBl II 67, 495; vgl *Flick/Wassermeyer/Becker* AStG, Kommentar der „Verwaltungsgrundsätze" zu Tz 3.3.). Lassen sich Branchenüblichkeiten nicht feststellen, ist darauf abzustellen, ob die Einführung eines neuen Produkts nach den vorliegenden Vereinbarungen innerhalb eines überschaubaren Zeitraums bei vorsichtiger Prognose einen Gewinn erwarten läßt; diese Prognose ist betriebswirtschaftl zu belegen (BFH BStBl II 93, 457 mit HFRAnm 93, 454). Niedrigpreise zur Überwindung von Insolvenzschwierigkeiten sind keine vGa, wenn NichtGes entspr gehandelt hätten. Hat eine VertriebsGes in einem Geschäftszweig aus Geschäften mit dem AntE anhaltend Verluste, so sind diese Verluste mE allein kein Indiz für eine vGa, wenn die Verlustgeschäfte einen weiteren, gewinnträchtigen Geschäftszweig der Vertriebs-GmbH bedingen und die Vertriebs-GmbH insgesamt mit Gewinn abschließt (aA *Brendle/Schaaf* GmbHR 77, 137). **Vereinbarte Gewinnlosigkeit** ist jedenfalls steuerlich nicht zulässig, zB bei Ein- und VerkaufsGes (BFH BStBl II 75, 124 mit Übergangsregelung der FinVerw 1975 StEK KStG § 6 Allg Nr 22; dazu *Henninger* GmbHR 77, 134). S dazu auch Anm 97 f.

5. Für Geschäfte zwischen Ges und **beherrschenden AntE** gilt die Voraussetzung rechtzeitiger, klarer, zivilrechtl gültiger u durchgeführter Vereinbarungen (s Anm 120 ff). Bei lfd Lieferverkehr ist mE aber auch mit beherrschenden AntE eine vorherige schriftl Preisvereinbarung nicht erforderl, wenn der Liefernde oder Leistende die Ges bzw den AntE wie einen

Fremdbezieher behandelt oder wenn feste Preiskonditionen allg anerkannt sind. Die Vereinbarung kann im übrigen gerade im Lieferverkehr langjähriger Übung – die zB in einem Computerprogramm ihren Niederschlag gefunden hat – entnommen werden (Anm 126). Vereinbarte Preise können nicht rückwirkend bei beherrschenden AntE geändert werden. Dies gilt abw zu oben 1. selbst dann, wenn ein ordnungsgem handelnder Geschäftsleiter eine nachträgl Korrektur zugelassen hätte; anders mE, wenn die Preise von vornherein vorläufig vereinbart waren (s o 1.). Zur Belastung mit Skontoaufwendungen s FG BaWürt EFG 93, 406. Die strengen Formvorschriften gelten auch unter **SchwesterGes** (s Anm 120).

6. Zur **Bewertung** der vGa s Anm 90. Der überfakturierte, dem AntE zufließende Betrag stellt die vGa dar; Kosten des Erhalts dieses Betrages sind keine BetrAusg der Körperschaft, mindern nicht die vGa; sie stellen allenfalls BetrAusg oder Werbungskosten des AntE dar (BFH BStBl II 89, 475). Der zollrechtl Normalpreis ist für die vGa nicht bindend (BFH BStBl II 67, 495).

7. Lieferverkehr und **Einlagen** s Anm 46.

Liquidation
S Anm 70.

Lizenz
S „Erfinder", „Know-how", „Patente".

Lohnsteuer
Wird bei Bezügen des Gesellschafter-Geschäftsführers der LStAbzug unterlassen, ist dies noch keine vGa; vGa bei einem beherrschenden AntE erst dann, wenn die GmbH nach einer LStAußenprüfung die LSt übernimmt, ohne daß dies vorher vereinb war; ist der begünstigte AntE nicht beherrschend, so liegt eine vGa vor, wenn die LStÜbernahme nicht angemessen ist. Vgl hierzu auch *Kröller* GmbHR 86, 195. S weiter „Dienstverhältnis".

Management Buy-out
Im Management Buy-out (MBO) kaufen die bei einem Unternehmen angestellten Manager (Vorstände, Geschäftsführer, Prokuristen etc) die von ihnen geführten Unternehmen. Handelt es sich um das Unternehmen einer KapGes, sind vGa mögl; vgl dazu im einzelnen *Streck/Schwedhelm* BB 92, 792. Zahlt die zu übernehmende GmbH den Kaufpreis, den die Manager für die Anteile erbringen müssen, ohne daß gleichzeitig ein Darlehensverhältnis zur GmbH begründet wird, liegt insoweit eine vGa in Höhe des Kaufpreises vor (vgl BFH BStBl II 90, 795); wurde das Einkommen nicht berührt, liegt zumindest ein Abfluß (§ 27 III) und ein Zufluß beim AntE vor. Ist Veräußerer der GmbH-Anteile die Treuhand, so gilt das gleiche, wenn die GmbH Verpflichtungen gegen Kaufpreisreduzierung übernimmt, die sie im Erwerbszeitpunkt noch nicht zu tragen hatte. Finanziert die GmbH den Erwerbern den Kauf durch Darlehensgewährung, so kann die Darlehenshingabe in Ausnahmefällen eine vGa darstellen (s „Darlehen"). Im übrigen stellt sich die Frage des angemessenen Zinssatzes, wobei zu berücksichtigen ist, daß es sich regelmäßig um kaum gesicherte Darlehen handelt. Finanzieren die Käufer den Kaufpreis unmittelbar und stellt die GmbH Sicherheiten, so darf dies idR nicht unentgeltl erfolgen; wird keine

angemessene Avalgebühr vereinbart, kann dies zur vGa führen. Erwerben die Manager in einem ersten Schritt die GmbH-Anteile (der sog Alt-GmbH), um sodann in einem zweiten Schritt vermittels einer neu gegründeten Neu-GmbH aus der Alt-GmbH das Unternehmen herauszukaufen (sog Roll-over, Zweck: An die Stelle nicht abschreibbarer Anschaffungskosten auf GmbH-Anteile treten abschreibbare Anschaffungskosten auf Wirtschaftsgüter; dazu *Streck* BB 92, 685), so muß der Kaufpreis angemessen sein; allerdings kann die Angemessenheit hier idR unmittelbar an dem Preis für den Erwerb der Anteile an der Alt-GmbH gemessen werden. Im Verhältnis zwischen Alt- und Neu-GmbH besteht bei gleichem Gesellschaftszweck regelmäßig auch die Wettbewerbs-Betriebsabgrenzungsproblematik (s „Wettbewerbsverbot und Betriebsabgrenzung"); hier muß sorgfältig mit abgegrenzt formulierten Geschäftszwecken und Befreiungen gearbeitet werden (vgl *Streck/Schwedhelm* aaO).

Mandantenstamm
S „Praxiswert".

Markteroberung
S „Lieferverkehr".

Metageschäft
Über die Möglichkeit eines Metageschäftes zwischen AntE und Körperschaft s BFH 1963 StRK KStG § 6 I S 2 R 72.

Mieterstattung
Hat der beherrschende AntE Miete für die Körperschaft gezahlt, so fordert BFH BStBl II 77, 172 für die Aufwendungserstattung selbst dann eine klare Vereinbarung, wenn nach allg Regeln ein zivilrechtl Ersatzanspruch besteht; s „Aufwendungsersatz".

Mietverträge
S „Vermietung und Verpachtung".

Miles and More
S „Flugkosten".

Mißbrauch
Die vGa ist nicht notwendig ein Unterfall des § 42 AO. Im Einzelfall mag eine Gestaltung insoweit mißbräuchl sein, als sie eine Gewinnausschüttung verdeckt. Die unangemessene Pacht, die der AlleinAntE bezieht, ist jedoch idR kein mißbräuchl Einsatz eines Pachtverhältnisses. Die strengen Formen und Erfordernisse bei beherrschenden AntE haben ihren Grund nicht in § 42 AO (s Anm 120). Bei unentgeltl Leistungen, Gebrauchs- und Nutzungsüberlassungen kann über § 42 AO kein Entgelt fingiert werden. In der Praxis geschieht dies gleichwohl. Folgende Sachverhalte werden als rechtsmißbräuchl bezeichnet, obwohl man die rechtmäßige (Anm 120) Möglichkeit nutzt, Leistungen unentgeltl zu erbringen: (a) AntE arbeiten unentgeltl für die GmbH, um Verluste nicht zu erhöhen. (b) Unentgeltl Grundstücksüberlassung aus dem gleichen Grund. (c) Unentgeltl Beratungsleistungen. (d) Gehaltskürzungen um die Hälfte ohne Leistungsminderung; vgl im einzelnen *Streck* KÖSDI 80, 3594. S auch ABC „Mißbrauch", „Verluste".

Mitgliedsbeiträge
Werden dem AntE von der Körperschaft Mitgliedsbeiträge ohne betriebl Veranlassung erstattet, so liegt eine vGa vor. Ist der AntE zugleich Geschäftsführer oder Angestellter der Körperschaft, so kann die Erstattung Teil des Geschäftsführergehalts bzw des Arbeitslohns sein. Hierzu Hinweis auf „Dienstverhältnis". Zur Übernahme von Mitgliedsbeiträgen an einen Arbeitnehmer aus betriebl Interesse, ohne daß Arbeitslohn vorliegt, s BFH BStBl II 85, 718. S „Parteispenden".

Mitunternehmerschaft
S „PersGes" mit Weiterverweisungen.

Nachzahlungen
S „Lieferverkehr" 1,5.

Nachzahlungsverbot
S Anm 131 ff.

Namenslizenz, Namensüberlassung
S „Konzernumlagen".
Zur Möglichkeit einer entgeltl Namenslizenz ohne Urheber- und Verlagsrecht s BFH/NV 93, 269. Das Entgelt der Körperschaft an einen AntE für die Namensüberlassung kann vGa sein (BFH BStBl III 56, 180). Ausnahmefall denkb, wenn der Namensgeber nur kurzfristig zur Firmenbildung AntE ist.

Nichtigkeit des Jahresabschlusses
S „Jahresabschluß".

Nutzungsüberlassung
als Einlage s Anm 48 f.

Öffentliche Hand
S „Betriebe gewerbl Art", „Treuhandanstalt".
Fragl ist, ob für KapGes der öffentl Hand ein besonderes Recht der vGa gilt, das insbesondere aus öffentl Aufgaben resultierende Verluste und Verlustgeschäfte zuläßt (so *Gröpl* StuW 97, 131).

Optionsgeschäfte
S „Risikogeschäfte".

Ordnungsgemäße Ausschüttung
als vGa s Anm 56.

Organisationsrechtliche Akte
Zu den organisationsrechtl Akten wie Satzungsänderungen, Zweckänderungen, Umwandlung, Fusion, Liquidation etc s Anm 65.

Organschaft
S „Gewinnabführungsvertrag".
Zur vGa innerhalb der Organschaft s § 14 Anm 85, 102 (betr gescheiterte Organschaft), § 15 Anm 9. Der Maßstab des ordnungsgemäß handelnden Geschäftsleiters bezieht sich innerhalb der Organschaft auf die Gesellschaft, deren Geschäftsführerstellung zu bewerten ist; der Ge-

schäftsführer einer OrganGes darf nicht den Organträger begünstigen (BFH BStBl II 85, 18; teilweise anders FG D'dorf EFG 80, 305).

Pachtvertrag
S „Vermietung und Verpachtung".

Parteispenden
S „Mitgliedsbeiträge".
Übernimmt eine Körperschaft für den AntE den Mitgliedsbeitrag oder eine Spende für eine Partei, liegt eine vGa vor; anders, falls sie aus eigenem Interesse spendet; in der Regel ist bei Spenden das eigene Interesse anzunehmen (BFH BStBl II 88, 220). Wird einer Körperschaft nachgewiesen, daß sie verdeckt im Wege der Ausnutzung von sonstigen Abzugsmöglichkeiten (BetrAusg, Spendenabzug) Parteien unterstützt hat, so deutet dies nicht auf eine vGa zugunsten des AntE hin; die Körperschaft ist auch im eigenen Interesse an einer StMinimierung und Parteiunterstützung interessiert (BFH aaO). Vgl hierzu *Lang* JbFfSt 83/84, 220ff; s auch § 9 Anm 19f.

Patente
S „Erfinder", „Immaterielle Wirtschaftsgüter", „Know-how".
Verfügt der AntE über Fremdpatente, so kann er sie gegen angemessene Unterlizenz an die eigene Körperschaft vergeben. Die Angemessenheit kann aus dem Entgelt, das der AntE selbst zahlt oder zahlte, abgeleitet werden, wenn ein anderer Maßstab nicht zur Verfügung steht. Positive Erträge bei dem AntE weisen nicht notwendig auf eine vGa hin; das gilt auch für hohe Gewinne, wenn der AntE die Patente günstig erwerben konnte; die Chance der gewinnträchtigen Weitervergabe liegt bei ihm. Ebenso kann die Körperschaft an ihre AntE Patente in Lizenz vergeben. Liegen die Lizenzen unter der Angemessenheitsgrenze, so liegt vGa vor. Zur Angemessenheit s auch „Erfinder".

Patronatserklärung
S „Bürgschaft", „Garantieversprechen".
S auch Tz 4.4. der „Verwaltungsgrundsätze", Anm 99.
Zu den Erscheinungsformen s IdW-Stellungnahme DB 76, 1921 mit Erl; *Obermüller* ZIP 82, 915; *Schröder* ZGR 82, 552; *Limmer* DStR 93, 1750; *Michalski* WM 94, 1229. ME kann die MutterGes nur dann ein Entgelt von der TochterGes, für die sie die Patronatserklärung abgibt, fordern, wenn die Patronatserklärung gegenüber dem Kreditgeber zu einer bürgschafts- oder garantieversprechensähnl Gewährleistung führt. Ist eine Vermerkpflicht nach § 251 HGB nicht gegeben, ist mE ein Entgelt der TochterGes unangemessen und damit vGa. Die „Verwaltungsgrundsätze", Anm 99, verweisen in Tz 4.4. auf die Anweisungen zur Bürgschaft; s dort jedoch mit der mE richtigen Einschränkung, daß dies nur dann gelte, wenn die Patronatserklärung Bürgschaftsfunktion hat.

Pensionszusage
S „Beratung", „Dienstverhältnis", „Direktversicherung".

Schrifttum: *Stahl,* Pensionszusagen im Zivil- und StRecht, KÖSDI 81, 4321, 4437; *Heubeck/Heitmann,* Die Altersversorgung des Geschäftsführers bei GmbH u GmbH & Co KG, 2. Aufl, 1983; *Höfer,* StI Gestaltungsmöglichkeiten u Insolvenzsicherung bei Versorgungszusagen an beherrschende GesGeschäftsführer, StbJb 82/83, 255; *Gehring,* Pensionsrückstellung oder entspr höheres Gehalt? GmbHR 87, 201; *Wichmann,* Die rückgedeckte Pensionszusage des beherrschenden Gesellschafter-Geschäftsführers, BB 88, 521; *Borst* BB 89, 38; *Baer* BB 89, 129; *Höfer/Kisters-Kölkes* BB 89, 1157; *Bode/Grabner,* Kommt es bei der stl Anerkennung von PZ auf das Verhältnis zwischen Versorgungs- und Aktivbezügen an?, DB 96, 544; *Langohr-Plato,* PZ an GmbH-Gesellschafter-Geschäftsführer, Inf 95, 171, 206; *Otto,* Pensionsrückstellungen für Direktzusagen aufgrund wertgleichen Gehaltsverzichts insbesondere an beherrschende Ges-Geschäftsführer, DStR 96, 770; *Höfer,* Die Besteuerung der betriebl Altersversorgung von KapGes, 1996; *Neumann,* vGa bei Pensionsabfindungen an den Gesellschafter-Geschäftsführer einer GmbH, GmbHR 97, 292.

1. Eine Pensionszusage **(PZ)** wird regelm im Rahmen eines Dienstverhältnisses gewährt; sie gehört hier zur „Gesamtausstattung" des Arbeitnehmers, die dem Angemessenheitsgebot genügen muß; s „Dienstverhältnis". Eine PZ kann auch als Entgelt für andere Leistungen gewährt werden, zB als Gegenleistung für „Beratung", s dort. Die PZ soll nicht als ausschließl Gegenleistung gewährt werden können, zB als einziges Entgelt für eine Geschäftsführertätigkeit (BFH I R 147/93 v 17. 5. 95, DStR 95, 1749; zust *Gschwendtner* DStZ 95, 7; *Kempermann* FR 95, 835; krit *Hoffmann* DStR 95, 1750; *Cramer* BB 95, 2055; *Förster/Heger* DStR 96, 408; aA war noch BFH BStBl II 74, 363). Austausch von laufendem Gehalt gegen PZ ist mögl (FG BaWürt EFG 93, 403; dazu *Otto* DStR 96, 770). Die PZ kann von jedem körperschaftsteuerpflichtigen Subjekt gegeben werden. Die OrgGes kann für ihre Geschäftsführer selbständige Rückstellungen bilden (s § 15 Anm 6).

Wird die PZ ohne angemessene Gegenleistung gewährt, so wird sie – traditionsgemäß – als **vGa** qualifiziert; dies entspricht der RsprÄnderung 1989, die es für die Annahme einer vGa bereits genügen läßt, wenn die Einkommensermittlung berührt ist (vgl Anm 65). Da bei der PZ dem AntE noch nichts zufließt, hätte man die nicht anzuerkennenden PZ auch mit dem BetrAusgBegriff erfassen können.

2. Die PZ muß **zivilrechtl** wirksam, **ernsthaft, erdienb, finanzierb** und **angemessen** sein (A 32 I KStR), und zwar zum Zeitpunkt der Zusage (BFH I R 139/94 v 18. 12. 96, DB 97, 806). Die zivilrechtl Rechtsverbindlichkeit ist notwendig. Rückstellungen nach § 6 a EStG setzen Schriftform voraus (s § 6 a I Nr 3 EStG; FG Saarl EFG 88, 592; A 32 I KStR). Der Beschluß der GesVers einer GmbH, eine PZ zu gewähren, ist nicht ausreichend, wenn der den Beschluß vollziehende Vertrag fehlt (BFH/NV 88, 807). Unüblich und nicht anzuerkennen ist nach der Rspr eine PZ, die unmittelb nach der Anstellung und ohne die unter Fremden übliche Wartezeit vereinb wird (BFH BStBl II 93, 455). BFH/NV 93, 330 fordert diese Wartezeit, um die Eignung und Befähigung des Geschäftsführers überprüfen zu können (dagegen *Fromm* GmbHR 96, 597 u BB 96, 950). Nach GmbH Centrale GmbHR 95, 217 u *Tillmann/Schmidt* GmbHR 95, 796 ist eine Wartezeit von fünf Jahren üblich. Arbeitet der AntE über die Zusagezeit hinaus, so ist dies noch kein Indiz gegen die Ernsthaftigkeit. Erdienbar ist die Pension grundsätzl dann, wenn der Zeitraum zwischen dem Zeitpunkt der Zusage und dem vorgesehenen Zeitpunkt des Eintritts in den Ruhestand mindestens 10 Jahre beträgt oder wenn dieser Zeitraum zwar mindestens drei Jahre beträgt, der Gesellschafter-Geschäftsführer dem Betrieb aber mindestens 12 Jahre angehört (BFH I R 41/95 v 24. 1. 96, DStR 96, 1240; dazu DStR Anm 96, 1241; *Pezzer* FR 96, 638; kritisch *Gosch* DStR 97, 438; Übergangserlaß der FinVerw DStR 97, 662). Zur Erdienbarkeit bei beherrschenden Gesellschafter-Geschäftsführern s Anm 6. Die Finanzierbarkeit der Zusage ist nach A 32 I KStR dann zu verneinen, wenn bei einem unmittelb nach dem Bilanzstichtag eintretenden Versorgungsfall der Barwert der künftigen Pensionsleistungen am Ende des Wj auch nach Berücksichtigung einer Rückdeckungsversicherung zu einer Überschuldung in der Bilanz führen würde (vgl auch FG RhPf EFG 96, 832)

3. Bei **beherrschenden AntE** (s Anm 138 ff) ist insbes eine **klare, eindeutige** sowie rechtzeitige Vereinbarung Bedingung der Anerkennung einer PZ (Anm 120 ff). Das Gebot der Klarheit steht einer Auslegung der Vereinbarung nicht entgegen (vgl BFH BStBl II 84, 65).

4. Auch für PZ gilt das **Rückwirkungsverbot;** dazu Anm 131 ff. Keine PZ für zurückliegende Zeiten (BFH BStBl III 56, 30; II 82, 612). Das gleiche gilt für Erhöhungen, die auch ein Entgelt für vergangene Jahre darstellen (FG Nds GmbHR 91, 345). Wird ein Einzelunternehmen oder eine Mitunternehmerschaft in eine BetrAufsp „umgewandelt", kann eine PZ nur die Zeit ab Beginn des Dienstverhältnisses mit der GmbH berücksichtigen, nicht aber die früheren Dienste für das Einzelunternehmen oder die Mitunternehmerschaft; bestand hier eine – nicht passivierte – Zusage, kann diese allerdings von der GmbH entgeltl übernommen werden. Zur Anwendung des Rückwirkungsverbots auf die PZ s auch *Gosch* DStR 97, 438.

5. Wertsicherungs-, Gleit- und Spannungsklauseln sind zulässig und bedeuten keine Rückwirkung. Das gilt auch für die Vereinbarung fester Mindeststeigerungsraten (FG D'dorf EFG 95, 391). Die nachträgl Vereinbarung einer Wertsicherungs- oder Anpassungsklausel während der Dienstzeit wird sich idR auf die zukünftig zu erbringenden Dienste beziehen. Wertsicherungsklauseln, die nach dem Eintritt des Versorgungsfalles neu vereinbart werden, führen allerdings zur vGa (BFH BStBl II 79, 687; II 82, 612; Ausnahmen nachfolgend). Eine **Anpassung** ist jedoch aus sozialen Gründen („Sozialrenten"), zB bei Bedürftigkeit, mögl (BFH StRK KStG § 6 I S 2 R 45; BStBl II 74, 430; III 62, 318 betr PZ bei Pensionierung) oder zur Anpassung an die gestiegenen Kosten und die Geldentwertung, wenn auch die Pensionen oder PZ der übrigen Angestellten oder Arbeiter angepaßt werden (BFH BStBl II 72, 501; II 79, 687: Anpassung bei einer Teuerung seit der Zusage oder der letzten Anpassung von 20 vH mögl – dazu DB 79, 2455 –; II 82, 612 – dazu HFRAnm 82, 465; *Klempt* DStZ 82, 503 –; II 89, 57; FG Münster EFG 85, 310; dies gilt mE auch, wenn der Gesellschafter-Geschäftsführer der einzige ist, dem eine PZ gewährt wurde; ebenso nach der Begründung BFH BStBl II 79, 687 u II 82, 612). Soweit hiernach eine Erhöhung mögl ist, kann sie auch im Rahmen einer nachträgl Wertsicherungsklausel erfolgen (BFH BStBl II 79, 687). Eine zivilrechtl Pflicht zur Anpassung ist in diesen Fällen nicht Voraussetzung (BFH BStBl II 82, 612; HFRAnm 79, 529). Ist die Erhöhung und

§ 8 Ermittlung des Einkommens

Anpassung zivilrechtl verpflichtend, so liegt keine Rückwirkung vor (BFH BStBl II 82, 612; FG Münster EFG 85, 310). Veranlaßt § 16 BetrAVG eine Anpassung von Versorgungsbezügen im Unternehmen, können auch die Bezüge des Gesellschafter-Geschäftsführers angepaßt werden (glA BFH BStBl II 82, 612; DB 77, 1164). Soweit eine Anpassung mögl ist, kann eine Einmalrückstellung erfolgen. Ist wegen Wegfalls der Geschäftsgrundlage eine Anpassung zum Nachteil des Berechtigten mögl, muß die verpflichtete KapGes diese Möglichkeit in Erwägung ziehen (BFH BStBl II 84, 65, allerdings im konkreten Fall eine solche Pflicht verneinend; dazu DB 84, 433). Wird die aufgrund einer Spannungsklausel erforderl Anpassung nach unten unterlassen, ist eine vGa mögl (BFH BStBl II 84, 64).

6. Wegen des Rückwirkungsverbots gerät eine PZ um so eher an den Rand einer vGa, je älter der AntE ist. **Ab 55 Jahren** ist Vorsicht geboten. Hier wird sich ein Geschäftsführer nur noch geringe Renten oder Rentenerhöhungen verdienen können. Vgl hierzu BFH/NV 93, 52: PZ mit 62 Jahren; BFH/NV 93, 541 u Hess FG EFG 96, 291: PZ mit 63 Jahren; BFH 1957 StRK KStG § 6 I S 2 R 35 u FG BaWürt GmbHR 92, 482: PZ mit 64 Jahren; BFH/NV 94, 827: PZ mit 68 Jahren; BStBl III 62, 243 u BFH/NV 89, 395: PZ mit 69 Jahren; FG Saarl EFG 86, 619 u FG München EFG 94, 365: PZ mit 59 Jahren unübl. Ausnahmen sind mögl s FG Nds GmbHR 94, 338 mit Anm v *Fischer*. BFH BStBl II 95, 419 geht sodann „im Interesse der Rechtssicherheit" davon aus, daß bei beherrschenden Ges-Geschäftsführern zwischen dem **Zeitpunkt** der **Zusage** der Pension und dem **Eintritt** in den Ruhestand mindestens **10 Jahre** liegen müssen; allerdings darf der Ges-Geschäftsführer im Zeitpunkt der Zusage nicht älter als **59 Jahre** sein; andernfalls bleibt es bei der bisherigen Rspr. Vorangehend BFH/NV 95, 731. Fortsetzend: Keine Anerkennung der PZ an einen 64jährigen beherrschenden Ges-Geschäftsführer (BFH BStBl II 95, 478), an einen 62jährigen Geschäftsführer (FG BaWürt EFG 96, 156) oder an einen 65jährigen (BFH/NV 95, 1092). Zur Rechtsprechung s die Kritik aus dem I. Senat durch *Gosch* FR 97, 438; s im übrigen DStR 95, 601; *Höfer/Eichholz* DB 95, 1246; *Mink* GmbHR 95, 644; *Goecke* BB 95, 2467; *Brenner* DStZ 96, 65; *Tillmann/Schmidt* GmbHR 95, 796. Merkwürdigerweise spielt die Höhe der Pension in der BFH-Entscheidung BStBl II 95, 419 keine Rolle; eine monatl DM 100-Pension kann aber auch in 5 Jahren noch erdient werden. **Übergangsregelung** der FinVerw (BStBl I 96, 1138): BFH BStBl II 95, 419 wird nur auf nach dem 8. 7. 95 vereinb Pensionen angewandt.

7. Die Rspr berechnete **früher** PZ an **beherrschende** AntE unter der Voraussetzung, daß sie bis zum **75. Lebensjahr** tätig sind (vgl zur Entwicklung der Rspr: auslösend BVerfG 1964 StRK GG Art 3 R 249; sodann BFH BStBl II 66, 202, 323, 605; II 68, 810; II 74, 363, 694). Die Vermutung der Rspr, die der Wirklichkeit abgelesen sein soll, stimmte mit der Realität nicht überein. Durch die Entscheidung BFH BStBl II 82, 612 hat der BFH die Rspr **aufgegeben**; eine PZ auf das **65. Lebensjahr ist mögl**. Vorbereitet war die RsprÄnderung durch BFH BStBl II 80, 304 mit Anm von *Popp* StRK KStG § 6 I S 2 R 238. Zu den Auswirkungen

ABC zur vGa und verdeckten Einlage   150 § 8

der RsprÄnderung s Übergangsregelung FinVerw BStBl I 82, 988 u Nachweise in der 3. Aufl. Wer bisher die Rückstellung auf das 75. Lebensjahr berechnete, obwohl eine Zusage auf das 65. Lebensjahr vereinbart war, konnte die Berechnung umstellen. Es kommt zu einer einmaligen Steigerung der Rückstellung. Das Nachholverbot des § 6a EStG gilt nicht. Die FinVerw BStBl I 82, 988 erlaubt eine Verteilung auf 3 oder 5 Jahre. Die Neuberechnung kann zu dem erstmögl Zeitpunkt erfolgen, zu dem eine Veranlagung noch offen ist (so auch FinVerw BStBl I 82, 988); ist eine Erklärung bereits abgegeben, ist eine Bilanzberichtigung oder -änderung durchzuführen (FinVerw aaO: der Bilanzänderung ist zuzustimmen). Soweit Veranlagungen unter dem Vorbehalt der Nachprüfung (§ 164 AO) stehen, kann eine entspr Berichtigung beantragt werden; wird KSt aus anderen Gründen nachgefordert, kann mit der Minderung durch die erhöhte Rückstellung saldiert werden (FG RhPf EFG 86, 358). Im Einzelfall kann die neue Rspr ungünstig sein. Hier hat die FinVerw die Schranke des § 176 AO zu beachten. Bestand – entspr der alten Rechtslage – eine Zusage auf das 75. Lebensjahr, so kann sie grundsätzl geändert werden. Eine Neuberechnung ist sodann erst nach der Neuvereinbarung mögl. Die Änderung der Zusage ist auf die Möglichkeit einer vGa hin zu überprüfen; zum Einfluß der Änderung auf die Angemessenheit der Bezüge s *Maier* DB 82, 1895; *Ahrend/Förster/Rössler* DB 82, 2413; *Höfer/Abt* GmbHR 83, 52; *Höfer* StbJb 82/83, 265. Die Änderung der PZ darf nur für die Geschäftsführerleistungen der Zukunft vereinbart werden (Anm 131 ff). Der Angemessenheits- und Nachzahlungsproblematik kann dadurch begegnet werden, daß vorgetragen und glaubhaft gemacht wird, daß bereits bisher eine Zusage auf das 65. Lebensjahr gewollt war und hin im Hinblick auf die jetzt aufgegebene Rspr der Vertrag das 75. Lebensjahr nannte; vgl *Korn* KÖSDI 81, 4143 u *Streck* KÖSDI 82, 4646; Bindung an die tatsächl Zusage allerdings durch FG RhPf EFG 86, 358.

ME ist es **unzutr,** das 65. Lebensjahr für beherrschende AntE als **neue Untergrenze** zu fixieren (so aber BFH/NV 91, 269; BStBl II 91, 379; FinVerw BStBl I 82, 988; A 32 I KStR; *Heitmann* BB 82, 1356; HFR Anm 82, 464; *Stuhrmann* BB 83, 48; dagegen *Maier* DB 82, 1895; *Baer* BB 82, 2045), von der nur in Ausnahmefällen – zB bei Schwerbehinderten (so FinVerw aaO) – abgewichen werden könne (HFRAnm 82, 464). Arbeitet der beherrschende GesGeschäftsführer über das 65. Lebensjahr hinaus, soll sogar wieder das 75. Lebensjahr maßgebend sein (HFRAnm 82, 465). Die Ernsthaftigkeit der PZ und des Zusagezeitpunktes kann nur in jedem Einzelfall ermittelt werden. Sie kann auch bei einer PZ auf das 60. Lebensjahr gegeben sein. FG BaWürt EFG 89, 79 erkannte die PZ an einen beherrschenden AntE auf das 63. Lebensjahr an (aufgehoben durch BFH BStBl II 91, 379). BFH/NV 91, 269 erwähnt zumindest die Möglichkeit, mit statistischen Erkenntnissen über das Ruhestandsverhalten bestimmter Personenkreise ein anderes Alter zu begründen. Im übrigen gelten mE die Ausnahmen, die früher bereits für die Grenze 75. Lebensjahr galten, weiter, heute nur bezogen auf das 65. Lebensjahr: Besteht zB das Entgelt ausschließl in einer PZ, ist von der Ernsthaftigkeit ohne Einschränkung auszugehen (BFH BStBl II 74, 363). Für die Vertragspraxis gilt weiterhin, daß die Rspr nur die Berechnungsweise der Rückstellungen bestimmt, die PZ aber das gewollte Alter des Versorgungsbeginns nennen kann (zB PZ auf das 60., Berechnung der Rückstellung aber auf das 65. Lebensjahr).

8. Zur **Beherrschung** s Anm 138 ff. Ehegatteninteressen (s BFH BStBl III 66, 323), aber auch die Interessen von GesGeschäftsführern können in der PZ-Frage parallel laufen. Zur Beherrschung aufgrund gleichlaufender Interessen s Anm 143. ME gelten bei PZ keine Besonderheiten. Zweifel konnten aus BFH BStBl III 67, 153 hergeleitet werden. Aus BFH BStBl II 69, 42 folgt, daß der BFH kein Sonderrecht schaffen wollte; ebenso BFH BStBl II 80, 304. Gleichlaufende Interessen können nach BFH BStBl II 82, 612 auch bei unterschiedl Beteiligungen der Zusageberechtigten vorliegen; mE hat der BFH hier allerdings die nach BFH BStBl II 78, 659 (Anm 143) gebotene krit Prüfung unterlassen. Gleichlaufende Interessen liegen im übrigen idR nur bei Gleichaltrigkeit der Zusageberechtigten vor. Der Jüngere wird stets bemüht sein, den älteren Geschäftsführer mit 65 Jahren zur Beendigung zu bewegen oder zu zwingen. Die Anteile von AntE mit auffallenden Altersunterschieden können folgl in der Pensionsfrage nicht zusammengerechnet werden.

9. Klare, eindeutige u rechtzeitige Vereinbarungen müssen bei beherrschenden AntE im **jeweiligen VZ** vorliegen. Maßgebender Zeitpunkt für die Berechnung auf das maßgebende Lebensjahr ist die Beherrschung der AntE im **Zeitpunkt** des **vereinbarten Pensionsfalls,** da zu diesem Zeitpunkt der Gesellschafter-Geschäftsführer seine Tätigkeit eigenwillig verlängern kann (BFH BStBl III 66, 323; II 69, 42). Ist zB die Beherrschung nur vermittels minderjähriger Kinder mögl, ist entscheidend, ob die Kinder auch noch im PZeitpunkt minderjährig sind; andernfalls ist eine Beherrschung nicht gegeben. Die Beherrschungsfrage hängt folgl von einer Zukunftsprognose ab; ist diese nicht so sicher zu klären wie in dem genannten Beisp, so kommt der Beherrschung im jeweiligen VZ, der zur Veranlassung steht, maßgebende Bedeutung zu (vgl BFH BStBl III 63, 98), mE aber eben nur indizielle (so wohl auch BFH BStBl II 75, 366).

10. Wird ein **AntE** nach den Regeln der Anm 9 **beherrschend,** so ist eine bestehende Penisonsrückstellung auf das maßgebende Lebensjahr neu zu berechnen, sofern es hiervon abweichend vereinbart wurde. **Verliert** ein AntE die beherrschende Mehrheit über die Ges, so ist ohne Verletzung des Rückwirkungsverbots eine Neuberechnung auf das vereinbarte Lebensjahr und damit eine Einmalzuführung mögl.

11. Invaliditätsrenten sind auf den Invaliditätsfall vor dem 65. Lebensjahr bei beherrschenden GesGeschäftsführern nicht rückstellungsfähig (BFH BStBl III 66, 202; aA FG Köln EFG 93, 54). Bei Zusagen auf das 65. Lebensjahr und älter ist der Invaliditätsfall eingeschlossen (vgl BFH BStBl III 66, 202). Bei der Rückstellungsberechnung auf ein bestimmtes Ruhealter kann nach BFH BStBl II 82, 612 das Invaliditätsrisiko berücksichtigt werden (*Heitmann* BB 82, 1358; *Maier* DB 82, 1895).

12. Neben der Altersversorgung für den tätigen AntE sind **Hinterbliebenenzusagen** zusätzl mögl (st Rspr BFH BStBl III 66, 202, 323). Unwiderrufl Witwen- und Waisenrenten sind als ernsthaft anzusehen (BFH BStBl

III 62, 138, 399; II 68, 810). Ein Vertrag zwischen der Körperschaft und dem Hinterbliebenen ist nicht erforderl (BFH BStBl III 67, 207). Der Anspruch des Ehepartners muß nicht unentziehbar sein; anstelle des Ehepartners kann ein dritter Empfänger benannt werden (BFH BStBl III 67, 207). Er muß mit dem Tod des tätigen Partners entstehen (BFH BStBl III 67, 207). Es muß eine angemessene Verbindung zur Tätigkeit des Geschäftsführers bestehen. Eine Rente an die Witwe des Geschäftsführers zur Abgeltung erbrechtl Ansprüche ist vGa (BFH 1963 StRK KStG § 6 I S 2 R 83); ebenfalls die Altersversorgung für die geschiedene Frau des GesGeschäftsführers (BFH BStBl II 77, 444; dazu *Früchtnicht* FR 77, 234; *Mangold* StuW 78, 171).

13. Auch bei **Hinterbliebenenrenten** gilt das **Rückwirkungsverbot** (BFH BStBl II 82, 612); entscheidend ist hier, ob der tätige Geschäftsführer oder Angestellte beherrschender AntE ist, nicht ob die Hinterbliebenen beherrschend sind (BFH 1963 StRK EStG § 5 R 381). Waisenrenten können jedoch auch noch in fortgeschrittenem Alter oder noch der Witwe gegenüber gewährt werden (BFH BStBl II 74, 430: Fortentwicklung des sozialen Gedankens). Auch für die Berechnung der Hinterbliebenenversorgung wurde eine Tätigkeit des Geschäftsführers bzw Angestellten bis zum 75. Lebensjahr angenommen; zur Änderung der Rspr und zum Austausch des 75. durch das 65. Lebensjahr s o 7. Wird ein Hinterbliebener später Angestellter der Körperschaft, zB Geschäftsführer, so kann er die Hinterbliebenenbezüge neben der lfd Tätigkeitsvergütung beziehen; das gilt auch, wenn die Hinterbliebene bereits zu Lebzeiten des Verstorbenen Geschäftsführerin war (vgl BFH BStBl III 62, 399; 1963 StRK EStG § 5 R 381).

14. Die PZ muß **angemessen** sein. Sie ist Teil der Gesamtausstattung des Berechtigten (FG BaWürt EFG 90, 266). S unter „Dienstverhältnis". Wird eine PZ zugunsten eines AntE ohne angemessene Gegenleistung übernommen, so ist dies idR als vGa zu werten (FG BaWürt EFG 88, 533). Eine vGa liegt nicht automatisch dann vor, wenn die GmbH anderen als den Gesellschafter-Geschäftsführern keine PZ gewährt hat (BFH/NV 89, 131; BStBl II 96, 423). Die Unangemessenheit kann sich auch aus der Unüblichkeit ergeben. Zur Angemessenheit s auch BFH/NV 89, 195. Bei der Angemessenheitsbewertung wird die PZ mit einer fiktiven Jahresnettoversicherungsprämie ohne Abschluß- und Verwaltungskosten angesetzt, die, abgestellt auf das Alter im Zusagezeitpunkt, für eine entspr Versicherung gezahlt werden müßte (A 32 III KStR; BFH BStBl III 59, 374); Zinsfuß: 5,5 vH. Zwar rechnen die Versicherungsunternehmen mit 3,5 vH; allerdings fallen hier regelm Beitragsrückerstattungen an. Wertsicherungsklauseln bleiben, falls angemessen, außer Betracht. Rückdeckungsversicherungen sind in die Angemessenheitsprüfung nicht einzubeziehen. Unterbricht der Geschäftsführer, dh der Berechtigte, seine Tätigkeit, so kann die Pension nicht erdient werden; die Pension ist zu kürzen. Das gilt natürl nicht für Arbeitsunterbrechungen, die mit dem Dienstverhältnis verbunden sind, zB für Urlaub, auch nicht, wenn der AntE vorübergehend für eine andere Ges eines Konzerns tätig wird; hier ist allenfalls die Notwendigkeit einer Kostenerstattung zu prüfen. Die Unterbrechung ist ohne Bedeutung, wenn die PZ angemessenes Entgelt für bis zum Zusagezeitpunkt erbrachte Leistungen ist. Beisp für eine unangemessene PZ bei einem nicht beherrschenden AntE: BFH BStBl II 78, 33: Änderung einer 10jährigen PZ in eine lebenslängliche PZ nach Eintritt des Versorgungsfalls; keine entspr Änderung bei anderen Mitarbeitern. Soweit Leistung und Gegenleistung angemessen einander gegenüberstehen, kommt es auf das Motiv der Leistungserbringung nicht mehr an; unerhebl zB, ob steuersparende Motive ausschlaggebend waren (BFH BStBl III 66, 604).

15. Ist die Gesamtausstattung **unangemessen,** so ist zweifelhaft, wo die Kürzung anzusetzen hat; mE zuerst bei der Altersversorgung und erst anschl bei den lfd Bezügen (s auch unter „Dienstverhältnis"). Eine unangemessen hohe Pensionsrückstellung kann im Einzelfall in eine Gehaltsrückstellung umgedeutet werden, was bei Gehalt an beherrschenden AntE regelm zum Zufluß führt; unangemessene Zahlungen können in Gehalt oder Beratungsentgelt umgedeutet werden (vgl BFH BStBl III 62, 318; 1957 StRK KStG § 6 I S 2 R 35; III 67, 154; II 74, 363).

16. Zur Auswirkung einer vGa durch erhöhte PZ im **AnrV** s § 27 Anm 10 ff.

17. Die **Rückstellung** für eine PZ bemißt sich nach § 6 a EStG; s A 32 KStR. Die Rückstellung selbst ist keine vGa, nur die Zusage; fehlerhaft berechnete Rückstellung, zB eine Pensionierung über § 6 a EStG hinaus, ist zwar zu korrigieren; eine vGa liegt aber nicht vor; allerdings ist diese Unterscheidung nach der RsprÄnderung 1989 (Anm 65 u oben 1) fast belanglos.

18. Tritt der Geschäftsführer mit dem vereinbarten Zeitpunkt in den Ruhestand, sind die **Pensionen BetrAusg,** die zum Teil durch die Auflösung der Rückstellung neutralisiert werden. Liegt eine Zusage auf das 60. Lebensjahr vor, deren Rückstellung wegen Beherrschung auf das 65. Lebensjahr berechnet werden mußte, und scheidet der Geschäftsführer mit dem 60. (oder zB 63.) Lebensjahr aus, so ist sodann eine Einmalrückstellung bis auf den Teilwert mögl (vgl BFH BStBl II 74, 694); ob dies auch rückwirkend für noch nicht bestandskräftige Veranlagungen mögl ist, ist zw, mE aber zu bejahen. Gibt der Berechtigte mit dem Zusagezeitpunkt – zB 65. Lebensjahr – noch nicht seine Tätigkeit auf, handelt es sich um einen sog technischen Rentner; dazu R 41 XXV EStR. Wurde keine Rückstellung gebildet, sind angemessene Alterszahlungen BetrAusg. Die Abfindung der PZ mit einer Direktversicherung ist mögl (s BFH BStBl III 67, 328). Zwischen Berechtigtem und verpflichteter Gesellschaft kann vereinbart werden, daß die PZ gegen Zahlung einer **Abfindung** aufgehoben wird; die Zahlung der Ablösung ist keine vGa (DB 84, 483). Die Höhe der Ablösungssumme kann sich an der Rückstellung orientieren, wobei die Unsicherheit des Anspruchs durch einen Abschlag zu berücksichtigen ist.

19. Verzicht auf PZ u **Einlage** s Anm 44.

Personalgestellung, Personalkostenübernahme

S „Konzernumlage".

Die Personalgestellung durch die Körperschaft an den AntE ohne Entgelt, die Personalkostenübernahme durch die Körperschaft zugunsten des

AntE, ohne deren Dienste in Anspruch zu nehmen, führt zur vGa (vgl BFH BStBl II 71, 408 für Personalkostenübernahme unter SchwesterGes). Bei Personalgestellung durch die Körperschaft zu Ausbildungszwecken ist mE die Kostenabrechnung ausreichend; bei den Kosten sind auch die Gemeinkosten anzusetzen (*Korn* in Kölner Hdbch der BetrAufsp, 4. Aufl, 1979, Tz 439); ein Gewinnaufschlag ist auch unter Fremden nicht übl. FG Nds GmbHR 90, 417 verzichtet allg auf den Ansatz von Gemeinkosten bei der KapGes. Stellt umgekehrt der AntE Personal für die Körperschaft, liegt erst eine vGa vor, wenn das angemessene Entgelt überschritten wird. Wo im erstgenannten Fall – Personalgestellung durch die Körperschaft – eine Kostenabrechnung ausreicht, kann mE bei Kostenerstattung an den AntE ein Gewinnaufschlag von der KapGes akzeptiert werden. Dies liegt im zulässigen Entscheidungsbereich des ordnungsgem handelnden Geschäftsleiters. Zum rechtzeitigen Vertrag im Fall der Beherrschung s FG Nds GmbHR 90, 582.

Personengesellschaft
S „GmbH & Co KG", „Stille Gesellschaft".

Personenschutz
S „Terroristenschutz".

Pflichtprüfung
und vGa; dazu *Harder* in FS für Eich, 1959, 61.

Pilotlizenz
Aufwendungen für die Pilotlizenz als vGa FG D'dorf GmbHR 95, 467; mE ist dies von der Art des Betr abhängig.

Pkw-Kosten
S „Dienstverhältnis", „Reisekosten".

Postgebühren
S „Bagatellaufwendungen".

Praxisverkauf
Zum Verkauf einer freiberufl Praxis, zB einer Steuerberaterpraxis, an die eigene KapGes, zB eine Steuerberatungs-GmbH, s „Praxiswert".

Praxiswert
Zur **Verpachtung** einer freiberufl Praxis s BFH BStBl II 90, 595 eine Steuerberatungspraxis betreffend. Ein Steuerberater verpachtete den Praxiswert der eigenen Praxis an eine eigene SteuerberatungsGmbH, die er selbst führte. Der BFH verneinte die Möglichkeit einer solchen Verpachtung, da der Steuerberater der GmbH bereits als Geschäftsführer die Mandanten mitbringe, die er als Praxiswert verpachten wolle. Aus diesem Grund nimmt die Anm DStR 90, 422 zu Recht an, daß dieser Umstand ein besonders hohes Geschäftsführergehalt rechtfertigen würde. Der BFH ließ es dahingestellt sein, ob das Pachtentgelt nicht als Kaufpreisraten zu werten sei; dies führt dazu, daß streng genommen die Entscheidung auch für den Verkauf einer Steuerberatungspraxis gilt. Aus der Anwendung der Entscheidung könnte gefolgert werden, daß der Steuerberater dann einer GmbH die eigene Steuerberatungspraxis nicht verkaufen könne, wenn er

Geschäftsführer der erwerbenden GmbH sei; Folge: Einerseits Gewinnrealisierung der Steuerberatungspraxis, da diese in die GmbH eingelegt wird; zum anderen Kaufpreis als vGa, was zu einer Doppelversteuerung des Werts der Praxis führt. Wenn jedoch der Praxiswert so untrennbar mit der Person des Steuerberaters verbunden ist, wie diese Entscheidung glauben macht, so kann auch gefolgert werden, daß der Praxiswert kein verfügbares Wirtschaftsgut ist, das realisiert werden könne; daraus würde zumindest folgen, daß die Realisierung des Praxiswerts unzutreffend ist. BFH BStBl II 93, 139 befaßt sich anläßl des Verkaufs eines Mandantenstamms nur mit den Bedingungen eines hinreichenden Vertrags, ohne die Verkaufsmöglichkeit als solche in Frage zu stellen. Auch FG Saarl (GmbHR 93, 371) hält den Verkauf des Praxiswerts weiterhin für mögl. BFH BStBl II 94, 903 **rückt** sodann von BFH BStBl II 90, 595 **ab**: Auch der Praxiswert einer Steuerberatungspraxis ist ein selbständig verfügbares und abnutzbares Wirtschaftsgut, das folgl als solches veräußert u nach BFH I R 128–129/95 v 18. 12. 96, BB 97, 1243 auch verpachtet werden kann.

Preiskorrekturen
S „Lieferverkehr".

Provisionen
S „Vertretertätigkeit".

Prüfungskosten
S „Gründungskosten", „Konzernumlage".
Prüfungskosten, die die Inanspruchnahme des Rechts des § 51 a GmbHG auslösen, trägt die GmbH. Es handelt sich um BetrAusg. Die Grundsätze zur „Gesellschafterversammlung" – s dort – gelten entspr. Allenfalls die Erstattung von solchen Aufwendungen, die außerhalb der Gesellschaft anfallen – Beisp: Reisekosten zur GmbH – stellen vGa dar. AA noch die 3. Auflage. Das gleiche gilt für Prüfungskosten, die sonstige im Gesetz vorgesehene Sonderprüfungen auslösen. Zur Erstattung der Kosten des Rechnungsprüfungsamts durch den Eigenbetrieb einer Gemeinde s § 4 Anm 35.

Prüfungspflicht
Wird der Jahresabschluß einer prüfungspflichtigen KapGes nicht geprüft, ist er nichtig (vgl *Baumbach/Duden/Hopt*, HGB, 29. Aufl, 1995, § 316 Rz 1; FinVerw 1988 StEK KStG 1977 § 27 Nr 18). Ausschüttungen aufgrund eines nichtigen Abschlusses sind nicht ordnungsgemäß; sie führen zur vGa.

Putzfrau
S „Hausgehilfin".
Häufig wird eine Aufteilung richtig sein; s Anm 95.

Rabatte
S „Lieferverkehr".
Rabatte sind nur dann vGa, wenn sie einem Dritten nicht gewährt worden wären. Einem angestellten AntE können die allg Sozialrabatte eingeräumt werden.

Rabattvereinigung
S BFH 1965 StRK EStG § 5 R 528 betr Markenschwund.

Rechtsberatungsgesellschaft
Soweit Rechtsberatungsgesellschaften, zB Rechtsberatungs-GmbH, zulässig sind oder zugelassen werden, gelten für sie hinsichtlich der vGa-Problematik die Grundsätze für SteuerberatungsGes entsprechend; s „Steuerberatungsgesellschaft".

Regieverlag
Regieverlag ist ein regelm als GmbH geführter Verlag, der einem bestimmten Unternehmen oder einer bestimmten Organisation dient. Der Regieverlag ist bestrebt, Gewinne zu erzielen; Verluste sind ein Indiz für vGa. Da die hinter ihm stehende Organisation dem Verlag Kosten abnimmt und einen bestimmten Absatz garantiert, sind niedrige Preise gerechtfertigt. Minimalgewinne genügen. Großzügiges Urteil BFH BStBl II 69, 15; hier wurde ein verlustträchtiger Verlag einer im übrigen gewinnbringenden GmbH akzeptiert.

Reisekosten
S auch „Aufwendungsersatz", „Bagatellaufwendungen", „Bahn-Card", „Bahnkosten", „Dientsverhältnis", „Flugkosten", „Gesellschafterversammlung", „Miles and More", „Studienfahrt".

1. Die **Erstattung** von betriebl bedingten Reisekosten (Pkw-Gestellung oder Kostenersatz, Bahn, Taxi, Flugzeug, Verpflegungsmehraufwand, Übernachtungskosten, Nebenkosten) führt idR zu BetrAusg. Fehlt die betriebl Bedingtheit, können vGa vorliegen (BFH 1961 StRK EStG § 20 R 42; FG Nds GmbHR 90, 419 betr USA-Reise des Geschäftsführers einer StBeratungsGmbH). Die Erstattung von nicht betriebl veranlaßten Reisekosten an den Gesellschafter-Geschäftsführer kann auch zusätzl Gehalt sein, das zu Einkünften aus nichtselbständiger Tätigkeit führt.

2. Soweit eine Reise sowohl im Interesse der Körperschaft als auch im privaten Interesse des AntE liegt, ist eine **Aufteilung** mögl (BFH BStBl II 76, 753 betr Auslandsreise; s auch Anm 95 betr gemischtes Interesse).

3. Bei **beherrschenden AntE** ist eine klare, rechtzeitige Abrede erforderl (FG Nds GmbHR 91, 288). Bei übl Nebenleistungen kann auf eine Abrede verzichtet werden, zB Benutzung des Firmen-Pkw für Fahrten zwischen Wohnung und Arbeitsstätte und für Mittagheimfahrten, nicht aber für sonstige Fahrten (vgl BFH 1962 StRK KStG § 6 I S 2 R 70; glA FinVerw 1965 StEK KStG vGa Nr 26). Freie Verfügung über den Dienstwagen setzt eine rechtzeitige Vereinbarung voraus (BFH BStBl II 78, 234). Der Ansatz des Privatanteils darf nicht der Entscheidung des FA überlassen bleiben (BFH/NV 86, 48; Anm 121). Eine Vereinbarung über die Kostenerstattung ist auch dann erforderl, wenn ein – nicht vereinbarter – zivilrechtl Erstattungsanspruch besteht (BFH BStBl II 77, 172 betr Ersatz von Reparaturkosten; s Anm 122). Keine Vereinbarung kann jedoch bei notwendigen unvorhergesehenen Reisen verlangt werden (Anm 122).

4. Die Aufwendungen müssen **nachweisbar** sein; die Erstattung nicht nachgewiesener Reisekosten ist vGa (BFH BStBl III 66, 72 mit krit Anm v *Felix* StRKAnm KStG § 6 I S 2 R 114 (1966)); bei kleineren Aufwendungen genügt allerdings beleglose Glaubhaftmachung (*Felix* aaO; s auch „Bagatellaufwendungen").

5. Wird der GmbH von einem Lieferanten eine **Incentive-Reise** zugesprochen und läßt die GmbH ihren Gesellschafter-Geschäftsführer fahren, so ist fragl, ob eine vGa oder Eink nach § 19 EStG vorliegen. Das Angemessenheitsgebot wird nicht verletzt sein, mögl ist eine Verletzung der Sonderbedingungen für beherrschende AntE. ME handelt es sich hier jedoch um eine Leistung, die ihrer Natur nach nicht von vornherein vereinb werden kann (s Anm 122) u allenfalls zu Eink nach § 19 EStG führt (FG Saarl EFG 92, 765). Keine vGa bei einer USA-Reise: s BFH/NV 82, 48.

Repräsentation
S „Einfamilienhaus".

Soweit Repräsentationsaufwendungen der Repräsentationsnotwendigkeit der Körperschaft entsprechen, handelt es sich um BetrAusg der Körperschaft; falls die Kosten sowohl durch das betriebl Interesse der Körperschaft als auch durch das Privatinteresse des AntE bedingt sind, erfolgt nach den Grundsätzen des gemischten Interesses (s Anm 95) eine Aufteilung.

Risikogeschäfte
Es ist Sache der AntE, den Zweck einer Körperschaft zu bestimmen. Gehören hierzu Risikogeschäfte (Devisen-, Finanz-, Zins-, Warentermin-, Edelmetall-, Wertpapieroptionsgeschäfte etc), so führt dies nicht grundsätzl zur vGa (FinVerw BStBl I 97, 112; *Wassermeyer* StVj 93, 208, 217; eher die vGa bejahend *Walter* DStZ 93, 5). Anders, wenn solche Geschäfte nicht zum Unternehmenszweck zählen (FG BaWürt EFG 94, 121 u EFG 95, 986 betr betriebl nicht veranlaßte Differenzgeschäfte mit Metallen; die Entscheidung EFG 94, 121 wurde durch BFH BStBl II 97, 89 wegen fehlerhafter Behandlung des Schadensersatzanspruchs aufgehoben; dazu Anm 80 u „Schadensersatz"; BFH aaO wird durch FinVerw BStBl I 97, 112 nicht zur Entscheidung der Frage herangezogen, ob die Übernahme des Risikogeschäfts selbst eine vGa darstellt), oder wenn die Körperschaft für die Gesellschafter oder in deren Interesse tätig wird (*Wassermeyer* aaO). Risikogeschäfte zwischen der Körperschaft und dem AntE führen dann nicht zur vGa, wenn die Chancen auf seiten der Körperschaft und des AntE gleich sind (vgl BFH BStBl II 68, 20; II 70, 442 betr Wertpapiergeschäfte); entscheidend ist in solchen Fällen, ob der ordnungsgemäß handelnde Geschäftsführer das Risiko übernommen hätte (BFH BStBl II 83, 744).

Rübenpreise
S „Zuckerfabriken/Rübenpreise".

Rückhalt im Konzern
S „Konzernrückhalt".

Rückvergütungen
Rückvergütungen, die nicht nach § 22 abzugsf sind, sind vGa (A 66 XVI KStR); s auch § 22 Anm 11.

Rückzahlung
Rückzahlung einer **vGa** ist nach BFH BStBl III 66, 250 eine **Einlage** (glA FinVerw, s Anm 114, u weitere Nachw). Die Entscheidung betraf ei-

ABC zur vGa und verdeckten Einlage

nen beherrschenden AntE; der BFH nahm zur Vermeidung einer Umgehung des Rückwirkungsverbots (Anm 131 ff) eine Einlage an. ME können auch stpfl Eink bei der Körperschaft und negative Eink bei dem AntE vorliegen (vgl zB Anm 117; FG RhPf EFG 75, 223). Zwar führt nach BFH BStBl II 77, 847 die Rückzahlung von Dividenden nicht zu negativen Eink aus KapVerm, entscheidend aber war, daß keine rechtl oder tatsächl Verpflichtung zur Rückzahlung bestand. Besteht eine solche Rückzahlungsverpflichtung, bejaht die Rspr negative Eink (vgl BFH BStBl II 78, 102; II 79, 510; HFR Anm 79, 320; *L Schmidt* FR 79, 330; *Döllerer* JbFfSt 78/79, 382 u DStR 80, 399; auf die Problematik derartiger Verpflichtungen bei beherrschenden AntE weist *Raupach* JbFfSt 80/81, 269 ff hin). Die tatsächl Verpflichtung folgert FG Nds EFG 83, 461 aus finanziellen Schwierigkeiten der KapGes. Die FinVerw nimmt demgegenüber auch in diesem Fall eine Einlage an (1981 StEK KStG 1977 § 8 Nr 26; glA *Krebs* StbKongrRep 81, 362; *Classen* BB 84, 327; s auch Anm 111 ff). Die Rückzahlung einer vGa ist nach hA eine Einlage; s weiter Anm 114. Rückzahlung einer Einlage s „Einlagenrückgewähr".

Ruhende GmbH
Entgelt für den GesGeschäftsführer ist keine vGa, da auch ein fremder Dritter für die Geschäftsführung einer ruhenden GmbH ein Entgelt gefordert hätte (BFH BStBl III 67, 498).

Sachbezüge
S „Dienstverhältnis".

Sanierung
S „Vergleichsverfahren".
Sanierung im stl Sinn ist auch zwischen Körperschaft und AntE mögl. Verzichtet die Körperschaft dem AntE gegenüber auf eine Forderung und liegen alle Sanierungsbedingungen im Sinne von § 3 Nr 66 EStG vor, liegt keine vGa vor, s Anm 7. Werden Besserungsscheine ausgestellt und verzichtet die Körperschaft später auf die Besserungsrechte, obwohl Besserung eingetreten ist, liegt eine vGa vor. Erklärt umgekehrt der AntE der Körperschaft gegenüber einen Sanierungsverzicht und werden Besserungsscheine ausgegeben, so können Zahlungen auf die Besserungsscheine eine vGa darstellen, wenn keine Besserung eingetreten ist.

Satzung
S „Satzungsklausel" u ABC „Satzung der GmbH und KSt". Die Satzungsänderung ist ein organisationsrechtl Akt, die als solche eine vGa nicht auslöst (Anm 65).

Satzungsklausel
S Anm 110 ff.

Sauna
S „Schwimmbad".

Schadensersatz
S „Haftung", „Schmiergelder".
1. Die **Unterlassung** der **Geltendmachung** eines Schadensersatzanspruchs gegen einen AntE kann vGa sein. Siehe hierzu Anm 80 u BFH

BStBl II 97, 89 u FinVerw 97 I, 112; zur Frage, ob der Schaden oder der Schadensersatzanspruch zur vGa führt, s auch BFH I R 126/95 v 13. 11. 96, BB 97, 1241. Ist allerdings nicht das GesVerhältnis Ursache für die Nichtgeltendmachung, sondern das Arbeitsverhältnis, liegt Arbeitslohn vor (bzgl der Geschäftsführerhaftung s „Haftung"). Um derartige Vorgänge stl zu erfassen, muß mE ein unstreitiger oder erstrittener Ersatzanspruch vorliegen. Unterlassen die Parteien die Verfolgung eines Ersatzanspruchs, weil die Voraussetzungen bestritten sind, ist es wenig sinnvoll, den Schadensersatzanspruch in einem finanzgerichtl Verfahren zu klären.

2. Eine vGa kann **Schadensersatzansprüche** gegen den Verfügenden und gegen den Empfänger **auslösen**. Die Höhe solcher Schadensersatzansprüche ist im Hinblick auf die differenzierten steuerl Auswirkungen (KStLast, EStLast, Berücksichtigung der Anr) schwierig zu berechnen; s hierzu *Jonas* GmbHR 87, 233. Zur Bemessung eines Schadensersatzanspruchs gegen den Steuerberater oder einen sonstigen Dritten wegen vGa s *Rodewald* BB 94, 2013.

Schätzung
Zu Gewinnschätzungen als vGa s „Hinzuschätzung".

Schenkung
S „Geschenke".
Unentgeltl Zuwendungen der Körperschaft an den AntE sind regelm keine Schenkungen iSd ErbStG, sondern Zuwendungen aufgrund des gesellschaftsrechtl Verhältnisses und damit Gewinnausschüttungen, soweit keine BetrAusg vorliegen (RFH RStBl 43, 589 betr unentgeltl Übertragungen von Eigenanteilen von TochterGes auf MutterGes). Dies gilt für Zuwendungen des AntE an die Körperschaft entspr. Die Vermutung spricht für Einlagen, nicht für Schenkungen.

Schmiergelder
S „Schwarzgeld".
Schmiergeld an Dritte aus betriebl Gründen ist Gegenstand des § 160 AO – Frage der Empfängerbenennung –, keine vGa. Wird der Empfänger nicht benannt, kann zwar nach § 160 AO die BetrAusg nicht anerkannt werden; eine vGa liegt nicht vor; nach der heutigen Definition der vGa durch den I. Senat verwischen sich allerdings die Grenzen zwischen der Nichtabzugsfähigkeit nach § 160 AO u den Korrekturen nach den Regeln der vGa (s Anm 65 u 78). § 160 AO greift nur dann ein, wenn glaubhaft ist, daß die Schmiergelder an Dritte geflossen sind (vgl FG D'dorf EFG 79, 345), nicht dann, wenn die angeblichen BetrAusg Entnahmen verdecken, wobei grundsätzl das FA zu beweisen hat, daß Zuwendungen an den AntE oder ihm Nahestehende erfolgt sind (GmbHR 80, 308). Auch an Nahestehende können erhöhte Schmiergeldzahlungen erbracht werden (GmbHR 80, 308). Empfängt der Gesellschafter-Geschäftsführer von Dritten Schmiergelder, muß er sie zivilrechtl an die GmbH herausgeben. Eine vGa tritt dann ein, wenn die GmbH auf diese Ansprüche verzichtet oder sie nicht geltend macht (BFH BStBl II 87, 733; s auch Anm 80 zu unberechtigten Entnahmen). S hierzu auch ABC „Nichtabziehbare Aufwendungen".

ABC zur vGa und verdeckten Einlage   150 § 8

Schuldübernahme, Schuldtilgung
S „Steuerzahlung", „Strafe", „Strafverteidiger".
Schuldübernahme, Schuldtilgung für den AntE durch die Körperschaft ohne betriebl Anlaß ist vGa (vgl BFH BStBl II 71, 538 betr Ablösung einer ArbeitnehmergestellungsPfl; zw, ob hier nicht eine betriebl Veranlassung gegeben war; BFH BStBl III 63, 454: Bezahlung des Anteilserwerbs eines Gesellschafters durch die Körperschaft; FG RhPf EFG 87, 372: vGa auch dann, wenn die Schuldtilgung Geschäftsbeziehungen sichert; mE zw, da dies sicher davon abhängt, ob Schuldtilgung und Vorteil für die Körperschaft einander entspr oder nicht). Keine vGa allerdings bei realisierbarem Rückgriffsanspruch, auf den nicht verzichtet ist und der geltend gemacht werden soll (BFH BStBl II 92, 846).

Schwarzgelder
S „Schmiergelder", „Steuerhinterziehung".
Nichtversteuerte Eink können vGa sein, wenn die Schwarzgelder einem AntE zugeflossen sind. Es gelten die Regeln für unberechtigte Entnahmen (Anm 80). Wurden sie auf einem schwarzen Konto erfaßt, das der Körperschaft zuzurechnen ist, keine vGa; gleichwohl natürl Nachversteuerung bei der Körperschaft. Wurden sie für Schmiergelder benutzt, deren Empfänger nicht bezeichnet werden soll, handelt es sich ausschließl um ein Problem des § 160 AO, nicht um vGa. Schwarzgelder für Schmiergelder an Ausl, die mit den Schmiergeldern im Inl nicht stpfl sind, sind folgl keine vGa; s „Schmiergelder".

Schwestergesellschaft
S Anm 107.

Schwimmbad
S „Einfamilienhaus".
Schrifttum: *Beck*, StFragen zum eigenen Schwimmbad und zur Sauna, DB 78, 2094. Zur unentgeltl Überlassung eines Schwimmbads an einen AntE als vGa und zur Bewertung unterhalb der Kostenmiete s BFH BStBl II 77, 569.

Segelyacht
S „Liebhaberei" u Anm 28, 31.

Sozialabgaben
S „Lohnsteuer".
Übernimmt die GmbH für den angestellten AntE Sozialabgaben, ist eine vGa mögl, falls die Angemessenheitsgrenze überschritten wird (vgl „Dienstverhältnis"), bei beherrschenden AntE bereits dann, wenn die Übernahme nicht rechtzeitig klar vereinb ist (Anm 120 ff); s hierzu BFH BStBl II 87, 461, 463; FG Nds GmbHR 91, 346; *Kröller* GmbHR 86, 195. Zur Erstattung von Sozialabgaben nach vermeintl SozialversicherungsPfl *Schwedhelm* GmbHR 93, 354: Die Weitergabe erstatteter Arbeitgeberanteile kann vGa sein. Die irrtüml Zahlung als solche ist noch keine vGa (Hess FG EFG 96, 832).

Sparkasse
S „Darlehen" u § 9 Anm 15.

Spenden
S „Parteispenden" u § 9 Anm 13, 15.

253

Stammeinlagen
S „Einlagen".

Steuerbelastung

Schrifttum: *Herzig* DB 77, 183 u FR 77, 237; *Thiel* DB 77, 692; *Kläschen* DStZ 79, 274 (gegen *Herzig*); *Wittstock,* Die ErtragStBel von offenen und vGa nach der KStReform, Diss Berlin, 1979; *Weber* Wpg 82, 184. Zur StBel ausl AntE bei vGa *Bullinger* RIW/AWD 80, 173 u BB 80, 1415; *Hoffmann* BB 80, 511. Nach der Änderung der §§ 27–29 KStG durch das StEntlG 1984 s *Hoffmann,* Die Belastung der vGa mit KSt u ESt bei maximaler Gewinnausschüttung BB 84, 909; *Hübel* StBp 84, 222; *Rabald* Wpg 84, 290; *Herzig* DB 85, 353; *Streck* KÖSDI 84, 5402; *Korn* KÖSDI 86, 6384; *Streck* GmbHR 87, 104; *Meyer-Arndt,* Die Ungerechtigkeit der Besteuerung der vGa, FR 92, 121; dazu *Schmid* u *Meyer-Arndt* FR 92, 329; *Hoffmann* DStR 1995 Beihefter zu Heft 26 u GmbHR 95, 108.

1. Der immer noch anzutreffende Gedanke, die Annahme einer vGa im AnrV führe bei Entgelten, die ohnehin auf der Gesellschafterebene versteuert seien, nicht zu einer ertragstl Mehrbelastung (sieht man von der GewSt ab), wurde für manch einen Berater erst durch schmerzliche Bp-Erfahrungen widerlegt.

2. Berechnung der **MehrBel.** Nachfolgend – beispielhaft – zur Frage, welches StMehr anfällt, wenn DM 10 000 Gehalt an den Gesellschafter-Geschäftsführer als vGa qualifiziert werden. Wiederum bleibt die GewSt – diese MehrBel ist evident – außer Betracht. Ich konzentriere mich auf die KSt und ESt.

3. Wenn DM 10 000 Gehalt zu vGa werden, so bezieht der AntE nicht DM 10 000, sondern DM 10 000 + $3/7$ ($9/16$), dh DM 14 285 (DM 15 625). Er bezieht ein Mehr an Eink. Dieses künstl geschaffene Mehr an Eink löst ein Mehr an St aus. Die Umqualifizierung eines Entgelts zu vGa führt im AnrV dazu, daß auf der Ebene der Ges die AusschüttungsBel hergestellt werden muß. Die Ges muß das Mehr an Eink an das FA entrichten, das als StGuthaben beim AntE die Eink erhöht. Werden DM 10 000 zu vGa, so muß die GmbH DM 4285 bzw 5625 (AusschüttungsBel) an das FA abführen. Dies ist offensichtlich, wenn die vGa mit EK_{01} bis EK_{03} verrechnet werden muß. Die Annahme der vGa löst unmittelb die StLast aus. Dies gilt aber auch dann, wenn genügend $EK_{45\,(50/56)}$ vorhanden ist, so daß eine Verrechnung der vGa mit $EK_{45\,(50/56)}$ vorgenommen werden kann. Zwar löst die Verrechnung sodann eine KStMinderung aus. Dies führt zu einem Finanzierungsvorteil, darf jedoch nicht darüber hinwegtäuschen, daß die in $EK_{45\,(50/56)}$ oder $EK_{30\,(36)}$ gespeicherte KSt zur Verrechnung ansteht u verbraucht wird. Diese Frage entscheidet nur darüber, wann die KSt zu zahlen ist.

4. Zwei **Zahlenbeispiele:**

Alternative A: Der Gesellschafter versteuert seine Eink mit einem Satz von 50%.

Werden DM 10 000 zu vGa, so versteuert er DM 10 000 + $3/7$ = DM 14 285. 50% hierauf betragen DM 7142. Hierauf kann er DM 4285 anrechnen. Es bleiben DM 2857 zu zahlen. Die GmbH zahlt DM 4285, der Gesellschafter DM 2857; Summe DM 7142. Die StLast auf DM 10 000

Eink aus nichtselbständiger Arbeit beträgt DM 5000. MehrBel: DM 2142. Dies sind exakt 50% der MehrEink in Höhe von DM 4285.

Die **Alternative B** rechnet mit einem individuellen StSatz des AntE von 20%: Der Gesellschafter versteuert die vGa in Höhe von DM 14285 mit 20% = DM 2857. Hierauf kann er DM 4285 anrechnen. Sein Erstattungsanspruch gegenüber dem FA beträgt DM 1428. StLast bei GmbH und Gesellschafter: DM 4285 abzgl DM 1428 = DM 2875. 20%-StSatz angewandt auf Eink aus nichtselbständiger Arbeit in Höhe von DM 10000 ergibt eine StLast von DM 2000. Diese verglichen mit der StBel bei der Annahme einer vGa gibt ein StMehr in Höhe von DM 875. Dies sind 20% der MehrEink in Höhe von DM 4285.

5. Daraus folgt: Die stl **MehrBel** ESt/KSt bei Annahme einer dem AntE zugeflossenen vGa, deren Grundbetrag bereits beim AntE versteuert ist, läßt sich bei der KapGes und ihrem AntE in die Formel fassen: **Individueller StSatz des AntE angewandt auf 9/16 der vGa.**

6. Es wird empfohlen, der finanziellen Bel der vGa dadurch vorzubeugen, daß die vGa stets mit **hinreichendem EK**$_{45\ (50/56)}$ oder mit **EK**$_{04}$ verrechnet werden kann (vgl *Herzig* BB 85, 353 ff; *Hoffmann* DStR 1995 Beihefter zu Heft 26).

Eine Verrechnung mit EK$_{04}$ ist allenfalls in der Gründungsphase oder in den ersten Jahren einer GmbH denkbar. Sie führt dazu, daß bei der GmbH eine KStErhöhung ausscheidet, soweit nicht mit EK$_{45\ (50/56)}$ verrechnet werden kann und muß. Auf der Ebene des Gesellschafters entfällt der Ansatz der MehrEink (dh der Ansatz der 3/7 (9/16)). DM 10000 Gehalt werden DM 10000 Eink aus KapVerm.

Zu dem Sicherheitsbestand für vGa im EK$_{45\ (50/56)}$: Wichtig ist die Erkenntnis, daß hierdurch die effektive MehrBel durch die vGa nicht gemindert wird. Wer EK$_{45\ (50/56)}$ für eine vGa anspart, zahlt bereits vorab KSt an das FA, gewissermaßen als **Vorschuß** auf **zukünftige vGa.** Ob dies richtig ist, ist im Einzelfall in Kenntnis dieser Vorauszahlungswirkung zu entscheiden.

7. Die Berechtigung der hier dargestellten MehrBel wird im wesentlichen durch zwei Argumente **in Frage gestellt.** Einmal wird darauf hingewiesen, daß der AntE doch eine Gutschrift erhalte, die stets die Steuer auf die Gutschrift übersteige. Der AntE sei mithin regelmäßig bevorteilt. Die hier berechnete MehrBel bezieht sich auf die Steuern des AntE u der KapGes; die SteuerBel mittelständischer GmbHs wird regelmäßig als Belastung von GmbH und AntE begriffen. Zum anderen wird darauf hingewiesen, daß nach den Regeln des AnrVerf es keine endgültige MehrBel gebe, da spätestens bei der Liquidation jede gezahlte KSt zur Anr gelange. Auch dies wird nicht bestritten. Im Fall einer vGa wird jedoch eine künstliche Ausschüttung vorgenommen, ohne daß gesichert ist, daß die GmbH die KSt zahlt oder zahlen kann. Zahlt die GmbH die AusschüttungsBel aus nicht ausschüttbarem Vermögen, so muß der AntE Ausschüttungen versteuern, die er bei normalem Verlauf nie hätte versteuern müssen (zur Rettungsmöglichkeit bei negativen Ek durch das „Leg-ein-Hol-zurück"-Verfahren s ABC zu diesem Stichwort).

Steuerberatungsgesellschaft
Auch für SteuerberatungsGes gelten die allg Regeln der vGa. Zum angemessenen Gehalt s „Dienstverhältnis"; s auch „Reisekosten". Zur Verpachtung und dem Verkauf des Praxiswerts s „Praxiswert". S auch „Wettbewerbsverbot u Betriebsabgrenzung" mit einer Sonderregelung der FinVerw für SteuerberatungsGes. Zur Abrechnung einer konzerneigenen StBerGes s BFH BStBl II 93, 801.

Steuerberatungskosten
S „Beratungskosten".

Steuerberatungspraxis
S „Steuerberatungsgesellschaft".

Steuerbescheinigung
nach § 44 u vGa s § 44 Anm 7 u „Steuerstreit".

Steuerfreie Erträge
Gibt die GmbH stfreie Erträge an den AntE ohne Gegenleistung weiter, so führt dies zur (stpflichtigen) vGa (FG Nds GmbHR 92, 329; aA *Maas* BB 83, 1845, der dies für die von der Betriebs-GmbH an das investierende Besitzunternehmen weitergegebene Investitionszulage verneint). Die Nichtweitergabe der InvZul vom Leasinggeber an den Leasingnehmer kann vGa sein (FinVerw 1989 StEK KStG 1977 § 8 Nr 69).

Steuerhaftung
S „Haftung".

Steuerhinterziehung
S „Schwarzgelder", „Strafverteidiger".

1. Der **Straftatbestand** des **§ 370 AO** (StHinterziehung) und der Tatbestand des § 378 AO (leichtfertige StVerkürzung) können auch durch eine vorsätzl oder leichtfertige vGa erfüllt werden. So einsichtig dies im Ergebnis ist, so schwierig zeigen sich die Probleme im einzelnen bei einer exakten Subsumtion. Problematisch ist nicht nur die Erfassung des Vorsatzes im Hinblick auf die KSt-/GewStHinterziehung einerseits und die parallellaufende ErtragStHinterziehung auf der Ebene des AntE andererseits; bereits das Verhältnis der objektiven Tatbestände auf beiden Hinterziehungsebenen ist problematisch. Zu fragen ist auch, welche Auswirkung das AnrV auf die KStHinterziehung hat; mE wird idR eine Verkürzung auf Zeit vorliegen, da die KSt zu irgendeinem Zeitpunkt dem AntE, sofern er anrechnungsberechtigt ist, zugute kommt. Schließl ist es auch nicht vorstellb, daß der Täter alle Besonderheiten des AnrMechanismus in seinem Vorsatz aufnimmt, zB die Herstellung der AusschüttungsBel zusätzl zur Normalbesteuerung (vgl § 28 Anm 8 zur alten Fassung des § 29 II S 2, 3). Hier muß auf das ststrafrechtl Schrifttum verwiesen werden. Einführend und weiterleitend *Rainer* in *Streck* (Hrsg), Steuerkontrolle 2, 1984, Tz 528 ff; *Böker* DB 89, 999; *Utech/Meine* wistra 89, 241; *Merkt* BB 91, 313. Aus der Rspr des BGH: BGH 3 StR 242/86 v 29. 5. 87, BB 87, 1855: Die vGa kann den Straftatbestand der Untreue erfüllen; krit *Meilicke* BB 88, 1261; *Reiß* wistra 89, 81, BGH 3 StR 258/88 v 7. 11. 88, BB 89, 611 u 3 StR 335/88 v. 11. 11. 88, BB 89, 974; zu beiden Entscheidungen *Wassermeyer* BB 89,

ABC zur vGa und verdeckten Einlage **150 § 8**

1731 u 1382, der insbesondere auf Differenzen zwischen der Rspr des BGH und des BFH hinweist; dagegen *Eppler* DStR 90, 136; *Buyer* BB 90, 1809; *zu Eppler: Wassermeyer* DStR 90, 158, 161; BGH 3 StR 290/89 v 24. 1. 90, wistra 90, 193: auch die KStErhöhung gehört zum hinterzogenen Betrag; BGH 5 StR 546/92 v 3. 3. 93, StV 93, 308 mit Anm v *Döllerer* BB 93, 1932, betr vGa an den Bereich kommerzielle Koordinierung (KoKo).

2. Die StHinterziehung – auch eine Beteiligung an der StHinterziehung – führt zur **Haftung** für die hinterzogenen Steuern **(§ 71 AO).** Beim Geschäftsführer kann diese Haftungsgrundlage neben §§ 34, 69 AO treten; im übrigen kann nach ihr auch der AntE haften. AntE, insbesondere ausl AntE, müssen diese Haftungsgefahr im Auge behalten, wenn sie der Behauptung oder Feststellung einer erheblichen vGa mit dem „In-Konkursgehen-lassen" der GmbH begegnen wollen. Die Hinterziehung beeinflußt außerdem die stl Verjährung (§§ 169, 171 VII AO), die Bestandskraft (§ 173 II AO) und die Verzinsung (§ 235 AO).

Steuerklauseln

1. Unter Steuerklauseln versteht man Vereinb in Verträgen, durch die besondere stl **Folgen** zivil- und handelsrechtl **geregelt** werden sollen. Hier konzentriere ich mich auf StKlauseln, die die GmbH berühren.

2. Zu **Satzungsbestimmungen,** die das KStR berücksichtigen, s „Satzung der GmbH und KSt".

3. Zu Steuer- und Satzungsklauseln, die die **Folgen vGa** regeln sollen, s § 8 Anm 110 ff.

4. **Anteilskauf:** Der Käufer wird regelmäßig das im verwendb EK ausgewiesene KStGuthaben bewerten und bezahlen. Folgl sollte im Kaufvertrag eine EK-Garantie des Verkäufers aufgenommen werden. In dieser Garantie wird vereinb, daß der Verkäufer nicht nur einen bestimmten Mindestbetrag des gesamten EK, sondern darüber hinaus innerhalb des zu garantierenden Gesamtbetrags eine bestimmte Zusammensetzung nach der kstl Untergliederung garantiert. Vgl *Streck/Mack* BB 92, 1398, 1399; s auch *Hötzel* DStR 93, 712. Werden nach einem Anteilsverkauf vGa der Zeit, zu der noch der Verkäufer AntE war, festgestellt, so erhält der Verkäufer einen zusätzl Vorteil in Höhe von $3/7$ ($9/16$) der vGa. Die StAuswirkungen auf der Seite der GmbH richten sich nach dem verwendb EK. Die vGa kann zu einem Erstattungsanspruch gegenüber dem FA führen, wenn $EK_{45\,(50/56)}$ verwandt wird, oder aber zur AusschüttungsBel, wenn nur noch EK_{02} zur Verfügung steht. Im Interessenabgleich zwischen Käufer und Verkäufer der Anteile steht fest, daß der Veräußerer $3/7$ ($9/16$) mehr auf die vGa erhält. Die vGa selbst ist nicht anzusetzen, da sie im Bilanzbild bereits nicht mehr vorhanden war; sie ist im Kaufpreis berücksichtigt. Daraus folgt: Durch die StKlausel im Veräußerungsvertrag muß sichergestellt werden, daß sich bei festgestellten vGa der Kaufpreis um $3/7$ ($9/16$) der vGa mindert. Dies gilt auch dann, wenn der Erwerber in Folge der vGa eine StErstattung erhält. Denn dies ist nur ein vermeintlicher Vorteil. Der Käufer hat regelmäßig das dem $EK_{45\,(50/56)}$ ausgewiesene KStGuthaben bezahlt. Folglich steht es ihm auch zu, wenn er das Guthaben im Fall der vGa durch einen Erstattungsan-

spruch realisiert. Vgl *Streck/Mack,* BB 92, 1398. Zur Problematik des Erwerbs von Anteilen an einer GmbH, bei der **Hinterziehungstatbestände** vorliegen, s *Streck,* BB 92, 1539.

Steuerstreit
S ABC zu diesem Stichwort und ABC zum Stichwort Betriebsprüfung.

1. Die Auseinandersetzung um vGa ist das wesentl Streitfeld innerhalb der KSt (vgl *Bahlau,* Die Inanspruchnahme der FG durch Streitigkeiten zur KSt, DStZ 86, 576; *Wassermeyer* StbJb 88/89, 231).

2. Die Kenntnis der Bp – insbes der AmtsBp – vom Recht der vGa ist nicht optimal. Insoweit ist stets auch eine genaue rechtl Überprüfung der Ansicht des FA erforderl. Im übrigen ist der Streit um die Annahme einer vGa in erster Linie um den **Sachverhalt** zu führen (zur Bedeutung dieses Streits *Streck,* Der Steuerstreit, 2. Aufl, 1994, Anm 239 ff).

3. Die Anwendung des Maßstabs der Sorgfalt des ordnungsgemäß handelnden Geschäftsleiters, Fragen der Angemessenheit von Entgelten, Fragen im Bereich des Fremdvergleichs, die Fragen des Vorliegens eines Vertrages, seines rechtzeitigen Abschlusses und seiner Durchführung und schließl die Frage der Beherrschung sind Sachverhaltsfragen. Die Auseinandersetzung um die Anwendung u Auslegung des Rechts läßt sich häufig bequemer führen, weil der Schreibtisch kaum verlassen werden muß. Die Sachverhaltsermittlung setzt Gespräche mit dem Mandanten, mit dritten Personen voraus, zwingt zur Durchsicht von Unterlagen, Belegen und Akten. Sie ist mühevoller. Dies ist ein Grund, warum häufig im Rechtl dort gestritten wird, wo der Streit um den Sachverhalt geführt werden sollte. Hinzu kommt, daß manch ein Berater sich dem Mandanten gegenüber mit klugen rechtl Ausführungen eher ins rechte Licht zu setzen glaubt als mit lästigen Fragen zu Sachverhalten, die Jahre zurückliegen. Der Streit soll jedoch stets mit dem Gesicht zum Gegner, nicht mit dem Gesicht zum Mandanten geführt werden.

4. Soweit der Sachverhalt streitig ist, sind dem FA, später auch dem Gericht, Anregungen zur Beweiserhebung zu geben. Unterlagen sind vorzulegen. Auskunftsersuchen müssen angeregt werden. Ggf sind Gutachten zu beschaffen oder das FA zu bitten, Gutachten einzuholen. FA und FG sind aufzufordern, Zeugen zu vernehmen. Auch durch Vorlage schriftl Erklärungen können Vereinbarungen belegt werden (s Anm 123).

5. Das FA ist an die Pflicht des § 364 AO zu erinnern (vgl *Streck* aaO Tz 507 ff). Es muß im Einspruchsverfahren dem Einspruchsführer alle Besteuerungsunterlagen offenlegen. Dazu gehören die Schätzungsgrundlagen der Bp in Fällen der vGa. Wenn die Bp behauptet, eine Pacht in Höhe von DM 40 000 – wie vereinb – sei unangemessen, hingegen eine Pacht in Höhe von DM 20 000 angemessen, so ist das FA zu bitten, diese Behauptung im einzelnen zu belegen. Oft wird die Rechtsbehelfsstelle des FA dabei feststellen, wie dünn die argumentative Ebene der Bp ist. Gerade mit Hilfe des § 364 AO kann manche BpFeststellung als das aufgedeckt werden, was sie ist, nämlich keine begründete Feststellung, sondern eine Behauptung in hoheitlicher Attitüde. Zum Problem der Beweislast s auch Anm 102.

6. Beweislast: S Anm 102.

7. Als **Beraterregel** gilt im Streit um die vGa: Wird, was erforderl ist, der Sachverhalt in den Mittelpunkt des Rechtsstreits gerückt, so wachsen die Erfolgsaussichten von Instanz zu Instanz.

8. Neben den materiellen Streit um die vGa treten **verfahrensrechtl Probleme,** denen noch wenig Aufmerksamkeit geschenkt wurde. Die Umsetzung der vGa in StBescheide geschieht einmal auf der Ebene der GmbH, zum anderen auf der Ebene der Gesellschafter. Beide Ebenen sind nicht wie Grundlagen- und Folgebescheide miteinander verbunden. Die Änderungsmöglichkeiten sind selbständig zu prüfen (BFH BStBl II 93, 569). Es ist denkb, daß festgestellte vGa beim AntE nicht umgesetzt werden können, weil hier keine neuen Tatsachen iSd § 173 Abs 1 Nr 1 AO vorliegen, die bei der KapGes gegeben sind (allein die Ergebnismitteilung des FA der Körperschaft an das FA des AntE ist keine neue Tatsache, BFH aaO); vgl auch FinVerw GmbHR 94, 499. Es ist denkb, daß vGa auch deshalb beim AntE nicht durchgesetzt werden können, weil hier StAnsprüche verjährt sind. Die Bp bei der KapGes führt nicht zur Ablaufhemmung beim AntE.

9. In eine merkwürdige Situation geraten GmbH und AntE bzgl der **StBescheinigung** nach § 44 KStG (vgl *Streck* DStR 91, 1645, 1648). Das FA setzt beim AntE vGa an. Für die Besteuerung und Anr des StGuthabens fordert es die Bescheinigung nach § 44 KStG. Der GmbH-Geschäftsführer muß eine vGa bescheinigen, die er im Einspruchs- und Klageverfahren bestreitet. Aus seiner Sicht ist die Bescheinigung falsch. Er haftet nach § 44 VI KStG. Diese Merkwürdigkeit funktioniert in der Praxis offenbar nur auf der Basis der Fiktion, daß die Ansicht der FinVerw, die im StBescheid ihren Niederschlag findet, richtig ist und erst durch Korrekturbescheide oder finanzgerichtl Urteile falsch wird (sodann folgt das Berichtigungsverfahren nach § 44 V KStG; s § 44 Anm 14). Die Möglichkeit, daß die GmbH mit der Verneinung der vGa recht haben könnte, muß als undenkbar ausgeklammert bleiben.

10. Erfolgen Veranlagungen auf der Seite des AntE ohne Anr des StGuthabens, werden diese Veranlagungen bestandskräftig; wird später eine Bescheinigung vorgelegt, soll die Veranlagung nach § 175 AO änderbar sein (FinVerw 1982 StEK EStG § 32 Nr 15). Es ist zw, ob die Änderungsvorschrift greift. Wo der StPfl ein Interesse an der mögl Erfassung des StGuthabens hat, sollte er auf jeden Fall selbst die Bestandskraft hindern (*Streck* DStR 91, 1645, 1648).

Steuerzahlung

S „Lohnsteuer", „Schuldübernahme, Schuldtilgung".

Zahlt die Körperschaft Steuern (ESt, Kfz-Steuer usw) des AntE, so liegt vGa vor. Anders zB bei einer vollständigen Nettolohnvereinbarung oder bei einer Nettolohnvereinbarung, die sich nur auf bestimmte Nebenleistungen bezieht, zB Pkw, Telefon uä, sofern sie sich innerhalb der angemessenen Gesamtausstattung der Gehaltsabzüge bewegt, s „Dienstverhältnis". Auf KapErtrSt, die die Körperschaft übernimmt, muß wiederum

§ 8 Ermittlung des Einkommens

KapErtrSt gezahlt werden; die 25 vH KapErtrSt erhöhen sich damit auf 33 vH.

Stille Gesellschaft

1. Der AntE kann sich an der eigenen Körperschaft als stiller Gesellschafter beteiligen. Dies ist weitgehend unstreitig (zur Anerkennung einer typisch stillen Beteiligung s BFH BStBl II 83, 563). Bedeutung hat die typ stille Beteiligung innerhalb des „Schütt-aus-Hol-zurück-Verfahrens", s ABC. Problematisch ist die Gewinnbeteiligung. Eine unangemessen hohe Gewinnbeteiligung führt zur vGa.

2. Liegt eine **atyp stille Beteiligung** vor, ist also der AntE Mitunternehmer (zur Abgrenzung von der typ stillen Ges s BFH IV R 1/92 v 27. 5. 93, DB 94, 125; *Paulick/Blaurock,* Handbuch der stillen Ges, 4. Aufl, 1988, 451; *Schwedhelm,* Die GmbH & Still als Mitunternehmerschaft, 1987, 6), so können für die Frage der angemessenen Gewinnverteilung die Grundsätze zur GmbH & Co KG gelten (BFH BStBl II 69, 690 betr typ stille Gesellschaft, „soweit sich nicht aus dem Wesen der stillen Gesellschaft etwas anderes ergibt"; BFH BStBl II 77, 346 betr GmbH & Co KG; ein Gesellschafter war jedoch atyp still beteiligt; er wurde dem Kommanditisten gleich behandelt; *L Schmidt* StbKongrRep 77, 84; *Tillmann* StbKongrRep 78, 291; *Blaurock* BB 92, 1976; aA *Schulze zur Wiesche* GmbHR 79, 33, 62; *Neubert/Weinländer* DB 83, 630 wenden BFH BStBl II 80, 477 an, s u 4., was letztl zu keinem wesentl anderen Ergebnis führt). Soweit bei der Körperschaft Arbeitseinsatz, Haftung und Kap abgegolten sind, ist ihr Gewinnanteil angemessen; die Gewinnbeteiligung des Stillen ist nicht unangemessen. S „GmbH & Co KG". In Abweichung von der GmbH & Co KG sollte bei der GmbH & Still das Haftungsentgelt höher bemessen werden, da der Stille nicht in der gleichen Weise haftet wie der Kommanditist. Bei der Beteiligung an einer GmbH mit bestehendem GewerbeBetr muß bei der angemessenen Gewinnausschüttung der GmbH der Wert dieses Betr einschließl Firmenwert berücksichtigt werden. S weiter *Bornmann* DStZ 83, 407 u auch nachfolgend zur typ stillen Gesellschaft.

3. Liegt eine **typ stille Beteiligung** zwischen Körperschaft und ihrem AntE vor, so ist umstr, ob die **Angemessenheitsmaßstäbe,** die für **FamilienGes** entwickelt sind, Anwendung finden (so *Schulze zur Wiesche* FR 76, 164). ME entspricht die Angemessenheits-Rspr für Familien-Ges nicht der Fragestellung der vGa. Diese fragt nach der Handlungsweise des ordentl handelnden Geschäftsleiters. Maßgebend ist ihm ein Entgelt für KapEinsatz, Arbeitseinsatz und Risikoübernahme. Die **FamilienRspr,** bestimmt durch § 12 EStG, ist **nicht anzuwenden** (BFH BStBl II 80, 477 u bereits FR 75, 537; zust *Döllerer* ZGR 77, 504; BFH BStBl II 69, 690 will sogar bei der typ GmbH & Still die GmbH & Co KG-Grundsätze anwenden, „soweit sich nicht aus dem Wesen der stillen Gesellschaft etwas anderes ergibt").

4. Die **Angemessenheit** bei der typ stillen Beteiligung bestimmt sich im Einzelfall nach den erbrachten Kapitalleistungen und deren Verzinsung, den Risiken, dem Arbeitseinsatz, den Ertragsaussichten und der Dringlich-

keit des Kapitaleinsatzes (BFH BStBl II 80, 477; BFH/NV 87, 326 u BStBl II 92, 59 bestätigen; dazu *Heinemann* KÖSDI 80, 3890; HFR Anm 80, 564; *Döllerer* ZGR 81, 560; *Bitsch* GmbHR 83, 56). Angemessen ist mE folgende Gewinnverteilung: Zuerst sind KapVerzinsung und die Risiken der GmbH aus ihrer Haftung sowie ihre Tätigkeit zu vergüten. ME ist zweifelhaft, ob dieser Vorab bei der typ stillen Beteiligung unbedingt erforderl ist; er ist bei der Vereinbarung einer typ stillen Beteiligung mit natürl Personen unübl (dagegen auch *Tillmann* StbKongrRep 78, 296). Dennoch ist er zu empfehlen, um die Gefahr einer vGa auf jeden Fall abzuwenden. Zur Höhe: *Felix* StKongrRep 71, 230 hält 20 vH des StammKap bei der Neugründung der GmbH & Still (Neugründung der GmbH und der stillen Beteiligung) für ausreichend; um sicherzugehen, empfehle ich eher 30 vH. Beteiligt sich der Stille an einem bereits bestehenden und mit fester Marktposition arbeitenden Unternehmen der GmbH, so empfiehlt sich als Vorab ein bestimmter Prozentsatz des Gewinns (zB 10–20 vH). Für die Verteilung des Restgewinns ist das Verhältnis zwischen Verkehrswert des GmbH-Vermögens und dem Nennwert der stillen Beteiligung entscheidend (vgl auch BFH BStBl II 80, 477 mit Berechnung des Unternehmenswerts; und diese Rspr fortsetzend BFH/NV 87, 326 u BStBl II 92, 59). Wird eine GmbH & Still aus einem Einzelunternehmen ausgegründet, ist es nicht fehlerhaft, den Wert des von der GmbH betriebenen Unternehmens aus dem Wert des Einzelunternehmens abzuleiten (BFH/NV 87, 263). Es darf also nicht in jedem Fall auf das StammKap der GmbH abgestellt werden. Wie hier *Tillmann* StbKongrRep 78, 295 ff. Der Gewinn ist vor KSt der GmbH zu verteilen, da bei der stillen Beteiligung am Einzelunternehmen die ESt auch nicht mindernd berücksichtigt wird; wird der Gewinn nach KSt verteilt, muß der Anteil des Inhabers (GmbH) rund doppelt so hoch sein (vgl *Döllerer* ZGR 81, 560). Die Beurteilung der Angemessenheit ist eine Einzelfallentscheidung; zB ist auch das Kapitalbedürfnis von Bedeutung (*Mittelbach* Inf 76, 537); bei späteren Einlageerhöhungen kann eine geringere Gewinnbeteiligung richtig sein (*Henninger* StRKAnm KStG § 6 I S 2 R 207 (1976)). Einer besonderen Prüfung bedarf es auch, ob und in welchem Umfang der Stille an Beteiligungserträgen der KapGes aus Zeiten vor der Beteiligung des Stillen beteiligt ist (vgl BFH BStBl II 84, 384). In BFH BStBl II 71, 600 billigt der BFH eine Gewinnbeteiligung von 25 vH des Gewinns, ohne daß die Berechnungsgrundlagen im einzelnen deutl werden; bemerkenswert ist, daß die Gewinnbeteiligung auf 25 vH des Gewinns, nicht aber auf einen Verzinsungsbetrag hinsichtl der Einlage begrenzt wird. Zur Angemessenheitsberechnung s auch FG Münster EFG 80, 597. Zu einer weiteren eigenwilligen Angemessenheitsberechnung s FG Berlin EFG 78, 287. FG Hbg EFG 86, 86 reduziert eine 20%ige Gewinnbeteiligung des Stillen auf 12%. Eine Mindestverzinsung, die 25% der Einlage nicht übersteigt, steht der Anerkennung der stillen Ges nicht entgegen (FG RhPf EFG 87, 521). Auch die Einwilligung in benachteiligende Vertragsänderungen kann eine vGa auslösen (BFH/NV 93, 386). Zum maßgebenden Zeitpunkt s Anm 83 ff.

Inwieweit die Rspr zur „Mindestausstattung" (Anm 65) die Angemessenheitsfrage tangiert, ist noch nicht abzusehen.

5. Bei einer stillen Ges mit dem **beherrschenden AntE** muß der Vertrag über die stille Ges den bes Anforderungen des klaren, rechtzeitigen und durchgeführten Vertrags erfüllen (Anm 120 ff). Eine Höchstbegrenzung des Gewinns ist nicht ausreichend (BFH/NV 90, 63). Zu dem rechtzeitigen Abschluß im Fall der Einbringung s Anm 134 u „Umwandlungsvorgänge" und BFH BStBl II 84, 384.

Strafen
S „Schuldübernahme, Schuldtilgung", „Strafverteidiger".
Die Übernahme von Strafen und Geldbußen für Gesellschafter-Geschäftsführer ist Arbeitslohn, wenn das Delikt mit dem Dienstverhältnis zusammenhängt; die Erstattung ist in die Gesamtausstattung des Geschäftsführers (oder Angestellten) einzubeziehen; s „Dienstverhältnis". Hat das Delikt keinen Bezug zum Dienstverhältnis, liegt vGa vor.
Keine vGa, wenn sich die Strafe oder Geldbuße unmittelb auf die Körperschaft bezieht.

Strafverteidiger
S „Schuldübernahme, Schuldtilgung", „Schwarzgelder", „Steuerhinterziehung", „Strafe".
Die Übernahme von Strafverteidigerkosten für einen AntE muß nicht zur vGa führen. Die Übernahme ist häufig betriebl bedingt, zB wenn die Verurteilung des Gesellschafter-Geschäftsführers die Körperschaft selbst trifft, zB durch Forderungsverlust (s Hess FG EFG 63, 31), oder wenn bei einem Steuerfahndungsverfahren gegen die AntE die Besteuerungsgrundlage der Ges Gegenstand des Ermittlungsverfahrens ist. Oft ist in diesen Fällen nach den Grundsätzen des „gemischten Interesses", s Anm 95, eine Aufteilung notwendig.

Stromlieferung
Verbilligte Stromlieferung als vGa s BFH BStBl II 70, 526.

Studienfahrt
S „Dienstverhältnis", „Kongreß", „Reisekosten".
Aufwendungen für die Studienfahrt eines AntE als vGa s BFH BStBl II 72, 361.

Studium
S „Ausbildung".

Stuttgarter Verfahren
Beim Ertragshundertsatz sind vGa einzubeziehen (A 7 I VStR). Dies kann mE nur für vGa aufgrund unangemessener Entgelte, nicht für vGa aufgrund nicht rechtzeitiger, klarer und durchgeführter Vereinbarungen beim beherrschenden AntE richtig sein, da die vGa (aufgrund angemessener Entgelte) im letzteren Fall den Gewinn der Ges wirtschaftl nicht beeinflußt; vgl KÖSDI 82, 4655.

Subunternehmer
Zur Möglichkeit einer GmbH, ihren Gesellschafter als Subunternehmer einzusetzen, s BFH I R 127/94 v 12. 10. 95 BB 96, 466; das Urteil ist eine der Entscheidungen, die sich mit dem Thema Geschäftschance und vGa befassen; dazu „Wettbewerbsverbot und Betriebsabgrenzung".

ABC zur vGa und verdeckten Einlage 150 § 8

Tageszeitung
S „Zeitung".

Tantieme
S „Dienstverhältnis".

Tätigkeitsvergütungen
S „Dienstverhältnis".

Tausch
S auch „Lieferverkehr".
Da der Tausch zwei Lieferungs- oder Leistungsgeschäfte enthält, gelten für jedes Geschäft die vGa-Regeln. S *Wichmann* Stbg 92, 165 zum Zeitpunkt der vGa im Fall des Tauschs. Nur wenn Leistung und Gegenleistung einander entsprechen, entfällt eine vGa. S zum Vorteilsausgleich Anm 92f.

Teilbetriebsveräußerung
S „Betriebs-, Teilbetriebsveräußerung".

Teilbetriebsverpachtung
S „Betriebs-, Teilbetriebsverpachtung".

Teilhaberversicherung
Prämien für Teilhaberversicherungen, die den Überlebenden in den Stand versetzen sollen, den Anteil des Verstorbenen zu erwerben, sind vGa; hier wird ein Risiko auf der Ebene der AntE versichert (RFH RStBl 33, 78), anders, wenn Begünstigte die KapGes ist (FG D'dorf EFG 95, 176).

Telefongebühren
S „Bagatellaufwendungen".

Terroristenschutz
Die Aufwendungen einer Körperschaft für den persönl Schutz ihrer AntE sind grundsätzl vGa. Ist der AntE gleichzeitig Geschäftsführer oder Vorstandsmitglied, so wird der Schutz aufgrund der Geschäftsführer- oder Vorstandsposition gewährt. Dies ist im Interesse der Körperschaft; mE folgl keine vGa.

Tigerfall
Der Tigerfall stammt von *Scholtz* FR 90, 350: die Katz + Tierhandlung GmbH will ihrem Seniorchef einen Tiger zum 70. Geburtstag schenken. Der Juniorchef kauft ihn für die Gesellschaft und versteckt ihn bis zu dem freudigen Ereignis. Drei Tage vor dem Geburtstag stirbt der Tiger. Ersatz- oder Versicherungsansprüche hat die Gesellschaft nicht. Trotz der „privaten" Motivation sollen die Aufwendungen nach *Scholtz* aaO und *Thiel* DStR 93, 1803 BetrAusgaben darstellen. Bedenklich.

Treuhandanstalt
S „DDR", „Öffentliche Hand".
Zum Problem der vGa bei unentgeltl Übertragungen im Rahmen des Umstrukturierungsauftrags der Treuhandanstalt s *Döllerer/Raupach* DB 93, Beil. 11.

Treuhandschaft
S „Wirtschaftl Eigentum".
Erwirbt ein AntE oder ein Nahestehender ein WG in Treuhandschaft für die Körperschaft ohne unangemessenen Vorteil, so liegt keine vGa vor; angemessene Treuhandgebühren führen nicht zur vGa. Ist umgekehrt die Körperschaft Treuhänderin, muß sie Treuhandgebühren berechnen, um eine vGa zu vermeiden. Geht ein WG aus dem zivilrechtl Eigentum der Körperschaft in das Eigentum des AntE über, der es treuhänderisch für die Körperschaft hält, ist dieser Übergang des WG als solcher keine vGa. Soll die GmbH treuhänderisch für ihren AntE tätig werden und behandelt sie die Forderungen und Verbindlichkeiten der Treuhandgeschäfte wie eigene, ist das Treuhandverhältnis nicht durchgeführt (BFH BStBl II 88, 25).

Trinkgelder
S „Bagatellaufwendungen".

Überstundenvergütung
S „Dienstverhältnis".
Überstundenvergütungen sind auch bei Gesellschafter-Geschäftsführern denkbar (positiv bzgl Zuschläge nach § 3 b EStG FG RhPf GmbHR 97, 134), aber eben sowohl für nicht beherrschende als auch für beherrschende Gesellschafter-Geschäftsführer untypisch; zu den sehr strengen Anforderungen siehe FG Münster 95, 1116; FG Köln EFG 96, 341; FG BaWürt EFG 96, 157; FG Nürnberg GmbHR 97, 37 mit Anm v *Koller* DStR 96, 1806. VGa im übrigen, wenn die Überstundenvergütungen das Gehalt übersteigen und der Gewinnabsaugung dienen (FG Saarl EFG 94, 939). Zur Problematik siehe auch *Natschke* BB 96, 771.

Umlageverträge
S „Konzernumlage".

Umsatzsteuer
1. Die Umsatzbesteuerung der vGa bei Leistungsbeziehungen zwischen Gesellschaft und Gesellschafter kann sich nach § 1 I Nr 3 UStG oder § 1 I Nr 2 UStG richten. Nr 3 war ursprüngl ua für die vGa geschaffen worden. Nachdem jedoch später der V. Senat des BFH seine Rspr geändert hat, kann die vGa auch unter § 1 I Nr 2 UStG subsumiert werden (so auch A 31 X KStR; auch BFH BStBl II 92, 359 läßt offen, ob Nr 2 oder 3 anzuwenden ist). Ausführl zur UStProblematik *Janzen* in *D/E/J/W* § 10 Anm 22 aff (Nov 94) u zur Abgrenzungsproblematik *Reiss* UR 90, 243. Verzicht auf Schadensersatz ist nicht umsatzsteuerbar (BFH/NV 94, 202).

2. Die vGa umfaßt diese USt. Eine Hinzurechnung nach § 10 Nr 2 KStG ist nicht erforderl (BFH BStBl II 92, 359; *Sarrazin* GmbHR 86, 93; *Reiss* DB 90, 1936; A 31 X KStR). Folge dieser Qualifikation: Die KSt auf die USt ist nicht definitiv; sie geht in die aus dem $EK_{45 \ (50/56)}$ abfließende Ausschüttung ein und gelangt damit zur Anr (*Sarrazin, Reiss* aaO). Negative Folge: Die USt kann der Feststellung einer vGa nicht an den AntE mit der Maßgabe berechnet werden, daß er sie als

Vorsteuer abziehen kann. Dies ist heute eindeutig der Fall, soweit § 1 I Nr 2 UStG Anwendung findet. Kann die vGa unter § 1 I Nr 3 UStG subsumiert werden, ermöglicht heute § 14 I UStG den Vorsteuerabzug. Die Abgrenzungsfrage (oben 1) entscheidet damit über die Vorsteuerabzugsberechtigung (vgl *Reiss* DB aaO). Greift die Mindestbemessungsgrundlage nach § 10 V UStG, ist auch der Vorsteuerabzug mögl (§ 14 I UStG).

Umwandlungsvorgänge
S „Prüfungskosten".

1. Die Umwandlung ist ein **organisationsrechtl Akt,** der als solcher eine vGa nicht auslöst (Anm 65).

2. Problematik des § 20 VII UmwStG. Diese Vorschrift gilt nicht für Entnahmen und Einlagen (§ 20 VII S 2 UmwStG); auf diese Weise soll vermieden werden, daß Entnahmen als vGa besteuert werden. Nach der Rspr des BFH gilt im übrigen die Rückwirkung des § 20 VII UmwStG nicht für Verträge. Diese gelten nur dann ab dem Umwandlungsstichtag, wenn sie zu diesem Zeitpunkt bereits vereinb waren (BFH BStBl II 87, 797). Eine Durchführung des Vertrags liegt nicht vor, wenn nach dem Umwandlungsstichtag nicht der rechtzeitig abgeschlossene Geschäftsführervertrag, sondern die allg Entnahmeregeln der umgewandelten PersGes angewandt werden (BFH BStBl II 86, 880). Nach dem Umwandlungsstichtag, aber vor der Eintragung der Umwandlung rückwirkend vereinb Zuwendungen an den Gesellschafter, die kstl vGa wären, sind im Rahmen des § 20 VII UmwStG als Entnahme zu behandeln (BFH BStBl II 87, 792). S zu dieser Problematik weiter *Streck/Schwedhelm* BB 88, 1639 u *Schulze zur Wiesche* BB 92, 1686.

3. Überbewertung von **eingebrachtem BetrVerm:** Eine vGa liegt dann vor, wenn die KapGes dem AntE einen VermVorteil zuwendet. Erhält der AntE als Gegenleistung für die WG ausschließl die Anteile, so können die Anteile nicht mehr wert sein als eben die eingebrachten WG. Eine vGa scheidet aus. Anders, wenn der AntE zusätzl sonstige Gegenleistungen, etwa ein Darlehen, erhält. Ist der Wert des Darlehens höher als der Wert der Gegenleistung, dann liegt eine vGa vor (vgl *Streck/Schwedhelm* aaO).

Unberechtigte Entnahmen
S Anm 80.

Unterschlagung
Unterschlagung durch AntE oder GesGeschäftsführer s Anm 80.

Unterstützungskasse
Zuführungen an die Unterstützungskasse, die bei einer Konzernkasse einer SchwesterGes zugute kommen, sind vGa (BFH BStBl III 65, 27; A 36 KStR).

Urheberrechte
S „Immaterielle Wirtschaftsgüter".

Urlaubsabgeltung
S „Dienstverhältnis".
Urlaubsabgeltung ist keine vGa; sie verstößt nicht gegen das Rückwirkungsverbot (BFH BStBl II 69, 327; II 73, 322; Anm 135). FG Münster EFG 95, 1116 nimmt allerdings bereits dann eine vGa an, wenn die Urlaubsabgeltung vorgezogen wird.

Urlaubsgeld
S „Dienstverhältnis".
Auch das Urlaubsgeld muß rechtzeitig vereinbart sein, wenn der Empfänger beherrschender GesGeschäftsführer ist (FG Nds GmbHR 91, 341). Fragl ist, ob es ausreicht, wenn das Urlaubsgeld vor seiner Zahlung vereinbart wird oder ob eine Vereinbarung am Jahresbeginn notwendig ist. Der BFH richtet das Urlaubsgeld dem Jahresentgelt zu, so daß jede Vereinbarung im Laufe des Jahres zu einer anteiligen vGa führt (vgl BFH BStBl II 92, 434; s Anm 132). S „Weihnachtsgeld".

Verdecktes Stammkapital
S Anm 42.

Verein
S Anm 63, 66, 67.

Verfügungsbeschränkung
S „Geschäftsanteile".
Zahlt die Körperschaft ein Entgelt an den AntE, weil er in der Verfügung über den Anteil beschränkt ist, so liegen nur dann keine vGa vor, wenn die Verfügungsbeschränkung der Körperschaft nützt (RFH RStBl 32, 548). Ist die Beteiligung einer inl GmbH an einer kanadischen Ges durch Vorzugsaktien rechtsbeschränkend gestaltet, so kann eine vGa vorliegen, wenn dies in einer Unternehmensgruppe geschieht und hierdurch die MutterGes begünstigt wird (FG D'dorf EFG 78, 40, rkr).

Vergleichsverfahren
S „Sanierung".
Nimmt die Körperschaft an einem Vergleichsverfahren des AntE teil, so ist der Forderungsverzicht regelm keine vGa, wenn die Körperschaft wie andere Gläubiger handelt. VGa mag nur vorliegen, wenn die Körperschaft bewußt das Vergleichsverfahren benutzt, um dem AntE einen Forderungserlaß „zuzuschieben".

Verlagsrecht
S „Immaterielle Wirtschaftsgüter".

Verlustbetriebe
S „Liebhaberei", „Risikogeschäfte".
Die Einbringung von Verlustbetrieben in eine GmbH soll nach Verw-Ansicht im Einzelfall zur vGa in Höhe des Verlustes führen. ME abzulehnen. Entweder ist der VerlustBetr als stl EinkQuelle anzusehen, dann gelten für ihn keine Besonderheiten; oder er gelangt von Beginn an nur in den außerbetriebl Bereich, s Anm 28, dann liegt keine vGa vor; s „Liebhaberei". Zu Verlustbetrieben der öffentl Hand s § 4 Anm 15 f, 38.

ABC zur vGa und verdeckten Einlage 150 § 8

Verlustübernahme
Die Übernahme eines Verlustes durch eine GmbH zugunsten des AntE, zB aus einer KG, an der die GmbH als Kommanditist, der AntE als Komplementär beteiligt sind, kann vGa sein (vgl FG Freiburg EFG 63, 420). Verlustübernahme als Einlage s Anm 38. Zur Übernahme eines Verlustes der KapGes durch den AntE außerhalb der Organschaft s § 14 Anm 102.

Verlustvermeidung
und Gefahren der vGa s ABC „Verluste".

Vermietung und Verpachtung
S „Bauten auf fremdem Grund und Boden", „Betriebs-, Teilbetriebsverpachtung", „Einfamilienhaus", „Erschließungskosten".

1. Ein **Miet- oder Pachtvertrag** muß vorliegen. Er kann auch mündl vereinbart sein. Verstoß gegen § 566 S 1 BGB (Schriftform bei Mietvertrag über ein Grundstück mit einer Laufzeit von mehr als einem Jahr) führt nicht zur Unwirksamkeit des Mietvertrages (§ 566 S 2 BGB). Schriftform ist jedoch zu empfehlen.

2. Die Körperschaft muß an ihren AntE zu einem **angemessenen Miet- oder Pachtzins** vermieten oder verpachten; verpachtet oder vermietet der AntE an die Körperschaft, darf er nur eine angemessene Miete oder Pacht erhalten. Maßgebend ist die Miete oder Pacht, die ein ordnungsgem handelnder Geschäftsleiter (s Anm 65, 88) mit einem fremden Dritten vereinbaren würde. Soweit auch für den ordnungsgem handelnden Geschäftsleiter Vergleichsmieten mit fremden Dritten vorliegen, sind diese maßgebend, selbst wenn eine Schätzung nach Verzinsungs- und Kostengesichtspunkten zu einer anderen Miete oder Pacht führen würde. Für die Frage der Angemessenheit ist der gesamte Miet- bzw Pachtvertrag zu berücksichtigen einschl aller Nebenabreden und der KostentragungsPfl; ebenso eine etwaige Risikoübernahme durch den Mieter (BFH BStBl III 51, 12). Bei der Beurteilung ist nicht nur auf ein Jahr abzustellen (BFH BStBl III 51, 12 betr Vermietung durch Wohnhaus GmbH). Falls keine Vergleichsmiete oder -pacht vorliegt, ist eine Schätzung erforderl (BFH BStBl II 72, 594). Von einer Kündigungsmöglichkeit muß ggf Gebrauch gemacht werden (BFH BStBl II 89, 249). Ist die Anschaffung des gemieteten Gegenstands mögl und kostengünstiger als die Anmietung, so kann die Anmietung Indiz für eine vGa sein (BFH/NV 87, 265). Zahlt die Körperschaft an den AntE eine Pacht, so ist diese nur angemessen und daher anzuerkennen, wenn die Körperschaft den gepachteten Gegenstand auch tatsächl nutzt oder gebraucht; alleine der Abschluß eines Pachtvertrages ist nicht ausreichend (BFH 1963 StRK KStG § 6 I S 2 R 93). Wird stadtnah landwirtschaftl Gelände erworben und für Baumschulzwecke verpachtet, so kann die Angemessenheit nicht aus der Verzinsung des eingesetzten Kapitals hergeleitet werden (FG BaWürt EFG 78, 569). Betriebl nicht bedingte Übernahme von Erschließungskosten des gemieteten Grundstücks durch die GmbH zugunsten des AntE als vGa s FG Saarl EFG 87, 137.

3. Zu **Bauten** auf **fremdem Grund** und **Boden** s zu diesem Stichwort.

267

§ 8   150   Ermittlung des Einkommens

4. Wird der gemietete oder gepachtete Gegenstand **gleichzeitig** von der **Körperschaft** und dem **AntE genutzt,** so ist die abgegrenzte oder sich überlagernde Doppelnutzung bei der Frage der Angemessenheit zu berücksichtigen. ME ist in diesen Fällen stets aufzuteilen, notfalls im Schätzungsweg; vgl Anm 95 zum gemischten Interesse.

5. Bei Miet- oder Pachtverhältnissen zwischen der Körperschaft und dem **beherrschenden AntE** müssen rechtzeitig klare und durchgeführte Verträge vorliegen (Anm 120 ff). Fehlt in dem Mietvertrag eine Detailregelung, so können allenfalls Zahlungen im Rahmen der fehlenden Detailregelung als vGa qualifiziert werden; der Vertrag bleibt grundsätzl anerkannt (vgl Anm 121). Insbesondere zur Durchführung der Mietverträge s Anm 137.

Verrechnungskonto
S „Darlehen".

Verschmelzung
Die Verschmelzung ist ein organisationsrechtl Akt, der als solcher eine vGa nicht auslöst (Anm 65).

Versicherung
S „Direktversicherung".
Die Übernahme von Versicherungskosten zugunsten eines Angestellten-AntE ist in die Angemessenheitsprüfung einzubeziehen (s „Dienstverhältnis"); bei beherrschenden AntE ist eine rechtzeitige klare Vereinb notwendig; vgl *Kröller* GmbHR 86, 195.

Versicherungsunternehmen
Schrifttum: *Knocks,* Möglichkeiten und Grenzen der vGa bei VVaG, Wpg 79, 128; dazu auch *Mies* Wpg 80, 213; *Knocks* Wpg 80, 245.

Die Nichterhebung ausreichender Beiträge oder die Erstattung von Beiträgen über § 21 hinaus ist vGa, sofern der Versicherte gleichzeitig Gesellschafter oder Mitglied − Beispiel: VVaG − ist (BFH BStBl III 63, 244; II 69, 12; II 76, 731; II 92, 429 u Vorinstanz FG Hbg EFG 90, 443). Das versicherungstechnische und das nichtversicherungstechnische Geschäft sind sorgfältig voneinander abzugrenzen; Verrechnungen zu Lasten des nichtversicherungstechnischen Geschäfts zugunsten des versicherungstechnischen Geschäfts sind vGa (BFH BStBl II 69, 12). Verrechnungen innerhalb des technischen Versicherungsgeschäfts sind keine vGa (FG Nds EFG 74, 75 betr Verlustausgleich durch Auflösung einer Schwankungsrückstellung; insoweit ihrem Grunde nach durch die Revisionsentscheidung BFH BStBl II 76, 731 nicht berührt). VGa liegt zeitl dann vor, wenn ein VVaG beschließt, Verluste des versicherungstechnischen Geschäfts mit anderen Erträgen oder Rücklagen auszugleichen (BFH BStBl II 76, 731; II 92, 429). Die FinVerw wendet die Rspr an (FinVerw 1980 StEK KStG 1977 § 8 Nr 19; 1981 Nr 28 mit von BFH BStBl II 92, 429 anerkannter 3-Jahres-Regelung). Zw ist, ob die Unterscheidung hinsichtl der verschiedenen Sparten dem vGa-Recht entspricht; abl mit beachtl Gründen *Knocks* aaO; dagegen allerdings BFH BStBl II 92, 429 u *Mies* aaO.

Versorgungsbetriebe
S § 4 Anm 18.
Vertragschancen
Aufgabe einer Vertragschance s „Kaufangebot".
Vertragskosten
S „Gründungskosten".
Vertrags- und Beratungskosten sind grundsätzl von dem Auftraggeber des Kostengläubigers zu bezahlen. Oft enthalten die Verträge jedoch Kostentragungsregelungen. Bei Verträgen zwischen der Körperschaft und dem AntE kann zw sein, ob stl die durch die Beauftragung oder Vereinbarung gewählte KostentragungsPfl für Vertrags- und Beratungskosten anzuerkennen ist. Die GmbH wird die Kosten tragen können, die auch ein ordnungsgem handelnder Geschäftsführer übernommen hätte, zB Notar- und Beratungskosten der GmbH-Gründung. Bei einem Kaufvertrag über größere Objekte trägt häufig der Käufer die Vertragskosten. Evtl kommt eine Aufteilung nach den Grundsätzen des gemischten Interesses, s Anm 95, in Betracht (glA *Henninger* GmbHR 77, 45).
Vertretertätigkeit
S „Handelsvertreter-GmbH".
Erhält der GesGeschäftsführer von dritter Seite für die Vermittlung von Geschäften der Körperschaft Provisionen, so liegt eine vGa vor, wenn die Tätigkeit zur Geschäftsführertätigkeit zählt und diese angemessen entlohnt wird (BFH BStBl III 60, 102). Eine klare Vereinbarung kann die Verhältnisse auch anders gestalten. Der Geschäftsführer kann einen fremden Agenten oder Vertreter ersetzen; dann steht ihm auch eine Provision zu (vgl BFH BStBl II 72, 949). S „Wettbewerbsverbot u Betriebsabgrenzung" zur Frage der klaren Abgrenzung u der Befreiung vom Wettbewerbsverbot. Das Geschäftsführergehalt kann auch so gering bemessen sein, daß es abredegemäß durch derartige Provisionen aufgefüllt werden kann, um insgesamt zu einer angemessenen „Gesamtausstattung" zu gelangen.
Zur Einlage eines Vertreterrechts in eine GmbH s FG Köln EFG 96, 1019.
Vertreterversammlung
S „Gesellschafterversammlung".
Vertriebsgesellschaft
S „Lieferverkehr".
Verzicht auf Anspruch oder Recht
S „Einlagen", „Forderungsverzicht", „Kaufangebot".
VVaG
S „Gesellschafterversammlung", „Versicherungsunternehmen".
Währungsrisiko
S hierzu Tz 4. „Verwaltungsgrundsätze", Anm 99.
Ein Aufwertungsgewinn muß dort anfallen, wo er auch bei fremden Dritten angefallen wäre (FG Münster EFG 79, 512).
Waisenrenten
S „Pensionszusage".

Warenentnahme
S „Entnahme", „Unberechtigte Entnahme".
Das dort Gesagte gilt entsprechend.

Warentermingeschäfte
S „Risikogeschäfte".

Warenverkehr
S „Lieferverkehr".

Warenzeichen
S „Immaterielle Wirtschaftsgüter".

Weihnachtsgeld
S „Dienstverhältnis".
Bei beherrschenden GesGeschäftsführern oder -Angestellten muß eine klare, eindeutige und rechtzeitige Vereinbarung (s Anm 120 ff) vorliegen. Zw ist, ob die Vereinbarung im Dezember vor Auszahlung des Weihnachtsgelds ausreicht, um das Rückwirkungsverbot nicht zu verletzen. BFH BStBl II 92, 434 rechnet das Weihnachtsgeld dem Jahresentgelt zu und behandelt es wie eine Tantieme (s Anm 132). Folge: Die Vereinbarung ist zum Jahresbeginn notwendig. Eine spätere Vereinbarung führt zur anteiligen vGa (glA FG D'dorf GmbHR 90, 57 u FG Saar EFG 90, 196).

Werbung
S „Lieferverkehr".
Die Kosten der Werbung muß grundsätzl derjenige tragen, dem der Vorteil der Werbung zufällt; trägt die GmbH die Kosten der Werbung für den AntE, so kann vGa vorliegen (BFH BStBl II 69, 14 betr Fensterwerbung). Die Tendenz der FinVerw geht dahin, die Werbungskosten den Produktionsunternehmen zuzurechnen; vgl auch DStPr 1983 KStG § 8 vGa Nr 16; Tz 3.3. „Verwaltungsgrundsätze", Anm 99; s auch Lieferverkehr.

Wertpapiergeschäfte
S „Risikogeschäfte".

Wettbewerbsverbot und Betriebsabgrenzung
S „Dienstverhältnis".

1. Schrifttum: Zur **aktuellen Rechtsprechung:** *Korn/Herff* KÖSDI 96, 10858; *Buyer* GmbHR 96, 98; *Gosch* DStR 95, 1863; *Pezzer* FR 95, 905; *Hoffmann* GmbHStB 97, 75; *Schwedhelm* in *Mack/Olbing/Podziech/Schwedhelm/Streck,* GmbH in Bedrängnis, 1996, 43, 57; zur **früheren Rechtsprechung** s Vorauflage.

2. Seit langem verlangte die Rechtsprechung bei einer konkurrierenden Tätigkeit des beherrschenden Gesellschafter-Geschäftsführers außerhalb der GmbH eine im voraus getroffene klare Vereinbarung über die **Abgrenzung der Tätigkeiten** beider Gesellschaften. Fehlte eine solche Abgrenzung, wurde die Tätigkeit außerhalb der GmbH steuerlich der GmbH zugerechnet. Da sie dort nicht erfaßt war, handelte es sich um vGa (s BFH BStBl III 66, 123; II 71, 68, 352; II 81, 448; II 83, 487).

3. Mit BFH BStBl II 87, 461 ist die Rechtsprechung einen Schritt weiter gegangen. Verstößt ein Gesellschafter-Geschäftsführer gegen das zivilrechtl **Wettbewerbsverbot** und verzichtet die GmbH auf die Geltendmachung ihres Anspruchs auf Schadensersatz bzw. Vorteilsherausgabe, so lag nach der Rechtsprechung des BFH eine vGa vor (BFH BStBl II 89, 633, 636, 673; II 90, 595). Vermieden wurde die vGa nur, wenn eine wirksame Befreiung vom Wettbewerbsverbot vorlag. Dabei ging die Rechtsprechung des BFH davon aus, daß die GmbH die Befreiung in der Regel nur dann erteilen wird, wenn sie hierfür eine angemessene Vergütung erhält. Verzichtet die GmbH hierauf, konnte auch dies eine vGa sein. Zu der **gesamten** breit diskutierten **Problematik** und den **Erlassen** der **FinVerw** s die **Vorauflage** sowie FG München EFG 95, 762 – Rev I R 58/95; FG Nds EFG 95, 848.

4. Mit Urteil I R 155/94 v 30. 8. 95 (DStR 95, 1873; bestätigt und fortgeführt in BFH I R 127/94 v 12. 10. 95 DStR 96, 337; I R 45/95 v 22. 11. 95 BFH/NV 96, 645; I R 97/95 v 11. 6. 96, DStR 96, 1769; I R 149/94 v 13. 11. 96 DB 97, 506; I R 26/95 v 18. 12. 96, DStR 97, 575; I R 126/95 v 13. 11. 96, BB 97, 1241) hat der BFH seine **Rechtsprechung grundlegend geändert** (s dazu *Gosch* DStR 97, 442; *Wassermeyer* DStR 97, 681; *Höpken* DB 97, 702; *Weisser* GmbHR 97, 429): § 8 Abs 3 S 2 KStG **erlaubt nicht**, die von einem Gesellschafter im eigenen Namen und für eigene Rechnung ausgeübte Tätigkeit und die daraus erzielten **Einkünfte** der GmbH **zuzurechnen**, selbst wenn sie dem Unternehmensgegenstand der GmbH unterfällt (DStR 95, 1873; DStR 96, 337; BFH/NV 96, 645; BFH DB 97, 506). Gegen einen **Alleingesellschafter** besteht – zumindest solange er der GmbH kein Vermögen entzieht, das zur Deckung des Stammkapitals erforderlich ist – kein Schadensersatzanspruch wegen einer konkurrierenden Tätigkeit, da der Alleingesellschafter **keinem Wettbewerbsverbot** gegenüber seiner Gesellschaft unterliegt (BFH DStR 95, 1873 unter Hinweis auf BGHZ 122, 333 = GmbHR 1993, 427). Selbst bei einem vertraglichen Wettbewerbsverbot für den Gesellschafter und/oder Geschäftsführer besteht bei Verstoß kein Schadensersatzanspruch gegen den Alleingesellschafter–Geschäftsführer (BFH DStR 95, 1873, DB 97, 506 u BB 97, 1241 unter Hinweis auf BGH NJW 93, 193). Entsprechendes gilt für eine **mehrgliedrige GmbH,** wenn die Gesellschafter gemeinschaftlich und in Ausübung gleichgerichteter Interessen handeln (BFH DB 97, 506).

5. Das **Fehlen** eines zivilrechtlichen **Schadensersatzanspruchs schließt** die Annahme einer **vGa** durch Gewinnverlagerung zu Lasten der GmbH jedoch **nicht aus** (BFH DB 97, 506). Dabei ist zu differenzieren, ob der Gesellschafter(-Geschäftsführer) als Subunternehmer für die GmbH oder für Dritte tätig wird. Bei Aufträgen, die der Gesellschafter(-Geschäftsführer) als **Subunternehmer** ausführt, handelt es sich um **Geschäftschancen** der GmbH. Ob die Ausführung des Geschäfts durch den Gesellschafter als Subunternehmer zur vGa führt, richtet sich nach dem Maßstab des ordentlichen und gewissenhaften Geschäftsleiters: War die Gesellschaft personell, finanziell und sachlich in der Lage, den Auftrag selbst auszuführen oder war es kostengünstiger, einen Dritten zu beauftragen? Hierbei ist mit entscheidend, ob die an den Gesellschafter als Subunternehmer vergebene Tätigkeit nicht bereits zu seinen Geschäftsführeraufgaben gehörten (BFH DStR 96, 337; DB 97, 506). Soweit der Gesellschafter-Geschäftsführer **von Dritten** beauftragt wird oder **mit Dritten** ein Geschäft abschließt, kann eine vGa nur angenommen werden, wenn konkrete Anhaltspunkte dafür festgestellt werden, daß der Gesellschafter hierbei Geschäftschancen der GmbH ausnutzt. Dabei können die Geschäftschancen nicht nach formalen Kriterien (etwa nach dem Unternehmensgegenstand) zugeordnet werden. Es besteht auch kein Gebot der Aufgabenabgrenzung (BFH DB 97, 506).

6. Sofern nach den vorstehenden Kriterien eine vGa in Betracht kommt, besteht sie der **Höhe** nach in dem entgangenen Gewinn (Subunternehmer, BFH DB 97, 506) bzw in Höhe des Entgelts, das ein Dritter für die Überlassung der Geschäftschance bezahlt hätte (BFH/NV 96, 645).

7. Der BFH hat die Kriterien einer „**Geschäftschance**" bisher nicht näher präzisiert (siehe hierzu *Thiel* DStR 93, 1801; *Schneider* DB 93, 1192; *Timm* GmbHR 91, 177; *Tries,* vGa im GmbH-Recht, 1991, 196). Nach BFH I R 97/95 v 11. 6. 96 DB 96, 2366 ist zu prüfen, ob der Gesellschafter-Geschäftsführer sein Wissen von der Geschäftschance durch seine Tätigkeit bei der Gesellschaft erlangt hat. Dabei kann der Unternehmensgegenstand ein Indiz für die Zuordnung der Geschäftschance sein.

8. Der BFH hat mit der vorstehenden Rechtsprechung das Erfordernis einer **Betriebsabgrenzung** bei konkurrierender Tätigkeit eines beherrschenden Gesellschafter-Geschäftsführers außerhalb der GmbH (s hierzu die Vorauflage) aufgegeben (BFH DB 97, 506). Das Fehlen einer Betriebsabgrenzung führt damit nicht mehr automatisch zur vGa. Vereinbarungen über die jeweilige Geschäftstätigkeit begründen aber eine Vermutung für die jeweilige Zuordnung einer Geschäftschance (BFH DB 97, 506). **Betriebsabgrenzungsvereinbarungen** sind daher in der Praxis weiterhin zu **empfehlen** (ebenso *Hoffmann* GmbH-StB 97, 75).

Wirtschaftliches Eigentum
S „Treuhandschaft".
Überträgt die GmbH aus wirtschaftl beachtl Gründen das zivilrechtl Eigentum ohne Gegenleistung auf ihren AntE, behält sie aber das wirtschaftl Eigentum zurück, so liegt hierin nicht notwendig eine vGa hinsichtl des übertragenen Gegenstands, wenn ihre Verfügungsmöglichkeit wirtschaftl uneingeschränkt bestehenbleibt.

Witwenrente
S „Pensionszusage".

Zeitung
Bezug durch die KapGes keine vGa. Die Annahme einer vGa entbehre nicht ganz der Komik (so *Woerner* BB 83, 2034 in einer Anm zu BFH BStBl II 83, 715 betr die FAZ; dazu auch *Brezing* BB 84, 894). Dies gilt erst recht für die Wirtschaftspresse (vgl *Woerner* aaO betr „Blick durch die Wirtschaft" und „Handelsblatt").

Zeitungsgelder
S „Bagatellaufwendungen".

Zinsen
S „Darlehen".

Verlustabzug

Zinstermingeschäfte
S „Risikogeschäfte".

Zuckerfabriken/Rübenpreise
S „Lieferverkehr"; RFH-Rspr: RStBl 31, 493, 497; 32, 577 mwN.

Zuschläge nach § 3 b EStG
S „Überstundenvergütung".

Zustellungsbevollmächtigter
Ist eine Körperschaft Zustellungsbevollmächtigter iSv § 123 AO für ihren ausl AntE, so kann dies mE unentgeltl erfolgen; fehlendes Entgelt führt nicht zur vGA.

151. Abs 4: beschr Verlustabzug beim sog **Mantelkauf;** Rechtsentwicklung. Mantelkauf meint den Kauf einer vermögenslos gewordenen Körperschaft, die nach dem Kauf mit einem neuen Unternehmen wieder am Wirtschaftsleben teilnimmt. Die **Rspr** verneinte in diesem Fall die Möglichkeit des Verlustabzugs (BFH BStBl 66, 289 u 513; BVerfG BStBl II 69, 331). Änderung der Rspr: Zumindest dann, wenn noch Aktivvermögen da war, ist der Verlustabzug nach § 10d EStG mögl (BFH BStBl II 87, 308, 310; BFH/NV 87, 266). Literatur zu dieser RsprÄnderung s 3. Aufl § 8 Anm 16. Der Gesetzgeber hat auf diese RsprÄnderung durch den **neugefaßten Abs 4** reagiert, den das StRefG 1990 v 25. 7. 88 (Vor § 1 Anm 19) einführte. Dazu BT-Drucks 11/2157, 171; FinVerw BStBl I 90, 252; *Schneider* BB 88, 1222; *Kudert/Saakel* BB 88, 1229; *Hörger/Kemper* DStR 89, 15; *dies* DStR 90, 539; *Streck/Schwedhelm* FR 89, 153; *Thiel* GmbHR 90, 223; *Fichtelmann* GmbHR 90, 305 betr Verschmelzung; *Müller-Gatermann* DStR 91, 597; *Dieterlen*, FS Luik, 1991, 313; *Kräußlein*, Ertragstl Verlustkompensationsstrategien in Krisenunternehmen, 1992; *Feldhausen* DStJG 17 (1994), 267; *Knepper* DStR 94, 1796. Änderung dieses Abs 4 durch das G zur Fortsetzung der UnternehmensStReform aus 1997 (Vor § 1 Anm 19).

Zeitl Anwendungsbereich: Abs 4 idF d G v 25. 7. 88 ist auch für vor dem 1. 1. 90 beginnenden VZ anzuwenden, wenn die Rechtsgeschäfte, die zu dem Verlust der wirtschaftl Identität geführt haben (s Anm 152), nach dem 23. 6. 88 abgeschlossen wurden (§ 54 IV idF d G v 25. 7. 88). Diese Rechtsgeschäfte können mE nur die der Anteilsabtretung zugrundeliegenden schuldrechtl Rechtsgeschäfte sein. Denn die Wiederaufnahme des GeschäftsBetr und die Zuführung neuen BetrVermögens (s Anm 152) vollzieht sich nicht notwendig in der Form eines Rechtsgeschäfts. Folgl scheidet die Anwendung des Abs 4 aus, wenn der Kaufvertrag über die GmbH-Anteile in notarieller Form vor dem 24. 6. 88 abgeschlossen wurde, auch wenn die Abtretung der Anteile, die Wiederaufnahme des GeschäftsBetr und die Zuführung neuen BetrVermögens nach dem 23. 6. 88 vollzogen wurden. Greift § 54 IV nicht ein, kommt Abs 4 erstmals für den VZ 1990 zur Anwendung (§ 54 I; FinVerw aaO). Ob damit ein Verlustabzug in VZ 1990 versagt werden kann, wenn der Verlust der wirtschaftl Identität auf einem Vorgang beruht, der vor dem 23. 1. 88 liegt, ist offen. ME ist dies abzulehnen, da anderenfalls das Rückwirkungsverbot, dem § 54 IV gerade Rechnung tragen will, unterlaufen würde. Abs 4 idF des G 1997 gilt ab VZ 1997 (§ 54 VI idF dieses G). Die Rückwirkung innerhalb des Jahres 1997 ist verfassungsrechtl bedenklich.

152. Abs 4 S 1 verbietet den **Verlustabzug** bei einer Körperschaft, wenn sie nicht wirtschaftl mit der Körperschaft identisch ist, die den Verlust erlitten hat. **S 4** dehnt die Rechtsfolge auf den Verlustausgleich **innerhalb eines Wj** aus. **S 1** spricht allgemein von der **wirtschaftl Identität**; S 2 formuliert genauer **Tatbestandsmerkmale.** Während Abs 4 S 1 die allg Regel für alle Körperschaften formuliert, ist Abs 4 S 2 als lex specialis für die KapGes zu werten. Nur auf diesem Weg erhält man für die KapGes eindeutig anwendb Tatbestandsmerkmale. Vgl *Streck/Schwedhelm* FR 89, 153; aA die FinVerw aaO (Anm 151) und FG D'dorf EFG 95, 1119, die S 1 und S 2 auf alle Körperschaften anwenden. Die in S 1 erwähnte **wirtschaftl Identität** ist so allg formuliert, daß ihr Fehlen nur in krassen Ausnahmefällen bejaht werden kann. Bei KapGes fehlt die wirtschaftl Identität nur dann, wenn alle Tatbestandsbedingungen des S 2 vorliegen. **Übertragung** meint die entgeltl Veräußerung der Anteile. Unentgeltl Übertragungen, erbrechtl Nachfolge, KapErhöhungen, Verschmelzungen, Einbringungen sind hier nicht erfaßt (aA FinVerw aaO; *Müller-Gatermann* DStR 91, 597, die nur den Erbfall ausklammern). Auch die Bedingung des **Erwerbs von mehr als 50 vH** (bis VZ 1996: 75 vH) der **Anteile** muß tatbestandsnah ausgelegt werden. Der Erwerb durch mehrere Pers mit nicht gleichgerichtetem Interesse, der Erwerb von 50 vH oder weniger der Anteile mit gleichzeitiger Kaufoption auf weitere Anteile, der Erwerb durch einen bereits beteiligten AntE, der zu einer Beteiligung von mehr als 50 vH führt, sind Gestaltungen, die nicht erfaßt sind. Mißverständl war bis VZ 1996, daß nach dem Gesetzeswortlaut die Identität fehlt, wenn die Ges ihren **GeschäftsBetr wieder aufnimmt.** Dies könnte den Eindruck erwecken, schädl sei nur, wenn nach Anteilsübertragung dieselbe Tätigkeit wie zuvor ausgeübt wird. Damit würden aber gerade die Sanierungsfälle getroffen, die von dem Ausschluß des § 10 d EStG verschont bleiben sollten; Korrektur ab 1997 durch S 3 (s u). Begriffl setzt die Wiederaufnahme im übrigen voraus, daß der GeschäftsBetr zunächst eingestellt wurde. Um Sanierungen nicht zu gefährden, unterscheidet die FinVerw entsprechend zwischen Unterbrechung des GeschäftsBetr (unschädl) und der Einstellung (schädl); vgl FinVerw DStR 91, 1561 bzw Konkurs- u Vergleichsfälle; *Müller-Gatermann* DStR 91, 599. Ab VZ 1997 kommt es auf diese Unterscheidung nicht mehr an, da die Fortführung der Wiederaufnahme gleichgestellt wird. Voraussetzung ist weiter, daß der GeschäftsBetr nicht mit überwiegend **neuem BetrVermögen** aufgenommen wird. Hier kann nur das Aktivvermögen gemeint sein (FinVerw BStBl I 90, 252; *Müller-Gatermann* DStR 91, 597); ansonsten würde bei einer überschuldeten Ges schon die geringste Vermögenszuführung zum Verlust der wirtschaftl Identität führen. Nach dem Gesetzeswortlaut bis VZ 1996 ist die schädliche **Reihenfolge** vorgegeben: Zuerst Übertragung der Anteile, dann Wiederaufnahme des GeschäftsBetr (FG Köln EFG 95, 987; aA FG Münster EFG

97, 371 u wohl FG D'dorf EFG 95, 1119, allerdings ausweichend auf Abs 4 S 1). Zwischen Geschäftsaufnahme und Betriebsmittelzuführung besteht hingeen keine gesetzl vorgeschriebene Zeitfolge (FG Köln EFG 95, 987). Ab VZ 1997 entfällt das Wort „danach", so daß aus dem Gesetz eine zeitl Reihenfolge nicht mehr abgeleitet werden kann.

Durch die Gesetzesänderung 1997 wurde **S 3** eingefügt, der die **Sanierungsfälle** anspricht und von dem Ausschluß des S 2 unter bestimmten Voraussetzungen ausnimmt. Die Unschädlichkeitsbedingung bezieht sich nur auf die „Zuführung neuen Betriebsvermögens". Sanierung ist nicht identisch mit dem Begriff der Sanierung des § 3 Nr. 66 EStG, der in einem anderen Zweckzusammenhang (Sanierung durch Gläubigerhandeln) steht. Jede unternehmerische Tätigkeit, die die Wiedergesundung des Unternehmens bezweckt, ist im Sinn des Abs. 4 Sanierung. Sanierung muß alleiniger Zweck sein; der Nebenzweck, den Verlustvortrag zu retten, muß unschädlich sein, weil anderenfalls der Sinn des S 3 unterlaufen würde. Saniert werden muß gerade der Geschäftsbetrieb, aus dem der verbleibende Verlustabzug stammt; gegebenenfalls ist dieser aufzuteilen, wenn in ihm noch Verlustteile eines früheren, anderen Geschäftsbetriebs enthalten sind. Die natürliche unternehmerische Fortentwicklung nimmt dem Geschäftsbetrieb insoweit nicht die Identität. Was für die Vergangenheit gilt, gilt sodann auch für die nachfolgenden fünf Jahre. Eine starre Identität fordert das Gesetz nicht; vgl die Formulierung „nach dem Gesamtbild der wirtschaftlichen Verhältnisse vergleichbaren Umfang". Die fünf Jahre beginnen mit der Zuführung des neuen Betriebsvermögens.

153. *Beschränkung des Verlustrücktrags (Abs 5 aF).*

Schrifttum s 4. Aufl.

Abs 5 aF war bis VZ 1989 Abs 4; zur Rechtsentwicklung s 4. Aufl. Die Beschränkung betraf Körperschaften, die in das AnrVerf einbezogen sind; s § 27 Anm 3 u § 43 Anm 3. Abs 5 aF wurde durch das StandOG v 13. 9. 93 (BGBl I 93, 1569; BStBl I 93, 774) aus Vereinfachungsgründen (BT-Drucks 12/4487, 36) gestrichen; zur letztmaligen Anwendung s § 54 VIa idF des StMBG v 21. 12. 93 (BStBl I 93, 2310; BStBl I 94, 50). Der Streichung des Abs 5 entspricht die Streichung des § 33 III.

Zu *Abs 5 aF:* Der *Verlustrücktrag* ist *nur so weit* durchzuführen, als im Abzugsjahr (Jahr, in dem der Verlust abgezogen wird) das Einkommen den ausgeschütteten Gewinn, der sich vor Abzug der KSt ergibt und für den die AusschüttungsBel herzustellen ist, übersteigt. Zweck der nicht leicht verständl formulierten Regelung: Die AusschüttungsBel ist auf jeden Fall, selbst in Verlustjahren, herzustellen, da diese KStBel dem AntE unmittelb zufließt. Eine Verlustverrechnung erfolgt daher nur mit solchen Einkommensteilen, die die Bel mit dem ThesaurierungsStSatz, dh regelmäßig mit 50 (56) vH KSt, tragen. Zur weiteren Kommentierung s 4. Aufl. Zur Anwendung des Abs 5 aF bei Vorabausschüttungen s BFH BStBl II 94, 189 u FG D'dorf EFG 93, 410. Keine Anwendung im Fall des Verlustausgleichs oder Verlustvortrags (BFH BStBl II 94, 713; FG RhPf EFG 96, 454). Zur Auswirkung des Beschlusses über die Änderung der Zuordnung einer Ausschüttung BFH/NV 95, 546. Zu den zu berücksichtigenden Gewinnen FG Saarl EFG 95, 177.

Die **Streichung** des Abs 5 läßt den Verlustrücktrag frei und ohne Beschränkung im AnrVerf wirken. Um zusätzl Bel auszuschließen, muß die Körperschaft die Auswirkungen des Rücktrags durchrechnen, um die nach § 10 d EStG mögl Beschränkung des Rücktrags richtig vornehmen zu können. Vgl hierzu *Dötsch* DB 93, 1639; *Siegele* DStR 93, 1549. Zur optimalen Begrenzung s ABC „Verluste" 8. Die Streichung führt daher nicht notwendig zu einer Vereinfachung für die Körperschaft, wohl aber für die FinVerw (*Dötsch* aaO). Zum Übergang s *Dötsch* aaO.

154. Erträge aus Betr gewerbl Art. Abs 5 war bis zum StandOG Abs 6 (s Anm 2 u Anm 153) u bis zur Änderung durch das StRefG 1990 v 25. 7. 88 (Vor § 1 Anm 19) bereits einmal Abs 5. Abs 5 ist anzuwenden ab VZ 1977 (§ 54 I idF des KStG 1977). Betr gewerbl Art sollen nur einmal – mit 42 vH, s § 23 Anm 4 – besteuert werden. Da es stpfl Körperschaften gibt, die an anderen Betr gewerbl Art beteiligt sind – dies kommt bei öffentl-rechtl Kreditanstalten vor (Beisp: Girozentrale und Sparkasse sind Betr gewerbl Art; die Sparkasse hat der Girozentrale Kapital zur Verfügung gestellt und erhält dafür Gewinnausschüttungen) –, müssen die Beteiligungserträge, die nicht in das AnrV einbezogen sind, steuerfrei gestellt werden. Es handelt sich um eine sachl StBefreiung. Eine Verrechnung mit einem Verlust erfolgt nicht. Zur Anwendung des Abs 5 bei den AntE der Holding-Ges für Beteiligungen an der Dt Gen Bank DB 78, 1910; für die Erträge aus der WestLB FinVerw 1979 StEK KStG 1977 § 8 Nr 11. Zur Auswirkung auf die Ermittlung des Gewerbeertrags s *Stock* StBp 95, 162.

155. Mitgliederbeiträge (Abs 6).

Schrifttum: *Podlinski,* Die Mitgliederbeiträge im KStRecht, Diss Köln, 1960.

MitglBeitr sind keine stpfl Einnahmen. Abs 6 war bis zum StandOG Abs 7 (Anm 2 u Anm 153) und bis zum StRefG 1990 v 25. 7. 88 (Vor § 1 Anm 19) bereits einmal Abs 6. Abs 6 entspracht § 8 I KStG aF von 1977, § 20 KStDV aF, ausgedehnt auf beschr stpfl Körperschaften (BT-Drucks 7/1470, 342). Personenvereinigungen sind KapGes, § 1 I Nr 1, Gen und Vereine. Hauptanwendungsgebiet für MitglBeitr und damit für Abs 6 ist der Verein.

156. MitglBeitr sind satzungsgemäß, nicht freiwillig erhobene Beitr, die ohne Rücksicht auf eine Gegenleistung gezahlt werden. Satzungsgemäß heißt, daß die Beitr in der Satzung festgelegt oder durch die zuständigen Satzungsorgane beschlossen werden; die Satzung muß den Beitr nicht ziffernmäßig festlegen, falls er durch ein anderes Organ beschlossen werden kann; vgl A 38 II KStR. GenEintrittsgeld ist Beitr (BFH BStBl III 64, 277; A 38 V KStR). Zur Abgrenzung des Beitr von Spenden s auch § 9 Anm 12.

Mitgliederbeiträge **157–161 § 8**

157. Ist der Beitr ein offenes oder verdecktes **Entgelt** für eine bestimmte **Leistung,** entfällt die StFreiheit (A 38 I, III KStR; BFH BStBl III 55, 12 betr Getreidebörse). Gewinn aus Verkäufen an Mitgl ist kein MitglBeitr (RFH RStBl 37, 430). Wassergebühren sind keine Mitgliedsbeiträge (FG RhPf EFG 87, 204). Leistungsentgelt kann auch bei pauschaliertem Entgelt vorliegen (BFH BStBl III 66, 632). Der Beitr an LSt- oder StBeratungsvereine mit dem Zweck der StHilfe ist kein sttreier Beitr, da eine konkrete Gegenleistung vorliegt (BFH BStBl II 74, 60; FinVerw 1970 StEK KStG § 8 Nr 3; A 40 VI KStR). Ebenfalls scheiden aus diesem Grund VersicherungsBeitr aus dem Anwendungsbereich aus (vgl BFH BStBl II 92, 429); § 20 II KStDV 1968 war überflüssig (BT-Drucks 7/1470, 342); s auch Anm 150 „Versicherungsunternehmen". Weiter zur Abgrenzung Beitragszahlungen/Mitgliedsbeiträge FG Saarl EFG 85, 464. S auch A 38 IV KStR mit Ausnahmehinweis für VVaG.

158. Ist der Beitr **teils echter Beitr, teils Gegenleistung,** ist eine Aufteilung erforderl (BFH BStBl III 53, 212; III 65, 294 betr Haus- und Grundbesitzverein; RFH RStBl 32, 1141 betr ärztl Verrechnungsstelle; A 38 III KStR). Kurheimverein: MindestBeitr ist Entgelt für die verbilligte Besuchsmöglichkeit des Kurheims; darüber hinausgehende, nach dem Einkommen gestaffelte Beitr sind echte MitglBeitr, da ihnen keine Leistungen mehr gegenüberstehen (Hess FG EFG 77, 88).

159. Richtlinienregelungen für Haus- und Grundbesitzervereine, Mietervereine, A 39 KStR; Obst- und Gartenbauvereine, A 40 I KStR; Kleingärtner- und Siedlervereine, A 40 II KStR; Tierzuchtverbände und Vatertierhaltungsvereine, A 40 III KStR; Pelztierzüchterverbände und -vereine, A 40 IV KStR; Fremdenverkehrsvereine, A 40 V KStR. ME sind die Regelungen nicht zwingend; Abweichungen im Einzelfall sind mögl.

160. Die **StFreiheit** bezieht sich nur auf die MitglBeitr. Die Früchte dieser Beitr, zB Zinsen, sind stpfl (RFH RStBl 31, 115). Mit den stfreien Beitr zusammenhängende Ausgaben durften früher nicht abgezogen werden (BFH BStBl III 64, 277; A 38 V KStR). Änderung der Rspr; s Anm 8; die Änderung der Rspr berührt nicht das Erfordernis, daß es sich bei den abzugsfähigen Ausgaben um BetrAusgaben oder Werbungskosten handeln muß.

161. Abs 7 war bis zum StandOG Abs 8 (Anm 2 u Anm 153) und bis VZ 1989 bereits einmal Abs 7 (Änderung durch das G v 25. 7. 88, Vor § 1 Anm 19). Soweit die KSt mit einem StAbzug abgegolten ist (dazu § 50 II), ist ein **Abzug** von **BetrAusg** oder **Werbungskosten nicht mögl.** Abs 7 entspr § 13 S 2 KStG aF vor 1977. Die Vorschrift gilt nur, wenn die Einnahmen „lediglich" dem StAbzug unterliegen. Sind sie in ein normales Veranlagungsverfahren einbezogen, findet Abs 8 keine Anwendung (BT-Drucks 7/5310, 11).

§ 8a Gesellschafter-Fremdfinanzierung

(1) ¹Vergütungen für Fremdkapital, das eine unbeschränkt steuerpflichtige Kapitalgesellschaft von einem nicht zur Anrechnung von Körperschaftsteuer berechtigten Anteilseigner erhalten hat, der zu einem Zeitpunkt im Wirtschaftsjahr wesentlich am Grund- oder Stammkapital beteiligt war, gelten als verdeckte Gewinnausschüttungen,
1. wenn eine nicht in einem Bruchteil des Kapitals bemessene Vergütung vereinbart ist und soweit das Fremdkapital zu einem Zeitpunkt des Wirtschaftsjahrs die Hälfte des anteiligen Eigenkapitals des Anteilseigners übersteigt oder
2. wenn eine in einem Bruchteil des Kapitals bemessene Vergütung vereinbart ist und soweit das Fremdkapital zu einem Zeitpunkt des Wirtschaftsjahrs das Dreifache des anteiligen Eigenkapitals des Anteilseigners übersteigt, es sei denn, die Kapitalgesellschaft hätte dieses Fremdkapital bei sonst gleichen Umständen auch von einem fremden Dritten erhalten können oder es handelt sich um Mittelaufnahmen zur Finanzierung banküblicher Geschäfte; sind auch Vergütungen im Sinne der Nummer 1 vereinbart worden und übersteigt das dort bezeichnete Fremdkapital die Hälfte des anteiligen Eigenkapitals des Anteilseigners nicht, tritt an die Stelle des Dreifachen des anteiligen Eigenkapitals des Anteilseigners das Sechsfache des Unterschiedsbetrags zwischen dem Fremdkapital im Sinne der Nummer 1 und der Hälfte des anteiligen Eigenkapitals des Anteilseigners.

²Satz 1 ist auch bei Vergütungen für Fremdkapital anzuwenden, das die Kapitalgesellschaft von einer dem Anteilseigner nahestehenden Person im Sinne des § 1 Abs. 2 des Außensteuergesetzes, die nicht zur Anrechnung von Körperschaftsteuer berechtigt ist, oder von einem Dritten erhalten hat, der auf den Anteilseigner oder eine diesem nahestehende Person zurückgreifen kann.

(2) ¹Anteiliges Eigenkapital des Anteilseigners ist der Teil des Eigenkapitals der Kapitalgesellschaft zum Schluß des vorangegangenen Wirtschaftsjahrs, der dem Anteil des Anteilseigners am gezeichneten Kapital entspricht. ²Eigenkapital ist das gezeichnete Kapital abzüglich der ausstehenden Einlagen, zuzüglich der Kapitalrücklage, der Gewinnrücklagen, eines Gewinnvortrags und eines Jahresüberschusses sowie abzüglich eines Verlustvortrags und eines Jahresfehlbetrags (§ 266 Abs. 3 Abschnitt A, § 272 des Handelsgesetzbuches) in der Handelsbilanz zum Schluß des vorangegangenen Wirtschaftsjahrs; Sonderposten mit Rücklageanteil (§ 273 des Handelsgesetzbuches) sind zur Hälfte hinzuzurechnen. ³Eine vorübergehende Minderung des Eigenkapitals durch einen Jahresfehlbetrag ist unbeachtlich, wenn bis zum Ablauf des dritten auf das Wirtschaftsjahr des Verlustes folgenden Wirtschaftsjahrs das ursprüngliche Eigenkapital durch Gewinnrücklagen oder Einlagen wieder hergestellt wird.

Gesellschafter-Fremdfinanzierung § 8a

(3) ¹Eine wesentliche Beteiligung liegt vor, wenn der Anteilseigner am Grund- oder Stammkapital der Kapitalgesellschaft zu mehr als einem Viertel unmittelbar oder mittelbar – auch über eine Personengesellschaft – beteiligt ist. ²Gleiches gilt, wenn der Anteilseigner zusammen mit anderen Anteilseignern zu mehr als einem Viertel beteiligt ist, mit denen er eine Personenvereinigung bildet oder von denen er beherrscht wird, die er beherrscht oder die mit ihm gemeinsam beherrscht werden. ³Ein Anteilseigner ohne wesentliche Beteiligung steht einem wesentlich beteiligten Anteilseigner gleich, wenn er allein oder im Zusammenwirken mit anderen Anteilseignern einen beherrschenden Einfluß auf die Kapitalgesellschaft ausübt.

(4) ¹Bei einer Kapitalgesellschaft, deren Haupttätigkeit darin besteht, Beteiligungen an Kapitalgesellschaften zu halten und diese Kapitalgesellschaften zu finanzieren oder deren Vermögen zu mehr als 75 vom Hundert ihrer Bilanzsumme aus Beteiligungen an Kapitalgesellschaften besteht, tritt in Absatz 1 Nr. 2 an die Stelle des Dreifachen das Neunfache des anteiligen Eigenkapitals des Anteilseigners sowie an die Stelle des Sechsfachen das Achtzehnfache des Unterschiedsbetrags zwischen dem Fremdkapital im Sinne der Nummer 1 und der Hälfte des anteiligen Eigenkapitals des Anteilseigners. ²Vergütungen für Fremdkapital, das ein Anteilseigner im Sinne des Absatzes 1, eine ihm nahestehende Person oder ein Dritter im Sinne des Absatzes 1 Satz 2 einer der Kapitalgesellschaft im Sinne des Satzes 1 nachgeordneten Kapitalgesellschaft zugeführt hat oder im Wirtschaftsjahr zuführt, gelten als verdeckte Gewinnausschüttungen, es sei denn, es handelt sich um Fremdkapital im Sinne von Absatz 1 Nr. 2 und die nachgeordnete Kapitalgesellschaft hätte dieses Fremdkapital bei sonst gleichen Umständen von einem fremden Dritten erhalten können oder es handelt sich um Mittelaufnahmen zur Finanzierung banküblicher Geschäfte. ³Bei einer Kapitalgesellschaft, die am Grund- oder Stammkapital einer anderen Kapitalgesellschaft beteiligt ist, ohne die Voraussetzungen des Satzes 1 zu erfüllen, ist das Eigenkapital im Sinne des Absatzes 2 um den Buchwert dieser Beteiligung zu kürzen.

(5) Die Absätze 1 bis 4 gelten entsprechend,
1. wenn der Anteilseigner zur Anrechnung der Körperschaftsteuer nur berechtigt ist, weil die Einkünfte aus der Beteiligung Betriebseinnahmen eines inländischen Betriebs sind, oder
2. wenn die Beteiligung über eine Personengesellschaft gehalten wird und das Fremdkapital über die Personengesellschaft geleitet wird.

Körperschaftsteuerrichtlinien: Abschnitt 40 a

Übersicht

1. Zweck und Entstehungsgeschichte
2. Geltungszeit
3. Unbeschränkt stpfl KapGes (Abs 1 S 1)
4. Nicht zur Anrechnung berechtigte AntE (Abs 1 S 1)

§ 8a 1   Gesellschafter-Fremdfinanzierung

5. Vergütungen für Fremdkapital (Abs 1 S 1)
6. Nicht in einem Bruchteil des Fremdkapitals bemessene Vergütung (Abs 1 S 1 Nr 1)
7. In einem Bruchteil des Fremdkapitals bemessene Vergütung (Abs 1 S 1 Nr 2)
8. Kombination der Nr 1 u 2
9. Maßgebender Zeitpunkt
10. Rechtsfolge
11. Nahestehende (Abs 1 S 2)
14. Anteiliges Eigenkapital (Abs 2)
16. Wesentl Beteiligung (Abs 3)
18. HoldingGes (Abs 4 S 1 u 2)
20. Beteiligungskürzung (Abs 4 S 3)
21. Zwischenschaltung von Betriebstätten und PersGes (Abs 5)

1. Zweck und **Entstehungsgeschichte:** Seit Einführung des AnrVerf kämpft die FinVerw um die systemgerechte Belastung **nichtanrechnungsberechtigter AntE** mit inländischer KSt. Diese, insbes ausl AntE inländischer KapGes, konnten der Festschreibung der inländischen StBel dadurch entgehen, daß sie Gewinnausschüttungen durch **Entgelte** auf Kapitalleistungen, insbes durch Zinsen oder Gewinnbeteiligungen stiller Gesellschafter ersetzen. S ABC „Ausl AntE". Um diese Gestaltungen auszuschließen, wurde seit Inkrafttreten des KStG 1977 diskutiert, die ertragsabhängigen Leistungsentgelte u bestimmte ertragsunabhängige Entgelte für die Kapitalüberlassung an nichtanrechnungsberechtigte und anrechnungsberechtigte AntE als vGA zu fingieren. Dies führte zu verschiedenen Referenten- und Regierungsentwürfen. S RefEntw v 10. 3. 82; dazu BMF-Finanznachrichten 9/82; BT-Drucks 8/3648, 8/4141, 8/4157; BR-Drucks 511/79, 325/80; RegEntw v 19. 4. 88 eines StRefG 1990 (Materialien s vor § 1 Anm 19). Dazu weiter das **Schrifttum:** *Vesely/Vögele* RIW/AWD 79, 695; GmbHR 79, 287; *Koch* JbFfSt 79/80, 17; FR 80, 353; *Kratz* DB 80, 1813; *Herms* DB 80, 21; *Söffing/Wrede* FR 80, 401; *Birk/Pöllath* StuW 80, 141; *Pezzer* StuW 80, 11; *Pöllath* Intertax 80, 66; *Pöllath/Rädler* DB 80, Beil 8; *Sturm* WM 80, 970; *Kratz* StRevue 80, 203; *Singbartl* DStR 80, 219; *Bullinger* RIW/AWD 80, 173; *Meilicke* FR 80, 105; *Engl* FR 80, 111; DB 81, 1369; *Institut FuSt* Grüner Brief Nr 204, 1981; *Hübner* StbJb 81/82, 369; *Flockermann* JbFfSt 81/82, 37; *Krebs* BB 82, 1909; DStV Stbg 82, 156; *Knobbe-Keuk* BB 79, 1596 u StuW 82, 201; *Wysocki* ua, „Fremdfinanzierung" von KapGes durch AntE, 1982; *Flockermann* DStR 82, 339; *Pöllath/Rädler* DB 82, 561, 617; *Zenthöfer* FR 83, 365; *Sarrazin* GmbHR 84, 313 u FR 84, 105; *Fassnacht, Die Fremdfinanzierung von KapGes durch deren Gesellschafter unter besonderer Berücksichtigung des Entwurfs eines § 8 a KStG, 1984; *Ülner* JbFfSt 86/87, 29; *Loos,* Gesellschafter-Fremdfinanzierung durch nichtanrechnungsberechtigte AntE, BB 89, 432; *ders* StbJB 88/89, 279; *Siegel,* Gesellschafter-Fremdfinanzierung, StuW 89, 340; *ders,* § 8 a KStG ist tot – Es lebe die Gesellschafter-Fremdfinanzierung, GmbHR 90, 138.

Nachdem der Gesetzgeber den Wünschen der **FinVerw** nicht nachkommen wollte, hat sie selbst versucht, im Erlaßwege bestimmte Formen der Fremdfinanzierung als mißbräuchl zu verwerfen (BStBl I 87, 373); dem

Zweck und Entstehungsgeschichte **1 § 8a**

ist der **BFH nicht gefolgt** (BFH BStBl II 92, 532; s Anm 42). Die Antwort des **Gesetzgebers** auf diese BFH-Entscheidung ist der **jetzige** § 8 a, eingefügt durch das StandOG v 13. 9. 93 (BGBl I 93, 1569; BStBl I 93, 774). § 8 a geht auf eine im Gesetzgebungsverfahren eingesetzte Arbeitsgruppe unter Leitung von *Herzig* zurück (BT-Drucks 12/5016, 83); zum Bericht dieser Arbeitsgruppe s *Herzig* StuW 93, 237. Zu den Materialien siehe weiter Vor § 1 Anm 19, im übrigen insbesondere BT-Drucks 12/4487 (RegEntw) und BT-Drucks 12/5016 (Bericht des FinA).

Schrifttum: *Cattelaens* Wpg 93, 557; *Dörner* Inf 93, 509; *Pauka* NWB F 4, 3957 (10/93); *Rendels* DStR 93, 1089; *Binger/Pinkos* GmbHR 93, 556; *Franz/Rupp* BB 93, Beil 20; *Korn* KÖSDI 93, 9548 u DStZ 93, 737; *Herzig* DB 94, 110, 168; *Meilicke* BB 94, 117; *Winter* GmbHR 94, 39; *Bareis* RiW 94, 141; *Frotscher* IStR 94, 201; *Walter* DStZ 94, 113; *Menck* FR 94, 69; *Prinz*, Gestaltungsmöglichkeiten u -grenzen bei § 8 a KStG, FR 94, 622; *Herlinghaus*, Besserungsvereinbarungen u § 8 a KStG, DStR 94, 1830; *T. M.* DStR 94, 1883; *Regnery/Scherer*, Internationale Konzernfinanzierung – § 8 a Abs 1 Satz 2 KStG, IStR 94, 528; *Meier*, Die Übernahme von Bankbürgschaften für kommunale Eigen- und BeteiligungsGes, FR 95, 183; *Borggräfe/Jakobs*, Darlehensgewährung durch Dritte iSd § 8 a Abs 1 S 2 KStG, FR 95, 358; *Reuter*, Steuern bei der Gesellschafter-Fremdfinanzierung der AG, AG 95, 316; *Wassermeyer*, Der Anteilseignerbegriff des § 8 a KStG, IStR 95, 105, 380; dagegen *Prinz* IStR 95, 378; *Grotherr*, Enthält die Beteiligungsbuchwertkürzung gem § 8 a Abs 4 S 3 KStG einen Systemfehler?, IStR 95, 52; *Mayer/Lehleiter*, § 8 a KStG-Irrungen ohne Ende, DStR 95, 1296; *Hoffmann*, Das (einstweilige) Nichtstun als Gestaltungsmittel gegen den § 8 a KStG, IStR 95, 176; *Ammelung*, Der Entlastungsnachweis bei Finanzierungen durch Banken mit Rückgriffsmöglichkeit nach § 8 a KStG, FR 96, 125; *ders*, § 8 a KStG u ausl Umwegfinanzierung deutscher Konzerne, DB 96, 600; *Zehetmair/Hedel*, Beispiele u Übersichten zur Anwendung des § 8 a in der Praxis, IStR 97, 108; *Oho/Schneider/Behrens*, Keine Umqualifizierung von an einen ausl AntE gezahlten Darlehenszinsen gem § 8 a KStG bei gleichzeitiger atypisch stiller Beteiligung, DB 96, 2516; *Janssen*, § 8 a KStG, 1997; *ders*, Abgrenzung zwischen gewinnabhängig und gewinnunabhängig verzinsten Darlehen bei § 8 a KStG, FR 97, 333; *ders*, Das Verhältnis von § 8 a KStG zu § 8 III KStG u § 42 AO, DStZ 97, 180; *ders*, Der Drittvergleich des § 8 a I S 1 Nr 2 KStG, BB 97, 1177.

Zu § 8 a siehe den **AnwErl** der FinVerw BStBl I 95, 25; dazu *Menck* DStR 95, 393; *Bellstedt* DB 95, 8; *Mattausch* in Besteuerung wirtschaftl Aktivitäten von Ausländern in Deutschland, hrsg v Fischer, 1995, 58; *Ammelung* GmbHR 95, 93; *Altenheim*, IStR 95, 373, 409 = StbKongrRep 95, 367.

Gesetzestechnik: Dem AntE steht es weiterhin frei, wie er die eigene Gesellschaft finanziert. In bestimmten Fällen werden jedoch Zins und Entgelt für die Nutzungsüberlassung von Kapital durch die wesentl beteiligten AntE oder Nahestehende körperschaftsteuerlich – nicht gewerbesteuerlich (vgl § 9 Nr 10 GewStG) – als vGa qualifiziert. Die Kapitalüberlassung selbst wird weiterhin als Fremdkapital behandelt; eine Umqualifizierung zu Ei-

§ 8a 2–5 Gesellschafter-Fremdfinanzierung

genkapital erfolgt nicht (BT-Drucks 12/4487, 37). Die Regelung soll mit dem **EG-**Recht u den **DBAs** in Übereinstimmung stehen (BT-Drucks 12/4487, 37; *Herzig* DB 94, 114; kritisch dazu auch *Portner* IStR 96, 23, 66). **§ 42 AO** bleibt neben § 8a anwendbar; allerdings hat § 8a innerhalb seines Regelungsbereichs Vorrang vor den Rechtsfolgen des § 42 AO.

Kritik: Zu Recht wird die „Konturenlosigkeit der Vorschrift" gerügt, die problem- und streitanfällig ist (*Hey* RIW 93, 834). In der Tat ist der Tatbestand wenig juristisch formuliert. Nach *Knobbe-Keuk* DB 93, 60 ist die Vorschrift verfassungswidrig, verstößt gegen EG-Recht und gegen DBAs (letzteres bejaht auch *Frotscher* IStR 94, 210); dagegen *Müller-Gatermann* FR 93, 381; *Menck* FR 94, 69.

Zur Anwendung von § 8a auf **Umwandlungsvorgänge** *Prinz* FR 95, 772; *Pach-Hanssenheimb* DStR 95, 86; *Orth* DB 95, 1985. § 8a schließt die Anwendung des **§ 42 AO** nicht aus (BMF BStBl I 95, 25 Tz 4); die gesetzl Regelung des § 8 ist jedoch bei der Anwendung des § 42 AO zu berücksichtigen (s BFH BStBl II 92, 1026, 1029 betr § 42 AO u §§ 7 ff AStG).

2. Geltungszeit: Siehe § 54 VIa idF des StandOG (Anm 1). Grundsätzl gilt § 8a erstmals für Wj, die nach dem 31. 12. 93 beginnen. Wegen der Übergangsregelung für FremdKap, das vor dem 9. 12. 92 gewährt wurde, s Übergangsregelung in § 54 VIa; dazu § 54 Anm 32.

3. Unbeschr stpfl KapGes (Abs 1 S 1): Die Vorschrift gilt nur für KapGes iSv § 1 I Nr 1, nicht zB für Genossenschaften (BT-Drucks 12/4487, 37). Die KapGes muß unbeschr stpfl sein; dazu § 1 Anm 12.

4. Nicht zur Anrechnung berechtigte AntE (Abs 1 S 1): Nur die Fremdfinanzierung durch AntE, die nicht zur Anr berechtigt sind, wird durch § 8a sanktioniert. Diese Einschr entspricht dem Zweck des § 8a (Anm 1). Betroffen sind ausl AntE, die nicht im Inl unbeschr stpfl sind; getroffen werden sollen insbesondere die sog Off-Shore-Finance-Companies (*Hey* RIW 93, 833). Die Vorschrift gilt aber auch für Körperschaften des öR und steuerbefreite Körperschaften, zB für gemeinnützige Körperschaften und Berufsverbände. Allerdings muß der nicht anrber AntE wesentlich beteiligt sein; dazu Anm 16. BMF BStBl I 95, 25, Tz 99 wendet § 8a auf TochterGes der Treuhandanstalt nur beschränkt an; zweifelhaft, ob es hierfür eine Rechtsgrundlage gibt. Ähnl zweifelhafte Ausnahme für Wohnungsunternehmen (BMF aaO Tz 100). Anteilseigner iSv § 8a Abs 1 sind nur unmittelb beteiligte AntE (*Wassermeyer* IStR 95, 105, 380; aA FinVerw BStBl I 95, 25 Tz 7; *Prinz* DStR 95, 378); mittelb beteiligte AntE können allenfalls Nahestehende (Anm 11) sein (*Wassermeyer*, aaO).

5. Abs 1 S 1 setzt **Vergütungen für Fremdkapital** voraus. Damit ist jedes Entgelt angesprochen, das für die Nutzungsüberlassung von Kapital aufgrund eines obligatorischen Vertrags geleistet wird. Ob das Fremdkapital im handelsrechtl Sinn eigenkapitalersetzend ist, ist für die Anwendung des § 8a ohne Belang; eigenkapitalersetzende Darlehen bleiben Fremdkapital (s § 8 Anm 42). Zu Besserungsverbindlichkeiten *Herlinghaus* DStR 94, 1830. § 8a erfaßt auch typisch stille Gesellschaften, nicht jedoch als Mitunternehmerschaft qualifizierte atypisch stille Gesellschaften (BMF BStBl I

95, 25 Tz 44; *Korn* DStZ 93, 737; *Walter* DStZ 94, 113); auch die vom atyp Stillen gegebenen Darlehen sind kein Fremdkapital (*Oho/Schneider/ Behrens* DB 96, 2516). Kurzfristig überlassenes Kapital, zB Waren- und Lieferantenkredite, fallen nicht unter § 8a (vgl im einzelnen BMF BStBl I 95, 25 Tz 47 ff; BT-Drucks 12/5016, 91; *Frotscher* IStR 94, 203: teleologische Reduktion notwendig). Unentgeltl Kapitalüberlassung bleibt mE generell außer Betracht, was für die Berechnung des safe haven von Bedeutung ist (Anm 10); aA BMF BStBl I 95, 25 Tz 56. Forderungen der Gesellschaft gegen den AntE können mit dessen Schulden gegenüber der Gesellschaft verrechnet werden (*Korn* DStZ 93, 740). Nutzungsentgelte für andere Wirtschaftsgüter als Kapital, also Miet- und Leasingzahlungen, fallen nicht unter § 8a. Die Möglichkeit, Kapitalüberlassung durch Wirtschaftsgüterüberlassung zu ersetzen, gibt also neuen Gestaltungsspielraum (*Hey* RIW 93, 833).

6. Abs 1 S 1 **Nr 1** erfaßt zuerst **nicht in einem Bruchteil** des **Kapitals bemessene Vergütungen** für Fremdkapital; dazu BMF BStBl I 95, 25 Tz 52 ff; zur Kritik *Mayer/Lehleiter* DStR 95, 1296; *Dautzenberg/Niepoth* DStR 95, 405. Hier werden insbesondere gewinn- und umsatzabhängige Vergütungen angesprochen; gewinnabhängig ist aber auch der Zins, der abredegemäß in Verlustjahren entfällt. Dieses Fremdkapital löst die Folgen des § 8a aus, sofern es zu einem Zeitpunkt des Wj (dazu Anm 9) die Hälfte des anteiligen Eigenkapitals des AntE übersteigt. Bei einem anteiligen Eigenkapital (dazu Anm 14) in Höhe von DM 1 Mio kann der AntE Fremdkapital iSd Nr 1 bis zu DM 500 000 gewähren (sog **safe haven**). Ist die Tatbestandsbedingung der Nr 1 gegeben, ist die Umqualifizierung total; eine weitere Aufteilung erfolgt nicht (BT-Drucks 12/5016, 91).

7. Abs 1 S 1 **Nr 2** betrifft das Fremdkapital, dessen **Vergütung** in einem **Bruchteil** des **Kapitals bemessen** wird; dazu BMF BStBl I 95, 25 Tz 58 ff. Betroffen sind insbesondere Darlehen gegen Zinsen. Der Zinssatz kann variabel oder an andere Bestimmungsgrößen gebunden sein, solange sein Maßstab das hingegebene Kapital ist (*Hey* RIW 93, 834). **Unschädlich (Ausnahme 1)** ist die Fremdfinanzierung, die bis zum Dreifachen des anteiligen Eigenkapitals (Anm 14) geht. Bei einem anteiligen Eigenkapital von DM 1 Mio können bis zu DM 3 Mio fremdfinanziert werden. Zum zeitl Bezug s Anm 9). Außerdem **(Ausnahme 2)**: Hätte die KapGes das Fremdkapital bei sonst gleichen Umständen auch von einem fremden Dritten erhalten, entfällt die Sanktion des § 8a. Die KapGes ist insoweit darlegungs- und beweispflichtig (vgl BT-Drucks 12/5016, 83). Der Fin-Verw wird sich das Problem der Bankbescheinigungen stellen, die eine entsprechende mögliche Kreditvergabe gerade auch deshalb bestätigen, weil die Bank den Kredit nicht geben muß; wenig hilfreich BMF BStBl I 95, 25 Tz 59 ff. Nach BT-Drucks 12/5016, 92 soll eine Umqualifizierung auch entfallen, wenn der Zins niedriger ist, der bei einem Fremdvergleich anzusetzen wäre. Die Fremdvergleichsausnahme scheidet bei diesen zu niedrig verzinsten Darlehen regelmäßig aus (vgl *Meilicke* BB 94, 119; vgl auch BMF BStBl I 95, 25 Tz 63 ff). Und schließl **(Ausnahme 3)**: Die Mittelaufnahme zur Finanzierung bankübl Geschäfte ist ausgenommen.

Greift der Tatbestand der Nr 2, erfaßt die Rechtsfolge (Anm 10) das Entgelt insgesamt; eine weitere Aufteilung erfolgt nicht.

8. Kombination der Tatbestandsbedingungen von Abs 1 S 1 **Nr 1** u **Nr 2:** Ist bei Vergütungen iSd Nr 1 (Anm 6) der Tatbestand der Nr 1 allein erfüllt, findet nur Nr 1 Anwendung. Ist die Tatbestandsbedingung der Nr 1 (das Fremdkapital übersteigt nicht die Hälfte des anteiligen Eigenkapitals) nicht erfüllt, wird darüber hinaus Fremdkapital zur Verfügung gestellt, dessen Vergütung in einem Bruchteil des Kapitals bemessen ist (Nr 2), so tritt an die Stelle des Dreifachen des anteiligen Eigenkapitals des AntE (s Anm 14) das Sechsfache des Unterschiedsbetrags zwischen dem Fremdkapital iSd Nr 1 und der Hälfte des anteiligen Eigenkapitals des AntE. Also (so BT-Drucks 12/5016, 92) bei Eigenkapital in Höhe von 20 P, Fremdkapital iSv Nr 1 in Höhe von 5 P kann Fremdkapital iSv Nr 2 in Höhe von 30 P ($6 \times (^{20}/_2 ./. 5) = 6 \times 5 = 30$) gewährt werden.

9. Maßgebender Zeitpunkt: Die Rechtsfolge – Vergütung = vGa (Anm 10) – tritt dann ein, wenn das gewährte Fremdkapital zu irgendeinem Zeitpunkt des Wj den sanktionierenden Tatbestandsbedingungen der Nr 1 oder Nr 2 genügt. Nicht die Hingabe des Fremdkapitals ist Tatbestandsbedingung, sondern die schädliche Überlassung. Fremdkapital kann in einem Jahr schädlich, im anderen Jahr unschädlich sein. Die Bedingungen des Abs 1 sind Jahr für Jahr neu zu überprüfen. Aus dem „soweit" der Nr 1 u Nr 2 folgt eine pro-ratis-temporis-Betrachtung. Fremdkapital, das zum 1. 7. (Wj = Kj) schädlich wird, löst erst ab dem 1. 7. die nachteiligen Rechtsfolgen aus (vgl auch *Hey* RIW 93, 834). Während eines Wj sind also die Tatbestandsbedingungen des § 8 I gestaltbar.

10. Rechtsfolge: Das Nutzungsentgelt für das Fremdkapital, das im schädl Sinn den Tatbestandsbedingungen des Abs 1 S 1 Nr 1 u 2 genügt, den safe haven also überschreitet, wird als **vGa** durch eine gesetzl **Fiktion** qualifiziert. § 8 III behält jedoch Vorrang vor § 8 a; die vGa nach den allg Regeln geht der Fiktion nach § 8a vor (BMF BStBl I 95, 25 Tz 3; *Korn* DStZ 93, 737; anders möglicherweise BT-Drucks 12/5016, 92, wonach der Teil der Zinsen, der nach § 8a beurteilt werden kann, ausschließl dieser Vorschrift unterliegt). Fragl ist, ob sich die Fiktion der vGa auf die Einkommensermittlung beschränkt (so *Meilicke* BB 94, 119; *Frotscher* IStR 94, 208) oder ob auch die AusschüttungsBel nach allg Regeln, nämlich im Fall des Abflusses der Zinsen (s § 27 Anm 10), herzustellen ist, ob Einkünfte nach § 20 EStG vorliegen und ob die KapitalertragStPfl greift (dies alles bejahend BMF BStBl I 95, 25 Tz 76 ff; *Herzig* DB 94, 113; *Winter* GmbHR 94, 39). Wird eine vGa auch auf der Ebene des AntE angenommen, so ist weiter offen, wem diese zuzurechnen ist, dem Gesellschafter oder dem Zinsempfänger (so *Meilicke* BB 94, 119; anders *Wassermeyer* IStR 95, 105: Vergütungen, die mittelb Beteiligte und Nahestehende beziehen, können bei diesen nur Zinserträge sein). Nicht geklärt ist schließl die Rechtsfolge, wenn der safe haven durch Darlehen mit unterschiedl Konditionen überschritten wird (erstes Darlehen noch innerhalb des safe haven zu 10%, zweites Darlehen zu 8%; oder aber: unter verschiedenen Darlehen hält eines dem Fremdvergleich stand); BMF BStBl I 95, 25

Tz 71: Die zeitliche Reihenfolge der Entstehung der Darlehensverbindlichkeit ist maßgebend. Unverzinsl Darlehen sind auf keinem Fall mitzurechnen (*Korn* DStZ 93, 737). Ebenso scheiden mE Darlehen, die dem Fremdvergleich standhalten, aus der Berechnung des safe haven aus (*Meilicke* BB 94, 120). Im übrigen unterliegt nur das Darlehen § 8a, das in der zeitl Abfolge die Grenze überschreitet (*Hey* RIW 93, 834; aA *Meilicke* BB 94, 120, der die Kreditzinsen des Darlehens § 8a unterwirft, das am wenigsten dem Fremdvergleich standhält, u *Frotscher* IStR 94, 204, der für die dem Stpfl günstigste Lösung eintritt). Die Rechtsfolge des § 8a, die nur im Verhältnis zu nichtanrber AntE eingreift, aber die KapGes insgesamt, dh auch die anrber AntE, belastet, führt zu einer Ungleichbehandlung der AntE (vgl *Herzig* DB 94, 112; *Meilicke* BB 94, 121); zivilrechtl Ausgleichsansprüche sind denkbar.

11. Ausdehnung auf Nahestehende: Abs 1 S 2 dehnt die Umqualifizierung auf Fremdkapital aus, das die KapGes von einem dem AntE Nahestehenden iSv § 1 II AStG, der nicht zur Anr berechtigt ist, erhält. Hiernach ist eine Person dem AntE nahestehend, wenn

„1. die Person an dem Steuerpflichtigen mindestens zu einem Viertel unmittelbar oder mittelbar beteiligt (wesentlich beteiligt) ist oder auf den Steuerpflichtigen unmittelbar oder mittelbar einen beherrschenden Einfluß ausüben kann oder umgekehrt der Steuerpflichtige an der Person wesentlich beteiligt ist oder auf diese Person unmittelbar oder mittelbar einen beherrschenden Einfluß ausüben kann oder
2. eine dritte Person sowohl an der Person als auch an dem Steuerpflichtigen wesentlich beteiligt ist oder auf beide unmittelbar oder mittelbar einen beherrschenden Einfluß ausüben kann oder
3. die Person oder der Steuerpflichtige imstande ist, bei der Vereinbarung der Bedingungen einer Geschäftsbeziehung auf den Steuerpflichtigen oder die Person einen außerhalb dieser Geschäftsbeziehung begründeten Einfluß auszuüben oder wenn einer von ihnen ein eigenes Interesse an der Erzielung der Einkünfte des anderen hat."

Durch den Bezug auf § 1 II AStG wird ein Trennstrich zu dem Nahestehenden iSd vGA-Rspr gezogen (§ 8 Anm 72 ff). Nahe Angehörige wie Ehepartner oder Kinder sind nur dann Nahestehende, wenn sie den Bedingungen des § 1 II AStG genügen. Zur Problematik von Darlehen ausl TochterGes s *Meilicke* BB 94, 117. Abs 1 S 2 dehnt die Rechtsfolge des § 8a außerdem auf Dritte aus, die entspr ihrer Fremdkapitalvergabe auf den AntE oder den Nahestehenden zurückgreifen können (zur Krit und Problematik *Meilicke* BB 94, 118). Rückgriff heißt, daß der Dritte einen einklagbaren Rückgriffs- oder Regreßanspruch hat. Nicht ausreichend ist eine „weiche Patronatserklärung" oder das erwartete faktische Einstehen der Konzernmutter für die TochterGes (*Hey* RIW 93, 836; aA BMF BStBl I 95, 25 Tz 21). Die Gesetzesformulierung schließt die Darlehensvergabe durch Dritte, die Inländer sind, also die Zinsen im Inl versteuern, nicht aus; der Gesetzeswortlaut greift hier weiter als der Gesetzeszweck gebietet (*Meilicke* BB 94, 119); die FinVerw schränkt hier die vGA-Fiktion des § 8a ein (BStBl I 95, 25 Tz 23; dazu ergänzend FinVerw Wpg 96, 132; *Ammelung* FR 96, 125; *Borggräfe/Jakobs* FR 95, 358; *Meier* FR 95, 183 betr die

§ 8a 12–14   Gesellschafter-Fremdfinanzierung

Finanzierung von kommunalen Eigen- u BeteiligungsGes. Im übrigen sind die Vergütungen dem AntE unabhängig davon zuzurechnen, wie die Vergütungen beim Empfänger behandelt werden (BMF BStBl I 95, 25 Tz 25). Zweifelhaft ist, ob § 8a in diesen Fällen auch greift, wenn zwar der Nahestehende nicht anrechnungsberechtigt ist, wohl aber der AntE (verneinend *Regnery/Scherer* IStR 95, 528; bejahend BMF BStBl I 95, 25 Tz 19; zweifelnd *Menck* DStR 95, 397). Die FinVerw wendet Abs 1 S 2 auch bei der sog back-to-back-Finanzierung – eine Bank gibt das Darlehen, der AntE unterhält bei ihr in gleicher Höhe eine Einlage – an (BMF BStBl I 95, 25 Tz 21; FinVerw DStR 95, 1309). In Konzernfällen wird vermutet, daß die MutterGes für die TochterGes einsteht (BMF aaO Tz 22; dazu *Meilicke* BB 94, 117). Der AntE vermittelt „seinen" Nahestehenden „seinen" safe haven; es wird also nicht für jeden Nahestehenden ein eigener safe haven ermittelt. Der safe haven des AntE kann insoweit nur einmal ausgenutzt werden (vgl *Meilicke* BB 94, 117, der sich für Ausnahmen im Konzern ausspricht).

12., 13. *einstweilen frei*

14. Anteiliges Eigenkapital. In **Abs 2** wird der Begriff des in Abs 1 verwandten anteiligen Eigenkapitals definiert; dazu BMF BStBl I 95, 25 Tz 26 ff. Es wird ein dem AntE zugeordnetes anteiliges Eigenkapital ermittelt. Folge dieser strengen Gesellschafterbezogenheit (vgl *Herzig* DB 94, 112) ist, daß die Fremdkapitalvergabe durch einen AntE auch dann nach Abs 1 sanktioniert wird, wenn die Anwendung des Abs 1 auf die Gesellschaft insgesamt und auf alle AntE die Sanktion nicht rechtfertigen würde (*Hey* RIW 93, 835). Abs 2 knüpft an das Handelsrecht und die Handelsbilanz an (Kritik bei *Dörner* Inf 93, 411). Zur Korrektur bei TochterGes s Anm 20. Maßgegend ist der Schluß des Wj, das dem Wj vorausgeht, in dem die schädliche Fremdkapitalüberlassung festgestellt wird. Der Anteil des AntE bemißt sich sodann nach dem Anteil des AntE am gezeichneten Kapital. Dies ist unproblematisch, wenn die Beteiligung an diesem Stichtag und im Laufe des Wj unverändert besteht. Gab es zum vorangegangenen Ende des Wj keine Beteiligung, so muß ein anderer Zeitpunkt maßgebend sein, da anderenfalls jede Fremdkapitalüberlassung schädlich ist. Bei einer erstmaligen Beteiligung oder der Erhöhung einer Beteiligung muß gelten, daß hier der Zeitpunkt der erstmaligen Beteiligung oder der Erhöhung für die Bestimmung des anteiligen Eigenkapitals maßgebend ist (*Herzig* DB 94, 169; aA BMF BStBl I 95, 25 Tz 41 ff mit Ausnahme für die Neugründung). Nach Abs 2 S 3 ist eine vorübergehende Minderung des Eigenkapitals unbeachtlich, wenn bis zum Ablauf des 3. auf das Wj des Verlusts folgenden Wj das ursprüngliche Eigenkapital durch Gewinnrücklagen oder Einlagen wiederhergestellt wird. Der Verlust muß betragsmäßig erreicht werden. Eine Differenz von DM 1,– läßt die Unbeachtlichkeit des S 3 ganz entfallen. Da S 3 auch Einlagen erwähnt, ist der Tatbestand dieser Unbeachtlichkeit steuerbar und gestaltbar. Steuerveranlagungen müssen im Hinblick auf diese Vorläufigkeit nach §§ 164, 165 AO vorläufig bleiben. Eine bestandskräftige Veranlagung kann nach § 175 I Nr 2 AO geändert werden.

15. *einstweilen frei*

16. Wesentliche Beteiligung: Abs 3 definiert eine weitere Tatbestandsbedingung des Abs 1; dazu BMF BStBl I 95, 25 Tz 9 ff. Eine wesentl Beteiligung liegt vor, wenn der AntE am Grund- oder Stammkapital der KapGes zu mehr als einem Viertel unmittelb oder mittelb – auch über eine PersGes – beteiligt ist. Die Rspr zu § 1/ EStG wird man erläuternd heranziehen können (*Dörner* Inf 93, 410; *Herzig* DB 94, 115). Eine wesentl Beteiligung liegt auch vor, wenn der AntE zusammen mit anderen AntE zu mehr als einem Viertel beteiligt ist, mit denen er zum Zweck der gemeinschaftl Verwaltung der Anteile eine PersGes bildet oder von denen er beherrscht wird, die er beherrscht oder mit ihm gemeinsam beherrscht werden. Und schließlich: Ein AntE ohne wesentl Beteiligung steht einem wesentl beteiligten AntE gleich, wenn er alleine oder im Zusammenwirken mit anderen AntE einen beherrschenden Einfluß auf die KapGes ausübt (Abs 3 S 3). Bedingung ist das Vorliegen von konkreten Absprachen (BT-Drucks 12/5016, 93); die Möglichkeit des Beherrschens reicht nicht (BMF BStBl I 95, 25 Tz 15). Die herrschende Person muß AntE sein, anderenfalls ist § 8a nicht anwendbar (*Frotscher* IStR 94, 206). Das anteilige Eigenkapital bestimmt sich nach Abs 2 auch dann, wenn sich die wesentl Beteiligung nicht nach dem Anteil am Grund- oder Stammkapital, sondern nach den sonstigen Tatbestandsbedingungen des Abs 3 bestimmt.

17. *einstweilen frei*

18. Sonderregelung für inl HoldingGes (Abs 4). Für den Fall inl HoldingGes wird ein besonderes Verhältnis zwischen Eigenkapital und Gesellschafter-Fremdfinanzierung festgelegt und gleichzeitig die Gesellschafter-Fremdfinanzierung von BeteiligungsGes geregelt. Dazu BMF BStBl I 95, 25 Tz 79 ff; FinVerw DStR 96, 1365.

Abs 4 **S 1** enthält die Definition der HoldingGes und ihre zulässige Gesellschafter-Fremdfinanzierung. Bei einer KapGes, deren Haupttätigkeit darin besteht, Beteiligungen an KapGes zu halten und diese KapGes zu finanzieren oder deren Vermögen zu mehr als 75 vH ihrer Bilanzsumme aus Beteiligungen an KapGes besteht, tritt in Abs 1 Nr 2 an die Stelle des Dreifachen das Neunfache des anteiligen Eigenkapitals des AntE sowie an die Stelle des Sechsfachen das Achtzehnfache des Unterschiedsbetrags zwischen dem Fremdkapital iSv Nr 1 und der Hälfte des anteiligen Eigenkapitals des AntE. Problematisch ist der Begriff der Beteiligung. Angesichts der Tatsache, daß Abs 2 auf das Handelsrecht abstellt, sollte insoweit § 271 HGB einschlägig sein (vgl BMF BStBl I 95, 25 Tz 83; *Hey* RIW 93, 836). Hiernach sind Beteiligungen Anteile an anderen Unternehmen, die bestimmt sind, dem eigenen Geschäftsbetrieb durch Herstellung einer dauernden Verbindung zu jenem Unternehmen zu dienen. Eine Kapitalanlage in Wertpapieren scheidet mithin aus (*Hey* aaO). Abs 4 **S 2** regelt die Gesellschafter-Fremdfinanzierung einer einer inl HoldingGes nachgeordneten KapGes. Hier gibt es keinen safe haven für die Gesellschafter-Fremdfinanzierung. Vergütungen für Fremdkapital, das ein nicht anteilsberechtigter AntE mit wesentl Beteiligung iSd Abs 1, eine ihm nahestehende Pers oder ein Dritter iSd Abs 1 S 2 einer der inl HoldingGes nachgeordneten KapGes zuführt, führt hinsichtl des Nutzungsentgelts zu verdeckten Gewinnausschüttungen. Ausgenommen sind allerdings auch hier Fremdkapitalzuführungen mit Vergütungen, die bei sonst gleichen Umständen auch einem fremden Dritten gezahlt worden wären sowie Mittelaufnahmen zur Finanzierung banküblicher Geschäfte (s dazu auch Anm 7).

19. *einstweilen frei*

20. Abs 4 **S 3** schränkt die Gesellschafter-Fremdfinanzierung einer KapGes ein, die am Grund- oder Stammkapital einer anderen KapGes beteiligt ist, ohne die Voraussetzungen des Abs 3 S 1 zu erfüllen. Dazu BMF BStBl I 95, 25 Tz 89 f. Hier ist das Eigenkapital iSd Abs 2 um den Buchwert dieser **Beteiligung** zu **kürzen.** Durch das Hintereinanderschalten von KapGes wäre es mögl, den Fremdfinanzierungsrahmen für den nichtanrechnungsberechtigten AntE zu vervielfältigen, ohne daß dem eine entsprechende Eigenkapitalausstattung gegenübersteht (sog **Kaskadeneffekt**). *Herzig* erläutert dies in dem Bericht der Arbeitsgruppe (Anm 1), StuW 93, 245: Er bildet einen Fall, in dem in der ersten Stufe von einem Eingabekapital von 100 P ausgegangen wird und der Gesellschafter ausschließl gewinnunabhängiges Fremdkapital zur Verfügung stellt, so daß ein safe haven von 1:3 gilt, der jeweils maximal ausgenutzt wird. Das Eigen- und Fremdkapital einer jeden Stufe wird in vollem Umfang dazu verwendet, die KapGes der nachfolgenden Stufe mit Eigenkapital auszustatten. Ein solches Vorgehen führt bereits bei drei Stufen zu einem Fremdfinanzierungsrahmen von 6300 P, dem auf der ersten Stufe ein Eigenkapital von 100 P gegenübersteht:

	Eigenkapital	Gesellschafter-Fremdkapital 1:3
1. Stufe	100	300
2. Stufe	400	1200
3. Stufe	1600	4800
Fremdfinanzierungsrahmen		6300

In diesem Beispielsfall führt die gesetzl Regelung zu folgenden Konsequenzen (s *Herzig* aaO):

Stufe	Eigenkapital	Beteiligungsbuchwert	Relevantes Eigenkapital für safe haven	Safe-haven-Grenze	Fremdkapital im Drittvergleich
1	100	400	./.300	0	300
2	400	1600	./.1200	0	1200
3	1600	–	1600	4800	0

Auch hier stellt sich wieder die Frage, ob jede, auch jede Mindestbeteiligung, vom Gesetzeswortlaut erfaßt wird. *Hey* RIW 93, 835 wendet auch hier § 271 HGB an (s Anm 18). Eine Kürzung um ausl Beteiligungen erfordert der Zweck nicht (*Hey* aaO; BMF BStBl I 95, 25 Tz 90). Zur Problematik des Satzes 3 s weiter *Grotherr* IStR 95, 52.

21. Abs 5 dient der Verhinderung von Umgehungsmöglichkeiten durch **Zwischenschaltung von Betriebstätten und PersonenGes** (zur Kritik s *Frotscher* IStR 94, 209). Dazu BMF BStBl I 95, 25 Tz 91 ff. Die Abs 1 bis 4 gelten entspr, wenn der AntE zur Anrechnung der KSt nur berechtigt ist, weil die Einkünfte aus der Beteiligung Betriebseinnahmen eines inl Betriebs sind oder weil die Beteiligung über eine PersGes gehalten wird und das Fremdkapital über die PersGes geleitet wird. **Nr 1** erfaßt insbesondere den Fall, in dem eine ausl MutterGes, die über eine inländische gewerbl tätige PersGes an einer inländischen KapGes beteiligt ist, dieser KapGes unmittelb ein Darlehen gewährt. Denn die ausl KapGes unterliegt mit den von der inl KapGes an sie gezahlten Zinsen nicht der inländischen beschränkten Stpfl (§ 49 I Nr 5 EStG). Ohne die Regelung der Nr 1 wäre Abs 1 nicht anwendb, da die von der KapGes ausgeschütteten Dividenden als Einkünfte des inländischen gewerbl Betriebs der PersGes anfallen und die ausl MutterGes insoweit anrechnungsberechtigt ist (§ 50 I Nr 2). Nr 1 gilt auch für Körperschaften des öffentl Rechts mit Betrieben gewerbl Art und für wirtschaftl Geschäftsbetriebe der stbefreiten Körperschaften (*Dörner* Inf 93, 409). **Nr 2** betrifft die Gestaltung, bei der eine ausl MutterGes über eine inländische PersGes an einer inländischen KapGes beteiligt ist und diese über das inländische PersGes ein Darlehen gewährt. Die gesetzl Regelung ist erforderl, weil die ausl Gesellschaft die steuerliche Belastung der Zinsen dadurch vermeiden kann, daß sie (gewissermaßen unkontrolliert) Refinanzierungskosten im Feststellungsverfahren als Betriebsausgaben geltend machen kann.

§ 8b Beteiligung an ausländischen Gesellschaften

(1) [1] Bezüge im Sinne des § 20 Abs. 1 Nr. 1 und 2 des Einkommensteuergesetzes, die eine unbeschränkt steuerpflichtige Körperschaft im Sinne des § 1 Abs. 1 Nr. 1, 2, 3 oder 6 von einer unbeschränkt steuerpflichtigen Kapitalgesellschaft oder von einer sonstigen Körperschaft im Sinne des § 43 erhält, bleiben bei der Ermittlung des Einkommens außer Ansatz, soweit dafür der Teilbetrag im Sinne des § 30 Abs. 2 Nr. 1 als verwendet gilt. [2] Voraussetzung für die Anwendung des Satzes 1 ist, daß die Verwendung des Teilbetrags im Sinne des § 30 Abs. 2 Nr. 1 durch eine Steuerbescheinigung nach § 44 oder § 45 nachgewiesen wird. [3] Gewinnminderungen, die

1. durch den Ansatz des niedrigeren Teilwerts des Anteils an der in Satz 1 genannten ausschüttenden Kapitalgesellschaft oder sonstigen Körperschaft oder
2. durch Veräußerung des Anteils oder bei Auflösung oder Herabsetzung des Nennkapitals dieser Kapitalgesellschaft oder sonstigen Körperschaft

entstehen, sind bei der Gewinnermittlung nicht zu berücksichtigen, soweit der Ansatz des niedrigeren Teilwerts oder die sonstige Gewinnminderung auf die Gewinnausschüttungen zurückzuführen ist. [4] Die Sätze 1 bis 3 gelten nicht für Bezüge, die in einem wirtschaftlichen

§ 8b   Beteiligung an ausländischen Gesellschaften

Geschäftsbetrieb einer nach § 5 Abs. 1 Nr. 9 steuerbefreiten Körperschaft anfallen.

(2) ¹Bei der Ermittlung des Einkommens einer unbeschränkt steuerpflichtigen Körperschaft im Sinne des § 1 Abs. 1 Nr. 1, 2, 3 oder 6 bleiben Gewinne aus der Veräußerung eines Anteils an einer ausländischen Gesellschaft oder bei deren Auflösung oder der Herabsetzung von deren Nennkapital außer Ansatz, wenn Gewinnausschüttungen dieser Gesellschaft nach einem Abkommen zur Vermeidung der Doppelbesteuerung oder nach Absatz 5 befreit oder nach § 26 Abs. 2 oder 3 begünstigt wären, soweit sich nicht in früheren Jahren eine bei der Gewinnermittlung berücksichtigte Gewinnminderung durch Ansatz des niedrigeren Teilwerts des Anteils ergeben hat und soweit diese Gewinnminderung nicht durch den Ansatz eines höheren Teilwerts ausgeglichen worden ist. ²Die Vorschriften über die Abziehbarkeit von Verlusten, die bei der Veräußerung, Auflösung oder Kapitalherabsetzung nach Satz 1 entstehen, bleiben unberührt. ³Hängt die Befreiung oder Begünstigung von der Tätigkeit der ausländischen Gesellschaft ab, muß die unbeschränkt steuerpflichtige Körperschaft nachweisen, daß die in einem Abkommen zur Vermeidung der Doppelbesteuerung oder in § 26 Abs. 2 festgelegten Tätigkeiten seit der Gründung dieser Gesellschaft oder während der letzten fünf Jahre vor und in dem Veranlagungszeitraum, in dem die Einkünfte aus der Veräußerung, Auflösung oder Kapitalherabsetzung bezogen werden, ausgeübt worden sind.

(3) Absatz 2 ist nicht anzuwenden für die Anteile an einer ausländischen Gesellschaft, die

1. ein Einbringender nach § 23 Abs. 4 als Gegenleistung für die Einbringung von Anteilen an einer unbeschränkt steuerpflichtigen Kapitalgesellschaft oder nach § 23 Abs. 1 oder Abs. 3 des Umwandlungssteuergesetzes oder

2. eine unbeschränkt steuerpflichtige Kapitalgesellschaft nach § 20 Abs. 1 Satz 2 oder § 23 Abs. 4 des Umwandlungssteuergesetzes von einem Einbringenden, der mit Gewinnen aus der Veräußerung der Anteile an der ausländischen Gesellschaft oder bei deren Auflösung oder der Herabsetzung von deren Nennkapital im Inland steuerpflichtig ist und nicht zu den nach Absatz 2 begünstigten Körperschaften gehört,

zu einem unter dem Teilwert anzusetzenden Wert erworben hat, wenn die Veräußerung, Auflösung oder Kapitalherabsetzung innerhalb eines Zeitraums von sieben Jahren nach dem Zeitpunkt der Einbringung stattfindet.

(4) ¹Gewinnanteile, die von einer ausländischen Gesellschaft auf Anteile ausgeschüttet werden, die einer inländischen gewerblichen Betriebsstätte einer beschränkt steuerpflichtigen Körperschaft zuzurechnen sind, bleiben bei der Ermittlung des der inländischen gewerblichen Betriebsstätte zuzurechnenden Einkommens außer Ansatz,

Beteiligung an ausländischen Gesellschaften   § 8b

soweit sie nach einem Abkommen zur Vermeidung der Doppelbesteuerung oder nach Absatz 5 befreit wären, wenn die beschränkt steuerpflichtige Körperschaft unbeschränkt steuerpflichtig wäre. ²Die Absätze 2 und 3 gelten sinngemäß für die Ermittlung des Einkommens einer inländischen gewerblichen Betriebsstätte einer beschränkt steuerpflichtigen Körperschaft, wenn die Voraussetzungen des Satzes 1 im übrigen erfüllt sind. ³Hängt die Befreiung oder Begünstigung vom Halten der Beteiligung für einen Mindestzeitraum ab, muß die Beteiligung während dieses Zeitraums auch zum Betriebsvermögen der inländischen gewerblichen Betriebsstätte gehört haben.

(5) Sind Gewinnanteile, die von einer ausländischen Gesellschaft ausgeschüttet werden, nach einem Abkommen zur Vermeidung der Doppelbesteuerung unter der Voraussetzung einer Mindestbeteiligung von der Körperschaftsteuer befreit, so gilt die Befreiung ungeachtet der im Abkommen vereinbarten Mindestbeteiligung, wenn die Beteiligung mindestens ein Zehntel beträgt.

(6) Sind Gewinnanteile, die von einer ausländischen Gesellschaft ausgeschüttet werden, nach einem Abkommen zur Vermeidung der Doppelbesteuerung, nach Absatz 4 Satz 1 und 3 oder nach Absatz 5 von der Körperschaftsteuer befreit oder nach § 26 Abs. 2 bis 3 oder Abs. 7 begünstigt, so sind Gewinnminderungen, die

1. durch Ansatz des niedrigeren Teilwerts des Anteils an der ausländischen Gesellschaft oder
2. durch Veräußerung des Anteils oder bei Auflösung oder Herabsetzung des Kapitals der ausländischen Gesellschaft

entstehen, bei der Gewinnermittlung nicht zu berücksichtigen, soweit der Ansatz des niedrigeren Teilwerts oder die sonstige Gewinnminderung auf die Gewinnausschüttungen zurückzuführen ist.

Abs 3 lautete bis zur Änderung durch das G v 28. 10. 94 (Anm 2):

(3) Absatz 2 ist nicht anzuwenden für die Anteile an einer ausländischen Gesellschaft, die

1. ein Einbringender nach § 20 Abs. 6 Satz 2 als Gegenleistung für die Einbringung von Anteilen an einer unbeschränkt steuerpflichtigen Kapitalgesellschaft oder nach § 20 Abs. 8 Satz 1, 2 oder 4 des Gesetzes über steuerliche Maßnahmen bei Änderung der Unternehmensform oder
2. eine unbeschränkt steuerpflichtige Kapitalgesellschaft nach § 20 Abs. 6 Satz 1 oder 2 des Gesetzes über steuerliche Maßnahmen bei Änderung der Unternehmensform von einem Einbringenden, der mit Gewinnen aus der Veräußerung der Anteile an der ausländischen Gesellschaft oder bei deren Auflösung oder der Herabsetzung von deren Nennkapital im Inland steuerpflichtig ist und nicht zu den nach Absatz 2 begünstigten Körperschaften gehört,

zu einem unter dem Teilwert anzusetzenden Wert erworben hat, wenn die Veräußerung, Auflösung oder Kapitalherabsetzung innerhalb eines Zeitraums von sieben Jahren nach dem Zeitpunkt der Einbringung stattfindet.

§ 8b 1 Beteiligung an ausländischen Gesellschaften

Abs 3 lautete bis zur Änderung durch das G v 21. 12. 93 (Anm 2):
(3) Absatz 2 ist nicht anzuwenden, wenn die unbeschränkt steuerpflichtige Kapitalgesellschaft oder sonstige Körperschaft im Sinne des § 43 die Anteile an der ausländischen Gesellschaft durch eine Sacheinlage zu einem unter dem Teilwert liegenden Wert erworben hat und die Veräußerung, Auflösung oder Kapitalherabsetzung innerhalb eines Zeitraums von sieben Jahren nach dem Zeitpunkt der Sacheinlage stattfindet. Satz 1 gilt in den Fällen des § 20 Abs. 6 des Gesetzes über steuerliche Maßnahmen bei Änderung der Unternehmensform entsprechend.

Körperschaftsteuerrichtlinien: Abschnitt 41.

Übersicht

1. Zweck
2. Geltungszeit
3. Steuerbefreiung nach Abs 1 S 1
4. Steuerbescheinigung nach Abs 1 S 2
5. Ausschluß der steuerl Berücksichtigung von Gewinnminderungen (Abs 1 S 3)
6. Ausschluß gemeinnütziger Körperschaften (Abs 1 S 4)
7. Steuerfreiheit von Veräußerungsgewinnen (Abs 2 S 1)
8. Abziehbarkeit von Veräußerungsverlusten (Abs 2 S 2)
9. Aktive Tätigkeit der ausl Ges (Abs 2 S 3)
11. Einschränkung der Steuerfreiheit (Abs 3)
13. Inl Betriebstätte einer beschr stpfl Körperschaft (Abs 4)
15. Steuerbefreiung und Mindestbeteiligung an ausl Ges (Abs 5)
16. Ausschluß von Gewinnminderungen (Abs 6)

1. Allgemeines:

Schrifttum: *Müller-Gatermann* FR 93, 381; *Cattelaens* Wpg 93, 557; *Hundt* DB 93, 2048, 2098; *Henkel* DB 93, 893; *Dötsch* DB 93, 1970; *Pauka* NWB F 4, 3957 (10/93); *Rendels* DStR 93, 1089; *Binger/Pinkos* GmbHR 93, 556; *Franz/Rupp* BB 93, Beil 20; *Ketterer/Pumbo* IStR 93, 289 betr Ausschüttungseffekte; *Streu* IStR 93, 45; *Förster* DB 94, 385; *Krebühl* DB 94, 496; *Köster,* Die Ausweitung internationaler Schachtelvergünstigungen durch § 8 b KStG für unbeschränkt stpfl Körperschaften, GmbHR 94, 674; *Wilke,* Die Besteuerung ausl Eink im KStR, IWB 3 Deutschland Gr 4, 339 (1/95); *Kohler,* Buchwertveräußerung im Rahmen des § 8b Abs 2 KStG und vGa, IStR 96, 70.

Zweck: § 8b will den „Standort" Deutschland insbesondere auch für HoldingGes attraktiv machen. Inländischen Körperschaften soll es ermögl werden, steuerfrei bezogene ausl Eink auch an eine inländische MutterGes steuerfrei weiterzuleiten. Vgl hierzu BT-Drucks 12/4487, 38; zu den entsprechenden Regelungen in Holland, Belgien, Luxemburg, Österreich s *Hundt* DB 93, 2049. § 8b steht in Zusammenhang mit einer entsprechenden Korrektur der §§ 40, 44. Das steuerfreie Durchschütten steuerfreier Auslandserträge darf nicht darüber hinwegtäuschen, daß die Weiterausschüttung an den AntE der Mutter- oder HoldingGes die steuerfreien Eink in die volle Stpfl führt (hier setzt die Kritik von *Wassermeyer* DB 92, 2311 u

Steuerbefreiung 2, 3 § 8b

Henkel DB 93, 893 an). Außerdem normiert § 8b unter bestimmten Bedingungen die StFreiheit der Veräußerung ausl Beteiligungen; was als Dividende steuerfrei sein soll, soll auch – ohne Ausschüttung – als Veräußerungsgewinn steuerfrei sein. Schließlich bemüht sich § 8b, inländische Betriebstätten ausl Körperschaften inländischer Körperschaften gleichzustellen, dies auch, um Art 52 EWG-Vertrag Rechnung zu tragen (BT-Drucks 12/4487, 38). Da der StGesetzgeber immer voller Argwohn Mißbrauchsgefahren sieht, wird § 8b um solche Mißbrauchsgrenzen erweitert. Materialien s Vor § 1 Anm 19. In diesen Materialien spiegelt sich auch das Hin und Her der gesetzl Normierung wider (dazu auch *Hundt* DB 93, 2098).

2. Geltungszeit: § 8b wurde durch das StandOG v 13. 9. 93 (BGBl I 93, 1569; BStBl I 93, 774) eingefügt. Er gilt erstmals für den VZ 1994 (§ 54 I idF des StandOG). Abs 3 wurde durch das StMBG v 21. 12. 93 (BGBl I 93, 2310; BStBl I 94, 50) nachgebessert; außerdem wurde die besondere Vorschrift zur erstmaligen Anwendung des § 54 VI c normiert. Die Reform des UmwStG durch das G v 28. 10. 94 (BGBl I 94, 3267; BStBl I 94, 839) erforderte eine redaktionelle Anpassung des Abs 3 mit Wirkung ab VZ 1994 (§ 54 I).

3. Steuerbefreiung nach **Abs 1 S 1:** Gewinnausschüttungen und andere Bezüge iSd § 20 I Nr 1 u 2 EStG, die eine unbeschränkt steuerpfl Körperschaft iSd § 1 Nr 1 (KapGes), Nr 2 (Erwerbs- und WirtschaftsGen), Nr 3 (VVaG) und Nr 6 (Betrieb gewerbl Art einer Körperschaft des öffentl Rechts) von einer anderen unbeschränkt steuerpfl KapGes oder von einer sonstigen Körperschaft iSd § 43 (insbesondere Erwerbs- und Wirtschafts-Gen) erhält, bleiben bei der Ermittlung des Einkommens außer Ansatz, soweit dafür der Teilbetrag iSd § 30 II Nr 1 (= EK_{01}) als verwendet gilt. Mit dieser Regelung wird zB einer unbeschr steuerpfl KapGes für Gewinnausschüttungen, die sie über eine inländische TochterGes bezieht, eine StBefreiung gewährt, wenn die Gewinnausschüttung der TochterGes aus steuerfreien ausl Eink stammt. Damit wird – s auch den neugefaßten § 40 Nr 1 – erreicht, daß die steuerbefreiten ausl Eink bei ihrer Weiterausschüttung an eine andere unbeschr steuerpfl Körperschaft nicht nachbesteuert werden. Die Verwendungsfiktion des § 28 bleibt unberührt; es können also nicht gezielt steuerfrei empfangene ausl Eink weiter ausgeschüttet werden (vgl auch § 28 Anm 12). Daß auf der Empfängerseite auch der VVaG u Betr gewerbl Art der Körperschaft des öR begünstigt sind, ist systemwidrig, steht in Abs 1 S 4 (dazu Anm 6) in Widerspruch u ist auf politische Einflüsse zurückzuführen (vgl *Dötsch* DB 93, 1790, 1794; *Binger/Pinkos* GmbHR 93, 560). Nicht begünstigt ist die Ausschüttung an einkommensteuerpflichtige natürl Pers oder PersGes (dazu auch *Henkel* DB 93, 893; A 41 II KStR). Zu OrganGes A 41 III KStR. Das Gesetz normiert keine Mindestbeteiligung; Abs 1 S 1 greift bei einer Beteiligung in jeder Höhe. Aufgrund der Neuregelung kann die ausschüttende Körperschaft eine höhere Bardividende ausschütten, allerdings hat der anrechnungsberechtigte AntE kein KStAnrGuthaben und erwartet daher als Ausgleich die höhere Bardividende. Wegen dieser höheren Bardividende ist die Neuregelung insbesondere für nichtanrechnungsberechtigte AntE vorteilhaft, was auch dem Gesetzeszweck – s Anm 1 – entspricht.

4. Steuerbescheinigung (Abs 1 S 2). Tatbestandsbedingung für die StFreiheit nach S 1 ist, daß die Verwendung des EK_{01} (§ 30 II Nr 1) durch eine StBescheinigung nach §§ 44 oder 45 nachgewiesen wird. Die Bescheinigung ist materielle Bedingung für die StBefreiung (s auch § 44 Anm 1).

5. Ausschluß der **steuerlichen Berücksichtigung** von **Gewinnminderungen (Abs 1 S 3).** Aus der StBefreiung der aus dem EK_{01} stammenden Gewinnausschüttungen folgt, daß ausschüttungsbedingte Gewinnminderungen nach Abs 1 S 2 vom steuerlichen Abzug ausgeschlossen sind. Dies gilt für Gewinnminderungen, die durch den Ansatz des niedrigeren Teilwerts der Anteile an der in S 1 genannten ausschüttenden KapGes oder sonstigen Körperschaft entstehen, außerdem für Gewinnminderungen, die durch die Veräußerung des Anteils oder bei der Auflösung oder Herabsetzung des Nennkap dieser KapGes oder sonstigen Körperschaften verursacht werden. Aber auch diese Gewinnminderungen sind nicht allgemein ausgeschlossen, sondern nur „soweit der Ansatz des niedrigeren Teilwerts oder die sonstige Gewinnminderung auf die Gewinnausschüttungen zurückzuführen ist". Das Gesetz stellt also einen kausalen Zusammenhang zwischen der Gewinnausschüttung, die S 1 freistellt, und der Gewinnminderung, die S 2 von der steuerlichen Berücksichtigung ausschließt, her. Außerhalb dieser Einschränkung sind Teilwertabschreibungen nach allg Regeln möglich (*Krebühl* DB 94, 496).

6. Ausschluß der **gemeinnützigen Körperschaften (Abs 1 S 4).** Abs 1 S 1 bis 3 gelten nicht für Bezüge, die im wirtschaftl GeschäftsBetr einer nach § 5 I Nr 9 steuerbefreiten Körperschaft, dh bei gemeinnützigen Körperschaften, anfallen. Bezieht eine gemeinnützige GmbH in ihrem wirtschaftl GeschäftsBetr Bezüge, die eigentl nach S 1 befreit wären, sind diese ohne Einschränkung steuerpfl. Da der Gesetzgeber davon ausgeht, daß die steuerbefreite Körperschaft die vereinnahmte Gewinnausschüttung nicht weiter ausschüttet, wird sie dem AntE auf der untersten Ebene, der seinerseits nicht weiter ausschüttet, gleichgestellt, dh der natürl Pers. Dieser Endempfänger soll aber gerade nicht in den Genuß des § 8b kommen (s Anm 1, 3). Allerdings steht hierzu in Widerspruch, daß der VVaG und der Betr gewerbl Art der Körperschaft des öR nach Abs 1 S 1 begünstigt sind (s Anm 3).

7. StFreiheit von **Veräußerungsgewinnen.** Grundsatz **Abs 2 S 1:** Während Abs 1 die „Nachbesteuerung" von weiter ausgeschütteten steuerfreien Gewinnen verhindert, stellt Abs 2 sicher, daß diese Gewinne auch dann unbesteuert bleiben, wenn sie als bezahlte Rücklagen Teil eines Veräußerungsgewinns sind. Bei der Ermittlung des Einkommens bleiben Gewinne aus der Veräußerung eines Anteils an einer ausl Ges oder bei der Auflösung oder der Herabsetzung von deren Nennkap außer Ansatz, wenn Gewinnausschüttungen dieser Ges nach einem DBA oder nach Abs 5 (s Anm 15) befreit oder nach § 26 II oder III (nicht II a) begünstigt wären; dies gilt auch für einbringungsgeborene Anteile iSv § 21 UmwStG

(*Binger/Pinkos* GmbHR 93, 560). Den Veräußerungsgewinnen müssen Gewinne durch den Ansatz eines höheren Teilwerts, Gewinnerhöhungen durch vGa oder Einlagen gleichgestellt werden (*Förster* DB 94, 388; aA bzgl Einlagen A 41 V KStR). Umgekehrt sind Veräußerungsgewinne nicht begünstigt, soweit sie vGa darstellen (A 41 V KStR; dagegen *Köhler* IStR 96, 70). Auch diese StFreiheit gilt nur für Körperschaften iSd § 1 I Nr 1, 2, 3 u 6 (s auch Anm 3). Ausgeschlossen ist die StFreiheit, soweit sich in früheren Jahren eine bei der Gewinnermittlung berücksichtigte Gewinnminderung durch Ansatz des niedrigen Teilwerts des Anteils ausgewirkt hat und soweit diese Gewinnminderung nicht durch den Ansatz eines höheren Teilwerts wieder ausgeglichen wurde. Das Gesetz normiert keine zeitl Grenze, die bei den „früheren Jahren" zu berücksichtigen ist. Die „Soweit"-Begrenzung ist numerisch zu verstehen. Die Gewinnminderung der früheren Jahre ist zahlenmäßig zu ermitteln; insoweit ist der Veräußerungsgewinn nicht nach S 1 stfrei. Ein Veräußerungsgewinn kann mithin teilweise steuerpfl, teilweise steuerfrei sein. Für die Ausnahme von der Regel der StFreiheit trägt die FinVerw die Beweislast, dies auch deshalb, weil sie anhand der StAkten die Begrenzung leicht feststellen kann. Die StFreiheit hindert nicht die Abzugsfähigkeit von Finanzierungsaufwendungen (*Krebühl* DB 94, 498; *Eilers/Nowack* IStR 94, 218; aA offenbar A 41 XVI KStR; *Förster* DB 94, 392; *Köster* GmbHR 94, 680). Sie erstreckt sich auch auf die GewSt (*Förster* DB 94, 389). Zur Frage, ob mittels des Tauschgutachtens BFH BStBl III 59, 30 die Privilegierung des Abs 2 erreicht werden kann, s *Rödder* DStR 94, 384. Zum Verhältnis des Abs 2 zum AStG s *Hundt* DB 93, 2100; *Köhler* IStR 95, 529.

8. Die Vorschriften über die **Abziehbarkeit** von **Verlusten,** die bei der Veräußerung, Auflösung oder Kapitalherabsetzung nach S 1 entstehen, bleiben unberührt **(Abs 2 S 2).** Veräußerungsverluste bleiben mithin abziehbar, ohne daß dies durch § 8b eingeschränkt wird (A 41 X KStR). Sachl ist dies gerechtfertigt, da ansonsten realisierte Veräußerungsverluste endgültig unberücksichtigt bleiben würden. S 2 normiert allerdings keine eigenständige Verlustabzugsberechtigung. Sonstige Verlustabzugsbeschränkungen wie § 2a EStG (anwendb, s A 27 I Nr 1 KStR) bleiben wirksam (*Henkel* DB 93, 897).

9. Aktive Tätigkeit der ausl Ges **(Abs 2 S 3).** Hängt die Befreiung oder Begünstigung von einer aktiven Tätigkeit der ausl Ges ab (vgl dazu auch *Hundt* DB 93, 2100), muß die unbeschr steuerpfl Körperschaft nachweisen, daß die in einem DBA oder in § 26 II festgelegten Tätigkeiten seit der Gründung dieser Ges oder während der letzten fünf Jahre vor oder in dem VZ, in dem die Eink aus der Veräußerung, Auflösung oder Kapitalherabsetzung bezogen wurden, ausgeübt worden sind. Die Fünfjahresfrist entspricht § 2a II S 2 EStG.

10. *einstweilen frei*

11. Einschränkung der **StFreiheit (Abs 3,** der noch im gleichen Jahr des StandOG durch das StMBG präzisiert wurde; dazu *Dötsch* DB 94, 9; *Cattelaens* Wpg 94, 41 u Anm 2). Die Regelung ist notwendig, da anderenfalls grundsätzl im Inl steuerpfl stille Reserven der Besteuerung entzogen werden könnten. Beisp: Eine inländische KapGes bringt ihre Mehrheitsbeteiligung an einer anderen inländischen KapGes im Wege der Sacheinlage steuerneutral nach § 20 UmwStG aF, § 23 UmwStG nF in eine in einem anderen EG-Mitgliedstaat ansässige KapGes gegen Gewährung von Gesellschaftsrechten ein. Später veräußert sie – gäbe es Abs 3 nicht – die Anteile an der ausl Ges nach Abs 2 steuerfrei. Diese Einschränkung gilt nicht grenzenlos. Das Gesetz unterstellt (vgl BT-Drucks 12/4487, 39) eine StErsparnis als hauptsächlichen Beweggrund, wenn die erworbenen Anteile innerhalb von sieben Jahren nach der Einbringung veräußert werden. Aus der Festlegung dieser Siebenjahresfrist folgt, daß nach Ablauf der sieben Jahre die StFreiheit des Abs 2 auf jeden Fall voll greifen kann, auch wenn auf diesem Weg grundsätzl in der Bundesrepublik stpfl stille Reserven der Besteuerung entzogen werden. Gab es im Fall der Nr 2 vor der Einbringung kein deutsches Besteuerungsrecht hinsichtl der Gewinne aus der Veräußerung der Anteile, greift die Sperrfrist des Abs 3 nicht (*Dötsch* aaO).

12. *einstweilen frei*

13. Inl Betriebstätte einer **beschr steuerpfl Körperschaft (Abs 4).** Abs 4 S 1 regelt die StBefreiung von Dividenden aus wesentl Beteiligungen an einer ausl Ges, die einer inländischen gewerbl Betriebstätte einer beschr steuerpfl Körperschaft zuzurechnen sind. Solche Gewinnanteile bleiben bei der Ermittlung des der inländischen gewerbl Betriebstätte zuzurechnenden Einkommens außer Ansatz, soweit sie nach einem DBA oder nach Abs 5 (Anm 15 befreit wären, wenn die beschr steuerpfl Körperschaft unbeschr steuerpfl wäre. Soweit nach einem DBA mithin nur unbeschr steuerpfl KapGes begünstigt sind, gilt dies auch für ausl Körperschaften. Soweit die Begünstigung unbeschr steuerpfl KapGes aus Verwaltungsanweisungen herzuleiten sind, muß auch insoweit eine Ausdehnung auf ausl Körperschaften erfolgen (*Hundt* DB 93, 2102). Zur Zurechnung zur Betriebstätte s *Hundt* DB 93, 2102. Die Beteiligung an einer PersGes wird bewußt nicht von Abs 4 erfaßt, da auch eine inländische KapGes die Schachtelvergünstigung bei Zwischenschaltung einer PersGes nicht erhält (*Hundt* DB 93, 2102). Soweit die Befreiung oder die Begünstigung vom Halten der Beteiligung für einen Mindestzeitraum abhängt, gilt dies für die inländische Betriebstätte entsprechend (S 3).

14. *einstweilen frei*

15. Ausdehnung der **DBA-Befreiung: Abs 5** war bisher – wortgleich – § 26 VII. Aus systematischen Gründen nahm das StandOG (Anm 2) die Umordnung vor. **Abs 5** erleichtert im Weg eines einseitig nationalen Gesetzgebungsaktes den Zugang zum internationalen Schachtelprivileg der DBA. Zur Geltungszeit s § 26 Anm 3 3. Aufl. Tatbestandsvoraussetzung ist die Befreiung von der KSt (nicht ESt) unter der Voraussetzung einer Mindestbeteiligung aufgrund eines DBA. Liegen diese Bedingungen vor, so gilt die Befreiung auch, sofern die Beteiligung mindestens $1/10$ beträgt. Befreiungen sollen ausgedehnt werden. Sieht das DBA eine Befreiung bei noch geringerer Beteiligung vor, bleibt es bei der DBA-Befreiung. Ist ein DBA nicht vereinbart, findet Abs 5 keine Anwendung. Die Befreiung gilt zeitl für die Geltungsdauer der DBA-Befreiung. Die übrigen Bedingungen der

DBA bleiben unberührt (A 41 XVII KStR). Soweit die Gewinnanteile befreit sind, scheidet eine StAnr nach § 26 I–III, V und ein Abzug ausl St bei der Ermittlung des Gesamtbetrags der Eink (§ 26 Abs 6 iVm § 34c II, III, VI EStG) aus (A 41 XVII KStR).

16. Teilwertabschreibungen und **Veräußerungsverluste** bei Auslandsbeteiligungen (**Abs 6;** dazu *Singbartl/Dötsch/Hundt* DB 88, 1767, 1820; *Müller-Dott* GmbHR 90, 269). Abs 6 war bisher § 26 VIII. Aus systematischen Gründen nahm das StandOG (Anm 2) die Umordnung vor. Der Ausschluß des Abs 8 wurde eingeführt durch das StRefG 1990 (§ 26 Anm 3 3. Aufl). Abs 6 ist als § 26 VIII erstmals auf Gewinnminderungen anzuwenden, die auf Gewinnausschüttungen nach dem 23. 6. 88 zurückzuführen sind (§ 54 X bzw VII idF des G v 25. 7. 88 – vor § 1 Anm 19 –, § 54 Anm 23). Betroffen sind Gewinnanteile, die von einer ausl Ges ausgeschüttet werden und die nach einem DBA oder nach Abs 5 (Anm 15) bei der inländischen Besteuerung befreit oder nach § 26 II–III, VII (§ 26 Anm 21ff, 86) begünstigt sind. Verursachen diese Gewinnausschüttungen eine Teilwertminderung oder einen Veräußerungsverlust, so ist die Teilwertabschreibung oder der Veräußerungsverlust nicht anzusetzen. Bedingung ist eine Kausalität zwischen den steuerfreien bzw begünstigten Gewinnanteilen und der Teilwertabschreibung bzw dem Veräußerungsverlust. Geht die Teilwertminderung oder der Veräußerungsverlust auf andere Ursachen zurück, so können die Verluste berücksichtigt werden. Die FinVerw dehnt Abs 6 allerdings auf Änderungen des Beteiligungsansatzes durch Einlagen aus (A 41 XVIII KStR). In der EK-Gliederung ist EK_{02} anzupassen (vgl A 83 I KStR). S im übrigen A 41 XVIII KStR.

§ 9 Abziehbare Aufwendungen

(1) Abziehbare Aufwendungen sind auch:

1. bei Kommanditgesellschaften auf Aktien der Teil des Gewinns, der an persönlich haftende Gesellschafter auf ihre nicht auf das Grundkapital gemachten Einlagen oder als Vergütung (Tantieme) für die Geschäftsführung verteilt wird;
2. vorbehaltlich des § 8 Abs. 3 Ausgaben zur Förderung mildtätiger, kirchlicher, religiöser und wissenschaftlicher Zwecke und der als besonders förderungswürdig anerkannten gemeinnützigen Zwecke bis zur Höhe von insgesamt 5 vom Hundert des Einkommens oder 2 vom Tausend der Summe der gesamten Umsätze und der im Kalenderjahr aufgewendeten Löhne und Gehälter. ²Für wissenschaftliche, mildtätige und als besonders förderungswürdig anerkannte kulturelle Zwecke erhöht sich der Vomhundertsatz von 5 um weitere 5 vom Hundert. ³Überschreitet eine Einzelzuwendung von mindestens 50 000 Deutsche Mark zur Förderung wissenschaftlicher, mildtätiger oder als besonders förderungswürdig anerkannter kultureller Zwecke diese Höchstsätze, ist sie im Rahmen der Höchstsätze im Jahr der Zuwendung und in den folgenden sieben Veranla-

§ 9 Abziehbare Aufwendungen

gungszeiträumen abzuziehen. ⁴§ 10d Abs. 2 Satz 2 und Abs. 3 des Einkommensteuergesetzes gilt entsprechend.

(2) ¹Als Einkommen im Sinne dieser Vorschrift gilt das Einkommen vor Abzug der in Absatz 1 Nr. 2 und in § 10d des Einkommensteuergesetzes bezeichneten Ausgaben. ²Als Ausgabe im Sinne dieser Vorschrift gilt auch die Zuwendung von Wirtschaftsgütern mit Ausnahme von Nutzungen und Leistungen. ³Der Wert der Ausgabe ist nach § 6 Abs. 1 Nr. 4 Satz 1 und 4 des Einkommensteuergesetzes zu ermitteln. ⁴Aufwendungen zugunsten einer zum Empfang steuerlich abzugsfähiger Zuwendungen berechtigten Körperschaft sind nur abzugsfähig, wenn ein Anspruch auf die Erstattung der Aufwendungen durch Vertrag oder Satzung eingeräumt und auf die Erstattung verzichtet worden ist. ⁵Der Anspruch darf nicht unter der Bedingung des Verzichts eingeräumt worden sein.

(3) ¹Der Steuerpflichtige darf auf die Richtigkeit der Bestätigung über Spenden und Mitgliedsbeiträge vertrauen, es sei denn, daß er die Bestätigung durch unlautere Mittel oder falsche Angaben erwirkt hat oder daß ihm die Unrichtigkeit der Bestätigung bekannt oder infolge grober Fahrlässigkeit nicht bekannt war. ²Wer vorsätzlich oder grob fahrlässig eine unrichtige Bestätigung ausstellt oder wer veranlaßt, daß Zuwendungen nicht zu den in der Bestätigung angegebenen steuerbegünstigten Zwecken verwendet werden, haftet für die entgangene Steuer. ³Diese ist mit 40 vom Hundert des zugewendeten Betrags anzusetzen.

§ 9 Abs 1 Nr 2 S 3 und 4 lauteten bis zur Änderung durch das G v 11. 10. 95 (Anm 2):

Überschreitet eine Einzelzuwendung von mindestens 50 000 Deutsche Mark zur Förderung wissenschaftlicher oder als besonders förderungswürdig anerkannter kultureller Zwecke diese Höchstsätze, ist sie im Rahmen der Höchstsätze im Jahr der Zuwendung und in den folgenden sieben Veranlagungszeiträumen abzuziehen. § 10d Abs. 2 Satz 2 des Einkommensteuergesetzes gilt sinngemäß.

§ 9 Abs 2 S 3 zitierte bis zur Änderung durch das G v 11. 10. 95 (Anm 2):
„§ 6 Abs 1 Nr 4 Satz 1 und 2".

§ 9 lautete bis zur Änderung durch das G v 28. 1. 94 (Anm 2):

¹Abziehbare Aufwendungen sind auch:
1. (weggefallen)
2. bei Kommanditgesellschaften auf Aktien
der Teil des Gewinns, der an persönlich haftende Gesellschafter auf ihre nicht auf das Grundkapital gemachten Einlagen oder als Vergütung (Tantieme) für die Geschäftsführung verteilt wird;
3. vorbehaltlich des § 8 Abs. 3
a) Ausgaben zur Förderung mildtätiger, kirchlicher, religiöser und wissenschaftlicher Zwecke und der als besonders förderungswürdig anerkannten gemeinnützigen Zwecke bis zur Höhe von insgesamt 5 vom

Abziehbare Auffwendungen **§ 9**

Hundert des Einkommens oder 2 vom Tausend der Summe der gesamten Umsätze und der im Kalenderjahr aufgewendeten Löhne und Gehälter. ²Für wissenschaftliche, mildtätige und als besonders förderungswürdig anerkannte kulturelle Zwecke erhöht sich der Vomhundertsatz von 5 um weiter 5 vom Hundert. ³Überschreitet eine Einzelzuwendung von mindestens 50 000 Deutsche Mark zur Förderung wissenschaftlicher oder als besonders förderungswürdig anerkannter kultureller Zwecke diese Höchstsätze, ist sie im Rahmen der Höchstsätze im Jahr der Zuwendung und in den folgenden sieben Veranlagungszeiträumen abzuziehen. ⁴§ 10d Abs. 2 Satz 2 des Einkommensteuergesetzes gilt sinngemäß;
b) Spenden an politische Parteien im Sinne des § 2 des Parteiengesetzes bis zur Höhe von 60 000 Deutsche Mark. Spenden an eine Partei oder einen oder mehrere ihrer Gebietsverbände, deren Gesamtwert in einem Kalenderjahr 40 000 Deutsche Mark übersteigt, können nur abgezogen werden, wenn sie nach § 25 Abs. 2 des Parteiengesetzes im Rechenschaftsbericht verzeichnet worden sind;
c) Beiträge und Spenden an Vereine ohne Parteicharakter bis zur Höhe von insgesamt 1200 Deutsche Mark im Kalenderjahr, wenn
aa) der Zweck des Vereins ausschließlich darauf gerichtet ist, durch Teilnahme mit eigenen Wahlvorschlägen an Wahlen auf Bundes-, Landes- oder Kommunalebene bei der politischen Willensbildung mitzuwirken, und
bb) der Verein auf Bundes-, Landes- oder Kommunalebene bei der jeweils letzten Wahl wenigstens ein Mandat errungen oder der zuständigen Wahlbehörde oder dem zuständigen Wahlorgan angezeigt hat, daß er mit eigenen Wahlvorschlägen auf Bundes-, Landes- oder Kommunalebene an der jeweils nächsten Wahl teilnehmen will.
²Nimmt der Verein an der jeweils nächsten Wahl nicht teil, sind nur die bis zum Wahltag an ihn geleisteten Beiträge und Spenden abziehbar. ³Beiträge und Spenden an den Verein sind erst wieder abziehbar, wenn er sich mit eigenen Wahlvorschlägen an einer späteren Wahl beteiligt hat. ⁴Der Abzug ist dabei auf die Beiträge und Spenden beschränkt, die nach Beginn des Jahres, in dem die Wahl stattfindet, geleistet werden.
²Als Einkommen im Sinne dieser Vorschrift gilt das Einkommen vor Abzug der in den Buchstaben a bis c und in § 10d des Einkommensteuergesetzes bezeichneten Ausgaben. ³Als Ausgabe im Sinne dieser Vorschrift gilt auch die Zuwendung von Wirtschaftsgütern mit Ausnahme von Nutzungen und Leistungen. ⁴Der Wert der Ausgabe ist nach § 6 Abs. 1 Nr. 4 Satz 1 und 2 des Einkommensteuergesetzes zu ermitteln. ⁵Aufwendungen zugunsten einer zum Empfang steuerlich abziehbarer Zuwendungen berechtigten Körperschaft sind nur abziehbar, wenn ein Anspruch auf die Erstattung der Aufwendungen durch Vertrag oder Satzung eingeräumt und auf die Erstattung verzichtet worden ist. ⁶Der Anspruch darf nicht unter der Bedingung des Verzichts eingeräumt worden sein. ⁷Der Steuerpflichtige darf auf die Richtigkeit der Bestätigung über Spenden und Mitgliedsbeiträ-

ge vertrauen, es sei denn, daß er die Bestätigung durch unlautere Mittel oder falsche Angaben erwirkt hat oder daß ihm die Unrichtigkeit der Bestätigung bekannt oder infolge grober Fahrlässigkeit nicht bekannt war. ⁸Wer vorsätzlich oder grob fahrlässig eine unrichtige Bestätigung ausstellt oder wer veranlaßt, daß Zuwendungen nicht zu den in der Bestätigung angegebenen steuerbegünstigten Zwecken verwendet werden, haftet für die entgangene Steuer. ⁹Diese ist mit 40 vom Hundert des zugewendeten Betrags anzusetzen.

Gesetzesfassungen bis zum KStG 1991 (Vor § 1 Anm 20) s 3. Auflage.

Körperschaftsteuerrichtlinien: Abschnitt 42

Übersicht

1. Allgemeines
2. Geltungszeit
3. Ausgabekosten (Nr 1 aF)
10. KGaA (Abs 1 Nr 1)
11.–18. Spendenabzug (Abs 1 Nr 2–Abs 3)
19., 20. Parteispenden
21. Wählervereinigungen

1. Allgemeines:

Schrifttum: *Lohaus,* Abziehb und nicht abziehb Aufwendungen im KStR, Diss Münster, 1988; *ders* Zur außerbetriebl Sphäre der Körperschaft, StuW 89, 358.

Den abzb Ausgaben des § 9 in den verschiedenen Fassungen (Anm 2) liegt kein gemeinsamer **Zweck** zugrunde. § 9 ist der gesetzl Ort, um Aufwendungen aus verschiedenen Gründen für abzb zu erklären, die Zweifel an der Abziehbarkeit zu beseitigen oder die Abziehbarkeit einzuschränken. Die systematische Erfassung der einzelnen Regelung hängt davon ab, ob man die geregelten Fragen dem betriebl Bereich zuordnet; in diesem Fall ist der Ausschluß des Abzugs bis zu einer bestimmten Höhe zugleich die Erlaubnis des Abzugs der Aufwendungen jenseits dieser Grenze (vgl die Diskussion zu den Ausgabekosten Anm 3). Dieser Fragenkreis hängt wiederum davon ab, ob man der Körperschaft überhaupt eine nichtbetriebl Sphäre zubilligt (verneinend *Lohaus* StuW 89, 358; nach ihm sind die §§ 9, 10 Gewinnermittlungsvorschriften; ähnl BFH BStBl II 82, 177). Die Rspr sucht Einzelfalllösungen und meidet eine prinzipielle Aussage. BFH BStBl II 88, 220 betr PartSpenden läßt die Frage offen, ob eine Körperschaft eine außerbetriebl Sphäre hat (dazu Anm 19 u § 8 Anm 28 ff). Allerdings kann BFH BStBl II 89, 1027 (dazu Anm 3) dahin verstanden werden, daß diese Sphäre bejaht wird (*Seeger* FR 90, 53). §§ 9, 10 gehörten als Regelung der kstl Besonderheiten über die Abziehbarkeit von Aufwendungen systematisch eigentl in eine Vorschrift (glA H/H/R § 9 Anm 11).

2. Geltungszeit: § 9 gilt ab VZ 1977 (§ 54 I idF des KStG 1977). Zu den weiteren Änderungen bis zum KStG 1991 (Vor § 1 Anm 20) s 3. Aufl. Neufassung durch das Sechste G zur Änderung des ParteienG u anderer G v 28. 1. 94 (BGBl I 94, 142; BStBl I 94, 207); die Abzugsfähigkeit der Par-

Spendenabzug

teispenden wurde ab VZ 1994 gestrichen (s Anm 19); zum Inkrafttreten s § 54 VII idF des G v 28. 1. 94. § 9 Abs 1 u 2 wurden durch das JStG 1996 v 11. 10. 95 (BGBl I 95, 1250; BStBl I 95, 437) geändert (s auch Vor § 1 Anm 19), und zwar mit Wirkung ab VZ 1996 (§ 54 I idF des G v 11. 10. 95).

3. *Ausgabekosten: Nr 1 aF* wurde mit Wirkung ab Mitte 1983 (zum genauen Zeitpunkt s § 54 V idF des G v 22. 12. 83; Vor § 1 Anm 19) gestr. Der Gesetzgeber ist der vielfältigen Kritik, insbes BFH BStBl II 78, 346 gefolgt (s BT-Drucks 10/336, 37f). Vom Inkrafttreten der Streichung an können die Ausgabekosten unbeschr als BetrAusg abgezogen werden (BT-Drucks 10/336, 28; FinVerw 1984 StEK KStG 1977 § 9 Nr 6). Zur **Kommentierung** der **Nr 1** s 3. Aufl.

4.–9. *einstweilen frei*

10. Abs 1 Nr 1 war bis zum G v 28. 1. 94 Nr 2 (s Anm 2). Die Vorschrift korrespondiert mit § 15 I Nr 3 EStG. Die dort als Eink aus GewerbeBetr des pers haftenden Ges einer **KGaA** bezeichneten Eink werden über Nr 1 der KSt entzogen. Soweit der pers haftende Ges – wie ein Dritter – am GrundKap beteiligt ist und Gewinnausschüttungen bezieht, liegen kstpfl Gewinn u Eink aus KapVerm vor. Der Gewinnanteil des pers Haftenden bestimmt sich nach HandelsR; eine spätere Gewinnerhöhung durch die Bp ohne Änderung der HB erhöht folgl nur den Anteil der Körperschaft; anders, falls der Mehrgewinn tatsächl an den pers Haftenden verteilt wird (RFH RStBl 30, 345). Neben dem Gewinnanteil sind abziehb die Vergütungen für die Geschäftsführung, zB feste Gehälter (RFH RStBl 35, 1305; BFH BStBl III 65, 418), Tantiemen, Gratifikationen, Pensionszusagen u Ruhegehälter (RFH RStBl 38, 334); *Menzel* DStR 72, 562, 594 u StuW 71, 204 wendet Nr 1 nur auf gewinnabhängige Bezüge an; gewinnunabhängige sind nach seiner Ansicht als BetrAusg unmittelb abzb. Nr 1 erwähnt – im Gegensatz zu § 15 I Nr 3 EStG – nicht die Vergütungen für die Hingabe von Darlehen und für die Überlassung von Wirtschaftsgütern; diese Aufwendungen sind bereits nach allg Grundsätzen abziehb (*Menzel* DStR 72, 565 u StuW 71, 204, 207). Die Körperschaft kann den Gewinnanteil und die Geschäftsführungsvergütung in dem Jahr abziehen, in dem sie ihn versteuern müßte; zur EinkErmittlung auf seiten des pers Haftenden s BFH BStBl II 89, 881. Eine gesonderte Feststellung für die Eink des pers Haftenden und der Körperschaft ist nicht vorgesehen (RFH RStBl 30, 345; aA *Schlütter* StuW 78, 297); zwischen der Körperschaft und dem pers Haftenden besteht keine Mitunternehmerschaft; anders für mehrere pers Haftende; sie sind untereinander Mitunternehmer wie zB die Gesellschafter einer oHG oder mehrere Komplementäre einer KG.

11. Spendenabzug: Abs 1 Nr 2, Abs 2–3 sind eine Neufassung der bisherigen Regelung ohne inhaltliche Änderung (durch das G v 28. 1. 94, Anm 2). Nr. 3 aF umfaßt ab VZ 1984 in einer Nr Spenden und Parteispenden, die bis VZ 1983 in Nr 3a und b getrennt waren. 1988 bis 1989 wurde sodann Nr 3 viermal geändert und wieder die Buchstabenfolge geschaffen. Zu dieser Gesetzgebung und zum Inkrafttreten der einzelnen Änderung s 3. Aufl, Anm 2; Streitigkeiten sind hier nicht ausgeschlossen, da die Inkrafttretensvorschriften im einzelnen nicht eindeutig sind (§ 54 Anm 2). Umstr ist die **systematische Bewertung** der Vorschriften über den Spendenabzug (s hierzu auch *Duchêne,* Sponsoring der Unternehmen im Einkommen- u KStRecht, 1995). Spenden können betriebl veranlaßt sein, damit als BetrAusg, als Anschaffungs- und Herstellungskosten in die Gewinnermittlung eingehen, oder nicht abziehbare Gewinnverwendung darstellen (vgl unten Anm 13 u § 8 Anm 55 ff, § 10 Anm 1, 3 ff). Folgl kann Abs 1 Nr 2 dahin verstanden werden, daß der Abzug innerhalb der Gewinnermittlung eingeschränkt oder der beschr Abzug nicht abziehb Spenden erlaubt wird. Nach BFH BStBl II 82, 177 war Nr 3 aF eine Gewinnermittlungsvorschrift, wobei allerdings das Verhältnis zum BetrAusgAbzug nicht klar bestimmt wird; nach BFH BStBl III 66, 255 zählen die Spenden zur außerbetriebl Sphäre der Körperschaft (§ 8 Anm 28 ff). Die in BT-Drucks 7/1470, 344 empfohlene Klarstellung ist unterblieben. BFH BStBl II 88, 220 betr PartSpenden läßt die Frage offen. BFH BStBl II 90, 237 trennt die Spenden (die § 9 unterliegen) von den sonstigen BetrAusg, ohne die Frage, ob Spenden BetrAusg sind, zu beantworten; die Abgrenzung erfolgt durch die „Motivation des Ausgebenden" (in Anschluß an BFH BStBl II 88, 220); ebenso BFH BStBl II 91, 258 mit HFRAnm 91, 295. ME werden Spenden, die BetrAusg darstellen, von Abs 1 Nr 2 nicht erfaßt; sie sind nach allg Regeln der Gewinnermittlung zu behandeln. Nur Spenden, die keine BetrAusg, sondern Gewinnverwendung sind, fallen unter Nr 2 (glA *Schnädter* BB 87, 659). Abs 1 Nr 2 gilt für unbeschr und beschr stpfl Körperschaften.

12. Ausgaben: Gemeint sind **Spenden.** Spenden müssen freiwillig, dh ohne Rechtspflicht erfolgen (RFH RStBl 38, 1044; BFH BStBl II 91, 258). Die Freiwilligkeit ist auch unterscheidendes Merkmal zu den Beiträgen (§ 8 Anm 156).Verpflichtende Vereinsumlagen zur Errichtung einer Sportstätte sind keine Spenden; anders, wenn der Verein allen Mitgliedern anheimstellt, einen Betrag in der Größenordnung von x DM zu spenden. Das Eingehen einer Verpflichtung kann Spende sein. Auf das Motiv der Spende kommt es nicht an (BFH BStBl III 52, 49). Nur bestimmte Spenden sind abziehbar. Die Ausgabe muß zur Förderung mildtätiger, kirchl, religiöser, wissenschaftl und staatspolitischer Zwecke erfolgen. S §§ 52, 53, 54 AO. Die §§ 48 u 50 EStDV gelten entspr; ebenso R 111 und 113 und Anl 4, 7 EStR (A 42 I KStR); zweifelhaft ist, ob die Vorschriften der EStDV im KStG eine ausreichende Rechtsgrundlage haben (zutr verneinend *Kohlmann/Felix* DB 83, 1062; s § 8 Anm 3).

Abzb sind Geld- ebenso wie Sachspenden, nicht jedoch Nutzungen und Leistungen (vgl Abs 2). Mögl ist die Spende einer Forderung (BFH BStBl II 79, 297 betr Kostenerstattungsanspruch eines DLRG-Übungsleiters). Bewertung von Spenden s Abs 2 und Hinweis auf § 6 I Nr 4 S 1 u 2 EStG. Das G v 18. 12. 89 (Vor § 1 Anm 19) regelte darüber hinaus die sog **Aufwandsspende.** Heute Hinweis auf Abs 2 S 4, 5.

13. Spenden können mit **Gewinnausschüttungen** zusammenfallen. Mit „vorbehaltl des § 8 Abs 3" wird klargestellt, daß eine nicht abziehbare vGa der Abziehbarkeit der Spenden vorgeht (BT-Drucks 7/5310, 11 unter

Berufung auf BFH BStBl II, 74, 586; BStBl II 89, 471 u BFH/NV 89, 668 für die Zeit vor Geltung des § 8 III). Zur vGa s § 8 Anm 60 ff. VGa liegt vor, wenn die Körperschaft die Spenden für ihren AntE erbringt oder eine Spende an den AntE oder einen Nahestehenden leistet. Regelmäßig ist davon auszugehen, daß die Körperschaft die Spende selbst erbringt, auch wenn sie an eine Körperschaft erfolgt, die Zwecke verfolgt, die der AntE bevorzugt (vgl auch BFH BStBl II 88, 220 betr PartSpenden). Bestimmt der GesGeschäftsführer den Spendenempfänger, spendet folgl die Körperschaft, nicht der AntE.

14. Stpfl **wirtschaftl GeschäftsBetr** befreiter Körperschaften können ebenfalls Spenden abziehen. Das gilt mE auch für Spenden an die eigene Trägerkörperschaft, sofern die Spenden die Bedingungen des Abs 1 Nr 2 erfüllen. AA A 42 VIII KStR; BReg DB 77, 657; *Widmann* JbFfSt 76//77, 395. Daß die Trägerkörperschaft gegenüber dem wirtschaftl GeschäftsBetr kein selbständiges Rechtssubjekt darstellt, ist mE unerhebl, da insoweit Rechtsbeziehungen für StZwecke fingiert werden können (s § 4 Anm 28 betr Betr gewerbl Art). Wegen dieser mögl Fiktion kann der Spendenabzug auch nicht dadurch verneint werden, es liege eine Entnahme vor. Im übrigen ist es widersprüchl, bei den Betr gewerbl Art, die auch kein selbständiges StSubjekt darstellen (s § 4 Anm 3), Spenden anzuerkennen (s Anm 15), bei wirtschaftl GeschäftsBetr aber nicht. Im übrigen müssen die Spendenmittel aus dem wirtschaftl GeschäftsBetr stammen, nicht aus dem steuerbefreiten Bereich (BFH BStBl II 91, 645). Spenden des wirtschaftl Geschäfts-Betr an andere Körperschaften sind im übrigen auch nach Ansicht der Verw abziehb, selbst wenn die Empfänger-Körperschaft den gleichen Zweck verfolgt wie die Trägerkörperschaft (A 42 IX KStR unter Berufung auf BFH BStBl III 64, 81; wenn BFH BStBl II 76, 472 die Spende eines Altherrenverbands an die Schule nicht zum Abzug zuläßt, so mE wegen § 10 Nr 1; die Frage des Spendenabzugs nach § 9 Nr 3 aF stellte sich offensichtl nicht; die Gründe sind hierzu nicht eindeutig). Gegen wechselseitige Spenden zwischen wirtschaftl GeschäftsBetr BReg DB 77, 657; mE abzulehnen.

15. Betr gewerbl Art können ihren Träger-Körperschaften Spenden gewähren. Maßstab für die Abgrenzung gegenüber einer vGa ist, ob der Betr auch einer fremden Körperschaft eine entspr Spende gewährt (BFH BStBl III 62, 355 betr Stadtwerke) oder ob ein ordentl und gewissenhafter Geschäftsleiter einer fremden Körperschaft die Spende nicht gegeben hätte (BFH BStBl II 70, 468 und II 74, 586 betr Sparkasse). Um diesen Maßstab zu konkretisieren, wird die Spende an die Träger-Körperschaft mit den sonstigen Spendengepflogenheiten der Körperschaft verglichen; hält sich die Spende in dem durchschnittl Rahmen, der durch Spenden an andere Körperschaften gezogen wird, so liegt keine vGa vor; hierbei hat die Geschäftsleitung einen gewissen Spielraum (BFH BStBl II 79, 192; II 90, 237; FinVerw 1987 StEK KStG 1977 § 9 Nr 26); FG München EFG 81, 414 vergleicht unmittelb die Spenden an ein Freibad mit denjenigen an einen Sportverband; auf das Spendenverhalten anderer gewerbl Unternehmen kommt es nicht an (BFH BStBl II 79, 192). Umstände späterer VZ können herangezogen werden (BFH BStBl II 74, 586; aA *Leingärtner* FR 71, 113). Der in einem Einzelfall für eine Träger-Körperschaft gefundene Wert vervielfältigt sich nicht entspr der Zahl der Träger-Körperschaften (BFH BStBl II 83, 150). **Kritik:** Die Konkretisierung der Rspr ist bedenkl. Für die Spende ist das Gießkannenprinzip nicht begriffsnotwendig; Spenden können sehr einseitig und gezielt vorgenommen werden; sie können außerdem von Jahr zu Jahr schwanken. Das gilt auch für den „ordentl Geschäftsführer". Die notwendige Freiwilligkeit der Spende verträgt sich mit keiner Regel. ME kann man die Spende an eine Stadt nicht deshalb verneinen, weil der Betr nicht auch an das Rote Kreuz oder an amnesty international gespendet hat (für flexible Anwendung *Leingärtner* FR 71, 112; *Winter* StRKAnm KStG § 11 Ziff 5 R 13; auch BFH BStBl II 74, 586 behandelt die Spenden an Dritte mehr als zu wertende Indizien denn als Grundlage für eine statistische Berechnung). Allerdings zutreffend: Überweist der Betr gewerbl Art (hier Sparkasse) einen Teil des zu erwartenden Jahresüberschusses vor Ablauf des Geschäftsjahres an den Träger, liegt keine Spende, sondern Gewinnabführung vor, auch wenn der Betrag an gemeinnützige Einrichtungen geht (FG RhPf EFG 91, 44). Erfolgt die Spende an einen Dritten, so kann eine vGa vorliegen, wenn der Betr gewerbl Art eine Verbindlichkeit der Träger-Körperschaft erfüllt (BFH BStBl II 68, 629). Die Erfüllung öffentl Aufgaben zählt nicht hierzu, es sei denn, sie hat sich bereits zu einer RechtsPfl verstärkt (BFH BStBl II 70, 468) oder durch einen Ratsbeschluß oder eine aufsichtsbehördliche Maßnahme konkretisiert (BFH BStBl II 74, 586). S auch A 42 VI KStR.

Zur Problematik des Spendenabzugs von **Sparkassen,** die im Mittelpunkt der Diskussion steht, s *Leingärtner* FR 71, 109; *Nestle* BB 71, 951 und aus der Rspr neben den genannten: BFH BStBl II 68, 629; II 89, 471 mit Übergangsregelung FinVerw 1989 StEK KStG 1977 § 8 Nr 70; BFH/NV 89, 668: Einkommensverwendung, wenn der Gewährsträger auf den Gewinn verzichtet und er deshalb gemeinnützigen Zwecken zugeführt wird (dazu Übergangsregelung FinVerw 1989 StEK KStG 1977 § 8 Nr 70; kritisch *Zeller* DB 89, 1991); **grundsätzl** BFH BStBl II 90, 237 mit Anm v *Seeger* FR 90, 258 u weiter präzisierend BFH BStBl II 92, 849; BFH BStBl II 91, 258 u FG Nürnberg EFG 86, 622 betr Durchlaufspenden; s auch A 42 VI KStR. Die Rspr ist nicht verfassungswidrig (BVerfG HFR 78, 339 zu BFH BStBl II 74, 586).

Zur **vGa** bei Betr gewerbl Art s auch § 4 Anm 35.

16. Zum Verhältnis zu **§ 10 Nr 1** s § 10 Anm 5.

17. Höchstbeträge: 5 vH des Einkommens; bei wissenschaftl, mildtätigen u als besonders förderungswürdig anerkannten kulturellen Zwecken Erhöhung auf 10 vH. Einkommen s § 8 Anm 3 ff u Abs 2 S 1. Oder 2 vT der Summe der Umsätze und Löhne und Gehälter; selbständiger Höchstbetrag, der neben der Begrenzung von 5 vH bzw 10 vH des Einkommens gilt. Es reicht also, wenn sich die Spende innerhalb eines der Höchstrahmen bewegt. Eine Rangfolge besteht nicht (BFH BStBl II 70, 349). Gesamte Umsätze: hierzu zählen auch die umsatzstl nicht steuerbaren Umsätze im Ausl oder Innenumsätze; das gleiche gilt für die umsatzfreien Umsätze

Spendenabzug

(BFH BStBl II 70, 349; II 97, 327 mit Einzelheiten zum Inkasso von Schecks u Wechseln). Im übrigen sind die Umsätze entspr der Umsatzbesteuerung nach dem Soll oder Ist zu berechnen. Bei Organschaft werden die Höchstbeträge für OrgT und OrgGes getrennt ermittelt; für die Berechnung der Höchstbeträge gelten beide Unternehmen steuerl als selbständige StSubjekte (vgl A 42 V KStR), zB beeinflussen die Umsätze der OrgGes nur den Höchstbetrag der OrgGes; das gilt auch für Innenumsätze der OrgGes an den OrgT; aA *Gerlach* DB 86, 2357.

18. Spenden sind in dem **VZ** zu berücksichtigen, in dem das Ergebnis des Wj erfaßt wird, das sie gemindert haben. Die Verteilung einer geleisteten Spende auf mehrere Wj ist nicht mögl; der Spender-Körperschaft ist es jedoch unbenommen, die Spende in Raten zu erbringen. Ebenso keine Rückstellungen für künftige Spenden. Allerdings kann eine Spende auch als Forderung gewährt werden, die zu passivieren und nach Maßgabe des Abs 1 Nr 2 abzb ist. Wird ein geleisteter Geldbetrag als Darlehen vereinbart, das in jährl Teilbeträgen zu tilgen ist, und werden die Tilgungsraten erlassen, so soll Steuerumgehung vorliegen (FG München EFG 64, 72; mE unzutreffend bei einem ernstgemeinten Darlehen). Das G v 13. 12. 90 (Vor § 1 Anm 19) führte mit Nr 3 Buchst a S 3 u 4 für Großspenden einen beschränkten Spendenvortrag ein (heute Abs I Nr 2 S 3, 4). Dieser Vortrag gewährt kein Wahlrecht; vielmehr ist jeweils der die Höchstsätze übersteigende Betrag vorzutragen. Zur Behandlung der **Großspende** im AnrVerf s § 31 Anm 15.

Zu Spenden bei unterschiedl **StSätzen** s § 23 Anm 15 u dortige Hinweise. Spenden sind hiernach nicht mit stfreien Erträgen zu verrechnen.

Zur Spende bei inl u ausl Eink in der **EK-Gliederung** s § 30 Anm 10. Spenden u **§ 10d EStG** s § 8 Anm 16.

Zum **Nachweis** der Spende s §§ 48, 50 EStDV u R 111, 113 EStR, die nach Ansicht der FinVerw anzuwenden sind (A 42 I KStR; problematisch, s Anm 12). Großzügige Anwendung des § 48 III Nr 1 EStDV durch FG D'dorf EFG 84, 119. § 49 EStDV wurde infolge des ÄnderungsG v 22. 12. 83 (Vor § 1 Anm 19) gestrichen (VO v 7. 3. 84, BGBl I 84, 385; BStBl I 84, 220, mit Wirkung ab 1. 1. 84). Die Spende muß zu steuerbegünstigten Zwecken eingesetzt werden, was bzgl des Stiftungskap einer gemeinnützigen Stiftung nicht der Fall ist, wenn das Kap bei Wegfall des Stiftungszwecks an den Stifter zurückfällt (BFH BStBl II 92, 748). Bei Durchlaufspenden muß auch der Empfänger gemeinnützig sein (BFH BStBl II 91, 258).

Ab VZ 1990 schaffte das G v 18. 12. 89 (Vor § 1 Anm 19) einen **Vertrauensschutz** verbunden mit einer Haftung. S Nr 3 S 7–9 nach Buchst c aF; heute Abs 3. Daß der Stpfl auf die Richtigkeit vertrauen darf, heißt, daß er Anspruch auf den Spendenabzug hat. Dies schützt ihn einmal vor der Korrektur einer StVeranlagung, in einer Spendenabzug bereits berücksichtigt ist, gibt ihm aber auch das Recht auf Spendenabzug bei noch vorzunehmenden Veranlagungen. Grundsätzl kann von dem Vertrauen ausgegangen werden. Die Beweislast für den Ausnahmetatbestand trägt das Finanzamt. Die **Haftung** bezieht sich auf die Steuer des Spenders. Sie kommt nur dann in Betracht, wenn die Spende unkorrigierbar zum Abzug zugelassen oder zuzulassen ist. Vorrangig ist stets zu prüfen, ob die Abzugsfähigkeit gegeben ist oder nicht. Die Haftung trifft den, der für die Spendenbescheinigung verantwortlich ist, nicht die Körperschaft (*Schmidt/ Heinicke* § 10b EStG Rz 52), allerdings soll bei sog Durchlaufspenden die Gemeinde nach Art 34 GG eintreten (FG München EFG 97, 322). Die typisierende Höhe des Haftungsbetrages ist auch dann anzusetzen, wenn der tatsächl StAusfall höher ist. Kann der Haftende hingegen nachweisen, daß der tatsächl StAusfall geringer ist, so muß der Haftungsbetrag entspr geringer angesetzt werden; jede Haftung ist nach ihrem Zweck auf die Höhe der StSchuld, für die gehaftet wird, begrenzt. Die Inhaftungnahme nach Abs 3 erfolgt aufgrund einer Ermessensausübung des Finanzamts; auch insoweit wäre es ermessenswidrig, den Haftenden für einen Betrag in Haftung zu nehmen, der höher als die StSchuld ist. Die Haftung gilt nicht für die Steuern der die Spende empfangenden Körperschaft. Haftungsverfahren: § 191 AO. Die Haftungsvorschrift des Abs 3 verdrängt mE die Haftung nach §§ 69, 71 AO.

19. *Parteispenden* waren bis zum VZ 1983 nach Nr 3b aF beschränkt abzb. Die Neuregelung ab VZ 1984 war partiell verfassungswidrig (BVerfG BStBl II 86, 684). S im einzelnen zur Abzugsfähigkeit in den Vorjahren die Anm 2 der 3. Aufl. Die Neuregelung durch die Nr 3 Buchst b aF galt ab VZ 1989. Auch sie war verfassungswidrig (BVerGG BStBl II 92, 766), kann jedoch bis 1993 angewandt werden (BVerfG aaO). Das G v 28. 1. 94 (Anm 2) strich den Parteispendenabzug ab VZ 1994 (§ 54 VII idF des G v 28. 1. 94).

Im Rahmen der sog Parteispendenaffäre wurde heftig diskutiert, ob Parteispenden bei Körperschaften **BetrAusg** darstellen, u, wenn ja, wie dies durch Nr 3 aF beeinflußt wird. Zur Diskussion wird auf die 2. Aufl verwiesen. BFH BStBl II 88, 220 hat Parteispenden iSd Nr 3 aF qualifiziert: Spenden sind Ausgaben, die von Stpfl freiwillig und unentgeltlich zur Förderung bestimmter Zwecke geleistet werden. Zur Abgrenzung dieser Spenden von BetrAusg stellt der BFH auf eine im Vordergrund stehende Spendenmotivation ab. Diese Motivation sei bei Spenden an politische Parteien im allgemeinen gegeben. Spenden sind dann aber nur in den normierten Höchstgrenzen abzb, und zwar auch dann, wenn man sie als BetrAusg qualifizieren würde.

20. Zum Begriff der **Spende** s o Anm 12. Bei Gegenleistung durch die Partei liegt keine Spende vor. Verdeckte Parteispenden können vorliegen, wenn Leistungen von Parteien, deren Organisationen oder Unternehmungen mit einem unangemessenen Preis bezahlt werden (vgl hierzu FG Hbg wistra 84, 33 u 35; *Felix/Streck* DStZ 83, 502). Da es jedem Unternehmen unbenommen ist, für eine Leistung auch einen teuren Preis zu zahlen, liegt eine verdeckte Spende nicht bereits vor, wenn ein angemessener Mittelpreis, sondern erst, wenn der mögl Preisrahmen wesentlich überschritten wird. Die Spende muß an eine Partei iSv § 2 PartG erfolgen. Die Spende an eine nahestehende Organisation, zB als verdeckte Spende, s o, erfüllt diese Voraussetzung nur dann, wenn der Empfänger nur als „Konto" für die Partei tätig wird. Beiträge scheiden bei Körperschaften aus, da sie nicht Mitglieder von Parteien sein können (§ 2 PartG). Übernimmt die Körper-

Nichtabziehbare Aufwendungen § 10

schaft den Mitgliedsbeitrag eines AntE, liegt eine vGa vor; ihre Spende kann jedoch idR nicht als Spende des AntE und mithin als vGa vor; ihre Spende kann jedoch idR nicht als Spende des AntE und mithin als vGa gewertet werden (BFH BStBl II 88, 220; s auch Anm 13 u § 8 Anm 150 „Spenden"). Bestimmten Körperschaften (politische Stiftungen, gemeinnützige Körperschaften u Berufsverbände für Zweckspenden) ist es untersagt, Spenden an Parteien zu zahlen (§ 25 PartG). ME gilt dieses Verbot nur für den steuerbefreiten Bereich dieser Körperschaften; zahlen sie die Spenden aus ihren wirtschaftl GeschäftsBetr, sind sie zulässig (vgl *Felix/Streck* DStZ 84, 81). Soweit § 25 PartG anzuwenden ist, liegen gleichwohl Spenden iSv § 9 Nr 3 aF vor; die Änderung des PartG ist keine Änderung des StRechts (*Felix/Streck* aaO).

Höchstbetrag nach Nr 3b aF bis zu DM 60 000 pro Kalenderjahr. Alle Spenden eines Kalenderjahres werden zusammengerechnet. Innerhalb des Höchstbetrages sind Spenden an mehrere Parteien mögl. Als zusätzl Bedingung war in Nr 3 Buchst b aF normiert, daß der **PublizierungsPfl** nach dem PartG Genüge getan ist. Spenden über DM 40 000, die im Einzelfall noch nicht publizierungspfl sind (vgl hierzu *Felix/Streck* DStZ 84, 80), können abgezogen werden. Allerdings sind Spenden unter DM 40 000, die rechtswidrig nicht publiziert wurden (vgl auch hierzu *Felix/Streck* aaO), abziehbar; insoweit hat das PartG keine Auswirkung auf die stl Abzugsfähigkeit. Der Stpfl muß den Nachweis erbringen, daß die hier genannten publizierungspfl Spenden im Rechenschaftsbericht verzeichnet worden sind; der Hinweis auf die Veröffentlichung im BAnz ist ausreichend, da er dem FA die Überprüfung erlaubt. OrgT und OrgGes können jeweils den Höchstbetrag in Anspruch nehmen. Spenden im AnrV s o Anm 18.

21. *Nr 3 Buchst c.* Durch das G v 25. 7. 88 (Vor § 1 Anm 19) wurden auch Beiträge und Spenden an unabhängige **Wählervereinigungen** in bestimmter Höhe zum Abzug zugelassen. Diese Regelung gilt rückwirkend vom VZ 1984 an. Hinweis auf die detaillierte Gesetzesregelung. Dazu FinVerw 1989 StEK KStG 1977 § 9 Nr 30. Auch Buchst c ist verfassungswidrig; er kann jedoch bis 1993 angewandt werden (BVerfG BStBl II 92, 764). Die Abzugsfähigkeit ist ab 1994 aufgehoben durch das G v 28. 1. 94 (s Anm 2, 19).

§ 10 Nichtabziehbare Aufwendungen

Nichtabziehbar sind auch:

1. **die Aufwendungen für die Erfüllung von Zwecken des Steuerpflichtigen, die durch Stiftungsgeschäft, Satzung oder sonstige Verfassung vorgeschrieben sind.** ²§ 9 Abs. 1 Nr. 2 bleibt unberührt;
2. **die Steuern vom Einkommen und sonstige Personensteuern sowie die Umsatzsteuer für den Eigenverbrauch; das gilt auch für die auf diese Steuern entfallenden Nebenleistungen mit Ausnahme der Zinsen auf Steuerforderungen nach den §§ 233a, 234 und 237 der Abgabenordnung;**

§ 10 1–3 Nichtabziehbare Aufwendungen

3. in einem Strafverfahren festgesetzte Geldstrafen, sonstige Rechtsfolgen vermögensrechtlicher Art, bei denen der Strafcharakter überwiegt, und Leistungen zur Erfüllung von Auflagen oder Weisungen, soweit die Auflagen oder Weisungen nicht lediglich der Wiedergutmachung des durch die Tat verursachten Schadens dienen;
4. die Hälfte der Vergütungen jeder Art, die an Mitglieder des Aufsichtsrats, Verwaltungsrats, Grubenvorstands oder andere mit der Überwachung der Geschäftsführung beauftragte Personen gewährt werden.

Gesetzesfassungen bis zum KStG 1991 (Vor § 1 Anm 20) s 3. Auflage.

Körperschaftsteuerrichtlinien: Abschnitte 43–45.

Übersicht

1. Allgemeines
2. Geltungszeit
3.– 7. Zweckaufwendungen (Nr 1)
8.–14. Nichtabzb Steuern (Nr 2)
15. Strafen u Auflagen (Nr 3)
16.–24. Aufsichtsratsvergütungen (Nr 4)
25. Durchführung des Abzugsverbots

1. Allgemeines: S auch § 9 Anm 1. Aufzählung der nichtabzb Aufwendungen ist nicht erschöpfend; weitere Vorschriften, die die Abziehbarkeit einschränken: § 4 V–VII EStG; § 160 AO. Zu § 3c EStG s § 8 Anm 8. Ebenfalls enthielt § 9 Verbote der Abziehbarkeit, s § 9 Anm 3. Die Nichtabzugsfähigkeit ist als gesetzl Verbot unabhängig davon, wie die Ausgaben zu qualifizieren sind, ob als BetrAusg oder nicht; auch die handelsrechtl Qualifizierung ist unerhebl (BFH BStBl III 67, 540). Die Rspr wertet die §§ 9, 10 eher als Gewinnermittlungsvorschriften denn als Sonderausgaben (BFH BStBl II 82, 177; II 89, 1027; s dazu auch § 9 Anm 1 u 11). § 10 gilt für alle Körperschaften, KapGes und sonstige Körperschaften, unbeschr und beschr stpfl, in das AnrV einbezogene und nicht in das AnrV einbezogene Körperschaften.

2. Geltungszeit: § 10 gilt ab VZ 1977 (§ 54 I idF des KStG 1977). Die in § 10 erwähnten nichtabzb Aufwendungen entspr im wesentl § 12 KStG 1968. Der Begriff „Ausgaben" wurde durch „Aufwendungen" ersetzt; hierdurch keine sachl Änderung (BT-Drucks 7/1470, 343). Zu nachfolgenden Änderungen s 3. Aufl.

3. Nr 1; Zweckaufwendungen: Nr 1 gilt für alle Körperschaften, wenn sie auch ursprüngl als Rechtsregel für Stiftungen geschaffen war. In Nr 1 drückt sich der allg Gedanke aus, **Einkommensverwendung** nicht von der Bemessungsgrundlage abzuziehen. Unter Zweckerfüllung ist folgl jede Art der Gewinn- bzw Ertragsverwendung zu verstehen (RFH RStBl 31, 652). Nr 1 ist vergleichb mit § 12 Nr 1 EStG, aber auch mit § 8 III (vgl § 8 Anm 55). Die Nichtabzugsfähigkeit der Einkommensverwendung

Stiftungszwecke   4–7 § 10

ist unabhängig davon, ob der Gewinn mittelb oder unmittelb gerade dem Zweck der Körperschaft dient (RFH RStBl 40, 789; FG München EFG 70, 192). Liegt Gewinnverwendung vor, so ist die Nichtabzugsfähigkeit auch dann gegeben, wenn die Ausgabe als „Willkürausgabe" überhaupt nichts mit dem Zweck der Körperschaft gemein hat. Nr 1 gilt auch bei der Beurteilung einer vGA, wenn ihre Wirkung fiktiv oder hypothetisch durchdacht werden muß (§ 8 Anm 106; BFH BStBl II 76, 722). Die Nichtabziehbarkeit wird nicht dadurch berührt, daß die Aufwendungen bei dem Empfänger stpfl sind oder nicht (RFHE 12, 42).

4. Nr 1 berührt nicht die **Ermittlung** der **Eink** nach den **allg Regeln**; BetrAusg und Werbungskosten bleiben abzugsfähig; notwendige VerwKosten einer Stiftung gehören zu den Werbungskosten der verwalteten Kap-Erträge (RFH RStBl 40, 789). Bei einer MissionsGes ist die Verpflichtung, die Spenden einem bestimmten Zweck zuzuführen, erfolgswirksam zu passivieren (RFH RStBl 40, 916). Soweit Unternehmensstiftungen verdienten Arbeitnehmern Zahlungen leisten, um sie an das Unternehmen zu binden, liegt Arbeitslohn vor, der als BetrAusg abzugsfähig ist (BFH BStBl III 60, 335; BT-Drucks 8/3165, 8). Ist eine Aufwendung sowohl eine BetrAusg (Werbungskosten) als auch eine Ausgabe zur Erfüllung eines Satzungszwecks, so hat der BetrAusgAbzug (Werbungskostenabzug) Vorrang (BFH BStBl III 60, 335; II 88, 75 betr Fußballverein). Nr 1 erlaubt keine Einnahmefiktionen; Nießbrauchbestellung und unentgeltl Darlehensvergabe durch eine Stiftung führen nicht zu Einnahmen (BFH BStBl III 60, 37; *Rader* BB 77, 1442); negative Eink auf VuV sind nicht anzuerkennen, wenn in Erfüllung eines Vereinszwecks auf eine kostendeckende Miete verzichtet wird (BFH BStBl II 74, 549). Im übrigen gilt Nr 1 nur für Eink der Körperschaft; Eink, die nicht auf die Stiftung übergegangen sind, sondern dem Stifter verbleiben, fallen weder unter die KStPfl noch unter Nr 1 (RFH RStBl 34, 152).

5. S 2 dient der Klarstellung; Ausgaben, die nach **§ 9 Abs 1 Nr 2** abziehbar sind, bleiben abziehbar, auch wenn sie den Tatbestand des § 10 Nr 1 erfüllen (ähnl bereits zum alten Recht BFH BStBl III 64, 81; II 74, 586).

6. Rückzahlungen von Leistungen, die unter Nr 1 fallen, sind keine stpfl Einnahmen; wegen des Vorrangs der EinkErmittlung (s o) ist jedoch Bedingung, daß es sich nicht um BetrEinnahmen bzw Einnahmen handelt. Beisp: Einlagen, Rückzahlung durch den Empfänger einer wohltätigen Spende, dessen Situation sich gebessert hat.

7. Anwendung der **Nr 1**: Die Verwendung von Stiftungserträgen zur Verfolgung des Stiftungszwecks ist nichtabzb (RFH RStBl 27, 225; 34, 631; 39, 1150; BFH BStBl II 77, 493 betr Abzug von Schul- und Waisenhausaufwendungen bei einer Stiftung; s BFH BStBl II 93, 637 betr laufende Rente als Stiftungszweck; BT-Drucks 8/3165, 4 – Stiftungsbericht –). Verluste aus Preisnachlässen und Verbilligungen können nicht mit Gewinnen verrechnet werden (RFH RStBl 38, 1134). Nichtabzb sind Spenden eines Altherrenverbandes an die Schule (BFH BStBl II 76, 472; hier wird allerdings auf die Abzugsfähigkeit nach § 9 Nr 3 aF (= Abs 1 Nr 2 nF)

§ **10** 8–10   Nichtabziehbare Aufwendungen

nicht eingegangen; s § 9 Anm 14). Zweckvermögen: die Ausgaben zur Erreichung des das Vermögen bestimmenden Zwecks fallen unter § 10 Nr 1. Unterhalt eines Ordens für die Ordensangehörigen fällt unter Nr 1; allerdings können BetrAusg angenommen werden, wenn die Ordensangehörigen in einem wirtschaftl GeschäftsBetr arbeiten (so FinVerw 1971 DB 71, 601; aA unzutr BFH BStBl II 69, 93; FinVerw aaO sieht keine Abweichung zu BFH wegen der Besonderheit des entschiedenen Sachverhalts). Bei einer UKa fallen die Unterstützungsleistungen unter Nr 1 (BFH BStBl II 69, 269). Gewinnabführungen, Gewinnausschüttungen, offene und verdeckte, von KapGes fallen unter Nr 1 (s auch Anm 3 u § 8 Anm 55 ff). Gewinnabführung einer GmbH an eine gemeinnützige Stiftung ist nichtabzb (RFH RStBl 33, 970). Die Abführung von Gewinnen der Betr gewerbl Art von Körperschaften d öffentl Rechts an die Trägerkörperschaft unterliegt dem Abzugsverbot (RFH RStBl 31, 652; 33, 51); s auch § 9 Anm 15 zur Abgrenzung Gewinnabführung/Spende. Der Zweckertrag einer Lotterie fällt nicht unter Nr 1 (FinVerw 1979 StEK KStG 1977 § 10 Nr 1).

8. Nr 2; nichtabzb Steuern: Entspr § 12 Nr 3 EStG. Durch die allg Fassung „Personensteuern" sollte der Rechtszustand des KStG 1925 wiederhergestellt werden (BT-Drucks 7/5310, 12). Die Vorschrift ist notwendig, da die PersSt bei KapGes zumindest handelsrechtl BetrAusg sind (§ 275 III Nr 17 HGB; BFH BStBl III 51, 37; II 68, 189; II 69, 140; II 77, 220). Nr 2 verletzt nicht das GG (BVerfG StRK KStG § 12 Ziff 2 R 7 (1969)).

9. Zu den **nichtabzb Steuern** zählen (vgl auch A 43 I KStR): KSt, ErgAbgaben zur KSt, Solidaritätszuschlag, KapErtrSt, VSt, ErbSt, auch die verrentete ErbErsatzSt nach § 24 ErbStG (BFH BStBl II 95, 207; FinVerw 1980 StEK KStG 1977 § 10 Nr 2). Ausl St s Anm 12. Bzgl der PauschSt nach § 5 KapErhStG s § 5 II KapErhStG; bzgl der Investitionshilfeabgabe s § 9 InvHG: Behandlung wie die KSt (vgl FinVerw 1984 StEK KStG 1977 § 10 Nr 4). **Abzb** sind hingegen St, die keine PersSt darstellen wie GewSt, USt (dazu jedoch Anm 13), LSt, GrundSt usw, außerdem Verspätungszuschlag auf KapErtrSt (BFH I R 64/96 v 22. 1. 97, DB 97, 1371).

10. *Bis zur Änderung durch das StRefG 1990 v 25. 7. 88* (Vor § 1 Anm 19): Nach BFH BStBl III 59, 340 sind **Säumniszuschläge** (§ 240 AO) nicht abzb, sofern sie mit nichtabzb St zusammenhängen; das gleiche gilt für **Zinsen**, §§ 234 AO (Stundungszinsen), 235 AO (Hinterziehungszinsen), 237 AO (Aussetzungszinsen), **Verspätungszuschläge** (§ 152 AO), **Zwangsgelder** (§ 329 AO) und **Kosten** (§§ 337–345 AO); vgl A 43 KStR 1985. Nach der AO 1977 handelt es sich insges um Nebenleistungen der St (§ 3 III AO). Aus § 1 I und III AO kann geschlossen werden, daß Vorschriften für Steuern ohne gesetzl Anordnung nicht ohne weiteres auch für Nebenleistungen gelten; auch § 239 AO, hierauf wird in den KStR verwiesen, ist nur als Anwendungsnorm innerhalb der AO zu verstehen. ME war Nr 2 folgt nicht auf Nebenleistungen anzuwenden. Fragl ist allerdings, ob es sich um BetrAusg oder Werbungskosten handelt (s auch § 8 Anm 28 ff). ME liegen BetrAusg vor. Die Finanzierungs- und sonstigen

Kosten für die StZahlungen sind so mit der Gesamtfinanzierung des Betr der Körperschaft verbunden, daß eine Aufteilung nicht mögl ist. Schließl entspricht der Abzug der Zinsen der StPfl der empfangenen Zinsen (Anm 14). Die Rspr des **BFH** in jüngster Zeit war wankelmütig. Nach BFH BStBl II 84, 672 sind Aussetzungszinsen keine BetrAusg; BFH BStBl II 85, 605 ließ die Revision bzgl Stundungszinsen nach der Kritik von *Flume* DB 85, 9 zu (zur Diskussion auch *Knepper* BB 85, 1657; HFRAnm 85, 555; *Woerner* BB 85, 1837; FG BaWürt EFG 88, 488). BFH BStBl II 89, 116 entschied, daß Stundungszinsen abzugsfähig seien; ebenfalls sei es fragl, ob BFH BStBl II 84, 672 noch Bestand haben könne (für Abzugsfähigkeit der Aussetzungszinsen HFRAnm 89, 206).

Neuregelung durch das StRefG 1990 v 25. 7. 88 (Vor § 1 Anm 19): **Ab 1990** sind Stundungszinsen (§ 234 AO), Aussetzungszinsen (§ 237 AO) und Vollverzinsungszinsen (§ 233a AO) voll abzugsfähig. Bzgl sonstiger Nebenleistungen (auch Hinterziehungszinsen gem § 235 AO; BFH BStBl II 95, 477) ist jetzt eindeutig normiert, daß sie nicht abzugsfähig sind. Die Nichtabzugsfähigkeit der steuerlichen Nebenleistung soll auch bereits für VZ gelten, die vor dem 1. 1. 1990 begonnen haben (§ 54 V idF des G v 25. 7. 88; hierzu § 54 Anm 23 u *Kiesling* DStZ 90, 159; gebilligt durch BFH BStBl II 95, 477 u FG D'dorf EFG 94, 267 betr Hinterziehungszinsen; FG BaWürt EFG 95, 179 betr Säumniszuschläge). Die Differenz zwischen abzugsfähigen und nicht abzugsfähigen Nebenleistungen kann zu erhebl **Unbilligkeit** führen. Die Stundung führt zu einer 6 vH-Verzinsung, die abziehbar ist; die 12 vH-Säumniszuschläge sind nicht abziehbar. Die Säumniszuschläge haben damit einen rund **4fachen Belastungsfaktor** im Verhältnis zu den Stundungszinsen.

11. Sonstige Kosten, die mit der StZahlung zusammenhängen, zB anteilige StBeratungskosten, die Kosten eines Stprozesses, sind abziehbar (FinVerw 1962 StEK KStG § 12 Nr 2 unter Berufung auf *Hartz* DB 62, 482; FG RhPf EFG 64, 32; *L Schmidt* FR 84, 510 betr Finanzierungskosten). Dies gilt auch nach der Neuregelung durch das StRefG 1990.

12. Ausländische Personensteuern sind ebenfalls nicht abziehbar (BFH BStBl III 62, 254; II 69, 140; II 90, 920; II 92, 1086), soweit nicht ein Abzug nach § 26 iVm § 34c EStG in Betracht kommt (s § 26 Anm 83f u BFH BStBl II 69, 140). Zur Anrechnung s § 26.

13. Nichtabzb ist die **USt** auf den **Eigenverbrauch;** Anknüpfung an § 1 I Nr 2 UStG; nicht betroffen ist § 1 I Nr 1, 3 UStG. Zur USt bei vGa s § 8 Anm 150 „Umsatzsteuer" (hier läuft Nr 2 leer).

14. Erstattungen der in Nr 2 genannten St sind steuerfrei. Die StFreiheit ist unabhängig davon, in welcher Weise sich die StZahlung auf die Besteuerung ausgewirkt hat (RFH RStBl 38, 494; 41, 860). Die StFreiheit gilt – mE unverständlicherweise – nicht für **Schadensersatzleistungen** von Dritten oder der FinVerw, auch wenn hierdurch eine StMehrbelastung ausgeglichen werden soll (BFH BStBl II 72, 292; II 77, 220; FG Nds EFG 77, 609; folgerichtig BGH WM 79, 161: der Ersatzanspruch muß die zu zahlende KSt umfassen; glA *Mangold* StuW 78, 167). Im Widerspruch hierzu ist die Entschädigung für eine steuerfreie InvZulage

§ 10 15 Nichtabziehbare Aufwendungen

selbst steuerfrei (BFH BStBl II 79, 120). **Prozeßzinsen** auf Erstattungsbeträge (§ 236 AO) gehören zu den stpfl Einnahmen, und zwar, soweit § 8 II nicht greift, zu den Eink aus KapVerm (BFH BStBl II 75, 568 betr ESt).

15. Nr 3: Zur Einfügung der Nr 3 s 3. Aufl. Der GrS des BFH BStBl II 84, 160, 166 hatte in zwei Beschlüssen entschieden: betriebl und berufl veranlaßte Geldbußen sind BetrAusg oder WK. Dies galt auch für Geldbußen gegen juristische Personen als Nebenfolge einer Straftat oder Ordnungswidrigkeit (§ 30 OWiG). Angerufen war der GrS durch BFH BStBl II 83, 556, 560; zu den Beschlüssen *Döllerer* BB 84, 545; *Budde* Inf 84, 182; *Walz* StuW 84, 170. Die Beschlüsse wurden in den Medien heftig abgelehnt. Im Mittelpunkt stand die „Entlastung des Unternehmers", die nicht sein solle; eher hätte man die Entscheidung zum Anlaß nehmen sollen, sich ins Bewußtsein zu rufen, welcher Betrag verdient werden muß, um – bei Nichtabzugsfähigkeit – DM 10 000 als Buße zu zahlen. Nicht die Entlastung, sondern die Belastung sollte der eigentl Tatbestand des öffentl Ärgernisses sein. Durch das G v 25. 7. 84 (Vor § 1 Anm 19) wurde die Nichtabzugsfähigkeit durch eine Änderung der §§ 4, 9, 12 EStG sowie § 10 Nr 3 festgeschrieben. Materialien: BT-Drucks 10/1029, 10/1189, 10/1314, 10/1370, 10/1634; BR-Drucks 117/84, 311/84.

Geldstrafen u sonstige Rechtsfolgen vermögensrechtl Art, bei denen der **Strafcharakter** überwiegt, sowie Leistungen zur Erfüllung von Auflagen oder Weisungen, soweit sie nicht lediglich der Wiedergutmachung des durch die Tat verursachten Schadens dienen, sind nicht abziehbar. Geldstrafen sind ihrer Natur nach nicht abziehbar. Die trennende Neuregelung – Geldbußen werden in § 4 EStG (s u), Strafen in §§ 12 EStG, 10 KStG behandelt – soll dies unterstreichen. Geldstrafen, Auflagen und Weisungen sind nach deutschem Recht gegenüber Körperschaften nicht mögl (vgl auch A 44 KStR). Da es sich um Geldstrafen eines Strafverfahrens handeln muß, scheiden Vertragsstrafen, sonstige Privatstrafen, Vereinsstrafen oder dgl aus. Betroffen sind jedoch auch ausl Geldstrafen und Sanktionen (vgl BR-Drucks 117/84, 10). Ausl Sanktionen, die dem inl ordre public widersprechen, bleiben jedoch abziehbar, sofern BetrAusg nach allg Regeln vorliegen (vgl zum ordre public § 73 G über die internationale Rechtshilfe in Strafsachen; BR-Drucks 117/84, 10; *Bordewin* FR 84, 408). Nr 3 umfaßt die Einziehung nach §§ 74 II Nr 1, 75 StGB, da diese Einziehung Strafcharakter hat (BR-Drucks 117/84, 9); anders §§ 74 II Nr 2, 75 StGB – jedenfalls im Regelfall – der Fall nach § 73 StGB, da er nur Ausgleichs-, nicht Straffunktion hat (BR-Drucks aaO). Die Nichtabziehbarkeit von **Geldbußen,** Ordnungsgeldern und Verwarngeldern folgt aus § 4 V S 1 Nr 8 EStG; sie umfaßt auch Bußen nach den Vorschriften der EG sowie disziplinar- und berufsrechtl Bußen (*Bordewin* FR 84, 409). Soweit auch Geldbußen nicht abzb sein sollen, die den wirtschaftl Vorteil der Tat abschöpfen sollen (§ 17 Abs 4 OWiG), war die Regelung verfassungsmäßig zweifelhaft (s *Lang* StuW 85, 10). Der VIII. Senat hat diese Frage dem BVerfG vorgelegt (BFH BStBl II 87, 212); keine Verfassungswidrigkeit (BVerfG BStBl II 90, 483).

Aufsichtsratsvergütungen 16, 17 § 10

Verteidiger-, Gutachter-, sonstige Verfahrens- oder **Gerichtskosten** werden weder von Nr 3 noch von § 4 V S 1 Nr 8 EStG erfaßt (BFH BStBl II 84, 160; A 44 KStR). Zur Gefahr einer vGa s § 8 Anm 150 „Strafverteidiger".

16. Nr 4 war bis zur Änderung durch das StRefG 1990 v 25. 7. 88 Nr 3 (Vor § 1 Anm 19). **Aufsichtsratsvergütungen** sind BetrAusg (BVerfG HFR 73, 135). Ihre Nichtabziehbarkeit ist nicht zu rechtfertigen. Bis 1976 waren die ARV voll nichtabzb. Das KStG schränkt die Nichtabziehbarkeit auf die Hälfte ein, nachdem der RegEntw die ersatzlose Streichung der Nichtabziehbarkeit vorgesehen hatte (BT-Drucks 7/1470, 344). Die hälftige Wiedereinführung im FinA wird damit gerechtfertigt, das Verbot trage dazu bei, die Höhe von ARV in angemessener Weise zu begrenzen (BT-Drucks 7/5310, 8). ME ein untaugl Mittel und daher abzulehnen (abl auch *Jünger* DB 76, 1122; *Jurkat* Wpg 76, 518). Dieser Reformteil ist kleinlich und provinziell. Die Nichtabziehbarkeit läßt sich nur mit irrationalen Vorurteilen gegen Aufsichtsräte erklären. BFH BStBl II 68, 392; II 81, 623, lehnt einen Verstoß gegen Art 3 GG ab; ebenso BVerfG HFR 73, 135. Die Urteilsgründe zeichnen die Entstehungsgeschichte nach; die Nichtabziehbarkeit mag hiernach früher einmal vertretb gewesen sein. Nachdem Vergütungen und Anzahl der Aufsichtsratsfunktionen beschränkt sind (vgl §§ 95, 100, 113 AktG), ist die Vorschrift ein weiterer Beweis, daß Steuern und Steuerverschärfungen zwar leicht einführbar, aber kaum wieder abschaffbar sind.

Die Nichtabziehbarkeit gilt für **alle Körperschaften** (KapGes, Gen, Vereine, Betr gewerbl Art usw); vgl BFH BStBl II 81, 623 betr GmbH. Der **Beirat** einer **GmbH & Co KG** fällt nicht unter Nr 4; die KG ist keine Körperschaft. Das gilt auch, sofern die Beiratsmitglieder GmbH-Ges sind. Sind die Beiratsmitgl Kommanditisten, so ist die Beiratsvergütung nach § 15 I Nr 2 EStG Vorweggewinn. Ist auch oder nur für die Komplementär-GmbH ein Beirat bestellt, so greift Nr 4 ein, soweit der Beirat die GmbH überwacht. Da die GmbH jedoch die Geschäfte der KG führt, wird man regelm davon ausgehen können, daß der GmbH-Beirat die KG überwacht, so daß § 10 Nr 4 nicht anzuwenden ist; die Abzugsfähigkeit der Gehälter und sonstiger Vergütungen, die die Beiratsmitgl von der KG erhalten, ist jedenfalls durch § 10 Nr 4 nicht gehindert. Immerhin vermeidb Streitpunkt; mE sollten GmbH u Co KG jeweils einen Beirat erhalten. Unschädl ist es, wenn er personengleich ist. Zur Feststellung der ARV im Feststellungsverfahren der KG s Anm 23.

17. Der Empfänger muß mit der **Überwachung** der Geschäftsführung beauftragt sein. Die Aufzählung in Nr 4 ist beispielhaft; auf die Bezeichnung kommt es nicht an (BFH BStBl II 81, 623). Die Überwachung der Geschäftsführung muß nicht ausschließl Gegenstand der Beauftragung sein; es reicht aus, wenn sie wesentl die Überwachung zum Inhalt hat (RFH RStBl 31, 555 betr Grubenvorstand). Der Beirat kann auch Überwachungsfunktion ausüben, wenn daneben noch der nach dem BetrVerfG vorgeschriebene Aufsichtsrat besteht (BFH BStBl II 81, 623); allgemein: Vergütungen an einen Verwaltungsrat, der neben dem Aufsichtsrat besteht, fallen unter Nr 4, wenn der Verwaltungsrat Aufgaben des Aufsichtsrats wahrnimmt. Die Vergütung an einen in den Aufsichtsrat entsandten Beamten fällt unter Nr 4 (BFH BStBl III 66, 206); ebenso Vergütungen an Arbeitnehmer, die von einem an der AG beteiligten Unternehmen in den Aufsichtsrat geschickt wurden (BFH BStBl III 67, 540). Gehören dem Beirat der OrgGes Angestellte des OrgT an, kann nicht ohne weiteres davon ausgegangen werden, daß der Beirat Geschäftsführungsaufgaben übernimmt (BFH BStBl II 81, 623). Üben die beauftragten Personen die Überwachung treuhänderisch für einen Dritten aus, findet Nr 4 gleichwohl Anwendung. Staatl Kommissare aufgrund des HypothekenbankG fallen nicht unter Nr 4 (BFH BStBl III 54, 249: Nr 4 gelte nicht für aus öffentl Interesse angeordnete Aufsichtsorgane; wesentl sei, daß die Aufsichtspersonen ihren Auftrag aus dem Unternehmen selbst, nicht aber vom Staat herleiten; ebenso BFH BStBl II 85, 340: Vergütungen einer Sparkasse an einen Beamten der Trägerkörperschaft, der im Verwaltungsrat gesetzl Aufgaben wahrnimmt, fallen nicht unter das Abzugsverbot, da es an einer Beauftragung fehlt). Wer nur Repräsentationsaufgaben erfüllt, ist nicht mit der Überwachung beauftragt (BFH BStBl II 78, 352). Andererseits: Wer Vorstandstätigkeit ausübt, bezieht keine nichtabzb ARV (*Bergmann* DB 75, 1622 betr AR-Mitglieder, die nach § 105 II AktG Vorstandsmitglieder vertreten; Nds FG EFG 91, 421). Der Auftrag zur Überwachung kann schriftl oder mündl erteilt werden; er muß nicht seine Grundlage in der Satzung, im GesVertrag usw haben.

18. Die Überwachung muß die **gesamte Geschäftsführung** zum Gegenstand haben. Die Rspr legt den Auftrag zur Überwachung der Geschäftsführung sehr weit aus (BFH BStBl II 79, 193; II 81, 623; s auch A 45 III KStR). Handelt es sich um den AR einer AG, so zählt zu Nr 4 jede Tätigkeit, die in den Rahmen einer mögl AR-Tätigkeit fällt (RFH RStBl 30, 761 betr Familien-GmbH; RStBl 36, 58 u 141; 37, 978; BFH BStBl III 66, 688). Es wird vermutet, daß das AR-Mitglied als solches tätig wird (FG D'dorf EFG 63, 122; FG SchH EFG 60, 151). Eine derartige ausdehnende Vermutung reicht jedoch nur soweit, wie die rechtl Möglichkeiten gehen. Diese werden bei dem AR der AG durch § 111 AktG bestimmt, im übrigen durch den erteilten Auftrag; ist dieser eng gefaßt, kann auch die Vermutung die Auftragsgrenzen nicht durchbrechen. ARV sind nicht abzb, wenn der Beirat über eine Beratungsfunktion hinaus zu gewichtigen Geschäftsvorgängen und zu wesentl Entscheidungen der Geschäftsführung seine Zustimmung geben muß (FG BaWürt EFG 77, 133). Hat der Beirat usw die Funktion, bei bestimmten Geschäften nur beratend mitzuwirken, ist Nr 4 nicht gegeben (RFH RStBl 35, 1435 betr Kreditausschüsse einer Bank). Werkausschüsse bei kommunalen EigenBetr sind idR nicht überwachend tätig (FinVerw 1982 StEK KStG 1977 § 10 Nr 3; dazu FG RhPf EFG 86, 359). Nachträgl Beurteilung einer Geschäftsführungsmaßnahme ist keine Beaufsichtigung (RFH RStBl 33, 957).

19. Die **Zerlegung der Aufsichtsratsvergütungen** in nichtabzb Überwachungstätigkeit und sonstige abziehbare Tätigkeit wird regelmäßig abgelehnt (vgl RFHE 24, 11; BFH StRK KStG § 12 Ziff 3 R 3; BStBl III

66, 688 betr Finanzierungsberatung; II 73, 872 betr Geschäftsführungstätigkeit durch AR; FG SchH EFG 60, 151; FG D'dorf EFG 63, 122 betr Kundenbetreuung), es sei denn, die sonstige Tätigkeit werde aufgrund eines besonderen, klar abtrennbaren Vertrages erbracht und gehöre nicht zur Überwachungstätigkeit (RFHE 24, 11; RStBl 38, 1124 betr Organisationsberater und – in den Gründen – betr anwaltl Tätigkeit im Einzelfall und in Dauerberatung; anders wiederum bei einem AR-Anwalt mit allg rechtl Ratschlägen; BFH BStBl III 66, 688 betr – in den Gründen – Bauunternehmer u Anwaltstätigkeit). Das Gehalt, das der Arbeitnehmervertreter neben der ARV bezieht, ist voll abziehbar, auch wenn es wegen der AR-Tätigkeit nicht gekürzt wird. Ist ein AR-Mitglied gleichzeitig Mitglied eines Ausschusses usw, der nicht Überwachungsfunktion hat, so sind die Vergütungen für die letztere Tätigkeit abzb, wenn die Vereinigung der Ämter eher zufällig ist und nicht eine künstl Aufteilung des AR vorliegt (RFH RStBl 35, 1435 betr Kreditausschuß: Vergütung abziehbar; BFH BStBl II 71, 310 betr Kreditausschuß: Vergütung nichtabzb, da die Doppelfunktion nicht zufällig sei; Vergütungen an Kreditausschußmitglieder der Sparkasse fallen unter Nr 4, wenn sie gleichzeitig dem VerwRat angehören, BFH BStBl II 79, 193 betr NRW; FinVerw 1973 StEK KStG § 12 Nr 7). Sind AR-Mitglieder gleichzeitig Mitglieder eines Beirats ohne Überwachungsfunktion einer OrgTochter, so sind die Beiratsvergütungen abziehbar (FG Berlin EFG 60, 144). Werden Vergütungen an jemanden gezahlt, der früher einmal AR-Mitglied war, so ist zu prüfen, ob ein Entgelt für die frühere AR-Tätigkeit (nichtabzb) oder für eine neue, nicht überwachende, zB beratende Tätigkeit vorliegt (abzb) (BFH BStBl II 69, 147).

20. Vergütungen jeder Art sind alle geldwerten Vorteile, die für die Beaufsichtigung gewährt werden, zB lfd Vergütungen, Einmaltantieme, Tagegelder, Sitzungsgelder, Reisegelder, Aufwandsentschädigungen (s A 45 I KStR; dazu jedoch auch Anm 21), Aktien, freie Wohnung, freie Kost und Unterbringung, Kfz-Benutzung, Beiträge zur Altersversorgung (BFH BStBl II 69, 147), Pensionszahlungen, Ersatz von Aufwendungen für den Erwerb von Aktien (RFH RStBl 38, 110); Übernahme der AR-Steuer nach § 50a EStG. Entschädigung für den Wegfall der Vergütung im Fall der Liquidation fällt unter Nr 4. Zinsen für rückständige ARV sind nach RFH RStBl 38, 110 keine ARV; Entscheidung zur VO über den StAbzug von ARV 1935; mE nicht auf § 10 Nr 4 übertragbar.

21. Tagegelder, Reisegelder und sonstige **Aufwandsentschädigungen** fallen nicht unter Nr 4, soweit sie den im Einzelfall erforderl Aufwand nicht übersteigen (A 45 I KStR; FG D'dorf EFG 64, 32). Die Ausnahme ist nicht aus dem Wortlaut, allenfalls aus der Entstehungsgeschichte zu erklären (dazu FG D'dorf EFG 64, 32). Die Verw erkennt meines Wissens die in den EStR festgelegten Sätze an; die Vorschriften über die Aufwandsentschädigung nach beamtenrechtl Vorschriften sind nicht maßgebend (BFH BStBl III 66, 206). Aufwendungen für Büroräume und Hilfskräfte, die im Unternehmen dem AR überlassen werden, fallen nicht unter Nr 4; das gleiche gilt für einen Pkw, der für Fahrten der Überwachungstätigkeit auf Abruf zur Verfügung steht. Anders, wenn Räume, Hilfskräfte außerhalb des Unternehmens oder ein Pkw ständig unentgeltl zur Verfügung gestellt werden (FinVerw 1968 StEK KStG § 12 Nr 6). FG Hbg EFG 65, 394 erkennt die Aufwendungen für eine Informationsreise, die der AR mit der Geschäftsführung unternimmt, zum Abzug an. GlA BFH BStBl II 76, 155 betr Gebühren für einen Prüfer, den der AR beauftragt.

22. **USt:** Regelversteuerer: die Nettozahlen sind zugrunde zu legen; falls bei der Körperschaft kein oder nur ein teilweiser VorStAbzug mögl ist, so ist die Hälfte der den VorStAbzug übersteigenden VorSt nicht abzb. Sonstige: Bruttoentgelt ist maßgebend. S A 45 II KStR.

23. Nichtabzb ist die **Hälfte** der ARV. Die Summe der unter Nr 4 fallenden ARV ist durch 2 zu teilen. Zur VorSt s Anm 22. Hat eine GmbH & Co KG für KG und GmbH einen identischen Beirat, so wird im **Gewinnfeststellungsverfahren** der KG entschieden, ob ein Teil der ARV der GmbH zuzurechnen ist, weil der AR auch die Geschäftsführung der GmbH überwacht (Nds EFG 73, 512).

24. Da ARV ihrer Natur nach BetrAusg sind, sind **Rückzahlungen** BetrEinnahmen. Nr 4 ist jedoch mE mit umgekehrten Vorzeichen bei Einnahmen mit der Maßgabe anzuwenden, daß Rückzahlungen zur Hälfte steuerfrei sind.

25. **Durchführung des Abzugsverbots:** Die nichtabzb Aufwendungen **Nr 1–4** dürfen weder die Eink (Gewinn, Einnahmeüberschuß) noch das Einkommen noch das zu versteuernde Einkommen mindern, auch nicht durch Rückstellungen (RFH RStBl 32, 737 betr PersonenSt). Gegebenenfalls sind sie wieder hinzuzurechnen. Nichtabzb Aufwendungen dürfen einen ausgleichungs-, vor- oder rücktragungsfähigen Verlust nicht erhöhen (BFH BStBl II 65, 140). Da es sich um eine steuerrechtl Gebot handelt, kann die Zurechnung außerhalb der Bilanz, zB erst mit der Steuererklärung erfolgen. Keine Hinzurechnung, falls die Ausgabe zB aus einer bereits versteuerten Rücklage erfolgt. Wird ein Gewinn in einen stpfl und einen steuerfreien Teil zerlegt, dürfen die nichtabzb Aufwendungen nur anteilsmäßig zugerechnet werden, sofern sie den Gewinn insgesamt gemindert haben (vgl RFH RStBl 36, 205; 37, 959). Dies gilt nur, wenn Gegenstand der Aufteilung der um die nichtabzb Aufwendungen geminderte Gewinn ist, nicht aber, wenn bei der Gewinnermittlung ein bestimmter Betrag, zB als Rückstellung, steuerfrei ist (RFH RStBl 39, 274 betr Rücklage eines Lebensversicherungsunternehmens). Wird die Abzugsfähigkeit dadurch wiederhergestellt, daß aufgrund einer anderen Vorschrift der Abzug zugelassen wird, so ist ausschließl diese Vorschrift anzuwenden. Der hiernach zB zugelassene Abzug vom Gesamtbetrag der Eink erlaubt nicht einen Abzug als BetrAusg (vgl BFH BStBl II 69, 140 betr die Abziehbarkeit ausl Steuern nach § 68f EStDV aF; die Abzugsmöglichkeit ist jetzt in § 34c EStG geregelt; BFH BStBl II 69, 140 wurde durch BFH BStBl II 82, 177 nicht abgelehnt; ob jene Entscheidung jedoch heute noch Bestand hat, ist fragl; s zu der Problematik § 26 Anm 83).

Zur Behandlung der nichtabzb Aufwendungen im **AnrV** s § 31.

§ 11 Auflösung und Abwicklung (Liquidation)

(1) ¹Wird eine unbeschränkt steuerpflichtige Kapitalgesellschaft, eine unbeschränkt steuerpflichtige Erwerbs- oder Wirtschaftsgenossenschaft oder ein unbeschränkt steuerpflichtiger Versicherungsverein auf Gegenseitigkeit nach der Auflösung abgewickelt, so ist der im Zeitraum der Abwicklung erzielte Gewinn der Besteuerung zugrunde zu legen. ²Der Besteuerungszeitraum soll drei Jahre nicht übersteigen.

(2) Zur Ermittlung des Gewinns im Sinne des Absatzes 1 ist das Abwicklungs-Endvermögen dem Abwicklungs-Anfangsvermögen gegenüberzustellen.

(3) Abwicklungs-Endvermögen ist das zur Verteilung kommende Vermögen, vermindert um die steuerfreien Vermögensmehrungen, die dem Steuerpflichtigen in dem Abwicklungszeitraum zugeflossen sind.

(4) ¹Abwicklungs-Anfangsvermögen ist das Betriebsvermögen, das am Schluß des der Auflösung vorangegangenen Wirtschaftsjahrs der Veranlagung zur Körperschaftsteuer zugrunde gelegt worden ist. ²Ist für den vorangegangenen Veranlagungszeitraum eine Veranlagung nicht durchgeführt worden, so ist das Betriebsvermögen anzusetzen, das im Falle einer Veranlagung nach den steuerrechtlichen Vorschriften über die Gewinnermittlung auszuweisen gewesen wäre. ³Das Abwicklungs-Anfangsvermögen ist um den Gewinn eines vorangegangenen Wirtschaftsjahrs zu kürzen, der im Abwicklungszeitraum ausgeschüttet worden ist.

(5) War am Schluß des vorangegangenen Veranlagungszeitraums Betriebsvermögen nicht vorhanden, so gilt als Abwicklungs-Anfangsvermögen die Summe der später geleisteten Einlagen.

(6) Auf die Gewinnermittlung sind im übrigen die sonst geltenden Vorschriften anzuwenden.

(7) Unterbleibt eine Abwicklung, weil über das Vermögen der Kapitalgesellschaft, der Erwerbs- oder Wirtschaftsgenossenschaft oder des Versicherungsvereins auf Gegenseitigkeit das Konkursverfahren eröffnet worden ist, sind die Absätze 1 bis 6 sinngemäß anzuwenden.

Körperschaftsteuerrichtlinien: Abschnitt 46, 95a

Übersicht

1.	Allgemeines
2.	Geltungszeit
3.–5.	Gewinnermittlung während der Liquidation (Abs 1 S 1)
6.	Besteuerungszeitraum (Abs 1 S 2)
7.	Liquidationsgewinn (Abs 2)
8.	Abwicklungs-Endvermögen (Abs 3)
9.	Abwicklungs-Anfangsvermögen (Abs 4)
10.	Kein Betriebsvermögen (Abs 5)
11.	„Sonst geltende Vorschriften" (Abs 6)
12.–14.	Liquidation und AnrV
15.	Konkurs (Abs 7)

§ 11 1–4 Auflösung und Abwicklung (Liquidation)

1. Allgemeines:

Schrifttum: *Felix/Streck,* Liquidationsüberlegungen auf der Schwelle zum KStReformgesetz, BB 76, 923; *Stolz,* Übergangsprobleme durch das KStRG bei der Liquidation, DStR 76, 572; *Meyer-Arndt,* Veränderungen an der Substanz der Anteilsrechte – Neuralgische Punkte des AnrV, StbJb 76/77, 349; *Loos,* Die Überführung von verwendb EK einer KapGes auf ihre Ges nach der KStReform, DB 77, 217, 265, 1067; *Herzig,* Die Liquidation von KapGes im kstl AnrV, FR 79, 289; *ders,* Kstl DefinitivBel im Liquidationsfall, BB 79, 173; *ders,* Kstl ZweifachBel von Liquidationsraten auf der Gesellschaftsebene, DB 79, 1007; *ders,* StBilanz- und Ausschüttungspolitik einer KapGes bei geplanter Liquidation unter Berücksichtigung von Anteilsübertragungen, StuW 80, 19; *ders,* Einbringungsgeborene Anteile bei der Liquidation der KapGes, BB 81, 1143; *Weilbach,* Die Auskehrung – ein teurer Kehraus? GmbHR 86, 320; *Piltz,* Liquidation ausl KapGes in den DBA, DStR 89, 133; *Oppermann/Pauly* NWB F 4, 3611 (7/89); *Sommer,* Die Liquidation einer GmbH, StbKongrRep 94, 137.

§ 11 betrifft die Liquidation zur Ausschüttung des Vermögens an die AntE; zur Umwandlung u Verschmelzung s UmwStG. Gestaltungshinweise s auch ABC „Liquidation". Zum Ende der KStPflicht § 1 Anm 9.

2. Geltungszeit: Zum Inkrafttreten s § 54 Anm 6. Die Besteuerung einer KapGes während des Liquidationszeitraums entspr im wesentl dem bis 1976 geltenden Recht. Änderung: Ausdehnung auf AntE. Außerdem Änderung der Besteuerung der AntE im Liquidationsfall: Die Liquidationsraten sind – auch wenn die Anteile PrivVerm darstellen – stpfl; sie vermitteln die bis zur Liquidation gespeicherte KSt und garantieren, daß spätestens im Liquidationsfall die gesamte von der KapGes geschuldete KSt zur Anr gelangt (zur Problematik s Anm 14). Sind die Anteile eine wesentl Beteiligung iSv § 17 EStG, ist der Liquidationsgewinn – zumindest idR teilw – nicht tarifbegünstigt (§§ 17 IV, 20 I Nr 1, 2 EStG). Verschärfung gegenüber dem Rechtszustand bis 1976. Veräußerung ist in diesen Fällen jetzt besser als Liquidation; s hierzu *Felix/Streck* BB 76, 923 u ABC „Liquidation"; dort auch zur mögl Anwendung des § 42 AO.

3. Gewinnermittlung während der Liquidation (Abs 1 S 1): Die Liquidation berührt die subj StPfl nicht (RFH RStBl 28, 314). Allerdings erfolgt die Gewinnermittlung während der Liquidation nicht nach Wj; gem § 11 wird ihr der Liquidationszeitraum (= Ermittlungszeitraum; s § 7 Anm 5) zugrunde gelegt. Diese besondere Gewinnermittlung gilt nur für unbeschr stpfl KapGes, Erwerbs- und WirtschaftsGen und VVaG (s § 1 I Nr 1–3). § 11 gilt für diese Körperschaften auch, sofern sie gem § 5 befreit und nur mit einem wirtschaftl GeschäftsBetr stpfl sind. Für die Liquidation der übrigen Körperschaften (beschr Stpfl, Vereine, Stiftungen, Betr gewerbl Art) gelten die Vorschriften des EStG (§ 8 I); also insbes § 16 EStG – evtl iVm § 49 I Nr 2 EStG – für gewerbl Eink, allerdings ohne die Tarifermäßigung des § 34 EStG; zu § 16 IV EStG s § 8 Am 18. Zur Vereinsliquidation s *Schick* DB 83, 1733.

4. § 11 greift mit dem **Beginn der Auflösung** ein. Dies kann der Auflösungsbeschluß sein (nur diesen Fall erwähnte § 14 I KStG aF; zur Auslegung des beschlossenen Auflösungsbeginns s BFH BStBl III 60, 391; II 74, 342), aber auch durch Zeitablauf Verfügung des Registergerichts (BT-

Besteuerungszeitraum 5, 6 § 11

Drucks 7/1470, 345), Konkurs (Anm 15), Ablehnung des Konkurses mangels Masse, Auflösung durch gerichtl Urteil (§§ 396 AktG, 61 GmbHG), kraft Gesetzes (Art 12 § 1 GmbHG-Novelle; *Streck* KÖSDI 80, 3962) oder höheitl Entscheidung, faktischen Auflösungsbeginn (anders altes Recht, s BFH 1962 StRK KStG § 11 R 3), Beschließt ohne weitere Zeitbestimmung der AlleinGes die Auflösung, ist der Tag der Beschlußfassung maßgebend (BFH BStBl II 83, 433; A 46 I KStR). Entspr ein Auflösungsbeschluß nicht den handelsrechtl Vorschriften, so kann der Beginn der tatsächl Auflösung dennoch stl Beginn der Auflösung sein. Der faktische Auflösungsbeginn kann dem Beschluß vorausgehen (RFH RStBl 38, 630). Auch die Sitzverlegung ins Ausland kann zur Auflösung führen (zur GmbH s *Westermann* in Scholz, GmbHG, 8. Aufl, 1993, Einl Anm 126 ff; zur AG s *Kraft* in Kölner Kommentar zum AktG, 2. Aufl, 1988, § 45 Anm 19 ff; das gilt nicht für die Verlegung der tatsächl Geschäftsleitung (vgl hierzu OLG Hbg AWD 70, 518). Auflösung verfolgt stets den Zweck, das Restvermögen an die AntE auszuschütten. Scheinliquidationen führen nicht zu § 11 (RFHE 10, 23 (1920) u RStBl 28, 366; 29, 512; StuW 32 Nr 1190); das gilt insbes, wenn der GesZweck im Rahmen der Liquidation verwirklicht werden soll (vgl RFH RStBl 27, 121 u 36, 754 betr GrundstücksverwaltungsGes). Vereinigung aller Anteile in einer Hand ist keine Auflösung, wohl aber die Einziehung aller Anteile einer Körperschaft.

5. Der **Gewinnermittlungszeitraum beginnt** mit dem Schluß des dem Auflösungsbeginn vorangehenden Wj (s Abs 3 u Anm 9; A 46 I KStR), da andernfalls ein „Loch" in der Gewinnermittlung entstünde; dieser Zeitpunkt kann also vor dem Beginn der Auflösung liegen (s auch Anm 9). Die Liquidation endet mit der vollständigen Verteilung des Vermögens an die AntE, frühestens mit Ablauf des Sperrjahrs; eine frühere Registerlöschung ist unerhebl (RFHE 10, 318 (1922); 12, 16 (1922); RStBl 28, 314; A 46 II KStR); gleichzeitig **endet** der Gewinnermittlungszeitraum. Geht die KapGes im Liquidationszeitraum wieder zur aktiven Geschäftstätigkeit über, so ist die Liquidation zu diesem Zeitpunkt beendet; die Körperschaft ist wieder nach den allg Regeln und in den normalen VZ zu besteuern (RFH RStBl 29, 512; StuW 32 Nr 1190).

6. Der **Besteuerungszeitraum (Abs 1 S 2)** soll 3 Jahre nicht übersteigen. Er ersetzt den VZ (glA *Thiel* AG 60, 274; B/*Sondergeld* § 11 Anm 21; aA *M/S/Lange* § 11 Anm 23). Gewinnermittlungszeitraum bleibt grundsätzl der gesamte Liquidationszeitraum. Abs 1 S 2 meint Zeitjahre (RFH RStBl 37, 967), sie beginnen mit dem Beginn der Gewinnermittlung (Anm 9), nicht also unbedingt mit der Auflösung (RFH RStBl 37, 967). Ein längerer Besteuerungszeitraum als drei Jahre ist zulässig; nicht aber ein kürzerer bei noch nicht beendeter Liquidation (RFHE 10, 23 (1920) u RStBl 37, 967; 40, 715). Die Festsetzung von Vorauszahlungen ist mögl (*Thiel* AG 60, 273 f). Wird eine Zwischenveranlagung durchgeführt, so kann auf die folgende Veranlagung wiederum Abs 1 angewandt werden, das FA kann aber auch zur Jahresveranlagung übergehen (so wohl auch RFH RStBl 40, 715). Werden für einen Liquidationszeitraum mehrere Veranlagungen durchgeführt, so können diese nur vorläufigen Charakter haben (BFH BStBl III

66, 152); erwachsen sie in Bestandskraft und verhindern auf diese Weise eine Verlustverrechnung, so ist die Veranlagung ggf gem § 175 I Nr 2 AO zu ändern (*Schlüter* DB 61, 350); wird jeweils ein Gewinn versteuert oder besteht eine Verlustrück- oder -vortragsmöglichkeit (dazu Anm 11), besteht zu einer Änderung früher Veranlagungen gem § 175 I Nr 2 AO kein Anlaß (s auch Anm 7). Ist ein (zulässiger) Besteuerungszeitraum noch nicht abgelaufen, besteht keine Pfl zur Abgabe von Erklärungen, wohl aber die allg AuskunftsPfl (RFHE 10, 23 (1920), 318 (1922)). Gelten im Besteuerungszeitraum mehrere StSätze, ist der zum Ablauf geltende maßgebend (RFH RStBl 39, 598; gilt mE auch für die Änderung der StSätze innerhalb des KStG 1977); erfordert die Liquidation mehrere Besteuerungszeiträume, so gilt dies allerdings nur für den jeweiligen Besteuerungszeitraum; der letzte bestimmt nicht den StSatz des ersten (RFH aaO kann anders verstanden werden).

7. Liquidationsgewinn (Abs 2) ist die Differenz aus Abwicklungs-Endvermögen (Anm 8) und Abwicklungs-Anfangsvermögen (Anm 9). Es handelt sich um einen besonderen stl Gewinn, der dem Handelsrecht fremd ist (BFH BStBl II 72, 229). Der Liquidationsgewinn umfaßt die Realisierung der stillen Reserven, aber auch die im Liquidationszeitraum erzielten Erträge (BFH BStBl II 72, 229). Werden im Liquidationszeitraum mehrere Veranlagungen durchgeführt (s o Anm 6), so gilt Abs 2 weiterhin für den gesamten Liquidationszeitraum; zum Ende des ersten Besteuerungszeitraums ist jedoch in entspr Anwendung von Abs 2 und 3 eine Zwischengewinnermittlung durchzuführen (ähnl auch *Thiel* AG 60, 274); der endgültige Gewinn ist im letzten Besteuerungszeitraum für den gesamten Gewinnermittlungszeitraum (= Liquidationszeitraum) unter Absetzung bereits versteuerter Beträge zu ermitteln.

8. Abwicklungs-Endvermögen (Abs 3) ist das Vermögen, das an die AntE zur Verteilung kommt. Erfaßt wird das Schlußvermögen einschließl bereits offen oder verdeckt an die AntE oder in ihrem Auftrag an Dritte ohne Schuldgrund verteilter Beträge. Verteilte Sachwerte sind mit dem gemeinen Wert anzusetzen, auch wenn sie an den AntE zu einem niedrigeren Wert veräußert wurden (RFH RStBl 38, 630; 39, 598; BFH BStBl III 66, 152). Aktivierte immaterielle WG werden Aufwand, wenn sie nicht auf einen anderen übertragen werden; sie sind im Endvermögen nicht anzusetzen (aA *M/S/Lange* § 11 Anm 36). Im übrigen sind immaterielle WG mit dem gemeinen Wert anzusetzen, sofern sie entgeltl erworben wurden; selbstgeschaffene immaterielle WG sind nicht zu bewerten. § 5 II EStG ist anwendb. Folgl ist ein selbstgeschaffener **Geschäftswert** bei der Bewertung des Endvermögens nicht zu erfassen (glA *M/S/Lange* § 11 Anm 37; *Grafte* in *D/E/J/W* § 11 Anm 26; jeweils unter Berufung auf die sinngemäß anzuwendende BFH-Entscheidung BStBl II 82, 456 u FinVerw BStBl I 84, 461; *Heinemann* KÖSDI 83, 5230 u DStZ 84, 45). Dies ist auch sachgerecht. Werden bei der Liquidation alle WG des Betriebs verkauft, so kann kein Firmenwert mehr angesetzt werden. Das gleiche gilt auch dann, wenn der Betrieb insgesamt an den AntE ausgekehrt wird. Der Firmenwert stellt die Ertragskraft des Unternehmens dar, die sich auf zukünftige Gewinne bezieht. Der Betrieb der GmbH kann nach der Liquidation keine Gewinne mehr erwirtschaften. Würde im übrigen ein Firmenwert hier angesetzt, so könnte ihn der AntE in seinem Einzelunternehmen oder in seiner PersGes im Wege der AfA wieder absetzen. Die GmbH würde den Gewinn versteuern, den eigentlich der AntE erzielt. Wird der Betrieb während der Liquidation an Dritte veräußert, so geht das Veräußerungsentgelt in das Abwicklungsendvermögen ein; hier kommt es zur Realisierung des Geschäftswerts. Eigene Anteile scheiden bei der Bewertung des Endvermögens aus (RFH RStBl 30, 760; StuW 38 Nr 192), jedoch ohne den Liquidationsgewinn zu mindern (RFH RStBl 39, 923 mit Teiländerung der vorgenannten RFH-Rspr; s auch Anm 9). Maßgebender Zeitraum für die Bewertung: Tag der Übertragung (RFH RStBl 39, 59; BFH BStBl III 66, 152). Steuerfreie Vermögensmehrungen während der Liquidation werden abgesetzt; betroffen sind Zugänge, die nach allg Gewinnermittlungsvorschriften steuerfrei sind (RFH RStBl 29, 280); wegen Abs 6 ist die Vorschrift überflüssig. Beisp: Einlage eines AntE durch Forderungsverzicht (RFH RStBl 38, 1142). Keine Steuerfreiheit von Sanierungsgewinnen (s Anm 11). Nichtabzb Aufwendungen s Anm 11. Die KSt auf den Liquidationsgewinn wird ebensowenig berücksichtigt wie die aufgrund der Liquidationsausschüttung verursachte KStErhöhung oder -Minderung (§ 27); da eine geschuldete KSt nicht verteilt, eine KStMinderung noch verteilt werden kann, ist die Gesetzesformulierung insoweit ungenau.

9. Abwicklungs-Anfangsvermögen (Abs 4) ist das BetrVerm, das am Schluß des der Auflösung vorangegangenen Wj der Veranlagung zur KSt zugrunde gelegt worden ist. Die Formulierung entspr § 14 IV S 1 KStG aF vor 1977. Sie garantiert die Bilanzkontinuität und die vollständige Erfassung aller stillen Reserven (RFH RStBl 29, 280). Korrekturen von Bewertungsfehlern sind unzulässig. Beginnt die Auflösung durch einen handelsrechtl ordnungsgemäßen Auflösungsbeschluß, so endet mit dem Beginn der Auflösung das letzte ordentl Wj (BFH BStBl II 74, 692 unter Abweichung von der früheren Rspr; beim AlleinGes ist dies der Tag der Beschlußfassung, sofern der Beschluß nichts weiter sagt, BFH BStBl II 83, 433); während BFH BStBl II 74, 692 handelsrechtl argumentiert, gewährt A 46 KStR unabhängig vom Handelsrecht die Möglichkeit, zu Beginn der Liquidation ein RumpfWj zu bilden; insoweit hat der Stpfl ein Wahlrecht (*L/Jünger* § 11 Anm 19; krit zum Wahlrecht *H/H/R* § 11 Anm 23). Soweit handelsrechtl eine Gewinnermittlungsschlußbilanz erforderl ist, ist dies mE jedoch auch steuerl zwingend. In den übrigen Fällen unterbricht die Auflösung nicht notwendig ein lfd Wj; beginnt zB eine GmbH im Konkursverfahren am 1. 9. 93 mit der Auflösung, so ist grundsätzl als Anfangsvermögen dasjenige der Bilanz zum 31. 12. 92 zugrunde zu legen, falls für die GmbH Wj = Kj ist. Sofern für den letzten VZ eine Veranlagung nicht durchgeführt wurde (Beisp: Verlustjahr), ist das BetrVerm anzusetzen, das bei einer Veranlagung ermittelt worden wäre (Abs 4 S 2); der letzte vorangehende VZ ist der dem Besteuerungszeitraum der Liquidation vorangehende VZ (*H/H/R* § 11 Anm 36). Eigene Anteile sind nicht auszuscheiden (RFH RStBl 30, 760, s Anm 8). Das Anfangsvermögen ist um den Gewinn eines vorangegangenen Wj zu mindern, der im Liquidationszeitraum ausgeschüttet wird (Abs 4 S 3; eine Vorschrift, die sich bereits aus Abs 6 ergibt und die so überflüssig ist, wie sie es im alten Recht schon war).

10. War am Schluß des vorangegangenen VZ **BetrVerm nicht vorhanden,** so gilt als Anfangsvermögen die Summe der später geleisteten Einlagen **(Abs 5).** Der in Abs 5 angeordnete Ansatz der Einlagen ist nicht erforderl, weil diese bereits nach Abs 6 den Liquidationsgewinn nicht erhöhen dürfen; insoweit ist Abs 5 überflüssig (glA *H/H/R* § 11 Anm 40). Im übrigen: Obwohl diese Vorschrift gegenüber dem alten Recht nur klarstellende Bedeutung haben soll (BT-Drucks 7/1470, 345), enthält sie weiterhin Unklarheiten. Geregelt werden soll die Liquidation innerhalb des ersten Wj, ohne daß der Auflösungsbeginn selbst ein RumpfWj schafft. Der Wortlaut ist jedoch zu weit: Er umfaßt jede Körperschaft, die am 31. 12. eines Kalenderjahres (= VZ) über kein BetrVerm verfügt, obwohl am Ende des vorangegangenen Wj BetrVerm ausgewiesen wird. Andererseits ist er zu eng: Wird eine Körperschaft am 1. 12. 95 gegründet, Wj 1. 12.–30. 11., und geht sie am 30. 5. 96 in Liquidation, so ist der Fall des Abs 5 gegeben, obwohl am 31. 12. 95 noch BetrVerm „vorhanden" gewesen sein mag. Eine zweifelhafte Formulierung, die ihre Problematik dadurch begründet, daß Abs 5 von am Schluß des vorangegangenen „VZ" vorhandenem BetrVerm, Abs 4 hingegen vom Schluß des vorangegangenen Wj, dessen BetrVerm der Veranlagung zugrunde gelegt wird, spricht. Im übrigen wird der ohnehin enge Anwendungsbereich der Vorschrift durch die Entscheidung BFH BStBl II 74, 692 weiter eingeschränkt (s o Anm 9). Denn wenn innerhalb des ersten Wj die Auflösung beschlossen wird, entsteht ein erstes ordentl (Rumpf-)Wj, dessen Endvermögen Auflösungs-Anfangsvermögen iSd Abs 4 ist. Einlagen ist der umfassende Begriff für Einzahlungen auf das Grund- oder StammKap, Nachschüsse, Überparizahlungen, verdeckte Einlagen usw (s § 8 Anm 32 ff). Zur Bewertung von Sacheinlagen s § 8 Anm 35.

11. Die **„sonst geltenden Vorschriften" (Abs 6)** sind anzuwenden, soweit sie nicht durch die Abs 1–4 verdrängt wurden. § 6 b EStG findet keine Anwendung, weil eine Reinvestition nicht mögl ist. Sachl StBefreiungen sind zu berücksichtigen; nicht jedoch §§ 16, 34 EStG; zum Freibetrag nach § 16 IV EStG s § 8 Anm 18. Sanierungsgewinn ist nicht stfrei (RFH RStBl 38, 44; Sanierungserfolg ist nicht gewollt). §§ 9, 10 finden Anwendung; sonstige nichtabzb Aufwendungen sind dem Liquidationsgewinn hinzuzurechnen. Der Wegfall eigener Anteile darf den Liquidationsgewinn nicht berühren (s Anm 8, 9). § 10 d EStG: Verlustvortrag ist zu berücksichtigen, ebenso aber auch Verlustrücktrag aus dem Besteuerungszeitraum gem Abs 1 in den vorangegangenen regulären VZ; auch zwischen mehreren VZ einer Liquidation kann § 10 d EStG angewandt werden. StSatz: § 23. Zur Liquidation einer OrgGes s § 14 Anm 64.

12. Liquidation und AnrV: Der Liquidationsgewinn unterliegt bei der Körperschaft der KSt nach dem allg für die Körperschaft geltenden Tarifsatz (45 (50/56) vH). Die Ausschüttung des Abwicklungs-Endvermögens führt bei Körperschaften, die in das AnrV einbezogen sind, zur KStErhöhung oder -Minderung gem §§ 27 ff, dh zur Herstellung der allg AusschüttungsBel von 30 (36) vH. Für die Schlußverteilung wird an das dem Endvermögen entspr verwendb EK angeknüpft (*Felix/Streck* BB 76, 923; *Herzig* FR 79, 289; *ders* DB 79, 1007). Vgl auch A 95 a KStR.

13. *einstweilen frei*

14. Einzelheiten: Zur Reihenfolge der Verwendung s §§ 28, 41. Zur KStErhöhung führt ebenfalls das bis zum Ende des letzten vor dem 1. 1. 1977 abgelaufenen Wj entstandene verwendb EK, das die **Alteinlagen** und thesaurierten Gewinne beinhaltet. Durch die KStAnr und den Vergütungsanspruch des § 52 erfolgt keine definitive Belastung mit KSt. Zu **negativen** Teilbeträgen iSv § 30 I Nr 3 s § 41 IV und § 41 Anm 7 f. Auch bei **Abschlagszahlungen** auf die Liquidationsausschüttung ist die AusschüttungsBel herzustellen. Hierbei gilt für die Verrechnung bis VZ 1983 § 29 II S 3 aF (A 95 a III KStR aF). Ab VZ 1984 erfolgt auch für Liquidationsraten die Verrechnung mit dem verwendb EK, das sich zum Schluß des Wj ergibt, in dem die Ausschüttung erfolgt (vgl § 28 II u § 28 Anm 7; A 95 a III KStR). Die Neuregelung kann bereits für die VZ ab 1977 auf Antrag angewandt werden (§ 54 VI idF des G v 22. 12. 83; § 54 Anm 19). Werden über einen Liquidationszeitraum mehrere Veranlagungen durchgeführt, so ist mE zum Ende eines **Zwischen-VZ** das verwendb EK festzustellen; die Feststellung knüpft an die Zwischenfeststellung des Liquidationsgewinns an (s o Anm 7); für die Anwendung der §§ 27 ff entspr das Ende eines Zwischen-VZ folgl dem Ende eines Wj.

Die Liquidation führt dann nicht zwingend zu einer **Vollrealisierung** der **gespeicherten KSt,** wenn die Körperschaft über zu wenig Vermögen verfügt, um mittels Liquidationsausschüttungen die gesamte KSt zu realisieren. Ausweg: S ABC „Leg-ein-Hol-zurück"-Verfahren. Zur Frage, ob aus der Kombination von ordnungsgemäßen Gewinnausschüttungen und der Auskehrung von Liquidationsraten Vorteile erzielt werden können s *Eggesiecker* BB 80, 1043 und die Entgegnung von *Krebs* BB 80, 1843.

15. Konkurs (Abs 7): Die Abs 1–6 gelten entspr bei der Abwicklung in einem Konkursverfahren. Der bisherige Rechtszustand soll aufrechterhalten bleiben (BT-Drucks 7/1470, 345). Die Konkurseröffnung als solche führt noch nicht zur Anwendung des § 11. Im Rahmen des Konkursverfahrens muß mit der Abwicklung begonnen werden. Wird der Betr zuerst fortgeführt, bleibt es auch im Konkurs zuerst bei der Jahresveranlagung (s RFH RStBl 39, 355; 40, 715). Das Konkursverfahren ist beendet, wenn nur noch die Schlußsteuer offen ist (RFH RStBl 40, 715).

§ 12 Verlegung der Geschäftsleitung ins Ausland

(1) ¹**Verlegt eine unbeschränkt steuerpflichtige Körperschaft oder Vermögensmasse ihre Geschäftsleitung und ihren Sitz oder eines von beiden ins Ausland und scheidet sie dadurch aus der unbeschränkten Steuerpflicht aus, so ist § 11 entsprechend anzuwenden.** ²**An die Stelle des zur Verteilung kommenden Vermögens tritt der gemeine Wert des**

§ 12 1 Verlegung der Geschäftsleitung ins Ausland

vorhandenen Vermögens. ³Verlegt eine unbeschränkt steuerpflichtige Personenvereinigung ihre Geschäftsleitung ins Ausland, so gelten die Sätze 1 und 2 entsprechend.

(2) Absatz 1 gilt entsprechend, wenn die inländische Betriebsstätte einer beschränkt steuerpflichtigen Körperschaft, Personenvereinigung oder Vermögensmasse aufgelöst oder ins Ausland verlegt oder ihr Vermögen als Ganzes an einen anderen übertragen wird; unberührt bleiben die Regelungen des Umwandlungssteuergesetzes.

Abs 2 lautete bis zur Änderung durch das G v 28. 10. 94 (Anm 2):

(2) Absatz 1 gilt entsprechend, wenn die inländische Betriebsstätte einer beschränkt steuerpflichtigen Körperschaft, Personenvereinigung oder Vermögensmasse aufgelöst oder ins Ausland verlegt oder ihr Vermögen als Ganzes an einen anderen übertragen wird, ausgenommen in den Fällen des § 20 Abs. 8 des Gesetzes über steuerliche Maßnahmen bei Änderung der Unternehmensform.

Abs 2 lautete bis zur Änderung durch das G v 25. 2. 92 (Anm 2):

Absatz 1 gilt entsprechend, wenn die inländische Betriebsstätte einer beschränkt steuerpflichtigen Körperschaft, Personenvereinigung oder Vermögensmasse aufgelöst oder ins Ausland verlegt oder ihr Vermögen als Ganzes an einen anderen übertragen wird.

Übersicht

1. Allgemeines
2. Geltungszeit
3. Verlust der unbeschr Steuerpflicht (Abs 1)
4.–7. Entsprechende Anwendung von § 11
8. Anrechnungsverfahren
9.–11. Auflösung/Verlegung einer Betriebsstätte (Abs 2)
12. Sitz- oder Geschäftsleitungsverlegung ins Inland

1. Allgemeines:

Schrifttum: *Strobl/Kellmann,* Umwandlung einer inl Betriebstätte eines ausl Unternehmens in eine deutsche TochterGes, AWD 67, 385; *Jung,* Die Verlegung der Geschäftsleitung und des Sitzes dt KapGes oder von Betriebstätten ins Ausl unter besonderer Berücksichtigung des französischen und belgischen Niederlassungs- und StRechts (§ 16 KStG), Diss Mannheim, 1968; *Balthasar,* Die Reservebesteuerung bei der Verlegung juristischer Personen, Bern/Frankfurt, 1973 (aus schweizerischer Sicht); *Thimmel/Fuchs,* Gewinnrealisierung bei der Einbringung dt Betriebstätten in eine ausl KapGes, DB 79, 1054; *Knobbe-Keuk,* Der Wechsel von der beschränkten zur unbeschränkten KStPfl und vice versa, StuW 90, 372; *Halfar,* Die Veräußerung und Einbringung inl Betriebstätten ausl Unternehmen, IWB 3 Deutschland Gr 1, 1279 (5/91).

§ 12 **bezweckt** die steuerliche Erfassung aller stillen Reserven im Zeitpunkt des Verlustes der unbeschr StPfl; zum Zweck im einzelnen BFH BStBl II 74, 255. Dieser Verlust wird wie eine Liquidation behandelt. Die Vorschrift ist in der Praxis von geringer Bedeutung. Eine stverschärfende

Entsprechende Anwendung von § 11 2–5 § 12

analoge Anwendung auf andere Tatbestände der Beendigung der StPfl – zB den Fall des § 17 EStG – ist unzulässig. Zur **BetrAufsp** über die Grenze, zum Wegzug ins Ausl unter Zurücklassung einer BetrAufsp, zur Aufspaltung einer Betriebstätte s ABC „BetrAufsp".

2. Geltungszeit: § 12 gilt ab 1977 (§ 54 I idF des KStG 1977). Die Vorschrift entspr im wesentl § 16 KStG aF; die Beschränkung auf die KapGes wurde aufgehoben und der Anwendungsbereich auf alle Körperschaften erstreckt. Zur Entstehungsgeschichte der Vorschrift BFH BStBl II 74, 255. Das StÄndG 1992 v 25. 2. 92 (BGBl I 92, 297; BStBl I 92, 146) fügte Abs 2 den letzten Satzteil vor dem Komma mit Wirkung für Übertragungen nach dem 31. 12. 91 (§ 54 VIII a idF des G v 25. 2. 92) an. Die Reform des UmwandlungsStR durch das G v 28. 10. 94 (BGBl I 94, 3267; BStBl I 94, 839) paßte Abs 2 mit Wirkung ab VZ 1992 (§ 54 VIII a) redaktionell an.

3. Abs 1. Voraussetzungen: Gilt für alle Körperschaften iSv § 1 I; allerdings ist eine Anwendung bei Betr gewerbl Art iSv § 1 I Nr 6 nicht vorstellbar. Die Körperschaft muß unbeschr kstpfl sein. Die StPfl muß durch Verlegung von Sitz oder Geschäftsleitung enden; Sitz s § 11 AO; Geschäftsleitung s § 10 AO. Die Sitzverlegung ins Ausl führt regelm bereits zur unmittelb Beendigung § 11, nicht aber die Verlegung der Geschäftsleitung (s § 11 Anm 4). Wegen der Bedingung des Ausscheidens aus der unbeschr StPfl muß der inländische Sitz und die inländische Geschäftsleitung verlegt werden; hierzu § 1 Anm 11. Die Aufhebung nur eines der beiden Merkmale ist ausreichend, wenn nur durch dieses Merkmal die unbeschr StPfl begründet wurde. Ausl iSv § 12 ist daher Nicht-Inl iSv § 1; zum Inl s § 1 Anm 24.

4. Entsprechende Anwendung von § 11: Die Verweisung bringt Schwierigkeiten mit sich, da beide Sachverhalte nur sehr eingeschränkt einander ähnl sind. § 11 gilt nur für KapGes und Gen; § 12 ist jedoch – auch soweit auf § 11 verwiesen wird – auf alle Körperschaften anzuwenden.

5. Die Einkünfte bis zum Verlust der unbeschr StPfl und die stillen Reserven sind zu erfassen. Für Eink iSv § 2 I Nr 5–7 EStG gelten mE im Hinblick auf §§ 12, 11 keine Besonderheiten; die allg Regeln sind bis zum Stichtag anzuwenden. § 12 ermöglicht mE nicht, vom Zuflußprinzip abzuweichen (glA *M/S/Lange* § 12 Anm 16). Eink aus KapVerm werden innerhalb der unbeschr StPfl nur erfaßt, wenn sie zugeflossen sind. Von Bedeutung ist § 12 iVm § 11 damit in erster Linie für die Gewinneinkünfte (Eink aus GewerbeBetr und Land- und Forstwirtschaft; Eink aus freiberufl Tätigkeit werden nicht anfallen). Der „Verlegungsgewinn" ist nach § 11 II zu ermitteln. „Verlegungs-Anfangsvermögen" s § 11 IV. Zw ist, ob zum Zeitpunkt des Verlustes der unbeschr StPfl, sofern kein normales Wj endet, ein RumpfWj entsteht. ME entsteht ein RumpfWj nur, wenn vom HandelsR eine Bilanzierung gefordert wird; dies ist aber nicht der Fall, wenn die Geschäftsleitung, nicht aber der Sitz, ins Ausl verlegt wird. „Verlegungs-Endvermögen" s § 11 III iVm § 12 I S 2. Da die unbeschr StPfl abgeschlossen wird, ist das gesamte Weltvermögen zu erfassen, es sei denn, es greifen nach den allg Regeln, zB DBA, Befreiungen ein. Hieraus folgt das Gebot

§ 12 6–9 Verlegung der Geschäftsleitung ins Ausland

einer Schlußbilanz unabhängig vom HandelsR. Bewertung nach dem gemeinen Wert (§ 9 BewG). Maßgebend ist der Wert, der bei der Veräußerung an einen ausl Erwerber zu erzielen ist. Nach hL ist auch der Firmenwert zu erfassen (FinVerw 1985 StEK KStG 1977 § 12 Nr 2; *Dötsch* in *D/E/J/W* § 12 Anm 25; *M/S/Lange* § 12 Anm 17). ME abzulehnen wegen der Gleichstellung der Verlegung mit einer Liquidation, bei der ein Firmenwert nicht zu erfassen ist (s § 11 Anm 8); die Erfassung des Firmenwerts würde zudem bedeuten, daß die im Firmenwert ausgedrückten zukünftigen Gewinne, die außerhalb der deutschen Steuerpflicht erzielt werden, doch noch von ihr besteuert werden; wie hier *G/Schumann* § 12 Anm 21; Bedenken auch bei *L/Jünger* § 12 Anm 15.

6. Bleiben **Wirtschaftsgüter** in einer **inländischen Betriebstätte**, mit der die Körperschaft weiterhin beschr stpfl ist, so kann mE auf eine Aufdeckung der stillen Reserven allenfalls aus Praktikabilitätsüberlegungen verzichtet werden; § 12 selbst erlaubt keine Ausnahme (*L/Jünger* § 12 Anm 7; *M/S/Lange* § 12 Anm 9; gegen Realisierung *H/H/R* § 12 Anm 10; *F/Frotscher* § 12 Anm 12; *Knobbe-Keuk* StuW 90, 372).

Das „Verlegungs-Endvermögen" ist um die **Verlegungskosten** zu mindern (analog § 16 II EStG).

7. Für den Verlegungsgewinn gilt in Anwendung von § 11 I ein besonderer **Besteuerungszeitraum,** der von dem letzten lfd VZ zu trennen ist. Dieser Besteuerungszeitraum, der Zeitraum zwischen maßgebl „Verlegungs-Anfangs"- und „Verlegungs-Endvermögen", kann zum Zeitpunkt zusammenschrumpfen, wenn mit der Verlegung das letzte normale oder ein erforderl RumpfWj endet (s o Anm 5). Verfahrensmäßig ist auch in diesem Fall der Verlegungsgewinn besonders zu veranlagen. AA *L/Jünger* § 12 Anm 11; *M/S/Lange* § 12 Anm 12: VZ = Kj.

8. Anrechnungsverfahren: Körperschaften, die in das AnrV einbezogen sind, verlassen mit dem Ausscheiden aus der unbeschr StPfl auch das AnrV (§§ 50, 51). § 12 zwingt zur stpfl Auflösung aller stillen Reserven. Diese gehen mit 45 (50/56) vH belastet in die beschr StPfl ein; eine Herabsetzung auf die AusschüttungsBel ist nicht mehr mögl. Das Funktionieren des AnrV setzt im Zeitpunkt der Ausschüttung die unbeschr StPfl der Körperschaft voraus (s § 27 Anm 3). Bei Sitz- und/oder Geschäftsleitungsverlegungen ist hierauf zu achten; nach Möglichkeit sind vor dem Verlust der unbeschr StPfl Maximalausschüttungen durchzuführen.

9. Auflösung/Verlegung einer **Betriebstätte (Abs 2):** Abs 1 behandelt die Beendigung der unbeschr, Abs 2 diejenige der beschr StPfl, die durch eine inl Betriebstätte begründet wird. Abs 2 kennt drei Beendigungsgründe: Auflösung, Verlegung oder Einbringung. Auflösung ist Aufgabe der Betriebstätte oder Schrumpfung mit dem Ergebnis, daß die Voraussetzungen des Betriebstättenbegriffs entfallen; Abs 2 gilt auch, wenn bei einer Schrumpfung zwar dem DBA-Betriebstättenbegriff eines anwendb DBA nicht mehr – und damit die Besteuerungsmöglichkeit endet –, nicht aber dem Begriff des § 12 AO noch entsprochen wird. Es erfolgt eine Auflösung und Besteuerung aller stillen Reserven; auch hier ist mE abzulehnen, einen Firmenwert zu erfassen.

10. Abs 2 gilt auch, wenn die Betriebstätte in eine **inl KapGes eingebracht** wird; FinVerw 1963 StEK KStG § 16 R 1; BFH BStBl II 74, 255 (kein Verstoß gegen DBA-Diskriminierungsverbot; insoweit kritisch *Schick* 1974 StPJK Anm KStG § 16 R 1); *L/Jünger* § 12 Anm 9; aA *Strobl/Kellmann* AWD 67, 385. Soweit eine Gewinnrealisierung stattfindet, muß die inl KapGes zumindest die realisierten Werte bilanzieren; dies gilt auch für einen (mE unzutreffend, s Anm 9) realisierten Geschäftswert. Die **Zusammenlegung** von **inl Betriebstätten** führt nicht zur Gewinnrealisierung. Wird die Betriebstätte in eine **andere ausl KapGes** mit der Maßgabe eingebracht, daß die Besteuerungsmöglichkeit hinsichtl der inl Betriebstätte bestehenbleibt, wollen *Thimmel/Fuchs* DB 79, 1054 Abs 2 nicht anwenden (dagegen *M/S/Lange* § 12 Anm 40).

Soweit besondere Vorschriften des UmwandlungsStR Anwendung finden (§ 20 VIII aF; § 23 nF UmwStG), findet Abs 2 keine Anwendung (Ergänzung des Abs 2 durch das StÄndG 1992; s Anm 2).

11. Verfahrensmäßig ist der Gewinn nach Abs 2 in einem besonderen Besteuerungszeitraum zu veranlagen; s Anm 7; glA *L/Jünger* § 12 Anm 12 im Gegensatz zu Abs 1, s Anm 7; aA *M/S/Lange* § 12 Anm 51; demgegenüber geht BFH BStBl II 74, 255 offensichtl davon aus, daß der Gewinn nach Abs 2 im regulären VZ zu erfassen ist.

12. Der Wechsel von der beschr zur unbeschr StPfl durch **Sitz-** oder **Geschäftsleitungsverlegung** ins **Inland** wird nicht geregelt. Auch wenn zwei Veranlagungen erforderl sind (s § 2 Anm 5), so ist jedoch mangels gesetzl Normierung und mangels eines zureichenden Besteuerungszwecks insoweit eine Gewinnrealisierung bzgl einer inl Betriebstätte nur dann mögl, wenn die Sitzverlegung als Einbringung in eine neue Ges begriffen wird (vgl *Baranowski* aaO Anm 10; dazu *Dötsch* DB 89, 2296; gegen die Anwendung von Abs 2 *Knobbe-Keuk* StuW 90, 372).

§ 13 Beginn und Erlöschen einer Steuerbefreiung

(1) **Wird eine steuerpflichtige Körperschaft, Personenvereinigung oder Vermögensmasse von der Körperschaftsteuer befreit, so hat sie auf den Zeitpunkt, in dem die Steuerpflicht endet, eine Schlußbilanz aufzustellen.**

(2) **Wird eine von der Körperschaftsteuer befreite Körperschaft, Personenvereinigung oder Vermögensmasse steuerpflichtig und ermittelt sie ihren Gewinn durch Betriebsvermögensvergleich, so hat sie auf den Zeitpunkt, in dem die Steuerpflicht beginnt, eine Anfangsbilanz aufzustellen.**

(3) [1]**In der Schlußbilanz im Sinne des Absatzes 1 und in der Anfangsbilanz im Sinne des Absatzes 2 sind die Wirtschaftsgüter vorbehaltlich des Absatzes 4 mit den Teilwerten anzusetzen.** [2]**Wohnungsunternehmen und Organe der staatlichen Wohnungspolitik (Wohnungsunternehmen) im Sinne des § 5 Abs. 1 Nr. 10 und 11 Körperschaftsteuergesetz 1984 in der Fassung der Bekanntmachung vom 10. Februar 1984 (BGBl. I S. 217) dürfen den Verlust aus der Vermietung und Verpachtung der**

§ 13   Beginn und Erlöschen einer Steuerbefreiung

Gebäude oder Gebäudeteile, die in der Anfangsbilanz mit dem Teilwert (Ausgangswert) angesetzt worden sind (Abschreibungsverlust), mit anderen Einkünften aus Gewerbebetrieb oder mit Einkünften aus anderen Einkunftsarten nur ausgleichen oder nach § 10d des Einkommensteuergesetzes nur abziehen, soweit er den Unterschiedsbetrag zwischen den Absetzungen für Abnutzung nach dem Ausgangswert und nach den bis zum Zeitpunkt des Beginns der Steuerpflicht entstandenen Anschaffungs- oder Herstellungskosten der Gebäude oder Gebäudeteile übersteigt. ³Nicht zum Abschreibungsverlust rechnen Absetzungen für Abnutzung, soweit sie sich nach Anschaffungs- oder Herstellungskosten bemessen, die nach dem Zeitpunkt des Beginns der Steuerpflicht entstanden sind. ⁴Der Abschreibungsverlust, der nicht nach Satz 2 ausgeglichen oder abgezogen werden darf, vermindert sich um das Doppelte der im Wirtschaftsjahr anfallenden aktivierungspflichtigen Aufwendungen (begünstigtes Investitionsvolumen) für die zum Anlagevermögen des Wohnungsunternehmens gehörenden abnutzbaren unbeweglichen Wirtschaftsgüter. ⁵Übersteigt das begünstigte Investitionsvolumen im Wirtschaftsjahr den Abschreibungsverlust, der nicht nach Satz 2 ausgeglichen oder abgezogen werden darf, erhöht es bis zu einem Betrag in Höhe des nicht nach Satz 2 ausgeglichenen oder abgezogenen Abschreibungsverlustes des vorangegangenen Wirtschaftsjahrs das begünstigte Investitionsvolumen dieses Wirtschaftsjahrs; ein darüber hinausgehendes begünstigtes Investitionsvolumen erhöht das begünstigte Investitionsvolumen der folgenden Wirtschaftsjahre (Vortragsvolumen). ⁶Ein nach Satz 4 verbleibender Abschreibungsverlust, der nicht ausgeglichen oder abgezogen werden darf, mindert den Gewinn aus der Vermietung und Verpachtung von Gebäuden und Gebäudeteilen (Mietgewinn) im laufenden Wirtschaftsjahr oder in späteren Wirtschaftsjahren. ⁷Die Minderung in einem späteren Wirtschaftsjahr ist nur zulässig, soweit der Abschreibungsverlust in einem vorangegangenen Wirtschaftsjahr nicht berücksichtigt werden konnte (verbleibender Abschreibungsverlust). ⁸Der am Schluß des Wirtschaftsjahrs verbleibende Abschreibungsverlust und das Vortragsvolumen sind gesondert festzustellen; § 10d Abs. 3 des Einkommensteuergesetzes gilt sinngemäß. ⁹Die Sätze 2 bis 8 gelten entsprechend für

1. Organträger, soweit dem Organträger der Abschreibungsverlust oder der Mietgewinn des Wohnungsunternehmens zuzurechnen ist;
2. natürliche Personen und Körperschaften, Personenvereinigungen oder Vermögensmassen, die an dem Wohnungsunternehmen still beteiligt sind, wenn sie als Unternehmer (Mitunternehmer) anzusehen sind;
3. natürliche Personen und Körperschaften, Personenvereinigungen oder Vermögensmassen, die dem Wohnungsunternehmen nahestehen, soweit ihnen Gebäude oder Gebäudeteile des Wohnungsunternehmens, die in der Anfangsbilanz mit dem Ausgangswert angesetzt worden sind, unentgeltlich übertragen werden;

Beginn und Erlöschen einer Steuerbefreiung § 13

4. natürliche Personen und Körperschaften, Personenvereinigungen oder Vermögensmassen, soweit sie bei Vermögensübertragungen nach dem Umwandlungssteuergesetz Gebäude oder Gebäudeteile des Wohnungsunternehmens, die in der Anfangsbilanz mit dem Ausgangswert angesetzt worden sind, mit einem unter dem Teilwert liegenden Wert ansetzen.
¹⁰Soweit Gebäude oder Gebäudeteile des Wohnungsunternehmens oder eines Rechtsträgers nach Satz 9, die in der Anfangsbilanz des Wohnungsunternehmens mit dem Ausgangswert angesetzt worden sind, entgeltlich und in den Fällen des Satzes 9 Nr. 4 mit einem anderen als dem Buchwert an andere Wohnungsunternehmen oder Rechtsträger nach Satz 9 übertragen werden, gilt als Veräußerungsgewinn der Unterschiedsbetrag zwischen dem Veräußerungspreis nach Abzug der Veräußerungskosten und dem Wert, der sich für das Gebäude oder den Gebäudeteil im Zeitpunkt der Veräußerung aus dem Ansatz mit den Anschaffungs- oder Herstellungskosten, vermindert um die Absetzungen für Abnutzung nach § 7 des Einkommensteuergesetzes, ergibt. ¹¹Die Sätze 2 bis 10 gelten nicht für Wohnungsunternehmen, die nach § 5 Abs. 1 Nr. 10 steuerbefreit sind.

(4) ¹Beginnt die Steuerbefreiung auf Grund des § 5 Abs. 1 Nr. 9, sind die Wirtschaftsgüter, die der Förderung steuerbegünstigter Zwecke im Sinne des § 9 Abs. 1 Nr. 2 dienen, in der Schlußbilanz mit den Buchwerten anzusetzen. ²Erlischt die Steuerbefreiung, so ist in der Anfangsbilanz für die in Satz 1 bezeichneten Wirtschaftsgüter der Wert anzusetzen, der sich bei ununterbrochener Steuerpflicht nach den Vorschriften über die steuerliche Gewinnermittlung ergeben würde.

(5) Beginnt oder erlischt die Steuerbefreiung nur teilweise, so gelten die Absätze 1 bis 4 für den entsprechenden Teil des Betriebsvermögens.

(6) ¹Gehören Anteile an einer Kapitalgesellschaft nicht zu dem Betriebsvermögen der Körperschaft, Personenvereinigung oder Vermögensmasse, die von der Körperschaftsteuer befreit wird, so ist § 17 des Einkommensteuergesetzes auch ohne Veräußerung anzuwenden, wenn die übrigen Voraussetzungen dieser Vorschrift in dem Zeitpunkt erfüllt sind, in dem die Steuerpflicht endet. ²Als Veräußerungspreis gilt der gemeine Wert der Anteile. ³Im Falle des Beginns der Steuerpflicht gilt der gemeine Wert der Anteile als Anschaffungskosten der Anteile. ⁴Die Sätze 1 und 2 gelten nicht in den Fällen des Absatzes 4 Satz 1.

Abs 3 S 11 fehlte bis zur Ergänzung durch das G v 28. 10. 94 (Anm 2).

Abs 4 S 1 lautete bis zur Änderung durch das G v 28. 10. 94 (Anm 2):

Beginnt die Steuerbefreiung aufgrund des § 5 Abs. 1 Nr. 9, sind die Wirtschaftsgüter, die der Förderung steuerbegünstigter Zwecke im Sinne des § 9 Nr. 3 Buchstabe a dienen, in der Schlußbilanz mit den Buchwerten anzusetzen.

§ 13 1–3 Beginn und Erlöschen einer Steuerbefreiung

Abs 3 u 4 lauteten bis zur Änderung durch das G v 13. 9. 93 (Anm 2):
(3) In der Schlußbilanz im Sinne des Absatzes 1 und in der Anfangsbilanz im Sinne des Absatzes 2 sind die Wirtschaftsgüter vorbehaltlich des Absatzes 4 mit den Teilwerten anzusetzen.
(4) ¹Beginnt die Steuerbefreiung auf Grund des § 5 Abs. 1 Nr. 9 und dient die Körperschaft, Personenvereinigung oder Vermögensmasse ausschließlich und unmittelbar der Förderung mildtätiger, wissenschaftlicher oder als besonders förderungswürdig anerkannter kultureller Zwecke oder der Förderung der Erziehung, Volks- und Berufsausbildung, so sind die Wirtschaftsgüter in der Schlußbilanz mit den Buchwerten anzusetzen. ²Erlischt die Steuerbefreiung, so ist in der Anfangsbilanz für die in Satz 1 bezeichneten Wirtschaftsgüter der Wert anzusetzen, der sich bei ununterbrochener Steuerpflicht nach den Vorschriften über die steuerliche Gewinnermittlung ergeben würde.

Gesetzesfassung bis zum KStG 1991 (Vor § 1 Anm 20) s 3. Auflage.

Körperschaftsteuerrichtlinien: Abschnitt 47

Übersicht

1. Allgemeines
2. Geltungszeit
3., 4. Beginn/Erlöschen der Steuerbefreiung
5., 6. Schlußbilanz (Abs 1)
7. Anfangsbilanz (Abs 2)
8. Bewertung (Abs 3)
9. Ausnahmebewertung (Abs 4)
10. Besteuerung des Schlußgewinns
11. Partielle StPfl (Abs 5)
12. § 17 EStG (Abs 6)

1. Allgemeines: Das KStG 1977 regelt erstmals die StFolgen bei Beginn und Beendigung einer StBefreiung. Die Vorschrift gilt für alle Fälle der StPflÄnderung, erfolge sie aufgrund tatsächl Umstände oder aufgrund Gesetzes, zB des KStG 1977 (vgl BT-Drucks 7/1470, 345).

2. Geltungszeit: § 13 tritt am 1. 1. 77 in Kraft (§ 54 I idF des KStG 1977). Zu den nachfolgenden Änderungen s 3. Aufl. Abs 3 u 4 wurden durch das StandOG v 13. 9. 93 (BGBl I 93, 1569; BStBl I 93, 774) neugefaßt; s dazu Anm 8 u Anm 9. Abs 3 tritt entspr § 54 VIIIb idF des G v 13. 9. 93, Abs 4 ab VZ 1994 (§ 54 I idF des G v 13. 9. 93) in Kraft. Materialien: BT-Drucks 12/4487; 12/5016. Abs 3 S 11 wurde durch das G v 28. 10. 94 (BGBl I 94, 3267; BStBl I 94, 839) angefügt; § 54 VIIIb wurde geändert; Abs 4 wurde redaktionell angepaßt.

3. Beginn/Erlöschen der StBefreiung: Sie können durch Gesetzesänderung oder Änderung der tatsächl Umstände eintreten. § 5 nennt die meisten Befreiungen, aber nicht alle (§ 5 Anm 28); § 13 gilt auch für sonstige gesetzl Befreiungen. Subj Befreiungen (zB § 5 Anm 1) werden unmittelb wirksam, wenn das Gesetz die Befreiung normiert und die Kör-

Schlußbilanz 4–6 § 13

perschaft dem Tatbestand der Befreiung entspr. Das Entspr gilt für die Beendigung. Beginn/Erlöschen der Befreiung können folgl auch in den Lauf eines VZ fallen. Sachl Befreiungen (zB § 5 I Nr 3–17): Ihre Bedingungen müssen regelmäßig während des gesamten VZ vorliegen; beginnen sie in einem VZ (Verein wird durch Satzungsänderung am 1. 8. zu einem Berufsverband; nichtrechtsf Verein wird innerhalb eines VZ zur Partei iSd § 2 PartG) oder enden sie in einem VZ, so ist die Körperschaft für diesen VZ insgesamt stpfl. Das Gesetz bietet insoweit keine Handhabe, innerhalb eines VZ zwischen stpfl und stbefreiten Erträgen zu unterscheiden; vgl auch §§ 60 II, 63 II AO. Keine Anknüpfung an ein Wj. Bei abweichendem Wj müssen die Erträge ggf auf die VZ aufgeteilt werden. Die StBefreiung beginnt in diesen Fällen folgl regelmäßig mit dem 1. 1. bzw sie erlischt mit dem 31. 12. Ausnahme: Die Bedingungen für Pensions- und Unterstützungskassen müssen erst am Ende des VZ erfüllt sein; s § 5 Anm 19. Die Tatsache, daß nur ein kurzer Zeitraum zwischen Beginn und Beendigung einer StBefreiung oder StPfl liegt, rechtfertigt nicht, von der Anwendung des § 13 abzusehen (FinVerw 1978 StEK KStG 1977 § 13 Nr 1 betr land- und forstwirtschaftl Kooperationen).

4. Die Vorschrift betrifft ausschließl den Beginn und das Erlöschen einer StBefreiung. Keine Befreiung ist der **Beginn** und die **Beendigung** einer **Einkunftsquelle.** Beginnt oder beendet der voll stpfl Verein eine gewerbl Tätigkeit, ohne über sonstige Eink zu verfügen, so ist kein Fall des § 13 gegeben. Für den Beginn und die Beendigung gelten die allg Gewinnermittlungsvorschriften dieser EinkArt. Entspr räumt A 47 XII KStR zutr bei der Verpachtung eines GewerbeBetr im wirtschaftl GeschäftsBetr das Wahlrecht, BFH BStBl III 64, 124, ein. § 13 findet auch keine Anwendung, wenn Körperschaften durch die Befreiung von Eink, EinkTeilen oder durch Tarifvorschriften – zB durch die Freibeträge der §§ 24, 25 – steuerfrei gestellt werden. Im gleichen Sinn greift § 13 ein, wenn eine StBefreiung endet, ohne daß infolge von EinkBefreiungen oder Tarifvorschriften eine StPfl entsteht. Kein Beginn der StPfl iS des § 13, wenn die Körperschaft bis zu einem bestimmten Zeitpunkt als steuerbefreit (gemeinnützig) behandelt wurde, diese Voraussetzungen aber nicht vorlagen (BFH BStBl II 96, 28).

5. Schlußbilanz bei dem **Beginn der StBefreiung (Abs 1):** Befreiung der Körperschaft erforderl; gleichgültig, ob unbeschr od beschr stpfl Körperschaft. Beendigung der StPfl mit den Abzugsbeträgen (§§ 2 Nr 1, 2; 5 II Nr 1; 50 II) nicht ausreichend. Zum Zeitpunkt der Beendigung der StPfl s Anm 3 f.

6. Schlußbilanz: Dies gilt nach dem Wortlaut, gleichgültig welche EinkArt die Körperschaft bezieht, und gleichgültig, ob die Körperschaft bilanziert oder eine Einnahme-/Überschußrechnung führt. Die Vorschrift bezweckt die steuerliche Erfassung aller Vermögensmehrungen zur Zeit der StPfl und ihre Besteuerung; sie ändert nicht die allg Regeln der EinkErmittlung (so ausdrückl der RegEntw in § 12 V, BT-Drucks 7/1470, 174; die Streichung im FinA bezweckte keine sachl Änderung, BT-Drucks 7/5310, 12). Daraus folgt: Die Schlußbilanz führt nur in den EinkArten zu

§ 13 7, 8   Beginn und Erlöschen einer Steuerbefreiung

einer SchlußSt, die grundsätzl eine bilanzielle Gewinnermittlung kennen, dh in den GewinnEinkArten (§ 2 I Nr 1, 2 EStG). Sie betrifft auch diejenigen, die die Eink durch Einnahme-/Überschußrechnung ermitteln; sie müssen – wie bei einer BetrAufgabe – im „Aufgabe"-Zeitpunkt zur Bilanzierung übergehen (A 47 V KStR). Beziehet und versteuert hingegen die Körperschaft Eink iSv § 2 I Nr 4–7 EStG (zB: Verein mit Eink aus VuV), so berührt mE Abs 1 nicht das Zuflußprinzip. Nachzahlungen im Zeitraum der StBefreiungen werden nicht dadurch stpfl, daß sie in eine „Schlußbilanz" aufzunehmen sind; Werbungskosten können nicht vorgezogen werden. ME ist in diesen Fällen Abs 1 einschränkend auszulegen; die Pfl zur Schlußbilanz entfällt, da sie keinen Zweck hat (so auch der Wortlaut nach § 12 I RegEntw BT-Drucks 7/1470, 174; ebenfalls zeigt Abs 2 deutl die Verbindung des Gebots der Bilanzerstellung mit dem Zweck der Besteuerung). Bewertung und Besteuerung s Anm 8.

7. Anfangsbilanz bei dem Beginn der StPfl **(Abs 2):** Beginn der StPfl durch Gesetzesänderung oder Änderung der tatsächl Umstände, gleichgültig, ob unbeschr oder beschr StPfl begründet wird; nicht ausreichend Begr der StPfl mit den Abzugsbeträgen (§§ 2 Nr 1, 2; 5 II Nr 1; 50 II). Zum Zeitpunkt des Beginns s Anm 3 f. Anfangsbilanz nur, falls die Körperschaft mit dem Beginn ihrer StPfl den Gewinn durch Bestandsvergleich ermittelt. Bei einer Einnahme-/Überschußrechnung werden von dem Zeitpunkt der Beendigung der StBefreiung an Einnahmen und Ausgaben sofort stl wirksam; § 3c EStG findet keine Anwendung, soweit nach dem Stichtag anfallende Ausgaben mit vor dem Stichtag liegenden Einnahmen zusammenhängen; nachträgl Einnahmen werden stpfl.

8. Bewertung (Abs 3): Die WG sind in der Schlußbilanz (Abs 1) und der Anfangsbilanz (Abs 2) mit dem Teilwert anzusetzen; auf die Handelsbilanz kommt es nicht an (BT-Drucks 7/1470, 345). Die Höchstwerte des § 6 I Nr 5 EStG sind unmaßgebl (anders noch RegEntw BT-Drucks 7/1470, 346). Kein Ansatz eines Geschäftswerts in der Schlußbilanz (A 47 V KStR). Geschäftswerte sind im wesentl zukünftige Gewinne. Deren Besteuerung steht mit der künftigen StFreiheit dieser Gewinne im Widerspruch. Aus Abs 3 folgt bei der Beendigung der StPfl ein Zwang zur vollen Realisierung; dieser absolute Zwang ohne Wahlrecht ist bedenkl, entspr auch nicht dem geltenden Rechtszustand, der Formen entwickelt hat, um den Zwang zu vermeiden (zB Grundsätze zur BetrVerpachtung, Einfrieren von Buchwerten bei Strukturwandel; Beginn einer Liebhaberei, § 8 Anm 29). Bei hohen stillen Reserven kann der Beginn der StBefreiung die Körperschaft zur Überschuldung führen. Bei Auflösung von stillen Reserven, die auf A 34, 35 EStR, § 6b EStG oder § 3 ZRFG zurückzuführen sind, sollen Billigkeitsmaßnahmen aus sachl Gründen ausgeschlossen sein (FinVerw 1978 StEK KStG 1977 § 13 Nr 1). Ausnahmen s Abs 4, 6 und Anm 9, 12.

Die ausufernde Regelung des **Abs 3 S 2 bis 11** wurde durch das StandOG normiert und das G v 28. 10. 94 korrigiert (Anm 2); zum Inkrafttreten s § 54 VIIIb idF des G v 13. 9. 93 bzw des G v 28. 10. 94. Zur Begründung s BT-Drucks 12/5016, 94 u BT-Drucks 12/7945, 81, 93. Durch das StRefG 1990 war die damalige StBefreiung für gemeinnützige Wohnungs-

Partielle Steuerpflicht 9–11 § 13

unternehmen aufgehoben worden (s § 5 Anm 64). Mit dem Eintritt in die StPfl gilt § 13 II, III. Der Teilwert stellt die Bemessungsgrundlage für die AfA dar. Mit der Ergänzung des Abs 3 soll verhindert werden, daß Verluste aus der Wohnungsvermietung ehemals gemeinnütziger Wohnungsunternehmen, soweit sie auf Abschreibungen von hohen Teilwerten beruhen, in vollem Umfang vom Wohnungsunternehmen selbst und von anderen Unternehmen berücksichtigt werden, mit denen sie lediglich konzernrechtl verbunden sind (BT-Drucks 12/5016, 94). Die Befreiung des Abs 3 S 11 wurde eingefügt (s Anm 2), um Unternehmen, die im Rahmen des § 5 I Nr 10 S 2 stpfl sind (dazu § 5 Anm 65), nicht in die StPfl zu führen, wenn sie, um die Folgen des Abs 3 zu vermeiden, im stpfl Bereich investieren (BT-Drucks 12, 7945, 93). S im übrigen für diesen Spezialfall Gesetzestext, Begründung und BMF BStBl I 94, 917. Zur kstl Org mit ehemals gemeinnützigen Wohnungsunternehmen *Fuchs* DB 95 Beil 12.

9. Ausnahmebewertung (Abs 4): S *Niemann* Institut FuSt Nr 332 (1994); *Schauhoff* DStR 96, 366. Wird die Körperschaft gemeinnützig (§ 5 I Nr 9) und dient sie ausschließl und unmittelb den hier genannten Zwecken, so sind die Wirtschaftsgüter in der Schlußbilanz mit den Buchwerten anzusetzen; kein Zwang zur Realisierung; s diesen Gesetzeszweck auch in § 6 I Nr 4 S 2 Buchst a EStG. Das Gesetz räumt kein Wahlrecht ein („so sind"). Erlischt die StBefreiung, so ist der Wert anzusetzen, der sich bei ununterbrochener StPfl nach den Vorschriften über die stl Gewinnermittlung ergeben würde (S 2). Für die Anwendung dieser Vorschrift ist es – im Gegensatz zum RegEntw BT-Drucks 7/1470, 174, 346 – gleichgültig, ob die WG während der Zeit der StFreiheit erworben wurden oder ob auf die WG früher einmal S 1 angewendet wurde. Auch bei einer zulässigen Einnahme-/Überschußrechnung ist für die Zeit der StBefreiung eine fiktive Gewinnermittlung nach § 4 III EStG durchzuführen, um zu den zutreffenden Anfangswerten zu gelangen (auch insoweit aber noch im RegEntw BT-Drucks 7/1470, 174, 346). Das StandOG v 13. 9. 93 dehnt ab VZ 1994 die Ausnahmebewertung auf **alle gemeinnützigen Körperschaften** aus, die ausschließl und unmittelbar stbegünstigten Zwecken nach § 9 Nr 3 Buchst a – durch das G v 28. 10. 94 (Anm 2) redaktionell geändert in § 9 Abs 1 Nr 2 – dienen (BT-Drucks 12/4487, 39; s Anm 2).

10. Der Schlußgewinn ist nach den allg Vorschriften **stpfl**. Es handelt sich um einen Aufgabegewinn. Keine Tarifermäßigung. ME aber in analoger Anwendung der Freibetrag nach § 16 IV EStG (s § 8 Anm 18; aA A 47 V KStR). Die Aufdeckung der stillen Reserven ist zwingend. Kein Wahlrecht. Dazu oben Anm 8.

11. Partielle StPfl (Abs 5): Für die partielle StPfl iSv § 5 I Nr 3 Buchst d, e kennt § 6 eine Sonderregelung; § 13 bleibt jedoch subsidiär anwendb (§ 6 Anm 3). Durch einen wirtschaftl GeschäftsBetr wird idR bei befreiten Körperschaften die StBefreiung insoweit ausgeschlossen (s § 5 Anm 7); die StBefreiung erlischt partiell. Wird ein wirtschaftl GeschäftsBetr beendet, so beginnt die StBefreiung partiell. Insoweit ist Beginn und Ende eines wirtschaftl GeschäftsBetr der wichtigste Anwendungsfall des Abs 5. Allerdings ist damit die alleinige Anwendung des § 13 noch nicht zwin-

§ 14 Sondervorschriften für die Organschaft

gend vorgeschrieben. Zum Beginn und Ende der StBefreiung s allg Anm 3 f. Der wirtschaftl GeschäftsBetr gibt Raum für stpfl Eink, wobei es sich idR um gewerbl Eink handelt; sie sind jedoch nicht zwingend (§ 5 Anm 10). Innerhalb des wirtschaftl GeschäftsBetr gehen – entspr Abs 4 – die allg Vorschriften der EinkErmittlung § 13 vor. Wird innerhalb des wirtschaftl GeschäftsBetr ein GewerbeBetr aufgegeben, so hat § 16 EStG Vorrang vor § 13 (A 47 XII). Wird die StPfl dadurch beendet, daß der wirtschaftl GeschäftsBetr zum steuerfreien ZweckBetr wird, ist § 13 anzuwenden; keine BetrAufgabe. Kauft eine stbefreite Körperschaft ein Restaurant, um es selbst zu betreiben, beginnt der GewerbeBetr im neuen wirtschaftl GeschäftsBetr mit einer Bilanzierung zu den Anschaffungskosten, nicht mit dem Teilwert nach Abs 3. Für den Beginn eines GewerbeBetr mit vorhandenen WG gilt § 6 I Nr 6, 5 EStG, nicht Abs 3. Soweit Abs 5 Anwendung findet, sind die einzelnen Gegenstände des BetrVerm konkret zuzurechnen. Grundstücke sind – ähnl wie bei einer betriebl und privaten Nutzung – aufzuteilen. R 13 EStR ist entspr anzuwenden. Ist eine konkrete Zurechnung nicht mögl, wie bei der partiellen StPfl von Pensions- und Unterstützungskassen, so wird bei der Beendigung der partiellen StPfl der gesamte Schlußgewinn des stpfl und befreiten Teils ermittelt und sodann entspr der Aufteilung der StPfl selbst aufgeteilt. Wird in solchen Fällen die partielle StPfl lediglich eingeschränkt, muß die SchlußSt für den eingeschränkten Teil ermittelt werden. Zur Verpachtung eines wirtschaftl GeschäftsBetr s A 47 XII KStR und § 5 Anm 11.

12. § 17 EStG (Abs 6): Für Anteile an KapGes, die von einer Körperschaft als Anteile iSv § 17 EStG gehalten werden, dh nicht BetrVerm darstellen (Beisp: eine Stiftung hält Anteile an einer GmbH), fingiert Abs 6 für den Beginn der StBefreiung den Veräußerungsvorgang. Voraussetzung ist, daß alle Bedingungen des § 17 EStG gegeben sind mit Ausnahme der Veräußerung. Als Veräußerungspreis gilt in diesem Fall der gemeine Wert. Keine Gewinnrealisierung, falls die in Abs 4 S 1 genannten Voraussetzungen vorliegen (s Anm 9). Beginnt die StPfl, gilt der gemeine Wert als Anschaffungskosten (S 3), und zwar auch im Fall des Abs 4 S 2. Die Fiktion des Veräußerungs- und Anschaffungsgeschäfts gilt auch für die zeitl Bedingung des § 17; die 5-Jahres-Frist beginnt mit dem Beginn der StPfl.

Zweites Kapitel. Sondervorschriften für die Organschaft

§ 14 Aktiengesellschaft oder Kommanditgesellschaft auf Aktien als Organgesellschaft

Verpflichtet sich eine Aktiengesellschaft oder Kommanditgesellschaft auf Aktien mit Geschäftsleitung und Sitz im Inland (Organgesellschaft) durch einen Gewinnabführungsvertrag im Sinne des § 291 Abs. 1 des Aktiengesetzes, ihren ganzen Gewinn an ein anderes inländisches gewerbliches Unternehmen abzuführen, so ist das Einkommen der Organgesellschaft, soweit sich aus § 16 nichts anderes ergibt, dem Träger

Sondervorschriften für die Organschaft § 14

des Unternehmens (Organträger) zuzurechnen, wenn die folgenden Voraussetzungen erfüllt sind:

1. ¹Der Organträger muß an der Organgesellschaft vom Beginn ihres Wirtschaftsjahrs an ununterbrochen und unmittelbar in einem solchen Maße beteiligt sein, daß ihm die Mehrheit der Stimmrechte aus den Anteilen an der Organgesellschaft zusteht (finanzielle Eingliederung). ²Eine mittelbare Beteiligung genügt, wenn jede der Beteiligungen, auf denen die mittelbare Beteiligung beruht, die Mehrheit der Stimmrechte gewährt.
2. ¹Die Organgesellschaft muß von dem in Nummer 1 bezeichneten Zeitpunkt an ununterbrochen nach dem Gesamtbild der tatsächlichen Verhältnisse wirtschaftlich und organisatorisch in das Unternehmen des Organträgers eingegliedert sein. ²Die organisatorische Eingliederung ist stets gegeben, wenn die Organgesellschaft durch einen Beherrschungsvertrag im Sinne des § 291 Abs. 1 des Aktiengesetzes die Leitung ihres Unternehmens dem Unternehmen des Organträgers unterstellt oder wenn die Organgesellschaft eine nach den Vorschriften der §§ 319 bis 327 des Aktiengesetzes eingegliederte Gesellschaft ist. ³Der Beherrschungsvertrag muß zu Beginn des Wirtschaftsjahrs der Organgesellschaft, für das die organisatorische Eingliederung auf Grund des Vertrags erstmals bestehen soll, abgeschlossen sein und durchgeführt werden und bis zum Ende des folgenden Wirtschaftsjahrs wirksam werden.
3. ¹Der Organträger muß eine unbeschränkt steuerpflichtige natürliche Person oder eine nicht steuerbefreite Körperschaft, Personenvereinigung oder Vermögensmasse im Sinne des § 1 mit Geschäftsleitung und Sitz im Inland oder eine Personengesellschaft im Sinne des § 15 Abs. 1 Nr. 2 des Einkommensteuergesetzes mit Geschäftsleitung und Sitz im Inland sein. ²An der Personengesellschaft dürfen nur Gesellschafter beteiligt sein, die mit dem auf sie entfallenden Teil des zuzurechnenden Einkommens im Geltungsbereich dieses Gesetzes der Einkommensteuer oder der Körperschaftsteuer unterliegen. ³Sind ein oder mehrere Gesellschafter der Personengesellschaft beschränkt einkommensteuerpflichtig, so müssen die Voraussetzungen der Nummern 1 und 2 im Verhältnis zur Personengesellschaft selbst erfüllt sein. ⁴Das gleiche gilt, wenn an der Personengesellschaft eine oder mehrere Körperschaften, Personenvereinigungen oder Vermögensmassen beteiligt sind, die ihren Sitz oder ihre Geschäftsleitung nicht im Inland haben.
4. ¹Der Gewinnabführungsvertrag muß bis zum Ende des Wirtschaftsjahrs der Organgesellschaft, für das Satz 1 erstmals angewendet werden soll, auf mindestens fünf Jahre abgeschlossen und bis zum Ende des folgenden Wirtschaftsjahrs wirksam werden. ²Er muß während seiner gesamten Geltungsdauer durchgeführt werden. ³Eine vorzeitige Beendigung des Vertrags durch Kündigung ist unschädlich, wenn ein wichtiger Grund die Kündigung rechtfertigt. ⁴Die Kündigung oder Aufhebung des Gewinnabführungsvertrags auf einen Zeitpunkt während des Wirtschaftsjahrs der

Organgesellschaft wirkt auf den Beginn dieses Wirtschaftsjahrs zurück.

5. Die Organgesellschaft darf Beträge aus dem Jahresüberschuß nur insoweit in die Gewinnrücklagen (§ 272 Abs. 3 des Handelsgesetzbuches) mit Ausnahme der gesetzlichen Rücklagen einstellen, als dies bei vernünftiger kaufmännischer Beurteilung wirtschaftlich begründet ist.

Abs 1 Nr 2 S 3 fehlte bis zur Einfügung durch das G v 25. 2. 92 (Anm 2).

Abs. 1 Nr 4 u 5 lauteten bis zur Änderung durch das G v 25. 2. 92 (Anm 2):

(4) [1] Der Gewinnabführungsvertrag muß auf mindestens fünf Jahre abgeschlossen und während dieser Zeit durchgeführt werden und spätestens am Ende des Wirtschaftsjahrs der Organgesellschaft wirksam werden, für das Satz 1 erstmals angewendet werden soll. [2] Eine vorzeitige Beendigung des Vertrags durch Kündigung ist unschädlich, wenn ein wichtiger Grund die Kündigung rechtfertigt.

(5) Die Organgesellschaft darf Beträge aus dem Jahresüberschuß nur insoweit in freie Rücklagen einstellen, als dies bei vernünftiger kaufmännischer Beurteilung wirtschaftlich begründet ist.

Körperschaftsteuerrichtlinien: Abschnitte 48–60

Übersicht

1.	Allgemeines
2.	Geltungszeit
3.	Organgesellschaft (Satz 1)
4.– 12.	Organträger, Allgemeines; gewerbl Unternehmen (Satz 1)
13.– 17.	Finanzielle Eingliederung (Nr 1)
18.– 27.	Wirtschaftliche Eingliederung (Nr 2)
28.– 32.	Organisatorische Eingliederung (Nr 2)
33., 34.	Zeitliche Bedingungen
35.	Natürliche Person als OrgT (Nr 3)
36., 37.	Körperschaft als OrgT (Nr 3)
38.– 53.	Personengesellschaft als OrgT (Nr 3)
55.	Mehrmütter-Organschaft
57.– 66.	Gewinnabführungsvertrag; allg Voraussetzungen (Satz 1)
67.– 69.	Gewinnabführungsvertrag; besondere Bedingungen (Nr 4)
70.– 75.	Durchführung des GAV (Nr 4)
76.– 78.	Gewinnrücklagen
80., 81.	Rechtsfolgen der Org; Allgemeines
82.– 88.	Einkommen des OrgT
89.– 92.	Vermeidung der Doppelbelastung; Ausgleichsposten
93.– 98.	Zusammenrechnung und Besteuerung
99.–101.	Verfahrensfragen
102.	Gescheiterte Organschaft

1. Allgemeines:

Schrifttum: *Hausmann,* OrgTheorie u Filialtheorie im dt und internationalen StR, VjZStR 31, 398; *Schultze-Schlutius,* Die Organtheorie, 1955; *Flume* StbJb 58/59, 283; *Lange,* Die stl Bedeutg der Organschaftstheorie in wirtschaftl Bedeutung, 1960;

Allgemeines 1 **§ 14**

Oskierski, OrgTheorie und Unternehensbetreuung, 1966; *Döllerer* BB 75, 1073; *Jurkat,* Die Org im KStRecht, 1975; *Sonnenschein,* Org und KonzernGesRecht, 1976 (weithin rechtspolitisch); *Fasold,* Org und Anr im KStG 77, DStR 76, 655; *Weber,* Die Org nach dem neuen KStRecht, DB 76, 1784; *L. Schmidt,* Die Org im KStRecht nach dem KStRG, GmbHR 77, 7; *Niemann,* Die Org zu einer PersGes und die Org zu mehreren Unternehmen, 1977; *Jurkat* JbFfSt 77/78, 344; *Krebs* JbFfSt 77/78, 379; *Stender,* Die wirtschaftl Grundlagen der ertragstl Org. 1980; *Reuter,* Die heutige Bedeutung der stl Org, DStR 81, 155; *Ebenroth,* Die qualitziert faktische Konzernierung u ihre kstrechtl Auswirkung, AG 90, 188; *Müller,* Die Org auf dem Prüfstand, StbKongrRep 90, 43; *Karsten,* Die kstl Org, DStR 91, 893; *Curtius-Hartung,* Zur Ausschaltung kstl Doppelerfassung bei Org, FS Rose, 1991, 311; *Zöllner,* Inhalt und Wirkungen von Beherrschungsverträgen bei der GmbH, ZGR 92, 173; *Schmidt/Müller/Stöcker,* Die Org, 4. Aufl, 1993; *Prinz,* Aktuelle Entwicklung u Beratungsfragen im stl OrgRecht, FR 93, 725; *Knepper,* FS L Schmidt, 1993, 725; *Crezelius,* Org und Ausl, FS Beusch, 1993, 153; *Schuhmann,* Die Org, 1994; *Grotherr,* Der Abschluß eines Gewinnabführungsvertrags als (un-)verzichtbares Tatbestandsmerkmal der kstl Org, FR 95, 1; *Fuchs,* Kstl Org mit ehemals gemeinnützigen Wohnungsunternehmen als OrgGes, DB 95 Beil 12; *Pache,* Die kstl Org im GmbH-Vertragskonzern, 1995; *ders,* Der Eingliederungstatbestand im Recht der kstl Org, GmbHR 95, 712; *Orth,* Elemente einer grenzüberschreitenden Org im deutschen StR, GmbHR 96, 33.

Die Org zieht aus einem wirtschaftl Tatbestand, der Verflechtung von Unternehmen, die angemessene steuerliche Folge. Es handelt sich folgl um kein Privileg und um keine steuerliche Vergünstigung, die zur einengenden Auslegung verpflichten. Wie im Umsatz- und GewerbeStR (§ 2 II Nr 2 UStG, § 2 II GewStG) werden OrgGes und OrgT weitgehend als ein Unternehmen behandelt. Zu den OrgTheorien s *Jurkat* Anm 1 f; *H/H/R* Vor § 14 Anm 8 ff. Die Org sperrt sich einer systematisch klaren Erfassung; schon der Bildbegriff „Org" kann zu Unklarheiten führen (vgl *Tipke/Lang,* StR, 15. Aufl, 1996, 475 „steuerl Unikum"). AnrV und Org bezwecken das gleiche: die Beseitigung der DoppelBel der Gewinne der Körperschaft mit KSt und ESt/KSt des AntE. Dennoch behält auch das KSt 1977 das Rechtsinstitut der Org bei. AnrV und Org unterscheiden sich in der Methode. Das AnrV beseitigt die DoppelBel anläßlich der Ausschüttung; die Org rechnet das Einkomen der OrgGes unmittelbar dem OrgT zu. Die Org geht dem AnrV vor; der abgeführte Gewinn ist keine Ausschüttung iS von § 27 (§ 27 Anm 13). Die unterschiedl Methode bedingt Folgen der Org, die diese Rechtsgestaltung auch über den 1. 1. 1977 hinaus vom AnrV abheben; die Org führt zu einer unmittelb Besteuerung des OrgEinkommens nach den Bedingungen des OrgT. Außerdem erlaubt sie einen Verlustausgleich zwischen OrgGes und OrgT, den das AnrV nicht vorsieht. Schließl werden StFreiheiten und Tarifvergünstigungen der OrgGes, die sich im AnrV nur auf die „vorläufige" KSt beziehen können, an den OrgT vermittelt (§ 19 u § 19 Anm 9). Zur BelErmittlung mit Hilfe der TeilStRechnung s *Stender,* Die wirtschaftl Grundlagen der ertragstl Org, 1980.

Wirtschaftl führt die Org zu einer **Durchbrechung** der **Haftungsbegrenzung** der OrgGes, da der OrgT über die Verlustübernahme für die Verluste der OrgGes einstehen muß. Zu Einzelheiten diese Haftung, *Peltzer* AG 75, 309; *Schöneberger* BB 78, 1646; *Mösbauer* FR 89, 473 u Inf 89, 265.

§ 14 2–6   Sondervorschriften für die Organschaft

2. Geltungszeit: § 14 gilt ab 1. 1. 1977 (§ 54 I idF des KStG 1977). Keine Übergangsprobleme, da § 14 mit § 7 a I KStG aF identisch war. § 7 a KStG aF war 1969 eingeführt worden; vorher keine gesetzl Regelung im KStRecht, wohl im USt- und GewStG seit 1934. Auslösend für § 7 a KStG aF war BFH BStBl III 67, 118 betr Nichtanerkennung der Org zu einem Einzelunternehmen oder einer PersGes; zur Entstehungsgeschichte s *Jurkat* Anm 114 ff. Das StÄndG 1992 v 25. 2. 92 (BGBl I 92, 297; BStBl I 92, 146) ergänzte Nr 2 um Satz 3 u änderte die Abs 4 u 5, und zwar mit Wirkung ab VZ 1991 (§ 51 I idF des G v 25. 2. 92); Materialien s Vor § 1 Anm 19; zu den Änderungen auch Anm 29, 67, 68, 76.

3. OrgGes (Satz 1): § 14 betrifft die AG oder KGaA als OrgGes; die übrigen KapGes als OrgGes s § 17. Geschäftsleitung (§ 10 AO) und Sitz (§ 11 AO) müssen im Inland (dazu § 1 Anm 24) liegen. Anders als in § 1 zur unbeschr StPfl ist nicht ausreichend, wenn Geschäftsleitung oder Sitz im Inl liegen (hierzu auch § 18 Anm 9). OrgGes muß nicht gewerbl tätig sein (BFH BStBl II 70, 348). VorGes kann bereits OrgGes sein (BFH BStBl II 78, 486 betr USt), nicht jedoch VorgründungsGes (BFH BStBl II 90, 91).

4. OrgT (Satz 1): Kann **jeder Rechtsträger** mit einem inländischen gewerbl Unternehmen sein, also jede jur Pers, jede nat Pers und Zusammenschlüsse dieser Pers, zB PersGes. Jur Pers des ö R können mit ihren Betr gewerbl Art OrgT sein; s Anm 7. Auch die VorGes einer KapGes kann bereits OrgT sein, selbst wenn die OrgGes auch erst GründungsGes ist (KÖSDI 8, 5239; Anm 3). Zum OrgT in Liquidation BFH BStBl II 90, 992. Zu ausl Unternehmen s § 18.

5. Über die Voraussetzung des **„gewerbl Unternehmens"** herrscht Streit. ME ist ein gewerbl Unternehmen immer zu bejahen, wenn steuerliche Eink aus GewerbeBetr vorliegen, also auch in den Fällen des § 8 II (gewerbl Eink kraft Rechtsform; glA FG Münster EFG 89, 310) oder der Betriebsverpachtung, Betriebsaufspaltung, Gepräge-Rspr (gewerbl Eink kraft Richterrechts) und des § 15 III Nr 2 EStG; ebenfalls kann eine PersGes auch dann OrgT sein, wenn die OrgGes einem landwirtschaftl Teilbetr eingegliedert ist, sofern die Eink der PersGes insgesamt einkommenstl als gewerbl zu qualifizieren sind. Die Frage der wirtschaftl Eingliederung (Anm 18 ff) in einen fingierten GewerbeBetr ist ebenfalls aus der Fiktion heraus zu lösen. Die Gewerblichkeit bei der EinkArt zu bejahen und Folgerungen der Gewerblichkeit zu verneinen, führt zu systematisch nicht annehmbaren Widersprüchen (ebenso *Schmidt/Müller/Stöcker* Anm 59 ff, die dies als die hL und die Ansicht der FinVerw (s jedoch Anm 8) bezeichnen).

6. Die **Rspr** forderte **bisher** ein gewerbl Unternehmen mit allen Merkmalen des § 1 GewStDV (Selbständigkeit, Nachhaltigkeit, Gewinnerzielungsabsicht, Beteiligung am allg wirtschaftl Verkehr) und folgert dies im wesentl aus der Bedingung der wirtschaftl Eingliederung; ein „fingierter" GewerbeBetr kann hiernach nicht OrgT sein (vgl BFH BStBl II 70, 257, 554; II 72, 722; II 73, 740). Ebenfalls nicht das Besitzunternehmen in der typ BetrAufsp (RFH RStBl 39, 1059; BFH BStBl III 57, 303; III 61, 211; III 62, 199; III 63, 505; III 66, 426; II 73, 740 mit HFR Anm 73, 494;

Inländisches gewerbl Unternehmen 7–11 § 14

BFH/NV 86, 118; BFH BStBl II 89, 668 u die Vorinstanz FG Köln EFG 85, 143; A 50 III KStR); mE schwer zu verstehende Rspr; Beherrschungseinheit ist Bedingung der BetrAufsp, BFH GrS BStBl II 72, 63, folgl ist der wirtschaftl Tatbestand der Org gegeben; allerdings kann das Besitzunternehmen auch nach der Rspr dann OrgT sein, wenn es einen eigenen GewerbeBetr unterhält, zB den Holdingbedingungen, s Anm 26, – zB bei zwei BetrGes – genügt (BFH BStBl II 73, 40); abl, wenn Besitzunternehmen nur den Einkauf für die GmbH besorgt: FG Nds GmbHR 92, 393; Org möglich bei umgekehrter BetrAufsp (Nds FG EFG 76, 146: BesitzGmbH kann in BetrUnternehmen eingegliedert sein, da BetrUnternehmen gewerbl tätig ist). Nicht ausreichend Gewerblichkeit nach der früheren Gepräge-Rspr zur GmbH & Co KG (BFH BStBl II 70, 257: hier war OrgT eine GmbH & Co KG). Keine Org zu einem ruhenden VerpachtungsBetr; ebenfalls nicht zu einer KG, die ihren Betr eingestellt hat, auch wenn die Eingliederungsbedingungen ohne GAV zu einer SchwesterGes bestehen (FG Münster EFG 79, 410). Keine Org zu einem Unternehmen der Land- und Forstwirtschaft (vgl BFH BStBl II 72, 722) oder zu einem freiberufl Betrieb (BFH BStBl III 65, 589).

Die **jüngere Rspr** (BFH BStBl II 89, 668; II 90, 24) knüpft demgegenüber eindeutig an § 15 EStG und alle Alternativen des § 2 GewStG an; ein anderes gewerbl Unternehmen sei der GewerbeBetr kraft gewerbl Tätigk (§ 2 I GewStG), der GewerbeBetr kraft Rechtsform (§ 2 II GewStG) sowie der GewerbeBetr kraft wirtschaftl GeschäftsBetr (§ 2 III GewStG). Hiernach muß auch die Fiktion des § 15 III Nr 2 EStG die Organträgerschaft begründen. Es ist höchst zweifelhaft, ob diese präzisierende Rspr zu einer Änderung der Ergebnisse führt. Der BFH verlagert die Problematik in das Merkmal der wirtschaftl Eingliederung; und diese ist nach der Rspr weiterhin nicht mögl in einen GewerbeBetr kraft Rechtsform; s Anm 18.

7. Zweifelhaft, ob Org zu einem **Betr gewerbl Art** allg zu bejahen ist; mE ja; da Gewinnerzielungsabsicht und Beteiligung am wirtschaftl Verkehr hier nicht erforderl sind (§ 4 I), müßte der BFH folgerichtig eine Org nur dann bejahen, wenn die Voraussetzungen eines GewerbeBetr erfüllt sind (so H/H/R § 14 Anm 40).

8. Unklar zu den Bedingungen des OrgT die **FinVerw;** sie beruft sich auf § 2 GewStG und auf die BFH-Rspr gleichermaßen (A 48, 50 KStR).

9. Zur **Holding**problematik s Anm 26.

10. Ein **Zusammenschluß** von natürl und/oder jur Pers kann nur dann OrgT sein, wenn es sich um eine **Mitunternehmerschaft** iSv § 15 I Nr 2 EStG handelt, die das gewerbl Unternehmen betreibt. Dazu s im einzelnen Anm 38 ff. Ausnahme: MehrmütterOrg; dazu Anm 55. Im übrigen ist die Org zu mehreren OrgT nicht möglich (BFH BStBl III 58, 174).

11. Inländisches gewerbl Unternehmen heißt, daß das Unternehmen, in welche die OrgGes eingegliedert ist, im Inland dem Grunde nach stpfl sein muß; keine Org einer inl GmbH zu einer ausl Betriebstätte einer inl AG.

12. Die Voraussetzungen des OrgT – inländisches gewerbl Unternehmen – müssen in dem **Zeitraum** vorliegen, in dem die Eingliederungsvoraussetzungen der Org gegeben sein müssen (s Anm 33f).

13. Nr 1: Die finanzielle Eingliederung ist unbedingte Voraussetzung der Org. Der OrgT muß über die Mehrheit der Stimmrechte aus den Anteilen der OrgGes verfügen. Die Stimmrechte, nicht die kapitalmäßige Beteiligung, sind entscheidend; eine unter 50 vH liegende KapBeteiligung kann folgl durch ein besonderes Mehrheitsstimmrecht ausgeglichen werden. Der Mehrheitsmaßstab richtet sich nach GesRecht für allg Beschlüsse (§ 133 AktG; Mehrheit der abgegebenen Stimmen; ebenso § 47 GmbHG); legt die Satzung eine andere Mehrheit oder andere Berechnungsmodalitäten für allg Beschlüsse – nicht für qualifizierte Beschlüsse wie Satzungsänderung oä – fest, so ist diese vereinbarte Mehrheit entscheidend (glA *Schmidt/Müller/Stöcker* Anm 79; *H/H/R* § 14 Anm 117). Stimmenmehrheit muß durch die Beteiligung begründet sein; nicht ausreichend Stimmrechtsvollmacht (*L Schmidt* FR 76, 361), allerdings kann durch die Stimmrechtsvollmacht wirtschaftl Eigentum einschl Stimmrecht begründet sein (s u Anm 14).

14. Wirtschaftl Eigentum an den Anteilen ist Voraussetzung. Für das wirtschaftl Eigentum ist entscheidend, ob die Stimmrechte ausgeübt werden können. Keine finanz Eingl zum **Treuhänder** oder **Sicherungseigentümer,** da sie nicht uneingeschränkt über die Stimmrechte verfügen können. Zu Treugeber und Sicherungsgeber kann hingegen die finanz Eingl gegeben sein, sofern sie in der Ausübung des Stimmrechts nicht beschr sind (vgl *L/Gassner* § 14 Anm 38 f); die Ausübung über den Treuhänder ist unschädl (entspr mittelb Beteiligung s u Anm 16). **Pfändung** der Anteile an der OrgGes hindert die finanz Eingl nicht (*L/Gassner* § 14 Anm 41; *Schmidt/Müller/Stöcker* Anm 85; aA *Jurkat* Anm 267), zum Pfändungspfandgläubiger kann keine finanz Eingl begründet werden; **Verpfändung** hindert die finanz Eingl dann nicht, wenn Verpfänder sich die Stimmrechte vorbehält. Beim **Nießbrauch** ist zivilrechtl umstr, wer die Stimmrechte ausübt (vgl zB für die GmbH *Baumbach/Hueck,* GmbHG, 16. Aufl, 1996, § 15 Rz 5), nur bei eindeutiger Regelung der Stimmrechtsfrage ist die finanz Eingl zum Nießbraucher möglich; angesichts der Ertragsabführung kommt sie zum Nießbrauchbesteller ohnehin nicht in Frage. Finanz Eingl bei sog **Pensionsverträgen** s *Jurkat* Anm 269; FinVerw BStBl I 69, 652 u BFH GrS BStBl II 83, 272. Keine finanz Eingl, wenn erst ein **obligatorischer Anspruch** auf **Übertragung** einer Beteiligung besteht, die die finanz Eingl begründet (vgl BFH BStBl II 69, 18). Keine finanz Eingl durch **Gläubigerstellung** (BFH BStBl III 67, 259).

15. Keine **Zusammenrechnung** von Beteiligungen von **Angehörigen** (allerdings wegen grundsätzl Ablehnung dieser Zusammenrechnung, nicht aber, weil in diesem Fall sich die Angehörigen einmal gegenüber dem Fiskus auf die Zusammenrechnung berufen könnten).

16. Die finanz Eingl muß grundsätzl **unmittelbar** gegeben sein. **Mittelb** finanz Eingl ist nur dann ausreichend, wenn jede der vermittelnden Beteiligungen die Mehrheit der Stimmrechte sichert. Die Stimmrechts-

Wirtschaftliche Eingliederung 17, 18 § 14

macht muß also auf einem vermittelnden „Beteiligungsstrang" ausgeübt werden können; in diesem Fall ist es gleichgültig, wie lang der Strang ist; finanz Eingl von „Urenkeln" mögl; vgl *Brezing* ZGR 78, 89. Ausgeschlossen ist die finanz Eingl, wenn die Stimmrechtsmehrheit nur durch die **Zusammenrechnung** von mittelb und/oder unmittelb Beteiligungen erreicht wird (vgl A 49 KStR, *Schmidt/Müller/Stöcker,* Anm 92 ff; aA *Brezing* ZGR 78, 90). Ist eine mittelb finanz Eingl gegeben, so besteht die Eingl unmittelb zwischen OrgGes und OrgT unter Umgehung der zwischengeschalteten Ges (A 49 I KStR). Daher ist auch eine mittelb Eingl über ausl Ges mögl (glA *Winter* GmbHR 78, 257; aA FinVerw 1978 StEK KStG 1977 § 14 Nr 2). Mittelb Beteiligung ist über zwischengeschaltete jur Personen (zB GmbH) oder PersGes (zB KG) mögl; vgl BFH BStBl II 78, 74 betr mittelb Beteiligung über KG. Beisp: GmbH ist zu 90 vH an KG, diese zu 100 vH an OrgGes beteiligt; finanz Eingl besteht zur KG und zur GmbH. Zur mittelb Beteiligung über eine Beherrschungs-GbR s MehrmütterOrg Anm 55. Keine mittelb Beteiligung liegt zwischen Schwester-Ges vor. Mittelb Beteiligungen laufen nur aufwärts zum OrgT, nie aufund abwärts über gemeinsame Mutter- oder GroßmutterGes. Die finanz Eingl bleibt bestehen, wenn eine **mittelb** durch eine **unmittelb** oder eine unmittelb durch eine mittelb Beteiligung **ersetzt** wird (A 49 I KStR).

17. Zeitl Bedingungen s Anm 33 f.

18. Nr 2: Die wirtschaftl Eingliederung hat kaum faßbaren rechtl Aussagewert (*L Schmidt* GmbHR 77, 9; *Mangold* StuW 78, 173; kritisch aus wettbewerbspolitischer Sicht und für betont enge Auslegung *Sonnenschein,* 293 f); dennoch wird sie vom Gesetz als besondere Tatbestandsbedingung gefordert. BFH BStBl II 89, 668; II 90, 24 (und ebenso *Schmidt/Müller/Stöcker* Anm 129 f) betonen allerdings die Eigenständigkeit des Merkmals; eine Leerformel liege nicht vor; das Merkmal werde sodann mit Worten umschrieben, die auch nicht ein Mehr an Klarheit bringen (s weiter u; und auch bei *Schmidt/Müller/Stöcker* Anm 141, bleibt nicht viel an praktischer Bedeutung). BFH BStBl II 76, 389 verneint Verfassungswidrigkeit. Der Auslegungsstreit kreist in erster Linie um die Frage des gewerbl Unternehmens des OrgT (s Anm 5 ff). Aufgrund der wirtschaftl Eingl soll die OrgGes in das Unternehmen des OrgT „nach Art einer Geschäftsabteilung", als „unselbständige Betriebstätte", „dienend" eingegliedert sein und die „Betätigung des herrschenden Unternehmens fördern und ergänzen", das die „Haupttätigkeit", die „übergeordnete Tätigkeit" übernimmt (vgl BFH BStBl II 70, 257; II 70, 348; II 70, 554; II 72, 722; II 73, 740; II 76, 389). Ausreichend ist, wenn die Unternehmen einer Gesamtkonzeption unterliegen und durch eine einheitl Leitung verbunden sind (BFH BStBl II 76, 389). BFH BStBl II 89, 668; II 90, 24 umschreiben – zur Vermeidung einer Lehrformel (s o) – die Eingl durch die „wirtschaftl Zweckabhängigkeit des beherrschenden Unternehmens von dem herrschenden". Das Wesentl, das diese Rspr leistet, ist die Rspr zu dem weitgehend fingierten Gewerbe-Betr des Organträgers aus dem Merkmal des gewerbl Unternehmens in das Merkmal der wirtschaftl Eingl zu verlagern (s oben Anm 6). Wortgewaltig und wenig konkret auch A 50 KStR. Daher: Die FÄ sollen bei der Annahme der wirtschaftl Eingl keinen engen Maßstab anlegen (A 50 I KStR 1985).

19. Daß es sich hierbei weitgehend um Leerformeln handelt, zeigen die konkreten Entscheidungsinhalte, die eher einen **Negativkatalog** darstellen, als positive Merkmale festlegen. Die OrgGes muß nicht im gleichen Wirtschaftszweig wie der OrgT tätig sein (RFH RStBl 41, 320; BFH BStBl III 57, 303; II 76, 389). Die Unternehmensentscheidung für eine Diversifikation ist anzuerkennen (BFH BStBl II 76, 389 mit Kritik von *Winter* StRKAnm KStG § 7 a R 2); OrgGes selbst muß nicht gewerbl tätig sein; sie kann sich auf die Vermögensverwaltung für den OrgT beschränken (BFH BStBl II 70, 348); sie kann zB auch branchenfremde Beteiligungen halten (BFH BStBl II 70, 348; II 72, 722) oder den Haus- und Grundbesitz verwalten. Umgekehrt ist eine Eingliederung zu verneinen, wenn der OrgT nur vermögensverwaltend tätig ist (BFH BStBl II 90, 24: nicht ausreichend die Verpachtung von Grundbesitz und BetrVerm an die OrgGes). Auch wenn der OrgT die „Haupttätigkeit" ausüben soll, so ist jedoch nicht erforderl, daß beim OrgT der „wirtschaftl Schwerpunkt" liegt (BFH BStBl II 73, 740). Die OrgGes kann über ein gewisses Maß an Selbständigkeit verfügen (BFH BStBl II 76, 389). Zur Eingl in einen OrgT in Liquidation BFH BStBl II 90, 992.

20. Wirtschaftl Eingl ist gegeben, wenn OrgGes ihr Unternehmen an OrgT **verpachtet** (FinVerw 1968 StEK KStG § 6 Org Nr 38; BFH BStBl II 77, 357), aber auch mögl, falls das Unternehmen der OrgGes an Dritte verpachtet wird (*Jurkat* Anm 245). Zur BetrAufsp s Anm 6.

21. ME ist die wirtschaftl Eingl immer dann gegeben, wenn die OrgGes dem Unternehmen des OrgT innerhalb von mögl **unternehmerischen Zielsetzungen** in **irgendeiner Weise dient.** Diese allg Umschreibung ist weitgehend inhaltsgleich mit der weiten Definition von BFH BStBl II 89, 668 (Anm 18). Abgesehen von der Holdingproblematik (s Anm 26) wird in der Praxis nur äußerst selten die Org an der wirtschaftl Eingl scheitern. Etwas anderes kann allerdings dann gelten, wenn nach den Rechtsbeziehungen die dienende Funktion nicht gegeben ist. Eine reine KapAnlage wird nicht ausreichen.

22. So liegt keine wirtschaftl Eingl der **Komplementär-GmbH** in die eigene KG vor (BFH BStBl II 79, 288 betr USt; dazu *Weiß* UStR 79, 81); anders, wenn die GmbH von der Geschäftsführung ausgeschlossen wird (s auch Anm 74 wegen Bedenken gegen die Durchführbarkeit). Komplementär-GmbH kann jedoch in ein anderes Unternehmen eingegliedert sein.

23. Unmittelbarkeit der wirtschaftl Eingl wird vom Gesetz nicht gefordert. Angesichts der Weite des Begriffs der wirtschaftl Eingl ist eine Differenzierung zwischen mittelb und unmittelb Eingl auch kaum mögl.

24. Die Erwähnung des **„Gesamtbilds der tatsächlichen Verhältnisse"** in Nr 2 S 1 ist als methodische Selbständigkeit und Floskel ohne eigenen Aussagewert.

25. Zu den **zeitl** Bedingungen s Anm 33 f.

26. Holding: Die wirtschaftl Eingl ist auch mögl in ein Unternehmen, das nur Holdingfunktion ausübt, dh über die Ausübung von Gesellschaftsrechten hinaus das abhängige Unternehmen unternehmerisch leitet und bestimmt (geschäftsleitende Holding im Gegensatz zur verwaltenden Holding). In der Rspr des BFH werden die Bestimmung der Holdingfunktion und die Möglichkeit der wirtschaftl Eingl untrennb mit der Forderung vermengt, der OrgT müsse einen GewerbeBetr iS des GewStK führen (s Anm 5 ff); die Rspr begründet GewerbeBetr durch Holding und wirtschaftl Eingl stets gleichzeitig, wenn auch vorrangig den GewerbeBetr des OrgT. Hiernach muß eine einheitl Leitung, Willensbildung, ein einheitl Plan hinsichtl der Unternehmensführung und -politik auch für einen zur Prüfung bestimmten Dritten erkennb sein; Beispiele: Richtlinien, schriftl Weisungen, Empfehlungen, gemeinsame Besprechungen und Beratungen; nicht ausreichend ist die „stillschweigende Eingl" durch personelle Verflechtung; der OrgT als Holding muß nach außen hin in Erscheinung treten; Eintragung im HReg reicht hierzu nicht aus; Gewerblichkeit des OrgT kann auch durch Übernahme von Gemeinschaftsaufgaben (zentrale Beschaffung, Rechtsberatung) begründet werden, so BFH BStBl II 70, 257. Abstrakt BFH BStBl II 76, 389: Voraussetzung ist einheitl Leitung nach einer Gesamtkonzeption. Die Rspr folgert weiter, daß eine Holding über eine OrgGes nicht möglich sei und **zumindest zwei** gelenkte Unternehmen vorhanden sein müssen (BFH BStBl II 70, 257, 554; II 76, 389; II 90, 24; glA *Schmidt/Müller/Stöcker* Anm 364 f); es ist jedoch nicht einzusehen, warum nicht auch eine Holding gegenüber einem Unternehmen mögl sein soll (glA FG Münster EFG 89, 310; *Frotscher/M* § 14 Anm 37); ausreichend, wenn die Org nur zu einer OrgGes besteht, im übrigen ausl oder PersGes in der Holding zusammengefaßt sind (*Walter* GmbHR 96, 43). Anders im übrigen, wenn OrgT einen weiteren „echten" GewerbeBetr hat (BFH BStBl II 76, 389).

27. Für **Holdingunternehmen** von **natürl Pers** und **Mitunternehmerschaften** – auch für sie gilt die Rspr; in BFH BStBl II 70, 257 war OrgT eine GmbH & Co KG – stimme ich der Rspr zu. Liegen jedoch bei dem OrgT fingierte gewerbl Eink vor, so ist mE ausschließl die Holdingfunktion entscheidend, nicht mehr die weitergreifende Bedingung des GewerbeBetr; eine Holding über nur eine OrgGes ist sodann mögl.

28. Nr 2: Die organisatorische Eingliederung verlangt, daß der OrgT jederzeit Einfluß auf die tatsächl Geschäftsführung der OrgGes nehmen kann. Der Eingriff in die laufende Geschäftsführung muß mögl sein; nicht ausreichend der Einfluß, den bereits die finanz Eingl vermittelt.

29. Liegt ein **Beherrschungsvertrag iSv § 291 I AktG** vor, wird die organisatorische Eingl nach Nr 2 S 2 zwingend und unwiderlegb angenommen; einen solchen Beherrschungsvertrag können jedoch nur AG und KGaA als OrgGes abschließen. Vereinbaren andere OrgGes – zB GmbH – einen derartigen Vertrag, was zivilrechtl mögl ist, so kann hieraus die organisatorische Eingl abgeleitet werden; die zwingende gesetzl Vermutung ist jedoch nicht gegeben (zum Betriebsführungsvertrag s auch ABC). Die besonderen steuerlichen Bedingungen der Nr 2 S 3 wurden durch das G v

§ 14 30–33 Sondervorschriften für die Organschaft

25. 2. 92 eingeführt (s Anm 2); es handelt sich um eine Neufassung der Nr 4 (Anm 68) entspr Regelung. Ebenfalls liegt zwingend die organisatorische Eingl vor, wenn eine Ges nach den Vorschriften der §§ 319–327 AktG in das Unternehmen des OrgT **eingegliedert** ist.

30. Im übrigen muß organisatorisch oder vertragl sichergestellt werden, daß der OrgT in die **Geschäftsführung** der OrgGes **eingreifen** kann. Rechtl Durchsetzbarkeit dieser Einflußnahme ist nur insoweit erforderl, als die tatsächl Durchsetzbarkeit nicht gesichert ist. Beispiele für org Eingl: Personalunion in der Geschäftsführung (BFH BStBl II 70, 257, 261); Anstellungsvertrag des Geschäftsführers der OrgGes mit dem OrgT; besondere Verpflichtung der OrgGes und/oder ihrer Geschäftsführer bzw ihres Vorstands, allen Weisungen des OrgT zu folgen; zur organisatorischen Eingliederung ohne Personalunion s *Schmidt* GmbHR 96, 175. Nicht ausreichend, wenn OrgT, sein Geschäftsführer, Vorstand usw, im Aufsichtsrat der OrgGes vertreten ist. Nicht ausreichend sind organisatorische Zusammenfassungen im technischen Bereich (gemeinsame Büroräume, Buchführungsanlage usw) oder Personalunion bei Angestellten der zweiten oder dritten Ebene. Keine organisatorische Eingl der Komplementär-GmbH in die eigene KG, falls die Komplementärin nicht von der Geschäftsführung ausgeschlossen ist (so Anm 22 zur wirtschaftl Eingl).

31. Bei **mittelb** Beteiligungen kann die organisatorische Eingl unmittelb oder mittlb erfüllt sein, zB dadurch, daß der OrgT unmittelb die Geschäftsführung der EnkelGes beeinflussen kann oder die MutterGes anweisen kann, in die Geschäftsführung der EnkelGes einzugreifen (vgl A 51 KStR). Mögl auch mittelb organisatorische Eingl bei unmittelb finanz Eingl.

32. Zum **Gesamtbild der Verhältnisse** s Anm 24. Zu den **zeitl** Anforderungen s Anm 33.

33. Die finanz, wirtschaftl und organisatorische Eingl muß **zeitl vom Beginn des Wj** der **OrgGes an,** dessen Gewinn abgeführt werden soll, gegeben sein **(Beginn)**; zur Besonderheit der Nr 2 S 2 zum Beherrschungsvertrag s Anm 2. Die Eingl muß außerdem während des gesamten Wj bestehen, darf also frühestens mit dem Ende des Wj enden **(Beendigung).** Das gilt auch, wenn der GAV aus wichtigem Grund im Laufe eines Wj gekündigt werden kann. Nach DB 69, 1821; *Jurkat* GmbHR 72, 52 und Organschaft Anm 561 ff, 879; *L Schmidt* StuW 69, 447 ist auch eine Beendigung im Laufe des Wj mögl; wie hier A 53 I KStR; *Schmidt/Müller/Stöcker* Anm 164; *H/H/R* § 14 Anm 114. Eingliederungsbedingungen u GAV sind gemeinesame Bedingungen der Org und folgl auf das Wj der OrgGes bezogen. Ausweg aus dem Streit: Umstellung des Wj (s Anm 34; A 53 II KStR). Wj kann ein RegelWj oder ein Rumpf-Wj sein. Im Fall der Umwandlung oder Verschmelzung ist der Zeitraum vom Beginn des letzten Wj vor der Umwandlung oder Verschmelzung bis zum Umwandlungs- oder Verschmelzungsstichtag ein Wj (A 53 I KStR). Wechselt die OrgGes den OrgT zum Stichtag des Wj, so ist die finanz Eingl beim Veräußerer und beim Erwerber gegeben (A 53 II KStR; sog Mitternachtserlaß). Der Veräußerungsvertrag muß vor oder mit dem Stichtag abgeschlossen werden; keine Rückbeziehung mögl. Gesamtrechtsnachfolge bei OrgT (Verschmelzung, Erbfolge) führt zu keiner Unterbrechung. Das gleiche gilt mE für unentgeltl Übertragungen (arg § 7 EStDV; glA *Schmidt/Müller/Stöcker,* Anm 427).

34. Durch **Umstellung des Wj** der OrgGes kann die Wirksamkeit der Org beeinflußt werden (zur Umstellung s § 7 Anm 11 ff); wird zB eine OrgBeteiligung zum 1. 6. gekauft, kann die OrgGes zu diesem Stichtag ihr Wj umstellen, um auf diese Weise unmittelb die Organstellung zu erlangen. Die Org ist ausreichender Grund für das FA, einer Umstellung des Wj zuzustimmen (A 53 III KStR). Die Zustimmung muß erteilt werden; sie ist durch den VerwErlaß noch nicht erteilt. Durch eine entspr Umstellung des Wj kann auch bei Beendigung der Org im Laufe des Wj der OrgGes der Ertrag bis zur Beendigung der Org noch der Org unterworfen werden; auch die Beendigung ist ausreichender Grund für die Umstellung des Wj (A 53 III KStR). Wird das Wj auf das Kj umgestellt, ist ein Einvernehmen mit dem FA nicht erforderl (§ 7 IV). Dies ist bedeutsam, da die Umstellung auf ein vom Kj abweiches Wj wegen der Org oft nur vorübergehend sinnvoll ist; die Rückkehr vom Kj kann durch das FA nicht gehindert werden. Die FinVerw läßt hier auch zwei RumpfWj in einem VZ zu (1989 StEK KStG 1977 § 14 Nr 12 u A 53 III KStR 1990; dazu auch *Albrod* StBp 91, 234). Die Umstellung wird erst mit der Eintragung im Handelsregister wirksam, sofern sie einer Satzungsänderung bedarf (BFH/NV 90, 326).

35. Nr. 3: Besondere Bedingungen: Natürl Person als OrgT muß unbeschr stpfl gem § 1 I oder II EStG sein; nicht ausreichend beschr stpfl gem § 1 III EStG oder nach § 2 AStG. Unbeschr StPfl muß vom Beginn des Wj der OrgGes ununterbrochen vorliegen; die Zeitbestimmung der Nr 1 gilt entspr, s Anm 12 und Anm 33. Die OrgBeteiligung muß bei der nat Pers BetrVerm bilden (BFH BStBl II 68, 315), der buchmäßige Ausweis ist unerhebl (BFH aaO); mE folgt die BetrVermEigenschaft bereits aus den Eingliederungsbedingungen. Notwendiges BetrVerm ist nicht erforderl.

36. Nr. 3: Besondere Bedingungen: Ist der OrgT eine **Körperschaft** iSv § 1 I Nr 1–6, so darf sie nicht steuerbefreit sein. Diese Bedingung gilt uneingeschränkt für die subj steuerbefreiten Körperschaften iSv § 5 I Nr 1, 1 a, 2. Im übrigen ist sie einschränkend auszulegen. Die Beteiligung an der OrgGes darf nicht dem steuerbefreiten Bereich zuzuordnen sein. Ist die OrgGes einem stpfl Bereich (stpfl wirtschaftl GeschäftsBetr, partielle StPfl) zuzuordnen, so ist die Org mögl. Nicht erforderl sind in diesem Fall besondere Anforderungen für die Buchführung der befreiten Körperschaft. Unschädl ist, wenn der OrgT zwar grundsätzl stpfl ist, aber das OrgEinkommen aufgrund individueller StBedingungen steuerfrei bleibt (zB Wirksamkeit eines Verlustvortrages) oder bei einem Dritten versteuert wird (zB falls OrgT selbst OrgGes einer weiteren Körperschaft ist).

37. Die Körperschaft muß über **Geschäftsleitung** (§ 10 AO) und **Sitz** (§ 11 AO) im Inland (§ 1 Anm 24) verfügen; alternatives Vorliegen, wie bei § 1 (s § 1 Anm 11), reicht nicht; dazu § 18 Anm 9 (BFH BStBl II 92, 263 u Vorinstanz FG Köln EFG 91, 152; aA, da Gesetzeslücke, *Frotscher/M*

§ 14 Anm 15, § 18 Anm 3; krit zu BFH BStBl II 92, 263 *Ebenroth/ Willburger* RIW 95 Beil 3 zu Heft 8). Die Bedingung von Geschäftsleitung und Sitz umfaßt die Voraussetzung unbeschr StPfl. Zeitl Vorliegen dieser Bedingungen s Anm 12, 33.

38. Nr. 3: Besondere Bedingungen: PersGes als OrgT muß eine **Mitunternehmerschaft** iSv § 15 I Nr 2 EStG sein. PersGes ist nur dann und nur insoweit OrgT, als sie Mitunternehmerschaft ist und ihre Gesellschafter Mitunternehmer sind. Sind einzelne Gesellschafter keine Mitunternehmer, kann eine Org nur zu den übrigen Gesellschaftern bestehen, soweit sie Mitunternehmer sind. Ist ein Nichtgesellschafter Mitunternehmer, ist dieser auch Mitunternehmer des OrgT. Alle Mitunternehmerschaften iSv § 15 I Nr 2 EStG können OrgT sein; zB OHG, KG, GbR; atyp stille Ges, GmbH & Co KG, faktische Mitunternehmerschaft.

39. An den OrgT dürfen nur Mitunternehmer beteiligt sein, die mit ihrem Anteil an der Mitunternehmerschaft **unbeschr** oder **beschr einkommenstpfl** oder **körperschaftstpfl** sind. Soweit das Gesetz von Gesellschaftern spricht, sind Mitunternehmer gemeint. Bei beschr StPfl ist Befreiung durch DBA schädl.

40. Die Mitunternehmerschaft muß **Geschäftsleitung** und **Sitz** im Inland haben; gleiche Bedingung wie bei den Körperschaften (s Anm 37).

41. Sind ein oder mehrere **Mitunternehmer beschr stpfl,** müssen die Voraussetzungen der finanz, organisatorischen und wirtschaftl Eingl **zur Mitunternehmerschaft selbst** gegeben sein. Das gleiche gilt, falls eine Körperschaft beteiligt ist, die zwar unbeschr stpfl ist, aber Sitz oder Geschäftsleitung nicht im Inl hat. „Zur PersGes selbst" heißt: Die Anteile an der OrgGes müssen Gesellschaftsvermögen iSv § 718 BGB, regelmäßig also Gesamthandsvermögen oder wirtschaftl Eigentum der PersGes sein. Organisatorische und wirtschaftl Eingl müssen in bezug auf das mitunternehmerisch betriebene Unternehmen bestehen (A 52 I KStR; BFH BStBl II 83, 690). Zweifelhaft ist die Bedingung, wenn die Mitunternehmerschaft über kein Gesamthandsvermögen verfügt (zB: atyp stille Beteiligung, stl Mitunternehmerschaft unter NichtGes). Da Gesamthandsvermögen kein steuerlicher Begriff ist, kann er nicht letztl entscheidend sein. Liegt kein Gesamthandsvermögen vor, so ist mE gleichwohl eine finanzielle Eingl zur Mitunternehmerschaft gegeben, wenn die Beteiligung an der OrgGes steuerlich im Verhältnis der Mitunternehmer zueinander allen Mitunternehmern zuzurechnen ist, mag auch das zivilrechtl Eigentum an der Beteiligung – wie bei der atyp stillen Ges – nur einem Mitunternehmer zustehen (glA *Jurkat* Anm 288; *M/S/Schwarz* § 14 Anm 64; aA – Nr 3 S 3 setzte Gesamthandsvermögen voraus – *L Schmidt* GmbHR 71, 235; *Schmidt/Müller/Stöcker,* Anm 322; BFH BStBl II 83, 690 berührt dieses Problem nicht, erlaubt jedoch aufgrund des apodiktischen Urteilsstils den Schluß, daß auch der IV. Senat Gesamthandsvermögen fordert). Es wäre unverständl, wenn die inländische KG, an der ein ausl Kommanditist beteiligt ist, OrgT sein könnte, nicht aber die inländische GmbH mit einem ausl atyp stillen Ges; die Unterscheidung ließe sich aus dem Zweck des S 3 nicht rechtfertigen;

die die konkreten Umstände eines Organschaftssachverhalts wegwischende typisierende Argumentation von BFH BStBl II 83, 690, 692 überzeugt nicht. Aus den gleichen Erwägungen gilt die Regel: SonderBetrVerm reiche in den Fällen Nr 3 S 3, 4 im übrigen nicht, dann nicht, wenn die Beteiligung an der OrgGes zwar nur einem Ges gehört, aber nach den getroffenen Vereinbarungen stl allen Mitunternehmern zuzurechnen ist (aA BFH BStBl II 83, 690). Wirtschaftl und organisatorische Eingl können im übrigen zu einem mitunternehmerischen Betrieb auch dann vorliegen, wenn kein Gesamthandsvermögen vorliegt.

42. einstweilen frei

43. Sind **alle Mitunternehmer unbeschr stpfl und** (!) haben **alle** Mitunternehmer-Körperschaften **Sitz und** (!) **Geschäftsleitung** im **Inland,** so müssen die Eingliederungsvoraussetzungen nicht zur Mitunternehmerschaft erfüllt sein; ausreichend ist, wenn die Eingliederungsvoraussetzungen zu einem Mitunternehmer vorliegen. Soll jedoch nicht dieser, sondern die Mitunternehmerschaft OrgT sein, so ist nicht aus dem Wortlaut, wohl aber aus dem Zweck der Org ableitbare weitere Bedingung, daß der Mitunternehmer die bei ihm gegebene Eingliederungsvoraussetzung der Mitunternehmerschaft überlassen hat (glA *H/H/R* § 14 Anm 171; *Döllerer* BB 75, 1073).

44. Von Bedeutung ist dies insbes für die **finanz Eingl:** Die Beteiligung an der OrgGes kann einem Mitunternehmer gehören; dies ist ausreichend, falls er die Beteiligung der Mitunternehmerschaft für das gemeinsame Unternehmen zur Verfügung stellt. Ein besonderer Vertrag und eine auf die Mitunternehmerschaft ausgestellte Vollmacht sind nicht erforderl. In der Hand des Mitunternehmers stellt die Beteiligung SonderBetrVerm dar (s Anm 35; A 52 II KStR verlangt notwendiges SonderBetrVerm; glA *H/H/R* § 14 Anm 192; mE ist es ausreichend, wenn die Beteiligung durch die Begründung der Org SonderBetrVerm wird). Wird die Beteiligung nicht als SonderBetrVerm, sondern in einem anderen BetrVerm des Mitunternehmers als BetrVerm ausgewiesen, ist das Ergebnis kein anderes, sofern nur die Beteiligung der Mitunternehmerschaft überlassen ist. Eine mögliche Vorrangigkeit der Bilanzierung in einem Einzelbetr (Beisp: GmbH ist als Mitunternehmerin an dem OrgT beteiligt; sie bilanziert die Beteiligung an der OrgGes in der eigenen Bilanz) ist im wesentl von Praktikabilitätsüberlegungen getragen. Entscheidend ist die Beziehung zum OrgT, nicht die Bilanzierung.

45. Um die ausreichende Mehrheit für die finanzielle Eingliederung zu erreichen, können **Anteile** im **SonderBetrVerm** und **gemeinsame Anteile** (Anteile im Gesamthandsvermögen) **zusammengerechnet** werden. Nicht erforderl ist, daß dann, wenn ein Mitunternehmer unmittelb über sein SonderBetrVerm an der OrgGes beteiligt ist, alle Mitunternehmer unmittelb an der OrgGes beteiligt sein müssen (glA BFH BStBl II 77, 357 mit HFR Anm 77, 282; A 52 II KStR; *Döllerer* BB 75, 1075). Beisp: Ist eine GmbH & Co KG OrgT, muß folgl die Komplementär-GmbH nicht zwingend an der OrgGes beteiligt sein, wenn die Kommanditisten ihre Beteiligung an der OrgGes im SonderBetrVerm halten.

46. *einstweilen frei*

47. Mittelb finanz Eingl ist auch bei Mitunternehmerschaften mögl; keine **Zusammenrechnung** von mittelb Beteiligungen (zB eines Mitunternehmers) und mittelb/unmittelb Beteiligungen (zB der Mitunternehmerschaft); s Nr 1 S 2, Anm 16 (A 52 II KStR). Keine unzulässige Zusammenrechnung liegt vor, wenn die Beteiligungen der Mitunternehmer an derselben vermittelnden Mitunternehmerschaft zusammengerechnet werden.

48. Auch **wirtschaftl** und **organisatorische** Eingl setzen, sofern sie nur in der Person eines Mitunternehmers erfüllt sind, voraus, daß diese Merkmale der Mitunternehmerschaft zugerechnet werden können. Beisp: 5 vH-Kommanditist des OrgT ist Geschäftsführer der OrgGes; organisatorische Eingl ist nur gegeben, wenn der Kommanditist diese Geschäftsführerstellung für die KG ausüben muß und ausübt.

49. Ob Nr 3 S 3, 4 den Schluß erlauben, daß finanz, wirtschaftl und organisatorische **Eingl** auch zu einem **Betr** des **Mitunternehmers** und ohne Bezug zur Mitunternehmerschaft gegeben sein können, erscheint zweifelhaft. OrgT ist die Mitunternehmerschaft; die Eingliederungsvoraussetzungen können nicht hiervon getrennt und auf ein weiteres Unternehmen bezogen werden, es sei denn, es gehe um die Org zu diesem Unternehmen. – Zur MehrmütterOrg s Anm 55.

50. Ein **Wechsel** im Bestand der **Mitunternehmer** ist mE nur dann schädl, wenn durch den Austritt eines Mitunternehmers oder den Eintritt eines Mitunternehmers die Bedingungen der Org selbst aufgehoben werden. Unschädl ist auch dann ein Wechsel von Mitunternehmern, wenn die unmittelb – ohne zeitl Verzögerung – an die Stelle des austretenden Mitunternehmers tretenden Mitunternehmer entweder die OrgT-Position des austretenden Mitunternehmers übernehmen oder neu einbringen. Liegen folgl alle Voraussetzungen der Org vor, so ist jeder Mitunternehmerwechsel unschädl, sofern die Merkmale der Org von dem Wechsel nicht berührt werden, bei dem Wechsel von bisherigen auf den neuen Mitunternehmer übergehen oder bei dem Wechsel zeitl nahtlos zwar bei einem Mitunternehmer erlöschen, aber von dem neuen Mitunternehmer neu eingebracht werden. GlA *Döllerer* BB 75, 1073; einschränkend demgegenüber A 52 KStR. Zweifelhaft ist mE nur der Grenzfall eines vollständigen Austauschs der Mitunternehmer.

51. Im einzelnen: Ist die Beteiligung Gesamthandsvermögen, so ist der Wechsel in der Mitunternehmerschaft ohne Auswirkung auf die Org, falls die finanz Eingl unberührt bleibt (A 52 I KStR). Unschädl ist eine Beteiligungsänderung unter den Mitunternehmern ohne Aus- und Eintritt eines Mitunternehmers. Die Veräußerung von Anteilen an der OrgGes ist nur dann schädl, wenn hierdurch die Eingliederungsvoraussetzungen aufgehoben werden; unschädl zB die Veräußerung der Beteiligung aus dem SonderBetrVerm, wenn die im Gesamthandsvermögen und/oder im Sonder-BetrVerm verbleibende Beteiligung der finanz Eingl noch genügt (glA A 52 II KStR). Das gleiche gilt, wenn ein Mitunternehmer aus dem OrgT ausscheidet und Anteile an der OrgGes „mitnimmt". Unschädl die Veräu-

Mehrmütter-Organschaft 52–55 **§ 14**

ßerung der Beteiligung an der OrgGes – auch falls sie mehr als 50 vH beträgt –, wenn der Erwerber gleichzeitig Mitunternehmer des OrgT wird (aA offenbar A 52 III KStR). Unschädl idS auch, wenn Beteiligung an OrgT und OrgGes auf einen Erwerber übergehen (ebenfalls aA anscheinend A 52 III KStR). Keine Schädlichkeit auch nach den KStR, wenn nach A 53 II KStR der Wechsel zum Ende des Wj der OrgGes erfolgt. Schädl in diesen Fällen, wenn der Erwerber die Beteiligung aus dem BetrVerm der Mitunternehmerschaft in das eines anderen GewerbeBetr überführt. Bei Wechsel oder/und Ein- oder/und Austritt von Mitunternehmern unter Fortbestand der Org muß das zuzurechnende **OrgEinkommen aufgeteilt** werden; mE – falls sich kein besserer Maßstab anbietet – zeitanteilig (glA *Döllerer* BB 75, 1075).

52. *einstweilen frei*

53. Zeitl müssen die qualifizierten Bedingungen vom Beginn des Wj der OrgGes bis zum Ende des Wj der OrgGes vorliegen. Ein Gesellschafterwechsel, der nach Anm 51 die Org zerstört, hebt folgl die Anwendung des § 14 für das ganze lfd Wj der OrgGes auf. Soweit allerdings die besonderen Bedingungen nicht für die Org dem Grunde nach erforderl sind, sondern nur für eine bestimmte Ausgestaltung der Org (zB Nr 3 S 3), so ist ausreichend, wenn die qualifizierten Bedingungen zeitl dann vorliegen, wenn sie nach dem Sachverhalt notwendig sind. Beisp: Kommanditist hält die Beteiligung an der Komplementär-GmbH zu 100 vH im SonderBetrVerm; er verzieht ins Ausl; die Org kann ohne Unterbrechung fortgestezt werden, wenn der Kommanditist die Beteiligung im Zeitpunkt des Beginns der beschr StPfl in das Gesamthandsvermögen überträgt.

54. *einstweilen frei*

55. Mehrmütter-Organschaft: Von der FinVerw zugelassene Rechtsform zu mehreren OrgT; s A 52 VI KStR. Zweifelhaft, ob mit § 14 vereinbar, s o Anm 49 zu dem Gegenschluß aus Nr 3 S 3, 4; allerdings vom FinA des BT als Möglichkeit gewollt (s *Eckhardt* BB 69, 925); Anerkenung durch BFH BStBl II 94, 124 gegen Hess FG EFG 87, 580.

InnenGes (GbR) von unbeschr einkommenstpfl Pers oder körperschaftstpfl Körperschaften mit Sitz und Geschäftsleitung im Inland mit dem Zweck, eine OrgGes im Wege einer einheitl Willensbildung zu beherrschen. Schriftl Vertrag über GbR nicht erforderl (BFH BStBl III 58, 174), aber zweckmäßig. Jeder Ges muß vom Beginn des Wj bis zum Ende des Wj der OrgGes an dieser beteiligt sein; die Summe der Beteiligungen muß zur finanz Eingl führen. Mittelb Beteiligung ist auch hier mögl (BFH BStBl II 94, 124; A 52 VI KStR; dazu krit *Klose* BB 85, 1847). Jeder Ges muß ein gewerbl Unternehmen betreiben, in das die OrgGes jeweils wirtschaftl eingegliedert ist. Die organisatorische Eingl ist durch die GbR gegeben. Gesellschafterwechsel ist nach A 52 VI KStR schädl; mE ist er dann unschädl, wenn die Beteiligung an der GbR und an der OrgGes gleichzeitig auf Erwerber übergehen und die übrigen Bedingungen sodann zum Erwerber erfüllt sind (aA Hess FG EFG 87, 580 in einer Hilfsüberlegung). Der GAV muß mit der GbR vereinb sein. Zur vertragl Gestaltung s *Rottnauer* DB 91, 27; zur zivilrechtl Problematik des Verlustausgleichs DB 84, 1181.

56. *einstweilen frei*

57. Gewinnabführungsvertrag (allg Voraussetzungen): Ist OrgGes eine AG oder KGaA, muß ein GAV iSv § 291 I AktG vorliegen. Ist OrgGes eine sonstige OrgGes s § 17 Anm 7 ff. Der GAV ist ein **Unternehmensvertrag,** für den die §§ 293–299 AktG gelten. Da der Vertrag auch zur Verlustübernahme verpflichtet, ist der Begriff GAV unzutreffend, Ergebnisabführungsvertrag wäre treffender. Aus der Verlustübernahmeverpflichtung folgt, daß der OrgT letztl für die OrgGes **haftet;** dies wird bei der Gestaltung oft nicht ausreichend gewürdigt (zur Haftung s Anm 1). Die Bedingungen des GAV sind von dem **Zweck** getragen, das Vermögen der OrgGes vor der Org zu erhalten. Der GAV muß **zivilrechtl gültig** sein, um die StFolgen des § 14 herbeizuführen; hinzu treten stl Bedingungen, dazu Anm 67 ff. Nichtige, schwebend unwirksame GAV sind nicht ausreichend; s jedoch die besondere stl Wirksamkeitsbedingung der Nr 4 (Anm 67 f). Wird ein GAV ins HReg eingetragen, so hindert dies zwar nicht das eigenständige steuerliche Prüfungsrecht hinsichtl der zivilrechtl Gültigkeit; dennoch können die Beteiligten nach Eintragung regelmäßig von der Gültigkeit ausgehen. Ein gemeinnütziges Wohnungsunternehmen ist nicht berechtigt, einen GAV abzuschließen (OLG Münster DB 82, 1449). **Bedingter GAV** mögl; wirksam erst ab Bedingungseintritt; A 55 III KStR aF behandelte die Bedingung der Vollauswirkung des § 10 d EStG; vgl FG Hbg EFG 87, 47 betr Anerkennung und Scheitern einer solchen Bedingung. Vertragsabschluß zwischen OrgGes und OrgT ist erfoderl; einseitige Erklärung oder Satzungsbestimmung ist nicht ausreichend. Mittelb Org s Anm 58. Ist der OrgT eine Mitunternehmerschaft, so muß der GAV mit dieser abgeschlossen werden; ein Vertragsabschluß oder mehrere mit den einzelnen Mitunternehmern, dh mehrere Verträge, sind nicht ausreichend, es sei denn die Mitunternehmer vermitteln die Gewinnabführung (s Anm 58). Besonderheiten für die Org zu ehemals gemeinnützigen Wohnungsunternehmen *Fuchs* DB 95 Beil 12.

58. Bei **mittelb Eingl** kann der **GAV** sowohl unmittelb zwischen OrgGes und OrgT als auch im Wege einer geschlossenen Kette von GAV über die vermittelnden Ges vereinbart werden (*Brezing* ZGR 78, 91). Verzichtet die vermittelnde Ges zugunsten der MutterGes auf den unmittelb Abschluß eines GAV, so liegt hierin keine vGa (*Brezing* aaO). Wird eine mittelb finanzielle Eingl gegen eine unmittelb oder eine unmittelb gegen eine mittelb vertauscht, ohne daß die finanzielle Eingl gefährdet wird (s Anm 16), so können entspr die GAV geändert werden, ohne daß die Org gefährdet wird.

59. Der **GAV** muß sich auf den **„ganzen" Gewinn** beziehen; Teilgewinnabführungsverträge sind für die Org unzureichend. Nach BFH BStBl II 76, 510 ebenfalls schädl, wenn sich eine PersGes als OrgT verpflichtet, den Gewinn weiter abzuführen; mE zweifelhafte Entscheidung; nach *L Schmidt* FR 76, 360 fehlte in diesem Fall aber bereits die finanz Eingl. Der „ganze" Gewinn wird einmal durch die Vorschriften des AktG bestimmt, zum anderen durch § 14 Nr 5, dazu Anm 76 ff. Maßgebend ist der handelsrechtl. nicht der stl Gewinn. S A 55 III KStR. Höchstbetrag: § 301 AktG. Keine Abführung der gesetzl Rücklage gem § 300 AktG.

60. Vorvertragl **Gewinnvortrag** und vorvertragl freie **Rücklagen** können nicht abgeführt werden, wohl nachvertragl freie Rücklagen (vgl § 301 AktG). Sind sowohl vorvertragl wie auch nachvertragl freie Rücklagen vorhanden, kann die OrgGes wählen, welche abgeführt werden (*H/H/R* § 14 Anm 31). Erfolgt keine Wahl, so gelten zugunsten der OrgGes die nachvertragl Rücklagen als vor den vorvertragl entnommen. Ausgleich mit vorvertragl Verlustvortrag vor Abführung erforderl. Kein Verstoß gegen das Verbot, freie vorvertragl Rücklagen aufzulösen und abzuführen, wenn die OrgGes diese Rücklagen auflöst und den entspr Bilanzgewinn außerhalb des GAV an die AntE ausschüttet; zur Behandlung im AnrVerf s BMF BStBl I 94, 754 u A 55 V KStR. **Zuschüsse** und **Zuzahlungen** der AntE an die OrgGes während der Org können steuerunschädl an den OrgT weitergeleitet werden (FinVerw 1990 StEK KStG 1977 § 14 Nr 15).

61. Sonderposten mit Rücklageanteil (§ 247 III HGB), zB § 6b EStG, A 35 EStR usw, sind keine freien Rücklagen; sind sie vorvertragl gebildet worden, können sie nachvertragl aufgelöst und abgeführt werden. **VA-Rücklage** nach § 218 II LAG, die aus freien Rücklagen gebildet wurde, ist allerdings freie Rücklage (A 55 IV KStR 1985). **Stille Reserven** oder stille Rücklagen im handelsrechtl und im stl Sinn sind, sofern sie zulässigerweise gebildet wurden, keine vorvertragl freien Rücklagen. Werden sie während der Org aufgelöst, müssen sie abgeführt werden.

62. Verlustübernahme folgt aus § 302 AktG, ausdrückl Vereinbarung nicht erforderl (anders, wenn GmbH OrgGes ist, s § 17 Anm 11). Auszugleichen ist der Jahresfehlbetrag gem § 275 III Nr 19 HGB; dieser kann, muß nicht durch freie Rücklagen, die während der Organschaftszeit gebildet wurden, gemindert oder ausgeglichen werden vgl § 302 I AktG). Kein Ausgleich durch vorvertragl Gewinnvorträge, vorvertragl freie Rücklagen, gesetzl Rücklagen der vor- und nachvertragl Zeit. Der GAV kann sich (muß nicht) auch auf vorvertragl Verluste beziehen; dazu Anm 73; auch stl ist es unschädl, wenn der vorvertragl Verlust ausgeglichen wird. Besonderheiten bei Org zu ehemals gemeinnützigen Wohnungsunternehmen *Fuchs* DB 95 Beil. 12.

63. Teilbetriebsveräußerung hindert nicht Org; Gewinn ist abzuführen (A 57 VII KStR).

64. GAV bezieht sich nicht auf den Gewinn oder Verlust des **Abwicklungszeitraums** (BFH BStBl II 68, 105; II 70, 689; A 56 I KStR). Das gleiche gilt für das Ergebnis einer faktisch durchgeführten Auflösung (BFH BStBl II 71, 411; A 56 II KStR; zur Abgrenzungsproblematik FG BaWürt EFG 79, 361). Mit dem Zeitpunkt des Beginns der Liquidiation endet das letzte Wj (BFH BStBl II 74, 692), dessen Gewinn oder Verlust noch dem GAV unterliegt.

65. Beendigung des GAV durch einvernehml Aufhebung, Zeitablauf, Kündigung, §§ 296, 297 AktG, Liquidation des OrgT (FG Hbg EFG 89, 428), außerdem §§ 304 V, 305 V AktG, Überblick über die Beendigungsgründe bei *Gerth* BB 78, 1497. Eine Kündigung aus wichtigem Grund ist auch innerhalb der stl 5-Jahres-Frist unschädl (s Nr 4 u Anm 71). Diese Kündigungsmöglichkeit muß nicht ausdrückl im Vertrag erwähnt sein. ME ist jedoch Parallelität von Zivil- und Steuerrecht insoweit erforderl, als der GAV beendet werden muß. Was wichtiger Grund ist, kann allerdings iSv Nr 4 eine andere Auslegung erfahren als iSv § 297 AktG; liegt stl ein wichtiger Grund, zuvilrechtl aber kein wichtiger Grund vor, so muß der stl wichtige Grund ggf von einer einvernehml Auflösung des Vertrags begleitet werden.

66. Vertrag nach **291 I 2 AktG** (Führung eines Unternehmens für Rechnung eines anderen Unternehmens) steht GAV auch stl gleich. GAV mit einer eingegliederten AG iSv **§ 324 AktG** ist ausreichend.

67. Nr. 4: Besondere stl Bedingungen für den GAV (dazu auch Nr 5, s Anm 76; Nr 4 wurde mit Wirkung ab VZ 1991 durch das StÄndG 1992 neugefaßt; s Anm 2): Vertragsabschluß auf 5 Jahre (Zeitjahre = 5 × 12 Monate; so GmbHR 77, 96; *Walter* GmbHR 95, 649; aA *Bödefeld/Krebs* FR 96, 157: 5 Wirtschaftsjahre); das erste Jahr, für das der GAV wirksam wird, zählt mit, auch wenn der GAV erst zum Jahresschluß vereinbart wird (A 55 II KStR); die 5-Jahres-Bindung muß vom ersten Jahr an bestehen; tatsächl 5-jährige Durchführung eines GAV auf unbestimmte Zeit ist nicht ausreichend. Wird die 5-Jahres-Bindung im 2. Jahr der Org vereinbart, zählen von diesem Zeitpunkt an die 5 Jahre; im ersten Jahr keine Org. Nach Ablauf der vereinbarten 5 Jahre keine bestimmte zeitl Bindung mehr erforderl (FinVerw 1977 StEK KStG 1977 § 14 Nr 7).

68. Der GAV mußte **bis VZ 1990 spätestens** am **Ende** des **Wj** der OrgGes, das erstmals der Org unterliegen soll, wirksam werden. Unter der Bedingung der Wirksamkeit wirkte er sodann auf den Beginn des Wj zurück (A 55 I, II KStR). Alle zivilrechtl Wirksamkeitsvoraussetzungen mußten vorliegen; schwebende Unwirksamkeit reichte nicht aus (aA *Bacher/ Braun* BB 78, 1177). War der Antrag auf Eintragung im HReg rechtzeitig gestellt, so mußte dies, lagen alle sonstigen Voraussetzungen vor, genügen, da nicht der Arbeitsablauf bei dem Register über die Wirksamkeit der Org entscheiden konnte (*H/H/R* § 14 Anm 221; Anm 58; DB 75, 572; aA BFH BStBl II 88, 76; Nds FG EFG 84, 366).

Ab 1991 muß der GAV bis zum Ende des Wj der OrgGes, für das er erstmals gelten soll, abgeschlossen sein, während es reicht, daß die **Wirksamkeit** erst bis zum **Ende** des **folgenden Wj** eintreten muß. Die Neufassung der Nr 4 (s Anm 2, 67) berücksichtigt die durch die BGH-Rspr geforderten gesteigerten Formerfordernisse und die vorstehend zitierte BFH-Rspr, die – vor der Neufassung – die Wirksamkeit im ersten Wj verlangte (BT-Drucks 12/1108, 67). Abgeschlossen heißt, daß die vertragl Vereinbarung im Wortlaut vollständig vorliegen muß. Außerdem versteht der Sprachgebrauch unter „abgeschlossen", daß der Vertrag von beiden Seiten gezeichnet sein muß. Die Bevollmächtigung der Zeichner, die Ge-

Vorzeitige Beendigung 69–71 § 14

nehmigung durch die Organe der OrgGes und des OrgT, die Eintragung im Handelsregister, dh die weiteren Wirksamkeitsbedingungen für den gezeichneten und durchformulierten Vertrag, können im nachfolgenden Wj folgen. Spätestens am Ende des nachfolgenden Wj muß der Vertrag voll wirksam sein. Die Grenzziehung zwischen dem abgeschlossenen Vertrag und dem wirksamen Vertrag ist mangels interpretierender Rspr nicht gesichert. Für die Gestaltungspraxis ist empfehlenswert, möglichst viele Wirksamkeitsbedingungen, insbesondere auch die Genehmigungen, in das erste Wj hineinzuverlagern. Für das 2. Jahr reicht es jedenfalls nicht, wenn erst der Antrag auf Eintragung gestellt ist (BMF DB 94, 506). Zum GAV bei der **GmbH** s § 17 Anm 7 ff.

69. Geht der OrgT im Wege der **Gesamtrechtsnachfolge** (Umwandlung, Verschmelzung, Erbfolge) auf einen anderen Träger unter Fortbestand des GAV über, so wird die 5-Jahres-Laufzeit nicht unterbrochen (s auch Anm 33; A 54 KStR); das gleiche gilt mE bei **unentgeltl Einzelrechtsnachfolge** (s Anm 33). Neuabschluß des GAV zu einem Unternehmen, das aufgrund einer Gesamtrechtsnachfolge übernommen wurde (Umwandlung, Verschmelzung, Erbfolge), wirkt zurück auf den Beginn des Wj der OrgGes, auch wenn dieser Beginn zeitl noch in die Zeit des Rechtsvorgängers fällt (vgl dazu A 54 KStR). Die Eingliederungsvoraussetzungen müssen auch in diesen Fällen vom Beginn des Wj der OrgGes an vorliegen (A 54 II KStR).

70. Nr 4: Durchführung: Die Org muß 5 Jahre (Zeitjahre; s Anm 67) durchgeführt werden (Nr 4 S 2); auch anschließend ist die Durchführung Tatbestandsmerkmal. Die Neufassung der Nr 4 (Anm 2, 67) präzisiert – keine Änderung gegenüber dem bisherigen Recht – die Bedingung der Durchführung dahingehend, daß sie während der gesamten Geltungsdauer des GAV gegeben sein muß; der GAV muß also nicht ab dem Zeitpunkt, zu dem alle Wirksamkeitsbedingungen vorliegen (s Anm 68), sondern ab dem Zeitpunkt, ab dem er gelten soll, durchgeführt werden. Die Nichtdurchführung in den ersten 5 Jahren ist schädl mit Rückwirkung auf den Beginn der 5 Jahre (A 55 IX KStR). Lagen bestandskräftige oder rechtskräftige Veranlagungen vor, erfolgt eine Änderung nach § 175 I Nr 2 AO. Nichtdurchführung während der ersten 5 Jahre führt zur Notwendigkeit einer neuen 5-jährigen Durchführung und (!) zur erneuten oder fortbestehenden Vereinbarung einer 5-jährigen Laufzeit; Nichtdurchführung nach durchgeführten 5 Jahren ist mE nur im Wj der Nichtduchführung schädl; keine Notwendigkeit zu einer erneuten 5-jährigen Durchführung (A 55 IX KStR).

71. Vorzeitige Beendigung – vor Ablauf der 5 Jahre – ist unschädl, dh ohne rückwirkende Schädlichkeit, falls ein **wichtiger Grund** vorliegt (Nr 4 S 3). ME ein steuerlicher Begriff; er muß nicht identisch sein mit den zivilrechtl Gründen, die eine außerordentl Kündigung rechtfertigen (s dazu Anm 65). Wichtiger Grund: Veräußerung, Einbringung der OrgBeteiligung; Umwandlung, Verschmelzung, Liquidation des OrgT (FG Hbg EFG 89, 428: die Liquidation des OrgT beendet schon als solche die Org) oder der OrgGes (A 55 VII KStR); allerdings keine wichtigen Gründe in

§ 14 72, 73 Sondervorschriften für die Organschaft

diesen Fällen, falls zu Beginn feststand, daß keine 5-jährige Durchführung erfolgte, es sei denn, es handelte sich um Umwandlungsvorgänge (vgl A 55 VII KStR), Wegfall der Eingliederungsvoraussetzungen oder anderer Bedingungen der Org mit Ausnahme der Durchführung (so zB A 52 III KStR betr schädl Veräußerung bei einer PersGes als OrgT). Das KStG 1977 war ein wichtiger Grund zur Kündigung, sofern sie zum Ende des ersten nach dem 31. 12. 76 endenden Wj erfolgte (BdF BStBl I 76, 755 Tz 3.8). Die strengeren Zivilrechtsbedingungen für den GAV erlauben die Kündigung (§ 17 Anm 7). Die Beendigungsmöglichkeit aus wichtigem Grund berührt nicht die zeitl Bedingungen, daß die OrgVoraussetzungen im ganzen Wj der OrgGes vorliegen müssen (s Anm 33). Die Kündigung aus wichtigem Grund sollte daher stets zum Ende des Wj der OrgGes ausgesprochen werden. Zur optimalen Bildung von RumpfWj s Anm 33, 34.

72. einstweilen frei

73. **Durchführung heißt** Vollziehung entspr den rechtl Vereinbarungen und steuerl Bedingungen. **Einzelheiten: Unschädl** für die Durchführung: Durchführung durch **Verrechnungen:** Bargeldzahlung nicht erforderl; bleibt die Forderung oder Schuld stehen, s Anm 74 zur Schädlichkeit. – **Umwandlung** in **Einlage** des OrgT in die OrgGes „Führ-ab-Hol-zurück-Verfahren". – Verletzung der **Formvorschriften** gem § 293 III S 2–IV AktG, soweit die zivilrechtl Wirksamkeit des GAV unberührt bleibt. – Minderung des abzuführenden Gewinns durch **vorvertragl Verluste** (A 55 XVI KStR). – Freiwilliger Ausgleich vorvertragl Verluste. – Verwendung **vorvertragl Rücklagen** für die gesetzl Rücklage oder für eine Umwandlung in NennKap. – Bildung **gesetzl Rücklagen** gem § 300 AktG (A 55 XVI KStR); gilt entspr für GmbH. – **Vereinbarungen** im GAV über Rücklagebildung, Gewinnermittlung, die sich im Rahmen der Vorschriften halten, die Handels- und StR für den abzuführenden Gewinn oder den auszugleichenden Verlust setzen. – **Rücklagen** gem **§ 14 Nr 5,** sofern sie im GAV nicht angesprochen sind (*L/Gassner* § 14 Anm 111); empfehlenswert ist allerdings, die Rücklagebildung im GAV vorzusehen; schädl ist die Bildung von Rücklagen gem § 14 Nr 5, sofern sie im GAV ausgeschlossen sind (aA DB 77, 699). – Abführung vorvertragl **stiller Reserven,** die während der Org realisiert werden (A 57 IV KStR). – Abführung vorvertragl Rücklagen bei eingegliederten Ges iSv **§§ 319– 327 AktG** (A 57 V KStR). – **Ausschüttung** vorvertragl Rücklagen oder Gewinnvorträge aufgrund eines ordnungsgemäßen Ausschüttungsbeschlusses (A 57 IV KStR), und zwar einschließl ausgelöster KStMinderung; schädl nach FinVerw DB 94, 1546 jedoch, wenn die Ausschüttung durch nachvertragl Einlagen ermöglicht wird; aA *Willenberg/Welte* DB 94, 1688. – Abführung von **Zuschüssen** und **Zuzahlungen** der AntE an die OrgGes während der Org (Anm 60) – **VGa** an den OrgT sind unschädl (A 57 VI KStR), nicht aber bei „Ausschüttungen" des StammKap (Verstoß bei GmbH gegen § 30 GmbHG). – **Vorauszahlungen** auf die Verpflichtung nach dem GAV. – **Einlagen** sind unschädl. – Ebenso **Konzernumlagen,** auch StUmlagen (dazu Anm 84). – **Teilbetriebsveräußerung** (s Anm 63). – Anhaltende **Verluste** der OrgGes (A 55 VI KStR; merkwürdig, da of-

Gewinnrücklagen 74–76 **§ 14**

fenb die Frage, ob die OrgGes noch eine steuerliche Einkunftsquelle darstellt, nicht zu stellen ist). – **Kündigung** des GAV aus wichtigem Grund s Anm 71.

74. Schädl für die Durchführung: Verletzung der **5-Jahres-Bindung** der Nr 4; Aufhebung, Kündigung ohne wichtigen Grund (A 55 VI KStR; dazu Anm 71). – **Nichtabführung** des Gewinns, Nichtübernahme des Verlustes gem GAV, auch durch zu hohe, stl unzulässige Reservebildung bei der OrgGes. – Abführung nur eines **Teilgewinns** bzw Übernahme nur eines Teilverlusts. – Vereinbarung durch OrgT, daß **Gewinn** sofort an einen **Dritten**, einen AntE der OrgGes, weiter abgeführt wird, so BFH BStBl II 76, 510; zw Entscheidung, nach *L Schmidt* FR 76, 361 fehlte im entschiedenen Fall bereits die finanz Eingl. – **Verzicht** auf Gewinnabführung oder Verlustausgleich; das gilt auch im Rahmen des § 302 III AktG, der nur eine zivilrechtl Möglichkeit eröffnet; das gleiche gilt für einen **Vergleich;** vgl *Jurkat* Anm 542 f. – **Stundung** der Forderung oder Verpflichtung aus dem GAV, ebenso Verrechnungsabreden mit zukünftigen Gegenansprüchen; anders nur – also Unschädlichkeit –, wenn die Ansprüche angemessen verzinst und – falls dies nach Laufzeit und Bonität des Schuldners angemessen wäre – mit einer Sicherheit ausgestattet werden. – Bildung von **Rücklagen** über § 14 Nr 5 hinaus. – **Abführung** von vorvertragl Gewinnvorträgen oder **Rücklagen** (s A 55 V KStR). – **Verlustverrechnung** mit vorvertragl Gewinnvorträgen oder -rücklagen. – Verrechnung **nichtabzb Aufwendungen** mit vorvertragl Gewinnvorträgen oder -rücklagen (A 55 IV KStR). – **Nichtordnungsmäßigkeit** der Buchführung ist nur dann schädl, wenn durch die Buchführung nicht mehr sichergestellt ist, daß der ganze Gewinn abgeführt wird; formelle Mängel, mangelnde Aktivierung von Leistungen an den OrgT berühren mE die Gewinnabführung dann nicht, wenn die vGA nichts anderes ist als eine Vorauszahlung auf den GAV (glA *Frotscher/M* § 14 Anm 125); die KStR kennen die Bedingung der ordnungsgemäßen Buchführung nicht; anders früher OrgErl BStBl I 72, 2 Tz 21, 23. Die **Nichtigkeit** des **Jahresabschlusses** der OrgGes ist ebenfalls nur dann schädl, wenn durch die zur Nichtigkeit führenden Mängel nicht mehr sichergestellt ist, daß der ganze Gewinn abgeführt wird. – Schädl ist **innerhalb der 5 Jahre** auch die zivilrechtl gültige **Aufhebung**. – Ebenfalls mE **Kündigungsgründe** im GAV für den 5-Jahres-Zeitraum der Nr 4, die, falls ausgeübt, nicht wichtige Gründe iSv Nr 4 darstellen; hier fehlt die geforderte 5-Jahres-Bindung. – Die Org zwischen **GmbH & Co** und ihrer Komplementär-GmbH soll nach *Popp* DStR 75, 513 an der Durchführung scheitern. – S auch die Fälle zur Unschädlichkeit oben Anm 73.

75. Nicht jeder **kleine Verstoß** gegen das Durchführungsgebot hindert oder zerstört die Org; angesichts der Gewichtigkeit der Rechtsfolge muß auch der Verstoß von einigem Gewicht sein (*Jurkat* Anm 547).

76. Nr 5: Begrenzung der freien Rücklagebildung. Das StÄndG 1992 (Anm 2) ersetzte den Begriff der freien Rücklage durch den der Gewinnrücklage (§ 272 III HGB); redaktionelle Änderung (BT-Drucks 12/1108, 67). Soweit die gesetzl Bedingung gegeben ist, dürfen Gewinnrücklagen gebildet werden. Keine handelsrechtl, nur steuerliche Bedingung, und zwar mittels eines unbestimmten Rechtsbegriffs (BFH BStBl II 81, 336). Konkreter wirtschaftl Grund erforderl, zB Betriebsverlegung, Werkserneuerung, Liquiditätsgründe, Kapazitätsausweitung (A 55 VI KStR; Einzelheiten *Selchert* DB 77, 27). Die Rspr ist nicht eng (vgl BFH BStBl II 81, 336; positiv *Döllerer* ZGR 82, 578; *E Schmidt* FR 82, 139); die Aufzählung der KStR enthält nur Beispiele (BFH BStBl II 81, 336). Die OrgGes hat einen Beurteilungsspielraum (BFH aaO). Allein die bezweckte Umsatzausweitung ist kein Grund für Rücklagen (FinVerw 1973 StEK KStG § 7a Nr 14); wohl aber dann, wenn durch die Rücklagebildung ein erhöhtes Risiko aus der Geschäftsausweitung aufgefangen werden soll (BFH BStBl II 81, 336 u FG Nds EFG 77, 397 betr Risiko aus einem Versicherungsgeschäft, dazu auch *Reichel* Inf 81, 269). Der ausreichende Zweck muß bei der Bildung der Rücklage gegeben sein; spätere Änderung oder Zweckverfehlung ist unschädl, gleichgültig, ob die Rücklage sodann aufgelöst – und abgeführt – wird oder nicht. Nicht schädl ist die spätere Umwandlung in NennKap (FG NDs EFG 77, 397, bestätigt durch BFH BStBl II 81, 336). Der Zweck muß in angemessener Zeit angestrebt werden; weitgehend Sache der unternehmerischen Planung; hier kann das FA den Unternehmer nicht ersetzen. Nicht ausreichend ist die gewohnheitsmäßige Bildung von Rücklagen (BFH BStBl II 81, 336).

77. Der **GAV** muß die gesetzl Bedingung der Nr 5 nicht enthalten (s dazu aber Anm 73).

78. Nr 5 gilt nicht für **stille** handelsrechtl zulässige **Rücklagen,** die nur stl als offene Rücklagen durch passive Ausgleichsposten ausgewiesen werden (A 55 VI KStR). Die Beschränkung der Nr 5 gilt nicht für handels- und steuerrechtl **Bewertungsrechte,** für Rücklagen gem **§ 247 III HGB** (Sonderposten mit Rücklagenanteil, zB § 6b EStG, A 35 EStR); A 55 VI KStR.

79. einstweilen frei

80. Rechtsfolgen der Org: Zusammenrechnung von Einkommen der OrgGes und Einkommen des OrgT; Rechtsfolge ist zwingend; kein Verzicht oder Wahlrecht, im Wege der Gestaltung kann jederzeit die Rechtsfolge gehindert werden. Einkommenszurechnung ist steuerliche Rechtsfolge; keine Behandlung als betriebl Vorgang (s insbes BFH BStBl II 75, 126; *H/H/R* § 14 Anm 62; *Birkholz* BB 75, 174; *Schmidt/Müller/ Stöcker* Anm 488 ff; aA zB *Keuk* StuW 75, 66; *Bruns* FR 75, 541, 570; DB 77, 650 – dagegen *Brezing* DB 76, 1030; 77, 653 –; *Storck* StuW 76, 217; auch *Wassermeyer* StbJb 92/93, 219 geht von einem betriebl Vorgang aus, der durch die gesetzl Regeln der Org zu korrigieren ist). Ist OrgT eine **Mitunternehmerschaft,** wird das OrgEinkommen nach Vereinbarung der Mitunternehmer, ggf nach dem allg Gewinnverteilungsschlüssel, zugerechnet (glA *Jurkat* Anm 746 ff; *Jansen/Stübben* DB 84, 1499; vorrangig allg Gewinnverteilungsschlüssel nach *Schmidt/Müller/Stöcker* Anm 505).

81. Einkommen der **OrgGes** s § 15 Anm 3 ff. StPfl der OrgGes s § 15 Anm 3. **Ausgleichszahlungen** s § 16 Anm 3.

Verlustklauseln **82–87 § 14**

82. Einkommen des OrgT: Es gelten die **allg Vorschriften**. Nachfolgend Besonderheiten. **Verträge,** Lieferungen, Leistungen, Gewinnerverwirklichungen zwischen OrgT und OrgGes sind anzuerkennen; **§ 6b EStG,** A 35 EStR usw gelten auch bei Gewinnverwirklichung gegenüber OrgT. **GesSt** bei Verlustübernahme ist abzugsfähig (A 57 VIII KStR). **Rückstellungen** sind auch bei Risiko gegenüber der OrgGes mögl. Keine Rückstellungen allerdings bei OrgT für **OrgVerluste** (BFH BB 74, 1238; BStBl II 77, 441; A 58 II KStR; *Kropff,* FS Döllerer, 1988, 349; aA *Clausen/Raupach* BB 74, 689; *Raupach* BB 74, 1238; *Keuk* StuW 75, 64; *Storck* StuW 76, 217; *Wassermeyer* StbJb 92/93, 219 bejaht die Rückstellungsmöglichkeit, korrigiert sie jedoch aufgrund von § 14).

83. Zinsen für Erwerb von OrgBeteiligungen sind abzugsfähig (A 58 I KStR); **Teilwertabschreibung** ist zulässig (A 60 I KStR; vgl dazu *Wassermeyer* StbJb 92/93, 219). Kauf, Auflösung und Abführung von stillen Reserven einer OrgGes sollen nach früherer Ansicht der FinVerw nicht durch Teilwertabschreibung neutralisierb sein (A 60 II KStR 1977; **passiver Ausgleichsposten**). Abl zutr FG D'dorf EFG 90, 77; *H/H/R* § 14 Anm 91; *Jurkat* Anm 731 ff; *Birkholz* FR 71, 552; *S Schröder* StBp 77, 37; *Schmidt/Müller/Stöcker* Anm 626 ff; *Braun* BB 81, 1086. Die gekauften stillen Reserven sind bei dem Veräußerer steuerlich zu erfassen; innerhalb der Org können sie nicht anders wirken als ein erfolgsneutraler Aktiventausch. Mit den KStR 1981 hat die FinVerw ihre Ansicht geändert (A 60 KStR 1981); hiernach ist nur noch § 50c EStG zu berücksichtigen, wobei eine Gewinnabführung einer Gewinnausschüttung gleichsteht (R 227d II EStR). Die Meinungsänderung der FinVerw ist auch für VZ vor der Geltung des § 50c EStG beachtl (aA FinVerw 1982 StEK KStG 1977 § 14 Nr 5; erst ab Geltung des § 50c EStG).

84. Konzernumlagen, auch StUmlagen (USt, GewSt, nicht KSt) sind anzuerkennen (FinVerw 1961 StEK KStG § 6 Org Nr 7; 1964 Nr 19; 1964 Nr 21; 1986 StEK KStG 1977 § 14 Nr 10). Zur Berechnung von GewStUmlage *Ruppert* FR 81, 53, 77.

85. VGa: Korrektur nach allg Vorschriften (vgl § 15 Anm 9; s auch Anm 73 u § 8 Anm 150 „Org"); eine DoppelBel ist auf jeden Fall zu vermeiden; ggf ist das Einkommen der OrgGes zu korrigieren (vgl hierzu auch BFH BStBl II 87, 455; BFH/NV 87, 468).

86. Übernimmt OrgT vorvertragl **Verluste,** so liegen Einlagen vor, die auf dem Beteiligungskonto zu aktivieren sind (BFH BStBl III 55, 187; A 61 KStR; s auch § 15 Anm 9). Verzicht auf Verlustübernahme kann vGa sein (vgl § 8 Anm 150 „Gewinnabführungsvertrag"). **Abführung** vorvertragl versteuerter stiller **Rücklagen** (Beisp: handelsrechtl AfA war höher als stl) unterliegt der OrgRegelung; keine Abspaltung eines Beteiligungsertrags.

87. Bei Verlustklauseln, die mit Vergünstigungen verbunden sind, die der OrgT in Anspruch nimmt (zB § 7a VI EStG 1979), kommt es auf die Verhältnisse des OrgT vor der Einkommenszurechnung an. Ordnungsmäßigkeit der Buchführung ist unabhängig von der Ordnungsmäßigkeit der Buchführung der OrgGes.

88. Bilanzänderung (§ 4 II EStG) s § 15 Anm 10.

89. Vermeidung der DoppelBel/Ausgleichsposten.

Aus dem **Schrifttum**: *Bruns* u *Brezing* DB 77, 650 Grundsatzdiskussion; *Palitzch,* Der besondere Ausgleichsposten beim OrgT nach den KStReform, StBp 78, 181; *Tesdorpf* StBp 81, 82; *Dantzer,* Sind die besonderen Ausgleichsposten nach A 59 KStR 1977 erforderl? StBp 83, 176; dazu Erwiderung v *Hübel* StBp 84, 11 u *Dantzer* StBp 84, 149; *Hübel* StBp 91, 151; *Dötsch* GmbHR 91, 121; dazu *Hübel* GmbHR 91, 475; dazu *Dötsch* GmbHR 91, 477; *Dreissing* BB 92, 816; *Dötsch,* Die besonderen Ausgleichsposten bei der Org – Ein kompliziertes Regelungsgebäude ohne Rechtsgrundlage, DB 93, 752; *Wassermeyer,* Teilwertabschreibung bei Org – Systembedingte Folge oder Denkfehler? StbJb 92/93, 219.

90. Die Org bezweckt die Beseitigung der DoppelBel; folgl ist bei der Besteuerung sorgsam darauf zu achten, daß jede **DoppelBel ausscheidet.** Die Verfahren sind umstr; nachfolgend **Rpr** und **hL** (insbes BFH BStBl II 75, 126; *H/H/R* § 14 Anm. 72 ff): Das Einkommen der OrgGes bleibt unkorrigiert; allerdings muß bei seiner Ermittlung Gewinnabführung und Verlustübernahme als Gewinnverwendung bzw als Einlage gewertet werden (§ 15 Anm 9). Das Eink des OrgT wird außerhalb der Bilanz korrigiert: die Gewinnabführung wird wie eine steuerfreie Einnahme abgerechnet; die Verlustübernahme wird entweder durch einen Passivposten bilanztechnisch neutralisiert oder in der Bilanz überhaupt nicht berücksichtigt. Im übrigen muß durch **aktive** oder **passive Ausgleichsposten** sichergestellt werden, daß eine DoppelBel nicht eintritt; die Verwendung der Ausgleichsposten wird von diesem **Zweck** bestimmt. Die Höhe der Ausgleichsposten wird durch den Betrag festgelegt, der vor der DoppelBel gesichert werden soll; hiernach beantwortet sich auch die Frage, ob bei nicht 100 vH-Beteiligung anteilsmäßige Ausgleichsposten zu bilden sind (dazu BFH BStBl II 96, 614, A 59 I KStR folgend; *Krebs* FR 96, 857). Aktive und passive Ausgleichsposten, die in der Org der Verhinderung der DoppelBel dienen, können zusammengefaßt und auch verrechnet werden. Bilanzänderungen bei OrgGes rechtfertigen die Änderung von Ausgleichsposten im Wege der Bilanzänderung beim OrgT. S hierzu A 59 KStR. Zur Kritik s insbes *Dötsch* DB 93, 752, der die Zwecke der Ausgleichsposten durch verdeckte Einlagen erreichen will.

91. Bei der **Beendigung** der **Org** bleiben die **Ausgleichsposten** bestehen, sofern sie noch erforderl sind, eine noch drohende DoppelBel zu vermeiden. Zur Behandlung der Ausgleichsposten bei der Beendigung s die Diskussion *Dötsch* GmbHR 91,121, 477; *Hübel* GmbHR 91, 475. Kritik s *Wassermeyer* StbJb 92/93, 219.

92. Anwendungsfälle (vgl auch A 59 KStR): Versteuert der OrgT Vermögensmehrungen der OrgGes, die nicht abgeführt wurden (gesetzl Rücklage, zulässige freie Rücklagen), so bildet der OrgT erfolgsneutral in gleicher Höhe aktive Ausgleichsposten, die erfolgswirksam aufzulösen sind, falls der versteuerte Ertrag später abgeführt oder die Beteiligung an der OrgGes veräußert wird. Entspr sind passive Ausgleichsposten zu bilden, falls der Gewinn, der abgeführt wird, handelsrechtl das zu versteuernde Einkommen übersteigt. Keine Ausgleichsposten, falls der Unterschied von abgeführtem Gewinn und zuzurechnendem Einkommen die Folgewirkung

Mitunternehmerschaft 93–100 § 14

von Geschäftsvorfällen der Vororganschaftszeit ist. Einzelheiten s BdF-Schreiben BStBl I 81, 44 betr kstrechtl Behandlung von Mehr- und Minderabführungen bei organschaftl verbundenen Unternehmen. Zur kstrechtl Behandlung vorvertragl versteuerter stiller Rücklagen von OrgGes s *Schröder* StBp 86, 269. Zur handelsrechtl (nicht strechtl) Auflösung einer § 6 b-Rücklage bei der OrgGes und zur Abführung des dadurch entstandenen Gewinns an den OrgT s FinVerw 1986 StEK KStG 1977 § 14 Nr 9. Zur Behandlung der Ausgleichsposten im Verkaufsfall s FG München EFG 93, 545; dazu *Krebs* BB 96, 1301.

93. Verlustausgleich zwischen Einkommen von OrgGes und OrgT mögl. **Verlustabzugs**möglichkeiten beim OrgT: Rücktrag/Vortrag des eigenen vor- oder nachvertragl Verlusts in einem VZ vor, in oder nach der Org. Rücktrag/Vortrag eines nicht ausgeglichenen OrgEinkommens in einen VZ vor, in oder nach der Org.

94. Spenden: Gesonderte Ermittlung der Höchstbeträge; keine Zusammenrechnung oder Spitzenausgleich mit dem Höchstbetrag der OrgGes. S auch § 15 Anm 13 u § 9 Anm 17, 20.

95. Tarif/Steuerart: OrgT maßgebend; Einkommen einer GmbH unterliegt zB bei einer natürl Person als OrgT der ESt. Zur Weiterleitung von StVergünstigungen und StBefreiungen von der OrgGes an den OrgT s § 19. StErmäßigung nach dem BerlFG, s Sonderregelung in § 24 BerlFG u ABC „BerlFG".

96. Die Besteuerung beim OrgT kann zur Anwendung von **Tarifvergünstigungen** uä führen, die die **OrgGes selbst nicht** hätte in Anspruch nehmen können. Bei Betriebs- oder Teilbetriebsveräußerung bzw einem Tatbestand des § 16 I EStG bei der OrgGes ist § 34 EStG bei OrgT anzuwenden, sofern OrgT eine natürl Person oder eine Mitunternehmerschaft ist, soweit hieran natürl Personen beteiligt sind (*H/H/R* § 19 Anm 11; *Schmidt* StuW 69, 456; *Schmidt/Müller/Stöcker* Anm 607; *Birkholz* FR 71, 552; aA A 65 III KStR; BFH BStBl II 92, 817 u Vorinstanz Hess FG EFG 86, 578; *Jurkat* Anm 701 ff).

97. OrgT im **AnrV** s §§ 36, 37.

98. Zeitl Zurechnung: Einkommen von OrgGes und OrgT werden jeweils unmittelb nach § 7 IV dem VZ zugerechnet (BFH BStBl II 75, 126; A 57 III KStR). Beisp: Wj OrgT 1. 4.–31. 3.; OrgGes 1. 6.–31. 5.; beide in 1996 endenden Wj sind dem VZ 1996 zuzurechnen; unzutr: Zurechnung des Einkommens der OrgGes dem Wj des OrgT und mit diesem Zurechnung zu einem VZ (so Rspr vor 1969 u heute ein Teil der Lehre, s Anm 80). Enden in einem Kj mehrere Wj der OrgGes, kann die OrgGes mit dem Ergebnis eines Wj stpfl, mit dem Ergebnis eines anderen nicht stpfl sein, je nachdem, ob die Org für das Wj eingreift oder nicht.

99. Verfahrensfragen: Kein besonderes Feststellungsverfahren für die Anerkennung der Org und für OrgEinkommen; Feststellung erfolgt im Veranlagungsverfahren des OrgT.

100. Ist der **OrgT** eine **Mitunternehmerschaft,** ist das zuzurechnende Einkommen im gesonderten Gewinnfeststellungsverfahren (§ 180 AO) festzustellen, allerdings gesondert von dem unmittelbaren Einkommen der Mitunternehmerschaft (Einzelheiten FinVerw 1976 KStG § 7 Nr 18). *H/H/R* § 14 Anm 64 lehnen die Zulässigkeit der gesonderten Feststellung ab, da die AO nur eine gesonderte Feststellung von Eink, nicht aber von Einkommen kenne; uE eine allzu enge und formale Argumentation, da der Zweck des § 180 AO sicher auch eine gesonderte Feststellung des OrgEinkommens fordert. Verteilungsmaßstab s Anm 80.

101. Zuständig ist das FA des OrgT.

102. Gescheiterte Org: Gewinnabführungen ohne Voraussetzungen der Org sind Ausschüttungen; da kein ordnungsmäßiger Ausschüttungsbeschluß vorliegt, nimmt der BFH vGA an (BFH BStBl II 70, 257, 554; II 74, 323; II 75, 126; II 76, 516; II 88, 76; II 90, 24; BFH/NV 91, 121). Auch bei den Vorschriften des AnrV ist die Gewinnabführung nach der BFH-Rspr als Ausschüttung anzusehen, die nicht auf einem gesellschaftsrechtl Beschluß beruht (*L Schmidt* GmbHR 77, 18 f; *Krebs* JbFfSt 77/78, 387). Verlustübernahme bei gescheiterter Org führt zu verdeckten Einlagen (BFH BStBl II 90, 797: Teilwertabschreibungen mögl; zustimmend *Knepper* BB 91, 1607; *Wichmann* BB 92, 394; krit *Laengner* BB 91, 1239; *Sturm* DB 91, 2055 zu den Vorteilen der verunglückten Org bei Verlusten s *Gonnella/Starke* DB 96, 248). Soweit das Scheitern Rückwirkung hat (s Anm 70), sind bestands- oder rechtskräftige Veranlagungen zu berichtigen (§ 175 I Nr 2 AO). Die OrgGes ist regelmäßig erstmals zu veranlagen (A 55 IX KStR).

§ 15 Besondere Vorschriften zur Ermittlung des Einkommens der Organgesellschaft

Bei der Ermittlung des Einkommens der Organgesellschaft gilt abweichend von den allgemeinen Vorschriften folgendes:
1. Ein Verlustabzug im Sinne des § 10d des Einkommensteuergesetzes ist nicht zulässig.
2. ¹Die Vorschriften eines Abkommens zur Vermeidung der Doppelbesteuerung, nach denen die Gewinnanteile aus der Beteiligung an einer ausländischen Gesellschaft außer Ansatz bleiben, sind nur anzuwenden, wenn der Organträger zu den durch diese Vorschriften begünstigten Steuerpflichtigen gehört. ²Ist der Organträger eine Personengesellschaft, so sind die Vorschriften insoweit anzuwenden, als das zuzurechnende Einkommen auf einen Gesellschafter entfällt, der zu den begünstigten Steuerpflichtigen gehört.
3. ¹Die Vorschriften des § 8b Abs. 1 und 2 sind nur anzuwenden, wenn der Organträger zu den durch diese Vorschriften begünstigten Steuerpflichtigen gehört. ²Ist der Organträger eine Personengesellschaft, sind die Vorschriften nur insoweit anzuwenden, als das zuzurechnende Einkommen auf einen Gesellschafter entfällt, der zu den begünstigten Steuerpflichtigen gehört.

Nr 3 fehlte bis zur Ergänzung durch das G v 21. 12. 93 (Anm 2).

Körperschaftsteuerrichtlinien: Abschnitte 61, 62

Verlustklauseln 1–8 § 15

Übersicht

1. Allgemeines
2. Geltungszeit
3.–15. Einkommensermittlung der OrgGes; Allgemeines
16. Verlustabzug (Nr 1)
17., 18. Internationales Schachtelprivileg (Nr 2)
19. § 8 b (Nr 3)

1. Allgemeines:

Schrifttum: s § 14 Anm 1.

§ 15 enthält Besonderheiten zur Ermittlung des Einkommens der Org-Ges. Allg zur Org s § 14 Anm 1.

2. Geltungszeit: § 15 gilt ab 1. 1. 77 (§ 54 idF des KStG 1977). § 15 übernimmt – geändert – § 7 a II KStG aF vor 1977. Nr 3 wurde durch das StMBG v 21. 12. 93 (BGBl I 93, 2310; BStBl I 94, 50) angefügt; zum Inkrafttreten s § 54 VI c idF des G v 21. 12. 93.

3. Allg zur OrgGes und zur **Ermittlung** des **Einkommens:** OrgGes bleibt **subj stpfl**. **Buchführung** und Bilanzierungs**pflichten** werden ebensowenig eingeschränkt wie die **allg** abgaberechtl **Pflicht** aus dem Steuerschuldverhältnis. OrgGes kann selbst **OrgT** einer weiteren OrgGes sein; sie reicht deren Einkommen weiter an ihren OrgT. Bei der Anwendung von StNormen ist von der unbeschr Stpfl der OrgGes auch dann auszugehen, wenn der OrgT beschr stpfl ist (Fall des § 18; zB bei §§ 3 AIG, 16 BerlFG).

4. Die Tatbestandsvoraussetzungen für **Steuervergünstigungen** (zB InvZulG) müssen bei der OrgGes vorliegen; da sie selbständiges Steuersubj bleibt, können fehlende Merkmale nicht von dem OrgT hergeleitet werden. Zur Weitergabe der Vergünstigungen an den OrgT s § 19.

5. Das Einkommen der OrgGes wird nach **allg Vorschriften** ermittelt (BFH BStBl II 75, 126). Auflösung stiller Reserven, auch aus vorvertragl Zeit, erhöht das Einkommen (A 57 IV KStR). Vertrag, Lieferungen, Leistungen, Gewinnverwirklichungen zwischen OrgGes und OrgT sind anzuerkennen; wenn vGa s u Anm 9; § 6 b EStG, R 35 EStR usw gelten auch bei Gewinnverwirklichung gegenüber OrgT. Rückstellungen sind mögl bei Risiken gegenüber dem OrgT. Teilbetriebsveräußerung s § 14 Anm 63, 96 u A 57 VII KStR. Zu § 2 a I, III EStG s *Grützner* GmbHR 95, 502.

6. Der **Geschäftsführer,** Vorstand der OrgGes, bezieht Eink aus nichtselbst Tätigkeit; GmbH & Co KG-Grundsätze sind nicht anzuwenden. Pensionsrückstellung ist mögl.

7. Konzernumlage nach § 14 Anm 84.

8. Verlustklauseln nach § 7 a VI EStG aF und Förderungsgesetzen sind so anzuwenden, als ob keine Org bestehe. Es kommt auf die Verhältnisse der OrgGes an. Sind die Bedingungen der §§ 1, 2 EntwLStG bei der OrgGes gegeben, so sind sie bei der Ermittlung des Einkommens der OrgGes anzuwenden (FinVerw 1973 StEK KStG § 7 a Nr 15).

9. Offene und verdeckte **Gewinnausschüttungen** dürfen das Einkommen nicht mindern; das gilt auch für Leistungen aufgrund des GAV (BFH BStBl II 75, 126; A 57 I, VI KStR). VGa sind nach allg Grundsätzen zu behandeln; um sie ist das Einkommen der OrgGes so zu berichtigen, daß sich die vGa nicht mehr auswirkt. Der zum ordnungsgemäßen Handeln verpflichtete Geschäftsführer (dazu § 8 Anm 65) einer OrgGes handelt auch dann pflichtwidrig, wenn er sich vorrangig von dem Interesse des OrgT leiten läßt (BFH BStBl II 85, 18 mit HFRAnm 85, 30; teilw anders FG D'dorf EFG 80, 305). Nds FG EFG 79, 569 will die vGa eines originären Geschäftswerts im Organkreis nicht erfassen. Aus Vereinfachungsgründen kann mE auf eine Korrektur verzichtet werden, wenn die stl Erfassung in der Org gesichert ist (glA *Thiel* StKongrRep 71, 179, 203). Zur Problematik der vGa einer OrgGes an eine außerhalb des OrgKreises stehende SchwesterGes s *Korn,* Steuer- und Rechtspraxis der Mitunternehmer, 1980, Anm 298. Verlustübernahme außerhalb Org ist Einlage; s § 14 Anm 86; Verzicht auf Verlustübernahme als vGa s § 8 Anm 150 „Gewinnabführungsvertrag"; s dort auch „Org".

10. Bilanzänderung (§ 4 II EStG), jeweils bei OrgGes und OrgT gesondert zu entscheiden; Bilanzänderung bei einer Ges berechtigt jedoch zur Bilanzänderung bei anderer Ges, falls ein Zusammenhang besteht.

11. Korrekturen zur **Beseitigung** der **DoppelBel** s § 14 Anm 89 ff. **Steuerbefreiungen** s § 19 Anm 9.

12. Das dem OrgT zuzurechnende Einkommen der OrgGes umfaßt alle **nichtabzb Aufwendungen.** Zum Problem Nachversteuerung nichtabziehb Ausgaben und Org s *Herzig* DStR 87, 671 mit Gestaltungsempfehlungen.

13. Spenden: Für OrgT und OrgGes sind gesondert die Höchstbeträge zu ermitteln; keine Zusammenrechnung und kein Spitzenausgleich. Umsätze der OrgGes sind ihr auch dann zuzurechnen, wenn sie wegen umsatzstl Org vom OrgT versteuert werden. Einkommen zur Berechnung der Höchstbeträge umfaßt zu versteuernde Ausgleichszahlungen. S auch § 14 Anm 94 u § 9 Anm 17, 20.

14. Ermäßigung nach §§ 21 ff **BerlinFG** s Sonderregelung in § 24 BerlinFG u ABC „Berlinförderungsgesetz".
AStG: Sind in dem dem OrgT zuzurechnenden Einkommen Eink nach § 7 AStG enthalten, ist der Bescheid nach § 18 AStG der OrgGes zuzustellen (BFH BStBl II 85, 199).
Tarifvergünstigungen s § 19 mit Anm.
Steuerabzugsbeträge s § 19 mit Anm.

15. AnrV s §§ 36, 37 mit Anm. GAV ist keine Ausschüttung, soweit § 14 Anwendung findet (BFH I R 156/93 v 5. 4. 95 BB 95, 1626), und zwar auch bei nachvertragl Abführungen für Jahre der bestehenden Org (BFH aaO); zu dieser Problematik, dh zur Abgrenzung Organschaft und Anrechnungsverfahren, s *Dötsch/Witt* DB 96, 1592; gescheiterte Org s § 14 Anm 102.

Begünstigter Organträger 16–19 **§ 15**

16. Verlustabzug (Nr 1): Anwendung des § 10d EStG ist unzulässig. Nr 1, soweit sie die vorvertragl Verluste betr, entspr dem vor 1977 geltenden Recht. Auf die Anwendung der Nr 1 kann nicht verzichtet werden (FinVerw 1992 StEK KStG 1977 § 15 Nr 3). Aus dem allg Ausschluß des § 10d EStG folgt, daß auch ein Verlustrücktrag in vorvertragl Zeit bei der OrgGes ausgeschlossen ist. Wird die Org beendet, kann ein Rücktrag in die Org nicht erfolgen. Zur Anwendung des § 10d EStG beim OrgT s § 14 Anm 93. Zum GAV unter der Bedingung des Verlustabzugs s § 14 Anm 57.

17. Internationales Schachtelprivileg (Nr 2): Es bestimmt, daß die Vorschriften eines DBA, nach denen die Gewinnanteile aus der Beteiligung an einer ausl Ges außer Ansatz bleiben, nur anzuwenden sind, wenn der OrgT zu den begünstigten Personen gehört. Diese Vorschrift betrifft das sog Internationale Schachtelprivileg. Die meisten DBA stellen solche Gewinnanteile von der dt Besteuerung frei, die eine inl KapGes von einer ausl KapGes bezieht, an der sie mindestens zu 25 vH beteiligt ist. Die Frage, ob es bei der Anwendung dieser Abkommensregelung auf den OrgT oder die OrgGes ankommt, war im Recht bis 1976 umstr (für OrgT die FinVerw, OrgErl, BStBl I 72, 2 Tz 35). Nr 2 hat die Streitfrage im Sinne der FinVerw geklärt. Für die Anwendung des Abkommens ist der OrgT entscheidend. Ist OrgT eine natürl Person, so sind Dividenden, die die OrgGes von einer ausl 100 vH-TochterGes bezieht, stpfl; ein vereinbartes Internationales Schachtelprivileg findet keine Anwendung. Da die DBA die Zuteilung, Befreiung und die Doppelbesteuerungsvermeidung von EinkQuellen, nicht aber die Besteuerungsbedingungen von Steuersubjekten regeln, ist Nr 2 in seinem Verstoß gegen völkerrechtl Vertragsrecht bedenkl.

18. Ist **OrgT** eine **PersGes,** so sind nach Nr 2 die DBA-Regeln insoweit anzuwenden, als das zuzurechnende Einkommen auf einen AntE entfällt, der zu den begünstigten Stpfl gehört; das gilt unabhängig davon, ob die Anteile BetrVerm oder SonderbetrVerm darstellen (*L Schmidt* GmbHR 77, 12 f). Zweifelhaft ist, ob es hiernach ausreicht, daß der Gesellschafter eine KapGes ist, oder ob diese KapGes zumindest mittelb über die OrgGes mindestens zu 25 vH an der ausl Tochter beteiligt sein muß. ME ist die Eigenschaft, KapGes zu sein, entscheidend; die Beteiligungshöhe hingegen wird durch die OrgGes vermittelt; Nr 2 will vermeiden, daß Personen in den Genuß des Internationalen Schachtelprivilegs gelangen, für die dieses, seiner Natur nach für das Verhältnis unter KapGes bestimmt, nicht geschaffen ist. Die Eigenschaften des OrgT sind daher nur insoweit von entscheidender Bedeutung, als sie das Besteuerungssystem (KSt oder ESt) bestimmen. Ist grundsätzl die Körperschaftsbesteuerung festgelegt, kann wegen der weiteren, subsidiären Bedingung der Beteiligungshöhe auf die OrgGes zurückgegriffen werden (glA A 62 KStR; *Jurkat* JbFfSt 77/78, 389).

19. Nr. 3 wurde eingeführt durch das StMBG v 21. 12. 93 (Anm 2). Die Vorschrift will verhindern, daß die StFreistellung nach § 8b I, II im Rahmen einer Org über eine OrgGes an einen OrgT gelangt, der nicht zu dem begünstigten Stpfl gehört. Nr 3 normiert, daß der OrgT selbst bzw im Fall einer PersGes die Mitunternehmer nach § 8b I, II begünstigt sein müssen.

§ 16 Ausgleichszahlungen

¹Die Organgesellschaft hat ihr Einkommen in Höhe der geleisteten Ausgleichszahlungen und der darauf entfallenden Ausschüttungsbelastung im Sinne des § 27 selbst zu versteuern. ²Ist die Verpflichtung zum Ausgleich vom Organträger erfüllt worden, so hat die Organgesellschaft die Summe der geleisteten Ausgleichszahlungen zuzüglich der darauf entfallenden Ausschüttungsbelastung anstelle des Organträgers zu versteuern.

Körperschaftsteuerrichtlinien: Abschnitt 63

Übersicht

1. Allgemeines
2. Geltungszeit
3. Ausgleichszahlungen; Allgemeines
4.–6. Besteuerung

1. Allgemeines:

Schrifttum: *Palitzch,* Ausgleichszahlungen durch OrgGes oder OrgT beim AnrV nach dem KStRG 1977, BB 78, 952; *Löhlein,* Ausgleichszahlungen durch die OrgGes nach dem KStG 1977, BB 78, 1156; *Tesdorpf* StBp 84, 162.

Ausgleichszahlungen werden wie bisher bei der OrgGes, die insoweit kstl StSubj bleibt, versteuert.

2. Geltungszeit: § 16 gilt ab 1. 1. 77 (§ 54 I idF des KStG 1977.

3. Ausgleichszahlungen sind im KStG nicht definiert. Sie umfassen alle Zahlungen an MinderheitsGes zum Ausgleich des Abschlusses des GAV (s § 304 AktG; wegen § 17 gilt jedoch § 16 auch für Ausgleichszahlungen sonstiger KapGes; vgl zum Begriff BFH BStBl III 57, 139, 146; BFH BStBl II 73, 791 betr Zahlungen für Nießbrauchsrecht an Anteilen als Ausgleichszahlung). Ausgleichszahlungen werden auch als Dividendengarantien bezeichnet. Da es sich handelsrechtl um BetrAusg handelt, vermindern sie den abzuführenden Gewinn und erhöhen einen auszugleichenden Verlust. Ausgleichszahlungen, die prozentual an das Ergebnis der OrgGes geknüpft sind, sind für die Org schädl; es liegt nur eine Teilgewinnabführung im Organschaftsverhältnis vor (vgl *Witt* in *D/E/J/W,* § 16 Rz 2 a; differenzierend *Scharf* DB 90, 296, jeweils unter Hinweis auf BFH BStBl II 76, 510). Unschädl nach Ansicht der FinVerw sind Ausgleichszahlungen, die mit einem festen Betrag vereinbart sind, der sich an der bisherigen Ertragslage der OrgGes und ihren künftigen Ertragsaussichten orientiert, oder die sich in einem vH-Satz am Ergebnis des OrgT bemessen (vgl FinVerw 1991 StEK KStG 1977 § 14 Nr 16). Zur zivilrechtl Auswirkung der KStReform auf am 1. 1. 77 bestehende Ausgleichszahlungen s. 3. Aufl. Mit Ausgleichszahlungen ist vereinbar, sie vertragl an gesetzl Änderungen der KSt anzupassen (OLG Celle BB 81, 8). Zur Auswirkung der Tarifänderung 1994 s *Riegger/Kramer* DB 94, 565.

4. **Besteuerung:** Ausgleichszahlungen sind nichtabzb Aufwendungen (§ 4 V Nr 9 EStG); sie werden wie Gewinnverwendungen behandelt; entspr können sie auch als verdeckte Ausgleichszahlungen auftreten (= vGa; s dazu *Ott* DB 78, 1515). Die Besteuerung erfolgt bei der OrgGes, gleichgültig ob die OrgGes oder der OrgT die Ausgleichszahlungen erbringt; vgl A 63 KStR. Maßgebend sind die Steuerbedingungen der OrgGes; ihr Tarif und das AnrV finden Anwendung (Billigkeitsregelung zur Verrechnung mit dem EK s BStBl I 93, 317). Die OrgGes hat die AusschüttungsBel gemäß §§ 27ff herzustellen. Die KSt auf das Einkommen, aus dem die KSt für die Ausgleichszahlungen zu zahlen ist, trägt – im Gegensatz zum Recht bis 1976 – ebenfalls die OrgGes; ein vom OrgT zu übernehmender Verlust (s Anm 3) erhöht sich hierdurch ggf (A 63 KStR). Da OrgT auch natürl Personen sein können, ist dies systembedingt; denn nur eine Körperschaft kann KSt (!) zahlen, die bei dem AntE anrechenb ist.

5. *einstweilen frei*

6. Da bei Ausgleichszahlungen immer die 30 (36) vH-Bel herzustellen ist, ist auch **§ 10d EStG** nicht anwendb (*L Schmidt* GmbHR 77, 12; *Jurkat* JbFfSt 77/78, 352); anders vor der Reform. **Tarifermäßigungen** und **-vergünstigungen** werden an den OrgT weitergegeben (s § 19). Da § 16 ausschließl durch den Zweck bestimmt wird, bei die Ausgleichszahlungen die AusschüttungsBel herzustellen (BT-Drucks 7/1470, 348), besteht keine Rechtfertigung mehr, **steuerfreie Einnahmen** der OrgGes, zB Schachtelerträge aufgrund eines Internationalen Schachtelprivilegs oder Investitionszulagen, auf die Einkommen, die bei dem OrgT und der OrgGes der Steuer unterliegen, aufzuteilen (BT-Drucks aaO; so noch OrgErl BStBl I 72, 2 Tz 34–36). Die Besteuerung der Ausgleichszahlung wird durch steuerfreie Erträge nicht beeinflußt. Soweit stpfl und steuerfreie Eink zusammentreffen, werden durch die Besteuerung der AusglZ vorrangig stpfl Eink verbraucht, so daß nach Möglichkeit die StFreiheit optimal an den OrgT weitergegeben werden kann (glA *L Schmidt* GmbHR 77, 21).

§ 17 Andere Kapitalgesellschaften als Organgesellschaft

¹Die §§ 14 bis 16 gelten entsprechend, wenn eine andere als die in § 14 Satz 1 bezeichnete Kapitalgesellschaft mit Geschäftsleitung und Sitz im Inland sich wirksam verpflichtet, ihren ganzen Gewinn an ein anderes Unternehmen im Sinne des § 14 abzuführen. ²Weitere Voraussetzung ist, daß

1. eine Gewinnabführung den in § 301 des Aktiengesetzes genannten Betrag nicht überschreitet und
2. eine Verlustübernahme entsprechend den Vorschriften des § 302 des Aktiengesetzes vereinbart wird.

§ 17 lautete bis zur Änderung durch das G v 25. 2. 92 (Anm 2):

¹Die Vorschriften der §§ 14 bis 16 gelten entsprechend, wenn eine andere als eine der in § 14 Satz 1 bezeichneten Kapitalgesellschaften mit Geschäftsleitung und Sitz im Inland sich verpflichtet, ihren ganzen Gewinn an

§ 17 1–4   Andere Kapitalgesellschaften als Organgesellschaft

ein anderes Unternehmen im Sinne des § 14 abzuführen. ²Weitere Voraussetzungen sind, daß
1. der Vertrag in schriftlicher Form abgeschlossen wird,
2. die Gesellschafter dem Vertrag mit einer Mehrheit von drei Vierteln der abgegebenen Stimmen zustimmen,
3. eine Verlustübernahme entsprechend den Vorschriften des § 302 des Aktiengesetzes vereinbart wird und
4. die Abführung von Erträgen aus der Auflösung von freien vorvertraglichen Rücklagen ausgeschlossen wird.

Körperschaftsteuerrichtlinien: Abschnitt 64

Übersicht

1. Allgemeines
2. Geltungszeit
3. Andere Kapitalgesellschaften
4. Anwendung von § 14
5. Anwendung von § 15
6. Anwendung von § 16
7. GAV
8. Weitere Voraussetzungen des § 17
9. Schriftform (Nr 1 aF)
10. Zustimmung (Nr 2 aF) u Gewinnabführung (Nr 2 nF)
11. Verlustübernahme (Nr 3 aF u Nr 2 nF)
12. Vorvertragliche Rücklagen (Nr 4 aF)

1. Allgemeines: § 14 setzt als OrgGes eine AG oder KGaA voraus; § 17 erweitert den Kreis der mögl OrgGes auf alle anderen KapGes iSv § 1 I Nr 1.

2. Geltungszeit: S § 14 Anm 2. § 17 idF des KStG 1977 war die fast wörtl Fortsetzung von § 7a V KStG aF vor 1977. Das StÄndG 1992 v 25. 2. 92 (BGBl I 92, 297; BStBl I 92, 146) gab § 17 eine neue Fassung; Auslöser war die in Anm 7 erwähnte BGH-Rspr, die auch zu einer Anpassung des § 14 Nr 2, 4 führte (§ 14 Anm 29, 68); vgl BT-Drucks 12/1108, 67.

3. Andere KapGes: GmbH, KolonialGes, bergrechtl Gewerkschaft, s § 1 I Nr 1, also primär GmbH (zur KolonialGes und bergrechtl Gewerkschaft s *Hermann/Winter* FR 82, 262). Keine Ausdehnung über den Kreis der KapGes iSv § 1 I Nr 1 hinaus, zB auf Gen oder auf GmbH & Co KG (s BFH BStBl II 73, 269). GründungsGes kann bereits OrgGes sein (BFH BStBl II 78, 486 betr USt); s auch § 14 Anm 3.

Sitz und **Geschäftsleitung** im Inland s § 14 Anm 3.

4. Anwendung von § 14: Allg zur Org s § 14 Anm 1. Bedingungen der OrgGes s im übrigen § 14 Anm 3. OrgT: Allg: s § 14 Anm 4ff. Finanz Eingl s § 14 Anm 13ff. Wirtschaftl Eingl s § 14 Anm 18ff. Organisatorische Eingl s § 14 Anm 28ff. Beherrschungsvertrag nach dem Muster des § 291 I AktG kann vereinbart werden; er führt nicht zwingend zur organisatorischen Eingl (so jedoch FinVerw 1990 StEK KStG 1977 § 17 Nr 7), er kann sie jedoch begründen, was im Einzelfall zu prüfen ist; s auch

Gewinnabführungsvertrag 5–7 § 17

ABC „Betriebsführungsvertrag". Zeitl Bedingung der EinglVoraussetzungen s § 14 Anm 33. OrgT: Besondere Bedingungen nat Pers s § 14 Anm 35. Besondere Bedingungen Körperschaften s § 14 Anm 36 f. Besondere Bedingungen PersGes s § 14 Anm 38 ff. MehrmutterOrg s § 14 Anm 55. GAV s § 14 Anm 57 ff. Rechtsfolgen der Org s § 14 Anm 80 ff. Verfahrensfragen s § 14 Anm 99 ff. Gescheiterte Org s § 14 Anm 102.

5. **§ 15:** Ermittlung des Einkommens der OrgGes s § 15 mit Anm 3 ff.

6. **§ 16:** Ausgleichszahlungen s § 16 mit Anm.

7. GAV: Allg Bedingungen s § 14 Anm 57 ff. Besondere stl Bedingungen: zu § 14 Nr 4 (anwendb) s § 14 Anm 70 ff; zu § 14 Nr 5 (anwendb) s § 14 Anm 76 ff. Der GAV muß abgeschlossen u zivilrechtl wirksam sein, und zwar zu den in § 14 Nr 4 festgelegten Zeitpunkten. Nach A 64 I KStR 1985 war ein Eintrag im HReg nicht erforderl. Diese Ansicht ist überholt. Der BGH (II ZB 7/88 BGHZ 105, 324 = NJW 89, 295; von A 64 I KStR 1990 übernommen) hat zum GAV zwischen GmbHs entschieden (wobei § 17 KStG selbst nicht das Handelsrecht bestimmt; FG RhPf EFG 86, 255): Der GAV wird nur wirksam, wenn die GesVers der beherrschten und der herrschenden Ges zustimmen und die Eintragung in das HReg der beherrschten Ges erfolgt. Der Zustimmungsbeschluß der herrschenden Ges bedarf mindestens ³/₄ der bei der Beschlußfassung abgegebenen Stimmen; offenbleibt, welche qualifizierte Mehrheit bei der beherrschten Ges erforderl ist. Der Beschluß der beherrschten Ges bedarf der notariellen Beurkundung, nicht hingegen der GAV und der Beschluß der herrschenden Ges. Vorangegangen war BayObLG DB 80, 1646; zu dieser Rspr *Heckschen* DB 88, 1685; *Blumers/Schmidt* DB 89, 31 u GmbHR 91, 32; Krit von *Flume* DB 89, 665 (dagegen *Zöllner* DB 89, 913); *Kort* AG 88, 369; *Venzmer* Wpg 90, 305; *Altmeppen* DB 94, 173. Zur Anwendung der BGH-Entscheidung auf das Verhältnis AG/GmbH s BGH DB 92, 828 u *Vetter* BB 89, 2125. Die Rechtsentwicklung ist noch nicht abgeschlossen; OLG D'dorf DB 91, 2381, folgt dem BGH nicht. Übergangsregelung durch die FinVerw BStBl 89 I, 430: Für Wj der OrgGes, die bis zum 31. 12. 92 enden, werden bestehende oder neue GAV nicht beanstandet, wenn sie dem bisherigen Recht entsprachen; werden sie angepaßt, ist eine neue 5-Jahres-Bindung nicht erforderl. Die FinVerw will nach 1992 auch solchen GAV die Anerkennung verweigern, die zwar mit zivilrechtl Fehlern behaftet sind, deren Fehler aber nicht mehr angreifb sind (dagegen zutr FG Münster EFG 89, 310). Wegen der strengen Bedingungen läßt die FinVerw Kündigungen während des 5-Jahres-Zeitraums zu (v 20. 7. 90, DB 90, 1592). Die FinVerw wendet die Rspr auch an, wenn OrgT eine KG oder Genossenschaft ist (1990 StEK KStG 1977 § 17 Nr 8). Zur Diskussion dieses Problems vor der BGH-Entscheidung s die Vorauflage. Für Neugestaltungen von Organschaftsverhältnissen hat die Problematik durch die **Neufassung** des **§ 14 Nr 4** und ihre normierten gestreckten zeitlichen Bedingungen (s § 14 Anm 68) an Brisanz verloren. Zur Anknüpfung der Neufassung an die vorstehend erwähnte Übergangsregelung der FinVerw s FinVerw 1993 StEK KStG 1977 § 17 Nr 1.

§ 18 Ausländische Organträger

8. § 17 enthält „**weitere Voraussetzungen**" für den GAV. Diese Bedingungen müssen, da in § 14 nicht gefordert, zusätzl gegeben sein. Im Hinblick auf die strengen Anforderungen des Zivilrechts (Anm 7) hatten allerdings die besonderen Bedingungen des § 17 aF (s Anm 2) an Bedeutung verloren; die Neufassung ersetzt die bisherigen 4 durch 2 Bedingungen.

9. *Zu Nr 1 aF – Schriftform* – s 3. Aufl. Nach der Neufassung (Anm 2) bedarf es der Schriftform nicht mehr, wenn sie auch empfehlenswert ist. Bedingung ist die Wirksamkeit der Vereinbarung (s § 14 Anm 68).

Nr 1 nF fordert, daß die **Gewinnabführung** den in § 301 AktG genannten Betrag **nicht überschreitet**. Dies ist eine Bedingung tatsächlicher Art, die die Durchführung des GAV betrifft (vgl auch § 14 Anm 70 ff). Die Bedingung muß nicht ausdrückl in den GAV aufgenommen werden (FinVerw DB 94, 708).

10. *Zu Nr 2 aF* (s Anm 2) – *Zustimmungserfordernis* – s 3. Aufl. Heute gilt das allgemeine Wirksamkeitserfordernis (§ 14 Anm 68).

11. **Nr 2 nF – Nr 3 aF** (Anm 2) – **Verlustübernahme** muß § 302 AktG entspr. Verweis oder inhaltl Wiedergabe im Vertrag notwendig (A 64 KStR; FG D'dorf EFG 79, 43; auch BFH BStBl II 81, 383 mit Anm *Klempt* DStZ 81, 327 verlangt eine enge Anlehnung an § 302 AktG; aA *Fuchs* Wpg 94, 744: Nr 2 läuft leer, da § 302 AktG auch ohne Vereinbarung gilt). Vertragsfreiheit wie bei AG gegeben; s § 14 Anm 62. Vereinbarung muß § 302 III AktG umfassen (BFH BStBl II 81, 383; FG D'dorf EFG 92, 415; A 64 III KStR), auch wenn Verzicht oder Vergleich die Durchführung hindert (s § 14 Anm 74; *L Schmidt* GmbHR 71, 15). Die unterlassene Anpassung des GAV an den durch das BiRiLiG geänderten § 302 Abs 1 AktG ist nicht schädlich (FinVerw 1987 StEK KStG 1977 § 14 Nr 11). Fehlt die Verlustübernahme, so kann sie durch einen GesBeschluß des OrgT nicht ergänzt werden (FG BaWürt EFG 86, 88).

12. **Nr 4 aF** forderte, daß die *Abführung* von Erträgen aus der Auflösung von freien *vorvertragl Rücklagen ausgeschlossen* wird. Diese ausdrückl Bedingung ist entfallen. Zur Kommentierung der Bedingung s 3. Aufl. Heute umfaßt die Nr 1, wonach die Gewinnabführung den in § 301 AktG genannten Betrag nicht überschreiten darf, die Nr 4 aF. Tatsächl darf das nicht geschehen, was früher als verboten ausdrückl vereinbart werden mußte (vgl auch BT-Drucks 12/1108).

§ 18 Ausländische Organträger

[1] Verpflichtet sich eine Organgesellschaft, ihren ganzen Gewinn an ein ausländisches gewerbliches Unternehmen, das im Inland eine im Handelsregister eingetragene Zweigniederlassung unterhält, abzuführen, so ist das Einkommen der Organgesellschaft den beschränkt steuerpflichtigen Einkünften aus der inländischen Zweigniederlassung zuzurechnen, wenn

1. der Gewinnabführungsvertrag unter der Firma der Zweigniederlassung abgeschlossen ist,

Besondere Bedingungen 1–4 § 18

2. die für die finanzielle Eingliederung erforderliche Beteiligung zum Betriebsvermögen der Zweigniederlassung gehört und
3. die wirtschaftliche und organisatorische Eingliederung im Verhältnis zur Zweigniederlassung selbst gegeben ist.

²Im übrigen gelten die Vorschriften der §§ 14 bis 17 sinngemäß.

Übersicht

1. Allgemeines
2. Geltungszeit
3. Ausländischer Organträger
4. Besondere Bedingungen
5. GAV (Nr 1)
6. Finanzielle Eingliederung (Nr 2)
7. Wirtschaftliche und organisatorische Eingliederung (Nr 3)
8. Anwendung der §§ 14–17
9. Nicht geregelte Fälle

1. Allgemeines:

Schrifttum: *Orth*, Elemente einer grenzüberschreitenden Org im deutschen StR, GmbHR 96, 33.

Org zu einem ausl OrgT gibt es nur in der eingeschränkten Form des § 18; eine allg Org über die Grenze kennt das KStG nicht.

2. Geltungszeit: S § 14 Anm 2. § 18 setzt § 7a VI KStG aF vor 1977 unverändert fort.

3. OrgT: Ausl gewerbl Unternehmen, das im Inl eine im HReg eingetragene Zweigniederlassung unterhält. Das ausl Unternehmen kann jede Rechtsform haben. Hauptniederlassung muß „ausländisch", dh nicht inländisch iSv § 14 sein; s § 14 Anm 11. Zweigniederlassung im Inland s § 1 Anm 24. Eintragung im HReg steuerlich notwendige Bedingung; s dazu §§ 13, 13b HGB, § 12 GmbHG, §§ 42–44 AktG.

4. Besondere Bedingungen: Die Einkünfte aus der inländischen Zweigniederlassung müssen beschr stpfl sein. Da die Zweigniederlassung Betriebstätte iSd DBA ist, ist die beschr StPfl regelmäßig gegeben. Ist das im Einzelfall nicht der Fall, findet § 18 keine Anwendung. StPfl dem Grunde nach wesentl; unschädl, wenn in einem Jahr aufgrund eines Verlustes, Verlustvortrags usw kein stpfl Einkommen anfällt. Sind die Eink unbeschr stpfl, findet § 18 keine Anwendung, und zwar auch dann nicht, wenn die unbeschr StPfl nicht ausreicht, um den Bedingungen des OrgT nach § 14 Nr 3 zu genügen (BFH BStBl II 92, 263 u Vorinstanz FG Köln EFG 91, 152 betr US-KapGes mit Geschäftsleitung im Inland; krit *Ebenroth/Willburger* RIW 95 Beil 3 zu Heft 8; § 14 Anm 37). Das gleiche soll für den Fall gelten, daß einzelne Mitunternehmer einer ausl Mitunternehmerschaft unbeschränkt stpfl sind; dazu Anm 9. Zeitl müssen alle diese Bedingungen für das ganze Wj der Org-Ges vorliegen, deren Gewinn abgeführt werden (s auch § 14 Anm 33f).

§ 19   Steuerabzug bei dem Organträger

5. Nr 1: GAV unter Firma der Zweigniederlassung. Zivilrechtl Vertragspartner ist gleichwohl der OrgT selbst.

6. Nr 2: Beteiligung, die die **finanz Eingl** vermittelt, muß zum BetrVerm der Zweigniederlassung gehören; stl BetrVerm ist gemeint, gleichgültig, ob notwendiges oder gewillkürtes BetrVerm. Stimmrechte müssen wegen der zivilrechtl Zuordnung von OrgT ausgeübt werden; dies ist unschädl.

7. Nr 3: Wirtschaftl und **organisatorische Eingl** müssen im Verhältnis zur Zweigniederlassung selbst gegeben sein. Uneingeschränkte Weisungsgebundenheit des Geschäftsführers der OrgGes gegenüber dem OrgT reicht aus, da diese organisatorische Eingl die Eingl zur Zweigniederlassung umfaßt.

8. Anwendung der §§ 14–17: Allg zur Org s § 14 Anm 1. OrgGes s § 14 Anm 3 u § 17 Anm 3. OrgT s über Anm 3 hinaus § 14 Anm 4 ff. Gewerbl Unternehmen: ME ist OrgT maßgebend, nicht allein Zweigniederlassung (glA *v Schilling/Dahl* Wpg 70, 646); Holding s nachfolgend. Finanz Eingl s o Anm 6 u § 14 Anm 13 ff. Wirtschaftl Eingl s o Anm 7 u § 14 Anm 18 ff; Einzelheiten *v Schilling/Dahl* Wpg 70, 647. Zweigniederlassung kann auch Holding sein (*v Schilling/Dahl* Wpg 70, 646). Organisatorische Eingl s o Anm 7 u § 14 Anm 28 ff. Zeitl Bedingungen für die EinglVoraussetzungen s § 14 Anm 33 f. § 14 Nr 3: Grundsätzl keine Anwendung; soweit ausl Unternehmen an der inländischen PersGes, die OrgT ist, beteiligt sind, ersetzt § 14 Nr 3 die Vorschrift des § 18. Das gilt auch für eine Beteiligung über eine inländische Zweigniederlassung (s A 52 V KStR); in diesem Fall wird nach den KStR die ausländische Ges wie ein unbeschr Stpfl behandelt. MehrmütterOrg: AuslOrgT kann mit Zweigniederlassung teilnehmen (A 52 VII KStR). GAV und seine Durchführung s o Anm 5 u § 14 Anm 57 ff u § 17 Anm 7 ff. Rechtsfolgen der Org s § 14 Anm 80 ff. Das von der OrgGes erzielte Einkommen unterliegt bei dem OrgT der beschr StPfl. Eink der OrgGes s § 15. Ausgleichszahlungen s § 16.

9. Folgende OrgFälle sind **nicht geregelt:** OrgT ist unbeschr stpfl, hat aber als Körperschaft nicht Sitz und Geschäftsleitung im Inland. OrgT ist ausländische Mitunternehmerschaft mit inländischer Zweigniederlassung, aber nicht alle Mitunternehmer sind beschr stpfl, sondern teilw unbeschr stpfl: zumindest in diesem Fall sollte § 18 angewandt werden (zweifelnd *H/H/R* § 18 Anm 41).

§ 19 Steuerabzug bei dem Organträger

(1) Sind bei der Organgesellschaft die Voraussetzungen für die Anwendung besonderer Tarifvorschriften erfüllt, die einen Abzug von der Körperschaftsteuer vorsehen, und unterliegt der Organträger der Körperschaftsteuer, so sind diese Tarifvorschriften beim Organträger so anzuwenden, als wären die Voraussetzungen für ihre Anwendung bei ihm selbst erfüllt.

Allgemeines 1 § 19

(2) Unterliegt der Organträger der Einkommensteuer, so gilt Absatz 1 entsprechend, soweit für die Einkommensteuer gleichartige Tarifvorschriften wie für die Körperschaftsteuer bestehen.

(3) ¹Ist der Organträger eine Personengesellschaft, so gelten die Absätze 1 und 2 für die Gesellschafter der Personengesellschaft entsprechend. ²Bei jedem Gesellschafter ist der Teilbetrag abzuziehen, der dem auf den Gesellschafter entfallenden Bruchteil des dem Organträger zuzurechnenden Einkommens der Organgesellschaft entspricht.

(4) Ist der Organträger ein ausländisches Unternehmen im Sinne des § 18, so gelten die Absätze 1 bis 3 entsprechend, soweit die besonderen Tarifvorschriften bei beschränkt Steuerpflichtigen anwendbar sind.

(5) Sind in dem Einkommen der Organgesellschaft Betriebseinnahmen enthalten, die einem Steuerabzug unterlegen haben, so ist die einbehaltene Steuer auf die Körperschaftsteuer oder die Einkommensteuer des Organträgers oder, wenn der Organträger eine Personengesellschaft ist, anteilig auf die Körperschaftsteuer oder die Einkommensteuer der Gesellschafter anzurechnen.

Körperschaftsteuerrichtlinien: Abschnitt 65

Übersicht

1. Allgemeines
2. Geltungszeit
3. Organträger = Körperschaft (Abs 1)
4. Organträger = natürliche Person (Abs 2)
5. Organträger = Mitunternehmerschaft (Abs 3)
6. Organträger = ausl Zweigniederlassung (Abs 4)
7. Eigene Vergünstigungen des Organträgers
8. Steuerabzugsbeträge (Abs 5)
9. Steuerbefreiungen

1. Allgemeines: Hat die OrgGes das Recht, bestimmte Vergünstigungen durch einen Abzug von der KSt vorzunehmen, so kann nach § 19 dieser Tarifvorteil durch den OrgT in Anspruch genommen werden, sofern bei ihm dem Grunde nach überhaupt die Ermäßigungsvorschrift Anwendung finden kann. Der **Zweck** der Vorschrift, die gegenüber dem bisherigen Recht eine Neuregelung enthält, entspricht dem AnrSystem: Bei der OrgGes wird nur ein Einkommen stpfl, das nach Abführung der KSt ausgeschüttet wird (= Ausgleichszahlungen gem § 16, s dort). Bei Ausschüttungen ist aber unabdingb stets die AusschüttungsBel von 30 (36) vH herzustellen, so daß alle Vergünstigungen und Ermäßigungen leerlaufen würden (s BT-Drucks 7/1470, 349). Bei der Auslegung des § 19 ist zu beachten, daß er StErmäßigungen erhalten, nicht ausdehnen will. Die Weiterleitung ist grundsätzl nur dann mögl, wenn der OrgT grundsätzl zu den durch die StErmäßigung begünstigten StSubjekten gehört. Im übrigen betrifft § 19 nicht die Vergünstigungen, die bereits die EinkErmittlung berühren; sie wirken sich unmittelb bei der Bemessung des zuzurechnenden Einkommens aus. Steuerfreie Einnahmen s Anm 9.

2. Geltungszeit: § 19 gilt erstmals bei erstmaliger Anwendung der §§ 14 ff. S § 14 Anm 2.

3. OrgT = Körperschaft (Abs 1): Tarifvorschriften, die einen Abzug vorsehen und die an eine Körperschaft weitergegeben werden können: § 26 I, Anrechnung ausl Steuer (A 65 I KSTR; dazu auch *Maas,* BB 85, 2228); § 26 II, III, V, indirekte Anrechnung ausl Steuer (A 65 I KStR); Vermittlung auch an Gen und Stiftung (*Krebs* JbFfSt 77/78, 382; *Krabbe* BB 77, 1092). § 12 AStG (*H/H/R* § 19 Anm 19); § 15 5. VermBG (soweit noch anwendb); §§ 16, 17, 21 BerlFG. Obwohl kein Abzug, sollte Abs 1 mE auch auf folgende Vergünstigungen angewandt werden, da sie inhaltl der Abzugsvergünstigung entspr: § 26 VI S 4 iVm § 34c IV EStG (Handelsschiffe im internationalen Verkehr) und § 34c V EStG (Pauschalierung; A 65 I KStR); § 4 Wasserkraftwerks-VO vom 26. 10. 40 (RGBl I 40, 278; RStBl 40, 657). Ist die Möglichkeit des Abzugs grundsätzl gegeben, so wird der Tarifvorteil unabhängig davon weitergegeben, ob die OrgGes selbst Einkommen zu versteuern hat oder – ohne Org – selbst Einkommen zu versteuern hätte (BT-Drucks 7/1470, 350; *Maas* BB 85, 2228; aA BFH BStBl II 80, 733; II 84, 362 betr § 14 I 3. VermBG u das alte KStRecht, dazu auch *Walkhoff* DB 81, 1258). Ein Abzug kann folgl auch dann zum Tragen kommen, wenn die OrgGes Verluste ausweist; ebenso kann natürl eine Vergünstigung entfallen, wenn beim OrgT kein Einkommen mehr verbleibt, weil positives Einkommen der OrgGes mit negativem des OrgT ausgeglichen wird. Höchstbeträge richten sich nach dem OrgT (A 65 I KStR).

4. OrgT = natürl Pers (Abs 2): Vergünstigungen s Anm 3. § 26 II–V (indirekte StAnrechnung) kann nicht an eine nat Pers als OrgT weitergegeben werden, da die indirekte StAnrechnung eine inl KapGes, VVaG oder einen Betr gewerbl Art einer jur Pers d ö R voraussetzt. An die Stelle von § 26 tritt, soweit mögl, § 34c EStG. S weiter Anm 3.

5. OrgT = Mitunternehmerschaft (Abs 3): Abs 1, 2 sind, jeweils bezogen auf den einzelnen Mitunternehmer, anteilmäßig anzuwenden. Zur Aufteilung der Eink s § 14 Anm 80. Sind die Vergünstigungen auch bei beschr stpfl Mitunternehmern anwendb, führt § 19 auch insoweit zu einer Weitergabe von der OrgGes an den OrgT (A 65 II KStR). S weiter Anm 3 u Anm 4.

6. OrgT = beschr stpfl Zweigniederlassung (Abs 4): Abs 1–3 gelten entspr; s Anm 3 ff. Von den erwähnten Ermäßigungen können beschr Stpfl in Anspruch nehmen. § 15 5. VermBG (soweit noch anwendb); § 32 KohleG; § 26 VI KStG, § 50 VII EStG. Nicht: § 26 KStG; § 34c EStG; §§ 16, 17 BerlFG.

7. Die Tarifvorteile der OrgGes hindern nicht die Anwendung der **Vergünstigungen** und Ermäßigungen, die der **OrgT selbst** beanspruchen kann (BT-Drucks 7/1470, 350). Zu §§ 16, 34 EStG s § 14 Anm 96.

Schwankungsrückstellungen § 20

8. **Steuerabzugsbeträge (Abs 5)** zu Lasten der OrgGes werden stets bei der Besteuerung des OrgT angerechnet, und zwar auch dann, wenn die OrgGes selbst Einkommen zu versteuern hat. Ist OrgT eine PersGes, werden die Abzugsbeträge verteilt wie das Einkommen (*L Schmidt* GmbHR 77, 16). Soweit StAbzugsbeträge die StSchuld abgelten, wirkt dies auch zugunsten des OrgT. Abs 5 wird entspr auf die Anr der KSt angewandt (A 65 IV KStR).

9. **StBefreiungen:** Nicht geregelt. Bei der OrgGes befreite Eink sind auch beim OrgT befreit (glA *L Schmidt* GmbHR 77, 17, 20; *Jurkat* JbFfSt 77/78, 355). Hat die OrgGes stpfl und stfreie Eink, so sind für die Versteuerung von Ausgleichszahlungen vorrangig die stpfl Eink zu verwenden (zutr *L Schmidt* GmbHR 77, 21; s auch § 16 Anm 6). Auch die sachl StBefreiung des § 16 IV EStG (BFH BStBl II 76, 360; s § 8 Anm 18) kann an den OrgT weitergegeben werden (A 57 II KStR). Zu § 2 a I, III EStG s *Grützner* GmbHR 95, 502.

Drittes Kapitel. Sondervorschriften für Versicherungsunternehmen und Bausparkassen

§ 20 Schwankungsrückstellungen

Für die Bildung der Rückstellungen zum Ausgleich des schwankenden Jahresbedarfs sind insbesondere folgende Voraussetzungen erforderlich:

1. **Es muß nach den Erfahrungen in dem betreffenden Versicherungszweig mit erheblichen Schwankungen des Jahresbedarfs zu rechnen sein.**
2. **[1] Die Schwankungen des Jahresbedarfs dürfen nicht durch die Prämien ausgeglichen werden. [2] Sie müssen aus den am Bilanzstichtag bestehenden Versicherungsverträgen herrühren und dürfen nicht durch Rückversicherungen gedeckt sein.**

Abs. 1 lautete bis zur Aufhebung durch das G v 24. 6. 94 (Anm 2):

(1) [1] Versicherungstechnische Rückstellungen sind, soweit sie nicht bereits nach den Vorschriften des Einkommensteuergesetzes anzusetzen sind, in der Steuerbilanz zu bilden, soweit sie für die Leistungen aus den am Bilanzstichtag laufenden Versicherungsverträgen erforderlich sind. [2] Der in der Handelsbilanz ausgewiesene Wertansatz einer versicherungstechnischen Rückstellung darf in der Steuerbilanz nicht überschritten werden.

Bish Abs 2 wurde neuer § 20 durch G v 24. 6. 94 (Anm 2).

Übersicht

1. Allgemeines
2. Geltungszeit
3. Versicherungstechnische Rückstellungen (bish Abs 1)
4. Schwankungsrückstellungen

§ 20 1–3   Schwankungsrückstellungen

1. Allgemeines: Die Regelung der versicherungstechnischen Rücklagen gehört zu den Einkommensermittlungsvorschriften. Für VersUnternehmen gelten grundsätzl die allg Vorschriften der §§ 7–10 mit der Weiterverweisung des § 8 I auf das EStG; zur vGa s § 8 Anm 150 „Versicherungsunternehmen". §§ 20, 21 enthalten Sondervorschriften u gelten für alle kstpfl VersUnternehmen, nicht aber für „Selbstversicherer"; Schadensrückstellungen für das eigene Unternehmen können nicht gebildet werden. Die Vorschriften gelten sowohl für unbeschr wie auch für beschr stpfl VersUnternehmen; § 18 KStDV 1968 wurde in das neue Recht nicht übernommen (BT-Drucks 7/1470, 350). Zur StPfl und der Einkommensermittlung beschr stpfl VersUnternehmen s FinVerw BStBl I 79, 306.

2. Geltungszeit: § 20 gilt ab VZ 1977 (§ 54 I idF des KStG 1977), damit für alle Wj, die nach dem 31. 12. 76 enden; er setzt § 11 Nr 2 KStG aF und § 24 KStDV 1968 im wesentl unverändert fort. Die ursprüngl Pläne einer umfangreicheren Regelung der VersRückstellungen sind nicht Gesetz geworden; dazu BT-Drucks 7/1470, 176f, 350ff; zur Aufgabe des Reformvorhabens s BT-Drucks 7/5310, 8f, 13. EG-Richtlinien zu Versicherungsbilanzen führten zur Aufnahme versicherungsspezifischer Bilanzvorschriften in das HGB und – mit Wirkung ab 1995 – zur Streichung des Abs 1 (vgl G v 24. 6. 94, BGBl I 94, 1377; BStBl I 94, 466; Inkrafttreten s § 54 VIII c idF des G v 24. 6. 94; Materialien Vor § 1 Anm 19).

3. *Abs 1 ist mit Wirkung ab 1995 gestrichen* (Anm 2); es gelten die neugefaßten Rückstellungsregeln des HGB (BT-Drucks 12/7646). **Bis 1994:** Zu den zulässigen **Rückstellungen** zählen: **Deckungsrücklagen** (Prämienreserven) bei **Lebensversicherern;** bei UnfallVers ist Voraussetzung, daß die Prämien nicht nach festen Sätzen, sondern nach Sätzen erhoben werden, die der Alters- und Generationsabhängigkeit des Risikos Rechnung tragen (BFH BStBl II 69, 26 abl für eine VolksunfallVers). Die Höhe ergibt sich aus dem Geschäftsplan, der von der Aufsichtsbehörde überwacht wird. Zur stl Anerkennung des fiktiv zugrundegelegten mittleren VersBeginns s FinVerw BStBl II 67, 139. Über die Behandlung einer unberechtigten Deckungsrückstellung und des Erwerbs des Bestandes der hiervon betroffenen VersVerträge durch einen Dritten s BFH BStBl II 69, 26. **Gewinnreserven** von mit Gewinnanteilen Versicherten sind rückstellungsfähig (Überschußrücklage). **Schadensreserven** sowohl in der Kranken- (dazu BFH BStBl II 72, 392) als auch in der SachVers. Mangels besonderer Vorschriften richtet sich die Berechnungsmethode „nach den Gebräuchen der VersWirtschaft, soweit das Bundesaufsichtsamt für das Versicherungs- und Bausparwesen die Methode zugelassen hat und diese von den Unternehmen gleichbleibend angewendet wird" (BFH BStBl II 71, 66). Zur Rückstellung in der TransportVers BFH BStBl II 71, 66. Zur Rückstellung in der RechtsschutzVers s FinVerw 1981 StEK KStG 1977 § 20 Nr 7. **Schadensermittlungskosten** können in bestimmten Grenzen, **Schadensbearbeitungskosten** nicht zurückgestellt werden (vgl BFH BStBl II 72, 392; dazu FinVerw 1973 StEK KStG § 6 BeitrRück Nr 18). Zurückstellb sind **Altersrückstellungen** in der KrankenVers (vgl OFH StuW 49

Beitragsrückerstattungen **§ 21**

Nr 51; BFH BStBl II 72, 392). Ebenso **Prämienüberträge** bzw -reserven. Für die Berechnung sind die genehmigten Gebräuche der VersWirtschaft maßgebend (BFH BStBl II 71, 66). Einzelheiten s auch FinVerw 1973 StEK KStG § 6 BeitrRück Nr 20, 26; FinVerw 1974 StEK aaO Nr 27.

4. **Schwankungsrückstellungen:** Hierbei handelt es sich um Rückstellungen, die bei über einen längeren Zeitraum kalkulierten gleichbleibenden Prämien ebenfalls den Schadensverlauf ausgleichen sollten. Die Bildung von Schwankungsrückstellungen ist durch Anordnungen des Bundesamtes für das Versicherungswesen reglementiert. Diese Anordnungen sind zwar steuerl nicht bindend, werden von der Verw aber gleichwohl anerkannt (BStBl II 66, 135; I 75, 7; I 79, 306 betr KStG 1977), allerdings mit Sonderanweisungen in Einzelfällen (FinVerw 1973 StEK KStG § 6 BeitrRück Nr 21 betr HagelVers; FinVerw BStBl I 75, 74 u 1977 StEK KStG 1977 § 20 Nr 1 u 1980 StEK KStG 1977 § 20 Nr 6 betr AtomanlagenVers; FinVerw BStBl I 75, 76 betr Feuer-, Industrie-, Betriebsunterbrechungs- und SturmVers; FinVerw 1974 StEK EStG § 5 Rückst Nr 50 u KStG 1977 § 20 Nr 2 u 1980 StEK KStG 1977 § 20 Nr 5 betr Vers von Großraumflugzeugen; FinVerw BStBl I 79, 685; I 85, 12 u I 91, 535 betr die ProdukthaftpflichtVers von Pharma-Risiken). Soweit diese Anordnungen für VersUnternehmen von geringer wirtschaftl Bedeutung nicht gelten, bestehen koordinierte Ländererlasse (BStBl II 67, 39 und FinVerw 1975 StEK KStG § 6 BeitrRück Nr 34). Zur Behandlung der Zinszuführungen zur Schwankungsrückstellung s FinVerw 1982 StEK KStG 1977 § 20 Nr 8. Beschr stpfl VersUnternehmen s FinVerw BStBl I 79, 306.

§ 21 Beitragsrückerstattungen

(1) [1]**Beitragsrückerstattungen, die für das selbstabgeschlossene Geschäft auf Grund des Jahresergebnisses oder des versicherungstechnischen Überschusses gewährt werden, sind abziehbar**

1. **in der Lebens- und Krankenversicherung bis zu dem nach handelsrechtlichen Vorschriften ermittelten Jahresergebnis für das selbstabgeschlossene Geschäft, erhöht um die für Beitragsrückerstattungen aufgewendeten Beträge, die das Jahresergebnis gemindert haben, und gekürzt um den Betrag, der sich aus der Auflösung einer Rückstellung nach Absatz 2 Satz 2 ergibt, sowie um den Nettoertrag des nach den steuerlichen Vorschriften über die Gewinnermittlung anzusetzenden Betriebsvermögens am Beginn des Wirtschaftsjahrs.** [2]**Als Nettoertrag gilt der Ertrag aus langfristiger Kapitalanlage, der anteilig auf das Betriebsvermögen entfällt, nach Abzug der entsprechenden abziehbaren und nichtabziehbaren Betriebsausgaben;**

2. **in der Schaden- und Unfallversicherung bis zur Höhe des Überschusses, der sich aus der Beitragseinnahme nach Abzug aller anteiligen abziehbaren und nichtabziehbaren Betriebsausgaben einschließlich der Versicherungsleistungen, Rückstellungen und Rechnungsabgrenzungsposten ergibt.** [2]**Der Berechnung des Überschusses**

sind die auf das Wirtschaftsjahr entfallenden Beitragseinnahmen und Betriebsausgaben des einzelnen Versicherungszweiges aus dem selbstabgeschlossenen Geschäft für eigene Rechnung zugrunde zu legen.

(2) ¹Zuführungen zu einer Rückstellung für Beitragsrückerstattung sind insoweit abziehbar, als die ausschließliche Verwendung der Rückstellung für diesen Zweck durch die Satzung oder durch geschäftsplanmäßige Erklärung gesichert ist. ²Die Rückstellung ist vorbehaltlich des Satzes 3 aufzulösen, soweit sie höher ist als die Summe der in den folgenden Nummern 1 bis 4 bezeichneten Beträge:
1. die Zuführungen innerhalb des am Bilanzstichtag endenden Wirtschaftsjahrs und der zwei vorangegangenen Wirtschaftsjahre,
2. der Betrag, dessen Ausschüttung als Beitragsrückerstattung vom Versicherungsunternehmen vor dem Bilanzstichtag verbindlich festgelegt worden ist,
3. in der Krankenversicherung der Betrag, dessen Verwendung zur Ermäßigung von Beitragserhöhungen im folgenden Geschäftsjahr vom Versicherungsunternehmen vor dem Bilanzstichtag verbindlich festgelegt worden ist,
4. in der Lebensversicherung der Betrag, der für die Finanzierung der auf die abgelaufenen Versicherungsjahre entfallenden Schlußgewinnanteile erforderlich ist.

³Eine Auflösung braucht nicht zu erfolgen, soweit an die Versicherten Kleinbeträge auszuzahlen wären und die Auszahlung dieser Beträge mit einem unverhältnismäßig hohen Verwaltungsaufwand verbunden wäre. ⁴§ 20 Abs. 1 Satz 2 ist entsprechend anzuwenden.

Übersicht

1. Allgemeines
2. Geltungszeit
3., 4. Beitragsrückerstattungen (Abs 1)
5. Rückstellung (Abs 2)

1. Allgemeines: S § 20 Anm 1.

2. Geltungszeit: § 21 gilt ab VZ 1977 (§ 54 I idF des KStG 1977), damit für alle Wj, die nach dem 31. 12. 76 enden. § 21 setzt § 6 II–IV KStG aF und §§ 17, 18 KStDV 1968 verändert fort; insbes ist die Mindestbesteuerung für Lebensversicherer nach § 6 IV KStG aF entfallen; zu § 17 II KStDV 1995 s noch BFH BStBl II 79, 584. Zur Änderung BT-Drucks 7/1470, 357 ff und 7/5310, 13.

3. Beitragsrückerstattungen (Abs 1) sind Teilrückerstattungen der Beiträge, weil das Schadensrisiko sich geringer realisierte als in den Beiträgen vorher kalkuliert. Beitragsrückerstattungen sind ergebnisabhängig. Rückerstattungen, die ohne Rücksicht auf das Jahresergebnis bzw einen versicherungstechnischen Überschuß vertragl zu zahlen sind, fallen nicht unter § 21; es handelt sich um BetrAusg, sofern im Einzelfall keine vGa vorliegt; Beisp: Pfl zur Beitragsminderung bei der Kfz-Vers (FinVerw 1974

Zuteilungsrücklage bei Bausparkassen 1–3 § 21a

StEK KStG § 6 BeitrRück Nr 30). Beitragsrückerstattungen sind, sofern sie sich im Rahmen des § 21 halten, **BetrAusg.** Es handelt sich nicht um Gewinnausschüttungen; vGa kommt erst in Betracht, wenn die Grenzen des § 21 überschritten werden und die übrigen Bedingungen einer vGa vorliegen. Die Technik des AnrV, insbesondere die zwingende $3/7$ ($9/16$)-Belastung bei Ausschüttungen, erlaubt keine andere Auslegung.

4. Einzelheiten zu Abs 1 s die ausführl BdF-Regelung BStBl I 78, 160; der Erlaß hebt frühere VerwAnw zu dieser Frage auf; er gilt ab Wj, die in 1977 enden. Ergänzend für die KraftfahrzeugVers BdF BStBl I 85, 11. Die Maßgeblichkeit der HB für die Rückerstattung (vgl BFH BStBl II 77, 439; krit *Mangold* StuW 78, 167) bleibt auch bestehen, wenn aufgrund einer Bp sich die Bilanzansätze ändern (vgl BFH BStBl III 59, 138). Einfluß kann eine Bp auf die Beitragsrückerstattung in diesen Fällen nur haben, wenn die HB nachträgl der StB angeglichen wird. Zuschüsse von Rückversicherern erhöhen das für die Rückerstattung maßgebende Ergebnis des Versicherungsgeschäfts, wenn sie nicht für außerhalb dieses Geschäfts liegende Zwecke bestimmt waren (BFH BStBl II 77, 439). Zu dem auf den sog Selbstbehalt entfallenden Teil der Rein-Zinserträge als abziehbare BetrAusg s FG Nürnberg EFG 95, 589.

5. Rückstellungen für Beitragsrückerstattungen (Abs 2): Hinweis auf BdF BStBl I 78, 160, der frühere VerwAnw ausdrückl aufhebt und ab Wj gilt, die in 1977 enden.

§ 21a Zuteilungsrücklage bei Bausparkassen

¹Bausparkassen im Sinne des § 1 Abs. 1 des Gesetzes über Bausparkassen können Mehrerträge im Sinne des § 6 Abs. 1 Satz 2 des Gesetzes über Bausparkassen in eine den steuerlichen Gewinn mindernde Zuteilungsrücklage einstellen. ²Diese Rücklage darf drei vom Hundert der Bauspareinlagen nicht übersteigen. ³Soweit die Voraussetzungen für die Auflösung des Sonderpostens im Sinne des § 6 Abs. 1 Satz 2 des Gesetzes über Bausparkassen nach der Rechtsverordnung erfüllt sind, die auf Grund der Ermächtigungsvorschrift des § 10 Satz 1 Nr. 9 des Gesetzes über Bausparkassen erlassen wird, ist die Rücklage gewinnerhöhend aufzulösen.

1. Allgemeines: § 21a ist eine besondere Einkommensermittlungsvorschrift für Bausparkassen. Für kstpfl Bausparkassen gelten grundsätzl die allg Vorschriften der §§ 7–10 mit Weiterverweisung des § 8 I auf das EStG.

2. Geltungszeit: § 21a wurde durch das Gesetz zur Änderung des Gesetzes über Bausparkassen v 13. 12. 90 (BGBl I 90, 2770) eingefügt. § 21a ist erstmals auf Mehrerträge, die nach dem 31. 12. 90 anfallen, anzuwenden (§ 54 VII a idF des Gesetzes v 13. 12. 90; heute § 54 VIII d).

3. Angesichts der **Spezialregelung** wird auf das Gesetz verwiesen. S außerdem FinVerw 1991 StEK KStG 1977 § 21a Nr 1. § 1 I des Gesetzes über Bausparkassen (Neufassung BGBl I 91, 454, zuletzt geänd durch G v

§ 22 Genossenschaftliche Rückvergütung

15. 12. 95 (BGBl I 95, 1783), ber durch G v 6. 2. 96, BGBl I 96, 321), lautet:

§ 1 Begriffsbestimmungen

(1) Bausparkassen sind Kreditinstitute, deren Geschäftsbetrieb darauf gerichtet ist, Einlagen von Bausparern (Bauspareinlagen) entgegenzunehmen und aus den angesammelten Beträgen den Bausparern für wohnungswirtschaftliche Maßnahmen Gelddarlehen (Bauspardarlehen) zu gewähren (Bauspargeschäft). Das Bauspargeschäft darf nur von Bausparkassen betrieben werden.

§ 21a wurde veranlaßt durch den durch das Gesetz v 13. 12. 90 (Anm 2) neugefaßten § 6 I des Gesetzes über Bausparkassen. § 6 I des Gesetzes über Bausparkassen lautet:

§ 6 Zweckbindung der Bausparmittel

(1) Zuteilungsmittel, insbesondere Bauspareinlagen und Tilgungsleistungen auf Bauspardarlehen, dürfen vorbehaltlich des § 4 Abs 3 nur für das Bauspargeschäft und zur Rückzahlung fremder Gelder, die der Zuteilungsmasse zugeführt worden sind, sowie nach Maßgabe einer nach § 10 zu erlassenden Rechtsverordnung zur Gewährung von Darlehen nach § 4 Abs 1 Nr 1 verwendet werden; sie sind mit dem Ziel gleichmäßiger, möglichst kurzer Wartezeiten einzusetzen. Erträge aus einer Anlage der Zuteilungsmittel, die vorübergehend nicht zugeteilt werden können, weil Bausparverträge die Zuteilungsvoraussetzungen nicht erfüllen, müssen in Höhe des Unterschiedsbetrages zwischen dem Zinsertrag aus der Zwischenanlage der Zuteilungsmittel und dem Zinsertrag, der sich bei Anlage der Zuteilungsmittel in Bauspardarlehen ergeben hätte, einem zur Wahrung der Belange der Bausparer bestimmten Sonderposten „Fonds zur bauspartechnischen Absicherung" zugeführt werden. Die Bausparkasse darf am Ende eines Geschäftsjahres diesen Sonderposten auflösen, soweit er zu diesem Zeitpunkt drei vom Hundert der Bauspareinlagen übersteigt.

Viertes Kapitel. Sondervorschriften für Genossenschaften

§ 22 Genossenschaftliche Rückvergütung

(1) ¹Rückvergütungen der Erwerbs- und Wirtschaftsgenossenschaften an ihre Mitglieder sind nur insoweit als Betriebsausgaben abziehbar, als die dafür verwendeten Beträge im Mitgliedergeschäft erwirtschaftet worden sind. ²Zur Feststellung dieser Beträge ist der Überschuß

1. bei Absatz- und Produktionsgenossenschaften im Verhältnis des Wareneinkaufs bei Mitgliedern zum gesamten Wareneinkauf,
2. bei den übrigen Erwerbs- und Wirtschaftsgenossenschaften im Verhältnis des Mitgliederumsatzes zum Gesamtumsatz

aufzuteilen. ³Der hiernach sich ergebende Gewinn aus dem Mitgliedergeschäft bildet die obere Grenze für den Abzug. ⁴Überschuß im Sinne des Satzes 2 ist das um den Gewinn aus Nebengeschäften geminderte Einkommen vor Abzug der genossenschaftlichen Rückvergütungen und des Verlustabzugs.

Geltungszeit 1, 2 § 22

(2) ¹Voraussetzung für den Abzug nach Absatz 1 ist, daß die genossenschaftliche Rückvergütung unter Bemessung nach der Höhe des Umsatzes zwischen den Mitgliedern und der Genossenschaft bezahlt ist und daß sie

1. auf einem durch die Satzung der Genossenschaft eingeräumten Anspruch des Mitglieds beruht oder
2. durch Beschluß der Verwaltungsorgane der Genossenschaft festgelegt und der Beschluß den Mitgliedern bekanntgegeben worden ist oder
3. in der Generalversammlung beschlossen worden ist, die den Gewinn verteilt.

²Nachzahlungen der Genossenschaft für Lieferungen oder Leistungen und Rückzahlungen von Unkostenbeiträgen sind wie genossenschaftliche Rückvergütungen zu behandeln.

Gesetzesfassungen bis zum KStG 1991 (Vor § 1 Anm 20) s 3. Auflage.

Körperschaftsteuerrichtlinien: Abschnitt 66

Übersicht

1. Allgemeines
2. Geltungszeit
3.– 5. Rückvergütungen; Höchstbetrag (Abs 1)
6.–10. Besondere Bedingungen (Abs 2)
11. Rechtsfolgen
12. Kreditgenossenschaften, Zentralkassen (Abs 3 aF)

1. Allgemeines:

Schrifttum: *Paulik,* Warenrückvergütung, 1951; *Gerwing,* Die Auslegung der kstl Sondervorschriften über Gen in der Rspr des BGH u der FG, Diss Münster, 1974; *Ruppe/Weber,* KStReform u Gen aus österreichischer Sicht, FS für *Rudolf Reinhardt,* 1972, 345; *Schiemann,* Überlegungen zur genossenschaftl Rückvergütung in der KStReform, DB 75, 419; *Paulick,* Die Besteuerung der Erwerbs- und WirtschaftsGen nach dem KStRG, ZfGG Bd 27 (1977), 171; *Berge/Philipowski,* Zinsvergütungen in KreditGen, 1986; *Lange,* KSt der Erwerbs- und WirtschaftsGen, NWB F 4, 3589 (3/89). S auch vor § 1 Anm 7.

Rückvergütungen werden wie BetrAusg behandelt. Aufgrund der gesetzl Regelung ist der Streit, ob Rückvergütung BetrAusg sind oder Gewinnausschüttungen, die lt Gesetz als BetrAusg zu behandeln seien, für die Praxis kaum erhebl; nach BFH BStBl III 66, 321 soll es sich nach BFH BStBl III 54, 36 um fingierte BetrAusg handeln; BFH BStBl III 54, 36 ist insoweit aber nicht eindeutig; vgl auch BFH BStBl II 76, 351.

2. Geltungszeit: § 22 gilt erstmals für alle Wj, die nach dem 31. 12. 76 enden (§ 54 I idF des KStG 1977). Das neue Recht sollte materiell keine Änderung bringen (BT-Drucks 7/1470, 359). § 35 I KStDV 1968 wurde mit Ergänzungen Abs 2, § 35 II KStDV 1968 wurde Abs 1 u § 35 III KStDV wurde Abs. 3. Der Begriff Waren-Rückvergütung wurde zu Rückvergütung, um entspr der bisherigen Praxis auch Rückvergütungen zB aus dem Dienstleistungs- und Kreditverkehr zu erfassen. Zu nachfolgenden Änderungen s 3. Aufl.

3. Rückvergütungen (Abs 1) sind rein umsatzabhängige, nachträgl von der Gen beschlossene Rückzahlungen. Die Nachträglichkeit unterscheidet Rückvergütungen von anderen Preisnachlässen wie Rabatte, Boni usw, bei denen es sich um BetrAusg handelt (A 66 II KStR). Zur Abgrenzung von Milchgeldnachzahlungen und Rückvergütungen verweist A 66 II KStR auf BFH BStBl III 64, 211. Nachzahlungen der Gen für Lieferungen oder Leistungen sowie Rückzahlungen von Unkostenbeiträgen sind wie Rückvergütungen zu behandeln; für sie gelten die Bedingungen des § 22, um die Abzugsfähigkeit zu ermögl. Nur bei Rückvergütungen, Nachzahlungen oder Erstattungen an Mitgl liegen Rückvergütungen iSd § 22 vor. Rückvergütungen an Nichtmitgl sind stets BetrAusg (A 66 I KStR).

4. Nur Rückvergütungen von **Erwerbs-** und **WirtschaftsGen** sind begünstigt; dazu § 1 Anm 13. Die Eintragung in GenReg läßt das Vorliegen einer Gen vermuten (A 66 I KStR). Zu Rückvergütungen durch stbefreite Gen s FinVerw 1991 StEK KStG 1977 § 22 Nr 4.

5. Rückvergütungen können nur aus Überschüssen aus dem **Mitgliedergeschäft,** dh aus den Geschäften zwischen Gen und Mitgl, gewährt werden. Abs 1 berechnet den aus dem MitglGeschäft zur Verfügung stehenden **Höchstbetrag** wie folgt (zu den Begriffen Mitgliedergeschäft, Zweckgeschäft, Nebengeschäft s § 5 Anm 67 mit Weiterverweisungen):

(1) Einkommen der Gen vor Rückvergütungen – und zwar an Mitgl und NichtMitgl – und Verlustabzug (A 66 VII KStR);

(2) abzügl Gewinn aus Nebengeschäften; dazu im einzelnen A 66 VIII KStR; Verluste aus Nebengeschäften sind nur mit Gewinnen aus Nebengeschäften auszugleichen (so wohl auch A 66 VIII letzter Satz KStR), nicht aber mit Überschüssen aus dem MitglGeschäft (glA DB 58, 180). Bagatellgrenze für Nebengeschäfte, bis zu deren Höhe Nebengeschäfte als Zweckgeschäfte mit NichtMitgl zu behandeln sind s A 66 XIV KStR; Gewinne aus Hilfsgeschäften rechnen zum Mitgliedergeschäft (*Zülow/Schubert/Rosiny,* Die Besteuerung der Gen, 7. Aufl, 1985, 154). Verpachtung eines Betr als Nebengeschäft s BFH BStBl II 88, 592. Auch umfangreiche Zweckgeschäfte hindern die Abzugsfähigkeit von Rückvergütungen nicht (FinVerw 1984 StEK KStG 1977 § 22 Nr 3).

(3) Daraus folgt der Überschuß vor Aufteilung auf das Mitgliedergeschäft (s A 66 VII KStR);

(4) Aufteilung sodann nach den Verhältnissen von Abs 1 S 2 auf Mitgl-Geschäft und NichtMitglGeschäft; zur Aufteilung A 66 IX–X, XII KStR; bei Beitritt eines Mitgl kann der Beitretende während des ganzen Wj als Mitgl behandelt werden (A 66 XIII KStR);

(5) hieraus folgt der Anteil des MitglGeschäfts, dh die obere Grenze für den Abzug (Abs 1 S 3).

Innerhalb dieses Höchstbetrages ist die Gen frei, Rückvergütungen zu gewähren; dies gilt selbst dann, wenn der Höchstbetrag den HB-Gewinn übersteigt und auf Rücklagen zurückgegriffen werden müßte (*Zülow/Schubert/Rosiny* aaO 157). Allerdings muß die Rückvergütung genossenschafts-

Mehrgewinne 6–9 § 22

rechtl ordnungsgemäß sein (s auch Anm 8). Stl anzuerkennen ist auch, wenn der gesamte Überschuß ausgeschüttet wird.

6. Weitere Bedingungen (Abs 2): Rückvergütungen müssen nach der Höhe des **Umsatzes** zwischen dem Mitgl und der Gen bemessen und allen Mitgl in gleichen vH-Sätzen des Umsatzes gewährt werden. Eine Differenzierung nach Waren- oder Umsatzgruppen, nach der Höhe der Geschäftsguthaben oder nach persönl Merkmalen, zB Dauer der Mitgliedschaft, ist unzulässig. Hier wird der Grundsatz der Gleichbehandlung aller Mitglieder wirksam. Einzelheiten s A 66 V KStR; hiernach ist auch eine progressive oder degressive Staffelung der Rückvergütungen nach dem Umsatz unzulässig; eine derartige Gestaltung ist mE jedoch mit dem Gesetz vereinb. Ausnahme für Tabakwaren wegen des Ausschlusses von Rückvergütungen im TabakStG, KStR aaO; dazu BFH BStBl II 69, 245. Außerdem bedeutsame Ausnahme für Geschäftssparten, die als organisatorisch verselbständigte BetrAbteilung im Rahmen des GesamtBetr eine gewisse Bedeutung haben, zB Bezugsgeschäft, Absatzgeschäft, Kreditgeschäft, Produktion, Leistungsgeschäft; hier kann für jede Sparte ein gesonderter vH-Satz gewählt werden (KStR aaO mit Ermittlungs- und Aufteilungsregeln).

7. Rückvergütungen müssen **bezahlt** sein, dh in den Herrschaftsbereich des Mitgl gelangt sein. Das ist auch bei den jederzeit verfügbaren Gutschriften der Fall. Werden die Rückvergütungen der Gen als Darlehen gewährt, so erkennt die FinVerw dies ebenfalls an, wenn der Darlehensvertrag bestimmte Voraussetzungen erfüllt, s A 66 III KStR. Zusätzl fordert A 66 IV KStR, daß Rückvergütungen spätestens 12 Monate nach Ablauf des Wj gezahlt oder gutgeschrieben sein müssen. Das FA kann die Frist verlängern. Bei Fristversäumnis kann die Rückvergütung auch später nicht abgezogen werden. Ausnahme: Rückvergütungen nach Bp, s Anm 9. Zur Gutschrift auf nicht voll eingezahlte GenAnteile s A 66 III KStR u FinVerw 1983 StEK KstG 1977 § 22 Nr 2.

8. Rückvergütungen müssen **genossenschaftsrechtl ordnungsgemäß** als Anspruch des Mitgl entstehen, entweder als Satzungsrecht oder aufgrund eines Beschlusses der Verwaltungsorgane der Gen oder aufgrund eines Beschlusses der Generalversammlung. Die Rückvergütung darf nicht von bestimmten Voraussetzungen abhängig gemacht werden, zB von bestimmten Wohlverhalten oder Zahlungsverhalten der Mitgl (A 66 IV KStR). BFH BStBl III 66, 321 lehnte eine Rückvergütung ab, die sofort als verlorener Baukostenzuschuß für einen Silo an die Gen zurückgewährt wurde; mE sehr zw, da die Genossen offensichtl frei verfügen konnten; an 18 der 256 Mitglieder wurde tatsächl ausgezahlt.

9. Mehrgewinne nach einer **Bp** können noch als Rückvergütungen gewährt werden, wenn der Mehrgewinn in einem geänderten HB ausgewiesen wird; vgl A 66 VI KStR. Diese Möglichkeit darf aber nicht benutzt werden, bisher nicht als Rückvergütungen ausgeschüttete Gewinne nachträgl als Rückvergütungen zu gewähren (KStR aaO). Rückvergütungen sind auch noch mögl, wenn **steuerfrei Gen stpfl** werden; Einzelheiten A 66 VI KStR. Werden stpfl Genossenschaften stfrei, kann der nach § 13

KStG zu realisierende Gewinn als Rückvergütung ausgeschüttet werden (FinVerw 1980 StEK KStG 1977 § 13 Nr 1).

10. Nachzahlungen und **Rückzahlungen** von Unkostenbeiträgen s Anm 3.

11. Rechtsfolgen: Rückvergütungen, die allen Voraussetzungen des § 22 genügen, sind „als BetrAusg abziehbar". Beisp A 66 XI KStR. Da die Bedingungen der Rückvergütungen regelmäßig erst nach Ablauf des Wj geschaffen sind, heißt Abzugsfähigkeit regelmäßig Rückstellung (BFH BStBl III 60, 523; A 66 IV KStR). Die Abzugsfähigkeit wird im übrigen nicht dadurch gehindert, daß die Voraussetzungen der Rückvergütungen regelmäßig vollständig erst nach dem Wj, um dessen Rückvergütungen es geht, vorliegen. Einschränkung bzgl der Bedingung, daß die Rückvergütung gezahlt sein muß, s Anm 7 (12-Monats-Grenze). Rückvergütungen sind keine Ausschüttungen im Sinne von § 27; folgl ist die Ausschüttungs-Bel nicht herzustellen. Liegen die Voraussetzungen des § 22 nicht vor, so sind Rückvergütungen an Mitgl vGa (BFH BStBl III 56, 367; A 66 XVI KStR).

12. *KreditGen, Zentralkassen (Abs 3):* Geltung bis VZ 1980. Dazu 3. Aufl.

Dritter Teil. Tarif; Besteuerung bei ausländischen Einkunftsteilen

§ 23 Steuersatz

(1) **Die Körperschaftsteuer beträgt 45 vom Hundert des zu versteuernden Einkommens.**

(2) ¹**Die Körperschaftsteuer ermäßigt sich auf 42 vom Hundert bei Körperschaften, Personenvereinigungen und Vermögensmassen im Sinne des § 1 Abs. 1 Nr. 3 bis 6.** ²**Satz 1 gilt nicht**
1. **für Körperschaften und Personenvereinigungen, deren Leistungen bei den Empfängern zu den Einnahmen im Sinne des § 20 Abs. 1 Nr. 1 oder 2 des Einkommensteuergesetzes gehören;**
2. **für Stiftungen im Sinne des § 1 Abs. 1 Nr. 4 und 5; fallen die Einkünfte in einem wirtschaftlichen Geschäftsbetrieb einer von der Körperschaftsteuer befreiten Stiftung oder in einer unter Staatsaufsicht stehenden und in der Rechtsform der Stiftung geführten Sparkasse an, ist Satz 1 anzuwenden.**

(3) **Absatz 2 Satz 1 gilt entsprechend für beschränkt Steuerpflichtige im Sinne des § 2 Nr. 1.**

(4) **Wird die Einkommensteuer auf Grund der Ermächtigung des § 51 Abs. 3 des Einkommensteuergesetzes herabgesetzt oder erhöht, so ermäßigt oder erhöht sich die Körperschaftsteuer entsprechend.**

(5) **Die Körperschaftsteuer mindert oder erhöht sich nach den Vorschriften des Vierten Teils.**

Allgemeines **1 § 23**

(6) ¹Die Körperschaftsteuer beträgt beim Zweiten Deutschen Fernsehen, Anstalt des öffentlichen Rechts, für das Geschäft der Veranstaltung von Werbesendungen 6,7 vom Hundert der Entgelte (§ 10 Abs. 1 des Umsatzsteuergesetzes) aus Werbesendungen. ²Absatz 4 gilt entsprechend.

Abs 1 und 2 lauteten bis zur Änderung durch das G v 13. 9. 93 (Anm 2):

(1) Die Körperschaftsteuer beträgt 50 vom Hundert des zu versteuernden Einkommens.

(2) ¹Die Körperschaftsteuer ermäßigt sich auf 46 vom Hundert bei Körperschaften, Personenvereinigungen und Vermögensmassen im Sinne des § 1 Abs. 1 Nr. 3 bis 6. ²Satz 1 gilt nicht
a) für Körperschaften und Personenvereinigungen, deren Leistungen bei den Empfängern zu den Einnahmen im Sinne des § 20 Abs. 1 Nr. 1 oder 2 des Einkommensteuergesetzes gehören,
b) für Stiftungen im Sinne des § 1 Abs. 1 Nr. 4 und 5; fallen die Einkünfte in einem wirtschaftlichen Geschäftsbetrieb einer von der Körperschaftsteuer befreiten Stiftung oder in einer unter Staatsaufsicht stehenden und in der Rechtsform der Stiftung geführten Sparkasse an, ist Satz 1 anzuwenden.

Abs 6 lautete bis zur Änderung durch das G v 13. 9. 93 (Anm 2):

(6) ¹Die Körperschaftsteuer beträgt beim Zweiten Deutschen Fernsehen, Anstalt des öffentlichen Rechts, für das Geschäft der Veranstaltung von Werbesendungen 7,4 vom Hundert der Entgelte (§ 10 Abs. 1 des Umsatzsteuergesetzes) aus Werbesendungen. ²Absatz 4 gilt entsprechend.

Gesetzesfassungen bis zum KStG 1991 (Vor § 1 Anm 20) s 3. Auflage.

Körperschaftsteuerrichtlinien: Abschnitt 67

Übersicht

1. Allgemeines
2. Geltungszeit
3. Allgemeiner Steuersatz (Abs 1)
4., 5. StSatz außerhalb des AnrV (Abs 2)
6., 7. Stiftungen (Abs 1, 2)
8., 9. Beschränkt Stpfl (Abs 3)
11. Sonstige Kreditinstitute (Abs 4 aF)
14. Sparkassen (Abs 5 aF)
15. Mehrere StSätze
16. Abrundung (Abs 4 aF)
17. Änderung des Tarifs (Abs 4)
18. KStErhöhungen und -Minderungen (Abs 5)
19. ZDF (Abs 6)

1. Allgemeines: § 23 normiert den StSatz (Tarif) unter Außerachtlassung von Ausschüttungen. Ausschüttungen, und zwar gesellschaftsrechtl ordnungsmäßige ebenso wie verdeckte, ändern die StBel im AnrV; es wird die AusschüttungsBel hergestellt. Bei den ins AnrV einbezogenen Körperschaften handelt es sich bei dem StSatz des § 23 folgl um den ThesaurierungsStSatz. Ist die Körperschaft nicht in das AnrV einbezogen, berührt die Ausschüttung grundsätzl den StSatz nicht; bei diesen Körperschaften wird in § 23 die definitive KStBel geregelt. Sog personenbezogene KapGes (§ 19 I Nr 2 KStG aF vor 1977) sind nicht mehr begünstigt; mit dem AnrV entfällt der Grund, insoweit zu differenzieren. Erstreckt sich ein Besteuerungszeitraum über mehre Kalender- oder Wj, so ist der StSatz des Jahres maßgebend, in dessen Ende der Besteuerungszeitraum fällt (RFH RStBl 39, 598; s auch § 11 Anm 6). Zur Auswirkung eines negativen Progessionsvorbehalts s § 8 Anm 19. Zur abgeltenden Quellenbesteuerung bei beschr Stpfl und bei befreiten Körperschaften s § 2 Anm 4, 7 u § 5 Anm 79.

2. Geltungszeit: § 23 gilt ab VZ 1977 (§ 54 I idF des KStG 1977). Zu den Tarifen bis 1976 s Vor § 1 Anm 13. Zu den nachfolgenden Änderungen s 3. Aufl. Durch das StandOG v 19. 9. 93 (BGBl I 93, 1569; BStBl I 93, 774) wurde der allg TarifStSatz auf 45 (Abs 1) bzw 42 (Abs 2) vom Hundert gesenkt, und zwar mit Wirkung ab VZ 1994 (§ 54 I idF des StandOG).

Schrifttum: Zur Tarifänderung 1994: *Binger/Pinkos* GmbHR 93, 556; *Rädler/Lausterer* DB 93, 451; *Franz/Rupp* BB 93 Beil 20; *Müller-Gatermann* FR 93, 381; *Ketterer/Pumbo* IStR 93, 289; *Cattelaens* Wpg 93, 557; *Pauka* NWB F 4, 3957 (10/93); *Rendels* DStR 93, 1089; *Dötsch* DB 93, 1790; *Korn* KÖSDI 93, 9542; *Klein,* FS L Schmidt, 1993, 589.

3. Allg StSatz (Abs 1): Er beträgt **ab VZ 1994** 45 vH (**bis VZ 1989** 56 vH, **bis VZ 1993** 50 vH; s dazu auch 3. Aufl u Anm 2) des zu versteuernden Einkommens (dazu § 7 II). 56 vH entsprach dem EStSpitzenStSatz; allerdings wurde dieser StSatz im EStRecht wegen der geringeren StSätze in den vorangegangenen Tarifzonen und dem Grundfreibetrag als DurchschnittStSatz nie erreicht, er näherte sich allerdings mit steigendem zu versteuerndem Einkommen der 56 vH-Grenze (Darstellungen s Tarifbericht BT-Drucks 8/62). Die Absenkung des KStSatzes durch das StRefG 1990 (s Vor § 1 Anm 19) auf 50 vH nimmt von der Gleichstellung mit dem SpitzenStSatz bei der ESt Abschied; der Gesetzgeber zieht hier die Folgerung aus der Tatsache, daß allg bei den Industriestaaten die KapGes mit einem niedrigeren StSatz belegt sind. Durch das StandOG (Anm 2) erfolgte eine weitere Absenkung auf 45 vH, wobei auch diese TarifBel noch über der anderer Industriestaaten liegt.

4. StSatz außerhalb des AnrV (Abs 2): Für VVaG (§ 1 I Nr 3; BFH BStBl II 92, 429), sonstige jur Pers des privaten Rechts, insbes also rechtsf Vereine (§ 1 I Nr 4), nichtrechtsf Vereine, Anstalten und andere Zweckvermögen des privaten Rechts (§ 1 I Nr 5) sowie für Betr gewerbl Art von jur Pers des öffentl Rechts (§ 1 Nr 6) beträgt der StSatz 42 vH (bis 1989 50 vH, bis 1993 46 vH, s auch 3. Aufl u Anm 2 u 3). Es handelt sich um Körperschaften, bei denen Gewinnausschüttungen nicht vorkommen oder Gewinnverwendungen zu keiner Entlastung im AnrV führen.

5. Ausgenommen von der Ermäßigung von 45 auf 42 vH sind Körperschaften, deren Leistungen bei den Empfängern zu den Einahmen iSv

Einkommen inländischer Betriebe

§ 20 I Nr 1 oder 2 EStG gehören (Abs 2 Buchst a); diese Parallelvorschrift zu § 43 stellt sicher, daß immer dann, wenn Eink bei dem AntE vorliegen, die bei ihm den AnrMechanismus und folgl die Totalentlastung von KSt auslösen, der allg KStSatz von 45 vH eingreift. Von Bedeutung ist folgl auch an dieser Stelle die Auslegung des § 20 I Nr 1 EStG: Enumerative oder beispielhafte Aufzählung? Dazu § 43 Anm 3. Für Wirtschaftsvereine, Realgemeinden usw gilt mE der StSatz von 42 vH (aA s die Nachweise zu § 43 Anm 3).

6. Stiftungen (Abs 1, 2): Auf sie, seien sie rechtsf oder nichtrechtsf, findet der allg StSatz von 45 vH Anwendung (Abs 2 Buchst b). Diese Ausnahme von der Besteuerung der übrigen Körperschaften des § 1 I Nr 3–6 wurde motiviert, Unternehmens-Stiftungen hätten anderenfalls für investiertes Kap einen Wettbewerbsvorsprung (BT-Drucks 7/5310, 8). Allerdings war der Finanzausschuß von dieser Entscheidung nicht vollständig überzeugt, insbes wurden die verfassungsrechtl Bedenken gesehen, eine einzelne Rechtsform stl im Verhältnis zu anderen ähnl Rechtsformen nachteilig zu behandeln. Aus diesem Grund wurde die BReg durch eine Entschließung des BT bei der Verabschiedung des KStG 1977 aufgefordert, die Besteuerung der Stiftungen und ihrer Destinatäre allg und im Hinblick auf die KStReform zu überprüfen und dem BT alsbald zu berichten (s BT-Drucks 7/5303, 4 u 7/5310, 8). Der vorliegende Bericht kommt zu dem Ergebnis, daß kein Anlaß bestehe, etwas zu ändern (BT-Drucks 8/3165). Die verfassungsrechtl Bedenken im Hinblick auf die Ungleichbehandlung werden damit nicht beseitigt.

7. Für **wirtschaftl GeschäftsBetr** einer steuerbefreiten **Stiftung,** mit welchem die Stiftung, sei sie rechtsf oder nichtrechtsf, kstpl ist, gilt der ermäßigte StSatz von 42 vH (Abs 2 Buchst b 2. Halbsatz). Das gleiche gilt ab VZ 1981 (s Anm 2 3. Aufl) für unter Staatsaufsicht stehende und in der Rechtsform der Stiftung geführte Sparkassen.

8. Beschränkt Stpfl (Abs 3): Ab VZ 1980 (s Anm 2, 3. Aufl) gilt für beschr Stpfl iSd § 2 Nr 1 einheitl der StSatz von 50 vH, vgl *Winter* GmbHR 80, 274. Die in Anm 9 dargestellten Schwierigkeiten sollten beseitigt werden (BT-Drucks 8/3688). Eine Problemlösung durch einen FinVerwErlaß wurde abgelehnt (FinVerw 1979 StEK KStG 1977 § 23 Nr 7). **Ab VZ 1990** (s Anm 2, 3. Aufl) ermäßigte sich der StSatz auf 46 vH, **ab VZ 1994** (s Anm 2) auf 42 vH. Zu den beschr Stpfl iSd § 2 Nr 1 s § 2 Anm 3. Soweit die St durch den StAbzug abgegolten ist (§ 50 II Nr 2; s § 50 Anm 6), findet Abs 3 keine Anwendung. Zum Einfluß des EG-Rechts auf die beschr Stpfl s *Saß* DB 92, 857. Zur StSatzDiskriminierung ausl Betriebstätten s *Rädler/Lausterer* DB 93, 451 u DB 94, 699.

9. *Bis VZ 1979* galt der StSatz von 50 vH nur für **Eink,** die in einem **inl Betr** anfielen. Obwohl der FinA (BT-Drucks 7/5310, 7) von den inl Betriebstätten ausl Unternehmen spricht, wählte das Gesetz diesen Begriff nicht. Die „Eink des inl Betr" sind umfassender; es sind mE alle im Inl stpfl Gewinn-Eink (s auch § 50 V EStG). Hierzu zählen inl gewerbl BetriebstättenEink ebenso wie Eink, die stpfl sind, weil ein inl Vertreter bestellt worden ist (§ 49 I Nr 2a EStG); glA A 67 KStR 1977. Auch die StPfl gem § 49 I Nr 2b EStG (Betrieb eines Seeschiffs oder Luftfahrzeugs) führt zu dem ermäßigten StSatz (von A 67 KStR 1977 nicht erwähnt). ME war Abs 3 aF auch auf die Fälle des § 49 I Nr 2c EStG (Veräußerung wesentl Beteiligungen) anzuwenden; es handelt sich nach § 49 EStG um inl gewerbl Eink; von A 67 KStR 1977 wurde dieser Fall allerdings nicht angesprochen. ME wurden von Abs 3 aF auch land- und forstwirtschaftl Betr erfaßt (glA A 67 KStR 1977). Zweifelhaft, ob Abs 3 aF auch eingriff, wenn die ausl Körperschaft mit inl Eink aufgrund § 49 I Nr 5, 6, 8, 9 EStG wegen der sog **isolierenden Betrachtungsweise** (§ 49 II EStG) stpfl war. Ohne Zweifel ist die Anwendung sinnvoll; denn ein unterschiedl StSatz für inl gewerbl Eink und zB für inl Eink aus der Vermietung von Grundbesitz läßt sich kaum rechtfertigen. Das Tatbestandsmerkmal „inl Betrieb" steht jedoch einer Anwendung, auch einer analogen Anwendung entgegen.

10. *einstweilen frei*

11. *Sonstige Kreditinstitute (Abs 4 in der bis VZ 1980 geltenden Fassung):* S dazu 3. Aufl.

12., 13. *einstweilen frei*

14. *Sparkassen (Abs 5 in der bis VZ 1980 geltenden Fassung):* S dazu 3. Aufl.

15. Unterliegt das Einkommen **mehreren StSätzen,** so sind abzb Spenden und Verluste (§ 10d EStG, § 2a III EStG), der Abzugsbetrag nach § 24b EStG aF und der Freibetrag nach §§ 24, 25 KStG zuerst von den am höchsten besteuerten Einkommensteilen abzuziehen (A 67 II KStR aF). Das gilt auch bzgl des Teils des Einkommens, der stfrei ist.

16. *Abrundung (Abs 4 aF):* Abs 4 war bis VZ 1980 Abs. 6 (Anm 2 3. Aufl). Die Vorschrift entfällt ab VZ 1988 (Anm 2 3. Aufl). Das zu versteuernde Einkommen wurde bis zu diesem Zeitpunkt auf volle zehn Deutsche Mark nach unten abgerundet (vgl § 18 KStG aF vor 1977). Durch die Abrundung wurde ein Teilbetrag stfrei gestellt; nach Ansicht der FinVerw gehörte dieser Teil bei Ermittlung des verwendb EK zu EK_{02} (s § 30 Anm 7, 15). Auf Antrag ließ A 67 KStR einen Verzicht auf die Abrundungsvorschrift zu, was ein Eingeständnis der Zweckverfehlung dieser Vorschrift bedeutet. Nach BFH BStBl II 88, 203 ist der Abrundungsbetrag nicht EK_{02}, sondern dem EK zuzurechnen, bei dem die Abrundung erfolgte. Diese Entscheidung führte zu Gesetzesänderungen. Eine Ab- oder Aufrundung findet nicht mehr statt.

17. Änderung des Tarifs (Abs 4): Der KStSatz steht unter dem allg Vorbehalt des § 51 III EStG (u § 53 I Nr 2b KStG). Wird aufgund der hier ausgesprochenen Ermächtigung aus konjunkturpolitischen Gründen der StSatz erhöht oder ermäßigt, erhöht oder ermäßigt sich die KSt entspr; keine isolierte Änderung der ESt mögl. Abs 5 entspr § 19c KStG aF vor 1977.

18. KStErhöhungen und -Minderungen (Abs 5): Die KSt ändert sich aufgrund von KStErhöhungen oder -Minderungen gem §§ 27ff. Abs 5 stellt dies – ein wenig überflüssig – klar.

Freibetrag für bestimmte Körperschaften 1–3 § 24

19. ZDF (Abs 6): Sondertarifvorschrift für die Werbesendungen des ZDF. Änderung des StSatzes durch das StRefG 1990 (Anm 2 3. Aufl) u das StandOG (Anm 2). Nach *Ossenbühl*, FS für *Flume* II, 1978, 201, verfassungswidrig. Zur stl Behandlung der Werbeerträge der ARD s *Kläschen* DStZ/A 78, 462.

§ 24 Freibetrag für bestimmte Körperschaften

¹Vom Einkommen der unbeschränkt steuerpflichtigen Körperschaften, Personenvereinigungen und Vermögensmassen ist ein Freibetrag von 7500 Deutsche Mark, höchstens jedoch in Höhe des Einkommens, abzuziehen. ²Satz 1 gilt nicht

1. für Körperschaften und Personenvereinigungen, deren Leistungen bei den Empfängern zu den Einnahmen im Sinne des § 20 Abs. 1 Nr. 1 oder 2 des Einkommensteuergesetzes gehören,
2. für Vereine im Sinne des § 25.

Gesetzesfassungen bis zum KStG 1991 (Vor § 1 Anm 20) s 3. Auflage.

Körperschaftsteuerrichtlinien: Abschnitt 74

Übersicht

1. Allgemeines
2. Geltungszeit
3. Anwendungsbereich
4. Freibetrag
5. Gestaltungen

1. Allgemeines: Das KStG 1977 enthält in § 24 erstmals einen gesetzl Freibetrag für kleinere Körperschaften, der die bis 1976 geltende Vereinfachungsvorschrift des A 64 I KStR 1969 ablöst. Der Freibetrag dient als Härteausgleich, um bei kleineren Körperschaften die sofort mit 46 vH eingreifende StBel abzumildern, im übrigen der VerwVereinfachung, um die Vielzahl kleinerer Vereine usw nicht jeweils mit ihren oft geringen Eink veranlagen zu müssen; allerdings wird die FinVerw auf eine Überwachung – ähnl wie bei den stbefreiten Körperschaften – nicht verzichten. Für Körperschaften, die ins AnrV einbezogen sind, s die Vereinfachung in A 104 KStR (dazu § 49 Anm 3). **Kritik:** Der Freibetrag hindert die Konzentration im Vereinsbereich. Er fördert Überlegungen, vollzogene Zusammenführungen wieder aufzulösen; denn durch eine Vervielfältigung von Vereinen kann der Freibetrag entspr vervielfältigt werden (s Anm 5).

2. Geltungszeit: § 24 gilt ab VZ 1977 (§ 54 I idF des KStG 1977). Neufassung durch das VereinsförderungsG v 18. 12. 89 (s Vor § 1 Anm 19 u 3. Aufl)

3. Anwendungsbereich: Der Freibetrag gilt für alle Körperschaften mit Ausnahme derjenigen, die mit ihren Eink in das AnrV einbezogen sind. Er kann insbes bei rechtsf und nichtrechtsf Vereinen und Stiftungen, bei

Zweckvermögen und bei Betr gewerbl Art der Körperschaften des öffentl Rechts abgesetzt werden (vgl A 74 I KStR). Soweit die Körperschaft stbefreit ist, gilt der Freibetrag ohne Aufteilung für stpfl wirtschaftl Geschäfts-Betr (glA A 74 I KStR). Für in das AnrV einbezogene Körperschaften ist § 24 ausgeschlossen (BFH BStBl II 90, 470); das Gesetz wählt in § 24 Nr 1 die Anknüpfung an die Eink gem § 20 I Nr 1, 2 EStG; kein Freibetrag folgl für AG, GmbH; kein Freibetrag auch dann, wenn die KapEink wegen § 20 III EStG gewerbl Eink darstellen, § 24 gilt folgl auch nicht für die Komplementär-GmbH einer GmbH & Co KG, BFH BStBl II 85, 634; FG D'dorf EFG 79, 571; FG Münster EFG 80, 146; FG Bremen EFG 81, 466; *Arnold* GmbHR 80, 219; aA *Hesselmann* GmbHR 80, 120; *Kühnel* GmbHR 81, 300), Genossenschaften (dazu s jedoch § 25). § 24 gilt auch nicht für in das ArnV einbezogene Körperschaften, die aufgrund anderer Vorschriften keine oder nur geringe Ausschüttungen vornehmen dürfen; Beisp: gemeinnützige Körperschaften (BFH BStBl II 90, 470; A 74 II KStR). Zweifelhaft ist, ob Eink noch im Wege der Analogie unter § 20 I Nr 1, 2 EStG subsumiert werden können; dazu § 43 Anm 3. Für Vereine, die Land- und Forstwirtschaft betreiben, kennt § 25 einen besonderen Freibetrag; § 24 findet keine Anwendung (§ 24 Nr 2). Der Freibetrag gilt nur für unbeschr stpfl Körperschaften, nicht für beschr Stpfl iSv § 2 Nr 1 und 2.

4. Höhe des Freibetrages: Der Freibetrag beträgt 5000 DM, ab VZ 1990 7500 DM (Anm 2), höchstens die Höhe des stpfl Einkommens; er ist vom Einkommen (§ 81, vor Anwendung von § 7 II) abzuziehen. Zum Abzug bei unterschiedl StSätzen s § 23 Anm 15. Stfreie Einnahmen sind mit dem Freibetrag nicht zu verrechnen; Tarifvergünstigungen sind unabhängig von dem Freibetrag anzuwenden. Der Freibetrag wird neben der Werbungskostenpauschale nach § 9a Nr 2 EStG und neben dem Sparerfreibetrag nach § 20 IV S 1 EStG gewährt (zur Anwendung dieser EStG-Vorschriften s § 8 Anm 14, 19); Verlustabzug ist vorrangig zu berücksichtigen (A 37 III KStR). Übersteigt das Einkommen 10000 DM, wurde der Freibetrag bis einschließl VZ 1989 (Anm 2 u 3. Aufl) um die Hälfte des über steigenden Betrages gekürzt.

5. Gestaltungen: Der Freibetrag von DM 7500 iVm dem angehobenen Sparerfreibetrag kann die Gründung von rechtsfähigen oder nicht rechtsfähigen „Kapitalverwaltungsvereinen" anregen. Ein Verein wird mit dem Zweck begründet, Vermögen zu verwalten. Dem Verein steht neben dem Freibetrag nach § 24 der Sparerfreibetrag mit dem Werbungskostenpauschbetrag in Höhe von DM 6100 zur Verfügung. Bei 6% kann ein Vermögen von DM 220000 stfrei bleiben (vgl *Zeitler* DStZ 93, 358). Die FinVerw billigt dies grundsätzl (BT-Drucks 12/5504 v 27. 7. 93), allerdings wird darauf hingewiesen, daß die Erträge nicht ausgeschüttet werden können, da dann der Verein ins AnrVerf einbezogen würde (allerdings wird ein solcher Verein nicht ausschütten wollen, sondern als Sparinstitution die Erträge wieder anlegen). Die FinVerw verweist auf die Möglichkeit des § 42 AO: Wenn mehrere derartige Vereine gegründet werden, um die Freibeträge häufiger auszunutzen, setze man sich dem Mißbrauchseinwand aus.

Freibetrag für luf Genossenschaften und Vereine **1 § 25**

Bei korrekt durchgeführter Vereinsgründung wird man allerdings dem Verein kaum das wirtschaftl Leben nehmen können. Wird er später liquidiert, kann der thesaurierte Ertrag stfrei vereinnahmt werden. Weitere Risiken: Eine Treuhandschaft kann naheliegen. Auch bringt der nicht rechtsfähige Verein die Gefahr der Qualifikation als Mitunternehmerschaft mit sich.

§ 25 Freibetrag für Erwerbs- und Wirtschaftsgenossenschaften sowie Vereine, die Land- und Forstwirtschaft betreiben

(1) ¹Vom Einkommen der unbeschränkt steuerpflichtigen Erwerbs- und Wirtschaftsgenossenschaften sowie der unbeschränkt steuerpflichtigen Vereine, deren Tätigkeit sich auf den Betrieb der Land- und Forstwirtschaft beschränkt, ist ein Freibetrag in Höhe von 30 000 Deutsche Mark, höchstens jedoch in Höhe des Einkommens, im Veranlagungszeitraum der Gründung und in den folgenden neun Veranlagungszeiträumen abzuziehen. ²Voraussetzung ist, daß
1. die Mitglieder der Genossenschaft oder dem Verein Flächen zur Nutzung oder für die Bewirtschaftung der Flächen erforderliche Gebäude überlassen und
2. a) bei Genossenschaften das Verhältnis der Summe der Werte der Geschäftsanteile des einzelnen Mitglieds zu der Summe der Werte aller Geschäftsanteile,
    b) bei Vereinen das Verhältnis des Werts des Anteils an dem Vereinsvermögen, der im Falle der Auflösung des Vereins an das einzelne Mitglied fallen würde, zu dem Wert des Vereinsvermögens

nicht wesentlich von dem Verhältnis abweicht, in dem der Wert der von dem einzelnen Mitglied zur Nutzung überlassenen Flächen und Gebäude zu dem Wert der insgesamt zur Nutzung überlassenen Flächen und Gebäude steht.

(2) Absatz 1 Satz 1 gilt auch für unbeschränkt steuerpflichtige Erwerbs- und Wirtschaftsgenossenschaften sowie für unbeschränkt steuerpflichtige Vereine, die eine gemeinschaftliche Tierhaltung im Sinne des § 51a des Bewertungsgesetzes betreiben.

Körperschaftsteuerrichtlinien: Abschnitt 75

Übersicht

1. Allgemeines
2. Geltungszeit
3. Voraussetzungen (Abs 1)
4. Freibetrag
5. Tierhaltung (Abs 2)

1. Allgemeines: Der Freibetrag bezweckt, Zusammenschlüsse in der Land- und Forstwirtschaft zu fördern (BT-Drucks 7/1470, 361). Soweit der Freibetrag einer Gen gewährt wird, ist er nur eine vorläufige Vergünstigung, da er bei Ausschüttungen an die Genossen verlorengeht; anders bei den ebenfalls begünstigten Vereinen, die nicht in das AnrV einbezogen sind; hier erfolgt eine Befreiung von der definitiven KSt (dazu aber § 43 Anm 3).

2. Geltungszeit: Die Vorschrift gilt ab 1977 (§ 54 I idF des KStG 1977). Sie gilt auch bereits für vor 1977 gegründete Gen und Vereine. Der 10-Jahres-Zeitraum, s Anm 4, rechnet auch in diesem Fall ab Gründungs-VZ. Der in 1968 gegründete Verein kann im VZ 1977 erstmals und letztmals den Freibetrag beanspruchen.

3. Voraussetzungen des Freibetrags (Abs 1): Berechtigt sind unbeschränkt stpfl Erwerbs- und WirtschaftsGen sowie unbeschränkt stpfl Vereine, seien sie rechtsf oder nichtrechtsf. Sie müssen sich auf die Tätigkeit der Land- und Forstwirtschaft beschränken. In Entsprechung zu A 16 VII, 66 XIV KStR 1985 wird man jedoch geringfügige sonstige Eink als unschädl ansehen müssen. Die Mitgl müssen der Gen bzw dem Verein die betriebsnotwendigen Flächen und Gebäude überlassen. Dies kann entgeltl – zB aufgrund eines Pachtvertrags – oder unentgeltl geschehen; wegen Abs 1 Nr 2 sind allerdings insoweit alle Mitgl gleich zu behandeln. Außerdem muß die vermögensmäßige Beteiligung an der Gen bzw dem Verein dem Anteil an den zur Nutzung überlassenen Flächen und Gebäuden entsprechen. „Nicht wesentl" Abweichungen sind unschädl; nicht wesentl sind mE Abweichungen von 25 vH und weniger.

4. Rechtsfolge: Vom Einkommen wird ein Betrag von DM 30 000, höchstens das Einkommen abgezogen. Verlustabzug ist vorrangig (A 37 III KStR). Zum Abzug bei unterschiedl StSätzen s § 23 Anm 15 und dortige Hinweise; zum Verhältnis zu inl und ausl Eink im AnrV s § 30 Anm 10. Der **Freibetrag** ist zeitl befristet; er gilt vom VZ der Gründung plus 9 VZ. Erfolgte die Gründung in 1996, so kann der Freibetrag bis 2005 beansprucht werden. Zur Übergangsproblematik s Anm 2. Im AnrV wird der durch § 25 freigestellte Teil des verwendb Eigenkap in EK$_{02}$ eingeordnet. Die Voraussetzungen des § 25 werden im Veranlagungsverfahren überprüft; § 36b EStG greift folgl nicht ein; im übrigen ist auch die Gen und Vereine, die § 25 beanspruchen können, anrber. A 75 KStR gibt, wenn das Einkommen den Freibetrag nicht übersteigt, einen Anspruch auf Erteilung einer NV-Bescheinigung.

5. Tierhaltung (Abs 2): Der Freibetrag des Abs 1 S 1 gilt auch für Gen und Vereine, die eine Tierhaltung iSv § 51a BewG betreiben. Die Voraussetzungen des BewG müssen auch kstl gegeben sein; das gilt auch für das Verzeichnis nach § 51a I letzter Satz BewG.

§ 26 Besteuerung ausländischer Einkunftsteile

(1) **Bei unbeschränkt Steuerpflichtigen, die mit ausländischen Einkünften in dem Staat, aus dem die Einkünfte stammen, zu einer der deutschen Körperschaftsteuer entsprechenden Steuer herangezogen werden, ist die festgesetzte und gezahlte und keinem Ermäßigungsanspruch mehr unterliegende ausländische Steuer auf die deutsche**

Körperschaftsteuer anzurechnen, die auf die Einkünfte aus diesem Staat entfällt.

(2) ¹Ist eine unbeschränkt steuerpflichtige Körperschaft, Personenvereinigung oder Vermögensmasse (Muttergesellschaft) nachweislich ununterbrochen seit mindestens zwölf Monaten vor dem Ende des Veranlagungszeitraums oder des davon abweichenden Gewinnermittlungszeitraums mindestens zu einem Zehntel unmittelbar am Nennkapital einer Kapitalgesellschaft mit Geschäftsleitung und Sitz außerhalb des Geltungsbereichs dieses Gesetzes (Tochtergesellschaft) beteiligt, die in dem nach Satz 2 maßgebenden Wirtschaftsjahr ihre Bruttoerträge ausschließlich oder fast ausschließlich aus unter § 8 Abs. 1 Nr. 1 bis 6 des Außensteuergesetzes fallenden Tätigkeiten oder aus unter § 8 Abs. 2 des Außensteuergesetzes fallenden Beteiligungen bezieht, so ist auf Antrag der Muttergesellschaft auf deren Körperschaftsteuer von Gewinnanteilen, die die Tochtergesellschaft an sie ausschüttet, auch eine vom Gewinn erhobene Steuer der Tochtergesellschaft anzurechnen. ²Anrechenbar ist die der inländischen Körperschaftsteuer entsprechende Steuer, die die Tochtergesellschaft für das Wirtschaftsjahr, für das sie die Ausschüttung vorgenommen hat, entrichtet hat, soweit die Steuer dem Verhältnis der auf die Muttergesellschaft entfallenden Gewinnanteile zum ausschüttbaren Gewinn der Tochtergesellschaft, höchstens jedoch dem Anteil der Muttergesellschaft am Nennkapital der Tochtergesellschaft, entspricht. ³Verdeckte Gewinnausschüttungen zählen nur zu den Gewinnanteilen, soweit sie die Bemessungsgrundlage bei der Besteuerung der Tochtergesellschaft nicht gemindert haben. ⁴Ausschüttbarer Gewinn ist der nach handelsrechtlichen Vorschriften ermittelte Gewinn des Wirtschaftsjahrs, für das die Tochtergesellschaft die Ausschüttung vorgenommen hat, vor Bildung oder Auflösung von offenen Rücklagen, erhöht um verdeckte Gewinnausschüttungen, soweit diese den Gewinn gemindert haben. ⁵Der anrechenbare Betrag ist bei der Ermittlung der Einkünfte der Muttergesellschaft den auf ihre Beteiligung entfallenden Gewinnanteilen hinzuzurechnen. ⁶Die nach diesem Absatz anrechenbare Steuer ist erst nach der nach Absatz 1 anrechenbaren Steuer anzurechnen. ⁷Im übrigen ist Absatz 1 entsprechend anzuwenden.

(2a) ¹Gilt eine Gesellschaft, die die in der Anlage 7 zum Einkommensteuergesetz bezeichneten Voraussetzungen des Artikels 2 der Richtlinie Nr. 90/435/EWG des Rates vom 23. Juli 1990 (ABl. EG Nr. L 225 S. 6) erfüllt, nach einem Abkommen zur Vermeidung der Doppelbesteuerung als in einem anderen Mitgliedstaat der Europäischen Gemeinschaften ansässig, ist auf Antrag der Muttergesellschaft, die nachweislich ununterbrochen seit mindestens zwölf Monaten vor dem Ende des Veranlagungszeitraums oder des davon abweichenden Gewinnermittlungszeitraums mindestens zu einem Zehntel am Kapital dieser Gesellschaft beteiligt ist, auf deren Körperschaftsteuer von Gewinnanteilen aus Ausschüttungen der anderen Gesellschaft eine vom

Gewinn erhobene Steuer der anderen Gesellschaft nach Maßgabe des Absatzes 2 Satz 2 bis 7 anzurechnen, soweit diese Gewinnanteile nicht schon nach einem Abkommen zur Vermeidung der Doppelbesteuerung befreit oder nach Absatz 2 oder 3 begünstigt sind. ²Zu den Gewinnanteilen im Sinne des Satzes 1 gehören nicht Bezüge der Muttergesellschaft, die auf Grund einer Herabsetzung des Kapitals oder nach Auflösung der anderen Gesellschaft anfallen.

(3) Hat eine Tochtergesellschaft, die alle Voraussetzungen des Absatzes 2 erfüllt, Geschäftsleitung und Sitz in einem Entwicklungsland, so ist bei Anwendung des Absatzes 2 davon auszugehen, daß der anrechenbare Betrag dem Steuerbetrag entspricht, der nach den Vorschriften dieses Gesetzes auf die bezogenen Gewinnanteile entfällt.

(4) Die Anwendung der Absätze 2 und 3 setzt voraus, daß die Muttergesellschaft alle Nachweise erbringt, insbesondere

1. durch Vorlage sachdienlicher Unterlagen nachweist, daß die Tochtergesellschaft ihre Bruttoerträge ausschließlich oder fast ausschließlich aus unter § 8 Abs. 1 Nr. 1 bis 6 des Außensteuergesetzes fallenden Tätigkeiten oder aus unter § 8 Abs. 2 des Außensteuergesetzes fallenden Beteiligungen bezieht,
2. den ausschüttbaren Gewinn der Tochtergesellschaft durch Vorlage von Bilanzen und Erfolgsrechnungen nachweist; auf Verlangen sind diese Unterlagen mit dem im Staat der Geschäftsleitung oder des Sitzes vorgeschriebenen oder üblichen Prüfungsvermerk einer behördlich anerkannten Wirtschaftsprüfungsstelle oder einer vergleichbaren Stelle vorzulegen und
3. die Festsetzung und Zahlung der anzurechnenden Steuern durch geeignete Unterlagen nachweist.

(5) ¹Bezieht eine Muttergesellschaft, die über eine Tochtergesellschaft (Absatz 2) mindestens zu einem Zehntel an einer Kapitalgesellschaft mit Geschäftsleitung und Sitz außerhalb des Geltungsbereichs dieses Gesetzes (Enkelgesellschaft) mittelbar beteiligt ist, in einem Wirtschaftsjahr Gewinnanteile von der Tochtergesellschaft und schüttet die Enkelgesellschaft zu einem Zeitpunkt, der in dieses Wirtschaftsjahr fällt, Gewinnanteile an die Tochtergesellschaft aus, so wird auf Antrag der Muttergesellschaft der Teil der von ihr bezogenen Gewinnanteile, der der nach ihrer mittelbaren Beteiligung auf sie entfallenden Gewinnausschüttung der Enkelgesellschaft entspricht, steuerlich so behandelt, als hätte sie in dieser Höhe Gewinnanteile unmittelbar von der Enkelgesellschaft bezogen. ²Hat die Tochtergesellschaft in dem betreffenden Wirtschaftsjahr neben den Gewinnanteilen einer Enkelgesellschaft noch andere Erträge bezogen, so findet Satz 1 nur Anwendung für den Teil der Ausschüttung der Tochtergesellschaft, der dem Verhältnis dieser Gewinnanteile zu der Summe dieser Gewinnanteile und der übrigen Erträge entspricht, höchstens aber in Höhe des Betrags dieser Gewinnanteile. ³Die Anwendung der vorstehenden Vorschriften setzt voraus, daß

Besteuerung ausländischer Einkunftsteile § 26

1. die Enkelgesellschaft in dem Wirtschaftsjahr, für das sie die Ausschüttung vorgenommen hat, ihre Bruttoerträge ausschließlich oder fast ausschließlich aus unter § 8 Abs. 1 Nr. 1 bis 6 des Außensteuergesetzes fallenden Tätigkeiten oder aus unter § 8 Abs. 2 Nr. 1 des Außensteuergesetzes fallenden Beteiligungen bezieht und
2. die Tochtergesellschaft unter den Voraussetzungen des Absatzes 2 am Nennkapital der Enkelgesellschaft beteiligt ist und
3. die Muttergesellschaft für die mittelbar gehaltenen Anteile alle steuerlichen Pflichten erfüllt, die ihr gemäß Absatz 4 bei der Anwendung der Absätze 2 und 3 für unmittelbar gehaltene Anteile obliegen.

(6) [1] Vorbehaltlich der Sätze 2 bis 4 sind die Vorschriften des § 34c Abs. 1 Satz 2 und 3, Abs. 2 bis 7 und des § 50 Abs. 6 des Einkommensteuergesetzes entsprechend anzuwenden. [2] § 34c Abs. 2 und 3 des Einkommensteuergesetzes ist nicht bei Einkünften anzuwenden, für die ein Antrag nach Absatz 2 oder 5 gestellt wird. [3] Bei der Anwendung des § 34c Abs. 1 Satz 2 des Einkommensteuergesetzes ist der Berechnung der auf die ausländischen Einkünfte entfallenden inländischen Körperschaftsteuer die Körperschaftsteuer zugrunde zu legen, die sich vor Anwendung der Vorschriften des Vierten Teils für das zu versteuernde Einkommen ergibt. [4] In den Fällen des § 34c Abs. 4 des Einkommensteuergesetzes beträgt die Körperschaftsteuer für die dort bezeichneten, im zu versteuernden Einkommen enthaltenen ausländischen Einkünfte 22,5 vom Hundert.

(7) Die Absätze 2 und 3 gelten sinngemäß für Gewinnanteile, die eine inländische gewerbliche Betriebsstätte einer beschränkt steuerpflichtigen Körperschaft von einer ausländischen Tochtergesellschaft bezieht, wenn die Voraussetzungen des § 8b Abs. 4 Satz 1 und 3 im übrigen erfüllt sind.

Abs 2a fehlte bis zur Einfügung durch das G v 25. 2. 92 (Anm 3).

Abs 3 lautete bis zur Änderung durch das G v 13. 9. 93 (Anm 3):

(3) Hat eine Tochtergesellschaft, die alle Voraussetzungen des Absatzes 2 erfüllt, Geschäftsleitung und Sitz in einem Entwicklungsland im Sinne des Entwicklungsländer-Steuergesetzes, so ist für Gewinnanteile, die in einem Zeitpunkt ausgeschüttet werden, zu dem die Leistung von Entwicklungshilfe durch Kapitalanlagen in Entwicklungsländern zur Inanspruchnahme von Vergünstigungen nach dem Entwicklungsländer-Steuergesetz berechtigt, bei der Anwendung des Absatzes 2 davon auszugehen, daß der anrechenbare Betrag dem Steuerbetrag entspricht, der nach den Vorschriften dieses Gesetzes auf die bezogenen Gewinnanteile entfällt.

Abs 6, 7 u 8 lauteten bis zur Neufassung der Abs 6 u 7 sowie der Streichung des Abs 8 durch das G v 13. 9. 93 (Anm 3):

(6) [1] Vorbehaltlich der Sätze 2 bis 4 sind die Vorschriften des § 34c Abs. 1 Satz 2 und 3, Abs. 2 bis 7 und des § 50 Abs. 6 des Einkommensteuergesetzes entsprechend anzuwenden. [2] § 34c Abs. 2 und 3 des Einkommensteuergesetzes ist nicht bei Einkünften anzuwenden, für die ein Antrag

§ 26   Besteuerung ausländischer Einkunftsteile

nach Absatz 2 oder 5 gestellt wird. ³Bei der Anwendung des § 34c Abs. 1 Satz 2 des Einkommensteuergesetzes ist der Berechnung der auf die ausländischen Einkünfte entfallenden inländischen Körperschaftsteuer die Körperschaftsteuer zugrunde zu legen, die sich vor Anwendung der Vorschriften des Vierten Teils für das zu versteuernde Einkommen ergibt. ⁴In den Fällen des § 34c Abs. 4 des Einkommensteuergesetzes beträgt die Körperschaftsteuer für die dort bezeichneten ausländischen Einkünfte 25 vom Hundert des zu versteuernden Einkommens.

(7) Sind Gewinnanteile, die von einer ausländischen Gesellschaft ausgeschüttet werden, nach einem Abkommen zur Vermeidung der Doppelbesteuerung unter der Voraussetzung einer Mindestbeteiligung von der Körperschaftsteuer befreit, so gilt die Befreiung ungeachtet der im Abkommen vereinbarten Mindestbeteiligung, wenn die Beteiligung mindestens ein Zehntel beträgt.

(8) Sind Gewinnanteile, die von einer ausländischen Gesellschaft ausgeschüttet werden, nach einem Abkommen zur Vermeidung der Doppelbesteuerung oder nach Absatz 7 von der Körperschaftsteuer befreit oder nach den Absätzen 2 oder 3 begünstigt, so sind Gewinnminderungen, die

1. durch Ansatz des niedrigeren Teilwerts des Anteils an der ausländischen Gesellschaft oder
2. durch Veräußerung des Anteils oder bei Auflösung oder Herabsetzung des Kapitals der ausländischen Gesellschaft

entstehen, bei der Gewinnermittlung nicht zu berücksichtigen, soweit der Ansatz des niedrigeren Teilwerts oder die sonstige Gewinnminderung auf die Gewinnausschüttungen zurückzuführen ist.

Gesetzesfassung bis zum KStG 1991 (Vor § 1 Anm 20) s 3. Auflage.

Körperschaftsteuer-Durchführungsverordnung 1994 (KStDV 1994)

Vom 22. 2. 1996 (BGBl I 96, 365; BStBl I 96, 191)

[§§ 1–4: Abgedruckt zu § 5]

Zu § 26 Abs 3 des Gesetzes:

§ 5 Entwicklungsländer

Entwicklungsländer im Sinne des § 26 Abs. 3 des Gesetzes sind die in der Anlage zu dieser Verordnung genannten Staaten.

Anlage

Entwicklungsländer sind folgende Staaten:

Islamischer Staat Afghanistan	Republik Angola
Republik Albanien	Antigua und Barbuda
Demokratische Volksrepublik Algerien	Republik Äquatorialguinea

Äthiopien
Staat Bahrain
Barbados
Belize
Republik Benin
Königreich Bhutan
Republik Bolivien
Republik Botsuana
Burkina Faso
Republik Burundi
Republik Chile
Republik Costa Rica
Commonwealth Dominica
Dominikanische Republik
Republik Dschibuti
Republik El Salvador
Republik Fidschi
Gabunische Republik
Republik Gambia
Republik Ghana
Grenada
Griechische Republik
Republik Guatemala
Republik Guinea
Republik Guinea-Bissau
Kooperative Republik Guyana
Republik Haiti
Republik Honduras
Republik Irak
Republik Jemen
Haschemitisches Königreich Jordanien
Kambodscha
Republik Kamerun
Republik Kap Verde
Republik Kasachstan
Republik Kirgisistan
Kiribati
Republik Kolumbien
Islamische Bundesrepublik Komoren
Republik Kongo
Demokratische Volksrepublik Korea
Republik Kuba
Demokratische Volksrepublik Laos
Königreich Lesotho
Libanesische Republik
Sozialistische Libysch-Arabische Volks-Dschamahirija
Republik Madagaskar
Republik Malawi
Republik Malediven

Republik Mali
Islamische Republik Mauretanien
Vereinigte Mexikanische Staaten
Mongolei
Republik Mosambik
Union Myanmar
Republik Namibia
Republik Nauru
Königreich Nepal
Republik Nicaragua
Republik Niger
Bundesrepublik Nigeria
Sultanat Oman
Republik Panama
Unabhängiger Staat Papua-Neuguinea
Republik Paraguay
Republik Peru
Republik Ruanda
Salomonen
Demokratische Republik São Tomé und Príncipe
Königreich Saudi-Arabien
Republik Senegal
Republik Sechellen
Republik Sierra Leone
Demokratische Republik Somalia
Föderation St. Kitts und Nevis
St. Lucia
St. Vincent und die Grenadinen
Republik Sudan
Republik Suriname
Königreich Swasiland
Arabische Republik Syrien
Republik Tadschikistan
Taiwan
Vereinigte Republik Tansania
Republik Togo
Königreich Tonga
Republik Tschad
Turkmenistan
Tuvalu
Republik Uganda
Republik Usbekistan
Republik Vanuatu
Republik Venezuela
Sozialistische Republik Vietnam
Unabhängiger Staat Westsamoa
Republik Zaire
Zentralafrikanische Republik

§ 26 1   Besteuerung ausländischer Einkunftsteile

Schlußvorschrift
§ 6 Anwendungszeitraum
(1) Die vorstehende Fassung dieser Verordnung ist, soweit in Absatz 2 nichts anderes bestimmt ist, erstmals ab dem Veranlagungszeitraum 1993 anzuwenden.

(2) § 5 ist erstmals ab dem Veranlagungszeitraum 1994 anzuwenden.

Körperschaftsteuer-Durchführungsverordnung 1984 (siehe Vorauflage).

Übersicht

1. Allgemeines
2. Die Möglichkeiten des § 26
3. Geltungszeit
4. Direkte Steueranrechnung (Abs 1); Allgemeines
5.– 8. Voraussetzungen
9.–20. Anrechnung
21., 22. Indirekte Steueranrechnung (Abs 2); Allgemeines
23.–31. Voraussetzungen
32.–48. Anrechnung
49. Indirekte Steueranrechnung – EG (Abs 2a)
50., 51. Indirekte Steueranrechnung bei TochterGes in EntwL (Abs 3)
52. Voraussetzungen
53. Fiktive Anrechnung
55. Nachweispflichten (Abs 4)
57. Indirekte Steueranrechnung bei EnkelGes (Abs 5); Allgemeines
58.–64. Voraussetzungen
65.–71. Insbesondere: die begünstigten Gewinnanteile
72.–74. Begünstigungen des Abs 5
75. Abs 6; Allgemeines
76.–81. Erlaß und Pauschbesteuerung (Abs 6 und § 34c V EStG)
82. Betrieb von Handelsschiffen im internationalen Verkehr (Abs 6 und § 34c IV EStG)
83., 84. Abzug ausländischer Steuern (Abs 6 und § 34c II, III EStG)
85. Anrechnung nach DBA (Abs 6 und § 34c II EStG)
86. Ausdehnung von DBA-Befreiungen (Abs 7 aF)
88. Ausschluß von Teilwertabschreibungen und Gewinnminderungen (Abs 8 aF)
89. Ausdehnung der indirekten Anrechnung (Abs 7)

1. Allgemeines:

Schrifttum: *Vogel,* Zur außenstl Wirkung der KStReform, DB 75, 756; *Thien,* Die Beurteilung der „fiktiven StAnr" unter besonderer Berücksichtigung ihrer Verwendung in DBA der BRD mit Entwicklungsländern, 1975; *Jahn,* Probleme der internationalen StAnr im Rahmen der KStReform, DB 76, 1447; dazu *v Hülst* DB 77, 271; *Reuter* StbJb 76/77, 311; *Krabbe,* Änderungen bei der indirekten StAnr im Rahmen der KStR, BB 77, 1091; dazu *Krüger* BB 77, 1647 u *Krabbe* BB 77, 1648; *Mennel,* Internationaler Vergleich der Anr ausl Steuern, RIW/AWD 77, 470; *Becker,* Tücken bei der Anr ausl Steuern, BB 77, 536; *Pilz,* Pauschalierte Steuer für ausl Eink im KStG 1977, DB 77, 327; *Hausfelder,* Nachträgl Tatsachenänderungen bei Anr ausl St auf die inl ESt u KSt (§ 34c I EStG; § 19 I KStG), Diss Heidelberg, 1977; *Telkamp,* Die Auswirkungen der KStReform auf die Besteuerung international tätiger

Unternehmungen, FR 77, 285, 313; *Greif,* Auswirkungen der KStReform auf dt Investitionen im Ausl, RIW/AWD 77, 215; *Manke,* StbJb 77/78, 284; *Niemann,* Diskussionsbericht, StbJb 77/78, 304; *IdW*-Stellungnahme, DB 77, 322; *Höffken,* Die Bestimmungen der DBA über die Besteuerung ausgeschütteter Gewinne nach dem bisherigen Recht und dem KStRG, StWa 78, 25; *Reuter,* Auswirkungen der KStReform auf die Rendite steuerbefreiter ausl Schachtelbeteiligungen dt KapGes, DStR 78, 66; *ders,* Auswirkungen der KStReform auf die Rendite ausl Beteiligungen dt KapGes ohne Schachtelprivileg, DStR 78, 239; *Herzig,* Vorteilhaftigkeit der Pauschalierungsmethode unter der Herrschaft des kstl AnrV, RIW/AWD 78, 669; Institut FuSt, Grüne Briefe, Die indirekte StAnr (§ 26 II–V KStG 1977) – Kritik, Alternativen, Verbesserungsvorschläge –, 1978; *Laudan,* Zur Anr ausl St nach § 34 c EStG, RIW/AWD 78, 669; *Müller-Dott,* Anr ausl St nach § 26 I KStG und Aufteilung des verwendb EK, BB 78, 1105; *Denkl,* Die fiktive StAnr nach den dt DBA mit Entwicklungsländern im ESt- und KStRecht, RIW/AWD 79, 321; *Lohmann,* Das internationale kstl Schachtelprivileg, Diss Tübingen, 1979; *Pöllath,* Die Behandlung ausl Eink im kstl AnrV, RIW/AWD 79, 757; *Neyer,* KStG 1977: Auswirkungen der Zwischenschaltung dt KapGes bei Eink aus einer ausl Betriebstätte, RIW/AWD 80, 412; *Krabbe,* EnkelGes bei der indirekten StAnr nach dt und US-amerikanischem StRecht, RIW/AWD 80, 44; *ders,* Die indirekte StAnr in dt und US-amerikanischem StRecht, RIW/AWD 80, 842; *Brezing,* Die Behandlung ausl Eink u stfreier inl Einnahmen, GmbHR 87, 152; *Hasebrock,* Ausl Betriebstättengewinne von KapGes – StAnr oder Pauschalierung? DB 88, 1626; *Wilke,* Die Besteuerung ausl Eink im KStRecht, IWB 3 Deutschland Gr 4, 317 (1988); *ders* IWB 3 Deutschland Gr 4, 339 (1995).

Zur **Rechtsänderung 1980** (s Anm 3, 3. Aufl): *Krabbe* BB 79, 1340; *Söffing/Wrede* FR 80, 397; *Winter* GmbHR 80, 273; *Krabbe* DB 80, 1146; *Manke* DStZ 80, 323; *Michels* DB 81, 22; s außerdem Anm 3.

Zur Rechtsänderung durch das **StEntlG 1984** (s Anm 3, 3. Aufl): *Sarrazin* GmbHR 83, 305; *Hundt* DB 84, 209; *Manke* FR 84, 77; s außerdem Anm 3 u § 27 Anm 2.

Zum **StRefG 1990** (s Anm 38, 3. Aufl): *Wilke* IWB 3 Deutschland Gr 4, 325 (3/89).

Zur geplanten, aber **nicht realisierten Ausdehnung** der **Anrechnung ausl Steuer** durch den StandOG **1993** s *Dötsch* DB 93, 1790; *Müller-Gatermann* FR 93, 381; *Cattelaens* Wpg 93, 249; *Zeitler/Krebs* DB 93, 1051. Zur Frage einer evtl durch die EU gebotenen Ausdehnung der Anrechnung nach Abs 5 s BT-Drucks 12/7945 v 15. 6. 94, 77.

Zweck des § 26 ist, die DoppelBel im Ausland erzielter Erträge zu beseitigen oder zu mindern. Es handelt sich um eine nationale, einseitige Regelung, die zurücktritt, wenn bilaterale oder multilaterale völkerrechtl Abkommen, zB DBA, eingreifen; insoweit ist § 26 subsidiär. **Abs 1** regelt die direkte StAnr, dh die Anr der Steuern, die im Ausl unmittelbar auf von der stpfl Körperschaft selbst erzielte Erträge erhoben werden; Abs 1 entspr § 34 c I EStG; dazu Verweisungen in Abs 6 auf § 34 c EStG: **Abs 2** ermöglicht die indirekte StAnr bei internationalen Schachtelbeteiligungen, dh die Anr der ErtragSt einer ausl TochterGes auf die KSt der inl MutterGes, **Abs 2 a** die indirekte Anr im EG-Bereich. **Abs 3** betrifft die indirekte StAnr bei TochterGes in Entwicklungsländern. **Abs 4** regelt Nachweispflichten. Nach **Abs 5** kann im Wege einer Fiktion erreicht werden, daß die Erträge einer ausl EnkelGes, die die inl MutterGes über eine TochterGes bezieht, für die Beseitigung der DoppelBel als unmittelbar von der EnkelGes bezogen gelten; damit können auf dieses fingierte Verhältnis die Vergünstigungen eines DBA oder der Abs 2, 3 angewandt werden. Über **Abs 6** finden § 34c V EStG – Pauschbesteuerung ausl Erträge –, § 34c IV EStG – Begünstigung der Eink aus dem Betrieb von Handelsschiffen im internationalen Verkehr –, § 34c II, III u VI EStG – Abzug ausl Steuern bei der Summe der Eink – und § 34c VI EStG – Berücksichtigung ausl St bei DBA – Anwendung. *Abs 7 aF* dehnte das internationale Schachtelprivileg der DBA einseitig auf alle Beteiligungen von 10 vH an aufwärts aus. Der mit dem StRefG 1990 (s Vor § 1 Anm 19) eingefügte *Abs 8 aF* soll die Kombination von stfreien Erträgen mit stwirksamen Teilwertabschreibungen und Veräußerungsvorgängen verhindern. Abs 7 u Abs 8 wurden mit dem StandOG v 13. 9. 93 (s Anm 3) zu § 8b V u VI; s § 8b Anm 15, 16). **Abs 7** gewährt ab VZ 1994 beschr stpfl Körperschaften die indirekte Anr nach Abs 2 u Abs 3 für Gewinnanteile, die inl Betriebstätten zuzurechnen sind.

2. § 26 eröffnet der inl Körperschaft folgl folgende **Möglichkeiten:**
(1) direkte StAnr, Abs 1 (Anm 4–20);
(2) alternativ: Abzug der ausl St vom Gesamtbetrag der Eink, Abs 6 iVm § 34c II EStG (Anm 83f);
(3) zusätzl indirekte StAnr bzgl ausl TochterGes, Abs 2, 2a, 3, Antrag erforderl, also Wahlrecht; evtl beschränkt auf Teilbeträge, s Anm 21 ff, 46;
(4) für Beteiligungserträge der TochterGes aus EnkelGes anstatt (3) die Vergünstigung des Abs 5 – Fiktion des unmitelb Bezugs –, s Anm 57 ff;
(5) wird die Möglichkeit (4) gewählt, bleibt für insoweit nicht begünstigte Erträge der TochterGes die Möglichkeit (3) bestehen, Anm 73;
(6) anstatt der Möglichkeiten (1) bis (3) und aufgrund von (4) kann die Pauschalierung nach Abs 6 iVm § 34c V EStG gewählt werden (Anm 76 ff);
(7) falls (1) nicht mögl ist, Abzugsfähigkeit der Steuern nach § 34c III EStG; kein Wahlrecht, Anm 84;
(8) DBA-Länder: Anr lt DBA; daneben (2) – (6), evtl auch (7); s Anm 83;
(9) Handelsschiffe im internationalen Verkehr: anstatt (1), (2) und (7) kann die Tarifermäßigung nach § 34c IV EStG gewählt werden; Anm 82.

3. Geltungszeit: § 26 gilt ab VZ 1977, dh ab den Wj, die nach dem 31. 12. 76 enden (§ 54 I idF des KStG 1977). Die Vorschrift übernimmt die Regelung des § 19a KStG aF in Einzelheiten präzisierend und klarstellend. Zu den nachfolgenden Änderungen s 3. Aufl. Durch das G v 25. 2. 92 (BGBl I 92, 297; BStBl I 92, 146) wurde Abs 2a eingefügt und Abs 8 geändert; zum Inkrafttreten s § 54 X idF des G v 25. 2. 92; Materialien s Vor § 1 Anm 19. Der Verweis auf die Anlage in Abs 2a wurde durch das G v 23. 6. 93 (BGBl I 93, 944; BStBl I 93, 510) angepaßt. Das StandOG v 13. 9. 93 (BGBl I 93, 1569; BStBl I 93, 774) faßte die Abs 3, 6 u 7 neu und hob Abs 8 auf (s auch Anm 86 f.), und zwar ingesamt mit Wirkung ab VZ 1994 (§ 54 I idF des G v 13. 9. 93).

4. Abs 1 regelt die **direkte StAnr,** dh die Anr ausl KSt, die die inl Körperschaft für ausl Eink im Ausl zahlen muß, auf diejenige inländische KSt, die die Bundesrepublik aufgrund der unbeschr StPfl ebenfalls auf diese Eink erhebt. Abs 1 entspr § 34c I EStG. Die Anr nach Abs 1 greift nur ein,

Direkte Steueranrechnung 5–9 § 26

wenn mit dem ausl Staat, aus dem die Eink stammen, kein DBA vereinbart ist (Abs 6 iVm a§ 34c VI EStG; s hierzu Anm 85).

5. Voraussetzungen der direkten StAnr: Abs 1 gilt für alle Körperschaften iSd § 1 I Nr 1–6; dazu § 1 Anm 12 ff. Die Körperschaft muß **unbeschr stpfl** sein; dazu § 1 Anm 3. Keine Anr nach Abs 1 bis 1979 für beschr Stpfl Abs 6 iVm § 50 VI EStG ermöglicht ab VZ 1980 (s Anm 3 3. Aufl) in bestimmtem Umfang auch die Anr für beschr Stpfl; vgl A 76 XXXI KStR. Ausgenommen sind Eink, die aus einem ausl Staat stammen, der die Eink nach den Regeln einer unbeschr Stpfl besteuert; in diesem Fall ist es Aufgabe dieses Staats, die Doppelbesteuerung zu vermeiden (BT-Drucks 8/3648, 22). Soweit bei beschr Stpfl diese Anr nicht mögl ist, ist evtl über § 50 VII EStG (anwendb, s § 8 Anm 19) zu helfen.

6. Die Körperschaft muß Eink in einem ausl Staat beziehen; zu den **ausl Eink** s § 34d EStG, vor VZ 1980 (s Anm 3 3. Aufl) § 68b EStDV aF.

7. Die ausl Eink müssen in dem ausl Staat zur **Steuer herangezogen** worden sein. Nur die Steuer des Ursprungsstaats, dh des Staats, aus dem die Eink stammen, ist anrechenb. Die Besteuerung muß zu Lasten der inländischen Körperschaft erfolgen. Die Identität der ausl und inländischen Stpfl ist erforderl. Nach Abs 1 kann zB bei DividendenEink nur eine Anrechnung der Quellensteuer (KapitalertragSt) erfolgen, da die den Gewinn belastenden Steuern der Körperschaft, die die Dividende ausschüttet, nicht der Dividendenempfänger schuldet (hier greifen Abs 2–5 ein). Auch wenn die ausl Ges wegen Mißbrauchs nicht anerkannt wird, ist die Anr der von der ausl Ges im Ausl gezahlten Steuer mangels Subjektidentität nicht mögl (BFH BStBl II 77, 265; s ABC „Basisgesellschaften" 11). Die zu Lasten einer OrgGes erhobene ausl Steuer kann jedoch bei dem OrgT angerechnet werden (§ 19 Anm 8).

8. Die Anr setzt voraus, daß die **ausl Steuer** der **deutschen KSt entspr.** Es muß sich um eine Steuer auf das Einkommen handeln, die in ihren Grundzügen der deutschen KSt ähnl ist. Die St mußte nach § 68a EStDV aF für das ganze Staatsgebiet gelten; diese Bedingung war durch die Ermächtigung des § 34c VI EStG aF nicht gedeckt (glA zB *IdW* DB 77, 324; *Becker* BB 77, 536); § 68a EStDV wurde mit Wirkung ab VZ 1978 gestrichen. Ab 1978 kann daher auf jeden Fall jede entspr Steuer, gleichgültig ob sie vom Staat oder einer Gebietskörperschaft erhoben wird, angerechnet werden (*Singbartl/Hundt/Dötsch* DB 82, 66). Auch ausl Provinz-, Landes-, Kanton- und GemeindeSt sind anrechenb. Zu den entspr Steuern s im übrigen R 212a EStR und Anlage 8 zu den EStR (A 76 I KStR), weitere entspr Steuern werden ggf von dem BdF festgestellt, wobei diese Feststellung nur für die FÄ bindend ist; sie ist im übrigen nicht konstitutiv. Weitere ergänzend Erlasse s StEK zu § 34c EStG u zu § 26 KStG. Keine entspr Steuern: Umsatz-, VerbrauchSt, Zölle, Export-, Importabgaben, Konzessionsgebühren, Sozialversicherungsbeiträge, Säumniszuschläge, StZinsen, StStrafen.

9. Die **Anr** der ausl Steuer folgt der einfachen **Berechnung:** Höchstbetrag der deutschen Steuern auf die ausl Eink (Anm 12) abzügl festgesetzte und gezahlte und keinem Ermäßigungsanspruch mehr unterliegende ausl Steuer auf die ausl Eink (Anm 13) ergibt die inländische KStBel, die die inländische TarifBel darstellt.

10. Die Anr ist für **jeden Staat gesondert** vorzunehmen (so § 68c EStDV aF, ab VZ 1980 § 68a EStDV; sog per-country-limitation; Kritik *IdW* DB 77, 325). Mehrere EinkQuellen aus einem Staat sind zusammenzufassen.

11. Die **ausl Eink** werden nach **deutschem Steuerrecht ermittelt** (FinVerw 1961 StEK EStG § 34c Nr 3; *Flick/Wassermeyer/Becker*, AußenStR, § 26 KStG Rz 82; zur Maßgeblichkeit ausl Bilanzen und BuchführungsPfl *Streck* BB 72, 1363; 73, 32). Ausl persönl St sind nicht abzugsfähig (§ 10 Anm 12). Währungsverluste sind unmittelb im Jahr ihrer Entstehung zu berücksichtigen, auch wenn sich dadurch der Höchstbetrag der anrechenb St mindert (FinVerw 1975 StEK EStG § 34c Nr 76). Die ausl Eink von Mitunternehmern sind nach der für diese Mitunternehmerschaft geltenden Gewinnverteilungsvereinbarung aufzuteilen. Nachweis der ausl Eink: S Abs 6 iVm § 34c EStGK; § 68d EStDV aF, ab VZ 1980 § 68b EStDV.

12. Höchstbetrag der Anr ist der Teil der deutschen KSt, der auf die ausl Eink entfällt. Hierbei ist stets davon auszugehen, daß die Eink von der deutschen Seite mit der TairfBel besteuert werden (Abs 6 S 3). StErmäßigungen, die nicht ausschüttungsbedingt sind, wie zB §§ 16, 17, 21 BerlFG, 15. 5. VermBG, 32 KohlG, sind zu berücksichtigen (*Müller-Dott* BB 78, 1105), das gleiche gilt für Spenden (A 76 I KStR). Nicht zu berücksichtigen sind solche Ermäßigungen, die eindeutig nur bestimmten Einkunftsteilen zugute kommen sollen, wie zB pauschal besteuerte Eink (A 76 I KStR) oder die Billigkeitsregelung nach BStBl I 76, 679, dazu ABC „Übergangsfragen" 12 (*Müller-Dott* BB 78, 1105; aA *Dötsch* DB 79, 1477).

Beispiel:

Eink aus ausl Betriebstätte	100 P
ausl Steuer	25 P
Höchstbetrag der Anr = 45 vH von	100 P
=	45 P.

Die ausl KSt wird bis zur Grenze dieses Höchstbetrages angerechnet. Im Beispielsfall wird die Höchstgrenze nicht erreicht; die 25 P können voll angerechnet werden; verbleibende KSt: 45 P ./. 25 P = 20 P. Bei Mitunternehmerschaften ist der Höchstbetrag für jeden Mitunternehmer, ausgehend von seinem Anteil an den ausl Eink, zu berechnen. Diese Höchstbegrenzung ist bedenkl, wenn der ausl Staat Bruttoabflüsse besteuert, während in der Bundesrepublik eine Anr nur auf die NettoEink mögl ist (vgl *IdW* DB 77, 324); in diesem Fall bietet sich der StAbzug (Anm 83) an.

13. Angerechnet wird die **festgesetzte** und **gezahlte** und **keinem Ermäßigungsanspruch** mehr **unterliegende ausl KSt.** Wird die ausl Steuer nachträglich festgesetzt oder geändert, so kann die inl Veranlagung berichtigt werden (*Schmidt/Heinicke* § 34c Rz 26). Ausl StVorausZ sind

Direkte Steueranrechnung

ebenfalls anzurechnen, falls die den Vorauszahlungen zugrundeliegenden Gewinne bereits endgültig im Inland versteuert werden müssen; evtl spätere Änderung nach § 68 c EStDV. Häufig wird es zweckmäßig sein, in derartigen Fällen die Veranlagung nach § 165 AO vorläufig durchzuführen. Die Anrechnung ist auch mögl, wenn die ausl Steuer nicht festgesetzt, sondern angemeldet wird (BFH BStBl II 92, 607).

14. Die **ausl St** muß sich auf die im **Inland erfaßten ausl Eink beziehen;** der Gegenstand der Besteuerung muß im Ausl und Inland identisch sein. Weichen der ausl und der inländische Besteuerungszeitraum voneinander ab, so ist die ausl Steuer entspr zeitanteilig, also nicht einkommens- oder umsatzanteilig, im Inland anrechenb. Bei Mitunternehmern wird die Steuer entspr den Eink aufgeteilt, wenn nicht im Einzelfall eine konkrete Sonderbelastung vorliegt.

15. Nachweis der ausl Steuer s Abs 6 iVm § 34 c VII EStG, § 68 b EStDV. Zum Nachweis, wenn die ausl Steuer nicht festgesetzt, sondern angemeldet wird, s BFH BStBl II 92, 607. **Umrechnung** in DM: Maßgebend ist der im BAnz für den Tag der Zahlung veröffentl amtl Kurs (A 76 I KStR iVm R 212 a EStR).

16. Die verbleibende **deutsche KSt** stellt die **TarifBel** iS des AnrV dar. Regelmäßig ist eine Aufteilung nach § 32 erforderl; s § 30 Anm 9 f.

17. Übersteigt die **ausl KSt** die **inländische KSt** – zB weil im Inland ein Verlustvortrag wirksam wird –, so bleibt dieser Überhang als definitive StBel bestehen, die weder abzugs- noch vor- oder rücktragungsfähig ist. Selbst eine Billigkeitsmaßnahme scheidet regelmäßig aus (BFH BStBl II 73, 271, weil eine DoppelBest nicht gegeben ist). Kritik *IdW* DB 77, 326; *Becker* BB 77, 536. Auch die Reform 1980 (Anm 3, 3. Aufl) ließ es bei dieser unbefriedigenden Rechtslage (*Krabbe* BB 80, 1147). Zur Ausweichmöglichkeit des Abzugs s Anm 83. Zur Zurechnung zum EigenKap s § 31 Anm 7.

18. Anrechnungszeitraum ist der VZ des deutschen StRechts; die ausl Steuer, die auf die in diesem Zeitraum bezogenen, dh der inländischen Besteuerung unterworfenen Eink entfällt, ist anrechenb, gleichgültig, wann die ausl Steuer gezahlt wird und für welchen Zeitraum sie festgesetzt wird; zur Aufteilung der ausl Steuer s o Anm 14.

19. Die direkte Anr ist vorzunehmen; **kein Antrag.** Bis 1979 kein Wahlrecht zwischen Anr und dem Abzug der ausl Steuer; ab VZ 1980 ist wahlweise der Abzug der ausl Steuer vom Gesamtbetrag der Eink mögl (Abs 6 iVm § 34 c II EStG); s Anm 83.

20. Die Anr erfolgt im **Veranlagungsverfahren** (BFH BStBl III 63, 123). Rechtsbehelf ist der Einspruch gegen die Veranlagung; die Rechtslage ist insoweit anders als diejenige bei der KapErtrSt oder LSt, die außerhalb des Veranlagungsverfahrens angerechnet werden. Bei Mitunternehmerschaften werden ausl Eink und anzurechnende ausl St im Verfahren nach § 180 AO aufgeteilt; die Anr selbst, insbesondere die Höchstbetragsberechnung, erfolgt erst im ESt- oder KStVeranlagungsverfahren. Verzichtet das FA auf die **Übersetzung** ausl Urkunden, so gehen Übersetzungsfehler zu Lasten des FA; die Entdeckung eines Übersetzungsfehlers ist keine neue Tatsache iSd § 173 I Nr 1 AO (BFH BStBl III 67, 231). Zum Eingang der ausl Eink in das **verwendb EigenKap** s § 30 Anm 9 f.

21. Abs 2, die **indirekte StAnr,** ermöglicht die Anr der ErtragSt, die eine ausl TochterGes auf den ausgeschütteten Gewinn gezahlt hat, bei der inl MutterGes; zur Beseitigung der DoppelBel im Verhältnis von EnkelGs s Anm 57 ff. Die Anwendung des Abs 2 ist unabhängig davon, ob mit dem Staat der TochterGes ein DBA vereinbart ist; die indirekte Anr greift auch bei DBA-Staaten ein, sofern nicht nach dem DBA die Ausschüttungen ohnehin im Inl von der Besteuerung ausgenommen sind (A 76 III KStR). Zu dem Verhältnis zu den übrigen Möglichkeiten des § 26 s Anm 2, 45, 46.

22. Die Voraussetzungen der indirekten StAnr; **schematische Darstellung** zur Begriffsklärung:

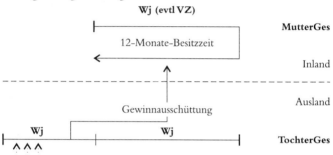

23. MutterGes kann jede unbeschr stpfl Körperschaft iSv § 1 sein (§ 1 Anm 3 ff). Bis 1979 konnten nur KapGes (§ 1 I Nr 1, s § 1 Anm 12), VVaG (s § 1 Anm 14) und Betr gewerbl Art (§ 1 Anm 22) die indirekte StAnr beanspruchen. Der OrgT kann die indirekte Anr für die OrgGes beanspruchen (§§ 19 I iVm 26 II; § 19 Anm 3, 5; A 76V KStR). Ist der OrgT eine Mitunternehmerschaft, so können die beteiligten Mitunternehmer, soweit es Körperschaften sind, die Anr anteilmäßig beanspruchen (§ 19 III; A 76 V KStR).

24. Die Beteiligung muß an einer ausl KapGes **(TochterGes)** bestehen. Die KapGes muß in ihren wesentl Grundzügen den in § 1 I Nr 1 aufgezählten KapGes entspr; dazu auch § 1 Anm 5. Geschäftsleitung (§ 10 AO) und Sitz (§ 11 AO) müssen außerhalb des Inlands (dazu § 1 Anm 24) liegen.

25. Die MutterGes muß ununterbrochen seit mindestens 12 Monaten vor dem für die Ermittlung des Gewinns maßgebenden Abschlußstichtag mindestens zu **10 vH** (bis VZ 1983: 25 vH, s Anm 3 3. Aufl) **unmittelb**

am **NennKap** der ausl Ges beteiligt sein. Beteiligung am NennKap ist entscheidend. Maßgebend ist das wirtschaftl Eigentum. Optionsrecht, Nießbrauch, Pfandrechte uä bleiben außer Betracht, sofern sie kein wirtschaftl Eigentum begründen. Nicht erforderl ist, daß immer die gleichen Stücke, zB Aktien, vorliegen, solange die 10 vH-Grenze insgesamt nicht unterschritten wird. Ausstehende Einlagen beeinflussen nicht das Beteiligungsverhältnis. Ebenfalls bleiben Rücklagen und Darlehen für das Beteiligungsverhältnis außer Ansatz. Das gilt auch für Darlehen, die steuerrechtl als verdecktes StammKap angesehen werden. Das Stimmrecht spielt keine Rolle (RFH RStBl 30, 34 betr Schachtelprivileg). Gewinnbezugsrecht ist keine Beteiligung. Verfügt die TochterGes über eigene Anteile, so beeinflussen auch diese Anteile nicht das Beteiligungsverhältnis; die eigenen Anteile werden wie Fremdbeteiligungen behandelt (vgl hierzu RFH RStBl 30, 34 betr Schachtelprivileg nach dem RBewG). Zur Berücksichtigung von Beteiligungsrechten aufgrund von KapErhöhungen s Anm 27 u A 76 VI KStR.

26. Die Beteiligung muß **unmittelbar gehalten** werden, dh die MutterGes selbst muß wirtschaftl Eigentümer der Anteile an der TochterGes sein. Mittelb Beteiligung über TochterGes ist für Abs 2 nicht ausreichend. Die Vermittlung durch eine PersGes ist ebenfalls schädl (so BFH BStBl II 74, 65 betr Schachtelprivileg; II 74, 598 betr BewG). Keine unmittelb Beteiligung folgt, wenn 2 MutterGes gemeinsam über eine GbR eine 10 vH-Beteiligung (bis VZ 1983: 25 vH-Beteiligung, s Anm 3, 3. Aufl) halten.

27. Die MutterGes muß die Beteiligung **ununterbrochen** seit **12 Monaten** vor dem maßgebenden Abschlußstichtag halten. Maßgebend ist der Abschlußstichtag des Wj der MutterGes, in dem die Gewinnanteile der TochterGes, deren StBel angerechnet werden soll, berücksichtigt werden; seit 1980 ist maßgebend das Ende des VZ oder das Ende des hiervon abweichenden Gewinnermittlungszeitraums (Wj); die Änderung des Gesetzes erfolgt im Hinblick auf die Erweiterung des Begriffs der MutterGes (s Anm 23, BT-Drucks 8/3648, 28). Beispiele: Wj der MutterGes = Kj; für indirekte Anr auf Gewinnanteil im Wj der MutterGes 1996 muß die Beteiligung seit dem 1. 1. 1996 bestehen. Wj = 1. 4.–31. 3.; für indirekte Anr auf Gewinnanteile im Wj der MutterGes 1. 4. 1995–31. 3. 1996 muß die Beteiligung seit dem 1. 4. 1995 bestehen. RumpfWj 1. 3.–30. 9. 1996: Für dieses RumpfWj muß die Beteiligung seit dem 1. 10. 1995 bestehen. **Wechselt** eine Beteiligung im Berührungspunkt zweier 12-Monats-Zeiträume die MutterGes (0 Uhr-Mitternacht), so bleibt der notwendige Zeitraum für beide MutterGes erhalten. Soweit innerhalb der 12 Monate neue Aktien oder Anteile ausgegeben werden, die die MutterGes als Ersterwerberin erhält, kann die indirekte StAnr auch auf diese Anteile im Wj der Ausgabe gewährt werden (A 76 VI KStR); Voraussetzung ist, daß durch die Neuausgabe der vH-Satz, zu dem die MutterGes innerhalb des 12-Monats-Zeitraumes beteiligt ist, nicht übersteigen wird (A 76 VI KStR). Ist eine OrgGes MutterGes, so reicht es aus, wenn die OrgGes in ausreichender Höhe an der ausl TochterGes beteiligt ist (zutr A 76 V

KStR). Ist OrgT eine Mitunternehmerschaft, an der eine KapGes zu 8 vH beteiligt ist, so kann diese Körperschaft die indirekte StAnr zu 8 vH beanspruchen, wenn die OrgGes mindestens zu 10 vH (bis VZ 1983: 25 vH, s Anm 3 3. Aufl) an der ausl Tochter beteiligt ist.

28. Die TochterGes muß im maßgebenden Wj (Anm 34) ihre **Bruttoerträge** ausschließl oder fast ausschließl aus **aktiven Tätigkeiten** iSd § 8 I Nr 1–6 oder § 8 II AStG beziehen. Darlehenserträge (§ 8 I Nr 7 AStG) sind schädl. **Text des § 8 AStG** v. 8. 9. 72 (BGBl I 72, 1713; BStBl I 72, 450); zuletzt geändert durch JStG 1997 v 20. 12. 1996 (BGBl 96 I, 2049; BStBl 96 I, 1523):

„(1) Eine ausländische Gesellschaft ist Zwischengesellschaft für Einkünfte, die einer niedrigen Besteuerung unterliegen und nicht stammen aus:
1. der Land- und Forstwirtschaft,
2. der Herstellung, Bearbeitung, Verarbeitung oder Montage von Sachen, der Erzeugung von Energie sowie dem Aufsuchen und der Gewinnung von Bodenschätzen,
3. dem Betrieb von Kreditinstituten oder Versicherungsunternehmen, die für ihre Geschäfte einen in kaufmännischer Weise eingerichteten Betrieb unterhalten, es sei denn, die Geschäfte werden überwiegend mit unbeschränkt Steuerpflichtigen im Sinne des § 1 Abs. 2 nahestehenden Personen betrieben,
4. dem Handel, soweit nicht
    a) ein unbeschränkt Steuerpflichtiger, der gemäß § 7 an der ausländischen Gesellschaft beteiligt ist, oder eine einem solchen Steuerpflichtigen im Sinne des § 1 Abs. 2 nahestehende Person die gehandelten Güter oder Waren aus dem Geltungsbereich dieses Gesetzes an die ausländische Gesellschaft liefert, oder
    b) die Güter oder Waren von der ausländischen Gesellschaft in den Geltungsbereich dieses Gesetzes an einen solchen Steuerpflichtigen oder eine solche nahestehende Person geliefert werden,
   es sei denn, der Steuerpflichtige weist nach, daß die ausländische Gesellschaft einen für derartige Handelsgeschäfte in kaufmännischer Weise eingerichteten Geschäftsbetrieb unter Teilnahme am allgemeinen wirtschaftlichen Verkehr unterhält und die zur Vorbereitung, dem Abschluß und der Ausführung der Geschäfte gehörenden Tätigkeiten ohne Mitwirkung eines solchen Steuerpflichtigen oder einer solchen nahestehenden Person ausübt,
5. Dienstleistungen, soweit nicht
    a) die ausländische Gesellschaft für die Dienstleistung sich eines unbeschränkt Steuerpflichtigen, der gemäß § 7 an ihr beteiligt ist, oder einer einem solchen Steuerpflichtigen im Sinne des § 1 Abs. 2 nahestehenden Person bedient, die mit ihren Einkünften aus der von ihr beigetragenen Leistung im Geltungsbereich dieses Gesetzes steuerpflichtig ist,
    oder
    b) die ausländische Gesellschaft die Dienstleistung einem solchen Steuerpflichtigen oder einer solchen nahestehenden Person erbringt, es sei denn, der Steuerpflichtige weist nach, daß die ausländische Gesellschaft einen für das Bewirken derartiger Dienstleistungen eingerichteten Geschäftsbetrieb unter Teilnahme am allgemeinen wirtschaftlichen Verkehr unterhält und

§ 8 AStG

die zu der Dienstleistung gehörenden Tätigkeiten ohne Mitwirkung eines solchen Steuerpflichtigen oder einer solchen nahestehenden Person ausübt,
6. der Vermietung und Verpachtung, ausgenommen
 a) die Überlassung der Nutzung von Rechten, Plänen, Mustern, Verfahren, Erfahrungen und Kenntnissen, es sei denn, der Steuerpflichtige weist nach, daß die ausländische Gesellschaft die Ergebnisse eigener Forschungs- oder Entwicklungsarbeit auswertet, die ohne Mitwirkung eines Steuerpflichtigen, der gemäß § 7 an der Gesellschaft beteiligt ist, oder einer einem solchen Steuerpflichtigen im Sinne des § 1 Abs. 2 nahestehenden Person unternommen worden ist,
 b) die Vermietung oder Verpachtung von Grundstücken, es sei denn, der Steuerpflichtige weist nach, daß die Einkünfte daraus nach einem Abkommen zur Vermeidung der Doppelbesteuerung steuerbefreit wären, wenn sie von den unbeschränkt Steuerpflichtigen, die gemäß § 7 an der ausländischen Gesellschaft beteiligt sind, unmittelbar bezogen worden wären, und
 c) die Vermietung oder Verpachtung von beweglichen Sachen, es sei denn, der Steuerpflichtige weist nach, daß die ausländische Gesellschaft einen Geschäftsbetrieb gewerbsmäßiger Vermietung oder Verpachtung unter Teilnahme am allgemeinen wirtschaftlichen Verkehr unterhält und alle zu einer solchen gewerbsmäßigen Vermietung oder Verpachtung gehörenden Tätigkeiten ohne Mitwirkung eines unbeschränkt Steuerpflichtigen, der gemäß § 7 an ihr beteiligt ist, oder einer einem solchen Steuerpflichtigen im Sinne des § 1 Abs. 2 nahestehenden Person ausübt,
7. der Aufnahme und darlehensweisen Vergabe von Kapital, für das der Steuerpflichtige nachweist, daß es ausschließlich auf ausländischen Kapitalmärkten und nicht bei einer ihm oder der ausländischen Gesellschaft nahestehenden Person im Sinne des § 1 Abs. 2 aufgenommen und außerhalb des Geltungsbereichs dieses Gesetzes gelegenen Betrieben oder Betriebsstätten, die ihre Bruttoerträge ausschließlich oder fast ausschließlich aus unter die Nummern 1 bis 6 fallenden Tätigkeiten beziehen, oder innerhalb des Geltungsbereichs dieses Gesetzes gelegenen Betrieben oder Betriebsstätten zugeführt wird.

(2) Eine ausländische Gesellschaft ist nicht Zwischengesellschaft für Einkünfte aus einer Beteiligung an einer anderen ausländischen Gesellschaft, an deren Nennkapital sie mindestens zu einem Viertel unmittelbar beteiligt ist, wenn die Beteiligung ununterbrochen seit mindestens zwölf Monaten vor dem für die Ermittlung des Gewinns maßgebenden Abschlußstichtag besteht und wenn der Steuerpflichtige nachweist, daß
1. diese Gesellschaft Geschäftsleitung und Sitz in demselben Staat wie die ausländische Gesellschaft hat und ihre Bruttoerträge ausschließlich oder fast ausschließlich aus den unter Absatz 1 Nr. 1 bis 6 fallenden Tätigkeiten bezieht oder
2. die ausländische Gesellschaft die Beteiligung in wirtschaftlichem Zusammenhang mit eigenen unter Absatz 1 Nr. 1 bis 6 fallenden Tätigkeiten hält und die Gesellschaft, an der die Beteiligung besteht, ihre Bruttoerträge ausschließlich oder fast ausschließlich aus solchen Tätigkeiten bezieht.

(3) Eine niedrige Besteuerung im Sinne des Absatzes 1 liegt vor, wenn die Einkünfte weder im Staat der Geschäftsleitung noch im Staat des Sitzes der aus-

ländischen Gesellschaft einer Belastung durch Ertragsteuern von 30 vom Hundert oder mehr unterliegen, ohne daß dies auf einem Ausgleich mit Einkünften aus anderen Quellen beruht, oder wenn die danach in Betracht zu ziehende Steuer nach dem Recht des betreffenden Staates um Steuern gemindert wird, die die Gesellschaft, von der die Einkünfte stammen, zu tragen hat; Einkünfte, die nach § 13 vom Hinzurechnungsbetrag auszunehmen sind, und auf sie entfallende Steuern bleiben unberücksichtigt."

29. Im einzelnen zu diesen aktiven Erträgen s Kommentare zum AStG u FinVerw zum AStG BStBl I 74, 442 sowie nachfolgende Erlasse StEK AStG zu § 8. **Bruttoerträge** sind die Solleinnahmen ohne durchlaufende Posten und ohne eine evtl gesondert ausgewiesene USt (A 76 VIII KStR). Zu den Bruttoerträgen zählen nach Ansicht der FinVerw nicht Auflösungen von Rückstellungen, Wertberichtigungen, Bestandsveränderungen, Zuschüsse, Einlagen, Schenkungen. Ermittelt die TochterGes diese Gewinne durch **Einnahmen-Überschußrechnung,** so ist auf die Isteinnahme abzustellen (KStR aaO). Die Bruttoerträge sind aus der GuV-Rechnung der TochterGes abzuleiten (KStR aaO).

30. „Fast ausschließl": hierzu A 76 IX KStR. Die Passiverträge dürfen 10 vH der Gesamtbruttoerträge nicht übersteigen. Ohne Mindestgrenze zerstört außerdem jeder gesonderte passive Zweig der TochterGes, der dem aktiven Geschäft nicht dient (Patentverwertung, VermögensVerw, Wertpapiere, weitere Beispiele KStR aaO), die Möglichkeit der indirekten Anr; allerdings wird die Eigenständigkeit des passiven Geschäfts nicht geprüft, wenn die passiven Bruttoerträge DM 120 000,– nicht übersteigen oder wenn sie nicht iSv § 8 III AStG niedrig besteuert werden. Es handelt sich hierbei um eine Verwaltungstypisierung, die die Rspr nicht bindet (*Flick/Wassermeyer* FR 75, 289: passable Lösung, die mit dem Gesetzeswortlaut kaum noch etwas gemein hat; Abschn 76 IX S 3 u 4 hat BFH I R 77/94 v 30. 8. 95, FR 96, 178 nicht gebilligt). Es sind Fälle denkbar, die die indirekte StAnr nicht hindern, obwohl die KStRBedingungen nicht vorliegen: Beisp: Liegt eine aktive TochterGes regelm mit ihren passiven Erträgen in den Grenzen des A 76 IX KStR, überschreitet sie sie nur in einem Jahr aufgrund besonderer Vorkommnisse (Veräußerungsvorgang; außerordentl Ertrag), so bleibt mE die Tochter auch in diesem Jahr aktiv; der Begriff „fast ausschließl" ist insoweit mE nicht notwendig auf ein Wj, sondern auf die übl Ertragslage während mehrer Wj bezogen. Eine niedrige Besteuerung iSv § 8 III AStG ist im übrigen weder für die Anr noch für den Ausschluß der Anr – über A 76 IX S 5 KStR hinaus – erhebl (A 76 VII KStR).

31. Letztl setzt die indirekte Anr voraus, daß die **MutterGes Gewinnanteile,** dh **offene** oder **verdeckte Gewinnausschüttungen, bezieht.** Abs 2 S 3 rechnet für die indirekte Anr eine vGA allerdings nur dann zu den Gewinnanteilen, soweit sie die Bemessungsgrundlage bei der Besteuerung der TochterGes nicht gemindert haben. Der Gesetzeswortlaut ist eindeutig. Er umfaßt einmal die Fälle, in denen die vGA bei der Besteuerung hinzugerechnet wird, aber auch die Fälle, in denen die vGa ihrer Natur nach bereits die Bemessungsgrundlage nicht mindert, zB wenn die TochterGes von der MutterGes ein Grundstück zu überhöhtem Preis erwirbt. Die FinVerw legt in A 76 XII KStR das Gesetz gegen den Wortlaut enger aus: Gewinnanteile liegen nur vor, wenn sie im Ausl besteuert wurden. ME abzulehnen; die FinVerw kann das Gesetz nicht korrigieren. — Die MutterGes muß die Gewinnanteile in dem Wj beziehen, dh als Ertrag bilanzieren, das mit dem maßgebenden Abschlußstichtag endet, von welchem an der 12-Monats-Zeitraum rechnet (so Anm 27).

32. Anrechenb auf die inländische KSt ist in bestimmten Grenzen die St, die die TochterGes auf ihren Gewinn gezahlt hat. **Schematischer** Überblick:

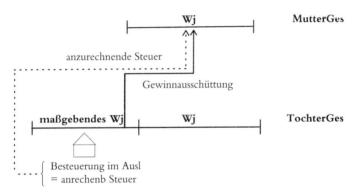

33. Die indirekte Anr wird jeweils durchgeführt, bezogen auf **eine ausl TochterGes** und nicht etwa bezogen auf alle TochterGes eines Staates.

34. Anrechenb ist die Steuer, die die TochterGes für das Wj entrichtet hat, für das die Ausschüttung vorgenommen wurde **(maßgebendes Wj der TochterGes).** Maßgebend ist das Wj, das im Gewinnbeteiligungsbeschluß bezeichnet ist, gleichgültig, wann der ausgeschüttete Gewinn erzielt wurde und ob er zB einer Rücklage entnommen wurde (A 76 X KStR). Gewinne ohne Gewinnverteilungsbeschluß: Maßgebend ist das Wj, in dem sich die Ausschüttung bei der TochterGes vermögensmäßig auswirkt (A 76 X KStR). Das gleiche gilt für Vorwegausschüttungen (A 76 X KStR); das ist richtig, wenn die Vorwegausschüttung in dem Wj vorgenommen wird, für das sie erfolgt; sie ist näml sodann in diesem Wj zu erfassen; eine Vorwegausschüttung nach Ablauf des Wj, aber vor der ordnungsgemäß beschlossenen Gewinnverteilung — auch dies ist eine Vorwegausschüttung, s ABC „Vorwegausschüttung" Anm 1 —, ist wie die ordnungsgem beschlossene zu behandeln; maßgebend ist das Wj, das in dem Verteilungsbeschluß bezeichnet ist; anwendb ist also A 76 X 1 KStR.

35. Anrechenb Steuer ist die Steuer der TochterGes, die für das Wj erhoben wird, für das die TochterGes ausschüttet, dh die Steuer für das maßgebende Wj (Anm 33). Einzelheiten s A 76 XI KStR. Werden Rücklagen aufgelöst und ausgeschüttet, so ist die hierauf lastende Steuer nicht anrechenb, da sie nicht für das Wj erhoben wurde, für das die Ausschüttung erfolgte. Zu den der KSt entspr Steuern s A 76 XI u o Anm 8. Die Steuer muß zu Lasten der TochterGes erhoben werden. Ist die TochterGes, obwohl der KapGes ähnl, nicht StSubjekt in dem ausl Staat, so ist die Steuer gleichwohl anrechenb, wenn der AnrMöglichkeit alleine die abweichende Qualifikation des StSubjekts entgegensteht. Zu den anrechenb Steuern, die zu Lasten der TochterGes nicht im Staat der Ansässigkeit erhoben werden, s A 76 XI KStR. Auf diese Weise kann auch zB die dt KSt Teil der anrechenb Steuer werden.

36. Beseitigt oder mildert der Staat der TochterGes die DoppelBel durch **Begünstigung** der **ausgeschütteten Gewinne,** so wird für die indirekte Anr ein MischStSatz, bezogen auf den Gesamtgewinn der TochterGes, gebildet (A 76 XI KStR). Kennt der Staat der TochterGes ein **Teil-** oder **VollAnrV,** so wird die im Wege der indirekten Anr anrechenb Steuer der TochterGes vor Anr ermittelt; die anrechenb Steuer iSv § 26 wird sodann um den StBetrag gemindert, den die MutterGes anrechnen kann oder vergütet erhält (A 76 XI KStR).

37. Die **Steuer** muß **festgesetzt** und **gezahlt** sein (s Abs 4 Nr 3). § 68 c EStDV ist anzuwenden; dazu oben Anm 13. Außerdem darf die ausl Steuer keinem Ermäßigungsanspruch mehr unterliegen (so A 76 XI, den Gesetzeswortlaut des Abs 4 Nr 3 in Anlehnung an Abs 1 überschreitend). Ggf ist die inl Veranlagung nach § 165 AO vorläufig durchzuführen. **Umrechnungskurs:** amtl Kurs am Steuerzahlungstag (A 76 XI KStR; R 212 a EStR).

38. Anzurechnende Steuer: Die **Berechnung** muß zwei Verhältnisse berücksichtigen, **Abs 2 S 2:** einmal die Beteiligung der MutterGes am NennKap der TochterGes; zum anderen den Anteil am ausschüttb Gewinn. Dies geschieht durch folgende Formel (A 76 XII KStR):

(1)
$$\frac{\text{anrechenb Steuer}}{\text{festgesetzte und gezahlte KSt der TochterGes}} = \frac{\text{Gewinnanteile der MutterGes}}{\text{ausschüttb Gewinn der TochterGes}}$$

$$\text{anrechenb Steuer} = \frac{\text{festgesetzte und gezahlte KSt der TocherGes} \times \text{Gewinnanteile der MutterGes}}{\text{ausschüttb Gewinn der TochterGes}}$$

(2) Anrechenb ist die anrechenb Steuer der TochterGes **höchstens** mit dem prozentualen Anteil, mit dem die MutterGes an der TochterGes beteiligt ist (Abs 2 S 2 u A 76 XIII S 9 KStR).

Anrechnung 39–45 § 26

39. Festgesetzte und **gezahlte KSt** der TochterGes so Anm 13. **Gewinnanteile** der **MutterGes** so Anm 31.

40. Ausschüttb Gewinn ist nach Abs 2 S 4 u A 76 XIII KStR:
HB-Gewinn
+ Rücklagen, soweit sie zu Lasten des HD-Gewinns gebildet wurden
./. Gewinn aus aufgelösten Rücklagen
+ vGa, falls sie den HB-Gewinn gemindert haben
= ausschüttb Gewinn.

41. Maßgebend ist der ausschüttb Gewinn des **Wj,** für das die Ausschüttung vorgenommen wurde; dazu oben Anm 34. **HB-Gewinn** heißt, daß die Steuer als Aufwand und stfreie Erträge als Ertrag angesetzt sind. Die handelsrechtl Vorschriften, die für die HB gelten, sind die Vorschriften des für die TochterGes geltenden Handelsrechts, regelm des Sitzrechts. Die Korrektur der Rücklagenänderung erfolgt nur, sofern diese im ausl Staat nicht steuererhebl ist (A 76 XIII KStR). VGa sind nur dann hinzuzurechnen, wenn sie den HB-Gewinn gemindert haben (so Abs 2 S 4 des Gesetzes); aA A 76 XII KStR: Voraussetzung ist, daß die vGa im Ausl der Steuer unterliegt; mE nicht gesetzesgemäß (s auch oben Anm 31).

42. Höchstens anzurechnen ist die anrechenb Steuer, soweit sie der Beteiligung der MutterGes am NennKap (Abs 2 S 2) entspr. Die anzurechnende Steuer kann nach der vorstehenden Form (Anm 38 (1)) näml höher ausfallen, wenn Rücklagen aufgelöst und ausgeschüttet werden (Beisp A 76 XIII KStR).

43. Die anzurechnende Steuer erhöht den Gewinnanteil, den die MutterGes bezieht; dieser sog **Aufstockungsbetrag** erhöht folgl die steuerlichen Eink (Abs 2 S 5; A 76 XIV KStR; dazu auch *Krabbe* BB 77, 1091; *Krüger* BB 77, 1647; *Krabbe* BB 77, 1648); auch der Gewerbeertrag wird erhöht. Keine entspr Aufstockung bei fiktiver Anr nach DBA (vgl *Denkl* RIW/AWD 79, 321).

44. Höchstbetrag: Die Anr erfolgt höchstens auf den **Betrag der inländischen KSt,** der auf die in die Anr einbezogenen **Gewinnanteile** einschl des Aufstockungsbetrags **entfällt.** Hierbei ist die allg Tarif-Bel vor KStMinderungen und KStErhöhungen anzusetzen; Abs 6 S 3 findet auch insoweit Anwendung. Bei der Berechnung sind nach den KStR BetrAusg, die diesen Erträgen zuzurechnen sind (A 76 XV KStR nennt anteilige Management-, Verwaltungs- und Reisekosten, nicht aber die KapErtrSt), abzuziehen. Diese Kosten vermindern die Erträge und damit den Höchstbetrag. ME ist diese Kostenberücksichtigung abzulehnen. Abs 2 S 1 spricht von der „KSt von Gewinnanteilen"; der Begriff „Einkünfte" (so KStR) ist hier nicht gebraucht; folgl sind die Bruttogewinnanteile gemeint.

45. Direkte Anr hat Vorrang vor der **indirekten Anr** (Abs 2 S 6); zu der wechselbezügl Beeinflussung s A 76 XVI KStR mit Formel und Beisp; *Singbartl/Hundt/Dötsch* DB 82, 67. Der neben der direkten Anr mögl Abzug der ausl Steuer ist neben der indirekten Anr nicht mögl (Abs 6 S 2; A 76 XXVII KStR); dazu auch Anm 83.

46. Die indirekte StAnr wird nur auf **Antrag** gewährt. Das Gesetz sieht keine Frist vor. A 76 IV KStR verweist unklar auf die allg Grundsätze. Das heißt mE, daß der Antrag solange noch gestellt werden kann, wie Bestands- oder Rechtskraft nicht eingetreten oder später wieder aufgehoben sind. Als „tatsächl Vorbringen" kann der Antrag noch in der ersten Instanz des FG-Verfahrens, nicht aber vor dem BFH nachgeholt werden (A 76 IV KStR). Anträge für **Teile** der begünstigten Ausschüttungen sind mögl; die FinVerw hält in den KStR 1977 an der früheren abl Ansicht nicht mehr fest. Zum Verhältnis der Anträge nach Abs 2, 3 und 5 s Anm 2, 73, zum Abzug der ausl Steuer Anm 45, 83f, zur Pauschbesteuerung s Anm 2, 79. Der Antrag ist innerhalb des Zeitraumes, in dem er gestellt werden kann, auch frei zurücknehmbar.
Zur Nachweispflicht s Anm 55.

47. Für den **Anrechnungsvorgang** gelten im übrigen die Ausführungen zu Anm 20 (Abs 2 S 7).

48. AnrV, §§ 27 ff: Die nach der Anr verbleibende KStBel der Gewinnanteile ist die TarifBel dieses Teils des verwendb EK. Dazu s weier § 30 Anm 9 f.

49. Abs 2a wurde durch das StÄndG v 25. 2. 92 (Anm 3) eingeführt; zum Inkrafttreten s § 54 X idF des G v 25. 2. 92. Umgesetzt wird Art 4 der Mutter-Tochter-Richtlinie der EG (s S 584) in innerstaatliches Recht. Hiernach sind Gewinnausschüttungen der in der Anlage 7 zum EStG genannten, in anderen EG-Mitgliedstaaten ansässigen TochterGes an eine inl MutterGes entweder von der KSt freigestellt; oder die ausl Steuer ist auf die deutsche KSt anzurechnen. Die Freistellung und die indirekte Anr sind nach der Richtlinie gleichberechtigte Methoden der Vermeidung stl Mehrfachbelastungen (BT-Drucks 12/1108, 67). Nach den von der Bundesrepublik abgeschlossenen DBA ist jedoch die StFreistellung der Regelfall (BT-Drucks aaO, 68; *Dötsch* DB 92, 652). Die indirekte StAnr des Abs 2a ist daher als Auffangregelung gedacht; zZ hat sie kaum praktische Bedeutung (*Dötsch* aaO). Im übrigen kann auf die Erläuterung zu Abs 2 (Anm 21 ff) verwiesen werden. Abs 2 verzichtet allerdings auf die einengenden Aktivitätsbedingungen des § 8 AStG (s oben Anm 28 ff). S auch A 76 XXVI a KStR.

50. Bei **TochterGes** in **EntwL** wird in **Abs 3** fingiert, daß der anrechenb Betrag dem StBetrag entspr, auf den die Anr möglich ist. Die Gewinnanteile werden damit im Wege der Anr praktisch freigestellt (A 76 XVII KStR). Die Anr nach Abs 3 ist unabhängig vom Bestehen eines DBA (A 76 III KStR; s auch Anm 21).

51. Die TochterGes muß alle **Voraussetzungen** des Abs 2 erfüllen, dh KapGes, 12-Monats-Besitz der MutterGes, Unmittelbarkeit der Beteiligung, bestimmte aktive Erträge gem § 8 I Nr 1–6 AStG oder Erträge aus Beteiligungen nach § 8 II AStG (s Anm 21 ff). Außerdem muß die TochterGes Geschäftsleitung (§ 10 AO) und Sitz (§ 11 AO) in einem Entwicklungsland haben. Bis 1993 war damit ein Entwicklungsland iSd EntwLStG gemeint (s § 6 EntwLStG). Durch das StandOG v 13. 9. 93 (Anm 3) wurde ab 1994 ein eigenständiger **Begriff** des **Entwicklungslands** geschaffen, den die Bundesregierung mit Zustimmung des BR nach § 53 I Nr 3 bestimmen kann, was durch § 5 KStDV mit Anlage geschehen ist.

Bis 1993 mußten die Leistungen von Entwicklungshilfe durch KapAnlagen in Entwicklungsländern zur Inanspruchnahme von Vergünstigungen nach dem **EntwLStG** berechtigen. Ausreichend war, daß grundsätzl Vergünstigungen gewährt wurden. Nicht Voraussetzung war, daß gerade Investitionen in die TochterGes begünstigt waren. Im wesentl war mit dieser Bedingung eine evtl gegebene zeitl Befristung des EntwLStG angesprochen. Die **Aufhebung** des EntwLStG durch das 2. HaushaltsstrukturG v 22. 12. 81 (BGBl I 81, 1523; BStBl I 82, 235) zum 31. 12. 81 führte nicht zum vollständigen Wegfall, da im Einzelfall das EntwLStG auch über den 31. 12. 81 wirksam war (vgl § 11 EntwLStG id letzten Fassung; dazu FinVerw 1982 StEK KStG 1977 § 26 Nr 26, 1988 Nr 48; A 26 XVII KStR). Da in § 6 EntwLStG der Kreis der EntwL festgelegt war und dieser nicht mehr der inzwischen eingetretenen Entwicklung entsprach, im übrigen auch zweifelhaft war, ob die Auswirkungen des EntwLStG über den 31. 12. 81 zum Zweck der Anwendung des Abs 3 hinreichten, wurde durch das StandOG v 13. 9.93 (Anm 3) **ab VZ 1994** die Rechtsfolge Abs 3 vom EntwLStG getrennt (vgl BT-Drucks 12/5016, 95), ohne daß in die Anrechnungs-Rechtsfolge eingegriffen wurde.

52. Alle Voraussetzungen der TochterGes und der Vergünstigung nach dem EntwLStG (bis 1993) bzw ab 1994 auch die des Entwicklungslands müssen im **Zeitpunkt** der Gewinnausschüttung vorliegen.

53. Rechtsfolge: Der Höchstbetrag, der auf die inl Steuer anrechenb ist (Anm 44), wird der ausl anrechenb oder – nach der Begriffswahl der KStR, A 76 XII, XVII – anzurechnenden Steuer gleichgesetzt und damit nicht erhoben. Beisp A 76 XVII KStR; weitere Präzisierung, falls andere ermäßigt besteuerte Eink vorliegen, durch FinVerw 1993 StEK KStG 1977 § 26 Nr 55. Bei vGa wird unterstellt, daß sie die Bemessungsgrundlage nicht gemindert haben; sie sind stets begünstigt (A 76 XVII KStR). Im Gegensatz zum DBA-Schachtelprivileg mindern die Erträge, auf die Abs 3 anzuwenden ist, vor- und rücktragungsfähige Verluste (so *Krüger, Krabbe* BB 77, 1648). Eine TarifBel entsteht nicht. Die Gewinnanteile gehen, evtl nach Kürzung durch eine ausl Quellenst, in das EK_{01} ein (vgl § 30 Anm 14).

54. einstweilen frei

55. Abs 4 enthält **Nachweispflichten** für die indirekte Anr nach Abs 2–3, die auch nach A 76 XXVI KStR nicht weiter konkretisiert werden. § 68b EStDV kann entspr angewendet werden. Bei den Anforderungen ist das tatsächl Beherrschungsverhältnis hinsichtl der TochterGes, das gegeben sein kann, aber Abs 2–3 nicht voraussetzen, zu berücksichtigen. Von der MutterGes können nicht Nachweise verlangt werden, die sie zB aufgrund einer 10-vH-Beteiligung nicht realisieren kann, zB die Vorlage der Buchführung der TochterGes (glA *Flick/Wassermeyer* FR 75, 288). Soweit in Nr 2 Wirtschaftsprüfungsstellen oder vergleichb Stellen erwähnt sind, zählen dt Wirtschaftsprüfer ebenfalls hierzu. Verzeichnis der von der FinVerw anerkannten Prüfungsstellen BStBl I 78, 308. Gelingt der Nachweis nicht, so trägt die Antragstellerin den Nachteil, dh die Vergünstigung wird nicht gewährt.

56. *einstweilen frei*

57. Abs 5 erweitert die Beseitigung der DoppelBel auf **EnkelGes**. Liegen seine Voraussetzungen vor, so wird eine unmittelb Ausschüttung EnkelGes an MutterGes und folgl die Anwendbarkeit der DBA und der Abs 2–3 auf dieses Verhältnis fingiert. Die Anr ist unabhängig von dem Bestehen eines DBA (A 76 III KStR; s auch Anm 21). Zum Verhältnis der einzelnen Möglichkeiten des § 26 zueinander s Anm 2, 72, 73.

58. Voraussetzungen. MutterGes: s Anm 23. Sie muß über eine **TochterGes** iSv Abs 2 beteiligt sein. Dies wird dahin verstanden, daß die TochterGes Sitz und Geschäftsleitung im Ausl haben, den Beteiligungsbedingungen des Abs 2 entsprechen muß, während auf die Voraussetzung besonderer aktiver Erträge verzichtet wird (A 76 XIX KStR). ME nicht zwingend. Abs 3 nennt ausdrückl „alle Voraussetzungen des Abs 2"; nicht so Abs 5. Wenn aber nicht alle Bedingungen gefordert werden, kann die Abgrenzung der anwendb Voraussetzungen nicht willkürl gezogen werden. „TochterGes (Abs 2)" heißt, daß die in Abs 2 formulierten Bedingungen gerade der TochterGes vorliegen müssen; das sind: KapGes (Anm 24) sowie Geschäftsleitung und Sitz im Ausl (Anm 24). Eine bestimmte Beteiligungshöhe im Verhältnis MutterGes/TochterGes wird nicht gefordert.

59. EnkelGes: KapGes, s Anm 24. Geschäftsleitung (§ 10 AO) und Sitz (§ 11 AO) müssen sich außerhalb des Inlands (§ 1 Anm 24) befinden. Die EnkelGes muß nach Abs 5 S 3 Nr 1 in dem Wj, für das die Ausschüttung vorgenommen wird (zu dem „für das" s o Anm 34), ihre Bruttoerträge (dazu Anm 28 f) ausschließl oder fast ausschließl (dazu Anm 30) aus unter § 8 I Nr 1 bis 6 AStG (Text s Anm 28) fallenden Tätigkeiten beziehen; unschädl ist, wenn die EnkelGes Erträge aus Beteiligungen gem § 8 II Nr 1 AStG (Text s Anm 28; sog Landesholding) bezieht; zu den passiven Erträgen zählen Erträge aus sog Funktionsholding (§ 8 II Nr 2 AstG; Text s Anm 28).

60. Die **TochterGes** muß an der EnkelGes zu mindestens **10 vH** (bis VZ 1983; 25 vH, s Anm 3, 3. Aufl) **am NennKap beteiligt** sein (ausdrückl Abs 5 S 3 Nr 2). Ausreichend ist, wenn bei mehreren TochterGes zumindest eine TochterGes mindestens zu 10 vH an der EnkelGes beteiligt ist (*Flick/Wassermeyer* FR 75, 342; aA FinVerw; dazu weiter unten). Die Anwendung des Abs 2 führt dazu, daß die Beteiligung ununterbrochen 12 Monate vor dem für die Ermittlung der TochterGes maßgebenden Abschlußstichtag von der TochterGes gehalten sein muß. Maßgebend ist der Abschlußstichtag – wiederum Anwendung des Abs 2 –, der das Wj beendet, in dem die Ausschüttungen erfaßt werden, die nach Abs 5 bei der MutterGes begünstigt sind.

61. Mittelb Beteiligung der **MutterGes** an der **EnkelGes** zu mindestens **einem Zehntel** (bis VZ 1983: Viertel, s Anm 3, 3. Aufl). Nur einstufige mittelb Beteiligungen sind gemeint (MutterGes – TochterGes – EnkelGes). Für die Ermittlung der Beteiligung kommt es auf die Beteiligung am NennKap an (A 76 XIX KStR; s Anm 25). Die FinVerw legt diese Bedingung dahin aus, daß rein mathematisch ermittelt wird, ob die Beteiligung an TochterGes und EnkelGes in ihrer Zusammenfassung als Produkt eine Beteiligung von 10 vH (25 vH) ergibt. Ist das Produkt des NennKap von TochterGes und EnkelGes insgesamt − 100 × 100 = 10000, so setzt eine mittelb Beteiligung von 10 vH (25 vH) zumindest ein Produkt von 1000 (2500) voraus. ZB Beteiligung an TochterGes 10 vH, Beteiligung an EnkelGes 100 vH (10 × 100 = 1000); oder umgekehrt; oder beide Beteiligungen zu 40 vH (40 × 40 = 1600). Da nicht anzunehmen ist, daß der Gesetzgeber in § 26 verschiedene Beteiligungsvoraussetzungen (etwa einmal Beteiligung am NennKap, zum anderen Beteiligung nach Beherrschungsüberlegungen) hat einfließen lassen, ist die Methode zutreffend. Sie ist auch deshalb richtig, weil die Belastung auf Gewinnausschüttungen gemildert werden soll; Ausschüttungen richten sich regelm nach reinen Beteiligungsverhältnissen; folgl kann auch eine Mindestgrenze auf die „reinen" Beteiligungsverhältnisse zurückgreifen. Allerdings muß der rein rechnerische Maßstab auch konsequent angewendet werden; man darf ihn bei der Frage der Zusammenrechnung nicht aufgeben; dazu nachfolgend.

62. Nicht in Gesetz und den KStR geregelt ist die Frage, ob **mittelb Beteiligungen zusammengerechnet** werden können. Beisp: MutterGes hält 10 vH der TochterGes A, diese 50 vH der EnkelGes B; außerdem hält die MutterGes 10 vH der TochterGes C, die die restlichen 50 vH der EnkelGes B besitzt. Die Einzelprodukte 10 × 50 = 500 erreichen nicht 1000, wohl aber die Summe der Einzelprodukte. Angesichts der rechnerisch zu ermittelnden Beteiligung am Gewinn der EnkelGes (s o Anm 61) ist es gleichgültig, ob dieser durch zwei oder durch eine TochterGes hindurchgeleitet wird; mE sind die mittelb Beteiligungen zusammenzurechnen. Da nach meiner Ansicht entgegen der VerwAnsicht (Anm 58) eine Mindestbeteiligung der MutterGes an der TochterGes nicht Bedingung ist und im übrigen nur eine mittelb mindestens zu 10 vH an der EnkelGes beteiligt sein muß (s o Anm 60), können aber auch zB folgende Beteiligungsstränge zusammengerechnet werden: MutterGes ist zu 8 vH an TochterGes A beteiligt, die 80 vH Anteile der EnkelGes B hält (Produkt: 8 × 80 = 640); außerdem ist die MutterGes an der TochterGes C mit 80 vH beteiligt, die weitere 10 vH der EnkelGes B besitzt (Produkt 80 × 10 = 800); da die Summe beider Produkte 1000 übersteigt, ist die Beteiligungsbedingung für die EnkelGes erfüllt. Ausschüttungen über beide Beteiligungsstränge sind begünstigt.

63. Mittelb und **unmittelb Beteiligungen** sollen nach Ansicht der FinVerw nicht **zusammengerechnet** werden (A 76 XIX KStR); mE unzutreffend. Wenn mittelb Beteiligungen zusammengerechnet werden können (Anm 62), können unmittelb und mittelb Beteiligungen erst recht zusammengerechnet werden. Wenn 10 vH des Gewinns der EnkelGes über die TochterGes A an die MutterGes ausgeschüttet werden, und wenn weitere 10 vH des Gewinns der EnkelGes über die TochterGes B an die

MutterGes geleitet werden, soll Abs 5 mögl sein (s o Anm 62), wenn hingegen im gleichen Fall ein Gewinnanteil von der EnkelGes unmittelb an die MutterGes gelangt, soll Abs 5 keine Anwendung finden; dies läßt sich nicht vertreten. Um an die Produktrechnung anzuknüpfen, muß in diesem Fall die unmittelb Beteiligung stets mit 100 multipliziert werden (so als sei eine 100-vH-TochterGes zwischengeschaltet). Beisp: MutterGes ist an der TochterGes zu 10 vH, diese an der EnkelGes zu 40 vH beteiligt: Produkt 400; außerdem ist die MuterGes unmittelb an der EnkelGes zu 20 vH beteiligt: Produkt 100 × 20; die Summe übersteigt 1000; Abs 5 kann eingreifen (natürl nur in Bezug auf die mittelb Beteiligung, s Anm 69).

64. Zeitliche Voraussetzungen: A 76 XIX KStR fordert, daß die MutterGes im Zeitpunkt ihres Abschlußstichtags mindestens 12 Monate an der TochterGes und diese 12 Monate an der EnkelGes beteiligt ist. Die letztgenannte Voraussetzung kann Abs 5 S 3 Nr 2 entnommen werden (s Anm 60), die erstgenannte dem Klammerzusatz in Abs 5 S 1 (Abs 2); dazu aber oben Anm 58; mE ist die 12-Monats-Bedingung nicht zwingend. Aus der Verknüpfung der Ausschüttungen der Enkel- und TochterGes in Abs 5 S 1 durch das Wj der MutterGes kann nur gefolgert werden, daß die MutterGes die Beteiligung an der TochterGes während des gesamten Wj besitzen muß, das mit dem maßgebenden Abschlußzeitpunkt endet; ist dies ein RumpfWj, kann es jedoch auch das 12-Monats-Limit unterschreiten.

65. Nach Abs 5 sind **begünstigt Gewinnanteile** der **TochterGes,** die die MutterGes bezieht (dazu Anm 31), unter den nachfolgenden **Voraussetzungen.**

66. Erforderl ist ein bestimmter **Zusammenhang** der **Ausschüttungen** der **EnkelGes** (an die TochterGes) und der **TochterGes** (an die MutterGes). Die Gewinnanteile der TochterGes sind nur insoweit nach Abs 5 begünstigt, als sie mit Ausschüttungen der EnkelGes an die TochterGes in Verbindung stehen. **Bezugspunkt** ist das **Wj** der **MutterGes;** in diesem Wj müssen Gewinnanteile der TochterGes bezogen werden; sodann fallen Ausschüttungen der EnkelGes, die zeitlich im gleichen Wj der MutterGes erfolgen, unter Abs 5. Ein sonstiger innerer Zusammenhang der Ausschüttungen ist nicht erforderl. Die Reihenfolge der Ausschüttungen ist gleichgültig. Ausschüttungen können auch Vorwegausschüttungen sein, so A 76 XXI KStR. Maßgebend ist der Zeitpunkt, in dem bei der TochterGes bzw bei der MutterGes der Ausschüttungsanspruch bilanziert werden muß.

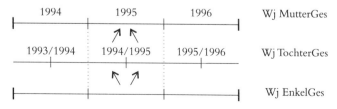

Begünstigungen des Abs 5 67–72 § 26

Wenn die MutterGes die Gewinnanteile ↗ ↖ bezieht, so sind diese nach Abs 5 in Höhe der Ausschüttungen ↖ ↗ in dem Zeitraum, der durch das Wj 1991 der MutterGes bezeichnet wird, begünstigt.

67. *einstweilen frei*

68. Zu den von der MutterGes bezogenen Gewinnanteilen gehören auch vGa. Der Ansatz einer vGa der EnkelGes hängt von der beanspruchten Vergünstigung ab (Anm 72): Greift ein Schachtelprivileg eines DBA ein, sind sie begünstigt, kommt Abs 2 zur Anwendung, so sind vGA nur begünstigt, wenn sie die Bemessungsgrundlage der EnkelGes gemindert haben (Anm 31); im Fall des Abs 3 sind vGa stets in die fingierte Anr einzubeziehen (vgl Anm 53).

69. Der nach diesen Regeln begünstigte Gewinnanteil ist auf die **Höhe** der **mittelb** Beteiligung zu **reduzieren** (A 76 XXII KStR). Zur Höhe der mittelb Beteiligung so Anm 61 ff. Hält man – wie hier – die Zusammenrechnung der mittelb Beteiligungen oder von mittelb und unmittelb Beteiligungen für zulässig, muß dieser Betrag sodann auf die einzelnen „Beteiligungsstränge" aufgeteilt werden. Soweit ein Betrag auf eine unmittelb Beteiligung entfällt, scheidet Abs 5 aus.

70. Hat die TochterGes **neben** den **Ausschüttungen** der EnkelGes noch **andere Erträge bezogen,** so erfolgt eine weitere anteilmäßige Aufspaltung (Abs 5 S 2 u Erl in A 76 XXIII, XXIV KStR mit Beispielen). Da Bezugspunkt für die Ausschüttungen das Wj der MutterGes ist, können Erträge der TochterGes aus der EnkelGes zur Aufteilung stehen, die bei abweichendem Wj von der TochterGes nicht in dem Wj bezogen wurden, dessen Gewinn an die MutterGes ausgeschüttet wurde und dessen begünstigter Teil zu ermitteln ist, sondern in dem vorangehenden oder folgenden Wj (s o Anm 66 f). A 76 XXIV KStR läßt es aus Vereinfachungsgründen zu, daß für die Aufteilung nach Abs 5 S 2 das Wj maßgebend sein soll, in dem von der TochterGes die Erträge von der EnkelGes bezogen wurden. ME entspr es in gleichem Maß der Vereinfachung, wenn das Wj der TochterGes für die Aufteilung maßgebend ist, für das die Ausschüttung an die MutterGes vorgenommen wird. Dem Stpfl ist hier ein Wahlrecht einzuräumen; allerdings muß er die einmal gewählte Methode stetig verfolgen, wenn ein Wechsel nicht durch wichtige Gründe gerechtfertigt ist.

71. Der hiernach errechnete Betrag ist der nach Abs 5 begünstigte Teil der Ausschüttungen der TochterGes an die MutterGes. Diese **Ausschüttungen** bilden die **Obergrenze.** Ist der begünstigte Betrag höher, so ist jedoch höchstens die Ausschüttung der TochterGes an die MutterGes begünstigt. Außerdem – dies ergibt sich aus Abs 5 S 2 – ist die Höhe der Gewinnanteile der EnkelGes, die den begünstigten Teil der Gewinnausschüttung TochterGes an MutterGes bestimmen, eine Obergrenze. Der begünstigte Betrag darf weder die erstgenannte noch die zweitgenannte Obergrenze übersteigen.

72. Begünstigungen des Abs 5: In Höhe des begünstigten Betrages wird die MutterGes so behandelt, als habe sie die begünstigten Beträge **unmittelbar von der EnkelGes** als einer TochterGes bezogen (dazu

A 76 XXV KStR). Besteht zwischen der Bundesrepublik und dem Sitzstaat der EnkelGes ein DBA mit freistellendem Schachtelprivileg, so ist der Betrag – unter Berücksichtigung von Abs 7 (s Anm 86) – freigestellt; eine Anr der von der EnkelGes einbehaltenen KapErtrSt scheidet sodann aus. Ist ein DBA nicht vereinbart oder enthält das DBA kein Schachtelprivileg oder findet das Schachtelprivileg keine Anwendung, kann auf den begünstigten Betrag Abs 2, 3 Anwendung finden; die Ausführungen in Anm 21 ff, 49 ff gelten sodann entspr. Eine Anr nach Abs 1 kann nur bezügl der KapErtrSt der TochterGes erfolgen (A 76 XXV KStR); insoweit ist wahlweise der Abzug nicht mögl (Abs 6 S 2; Anm 83). Anstelle der Abs 1, 2–3 kann auch die Pauschalierung nach Abs 6 iVm § 34c V EStG, s Anm 76 ff, beantragt werden.

73. Die Inanspruchnahme nach Abs 5 erfolgt aufgrund eines **Antrags;** zum Zeitraum für die Antragstellung s Anm 46. Der Antrag nach Abs 5 schließt insoweit nach Ansicht der FinVerw in A 76 XVIII KStR einen Antrag nach Abs 2–3 aus (aA *Flick/Wassermeyer/Becher* § 26 KStG Anm 297); allerdings bleibt die Möglichkeit, für den nach Abs 5 nicht begünstigten Teil die Anwendung der Abs 2–3 im Verhältnis zur TochterGes zu beantragen, sofern deren Voraussetzungen gegeben sind (mögl bei einer voll aktiven TochterGes). Der Antrag kann auf Teile der begünstigten Beträge beschränkt werden; im Gegensatz zur früheren Ansicht wird dies auch von der FinVerw nicht mehr untersagt. Der Antrag ist innerhalb des Zeitraums, indem er gestellt werden kann, frei zurücknehmb.

74. Zur **Nachweispflicht** der MutterGes nach Abs 5 S 3 Nr 3 so Anm 55. Die Überlegung, daß der MutterGes nicht etwas abverlangt werden kann, was sie tatsächl aufgrund der nicht beherrschenden Beteiligungsverhältnisse nicht erfüllen kann, gilt natürl verstärkt im Verhältnis zur EnkelGes.

75. Abs 6 enthält im wesentl Verweisungen, die, soweit sie die Abs 1–5 betreffen, in den Anm 4 ff verarbeitet sind; das gilt auch für Abs 6 S 3, s Anm 12; nachfolgend gehen wir auf die übrigen steuerl Vergünstigungen ein.

76. Erlaß und **Pauschbesteuerung** (Abs 6 iVm **§ 34c V EStG**). **Text des § 34c V EStG:**
„Die oberen Finanzbehörden der Länder oder die von ihnen beauftragten Finanzbehörden können mit Zustimmung des Bundesministeriums der Finanzen die auf ausländische Einkünfte entfallende deutsche Einkommensteuer ganz oder zum Teil erlassen oder in einem Pauschbetrag festsetzen, wenn es aus volkswirtschaftlichen Gründen zweckmäßig ist oder die Anwendung des Absatzes 1 besonders schwierig ist."
Die Ermächtigung ist verfassungsgemäß (BVerfG BB 78, 943; abl noch BFH BStBl III 66, 556; II 70, 728; StBescheide waren hiernach allerdings nicht nichtig; die FinVerw ging weiter von der Gültigkeit aus, 1967 StEK EStG § 34c Nr 15). Während § 34c V EStG für unbeschr Stpfl gilt, ist die Erlaß- und Pauschalierungsmöglichkeit für beschr Stpfl in § 50 VII EStG geregelt (zur Anwendbarkeit des § 50 VII EStG s § 8 Anm 19).

77. Erlaß oder Pauschalierung sind unabängig davon, ob mit dem ausl Staat ein **DBA** vereinbart ist.

78. Die **Pauschalierungsbedingungen** sind in **VerwErlassen** festgehalten (FinVerw BStBl I 84, 252; A 76 XXIX KStR). Die Regelung betrifft die ausl Betriebstättengewinne sowie Eink aus ausl PersGes und KapGes. Für den von der FinVerw benutzten Begriff der Betriebstätte gilt § 16 StAnpG bzw § 12 AO, nicht die Vereinbarungen des DBA (BFH BStBl II 79, 527). Pauschalierung aber auch außerhalb dieses Erlasses mögl als Einzelregelung. Neugründung einer KapGes im Inl ist idR kein Zuzug aus dem Ausl (FG Hbg EFG 80, 46), Ausnahme denkb, wenn ein im Ausl bestehender Wirtschaftsorganismus übertragen wird. Zur Vorteilhaftigkeit der Pauschalierung oder der Normalversteuerung s insbes *Herzig* RIW/AWD 78, 169: bei Ausschüttungen muß bei der Pauschalierung berücksichtigt werden, daß die ausl Steuer mit dt KSt definitiv belastet bleibt; *Hasebrock* DB 88, 1626 spricht sich dafür aus, idR zuerst die Pauschlierung zu wählen, um später vor Eintritt der Bestandskraft die endgültige Entscheidung zu treffen.

79. Die Pauschalierung erfolgt auf **Antrag**, der solange noch mögl ist, wie Bestandskraft nicht eingetreten ist (FinVerw 1966 StEK EStG § 34c Nr 12; s Anm 46); sie schließt die Anr der ausl Steuer nach Abs 1–3 und den Abzug der ausl Steuer (Anm 83) aus (A 76 XXIX KStR). Soweit die Anwendung von Abs 5 beantragt wird, ist insoweit auch eine Pauschalierung mögl (s Anm 72); für den Restbetrag bleibt das Wahlrecht zwischen Abs 2, 3, Pauschbesteuerung oder Normalbesteuerung, bestehen. Bezieht die Körperschaft Eink aus mehreren Staaten, so kann der Pauschalierungsantrag auf einen Staat beschränkt werden. Soweit die Anwendung von Abs 2, 3 beantragt wird, scheiden diese Beträge für die Pauschalierung aus; die Pauschalierung beschränkt sich sodann auf die Restbeträge aus diesem Staat. Jeder Mitunternehmer kann für sich allein die Pauschalierung beantragen; die Mitunternehmer müssen nicht gleichlautende Anträge stellen.

80. Die Entscheidung über den Antrag ist eine **Ermessensentscheidung.** Soweit sich der Stpfl auf die Pauschalierungserlasse beruft, liegt allerdings eine Selbstbindung der Verw vor. Der Antrag auf Pauschalierung ist ein selbständiges Verfahren, dessen Ablehnung mit dem **Einspruch** anzufechten ist (BFH BStBl III 66, 556; FG Hbg EFG 80, 46). Die Durchführung einer Pauschbesteuerung erfolgt mE jedoch im Veranlagungsverfahren.

81. Die pauschale KSt (idR 25 vH) gehört bei Körperschaften, die in das AnrV einbezogen sind, zur **TarifBel** (A 76 XXIX KStR); s dazu § 30 Anm 9 und § 32 Anm 4, 10.

82. Ausl Eink aus dem **Betrieb** von **Handelsschiffen** im **internationalen Verkehr:** Abs 6 führt zur Anwendung von § 34c IV EStG. S die Kommentierung dieser Norm. Der Antrag nach § 34c IV EStG verdrängt die Anr nach Abs 1 und die Möglichkeit des Abzugs der Steuer (Anm 83). StSatz: 28 vH (Abs 6, S 3, ab VZ 1980 S 4); ab VZ 1990 25 vH (Anm 3 3. Aufl); ab VZ 1994 22, 5 vH (Anm 3, mit Klarstellung, daß sich der ermäßigte StSatz nicht auf das zu versteuernde Einkommen, sondern auf die darin enthaltenen ausl Eink bezieht; vgl BT-Drucks 12/5016, 95). Diese Steuer ist bei Körperschaften, die in das AnrV einbezogen sind, Teil der TarifBel (s A 76 XXVIII KStR; § 32 Anm 4, 10). Zu den sog „Butterschiffen" iSd § 34c IV EStG s *Bichel* StBp 80, 261; zu den Chemie-Verbrennungsschiffen BFH BStBl II 84, 566.

83. Abzug ausl Steuern anstatt Anrechnung: § 26 VI iVm § 34c II EStG ermögl ab VZ 1980 (Anm 3 3. Aufl) auf Antrag anstatt der Anr nach Abs 1 den Abzug der ausl Steuer von dem Gesamtbetrag der Eink. Das Wahlrecht ist nur einheitl bezogen auf einen Staat auszuüben; zwischen verschiedenen Eink kann nicht unterschieden werden (so *Krabbe* BB 80, 1148); mE ergibt sich dies nicht zwingend aus dem Gesetzeswortlaut. Eine unterschiedl Behandlung der verschiedenen Länder ist mögl (*Krabbe* BB 80, 1148). Wird der Antrag nach Abs 2 (Anm 21ff) oder Abs 5 (Anm 57ff) gestellt, entfällt die Abzugsmöglichkeit (Abs 6 S 2); das gilt auch für den Fall des Abs 3 (Anm 49ff; BT-Drucks 8/3648, 28), vgl A XXVII KStR. Die Anknüpfung an den Gesamtbetrag der Eink stellt sicher, daß sich der durch die ausl Steuer verursachte StAufwand auch im Rahmen des § 10d EStG auswirkt (BT-Drucks 8/3648, 21; aA BFH BStBl II 69, 140; mE durch BFH BStBl II 82, 177 überholt, obwohl nach der Begründung, die sich mit der erstgenannten Entscheidung befaßt, nicht ganz klar). Da bei KapGes letztl der Gesamtbetrag der Eink der GewSt unterliegt, hat der Abzug auch Auswirkungen auf die GewSt (glA *Müller-Dott* IWB 3 Deutschland Gr 1, 621 (6/81); *Flick/Wassermeyer/Becker,* AußenstR, § 26 KStG Anm 251ff; aA BFH BStBl III 62, 254; II 69, 140; II 90, 920; *Krabbe* BB 80, 1148). Zum Wahlrecht: *Müller-Dott* IWB 3 Deutschland Gr 1, 621 (6/81) kommt zu dem Ergebnis, daß die Anr bei VollAnr und Thesaurierung, der Abzug bei Vollausschüttung wegen des allerdings umstr GewStVorteils (s o) günstiger ist; s dort und bei *Michels* DB 81, 22 auch zu weiteren Überlegungen zur Ausübung des Wahlrechts.

84. Abzug sonstiger ausl Steuern (Abs 6 iVm § 34c III EStG): Eine St vom Einkommen, die nicht der KSt entspr, kann vom Gesamtbetrag der Eink abgezogen werden, soweit sie auf Eink entfällt, die der der KSt unterliegen. Abzug vom Gesamtbetrag der Eink heißt im KStRecht, daß ein rück- oder vortragungsfähiger Verlust sich erhöht (s Anm 83; dort auch zur GewSt). Durch die Rechtsänderung ab VZ 1980 (Anm 3, 3. Aufl) kann auch ausl Steuer abgezogen werden, wenn keine ausl Eink vorliegen oder eine Besteuerung durch einen Drittstaat erfolgt. Keine ausl Eink liegen zB bei der isolierten Besteuerung von Produktions- und Lieferungsgewinnen vor (BT-Drucks 8/3648, 21). Zu den Fällen, in denen ein DBA vorliegt, s Anm 85. Der Abzug ist ausgeschlossen, wenn die Anträge nach Abs 2 oder 5 (Anm 21ff, Anm 57ff) gestellt werden (Abs 6 S 2); dies gilt auch für den Fall des Abs 3 (Anm 49ff; BT-Drucks 8/3648, 28), vgl A XXVII KStR.

85. Anrechnung nach DBA: Die DBA-AnrBestimmungen gehen der Anr nach Abs 1 grundsätzl vor (Abs 6 iVm § 34c VI EStG). Soweit die DBA keine eigenen AnrBestimmungen enthalten und nur die Anr dem Grund nach vereinbaren, gelten die Regeln des § 34c I S 2, 3 u II EStG

Indirekte Anrechnung 86–89 § 26

entspr Abs 6 iVm § 34c VI EStG. Bei DBA-Ländern ist – abweichend von der allg Anwendung des Abs 1 – der Höchstbetrag nicht je Land, sondern je EinkQuelle zu ermitteln (*Runge* IWB 3 Deutschland Gr 3, 623 (12/80)). Ab 1980 (s Anm 3 3. Aufl) kann der Stpfl anstelle der Anr der ausl Steuer den Abzug wählen (Abs 6 iVm § 34c II EStG; dazu Anm 83). Der Abzug anstelle der Anr soll für die Beziehungen zu einem Land nur einheitl gewählt werden können (A 76 XXX KStR); *Runge* IWB 3 Deutschland Gr 3, 623 (12/80); mE ergibt sich dies nicht zwingend aus dem Wortlaut; die Entscheidung kann für die Eink, die zur Anr führen, unterschiedl getroffen werden. Von der Abzugswahl sind auch fiktive StAnrBeträge erfaßt (*Runge* aaO; *Krabbe* BB 80, 1148). Der Abzug fiktiver ausl Steuern, die nach einem DBA angerechnet werden können, ist ab VZ 1996 nicht mehr möglich (§ 34c VI idF des StMBG v 21. 12. 93, vor § 1 Anm 19); zum Übergang im einzelnen s § 52 XXV a EStG idF des StMBG. Wird trotz DBA eine Doppelbesteuerung nicht beseitigt, erlaubte § 6g II EStDV aF bis 1979 auch insoweit die Anr; dazu 3. Aufl. Ab 1980 gilt in diesem Fall Abs 6 iVm § 34c VI S 3 EStG, wonach die Anr oder der Abzug mögl ist. § 34c III EStG ist in DBA-Fällen ausgeschlossen. Zur Anwendung der Vergünstigungen nach Abs 2, 3, 5 iVm § 34c V EstG bei DBA-Staaten s Anm 21, 49, 57, 77.

86. Ausdehnung der **DBA-Befreiung: Abs 7 aF** wurde durch StandOG v 13. 9. 93 (Anm 3) zu § 8b V (s § 8b Anm 15), und zwar mit Wirkung ab VZ 1994 (§ 54 I idF des G v 13. 9. 93).

87. einstweilen frei

88. Teilwertabschreibung und **Veräußerungsverluste** bei AuslBeteiligungen **(Abs 8 aF):** Hier gilt das zu Abs 7 Gesagte (Anm 86). Abs 8 wurde ab VZ 1994 § 8b VI (S § 8b Anm 16).

89. Abs 7 – Ausdehnung der indirekten Anrechnung nach Abs 2 u 3 auf beschr stpfl KapGes – wurde eingeführt durch das StandOG v 13. 9. 93 (Anm 3) und gilt ab VZ 1994 (§ 54 I idF des G v 13. 9. 93). Die indirekte Anr nach Abs 2 u Abs 3 gilt nur für unbeschr stpfl Körperschaften (Anm 23 u Anm 51). Bezieht eine beschr stpfl Körperschaft Gewinnanteile von einer ausl TochterGes in einer inländischen gewerbl Betriebsstätte, so kann die beschr stpfl Körperschaft die indirekte Anr nach Abs 2 und 3 in Anspruch nehmen. Entspr Regelung wie § 8b IV, der die Befreiung nach dieser Vorschrift entspr ausdehnt. Der Hinweis auf § 8b IV S 1 besagt, daß es sich um Gewinnanteile handeln muß, die von einer ausl Ges auf Anteile ausgeschüttet werden, die einer inländischen gewerbl Betriebsstätte zuzurechnen sind. Durch den Hinweis auf § 8b IV S 3 wird geregelt, daß zeitl Bedingungen auf den Zeitraum zu beziehen sind, während dessen die Beteiligung zum BetrVerm der inländischen gewerbl Betriebsstätte gehört. S im übrigen auch § 8b Anm 13.

§ 27 Minderung oder Erhöhung der Körperschaftsteuer

Vierter Teil. Anrechnungsverfahren

Erstes Kapitel.
Körperschaftsteuerbelastung des ausgeschütteten Gewinns unbeschränkt steuerpflichtiger Körperschaften und Personenvereinigungen

§ 27 Minderung oder Erhöhung der Körperschaftsteuer

(1) Schüttet eine unbeschränkt steuerpflichtige Kapitalgesellschaft Gewinn aus, so mindert oder erhöht sich ihre Körperschaftsteuer um den Unterschiedsbetrag zwischen der bei ihr eingetretenen Belastung des Eigenkapitals (Tarifbelastung), das nach § 28 als für die Ausschüttung verwendet gilt, und der Belastung, die sich hierfür bei Anwendung eines Steuersatzes von 30 vom Hundert des Gewinns vor Abzug der Körperschaftsteuer ergibt (Ausschüttungsbelastung).

(2) Zur Tarifbelastung im Sinne des Absatzes 1 gehört nur die Belastung mit inländischer Körperschaftsteuer, soweit sie nach dem 31. Dezember 1976 entstanden ist.

(3) ¹Beruht die Ausschüttung auf einem den gesellschaftsrechtlichen Vorschriften entsprechenden Gewinnverteilungsbeschluß für ein abgelaufenes Wirtschaftsjahr, tritt die Minderung oder Erhöhung für den Veranlagungszeitraum ein, in dem das Wirtschaftsjahr endet, für das die Ausschüttung erfolgt. ²Bei anderen Ausschüttungen ändert sich die Körperschaftsteuer für den Veranlagungszeitraum, in dem das Wirtschaftsjahr endet, in dem die Ausschüttung erfolgt.

Abs 1 lautete bis zur Änderung durch das G v 13. 9. 93 (Anm 2):

(1) Schüttet eine unbeschränkt steuerpflichtige Kapitalgesellschaft Gewinn aus, so mindert oder erhöht sich ihre Körperschaftsteuer um den Unterschiedsbetrag zwischen der bei ihr eingetretenen Belastung des Eigenkapitals (Tarifbelastung), das nach § 28 als für die Ausschüttung verwendet gilt, und der Belastung, die sich hierfür bei Anwendung eines Steuersatzes von 36 vom Hundert des Gewinns vor Abzug der Körperschaftsteuer ergibt (Ausschüttungsbelastung).

Gesetzesfassung bis zum KStG 1991 (Vor § 1 Anm 20) s 3. Auflage.

Körperschaftsteuerrichtlinien: Abschnitt 77

Übersicht

1. Allgemeines
2. Geltungszeit
3. Herstellung der AusschüttungsBel; unbeschr stpfl KapGes (Abs 1)
4.–13. Gewinnausschüttung
14. Herstellung der AusschüttungsBel

Geltungszeit 1, 2 § 27

15.–21. Formeln für KStErhöhung und KStMinderung
22.–24. Zusammenfassung der wesentl Multiplikatoren
28. TarifBel (Abs 2)
29. Zeitpunkt der KStMinderung oder KStErhöhung (Abs 3)
30. Nachausschüttungen und Änderungen von Gewinnverteilungsbeschlüssen
31. Verfahrensfragen zu Abs 3

1. Allgemeines:

Schrifttum: s Vor § 1 Anm 2; *Mayer-Wegelin* BB 76, 1599; *Meyer-Arndt,* Die BelDifferenz als Zentralbegriff des § 27 I KStG, DB 77, 1017; *Winter,* Der Zeitpunkt der Ausschüttung iSd § 27 III 2 KStG 1977, FR 77, 273; *Herzig,* Systemfehler im AnrV bei fehlender wertmäßiger u zeitl Kongruenz von Ausschüttungen auf Gesellschafts- u Gesellschafterebene, FR 77, 405; *Raupach,* Die Systematik der Grundvorschriften des kstl AnrV, FR 78, 570; *Krebs,* Ausgewählte Probleme des kstl AnrV, DB 79, 1523, 1574; *Uhrmann,* Merkblatt für die Berechnung der Änderungsbeträge gem § 27 KStG, StWa 81, 152; *Dötsch,* KapErhöhung und KapHerabsetzung – Auswirkungen auf Einkommensermittlung und EKGliederung, DB 81, 1994, 2202; *ders,* Gewinnausschüttungen von KapGes, DB 86, 2041; *Krebs,* StBJb 87/88, 337; *Wassermeyer,* Der Zu- u Abfluß von Gewinnausschüttungen – Bilanzrechtl u steuerrechtl gesehen, FS Döllerer, 1988, 705; s auch die Schrifttumshinweise vor den übrigen Vorschriften des AnrV.

Zur Änderung der §§ 27–38, 54 durch das **StEntlG 1984** (s Vor § 1 Anm 19), und zwar **vor** der Gesetzesänderung: *Herzig* BB 81, 783; *ders* StbKongrRep 81, 377; Bundessteuerberaterkammer DStR 81, 299; *Krebs* StbKongrRep 81, 361; *Hübner* StbJb 81/82, 380; *Krebs* BB 82, 1909; *Dötsch* DB 82, 83; *Mack* BB 82, 2100; *Flockermann/Krebs/Sarrazin* DStR 82, 163; *Flockermann* DStR 82, 303; *Zenthöfer* FR 83, 365; DStV Stbg 83, 117, 175; Vorziehung der Reform durch FinVerw 1982 StEK KStG 1977 § 27 Nr 8. **Nach** der Gesetzesänderung: *Sarrazin* GmbHR 83, 305; *Dötsch* DB 84, 147; *Sarrazin* FR 84, 105; *Streck* KÖSDI 84, 5402; *Dötsch* StWa 84, 53, 61; *Krebs* BB 84, 1153; *Hübel* Stbg 84, 222; *Rabald* Wpg 84, 290; FinVerw BStBl I 84, 369. Zur Änderung durch das **StRefG** 1990 (s Anm 2): *Weirich* DB 89, 454.

Überblick zum AnrV s ABC „Anrechnungsverfahren; Überblick".

Das AnrV funktioniert nur, wenn bei jeder Ausschüttung die Ausschüttungsbelastung hergestellt wird, dh eine KStBel von 30 (36) vH der Ausschüttung vor KSt. Eine Ausschüttung von 70 (64) P muß eine KStBel von 30 (36) P haben, da 30 (36) vH von 100 P = 30 (36) P ergeben. Diese Ausschüttungsbelastung wird von den §§ 20 I Nr 3, 36 II Nr 3 EStG vorausgesetzt; denn ³/₇ (⁹/₁₆) der Ausschüttung entspricht einer Bel von 30 (36) vH. Allerdings ist nicht zwingende Voraussetzung, daß die KSt der AusschüttungsBel tatsächl entrichtet wurde; der Gesetzgeber unterstellt – Ausnahme: § 36a EStG – die Zahlung. § 27 stellt die AusschüttungsBel dadurch her, daß die normale KStBel ohne Ausschüttung (Tarifbel) durch KStMinderungen oder KStErhöhungen im Fall der Ausschüttung auf die AusschüttungsBel gesenkt oder angehoben wird.

Die unterschiedl Behandlung offener und vGa verstößt nicht gegen die Verfassung (BFH/NV 88, 742).

2. Geltungszeit: Zur erstmaligen Anwendung des AnrV s § 54 Anm 1–11. Zu nachfolgenden Änderungen s 3. Aufl. Das StRefG 1990 (BGBl I 88, 1093; BStBl I 88, 224) änderte § 27 nicht unmittelb; allerdings wurde die TarifBel von 56 vH auf 50 vH gemindert (§ 23 Anm 3, 4), was zu einer Änderung der Berechnung der KStMinderung und KStErhöhung führte (vgl Anm 15 ff). Durch das StandOG v 13. 9. 93 (BGBl I 93, 1569; BStBl I 93, 774; Materialien s Vor § 1 Anm 19; Schrifttum s § 23 Anm 2) wurde die AusschüttungsBel von 36 vH auf 30 vH gesenkt, um den Standort Deutschland für ausl Investitionen attraktiver zu machen; die AusschüttungsBel ist für nichtanrechnungsberechtigte Ausl Teil der definitiven KStBel (s ABC „Ausl AntE"). Zur erstmaligen Anwendung der Absenkung der AusschüttungsBel und zur **Übergangsregelung** s § 54 X a, XI–XI b zuerst idF des StandOG, sodann geändert durch das StMBG v 21. 12. 93 (BGBl I 93, 2310; BStBl I 94, 50); s dazu auch § 54 Anm 32.

3. Herstellung der AusschüttungsBel (Abs 1). Unbeschr stpfl KapGes: s § 1 I Nr 1; auch zB Komplementär-GmbH. Sie muß unbeschr stpfl sein; beschr stpfl Körperschaften (§ 2) scheiden aus. StFreiheit nach § 5 setzt unbeschr StPfl voraus (§ 5 Anm 5, 80) und führt bei KapGes zur Anwendung des AnrV. Ausl Körperschaften fallen unter §§ 27 ff, wenn sie einer inl KapGes entsprechen (§ 1 Anm 5) und unbeschr stpfl sind. Ausdehnung auf weitere Körperschaften, zB auf Genossenschaften, s § 43.

4. Gewinnausschüttung: Der **Begriff** der **Ausschüttung** ist nicht definiert. Für das AnrV gilt ein besonderer Ausschüttungsbegriff, der den besonderen Zwecken dieses Verfahrens gerecht wird und nicht notwendig mit dem Begriff der ordnungsgemäß beschlossenen Ausschüttung oder der vGa übereinstimmen muß. Die unmittelb Verknüpfung mit den Eink aus KapVerm unter Hinweis auf § 41 I, Ausschüttungen lägen vor, wenn Eink aus KapVerm iSv § 20 I Nr 1, 2 EStG gegeben seien, ist ein Scheinverweis, sofern die Problematik unverändert aus dem KStG in das EStG verlagert wird. Im übrigen zeigt § 20 I Nr 1, 2 EStG durch die hier geregelte Einschränkung auf Ausschüttungen, die bestimmte EK-Beträge verwenden oder nicht verwenden, daß der Begriff der Ausschüttung weiter sein kann als der der Eink. Systematisch ist es auch nicht überzeugend, zuerst den Begriff des § 27 I zu suchen, um ihn sodann durch § 41 I auszudehnen und zu ergänzen (vgl zB *Dötsch/E/J/W,* § 27 Rz 18 ff). §§ 27, 41 sind als Einheit mit einem Begriff der Ausschüttung zu sehen. Der **BFH** hat einen besonderen Ausschüttungsbegriff für das AnrV entwickelt, der von den verdeckten Gewinnausschüttungen und den Eink aus KapVerm getrennt wird; s hierzu § 8 Anm 65 u unten Anm 10.

5. Ausschüttung ist **jede Art** der **Gewinnverteilung** an die AntE der Körperschaft und (vgl § 41 I) alle **sonstigen Leistungen,** die die Körperschaft an die AntE mit Rücksicht auf ihre Gesellschafterstellung bewirkt. Der Begriff Gewinn in Abs 1 ist nicht mit handelsrechtl oder wirtschaftl Einschränkungen zu verstehen; er umfaßt alle ausschüttb Vorteile, über die die KapGes verfügt. Für das Vorliegen einer Ausschüttung ist es gleichgültig, ob der Gewinn steuerpflichtig oder steuerbefreit ist und ob sie aus dem Gewinn eines bestimmten Wj oder aus Rücklagen stammt. Insbes zählen zu den Ausschüttungen diejenigen aufgrund eines **handelsrechtl Gewinnverteilungsbeschlusses** und **verdeckte Gewinnausschüttungen.** Der Begriff der Ausschüttung ist unabhängig davon, ob und daß die Ausschüttung an bestimmte AntE oder gleichmäßig an alle erfolgt. Der Anr-

Ausschüttungen 6–9 § 27

Mechanismus kennt keinen Ausschüttungsbegriff, der sich auf bestimmte AntE bezieht.

6. Ausschüttung ist auch die **Einlagenrückgewähr**. Die Rückzahlung von Einlagen führt allerdings nach § 20 I Nr 1 S 3 EStG u § 40 S 1 Nr 2 (keine KStErhöhung) nicht zu Eink aus KapVerm, wenn EK_{04} verwendet wird. Hier wird ein Mechanismus des AnrV wirksam, der nicht wirtschaftl zu sehen ist. Gewährt der AntE seiner KapGes eine Einlage, um sie 18 Monate später zurückzuerhalten, so kann er sich wegen dieses wirtschaftl Sachverhalts nicht auf die StFreiheit des EK_{04} berufen; denn ob die wirtschaftl Einlagenrückgewähr zu einer Verwendung von EK_{04} führt, richtet sich ausschließl nach der Fiktion des § 28; ist $EK_{45\ (50/56)}$ vorhanden, führt die „Einlagenrückgewähr" zu steuerpflichtigen Eink. Einlagenrückgewähr ist daher grundsätzl eine Ausschüttung. S auch ABC „Leg-ein-Holzurück"-Verfahren. Die Rückzahlung von **Nachschüssen** (§§ 26, 30 GmbHG) soll unmittelb mit EK_{04} bzw EK_{03} verrechnet werden (FinVerw 1982 StEK KStG 1977 § 30 Nr 15, A 95 III KStR). ME liegen Ausschüttungen vor, für die die allg Regeln gelten (ebenso wie dies für die Rückzahlungen von Einlagen gilt, die auch nicht unmittelb mit EK_{04} verrechnet werden dürfen, s o; allerdings will *Berger* DB 82, 2487 aus dem genannten Erlaß der FinVerw folgern, daß im Sanierungsfall die Rückzahlung von Einlagen unmittelb mit EK_{04} verrechnet werden könne; s zu diesem Problem auch Anm 9).

7. Auch die **Rückzahlung von NennKap** ist grundsätzl als Ausschüttung zu begreifen, da sie zur Verwendung von EK führen kann (vgl § 41 II) und außerdem systematisch nicht anders qualifiziert werden kann wie die Einlagenrückgewähr (Anm 6) und die Auskehrung von Liquidationsraten (Anm 8). Zu Eink aus KapVerm führt die Rückzahlung nur dann, wenn verwendb EK verwendet wird (§ 20 I Nr 2 EStG); im übrigen handelt es sich nicht um Einnahmen iSv § 20 I EStG (BT-Drucks 7/1470, 376). Zur Verwendungsanweisung s § 28 Anm 7, § 41 Anm 4. Die Einziehung eigener Anteile einer GmbH ist keine Ausschüttung. Beschließt aber eine GmbH mit eigenen Anteilen eine Kapitalherabsetzung und Rückzahlung des hierdurch freiwerdenden Kapitals an die übrigen Gesellschafter, liegt eine Ausschüttung vor (vgl BFH BStBl II 93, 369). Zu Ausschüttungen im Zusammenhang mit **KapErhöhungen** s § 29 Anm 12, KapErhStG § 5 Anm 1 ff und ABC „Schütt-aus-Hol-zurück"-Verfahren, im Zusammenhang mit der Erhöhung von Geschäftsguthaben bei Genossenschaften s zusätzl FinVerw 1979 StEK KStG 1977 § 27 Nr 3.

8. Bezüge aufgrund der **Liquidation** der Körperschaft (Liquidationsraten) sind ebenfalls Ausschüttungen; soweit verwendb EK als verwendet gilt, liegen Eink aus KapVerm vor (§ 20 I Nr 2 EStG); s auch § 11 Anm 12f und § 41 Anm 7f.

9. Abfindungen in **Einziehungsfällen** sind mE ebenfalls Ausschüttungen, die im übrigen zu Eink iSv § 20 I Nr 1 EStG führen, soweit verwendb EK als verwendet gilt; Abfindungen sind der Sache nach Teilliquidationen und im AnrV folgl wie Liquidationen zu behandeln, s Anm 8 (glA *Ossendorf* BB 79, 40; *Schmidt*, § 17 Rz 103). AA ist die hA; eine Ausschüttung wird verneint; ohne gesetzl Grundlage wird unmittelb mit EK_{04} verrechnet, soweit verwendb EK und nicht NennKap zurückgezahlt wird (vgl A 83 IV KStR; *Widmann* JbFfSt 79/80, 485; *Engl* BB 79, 566; *Raupach* FR 78, 574; *Paus* Inf 79, 149; *Sarrazin* JbFfSt 79/80, 396f; *Widmann* BB 82, 1354). Soweit mit EK_{04} verrechnet wird, bedeutet dies letztlich die Anerkennung einer Ausschüttung verbunden mit der Vornahme einer nicht durch das Gesetz gedeckten EK-Verrechnung (*Wassermeyer* FS L Schmidt, 1993, 632). Bei Abfindungen aus **anderen Gründen** – Kündigung, Austritt, Erbfall – gilt das vorstehend Gesagte entspr (glA *Schmidt*, § 17 Rz 103). Veräußerung s Anm 13. Zur Problematik des **Erwerbs eigener Anteile** s *Thiel* u *Wassermeyer* in FS L Schmidt, 1993, 569, 621; § 8 Anm 150 „Gesellschaftsanteile".

10. Die Ausschüttung iSd § 27 I muß **vermögensmindernd abfließen.** Dies heißt: Die Ausschüttung muß aus dem **Vermögen** der KapGes unmittelb und ernsthaft **ausscheiden,** ein Anspruch eines Dritten, idR des AntE, muß unmittelb gegen die KapGes entstehen, oder die KapGes muß unmittelb auf einen Vorteil iSd vGa-Rechts verzichten. Nicht durchgeführte Verträge (§ 8 Anm 137) erzeugen keine ernsthaften Ansprüche. Zum Zeitpunkt der Vermögensminderung wird die Möglichkeit der Anrechnung eröffnet; die Ausschüttung muß aus der Sicht der KapGes für diese Möglichkeit durch Herstellung der AusschüttungsBel hergerichtet werden. Ähnl *Döllerer* JbFfSt 78/79, 365; *ders* BB 79, 57; *ders* DStR 80, 397; *Reuter* DStR 83, 320.

Eine **ordentl beschlossene Ausschüttung** führt folgl bei der GmbH zu einer Ausschüttung iSd § 27 mit dem Beschluß (vgl § 29 GmbHG), nicht erst mit einer für einen späteren Zeitpunkt vorgesehenen Auszahlung; die Möglichkeit eines Verzichts auf beschlossene Ausschüttungen rechtfertigt keine andere Beurteilung (so aber *Wrede* DB 79, 1620; s dazu Anm 12). Bei der **AG** haben die Aktionäre nach § 58 IV AktG Anspruch auf den Bilanzgewinn – vorbehaltl des Beschlusses der Hauptversammlung; aus diesem Grund kann der Vorstand bei der Aufstellung des Jahresabschlusses handelsrechtl von der Vollausschüttung ausgehen, steuerrechtl ist allerdings der Hauptversammlungsbeschluß maßgebend (vgl BT-Drucks 7/1470, 366 u § 27 III, Anm 29). Durch die Ausschüttung zusätzl verursachter KStAufwand ist nach § 174 II Nr 5 AktG, etwaiger zusätzl Ertrag durch KStMinderungen entspr im Gewinnverwendungsbeschluß anzugeben. Bei der **GmbH** kann die Feststellung des Jahresabschlusses idR die KSt aufgrund des Gewinnverwendungsbeschlusses unmittelb berücksichtigen. Zur Änderung von Beschlüssen s Anm 12. Ist zu einem Vorgang die Ausschüttungsbel hergestellt (zB Passivierung einer Schuld, die sich als vGa erweist), ist die spätere Durchführung des Vorgangs (zB Begleichung der passivierten Schuld) keine erneute Ausschüttung.

Der **BFH** fordert hingegen den **Vermögensabfluß,** wobei die Passivierung einer Verpflichtung nicht ausreichen soll (vgl BFH BStBl II 88, 460; BFH/NV 88, 524, 807; BStBl II 89, 741; II 89, 800 betr Tantieme; BFH/NV 90, 325 betr Miete; BFH/NV 92, 200 betr Kaufpreisverpflich-

Abfluß

tung; vorbereitend BFH/NV 86, 489; BStBl II 87, 75; glA FG Saarl EFG 86, 516; FG Berlin EFG 87, 424). Bei einer verhinderten Vermögensmehrung ist der Zeitpunkt maßgebend, in dem sich bei einer unterstellten angemessenen Vereinbarung die Gewinnerhöhung realisiert hätte (vgl BFH BStBl II 93, 801). Zufluß ist nicht erforderlich; unerhebl ist die Frage, ob KapErtrSt einbehalten werden muß oder nicht. Bis zum Abfluß kann ohne Auswirkungen auf die Herstellung der AusschüttungsBel die „Ausschüttung" noch geändert werden (s auch Anm 12); das gleiche gilt wohl auch für nicht abgeflossene vGa.

Abfluß ist kein juristisch fest umrissener Begriff; die Rspr wird ihn noch weiter präzisieren müssen. Nach BFH/NV 92, 200 umfaßt Abfluß die Zahlung, die Aufrechnung und den Erlaß Abfluß auch dann, wenn der Dividendenanspruch in einen Darlehensanspruch umgewandelt wird (BFH BStBl II 88, 460). Gutschrift auf Verrechnungskonto ist Abfluß, wenn die Gesellschafter vereinbarungsgemäß verfügen können (A 77 VII S 1 KStR). Wird das Verrechnungskonto in Form eines Rückstellungskontos geführt, entfällt der Vermögensabfluß. Nach BFH BStBl II 89, 636 liegt in der Buchung auf dem Verrechnungskonto nicht ohne weiteres ein Abfluß; es handelte sich dort jedoch nicht um laufende Gutschriften auf einem Verrechnungskonto, sondern um die Buchung auf dem Verrechnungskonto erst im Rahmen der Bilanzaufstellung. Das Verrechnungskonto muß den Charakter eines Girokontos haben, bei dem sich der Gesellschafter mit Belastungen und Gutschriften auf diesem Konto seitens der Körperschaft einverstanden erklärt hat und er jederzeit freien Zugriff auf dieses Konto hat (glA *Dötsch/E/J/W* § 27 Rz 69e; FG Nürnberg EFG 89, 535). Ist die GmbH allerdings nicht liquide, kann in einem solchen Fall mangels wirtschaftlicher Verfügungsmacht des Gesellschafters über den Ausschüttungsbetrag noch kein Abfluß bei der Gesellschaft und entsprechend auch noch kein Zufluß beim Gesellschafter gesehen werden (vgl betr Zufluß FG München EFG 94, 998, rkr, mwN). Bei einer an der Börse zugelassenen KapGes ist die Gewinnausschüttung abgeflossen, wenn die Dividende den Anteilseignern abrufbereit zur Verfügung steht (A 77 VII S 2 KStR). Die bloße Nichtgeltendmachung eines Anspruchs der GmbH gegen ihren AntE begründet so lange keinen Abfluß, als der Anspruch zivilrechtlich fortbesteht und durchgesetzt werden kann (BFH BStBl II 97, 89; aA BMF BStBl I 97, 112). Der Verzicht auf eine Forderung, die steuerrechtlich eine Einlageforderung ist, bedeutet ohnehin keinen Abfluß von vEK (vgl BFH I R 128–129/95 v 13. 11. 96, BB 97, 1243).

Es gibt mithin **zwei Gruppen** von **Passivposten**: Solche, die einen Abfluß darstellen, und solche, die keinen Abfluß bedeuten. Hier wird es in der Praxis Abgrenzungsprobleme geben. ME zB kein Abfluß, wenn bzgl eines obligatorischen Anspruchs, der eine vGa iSd § 8 III darstellt, ohne Umwandlung in ein Darlehen nur vereinbart wird „Zahlung, wenn es die finanzielle Lage der GmbH ermöglicht". Die tatsächl Geldzahlung als solche ist hingegen nicht erforderl; die Banküberweisung genügt; diese führt jedoch idR auch nur zu einem Passivtausch (Verpflichtung gegenüber der Bank anstatt Verpflichtung gegenüber dem Gesellschafter). Die Abgrenzung zu der hier vertretenen Ansicht (s oben) muß künstl bleiben.

§ 27 11   Minderung oder Erhöhung der Körperschaftsteuer

Die **FinVerw** verlangte zunächst demgegenüber neben dem Abfluß auch **Zufluß** iSd KapErtrStRechts (§§ 41 ff EStG); A 77 V, 80 II KStR 1985; ähnl *Tillmann* StbKongrRep 78, 180; *Raupach* FR 78, 578; *Widmann* JbFfSt 78/79, 364. Die Ansicht ist von der pragmatischen Erwägung beeinflußt, die Herstellung der AusschüttungsBel und die Einbehaltung der KapErtrSt gleichzuschalten (*Flockermann/Krebs/Sarrazin* DStR 81, 161). Systematisch ist die Notwendigkeit des Zuflusses schwer zu begründen. Hier werden individuelle Besteuerungsverhältnisse des Empfängers der Ausschüttung in den Tatbestand der Besteuerung der KapGes eingebracht. Die Bedingungen des Zuflusses auf seiten des AntE können bei den verschiedenen Empfängern unterschiedl sein; die Ausschüttungen müssen bei der KapGes sodann auch unterschiedl behandelt werden (Beisp: Parallelausschüttung ohne Zufluß an beherrschende AntE – hierzu FinVerw 1984 StEK KStG 1977 § 27 Nr 15 – und MiniAntE). Richtiger ist es, die Herstellung der AusschüttungsBel an der Möglichkeit der Anr, nicht an der Inanspruchnahme der Anr zu orientieren. In den **KStR 1990** schloß sich die FinVerw der Ansicht des **BFH** an.

11. Eine **zeitl Kongruenz** zwischen **Abfluß,** so wie der BFH oder wir ihn verstehen (Anm 10), und **Zufluß** beim AntE ist nicht Bedingung der Herstellung der AusschüttungsBel. Eine vGa, die zwar den Gewinn gemindert hat und wieder hinzuzurechnen ist, ohne daß der AntE einen Vorteil erhalten hat, ist noch keine Ausschüttung iSd § 27 I (Beisp: Passivierung einer nicht bestehenden Verpflichtung gegenüber dem AntE). Eine vGa, die bereits zu einem Anspruch des AntE und einer Vermögensminderung bei der KapGes führt, ohne bei dem AntE mangels Zufluß steuerlich erfaßt zu werden, ist mE eine Ausschüttung iSd § 27 I (Beisp: Gehalts-Rückstellung für vereinb, überhöhtes Gehalt; Zuwendung eines Nutzungsvorteils). Bei Pensionsrückstellungen ist zu differenzieren: Soweit sie eine bewertb Verpflichtung darstellt, die nur wegen der Unangemessenheit der Gesamtbezüge zu kürzen ist, liegt bzgl des vGa-Teils eine Ausschüttung vor. Soweit sie stl nicht anerkannt wird, weil insoweit eine tatsächl bewertb Belastung der KapGes verneint wird (vgl die Rspr zum anzuerkennenden Pensionsalter bei beherrschenden AntE, § 8 Anm 150 „Pensionszusage" 7), liegt keine Vermögensminderung, folgl keine Ausschüttung vor. **Anders der BFH,** der gerade die Pensionsrückstellung als Beisp dafür anführt, daß einerseits eine vGa vorliegen kann, ohne daß die AusschüttungsBel herzustellen ist (vgl BFH BStBl II 89, 475 u § 8 Anm 65). Eine vGa, die bei der KapGes abgeflossen ist, aber bei dem AntE nicht zu erfassen oder „verbraucht" (Beisp: s Anm 48) ist, ist eine Ausschüttung iSv § 27 I. Eine vGa, die bei dem AntE das Vermögen der Körperschaft mindernd zugeflossen ist, ohne daß dies die Gewinnermittlung der KapGes beeinträchtigt hat, ist eine Ausschüttung iSd § 27 I (Beisp: Verkauf eines Grundstücks an die KapGes zu einem überhöhten Preis; Aktivierung bei der KapGes zu dem überhöhten Preis).

Diese Auslegung kann im Einzelfall zu der **Frage** führen, ob nach Herstellung der AusschüttungsBel auf der Ebene des **AntE** eine **Körperschaftsteueranrechnung** erfolgt, **ohne daß Einnahmen** aus **KapVerm**

Änderung von Gewinnverteilungsbeschlüssen

versteuert werden. Der BFH hat sich in dem Beschluß des GrS zur Nutzungseinlage (BFH BStBl II 88, 348) dem Problem gestellt u die Möglichkeit der Anr bejaht, ohne daß die Eink steuerlich erfaßt werden (vgl § 8 Anm 48). Die Ansicht der FinVerw (der KStR 1985), die Ausschüttungs-Bel und Versteuerung der Einnahmen aus KapVerm verknüpft, löste dieses Problem zwar, täuschte es jedoch gegen ein anderes ein. Sie verweigerte die Herstellung der AusschüttungsBel in Fällen, in denen der bei der KapGes versteuerte Vorteil bei der KapGes nicht mehr vorhanden und mithin für die zukünftige Ausschüttung nicht mehr verfügb ist. Die Vollversteuerung bei der Körperschaft wird definitiv; damit wird gegen ein Grundprinzip des AnrV verstoßen, wonach die KStBel nur in bezug auf die nicht abziehb Aufwendungen definitiv sein kann. Die FinVerw konnte hier nur mit Zuflußfiktion die Unbilligkeit der Folgerungen der eigenen Ansicht im Einzelfall verhindern (vgl § 8 Anm 105).

Eine **sachl Kongruenz** ist nicht erforderl. Wird eine Ausschüttung auf der Ebene der Ges **anders bewertet** als auf der Ebene des AntE, so berührt dies nicht den Ausschüttungsbegriff des § 27 und nicht den Mechanismus des AnrV. Dieser richtet sich ausschließl nach den Regeln der KapGes. Zur AnrProblematik beim AntE in diesen Fällen s *Herzig* FR 77, 405; *L Schmidt* FR 77, 100. AA, dh für einheitl Bemessungsgrundlagen *Dötsch/E/J/W* § 27 Rz 45.

12. Die **Vermögensminderung** mit der Folge der Herstellung der AusschüttungsBel (Anm 10) wird mE **gehindert**, wenn mit der Ausschüttung ein **Rückforderungsanspruch** entsteht, der die Rückabwicklung der Ausschüttung bezweckt. Der **BFH** sieht hingegen – wie die FinVerw (A 77 X KStR) – in einem Anspruch auf Rückgewähr von vGA steuerrechtlich eine Einlageforderung, die weder die Annahme einer vorherigen vGA iSv § 8 III Satz 2 noch eine andere Ausschüttung iSv § 27 III Satz 2 ausschließt (s BFH BStBl II 97, 92 u BFH I R 128–129/95 v 13. 11. 96, BB 97, 1243; oben Anm 10). Dies ist im Schrifttum aber höchst streitig. Zur Verhinderung oder Rückgängigmachung einer **vGa** s § 8 Anm 111 ff. Wie in § 8 Anm 115 für die vGa vertreten, gilt mE auch für die **offene Ausschüttung,** daß der mit Ausschüttung entstehende Rückforderungsanspruch (zB bei einem Verstoß gegen § 30 GmbHG oder Anspruch nach § 31 GmbHG) keine vermögensmindernde Ausschüttung darstellt, die zur Herstellung der AusschüttungsBel führt. Soweit in diesen Fällen ohne Beachtung des Rückforderungsanspruchs von einer abgeflossenen (und zugeflossenen) Ausschüttung ausgegangen wird (so BFH BStBl II 89, 741; FG Nbg EFG 89, 535; § 8 Anm 112f), besteht mE nur der Anschein einer Ausschüttung, die durch die Verwirklichung des Rückforderungsrechts zerstört wird.

Soweit gesellschaftsrechtl **Gewinnverteilungsbeschlüsse geändert** werden können, entsteht idR kein Problem bei einer Erhöhung der Ausschüttung. Die Aufhebung oder Verringerung einer Ausschüttung durch einen korrigierenden Beschluß kann die Ausschüttung aufgrund des vorangegangenen Beschlusses nicht aufheben, weil ein etwaiger Rückforderungsanspruch allenfalls erst mit dem Änderungsbeschluß entsteht (BFH BStBl II

§ 27 13–15 Minderung oder Erhöhung der Körperschaftsteuer

93, 635; II 94, 561; A 77 X KStR). Folgl kann der Änderungsbeschluß auch nicht für den vorangehenden Beschluß in die Verwendung des EK und die Bestimmung des zutreffenden VZ für die KStÄnderung nach Abs 3 eingreifen (vgl auch BFH/NV 88, 524). Der Änderungsbeschluß begründet Einlagen, soweit er zu Rückzahlungen führt (Einordnung in EK$_{04}$). Nach Ansicht des **BFH** kann ein **Gewinnverteilungsbeschluß** im Hinblick auf die Entstehung der AusschüttungsBel noch **geändert** (oder später gefaßt) werden, sofern **kein Abfluß** erfolgt ist (s Anm 10); hier ist die BFH-Rspr der KapGes günstiger. Vgl BFH BStBl II 83, 512; BStBl II 85, 225; BStBl II 86, 81; 84; BFH/NV 86, 765; BStBl II 88, 460; glA A 77 X KStR). S auch Anm 30.

13. Keine Ausschüttung ist die **Gewinnabführung** innerhalb einer stl anzuerkennenden **Org** (§ 37 Anm 3); zur gescheiterten Org s § 14 Anm 102. Keine Ausschüttung ist der Ausschüttungsbeschluß des Rechtsnachfolgers nach einer Verschmelzung aus dem VZ vor der Verschmelzung (FG D'dorf EFG 89, 427). Keine Ausschüttungen sind **Rückvergütungen** iSv § 22 (§ 22 Anm 11). Ebenfalls nicht **Gesamtrechtsnachfolgen** wie Umwandlung, Verschmelzung, Spaltung; Sonderregelungen s §§ 38, 38 a, 38 b. Die **Veräußerung** von Anteilen führt nicht zur Ausschüttung; das gilt auch, wenn die KapGes eigene Anteile kauft (aA *Schmidt,* § 17 Rz 105); zur Abfindung s Anm 9. Die Auskehrung des **gemeinnützig gebundenen Vermögens** einer gemeinnützigen KapGes ist mE keine Ausschüttung, da sie nicht aufgrund des Verhältnisses AntE-KapGes erfolgt; s auch § 5 Anm 15. Zur Problematik des **„Schütt-aus-Hol-zurück"-Verfahrens und des „Leg-ein-Hol-zurück"-Verfahrens** s ABC.

14. Herstellung der AusschüttungsBel: Zu diesem Herstellungsvorgang s die Einf ABC „Anrechnungsverfahren; Überblick". Die individuelle TarifBel wird in die fixierte AusschüttungsBel überführt. TarifBel ist die KStBel des EK, das für die Ausschüttung gem § 28 als verwendet gilt. AusschüttungsBel ist die KStBel mit 30 (36) vH, die der AntE als $^3/_7$ ($^9/_{16}$)-StGuthaben anrechnet. Ist die TarifBel im Ausschüttungsfall höher als die AusschüttungsBel, erfolgt eine KStMinderung (ggf eine Erstattung), ist sie niedriger, erfolgt eine KStErhöhung. KStMinderungen u KStErhöhungen stehen selbständig neben der TarifBel (Anm 28); die KStMinderung ist keine Tarifermäßigung (BFH BStBl II 91, 150). Berechnungsformeln s Anm 15 ff.

15. Formeln für KStMinderung und KStErhöhung

Schrifttum: Bis VZ 1993: *Becker,* Berechnungsformeln für das neue kstl AnrV, BB 76, 873, 1015; *Tesdorpf,* Folgen der KStReform für die Praxis der Ergebnisdisposition, Wpg 76, 608; *Meyer-Arndt,* Die BelDifferenz als Zentralbegriff des § 27 I KStG, DB 77, 1017; *Weindl* DB 77, 368; *Kussel,* Formeln für die Berechnung der KStRückstellung, BB 77, 187; *Popp,* Die Berechnung der KSt u GewSt, der Rücklagenzuweisungen u der erfolgsabhängigen Entgelte nach dem KStG 1977, Wpg 77, 175; *ders,* Ergänzung für die GewSt, Wpg 77, 378; *Herzig,* Die Zuordnung von Ausschüttungen zum verwendb EK u die Interessen des AntE, FR 77, 129, 162 mit Gestaltungsüberlegungen; *Bacher,* Belastungsfaktoren im neuen KStRecht, BB 77, 1093; *Herzig,* Die wichtigsten Relationen des AnrV in schematischer Darstellung, DB 77, 1760; *Steup,* Gliederung des verwendb EK mit dem programmierb Taschenrechner

Formeln **16, 17 § 27**

SHARP PC 1211/PC1212, StWa 83, 164; *Weirich*, Neue Formeln für die EK-Aufteilung ab 1990 bei einer TarifBel von mehr als 36%, DB 89, 454. S außerdem die KStG-Kommentare. KStR: S A 77 KStR. **Ab VZ 1994:** *Cattelaens* Wpg 93, 557; *Dötsch* DB 93, 1790.

Abkürzungen: B = Bardividende; T = Teilbetrag des verwendb EK; St_t = TarifBel in vH; KSt_M = KStMinderung; KSt_E = KStErhöhung.

Aufbau der nachfolgenden Formeln:
(1) = **Fragen:** Was kennt der Stpfl? Was sucht er?
(2) = **Formel**
(3) = **Beispiel**

16. Formeln bis VZ 1993 (Ausschüttungsbelastung 36 vH):

17. 1. Gruppe. Wieviel verwendb EK muß ich unter Beachtung der KStErhöhung oder KStMinderung für eine bekannte Ausschüttung verwenden?

Formel 1 (1) B = bekannt
Gesucht: T und KSt_M bei St_t 56 (= EK_{56})
(2) **T = B · 11/16**
KSt_M = B − T = B · 5/16 = T · 5/11
(3) Es soll B von 40 P ausgeschüttet werden; mit 56 vH belastetes EK (EK_{56}) liegt in Höhe von 120 P vor.
Hiervon gilt als verwendet:
T   = 40 · 11/16   = 27,5 P
KSt_M beträgt = 40 P − 27,5 P   = 12,5 P
   oder   40 · 5/16   = 12,5 P
   oder   27,5 · 5/11   = 12,5 P
B =   27,5 P (T) + 12,5 P (KSt_M) = 40,0 P

Formel 2 (1) B = bekannt
Gesucht: T und KSt_M bei St_t 50 (= EK_{50})
(2) **T = B · 25/32**
KSt_M = B − T = B · 7/32 = T · 7/25
(3) Es soll B von 40 P ausgeschüttet werden; mit 50 vH belastetes EK (EK_{50}) liegt in Höhe von 120 P vor.
Hiervon gilt als verwendet:
T   = 40 · 25/32   = 31,25 P
KSt_M beträgt = 40 P − 31,25 P   = 8,75 P
   oder   40 · 7/32   = 8,75 P
   oder   31,25 · 7/25   = 8,75 P
B =   31,25 P (T) + 8,75 P (KSt_M) = 40,00 P

Formel 3 (1) B = bekannt
Gesucht: T und KSt_M bei St_t größer als 36, aber kleiner als 56[1]

---

[1] Selbst bis VZ 1983 seltener Fall, da die StBel gem § 32 KStG grundsätzlich auf die Gruppen 56 vH, 36 vH u 0 vH verteilt wird. § 32 KStG schloß bis VZ 1983 diese Aufteilung jedoch in den Fällen aus, in denen die Ermäßigung ausschließl durch

§ 27 17 Minderung oder Erhöhung der Körperschaftsteuer

(2) $T = B \dfrac{100 - St_t}{100 - 36}$

$KSt_M = B - T$

(3) Es soll B von 30 P ausgeschüttet werden; mit 46 vH belastetes EK liegt in Höhe von 60 P vor; im übrigen kein verwendb EK. Hiervon gilt als verwendet:

$T = 30 \dfrac{100 - 46}{100 - 36} = 30 \dfrac{54}{64} = 25{,}31\ P$

KSt_M beträgt $= 30\ P - 25{,}31\ P = 4{,}69\ P$

$B = 25{,}31\ P\ (T) + 4{,}69\ P\ (KSt_M) = 30{,}00\ P$

Formel 4 (1) B = bekannt
Gesucht: T und KSt_M oder KSt_E bei St_t 36 (= EK_{36})

(2) **T = B**
$KSt_M = 0$
$KSt_E = 0$

(3) Es soll B von 26 P ausgeschüttet werden; mit 36 vH belastetes EK liegt in Höhe von 90 P vor; im übrigen kein verwendb EK. Als verwendet gilt:
$T = 26\ P$
$KSt_{E/M} = 0$

Formel 5 (1) B = bekannt
Gesucht: T und KSt_E bei St_t kleiner als 36, aber größer als 0^1

(2) **T = B**
$KSt_E = B \cdot 25/16\ (0{,}36 - 0{,}St_t)$

(3) Es soll B von 16 P ausgeschüttet werden; mit 20 vH belastetes EK liegt in Höhe von 80 P vor; im übrigen kein verwendb EK. Hiervon gilt als verwendet:
$T = B = 16\ P$

$KSt_E = 16 \cdot 25/16\ (0{,}36 - 0{,}20) = 4$

Formel 6 (1) B = bekannt
Gesucht: T und KSt_E bei St_t 0 (= EK_0)
T = B
$KSt_E = B \cdot 9/16$

(3) Es soll B von 19 P ausgeschüttet werden; unbelastetes EK liegt in Höhe von 30 P vor; im übrigen kein verwendb EK. Hiervon gilt als verwendet:
$T = 19\ P$

$KSt_E = 19 \cdot 9/16 = 10{,}69\ P$

---

einen ermäßigten StSatz verursacht wird; dazu § 32 Anm 4. Zur Rechtsänderung ab VZ 1984 s § 30 Anm 12 und § 32 Anm 5.

[1] S Fn S 429.

Formeln **18 § 27**

18. 2. Gruppe. Welche Ausschüttung kann ich unter Beachtung von KStErhöhungen und KStMinderungen bei bekanntem Teilbetrag des verwendb EK vornehmen?

Formel 7   (1) T = bekannt bei St_t 56 (= EK_{56})
  Gesucht: B und KSt_M
 (2) **B** = T · 16/11
  KSt_M = B − T
 (3) Es ist nur ein verwendb, ungemildert belastetes EK von 60 P vorhanden.
  Diesem EK (= T) entspricht eine
  B = 60 · 16/11 = 87,27 P
  KSt_M = 87,27 P − 60 P = 27,27 P

Formel 8   (1) T = bekannt bei St_t 50 (= EK_{50})
  Gesucht: B und KSt_M
 (2) **B** = T · 32/25
  KSt_M = B − T
 (3) Es ist nur ein verwendb, ungemildert belastetes EK von 60 P vorhanden.
  Diesem EK (= T) entspricht eine
  B = 60 · 32/25 = 76,8 P
  KSt_M = 76,8 P − 60 P = 16,8 P

Formel 9   (1) T = bekannt bei St_t größer als 36, aber kleiner als 56[1]
  Gesucht: B und KSt_M
 (2) **B** $= T \dfrac{100 - 36}{100 - St_t}$
  KSt_M = B − T
 (3) Es ist nur ein verwendb EK, belastet mit 44 vH, von 70 P vorhanden.
  Diesem EK (= T) entspricht eine
  B $= 70 \dfrac{100 - 36}{100 - 44} = 80$ P
  KSt_M = 80 − 70 = 10 P

Formel 10   (1) T = bekannt bei St_t 36 (= EK_{36})
  Gesucht: B und KSt_M / KSt_E
 (2) **B** = T
  KSt_M = 0
  KSt_E = 0
 (3) Es ist nur ein verwendb EK, belastet mit 36 vH, in Höhe von 30 P vorhanden.
  Diesem EK (= T) entspricht eine
  B = 30 P

---

[1] S Fn S 429 f.

$KSt_E = 0$
$KSt_M = 0$

Formel 11 (1) T = bekannt bei St_t kleiner als 36, größer als 0[1]
Gesucht: B und KSt_E
Bedingung: B + KSt_E = T (§ 28 VI 2)

(2) $B = T \dfrac{100 - 36}{100 - St_t}$

$KSt_E = B - T$

(3) Es ist nur ein verwendb EK, mit 13 vH belastetes EK in Höhe von 40 P vorhanden.
Dieses EK (= T) entspricht einer

$B = 40 \dfrac{100 - 36}{100 - 13} = 29{,}43$ P

$KSt_E = 40 - 29{,}43 = 10{,}57$ P

Formel 12 (1) T = bekannt bei St_t 0 (= EK_0)
Gesucht: B und KSt_E
Bedingung: B + KSt_E = T (§ 28 III 2)
(2) $B = T \cdot 16/25$
$KSt_M = T - B$
(3) Es ist nur ein unbelastetes EK in Höhe von 18 P vorhanden.
Dieses EK (= T) entspricht einer
$B = 18 \cdot 16/25 = 11{,}52$ P
$KSt_E = 18 - 11{,}52 = 6{,}48$ P

19. Formeln ab VZ 1994 (Ausschüttungsbelastung 30 vH):

20. 1. Gruppe. Wieviel verwendb EK muß ich unter Beachtung der KStErhöhung oder KStMinderung für eine bekannte Ausschüttung verwenden?

Formel 1 (1) B = bekannt
Gesucht: T und KSt_M bei St_E 56 (= EK_{56})
Bedingung: B + KSt_E = T (§ 28 III 2)
(2) $T = B \cdot 22/35$
$KSt_M = B - T = B \cdot 13/35 = T \cdot 13/22$
(3) Es soll B von 40 P ausgeschüttet werden; mit 56 vH belastetes EK (EK_{56}) liegt in Höhe von 120 P vor.
Hiervon gilt als verwendet:

T	= 40 · 22/35	= 25,14 P
KSt_M beträgt	= 40 P − 25,14 P	= 14,86 P
oder	40 · 13/23	= 14,86 P
oder	25,14 · 13/22	= 14,86 P
B =	25,14 P (T) + 14,86 P (KSt_M)	= 40 P

---
[1] S Fn S 429 f.

Formeln   **20 § 27**

Formel 2   (1) B = bekannt
              Gesucht: T und KSt_M bei St_t 50 (= EK_{50})
              (2) **T   = B · 5/7**
              KSt_M = B − T = B · 2/7 = T · 2/5
              (3) Es soll B von 40 P ausgeschüttet werden; mit 50 vH belastetes EK (EK_{50}) liegt in Höhe von 120 P vor.
              Hiervon gilt als verwendet:
              T   = 40 · 5/7   = 28,57 P
              KSt_M beträgt = 40 P − 35,71 P   = 11,43 P
                       oder   40 · 2/7   = 11,43 P
                       oder   28,57 · 2/5   = 11,43 P
              B =   28,57 P (T) + 11,43 P (KSt_M) = 40 P

Formel 3   (1) B = bekannt
              Gesucht: T und KSt_M bei St_t 45 (= EK_{45})
              (2) **T   = B · 11/14**
              KSt_M = B − T = B · 3/14 = T · 3/11
              (3) Es soll B von 40 P ausgeschüttet werden; mit 45 vH belastetes EK (EK_{45}) liegt in Höhe von 120 P vor. Hiervon gilt als verwendet:
              Hiervon gilt als verwendet:
              T   = 40 · 11/14   = 31,43 P
              KSt_M beträgt = 40 P − 31,43 P   = 8,57 P
                       oder   40 · 3/14   = 8,57 P
                       oder   31,43 · 3/11 = 8,57 P
              B =   31,43 P (T) + 8,57 P (KSt_M) = 40 P

Formel 4   (1) B = bekannt
              Gesucht: T und KSt_M bei St_t 36 (= EK_{36})
              (2) **T   = B · 32/35**
              KSt_M = B − T = B · 3/35 = T · 3/32
              (3) Es soll B von 40 P ausgeschüttet werden; mit 36 vH belastetes EK (EK_{36}) liegt in Höhe von 120 P vor.
              Hiervon gilt als verwendet:
              T   = 40 · 32/35   = 36,57 P
              KSt_M beträgt = 40 P − 36,57 P   = 3,43 P
                       oder   40 · 3/35   = 3,43 P
                       oder   36,57 · 3/32 = 3,43 P
              B =   36,57 P (T) + 3,43 P (KSt_M) = 40 P

Formel 5   (1) B = bekannt
              Gesucht: T und KSt_M oder KSt_E bei St_t 30 (= EK_{30})
              (2) **T   = B**
              KSt_M = 0
              KSt_E = 0
              (3) Es soll B von 40 P ausgeschüttet werden; mit 30 vH belastetes EK (EK_{30}) liegt in Höhe von 120 P vor.
              Hiervon gilt als verwendet:
              T   = 40 P
              $KSt_{M/E}$ = 0

§ 27   21   Minderung oder Erhöhung der Körperschaftsteuer

Formel 6   (1) B = bekannt
  Gesucht: T und KSt_E bei St_t 0 (= EK_0)
  (2) **T = B**
  KSt_E = B · 3/7
  (3) Es soll B von 40 P ausgeschüttet werden; mit 0 belastetes EK (EK_{02}) liegt in Höhe von 120 P vor; im übrigen kein verwendb EK. Hiervon gilt als verwendet:
  T   = 40 P
  KSt_E = 40 · 3/7 = 17,4 P

21. 2. Gruppe. Welche Ausschüttung kann ich unter Berechnung von KStErhöhung und KStMinderung bei bekanntem Teilbetrag des verwendb EK vornehmen?

Formel 7   (1) T = bekannt bei St_t 56 (= EK_{56})
  Gesucht: B und KSt_M
  (2) **B = T · 35/22**
  KSt_E = B − T = T · 13/22
  (3) Es ist ein verwendb EK_{56} von 60 P vorhanden.
  Diesem EK (= T) entspricht eine
  B   = 60 · 35/22   = 95,45 P
  KSt_M = 95,45 P − 60 P   = 35,45 P
      oder   60 · 13/22   = 35,45 P

Formel 8   (1) T = bekannt bei St_t 50 (EK_{50})
  Gesucht: B und KSt_M
  (2) **B = T · 7/5**
  KSt_M = B − T = T · 2/5
  (3) Es ist ein verwendb EK_{50} von 60 P vorhanden.
  Diesem EK (= T) entspricht eine
  B   = 60 · 7/5   = 84 P
  KSt_M = 84 P − 60 P   = 24 P
      oder   60 · 2/5   = 24 P

Formel 9   (1) T = bekannt bei St_t 45 (EK_{45})
  Gesucht: B und KSt_M
  (2) **B = T · 14/11**
  KSt_M = B − T = T · 3/11
  (3) Es ist ein verwendb EK_{45} von 60 P vorhanden.
  Diesem EK (= T) entspricht eine
  B   = 60 · 14/11   = 76,36 P
  KSt_M = 76,36 P − 60 P   = 16,36 P
      oder   60 · 3/11   = 16,36 P

Formel 10 (1) T = bekannt bei St_t 36 (EK_{36})
  Gesucht: B und KSt_M
  (2) **B = T · 35/32**
  KSt_M = B − T = T · 3/32
  (3) Es ist ein verwendb EK_{36} von 60 P vorhanden.
  Diesem EK (= T) entspricht eine

Multiplikatoren 22 § 27

B		$= 60 \cdot 35/32$	$= 65{,}63$ P
KSt_M		$= 65{,}63$ P $- 60$ P	$= 5{,}63$ P
	oder	$60 \cdot 3/32$	$= 5{,}63$ P

Formel 11 (1) T = bekannt bei St_t 30 (EK_{30})
Gesucht: B und KSt_M oder KSt_E
(2) **B = T**
KSt_M = 0
KSt_E = 0
(3) Es ist ein verwendb EK_{30} von 60 P vorhanden.
Diesem EK (= T) entspricht eine
B = 60
$KSt_{M/E}$ = 0

Formel 12 (1) T = bekannt bei St_t 0 (EK_0, hier EK_{02})
Gesucht: B und KSt_E
(2) **B = T $\cdot$ 7/10**
KSt_E = T $-$ B = T $\cdot$ 3/10
(3) Es ist ein verwendb EK_{02} von 60 P vorhanden.
Diesem EK (= T) entspricht eine

B		$= 60 \cdot 7/10$	$= 42$ P
KSt_E		$= 60$ P $- 42$ P	$= 18$ P
	oder	$60 \cdot 3/10$	$= 18$ P

22. Zusammenfassung der **wesentlichen Multiplikatoren** zu EK_{50} und EK_0.

Bis VZ 1993 (AusschüttungsBel 36 vH):

Bekannt ↓	Gesucht →	T EK_{56}	KSt_M EK_{56}	T EK_{50}	KSt_M EK_{50}	T EK_0	KST_E EK_0	B
B		11/16	5/16	25/32	7/32	1	9/16	–
T (EK_{56})		1	5/11	–	–	–	–	16/11
T (EK_{50})		–	–	1	7/25	–	–	32/25
T (EK_0)		–	–	–	–	1	9/25	16/25

Ab VZ 1994 (AusschüttungsBel 30 vH):

Bekannt ↓	Gesucht →	T EK_{50}	KSt_M EK_{50}	T EK_{45}	KSt_M EK_{45}	T EK_0	KST_E EK_0	B
B		5/7	2/7	11/14	3/14	1	3/7	–
T (EK_{50})		1	2/5	–	–	–	–	7/5
T (EK_{45})		–	–	1	3/11	–	–	14/11
T (EK_0)		–	–	–	–	1	3/10	7/10

§ 27   23, 24   Minderung oder Erhöhung der Körperschaftsteuer

23. Bis VZ 1993 (AusschüttungsBel 36 vH): Zusammenfassung der Multiplikatoren zu EK_{56}, EK_{50}, EK_{46}, EK_{36}, EK_{28}, EK_{25}, EK_0; zur Möglichkeit dieser EK-Gruppen s § 32 Anm 5; zur Rechtsänderung ab VZ 1984 bzgl EK_{46}, EK_{36}, EK_{28} und EK_{25}, s § 30 Anm 5, § 32 Anm 5.

Bekannt Gesucht →	T EK_{56}	KSt_M EK_{56}	T EK_{50}	KSt_M EK_{50}	T EK_{46}	KSt_M EK_{46}	T EK_{36}	KSt_E EK_{36}	T EK_{28}	KSt_E EK_{28}	T EK_{25}	KSt_E EK_{25}	T EK_0	KSt_E EK_0	B
B	11/16	5/16	25/32	7/32	27/32	5/32	1	0	1	1/8	1	11/64	1	9/16	–
T_{56}	1	5/11	–	–	–	–	–	–	–	–	–	–	–	–	16/11
T_{50}	–	–	1	7/25	–	–	–	–	–	–	–	–	–	–	32/25
T_{46}	–	–	–	–	1	5/27	–	–	–	–	–	–	–	–	32/27
T_{36}	–	–	–	–	–	–	1	0	–	–	–	–	–	–	32/35
T_{28}	–	–	–	–	–	–	–	–	1	1/9	–	–	–	–	8/9
T_{25}	–	–	–	–	–	–	–	–	–	–	1	11/75	–	–	64/75
T_0	–	–	–	–	–	–	–	–	–	–	–	–	1	9/25	16/25

24. Ab VZ 1994 (AusschüttungsBel 30 vH): Zusammenfassung der Multiplikatoren zu EK_{56}, EK_{50}, EK_{45}, EK_{36}, EK_{30} und EK_0.

Bekannt Gesucht →	T EK_{56}	KSt_M EK_{56}	T EK_{50}	KSt_M EK_{50}	T EK_{45}	KSt_M EK_{45}	T EK_{36}	KSt_M EK_{36}	T EK_{30}	KSt_M EK_{30}	T EK_0	KSt_E EK_0	B
B	22/35	13/35	5/7	2/7	11/14	3/14	32/35	3/35	1	0	1	3/7	–
T_{56}	1	13/22	–	–	–	–	–	–	–	–	–	–	35/22
T_{50}	–	–	1	2/5	–	–	–	–	–	–	–	–	7/5
T_{45}	–	–	–	–	1	3/11	–	–	–	–	–	–	14/11
T_{36}	–	–	–	–	–	–	1	3/32	–	–	–	–	35/32
T_{30}	–	–	–	–	–	–	–	–	1	–	–	–	1
T_0	–	–	–	–	–	–	–	–	–	–	1	3/10	7/10

Zeitpunkt der KStMinderung und -Erhöhung 25–29 § 27

25.–27. *einstweilen frei*

28. TarifBel (Abs 2) ist die Bel des ausgeschütteten Betrages mit KSt vor der Ausschüttung (Abs 1), also auch die Bel nach dem allg Tarif, die aufgrund von Ausschüttungen sofort wieder gemindert wird (zu dieser Zweistufigkeit s § 29 Anm 6). Die KSt, die für die BelErmittlung heranzuziehen ist, ist in Abs 1 und 2 wie folgt gekennzeichnet: Die KSt muß „bei ihr" (Abs 1), dh der Körperschaft selbst, entstanden sein. Schuldnerin der KSt muß folgl die Körperschaft selbst sein. Erzielt eine stbefreite KapGes Erträge von einer stpfl Körperschaft, so liegt bei ihr keine KStBel vor, obwohl die Erträge bei der leistenden Körperschaft mit KSt belastet sind (BT-Drucks 7/1470, 365). Nur inländische KSt ist zu berücksichtigen (Abs 2). Die auf die KSt angerechneten ausländischen Steuern mindern die Tarifbelastung (BFH BStBl II 97, 91 betr Schweizer Verrechnungsteuer). Zur Berücksichtigung der TarifBel bei ausl Erträgen s § 30 Anm 9f. Inländische **Abzugsteuern**, die zu Lasten der EinkEmpfänger einbehalten werden, gehören zu ihrer TarifBel, gleichgültig, ob sie VorausZ oder, zB nach § 50 I Nr 3, Abgeltungscharakter haben; s auch § 50 Anm 4. Schließl ist nur solche KSt einzubeziehen, die **nach dem 31. 12. 76** entstanden ist. Die Bel mit KSt vor dem Systemwechsel bleibt definitiv. Abzugsteuern, die vor dem 1. 1. 77 entstanden sind, gehören mE dann zur TarifBel, wenn sie nach § 36 EStG auf nach dem 31. 12. 76 entstandene KSt anzurechnen sind. Hat die Steuer Abgeltungswirkung, gilt § 48 Buchst a.

29. Zeitpunkt der KStMinderung oder KStErhöhung: Abs 3 unterscheidet **zwei Fälle:**
Beruht die Ausschüttung auf einem den **gesellschaftsrechtlichen Vorschriften entsprechenden Beschluß (Satz 1),** so tritt die KStMinderung oder -Erhöhung für den VZ ein, in dem das Wirtschaftsjahr endet, für das die Ausschüttung erfolgt. Ausschüttungsbeschluß und korrespondierende Erhöhung oder Minderung betreffen folglich den gleichen Veranlagungszeitraum. Es liegt eine funktionale Zuordnung vor. Gleichgültig ist, wann die Ausschüttung zeitlich erfolgt, sofern sie gesellschaftsrechtlich möglich ist und für ein bereits abgelaufenes Wirtschaftsjahr erfolgt. Für die Beurteilung, ob Gewinnausschüttungen auf einem den gesellschaftsrechtlichen Vorschriften entsprechenden Gewinnverteilungsbeschluß beruhen, sind allein die handelsrechtlichen Grundsätze maßgebend (s § 28 Anm 4). Entscheidend sind die Verhältnisse im Zeitpunkt des Vollzugs des Gewinnverteilungsbeschlusses (BFH BStBl II 89, 741; A 77 II 2 KStR). Gesellschaftsrechtlich mögliche **Nachausschüttungen** zB in 1994 für 1989 sind auch steuerrechtlich anzuerkennen (vgl Anm 30).
Ab VZ 1984 (s Anm 2, 3. Aufl) setzt Abs 3 S 1 einen Gewinnverteilungsbeschluß **für ein abgelaufenes Wirtschaftsjahr** voraus, zB Ausschüttungsbeschluß in 1996 für 1995. Dies bringt Abs 3 mit der gleichzeitigen Neufassung des § 28 II in Übereinstimmung (BT-Drucks 10/336, 28). Maßgebend ist der Zeitpunkt des Beschlusses, nicht derjenige der Ausschüttung (BFH BStBl II 91, 734). Die Änderung hat keine Auswirkung auf die Vorabausschüttung. Die Vorabausschüttung in 1983 für 1983 führte nach der aF im VZ 1983 zur KStÄnderung (s o), allerdings nach Abs 3 S 1.

Ab VZ 1984 gilt das gleiche Ergebnis nach Abs 3 S 2 (s unten). Daß Abs 3 nF von einem Gewinnverteilungsbeschluß spricht, hindert nicht, die beschlossene Vorabausschüttung unter diesen Begriff zu subsumieren (§ 28 Anm 4; s auch ABC „Vorabausschüttung"). Für die Vorabausschüttung in 1996 (oder 1995) für 1994 – der abschließende Gewinnverteilungsbeschluß erfolge jeweils später – gilt Abs 3 S 1 nF, nicht Abs 3 S 2 (BT-Drucks 10/336, 28 ist insoweit mißverständl). Zum Wahlrecht, die Neufassung bereits für die VZ 1977–1983 anzuwenden, s § 54 VI idF des StEntlG 1984 (s Vor § 1 Anm 19) und § 54 Anm 19.

In allen **sonstigen Fällen** – Ausschüttungsbeschlüsse, die ein laufendes Wj betreffen oder Ausschüttungen, die nicht den gesellschaftsrechtl Vorschriften entsprechen **(andere Ausschüttungen, S 2)** – ändert sich die KSt des VZ, in dem das Wj endet, in dem die Ausschüttung erfolgt (Abs 3 S 2). Hierunter fallen **Vorabausschüttungen** in einem Wj für das laufende Wj, und zwar auch dann, wenn die tatsächl Ausschüttung selbst in dem Jahr vorgenommen wird, das dem Jahr der Beschlußfassung folgt (BFH BStBl II 91, 734). Zu den anderen Ausschüttungen zählen insbes auch **verdeckte Gewinnausschüttungen,** sofern und soweit sie abfließen; der BFH unterscheidet streng zwischen der vGa nach § 8 III und ihrem Abfluß nach § 27 (s § 8 Anm 65). Ebenfalls rechnen hierzu auch Ausschüttungen aufgrund von KapHerabsetzungen; ebenso Genußrechtsausschüttungen (A 77 KStR). Zum Problem der Verrechnung mehrerer Ausschüttungen mit einem bestimmten EK und der Auswirkung auf § 27 s § 28 Anm 10.

30. § 27 III S 1 gilt auch für gesellschaftsrechtliche **Nachausschüttungen,** dh für Ausschüttungen nach der Feststellung des Jahresabschlusses und einem bereits getroffenen Ausschüttungsbeschluß. Die FinVerw wollte zunächst, soweit es um erstmalige Beschlüsse für zurückliegende Jahre ging, Zeitgrenzen einführen (FinVerw 1981 StEK KStG 1977 § 27 Nr 6); mE abzulehnen. Diese von der FinVerw verfügte Einschränkung nach Treu- und-Glauben-Überlegungen findet im Gesetz keine Stütze; gegen FinVerw 1981 StEK KStG 1977 § 27 Nr 6 mit ablehnender Anm *Streck;* krit auch *Widmann* JbFfSt 78/79, 398; BFH BStBl II 69, 634 betr Mehrgewinne nach Bp. Inzwischen hat die FinVerw ihre Bedenken aufgegeben (vgl A 77 II S 2 KStR). Gewinnausschüttungen beruhen auch dann auf einem den gesellschaftsrechtlichen Vorschriften entsprechenden Gewinnverteilungsbeschluß, wenn zwischen dem Ende des Wirtschaftsjahres, dessen Reingewinn ausgeschüttet wird, und dem Gewinnverteilungsbeschluß ein **längerer Zeitraum** liegt. Unschädlich ist, daß die Gewinnausschüttung bereits als Gewinnvortrag in der Bilanz des folgenden Wirtschaftsjahrs ihren Niederschlag gefunden hat (vgl BFH BStBl II 86, 81 und II 90, 998). In dem Streitfall des BFH-Urteils in BStBl II 90, 998 erfolgten auf Grund eines Beschlusses in 1980 Nachtragsausschüttungen von Mehrgewinnen für die Jahre 1968 bis 1974. Diese zum alten KStRecht ergangene BFH-Rechtsprechung ist auch für VZ ab 1977 anzuwenden. Denn die Steuerfolgen knüpfen allein an die nach Gesellschaftsrecht zu prüfende Ordnungsmäßigkeit des Gewinnverteilungsbeschlusses an. In einem späteren Gewinnverteilungsbeschluß kann mE wegen der steuerlichen Beurteilung nach Gesellschaftsrecht auch kein Gestaltungsmißbrauch iS des § 42 AO liegen. Denn zur Auslegung des Gesellschaftsrechtes ist der § 42 AO nicht heranziehbar (vgl insoweit auch BFH BStBl II 87, 308 betr § 6 StAnpG in Fällen des sog Mantelkaufes, s § 8 Anm 151). Teilweise wurde allerdings von Finanzbehörden bisher in verspäteten Gewinnverteilungsbeschlüssen wegen der dann ab dem VZ 1989 vor dem JStG 1997 (s Anm 31) angefallenen **Erstattungszinsen** nach § 233 a AO ein **Gestaltungsmißbrauch iS des § 42 AO** angenommen. ME aus den vorstehenden Gründen zu Unrecht. Hiervon unabhängig lagen überzeugende Gründe für die verspätete Beschlußfassung in den Fällen der Vermeidung einer Umgliederung des noch vorhandenen EK 56 nach § 54 XI S 2 KStG idF des StandOG im Jahre 1994 (§ 54 Anm 32) vor.

Auch wenn im Einzelfall die Frist **des § 42 a GmbHG** überschritten wird, ist der spätere Gewinnverteilungsbeschluß handelsrechtlich wirksam und damit steuerlich als solcher anzuerkennen. Entscheidend ist, daß das Handelsrecht keine schädlichen Konsequenzen vorsieht. § 42 a GmbHG stellt lediglich eine Ordnungsvorschrift dar, deren Verletzung nicht die Gesetzmäßigkeit und Wirksamkeit des Gewinnverwendungsbeschlusses berührt (glA *Vögele* BB 86, 1960; *Sagasser* DB 86, 2221 sowie BMF DB 87, 1512).

Die vorstehenden Ausführungen sind wegen der steuerlichen Anknüpfung an das Handelsrecht auch bei **Änderung von Gewinnverteilungsbeschlüssen** von Bedeutung. Nachausschüttungen aufgrund der Änderung von Gewinnverteilungsbeschlüssen sind steuerlich anzuerkennen, wenn sie zB zur Vermeidung steuerlicher Nachteile erfolgen (BFH BStBl II 86, 84). Handelsrechtliche Bedenken gegen die Änderung des ursprünglichen Gewinnverteilungsbeschlusses können nur bestehen, wenn die Änderung willkürlich ist (BFH BStBl II 73, 195 unter Hinweis auf die Rspr des BGH). Willkür wird angenommen, wenn eine Entscheidung ohne erkennbaren sachlichen Grund erfolgt (BVerfGE 35, 324). Die Änderung muß wirtschaftlich sinnvoll sein. So ist es nach BFH BStBl II 1986, 84 nicht willkürlich, wenn die Gesellschafter einer GmbH zur Vermeidung steuerlicher Nachteile nachträglich für vor Einführung des KStG 1977 abgelaufene Wirtschaftsjahre eine Auflösung und Ausschüttung eines Teils der Altrücklagen beschließen. Die gleichen Grundsätze wendete der BFH auch bei einer erst 50 Monate später beschlossenen Gewinnausschüttung an (vgl BFH/NV 87, 61), ebenso bei einem mehr als sechs Jahre nach Ablauf des Geschäftsjahres gefaßten Gewinnverteilungsbeschluß (BFH BStBl II 90, 998). Diese Grundsätze haben auch unter Anwendung des körperschaftsteuerlichen Anrechnungsverfahrens Bedeutung. So ist eine Änderung von Gewinnverteilungsbeschlüssen zB auch nicht willkürlich, wenn sie im Jahre 1994 der Ausschüttung von Gewinnen zur Auskehrung des EK_{56} mit dem Verrechnungsstichtag 31. 12. 1993 diente, um hierdurch vielfach anfallende steuerliche Nachteile durch die Umgliederung des EK_{56} zum 31. 12. 1994 zu vermeiden. Steuerliche Vorteile können sich auch bei (nachträglichen) Gewinnausschüttungen für die Wirtschaftsjahre 1991 und 1992 ergeben, weil die anfallende KStMinderung den Solidaritätszuschlag zur KSt 1991 und 1992 der KapGes verringert. Weitere Vorteile ergeben sich durch die Entstehung von Erstattungszinsen nach § 233 a AO (s oben).

Voraussetzung für die **handelsrechtliche Wirksamkeit** des nachträglichen Gewinnverteilungsbeschlusses ist allerdings, daß die ursprüngliche **Handelsbilanz** ein entsprechendes **Ausschüttungsvolumen** enthält. Hier bedarf es keiner Änderung der Handelsbilanz des betroffenen Jahres. Das ist stets der Fall, wenn der in der bisherigen Handelsbilanz ausgewiesene Bilanzgewinn/Jahresüberschuß zur Abdeckung der beschlossenen Gewinnausschüttung ausreicht. Dieser ausgewiesene Gewinn darf nicht in den Folgejahren für eine dortige Gewinnausschüttung verwendet worden sein. Beispiel: Jahresüberschuß 1989 von DM 100 000 wird vorgetragen, im Jahre 1990 erzielt die GmbH einen Jahresüberschuß von DM 20 000 und beschließt in 1991 eine Gewinnausschüttung für 1990 von DM 120 000. In diesem Fall kann später eine Gewinnausschüttung für 1989 nicht mehr ordnungsgemäß beschlossen werden.

Eine Änderung der ursprünglichen Handelsbilanz ist auch nicht notwendig zur Korrektur der damals gebildeten **KStRückstellung.** Nach § 278 HGB sind bei KapGes die Steuern vom Einkommen und vom Ertrag auf der Grundlage des Beschlusses über die Verwendung des Ergebnisses zu berechnen. Liegt ein solcher Beschluß aber im Zeitpunkt der Feststellung des Jahresabschlusses nicht vor, so ist vom Vorschlag über die Verwendung des Ergebnisses auszugehen. Weicht der Beschluß über die Verwendung des Ergebnisses vom Vorschlag ab, so braucht der Jahresabschluß nicht geändert zu werden (§ 278 S 2 HGB). Es besteht damit handelsrechtlich kein Zwang zur Berichtigung der KStRückstellung infolge des nachträglichen Gewinnverteilungsbeschlusses. Der **KStErstattungsanspruch** kann also **handelsbilanzmäßig** erst im aktuellen Abschluß aktiviert werden. Auch der BFH geht wohl davon aus, daß durch eine geänderte Beschlußfassung über Gewinnausschüttungen die Richtigkeit der ursprünglichen Handelsbilanz nicht berührt wird. Denn die in der damaligen Handelsbilanz eingestellte KStRückstellung ist auf der Grundlage der damaligen Erkenntnisse zutreffend gewesen (vgl BFH/NV 95, 546). ME besteht für die KapGes aber – ausgehend von § 278 HGB – die Möglichkeit zur Änderung ihrer Handelsbilanz zur Berücksichtigung einer KStMinderung durch einen geänderten Gewinnverteilungsbeschluß. Unzutreffend sind die Ausführungen des BFH in BFH/NV 95, 546, wonach Veränderungen in der Höhe der KSt erst in der Handelsbilanz zum Ende des Geschäftsjahres berücksichtigt werden könnten, in dem die neuen Gewinnverteilungsbeschlüsse gefaßt werden. § 278 HGB ist als handelsbilanzielles Wahlrecht zu werten. Hierdurch ergeben sich Auswirkungen für die damalige **Steuerbilanz.** In diesem Fall ist steuerbilanzmäßig eine Änderung der ursprünglichen Steuerbilanz zum Ausweis des KStErstattungsanspruches bzw zur Verringerung der KStRückstellung notwendig (vgl ebenso FinVerw BB 95, 1689). Die GmbH ist zwar zur Abgabe einer von ihrer Handelsbilanz abweichenden Steuerbilanz nicht verpflichtet. Das gilt auch hinsichtlich geänderter Steuerbilanzen. In diesem Fall muß das Finanzamt von Amts wegen eine von der Handelsbilanz abweichende (geänderte) Steuerbilanz aufstellen. Praktische Auswirkungen hat diese Beurteilung für die Vermögensbesteuerung und die GewKapSteuer ab 1993. Denn die Einheitsbewertung des BetrVerm knüpft ab 1. 1. 93 an die Steuerbilanz an (vgl § 95 BewG). Damit führt eine KStErstattung in diesen Fällen ab 1993 zu einer nachträglichen VSt- und GewSt-Belastung bei der GmbH.

Eine **wirksame Änderung** der **Handelsbilanz** ist **erforderlich,** wenn der in der Handelsbilanz ausgewiesene Bilanzgewinn/Jahresüberschuß – zB wegen zu hoher KStRückstellung durch Nichtberücksichtigung der KStMinderung – zur Abdeckung der beschlossenen Gewinnausschüttung nicht ausreicht. In diesem Fall muß zunächst eine geänderte Handelsbilanz wirksam aufgestellt und festgestellt werden. Die KStRückstellung ist auch in der Handelsbilanz zu berichtigen, um entsprechendes Ausschüttungsvolumen zu schaffen. Bei einer mittelgroßen oder großen KapGes ist auch eine erneute Prüfung des Jahresabschlusses notwendig. Andernfalls ist der nachträgliche Gewinnverwendungsbeschluß nicht ordnungsgemäß (s auch § 8 Anm 56). Diese Nichtordnungsmäßigkeit des Gewinnverteilungsbeschlusses erstreckt sich aber nicht auf die gesamte jetzt neu beschlossene Gewinnausschüttung, sondern nur insoweit, als der Gewinnverteilungsbeschluß den ursprünglich ausgewiesenen Handelsbilanzgewinn/ Jahresüberschuß übersteigt. Soweit der Gewinnverteilungsbeschluß den ausgewiesenen Handelsbilanzgewinn übersteigt, liegt eine andere Ausschüttung iS des § 27 III S 2 vor. Für diesen auf einem nichtordnungsgemäßen Beschluß beruhenden Teil der Gewinnausschüttung würde die Ausschüttungsbelastung nach § 27 III S 2 erst im Jahr des Abflusses der Ausschüttung herzustellen sein.

Gewinnausschüttungen unmittelbar aus – in der Handelsbilanz ausgewiesenen – **Gewinnrücklagen** sind nicht ordnungsgemäß. Die in den Rücklagen eingestellten Jahresüberschüsse sind zunächst wieder in den Bilanzgewinn zu überführen (§ 29 I GmbHG). Hierzu reicht es aus, wenn entsprechende Gesellschafterbeschlüsse über die Überführung der Rücklagen in den Bilanzgewinn gefaßt werden. Eine formelle Änderung der Handelsbilanz ist nicht zwingend notwendig (vgl BFH BStBl II 86, 84, unter 2.).

31. Ist der VZ, für den sich nach Abs 3 eine KStÄnderung auswirkt, bereits **bestandskräftig** veranlagt (Beisp: Ausschüttung in 1995 für 1991), ist mE § 175 I Nr 2 AO anzuwenden (glA A 77 VI Beispiel). Auch in diesem Fall sind Erstattungen und Forderungen nach § 233 a AO zu verzinsen (FinVerw DB 95, 1489; aA FG BaWürt EFG 96, 441). Durch das JStG 1997 ist aber die Vollverzinsung bereits bei rückwirkenden Ereignissen nach dem 31. 12. 95 neu geregelt worden. Nunmehr beginnt der Zinslauf erst 15 Monate nach Ablauf des Kalenderjahres, in dem das rückwirkende Ereignis eingetreten ist (s § 233 a II a AO idF des JStG 1997). Damit entfällt die rückwirkende Entstehung von Erstattungszinsen für nach dem 31. 12. 95 abgeflossene Gewinnausschüttungen (zu dem Problem s auch oben Anm 30).

§ 28 Für die Ausschüttung verwendetes Eigenkapital

(1) Das Eigenkapital und seine Tarifbelastung sind nach den Vorschriften der §§ 29 bis 38 zu ermitteln.

(2) ¹Gewinnausschüttungen, die auf einem den gesellschaftsrechtlichen Vorschriften entsprechenden Gewinnverteilungsbeschluß für ein abgelaufenes Wirtschaftsjahr beruhen, sind mit dem verwendbaren Eigenkapital zum Schluß des letzten vor dem Gewinnverteilungsbeschluß abgelaufenen Wirtschaftsjahrs zu verrechnen. ²Andere Ausschüttungen sind mit dem verwendbaren Eigenkapital zu verrechnen, das sich zum Schluß des Wirtschaftsjahrs ergibt, in dem die Ausschüttung erfolgt.

(3) ¹Die Teilbeträge des verwendbaren Eigenkapitals gelten vorbehaltlich der Absätze 4, 5 und 7 in der in § 30 enthaltenen Reihenfolge als für eine Ausschüttung verwendet. ²In welcher Höhe ein Teilbetrag als verwendet gilt, ist aus seiner Tarifbelastung abzuleiten.

(4) Reichen für die Verrechnung einer Gewinnausschüttung, für die nach Absatz 3 zunächst der oder die Teilbeträge im Sinne des § 30 Abs. 1 Satz 3 Nr. 1 oder 2 als verwendet galten, später diese Teilbeträge nicht mehr aus, ist die Gewinnausschüttung insoweit mit dem Teilbetrag im Sinne des § 30 Abs. 2 Nr. 2 zu verrechnen, auch wenn dieser Teilbetrag dadurch negativ wird.

(5) Ist für Leistungen einer Kapitalgesellschaft nach § 44 oder § 45 Eigenkapital im Sinne des § 30 Abs. 2 Nr. 1 als verwendet bescheinigt worden, bleibt die der Bescheinigung zugrunde gelegte Verwendung unverändert.

(6) ¹Als für die Ausschüttung verwendet gilt auch der Betrag, um den sich die Körperschaftsteuer mindert. ²Erhöht sie sich, so gilt ein Teilbetrag des Eigenkapitals höchstens als verwendet, soweit er den nach § 31 Abs. 1 Nr. 1 von ihm abzuziehenden Erhöhungsbetrag übersteigt.

(7) Ist Körperschaftsteuer nach § 52 oder nach § 36e des Einkommensteuergesetzes vergütet worden, so bleibt die der Vergütung zugrunde gelegte Verwendung des nicht mit Körperschaftsteuer belasteten Teilbetrags im Sinne des § 30 Abs. 2 Nr. 3 unverändert.

Abs 3 lautete bis zur Änderung durch das G v 13. 9. 93 (Anm 2):

(3) ¹Mit Körperschaftsteuer belastete Teilbeträge des Eigenkapitals gelten in der Reihenfolge als für eine Ausschüttung verwendet, in der die Belastung abnimmt. ²Für den nichtbelasteten Teilbetrag ist die in § 30 Abs. 2 bezeichnete Reihenfolge seiner Unterteilung maßgebend. ³In welcher Höhe ein Teilbetrag als verwendet gilt, ist aus seiner Tarifbelastung abzuleiten.

Für die Ausschüttung verwendetes Eigenkapital 1 § 28

Abs 6 u 7 waren bis zur Änderung durch das G v 13. 9. 93 Abs 4 u 5; Abs 5 lautete bis zur Änderung durch dieses G:

(5) ¹Ist Körperschaftsteuer nach § 52 dieses Gesetzes oder nach § 36 e des Einkommensteuergesetzes vergütet worden, so bleibt die der Vergütung zugrunde gelegte Verwendung der nicht mit Körperschaftsteuer belasteten Teilbeträge im Sinne des § 30 Abs. 2 Nr. 1 oder 3 unverändert.

Gesetzesfassungen bis zum KStG 1991 (Vor § 1 Anm 20) s 3. Auflage.

Körperschaftsteuerrichtlinien: Abschnitt 78–78 a

Übersicht

1. Allgemeines
2. Geltungszeit
3. Absatz 1
4. Maßgebendes Wj der Verrechnung für Gewinnverteilungsbeschlüsse (Abs 2 S 1)
5. Verspätet abgeflossene offene Ausschüttung
6. Gewinnverteilungsbeschlüsse nach § 29 II 2 (bis VZ 1983 geltendes Recht)
7. Maßgebendes Wj der Verrechnung für andere Ausschüttungen (Abs 2 S 2)
8. Andere Ausschüttungen nach § 29 II 2, 3 (bis VZ 1983 geltendes Recht)
9.–13. Allgemeine Verwendungsfiktion (Abs 3)
14. Abs 4; Ausnahme zur Regel des Abs 3
15. Bescheinigte Verwendung von EK_{01} (Abs 5)
16.–18. Verwendungsfiktion und KStÄnderung (Abs 6)
19., 20. Vergütungsfälle (Abs 7)

1. Allgemeines:

Schrifttum: *Herzig,* Die Zuordnung von Ausschüttungen zum verwendb EK und die Interessen der AntE, FR 77, 129, 162; *Müller-Dott,* Verwendungsfortschreibung nach § 28 IV KStG, BB 79, 509; *Schaufenberg/Tillich,* Berechnung des Solidaritätszuschlags bei Ausschüttungen unter Beachtung der Verwendungsreihenfolge gem § 28 III KStG. S auch die Schriftumshinweise vor den übrigen Vorschriften des AnrV. **VGa-Diskussion (Anm 6):** S 2. Aufl. Zum **StEntlG 1984** (s Anm 2) s § 27 Anm 1.

§ 28 bestimmt einmal im Weg einer gesetzl Fiktion das Wj, mit dessen EK bei Ausschüttungen verrechnet wird (Abs 2; bis VZ 1983 in § 29 II 2, 3 geregelt). Zum anderen wird innerhalb von $EK_{45(50/56)}$ – EK_0 bestimmt, welches EK als für eine Ausschüttung verwendet gilt. Denn nur wenn feststeht, welcher Teil aus dem gegliederten EK für eine Ausschüttung verwendet wird, kann im Wege einer einfachen Dreisatz-Rechenoperation die AusschüttungsBel hergestellt werden (s ABC „AnrV; Überblick"). Die Regelung ist unabhängig von Gesellschafterbeschlüssen; sie greift für die Besteuerung selbst dann ein, wenn ein Gewinnverteilungsbeschluß sich auch mit der Verwendung bestimmter Beträge beschäftigt. Weitere Verwertungsanordnungen s § 41.

Die Verwendung bestimmter EK-Beträge ist im FG-Verfahren eine Sache des Sachverhalts, nicht eine Sache des Revisionsgerichts (vgl BFH BStBl II 87, 75; II 89, 522, 800; s auch ABC „Steuerstreit").

Die unterschiedl Behandlung offener und vGa verstößt nicht gegen die Verfassung (BFH/NV 88, 742).

2. Geltungszeit: S zur erstmaligen Anwendung des AnrV § 54 Anm 1–11. Wegen nachfolgender Änderungen s 3. Aufl. Von fortbestehender Bedeutung jedoch: Durch das StEntlG 1984 v 22. 12. 83 (BGBl I 83, 1583; BStBl I 84, 14) wurde die bisher in § 29 enthaltene Verwendungsanweisung bzgl des maßgebenden Wj systematisch richtig nach § 28 – hier als neuer Abs 2 – übernommen; die bisherigen Abs 2–4 wurden Abs 3–5. Die Neuregelung gilt ab VZ 1984 (§ 54 I idF des G v 22. 12. 83). Nach § 54 VI hat die KapGes die Möglichkeit, die Neuregelung auch bereits für die VZ 1977–1983 anzuwenden; s dort § 54 Anm 19. Durch das StandOG v 13. 9. 93 (BGBl I 93, 1569; BStBl I 93, 774) wurden Abs 3 neugefaßt, die Abs 4 u 5 eingefügt, die bisherigen Abs 4 u 5 die neuen Abs 6 u 7, außerdem Abs 7 neugefaßt. Die Neufassung gilt ab VZ 1994 (§ 54 I idF des StandOG); zu Abs 4 s die besondere Regelung in § 54. Zu den Materialien s Vor § 1 Anm 19; Schrifttum s § 23 Anm 2. Inkrafttreten und Übergangsregelung betr Absenkung der AusschüttungsBel ab VZ 1994 s § 27 Anm 2.

3. Abs 1: Die Anweisung, EK und TarifBel nach den Vorschriften der §§ 29–38 zu ermitteln, ist überflüssig, da dies bereits Inhalt der jeweiligen Rechtsnorm ist.

4. Maßgebendes Wj für die Verrechnung von Ausschüttungen aufgrund von **Gewinnverteilungsbeschlüssen (Abs 2 S 1):** Die Vorschrift gilt ab VZ 1984 (Anm 2); zum Wahlrecht für vorangehende VZ s § 54 VI und § 54 Anm 19. Gegenstand der Regelung des Abs 2 ist die Bestimmung des maßgebenden Zeitpunkts, zu dem Ausschüttungen verrechnet werden. Gewinnverteilungsbeschlüsse, die auf **Vorschriften** des **Gesellschaftsrechts** beruhen und sich auf ein abgelaufenes Wirtschaftsjahr beziehen, sind mit dem verwendb EK zum Schluß des letzten vor dem Gewinnverteilungsbeschluß abgelaufenen Wirtschaftsjahrs zu verrechnen. Der Beschluß muß ein nach dem GesRecht mögl Beschluß sein. Nur dies drückt die Formulierung „den gesellschaftsrechtl Vorschriften entspr Gewinnverteilungsbeschluß" aus. Da das Gesetz nicht den Begriff der Ordnungsmäßigkeit des Beschlusses verwendet, hindern Rechtsfehler oder die **Anfechtbarkeit** des Beschlusses nicht die Anwendung des Abs 2 S 1. Nur so kann vermieden werden, daß gesellschaftsrechtl Zweifel und evtl langjährige Rechtsstreitigkeiten eine abschließende steuerliche Veranlagung hindern. Zu berücksichtigen ist, daß von dieser Frage nur der Verrechnungszeitpunkt, nicht die materielle StBel – wie bei § 19 III idF des KStG vor 1977 – abhängt. So hindert ein Verstoß gegen § 42a GmbHG nicht den gesellschaftsrechtl Beschluß (FinVerw 1987 StEK KStG 1977 § 27 Nr 17; *Vögele* BB 86, 1960; s auch § 27 Anm 30).

Abweichend sind **nichtige Beschlüsse** zu beurteilen; durch die Nichtigkeit qualifiziert das GesRecht selbst diese Beschlüsse als solche, die ihm nicht entsprechen; anders nur, wenn die nichtigen Beschlüsse geheilt werden (vgl zB §§ 242, 253 AktG). Nicht ordnungsgemäß und nichtig ist die Ausschüttung aufgrund eines Jahresabschlusses einer **prüfungspflichtigen** Ges, die **nicht geprüft** wurde (FinVerw 1988 StEK KStG 1977 § 27

Nr 18; s § 8 Anm 56 u Anm 150 „Prüfungspflicht"). Die fehlende Pflichtprüfung führt somit zu einer Verschiebung des Verrechnungsstichtages für die Ausschüttungen nach § 28 II S 2 und des Zuordnungsjahrs für die KStÄnderung nach § 27 III S 2 in das Abflußjahr (s auch § 27 Anm 29). So ist zB eine in 1997 beschlossene Ausschüttung für 1996 nicht mit dem vEK zum 31. 12. 96, sondern mit dem vEK zum 31 12, 97 zu verrechnen. Dieses Ergebnis kann nach Abfluß der Ausschüttung durch Nachholung der Pflichtprüfung nicht verändert werden. Denn im Zeitpunkt der Verwirklichung der Ausschüttung (Abfluß) liegt kein handelsrechtlich wirksamer Gewinnverteilungsbeschluß vor (vgl BFH BStBl II 89, 741; A 77 III S 1 KStR). Bei einer fehlenden Pflichtprüfung können aber steuerliche Nachteile durch Beschluß und Vollzug von Vorabausschüttungen anstelle einer Gewinnausschüttung mit nichtigem Gewinnverteilungsbeschluß vermieden werden. Denn wird im Hinblick auf eine (noch) fehlende Pflichtprüfung ausdrücklich ein Vorabausschüttungsbeschluß nach Ablauf des Wirtschaftsjahrs gefaßt, liegt insoweit ein ordnungsgemäßer Gewinnverteilungsbeschluß vor und die Ausschüttung ist nach Abs 2 S 1 zu verrechnen. Ein nichtiger Gewinnverteilungsbeschluß kann nicht in einen (rechtswirksamen) Vorabausschüttungsbeschluß umgedeutet werden (glA *D/E/J/W* § 27 Anm 119; GmbHReport R 90 in GmbHR 12/1989). Wird der Jahresabschluß von einer zur Vornahme von Abschlußprüfungen zugelassenen Person geprüft, ist der Jahresabschluß auch dann wirksam, wenn diese Person in dem konkreten Fall nicht prüfen durfte (§ 318 HGB); zB wenn diese Person an der Buchführung oder dem Jahresabschluß mitgewirkt hat (BGH DB 92, 1466).

Nicht ordnungsgemäß und nichtig ist die Ausschüttung auch bei **Nichtaufstellung des Anhanges.** Der Jahresabschluß einer GmbH umfaßt die Bilanz und den Anhang (§§ 264, 284 HGB). Der ohne Anhang erstellte Jahresabschluß ist unvollständig und daher nichtig. Es treten die gleichen Steuerfolgen für die Gewinnausschüttung wie bei einer fehlenden Pflichtprüfung des Jahresabschlusses ein. Durch eine Nichtaufstellung des **Lageberichtes** bei mittelgroßen oder großen Kapitalgesellschaften (§ 264 I HGB) wird aber die Ordnungsmäßigkeit des Gewinnverteilungsbeschlusses nicht berührt. Denn der Lagebericht ist nicht Bestandteil des Jahresabschlusses, sondern daneben aufzustellen. Ebenfalls unschädlich für die Wirksamkeit des Gewinnverteilungsbeschlusses ist die fehlende **Veröffentlichung** des Jahresabschlusses (§§ 325-329 HGB). Aus der fehlenden Veröffentlichung des Jahresabschlusses ergeben sich somit keine steuerlichen Folgen für die beschlossenen Gewinnausschüttungen.

Zu den Gewinnverteilungsbeschlüssen rechnen nicht nur die regulären jährl Beschlüsse, sondern auch **Vorabausschüttungen** (BFH BB 82, 1352, s ABC „Vorabausschüttung"), sofern sie sich auf ein abgelaufenes Wj beziehen. Für Vorabausschüttungen in 1996 für 1996 gilt Abs 2 S 2 (Anm 6), für Vorabausschüttungen in 1996 für 1995 gilt Abs 2 S 1 (A 78a II KStR).

Für das **Zeitmoment** (abgelaufenes Wj) kommt es nach dem Wortlaut auf den Beschlußzeitpunkt, nicht auf die Ausschüttung an (s auch BFH BStBl II 91, 734). Für vor dem Stichtag beschlossene, aber nach ihm abgeflossene Vorabausschüttungen gilt – gemäß BFH BStBl II 91, 734 – Abs 2

S 2. Eine in 1996 beschlossene Vorabausschüttung für 1996 mit Abfluß erst in 1997 ist also hiernach mit dem vEK 31. 12. 96 zu verrechnen und löst erst im VZ 1997 die KStÄnderung aus. ME führt diese wortgetreue Anwendung zu nicht gerechtfertigten Ergebnissen, weil eine erst später in 1997 beschlossene Vorabausschüttung für 1996 bereits mit dem vEK vor Beschlußfassung (31. 12. 96) verrechnet würde und eine KStÄnderung bereits im VZ 1996 bewirkt. Ich halte daher – abweichend vom BFH – eine vom Wortlaut abweichende Gleichstellung zu Vorabausschüttungen mit Beschluß für ein abgelaufenes Wirtschaftsjahr für geboten (glA FG Köln, EFG 89, 533, vom BFH aber aufgehoben; *Maas* BB 86, 711; *D/E/ J/W*, § 27 Anm 221, § 28 Anm 15; zum Bemühen um diese „Gleichstellung" s auch § 27 Anm 29). Dieses Ergebnis läßt sich auch durch eine Aufhebung des im alten Jahr getroffenen Vorabausschüttungsbeschlusses und einer Neufassung des Vorabausschüttungsbeschlusses im neuen Jahr vor dem Abfluß erreichen. Denn Gewinnverteilungsbeschlüsse können bis zum Vermögensabfluß der beschlossenen Ausschüttung mit steuerlicher Wirkung geändert werden (vgl BFH BStBl II 88, 460; A 77 X KStR; § 8 Anm 56; § 27 Anm 12). ME liegt hierin kein Gestaltungsmißbrauch iSd § 42 AO, weil die steuerliche Beurteilung allein an das Gesellschaftsrecht anknüpft (vgl insoweit auch BFH BStBl II 87, 308).

Zum **Verhältnis** des **Abs 2 S 1** zu **§ 27 III:** Zu Schwierigkeiten führt, daß Abs 2 S 1 nicht mit § 27 III 1, in der Bestimmung des VZ, in dem die KStErhöhung oder KStMinderung eintritt, übereinstimmt (*Eggesiecker* FR 78, 54 zu der entspr Problematik der ersten Fassung des Gesetzes). In Abs 2 wird ausschließl ein zeitl Bezug hergestellt (verwendb EK „vor" Gewinnverteilungsbeschluß), während in § 27 III ein **funktionaler Bezug** normiert ist (Wirtschaftsjahr, „für das" ausgeschüttet wird; s § 27 Anm 29). Die Differenz zeigt sich an folgendem Beisp: Ausschüttungsbeschluß in 1996 für 1993; Wj = Kj. Die Frage, welche KStErhöhung oder KStMinderung eintritt, richtet sich bei einer wortgetreuen Auslegung des Abs 2 nach dem verwendb EK per 31. 12. 95. Die Frage, wann die KStErhöhung oder -Minderung als StSchuld oder -Erstattung wirksam wird, bestimmt sich nach § 27 III: VZ 1993. Die Körperschaft schuldet für 1993 eine KSt, die keinen Bezug zum verwendb EK 31. 12. 93 hat. Die FinVerw (A 78 I KStR) und das überwiegende Schrifttum sprechen sich für den ausschließl zeitl Bezug aus; Verteilungsbeschluß in 1996 für 1993 führt zur Verwendung des EK 31. 12. 95 (*Dötsch* DB 78, 320; *Tillmann* StbKongrRep 78, 182; *Widmann* JbFfSt 78/79, 388; *Wrede* DB 79, 1619; *D/E/J/W* § 28 Anm 11; FG D'dorf GmbHR 90, 148). Nach dieser Ansicht können bei mehreren Verteilungsbeschlüssen für das gleiche Wj verschiedene EK-Stichtage maßgebend sein. ME sind § 27 III u § 28 II 1 im gleichen Sinn auszulegen. Das dem Verteilungsbeschluß vorangegangene Jahr ist das Jahr, für das ausgeschüttet wird (funktionaler Bezug wie in § 27 III); glA *Döllerer* BB 79, 1304.

Soweit ein verwendb EK, an das die Ausschüttung anknüpft, noch **nicht festgestellt** ist, sieht A 77 IV KStR eine vorläufige Schätzung vor. Zur Verrechnung bei Ausschüttungen für 1976 bzw das letzte Wj, das vor dem 1. 1. 77 endete, s § 54 Anm 4, 5.

5. Abfluß der **Gewinnausschüttung mit Zeitverzögerung**. Mit der Herstellung der Ausschüttungsbelastung (§ 27 KStG) für Gewinnausschüttungen ist zwangsläufig auch eine Verringerung der Teilbeträge des verwendbaren EK verbunden. Die EK-Gliederung bereitet hinsichtlich der Verringerung des verwendbaren EK durch Gewinnausschüttungen keine Schwierigkeiten, wenn im „Nachrichtlichen Teil" der Feststellung nach § 47 die Ausschüttungsbelastung für diese Ausschüttungen herzustellen ist. Soweit für Gewinnausschüttungen (noch) nicht die Ausschüttungsbelastung herzustellen ist, ist nach BFH BStBl II 88, 460 die Gewinnausschüttung erst im Zeitpunkt ihres Abflusses (s hierzu § 27 Anm 10) mit dem verwendbaren EK der KapGes zu verrechnen. Die Ausschüttungsverpflichtung verringert also – im Gegensatz zur bilanziellen Behandlung – noch nicht das verwendbare EK in der Gliederungsrechnung. Für diese Ausschüttung gilt aber nach § 28 II S 1 das verwendbare EK in seiner Zusammensetzung zum Schluß des dem Gewinnverteilungsbeschluß vorangegangenen Wirtschaftsjahrs als verwendet. Die Bestandteile des verwendbaren EK, die zur Finanzierung der genannten Ausschüttung benötigt werden, stehen bis zum Abfließen der Gewinnausschüttung für zwischenzeitliche andere Eigenkapitalverringerungen, zB auf Grund weiterer Ausschüttungen oder sonstiger Ausgaben, nicht zur Verfügung. Diese für die Gewinnausschüttung benötigten Teilbeträge des verwendbaren EK werden insoweit also **festgeschrieben** (vgl A 78 II KStR; *D/E/J/W* § 28 Rz 13). Beispiel: Nach dem ordnungsmäßigen Gewinnverteilungsbeschluß der GmbH (Wj = Kj) vom 1. 5. 96 wird die Gewinnausschüttung für 1995 erst am 1. 5. 97 ausgezahlt. Maßgebender Stichtag für die Verrechnung der Gewinnausschüttung ist nach Abs 2 S 1 das verwendbare EK vor Beschlußfassung (31. 12. 95). Unabhängig von der Auszahlung der Gewinnausschüttung verringert sich zwar in Handels- und Steuerbilanz das BetrVerm bereits durch die mit dem Gewinnverteilungsbeschluß entstehende Auszahlungsverpflichtung. Sie ist mithin im Beispiel zum 31. 12. 96 zu passivieren. Bei der Feststellung des vEK zum Schluß des Wirtschaftsjahres vor Beschlußfassung (31. 12. 95) bleibt – wegen der mangels Abflusses noch nicht möglichen Herstellung der Ausschüttungsbelastung – die Gewinnausschüttung im nachrichtlichen Teil der EK-Gliederung unberücksichtigt. Hieraus folgt, daß die Verringerung des verwendbaren EK erst im nachrichtlichen Teil der Eigenkapitalgliederung zum 31. 12. 96 (Bestand vor Abfluß der Ausschüttung) eintritt. Dort allerdings grds nach Maßgabe der am Bestand vor Beschlußfassung (hier: 31. 12. 95) vorhandenen Reihenfolge. Die Bestandteile des verwendbaren EK, die zur Finanzierung der genannten Ausschüttung benötigt werden, stehen bis zum Abfließen der Ausschüttung für zwischenzeitliche andere EK-Verringerungen, zB auf Grund weiterer Ausschüttungen oder sonstiger Ausgaben, nicht zur Verfügung und werden insoweit also festgeschrieben.

Erhebliche **praktische Bedeutung** hat die oa Verwaltungsauffassung bei Gewinnausschüttungen **für 1993** mit Gewinnverteilungsbeschluß in 1994 und Abfluß der Ausschüttung erst in 1995 gehabt, wenn die KapGes zum 31. 12. 93 noch über einen positiven Teilbetrag EK 56 verfügt. Wegen des Abflusses der Gewinnausschüttung erst in 1995 tritt die Verringerung des vEK aber erst im nachrichtlichen Teil der Eigenkapitalgliederung zum 31. 12. 94 ein. Dort ist aber ein vorhandenes EK_{56} bereits umgegliedert worden (vgl § 54 XI idF StMBG; § 54 Anm 23). Folglich muß hier die Gewinnausschüttung mit EK_{50} zum 31. 12. 94 verrechnet werden. Von dieser Beurteilung geht jedenfalls die FinVerw bereits vor den KStR 1995 aus (vgl BMF BStBl I 94, 315). ME ist diese Beurteilung bedenklich, da hier entgegen dem Gesetzeswortlaut des § 28 II S 1 eine Verrechnung der Gewinnausschüttung mit dem am Bestand vor Beschlußfassung (31. 12. 93) noch vorhandenen EK_{56} nicht mehr erfolgt.

Keine Angleichung der **Gliederungsrechnung** bei **Zeitverzögerungen:** Hat eine Körperschaft eine Gewinnausschüttung beschlossen, fließt diese Ausschüttung aber erst in einem späteren Wirtschaftsjahr bei der Körperschaft ab, so daß die Ausschüttungsverpflichtung zu passivieren ist, dann weichen bis zum Abfluß der Ausschüttung das aus der Steuerbilanz sich ergebende und das gegliederte verwendbare EK voneinander ab. Es stellt sich die Frage, ob hier zwecks Anpassung eine Verringerung des verwendbaren EK laut Gliederungsrechnung nach Maßgabe des Abschn 83 II KStR beim EK_{02} zu erfolgen hat, die dann anschließend in der EK-Gliederung nach Abfluß der Gewinnausschüttung rückgängig zu machen wäre, weil dann wieder Übereinstimmung zur Steuerbilanz besteht (s § 30 Anm 15). Sieht man diese Differenz als nicht mit § 29 I vereinbar an, muß im Beschlußjahr das EK_{02} verringert und im Auszahlungsjahr das EK_{02} wieder erhöht werden (so *Frotscher/Maas,* § 27 Rz 83). Die FinVerw nimmt in diesen Fällen keine Anpassung der Gliederungsrechnung vor (vgl A 79 II KStR). Dem ist mE zuzustimmen. Es liegt hier eine vom Gesetz nicht ausdrücklich, aber wohl gewollte konkludent zugelassene Abweichung vor.

6. *Gewinnausschüttungen* aufgrund des *bis VZ 1983 geltenden Rechts:* Es galt *§ 29 II 2 aF* (s Anm 2; Text zu § 29 3. Aufl). Zur Herstellung der AusschüttungsBel war ebenfalls an das EK anzuknüpfen, das zum Schluß des letzten vor dem Gewinnverteilungsbeschluß abgelaufenen Wj ergab. Grundsätzl wird auf Anm 4 u die 2. Auflage verwiesen.

Die **Vorabausschüttung** führte im Recht bis VZ 1983 nach VerwAnsicht zur Verrechnung mit dem verwendb EK zum Schluß des Wj, das dem Beschluß vorausgeht (A 81 KStR vor 1985 Anwendung v § 29 II 2 aF). ME war die Ansicht der Verw abzulehnen. Die Vorabausschüttung ist eine gesellschaftsrechtl Gewinnausschüttung (s Anm 4 zu ABC „Vorabausschüttung"). Anzuknüpfen war an das verwendb EK zum Schluß des Wj, für das die Vorabausschüttung erfolgt; wegen dieses funktionalen Bezugs s Anm 4 (glA BFH BB 82, 1352; FG D'dorf EFG 80, 144; Schrifttum s 2. Aufl). Billigkeitserlasse für die Übergangszeit BStBl I 79, 95, 598 u 1979 StEK KStG 1977 § 29 Nr 6. Zur Vorabausschüttung s außerdem weiter ABC.

7. Andere Ausschüttungen (Abs 2 S 2) werden mit dem verwendb EK verrechnet, das sich zum Schluß des Wj ergibt, in dem die Ausschüttungen erfolgen. Dies gilt auch dann, wenn der Ausschüttungsbeschluß in dem vorangegangenen Wj erfolgte (BFH BStBl II 91, 734). Durch diese

Verwendungsfiktion **8, 9 § 28**

Änderung gegenüber § 29 II 2, 3 aF (Anm 2) ist der leidige vGa-Streit geschlichtet, der schnell ein zentraler Streitherd des KStG 1977 geworden war (s Anm 7; zum Änderungszweck BT-Drucks 10/336, 28). Andere Ausschüttungen sind alle Ausschüttungen, die nicht Abs 2 S 1 genügen, also insbes vGa, aber auch gesellschaftsrechtl Ausschüttungen aufgrund von Beschlussen vor Ablauf des Wj, für das sie erfolgen, also zB Vorabausschüttungen während des Wj (vgl BFH BStBl II 91, 734; A 78 a I KStR; zu Vorabausschüttungen für vergangene Wj s Anm 4). Solche „andere Ausschüttungen" in 1996 (Wj = Kj) werden mit dem EK 31. 12. 96 verrechnet. Unter Abs 2 S 2 fallen auch Liquidationsraten während der Liquidation (BT-Drucks 10/336, 30); s dazu auch § 11 Anm 14. Das gleiche gilt für Ausschuttungen auf Genußscheine, da sie nicht Ausschüttungen darstellen, die auf gesellschaftsrechtl Vorschriften beruhen (A 77 VII KStR – evtl A 77 IX KStR 1990 –, *Krebs* BB 82, 1913). Auch die Rückzahlung von Kapital fällt hierunter, sofern verwendb EK verwandt wird (*Krebs* BB 82, 1914).

8. Für *andere Ausschüttungen bis 1984* galt *§ 29 II 2, 3 aF* (Anm 2; Text zu § 29 3. Aufl). Für eine Ausschüttung ohne Beschluß ist das verwendb EK maßgebend, das der Ausschüttung vorausgeht (§ 29 II 2, 3 aF); dafür sprach der Wortlaut des Gesetzes. VGa sind folgl mit dem allg Tarif, zB mit 56 vH, zu versteuern; die Frage einer KStErhöhung oder -Minderung richtet sich sodann nach dem verwendb EK zum Schluß des der vGa vorausgehenden Wj, in welches die vGa noch keinen Eingang finden konnte. Wird hier nur unbelastet verwendb EK ausgewiesen, so tritt neben die KSt von 56 vH noch die Herstellung der AusschüttungsBel mit 9/16 = 56,25 vH, insgesamt also eine FinanzierungsBel von 112,25 vH (in diesem Sinn und mit dieser Konsequenz legten § 29 II 2, 3 aF aus: BFH BStBl II 81, 180; FinVerw A 80 KStR aF; Schrifttum s 2. Aufl). ME waren auch hier § 29 II 3 aF u § 27 III 2 mit der Maßgabe aufeinander abzustimmen, daß die durch die vGa ausgelöste KStErhöhung oder -Minderung an das verwendb EK zum Schluß des Wj anknüpft, in das die vGa fällt, ein Ergebnis, das der heutigen Neuregelung (Anm 6) entspr (Schrifttum s 2. Aufl).

Die **Auslegung** des § 29 II 3 aF war **kein Übergangsproblem.** Es hat die Körperschaften und ihre Berater bis zur Neuregelung beschäftigt; s hierzu im einzelnen die 2. Auflage.

9. Allgemeine Verwendungsfiktion (Abs 3): Abs 3 war bis VZ 1983 Abs 2 und wurde durch das StandOG neugefaßt (Anm 2). Das verwendb EK gilt – vorbehaltl Abs 4, 5 u 7 – in der in § 30 angeführten Reihenfolge als für eine Ausschüttung verwendet. Abs 3 wird durch § 54 XI a S 5 idF StandOG (§ 54 Anm 32) ergänzt. Danach gilt das EK_{50} bis zu seiner Umgliederung als vorrangig für eine Ausschüttung verwendet. Trotz Neuformulierung enthält die Neufassung des Abs 3 keine materielle Änderung. Die Verwendung beginnt mit der hohen TarifBel und endet bei den unbelasteten Teilbeträgen. 45 vH-Bel (§ 30 I Nr 1) vor der ermäßigten Bel in Höhe von 30 vH (§ 30 I Nr 2) vor 0 vH-Bel (§ 30 I Nr 3); für die nicht belasteten Teilbeträge ist die Reihenfolge des § 30 II maßgebend; § 30 II Nr 1 vor Nr 2 vor Nr 3 vor Nr 4. Im Ergebnis heißt dies, daß stets vorran-

§ 28 10, 11   Für die Ausschüttung verwendetes Eigenkapital

gig hochbelastete EK-Teile ausgeschüttet und nicht oder geringer belastete Teile thesauriert werden. Die zeitl Entstehung spielt bei dieser fiktiven Verwendung keine Rolle; besteuerter Gewinn 1995 gilt stets als vor einer stfreien InvZul, sei sie 1990, 1991 oder 1992 bezogen, ausgeschüttet, auch wenn die Ges einen anderslautenden Beschluß fassen (s Anm 1, 11). Selbst unter neuem Recht vollbelasteter Gewinn, der in NennKap umgewandelt wird, gilt vor älterem kstfreien EK als verwendet (s § 29 III). Durch die Verwendungsfiktion kann folgl bei thesaurierten Gewinnen oder bei unter neuem Recht entstandenen, in NennKap umgewandelten Gewinnen ein „BelAustausch" erfolgen (s *Jünger* DB 74, 304). Die Verwendungsfiktion gilt auch, wenn die Summe des EK 0 oder negativ ist; Beisp: EK_{45} = 100 P; EK_{30} = 20 P; EK_{02} = ./. 130 P; auch hier gilt EK_{45} vor einer Anwendung von § 35 als verwendet (s zu diesem Streit § 35 Anm 3). Die Verwendungsfiktion kann im Wege der Auslegung auch nicht aus „Vernunftsgründen" durchbrochen werden. AA die FinVerw, die Durchbrechungen im Erlaßweg anordnet (vgl zur umstr Durchbrechung bei der Einziehung von GmbH-Anteilen § 27 Anm 9 u § 30 Anm 17 sowie bei der Rückzahlung von Nachschüssen gem §§ 26, 30 GmbHG FinVerw 1982 StEK KStG 1977 § 30 Nr 15 u § 27 Anm 6, § 30 Anm 16); mE sind diese Durchbrechungen gesetzeswidrig; sie führen dazu, daß sie bereits im Wege der Analogie ausgedehnt werden; so zB von *Berger* DB 82, 2487, der im Sanierungsfall Rückzahlungen von Sanierungs-Einlagen unmittelb mit EK_{04}, oder von *Kerssenbrock* DB 87, 1658, der die Rückzahlung von Gesellschafterzuschüssen unmittelb mit EK_{04} verrechnen will. Durch derartige Durchbrechungen und Analogien wird die Anrechnungsmechanik zerstört, die nur bei Anwendung in formaler Konsequenz kalkulierbare Rechtssicherheit bietet. Wertende Auslegung sollte die Ausnahme sein. Sonderregelung aufgrund des **Einigungsvertrags** s § 54 a Nr 1.

10. Die Verwendungsfiktion bezieht sich auf jede Ausschüttung, und zwar **unabhängig von AntE.** Das verwendb EK kann nicht bestimmten AntE oder Ausschüttungsempfängern zugerechnet werden (glA *Jurkat* StbKongrRep 77, 311). Ausnahmen § 39 aF Anm 15 2. Auflage.

11. Bei **mehreren** offenen oder verdeckten **Ausschüttungen** zu verschiedenen Zeitpunkten, die mit dem EK zum gleichen Stichtag verrechnet werden, erfolgt mE eine Verrechnung der Ausschüttungen aufgrund von gesellschaftsrechtl mögl Ausschüttungsbeschlüssen vor anderen Ausschüttungen (*Dötsch* DB 78, 320, 366; *Tillmann* StbKongrRep 78, 200; *Raupach* StbJb 79/80, 444), und innerhalb der gesellschaftsrechtl Beschlüsse einerseits und der anderen Ausschüttungen andererseits erfolgt eine Verrechnung nach der zeitlichen Abfolge der Ausschüttungen; maßgebend ist bei den Beschlüssen der Zeitpunkt der Beschlüsse, bei anderen Ausschüttungen der der Vermögensminderung bzw des Abflusses (§ 27 Anm 10); glA *Tillmann* StbKongrRep 78, 201. **AA** die **FinVerw;** sie bündelt alle gesellschaftsrechtl beschlossenen Ausschüttungen und alle anderen Ausschüttungen, die mit dem EK zu einem Stichtag zu verrechnen sind, zu einer Summe; die Summe wird verrechnet; die daraus folgenden KStÄnde-

Verwendungsfiktion

rungen sind entsprechend dem Verhältnis der Ausschüttungen auf die nach § 27 III in Frage kommenden VZ zu verteilen; so A 78 KStR (gebilligt durch BFH BStBl II 90, 651). Die Neuregelung des § 29 I soll diese Bündelung erleichtern (vgl BT-Drucks 10/336, 30; § 29 Anm 7). Hier wird verkannt, daß die Reihenfolge der Verrechnung zB für die Ermittlung vermögensmäßiger Verschiebungen unter der AntE bei vGa oder für die Vergütungsfälle des § 52 von Bedeutung sein kann.

12. Die Verwendungsfiktion kann nicht durch **GesBeschlüsse** oder **Vereinbarungen** beeinflußt werden (s dazu auch Anm 1). Zur Durchbrechung der Verwendungsfiktion aufgrund von Anweisungen der FinVerw s Anm 8.

Wird gleichzeitig an **mehrere AntE** ausgeschüttet, so ist fraglich, ob die Ges die nach Abs 3 verwendeten Beträge willkürl im Wege der **Bescheinigung** nach §§ 44, 45 auf die AntE **aufteilen** kann; dies kann für die Anwendung der §§ 40 Nr 1, 2, 52 KStG, 36e EStG von Bedeutung sein; für Wahlrecht *Herzig* FR 77, 129, 162. ME entspr der streng formalisierten und von Einzelinteressen losgelösten AnrMechanik eher eine anteilmäßige Aufteilung der einzelnen verwendeten Teilbeträge (glA A 97 VII KStR).

13. Abs 3 S 2 bestimmt, daß die Höhe der Verwendung aus der TarifBel abzuleiten ist; diese Vorschrift gehört eigentl nach Abs 4; denn die Körperschaft kann faktisch nur tarifbelastete EK-Teile verwenden; von Bedeutung ist nur, was mit der Vermögensmehrung oder Vermögensminderung zu geschehen hat, die als KStMinderung oder -Erhöhung durch die Ausschüttung ausgelöst wird.

14. Abs 4 idF des StandOG v 13. 9. 93 (Anm 2), und zwar mit Geltung ab VZ 1994 (§ 54 I idF des StandOG), wobei die besondere Regelung des § 54 Xb idF des StandOG zu berücksichtigen ist. Reichen für die Verrechnung einer Gewinnausschüttung, die zunächst nach Abs 3 mit den Teilbeträgen iSd § 30 I S 3 Nr 1 oder 2 verrechnet wurde, später diese Teilbeträge nicht mehr aus, so ist die Ausschüttung nicht mit EK_{01}, sondern sofort mit EK_{02} (§ 30 II Nr 2) zu verrechnen, auch wenn dieser Teilbetrag negativ wird. Das gilt wegen des eindeutigen Gesetzeswortlauts auch, wenn die KapGes über ausreichende Bestände beim EK_{01} und EK_{04} verfügt (glA A 78 V S 2 KStR). Die Regelung war für die Fälle erforderl, in denen zunächst die ungemildert mit KSt belasteten Teilbeträge oder der mit 30 vH belastete Teilbetrag als verwendet galt, später jedoch – zB wegen der Auswirkung eines Verlustrücktrags – der ursprüngl verwendete Teilbetrag zur Finanzierung einer Ausschüttung nicht mehr ausgereicht und auf EK_{01} hätte zurückgegriffen werden müssen. EK_{01} kann aber zur StFreiheit führen (vgl § 8b); außerdem ist insoweit die AusschüttungsBel nicht herzustellen (§ 40 Nr 1). Bei den Empfängern erfolgte also, würde EK_{01} verwendet, eine Umqualifizierung der Ausschüttung. Insbes bei PublikumsGes kann diese Umqualifizierung mangels Kenntnis der AntE nicht vollzogen werden. Abs 4 stellt sicher, daß in den genannten Fällen die AusschüttungsBel bei der KapGes erhalten bleibt. Vgl auch BdF BB 94, 917.

Die Rechtsfolgen des Abs 4 treten ein, wenn auch nur einem der Anteilseigner für die Gewinnausschüttung eine **Steuerbescheinigung** (§§ 44, 45, s dort) erteilt worden ist, in der anrechenbare KSt ausgewiesen ist (BMF BStBl I 95, 254; A 78 V S 3 KStR). Abs 4 setzt eine **zunächst** erfolgte Verwendung von belasteten Eigenkapitalteilen für die Ausschüttung voraus, das **später** nicht mehr ausreicht. Die Vorschrift hat also Bedeutung für geänderte und nicht für erstmalige Gliederungsrechnungen. Abs 4 steht mE in Zusammenhang mit der Ausstellung einer Steuerbescheinigung (§§ 44–46) als Voraussetzung für die KStAnrechnung beim Anteilseigner. Wird eine Gliederungsrechnung bereits **vor** der Ausstellung einer Steuerbescheinigung geändert, so entfällt die Anwendung des Abs 4, weil die Gefahr unrichtiger KSt-Anrechnung beim Anteilseigner ausgeschlossen ist. Vielmehr ist hier die nunmehr nach Abs 3 maßgebende Verrechnungsreihenfolge in der erstmaligen Steuerbescheinigung zugrunde zu legen (glA *Frotscher/Maas* § 28 Rz 42 c).

Abs 4 läßt nach seinem Wortlaut keine Ausnahme zu und gilt daher auch bei **nichtanrechnungsberechtigten Anteilseignern** (glA A 78 V S 2 KStR; *Frotscher/Maas* § 28 Rz 42 e), auch wenn dies hier zu einer systemwidrigen Definitivbelastung führt, weil bei ihnen – auch ohne Abs 4 – die Gefahr einer Anrechnung tatsächlich nicht entstandener Steuer ausgeschlossen ist. Dieses unbefriedigende Ergebnis läßt sich bei einer möglichen Einbeziehung der Steuerbescheinigung in die Anwendung des Abs 4 allein durch die Nichtausstellung einer – hier ohnehin bedeutungslosen – Steuerbescheinigung für die nichtanrechnungsberechtigten Anteilseigner vermeiden (glA *Frotscher/Maas* § 28 Rz 42 e).

15. Abs 5 idF des StandOG v 13. 9. 93 (Anm 2), und zwar mit Wirkung ab VZ 1994 (§ 54 I idF des StandOG). Ist für die Leistung einer KapGes in einer StBescheinigung nach §§ 44 oder 45 die Verwendung von EK_{01} bescheinigt worden, so bleibt die der Bescheinigung zugrunde gelegte Verwendung unverändert. Auch hier wird sichergestellt, daß die einmal erfolgte Qualifizierung einer Ausschüttung nicht berührt wird, da eine solche Änderung insbes bei AntE von PublikumsGes mangels Kenntnis der AntE nicht durchführbar ist. Abs 5 gilt sowohl bei einer späteren Verringerung des EK_{01} als auch bei einer späteren Erhöhung des Bestands bei diesem Teilbetrag (glA A 78 VI KStR). Die Festschreibung der Verwendung nach Abs 5 ist zwingend, selbst wenn die KapGes die ursprünglichen Steuerbescheinigungen einziehen und durch neue, dem Abs 3 entsprechende Steuerbescheinigungen ersetzen würde (glA *Frotscher/Maas* § 28 Rz 43). Abs 5 unterscheidet bereits nach seinem Wortlaut nicht zwischen zu Recht oder **zu Unrecht bescheinigter** Verwendung von EK_{01} für eine Ausschüttung (glA *D/E/J/W* § 28 Rz 104). Somit muß eine von der KapGes bescheinigte Verwendung von EK_{01} für eine Ausschüttung selbst dann für die Verrechnung in der Gliederungsrechnung maßgebend sein, wenn die KapGes von vornherein kein EK_{01} besitzt, sondern nur zu KSt-Erhöhung führendes EK_{02} oder EK_{03}. In diesem Fall führt die Verrechnung der Ausschüttung in der Gliederungsrechnung zu einem negativen EK_{01}. Eine Haftung wegen Ausstellung unrichtiger Steuerbescheinigungen nach

Verwendungsfiktion 16–19 § 28

§ 44 V (s § 44 Anm 15) scheidet mE aus, weil die Steuerbescheinigung wegen der gesetzlichen Sondervorschrift des Abs 5 über die Verwendung von bescheinigten EK_{01} nicht unrichtig sein kann (aA *D/E/J/W* § 28 Rz 104).

16. Verwendungsfiktion und KStÄnderung (Abs 6): Abs 6 war bis VZ 1993 Abs 4 u bis VZ 1983 Abs 3 (Anm 2). Jede Ausschüttung führt zur Herstellung der AusschüttungsBel, dh einer KStBel von 30 (36) vH. War die TarifBel höher, so wird – als KStMinderung (s § 27) – KSt frei; es entsteht eine zusätzl Vermögensmehrung, die das verwendb EK grundsätzl erhöht. War die TarifBel geringer, so schuldet die Körperschaft – als KStErhöhung (s § 27) – KSt, die das verwendb EK vermindert. Mit dieser Änderung des EK beschäftigt sich Abs 6: **KStMinderungen** gelten stets als zusätzl für die Ausschüttung verwendet **(S 1)**. In der Aufzeichnung des verwendb EK erhöht die KStMinderung nicht das verwendb EK; es gilt vielmehr nur soviel EK als verwendet, daß verwendetes EK + KStMinderung den Ausschüttungsbetrag ergeben. Im Fall des ungemildert belasteten EK 45 ist folgl für eine Ausschüttung von 70 P eine Verwendung von 55 P erforderl; denn 55 P sind mit 45 vH belastet; wird diese Bel auf 30 vH gemindert, werden 15 P KSt frei, so daß 70 P ausgeschüttet werden können. Formeln s § 27 Anm 15 ff.

17. KStErhöhungen müssen stets mit dem verwendeten EK „bezahlt" werden **(Abs 6 S 2)**. Mit weniger als 30 (36) vH belastetes EK und unbelastetes EK können nur insoweit verwendet werden, als auch noch die KStErhöhung gedeckt ist. 100 P verwendb EK_0 erlauben eine Ausschüttung von 70 P, da nur dieser Betrag die KStErhöhung von 3/7 = 30 P (s Formulierung des Abs 6 S 2) übersteigt. Abs 6 S 2 ist für jedes EK unter 30 vH ermäßigt besteuerter EK-Teile (dazu § 32 Anm u 5) und für jede Untergruppe des § 30 II gesondert anzuwenden (§ 31 I Nr 1).

18. Die **einzelnen Gruppen und Untergruppen** sind unter Beachtung von Abs 3 und – bezogen auf jede gesondert ausgewiesene Gruppe oder Untergruppe – Abs 6 S 2 nacheinander **„leerzuräumen"**; für jede EK-Gruppe ist nach der Reihenfolge der Abs 3, 6 die Verwendung und damit die KStMinderung und -Erhöhung gesondert zu berechnen (vgl A 78 II KStR). Formeln s § 27 Anm 15 ff.

19. Abs 7 (bis VZ 1983 Abs 4, bis VZ 1993 Abs 5, Anm 2) betrifft die Vergütungsfälle der §§ 52 KStG, 36 e EStG. Gelten Teilbeträge iSd § 30 II Nr 1 oder 3 (EK_{01} oder EK_{03}) bzw wegen der Neufassung durch das StandOG ab VZ 1994 nur noch Teilbeträge iSd **§ 30 II Nr 3 (EK_{03})** als verwendet, so wird der KStErhöhungsbetrag – es handelt sich um nicht belastete EK-Teile – mit diesem EK-Teil verrechnet (s o Anm 17). Ändert sich in späteren Jahren, zB aufgrund einer Bp, der Gewinn, so sind die Veranlagungen zu ändern und das verwendb EK neu zu ordnen (dazu auch Anm 20). Es entsteht möglicherweise ungemildert besteuerter Gewinn, der nunmehr gem Abs 3 S 1 den Teilbeträgen gem § 30 II (Nr 1 oder) 3 KStG gegenüber vorrangig als verwendet gilt. Folge: Die KStErhöhung, die nach §§ 52 KStG, 36 e EStG beim AntE zu einem Vergütungsanspruch führte, entfällt; der Vergütungsanspruch würde zum Erstattungsanspruch gegen-

453

über dem AntE. Da dies zu praktischen Schwierigkeiten führen würde (s BT-Drucks 7/5310, 14), wurde insoweit das Veränderungsverbot des Abs 7 geschaffen. Das Veränderungsverbot gilt allgemein, auch wenn nur an einen AntE – sei er wesentl oder geringfügig beteiligt – ein Betrag – sei er umfangreich oder gering – ausgeschüttet wurde, der zur Verwendung von (EK_{01} oder) EK_{03} führt. Das Veränderungsverbot gilt auch im Verhältnis EK_{01} und EK_{03} zueinander; eine Umgliederung zwischen diesen beiden EK-Teilen darf nicht erfolgen, selbst wenn dies auf einen Vergütungsanspruch keine Auswirkung hat. Voraussetzung ist, daß „vergütet worden" ist; der Anspruch auf die Vergütung reicht nicht. „Vergütet" heißt mE bescheidmäßige Festsetzung des Vergütungsbetrages (§§ 155 VI, 37 I AO); auf Auszahlungszufälligkeiten kann es nicht ankommen. Das BfF ist mE der Körperschaft gegenüber zur Auskunft verpflichtet. A 78 VIII KStR geht demgegenüber von der Festschreibung aus, wenn die Bescheinigung nach § 44 ausgestellt oder eine Mitteilung zur Anwendung des § 45 erfolgt, dh also, wenn die Vergütungsvoraussetzungen gegeben sind; dies ist nicht rechtskonform und abzulehnen (glA *Müller-Dott* BB 79, 512; *Kläschen* DStZ/A 79, 268; *Frotscher/Maas* § 28 Rz 57; Rechtfertigung der FinVerw bei *D/E (Dötsch)* § 28 Rz 87 ff). Die Festschreibung hindert nicht eine **Erhöhung** des **Vergütungsbetrags**, wenn sich die Bemessungsgrundlage der Vergütung – (EK_{01} oder) EK_{03} – später erhöht (*Müller-Dott* BB 79, 512); wegen des vorstehend erwähnten Verbots der Umgliederung zwischen EK_{01} und EK_{03} darf hier nicht mit Minus-Änderungen des jeweils anderen EK-Teils saldiert werden.

20. Die Berichtigungssperre gilt nicht bei Verwendung von **EK_{04}**; auch hier ergeben sich wegen § 20 I 1 letzter Satz EStG bei einer Korrektur beträchtl Schwierigkeiten (*Kläschen* DStZ/A 79, 269; *Tillmann* StbKongrRep 78, 170). Ebenfalls kann eine KapErh aus **EK_{03}** im Bp-Fall zu ungewollten Folgen führen (vgl *Herzig* FR 81, 261 u StbKongrRep 81, 393 betr vGa). Allgemein zur Neuberechnung nach einer Bp *Palitzsch* BB 80, 1317. Zu Übergangsproblemen *Maas* BB 79, 1657; *Palitzsch* BB 81, 603.

§ 29 Verwendbares Eigenkapital

(1) **Eigenkapital im Sinne dieses Kapitels ist das in der Steuerbilanz ausgewiesene Betriebsvermögen, das sich ohne Änderung der Körperschaftsteuer nach § 27 und ohne Verringerung um die im Wirtschaftsjahr erfolgten Ausschüttungen ergeben würde, die nicht auf einem den gesellschaftsrechtlichen Vorschriften entsprechenden Gewinnverteilungsbeschluß für ein abgelaufenes Wirtschaftsjahr beruhen.**

(2) ¹**Das Eigenkapital ist zum Schluß jedes Wirtschaftsjahrs in das für Ausschüttungen verwendbare (verwendbares Eigenkapital) und in das übrige Eigenkapital aufzuteilen.** ²**Das verwendbare Eigenkapital ist der Teil des Eigenkapitals, der das Nennkapital übersteigt.**

(3) **Enthält das Nennkapital Beträge, die ihm durch Umwandlung von Rücklagen zugeführt worden sind und waren die Rücklagen aus**

Geltungszeit 1, 2 § 29

dem Gewinn eines nach dem 31. Dezember 1976 abgelaufenen Wirtschaftsjahrs gebildet worden, so gehört auch dieser Teil des Nennkapitals zu dem verwendbaren Eigenkapital.

Gesetzesfassung bis zum KStG 1991 (Vor § 1 Anm 20) s 3. Auflage.

Körperschaftsteuerrichtlinien: Abschnitt 79, 80

Übersicht

1. Allgemeines
2. Geltungszeit
3.–9. Eigenkapital (Abs 1)
10. Verwendb EK (Abs 2)
11. Maßgebliches verwendb EK bei Gewinnverteilungsbeschlüssen (Abs 2 S 2, 3 aF)
12. Gratisaktien (Abs 3)

1. Allgemeines:

Schrifttum: *Herzig,* Das verwendb EK – eine zentrale Größe des kstl AnrV, BFuP 77, 326; *ders,* Das verwendb EK, BB 78, 799; *Jurkat,* Gliederung und Fortschreibung des verwendb EK, StbKongrRep 77, 283; *Eggesiecker,* Bitte um Abschaffung oder Umformulierung des § 29 KStG, FR 78, 53, Institut FuSt, Zur Problematik der Behandlung der vGa nach der KStReform, 1978; *Widmann,* Problemfälle des verwendb EK, JbFfSt 79/80, 475; *Raupach,* Problematik des verwendb EK, StbJb 79/80, 423; *Wrede,* Aktuelle Fragen zur Behandlung von Gewinnausschüttungen bei der KSt, DB 79, 1619, 1674; *Trimpop,* Abstimmung des verwendb EK, StWa 80, 29; *Gassner/Widmann,* Kongruenzen und Inkongruenzen zwischen StBilanz und verwendb EK, JbFfSt 80/81, 279; *Steup,* Gliederung des verwendb EK mit dem programmierb Taschenrechner SHARP PC 1211/PC 1212, StWa 83, 164; *Nickel,* Differenzen zwischen dem EK-Vergleich nach § 29 Abs 1 KStG, StWa 85, 121; *Schlagheck,* Systematik von Eigenkapitaldifferenzen, GmbHR 96, 493. S auch die Schrifttumshinweise vor den übrigen Vorschriften des AnrV.
Zur **vGa**-Diskussion um § 29 II 2, 3 aF s 2. Auflage; zur Diskussion um die **Vorabdividende** und § 29 II 2 aF s § 28 Anm 5. – Zu den Änderungen durch das **StEntlG 1984** s § 29 Anm 1, 2.

Zweck des § 29 ist, die „Ausschüttungsmasse" zu bestimmen, die Grundlage der nach der TarifBel vorzunehmenden Gliederung ist (§ 30). Das Gesetz nennt die Ausschüttungsmasse „verwendb EK". Die Begriffswahl ist nicht optimal (glA *Thiel* DB 76, 1496). Die AnrMechanik war insbes in § 29 nicht sauber durchgeführt; hierdurch wurden überflüssige Probleme (*Eggesiecker* FR 78, 53) und Regelungslücken (vgl *Raupach* StbJb 79/80, 423) geschaffen. Die Änderungen durch das StEntlG 1984 brachten Teilkorrekturen (zu fortbestehenden Problemen s zB § 28 Anm 4).

2. Geltungszeit: Zur erstmaligen Anwendung des AnrV s § 54 Anm 1–11. Die Abs 1, 2 wurden durch das StEntlG 1984 v 22. 12. 83 (BGBl I 83, 1583; BStBl I 84, 14) neugefaßt; die Regelung des maßgebl Zeitpunkts, zu dem bei Ausschüttungen verrechnet werden muß, wurde systematisch richtig nach § 28 übernommen (s § 28 Anm 1). Das heftig umstr vGa-Problem wurde beseitigt (§ 28 Anm 8). Die Neuregelung gilt ab VZ 1984 (§ 54 I idF des G v 22. 12. 83), wahlweise bereits ab VZ 1977 (§ 54 VI;

§ 29 3–5   Verwendbares Eigenkapital

dazu § 54 Anm 19). Im Hinblick auf diese Reform hatte die FinVerw bereits eine Übergangsregelung verfügt (FinVerw 1982 StEK KStG 1977 § 27 Nr 8). Erstmalige Gliederung für Unternehmen der ehemaligen DDR nach dem **Einigungsvertrag** s § 54a Nr. 7. Inkrafttreten und Übergangsregelung betr Absenkung der AusschüttungsBel ab VZ 1993 s § 27 Anm 2.

3. Das Eigenkap (Abs 1) geht von dem in der StBilanz ausgewiesenen BetrVerm aus, dh von der Aktiv- und Passivseite der StBilanz. Die ersten Ausgangsgrößen des EK sind folgl Nennkap + Rücklagen + Gewinnvortrag + Gewinn ./. Verlustvortrag. Zur Berücksichtigung der in Abs 1 erwähnten Änderung nach § 27 KStG und von vGa und ähnl Ausschüttungen s Anm 6 ff. Die Anknüpfung an die StBilanz iVm dem Grundsatz des Bilanzzusammenhangs garantiert die volle Erfassung aller steuerlich erhebl Vermögensmehrungen, die für die Ausschüttungen zur Verfügung stehen. Abs 1 enthält keine Verpflichtung zur Erstellung einer StBilanz; ggf ist ausgehend von der HBilanz das BetrVerm zu ermitteln, das sich nach den Vorschriften über die stl Gewinnermittlung ergibt (so A 79 III KStR). Zum EK von stbefreiten Gen s § 5 Anm 68f. Zu stbefreiten Körperschaften s A 84 KStR.

4. Einzelheiten zur StB: **Stl Ausgleichsposten,** die in der StBilanz die Differenz zur HBilanz ausgleichen, sind Teil des EK, da sie Rücklagencharakter haben. Rücklagen gem **§ 218 II LAG** sind EK, soweit sie bei der Körperschaft entstanden oder im Wege der Gesamtrechtsnachfolge übergegangen sind (vgl BFH BStBl II 76, 354); anders, falls von einem Veräußerer übernommen (A 79 IV KStR 1977); zur Behandlung der Vierteljahresrate s § 31 Anm 18.

Nicht zum EK gehören Rücklagen, die noch zur Versteuerung anstehen, dh **Sonderposten** iSd § 247 III HGB (A 79 IV KStR). Beispiele: Rücklage für Ersatzbeschaffung (R 35 EStR); nach R 34 III EStR; § 6b EStG; Preissteigerungsrücklage (74 EStDV); Rücklagen nach dem AIG u dem EntwLStG; § 3 Forstschäden-AusgleichsG; zu Akkumulationsrücklagen s FinVerw 1992 StEK KStG 1977 § 29 Nr 19, 20; nicht hierzu zählen Sonderabschreibungen und Bewertungsbegünstigungen; sie beeinflussen den Gewinn und damit das EK. Ertragsanteile aus der Beteiligung an einer **PersGes** beeinflussen das EK entspr den Entscheidungen des Feststellungsverfahrens. Der Einkommensermittlung einer KapGes ist auch ein gesondert festgestellter Anteil am Verlust einer PersGes zugrunde zu legen (s § 8 Anm 11). Dieser mindert in der Steuerbilanz den Wert des Kapitalkontos (BFH BStBl II 76, 73), auch wenn dadurch ein negatives Kapitalkonto entsteht. Der festgestellte Verlustanteil verringert das verwendbare Eigenkapital der KapGes (A 79 V S 6 KStR; dazu *Behrens* StbKongrRep 79, 89). Der Anteil geht in die Zu- oder Abgänge zum bzw vom EK ein, ohne daß er einem besonderen Schicksal unterliegt (vgl auch FinVerw 1978 StEK KStG 1977 § 29 Nr 3). Bei der **KGaA** zählen die KapAnteile des pers haftenden Ges – nicht sein Anteil am StammKap – nicht zum EK.

5. Da das EK aus der StB abgeleitet wird, die Eink der StB bei der **Einkommensberechnung** noch einmal **korrigiert** werden können, kön-

Eigenkapital und Steuerbilanz 6 § 29

nen aus der StBilanz errechnetes EK einerseits und aus dem Einkommen errechnetes EK andererseits auseinanderfallen; eine Differenz kennt das Gesetz selbst in Abs 1, wonach KStErhöhungen und -Minderungen bei dem EK nicht anzusetzen sind (Anm 6). Um die tatsächl erhobene KSt voll in das AnrV einzubeziehen, ist letztl das aus dem Einkommen errechnete EK maßgebend. Die Differenzen zwischen EK/Einkommen und EK/StB werden über Plus- und Minus-Beträge in EK_{02} ausgegl; vgl A 83 I KStR 1985 mit den Beispielen: Rundungsdifferenzen (unzutreffend; s BFH BStBl II 88, 203; die Differenz wird dort abgezogen, wo sie entstanden ist; s auch § 23 Anm 16); §§ 1, 10 AStG (dazu *Krebs* BB 77, 640; *Manke* StbJb 77/78, 290; *Dötsch* DB 78, 364; *Wassermeyer* FR 79, 345); Schätzungen (dazu *Bink* BB 81, 235); § 50c EStG; § 6b VII EStG. Weitere Anwendungsfälle: § 26 Anm 84 betr § 26 VIII; fiktive Zurechnungen aufgrund DBA; wegen Schuldposten bei offener und vGA s *Gassner/Widmann* JbFfSt 80/81, 290. Soweit Korrekturen, die $EK_{45(50/56)}$ erhöhten, EK_{02} verminderten, später wiederum auf der Einkommensebene rückgängig gemacht werden, ist folgerichtig $EK_{45(50/56)}$ zu vermindern (was sich in der Minderung des stpfl Einkommens ausdrückt), EK_{02} zu erhöhen; vgl A 83 II KStR betr § 11 AStG. **VGa** erhöhen idR nur das Einkommen außerhalb der StB, folgl auch das EK; auch hier stellt sich daher grundsätzl das Differenzproblem; da die vGa jedoch in der Mehrzahl der Fälle sofort als Ausschüttungen erfaßt, das EK wieder gemindert, die TarifBel in die AusschüttungsBel umgewandelt wird, löst sich das Differenzproblem in diesen Fällen auf. Anders, soweit die vGa nur das Einkommen erhöht; hier erfolgt der Ausgleich über EK_{02} (vgl A 83 I KStR betr vGa bei Nutzungsvorteilen).

6. Die **KSt vermindert** grundsätzl das **EK**; sie ist als **Passivposten** zu behandeln. Für das AnrV ist der richtige Ansatz der KSt innerhalb desjenigen verwendb EK erhebl, das für die Herstellung der AusschüttungsBel maßgebend ist. Wird durch Ausschüttungen der AnrMechanismus, dh die Herstellung der AusschüttungsBel, ausgelöst, so sind **KStErhöhungen** und **KStMinderungen** bei demjenigen EK – in Abweichung von der HBilanz, s auch Anm 1, 5 – nicht (!) zu berücksichtigen, an das für die Herstellung der AusschüttungsBel angeknüpft wird; dies besagt der Nebensatz des Abs 1, wonach die KStÄnderung nach § 27 nicht zu berücksichtigen sei. Vgl auch A 79 I. Zu berücksichtigen ist in diesem Fall nur die TarifBel. Beisp: Ordnungsgemäße Ausschüttung in 1996 für 1995, um die AusschüttungsBel herzustellen, wird an das EK zum 31. 12. 95 angeknüpft; die durch die Ausschüttung 1996 für 1995 verursachten KStErhöhungen oder -Minderungen sind bei dem EK 31. 12. 95 nicht zu berücksichtigen. Nachdem vGa, Vorabausschüttungen und ähnl Ausschüttungen ab dem VZ 1984 mit dem EK zum Schluß des Wj verrechnet werden, in dem sie erfolgen (§ 28 Anm 6), gilt das Vorgesagte auch für die durch diese Ausschüttungen ausgelöste KStÄnderung. Nach Herstellung der AusschüttungsBel gehen die KStErhöhungen oder -Minderungen jedoch in das EK ein. Das EK ist folgl in **zwei Stufen** zu ermitteln: (1) EK nach allg KSt (regelmäßig 45 – bzw 50/56 – vH). Hieran knüpft die Herstellung der

AusschüttungsBel an. Dieses EK meint Abs 1. (2) Endgültige Feststellung des EK nach Herstellung der AusschüttungsBel. Das EK der ersten Stufe (1) wird nach § 47 festgestellt; s § 47 Anm 5.

Bei abweichendem Wj wird die KSt berücksichtigt, die in dem VZ geschuldet wird, in dem das Wj endet; dies entspr allg Bilanzierungsgrundsätzen.

7. Eine **vor** dem **Bilanzstichtag beschlossene,** aber erst in **späteren** Wirtschaftsjahren **abfließende** Gewinnausschüttung ist in der Bilanz der KapGes als Ausschüttungsverpflichtung zu passivieren und verringert damit zwar ihr EK in der Steuerbilanz, wegen des fehlenden Abflusses aber nach BFH BStBl II 88, 460 noch nicht das verwendbare EK in der Gliederungsrechnung (vgl § 28 Anm 5). Diese Abweichung führt nicht zu einer Anpassung der Gliederungsrechnung an die Steuerbilanz über EK_{02} (so A 79 II KStR), sondern stellt eine „gewollte" Abweichung dar (s § 28 Anm 5).

8. VGa und **gesellschaftsrechtl Ausschüttungen** für noch **nicht abgelaufene Wj,** zB Vorabdividenden während des Wj, Liquidationsraten, dürfen das BetrVerm und damit das EK nicht berühren **(Abs 1 letzte Alternative** des Nebensatzes). Auf diese Weise werden die Besteuerung einerseits und der AnrMechanismus bei der Herstellung der Ausschüttungs-Bel andererseits sichergestellt. Die künstl Erhöhung des EK hat eine Auswirkung auf die Ew (*Dötsch* DB 84, 151). In BT-Drucks 10/336, 30 wird außerdem angeführt, daß auf diese Weise Ausschüttungen einheitl mit dem maßgebenden EK verrechnet werden können. Die Verrechnungsabfolge zwischen ordnungsgemäßen Ausschüttungen einerseits und sonstigen Ausschüttungen andererseits sind, soweit erhebl, damit jedoch nicht vorgeschrieben; s im einzelnen § 28 Anm 11. Auch hier wird im übrigen in zwei Stufen gedacht (s Anm 6). Zuerst erfolgt eine Hinzurechnung (Stufe 1); dieses EK wird nach § 47 festgestellt. Im nachfolgenden Jahr werden die Ausschüttungen abgerechnet (Stufe 2).

VGa mit bilanziellen Auswirkungen – zB die Pensionsrückstellung bei einer steuerlich nicht anerkannten Pensionszusage – mindern in der Steuerbilanz das EK und werden erst außerhalb der Steuerbilanz im Rahmen der Einkommensermittlung berücksichtigt (vgl BFH I R 137/93 v 29. 6. 94, BB 94, 2319 u I R 27/95 v 12. 10. 95, BFHE 179/88; § 8 Anm 103). In der Gliederungsrechnung verringern sie aber – wie bei offenen Gewinnausschüttungen (vgl BFH BStBl II 88, 460) – das verwendbare EK erst mit ihrem vermögensmäßigen Abfluß (s hierzu § 27 Anm 10). Für diese „gewollte" Abweichung entfällt eine Anpassung der Gliederungsrechnung an die Steuerbilanz über EK_{02} (vgl A 80 II Nr 2 S 4 KStR und Anm 7).

9. *Vor VZ 1984* galt (vgl Anm 2): KStÄnderungen aufgrund von vGa beeinflussen das verwendb EK zum Ende des Wj, in dem sie erfolgen. Die vGa erhöht das verwendb EK zum Ende des Wj, in dem sie erfolgt, und zwar nach Bel mit der TarifBel (erste Stufe, s Anm 6); hieran anknüpfend wird sodann die durch die vGa ausgelöste KStÄnderung festgestellt (zweite Stufe, s Anm 6). Wegen des zu verwendenden EK s die umstrittene Ausle-

Gratiaktien 10–12 § 29

gung des § 29 II aF (§ 28 Anm 9), zur Behandlung der Vorabausschüttung nach der aF des § 29 II s § 28 Anm 5.

10. Verwendb Eigenkap (Abs 2) ist das um das NennKap verminderte EK, da das NennKap für Ausschüttungen nicht verwendet werden darf. Gemindert wird bei der AG das GrundKap; bei der KGaA das GrundKap; der KapAnteil des pers haftenden Ges der KGaA gehört bereits nicht zum EK (s Anm 4); bei der GmbH das StammKap; bei den Genossenschaften die Summe der Geschäftsguthaben (A 79 VI KStR). Die bergrechtl Gewerkschaften verfügen über kein NennKap; EK ist gleich verwendb EK (A 79 VII KStR). Verdecktes Stamm- oder NennKap (§ 8 Anm 42) ist FK_{04} zuzuordnen; das gilt auch, sofern in den Fällen der §§ 32a, 32b GmbHG verdecktes NennKap anzunehmen ist (dazu jedoch § 8 Anm 42). Unerhebl ist, ob das NennKap, zB das GmbH-StammKap, voll eingezahlt ist; auch in diesem Fall wird das NennKap voll vom EK getrennt. Das verwendb EK wird zum Schluß eines jeden Wj ermittelt; die Aufteilungsformulierung in Abs 2 S 1 ist verwirrend; das verwendb EK wird in der Praxis regelmäßig ständig getrennt von dem NennKap geführt werden. § 29 gliedert das EK zum Schluß des Wj.

11. Zum *maßgebl verwendb Eigenkap* bei *Gewinnverteilungsbeschlüssen und anderen Ausschüttungen (Abs 2 S 2, 3 aF)* s § 28 Anm 5, 8; die Kommentierung wurde aus systematischen Gründen entspr der Neuregelung nach § 28 übernommen.

12. Gratiaktien: Schrifttum: *Dötsch* DB 81, 1994, 2202. Gem **Abs 3** gehören auch solche Teile des NennKap zum verwendb EK, die durch Umwandlung von Rücklagen gebildet wurden, die aus dem Gewinn eines nach dem 31. 12. 76 abgelaufenen Wj stammen. Das gilt auch für Gewinne und einen Gewinnvortrag, die unmittelb in NennKap umgewandelt werden; allerdings muß handelsrechtl zuerst ein Gewinnverteilungs- und Rücklagenzuweisungsbeschluß gefaßt werden, dem sodann der Umwandlungsbeschluß folgt (vgl die Regelung des KapErhG). Nicht unter Abs 3 fallen Altvermögensmehrungen und Einlagen (EK_{03} und EK_{04}). Zweck der Regelung: Auf diese Weise wird erreicht, daß die Rückzahlung dieses Teils des NennKap zu Eink aus KapVerm führt (§ 20 I Nr 2 EStG) und die auf den umgewandelten Rücklagen lastende KSt spätestens bei der Rückzahlung angerechnet werden kann; zum fiktiven Vorrang dieser Rückzahlung s § 41 II. Wegen § 28 III wird die Anr sogar regelmäßig vorgezogen; denn sofern die umgewandelten Rücklagen voll der KSt unterlagen, gelten sie als vorrangig verwendet. Ältere zu NennKap umgewandelte Rücklagen verdrängen folgl bei der Anr jüngere gemildert besteuerte Gewinne. Werden Rücklagen aus Altvermögensmehrungen (EK_{03}) in NennKap umgewandelt, können sie später idR nach einer KapHerabsetzung stfrei zurückgezahlt werden (BT-Drucks 7/1470, 369; vgl *Schöneberger* DB 80, 223; *Reuter* AG 83, 148); insoweit gilt der bisherige Rechtszustand fort. Rücklagen aus Altvermögensmehrungen und Einlagen gelten als in dieser Reihenfolge vor den übrigen Rücklagen umgewandelt (§ 41 III). Voraussetzung für Abs 3 ist eine handelsrechtl ordnungsgemäße KapErh, auf die das KapErhStG anwendb ist (vgl *Döllerer* JbFfSt 80/81, 256). Die KapErh muß ohne „Durch-

§ 30 Gliederung des verwendbaren Eigenkapitals

lauf" bei den AntE erfolgen (glA HFRAnm 79, 424); die sog Doppelmaßnahme muß vermieden werden. Vgl im einzelnen die Kommentierung des KapErhStG. Der Teil des NennKap, der hiernach dem verwendb EK zuzurechnen ist, ist im EK nicht gesondert auszuweisen (*Dötsch* DB 78, 322 f).

§ 30 Gliederung des verwendbaren Eigenkapitals

(1) ¹**Das verwendbare Eigenkapital ist zum Schluß jedes Wirtschaftsjahrs entsprechend seiner Tarifbelastung zu gliedern.** ²**Die einzelnen Teilbeträge sind jeweils aus der Gliederung für das vorangegangene Wirtschaftsjahr abzuleiten.** ³**In der Gliederung sind vorbehaltlich des § 32 die Teilbeträge getrennt auszuweisen, die entstanden sind aus**

1. **Einkommensteilen, die nach dem 31. Dezember 1993 der Körperschaftsteuer ungemildert unterliegen;**
2. **Einkommensteilen, die nach dem 31. Dezember 1993 einer Körperschaftsteuer von 30 vom Hundert unterliegen;**
3. **Vermögensmehrungen, die der Körperschaftsteuer nicht unterliegen oder die das Eigenkapital der Kapitalgesellschaft in vor dem 1. Januar 1977 abgelaufenen Wirtschaftsjahren erhöht haben.**

(2) **Der in Absatz 1 Nr. 3 bezeichnete Teilbetrag ist zu unterteilen in**

1. **Eigenkapitalteile, die in nach dem 31. Dezember 1976 abgelaufenen Wirtschaftsjahren aus ausländischen Einkünften entstanden sind, sowie die nach § 8 b Abs. 1 und 2 bei der Ermittlung des Einkommens außer Ansatz bleibenden Beträge;**
2. **sonstige Vermögensmehrungen, die der Körperschaftsteuer nicht unterliegen und nicht unter Nummer 3 oder 4 einzuordnen sind;**
3. **verwendbares Eigenkapital, das bis zum Ende des letzten vor dem 1. Januar 1977 abgelaufenen Wirtschaftsjahrs entstanden ist;**
4. **Einlagen der Anteilseigner, die das Eigenkapital in nach dem 31. Dezember 1976 abgelaufenen Wirtschaftsjahren erhöht haben.**

(3) **Hat eine Kapitalgesellschaft ihr verwendbares Eigenkapital erstmals zu gliedern, ist vorbehaltlich der §§ 38, 38 a das in der Eröffnungsbilanz auszuweisende Eigenkapital, soweit es das Nennkapital übersteigt, dem Teilbetrag im Sinne des Absatzes 2 Nr. 4 zuzuordnen.**

Abs 1 u 2 lauteten bis zur Änderung durch das G v 13. 9. 93 (Anm 2):

(1) ¹Das verwendbare Eigenkapital ist zum Schluß jedes Wirtschaftsjahrs entsprechend seiner Tarifbelastung zu gliedern. ²Die einzelnen Teilbeträge sind jeweils aus der Gliederung für das vorangegangene Wirtschaftsjahr abzuleiten. ³In der Gliederung sind vorbehaltlich des § 32 die Teilbeträge getrennt auszuweisen, die entstanden sind aus

1. Einkommensteilen, die nach dem 31. Dezember 1989 der Körperschaftsteuer ungemildert unterliegen,
2. Einkommensteilen, die nach dem 31. Dezember 1976 einer Körperschaftsteuer von 36 vom Hundert unterliegen,

Gliederung des verwendbaren Eigenkapitals **1 § 30**

3. Vermögensmehrungen, die der Körperschaftsteuer nicht unterliegen oder die das Eigenkapital der Kapitalgesellschaft in vor dem 1. Januar 1977 abgelaufenen Wirtschaftsjahren erhöht haben.
(2) Der in Absatz 1 Nr. 3 bezeichnete Teilbetrag ist zu unterteilen in
1. Eigenkapitalteile, die in nach dem 31. Dezember 1976 abgelaufenen Wirtschaftsjahren aus ausländischen Einkünften entstanden sind,
2. sonstige Vermögensmehrungen, die der Körperschaftsteuer nicht unterliegen und nicht unter Nummern 3 oder 4 einzuordnen sind,
3. verwendbares Eigenkapital, das bis zum Ende des letzten vor dem 1. Januar 1977 abgelaufenen Wirtschaftsjahrs entstanden ist,
4. Einlagen der Anteilseigner, die das Eigenkapital in nach dem 31. Dezember 1976 abgelaufenen Wirtschaftsjahren erhöht haben.

Abs 3 lautete bis zur Änderung durch das G v 28. 10. 94 (Anm 2):

(3) Hat eine Kapitalgesellschaft ihr verwendbares Eigenkapital erstmals zu gliedern, ist vorbehaltlich des § 38 das in der Eröffnungsbilanz auszuweisende Eigenkapital, soweit es das Nennkapital übersteigt, dem Teilbetrag im Sinne des Absatzes 2 Nr. 4 zuzuordnen.

Gesetzesfassungen bis zum KStG 1991 (Vor § 1 Anm 20) s 3. Auflage.

Körperschaftsteuerrichtlinien: Abschnitte 82–84

Übersicht

1. Allgemeines
2. Geltungszeit
3. Gliederung und Zusammenhang der Gliederungen (Abs 1 S 1, 2)
4.–8. TarifBel der Einkommensteile (Abs 1 S 3 Nr 1–3)
9.,10. Insbesondere: Ausl Ertragsanteile
11. Ungemildert belastete Einkommensteile (Abs 1 S 3 Nr 1)
12. Ermäßigt belastete Einkommensteile (Abs 1 S 3 Nr 2)
13. Unbelastete Vermögensmehrungen (Abs 1 S 3 Nr 3)
14. Ausländische steuerfreie Einkünfte (Abs 2 Nr 1)
15. Sonstige steuerfreie Vermögensmehrungen (Abs 2 Nr 2)
16. Altvermögensmehrungen (Abs 2 Nr 3)
17. Einlagen (Abs 2 Nr 4)
18. Aufwendungen, die unbelasteten Vermögensmehrungen zuzurechnen sind
19. Erstmalige Gliederung (Abs 3)

1. Allgemeines:

Schrifttum: *Jost,* Auswirkungen des Zusammentreffens von StErmäßigungen, die zu einer Aufteilung des EK nach § 32 KStG führen, mit anrechenb ausl St vom Einkommen, DB 78, 1946; *Dötsch,* Behandlung von ausl Eink bei der Gliederung des verwendb EK, DB 79, 1428, 1477; *Brezing,* Die Behandlung ausl Eink u stfreier inl Einnahmen, GmbHR 87, 152; *Wilke,* Die Besteuerung ausländischer Einkünfte im KStRecht, IWB Gr 4, 339; s auch die Schrifttumshinweise vor den einzelnen Vorschriften der AnrV.
Zum **StEntlG 1984** s § 27 Anm 1 u unten Anm 2.

Während § 29 die gesamte Ausschüttungsmasse unabhängig von der TarifBel im einzelnen festlegt, untergliedert § 30 diese Ausschüttungsmasse,

§ 30 2, 3   Gliederung des verwendbaren Eigenkapitals

das verwendb EK, nach der TarifBel. Nur wenn die TarifBel des einzelnen verwendeten (s § 28) Teils des EK bekannt ist, kann die AusschüttungsBel (§ 27) hergestellt werden. § 30 wählt nicht die zeitl Aufgliederung nach der individuellen TarifBel eines jeden Jahres (s auch Anm 3), sondern gliedert unabhängig von der zeitl Entstehung allein nach der TarifBel, und zwar in drei Gruppen: ungemildert, dh mit 45 (50/56) vH KSt belastetes (so $EK_{45(50/56)}$), (ursprüngl:) ermäßigt belastetes (Bel kleiner als 56 vH, größer als 0 vH), unbelastetes verwendb EK (sog EK_0). Da in die Gruppe 2 (ermäßigt belastet) je nach den Besteuerungsindividualitäten der Körperschaft eine Vielzahl unterschiedl StSätze einfließen könnte, hat der Gesetzgeber diese Gruppe durch einen rechnerischen Kunstgriff auf 36 vH, ab VZ 1994 auf 30 vH (Anm 2) fixiert (sog $EK_{30(36)}$). Dazu s weiter § 32.

2. Geltungszeit: § 30 gilt mit dem Inkrafttreten des KStG 1977, dh ab VZ 1977. Zum Start in das AnrV s § 54 Anm 1–11. Zu den nachfolgenden Änderungen bis zum KStG 1991 s 3. Aufl. § 30 wurde neugefaßt durch das StandOG v 13. 9. 93 (BGBl I 93, 1569; BStBl I 93, 774), und zwar grundsätzl mit Wirkung ab VZ 1994 (s § 54 I idF des StandOG); zum Übergang s jedoch auch § 54 Xa–XIb u § 54 Anm 32. Die Neufassung des StandOG berücksichtigt die Tarifabsenkung auf 45 vH (§ 23 Anm 3) u die Absenkung der AusschüttungsBel auf 30 vH (§ 27 Anm 2); Schrifttum s § 23 Anm 2. Zum Inkrafttreten und zur Übergangsregelung s § 27 Anm 2. Abs 3 wurde durch das G v 28. 10. 94 (BGBl I 94, 3267; BStBl I 94, 839) redaktionell angepaßt; zum Inkrafttreten s § 54 XII idF des G v 28. 10. 94.

3. Gliederung und Zusammenhang der Gliederungen (Abs 1 S 1, 2): S 1 enthält die grundsätzl Anweisung, das verwendb EK (dazu § 29) nach der TarifBel zu gliedern. Die Gliederung hat zum Ende des Wj zu erfolgen (s auch § 29 II). Sie ist aus der Gliederung des vorangegangenen Wj abzuleiten, und zwar aus der gem § 47 festgestellten Gliederung unter Berücksichtigung der KStMinderungen oder -Erhöhungen gem § 27 für das betreffende Jahr (s o § 29 Anm 3 ff, 6 § 47 Anm 5). Durch dieses Kontinuitätsgebot wird sichergestellt, daß die gesamte KSt ausgewiesen wird und für die Anr zur Verfügung steht. Die Gliederung erfolgt vor den Ausschüttungen, für die das verwendb EK zum Ende dieses Wj maßgebend ist (s auch § 29 Anm 6), da die durch die Ausschüttungen verursachten KStMinderungen oder -Erhöhungen die Gliederung voraussetzen (dieses verwendb EK wird nach § 47 festgestellt, s § 47 Anm 5). Es dient als AusgangsKap für das verwendb EK zum Ende des nächsten Wj.

Das KStG regelt nicht, in welcher **Reihenfolge** die verschiedenen Zugänge und Abgänge bei der Ermittlung der einzelnen Teilbeträge des verwendbaren EK berücksichtigt werden. A 82 II KStR enthält ein Gliederungsschema, an das sich auch die amtlichen Erklärungsvordrucke der FinVerw anlehnen. Die Zuordnung erfolgt hier allein nach sachlichen Gesichtspunkten und losgelöst von der zeitlichen Entstehung der Zugänge oder Abgänge im jeweiligen Wirtschaftsjahr. IdR wird damit das für die Körperschaft günstige Ergebnis erreicht. ME handelt es sich bei dem Gliederungsschema um eine schon aus Praktikabilitätsgründen notwendige und auch zulässige Schließung einer bestehenden gesetzlichen Regelungslücke (glA *D/E/J/W* § 30 Rz 48; *Wrede* in *H/H/R* § 30 Rz 53). Zur Kritik an dieser festen Reihenfolge s *Herzig* FR 81, 126; *Raupach* StbJb 1979/80, 423.

Die Gliederung erfolgt **unabhängig** davon, ob **Gewinne** erzielt werden oder ob **Ausschüttungen** erfolgten. Nur durch die fortlaufende Erfassung des EK ist die ständige Ermittlung der GesamtKStBel des gesamten verwendb EK sichergestellt. Ermittlung und Gliederung des verwendb EK haben keinen unmittelb Bezug zur Buchführung des Unternehmens; sie berühren nicht dessen Ordnungsmäßigkeit.

Insbesondere bei kleinen Erwerbs- und WirtschaftsGen mit einem Einkommen von offensichtlich nicht mehr als 1000 DM können die Finanzbehörden gemäß § 156 II AO von einer KStVeranlagung und einer Feststellung des verwendbaren EK im Einzelfall absehen, solange die **kleine Körperschaft** keine Gewinnausschüttungen vornimmt (vgl A 104 I KStR und § 49 Anm 4) und die Körperschaft keinen Antrag auf Veranlagung und gesonderte Feststellung stellt (A 104 III KStR). Im Falle von Gewinnausschüttungen ist die Veranlagung erstmals für den VZ, in dem das Wirtschaftsjahr endet, für das die Ausschüttung vorgenommen wurde, und danach für alle folgenden VZ durchzuführen. Entsprechendes gilt sinngemäß für die gesonderte Feststellung der Teilbeträge des verwendbaren EK (vgl A 104 II KStR). Bei dieser **erstmaligen gesonderten Feststellung** ordnet die FinVerw das verwendbare EK dem EK_{02} zu, soweit die Körperschaft nicht glaubhaft macht, daß es nach den Grundsätzen der §§ 30, 54 a Nr 7 anderen Teilbeträgen zugeordnet werden muß, da in der Vergangenheit lediglich aus Billigkeitsgründen auf die gesetzlich vorgeschriebene Eigenkapitalgliederung verzichtet worden ist (vgl A 104 IV KStR; glA *D/E/J/W* § 49 Rz 21; *Frotscher/Maas* § 49 Rz 9). Eine Zuordnung beim EK_{04} kann hiernach nur bei Glaubhaftmachung von über Stammeinlagen hinausgehenden Einlagen erfolgen (so FinVerw DB 93, 1749). § 30 III über die allgemeine Zuordnung des verwendbaren EK in der erstmaligen Gliederungsrechnung als EK_{04} findet keine Anwendung, weil eine Verpflichtung zur EK-Gliederung bereits in der Vergangenheit bestanden hat und hierauf lediglich aus Billigkeitsgründen verzichtet worden ist. Das Absehen von einer Steuerfestsetzung führt in den Fällen des § 156 II AO nicht zum Erlöschen des Steueranspruchs innerhalb der Festsetzungsfrist (*Tipke/Kruse,* AO/FGO, § 156 Rz 12). Die FinVerw könnte also im Rahmen der Festsetzungsfrist (§§ 169 ff AO) auch die ursprünglich unterbliebene Feststellung des verwendbaren EK jederzeit nachholen. Für die Zuordnung beim EK_{04} spricht allerdings der Wortlaut des § 30 III, solange tatsächlich keine frühere EK-Gliederung stattgefunden hat.

4. TarifBel der Einkommensteile (Abs 1 S 3 Nr 1–3): Nach Nr 1– 3 erfolgt die Gliederung nach der TarifBel des Einkommens und von Einkommensteilen. Nr 3 spricht von Vermögensmehrungen; hierunter fallen auch die stfreien Einkünfte (Anm 14, 15). Es ist folgl die KStBel des Einkommens, von Einkommensteilen oder von Vermögensmehrungen eines VZ zu ermitteln, und zwar vor Ausschüttungen dieses Einkommens (s o

Anm 3); sodann sind das Einkommen, die Einkommensteile bzw die Vermögensmehrungen den einzelnen Gruppen zuzuordnen. Die Korrektur bezügl der nichtabziehbaren Ausgaben und der KSt erfolgt durch § 31. Zur Abweichung zwischen StB und Einkommensermittlung im jeweiligen Verhältnis zur EK-Gliederung s § 29 Anm 5.

5. Zweifelhaft kann sein, ob eine **KStErmäßigung** oder eine **KStBefreiung** auf das **Gesamteinkommen** oder auf nur **einzelne Einkommensteile** zu beziehen ist, ob also Abs 1 auf das Gesamteinkommen oder jeweils auf einzelne Einkommensteile anzuwenden ist. Im ersten Fall entsteht regelmäßig ermäßigt belastetes Einkommen, im zweiten Fall neben voll belastetem Einkommen zB völlig unbelastetes Einkommen. Diese Frage ist insoweit von Bedeutung, als durch die Gliederung die Vermittlung der Anr beschleunigt oder verlangsamt werden kann. Die Begründung zum RegEntw des KStG 1977 sagt hierzu nur, daß Tarifermäßigungen regelmäßig dem gesamten Einkommen zuzurechnen sind (BT-Drucks 7/1470, 370). Bezweckt die Ermäßigung eine Begünstigung der Körperschaft insgesamt, so ist sie mE dem Gesamteinkommen zuzurechnen, sollen nur bestimmte Aktivitäten begünstigt oder stfrei sein, so ist die Ermäßigung oder die Befreiung auf den bestimmten Einkommensteil zu beziehen.

6. Zurechnung der Ermäßigung zum Gesamteinkommen: §§ 16, 17 BerlFG (BT-Drucks 7/1470, 370; *Maas* BB 77, 36 u BB 78, 351). § 32 KohleG. Ermäßigung nach dem VermBG (FG Bremen EFG 81, 415; FG Köln EFG 83, 423; FG Berlin EFG 83, 424 – § 14 VermBG wird vor KStErhöhung oder -Minderung berücksichtigt –; FG Hbg EFG 81, 523).

7. Zurechnung der Ermäßigung oder Befreiung zu bestimmten Einkommensteilen: Steuerfreiheit des Abrundungsbetrags (Zurechnung zu dem Teilbetrag, bei dem abgerundet wird, BFH BStBl II 88, 203; die Abrundungsvorschrift ist abgeschafft, § 23 Anm 16). Abzugsteuern mit Abgeltungswirkung (zB § 50 I Nr 3). Ausbildungsplatz-Abzugsbetrag gem § 24b EStG bis Ende 1990 (vgl auch A 67 II KStR 1990). Ausl Einkommensteile s Anm 9 f. Ermäßigung nach §§ 21, 27 BerlFG (*Schröder* FR 78, 5; weiterführende Hinweise in Anm 8). Einlagen. Erlaß, Sonderregelung, s § 34. Freibetrag gem § 25 (vgl auch A 24 II KStR), Freibetrag gem § 16 IV EStG (§ 8 Anm 18). Stfreie InvZul. Partielle StPfl nach § 6, s dort Anm 4. Sanierungsgewinn, Verlustvor- und -rücktrag, Sonderregelung, s § 33. Zinsen gem §§ 43 I Nr 1 EStG, 50 I Nr 3 (s § 50 Anm 7).

8. Treten **mehrere Ermäßigungen** zusammen auf, sind für jede Kombination getrennte Teilbeträge mit den jeweiligen Belastungen zu ermitteln (vgl A 86 KStR mit Beispielen).

Beisp: Eine GmbH hat inl und ausl Eink; auf die ausl Eink findet § 26 I Anwendung. Außerdem greift die Vergünstigung des 5. VermBG aF ein. Es entstehen folgende Teilbeträge: Inl Eink unter Berücksichtigung der Ermäßigung nach dem 5. VermBG aF + ausl Eink unter Berücksichtigung des 5. VermBG aF und des § 26 I; die ausl EinkTeile sind evtl noch nach einzelnen Staaten aufzuteilen.

Ausländische Ertragsanteile 9, 10 § 30

Bei der Aufteilung werden die einzelnen StErmäßigungen in der **Reihenfolge** berücksichtigt, in der sie sich bei der KStFestsetzung auswirken (A 86 IV KStR 1985). Also: Bei ausl, nach § 26 begünstigten Eink werden zuerst die ausl von den inl Eink getrennt, um sicherzustellen, daß die Begünstigung des § 26 sich nur auf die ausl EinkTeile bezieht. Sodann – wie bei der Berechnung der KSt – wird die Vergünstigung des 5. VermBG aF bei beiden (inl u ausl) EinkTeilen berücksichtigt. Eine Ermäßigung, die sich auf das gesamte zu versteuernde Einkommen bezieht (zB 5. VermBG aF), ist auf die einzelnen EinkTeile in dem Verhältnis aufzuteilen, in dem diese EinkTeile untereinander mit KSt vor Anwendung der Ermäßigung belastet sind. Zu § 21 BerlFG s A 86 IV KStR 1990; FinVerw 1978 StEK KStG 1977 § 23 Nr 4; s auch ABC „BerlFG".

9. TarifBel ausl Ertragsanteile: Ihre Freistellung oder Ermäßigung bezieht sich nur auf Einkommensteile; sie sind nicht dem Gesamteinkommen zuzuordnen (vgl § 31 I Nr 3 u BT-Drucks 7/1470, 366, 375). Das gilt auch, falls die auf ausl Eink entfallende deutsche Steuer pauschaliert wird (dazu § 32 Anm 4, 10). Die Körperschaft hat mE ein Wahlrecht, ob sie alle ausl Ertragsanteile zusammenfaßt oder nach Ländern, Betriebstätten usw untergliedert (glA *Widmann* JbFfSt 77/78, 311), und zwar auch für die Zusammenfassung von verschiedenen ausländischen EK-Teilen mit Tarifbelastung von über 30 vH und mit einer niedrigeren Tarifbelastung (ablehnend insoweit A 87 IV KStR; dazu § 32 Anm 9).

10. Einzelheiten zur TarifBel ausl Eink: Bleiben ausl Ertragsanteile aufgrund eines DBA von der inl KSt befreit, so liegen unbelastete EKTeile vor. Werden die ausl Ertragsanteile durch ausl Steuer belastet, die auf die KSt anzurechnen ist, so entsteht nur insoweit eine TarifBel, als nach der Anr noch eine Bel mit inländischer KSt bleibt; insoweit entstehen gemildert belastete EKTeile. Beisp (vgl hierzu auch A 87 I, 88 I KStR): Ausl Ertrag 100 P; ausl St 20 P; inl Nettobetrag nach ausl St 80 P; inl St 45 vH = 45 P; Anr 45 ./. 20 P; verbleibende inl St = 25 P; 25 v 80 P = 31,25; TarifBel: 31,25 vH. AA, Beziehung der inländischen KStBel auf den ausl Bruttoertrag, *Achenbach* RIW/AWD 78, 246. Entspr ist die TarifBel zu berechnen, wenn der französische avoir fiscal in Anspruch genommen wird (Einzelheiten A 88 I 6 KStR; FinVerw 1982 StEK KStG 1977 § 32 Nr 4; *Maas* BB 76, 1508; mit beachtlichen Gründen treten *Müller-Dott* RIW/AWD 78, 309 u *Pott* BB 78, 807 dafür ein, den vom französischen Fiskus zu erstattenden Betrag der TarifBel hinzuzurechnen; abl *Dötsch* DB 79, 1479). Sind im zu versteuernden Einkommen inl und ausl Einkommensteile enthalten, die demselben StSatz unterliegen, so sollen Spenden u ein Verlustabzug (§§ 2 a, 10 d EStG) anteilig zugeordnet werden (vgl A 82 a III KStR).

Beim Zusammentreffen von **ausländischen Einkünften** mit **inländischen Verlusten** ist zwischen verschiedenen Fallgestaltungen zu unterscheiden: (1) Sind die stpfl ausländischen Einkünfte genauso hoch wie die inländischen Verluste und/oder der Verlustabzug iS des § 10 d EStG, ergibt sich ein Einkommen von 0 DM. Die FinVerw geht davon aus – wie die nachfolgende Fallgestaltung zeigt –, daß hier zumindest gedanklich die

§ 30 10   Gliederung des verwendbaren Eigenkapitals

Grundsätze des § 33 zur gliederungsmäßigen Behandlung von steuerlichen Verlusten entsprechend Anwendung finden (s § 33 Anm 3). So mindert hiernach der inländische Verlust zunächst entsprechend § 33 I das EK_{02}, während der Verlustausgleich mit den positiven steuerpflichtigen Einkünften aus dem Ausland entsprechend § 33 II das EK_{02} wieder erhöht. Eine Zuordnung der durch den Verlustabzug steuerfrei werdenden ausländischen Einkünfte ins EK_{01} ist nicht möglich (glA FG Nds, EFG 97, 489 Rev eingel). Mithin sind die ausländischen Einkünfte gliederungsmäßig im EK_{02} und nicht im EK_{01} enthalten. Aus dieser Beurteilung folgt, daß hier die ausländische Steuer nach § 31 I Nr 3 das EK_{02} verringert. (2) Übersteigt der inländische Verlust allein oder zusammen mit einem Verlustabzug iS des § 10 d EStG die steuerpflichtigen ausländischen Einkünfte, ergibt sich kein positives zu versteuerndes Einkommen. Der übersteigende Verlust mindert nach § 33 I 1 das EK_{02}. Die FinVerw geht davon aus, daß gedanklich die gesamten ausländischen Einkünfte dem EK_{02} zuzuordnen sind und dementsprechend die ausländische Steuer in voller Höhe das EK_{02} verringert (s A 88 II S 3 Nr 1 KStR). ME ist dieser Auffassung zuzustimmen, zumal durch die Zuordnung der ausländischen Steuer beim EK_{02} die Vergünstigungen des EK_{01} beibehalten werden (glA *Freikamp* in *D/E/J/W* § 31 Rz 72; aA *H/H/R* § 31 Rz 40, für einen Abzug der ausländischen Steuer beim EK_{01}). (3) Sind die steuerpflichtigen ausländischen Einkünfte höher als die inländischen Verluste des laufenden VZ, so berühren die ausländischen Vermögensmehrungen bis zur Höhe des im Rahmen der Einkommensermittlung hiervon (anteilig) abgezogenen Verlustes entsprechend den vorstehenden Grundsätzen des § 33 das EK_{02}. Die ausländische Steuer mindert folglich nach § 31 I Nr 3 (s § 31 Anm 7) das EK_{02} insoweit, als sie auf Einkünfte entfällt, die durch den Verlustabzug von der KSt freigestellt werden. Soweit die steuerpflichtigen ausländischen Einkünfte den abziehbaren inländischen Verlust übersteigen, entsteht durch die Anrechnung ausländischer Steuer nach § 26 (s § 26 Anm 4) ein ermäßigt belastetes Eigenkapital, das durch eine Aufteilung gemäß § 32 (s dort) zuzuordnen ist. Die anrechenbare ausländische Steuer ist auch hier stets vor der Aufteilung abzuziehen, soweit sie auf diese Einkünfte entfällt (glA A 88 II S 3 Nr 2 S 2 KStR). Damit wird die anzurechnende Steuer im Ergebnis nicht zusätzlich mit inländischer KSt belastet. Die Aufteilung der ausländischen Steuer erfolgt im Verhältnis der durch den Verlustabzug freigestellten ausländischen Einkünfte zu den verbleibenden der KSt tatsächlich unterliegenden ausländischen Einkünfte (vgl das Beispiel in A 88 II S 3 Nr 2 KStR). (4) Übersteigen die ausländischen Einkünfte zwar den Verlustabzug, verbleibt aber wegen der Anrechnung der ausländischen Steuer keine Belastung mit KSt, so entsteht hinsichtlich des übersteigenden Betrags ein Zugang zum EK_{01}. In diesem Fall verringert die ausländische Steuer, die anteilig auf die nach dem Verlustabzug verbleibenden steuerpflichtigen ausländischen Einkünfte entfällt, den Zugang zum EK_{01}. Andererseits verringert sich das EK_{02} um den Teil der ausländischen Steuer, der anteilig auf die durch den Verlustabzug von der inländischen KSt freigestellten ausländischen Einkünfte entfällt. Zur Aufteilung der ausländischen Steuer vgl das Beispiel in A 88 II S 3 Nr 3 KStR.

11. Ungemildert belastete Einkommensteile (Abs 1 S 3 Nr 1): Zu dem ungemildert mit KSt belasteten Teil des EK zählt das mit 45 (50/56) vH KSt belastete Einkommen. Zeitl legt Nr 1 fest, daß es sich um Einkommensteile handelt, die nach dem 31. 12. 1993 (31. 12. 1989/ 31. 12. 1976) der KSt unterliegen. Für Wj, die bis zum 31. 12. 76 enden, gilt altes KStRecht; diese Einkommensteile gehören zu EK_{03} (s u Anm 16). Zum Übergang EK_{56} nach EK_{50} s § 54 VIII idF des G v. 25. 7. 88 (Vor § 1 Anm 19) u § 54 Anm 23; zum Übergang EK_{50} nach EK_{45} s § 54 Anm 32. Zur Erfassung fiktiv, zB nach §§ 1, 10 AStG, besteuerter Beträge s § 29 Anm 5.

12. Mit 30 (36) vH belastete Einkommensteile (Abs 1 S 3 Nr 2): Ursprüngl sprach Abs 1 S 3 Nr 3 von ermäßigt belasteten Einkommensteilen. Ab VZ 1984 ist der vH-Satz auf 36, ab VZ 1994 auf 30 – vH festgeschrieben. Das EK_{30} entsteht idR durch die Aufteilung von – zB wegen Anrechnung ausländischer Steuer – ermäßigt belasteten Eigenkapitalteilen nach § 32 KStG. Nur mit sog kuponsteuerpflichtigen Zinseinnahmen iS des § 43 I Nr 5 EStG/§ 40 II KAGG wird ein unmittelbarer Zugang zum EK_{30} verwirklicht, weil mit der einbehaltenen KapErtrSt von 30 vH die KSt abgegolten ist (s § 50 I 3). Kapitalerträge, die einem Zinsabschlag von 30 vH nach § 43 Abs 1 Nr 4 EStG unterliegen, führen wegen der fehlenden Abgeltungswirkung nicht direkt zum EK_{30}. Zu den ermäßigt belasteten Einkommensteilen s im übrigen Anm 4 ff und § 32.

13. Unbelastete Vermögensmehrungen (Abs 1 S 3 Nr 3): Hierzu zählen nicht nur stfreies Einkommen oder stfreie Einkommensteile, sondern auch stfreie Vermögensmehrungen, die das EK erhöhen, ohne dem Grunde nach Teil des Einkommens zu sein (Einlagen); daher Austausch des Begriffs der Einkommensteile (s Nr 1, 2) durch denjenigen der Vermögensmehrung. Außerdem zählen zu dieser Gruppe (EK_0) die sog Altvermögensmehrungen, dh die Altgewinne und Altrücklagen, die in bis zum 31. 12. 76 abgelaufenen Wj entstanden sind. Da diese Teile des EK allenfalls mit definitiver Alt-KSt belastet sind, nicht aber mit KSt ab KStG 1977, gelten sie als (näml mit anrechenb KSt) unbelastet. § 30 I S 1 Nr 3 spricht zwar nur von Vermögensmehrungen; gleiches gilt aber auch für **Vermögensminderungen,** so zB für Verluste in einer ausländischen Betriebstätte in einem DBA-Staat ohne Antrag auf Verlustabzug nach § 2 a III EStG (glA A 83 I S 2 KStR; *Dötsch/E/J/W* § 30 Rz 70). EK_0 ist in 4 Untergruppen (EK_{01-04}) zu unterteilen (Abs 2; s Anm 14 ff). Soweit unbelastetes EK ausgeschüttet wird, ist durch eine KStErhöhung die AusschüttungsBel herzustellen; Ausgleich in Einzelfällen durch § 52 (s dort); Ausnahme: Abs 2 Nr 1 u 4 (= $EK_{01\ u\ 04}$; s § 40 Nr 1, 2).

14. Ausl stfreie Einkünfte und stfreie Einkünfte nach § 8 b (Abs 2 Nr 1): Gesondert auszuweisen sind EK-Teile, die in nach dem 31. 12. 76 abgelaufenen Wj aus ausl Eink entstanden sind, die nicht mit inländischer KSt belastet sind. Ursprgl Zweck der Untergliederung: Ermöglichung des Vergütungsverfahrens gem § 52. Zweckänderung durch das StandOG ab VZ 1994 (Anm 2): Abs 2 Nr 1 (EK_{01}) erfaßt jetzt stfreie ausl Eink, um die stfreie Weiterausschüttung nach § 8b zu ermögl; s auch § 41 Nr 1.

Diese durchgeschütteten stfreien Eink und die stfreien Veräußerungsgewinne nach § 8 b II werden ebenfalls im EK_{01} ausgewiesen. Der Rechtsgrund der StBefreiung der ausl Eink ist unerhebl. Befreiung zB aufgrund eines DBA (internationales Schachtelprivileg, Betriebstättenbefreiung; Belegenheitsbefreiung), indirektes Schachtelprivileg gem § 26 II–III usw; vgl A 83 I KStR. Unbelastet mit dt KSt können die Eink auch sein, weil eine Anr ausl Steuer ohne RestBel mit inl Steuer voll durchgreift, dh die auf die inländische KSt anzurechnende ausl Steuer mindestens so hoch ist oder nach § 26 III als so hoch gilt wie die inländische KSt. Unterliegen die ausl Eink der inländischen Steuer und wird die ausl Steuer nicht voll durchgreifend angerechnet, so liegen ermäßigt belastete Einkommensteile vor (Anm 10); nach der Aufteilung (s § 32) wird ein Teilbetrag auch in EK_{01} eingeordnet, sofern die TarifBel zwischen 0 und 30 vH liegt (§ 32 Anm 1, 6). Wird die ausl Steuer wie Betriebsausgabe abgezogen (§ 26 Anm 83f), liegen keine stfreien ausl Eink vor. Den ausl Eink zurechenb Betriebsausgaben s Anm 18. Ausl **Verluste** ordnet die FinVerw EK_{01} zu (A 83 I S 2 KStR; aA – für Zuordnung nach § 33 – *Müller-Dott* IWB 3 Deutschland Gr 1, 601 (7/80)); werden die ausl Verluste nach § 2 AIG bzw § 2 a III EStG abgezogen, werden sie wie inl Verluste behandelt (A 89 VIII KStR u BdF BStBl I 85, 9; dazu *Lange* IWB 3 Deutschland Gr 4, 277 (7/85); *Raudszus* BB 85, 859; zu den ausl St im Fall des § 2 AIG bzw § 2 a III EStG s § 31 Anm 7). Zum Zusammentreffen ausl Eink mit inl Verlusten s Anm 10. Zur Minderung des EK_{01} durch ausl St s § 31 Anm 7.

15. Sonstige steuerfreie Vermögensmehrungen (Abs 2 Nr 2): Sammel-Untergruppe (EK_{02}) für alle stfreien Vermögensmehrungen, die nicht in $EK_{01, 03, 04}$ einzuordnen sind. **Beispiele:** Angleichung der EK-Gliederung an die Steuerbilanz; Ausbildungs-Abzugsbetrag gem § 24b EStG; Freibetrag nach § 25; InvZul (BFH BStBl II 92, 265); Sanierungsgewinn; stfreie Zinsen; stfreie Eink aufgrund StFreiheit der Körperschaft (A 83a KStR 1985); §§ 33 I, 34, 35 II, 38 IV; EK aus der Zeit einer Veranlagung nach A 104 I KStR, sofern nicht Gegenteiliges glaubhaft gemacht wird (A 82 III KStR 1985). Nicht in das EK_{02} einzuordnen sind Dividenden in ein BetrVerm, die mit EK_{04} zu verrechnen sind (BFH BStBl II 91, 177; dazu *Hoffmann* BB 91, 659). Rückzahlung stfreier Vermögensmehrungen (zB Rückzahlung von InvZul) ist Abs 2 Nr 2 abzurechnen (*Maas* BB 77, 37). Der Abrundungsbetrag nach § 23 VI aF (§ 23 Anm 16) ist nicht befreites oder ermäßigt belastetes EK, sondern gehört zu der EK-Gruppe, bei der abgerundet wurde (BFH BStBl II 88, 203). Zuzurechnende Aufwendungen s Anm 18.

Ein weiterer Anwendungsfall des EK_{02} ist die **Anpassung** der Gliederungsrechnung an das verwendbare EK aus der **Steuerbilanz.** Das verwendbare EK ist nach § 29 aus dem EK laut Steuerbilanz abzuleiten (s § 29 Anm 3). Die einzelnen Teilbeträge des verwendbaren EK müssen daher in ihrer Summe mit dem verwendbaren EK laut der Steuerbilanz iS des § 29 II übereinstimmen. Bei Abweichungen ist idR eine Angleichung der Gliederungsrechnung an die Steuerbilanz notwendig. Diese Anpassungen erfol-

Sonstige steuerfreie Vermögensmehrungen   15   § 30

gen durch Erhöhung oder Verringerung des EK_{02} (vgl BFH BStBl II 92, 154; A 83 II KStR). Hierdurch kann auch ein negatives EK_{02} entstehen. Solche Anpassungen sind zB erforderlich bei: (1) Berichtigungen nach **§ 1 AStG**. Enthält das Einkommen einen Berichtigungsbetrag iS des § 1 AStG, ohne daß sich das EK nach der Steuerbilanz erhöht, weicht die aus dem Einkommen abgeleitete Gliederungsrechnung von der Steuerbilanz ab, so zB bei unentgeltlicher Nutzungsüberlassung von Wirtschaftsgütern an eine ausländische Tochtergesellschaft (BFH BStBl II 71, 408). (2) Zugriffsbesteuerung nach **§ 10 AStG**. Der Hinzurechnungsbetrag bei Beteiligung an ausländischen Zwischengesellschaften (§§ 7, 10 AStG) erhöht zwar das steuerpflichtige Einkommen der beteiligten inländischen KapGes, nicht aber ihr Eigenkapital in der Steuerbilanz. (3) Bildung von Gewinnrücklagen in **Organschaftsfällen** mit Minderheitsgesellschaften. Stellt die OrgGes Beträge aus dem Jahresüberschuß in eine Gewinnrücklage ein, so werden diese Beträge dem gliederungspflichtigen Organträger in voller Höhe als Vermögensmehrung zugerechnet und erhöhen sein verwendbares EK. Gleichzeitig ist in der Steuerbilanz des Organträgers ein aktiver steuerlicher Ausgleichsposten zu bilden, aber nur in Höhe des Vomhundertsatzes der Beteiligung des Organträgers am Nennkapital der OrgGes (s § 14 Anm 90). Zur Anpassung der Gliederungsrechnung des Organträgers an seine Steuerbilanz ist der Unterschiedsbetrag zwischen den von der Organgesellschaft gebildeten Rücklagen und dem besonderen Ausgleichsposten in der Eigenkapitalgliederung des Organträgers vom EK_{02} abzuziehen (A 91 II S 3 KStR mit Beispiel). (4) **Schätzung** des vEK. Ist das verwendbare EK auf Grund einer Schätzung von Besteuerungsgrundlagen ermittelt worden und stellt sich später heraus, daß es mit dem verwendbaren EK einer für das Folgejahr eingereichten zutreffenden Steuerbilanz nicht übereinstimmt, so bedarf es einer Anpassung in der nächsten gesonderten Feststellung, die noch geändert werden kann oder erstmals ergeht. (5) Steuerlich nicht zu berücksichtigende Gewinnminderungen nach **§ 2 a I Nr 6 c, Nr 7 EStG, § 50 c EStG und § 8 b VI.** Diese werden bilanziell abgezogen, jedoch in der Einkommensermittlung hinzugerechnet. Sie würden in der Gliederungsrechnung zu einem höheren verwendbaren Eigenkapital gegenüber der Steuerbilanz führen und verringern daher zur Anpassung das EK_{02}. (6) Gewinnzuschlag für Auflösung einer Rücklage nach **§ 6 b III EStG**. Wird eine steuerfreie Rücklage nach § 6 b III S 5 EStG wegen nicht rechtzeitiger Ersatzbeschaffung gewinnerhöhend aufgelöst, erfolgt außerhalb der Bilanz ein Gewinnzuschlag nach § 6 b VII EStG, der das Einkommen der KapGes, nicht aber ihr EK erhöht. Zur Anpassung an die Steuerbilanz verringert sich das EK_{02} um den Gewinnzuschlag. (7) Auflösung der **Akkumulationsrücklage**. Durch die Auflösung der Akkumulationsrücklage nach § 58 II EStG im Rahmen der Einkommensermittlung wird die Gliederungsrechnung um den Hinzurechnungsbetrag höher als das sich aus der Steuerbilanz ergebende Eigenkapital (A 83 II Nr 7 KStR). (8) **Fehlerhafte Vorjahres-EK-Gliederung**. Ergeben sich Abweichungen zwischen dem EK laut Steuerbilanz und dem EK laut Gliederungsrechnung, die auf eine sachlich unzutreffende, jedoch bestandskräftige gesonderte Feststellung der Teilbeträge des verwendbaren EK zum Schluß eines vorangegangenen Wirtschaftsjahres zurückzuführen sind, dann sind die Abweichungen in der Gliederungsrechnung beim EK_{02} anzusetzen (BFH BStBl II 92, 154). Diese Angleichung setzt im Vergleich zur Steuerbilanz ein in der Summe zu hoch oder zu niedrig festgestelltes verwendbares Eigenkapital voraus. Einzelne fehlerhaft festgestellte Teilbeträge ohne Auswirkung auf die Summe des verwendbaren Eigenkapitals (zB unzutreffender Ansatz EK_{04} anstelle zutreffender Ausweis EK_{02} in der bestandskräftigen Vorjahresgliederung) können in der Folgegliederung – ohne mögliche Änderung der Vorjahresgliederung nach den Vorschriften der AO – nicht mehr über EK_{02} richtiggestellt werden (BFH aaO; vgl auch *Frotscher/Maas* § 30 Rz 149; *Wassermeyer* DB 92, 108).

Keine Anpassung der EK-Gliederung an die Steuerbilanz erfolgt hinsichtlich der Abweichungen durch KStÄnderungen bei der Herstellung der Ausschüttungsbelastung und durch Ausschüttungen, die nicht auf einem den gesellschaftsrechtlichen Vorschriften entsprechenden Gewinnverteilungsbeschluß für ein abgelaufenes Wirtschaftsjahr beruhen (insbes abgeflossene vGa oder Vorabausschüttungen für das laufende Wirtschaftsjahr). Diese sind in § 29 I besonders geregelt. Auch ohne ausdrückliche Regelung entfällt ferner eine Anpassung bei beschlossenen Gewinnausschüttungen, die erst in späteren Wirtschaftsjahren abfließen (A 79 II KStR). Durch die Passivierung der beschlossenen Ausschüttung tritt bereits eine Verringerung des Eigenkapitals in der Bilanz ein, während sich das Eigenkapital in der Gliederung des verwendbaren EK erst durch den Abfluß der Ausschüttung mindert (s § 29 Anm 7). Gleiches gilt für die Eigenkapitalabweichung zwischen Gliederungsrechnung und Steuerbilanz bei Abfluß einer passivierten vGa (zB steuerlich als vGa zu beurteilende Tantiemerückstellung) in einem späteren Wirtschaftsjahr (s auch A 80 II S 4 KStR).

16. Altvermögensmehrungen (Abs 2 Nr 3): Verwendb EK, das bis zum Ende des letzten vor dem 1. 1. 77 abgelaufenen Wj entstanden ist. Zweck der Untergliederung: Vergütungsverfahren gem § 52; KapErhöhung aus GesMitteln, § 41 III. Hierzu zählen Altgewinne und Altrücklagen, aber auch Einlagen, die in vor dem 1. 1. 77 abgelaufenen Wj erbracht wurden; die Rückzahlung dieser Einlagen führt, vorbehaltl § 20 III EStG, weiterhin zu Eink aus KapVerm, da § 20 I Nr 1 S 3 EStG nur für die Einlagen gem Abs 2 Nr 4 (s Anm 17) gilt. Das EK aus der Zeit einer beschr StPfl zählt zu EK_{03} (A 82 III KStR 1985). Nachträgl Ausschüttungen für vor dem 1. 1. 77 abgelaufene Wj werden mit EK_{03} verrechnet (FinVerw 1982 StEK KStG 1977 § 54 Nr 1). Das gleiche gilt für die Rückzahlung von vor dem 1. 1. 77 geleisteten Nachschüssen (§§ 26, 30 GmbHG); so jedenfalls FinVerw 1982 StEK KStG 1977 § 30 Nr 15 (zweifelhafte Anweisung; § 28 Anm 9). Aufwendungen, die mit diesen Altvermögensmehrungen zusammenhängen, s Anm 18. Zur Verrechnung der PauschSt nach § 5 KapErhStG s dort Abs 2 S 3.

17. Einlagen (Abs 2 Nr 4), die das verwendb EK in nach dem 31. 12. 76 abgelaufenen Wj erhöht haben. Zweck der Untergliederung: Rückzahlung führt nicht zu Eink aus KapVerm (§ 20 I Nr 1 S 3 EStG); keine

Einlagen **17 § 30**

KStErhöhung (§ 40 S 1 Nr 2); s außerdem § 41 III. Zu den Einlagen s § 8 Anm 32 ff. Wird ein Gewinnverteilungsbeschluß mit der Maßgabe geändert, daß Gewinnausschüttungen zurückzuzahlen sind, so sind diese Rückzahlungen EK_{04} gutzuschreiben (s § 27 Anm 12). Zu zurückgezahlter vGa s weiter unten. Liebhabereiverluste dürfen nicht zum Verzehr von KStGuthaben führen; sie sind daher als negative Einlagen zu behandeln (*Widmann* JbFSt 78/79, 399); dies gilt natürl nur, sofern der Liebhabereibetr überhaupt in die EK-Gliederung einbezogen wird, s dazu § 8 Anm 29. Nicht zu den Einlagen iSd Nr 4 gehören Einzahlungen auf das NennKap (arg § 29 II); dem EK_{04} zuzurechnen sind jedoch Vermögenszuführungen, die als verdeckte NennKap zu werten sind (s weiter § 29 Anm 10 u § 8 Anm 12). KapHerabsetzung ohne Auszahlung an die AntE vermindert das NennKap, erhöht EK_{04} (A 83 IV KStR). Rückzahlungen von nach dem 1. 1. 1977 geleisteten Nachschüssen (§§ 26, 30 GmbHG) werden mit EK_{04} verrechnet (FinVerw 1982 StEK KStG 1977 § 30 Nr 15; mE zweifelhaft, auch wenn die Nachschüsse richtigerweise in EK_{04} eingeordnet wurden – vgl *Glade* GmbHR 83, 177 –; dazu § 28 Anm 8). Bei der Einziehung von GmbH-Anteilen soll eine Verrechnung mit EK_{04} erfolgen (so A 83 IV KStR; mE zweifelhaft, § 27 Anm 9). Alteinlagen sind in EK_{03} (s Anm 16) auszuweisen. Aufwendungen, die mit den Einlagen zusammenhängen, s Anm 18.

Zurückgezahlte vGa sind nach hA Einlagen (§ 8 Anm 114). Bei der Rückgängigmachung der vGa erhöht sich bereits mit der Aktivierung des Anspruches auf Rückgewähr das bilanzielle EK. Wegen der Anknüpfung des verwendbaren EK nach § 29 an die Steuerbilanz liegt mE bereits durch die Aktivierung der Einlageforderung ein Zugang beim EK_{04} vor (glA Hess FG EFG 96, 829). Demgegenüber will die neuere BFH-Rechtsprechung den Rückgewähranspruch gliederungsrechtlich erst im Zeitpunkt seiner Erfüllung im EK_{04} erfassen (vgl BFH BStBl II 97, 92; BFH/NV 97, 151, in Änderung der Rechtsprechung zu BFH BStBl II 90, 24). Der BFH wendet die Grundsätze über die Herstellung der Ausschüttungsbelastung bei Ausschüttungen entsprechend für die Behandlung einer Rückgängigmachung von Ausschüttungen als Zugang in der EK-Gliederung an. Die Herstellung der Ausschüttungsbelastung setzt einen vermögensmäßigen Abfluß voraus, auch wenn bilanziell sich bereits durch den Gewinnverteilungsbeschluß das EK der KapGes verringert (s § 27 Anm 10). Die Erfüllung der Einlageforderung verlangt nicht zwingend eine Rückzahlung der Ausschüttung, möglich ist auch eine Aufrechnung mit fälligen Gegenforderungen des Anteilseigners gegenüber seiner KapGes. Für weitere Erfüllungsarten gelten die Ausführungen zum Abfluß von Gewinnausschüttungen sinngemäß (vgl dazu § 27 Anm 10).

Negatives EK_{04} entsteht mE, wenn bei einer Sacheinlage gegen Gewährung von neuen Gesellschaftsrechten nach **§ 20 UmwStG** in der Steuerbilanz ein **aktiver Ausgleichsposten** zur Angleichung des gegenüber der Handelsbilanz niedrigeren EK gebildet wird (s BMF BStBl I 78, 235, Tz 21, 22). Wird zB eine GmbH mit einem Stammkapital von 200 000 DM gegen Einbringung eines Betriebes (Buchwert 120 000 DM,

Teilwert 300000 DM) gegründet und wählt die übernehmende GmbH steuerlich nach § 20 UmwStG den Buchwertansatz, so erfordert dies zwar handelsrechtlich eine Aufstockung des Einbringungswertes auf das Stammkapital, steuerlich kann aber eine Buchwerteinbringung erfolgen. Zur Anpassung des steuerlichen Buchvermögens an das festgelegte höhere Stammkapital ist hier in der Steuerbilanz ein aktiver Ausgleichsposten zu bilden, der nicht Bestandteil des Betriebsvermögens, sondern einen sog Luftposten darstellt (s BMF aaO). Dieser Luftposten verringert mE wegen seiner gesellschaftsrechtlichen Veranlassung das EK_{04}, ggf Ausweis eines negativen EK_{04} (glA *D/E/J/W* § 30 Rz 79; *Widmann* JbFfSt 1979/80, 475, 482; aA *Fasold* StbKongrRep 77, 313, 328, der einen Abzug beim EK_{02} befürwortet).

18. Aufwendungen: Die Zurechnung zum verwendb EK in EK_{01}–EK_{04} erfolgt mit Nettobeträgen (A 83 V KStR). Aufwendungen, die in unmittelb Zusammenhang mit bestimmten EK-Zugängen stehen, sind diesen EK-Gruppen zuzuordnen. So werden Ausgaben, deren Abzug wegen des unmittelbaren wirtschaftlichen Zusammenhangs mit steuerfreien Einnahmen nach § 3 c EStG ausgeschlossen ist, bei der Ermittlung der steuerfreien Vermögensmehrungen abgezogen (vgl A 85 III Nr 1 KStR). Zurechnung nichtabziehbarer Aufwendungen s § 31.

19. Erstmalige Gliederung: Abs 3 wurde angefügt durch den Einigungsvertrag mit Wirkung ab VZ 1991 und Rückwirkung nach § 54 XII, jeweils idF des Einigungsvertrags (s Anm 2 3. Aufl). Die Vorschrift hat Bedeutung für Körperschaften, die erstmals ihr verwendbares EK gliedern. Das über das Nennkapital hinausgehende EK wird – vorbehaltlich der §§ 38, 38 a zur Verschmelzung oder Spaltung – dem EK_{04} zugeordnet. Ein besonderes EK_{03} – wie beim Start in das AnrV – gibt es nicht. Das als EK_{04} ausgewiesene EK ist vollgültiges EK, auf das alle allgemeinen Regeln der Gliederungsrechnung und die Besonderheiten für EK_{04} Anwendung finden. Abs 3 findet Anwendung neben der erstmaligen EK-Gliederung zum 1. 1. 91 für Körperschaften im Beitrittsgebiet, insbesondere bei Neugründung einer KapGes, Umwandlung einer PersGes in eine KapGes, auch bei einer verschleierten Sachgründung hinsichtlich der steuerlichen Zwangsaufdeckung (s BFH BStBl II 93, 131; *D/E/J/W* § 30 Rz 83), ferner bei Verlegung des Sitzes und/oder der Geschäftsleitung einer ausländischen KapGes ins Inland, nicht aber in Fällen des Mantelkaufes nach § 8 IV KStG (A 83 VI S 5 KStR) und nach Verwaltungsauffassung bei der erstmaligen EK-Gliederung von kleineren Körperschaften iS des Abschn 104 KStR (A 83 VI S 3 KStR; s hierzu Anm 3).

Die erstmalige EK-Gliederung nach Abs 3 erfolgt – abgesehen von dem Fall der Körperschaften im Beitrittsgebiet zum 1. 1. 91 – nicht auf den Beginn, sondern auf den Schluß des betreffenden Wirtschaftsjahrs (A 83 VI S 1 KStR).

Nichtabziehbare Ausgaben **§ 31**

§ 31 Zuordnung der bei der Einkommensermittlung nichtabziehbaren Ausgaben

(1) Zur Berechnung der in § 30 bezeichneten Teilbeträge des verwendbaren Eigenkapitals sind die bei der Ermittlung des Einkommens nichtabziehbaren Ausgaben für nach dem 31. Dezember 1976 abgelaufene Wirtschaftsjahre wie folgt abzuziehen:
1. die Körperschaftsteuererhöhung von dem Teilbetrag, auf den sie entfällt,
2. die tarifliche Körperschaftsteuer von dem Einkommensteil, der ihr unterliegt,
3. ausländische Steuer von den ihr unterliegenden ausländischen Einkünften,
4. sonstige nichtabziehbare Ausgaben von den Einkommensteilen, die nach dem 31. Dezember 1993 ungemildert der Körperschaftsteuer unterliegen.

(2) [1] Soweit die in Absatz 1 Nr. 4 bezeichneten Einkommensteile für den Abzug nach dieser Vorschrift nicht ausreichen, treten die Einkommensteile an ihre Stelle, die nach dem 31. Dezember 1993 einer Körperschaftsteuer von 30 vom Hundert unterliegen. [2] Übersteigen die sonstigen nichtabziehbaren Ausgaben auch diese Einkommensteile, so ist der Unterschiedsbetrag den in den folgenden Veranlagungszeiträumen entstehenden Einkommensteilen in der in Satz 1 bezeichneten Reihenfolge zuzuordnen.

(3) In den Fällen des § 30 Abs. 3 sind bei der Ermittlung des Einkommens nichtabziehbare Ausgaben für vor dem Stichtag der Eröffnungsbilanz abgelaufene Wirtschaftsjahre, die das Betriebsvermögen in einem später abgelaufenen Wirtschaftsjahr gemindert haben, dem Teilbetrag im Sinne des § 30 Abs. 2 Nr. 4 zuzuordnen.

Abs 1 lautete bis zur Änderung durch das G v 13. 9. 93 (Anm 2):

(1) Zur Berechnung der in § 30 bezeichneten Teilbeträge des verwendbaren Eigenkapitals sind die bei der Ermittlung des Einkommens nichtabziehbaren Ausgaben für nach dem 31. Dezember 1976 abgelaufene Wirtschaftsjahre wie folgt abzuziehen:
1. die Körperschaftsteuererhöhung von dem Teilbetrag, auf den sie entfällt,
2. die tarifliche Körperschaftsteuer von dem Einkommensteil, der ihr unterliegt,
3. ausländische Steuer von den ihr unterliegenden ausländischen Einkünften,
4. sonstige nichtabziehbare Ausgaben von den Einkommensteilen, die nach dem 31. Dezember 1989 ungemildert der Körperschaftsteuer unterliegen.

Abs 2 lautete bis zur Änderung durch das G v 21. 12. 93 (Anm 2):

(2) Soweit die in Absatz 1 Nr. 4 bezeichneten Einkommensteile für den Abzug nach dieser Vorschrift nicht ausreichen, treten die Einkommensteile an ihre Stelle, die nach dem 31. Dezember 1976 einer Kör-

§ 31 1   Nichtabziehbare Ausgaben

perschaftsteuer von 36 vom Hundert unterliegen. Übersteigen die sonstigen nichtabziehbaren Ausgaben auch diese Einkommensteile, so ist der Unterschiedsbetrag den in den folgenden Veranlagungszeiträumen entstehenden Einkommensteilen in der in Satz 1 bezeichneten Reihenfolge zuzuordnen.

Abs 3 lautete bis zur Änderung durch das G v 25. 2. 92 (Anm 2):

(3) Bei der Ermittlung des Einkommens nichtabziehbare Ausgaben für vor dem 1. Januar 1977 abgelaufene Wirtschaftsjahre, die das Betriebsvermögen in einem später abgelaufenen Wirtschaftsjahr gemindert haben, sind von dem Teilbetrag im Sinne des § 30 Abs. 2 Nr. 3 abzuziehen.

Gesetzesfassungen bis zum KStG 1991 (Vor § 1 Anm 20) s 3. Auflage.
Körperschaftsteuerrichtlinien: Abschnitt 85

Übersicht

1. Allgemeines
2. Geltungszeit
3. Zurechnung der KStErhöhung (Abs 1 Nr 1)
4. Zurechnung der KStMinderung
5. Zurechnung der normalen KSt von 45 vH
6. Zurechnung sonstiger tarifl KSt (Abs 1 Nr 2)
7. Ausländische Steuer (Abs 1 Nr 3)
8.–11. Sonstige nichtabzb Ausgaben (Abs 1 Nr 4)
12.–14. Fehlendes EK_{45} zur Verrechnung mit nichtabzb Ausgaben
15. Überhang bei Großspenden
16. Mehrsteuern durch Änderungsveranlagungen
17., 18. Nichtabzb Ausgaben für vor dem 1. 1. 77 abgelaufene Wirtschaftsjahre (Abs 3 aF)
19. Nichtabzb Ausgaben in den Fällen des § 30 III

1. Allgemeines:

Schrifttum: *Wischet,* Zweifelsfragen zu § 31 KStG 1977, DB 77, 1286; *ders,* Sind KStNachzahlungen für 1976 bei der Ermittlung des Einkommens 1977 als nichtabzb Aufwendungen iSv § 10 Nr 2 KStG zu behandeln?, DB 77, 2245; *Ring,* Behandlung der Vermögensabgabe bei der KSt vor und nach der KStReform, Inf 78, 174; *Kantenwein,* Ist in der Bilanz eine zusätzl StVerbindlichkeit bzw -rückstellung auszuweisen, wenn im Fall des § 31 II 3 KStG nichtabzb Ausgaben in der EKGliederung vorzutragen sind?, FR 78, 336; *Müller-Dott,* Anr ausl St nach § 26 I KStG u Aufteilung des verwendb EK, BB 78, 1105; *Brezing* StbJb 81/82, 402; *Mayer-Wegelin,* Das verwendb EK: Eine Zwangsjacke für kstpfl Unternehmen, DB 85, 1757; *Kröger,* Zur Behandlung der sog nichtabzb Ausgaben bei der KSt, FR 86, 343; *Herzig,* Nachversteuerung nichtabzb Ausgaben und Organschaft, DStR 87, 671; *ders,* Vorschläge zur Verbesserung der Behandlung nichtabzb Ausgaben in KStG 1977, Institut FuSt Brief 263, 1987; *Siegel,* Die systemgerechte kstl Behandlung nichtabzb Ausgaben, BB 88, 1013; *Lohaus,* Abzb u nichtabzb Aufwendungen im KStR, Diss Münster, 1988; *Ehmcke* DStJG 20 (1997), 257. S auch die Schrifttumshinweise zu den übrigen Vorschriften des AnrV u zu §§ 9, 10.

Die Gliederung des verwendb EK in § 30 knüpft an das Einkommen an. Um die tatsächl Ausschüttungsmasse auszuweisen, müssen die nichtabzb Ausgaben, im Einkommen enthalten, den einzelnen Gruppen des § 30 zugerechnet werden. Diese Zuordnung nimmt § 31 vor, wobei die Vorschrift von dem Zweck beherrscht wird, die nichtabziehb Ausgaben nach Möglichkeit voll mit KSt zu belasten (45 (50/56) vH). Soweit dieser Zweck verwirklicht wird, beläuft sich die StBel auf 9/11 (bzw 1/1 bzw 14/11) − 81,81 vH (bzw 100 vH bzw 127,27 vH) der nichtabziehb Ausgaben. Zur Kritik s *Kröger* FR 86, 343; *Mayer-Wegelin* DB 85, 1757; differenzierter zur Bel *Breithecker* DB 85, 2109; s auch ausführl hierzu Institut FuSt Brief 263 (Anm 1). Die unterschiedl Behandlung nichtabzb Ausgaben und vGA sowie die KStBel bei einem Zusammentreffen beider nichtabzb Positionen ist nicht verfassungswidrig (FG BaWürt EFG 93, 176). S auch ABC „Nichtabziehbare Aufwendungen".

2. Geltungszeit: § 31 gilt ab Inkrafttreten des KStG 1977; zum Start in das AnrV s § 54 Anm 1−11. Zu nachfolgenden Änderungen bis zum KStG 1991 s 3. Aufl. Abs 3 wurde durch das StÄndG 1992 v 25. 2. 92 (BGBl I 92, 292; BStBl I 92, 146) neugefaßt, und zwar mit Wirkung vom VZ 1991 (§ 54 I idF des G v 25. 2. 92). Abs 1, hier allerdings nur Abs 1 Nr 4 wurden durch das StandOG v 13. 9. 93 (BGBl I 93, 1569; BStBl I 93, 774) neugefaßt, und zwar mit Wirkung ab VZ 1994 (§ 54 I idF des StandOG; s dazu auch § 54 Xa−XIb u § 54 Anm 32. Die Änderung ist durch die Absenkung der TarifBel auf 45 vH (§ 23 Anm 3) erforderl. Schrifttum s § 23 Anm 2. Abs 2 wurde durch das StMBG v 21. 12. 93 (BGBl I 93, 2310; BStBl I 94, 50) korrigiert.

3. Zurechnung der KStErhöhung (Abs 1 Nr 1): Zurechnung zu dem Teilbetrag, auf den sie entfällt. Systemzusammenhang mit § 28 VI 2; soweit für eine Ausschüttung Teilbeträge aus dem verwendb EK entnommen werden, deren TarifBel unter 30 (36) vH liegt, darf nur soviel verwendet werden, daß auch die durch die Verwendung ausgelöste KSt abgedeckt wird (dazu § 28 Anm 17).

4. Für eine **KStMinderung** war in § 31 eine Zuordnungsvorschrift nicht erforderl, da sie nach § 28 VI 1 stets als für die Ausschüttung verwendet gilt (s § 28 Anm 15).

5. Zurechnung der normalen KSt von 45 (50/56) vH: Durch die Neufassung des Abs 1 Nr 2 durch das StBerG 1985 (Vor § 1 Anm 19) wurde klargestellt, daß bei der Entwicklung des verwendb EK die tarifl ungemilderte KSt von dem Einkommensteil abgezogen wird, der ihr unterliegt. So verfuhr die FinVerw schon bisher (vgl A 84 I KStR in den bisherigen Fassungen). Zweifel hieran gab es allerdings auch vorher nicht, da die Zurechnung über Abs 1 Nr 4 vollzogen werden konnte (s 2. Auflage).

6. Zurechnung sonstiger tarifl KSt (Abs 1 Nr 2): Bis zur Neuregelung des Abs 1 Nr 2 durch das StBerG 1985 (Vor § 1 Anm 19) erfaßte Nr 2 nur die ermäßigte KSt; die geänderte Formulierung umfaßt jede tarifl KSt. Sie ist von den Einkommensteilen abzuziehen, die ihr unterliegen. Ob sich eine ermäßigte KSt auf das gesamte Einkommen bezieht oder nur auf

Einkommensteile, kann zweifelhaft sein; dazu § 30 Anm 5 ff. Nach Abzug der ermäßigten KSt erfolgt die Aufteilung gem § 32, falls nicht – bis VZ 1983 – eine gesonderte EK-Gruppe entstand; s hierzu § 32.

7. Ausl Steuer (Abs 1 Nr 3): Zur ausl St iSv Abs 1 Nr 3 s A 88 KStR; dazu *Singbartl/Hundt/Dötsch* DB 82, 145 u DB 86, 828, 831. Zur stl Nichtabziehbarkeit der ausl St s § 10 Anm 12. Sind die ausl Eink von der inländischen St befreit oder unterliegen sie aus anderen Gründen – zB aufgrund einer vollständig mögl Anr nach § 26 – nicht der inländischen Besteuerung, werden Eink und ausl St EK_{01} zugeordnet (A 88 I Nr 1 KStR; vgl auch § 30 Anm 14). Sind die ausl Eink wegen einer Anr nach § 26 oder eines DBA noch mit dt KSt – wenn auch ermäßigt – belastet, so erfolgt nach der Zurechnung der ausl St die Aufteilung des Restbetrages gem § 32, s § 30 Anm 10, A 86 V, 88 I Nr 2 KStR. Fiktiv anzurechnende ausl St, die zu einer StBefreiung bzw StErmäßigung bestimmter Einkunftsteile führt, wird nicht abgerechnet (s hierzu *Müller-Dott* BB 78, 1105; *Denkl* RiW/AWD 79, 324; *Dötsch* DB 79, 1479). Ausl St, die nach § 26 iVm § 34c II, III EStG (§ 26 Anm 83f) von dem Gesamtbetrag der Eink abgezogen wird, berührt nicht die StBel mit dem RegelStSatz, zB 45 vH, führt also nicht zur Aufteilung (A 88 I Nr 3 KStR). Tritt eine Ermäßigung hinzu, die zu einer Aufteilung auf $EK_{30(36)}$ und EK_0 führt, so ist der EK_0-Betrag in EK_{01} einzuordnen (A 88 I Nr 3 KStR). Zu den Pauschalierungsfällen des § 26 iVm § 34c V EStG (s § 26 Anm 82 u Anm 76ff) s A 88 I Nr 4 KStR; § 32 Anm 10. Zur Zuordnung ausl St im Fall des § 2 AIG bzw § 2a III EStG s § 33. Zu § 2a I EStG u ausl St s A 88 I Nr 5 KStR; zum französischen avoir fiscal s A 88 I Nr 6 KStR. Zum Zusammentreffen ausl Eink mit Verlusten, mit Verlustvor- und -rückträgen s § 30 Anm 10. Ausl VSt mindert ebenfalls das aus ausl Eink stammende EK (*Dötsch* DB 78, 367). Wird ausl St später mit der Folge erstattet, daß sich das verwendb EK erhöht, ist Abs 1 Nr 3 entspr anzuwenden; die Erstattung wirkt wie eine Einnahme aus einer ausl Quelle.

8. Sonstige nichtabzb Ausgaben (Abs 1 Nr 4): Sie werden dem ungemildert bel EK zugeordnet, dh bis 1989 EK_{56}, ab 1990 EK_{50} u ab 1994 EK_{45}; auf diese Weise werden sie voll mit 45 (50/56) vH KSt belastet. Nichtabzb Ausgaben (s auch § 10 Anm 3 ff): Aufwendungen gem § 10 (Aufwendungen für Satzungszwecke, VSt, USt auf Eigenverbrauch – zur USt bei vGa s § 8 Anm 150 „Umsatzsteuer" – Hälfte der Aufsichtsratsvergütung), Ausgaben gem § 4 V–VII EStG, Ausgaben ohne Empfängerangabe gem § 160 AO (BFH/NV 96, 267), Solidaritätszuschlag 1991/92 u ab 1995 (*Scheumann-Kettner/Dötsch* DB 91, 1591; *Korn* KÖSDI 91, 8646; s auch ABC „Solidaritätszuschlag"), ErbSt (BFH BStBl II 95, 207; aA – EK_{04} – *Gonella/Schiffgens* DB 91, 827). Ebenfalls zählt nach Ansicht der FinVerw hierzu der nach § 211 I LAG nicht abzb Teil der Vermögensabgabe, sofern er in nach dem 31. 12. 76 endenden Wj getilgt wird; gleichgültig ist, ob er zu Lasten des Jahresüberschusses oder der Rücklagen gem § 218 II LAG oder eines Schuldpostens gebucht wird (BdF BStBl I 76, 755 Tz 3.6; aA bei übernommener VA *Widmann* JbFfSt 77/78, 338); mE ist diese Zuordnung abzulehnen, s Anm 15. Sonstige nichtabziehbare Ausgaben sind auch

Sonstige nichtabziehbare Ausgaben 9–11 § 31

solche, die bei der Ermittlung ausl Eink hinzugerechnet werden (anders bei Zusammenhang mit steuerfreien ausl Einkünften, dort Abzug beim EK_{01} – s § 30 Anm 18); glA A 85 I 4, 5 KStR. Zur Frage der Zugehörigkeit der Verpflichtung zum EK in diesen Fällen s § 29 Anm 4. Zu Ausgaben, die mit bestimmten EK-Gruppen zusammenhängen, ohne hier erfaßt zu sein, zB mit stfreien Vermögensmehrungen, s § 30 Anm 18. Zum Spendenübergang bei Großspenden s Anm 15.

9. Die **Zuordnung** der nichtabzb Ausgaben iSv Abs 1 Nr 4 ist **zeitl nicht gebunden,** etwa an das Einkommen in dem VZ, in dem diese Aufwendungen entstanden sind. Eine VStNachzahlung von 100 P in 1995 ist auch dann EK_{45} zuzuordnen, wenn das mit 45 vH belastete EK des gleichen Jahres nur 40 P beträgt, sofern in EK_{45} noch ausreichend verwendb EK ausgewiesen wird. Zweifelhaft ist, ob die nichtabzb Ausgaben vorrangig mit dem EK zu verrechnen sind, das in dem Wj gebildet wird, in welches die Aufwendung fällt. Wegen der eindeutigen Rangfolgeregelung des Abs 2 S 2 ist diese Frage dann von Bedeutung, wenn in diesem Fall die Verrechnung der nichtabzb Ausgaben mit ermäßigt besteuerten EK-Teilen vor der Aufteilung nach § 32 geschehen müßte. Daß das Gesetz die nichtabzb Ausgaben, § 31, vor der Aufteilung der ermäßigt besteuerten Teilbeträge regelt, § 32, spricht für eine Zurechnung vor Aufteilung; ebenfalls ist es mE richtig, die nichtabzb Ausgaben nach Möglichkeit mit der KSt zu belasten, die in den Wj der Ausgaben als Bel anfällt. § 31 ist keine Vorschrift, die zu einer materiellen BelÄnderung entgegen § 23 und sonstigen Tarifvorschriften führen darf; es handelt sich nur um eine Gliederungsregel. Außerdem spricht § 31 I Nr 4 nicht von der Zurechnung zu EKTeilen, sondern zu Einkommensteilen. Die Entstehensfiktion des § 32 IV läßt allerdings den gegenteiligen Schluß zu (s auch BT-Drucks 7/1470, 372). Ich halte die erstgenannte Auslegung für zutr (glA *Kläschen* DStZ/A 79, 381); aA die FinVerw in A 85 I KStR und die hM, *Jünger* DB 76, 1127 u GmbHR 76, 180; *Krebs* BB 76, Beil 3, 20; *Maas* BB 77, 37; *Jurkat* StbKongrRep 77, 300; *Freikamp* in *D/E/J/W* § 31 Rz 109 ff. Immerhin verfährt die FinVerw in A 88 I Nr 4 KStR in den Fällen des § 26 VI iVm § 34 c IV, V EStG zu Abs 1 Nr 3 in dieser Weise (§ 32 Anm 10). Da nicht die Aufteilung früherer Jahre rückgängig gemacht werden soll, gilt die Zurechnung vor Aufteilung mE nur für das Wj, in das die Aufwendung fällt, selbst. Folge meiner Ansicht: Während allg zuerst mit höher besteuerten EK-Teilen zu verrechnen ist, werden nichtabzb Ausgaben vorrangig mit den – ggf ermäßigt besteuerten – EK-Teilen des Wj, in dem die Aufwendungen entstanden sind, vor der Aufteilung verrechnet. Auch bei einem Zusammentreffen von normalen und ermäßigten StSätzen ist mE erst abzuziehen und dann aufzuteilen (glA *Kläschen* DStZ/A 79, 382; aA FinVerw, s A 85 KStR).

10. Der **Abzug** erfolgt mit dem **vollen Betrag,** dh VSt in Höhe von 5 P wird mit 5 P mit $EK_{45(50/56)}$ verrechnet; das EK wird also nicht vorher in einen „Bruttobetrag" umgerechnet.

11. Die **Erstattung nichtabzb Ausgaben** iSv Abs 1 Nr 4 oder die Auflösung einer Rückstellung sind grundsätzl ebenso zu behandeln wie die vorangegangene Zuordnung des Abzugs. Um Mißbrauch zu vermeiden, ist dieser Zusammenhang konkret herzustellen: Erstattung von VSt 1995 ist zu dem EK hinzuzurechnen, von dem die VSt 1995 abgerechnet wurde. GlA A 85 IV KStR. Ist dieser Zusammenhang notwendig zweifelhaft (Beisp wie oben; die VSt 1995 wurde sowohl in EK_{45} als auch in EK_{36} abgerechnet), so ist davon auszugehen, daß die Abrechnung in EK_{45} zuerst rückgängig gemacht wird (aA A 85 IV KStR: Reihenfolge ist maßgebend, in der die Bel zunimmt). Erstattungen im laufenden Wj sind mit Zahlungen im gleichen Wj nicht zu verrechnen, sondern Zahlungs- und Erstattungsbetrag sind gesondert zu behandeln. Werden in **nach dem 31. 12. 1994 endenden Wirtschaftsjahren** nichtabziehbare Ausgaben iSv Abs 1 Nr 4 erstattet, die in **früheren Wirtschaftsjahren** das EK_{50} verringert haben, so ist der Erstattungsbetrag dem EK_{50} bis zu seiner Umgliederung Ende 1998 (§ 54 XI idF des G v 13. 9. 93) zuzuordnen. Haben die nichtabzb Ausgaben das EK_{56} oder EK_{36} verringert, so ist der Erstattungsbetrag nach Wegfall dieser Teilbeträge Ende 1994 analog den Umgliederungsregeln des § 54 XI und XI b zuzuordnen (glA A 85 IV 4 KStR); also bei früherem Abzug vom EK_{56} jetzt 56/44 der Erstattung als Zugang EK_{50} und 12/44 als Verringerung des EK_{02} bzw bei früherem Abzug vom EK_{36} jetzt 11/32 der Erstattung als Zugang EK_{45} und 21/32 als Zugang EK_{30}. Tarifliche **KStErstattungen** werden nicht dem belasteten EK zugeordnet, sondern wirken sich durch eine Änderung der EK-Gliederung für die Vorjahre aus. Denn der KStBescheid ist Grundlagenbescheid für die EK-Gliederung hinsichtlich Eink und Tarifbelastung (§ 47 II 1 a, b). Ändert sich der KStBescheid in den Vorjahren hinsichtlich Einkommen und/oder Tarifbelastung, so wird die EK-Gliederung dieses Jahres und der folgenden Jahre entsprechend berichtigt (s § 47 Anm 7).

12. Ist $EK_{45(50/56)}$ **nicht** oder **nicht mehr vorhanden**, so erfolgt die Verrechnung der nichtabzb Ausgaben iSv Abs 1 Nr 4 (Anm 8) mit den ermäßigt besteuerten Einkommensteilen (Abs 2 aF) bzw nach der Änderung des **Abs 2** (Anm 2) mit $EK_{30(36)}$. Dabei ist, sofern es – bis VZ 1984 – mehrere ermäßigt belastete EK-Teile gab, die Reihenfolge der abnehmenden TarifBel maßgebend. Das Gesetz kennt keine Verrechnung der nichtabzb Ausgaben mit EK_0. Der Wortlaut des Abs 2 S 1 ist iVm demjenigen des § 30 I Nr 2 eindeutig (glA *Reuter* StbJb 76/77, 311; unzutreffend *Wischet* DB 77, 1286, der offensichtl nur mit EK_{56} verrechnen will). Reichen die EK-Teile $EK_{45(50/56)}$ und $EK_{30(36)}$ nicht aus, so werden die nichtabzb Ausgaben vorgetragen und in späteren VZ mit den neugebildeten EK-Teilen $EK_{45(50/56)}$ und $EK_{30(36)}$ in der Reihenfolge, die oben beschrieben wurde, verrechnet (Abs 2 S 3). Soweit bis VZ 1983 auch EK-Teile mit anderen vH-Sätzen mögl waren (vgl § 32 Anm 4, 5), standen auch sie für die Verrechnung mit nichtabzb Ausgaben in der erwähnten Reihenfolge zur Verfügung. Die Reform durch das StEntlG 1984, die die EK-Teile auf 56, 36 und 0 festschrieb, führte insoweit idR zu einer Erhöhung der StBel auf die nichtabzb Aufwendungen (vgl *Bullinger* RiW 83, 931; vgl auch § 32 Anm 5). Sind $EK_{45(50/56)}$ und $EK_{30(36)}$ erschöpft, wird negativ auch dann vorgetragen, wenn EK_0 noch EK ausweist; eine Zuord-

Verrechnung der nichtabziehbaren Ausgaben 13, 14 § 31

nung beim EK_{50} (§ 54 XI a) ist ab VZ 1994 ausgeschlossen (glA A 85 II 2 KStR). Diese Regelung betr EK_0 wirkt zu Lasten der KapGes und des AntE, weil auf diese Weise nichtabzb Ausgaben für belastete EK-Anteile aufgespeichert werden. Es ist nicht einzusehen, warum der Gesetzgeber zwischen den Gruppen des § 30 I Nr 2 u 3 unterscheidet, da die TarifBel ohne Aufteilung gem § 32 sich 0 vH (= EK_0) nähern kann und nach der Aufteilung die TarifBel von 0 vH auch in der Gruppe des § 30 I Nr 2 erreicht wird. Die Unterscheidung läßt sich auch aus dem bis 1976 geltenden Recht nicht herleiten; insoweit liegt eindeutig eine Verschärfung vor (zur Kritik s auch *Brezing* StbJb 81/82, 402). Die Materialien schweigen zu dieser Frage (s BT-Drucks 7/1470, 371). S weiter § 32 Anm 11. Diese Nachversteuerung nichtabzb Ausgaben kann durch die Begründung einer körperschaftsteuerlichen Organschaft mit GAV ab dem Folgejahr bis zur Beendigung aufgeschoben werden, weil die weiteren Zugänge aus dem Einkommen der OrgGes nach § 36 dem Organträger zugerechnet werden und mithin ein Ausgleich mit dem Negativvortrag EK_{45} der Organgesellschaft entfällt (vgl *Herzig* DStR 87, 671 und § 36 Anm 3).

13. Der **Vortrag** der nichtabzb Ausgaben (Anm 12) kann nur vorläufig als Negativposten in $EK_{45(50/56)}$ erfolgen; denn der Vortrag bezieht sich auf alle mit KSt in Zukunft belastete EK-Teile. Entsteht im folgenden Wj nur $EK_{30(36)}$, so erfolgt eine Verrechnung mit diesem $EK_{30(36)}$, auch wenn der Vortrag in $EK_{45(50/56)}$ erfolgte. In jedem folgenden Wj ist also die Verrechnung der vorgetragenen nichtabzb Ausgaben mit allen belasteten Teilbeträgen in der Reihenfolge der abnehmenden TarifBel vorzunehmen. Vgl A 85 II KStR. Zur Behandlung eines Negativpostens im EK im Liquidationsfall s § 41 Anm 7.

14. Abzug nichtabzb Ausgaben nach **Abs 2** in **1994** bei EK_{36}. Eine Regelungslücke besteht für 1994, wenn die KapGes über positives EK_{36} verfügt. EK_{36} kann zwar letztmals im VZ 1993 gebildet werden, ist aber erst zum Schluß des letzten vor dem 1. 1. 1995 endenden Wj in EK_{45} und EK_{30} umzugliedern. § 54 XI b enthält keine Regelung zur Berücksichtigung des EK_{36} bei der Verrechnung sonstiger nichtabzb Ausgaben nach Abs 2 in 1994. Werden die nichtabzb Ausgaben in einem Wj geleistet, das im VZ 1994 endet, sehen Abs 1, 2 einen Abzug dieser Ausgaben nur beim EK_{45} und EK_{30} vor. Ein Überhang ist als Negativvortrag beim EK_{45} auch dann auszuweisen, wenn noch EK_{36} aus Vorjahren besteht. Die FinVerw geht aber bei (maschinell erstellten) EK-Gliederungen von einer Verrechnung sonstiger nichtabzb Ausgaben in der Reihenfolge EK_{45}, EK_{36} und EK_{30} aus. Der Abzug beim EK_{36} ist für die KapGes idR vorteilhaft, so wenn ein positives EK_{30} in 1994 fehlt. Denn andernfalls würde ein Negativvortrag beim EK_{45} durch Vernichtung von zukünftigen EK_{45}-Zugängen zu einer höheren Definitivbelastung der nichtabzb Ausgaben führen als beim Abzug vom EK_{36}. Nachteilig ist dieser Abzug beim EK_{36} jedoch, soweit ein positives EK_{30} in 1994 besteht. Denn die Verrechnung der nichtabzb Ausgaben entsprechend dem Gesetzeswortlaut mit EK_{30}, nachdem das EK_{45} verbraucht ist, führt zu einer niedrigeren Definitivbelastung anstelle des Abzugs beim EK_{36}. Im letzteren Fall ist auf die Anwendung der gesetzlichen Reihenfolge durch die Finanzbehörden im Rahmen von personellen EK-Gliederungen zu achten.

15. Überhang bei **Großspenden**: Überschreitet eine Einzelzuwendung von mindestens DM 50 000 zur Förderung wissenschaftlicher oder als besonders förderungswürdig anerkannter kultureller Zwecke iSv § 9 I Nr 2 S 3 oder ab VZ 1996 auch zur Förderung mildtätiger Zwecke die abziehbaren Höchstbeträge nach § 9 I Nr 2 S 1, 2 (§ 9 Anm 17), so ist sie im Rahmen der Höchstbeträge im Jahr der Zuwendung und in den folgenden sieben VZ abzuziehen. Zweifelhaft ist die gliederungsmäßige Behandlung des Spendenüberhangs. Die FinVerw sieht darin eine nichtabzb Ausgabe, die nach Abs 1 Nr 4 das $EK_{50/45}$ bzw nach dessen Verbrauch das $EK_{36/30}$ verringert. Soweit der Spendenüberhang im Rahmen des Spendenvortrags in einem der sieben folgenden VZ abziehbar ist, wird aus der zunächst nichtabzb nunmehr eine abzb Ausgabe. In diesen VZ ergibt sich ein um die jeweils abzb Spendenteile geringerer Einkommenszugang zu den Teilbeträgen. Da die Steuerbilanz in den Folgejahren jeweils den ungeminderten Einkommenszugang ausweist, ist die Gliederungsrechnung jeweils an die StBilanz anzupassen, und zwar durch Hinzurechnung des in dem VZ abziehbaren Spendenüberhangs bei dem Teilbetrag, von dem der Spendenüberhang im Jahr der Zuwendung abgezogen wurde ($EK_{50/45}$ bzw $EK_{36/30}$). Damit wird letztlich der Abzug beim belasteten EK rückgängig gemacht (vgl FinVerw FR 94, 413). ME stellt ein Spendenüberhang aber bis zum Ablauf des siebenjährigen Spendenvortrags noch keine nichtabzb Ausgabe iSv Abs 1 Nr 4 dar. Erst ein nach Ablauf des siebenjährigen Spendenvortragszeitraums noch verbleibender Restbetrag verringert als nichtabzb Ausgabe das $EK_{45/30}$. Im Jahr der Großspendenzahlung ergibt sich bei dieser Beurteilung zwar eine Differenz zwischen dem vEK laut Gliederungsrechnung und laut StBilanz. Zur Anpassung der EK-Gliederung an die StBilanz ist in Höhe des Spendenüberhangs ein Abzug beim EK_{02} vorzunehmen. Dieser Abzug wird in den folgenden Spendenvortragsjahren in Höhe des jeweils bei der KStVeranlagung abziehbaren Spendenbetrags durch Hinzurechnung beim EK_{02} korrigiert. Ein nach Ablauf des siebenjährigen Spendenvortragszeitraums nicht mehr abzb Restbetrag ist dann nach den Regeln des § 31 als nichtabzb Ausgabe vom $EK_{45/30}$ abzuziehen und zur Anpassung an die StBilanz in gleicher Höhe dem EK_{02} hinzuzurechnen. Somit steht der KapGes das $EK_{50/45}$ usw bis zum Ablauf des Spendenvortragszeitraumes ungekürzt für die Verrechnung von Gewinnausschüttungen zur Verfügung. Die FinVerw lehnt eine solche Behandlung auch aus sachlichen Billigkeitsgründen ab (FinVerw aaO).

16. Mehrsteuern durch **Änderungsveranlagungen** als sonstige nichtabzb Ausgaben. Das vEK wird aus der StBilanz abgeleitet (§ 29 I, II). Steuernachforderungen von nichtabzb Steuerarten (VSt, SoliZ, USt-EV, s § 10 Anm 9) sind daher in der EK-Gliederung entsprechend der StBilanz zeitlich zuzuordnen. Mehrsteuern werden grundsätzlich erst zu Lasten des Wj gebucht, in dem der Stpfl mit der Nachforderung rechnen kann. Die FinVerw läßt aber auf Antrag des Stpfl den Abzug der Mehrsteuern im früheren Wj der wirtschaftlichen Zuordnung zu (zB MehrVSt 1992 infolge Bp

Vor dem 1. 1. 77 abgelaufene Wirtschaftsjahre 17, 18 § 31

in 1994 als Rückstellung zum 31. 12. 92); vgl R 20 III 2 EStR 1996. Dies ist als Zustimmung zum Antrag auf Bilanzänderung (§ 4 II 2 EStG) zu werten (glA *H/H/R* § 5 EStG Rz 805; *Maas* BB 79, 1657). Voraussetzung ist aber eine mögliche Änderung der auf der StBilanz beruhenden Veranlagungen für den betreffenden VZ (BFH BStBl III 61, 534; III 66, 189; II 92, 958; R 22 III 2 S 4 EStR 1996), also hier der KStVeranlagung und auch der entsprechenden EK-Gliederung (glA *Freikamp* in *D/E/J/W* § 31 KStG Rz 108). Das Wahlrecht gilt zwar mE auch bei Mehrsteuern und Nebenleistungen iSv § 10 Nr 2, weil auch die VSt usw bilanziell Aufwand ist (vgl ebenso *Freikamp* aaO). Die gliederungspflichtige Körperschaft muß aber im Einzelfall prüfen, ob der Antrag sinnvoll ist. Bei Vollausschüttung in den Vorjahren kann die nachträgliche Zuordnung der steuerlich nichtabzb Ausgaben in die EK-Gliederung des früheren Wj zur Vernichtung des für die Gewinnausschüttung notwendigen $EK_{50/45}$ führen mit der Folge einer KStErhöhung. Nachteilig ist die Antragstellung auch in Fällen einer zwischenzeitlichen Tarifabsenkung, sei es Mehrsteuern für einen VZ vor 1994 aufgrund Bp in 1994 oder später. Werden die Mehrsteuern zu Lasten des Wj gebucht, zu dem sie wirtschaftlich gehören (zB Nachzahlung VSt 1992 als Rückstellung zum 31. 12. 92), verringert sich das EK_{50} zum 31. 12. 92. Werden dagegen die Mehrsteuern erst zu Lasten des Wj gebucht, in dem die KapGes mit der Nachforderung rechnen kann und liegt dieser Zeitpunkt in einem nach dem 31. 12. 93 endenden Wj (zB am 1. 5. 94), dann verringert die MehrVSt nicht mehr das EK_{50}, sondern lediglich das EK_{45} mit der Folge einer niedrigeren Definitivbelastung. Andererseits kann hier aber bei der Einheitsbewertung des Betriebsvermögens auf den 1. 1. 93 wegen der Anknüpfung an die StBilanz (§§ 95 I, 103 I BewG) kein Schuldposten abgezogen werden. Hinterzogene Steuern werden von der FinVerw grundsätzlich im Wege einer Bilanzberichtigung zu Lasten der früheren Wj passiviert, weil der Stpfl dort vom Bilanzfehler subjektiv Kenntnis hatte. ME ist hier erst die Tataufdeckung erforderlich (glA *H/H/R* aaO; ähnlich BFH BStBl II 93, 153 zur Passivierung von betrieblichen Schadensersatzverpflichtungen aus strafbaren Handlungen).

17. Abs 3 aF bis zur Änderung durch das G v 25. 2. 92 (Anm 2): Nichtabzb *Ausgaben für vor dem 1. 1. 77 abgelaufene Wj*, die das BetrVerm in einem später abgelaufenen Wj gemindert haben, sind dem verwendb EK zuzuordnen, das bis zum Ende des letzten vor dem 1. 1. 77 abgelaufenen Wj entstanden ist, Abs 3 aF iVm § 30 II Nr 3, dh also EK_{03}. Beisp: nachgezahlte VSt, aber auch nachgezahlte KSt nach altem Recht. Abweichende Auslegung durch *Wischet* DB 77, 2245; dagegen *Tillmann* StbKongrRep 78, 175. Erstattungen sind dem EK gem § 30 I Nr 3 (EK_{03}) zuzurechnen, und zwar nach neuem Recht wie eine stfreie Einnahme (*Wischet* DB 77, 2245). Abs 3 aF behält weiterhin Gültigkeit; Abs 3 nF (Anm 16) korrigiert ihn nicht, sondern ersetzt ihn wegen Zeitablaufs.

18. Maßgebend ist für Abs 3 aF die **Entstehung** der nichtabzb Aufwendung dem Grunde nach, nicht die Fälligkeit (glA *Behrens* StbKongrRep 79, 97 betr VSt; aA *Wrede*, KStReform, 1977, 36: Fälligkeit sei entscheidend; damit scheidet aber der typische Fall, die StNachzahlung, aus). Diese

§ 32   Ermäßigt belastetes Eigenkapital

Frage ist für die Zurechnung der Vermögensabgabe von Bedeutung. Für die Vierteljahresbeträge der VA soll es nach BdF BStBl I 76, 755 Tz 3.6 auf die Fälligkeit ankommen; das gleiche gilt für den Ablösungsbetrag (BdF BStBl I 77, 91 mit Übergangsregelung: Ablösung bis 10. 5. 77 führt zur Verrechnung mit EK_{03}, also Anwendung von § 31 III). ME unzutr, da nicht die Fälligkeit, sondern die Entstehung maßgebend ist (glA FG Münster EFG 84, 139; sodann auch folgend FinVerw 1984 StEK KStG 1977 § 30 Nr 22). Zutr FinVerw 1979 StEK KStG 1977 § 31 Nr 2: Die im Wj 1976/77 gezahlte VSt ist EK_{03} zuzuordnen.

19. Abs 3 wurde durch das StÄndG 1992 neugefaßt (Anm 2). Nachzahlungen von nichtabziehbaren Ausgaben für Wj vor der Eröffnungsgliederung iSd § 30 III (KapGes der neuen Bundesländer) sollen EK_{04} zugeordnet werden; dies ist Folge des § 30 III (s § 30 Anm 19; BT-Drucks 12, 1108, 68).

§ 32 Einordnung bestimmter ermäßigt belasteter Eigenkapitalteile

(1) **Ermäßigt belastete Eigenkapitalteile sind nach Maßgabe des Absatzes 2 aufzuteilen.**

(2) **Aufzuteilen sind**
1. **ein Eigenkapitalteil, dessen Tarifbelastung niedriger ist als die Ausschüttungsbelastung, in einen in Höhe der Ausschüttungsbelastung belasteten Teilbetrag und in einen nicht mit Körperschaftsteuer belasteten Teilbetrag,**
2. **ein Eigenkapitalteil, dessen Tarifbelastung höher ist als die Ausschüttungsbelastung, in einen in Höhe der Ausschüttungsbelastung belasteten Teilbetrag und in einen ungemildert mit Körperschaftsteuer belasteten Teilbetrag.**

(3) **Die belasteten Teilbeträge sind aus der Tarifbelastung der aufzuteilenden Eigenkapitalteile abzuleiten.**

(4) **Die Teilbeträge gelten wie folgt als entstanden:**
1. **der in Höhe der Ausschüttungsbelastung belastete Teilbetrag als aus Einkommensteilen, die nach dem 31. Dezember 1993 einer Körperschaftsteuer von 30 vom Hundert unterliegen,**
2. **der ungemildert mit Körperschaftsteuer belastete Teilbetrag als aus Einkommensteilen, die nach dem 31. Dezember 1993 ungemildert der Körperschaftsteuer unterliegen,**
3. **der nicht mit Körperschaftsteuer belastete Teilbetrag als aus Vermögensmehrungen, die der Körperschaftsteuer nicht unterliegen.**

Abs 4 lautete bis zur Änderung durch das G v 13. 9. 93 (Anm 2):

(4) Die Teilbeträge gelten wie folgt als entstanden:
1. der in Höhe der Ausschüttungsbelastung belastete Teilbetrag als aus Einkommensteilen, die nach dem 31. Dezember 1976 einer Körperschaftsteuer von 36 vom Hundert unterliegen,

Ermäßigt belastetes Eigenkapital **1 § 32**

2. der ungemildert mit Körperschaftsteuer belastete Teilbetrag als aus Einkommensteilen, die nach dem 31. Dezember 1989 ungemildert der Körperschaftsteuer unterliegen,
3. der nicht mit Körperschaftsteuer belastete Teilbetrag als aus Vermögensmehrungen, die der Körperschaftsteuer nicht unterliegen.

Gesetzesfassungen bis zum KStG 1991 (Vor § 1 Anm 20) s 3. Auflage.

Körperschaftsteuerrichtlinien: Abschnitte 86–88

Übersicht

1. Allgemeines
2. Geltungszeit
3. Aufteilungsgebot (Abs 1)
4., 5. Keine Aufteilung bei besonderem StSatz (Abs 1 aF)
6. Aufteilung bei TarifBel zwischen 0 und 30/36 vH (Abs 2 Nr 1, Abs 3)
7. Aufteilung bei TarifBel zwischen 30/36 vH und 45/50/56 vH (Abs 2 Nr 2, Abs 3)
8. Aufteilung bei TarifBel zwischen 36 vH und einem anderen ermäßigten StSatz (Abs 2 Nr 2 S 2 aF)
9. Zusammenfassung von EK-Teilen zur Aufteilung
10. Aufteilung und nichtabzb Ausgaben
11. Entstehungsfiktion (Abs 4)

1. Allgemeines:

Schrifttum: *Piltz,* Pauschalierte Steuer für ausl Eink im KStG 1977, DB 77, 327; *Glässel,* Die Aufteilung des verwendb EK bei einer reduzierten TarifBel von mehr als 36 vH, BB 77, 1439; *Jost,* Auswirkungen des Zusammentreffens von StErmäßigungen, die zu einer Aufteilung des verwendb EK gem § 32 KStG führen, mit anrechenb ausl St vom Einkommen, DB 78, 1946; *Müller-Dott,* Anr ausl St nach § 26 I KStG und Aufteilung des verwendb EK, BB 78, 1105; *Stern,* Vereinfachte Berechnung der EK-Aufteilung bei ermäßigter TarifBel über 36 vH, BB 79, 414; *Wölfel,* KSt: Aufteilung von EKTeilen in besonderen Fällen, DB 79, 810; *Palitzsch,* Bringt die Aufteilung ermäßigt belasteter EKTeile bei Vollausschüttung überhaupt einen stl Vorteil?, BB 81, 900; *Einig,* StErmäßigungen im KStR bei KapGes, Diss Würzburg, 1988. S außerdem die Schrifttumshinweise zu den übrigen Vorschriften des AnrV.
Zum **StEntlG 1984** s § 27 Anm 1 und unten Anm 2; *Bullinger* RIW 83, 930; *Breithecker* BB 83, 1914; *Müller-Dott* BB 84, 524; *Jost* DB 84, 1593.

Während bei der Gliederung des verwendb EK die Gruppen 1 und 3 gem § 30 I Nr 1, 3 eindeutig durch eine bestimmte KStBel gekennzeichnet sind, sprach § 30 I Nr 2 zunächst nur von den ermäßigt belasteten Teilen des EK. Die StBel kann bei den einzelnen Körperschaften, aber auch bei jeder Körperschaft in jedem Jahr, aber auch in einem Jahr bei verschiedenen Gewinnanteilen unterschiedl sein. Eine praktikable Berechnungsweise für die Herstellung der AusschüttungsBel wird hierdurch erschwert. § 32 beseitigt diese Schwierigkeit durch einen rechnerischen Kunstgriff: Gruppe 2 (§ 30 I Nr 2) soll stets eine KStBel von 30 (36) vH ausweisen, so daß bei VZ 1983 im Regelfall, ab VZ 1984 stets (s Anm 2 3. Aufl) die drei Gruppen 56 vH, 36 vH, 0 vH, ab VZ 1990 die Gruppen 50 vH, 36 vH, 0 vH u ab VZ 1994 die Gruppen 45 vH, 30 vH, 0 vH KStBel entstehen. Die hiervon abweichend ermäßigt belasteten EK-Teile werden auf die Gruppen 1

§ 32 2–4 Ermäßigt belastetes Eigenkapital

und 2 (EK_{45}, EK_{30} – vor VZ 1990 EK_{56}, EK_{36} u ab VZ 1990 EK_{50}, EK_{36}) einerseits oder Gruppen 2 und 3 ($EK_{30(36)}$, EK_0) andererseits aufgeteilt. Diese Aufteilung bewirkt, daß eine KStMinderung vorgezogen, eine KStErhöhung hinausgeschoben wird, da durch die Aufteilung die Rangfolge des § 28 nicht berührt wird. Dieser Effekt wurde zwar so weit wie möglich eingeschränkt, war im übrigen aber gewollt (BT-Drucks 7/1470, 371).

Durch das StEntlG 1984 (s Anm 2 3. Aufl) wurde die **Dreiteilung ($EK_{45(50/56)}$, $EK_{30(36)}$, EK_0) zwingend** durchgeführt; die Ausnahme vom Aufteilungsgebot in Abs 1 („es sei denn, daß die KSt nur durch einen besonderen StSatz ermäßigt wird") wurde aus Vereinfachungsgründen gestrichen (vgl BT-Drucks 10/336, 30 f); ebenfalls wurde Abs 2 Nr 2 S 2 aufgehoben, da der hier im wesentl noch interessierende StSatz von 46 vH für bestimmte Kreditinstitute durch das G v 26. 6. 81 (Vor § 1 Anm 19) beseitigt worden war (§ 23 Anm 2 3. Aufl; vgl BT-Drucks 10/716, 13). Die Vereinfachung hatte auch materielle Auswirkung auf die StBelastung nichtabzb Ausgaben; s 3. Aufl.

2. Geltungszeit: § 32 gilt ab Inkrafttreten des KStG 1977, dh ab VZ 1977; zum Start des AnrV im einzelnen s § 54 Anm 1–11. Zu den nachfolgenden Änderungen bis zum KStG 1991 s 3. Aufl. Das StandOG v 13. 9. 93 (BGBl I 93, 1569; BStBl I 93, 774) paßte Abs 4 zeitl den neuen StSätzen an, und zwar mit Wirkung ab VZ 1994 (§ 54 I idF des StandOG; s auch § 54 Anm 32). Schrifttum s § 23 Anm 2. Inkrafttreten u Übergangsregelung bzw der Abänderung der AusschüttungsBel s § 27 Anm 2.

3. Aufteilungsgebot (Abs 1): Ermäßigt besteuerte Teile des verwendb EK sind grundsätzl aufzuteilen. Zur Frage, ob das Einkommen oder ob Einkommensteile ermäßigt belastet sind, s § 30 Anm 5 ff.

4. *Keine Aufteilung bei besonderem StSatz (Abs 1 bis VZ 1983,* Anm 2 3. Aufl). Eine Ausnahme vom Aufteilungsgebot (Anm 3) galt bis VZ 1983 dann, wenn die KSt durch einen besonderen StSatz ermäßigt wird. Dies ist gegeben in den Fällen des § 23 IV aF: 46 vH (begünstigte Kreditinstitute, § 23 Anm 11 f; Übergangsregelungen nach der Rechtsänderung FinVerw 1981 StEK KStG 1977 § 32 Nr 3; dazu *Breithecker* BB 83, 1914); § 26 VI 4: 25/28 vH (internationale Schiffahrt, § 26 Anm 82); § 43 a I Nr 2 EStG, § 50 I Nr 3 KStG, § 40 II KAGG: 30 vH (begünstigte Zinsen, § 50 Anm 7); § 34 c V EStG, § 26 VI 1: 25 vH (Pauschalierung, § 26 Anm 76 ff). So A 85 I KStR aF vor 1985; aA bzgl des PauschalierungStSatzes *Piltz* DB 77, 327. Kein StSatz in diesem Sinne sind die Ermäßigungen nach dem 3. VermBG (glA A 85 II KStR aF vor 1985; FG Bremen EFG 81, 415; FG Hbg EFG 81, 523); §§ 16, 17, 21 BerlFG (A 85 II KStR aF vor 1985; *Schröder* FR 78, 5 gegen *Maas* BB 77, 36); § 26 I–V (A 85 II KStR aF vor 1985); § 3 WasserkraftVO (*Widmann* JbFfSt 77/78, 311); § 16 IV EStG (*Widmann* aaO). Keinen eigenen StSatz stellt die KapErtrSt (25 vH) dar, wenn durch sie die St abgegolten ist (aA A 85 II KStR aF vor 1985; *Dötsch* DB 78, 361). Schließl liegt kein eigener StSatz iSv Abs 1 vor, dh Aufteilung erforderl, wenn die genannten fixen StSätze mit weiteren Ermäßigungen kombiniert werden (A 85 II, 87 II KStR aF vor 1985). Durch

Aufteilung **5, 6 § 32**

Ausnutzung einer Vergünstigung konnte folgl die Folge des „besonderen StSatzes" vermieden werden (vgl BT-Drucks 10/336, 31).

Die durch einen ermäßigten StSatz besteuerten Teile des verwendb EK wurden bis zum VZ 1983 gesondert ausgewiesen. Das gilt auch, wenn nur Teile des Einkommens einem ermäßigten StSatz unterliegen (Beisp: § 23 IV aF, § 23 Anm 11; glA *Pezzer* StuW 76, 316); in diesem Fall entfällt ebenfalls die Aufteilung. Noch nicht erfaßte Aufwendungen, die mit diesen EinkTeilen zusammenhängen, werden von diesem EK-Teil abgerechnet (vgl A 84 III KStR aF vor 1985).

5. Die *Ausnahme vom Aufteilungsgebot entfällt ab VZ 1984* (vgl Anm 2 3. Aufl). Auch bei besonderen StSätzen ist jetzt stets auf $EK_{45(50/56)}$, $EK_{30(36)}$ u EK_0 aufzuteilen. Die bisher gesondert ausgewiesenen EK-Teile sind zum Schluß des letzten Wj, das vor dem 1. 1. 85 abgelaufen ist, nach Abs 2, 3 geschlossen aufzuteilen. Die Entstehungsfiktion des Abs 4 ist anzuwenden. S § 54 VII idF des StEntlG 1984 v 22. 12. 83 (Vor § 1 Anm 19). Soweit bisher ausl St definitiv mit KSt belastet war (vgl Anm 10 gegen Ende), wird es hierbei bleiben; die DefinitivBel wird nicht durch die Umgliederung rückgängig gemacht (vgl *Bullinger* RiW 83, 932).

6. Aufteilung bei TarifBel zwischen 0 und 30/36 vH (Abs 2 Nr 1, Abs 3): Liegt die TarifBel unter der AusschüttungsBel, so ist dieser Teil des EK aufzuteilen in einen in Höhe der AusschüttungsBel (30/36 vH) belasteten und einen unbelasteten Teilbetrag. Zur TarifBel s § 30 Anm 4 ff u A 86 KStR.

Aufteilung bis einschließlich **VZ 1993** bei Tarifbelastung zwischen **0** und **36 vH.** Formel zur Aufteilung (vgl A 87 II KStR 1990):

$T_{(36)} = \dfrac{16}{9} St_T$

$T_{(0)} = T - T_{(36)}$

$T_{(36)}$ = Teilbetrag mit TarifBel 36 vH
$T_{(0)}$ = Teilbetrag mit TarifBel 0 vH
T = Teilbetrag mit bekannter TarifBel
St_T = TarifBel in absoluter Höhe.

Beisp:
T = 60 P
St_T = 13,17 P
TarifBel = 18 vH

$T_{(36)} = \dfrac{16 \cdot 13,17}{9} = 23,41\ P$

$T_{(0)} = 60\ P - 23,41\ P = 36,59\ P$

Probe: 23,41 P sind bei 36 vH Belastung mit $\dfrac{36 \cdot 23,41}{64} = 13,17$ P KSt belastet.

Aufteilung ab VZ 1994 bei Tarifbelastung zwischen **0** und **30 vH.** Formel zur Aufteilung (vgl A 87 II KStR 1995; *Cattelaens* Wpg 93, 571, DB 94, 1641; *Dötsch* DB 93, 1795):

§ 32 7   Ermäßigt belastetes Eigenkapital

$T_{(30)}$ $= \dfrac{7}{3} St_T$

$T_{(0)}$ $= T - T_{(30)}$
$T_{(30)}$ = Teilbetrag mit TarifBel 30 vH
$T_{(0)}$ = Teilbetrag mit TarifBel 0 vH
T = Teilbetrag mit bekannter TarifBel
St_T = TarifBel in absoluter Höhe.

Beisp:
T = 60 P
St_T = 13,17 P
TarifBel = 18 vH

$T_{(30)}$ $= \dfrac{7 \cdot 13{,}17}{3} = 30{,}73$ P

$T_{(0)}$ = 60 P − 30,73 P = 29,27 P

Probe: 30,73 P sind bei 30 vH Belastung mit $\dfrac{30 \cdot 30{,}73}{70} = 13{,}17$ P KSt belastet.

Bei inländischen Einkommensteilen kommt die **Aufteilung** in EK_{45} und EK_{02} **nur noch** in Fällen der Ermäßigung nach § 4 der Wasserkraftwerks-VO (s § 4 Anm 37) sowie für die im VZ 1994 letztmalig mögliche Tarifermäßigung nach § 21 BerlinFG auf Berliner Betriebstätteneinkünfte (s ABC „Berlinförderungsgesetz") in Betracht.

Der infolge Aufteilung entstehende unbelastete Teilbetrag EK_0 ist bei **ausländischen** Einkommensteilen dem EK_{01} (glA A 87 II S 1 KStR) und bei inländischen Einkommensteilen dem EK_{02} zuzuordnen (s auch § 30 Anm 13, 15).

7. Aufteilung bei TarifBel zwischen 30/36 vH und 45/50/56 vH (Abs 2 Nr 2, Abs 3): Zur TarifBel s § 30 Anm 4 ff u A 86 KStR. In diesem Fall ist das EK aufzuteilen in einen Teil, der in Höhe der AusschüttungsBel, und einen, der ungemildert (45/50/56 vH) belastet ist.

Aufteilung VZ 1977 bis einschl **1989** bei Tarifbelastung zwischen 36 und 56 vH. Formel zur Aufteilung vgl BT-Drucks 7/1470, 372 (zur Berechnung auch *Pinggera* DB 76, 1629; *Glässel* BB 77, 1439; *Stern* BB 79, 414) und A 87 KStR 1985; s auch 3. Aufl.

Aufteilung VZ 1990 bis einschl **VZ 1993** bei Tarifbelastung zwischen 36 und 50 vH. Formel zur Aufteilung vgl A 87 III KStR 1990; *Weinrich* DB 89, 454.

Aufteilung ab VZ 1994 bei Tarifbelastung zwischen **30 und 45 vH.** Formel zur Aufteilung (vgl A 87 III KStR 1995; *Cattelaens* Wpg 93, 571; *ders* DB 94, 1641; *Dötsch* DB 93, 1795):

Die Eigenkapitalzugänge können ab VZ 1994 vereinfacht wie folgt ermittelt werden: **Summe** der **Steuerermäßigungen** × **14/3** = Zugang zum EK_{30}; **Rest** = Zugang zum EK_{45}.

Beisp:
EK in Höhe von 60 P ist mit 40 St_T belastet. TarifBel also 40 vH. Die Ermäßigung beläuft sich auf 5 vH. 5 P × 14/3 = 23,33 P (= EK_{30}). Diffe-

Entstehungsfiktion 8–11 § 32

renz = 36,67 P (EK_{45}). EK_{30} ist in diesem Fall mit 10 P, EK_{45} mit 30 P belastet.

8. *Aufteilung bei TarifBel zwischen 36 vH und einem anderen ermäßigten StSatz (Abs 2 Nr 2 S 2 aF):* S 3. Aufl.

9. Zusammenfassung mehrerer EigenkapTeile mit unterschiedl TarifBel vor der Aufteilung ist mögl (vgl aber A 87 IV KStR mit der mE nicht erforderl Einschränkung auf bestimmte ausl Eink).

Beisp:	EK	KSt	vH
A	80 P	50 P	38,46
B	120 P	110 P	47,83
Zusammenfassung	200 P	160 P	44,44

A 87 IV KStR schließt, soweit überhaupt die Zusammenfassung erlaubt wird, die Zusammenfassung von EK-Beträgen mit einer Bel über 30 vH mit solchen mit einer Bel unter 30 vH aus. Soweit ausl Steuern nicht anrechenb oder abzugsfähig sind, mindern sie unmittelbar EK_{01}; sie gehen in die Zusammenfassung nicht ein (*Müller-Dott* BB 78, 1107; vgl auch § 31 Anm 7).

10. Nichtabziehbare Ausgaben: Zur Frage, ob die Aufteilung vor oder nach der Zurechnung der nichtabzb Ausgaben erfolgt, s § 31 Anm 9. Die FinVerw geht von der Aufteilung vor Zurechnung aus (vgl mit Beisp A 88 KStR). Ausl Steuern werden vor der Aufteilung zugerechnet, wenn sie nach § 26 oder aufgrund eines DBA angerechnet werden (A 88 I Nr 2 KStR; keine Bel mit inländischer KSt; vgl weiter § 30 Anm 9f). In den Fällen der §§ 26 VI 1 KStG, 34c V EStG (Pauschalierung mit 25 vH; § 26 Anm 76 ff) und der §§ 26 VI 4 KStG, 34c IV EStG (Schiffahrt; 22,5 (25/28) vH; § 26 Anm 82) erfolgt die Aufteilung in einer Weise, daß auch die ausl Steuer mit der inländischen KSt definitiv belastet bleibt (Einzelheiten A 88 I Nr 4 KStR; krit *Breithecker* DB 86, 1946).

11. Entstehungsfiktion (Abs 4): Durch Abs 4 werden die einzelnen Teilbeträge nach der Aufteilung der Gliederung des verwendb EK zeitl zugeordnet. Abs 4 hat in erster Linie Bedeutung für die Zuordnung nichtabziehbarer Ausgaben. Abs 4 Nr 2 entspr § 30 I Nr 1, Abs 4 Nr 3 entspr § 30 I Nr 3; durch Abs 4 Nr 1 wird aus der bis VZ 1983 (s Anm 4f) noch nicht prozentual festgelegten Gruppe 2 (§ 30 I Nr 2) der Ausweis von EK mit einer TarifBel von 30(36) vH. Während die Zuordnung bzgl der mit 45 (50/56) vH belasteten EK-Teile ohne weitere Auswirkungen geschehen kann, führt dies bzgl der entstandenen unbelasteten Teile zu Schwierigkeiten. Der Gesetzeswortlaut des § 30 II 1 („Der in Abs 1 Nr 3 bezeichnete Teilbetrag . . .") verbietet auf den ersten Blick eine Zuordnung der 0 vH – Teile der Gruppe 2 zu EK_0. Wie § 31 II 1 zeigt, werden auch Gruppe 2 und Gruppe 3 zB bei der Zuordnung nichtabziehbarer Ausgaben unterschiedl behandelt (dazu § 31 Anm 9, 12). Die Frage ist auch für § 28 III – Reihenfolge der Verwendung bei Ausschüttungen – von Bedeutung. Auf der anderen Seite setzt das Vergütungsverfahren nach § 52 eine Zuordnung zu EK_0 voraus; die Vergütung soll – bis VZ 1993 – insbes dann eingreifen,

§ 33 Verluste

wenn eine ermäßigte KStBel durch ausl Steuer entsteht, die die Aufteilung des § 32 II zur Folge hat (BT-Drucks 7/1470, 371, 381; § 52 Anm 3). Die Begründung zum RegEntw geht folgl, aaO, von der Zuordnung zu § 30 II Nr 1 aus, ohne allerdings das Problem zu sehen. Über die Entstehungsfiktion des Abs 4 Nr 3 kann die Brücke zu § 30 I Nr 3 und folgl zu § 30 II geschlagen werden; damit gilt für die Reihenfolge der Verwendung § 28 III. In diesem Fall ist jedoch zweifelhaft, ob nicht zur Anwendung des § 31 II innerhalb der nach § 30 II gebildeten Untergruppe nach dem Herkommen der Teilbeträge abermals unterschieden werden müßte (vgl § 31 Anm 12).

§ 33 Verluste

(1) **Verluste, die sich nach den steuerlichen Vorschriften über die Gewinnermittlung ergeben haben, sind bei der Ermittlung des nichtbelasteten Teilbetrags im Sinne des § 30 Abs. 2 Nr. 2 abzuziehen.**

(2) **Der Abzug nach Absatz 1 ist durch eine Hinzurechnung auszugleichen, soweit die Verluste in früheren oder späteren Veranlagungszeiträumen bei der Ermittlung des Einkommens abgezogen werden.**

Abs 2 lautete bis zur Änderung durch das G v 13. 9. 93 (Anm 2):

(2) ¹Der Abzug nach Absatz 1 ist durch eine Hinzurechnung auszugleichen, soweit die Verluste in früheren oder späteren Veranlagungszeiträumen bei der Ermittlung des Einkommens abgezogen werden. ²Soweit abgezogene Verluste in einem vor dem 1. Januar 1977 abgelaufenen Wirtschaftsjahr entstanden sind, ist die Hinzurechnung bei dem Teilbetrag im Sinne des § 30 Abs. 2 Nr. 3 vorzunehmen.

Abs 3 lautete bis zur Aufhebung durch das G v 13. 9. 93 (Anm 2):

(3) Ist in den Fällen des Verlustrücktrags nach § 10 d Abs. 1 des Einkommensteuergesetzes für das Abzugsjahr die Ausschüttungsbelastung herzustellen, so gelten die Teilbeträge des Eigenkapitals in der Höhe als für die Ausschüttung verwendet, in der sie ohne den Rücktrag als verwendet gegolten hätten.

Gesetzesfassungen bis zum KStG 1991 (Vor § 1 Anm 20) s 3. Auflage.

Körperschaftsteuerrichtlinien: Abschnitt 89

Übersicht

1. Allgemeines
2. Geltungszeit
3. Verlustzurechnung (Abs 1)
4. Verlustvortrag (Abs 2)
5. Verlustvortrag (Altverluste)
6. Verlustrücktrag
7. Verluste nach § 2 AIG bzw § 2a Abs 3 EStG
8. Verlustrücktrag und Verwendungsfiktion (Abs 3 aF)

Verlustvortrag   1–4 § 33

1. Allgemeines:

Schrifttum: *Söffing* StbKongrRep 77, 148; *Fasold* DStR 78, 369; *Uhrmann*, Auswirkungen des Verlustrücktrags auf vGa nach dem KStG und den KStR 77, DB 78, 1759; *Röhl*, Verlustrücktrag und verwendb EK, DB 78, 1711; *Pinggéra*, Die Benachteiligung von Verlusten im KStRecht, BB 81, 1205; *Orth*, Überlegungen zum zweijährigen Verlustrücktrag idF des Entw eines 2. HaushaltsstrukturG, FR 81, 525; *Herzig*, Verluste im kstl AnrV, StbJB 82/83, 141; *Orth*, Verluste im kstl AnrV, JbFfSt 84/85, 335; *Dötsch*, Die Anwendung der Vorschriften des § 8 IV und des § 33 III KStG beim zweijährigen Verlustrücktrag, DB 86, 63; *Nickel*, Der Verlustrücktrag nach den KStR 85, StWa 87, 122; *Schlagheck*, Optimale Gestaltung des körperschaftsteuerlichen Verlustabzugs, GmbHR 95, 869; *Kirchgesser*, Berechnung des körperschaftsteuerlichen Verlustrücktrages, BB 95, 2618; *Schiffers*, Optimale Wahlrechtsausübung beim körperschaftsteuerlichen Verlustrücktrag, GmbHR 96, 331.

§ 33 regelt die Auswirkungen des Verlustes, Verlustvortrags und Verlustrücktrags innerhalb der Gliederung des verwendb EK. Hinweis auf § 8 V aF wegen Besonderheit beim Verlustrücktrag bis VZ 1993; s § 8 Anm 153. § 33 gilt auch für Verluste nach §§ 2a I, II, 15 IV u 15a EStG (A 89 V KStR).

Verluste nach § 2 AIG bzw § 2a III EStG s Anm 8.

2. Geltungszeit: § 33 trat am 1. 1. 77 in Kraft (§ 54 I idF des KStG 1977). S im übrigen wegen der Rechtsentwicklung bis zum KStG 1991 die 3. Aufl. Abs 2 S 2 und Abs 3 wurden durch das StandOG v 13. 9. 1993 (BGBl I 93, 1569; BStBl I 93, 774) gestrichen; zur letztmaligen Anwendung s § 54 XII R idF des StMBG v 23. 12. 93 (BGBl I 93, 2310; BStBl I 94, 50). Schrifttum s § 23 Anm 2.

3. Verlustzurechnung (Abs 1): Verluste sind im verwendb EK bei den sonstigen nichtbelasteten Vermögensmehrungen (§ 30 II Nr 2 = EK_{02}) auszuweisen, ggf wird der Ausweis dieser Position im verwendb EK negativ (BT-Drucks 7/1470, 372; A 89 I KStR). Es erfolgt also keine Verrechnung mit belastetem EK und damit insoweit kein definitiver Verlust von KSt. Zugerechnet wird der in der StB ausgewiesene Verlust; nichtabziehbare Ausgaben dürfen den Verlust nicht erhöhen (BT-Drucks 7/1470, 372); für sie gilt § 31. Ist eine Körperschaft an einer PersGes beteiligt, so ist – falls kein Ausgleich mit positiven Erträgen mögl ist – der nach § 180 AO festgestellte Anteil von EK_{02} abzusetzen (A 79 V KStR). Ausl Verlust s § 30 Anm 14. Zu einem um positive ausl Eink verringerten Verlust s § 30 Anm 14 u A 89 VII iVm A 88a II KStR. Enden in einem VZ zwei Wj, eines mit Gewinn, das andere mit Verlust, werden beide Erträge zwar in der Veranlagung ausgeglichen, in der Gliederungsrechnung jedoch getrennt behandelt; in einem solchen Fall sind die Abs 1 und 2 auch anzuwenden, wenn sich aus der Zusammenfassung der beiden Ergebnisse ein Gewinn ergibt (vgl A 89 VI KStR). Ausgleich eines Negativausweises im Liquidationsfall s § 41 IV u § 41 Anm 7.

4. Verlustvortrag (Abs 2) führt, soweit er sich in späteren VZ auswirkt, insoweit zu stfreiem Einkommen. Liegen mehrere Einkommensteile vor, so wird der Verlust vorrangig von höher belasteten Einkommensteilen abgezogen (A 24 II KStR); bei inl und ausl Eink-Teilen mit den gleichen

StSätzen erfolgt nach A 82a III KStR eine anteilmäßige Aufteilung. Der durch den Verlust stfrei gestellte Teil wird EK_{02} – entspr Abs 1 – zugerechnet. Wirkt sich der Verlustvortrag in einem späteren VZ nur teilweise aus, so wird keine MischBel errechnet; der durch den Verlustvortrag stfreie und der übrige belastete Teil des Einkommens werden jeweils gesondert – evtl nach Aufteilung – im verwendb EK ausgewiesen. Ist der Abzug in einem Wj zu berücksichtigen, dessen Einkommen aus den Ergebnissen zweier Wj errechnet wird, ist ein Verlustabzug nach § 10d EStG auf beide Wj aufzuteilen; A 89 VI KStR; mE kann der Stpfl jeden angemessenen Aufteilungsmaßstab wählen (zeintanteilig, umsatzanteilig, nach konkreter Entstehung usw). Sonderregelung aufgrund des **Einigungsvertrags** s § 54a Nr 3.

5. *Altverluste* aus Wj, die vor dem 1. 1. 77 abgelaufen sind: Zu Abs 2 S 2, der durch das StandOG vom 13. 9. 93 (Anm 2) gestrichen wurde, s die 3. Aufl. Dort auch (Anm 7) zum Verlustrücktrag in den VZ 1976.

6. Der Verlustrücktrag hat keinen Einfluß auf die Summe des verwendb EK; er führt nur zu einer Änderung der KStBel und folgl zu einer Änderung der Gliederung des verwendb EK. Auch beim Verlustrücktrag wird der Verlust vorrangig von höher belasteten Einkommensteilen abgesetzt (s A 24 II KStR u Anm 4). Durch einen Verlustrücktrag mindert sich nachträglich das Einkommen des Abzugsjahrs. Folglich ändert sich auch die EK-Gliederung zum Schluß des betreffenden Wirtschaftsjahrs. Dabei sind die Zugänge zu den mit KSt belasteten EK-Teilen entsprechend den durch den Verlustrücktrag geminderten Einkommen neu zu berechnen. Gleichzeitig erhöht sich das EK_{02} im Abzugsjahr nach Abs 2 zunächst um den bei der Einkommensermittlung abgezogenen Betrag des Verlustrücktrages. Durch den Verlustrücktrag verringert sich die KSt für das Abzugsjahr. Entsprechend der Behandlung in Handels- und Steuerbilanz erhöht der KSt-Erstattungsanspruch das verwendbare EK erst in der Gliederungsrechnung zum Schluß des Verlustentstehungsjahres. Folglich muß in der EK-Gliederung für das Verlustrücktragsjahr die KSt noch in der Höhe abgezogen werden, wie sie sich ohne den Verlustrücktrag ergibt. Der KSt-Erstattungsanspruch mindert also im Verlustrücktragsjahr das EK_{02}, erst im Verlustentstehungsjahr erhöht der KSt-Erstattungsanspruch dann das EK_{02} (glA A 89 III KStR). Die gliederungsmäßigen Auswirkungen eines Verlustes mit Verlustrücktrag zeigt das Beispiel in ABC „Verlustrücktrag bei Ausschüttungen". KStVeranlagungen und Feststellung des verwendbaren EK (§ 47) sind entspr zu ändern (§§ 8 I KStG, 10 d EStG, 47 II Nr 2 KStG, s § 47 Anm 6, 7).

Optimaler Verlustrücktrag bei **Ausschüttungen** vgl Beratungs-ABC „Verlustrücktragung bei Ausschüttungen".

7. Verluste nach **§ 2 AIG** bzw nach **§ 2 a III EStG.** Verluste aus ausländischen Betriebstätten in DBA-Staaten mindern grds das EK_{01}. Auf Antrag werden die Verluste nach § 2 AIG bzw nach § 2 a III EStG wie inländische Verluste behandelt. Sie sind dann zunächst bei der Einkommensermittlung durch Verlustausgleich mit anderen stpfl Einkünften der Körperschaft zu saldieren. Für den übersteigenden ausländischen Verlust ist antragsgemäß ein Verlustabzug nach § 10 d EStG möglich. Dieser abziehbare ausländische Verlust mindert aufgrund des § 33 im Entstehungsjahr nach Abs 1 das EK_{01}, während im Abzugsjahr der früher oder später steuerfrei gestellte Einkommensteil nach Abs 2 dem EK_{02} hinzugerechnet wird (glA A 89 VIII KStR). Eine auf den Abzugsbetrag entfallende ausländische Steuer ist aber nicht wie andere sonstige nichtabziehbare Ausgaben vom belasteten Eigenkapital, sondern vom EK_{01} abzuziehen, weil insoweit keine fiktive Umqualifizierung erfolgt (glA *Frotscher/Maas* § 33 Anm 52; *Raudszus* BB 85, 859). Das gilt auch für ausländische Steuern auf spätere Gewinne in der ausländischen Betriebstätte, die infolge Nachversteuerung nach § 2 a III S 3 EStG oder nach § 2 I S 3 AIG hinzuzurechnen sind (glA A 89 VIII S 3, 4 KStR).

8. Verlustrücktrag und Verwendungsfiktion (Abs 3 aF): Lag das verwendb EK, das durch den Verlustrücktrag geändert werden kann, der Herstellung der AusschüttungsBel für eine Ausschüttung zugrunde, so blieb nach Abs 3 aF diese Herstellung der AusschüttungsBel unberührt; insoweit galten weiterhin die Teilbeträge als entnommen, die vor dem Verlustrücktrag als entnommen galten; ggf waren negative Teilbeträge auszuweisen (BT-Drucks 7/5310, 14). Abs 3 aF erfaßte nur Ausschüttungen, bei denen nach den Grundsätzen des § 27 Abs 3 für das Verlustrücktragsjahr die Ausschüttungsbelastung herzustellen war (vgl A 89 a I KStR 1990); nicht aber solche Fälle, in denen das Verlustabzugsjahr und das Jahr der Herstellung der Ausschüttungsbelastung auseinanderfallen (BFH BStBl II 96, 385). Ausgleich dieser Negativposten im Liquidationsfall s § 41 Anm 7. Beispiele A 89, 89a KStR 1990; dazu die Erläuterung von *Dötsch* DB 86, 63. Das StandOG v 13. 9. 93 (Anm 2) hat **Abs 3 gestrichen.** Da nach § 10 d EStG idF des StandOG der Steuerpflichtige selbst darüber bestimmen kann, ob und mit welchem Betrag der Verlustrücktrag greifen soll, kann auch der Einfluß auf die EK-Gliederung berücksichtigt werden. Eine Fixierung ist nicht mehr erforderl. S dazu ABC „Verlustrücktrag bei Ausschüttungen" u *Dötsch* DB 93, 1639.

§ 34 Gliederung bei Erlaß

[1] Wird Körperschaftsteuer nach § 227 der Abgabenordnung erlassen, so ist der Betrag, dessen Belastung mit Körperschaftsteuer sich mit dem Erlaßbetrag deckt, von dem belasteten Teil des Eigenkapitals abzuziehen und dem nichtbelasteten Teilbetrag im Sinne des § 30 Abs. 2 Nr. 2 zusammen mit der erlassenen Körperschaftsteuer hinzuzurechnen. [2] Das gleiche gilt, wenn die Körperschaftsteuer nach § 163 der Abgabenordnung niedriger festgesetzt wird.

Körperschaftsteuerrichtlinien: Abschnitt 90

Übersicht

1. Allgemeines
2. Geltungszeit
3. Erlaß (§ 227 AO)

4., 5. Rechtsfolge; „Umbuchung"
6. Erlaß von KSt alten Rechts
7. Niedrigere Festsetzung nach § 163 AO
8. Steuerabzugsbetrag nach §§ 58 III EStG, 9 I DBStÄndG DDR
9. Bedeutung für den Anteilseigner

1. Allgemeines:

Schrifttum: *Pezzer,* Die Umbuchung innerhalb des verwendb EK nach § 34 KStG nF, StuW 77, 9.

Wird KSt erlassen, so ist der Ausweis der KSt in der Aufzeichnung des verwendb EK unzutreffend. Es wird mehr KSt ausgewiesen, als die Körperschaft schuldet; gleichzeitig steht nach dem AnrSystem zuviel KSt für die Anr zur Verfügung. Mit der erforderl Korrektur nach einem Erlaß beschäftigt sich § 34. Systemgerecht kommt ein Erlaß nur der Körperschaft zugute, nicht aber dem AntE.

2. Geltungszeit: S § 27 Anm 2.

3. Voraussetzung ist ein Erlaß gem § 227 AO. Jede Änderung der StSchuld im StFestsetzungsverfahren, dh durch Berichtigungsbescheide, beeinflußt das verwendb EK unmittelb; bei Bestandskraft der gesonderten Feststellung greift § 47 II ein. Niederschlagung gem § 261 AO ist ohne Auswirkung auf das verwendb EK.

4. Rechtsfolge: § 34 ordnet systemgerecht innerhalb der Gliederung des verwendb EK eine **Umbuchung** an: Aus den mit KSt belasteten Teilbeträgen des EK ist ein Teilbetrag, dessen KStBel dem Erlaßbetrag entspr, abzubuchen und zusammen mit der erlassenen KSt den unbelasteten sonstigen Vermögensmehrungen iSd § 30 II Nr 2 (EK_{02}) zuzurechnen. Werden diese Teilbeträge später ausgeschüttet, muß dem AusschüttungsBel hergestellt werden. Die Umgliederung in das EK_{02} ist mE nicht gerechtfertigt bei Erlaß von KSt, die auf ausländische Einkommensteile entfällt. Denn bei einer von vornherein fehlenden Steuerbelastung würden die ausländischen Vermögensmehrungen nach § 30 II Nr 1 dem EK_{01} zugeordnet (s § 30 Anm 14). Nach Sinn und Zweck muß mE in diesem Fall der Erlaßbetrag dem EK_{01} zugeordnet werden (jedenfalls aus Billigkeitsgründen ebenso *H/H/R* § 34 Rz 32). Die Umbuchung erfolgt zum Ende des Wj, in dem der Erlaß ausgesprochen wird (A 90 I KStR). Die Umbuchung erfolgt nach der Berücksichtigung von Ausschüttungen und Vermögensmehrungen, die das EK zum Ende des Wj, zu dessen Ende die Umbuchung vorzunehmen ist, beeinflussen, aber vor der Auswirkung des § 38 (vgl A 82 II KStR). Sind mehrere unterschiedl belastete Teilbeträge vorhanden ($EK_{45(50/56)}$ und $EK_{30(36)}$), so kann mE die Körperschaft wählen, bei welchem Betrag sie die Abbuchung vornimmt (aA A 90 II KStR: EK_{30} vor EK_{50}). Der umzubuchende Betrag berechnet sich nach der Formel (A 90 I KStR):

$$U = \frac{(100 - St_t)}{St_t} \times E$$

(U = Umzubuchender Betrag; St_t = TarifBel in vH; E = erlassene KSt). Wird KSt erlassen, ohne daß in entspr Höhe belastetes verwendb EK vorhanden ist, so ist insoweit eine Umbuchung nicht mögl. Der (sicher sehr seltene) Fall kann zB eintreten, wenn eine Körperschaft über kein belastetes verwendb EK verfügt, Altgewinne ausschüttet und später die KStSchuld zur Herstellung der AusschüttungsBel erlassen wird. Die Zurechnung der erlassenen KSt erfolgt zu EK_{02} (A 90 III KStR).

Die Umbuchung ist grds **zwingend;** kein Verzicht mögl. Sie ist mE aber nicht gerechtfertigt, wenn die erlassene KSt auf einen Einkommensteil entfällt, der den **nichtabziehbaren Ausgaben** entspricht. Denn in diesem Fall ist das Steuerguthaben im EK_{45} bereits durch den Abzug der nichtabziehbaren Ausgaben nach § 31 I Nr 4 vom EK_{45} vernichtet (s § 31 Anm 8). Eine erneute Umgliederung bei den übrigen belasteten EK-Teilen würde zu einer zweiten Definitivbelastung der nichtabziehbaren Ausgaben führen (glA *Zwerger* in *D/E/J/W* § 34 Rz 4 a) und ist daher mE nach Sinn und Zweck unzulässig.

5. Beisp für eine Umbuchung: A 90 KStR.

6. Für den **Erlaß** von **KSt nach altem Recht** findet § 31 III, nicht § 34 Anwendung; die erlassene KSt wird EK_{03} (§ 30 II Nr 3) zugerechnet (glA A 90 IV KStR 1985).

7. Wird die KSt nach **§ 163 AO niedriger** festgesetzt, gilt Anm 4 entspr (A 90 IV KStR). Soweit nach § 163 I S 1 AO von der allgemeinen Einkunfts- und Einkommensermittlung abgewichen wird, greift § 34 stets ein. Im Fall des § 163 I S 2 AO findet § 34 mE keine Anwendung, da hier nur über eine StStundung entschieden wird. § 34 bezieht sich nach A 90 IV KStR auf das EK zum Ende des letzten Wj, das in dem VZ endet, für das die KSt niedriger festgesetzt wird; Klarstellung für den Fall, in dem mehrere Wj in einem VZ enden.

8. Der **Steuerabzugsbetrag** nach § 58 III EStG iVm § 9 I der Durchführungsbestimmung zum StÄndG der DDR in Höhe von 10 000 DM für vor dem 1. 1. 91 in den neuen Bundesländern ansässige KapGes ist gliederungsrechtlich wie ein Erlaß nach § 34 und nicht wie eine zur Aufteilung nach § 32 führende Steuerermäßigung zu behandeln (BFH BStBl II 96, 381).

9. Anteilseigner. Durch einen Erlaß von KSt für die KapGes wird die Anrechnung der entsprechenden Beträge beim Anteilseigner nicht ausgeschlossen. Da die Umgliederung erst zum Schluß des Erlaßjahres erfolgt, steht das belastete EK für die Verrechnung einer Ausschüttung zu einem früheren Gliederungsstichtag noch zur Verfügung. Der Anrechnungsausschluß nach § 36 a EStG greift nicht, weil die erlassene KSt nicht mehr rückständig ist. Das Finanzamt kann im Einzelfall ungerechtfertigte Ergebnisse (zB bei Erlaß der KSt-Erhöhung für eine erfolgte Ausschüttung) nur im Rahmen der Prüfung der Erlaßvoraussetzungen berücksichtigen.

§ 35 Fehlendes verwendbares Eigenkapital

(1) ¹Reicht für eine Gewinnausschüttung das verwendbare Eigenkapital nicht aus, so erhöht sich die Körperschaftsteuer um $3/7$ des Unterschiedsbetrags. ²§ 27 Abs. 3 gilt entsprechend.

(2) Der in Absatz 1 bezeichnete Unterschiedsbetrag und der darauf entfallende Betrag der Körperschaftsteuererhöhung sind in den folgenden Wirtschaftsjahren bei der Ermittlung des Teilbetrags im Sinne des § 30 Abs. 2 Nr. 2 jeweils von den neu entstandenen sonstigen Vermögensmehrungen abzuziehen.

Abs 1 lautete bis zur Änderung durch das G v 13. 9. 93 (Anm 2):

(1) ¹Reicht für eine Gewinnausschüttung das verwendbare Eigenkapital nicht aus, so erhöht sich die Körperschaftsteuer um $9/16$ des Unterschiedsbetrags. ²§ 27 Abs. 3 gilt entsprechend.

Körperschaftsteuerrichtlinien: Abschnitt 90a

Übersicht

1. Allgemeines
2. Geltungszeit
3. Herstellung der AusschüttungsBel (Abs 1)
4. Ausweis im verwendb EK (Abs 2)

1. Allgemeines:

Schrifttum: *Herzig,* Fehlendes verwendb EK, BB 78, 490; *Jünger,* Fehlendes verwendb EK, BB 78, 709; *Herzig,* Das verwendb EK – Eine Rechengröße, BB 78, 799; *Garbe,* KSt-MehrBel von 127,27% bei fehlendem verwendb EK – eine neue „Tücke" des KStG 1977?, DB 80, 2475; *Meyer-Arndt,* Negative Beträge bei dem EK_{02} in den Fällen des § 35 II KStG – ein Fehlgriff des Gesetzgebers –, DB 81, 15.

Die Technik des AnrV geht grundsätzl davon aus, daß die Körperschaft über ausreichend verwendb EK verfügt, um Ausschüttungen vornehmen zu können. Als „reines" System müssen jedoch auch die Fälle geregelt werden, in denen Ausschüttungen ohne ausreichendes verwendb EK vorgenommen werden. Von praktischer Bedeutung sind zwei Fälle: Ausschüttungen unter Verstoß gegen handelsrechtl Gebote, zB das Verbot, das NennKap anzugreifen; die zivilrechtl Rechtswidrigkeit der Ausschüttungen hindert nicht zwingend die Annahme von Eink aus KapVerm und damit das Funktionieren des AnrV. Weiter kann die Annahme von vGA dazu führen, daß mehr Ausschüttungen vorliegen (richtiger: vom StRecht angenommen werden), als verwendb EK vorhanden ist, so daß gegen § 28 III S 2 verstoßen wird. **Kritik:** § 35 zwingt jedoch in bestimmten Fällen zweckwidrig auch dann zur Herstellung der AusschüttungsBel, wenn der ausgeschüttete Betrag selbst normal besteuert wird; dies wiederum kann zur Thesaurierung von KStGuthaben im $EK_{45\ (50/56)}$ führen, welches – mangels Ausschüttungsmasse – nicht zu realisieren ist; zur Kritik s weiter *Meyer-Arndt* DB 81, 15; *Garbe* DB 80, 2475. Zur Rettung solcher Fälle durch das „Leg-ein-Hol-zurück"-Verfahren s ABC zu diesem Stichwort. Die Änderung der §§ 27–29 (s § 27 Anm 2) hat das Problem wegen der geänderten

Fehlendes verwendbares Eigenkapital 2–4 § 35

EK-Verrechnung nach § 28 II nF im Verhältnis zu § 29 II aF (s § 28 Anm 7, 8) entschärft.

2. Geltungszeit: S § 27 Anm 2. Abs 1 wurde durch das StandOG v 13. 9. 93 (BGBl I 93, 1569; BStBl I 93, 774) mit Wirkung ab VZ 1994 (§ 54 I idF des StandOG) der abgemilderten AusschüttungsBel angepaßt.

3. Herstellung der AusschüttungsBel (Abs 1): Ausschüttungen, für die verwendb EK nicht vorhanden ist, werden mit $^{3}/_{7}$ ($^{9}/_{16}$) KSt belastet, die AusschüttungsBel wird unmittelb hergestellt. Die Rechtsfolge des Abs 1 S 1 tritt erst dann ein, wenn alle Gruppen (§ 30 I, II) „leergeräumt" sind. Das „Leerräumen" oder die Verwendung hat streng nach den Regeln des § 28 zu erfolgen. So A 90a KStR; *Herzig* BB /8, 490 u 799; *Tillmann,* Das neue KStRecht der GmbH, 2. Aufl, 1978, Tz 97; *ders* StbKongrRep 78, 178; *Widmann* JbFfSt 79/80, 484; aA *L/Jünger* § 35 Rz 19; *Jünger* BB 78, 709: § 35 greife bereits dann ein, wenn die Summe aller EK-Beträge unter Ausgleich von Positiv- und Negativbeträgen den Nullwert erreicht; die Ansicht von *Jünger,* die sehr stark von wertenden Gesichtspunkten bestimmt wird, ist mit der formalen AnrMechanik nicht vereinb.

Abs 1 Satz 2 verweist für die zeitliche Erfassung der KStErhöhung wegen fehlenden verwendbaren Eigenkapitals auf die allgemeinen Grundsätze des **§ 27 III.** Bei Gewinnausschüttungen mit einem den gesellschaftsrechtlichen Vorschriften entsprechenden Gewinnverteilungsbeschluß für ein abgelaufenes Wirtschaftsjahr tritt also die KStErhöhung für den VZ ein, in dem das Wirtschaftsjahr endet, für das die Ausschüttung erfolgt (s § 27 Anm 29). Bei anderen Ausschüttungen wird die KStErhöhung in dem VZ erfaßt, in dem das Wirtschaftsjahr endet, in dem die Ausschüttung erfolgt (s § 27 Anm 29).

4. Ausweis im verwendb Eigenkap: Nach **Abs 2** sind der Unterschiedsbetrag gem Abs 1 und die hergestellte AusschüttungsBel ($^{3}/_{7}$ ($^{9}/_{16}$)) mit den zukünftigen Teilbeträgen gem § 30 II Nr 2 (EK_{02}) zu verrechnen. Sie sind folgl als negative Teilbeträge in EK_{02} auszuweisen und vorzutragen. Eine Verrechnung dieser Beträge mit Teilbeträgen von $EK_{45(50/56)}$, $EK_{30(36)}$ oder $EK_{01,03,04}$ erfolgt nicht; bzgl $EK_{45(50/56)}$ u $EK_{30(36)}$ wird auf diese Weise sichergestellt, daß die hier ausgewiesene KSt weiterhin zur Anr zur Verfügung steht; in EK_{01} (bis VZ 1993; s § 8b u § 41 S 1 Nr 1 u die Kommentierung) u EK_{03} dürfen ua die Vergütung gem §§ 52 KStG, 36e EStG, in EK_{04} die Rechtsfolge des § 20 I Nr 1 S 3 EStG nicht gefährdet werden.

Das negative EK_{02} bleibt solange bestehen, bis dem EK_{02} nach allgemeinen Grundsätzen zuzuordnende positive Zugänge anfallen. Im Rahmen der Liquidation erfolgt bei einem negativen Saldo aus EK_{01}, EK_{02}, EK_{03} und EK_{04} ein Ausgleich nach Maßgabe des § 41 Abs 4 (s § 41 Anm 7).

§ 36 Gliederung des Eigenkapitals bei dem Organträger

¹ Ist die Kapitalgesellschaft Organträger im Sinne des § 14, so sind ihr die Vermögensmehrungen, die bei der Organgesellschaft vor Berücksichtigung der Gewinnabführung entstehen, zur Ermittlung der Teilbeträge ihres verwendbaren Eigenkapitals wie eigene Vermögensmehrungen zuzurechnen. ² Von der Zurechnung sind auszunehmen:
1. Beträge, die die Organgesellschaft nach § 16 zu versteuern hat,
2. Einlagen, die die Anteilseigner der Organgesellschaft geleistet haben,
3. Vermögen, das durch Gesamtrechtsnachfolge auf die Organgesellschaft übergegangen ist.

Körperschaftsteuerrichtlinien: Abschnitt 91

Übersicht
1. Allgemeines
2. Geltungszeit
3.–6. Zurechnung der Vermögensmehrungen beim OrgT (Satz 1)
7., 8. Zurechnung, falls OrgT eine natürliche Person oder PersGes ist
9. Ausnahme von der Zurechnung (Satz 2 Nr 1–3)
10. Umwandlung einer anderen Körperschaft auf die Organgesellschaft

1. Allgemeines:

Schrifttum: *Schöneberger,* Altrücklagen bei Organtöchtern in der Gliederung des verwendb EK nach dem KStG 1977, DB 78, 1003; *Palitzsch,* Der besondere Ausgleichsposten beim OrgT nach der KStReform, StBp 78, 181; *ders,* Ausgleichszahlungen durch OrgGes oder OrgT beim AnrV nach dem KStG 77, BB 78, 952; *Hübel,* Kapitalgliederung und StAusgleichsposten bei Org nach der KStReform, StBp 78, 281; *Palitzsch,* Der besondere Ausgleichsposten (Korrekturposten) beim OrgT, BB 79, 416; dazu *Hübel* BB 79, 418; *Dötsch/Witt,* Organschaft und Anrechnungsverfahren, DB 96, 1592.

§§ 36 f regeln die Auswirkungen der Org im AnrV.

2. Geltungszeit: §§ 36 f gelten ab 1. 1. 77 (§ 54 I idF des KStG 1977) und damit für alle Wj von OrgT und OrgGes, die nach dem 31. 12. 76 enden.

3. Ist der OrgT eine **KapGes** oder eine **Gen** (s § 43), so sind alle **Vermögensmehrungen,** die bei der OrgGes vor der Gewinnabführung entstehen, dem **OrgT** als eigene EKTeile **zuzurechnen** (S 1). Da die Vermögensmehrungen beim OrgT versteuert werden, ist diese Regelung systemgerecht. Nur auf diese Weise kann die KStBel nach den Regeln des AnrV gespeichert und an die AntE vermittelt werden. Bei der Ermittlung des verwendb EK des OrgT sind folgl alle Vermögensmehrungen der OrgGes nach den Regeln der §§ 29 ff zu erfassen, gleichgültig, ob sie abgeführt werden oder ob sie bei der OrgGes verbleiben.

Bei der OrgGes zulässigerweise verbleibende Rücklagen gehen ebenfalls in das verwendb EK des OrgT ein (s auch Anm 5). Die Eingruppierung erfolgt bei dem OrgT in der Weise, in der sie bei der OrgGes hätte vorgenommen werden müssen. $EK_{45\ (50/56)}$ der OrgGes wird $EK_{45\ (50/56)}$ des OrgT zugeordnet usw. Einlagen des OrgT in die OrgGes sind nach Abs 2 Nr 2 von der Zurechnung beim OrgT ausgenommen (s Anm 9) und wer-

Zeitpunkt der Zurechnung 4–6 § 36

den somit nur bei der OrgGes als EK_{04} ausgewiesen, nicht aber beim OrgT. Dem EK des OrgT sind auch stfreie Vermögensmehrungen zuzuordnen (A 91 III KStR). Nichtabzb Aufwendungen der OrgGes werden nach den Regeln des § 31 dem verwendb EK des OrgT zugerechnet (A 91 I KStR; BT-Drucks 7/1470, 373). Verluste der OrgGes werden beim OrgT gem § 33 behandelt (s *Fasold* DStR 76, 657; *Widmann* JbFfSt 78/79, 400). Das zugerechnete EK der OrgGes wird nicht gesondert ausgewiesen; es wird untrennbarer Bestandteil des EK des OrgT.

4. Beispiel:

OrgT	verwendb EK	
OrgGes	1. 1. 01	0 P
OrgT	Einkommen im Jahr 01	50 P
OrgGes	Einkommen im Jahr 01	30 P
Wegen bei der OrgGes entstandener VSt in Höhe von 3 P und zulässiger Rücklagen in Höhe von 7 P wird tatsächl ein Gewinn von abgeführt		20 P
Stpfl Einkommen bei dem OrgT 50 P + 30 P		80 P
KSt 45 vH		36 P
Verwendb EK 31. 12. 01		
OrgT ./. 36 P KSt ./. 3 P VSt =		41 P

Weiteres Beisp A 91 VI KStR.

5. Soweit dem OrgT verwendb EK fiktiv zugerechnet wird, das **tatsächl** das **EK nicht erhöht,** darf bei einer späteren Abführung von zB zulässigerweise bei der OrgGes gebildeten Rücklagen das verwendb EK nicht nochmals erhöht werden. Das gleiche gilt bei anderweitiger Realisierung der Wertsteigerung der OrgBeteiligung, zB im Veräußerungsfall. Dies wird durch **Ausgleichsposten** erreicht, die die Doppelerfassung u -besteuerung ausschließen (s § 14 Anm 89 ff). Die Ausgleichsposten garantieren die Übereinstimmung von StB und verwendb EK des OrgT im Zeitpunkt der fiktiven Zurechnung des EK u im Zeitpunkt der tatsächl Vermögensmehrung beim OrgT. Die Zurechnung des verwendb EK der OrgGes zum EK des OrgT erfolgt stets zu 100 vH. Der aktive Ausgleichsposten ist jedoch idR in prozentualer Höhe der Beteiligung zu bilden (§ 14 Anm 90). Der Differenzbetrag ist nach A 91 II KStR von EK_{02} abzusetzen (ggf Negativposten); es ist also nicht der Ausgleichsposten aufzustocken, sondern das EK zu vermindern. Ausgleichsposten aus Wj vor dem Systemwechsel erhöhen das EK_{03} (*Jurkat* JbFfSt 77/78, 361; abw *Schöneberger* DB 78, 1003). Der vorerwähnte Differenzbetrag vermindert in diesem Fall EK_{03} (A 91 II KStR). Wird die Rücklage aufgelöst und abgeführt, ist der Differenzbetrag zum Ausgleichsposten dort gutzuschreiben, wo er zuvor berücksichtigt wurde (EK_{02} oder EK_{03}). Weitere Fragen zum Ausgleichsposten s *Palitzsch* StBp 78, 181; *Hübel* StBp 78, 281; *Palitzsch* BB 79, 416; *Hübel* BB 79, 418; *Tesdorpf* DStR 79, 524; *Widmann* JbFfSt 79/80, 487; *Krebs* DB 79, 1525, 1574. S auch § 37 Anm 4 mit weiteren Nachweisen.

6. Zeitpunkt der Zurechnung: Das EK des OrgT wird zum Ende eines Wj festgestellt. Durch dieses Ende wird der VZ festgelegt. In dem gleichen VZ kann ein OrgEink eines Wj zu versteuern sein, das zeitl nach dem

Ende des Wj des OrgT liegt (s § 14 Anm 98). Zweifelhaft ist, ob zum Ende eines Wj des OrgT das OrgEink (und verwendb EK) zugerechnet wird, das in dem durch diesen Zeitpunkt festgelegten VZ zu versteuern ist, oder ob die Zurechnung der tatsächl Durchführung des GAV folgt, also das Org-Eink stets dem Ende eines Wj des OrgT zugerechnet wird, das der Abführung folgt oder mit ihr zusammenfällt. ME ist die erste Lösung dem Besteuerungssystem der Org gemäß, wenn auch auf diese Weise mehr verwendb EK ausgewiesen wird, als Ausschüttungsmasse handelsrechtl vorhanden ist (glA A 91 IV KStR; aA *Kläschen* DStZ/A 79, 271: widerspricht § 29 I).

7. Ist **OrgT** eine **natürl Person** oder eine **PersGes** mit natürl Personen als Ges, so stellt sich die Frage der Behandlung der Org im AnrV nur bei der OrgGes (dazu § 37 mit Anm). Da der OrgT nicht kstpfl ist, entfällt die AnrProblematik.

8. Ist **OrgT** eine **PersGes,** an welcher auch eine **KapGes** oder eine **Gen** beteiligt ist, so ist das zuzurechnende Einkommen auf die einzelnen Gesellschafter aufzuteilen. In dem gleichen Maß, in dem das Einkommen auf die einzelnen Ges entfällt, sind die Vermögensmehrungen, die nach § 36 bei der Bildung des verwendb EK dem OrgT zuzurechnen sind, den einzelnen Gesellschaftern zuzurechnen. Soweit die Teile auf KapGes oder Gen entfallen, gehen sie hier in das verwendb EK ein. Der Zeitpunkt der Zurechnung bestimmt sich nach Anm 6 (A 91 V KStR; FinVerw 1982 StEK KStG 1977 § 36 Nr 2 betr einen Fall der MehrmütterOrg). Zum Maßstab der Aufteilung des Einkommens s § 14 Anm 80. Die Feststellung erfolgt im Verfahren nach § 180 AO (A 91 V KStR).

9. Folgende Vermögensmehrungen sind von der **Zurechnung** bei dem OrgT **auszunehmen** (S 2). **Nr 1:** Beträge, die die OrgGes nach § 16 zu versteuern hat (Ausgleichszahlungen zzgl KSt); da diese Beträge voll ausgeschüttet werden, bildet sich hierdurch regelmäßig kein EK bei der OrgGes (s §§ 16, 37 Anm 4). **Nr 2:** Einlagen, die die AntE der OrgGes geleistet haben, nicht aber der in § 37 II S 1 bezeichnete Unterschiedsbetrag, um den die bei der Organgesellschaft entstandenen Vermögensmehrungen den an den Organträger abgeführten Gewinn übersteigen (A 97 III S 2 KStR), so zB bei zulässiger Rücklagenbildung in der Organgesellschaft (s § 14 Anm 76). **Nr 3:** Vermögen, das durch Gesamtrechtsnachfolge auf die OrgGes übergegangen ist. Bei den Beträgen zu Nr 2 u 3 handelt es sich um EK-Teile der Vermögenssphäre und nicht um solche aus Gewinnen, so daß sie ohnehin beim OrgT nicht der Besteuerung unterliegen und daher auch bei der OrgGes erfaßt werden können.

10. Bei der **Umwandlung** einer anderen Körperschaft **auf die Organgesellschaft** ist das verwendbare EK der Übernehmerin unter Berücksichtigung der Regeln für die Vermögensübernahme (§§ 38, 38a, 38b) zu ermitteln. Das übernommene verwendbare EK bleibt bei der Organgesellschaft nach S 2 Nr 3 erfaßt. Diese Ausnahme von der Zurechnung beim Organträger gilt auch für den **steuerfreien Übernahmegewinn** nach § 12 II S 1 UmwStG 1994 (= § 15 II S 1 UmwStG 1977), der in Fällen der Vermögensübernahme als solcher wegen der Erfassung des verwendbaren EK der Überträgerin bei der Übernehmerin nach §§ 38, 38a, 38b nicht in ihrer Gliederungsrechnung erscheint. Folglich ist dem Organträger gliederungsmäßig auch keine Vermögensmehrung durch den steuerfreien Übernahmegewinn zuzurechnen. Andererseits unterliegt aber der Übernahmegewinn als Bestandteil des Jahresüberschusses einer Organgesellschaft der handelsrechtlichen Gewinnabführung an den Organträger (glA *D/E/J/Witt* § 36 Rz 21; aA *Frotscher/M* § 36 Rz 17, die aus § 36 II Nr 2 auch ein handelsrechtliches Abführungsverbot ableiten). Wegen der fehlenden Zurechnung des Vermögens nach S 2 Nr 3 ist bei der Organgesellschaft das verwendbare EK in der Gliederungsrechnung höher als in ihrer Steuerbilanz bzw beim Organträger entsprechend niedriger. Diese Differenz beruht zwar auf einer Abweichung zwischen Gewinnabführung und Einkommenszurechnung. Es handelt sich um eine Mehrabführung. Ursächlich hierfür ist aber die außerhalb der Organschaft liegende Vermögensübernahme durch die Organgesellschaft. Daher erscheint mE dieser Fall mit der Mehrabführung als Folgewirkung aus Geschäftsvorfällen in vororganschaftlicher Zeit vergleichbar (glA *D/E/J/Witt* aaO). Der abgeführte steuerfreie Übernahmegewinn gilt so steuerlich als Gewinnausschüttung. Bei der Organgesellschaft ist die Ausschüttungsbelastung herzustellen und beim Organträger liegen steuerpflichtige Erträge vor (vgl § 37 Anm 6). Mit der Lösung wird der Eintritt einer Definitivbelastung bei der Organgesellschaft vermieden. Wendet man demgegenüber auf diese Mehrabführung bei der Organgesellschaft § 37 II S 2 an, würde bei fehlendem EK_{04} das belastete EK ohne Vermittlung des KStGuthabens vernichtet (s § 37 Anm 6).

Umgekehrt liegt bei einem in der Einkommensermittlung der Organgesellschaft nach § 15 Abs 2 S 1 UmwStG 1994 (= § 12 II S 1 UmwStG 1977) außer Ansatz bleibenden **Übernahmeverlust** mE eine außerhalb der Organschaft verursachte Minderabführung, die nach den Grundsätzen wie bei Geschäftsvorfällen aus vororganschaftlicher Zeit (s § 37 Anm 6) steuerrechtlich als Einlage zu behandeln ist.

Ist ausnahmsweise der **Übernahmegewinn** nach § 12 Abs 2 S 2 UmwStG 1994 (= § 15 II S 2 UmwStG 1977) aber **steuerpflichtig,** weil die tatsächlichen Anschaffungskosten den Buchwert der Anteile an der übertragenden Körperschaft zB infolge einer früheren Teilwertabschreibung übersteigen, so wird dieser Einkommensteil nach §§ 14, 17 dem Organträger zugerechnet. Das entsprechende verwendbare EK kann nach der Systematik der Zuordnung und Belastung mit KSt nur beim Organträger und nicht bei der Organgesellschaft gebildet werden. § 36 S 2 Nr 3 findet daher hier entgegen dem Wortlaut keine Anwendung (glA *D/E/J/Witt* § 36 Rz 21; *H/H/R* § 36 KStG Rz 56).

§ 37 Gliederung des Eigenkapitals der Organgesellschaften

(1) **Ist die Kapitalgesellschaft Organgesellschaft im Sinne des § 14 oder des § 17, so bleiben bei der Ermittlung ihres verwendbaren Eigenkapitals die Vermögensmehrungen, die dem Organträger in den Fällen des § 36 zuzurechnen sind, vorbehaltlich des Absatzes 2 stets außer Ansatz.**

(2) ¹Übersteigen die in Absatz 1 bezeichneten Vermögensmehrungen den abgeführten Gewinn, so ist der Unterschiedsbetrag bei der Organgesellschaft in den Teilbetrag im Sinne des § 30 Abs. 2 Nr. 4 einzuordnen. ²Unterschreiten die Vermögensmehrungen den abgeführten Gewinn, so gilt § 28 Abs. 3 mit der Maßgabe, daß der in Satz 1 bezeichnete Teilbetrag vor den übrigen Teilbeträgen als verwendet gilt.

Gesetzesfassung bis zum KStG 1991 (Vor § 1 Anm 20) s 3. Auflage.

Körperschaftsteuerrichtlinien: Abschnitt 92

Übersicht

1. Allgemeines
2. Geltungszeit
3. OrgGes im AnrV (Abs 1)
4. Ausgleichszahlungen an außenstehende Anteilseigner
5. Sonderzurechnung im EK der OrgGes (Abs 2)
6. Vororganschaftlich veranlaßte Mehr- oder Minderabführungen

1. Allgemeines: S § 36 Anm 1.

2. Geltungszeit: S § 36 Anm 2. Wegen nachfolgender Änderung bis zum KStG 1991 s 3. Aufl.

3. Abs 1: Soweit eine Körperschaft **OrgGes** ist, gelten für sie grundsätzl die Vorschriften der §§ 27 ff. Allerdings geht die Einkommenszurechnungsvorschrift des § 14 I, die kennzeichnende Rechtsfolge der Org, vor (§ 14 Anm 80 ff); Ausgleichszahlungen werden aber zB im AnrV systemgerecht behandelt (s § 16 Anm 4 ff). § 36 zieht aus der Einkommenszurechnung die notwendige Folgerung für das verwendb EK des OrgT, § 37 für die OrgGes. Nach der letztgenannten Vorschrift bleiben bei der Ermittlung des verwendb EK der OrgGes die Vermögensmehrungen außer Ansatz, die nach § 36 dem OrgT zuzurechnen sind. Dies gilt nach der Konzeption der §§ 36, 37 auch, falls OrgT eine natürl Person oder eine PersGes, soweit natürl Personen Ges sind, ist; denn die Vermögensmehrungen, die der EStBesteuerung zugeführt werden, müssen folgerichtig aus dem KStBereich ausscheiden. Allerdings ist, entgegen BT-Drucks 7/1470, 374, der Wortlaut des § 37 I insoweit nicht eindeutig, da er an § 36 anknüpft und diese Vorschrift eine in das AnrV einbezogene Körperschaft voraussetzt (wie hier A 92 I KStR; *L Schmidt* GmbHR 77, 18; *Jurkat* JbFfSt 77/78, 363; aA *Fasold* DStR 76, 655). Soweit Abs 1 nicht eingreift, wird das EK der OrgGes nach den allg Regeln der §§ 27 ff gegliedert. War bei der OrgGes innerhalb der Org zum Schluß des letzten vor dem 1. 1. 77 endenden Wj verwendb EK vorhanden, wird es in EK_{03} eingeordnet (*Jurkat* JbFfSt 77/78, 365; abw *Schöneberger* DB 78, 1003).

4. Ausgleichszahlungen an außenstehende Anteilseigner. Die OrgGes hat nach § 16 ein eigenes zu versteuerndes Einkommen in Höhe der Ausgleichszahlungen an Minderheitsgesellschafter zzgl der hierauf entfallenden Ausschüttungsbelastung (s § 16 Anm 4). Das eigene zu versteu-

Ausgleichszahlungen 5 § 37

ernde Einkommen unterliegt der ungemilderten Tarifbelastung iS des § 23 I (also ab VZ 1994 45 vH). Die aus der Besteuerung der Ausgleichszahlung entstehenden Vermögensmehrungen sind bei der Ermittlung des verwendbaren EK der OrgGes zu erfassen (§ 36 S 2 Nr 1) und führen zu einem ungemildert belasteten EK-Teil ($EK_{45/50/56}$). Für die abgeflossenen Ausgleichszahlungen ist andererseits bei der OrgGes nach den allgemeinen Grundsätzen der §§ 27, 41 I die Ausschüttungsbelastung herzustellen. Die Ausgleichszahlungen werden dabei entsprechend den Regeln für offene Gewinnausschüttungen mit Gewinnverteilungsbeschluß für ein abgelaufenes Wirtschaftsjahr behandelt (s § 27 Anm 29 u § 28 Anm 4). Sie sind daher mit dem verwendbaren EK der OrgGes zum Schluß des Wirtschaftsjahrs zu verrechnen, für das die Zahlung geleistet worden ist (glA A 92 III S 5 KStR). Die Ausschüttungsbelastung ist analog § 27 III S 1 für den VZ herzustellen, in dem das Wirtschaftsjahr endet, für das die Ausgleichszahlungen geleistet worden sind (A 92 III S 6 KStR).

Von Gesetzes wegen sind auch die Ausgleichszahlungen bei der Herstellung der Ausschüttungsbelastung nach der in § 28 III bestimmten Reihenfolge mit den Teilbeträgen des verwendbaren EK zu verrechnen (also EK_{45}, EK_{30}, EK_{01}, EK_{02}, EK_{03} und EK_{04}). S § 28 Anm 9. In Ausnahmefällen kann dies zu einer KStErhöhung iS des § 27 führen, so zB bei einer als Ausgleichszahlung zu behandelnden vGa an MinderheitsGes, s § 16 Anm 4 (denn eine vGa benötigt bei der Verrechnung mit dem vEK immer mehr EK, als aus ihrer Zurechnung als Bestandteil des Einkommens entsteht) oder bei Vorhandensein eines negativen EK_{50}, EK_{45} bzw EK_{56} zu Beginn des Organschaftsverhältnisses (denkbar durch nichtabziehbare Ausgaben in Verlustjahren). Aus **Billigkeitsgründen** läßt die FinVerw auf Antrag zu, daß die Ausgleichszahlungen von dem Teilbetrag abgezogen werden, in dem der EK-Zugang aus dem gemäß § 16 von der OrgGes selbst zu versteuernden Einkommen enthalten ist. Das gilt auch dann, wenn dieser Teilbetrag negativ ist oder durch die Verrechnung der Ausgleichszahlung negativ wird (vgl BStBl I 93, 317; A 92 III 3 S 3 und 4 KStR). Damit führt die Herstellung der Ausschüttungsbelastung bei Ausgleichszahlungen in diesen Fällen stets zu einer KStMinderung.

5. Abs 2: Ausgenommen von der Anordnung des Abs 1 sind die **Vermögensmehrungen, die tatsächl bei der OrgGes verbleiben;** dies sind diejenigen, die den abgeführten Gewinn übersteigen, insbes also zulässigerweise bei der OrgGes gebildete Rücklagen, ferner wenn die OrgGes in der Handelsbilanz steuerrechtlich nicht anzuerkennende stille Reserven bildet (glA A 92 II S 2 KStR). Diese EK-Teile werden doppelt erfaßt, wenn der OrgT eine KapGes ist: Einmal regelmäßig mit KSt belastet beim OrgT und zum anderen unbelastet bei der OrgGes. Sie werden als Einlagen der AntE angesehen und gem Abs 2 S 1 in die Untergruppe des § 30 II Nr 4 (EK_{04} = Einlagen) eingeordnet. Wird mehr Gewinn abgeführt, als Vermögensmehrungen bei der OrgGes vorhanden sind – werden zB Rücklagen aufgelöst und abgeführt –, so erfolgt, abweichend von § 28 III, zuerst eine Abrechnung von den gem Abs 2 S 1 in EK_{04} eingestellten EK-Teilen. Die Fiktion des Abs 2 S 2 setzt eine Gewinnabführung voraus und ist mE folgl nur in einer steuerlich wirksamen Org anzuwenden (glA *L. Schmidt* GmbHR 77, 18). Obwohl das Gesetz nur von Gewinnabführung spricht, gilt Abs 2 entspr für Verluste. Ist die Verlustübernahme höher als der steuerliche Verlust, so ist S 1 anzuwenden; ist die Verlustübernahme geringer, gilt S 2. Die Teilbeträge nach Abs 2 sind wegen ihrer besonderen Behandlung während der Org gesondert auszuweisen. § 40 Nr 1 greift nur nach Beendigung der Org ein; während der Org entfällt bei Verwendung dieser Teilbeträge eine KStErhöhung wegen des Vorrangs des OrgRechts (*Weber* DB 76, 1785). Einzelheiten zur steuerlichen Behandlung der Mehr- oder Minderabführungen von OrgGes an den OrgT auf Grund von Geschäftsvorfällen während der Geltungsdauer des Gewinnabführungsvertrags s FinVerw BStBl I 81, 44 Abschn A u B; dazu *Krebs* DB 79, 1525, 1574, sowie als Folgewirkung aus vorvertraglicher Zeit s Anm 6. Zur Behandlung von Einlagen einer MinderheitsGes in eine verlustbringende OrgGes s *Mück* DB 94, 752.

6. Vororganschaftlich veranlaßte **Mehr- oder Minderabführungen.** Mehr- oder Minderabführungen sind steuerlich verursachte Differenzen zwischen einer handelsrechtlichen Abführung und einer entsprechenden steuerlichen Einkommenszurechnung an den OrgT bzw zwischen einer handelsrechtlichen Verlustübernahme und einer steuerlichen Verlustzurechnung für den OrgT (glA *Dötsch/Witt* DB 96, 1592, 1595). Sie können sich nicht nur durch Geschäftsvorfälle während der Geltungsdauer des Gewinnabführungsvertrags, sondern auch als Folgewirkung von Geschäftsvorfällen aus der vorvertraglichen Zeit ergeben (s A 59 IV KStR mit Beispiel).

Mehrabführungen der OrgGes an den OrgT in vertraglicher Zeit als Folgewirkung von Geschäftsvorfällen aus der vorvertraglichen Zeit sind steuerlich als eine das Anrechnungsverfahren auslösende **Gewinnausschüttung** zu behandeln. Davon geht inzwischen auch die FinVerw für VZ ab 1995 aus (vgl A 59 IV S 4 u A 92 III S 7 KStR 1995) und darüber hinaus wahlweise auch für VZ vor 1995 auf gemeinsamen Antrag von OrgGes und OrgT in offenen Fällen (s BStBl I 96, 695). Umgekehrt stellen entsprechende Minderabführungen Einlagen des Organträgers in die Organgesellschaft dar.

Anrechnungsverfahren: Früher erfaßte die FinVerw solche vororganschaftlich veranlaßten Mehr- oder Minderabführungen, für die nach A 59 III KStR aF (= A 59 IV KStR 1995) kein Ausgleichsposten in der Steuerbilanz des OrgT zu bilden ist, sowohl bei der OrgGes als auch beim OrgT als Angleichungsdifferenz über den Teilbetrag EK_{02} (vgl BStBl I 81, 44, Abschn C). Wegen der damals fehlenden Herstellung der Ausschüttungsbelastung konnte in der Vergangenheit ein auf die vororganschaftlichen Rücklagen der OrgGes entfallendes KStGuthaben durch EK_{56}, EK_{50}, EK_{45}, EK_{36} oder EK_{30} nicht zwangsläufig realisiert werden. Dies war nur durch eine außerhalb des Gewinnabführungsvertrags zu beschließende offene Gewinnausschüttung erreichbar. **Heute** stellt auch die FinVerw für die **vororganschaftlich veranlaßten Mehrabführungen** die **Ausschüttungsbelastung** nach § 27 her. Dabei sind nach A 92 III S 5–7 KStR diese Mehrabführungen – entsprechend den Regeln für Ausgleichszahlungen an außenstehende Anteilseigner (s Anm 4) – **wie offene Gewinnausschüttungen** mit Gewinnverteilungsbeschluß für ein abgelaufenes Wirtschaftsjahr zu behandeln. Die Mehrabführung ist hiernach mit dem verwendbaren EK der OrgGes zum Schluß des Wirtschaftsjahrs zu verrechnen, für das die Zahlungen geleistet worden sind. Die KSt-Ausschüttungsbelastung ist für den VZ herzustellen, in dem das Wirtschaftsjahr endet, für das die Mehrabführung geleistet worden ist. Beim OrgT liegen entsprechend betriebliche Dividendeneinnahmen vor, die nach allgemeinen Grundsätzen zur KStAnrechnung von $3/7$ führen. Aus der Gleichbehandlung von vororganschaftlich veranlaßten Mehrabführungen und Gewinnausschüttungen, die auf einem den gesellschaftsrechtlichen Vorschriften entsprechenden Beschluß für ein abgelaufenes Wirtschaftsjahr beruhen, folgt mE aber nicht, daß bei der OrgGes die Ausschüttungsbelastung nur in Höhe von $7/10$ der Mehrabführung hergestellt wird. Denn andernfalls könnte der OrgT neben der erhaltenen Mehrabführung noch den KSt-Anrechnungsanspruch gegenüber dem FA von $3/10$ der Mehrabführung geltend machen, brauchte aber nur die Mehrabführung (= $7/10$ als fiktive Ausschüttung und $3/10$ als KSt-Anrechnungsguthaben) versteuern. ME ist daher betragsmäßig – wie bei sog anderen Ausschüttungen – die Ausschüttungsbelastung von der gesamten Mehrabführung herzustellen, was uU nach § 35 zu einer anteiligen KSt-Erhöhung wegen fehlendem verwendbaren EK führt (vgl ausführlich *Dötsch/Witt* DB 96, 1592, 1595 f). Diese KSt-Erhöhung läßt sich mE aber durch eine Billigkeitsregelung wie bei Ausgleichszahlungen nach Abschn 92 III S 3 u 4 KStR 1995 (s Anm 4) vermeiden.

Vororganschaftlich veranlaßte **Minderabführungen** führen als Einlagen des OrgT in seiner Steuerbilanz zu einer Erhöhung des Buchwerts der Beteiligung an der OrgGes und bei der OrgGes zur Bildung von EK$_{04}$ (s A 59 IV S 5 KStR 1995; FinVerw BStBl I 96, 695; anders noch BStBl I 81, 44, Abschn C). Erhöht sich der Bilanzgewinn durch diese Einlage, erfolgt eine entsprechende Kürzung bei der steuerlichen Einkommensermittlung (glA *Dötsch/Witt* DB 96, 1592, 1596).

§ 38 Gliederung des Eigenkapitals bei Verschmelzung

(1) ¹**Geht das Vermögen einer Kapitalgesellschaft durch Verschmelzung nach § 2 des Umwandlungsgesetzes auf eine unbeschränkt steuerpflichtige Kapitalgesellschaft oder auf eine sonstige unbeschränkt steuerpflichtige Körperschaft im Sinne des § 43 über, so sind die nach den §§ 30 bis 37 ermittelten Eigenkapitalteile der übertragenden Kapitalgesellschaft den entsprechenden Teilbeträgen der übernehmenden Körperschaft hinzuzurechnen; das gilt auch für nach § 47 Abs. 1 Satz 1 Nr. 2 festzustellende Beträge.** ²**Übersteigt das Nennkapital nach der Verschmelzung, soweit es nicht durch bare Zuzahlungen oder durch Sacheinlagen entstanden ist, die Summe der Nennkapitalbeträge der an der Verschmelzung beteiligten Gesellschaften, ist auf den Unterschiedsbetrag § 29 Abs. 3 entsprechend anzuwenden.** ³**Ist das Nennkapital nach der Verschmelzung, soweit es nicht durch bare Zu-**

§ 38 Gliederung des Eigenkapitals bei Verschmelzung

zahlungen oder durch Sacheinlagen entstanden ist, niedriger als die Summe der Nennkapitalbeträge der an der Verschmelzung beteiligten Gesellschaften, mindert der Differenzbetrag einen nach § 47 Abs. 1 Satz 1 Nr. 2 gesondert festgestellten Betrag. ⁴Weicht die Summe der zusammengerechneten Teilbeträge des verwendbaren Eigenkapitals infolge des Wegfalls von Anteilen an der übertragenden Kapitalgesellschaft oder aus anderen, mit dem Vermögensübergang zusammenhängenden Gründen von dem verwendbaren Eigenkapital ab, das sich unter Beachtung des § 29 Abs. 3 aus der Steuerbilanz auf den unmittelbar nach dem Vermögensübergang folgenden Zeitpunkt der übernehmenden Körperschaft ergeben würde, ist der Unterschiedsbetrag bei dem Teilbetrag im Sinne des § 30 Abs. 2 Nr. 4 zu erfassen.

(2) Abweichend von Absatz 1 ist das übergegangene verwendbare Eigenkapital der übertragenden Kapitalgesellschaft dem Teilbetrag im Sinne des § 30 Abs. 2 Nr. 2 hinzuzurechnen, wenn die übernehmende Körperschaft von der Körperschaftsteuer befreit ist.

§ 38 lautete bis zur Neufassung durch das G v 28. 10. 94 (Anm 2):

(1) ¹Geht das Vermögen einer Kapitalgesellschaft durch Gesamtrechtsnachfolge auf eine unbeschränkt steuerpflichtige Kapitalgesellschaft oder auf eine sonstige unbeschränkt steuerpflichtige Körperschaft im Sinne des § 43 über, so sind die nach den §§ 30 bis 37 ermittelten Eigenkapitalteile der übertragenden Kapitalgesellschaft den entsprechenden Teilbeträgen der übernehmenden Körperschaft hinzuzurechnen. ²Übersteigt die Summe der zusammengerechneten Teilbeträge infolge des Wegfalls von Anteilen an der übertragenden Kapitalgesellschaft oder aus anderen Gründen das verwendbare Eigenkapital, das sich aus einer Steuerbilanz auf den unmittelbar nach dem Vermögensübergang folgenden Zeitpunkt bei der übernehmenden Körperschaft ergeben würde, so sind in Höhe des Unterschiedsbetrags die nicht mit Körperschaftsteuer belasteten Teilbeträge zu mindern. ³Reichen die nicht mit Körperschaftsteuer belasteten Teilbeträge nicht aus, so sind die neu entstehenden nicht der Körperschaftsteuer unterliegenden Vermögensmehrungen um den Restbetrag zu mindern.

(2) Für die Minderung nach Absatz 1 gilt die umgekehrte Reihenfolge, in der die Teilbeträge nach § 28 Abs. 3 als für eine Ausschüttung verwendet gelten.

(3) Ist die Summe der zusammengerechneten Teilbeträge niedriger als das verwendbare Eigenkapital im Sinne des Absatzes 1, so ist der Teilbetrag im Sinne des § 30 Abs. 2 Nr. 4 um den Unterschiedsbetrag zu erhöhen.

(4) Abweichend von Absatz 1 ist das übergegangene verwendbare Eigenkapital der übertragenden Kapitalgesellschaft dem Teilbetrag im Sinne des § 30 Abs. 2 Nr. 2 hinzuzurechnen, wenn die übernehmende Körperschaft von der Körperschaftsteuer befreit ist.

Gesetzesfassung bis zum KStG 1991 (Vor § 1 Anm 20) s 3. Auflage.

Körperschaftsteuerrichtlinien: Abschnitt 93 zu § 38 aF

Gesamtrechtsnachfolge oder Verschmelzung 1–3 § 38

Übersicht

1. Allgemeines
2. Geltungszeit
3., 4. Vermögensübernahme durch Gesamtrechtsnachfolge bzw Verschmelzung (Abs 1)
5. Zusammenrechung des EK
6., 7. Korrekturen nach der Zusammenrechnung (Abs 1 S 2–4)
8. Zusammenfassung der verschiedenen Rechenschritte
9. Minderung und Erhöhung des EK (Abs 1 S 2, 3 Abs 2, 3 aF)
10. Übernahmegewinn oder -verlust
11 Übernahme durch eine befreite Körperschaft (Abs 2)

1. Allgemeines:

Schrifttum bis 1993: *Loos,* Die Umwandlung einer KapGes nach dem UmwStG 1977, BB 77, 337; *Fasold,* Maßgeblichkeitsgrundsatz, Umwandlung und Gliederungsrechnung, DB 77, 1015. **Ab 1994:** *Ganske,* Die Reform des Umwandlungsrechts, DStJG 17 (1994), 43; *Hügel,* Die Reform des Umwandlungssteuerrechts, DStJG 17 (1994), 69.

Verschmelzung und Umwandlung von Körperschaften waren **bis 1994** hinsichtl ihrer steuerlichen Folgen im UmwStG 1977 geregelt. § 15 KStG aF vor 1977 hatte daher in KStG 1977 nur insofern in § 38 aF einen Nachfolger gefunden, als sich diese Vorschrift mit der Auswirkung der Gesamtrechtsnachfolge auf die Gliederung des verwendb EK befaßte. Zweckmäßigerweise wäre diese Vorschrift in das UmwStG aufgenommen worden. Bei einem Vermögensübergang durch Gesamtrechtsnachfolge von einer KapGes auf eine andere, in das AnrV einbezogene Körperschaft mußte die AusschüttungsBel nicht hergestellt werden, da die Ausschüttungsmasse der übertragenden Körperschaft voll im Bereich des AnrV verbleibt. Systemgerecht ordnete § 38 aF folgl nur die Zusammenrechnung des verwendb EK an; auf diese Weise bleibt die gesamte KSt für die Anr erhalten; Ausnahme: § 42. Die Neuregelung des UmwStG **ab 1995** ersetzte § 38 aF durch die §§ 38–38b. § 38 nF befaßt sich mit der Verschmelzung iSv § 2 UmwG. Weiterhin bleibt es bei der Technik der Zusammenrechnung der EK-Beträge, deren Normierung in § 38 nF verfeinert ist. Die AusschüttungsBel wird weiterhin nicht hergestellt.

2. Geltungszeit: § 38 aF galt ab 1. 1. 77 (§ 54 I idF des KStG 1977). Hat die übernehmende KapGes ein vom Kj abweichendes Wj, ist die Vorschrift auf alle Vermögensübergänge vor dem 1. 1. 77 anzuwenden, sofern sie in einem Wj der übernehmenden KapGes geschehen ist, das nach dem 31. 12. 76 endet. Zur nachfolgenden Änderung bis zum KStG 1991 s 3. Aufl. Neufassung des § 38 – in Verbindung mit §§ 38a, 38b – durch das G v 28. 10. 94 (BGBl I 94 3267); Inkrafttreten s § 54 XII idF des G v 28. 10. 94; Materialien s Vor § 1 Anm 19.

3. Vermögensübernahme durch **Gesamtrechtsnachfolge (Abs 1 S 1 aF)** oder durch **Verschmelzung (Abs 1 S 1 nF).** § 38 aF findet auf jede Gesamtrechtsnachfolge, § 38 nF auf die Verschmelzung iSv § 2 UmwG Anwendung, sofern sowohl die übertragende Körperschaft als auch die

§ 38   4, 5   Gliederung des Eigenkapitals bei Verschmelzung

übernehmende Körperschaft in das AnrV einbezogen ist; auf beiden Seiten muß folglich eine KapGes oder eine Körperschaft gem § 43 beteiligt sein (dazu § 43 Anm 3). Das Gesetz erwähnt zwar nur auf seiten der übernehmenden Körperschaft § 43; auf der übertragenden Seite war dies nicht erforderlich, da hier § 43 unmittelbar eingreift; allerdings werden solche Sachverhalte nur in Ausnahmefällen vorliegen. Zur unbeschr stpfl befreiten Körperschaft als Übernehmerin s Anm 9.

4. § 38 aF galt damit für die übertragende (errichtende und verschmelzende) Umwandlung sowie für Verschmelzungen. **§ 38 nF** gilt dem Wortlaut folgend unmittelbar für alle **Verschmelzungen** iSd § 2 UmwG idF des ÄnderungsG v 28. 10. 94 (BGBl I 94 3267). § 38 nF findet keine Anwendung auf formwechselnde Umwandlungen bzw den Formwechsel, da hierbei die juristische Person ebenso wie das KStSubjekt identisch bleiben. Für Umwandlungen und Einbringungen, die im Wege der Einzelrechtsnachfolge erfolgen, gilt § 38 nF ebenfalls nicht. Zu Aufspaltungen und Abspaltungen s § 38 a. Zu Vermögensübertragung von Rechtsträgern, die nicht in das AnrV einbezogen sind, s § 38 b.

5. Zusammenrechnung: Das EK der übertragenden Körperschaft ist dem EK der aufnehmenden Körperschaft hinzuzurechnen. Zusammengerechnet wird das verwendb EK, bestimmt durch die im Gesetzeswortlaut angegebenen §§ 30–37. Maßgebend ist das verwendbare EK der übertragenden Körperschaft zum Zeitpunkt der Wirksamkeit der Gesamtrechtsnachfolge bzw der Verschmelzung. Der Vermögensübergang wird zum Ende des Wj berücksichtigt, in das der stl Übertragungsstichtag fällt (A 93 II KStR 1990 zu § 38 aF), also zB bei einem steuerlichen Übertragungsstichtag am 31. 12. 96 erstmals in der EK-Gliederung der Übernehmerin zum 31. 12. 96. Die sich jeweils entsprechenden EK-Teile werden zusammengerechnet; $EK_{45(50/56)}$ zu $EK_{45(50/56)}$, EK_{30} zu EK_{30} usw. Hierdurch bleibt das auf dem verwendbaren Eigenkapital der übertragenden Körperschaft lastende KStGuthaben in vollem Umfang der Übernehmerin für Ausschüttungen usw erhalten. Soweit in einer Gruppe ein Sonderausweis erforderlich ist (vgl zB § 29 III, § 39 aF), muß der Sonderausweis bestehen bleiben; § 38 nF stellt dies für § 29 III durch den Hinweis auf § 47 I S 1 Nr 2 ausdrücklich klar. Das gleiche gilt für den „Minusbetrag" nach § 31 II S 3 (H/H/R § 38 Rz 13). Verfügt die aufnehmende Körperschaft über kein EK, ist das EK der übertragenden Körperschaft das EK nach der Gesamtrechtsnachfolge bzw Verschmelzung. Beispiele zu § 38 aF s A 93 V, VI KStR 1990. Die Zu- und Abgänge durch die Vermögensübernahme werden bei der Entwicklung der Eigenkapitalgliederung für die Übernehmerin als zweit- bzw drittletzte Veränderung des vEK vor dem Schlußbestand berücksichtigt (s Schema in A 82 II KStR). Besteuerungsvorgänge infolge der Gesamtrechtsnachfolge bzw der Verschmelzung sind vor der Zusammenrechnung zu berücksichtigen. Die KSt auf Gewinnrealisierung ist folglich im EK für die spätere Ausschüttung zu speichern. Nach der Zusammenrechnung der EK-Teile ist keine weitere Korrektur erforderlich, sofern bei der Übernehmerin die Summe der zusammengerechneten Teilbeträge laut Gliederungsrechnung mit dem verwendbaren EK übereinstimmt, das sich aus einer Steuerbilanz auf den unmittelbar nach dem Vermögensübergang folgenden Zeitpunkt ergeben würde. Entsprechendes gilt für den Sonderausweis nach § 47 I Nr 2 KStG. Im Fall von Differenzen infolge der Verschmelzung erfolgt eine Anpassung nach Abs 1 S 2 bis 4 (s Anm 6, 7).

6. Korrekturen nach der Zusammenrechnung: Das Gesetz unterscheidet die Angleichung der NennKapSphären (Abs 1 S 2, 3) und die Angleichung der RücklagenSphären (Abs 1 S 4, Anm 7). **NennKapSphäre:** Übersteigt das NennKap nach der Verschmelzung die Summe der NennKap der an der Verschmelzung beteiligten Ges, ist diese Differenz entspr § 29 III dem verwendbaren EK hinzuzurechnen. Es ist nach § 47 I S 1, 2 gesondert – mit den übrigen Beträgen nach § 29 III – festzustellen. Damit wird eine Übereinstimmung zwischen den verwendbaren EK lt Steuerbilanz und lt Gliederungsrechnung erzielt. Bei diesem Vergleich bleiben Zuzahlungen u Sacheinlagen außer Betracht; sie sind in EK_{04} zu erfassen. Abs 1 S 3: Ist das NennKap nach der Verschmelzung niedriger als die Summe der NennKapBeträge der an der Verschmelzung beteiligten Unternehmen, mindert der Differenzbetrag das EK gem § 29 III bis auf 0 DM. Für einen darüber hinausgehenden Minusbetrag gilt Abs 1 S 4 (Anm 7), also Ausweis im Rahmen des EK_{04} (BT-Drucks 12/6885, 27).

7. Abs 1 S 4; Rücklagensphäre: Weicht die Zusammenrechnung der EK-Beträge infolge des Wegfalls von Anteilen an der übertragenden KapGes oder aus anderen mit der Vermögensübertragung zusammenhängenden Gründen (so bereits § 38 aF interpretiert durch A 93 III KStR 1990) von dem EK ab, das nach dem Vermögensübergang unter Beachtung des § 29 III zu bilden ist, erfolgt die Korrektur – negativ oder positiv – über EK_{04}. Wird das EK_{04} gegf negativ, ist das Gesetz – anders als § 38 aF (Anm 9) – einen Ausgleich über EK_{01} bis EK_{03} nicht vorsieht.

8. Zusammenfassung der verschiedenen Rechenschritte: Die Auswirkungen der Verschmelzung auf die Gliederung des verwendbaren EK und des Sonderausweises des zum verwendbaren EK gehörenden NennKap sind folglich in **drei** – getrennt vorzunehmenden – **Schritten** zu ermitteln (vgl BT-Drucks 12/6885, 26, 27).

Erster Schritt: Addition vEK und **Sonderausweise:** Addition der Teilbeträge des verwendbaren EK und eventueller Sonderausweise iS des § 47 I Nr 2 der übertragenden KapGes und der übernehmenden KapGes.

Zweiter Schritt: Angleichung der Nennkapitalsphäre: Die Summe der ursprünglichen Nennkapitalbeträge der an der Verschmelzung beteiligten KapGes ist mit dem tatsächlich festgesetzten NennKap der übernehmenden KapGes nach der Verschmelzung zu vergleichen. Bei der Verschmelzung durch Aufnahme sind nur die Nennkapitalbeträge der übernehmenden KapGes vor und nach der Verschmelzung zu vergleichen. Behandlung eines **Differenzbetrages:** Ist das **NennKap** nach der Verschmelzung **höher** als die entsprechenden Nennkapitalbeträge vor dem Vermögensübergang, führt dieser Mehrbetrag zu einer Erhöhung des Sonderausweises iSd § 47 I Nr 2 für das zum verwendbaren EK gehörende NennKap (Kapitalerhöhung). Davon ausgenommen ist jedoch eine evtl bare Zuzahlung oder Sacheinlage der Gesellschafter im Rahmen der Verschmelzung, die nach dem UmwG zulässig ist. Ist das **NennKap** nach der Verschmelzung **geringer** als die entsprechenden Nennkapitalbeträge vor dem Vermögensübergang, verringert dieser Minderbetrag einen vorhandenen Sonderausweis iSd § 47 I Nr 2 bis auf 0 DM (Kapitalherabsetzung). Ein darüber hinausgehender Minderbetrag ist dem Teilbetrag EK$_{04}$ zuzurechnen. Diese Zurechnung erfolgt aber nicht als Bestandteil des zweiten Rechenschrittes, sondern wird in dem dritten Rechenschritt saldiert. Der dritte Rechenschritt dient der Anpassung der Gliederungsrechnung an die Steuerbilanz und nimmt die Anpassung beim EK$_{04}$ vor.

Dritter Schritt: Angleichung der **Rücklagensphäre:** Rücklagen lt Steuerbilanz der übernehmenden KapGes nach der Verschmelzung

./. Summe der Teilbeträge des vEK lt Gliederungsrechnung der übernehmenden KapGes nach der Verschmelzung, vermindert um die Nennkapitalbeträge, die nach § 29 III zum vEK gehören

= Differenzbetrag

Soweit dieser Differenzbetrag auf dem Wegfall von Anteilen oder anderen mit dem Vermögensübergang zusammenhängenden Gründen beruht, ist er beim Teilbetrag **EK$_{04}$** zu erfassen (vgl Abs 1 S 3). Andere Differenzen werden demgegenüber beim EK$_{02}$ erfaßt, sofern es keine „gewollten" Abweichungen sind (s hierzu § 30 Anm 15).

9. Minderung nach der Zusammenrechnung *(Abs 1 S 2, 3, Abs 2 und 3 aF).* § 38 Abs 1 S 2 und 3 aF behandelte nur den Korrekturfall des § 38 Abs 1 S 4 nF (Anm 7). Die Korrektur erfolgte über EK$_0$, wobei die einzelnen EK-Beträge nur bis 0 verbraucht werden konnten, es sei denn, EK$_0$ stände in keinem der Teilbeträge mehr zur Verrechnung zur Verfügung. Abs 2 aF bestimmte daher, daß die Einzelbeträge des EK$_0$ in der umgekehrten Reihenfolge des § 28 III zu verbrauchen seien. S 3. Aufl und A 93 KStR 1990.

10. Der nach § 12 II S 1 UmwStG grds **steuerfreie Übernahmegewinn** ist bei der EK-Gliederung der Übernehmerin nicht als Zugang zu berücksichtigen, also auch kein Ansatz beim EK$_{02}$. Hierdurch wird eine – wegen der Zusammenrechnung des verwendbaren EK nach Abs 1 S 1 – ansonsten doppelte Erfassung als Vermögensmehrung vermieden: Umgekehrt darf der bei der Einkommensermittlung außer Ansatz bleibende **Übernahmeverlust** nicht nochmals als Vermögensminderung abgezogen werden.

11. Übernahme durch eine befreite Körperschaft: Abs 2 – bzw Abs 4 aF (Anm 2) – folgt der gesetzgeberischen Entscheidung, die KStLast auf Beteiligungserträge, die stbefreite Körperschaften erzielen, nicht den AntE der befreiten Körperschaft zur Anr zur Verfügung zu stellen (s BT-Drucks 7/1470, 365, 374); dies mag bei Einzelausschüttungen verständlich sein, nicht aber angesichts des Abs 1 bei einer Gesamtrechtsnachfolge; es leuchtet nicht ein, warum in diesem Fall die stpfl Körperschaft die KSt soll vermitteln können, nicht aber die befreite Körperschaft. Die übernehmende Körperschaft muß unbeschr stpfl, aber befreit sein (zB § 5). Das verwendb EK wird EK$_{02}$ (§ 30 II Nr 2) zugerechnet; die KStLast wird auf

Eigenkapital bei Aufspaltung oder Abspaltung § 38a

diese Weise definitiv. Die Korrekturvorschriften des Abs 1 bleiben unberührt. Abs 2 gilt nicht, falls die Übertragung im stpfl Bereich der übernehmenden Körperschaft, zB in einem wirtschaftl GeschäftsBetr, zuzurechnen ist; in diesem Fall findet Abs 1 Anwendung. Die übertragende Körperschaft hat die AusschüttungsBel herzustellen; dazu § 42 I mit der Ausnahmevorschrift des § 42 II (s die Anm zu § 42)

§ 38a Gliederung des Eigenkapitals bei Aufspaltung oder Abspaltung

(1) ¹Geht Vermögen einer Kapitalgesellschaft durch Aufspaltung oder Abspaltung im Sinne des § 123 Abs. 1 und 2 des Umwandlungsgesetzes auf eine unbeschränkt steuerpflichtige Kapitalgesellschaft oder auf eine sonstige unbeschränkt steuerpflichtige Körperschaft im Sinne des § 43 über, so sind die nach den §§ 30 bis 37 ermittelten Eigenkapitalteile der übertragenden Kapitalgesellschaft einer übernehmenden Körperschaft im Verhältnis der übergehenden Vermögensteile zu dem bei der übertragenden Kapitalgesellschaft vor dem Übergang bestehenden Vermögen zuzuordnen, wie es in der Regel in den Angaben zum Umtauschverhältnis der Anteile im Spaltungs- und Übernahmevertrag oder im Spaltungsplan (§ 126 Abs. 1 Nr. 3, § 136 des Umwandlungsgesetzes) zum Ausdruck kommt. ²Entspricht das Umtauschverhältnis der Anteile nicht dem Verhältnis der übergehenden Vermögensteile zu dem bei der übertragenden Körperschaft vor der Spaltung bestehenden Vermögen, ist das Verhältnis der gemeinen Werte der übergehenden Vermögensteile zu dem vor der Spaltung vorhandenen Vermögen maßgebend. ³Soweit das Vermögen auf eine Personengesellschaft übergeht, mindern sich die Eigenkapitalteile der übertragenden Kapitalgesellschaft in dem Verhältnis der übergehenden Vermögensteile zu dem vor der Spaltung bestehenden Vermögen. ⁴Die Sätze 1 bis 3 gelten auch für nach § 47 Abs. 1 Satz 1 Nr. 2 gesondert festzustellende Beträge.

(2) ¹§ 38 Abs. 1 Satz 2 bis 4 und Abs. 2 gilt entsprechend. ²§ 38 Abs. 1 Satz 2 bis 4 ist mit der Maßgabe anzuwenden, daß das Nennkapital jeder Kapitalgesellschaft nach der Spaltung mit dem auf sie entfallenden Anteil am Nennkapital der übertragenden Kapitalgesellschaft vor der Spaltung zu vergleichen ist. ³Für die Ermittlung des auf die Kapitalgesellschaft entfallenden Anteils am Nennkapital der übertragenden Kapitalgesellschaft gilt Absatz 1 Satz 1, 2 entsprechend.

Übersicht

1. Allgemeines
2. Geltungszeit
3. Auf- und Abspaltung (Abs 1)
4. Zuordnung der Eigenkapitalanteile (Abs 1 S 1, 2)
5. Personengesellschaften (Abs 1 S 3)
6. Nennkapital (Abs 1 S 4)
7. Entsprechende Anwendung des § 38 (Abs 2)

§ 38a 1–4   Eigenkapital bei Aufspaltung oder Abspaltung

1. Allgemeines: Durch das G zur Bereinigung des Umwandlungsrechts v 28. 10. 94 (BGBl I 94, 3210) wurde erstmals die Aufspaltung und die Abspaltung von Vermögensteilen von Rechtsträgern des Handelsrechts geregelt. § 38 a bestimmt die Rechtsfolgen auf die Zuordnung des Eigen-Kap.

2. Geltungszeit: § 38 a wurde durch das G v 28. 10. 94 eingefügt; zum Inkrafttreten s § 54 XII idF des G v 28. 10. 94; Material s vor § 1 Anm 19.

3. Auf- und Abspaltung: Abs 1 setzt eine Auf- oder Abspaltung iSv § 123 Abs 1, 2 UmwG voraus. Auf der Seite der abgebenden Gesellschaft und auf der Seite der aufnehmenden Gesellschaft müssen eine KapGes oder eine Körperschaft iSv § 43, dh also KStSubjekte beteiligt sein, die in das AnrV einbezogen sind. Vgl § 38 Anm 3.

4. Zuordnung der Eigenkapitalanteile: Zuzuordnen sind die nach §§ 30–37 ermittelten EK-Teile der Körperschaft, die aufgespalten bzw von der abgespalten wird. Dies sind die Ausgangswerte. Sodann legt **Abs 1 S 1** ein Regelverhältnis fest, in dem die EK-Teile der abgebenden und der aufnehmenden Körperschaft zuzuordnen sind. Maßstab für dieses Regelverhältnis sind die Angaben zum Umtauschverhältnis der Anteile im Spaltungs- und Übernahmevertrag oder im Spaltungsplan gem §§ 126 Abs 1 Nr 3, 136 UmwG. Diese brauchen zivilrechtlich nicht zwingend den wahren Wertverhältnissen zu entsprechen. **Abs 1 S 2** ermöglicht daher, von diesem Verhältnis abzuweichen. Entspricht nämlich das Umtauschverhältnis nicht dem Verhältnis der übergehenden Vermögensteile zu dem bei der übertragenden Körperschaft vor der Spaltung bestehenden Vermögen, ist das Verhältnis des gemeinen Werts der übergehenden Vermögensteile zu dem vor der Spaltung bestehenden Vermögen maßgebend. Damit sollen ungerechtfertigte Steuervorteile durch eine von den Wertverhältnissen abweichende Aufteilung der Eigenkapitalteile vermieden werden. Der gemeine Wert bestimmt sich nach § 9 BewG. Das Regel-/Ausnahmeverhältnis ist für die Darlegungs- und Beweislast im Besteuerungsverfahren entscheidend. Wer sich auf die Ausnahme beruft, muß diese darlegen und glaubhaft machen (unverständl Weise stellt BT-Drucks 12/6885, 27 dieses Verhältnis auf den Kopf; die Begründung geht davon aus, daß Abs 2 S 2 die Regel formuliert).

§ 38 a regelt die Aufteilung der Eigenkapital**teile.** Folglich muß jeder **einzelne** Teilbetrag des verwendbaren EK entsprechend dem genannten Verhältnisschlüssel gesondert aufgeteilt werden. Nicht zulässig ist also, einer übernehmenden Körperschaft mit ausschließlich nichtanrechnungsberechtigten Anteilseignern vorrangig EK_{01} oder EK_{03} zuzuordnen, selbst bei einer verhältniswahrenden Aufteilung der Summe des verwendbaren EK insgesamt (glA *Frotscher/M* § 38 a Rz 7). Grundlage der Aufteilung sind die zum steuerlichen Übertragungsstichtag (§§ 2 I, 15 II UmwStG 1994) nach § 47 gesondert festzustellenden Teilbeträge des verwendbaren EK der Überträgerin. Diese sind für die Übernehmerin bindend, auch wenn § 38 a verfahrensrechtlich keine Aussage trifft (glA *Dötsch/E/J/W* § 38 a Rz 21).

Sonderfälle des Vermögensübergangs **1–3 § 38b**

5. Personengesellschaften: Abs 1 S 3 behandelt den Fall, in dem auf- oder abgespaltetete Vermögensteile auf eine PersonenGes übergehen. In diesem Fall mindert sich das EK nach den Regeln der S 1 und 2. Die insoweit abgespaltenen EK-Teile werden bei der PersonenGes nicht erfaßt.

6. Nennkapital: Abs 1 S 1–3 gilt entspr für die Teile des NennKap, die dem verwendbaren EK nach § 29 III zuzuordnen sind **(S 4)**.

7. Abs. 2: Wegen der entspr Anwendung von § 38 I S 2–4 und Abs 2 siehe § 38 Anm 6, 7, 9. Um die entspr Differenzen zu ermitteln, ist das NennKap jeder KapGes mit dem auf sie entfallenden Anteil am NennKap der übertragenden KapGes vor der Spaltung zu vergleichen. Daß hierbei der auf die KapGes entfallende Anteil am NennKap der übertragenen KapGes nach Abs 1 S 1, 2 zu bestimmen ist, stellt Abs 2 S 2 – überflüssigerweise – klar.

§ 38 b Gliederung des Eigenkapitals in Sonderfällen des Vermögensübergangs

Vorbehaltlich des § 30 Abs. 3 ist das verwendbare Eigenkapital, das durch Vermögensübergang von einem Rechtsträger, der nicht Kapitalgesellschaft und nicht Körperschaft im Sinne des § 43 ist, infolge von Verschmelzung, Aufspaltung oder Abspaltung sowie einer diesen Vorgängen entsprechenden Vermögensübertragung nach § 174 Abs. 1 und 2 Nr. 1 und 2 des Umwandlungsgesetzes entsteht, dem Teilbetrag im Sinne des § 30 Abs. 2 Nr. 4 zuzuordnen.

Übersicht

1. Allgemeines
2. Geltungszeit
3. Zuordnung zu EK_{04}

1. Allgemeines: Während die Vermögensübertragung von einer nicht in das AnrV einbezogenen Körperschaft oder einer Personenhandelsgesellschaft auf eine neu entstehende Körperschaft, die in das AnrV einbezogen ist, unter § 30 III fällt (s § 30 Anm 19), regelt § 38 b den entsprechenden Vermögensübergang auf eine **bestehende** in das AnrV einbezogene Körperschaft. Er betrifft insbes die handelsrechtliche Umwandlung von Personenhandelsgesellschaften, VVaG, rechtsfähigen Vereinen, Körperschaften und Anstalten des öffentlichen Rechts als Übertragerin auf eine bereits bestehende KapGes.

2. Geltungszeit: § 38 b wurde durch das G v 28. 10. 94 eingefügt; Inkrafttreten s § 54 XII idF des G v 28. 10. 94; Materialien s vor § 1 Anm 19.

3. Verwendb EK, das durch die in § 38 b wiedergegebenen Vorgänge entsteht, ist EK_{04} zuzuordnen. Wie in Anm 1 angegeben, ergänzen sich § 30 III und § 38 b. Die Zuordnung erfolgt in der Eigenkapitalgliederung zum Schluß des Wirtschaftsjahrs, in das der Vermögensübergang fällt.

§ 39 1 Übertragung von Anteilen

§ 39 lautete bis zur Aufhebung durch das G v 20. 8. 80 (Anm 1, 2):

§ 39 *Gliederung des verwendbaren Eigenkapitals nach Übertragung von Anteilen*

(1) ¹ *Erwirbt ein anrechnungsberechtigter Steuerpflichtiger einen oder mehrere Anteile an einer unbeschränkt steuerpflichtigen Kapitalgesellschaft von einem wesentlich beteiligten nichtanrechnungsberechtigten Anteilseigner, dessen Gewinn aus der Veräußerung der Anteile im Inland nicht steuerpflichtig ist, so gilt der Teil des verwendbaren Eigenkapitals, der dem Verhältnis des Nennbetrags der übergegangenen Anteile zum gesamten Nennkapital entspricht, als Einlage des Erwerbers.* ² *Das gleiche gilt für den entsprechenden Teil der in späteren Wirtschaftsjahren anfallenden Vermögensmehrungen bis zur Höhe des Unterschiedsbetrags zwischen dem in Satz 1 bezeichneten Teil des Eigenkapitals und den höheren Anschaffungskosten des Erwerbers.*

(2) *Eine wesentliche Beteiligung im Sinne des Absatzes 1 ist gegeben, wenn der nichtanrechnungsberechtigte Anteilseigner zu einem Zeitpunkt innerhalb der letzten fünf Jahre*

1. zu mehr als einem Viertel oder
2. mit Anteilen, deren Nennbetrag eine Million Deutsche Mark übersteigt,

unmittelbar oder mittelbar an der Gesellschaft beteiligt war.

(3) ¹ *Der in Absatz 1 bezeichnete Teil des Eigenkapitals und der Vermögensmehrungen gilt als zum Ende des Wirtschaftsjahrs eingelegt, in das der Erwerb oder die Vermögensmehrung fällt.* ² *Die Summe der als Einlage geltenden Beträge ist in der Gliederung des verwendbaren Eigenkapitals innerhalb des Teilbetrags im Sinne des § 30 Abs. 2 Nr. 4 gesondert auszuweisen.*

(4) ¹ *In den Fällen des Absatzes 1 vermindern sich die in § 30 Abs. 1 Nr. 1 und 2 und Abs. 2 Nr. 1 bis 3 bezeichneten Teilbeträge und die ihnen zuzurechnenden, in späteren Wirtschaftsjahren anfallenden Vermögensmehrungen jeweils um den Betrag, der dem in Absatz 1 bezeichneten Verhältnis entspricht.* ² *In Höhe des verbleibenden Restes können die geminderten Teilbeträge nicht als für Ausschüttungen verwendet gelten, die der Erwerber erhält.*

(5) *Die Absätze 1 bis 4 sind nicht anzuwenden, wenn die Anschaffungskosten der im Veranlagungszeitraum erworbenen Anteile nicht mehr als 100 000 Deutsche Mark betragen.*

(6) ¹ *Wird ein nichtanrechnungsberechtigter Anteilseigner mit Anteilen an einer Kapitalgesellschaft anrechnungsberechtigt, an der er wesentlich beteiligt ist, so gelten die Absätze 1 bis 5 insoweit sinngemäß.* ² *Absatz 1 Satz 2 und Absatz 5 sind mit der Maßgabe anzuwenden, daß an die Stelle der Anschaffungskosten der Wert tritt, mit denen die Anteile nach den Vorschriften über die steuerliche Gewinnermittlung in einer Bilanz zu dem Zeitpunkt anzusetzen wären, in dem die Anrechnungsberechtigung eintritt.*

1. Hinweise: Die Vorschrift wurde durch G v 20. 8. 80 (BGBl I 80, 1545; BStBl I 80, 589) **aufgehoben.** Grund der Rechtsänderung s nachfolgend. Zur Geltungszeit s Anm 2. Schrifttum s 2. Auflage.

Übertragung von Anteilen **1 § 39**

Zweck des § 39 aF: Bei der Übertragung von Anteilen an KapGes wird der Veräußerungspreis wesentl durch die offenen Rücklagen und die stillen Reserven der Körperschaft bestimmt. Im alten System konnten diese Reserven nur „nach" KSt in die Wertbemessung einfließen. Im neuen KStRecht wirkt die KSt wie eine Vorauszahlung auf die ErtragSt des AntE, die demjenigen zugerechnet wird, der im Zeitpunkt der Ausschüttung der Rücklagen oder – nach ihrer Aufdeckung – der stillen Reserven AntE ist. Der Veräußerer kann folgl die Rücklagen und Reserven „vor" KSt bewerten; der Veräußerungspreis erhöht sich entspr. *Thiel/Schad* haben bereits in DB 72, 497 erläutert, daß diese theoretische Gegebenheit in der Praxis sehr unterschiedl Auswirkungen haben kann (vgl auch *Meyer-Arndt* StbJb 76/77, 375). Je größer die Macht eines AntE über eine Körperschaft ist, um so konkreter kann die KStBel der offenen Rücklagen als positiver Wert angesetzt und diejenige der stillen Reserven negiert werden. Der Kleinaktionär hingegen bestimmt den Wert der Aktie nach dem Ertrag; die KStBel auf Rücklagen und stille Reserven sind für ihn definitive Daten. Weiterhin beeinflußt die unterschiedl Besteuerung der Anteile und ihrer Erträge, je nachdem, ob die Anteile zum BetrVerm gehören, eine private wesentl Beteiligung darstellen (§ 17 EStG) oder privater Streubesitz sind, die Beziehungen zwischen AnrV und Preismessung; wegen dieser Systembrüche des alten wie des neuen Rechts s *Loos* DB 76, 1882. S ABC „Veräußerung von Anteilen an KapGes und AnrV". Das **KStG 1977** griff in § 39 aus dem komplexen Sachverhalt nur einen Teilbereich heraus, die **Übertragung von Anteilen nichtanrber AntE** auf anrber AntE. In diesem Fall wechselt die in der KapGes gespeicherte KSt aus der definitiven Bel (s ABC „Veräußerung von Anteilen an KapGes und AnrV") in eine vorläufige Bel (s ABC aaO). Der nichtanrber AntE könnte die tatsächl oder potentielle KStBel auf Rücklagen oder stillen Reserven als Wertfaktor in der Kaufpreisforderung einkalkulieren, da für den Erwerber die KStBel wie ein positiver Vermögensgegenstand der Körperschaft wirkt (s ABC aaO). Die definitive KSt wird im Ergebnis ganz oder teilweise beseitigt, ohne daß die inl Besteuerung des Veräußerungsgewinns sichergestellt ist. Bei dem Erwerber kann sie evtl durch eine Teilwertabschreibung, sofern die Anteile BetrVerm sind, oder durch Erhöhung der Anschaffungskosten im Fall des § 17 EStG neutralisiert werden; s ABC aaO u BT-Drucks 7/1470, 374 f. Der Gesetzgeber **schränkte diesen Vorteil** nichtanrber AntE in **gravierenden Fällen** durch § 39 ein. Die Teilwertabschreibung von Anteilen nach Ausschüttung gekaufter Rücklagen oder stiller Reserven – dies wäre eine gesetzgeberische Alternative zu § 39 gewesen – wurde nicht untersagt, obwohl eine entspr Initiative des BR vorlag (BT-Drucks 7/1722; dazu *Thiel/Schad* DB 72, 497; *Fasold* DB 76, 884; BT-Drucks 7/1470, 375; zur Systemwidrigkeit insbes *Loos* DB 76, 1882). § 39 hat wegen seiner Kompliziertheit den **Zweck verfehlt.** Er wurde aufgehoben (Anm 2) und durch eine Einschränkung von Teilwertabschreibungen auf erworbene Beteiligungen in **§ 50c EStG** ersetzt. Dazu BT-Drucks 8/3648, 8/4141, 8/4157; BR-Drucks 511/79, 325/80; *Söffing/Wrede* FR 80, 397; *Krebs* BB 80, 1257; *ders* RWP 14 D ESt I 30 a (11/80); *Streck* KÖSDI 80, 3965; *Koch* DStZ 80, 339; *Dötsch* DB 80, 1562; *ders* DStR 80, 189; *Meyer/Becker* RiW/AWD 80, 635; *Grützner* NWB F 4, 3191 (10/80); *Littmann* DStZ 81, 355.

§ 40 Ausnahmen von der Körperschaftsteuererhöhung

2. **Geltungszeit:** § 39 galt für alle Veräußerungen (Abs 1) und Erwerbe der AnrBer (Abs 6) in Wj, die nach dem 31. 12. 76 endeten (vgl zum Beginn des AnrV § 54 Anm 3 ff). Die **Aufhebung** der Vorschrift erfolgte durch G v 20. 8. 80 (BGBl I 80, 1545; BStBl I 80, 589). § 39 ist letztmals anzuwenden bei der Gliederung des verwendb EK zum Schluß des letzten Wj, das vor dem 1. 1. 80 endet, und bei Gewinnausschüttungen, für die dieses EK als verwendet gilt (§ 54 X idF d G v 20. 8. 80; s § 54 Anm 14, dort auch **Übergangsregelung**). Greifen § 39 und § 50c EStG zweckwidrig kumulativ ein, sieht A 227 d XIV EStR eine Billigkeitsregelung vor.

3. **Kommentierung** des § 39 aF s 2. Auflage.

§ 40 Ausnahmen von der Körperschaftsteuererhöhung

[1] Die Körperschaftsteuer wird nach § 27 nicht erhöht, soweit

1. für die Ausschüttung der Teilbetrag im Sinne des § 30 Abs. 2 Nr. 1 als verwendet gilt,
2. für die Ausschüttung der Teilbetrag im Sinne des § 30 Abs. 2 Nr. 4 als verwendet gilt,
3. eine von der Körperschaftsteuer befreite Kapitalgesellschaft Gewinnausschüttungen an einen unbeschränkt steuerpflichtigen, von der Körperschaftsteuer befreiten Anteilseigner oder an eine juristische Person des öffentlichen Rechts vornimmt. [2] Der Anteilseigner ist verpflichtet, der ausschüttenden Kapitalgesellschaft seine Befreiung durch eine Bescheinigung des Finanzamts nachzuweisen, es sei denn, er ist eine juristische Person des öffentlichen Rechts.

[2] Nummer 3 gilt nicht, soweit die Gewinnausschüttung auf Anteile entfällt, die in einem wirtschaftlichen Geschäftsbetrieb gehalten werden, für den die Befreiung von der Körperschaftsteuer ausgeschlossen ist, oder in einem nicht von der Körperschaftsteuer befreiten Betrieb gewerblicher Art.

§ 40 lautete bis zur Neufassung durch das G v 13. 9. 93 (Anm 2):

[1] Die Körperschaftsteuer wird nach § 27 nicht erhöht, soweit

1. für die Ausschüttung der Teilbetrag im Sinne des § 30 Abs. 2 Nr. 4 als verwendet gilt,
2. eine von der Körperschaftsteuer befreite Kapitalgesellschaft Gewinnausschüttungen an einen unbeschränkt steuerpflichtigen, von der Körperschaftsteuer befreiten Anteilseigner oder an eine juristische Person des öffentlichen Rechts vornimmt. [2] Der Anteilseigner ist verpflichtet, der ausschüttenden Kapitalgesellschaft seine Befreiung durch eine Bescheinigung des Finanzamts nachzuweisen, es sei denn, er ist eine juristische Person des öffentlichen Rechts.

[2] Nummer 2 gilt nicht, soweit die Gewinnausschüttung auf Anteile entfällt, die in einem wirtschaftlichen Geschäftsbetrieb gehalten werden, für den die Befreiung von der Körperschaftsteuer ausgeschlossen ist, oder in einem nicht von der Körperschaftsteuer befreiten Betrieb gewerblicher Art.

Ausschüttungen von befreiten Körperschaften 1–5 § 40

Übersicht

1. Allgemeines
2. Geltungszeit
3. Verwendung von ausl Einkünften (Nr 1)
4. Verwendung von Einlagen (Nr 2)
5. Ausschüttungen von befreiten Körperschaften an befreite Körperschaften (Nr 3)
6. Ausschüttungen von befreiten Körperschaften an jur Pers des öffentl Rechts (Nr 3)

1. Allgemeines: § 40 nennt drei Fälle, in welchen die Ausschüttungs-Bel nicht hergestellt wird. Die Ausnahmevorschrift verbietet nur die KStErhöhung; im übrigen bleibt das AnrSystem in diesen Fällen unberührt. KStMinderung erfolgen auch in den Fällen des § 40.

2. Geltungszeit: § 40 gilt ab VZ 1977 (§ 54 I idF des KStG 1977); zur erstmaligen Anwendung des AnrV s auch § 54 Anm 1–11. Durch das StandOG v 13. 9. 93 (BGBl I 93, 1569; BStBl I 93, 774) wurde Nr 1 eingefügt; bis zu dieser Änderung waren die Nr 2 u 3 die Nr 1 u 2. Schrifttum s zu § 8b Anm 1. Zum Übergang und zum Inkrafttreten der Neuregelung s § 27 Anm 2.

3. Verwendung von ausl Eink (Nr 1): Keine KStErhöhung, wenn Teilbeträge iSd § 30 II Nr 1 als verwendet gelten. Nr 1 ist im Zusammenhang mit § 8b zu sehen; s § 8b Anm 1, 3. Die „Durchschüttung" ausl stfreier Eink innerhalb eines Konzerns soll stfrei mögl sein. Soweit § 8b nicht greift – bei Ausschüttungen an natürl Personen –, entfällt ebenfalls die KStErhöhung; allerdings sind diese Eink sodann voll stpfl. Keine Befreiung von der KapErtrStPfl (§ 43 I Nr 1 EStG). Zum Ausweis dieser Verwendung auf der KStBescheinigung s § 44 I Nr 6.

4. Verwendung von Einlagen (Nr 2): Keine KStErhöhung, wenn für die Ausschüttung ein Teilbetrag iSv § 30 II Nr 4 als verwendet gilt; hierbei handelt es sich um nach dem Systemwechsel erbrachte Einlagen. Der Verzicht auf die AusschüttungsBel entspr § 20 I Nr 1 S 3, Nr 2 S 2 EStG: Die Rückzahlung von Einlagen führt nicht zu anrechnungsberechtigten Eink aus KapVerm; keine KapErtrStPfl (§ 43 I Nr 1 EStG). Die Verwendung des Eigenkap aus EK_{04} wird nicht häufig sein, da es als zuletzt verwendet gilt (§ 28 III); s allerdings § 28 Anm 9 zu Durchbrechungen der Verwendungsfiktion durch die FinVerw gerade im Hinblick auf EK_{04}. Hinweis auf § 45 I S 2 aF; trotz Ausschluß der KStErhöhung kann es zur Anr kommen. Verhältnis zu § 37 II s § 37 Anm 4. Zur Frage, ob diese Teilbeträge durch die Körperschaft gezielt einem AntE zugerechnet werden können, s § 28 Anm 10.

5. Ausschüttungen von befreiten Körperschaften an befreite Körperschaften (Nr 3): Die KStErhöhung ist ausgeschlossen, wenn eine – zB gem § 5 – befreite Körperschaft an eine – zB gem § 5 – befreite Körperschaft Ausschüttungen vornimmt. Nach § 44 II Nr 2 haben auch beiden Körperschaften die AusschüttungsBel herzustellen. Bleiben jedoch die Ausschüttungen ausschließl im stbefreiten Raum, ist die Herstellung der AusschüttungsBel nicht erforderl. Voraussetzung ist eine unbeschr stpfl

Körperschaft als AntE; beschr stpfl natürl Personen oder Körperschaften oder natürl Personen mit im wesentl stfreien Einnahmen können sich auf § 40 nicht berufen. Ausschüttende und empfangende Körperschaften müssen befreit sein; bei Ausschüttungen von stpfl an stbefreite Körperschaften ist die AusschüttungsBel herzustellen (dazu BT-Drucks 7/1470, 376). Bei Ausschüttungen durch eine von der KSt befreite Körperschaft sowohl an steuerbefreite Körperschaften als auch an andere Anteilseigner entfallen die für die Ausschüttungen verwendeten EK-Anteile jeweils anteilig auf diese Anteilseigner. Eine KStErhöhung erfolgt nur insoweit, als die Ausschüttung auf die nicht in § 40 Satz 1 Nr 3 genannten Anteilseigner entfällt (A 94 II KStR). Die Befreiung muß im Zeitpunkt der Ausschüttung gegeben sein (A 94 I KStR; BFH BStBl II 95, 740 und FinVerw BB 90, 1403 betr ehemals gemeinnützige Wohnungsunternehmen). Der AntE muß die Befreiung durch eine Bescheinigung des FA nachweisen; das FA ist mE zur Erteilung der Bescheinigung verpflichtet. KapErtrStPfl entfällt (§ 44a IV EStG). Werden die Anteile in einem wirtschaftl GeschäftsBetr gehalten, der stpfl ist, so ist die AusschüttungsBel herzustellen (§ 40 S 3); systemgerecht, da die Ausschüttungen bei der Besteuerung des GeschäftsBetr zur Anr der AusschüttungsBel führen. Die Anteile müssen dem GeschäftsBetr wirtschaftl zuzuordnen sein. Besteht dieser sachl Bezug, kann er nicht einfach durch ein „Wahlrecht" des AntE unterbrochen werden; umgekehrt können Anteile, die nicht von vornherein über diesen sachl Bezug verfügen, bewußt „eingelegt" und damit in die Besteuerung des GeschäftsBetr einbezogen werden.

Werden von einer steuerbefreiten Ausschüttungsempfänger-Körperschaft die Anteile teilweise im steuerbefreiten Bereich und teilweise in einem stpfl wirtschaftlichen Geschäftsbetrieb gehalten, ist aus der vom Finanzamt ihr ausgestellten Bescheinigung NV 2 der Umfang des stpfl Anteils nicht ersichtlich. Diese Angaben kann die ausschüttende Körperschaft nur von der Empfänger-Körperschaft erhalten. Eine Mitteilungspflicht besteht mE hierzu aber nicht (glA *Dötsch/E/J/W* § 40 Rz 36). Fehlen diese Angaben der ausschüttenden Körperschaft, liegt aber eine Bescheinigung des Finanzamtes über die (persönliche) Steuerbefreiung der Anteilseigner-Körperschaft vor, kann sie von einer vollständigen Zuordnung der Anteile zum steuerbefreiten Bereich ausgehen und auf die KStErhöhung verzichten. Das Finanzamt muß hier den zutreffenden Sachverhalt aufklären (glA *Dötsch/E/J/W* aaO).

6. Ausschüttungen von befreiten Körperschaften an jur Pers des öffentl Rechts (Nr 3): Den befreiten Körperschaften sind die jur Pers des öffentl Rechts gleichgestellt (s auch oben Anm 5); sind sie an befreiten Körperschaften beteiligt, ist bei Ausschüttungen die AusschüttungsBel nicht herzustellen. Keine KapErtrStPfl (§ 44a IV EStG). Steuerpolitisch ist diese Privilegierung der jur Pers des öffentl Rechts nicht überzeugend. Die Ausschüttungen unterliegen der Besteuerung und der Anr, sofern die Anteile einem stpfl Betr gewerbl Art zuzurechnen sind (§ 40 S 3).

Die steuerbefreite Körperschaft muß prüfen, ob der Anteilseigner eine juristische Person des öffentlichen Rechts ist. In Zweifelsfällen hat sie einen entsprechenden Nachweis vom Anteilseigner zu fordern. Soweit die An-

Sonstige Leistungen **1 § 41**

teile an einer steuerbefreiten Körperschaft bei der juristischen Person des öffentlichen Rechts (teilweise) zu einem steuerpflichtigen Betrieb gewerblicher Art gehören (s § 4 Anm 5), ist zwar der Verzicht auf die KStErhöhung insoweit nach § 40 S 3 ausgeschlossen. Die ausschüttende Körperschaft wird diese Angaben nur von der juristischen Person des öffentlichen Rechts erhalten. Entsprechend den Grundsätzen zu steuerbefreiten Körperschaften in Anm 5 kann die ausschüttende Körperschaft mE von einer Zuordnung der Anteile zum Hoheitsvermögen oder zu einem steuerbefreiten Betrieb gewerblicher Art ausgehen und auf die KStErhöhung verzichten, sofern ihr keine gegenteiligen Angaben der Empfängerkörperschaft vorliegen (glA *Dötsch/E/J/W* § 40 Rz 36).

Zur Frage der Auskehrung des gemeinnützig gebundenen Vermögens s § 5 Anm 15.

§ 41 Sonstige Leistungen

(1) **Die §§ 27 bis 40 gelten entsprechend, wenn eine Kapitalgesellschaft sonstige Leistungen bewirkt, die bei den Empfängern Einnahmen im Sinne des § 20 Abs. 1 Nr. 1 oder 2 des Einkommensteuergesetzes sind.**

(2) **Besteht die Leistung in der Rückzahlung von Nennkapital, so gilt der Teil des Nennkapitals als zuerst für die Rückzahlung verwendet, der zum verwendbaren Eigenkapital gehört.**

(3) **Wird Nennkapital durch Umwandlung von Rücklagen erhöht, so gelten die Eigenkapitalteile im Sinne des § 30 Abs. 2 Nr. 3 und 4 in dieser Reihenfolge als vor den übrigen Eigenkapitalteilen umgewandelt.**

(4) [1] **Wird das Vermögen einer Kapitalgesellschaft nach deren Auflösung an die Anteilseigner verteilt und ergibt sich ein negativer Teilbetrag im Sinne des § 30 Abs. 1 Nr. 3, so gilt das Nennkapital als um diesen Betrag gemindert.** [2] **Soweit das Nennkapital nicht ausreicht, gelten die mit Körperschaftsteuer belasteten Teilbeträge in der Reihenfolge als gemindert, in der ihre Belastung zunimmt.**

Körperschaftsteuerrichtlinien: Abschnitte 95, 95 a

Übersicht

1. Allgemeines
2. Geltungszeit
3. Sonstige Leistungen (Abs 1)
4., 5. Rückzahlung von NennKap (Abs 2)
6. NennKapErhöhung aus Gesellschaftsmitteln (Abs 3)
7.–9. Liquidation (Abs 4)
10. Umwandlung

1. Allgemeines:

Schrifttum: *Dötsch,* KapErh und KapHerabsetzung – Auswirkungen auf die Einkommensermittlung und EK-Gliederung, DB 81, 1994, 2202; *Krebs* DB 79, 1576; *Glade,* Die Auswirkungen von KapVeränderungen einer GmbH auf die KStAnr, GmbHR 83, 173; *Herzig* JbFfSt 82/83, 359.

517

§ 41 enthält einige Sonderregelungen und Klarstellungen für sonstige Leistungen und für Sonderprobleme innerhalb des AnrV.

2. Geltungszeit: § 41 gilt ab 1. 1. 77 (§ 54 I idF des KStG 1977); s im übrigen § 54 Anm 1–11.

3. Sonstige Leistungen (Abs 1): Koppelungsvorschrift zwischen den Eink aus KapVerm iSv § 20 I Nr 1, 2 EStG, die zur StGutschrift führen, und den KStG-Vorschriften des AnrV, dh über die Herstellung der AusschüttungsBel. Abs 1 hat für die Eink die Funktion, die § 43 für die in das AnrV einbezogenen Körperschaften hat (s § 43 Anm 1 ff).

Zu den **sonstigen Leistungen** gehören Bezüge aus der Rückzahlung des nach § 29 III infolge Kapitalerhöhung aus Gesellschaftsmitteln zum verwendbaren EK gehörenden NennKap, Bezüge nach der Liquidation einer unbeschränkt steuerpflichtigen KapGes oder Genossenschaft, soweit hierfür verwendbares EK als verwendet gilt (vgl auch § 27 Anm 7, 8), ferner Ausgleichszahlungen an Minderheitsgesellschafter (s § 16 Anm 3), Auskehrungen auf Genußrechte an gliederungspflichtige Körperschaften (insbes an unbeschränkt stpfl KapGes, s § 8 Anm 58) und Zinsen auf Geschäftsguthaben nach § 21 a GenG bei Erwerbs- und Wirtschaftsgenossenschaften. **Keine** sonstigen Leistungen liegen nach Auffassung der FinVerw bei der Rückzahlung von Nachschüssen (§§ 26, 30 GmbHG) vor, die nicht zur Deckung eines Verlustes am Stammkapital erforderlich sind. Diese sollen hiernach unabhängig von der Verwendungsreihenfolge des § 28 III (s § 28 Anm 9) stets vom EK_{04} abgezogen werden, wenn sie in nach dem 31. 12. 76 endenden Wirtschaftsjahren eingezahlt worden sind. Vgl A 95 III und die Kritik zu § 27 Anm 6.

Für die sonstigen Leistungen gelten nach Abs 1 die Grundsätze der §§ 27 bis 40 entsprechend. Folglich hat die Körperschaft wie bei Gewinnausschüttungen die **Ausschüttungsbelastung herzustellen.** Die entsprechende Anwendung erfordert auch bei sonstigen Leistungen ihren vermögensmäßigen Abfluß (s zu Ausschüttungen § 27 Anm 10). Sonstige Leistungen sind entsprechend § 28 II S 2 mit dem verwendbaren EK zu verrechnen, das sich zum Schluß des Wirtschaftsjahrs ergibt, in dem die Leistung erfolgt. Es gelten also die gleichen Grundsätze wie bei abgeflossenen vGa. Minderung oder Erhöhung der KSt sind entsprechend § 27 III S 2 dem Abflußjahr zuzuordnen, dh die KSt ändert sich für den VZ, in dem das Wirtschaftsjahr endet, in dem die sonstige Leistung erfolgt (s § 27 Anm 29). Weil ein vergleichbarer gesellschaftsrechtlicher Gewinnverteilungsbeschluß für ein abgelaufenes Wirtschaftsjahr fehlt, scheidet eine Zuordnung entsprechend § 27 III S 1 aus (glA *H/H/R* § 41 Rz 26, 27). Hiervon abweichend verrechnet die FinVerw Ausgleichszahlungen in Organschaftsfällen an Minderheitsgesellschafter mit dem verwendbaren EK zum Schluß des Wirtschaftsjahrs, für das die Zahlung geleistet worden ist, und ordnet die KStÄnderung nach § 27 III S 1 dem VZ zu, in dem das Wirtschaftsjahr endet, für das die Ausgleichszahlung geleistet worden ist (s A 92 III S 5, 6 KStR). Die Körperschaft muß von den sonstigen Leistungen **KapErtrSt** einbehalten und an das FA abführen (§§ 43 I Nr 1, 44 EStG). Dem Anteilseigner ist auch für die sonstige Leistung eine Steuerbescheinigung (§§ 44, 45 KStG, 45 a EStG) auszustellen.

Beim **Empfänger** liegen grds stpfl Kapitalerträge gemäß § 20 I Nr 1 oder 2 EStG vor, die nach allgemeinen Grundsätzen zur Anrechnung der KSt führen. Keine stpfl Kapitalerträge stellen aber Bezüge dar, für die bei der auskehrenden Körperschaft EK_{04} als verwendet gilt (§ 20 I Nr 1 S 3, Nr 2 S 2 EStG). Weitere Ausnahme im Falle des § 8 b I (s dort).

4. Rückzahlung von NennKap (Abs 2): Ergänzungsvorschrift zu §§ 28, 29. Das NennKap gehört nach § 29 III mit zum verwendbaren EK, wenn es aus umgewandelten Rücklagen stammt, die aus dem Gewinn eines nach dem 31. 12. 76 (in neuen Bundesländern nach dem 31. 12. 1990) abgelaufenen Wirtschaftsjahr gebildet worden sind. Im Falle einer späteren ordentlichen Kapitalherabsetzung fällt die Kapitalrückzahlung nur insoweit unter das Anrechnungsverfahren, als die Körperschaft über ein zum verwendbaren EK gehörendes NennKap verfügt. Die Höhe des zum verwendbaren EK gehörenden NennKap ergibt sich aus der gesonderten Feststellung nach § 47 I Nr 2 (s § 47 Anm 5). Als Verwendungsfiktion gilt nach § 41 II das NennKap zuerst als zurückgezahlt, das gemäß § 29 III dem verwendbaren EK zuzurechnen ist (s § 29 Anm 12) und nach § 47 I S 1 Nr 2 gesondert festgestellt wird. Bei Erwerbs- oder Wirtschaftsgenossenschaften gilt die Regelung für die Herabsetzung und Rückzahlung von Geschäftsguthaben, weil diese wie NennKap behandelt werden (glA A 95 IV KStR). Abs 2 regelt nicht die Gliederung des verwendbaren EK – diese folgt ausschließlich den §§ 28, 29 –, sondern die Frage, welches NennKap nach einer Rückzahlung von NennKap noch zum verwendbaren EK zählt. Von Bedeutung ist diese Regelung auch für die Frage, ob die Rückzahlung beim Anteilseigner zu Einkünften aus Kapitalvermögen führt, da sie die Verwendung von verwendbarem EK voraussetzen (vgl § 20 I Nr 1, 2 EStG).

Das Anrechnungsverfahren wird noch nicht durch die Kapitalherabsetzung selbst ausgelöst, sondern erst mit der **Kapitalrückzahlung** des zum verwendbaren EK gehörenden NennKap oder einem anderen vermögensmäßigen Abfluß dieser sonstigen Leistung. Die Kapitalrückzahlung ist mit dem verwendbaren EK zum Ende des Wirtschaftsjahres zu verrechnen, in dem die Rückzahlung erfolgt (früher streitig, vgl 2. Auflage); die Meinungsdifferenz betraf § 29 II aF (dazu § 28 Anm 8) und ist durch die Änderung der §§ 28, 29 beigelegt (vgl § 28 Anm 7). Beispiel: Bei einer Handelsregister-Eintragung der Kapitalherabsetzung in 12/96 und Kapitalrückzahlung in 1/97 ist die sonstige Leistung erst mit dem verwendbaren EK zum 31. 12. 97 zu verrechnen, auch wenn in der gesonderten Feststellung des zum NennKap gehörenden verwendbaren EK nach § 47 I S 1 Nr 2 die Verringerung bereits mit der Rechtswirksamkeit nach der Handelsregister-Eintragung eintritt. Die Kapitalrückzahlung aus dem verwendbaren EK wird im sog „Nachrichtlichen Teil" dieser EK-Gliederung verrechnet. Zur Behandlung bei Zusammentreffen mit anderen Ausschüttungen s § 28 Anm 11.

Durch die Rückzahlung des zum verwendbaren EK gehörenden NennKap verringert sich der für Ausschüttung verwendbare Teil des NennKap iSd § 29 III in Höhe des zurückgezahlten Betrags. Die Teilbeträge des verwendbaren EK verringern sich dagegen nur, soweit die Kapitalrückzahlung eine durch sie ausgelöste Minderung der KSt übersteigt (vgl A 95 I KStR mit Beispiel). Denn die KStMinderung gilt entsprechend § 28 VI S 1 mit als für die sonstige Leistung verwendet. Soweit § 41 II nicht eingreift, wird die Rückzahlung von NennKap unmittelbar mit dem NennKap verrechnet. Zur Rückzahlung von Nachschüssen s Anm 3 und § 27 Anm 6.

Bei einer Kapitalherabsetzung ohne Auszahlung (= sog **vereinfachte Kapitalherabsetzung**) ist Abs 2 auch bei Vorliegen eines zum verwendbaren EK gehörenden NennKap nicht anwendbar, weil eine Auszahlung an die Anteilseigner unterbleibt. Entsprechendes gilt bei der Einziehung von eigenen Anteilen einer KapGes unter Herabsetzung ihres NennKap. Der nach § 47 I S 1 Nr 2 gesondert festzustellende, für Ausschüttungen verwendbare Teil des NennKap verringert sich nur, soweit das übrige NennKap nicht zum Abzug des Herabsetzungsbetrags ausreicht (glA A 95 II KStR). Die Kapitalherabsetzung ohne Auszahlung mindert das übrige NennKap und erhöht entsprechend das EK_{04} (vgl § 30 Anm 17 und A 83 IV KStR).

5. Wird für eine KapErh aus GesMitteln EK_{03} verwendet (dazu Anm 6) und erfolgt innerhalb von 5 Jahren eine KapHerabsetzung, so kann insoweit die Rückzahlung als Gewinnanteil gelten. Vgl das **KapErhStG**, insbes § 5. Wurde die KapErh aus EK_{04} und EK_{03} gespeist (s Anm 6), so wird bei der Rückzahlung EK_{04} vor EK_{03} verwandt, da dies der Tendenz des Gesetzes entspricht, in Verwendungsfällen die dem Stpfl günstigere Regelung zu wählen (*Widmann* JbFfSt 77/78, 319; aA – EK_{03} vor EK_{04} – *Krebs* DB 79, 1577; *Dötsch* DB 81, 1996).

6. NennKapErhöhung aus GesMitteln (Abs 3): Bei einer KapErh aus Gesellschaftsmitteln gehört das NennKap nach § 29 III nur dann zum verwendbaren EK, wenn es aus umgewandelten Rücklagen stammt, die aus dem Gewinn eines nach dem 31. 12. 76 (in neuen Bundesländern nach dem 31. 12. 90) abgelaufenen Wirtschaftsjahrs gebildet worden sind (s § 29 Anm 12). Im Wege einer Fiktion regelt Abs 3, welche Mittel für eine NennKapErh aus Gesellschaftsmitteln als verwendet gelten. Zuerst die Altvermögensmehrungen iSv § 30 II Nr 3 (EK_{03}); sie scheiden aus dem verwendb EK aus (vgl § 29 III). Zur Auswirkung einer vGa auf eine aus EK_{03} gespeiste KapErh vor Reform der §§ 27–29 s *Herzig* FR 81, 261 u StbKongrRep 81, 393. Sodann die Einlagen nach dem Systemwechsel gem § 30 II Nr 4 (EK_{04}); sie scheiden ebenfalls aus dem verwendb EK aus (§ 29 III). Sind diese Teilbeträge erschöpft, ist eine weitere Verwendungsfiktion in § 41 nicht erforderl; die übrigen Teilbeträge ($EK_{45(50/56)}$, $EK_{30(36)}$, EK_{01}, EK_{02} usw) verbleiben, auch wenn sie in NennKap umgewandelt werden, im verwendb EK (§ 29 III).

Die KapErh aus Gesellschaftsmitteln muß handelsrechtlich wirksam sein. Entscheidend ist allein die Handelsregister-Eintragung (BFH BStBl II 74, 32 und II 79, 560).

Maßgebender Stichtag. Das KStG regelt nicht, welches verwendbare EK zu welchem Stichtag für die KapErh aus Gesellschaftsmitteln als verwendet gilt. Zugunsten einer Rechtssicherheit in der Beurteilungsmöglichkeit bei der Körperschaft kommt es mE analog § 28 II S 1 auf das

Liquidation 7 § 41

verwendbare EK zum Schluß des letzten vor dem Beschluß über die KapErh abgelaufenen Wirtschaftsjahrs an (glA *Dötsch/E/J/W* § 41 Rz 17; *H/H/R* § 41 Rz 76). Dieser Bilanzstichtag ist idR auch Grundlage für die Höhe der handelsrechtlich in NennKap umwandlungsfähigen Gewinne und Rücklagen, es sei denn, eine besondere Zwischenbilanz wird aufgestellt. Die Zwischenbilanz kann für den maßgebenden Stichtag nach Abs 3 nicht entscheidend sein, weil sie nicht Grundlage für die Eigenkapitalgliederung ist (glA *Dötsch/E/J/W* aaO; *Frotscher/M* § 41 Rz 33). Die Aussonderung des EK_{03} und EK_{04} durch eine KapErh aus Gesellschaftsmitteln erfolgt im Jahr der Handelsregister-Eintragung der KapErh aus Gesellschaftsmitteln, weil erst hierdurch bei der KapGes ein höheres NennKap entsteht. Sie wird von der FinVerw in der Gliederungsrechnung – abgesehen von der Umgliederung des EK_{56} nach § 54 XI a idF des StMBG Ende 1994 (§ 54 Anm 23) – unmittelbar vor dem Bestand zum Schluß des Wirtschaftsjahrs der KapErh vorgenommen. Für die Höhe der nach Abs 3 aus der Gliederung auszuscheidenden EK-Teile EK_{03} und EK_{04} kommt es nach hA (vgl *Dötsch/E/J/W* § 41 Rz 17; *H/H/R* § 41 Rz 76) gleichwohl auf die Verhältnisse vor Beschlußfassung an. Diese Beurteilung kann in Sonderfällen dazu führen, daß sowohl die KapErh aus Gesellschaftsmitteln als auch eine Gewinnausschüttung in der Gliederungsrechnung für den maßgeblichen Stichtag mit den EK-Teilen EK_{03} und EK_{04} zu verrechnen wären. Bei einer im Jahr des KapErhBeschlusses daneben ordnungsgemäß beschlossenen Gewinnausschüttung für ein abgelaufenes Jahr sind beide Vorgänge mit dem gleichen Gliederungsstichtag zu verrechnen. ME bleibt in diesem Fall zunächst zu prüfen, ob der Gewinnverteilungsbeschluß den gesellschaftsrechtlichen Vorschriften entspricht; so können bereits gesellschaftsrechtlich die gleichen Beträge für eine Ausschüttung und eine KapErh verwendet werden. Entsprechen beide Beschlüsse den gesellschaftsrechtlichen Vorschriften, ist mE die offene Gewinnausschüttung vor der KapErh zu verrechnen, weil der Ausschüttungsbeschluß das abgelaufene Wirtschaftsjahr betrifft (glA *Frotscher/M* § 41 Rz 33). Wegen dieser Zuordnung zum alten Wirtschaftsjahr gilt dies mE auch für abgeflossene vGA vor dem letzten Wirtschaftsjahr vor der Beschlußfassung (aA *Frotscher/M* aaO, der ein Wahlrecht für den Steuerpflichtigen bejaht).

Bei **Erwerbs-** oder **Wirtschaftsgenossenschaften** ist die Summe der Geschäftsguthaben wie NennKap zu behandeln. Abs 3 gilt daher entsprechend, soweit bei ihnen Rücklagen den Geschäftsguthaben zugeführt werden (glA A 95 IV KStR).

7. Liquidation (Abs 4): EK_0 (§ 30 II) kennt **negative Teilbeträge** (zB § 33 I, s § 33 Anm 3). Spätestens im LiquFall müssen diese Negativposten mit positiven Teilen des EK verrechnet werden. Verrechnung mit EK-Teilen des $EK_{45(50/56)}$, EK_{36} bedeutet Verlust anrechenb KSt. Aus diesem Grund mußte der Gesetzgeber auch hier eine Verrechnungsfiktion normieren. Abs 4 gebietet die Verrechnung in folgender Reihenfolge: NennKap (kein Verlust von KSt); EK_0 (kein Verlust von KSt); $EK_{30(36)}$ (Verlust von KSt); $EK_{45(50/56)}$ (Verlust von KSt). Vgl auch A 95a V KStR.

§ 41 8 Sonstige Leistungen

Nicht geregelt ist die Reihenfolge innerhalb EK_0, obwohl dies – zB wegen § 40 Nr 2 – durchaus von Bedeutung sein kann; mE fügt sich in die Ordnung des Abs 4 nur die umgekehrte Reihenfolge des § 28 III; zuerst EK_{04}, sodann EK_{03} usw.

Zum **„Leg-ein-Hol-zurück"**-Verfahren als Mittel, gespeicherte KSt zu retten, s ABC.

8. Die Vermögensverteilung im Rahmen der Liquidation einer Körperschaft stellt eine sonstige Leistung im Sinne des Abs 1 dar, aber nur, soweit nicht das NennKap (mit Ausnahme im Falle des § 29 III – s § 29 Anm 12) verteilt wird. Die Rückzahlung des nicht nach § 29 III zum verwendbaren EK gehörenden NennKap berührt nicht die Gliederungsrechnung. Insoweit ist weder bei der Körperschaft die Ausschüttungsbelastung herzustellen, noch liegen bei den Anteilseignern KapErträge vor. Handelsrechtlich wird im Rahmen der Vermögensverteilung nicht unterschieden zwischen der Rückzahlung von NennKap oder anderem Vermögen der Körperschaft. Steuerlich ist nicht geregelt, ob im Fall der Liquidation zuerst das **Nennkapital oder** zuerst **das verwendbare EK** als verwendet gilt. Wegen der fehlenden handels- und steuerrechtlichen Regelungen, aber unterschiedlichen steuerlichen Folgen einer Rückzahlung von NennKap oder anderem Vermögen besteht mE ein Wahlrecht für die Liquidations-Körperschaft (glA A 95a II KStR). Das Wahlrecht, die geleistete Zahlung mit dem verwendbaren EK zu verrechnen, gilt als ausgeübt, wenn die Körperschaft dem Empfänger eine Steuerbescheinigung (§§ 44 KStG, 45a EStG) erteilt hat. Durch die Einräumung eines solchen Wahlrechts werden mögliche Steuernachteile auch für die Anteilseigner bei negativen belasteten EK-Teilen in Verbindung mit positiven unbelasteten EK-Teilen vermieden. Ein in der Vorauflage und von Teilen des Schrifttums aus Abs 2 gefolgerter grundsätzlicher Vorrang des verwendbaren EK vor der Verwendung des NennKap (s *Raupach* JbFfSt 80/81, 273 und StbJb 79/80, 4238) würde im Fall der Verrechnung der Vermögensverteilung mit EK_{01}, EK_{02} oder EK_{03} zu steuerpflichtigen KapErträgen führen, während bei Anteilseignern ohne steuerverstrickte Anteile im Betriebsvermögen nach § 17 EStG oder nach § 21 UmwStG der Verlust des NennKap unberücksichtigt bleibt. Bei einer wahlweisen Verrechnung der Vermögensverteilung mit NennKap entfällt insoweit für die Körperschaft eine KStErhöhung infolge Herstellung der Ausschüttungsbelastung und für die Anteilseigner das Vorliegen steuerpflichtiger KapErträge.

Im übrigen ist im Fall der Liquidation maßgebend das **verwendbare EK,** das sich zum **Ende** der **Liquidation** ergibt (vgl A 95a I KStR und § 11 Anm 6). Stichtage, zu denen während des (steuerlichen) Abwicklungszeitraums handelsrechtlich Liquidationsbilanzen erstellt werden, sind für die EK-Gliederung bedeutungslos. Gegenstand der Schlußgliederung und damit der letzten gesonderten Feststellung im Sinne des § 47 ist das zur Verteilung kommende Vermögen (§ 11 III), soweit es nicht auf das (nicht nach § 29 III zum verwendbaren EK gehörende) NennKap entfällt. Evtl verbleibende Restbestände bei den einzelnen Teilbeträgen des verwendbaren EK werden nicht mehr gesondert festgestellt. Soweit vor Beendigung

Liquidationsraten ausgekehrt werden, die nicht als Zahlungen auf das NennKap erfolgen, liegen sonstige Leistungen im Sinne von § 41 I vor; für die Verrechnung galt früher § 29 II S 3 aF (str: § 28 Anm 8; § 11 Anm 12, 14) und gilt seit der Neufassung der §§ 27–29 die Verwendungsfiktion des § 28 II S 2 (s § 28 Anm 7; A 95 a III KStR). Diese Abschlagszahlungen sind mit dem verwendbaren EK zu verrechnen, das sich zum Schluß des Besteuerungszeitraums ergibt, in dem die Abschlußzahlungen erfolgen. Das ist das verwendbare EK zum Ende des Liquidationszeitraums, wenn dieser nur einen Besteuerungszeitraum umfaßt.

9. Abs 4 schweigt zu **negativen Teilbeträgen in $EK_{45(50/56)}$** oder $EK_{30(36)}$, obwohl sie zB nach § 31 II wegen den die belasteten EK-Teile übersteigenden nichtabzb Ausgaben oder wegen der früheren Verrechnungsfestschreibung nach § 33 III aF möglich sein können (s § 31 Anm 12, § 33 Anm 8). Die Verrechnung der Vermögensverteilung ist im Einzelfall zu bestimmen. Für die infolge nichtabzb Ausgaben negativen belasteten EK-Teile erfolgt mE keine Umgliederung; vielmehr ist die Vermögensverteilung in der Verwendungsreihenfolge des § 28 III mit den unbelasteten EK-Teilen EK_{01} bis EK_{04} zu verrechnen (glA A 95 a VI KStR). Die Zuordnung der nichtabzb Ausgaben hat in der EK-Gliederung nach dem Zweck des § 31 der KStBelastung zu folgen, während die Auskehrungen in der Verrechnungsordnung des § 28 III berücksichtigt werden. Freilich bleibt zunächst zu prüfen, ob auch unter Berücksichtigung der Steuerfolgen beim Anteilseigner nicht wahlweise vorrangig das NennKap ausgekehrt wird (s Anm 8). Die „Zufallsnegativbeträge" des § 33 III aF sind demgegenüber mE in analoger Anwendung des Abs 4 zu verrechnen, also hier zwingend mit NennKap, dann in umgekehrter Reihenfolge also zuerst mit EK_{04}, dann mit EK_{03} usw (s Anm 7; aA KStHdbch/*Kempermann* § 41 5 b: § 28 ist maßgebend; aA *Frotscher/M* § 43 Rz 54: generelles Wahlrecht zwischen vorrangigem NennKap oder positiven unbelasteten EK-Teilen).

10. Bei der **Umwandlung** einer KapGes auf PersGes oder natürliche Person findet Abs 4 keine Anwendung. Dort sind zur Ermittlung der KStAnrechnung nach § 10 UmwStG 1995 (§ 12 UmwStG 1977), die auf den Teilbeträgen des belasteten EK iSv § 30 I Nr 1 oder 2 lastet, positive Teilbeträge aus EK_{56} mit negativen Teilbeträgen aus EK_{50} zu verrechnen. So ist die auf dem Teilbetrag EK_{56} lastende KSt in Höhe von 56/44 um 50/50 des negativen EK_{50} zu kürzen (vgl BFH BStBl II 96, 390). Entsprechendes gilt ab 1994 bei negativem EK_{45} und positivem EK_{50}. Das negative EK_{45} kürzt in Höhe von 45/55 seines Betrages das KSt-Anrechnungsguthaben aus dem EK_{50} von 50/50 des Bestandes. Negatives EK_0 führt in Umwandlungsfällen nicht zu einer Verringerung des Anrechnungsguthaben aus dem belasteten EK, weil eine dem Abs 4 vergleichbare Regelung im UmwStG fehlt (vgl hierzu auch Sachverhalt des BFH-Urteils in BStBl II 96, 390).

§ 42 Körperschaftsteuerminderung und Körperschaftsteuererhöhung bei Vermögensübertragung auf eine steuerbefreite Übernehmerin

(1) **Geht das Vermögen einer Kapitalgesellschaft durch Gesamtrechtsnachfolge auf eine unbeschränkt steuerpflichtige, von der Körperschaftsteuer befreite Kapitalgesellschaft, Personenvereinigung oder Vermögensmasse oder auf eine juristische Person des öffentlichen Rechts über, so mindert oder erhöht sich die Körperschaftsteuer um den Betrag, der sich nach § 27 ergeben würde, wenn das verwendbare Eigenkapital als im Zeitpunkt des Vermögensübergangs für eine Ausschüttung verwendet gelten würde.**

(2) **Die Körperschaftsteuer erhöht sich nicht**
1. **in den Fällen des § 40 Nr. 2 und 3 und**
2. **soweit das verwendbare Eigenkapital aus Vermögensmehrungen entstanden ist, die es in vor dem 1. Januar 1977 abgelaufenen Wirtschaftsjahren erhöht haben.**

Abs 2 lautete bis zur Änderung durch das G v 13. 9. 93 (Anm 2):

(2) Die Körperschaftsteuer erhöht sich nicht
1. in den Fällen des § 40 und
2. soweit das verwendbare Eigenkapital aus Vermögensmehrungen entstanden ist, die es in vor dem 1. Januar 1977 abgelaufenen Wirtschaftsjahren erhöht haben.

Übersicht

1. Allgemeines
2. Geltungszeit
3.–6. AusschüttungsBel bei Gesamtrechtsnachfolge auf befreite Körperschaften oder Körperschaften des öffentl Rechts (Abs 1)
7. Ausschluß der KStErhöhung (Abs 2)
8. Abs 2 Nr 1
9. Abs 2 Nr 2

1. Allgemeines: Die Gesamtrechtsnachfolge auf eine Körperschaft, die in das AnrV einbezogen ist, führt grundsätzl zu einer Zusammenrechnung des verwendb EK (s § 38); die KSt bleibt zur Anr erhalten. Dies gilt nach § 42, lex specialis gegenüber § 38, nicht, sofern Rechtsnachfolger eine stbefreite Körperschaft oder eine jur Person des öffentl Rechts ist. Die auf dem übergehenden Vermögen lastende KSt soll ebenso definitiv bleiben wie die KSt auf den Beteiligungserträgen (vgl § 38 IV, BT-Drucks 7/1470, 365). Die Gleichbehandlung mit den Beteiligungserträgen führt in § 42 dazu, daß auch im Falle der Gesamtrechtsnachfolge die AusschüttungsBel herzustellen ist.

2. Geltungszeit: § 42 gilt ab 1. 1. 77 (§ 54 I idF des KStG 1977), dh für Gesamtrechtsnachfolgen mit Wirkung nach dem 31. 12. 76. Ohne inhaltl Änderung wurde Abs 2 durch das StandOG v 13. 9. 93 (BGBl I 93, 1569; BStBl I 93, 774) dem geänderten § 40 angepaßt; zum Übergang u zum Inkrafttreten s § 27 Anm 2.

Rechtsfolge 3–5 § 42

3. AusschüttungsBel bei Gesamtrechtsnachfolge (Abs 1): Das Vermögen einer KapGes (§ 1 I Nr 1; Erweiterung auf alle Körperschaften, deren Leistungen zu Eink iSv § 20 I Nr 1, 2 EStG führen, s § 43 Anm 3) muß im Wege der Gesamtrechtsnachfolge auf eine **Körperschaft iSv § 1 I Nr 1–5** (unbeschr StPfl Bedingung) übergehen. Gesamtrechtsnachfolge liegt in Fällen der Verschmelzung oder Spaltung nach §§ 2, 123 UmwG. § 42 findet keine Anwendung auf formwechselnde Umwandlungen bzw den Formwechsel, da hierbei die juristische Person ebenso wie das KStSubjekt identisch bleiben. Die aufnehmende Körperschaft muß von der KSt befreit sein, zB nach § 5; gleichgültig, ob subj oder sachl befreit. Entscheidend sind die Verhältnisse am steuerlichen Übertragungsstichtag. Späterer Wechsel zur Steuerpflicht berührt nicht die Anwendung des § 42. Umgekehrt liegt kein Fall des § 42 vor, wenn die Übernehmerin erst nach dem steuerlichen Übertragungsstichtag von der Steuerpflicht in die Steuerfreiheit wechselt, dies ist bei ihr ein Anwendungsfall des § 13 (glA *Dötsch/E/J/W* § 42 Rz 11). Zählt die Beteiligung zu einem stpfl wirtschaftl GeschäftsBetr oder sind die Beteiligungserträge, abgesehen von der StPfl mit Abzugsbeträgen (§ 5 II Nr 1), aus anderen Gründen nicht befreit, findet nicht § 42, sondern § 38 Anwendung, sofern die Bedingungen dieser Vorschrift im übrigen vorliegen; hier ist die Gleichbehandlung mit der Gesamtrechtsnachfolge auf eine nicht befreite KapGes geboten; die KSt bleibt für eine Anr erhalten. *H/H/R* § 42 Anm 23 stellen darauf ab, ob das Vermögen durch die Übertragung in den stpfl oder den stbefreiten Bereich gelangt; der Unterschied zu unserer Formulierung dürfte gering sein. Ist die aufnehmende Körperschaft nicht in das AnrV einbezogen, so daß § 38 nicht eingreift, kann § 42 nicht angewandt werden, wenn die Beteiligung zu dem stpfl Bereich der stbefreiten Körperschaft gehört bzw das Vermögen hierhin gelangt (glA *H/H/R* § 42 Anm 23). Grundsätzl aA KStHdbch/*Kempermann* § 42 2b. § 42 findet Anwendung, wenn das übergehende Vermögen nach (!) der Gesamtrechtsnachfolge stpfl ist, zB einen wirtschaftl GeschäftsBetr darstellt.

4. Für Gesamtrechtsnachfolge auf eine **jur Pers des öffentl Rechts** gilt § 42 ebenfalls. Hierzu zählen die Fälle des § 359 AktG sowie die Verschmelzung auf öffentl-rechtl Versicherungsunternehmen nach §§ 44c, 53a I Nr 2 VAG. Zweifelhaft ist die Behandlung einer Beteiligung, die bei der jur Pers des öffentl Rechts einem Betr gewerbl Art zuzurechnen ist. ME findet auch in diesem Fall § 42 Anwendung, da der Gesetzeswortlaut insoweit einen Vorbehalt nicht kennt. § 42 findet auch Anwendung, wenn das übergehende Vermögen nach (!) der Gesamtrechtsnachfolge einen Betr gewerbl Art darstellt oder ihm zuzurechnen ist. Wie hier *H/H/R* § 42 Anm 25.

5. Rechtsfolge: Der Vermögensübergang wird bei der Überträgerin wie eine Gewinnausschüttung behandelt. **Herstellung der AusschüttungsBel** für jeden Teil des verwendb EK in $EK_{45(50/56)}$, $EK_{30(36)}$ usw. Ist in EK_0 ein negativer Teilbetrag ausgewiesen, gilt mE § 41 IV (aA *Dötsch/E/J/W* § 42 Rz 18 und *H/H/R* § 42 Rz 32, die mangels einer ausdrücklichen gesetzlichen Regelung zugunsten der Körperschaften den Ne-

§ 43 Sonstige Körperschaften

gativbetrag zunächst mit dem EK_{02}, dann mit EK_{01}, anschließend mit EK_{03}, EK_{04}, EK_{30}, EK_{45} und zuletzt mit EK_{50} verrechnen wollen). Obwohl die Herstellung der AuschüttungsBel Folge der Gesamtrechtsnachfolge ist, geht sie ihr gedankl voraus; denn eine durch die Herstellung der Ausschüttungs-Bel verursachte KStSchuld oder KStForderung geht bereits mit der Gesamtrechtsnachfolge auf den neuen Träger über. Minderung oder Erhöhung der KSt sind dem letzten VZ der untergehenden Körperschaft zuzuordnen (glA *Dötsch/E/J/W* § 42 Rz 17). Die Überträgerin hat weder KapErtrSt einzubehalten noch eine Steuerbescheinigung iS des § 44 auszustellen, weil bei der Übernehmerin keine KapErträge vorliegen.

6. Nach Herstellung der AusschüttungsBel wird das **verwendb EK bei der aufnehmenden Körperschaft,** sofern diese in das AnrV einbezogen ist, EK_{02} hinzugerechnet (§ 38 II). Ist die Körperschaft nicht in das AnrV einbezogen, zB als aufnehmende Körperschaft des öffentl Rechts, so bleibt die KStBel in gleicher Weise – ohne Zurechnung zum verwendb EK – definitiv.

7. Ausschluß der KStErhöhung: Abs 2 schließt für zwei Fälle die KStErhöhung aus, nicht die KStMinderung; Teilbeträge mit einer TarifBel über 30 (36) vH werden auf jeden Fall auf die AusschüttungsBel herabgeschleust.

8. Ausschluß der KStErhöhung einmal in den **Fällen des § 40 Nr 2 u 3 (Abs 2 Nr 1):** Keine KStErhöhung, soweit Teilbeträge des EK_{04} (§ 30 II Nr 4) als ausgeschüttet gelten (§ 40 Nr 2). Keine KStErhöhung bei Gesamtrechtsnachfolge aus einer von der KSt befreiten KapGes (§ 40 Nr 3) auf eine befreite Körperschaft oder eine jur Pers des öffentl Rechts. § 40 S 2 ist ebenfalls anzuwenden; kein Ausschluß der KStErhöhung nach Abs 2 Nr 1 also, wenn die Beteiligung in einem wirtschaftl GeschäftsBetr oder in einem Betr gewerbl Art gehalten wird; in diesem Fall kann aber bereits die Anwendung des § 42 ausgeschlossen sein. Im Fall des § 40 Nr 1 (ausl stfreie Eink; EK_{01}) ist die AusschüttungsBel herzustellen; das entspr § 8b I S 4 (§ 8b Anm 6).

9. Außerdem ist die **KStErhöhung** ausgeschlossen, soweit **Altvermögensmehrungen** übergehen **(Abs 2 Nr 2).** Auch insoweit ist eine zusätzl KStBel der bereits mit AltKSt belasteten Beträge nicht gerechtfertigt. Durch Abs 2 Nr 2 wird das gesamte EK_{03} erfaßt, und zwar mE auch insoweit, als es entspr § 31 Anm 17f aus Vermögensmehrungen in Wj, die nach dem 31. 12. 76 enden, stammt. Es ist unwahrscheinl, daß der Gesetzgeber mit Abs 2 Nr 2 nur einen Teil des EK_{03} ansprechen wollte.

§ 43 Körperschaftsteuerminderung und Körperschaftsteuererhöhung bei sonstigen Körperschaften

Für unbeschränkt steuerpflichtige Körperschaften, deren Leistungen bei den Empfängern zu den Einnahmen im Sinne des § 20 Abs. 1 Nr. 1 oder 2 des Einkommensteuergesetzes gehören und die nicht Kapitalgesellschaften sind, gelten die §§ 27 bis 42 sinngemäß.

Körperschaftsteuerrichtlinien: Abschnitt 96

Sonstige Körperschaften 1–3 § 43

Übersicht

1. Allgemeines
2. Geltungszeit
3. Einkünfte nach § 20 I Nr 1, 2 EStG
4. Rechtsfolge

1. Allgemeines. Die §§ 27–42 setzen unbeschr stpfl KapGes voraus (§ 27 I). Da das AnrV und die Eink gem § 20 I Nr 1, 2 EStG aufeinander bezogen sind (s §§ 36 II Nr 3, 36b I, 20 I Nr 3 EStG), muß systematisch sichergestellt sein, daß bei allen Eink gem § 20 I Nr 1, 2 EStG die AusschüttungsBel hergestellt wird. Dies ist der Zweck des § 43.

2. Geltungszeit: Inkrafttreten zum 1. 1. 77 (§ 54 I idF des KStG 1977). Zum Übergang ins AnrV s § 54 Anm 1–11.

3. § 43 betrifft **alle Körperschaften gem § 1 I Nr 2–5,** insbes die Erwerbs- und WirtschaftsGen (nicht aber DDR-Genossenschaften, FinVerw DB 91, 2415). Voraussetzung ist unbeschr StPfl. Ausländische KapGes mit Geschäftsleitung im Inland, die wie deutsche KapGes strukturiert sind und daher nach § 1 I Nr 5 iVm § 3 unbeschränkt stpfl sind (§ 1 Anm 5), fallen hierunter (A 96 I S 4 KStR). Betr gewerbl Art von Körperschaften des öffentl Rechts sind nicht in das AnrV einbezogen. Das Anrechnungsverfahren gilt nicht für VVaG (BFH BStBl II 92, 429), auch nicht für Ritterschaften (BFH BStBl II 95, 552). Zur Frage, ob und inwieweit die Körperschaften Eink aus KapVerm iSv § 20 I Nr 1, 2 EStG ausschütten können, wird auf das Schrifttum zu § 20 EStG hingewiesen. Zweifelhaft ist aufgrund des neuen KStSystems, ob **§ 20 I Nr 1 EStG** eine **enumerative Aufzählung** enthält. Der BFH bejahte die Anwendung auf ForstGen, Realgemeinde (BFH BStBl III 62, 7), auf sog „Jahnschaften" (BFH BStBl III 64, 117), auf die eine Realgemeinde bildenden Braubürger einer Stadt (BFH BStBl III 66, 579) und auf ausl Investmentfonds (BFH BStBl II 71, 47). Der Reg-Entw folgt der Rspr auch im KStG 1977 (BT-Drucks 7/1470, 272). Das AnrV soll eingreifen; die „Analog-Körperschaften" haben die AusschüttungsBel herzustellen (so auch A 96 I KStR). Der BFH hat dies bisher offengelassen (vgl BStBl II 95, 552 betr Ritterschaft). Seine neuen Ausführungen zum Fehlen einer StBilanz und eines NennKap bei einer Ritterschaft lassen aber eine eher restriktive Tendenz erkennen (glA HFR Anm 95, 470). Die Frage ist auch zB für den StSatz entscheidend (s § 23 II) oder für den Freibetrag gem § 24. ME enthält § 20 I Nr 1 EStG von seinem Recht eine enumerative Aufzählung, die keiner Erweiterung fähig ist. Evtl ist davon auszugehen, daß die Aufzählung des § 20 I EStG nicht enumerativ ist. Auch der BFH ging in seinen früheren Entscheidungen bisher in erster Linie davon aus, daß die Aufzählung des § 20 EStG insgesamt nicht abschließend ist, so auch *H/H/R* § 20 EStG Anm 57 u – insoweit nicht konsequent – BT-Drucks 7/1470, 271. AA – § 20 I Nr 1 EStG ist nicht enumerativ – die hA; vgl *H/H/R* § 20 EStG Anm 88; wie hier wohl *Schmidt/Heinicke* § 20 Rz 50; *Wassermeyer* FR 90, 1, 7. Ärztl Laborvereine führen auch auf der Basis der Ansicht der FinVerw nicht zu KapEink (*Kröger* DStR 79, 224).

4. Rechtsfolge: Soweit AntE oder Mitglieder Eink gem § 20 I Nr 1, 2 EStG beziehen, gelten für diese Körperschaften die §§ 27–42; sie sind voll in das AnrV einbezogen. Für gliederungspflichtige ausländische Körperschaften mit Geschäftsleitung im Inland ist das in sinngemäßer Anwendung des § 29 II auszuscheidende NennKap (s § 29 Anm 10) nach dem ausländischen Recht zu bestimmen. Bei Realgemeinden und wirtschaftlichen Vereinen gehört das gesamte EK zum verwendbaren EK, weil diese kein NennKap haben (glA *D/E/J/W* § 43 Rz 10).

Zweites Kapitel.
Bescheinigungen; gesonderte Feststellung

§ 44 Bescheinigung der ausschüttenden Körperschaft

(1) ¹Erbringt eine unbeschränkt steuerpflichtige Körperschaft für eigene Rechnung Leistungen, die bei den Anteilseignern Einnahmen im Sinne des § 20 Abs. 1 Nr. 1 oder 2 des Einkommensteuergesetzes sind, so ist sie vorbehaltlich des Absatzes 2 verpflichtet, ihren Anteilseignern auf Verlangen die folgenden Angaben nach amtlich vorgeschriebenem Muster zu bescheinigen:

1. den Namen und die Anschrift des Anteilseigners;
2. die Höhe der Leistungen;
3. den Zahlungstag;
4. den Betrag der nach § 36 Abs. 2 Nr. 3 Satz 1 des Einkommensteuergesetzes anrechenbaren Körperschaftsteuer;
5. den Betrag der zu vergütenden Körperschaftsteuer im Sinne des § 52; es genügt, wenn sich die Angabe auf eine einzelne Aktie, einen einzelnen Geschäftsanteil oder ein einzelnes Genußrecht bezieht;
6. die Höhe der Leistung, für die der Teilbetrag im Sinne des § 30 Abs. 2 Nr. 1 als verwendet gilt;
7. die Höhe der Leistung, für die der Teilbetrag im Sinne des § 30 Abs. 2 Nr. 4 als verwendet gilt.

²Die Bescheinigung braucht nicht unterschrieben zu werden, wenn sie in einem maschinellen Verfahren ausgedruckt worden ist und den Aussteller erkennen läßt. ³Ist die Körperschaft ein inländisches Kreditinstitut, so gilt § 45 Abs. 2 und 3 entsprechend.

(2) Die Bescheinigung nach Absatz 1 darf nicht erteilt werden,

1. wenn eine Bescheinigung nach § 45 durch ein inländisches Kreditinstitut auszustellen ist;
2. wenn in Vertretung des Anteilseigners ein Antrag auf Vergütung von Körperschaftsteuer nach § 36c oder § 36d des Einkommensteuergesetzes gestellt worden ist oder gestellt wird;
3. wenn ein nach § 46 als veräußert gekennzeichneter Dividendenschein zur Einlösung vorgelegt wird.

Bescheinigung der ausschüttenden Körperschaft § 44

(3) ¹Eine Ersatzbescheinigung darf nur ausgestellt werden, wenn die Urschrift nach den Angaben des Anteilseigners abhanden gekommen oder vernichtet ist. ²Die Ersatzbescheinigung muß als solche gekennzeichnet sein. ³Über die Ausstellung von Ersatzbescheinigungen hat der Aussteller Aufzeichnungen zu führen.

(4) ¹Eine Bescheinigung, die den Absätzen 1 bis 3 nicht entspricht, hat der Aussteller zurückzufordern und durch eine berichtigte Bescheinigung zu ersetzen. ²Die berichtigte Bescheinigung ist als solche zu kennzeichnen. ³Wird die zurückgeforderte Bescheinigung nicht innerhalb eines Monats nach Zusendung der berichtigten Bescheinigung an den Aussteller zurückgegeben, hat der Aussteller das nach seinen Unterlagen für den Empfänger zuständige Finanzamt schriftlich zu benachrichtigen. ⁴Die Sätze 1 bis 3 gelten nicht, wenn die Bescheinigung den Absätzen 1 bis 3 nur wegen der in Absatz 1 Nr. 5 genannten Angaben nicht entspricht. ⁵Ist die Bescheinigung auch wegen anderer Angaben unrichtig, so sind nur die anderen Angaben zu berichtigen.

(5) ¹Der Aussteller einer Bescheinigung, die den Absätzen 1 bis 3 nicht entspricht, haftet für die auf Grund der Bescheinigung verkürzten Steuern oder zu Unrecht gewährten Steuervorteile. ²Ist die Bescheinigung nach § 45 durch ein inländisches Kreditinstitut auszustellen, so haftet die Körperschaft auch, wenn sie zum Zweck der Bescheinigung unrichtige Angaben macht. ³Der Aussteller haftet nicht, wenn er die ihm nach Absatz 4 obliegenden Verpflichtungen erfüllt hat.

§ 44 lautete bis zur Neufassung durch das G v 13. 9. 93 (Anm 2):

(1) ¹Erbringt eine unbeschränkt steuerpflichtige Körperschaft für eigene Rechnung Leistungen, die bei den Anteilseignern Einnahmen im Sinne des § 20 Abs. 1 Nr. 1 oder 2 des Einkommensteuergesetzes sind, so ist sie vorbehaltlich das Absatzes 3 verpflichtet, ihren Anteilseignern auf Verlangen die folgenden Angaben nach amtlich vorgeschriebenem Muster zu bescheinigen:
1. den Namen und die Anschrift des Anteilseigners;
2. die Höhe der Leistungen;
3. den Zahlungstag;
4. den Betrag der nach § 36 Abs. 2 Nr. 3 Satz 1 des Einkommensteuergesetzes anrechenbaren Körperschaftsteuer;
5. den Betrag der zu vergütenden Körperschaftsteuer im Sinne des § 52; es genügt, wenn sich die Angabe auf eine einzelne Aktie, einen einzelnen Geschäftsanteil oder ein einzelnes Genußrecht bezieht;
6. die Höhe des für die Leistungen als verwendet geltenden Eigenkapitals im Sinne des § 30 Abs. 2 Nr. 4, soweit es auf den Anteilseigner entfällt.
²Die Bescheinigung braucht nicht unterschrieben zu werden, wenn sie in einem maschinellen Verfahren ausgedruckt worden ist und den Aussteller erkennen läßt. ³Ist die Körperschaft ein inländisches Kreditinstitut, so gilt § 45 Abs. 2 und 3 entsprechend.

(2) Der Betrag der zu vergütenden Körperschaftsteuer im Sinne des § 52 darf erst bescheinigt werden, wenn die Höhe der ausländischen Einkünfte

§ 44   Bescheinigung der ausschüttenden Körperschaft

und der auf die inländische Körperschaftsteuer anzurechnenden ausländischen Steuer durch Urkunden nachgewiesen werden kann.

(3) Die Bescheinigung nach Absatz 1 darf nicht erteilt werden,
1. wenn eine Bescheinigung nach § 45 durch ein inländisches Kreditinstitut auszustellen ist,
2. wenn in Vertretung des Anteilseigners ein Antrag auf Vergütung von Körperschaftsteuer nach § 36c oder § 36d des Einkommensteuergesetzes gestellt worden ist oder gestellt wird,
3. wenn ein nach § 46 als veräußert gekennzeichneter Dividendenschein zur Einlösung vorgelegt wird.

(4) ¹Eine Ersatzbescheinigung darf nur ausgestellt werden, wenn die Urschrift nach den Angaben des Anteilseigners abhanden gekommen oder vernichtet ist. ²Die Ersatzbescheinigung muß als solche gekennzeichnet sein. ³Über die Ausstellung von Ersatzbescheinigungen hat der Aussteller Aufzeichnungen zu führen.

(5) ¹Eine Bescheinigung, die den Absätzen 1 bis 4 nicht entspricht, hat der Aussteller zurückzufordern und durch eine berichtigte Bescheinigung zu ersetzen. ²Die berichtigte Bescheinigung ist als solche zu kennzeichnen. ³Wird die zurückgeforderte Bescheinigung nicht innerhalb eines Monats nach Zusendung der berichtigten Bescheinigung an den Aussteller zurückgegeben, hat der Aussteller dies nach seinen Unterlagen dem für den Empfänger zuständige Finanzamt schriftlich zu benachrichtigen. ⁴Die Sätze 1 bis 3 gelten nicht, wenn die Bescheinigung den Absätzen 1 bis 4 nur wegen des Betrags der nach § 52 zu vergütenden Körperschaftsteuer (Absatz 1 Nr. 5) oder wegen der Leistungen, für die Eigenkapital im Sinne des § 30 Abs. 2 Nr. 4 als verwendet gilt (Absatz 1 Nr. 1 und 6), nicht entspricht. ⁵Ist die Bescheinigung auch wegen anderer Angaben unrichtig, so sind nur die anderen Angaben zu berichtigen.

(6) ¹Der Aussteller einer Bescheinigung, die den Absätzen 1 bis 4 nicht entspricht, haftet für die auf Grund der Bescheinigung verkürzten Steuern oder zu Unrecht gewährten Steuervorteile. ²Ist die Bescheinigung nach § 45 durch ein inländisches Kreditinstitut auszustellen, so haftet die Körperschaft auch, wenn sie zum Zweck der Bescheinigung unrichtige Angaben macht oder wenn sie den Betrag der nach § 52 zu vergütenden Körperschaftsteuer mitteilt, ohne daß die in Absatz 2 bezeichneten Voraussetzungen vorliegen. ³Der Aussteller haftet nicht, wenn er die ihm nach Absatz 5 obliegenden Verpflichtungen erfüllt hat.

Gesetzesfassung bis zum KStG 1991 (Vor § 1 Anm 20) s 3. Auflage.

Körperschaftsteuerrichtlinien: Abschnitt 97

Übersicht

1.   Allgemeines
2.   Geltungszeit
3.–10.   Bescheinigung (Abs 1)
11.   Bescheinigung im Fall des § 52 (Abs 2 aF)

Bescheinigung   1–4 § 44

12. Ausschluß der Bescheinigung (Abs 2)
13. Ersatzbescheinigung (Abs 3)
14. Berichtigungsverfahren (Abs 4)
15.–19. Haftung (Abs 5)

1. Allgemeines: §§ 44–46 iVm § 36 II Nr 3 Buchst b EStG fordern für StGutschrift und Anr das Vorliegen bestimmter **Bescheinigungen,** die **materiellrechtl Voraussetzungen** für die Anr darstellen (BFH BStBl II 91, 924 mit HFR Anm 92, 125). Entspr § 52 II Nr 1 KStG, § 36e EStG für Vergütungen. Der Inhalt der Bescheinigung entspr dem der Bescheinigung gem § 45a II, III EStG für die Anr der KapErtrSt. Die Bescheinigungen sind daher in einem Formular zusammengefaßt (vgl die Anl zu den KStR). Die Bescheinigungen nach §§ 44–46 sind in der Detailregelung beherrscht von dem Zweck, Mißbräuche des AnrV zu verhindern (vgl BT-Drucks 7/5310, 15 ff). Sonderregelung aufgrund des **Einigungsvertrags** s § 54a Nr 4 u 5.

2. Geltungszeit: § 44 gilt ab 1. 1. 77 (§ 54 I idF des KStG 1977). Ergänzend s § 54 II, III, IV aF; dazu § 54 Anm 3 ff, 7, 8, 9. Soweit Ausschüttungen vor dem 1. 1. 77 bereits zur Anr der KSt führen, mußte auch hierfür eine Bescheinigung ausgestellt werden; mußte auch hierfür eine Bescheinigung ausgestellt werden; die AnrBer war in diesen Fällen umstritten; dazu § 54 Anm 5. Zu den Änderungen bis zum KStG 1991 s 3. Aufl. Neufassung des § 44 durch das StandOG v 13. 9. 93 (BGBl I 93, 1569; BStBl I 93, 774), und zwar mit Wirkung ab VZ 1994 (§ 54 I idF des StandOG). Die Neufassung berücksichtigt die Rechtsfolgen der §§ 8b, 40 Nr 1, die einen Ausweis des verwendeten EK_{01} (stfreie ausl Eink) erfordern. Schrifttum s. § 8b Anm. 1.

3. Bescheinigung (Abs 1) ist auszustellen, sofern eine unbeschr stpfl Körperschaft für eigene Rechnung Leistungen erbringt, die bei den AntE Einnahmen iSd § 20 I Nr 1 oder 2 EStG darstellen; es handelt sich um Leistungen von KapGes (§ 1 I Nr 1) und Körperschaften iSv § 43 (s § 43 Anm 3); vgl A 97 I KStR; zu den Ausschüttungen s auch § 27 Anm 4 ff. Auch bei vGA sind Bescheinigungen auszustellen (A 97 V KStR); zur Bescheinigung im Fall streitiger vGA s Anm 7.

4. Die Bescheinigung ist dem **AntE** zu erteilen, dh demjenigen, dem nach § 39 AO die Anteile u damit die Eink zuzurechnen sind (A 97 III KStR); s aber auch Anm 7. Bei einer vGa ist die Bescheinigung für den AntE auszustellen, dem die vGa gewährt wurde; bei einer vGa an einen **Nahestehenden** (§ 8 Anm 72 ff) wird die Bescheinigung dem AntE erteilt, dem der Empfänger nahesteht, da gedankl die vGa durch seine Person läuft (vgl § 8 Anm 72; glA *Lempenau* BB 77, 1211). Hat er die Erträge zu versteuern, ist die Bescheinigung ggf auch dem **Nießbraucher** oder **Pfandgläubiger** auszustellen. Problematisch ist, wer im Fall der **Treuhandschaft** bescheinigungsberechtigt ist. Grundsätzl der Treugeber. Dies führt jedoch bei geheimen Treuhandschaften zur Aufhebung der Geheimhaltung. Die FinVerw erkennt das Geheimhaltungsinteresse an (vgl BdF BStBl I 69, 342; I 70, 1010 betr Unterbeteiligung; ebenso BFH BStBl II 72, 803; II 74, 414). ME sollte – anknüpfend an Anm 5 – die Bescheinigung auf den Treuhänder ausgestellt werden; in einem gesonderten Feststellungsverfahren nach §§ 179 II S 3, 180 AO werden sodann der Ertrag und die KSt dem Treugeber zugerechnet. Die verfahrensmäßige Beteiligung des Treuhänders am Feststellungsverfahren ist nach BFH BStBl II 77, 737, 742; II 79, 607; II 86, 584; BFH/NV 92, 157 mögl. Die FinVerw läßt ein vereinfachtes Verfahren zu: Der Treugeber kann mit der Originalbescheinigung die Anr erreichen (FinVerw 1982 StEK KStG 1977 § 44 Nr 9). Zur **Mitunternehmerschaft,** auch zur atypischen **Unterbeteiligung** s Anm 5. Bei einer typischen Unterbeteiligung kann die Anr nicht dem Unterbeteiligten gewährt werden. Die Bescheinigung ist auch einem **früheren AntE** zu erteilen, soweit er nachträgl Eink gem § 20 I Nr 1, 2 EStG bezieht (A 97 V KStR).

5. Bei **Gesamthänderschaften** oder **Bruchteilsgemeinschaften** reicht es, wenn die Gesamthänderschaft oder die Bruchteilsgemeinschaft benannt wird (A 97 IV KStR). Die Verteilung des KStAnrGuthabens erfolgt sodann in dem für die Gesamthänderschaft oder die Gemeinschaft erforderl Gewinnfeststellungsverfahren (§ 180 AO; A 97 IV KStR mit Vereinfachungsregelung, falls ein Feststellungsverfahren unterbleibt). Die Umschreibung der KStR ist mE nicht ausreichend präzise. Die Beteiligung an einer GmbH kann auch von einer stl Mitunternehmerschaft ohne gesamthänderisches Vermögen gehalten werden (Beisp: InnenGes; atyp stille Ges; mitunternehmerische, dh atypische Unterbeteiligung). Die KStRegelung ist dahingehend zu erweitern, daß dann, wenn der Beteiligungsertrag mehreren gemeinschaftl zusteht und nach § 180 AO zu verteilen ist, eine Bezeichnung der Beteiligung bzw dessen, der nach außen auftritt, ausreicht. Ist die Beteiligung **SonderBetrVerm** und steht die Ausschüttung nur einem Mitunternehmer zu, ist dieser zu bezeichnen (vgl A 97 IV KStR). S auch ABC „Handelsbilanz", „Mitunternehmerschaft".

6. Die Körperschaft ist **auf Verlangen des AntE** (Anm 4) verpflichtet, die Bescheinigung auszustellen. Da das Gesetz an das Verlangen des AntE anknüpft, ist das Recht auf die Bescheinigung verzichtbar; die AntE können in der Satzung auf das Recht, die Bescheinigung zu verlangen, verzichten; sie können darüber hinaus die Ges verpflichten, in bestimmten Fällen keine Bescheinigung auszustellen.

7. Es besteht die **gesetzl Verpflichtung,** die Bescheinigung auszustellen. Verpflichtet ist die Körperschaft. Der AntE hat einen vor den Zivilgerichten verfolgb Anspruch. Erbringt die Körperschaft Leistungen iSv Abs 1 S 1, so ist sie zur Ausstellung der Bescheinigung unabhängig davon verpflichtet, ob der Empfänger noch AntE ist (glA *Scholtz* FR 77, 78) oder im Zeitpunkt der Ausschüttung AntE war (FinVerw 1976 StEK KStG 1977 § 44 Nr 12). Das Gesetz ist insoweit begriffl nicht ganz korrekt (s zu den Anspruchsberechtigten weiter Anm 4f). Der AntE kann auch dann die Bescheinigung verlangen, wenn die Ausschüttung, zB bei einer von der Bp behaupteten **vGA,** von der KapGes oder dem AntE selbst **bestritten** wird. Zwar wird hier von der KapGes eine Bescheinigung verlangt, die nach deren subjektiven Erkenntnis falsch ist; die Bescheinigung muß jedoch ausgestellt werden, um zumindest im Streitverfahren die Bedingungen der Anr

Inhalt der Bescheinigung 8–11 § 44

zu schaffen; anderenfalls läuft der AntE Gefahr, bei abgelehnter Aussetzung der Vollziehung die Ertragsteuer auf die vGA ohne StAnr erbringen zu müssen. Haben die KapGes oder der AntE mit ihrem Bestreiten Erfolg, ist nach Abs 5 zu verfahren. Vgl auch *Schoor* StBp 82, 68, und unten Anm 14. Bei Ausgleichszahlungen stellt die Bescheinigung die OrgGes aus, auch wenn die Zahlungen vom OrgT erbracht werden (A 97 V KStR). Das Ausstellen ist Sache der Geschäftsführung. Unterschrift im maschinellen Verfahren s Gesetz; im übrigen ist die Bescheinigung von der Geschäftsführung bzw von einem von ihr ermächtigten Dritten zu unterschreiben (BT-Drucks 7/5310, 16). Die ausschüttende Körperschaft ist nicht verpflichtet, die AnrBer zu prüfen (A 97 IX KStR).

8. Zeitpunkt: Die Bescheinigung ist auszustellen, sobald Leistungen erbracht werden, die beim AntE Einnahmen iSd § 20 I Nr 1, 2 EStG darstellen. Hier erfolgt eine Verknüpfung mit der Besteuerung beim AntE. Anders als bei der Herstellung der AusschüttungsBel (§ 27 Anm 10) reicht der vermögensmindernde Abfluß nicht. Zufluß od bilanzmäßige Erfassung beim AntE ist erforderl. Die Zeitpunkte der Herstellung der AusschüttungsBel u der Verpflichtung zur Ausstellung der Bescheinigung können auseinanderfallen. Anders die FinVerw, die der Herstellung der AusschüttungsBel an den Zufluß beim AntE knüpft (§ 27 Anm 10) u hierdurch beide Zeitpunkte in Übereinstimmung bringt (vgl auch A 97 II KStR).

9. Inhalt der Bescheinigung s Gesetz und A 97 II KStR; die amtlichen Muster sind ab den KStR 1995 nicht mehr Teil der KStR, um eine leichtere Anpassung zu ermöglichen (*Dötsch/Jost* DB Beil 4/96, 23). Zur Ersetzung des Genußscheins durch Genußrecht (Anm 2, 3. Aufl) s § 8 Anm 58. Der Ausweis der Verwendung des EK_{01} (I Nr 6) wurde durch das StandOG (Anm 2) eingefügt. Die verwendeten Teilbeträge des EK bestimmen sich nach den §§ 27–43; §§ 44, 45 gewähren der Körperschaft kein eigenes Zuordnungsrecht (dazu § 28 Anm 8f mit abweichenden Stimmen); hiervon darf nicht zugunsten der nach § 52 KStG oder § 36e EStG Berechtigten abgewichen werden (A 97 VII KStR). Nur die nach dem Gesetz vorgeschriebene StBel ist zu bescheinigen, nicht die tatsächl erhobene KSt (BFH BStBl II 94, 191). Werden vGA bei der KapGes u beim AntE unterschiedl bewertet, soll nach *Schoor* StBp 81, 184 die tatsächl auf die Ausschüttung entrichtete KSt bescheinigt werden, unabhängig davon, ob es sich um $^3/_7$ ($^9/_{16}$) der Ausschüttung handelt. Zur Frage der in der Bescheinigung anzugebenden Anschrift s A 97 VI KStR.

10. Ist die Körperschaft, die die Leistungen erbringt, ein **inländisches Kreditinstitut,** muß dieses die Bescheinigung ggf nach § 45 II ergänzen und Aufzeichnungen gem § 45 III führen; s dazu § 45 mit Anm.

11. *Bescheinigung im Falle des § 52 (Abs 2 aF):* Betroffen ist die Verwendung von verwendb EK iSv § 30 II Nr 1 – EK_{01} –, und zwar zum Zweck der Vergütung der KSt nach § 52. Infolge der neuen Regelung der Behandlung ausl Eink in Konzern durch §§ 8b, 40 Nr 1 aufgehoben durch das StandOG (Anm 2). Für die ausl Eink und die Verwendung des EK_{01} gilt jetzt **Abs 1 Nr 6.** Bisherige Kommentierung: Die stfreien ausl Eink können unmittelb stfrei sein; sie können aber auch nur ermäßigt der dt KSt unterliegen; nach Aufteilung iSv § 32 gelangt auch in diesem Fall ein Teilbetrag nach EK_{01} und ist folgl vergütungsfähig (§ 30 Anm 9f, 14). Die Bescheinigung – und damit die Vergütung – darf erst erfolgen, wenn die Höhe der ausl Eink und der evtl auf die inl KSt anzurechnenden Steuer durch Urkunden nachgewiesen werden kann. Dazu im einzelnen A 97 VIII KStR aF mit dem Hinweis, daß der Nachweis nur auf Verlangen einer Finanzbehörde zu führen sei. Gleichwohl muß die Körperschaft letztl die Bedingungen des Nachweises eigenständig beurteilen können; nach Ansicht der FinVerw trägt sie das Haftungsrisiko (s Anm 14, 18); ein Verstoß gegen Abs 2 führt zur Haftung nach Abs 5 (s Anm 15 ff), dh zur Haftung ohne Verschulden; keine Entlastungsmöglichkeit nach Abs 4 (s auch Anm 18).

12. Ausschluß der Bescheinigung (Abs 2) – Abs 2 war bis zum StandOG Abs 3 (s Anm 2, 11): Die Ausstellung der Bescheinigung ist ausgeschlossen, wenn eine Bescheinigung gem § 45 auszustellen ist oder wenn ein als veräußert gekennzeichneter Dividendenschein zur Einlösung vorgelegt wird (Fall des § 46) oder wenn in Vertretung des AntE ein Antrag auf Vergütung von KSt nach § 36c oder § 36d EStG gestellt worden ist oder gestellt wird.

13. Ersatzbescheinigungen (Abs 3) – Abs 3 war bis zum StandOG Abs 4 (s Anm 2, 11) – dürfen nur ausgestellt werden, wenn die Urschrift nach den Angaben des AntE abhanden gekommen oder vernichtet ist; über die Ausstellung von Ersatzbescheinigungen hat der Aussteller Aufzeichnungen zu führen. Die Körperschaft kann grundsätzl auf die Angaben des AntE vertrauen; keine Ersatzbescheinigungen nur bei offensichtl Unwahrheit. Der AntE (Anm 4f) hat auf die Ausstellung einer Ersatzbescheinigung wie auf die Ausstellung der Erstbescheinigung einen Anspruch.

14. Berichtigungsverfahren (Abs 4) – Abs 4 war bis zum StandOG Abs 5; außerdem inhaltl Anpassung (s Anm 2, 11) –: Formalisiertes Verfahren, falls eine ausgestellte Bescheinigung nicht Abs 1–3 entspr. Dies gilt für ursprüngl unrichtige Bescheinigungen ebenso wie für später – zB aufgrund einer Bp – unrichtig gewordene Bescheinigungen. Abs 4 ist auch dann anzuwenden, wenn der AntE wegen einer vom FA behaupteten Ausschüttung (zB vGa) eine Bescheinigung ausgestellt hat und später die KapGes mit ihrem Bestreiten der behaupteten Ausschüttung Erfolg hat (s Anm 7). Die strenge Befolgung des Verfahrens ist ratsam, da sie die Haftung nach Abs 5 vermeidet. Das Entlastungsverfahren steht jedem Aussteller offen, nicht nur der Körperschaft, zB auch demjenigen, der sich durch eine Bescheinigung als Körperschaft ausgibt. Sind die KapEink oder anrechenb KSt zu niedrig ausgewiesen, ist es ausreichend, nur die Differenz ergänzend zu bescheinigen (vgl A 98 I KStR aF vor 1995). Für Vergütungen iSv § 52 und für die Verwendung von EK_{04} erfolgte bis VZ 1993 (Anm 2) keine Berichtigung; hier blieb es bei der ursprüngl – evtl unzutreffenden – Bescheinigung (BT-Drucks 7/5310, 16; s auch § 28 VII). Ab VZ 1994 (s Anm 2) wurde dies auf den Vergütungsfall des Abs 1 Nr 5 eingeschränkt. Die wegen praktischer Schwierigkeiten eingeführte scheinb Erleichterung hat die Nichtabwendungsmöglichkeit der Haftung des Abs 5 (Anm 18) zur Folge.

Bescheinigung eines Kreditinstituts **§ 45**

15. Haftung (Abs 5) – Abs 5 war bis zum StandOG Abs 6 (s Anm 2, 11): Die Ausstellung von Bescheinigungen, die den Abs 1–3 nicht enspr, führt zu einer Haftung des Ausstellers, soweit aufgrund der Bescheinigung Steuern verkürzt oder StVorteile zu Unrecht gewährt werden. In den Fällen des § 45 haftet die Körperschaft auch, soweit sie dem Kreditinstitut zum Zwecke der Bescheinigung falsche Angaben macht oder – bis 1993 (Anm 2) – falls sie den Vergütungsbetrag nach § 52 unter Verstoß gegen Abs 2 aF mitteilt.

16. Die Haftung setzt **Verschulden** nicht voraus. Fehlendes Verschulden ist jedoch bei der Ermessensentscheidung zu berücksichtigen, ob die Inhaftungnahme erfolgt. ME bedenkl ausfernde Haftung. Die Vertreterhaftung des § 69 AO setzt Vorsatz oder grobe Fahrlässigkeit voraus; dieser Maßstab sollte im Wege einer einschränkenden Auslegung auch Bedingung des Abs 6 sein. **Verkürzte Steuern** und zu Unrecht gewährte StVorteile liegen vor, wenn wegen der falschen Bescheinigung oder der unzutreffenden Information Steuern niedriger festgesetzt oder höher vergütet werden, als es den StGesetzen entspr; insoweit kommt es allein auf den obj Verkürzungstatbestand an. Nur der **Verstoß** gegen die **Abs 1–3** bzw die **Falsch**information des Kreditinstitutes führt zur Haftung. Da „aufgrund" dieses Verstoßes bzw „aufgrund" dieser Falschinformation die StVerkürzung bzw der ungerechtfertigte StVorteil nur auf der Ebene des AntE oder des vermeintl AntE erfolgen kann, ist Abs 5 keine Haftungsvorschrift für StVerkürzungen bei der Körperschaft selbst. Wird KSt verkürzt und eine unzutreffende Bescheinigung ausgestellt, die aber selbst zu keiner Verkürzung (unrechtmäßige Anr) und zu keinem unrechtmäßigen Vorteil (Vergütung) führt, kein Haftungsfall. Kein Haftungsfall auch, wenn die AnrSystematik selbst die unrechtmäßige Vergütung verhindert; solange § 28 V, VII eingreift, ist die Haftung ausgeschlossen.

17. Haftender ist der **Aussteller,** der Urheber der Bescheinigung, regelmäßig die Körperschaft, die durch ihre Organe handelt.

18. Die **Haftung** ist **ausgeschlossen,** wenn der evtl Haftende seinen gem Abs 4 auferlegten Verpflichtungen nachkommt; s Anm 14; dies kann er allerdings nicht in den Fällen des Abs 4 S 4; folgl ist hier keine Abwendung der Haftung mögl.

19. Haftungsverfahren: S § 191 AO. Keine Haftung, falls § 191 V AO eingreift. Die Inanspruchnahme steht im Ermessen des FA. Die Haftung nach Abs 5 ist bei pflichtgemäßer Ermessensausübung nachrangig; in erster Linie ist der StAnspruch bei demjenigen, der die unzutreffende Bescheinigung oder die Fehlinformation für die StVerkürzung oder den unrechtmäßigen Vorteil verwendet, zu verfolgen; zum Ermessen s auch Anm 16.

§ 45 Bescheinigung eines Kreditinstituts

(1) ¹Ist die in § 44 Abs. 1 bezeichnete Leistung einer unbeschränkt steuerpflichtigen Körperschaft von der Vorlage eines Dividendenscheins abhängig und wird sie für Rechnung der Körperschaft durch ein inländisches Kreditinstitut erbracht, so hat das Kreditinstitut dem

§ 45 1 Bescheinigung eines Kreditinstituts

Anteilseigner eine Bescheinigung mit den in § 44 Abs. 1 bezeichneten Angaben nach amtlich vorgeschriebenem Muster zu erteilen. ²Aus der Bescheinigung muß hervorgehen, für welche Körperschaft die Leistung erbracht wird.

(2) Ist die Aktie im Zeitpunkt des Zufließens der Einnahmen nicht in einem auf den Namen des Empfängers der Bescheinigung lautenden Wertpapierdepot bei dem Kreditinstitut verzeichnet, so hat das Kreditinstitut die Bescheinigung durch einen entsprechenden Hinweis zu kennzeichnen.

(3) ¹Über die nach Absatz 2 zu kennzeichnenden Bescheinigungen hat das Kreditinstitut Aufzeichnungen zu führen. ²Die Aufzeichnungen müssen einen Hinweis auf den Buchungsbeleg über die Auszahlung an den Empfänger der Bescheinigung enthalten.

(4) ¹§ 44 Abs. 1 Satz 2, Abs. 2 Nr. 2 und 3 sowie Abs. 3 bis 5 ist sinngemäß anzuwenden. ²In den Fällen des § 44 Abs. 5 Satz 2 haftet das Kreditinstitut nicht.

Abs 1 u 4 lauteten bis zur Neufassung durch das G v 13. 9. 93 (Anm 2):

(1) ¹Ist die in § 44 Abs. 1 bezeichnete Leistung einer unbeschränkt steuerpflichtigen Körperschaft von der Vorlage eines Dividendenscheins abhängig und wird sie für Rechnung der Körperschaft durch ein inländisches Kreditinstitut erbracht, so hat das Kreditinstitut dem Anteilseigner eine Bescheinigung mit den in § 44 Abs. 1 Nr. 1 bis 5 bezeichneten Angaben nach amtlich vorgeschriebenem Muster zu erteilen. ²Die Leistung ist auch insoweit als Einnahme des Anteilseigners im Sinne des § 20 Abs. 1 Nr. 1 oder 2 des Einkommensteuergesetzes auszuweisen, als für die Leistung Eigenkapital im Sinne des § 30 Abs. 2 Nr. 4 als verwendet gilt. ³Aus der Bescheinigung muß hervorgehen, für welche Körperschaft die Leistung erbracht wird.

(4) ¹§ 44 Abs. 1 Satz 2, Abs. 2, 3 Nr. 2 und 3 sowie Abs. 4 bis 6 ist sinngemäß anzuwenden. ²In den Fällen des § 44 Abs. 6 Satz 2 haftet das Kreditinstitut nicht.

Körperschaftsteuerrichtlinien: Abschnitte 99–102

Übersicht

1. Allgemeines
2. Geltungszeit
3. Bescheinigung bei Dividendenpapieren und Bankinkasso (Abs 1)
4. Schalterfälle (Abs 2)
5. Aufzeichnungspflicht (Abs 3)
6. Sinngemäße Anwendung von Vorschriften des § 44 (Abs 4)
7. Haftung (Abs 4)

1. Allgemeines: S § 44 Anm 1; § 45 modifiziert das Bescheinigungsverfahren für die Wertpapiere der PublikumsGes, deren Dividenden über Kreditinstitute erbracht werden. Sonderregelung aufgrund des **Einigungsvertrags** s § 54a Nr 4 u 5.

Aufzeichnungspflicht 2–5 § 45

2. Geltungszeit: S § 44 Anm 2. Abs 1 u 4 wurden neugefaßt durch das StandOG v. 13. 9. 93 (BGBl I 93, 1569; BStBl I 93, 774), und zwar mit Wirkung ab VZ 1994 (§ 54 I idF des StandOG).

3. Bescheinigung bei Dividendenpapieren und Bankinkasso (Abs 1): Leistung einer unbeschr stpfl Körperschaft iSv § 44 I, s § 44 Anm 3. Vorlage eines Dividendenscheins erforderl, Dividendenschein bedeutet die Verbriefung des Rechts auf die Leistung der Körperschaft, zB die Dividende; regelm als Inhaberpapier gem § 793 BGB nur bei AG; aber auch bei GmbH gestaltbar. Außerdem Leistung durch Kreditinstitut für Rechnung der Körperschaft. Inl Kreditinstitut; Sitz oder Geschäftsleitung muß sich im Inl befinden. Ausdehnung auf inl Zweigniederlassungen ausl Unternehmen; dazu A 99 IX KStR. Grundsatzl keine Verwahrung der Aktien durch das Kreditinstitut Bedingung; bei Nichtverwahrung s Anm 4. Bescheinigung durch Kreditinstitut; zu Inhalt und Form s A 99–102 KStR u weitere Erlasse, FinVerw StEK KStG 1977 zu §§ 44, 45. Aus Praktikabilitätsgründen sind bis VZ 1993 alle Leistungen als Eink aus KapVerm auszuweisen, auch soweit EK iSv § 30 II Nr 4 als verwendet gilt (EK_{04} = Einlagen). Im FinA wurde darauf hingewiesen, daß in derartigen Fällen selten Einlagen erbracht werden. Sollte dies im Einzelfall geschehen, so werde – so der FinA – aufgrund des Feststellungsverfahrens (§ 47) für das EK der Sachverhalt aufgedeckt und das zuständige FA informiert (BT-Drucks 7/5310, 17). Allerdings wurde eine Pflicht für derartige Kontrollmitteilungen nicht geschaffen. ME eine nicht ganz bedenkenlose Vereinfachung. Soweit die Bank die Verwendung von EK_{04} kennt, konnte sie in der Bescheinigung differenzieren (A 99 II KStR aF). Abs 1 S 2 wurde wegen der Problematik der Regelung durch das StandOG (Anm 2) aufgehoben. Liegen die Wertpapiere im Depot des Kreditinstituts, so kann dieses davon ausgehen, daß der Depotinhaber der AntE ist (A 99 VI KStR). Nießbrauch-, Treuhand-, Anderkontendepots können als solche bezeichnet werden; das FA prüft nach Vorlage der Bescheinigung, wem die KapErträge zuzurechnen sind (A 99 VI KStR). Bei Ehegattendepots kann, soweit die Bedingungen des § 26 EStG gegeben sind, die Bescheinigung auf beide Ehegatten ausgestellt werden (A 99 VI KStR). Für sonstige Gemeinschaftsdepots gilt A 97 IV KStR (A 99 VI KStR); dazu § 44 Anm 5. Sind die Bedingungen des Abs 1 S 1 gegeben, ist die unmittelb Bescheinigung nach § 44 ausgeschlossen (§ 44 II Nr 1). Besonderheiten bei Verwahrung durch **ausl Bank** s A 99 IX, 101 II, III KStR u Einzelerlasse der FinVerw, StEK zu KStG 1977 § 45; Zusammenstellung der ausl Banken, die StBescheinigungen ausstellen können, s BStBl I 83, 211; I 84, 177; I 85, 122; I 86, 84; I 87, 203; I 90, 233; I 91, 562; I 93, 21; I 94, 452; I 96, 630; I 97, 321.

4. Schalterfälle (Abs 2): Schutzvorschrift, falls das Dividendenpapier sich nicht bei einem Kreditinstitut in Verwahrung befindet. In diesen Fällen soll kein VergütungsVerf nach §§ 36b, 36c EStG durchgeführt werden (§§ 36b V Nr 2, 36c I EStG), sondern nur ein Veranlagungsverfahren (vgl auch § 46 I Nr 8 EStG); s BT-Drucks 7/5310, 17.

5. Aufzeichnungspflicht (Abs 3): S Gesetz. Betrifft nur die Schalterfälle des Abs 2.

§ 46   Bescheinigung eines Notars

6. **Sinngemäße Anwendung des §§ 44 I S 2, II Nr 2 und 3 sowie III, IV** (Abs 4, angepaßt durch das StandOG, Anm 2): § 44 I S 2: S § 44 Anm 7. § 44 II Nr 2, 3: S § 44 Anm 12. § 44 III: Ersatzbescheinigung, s § 44 Anm 13. § 44 IV: Bei Falschbescheinigung formalisiertes Berichtigungsverfahren; s § 44 Anm 14; hierdurch Ausschluß der Haftung s Anm 7.

7. **Haftung; Anwendung v § 44 V** (Abs 4): S § 44 Anm 15 ff. Kein Verschulden erforderl; s allerdings § 44 Anm 16. Keine Haftung, wenn das Verfahren nach § 44 IV eingehalten wird. Keine Haftung in den Fällen des § 44 V S 2, dh die unrichtigen Angaben der Körperschaft, die die Leistungen erbringt; auch insoweit kann sich das Kreditinstitut nicht „blind" auf die Körperschaft verlassen; es bleibt zB insbes die Haftungsmöglichkeit nach §§ 35, 69 AO.

§ 46 Bescheinigung eines Notars

(1) ¹Die erstmalige Veräußerung eines Dividendenscheins kann von dem Anteilseigner nur durch die Bescheinigung eines inländischen Notars nachgewiesen werden, in der die folgenden Angaben enthalten sind:

1. der Name und die Anschrift des Veräußerers des Dividendenscheins;
2. die Bezeichnung des Wertpapiers und des Emittenten sowie die Nummer des Dividendenscheins;
3. der Tag der Veräußerung;
4. der Veräußerungspreis;
5. die Bestätigung, daß der Dividendenschein in Gegenwart des Notars von dem Bogen, der die Dividendenscheine und den Erneuerungsschein zusammenfaßt, getrennt und als veräußert gekennzeichnet worden ist.

²Bei den in den Nummern 3 und 4 bezeichneten Angaben ist von den Erklärungen des Veräußerers auszugehen. ³§ 44 Abs. 3 ist sinngemäß anzuwenden.

(2) ¹Für die erstmalige Veräußerung von sonstigen Ansprüchen im Sinne des § 20 Abs. 2 Nr. 2 Buchstabe a des Einkommensteuergesetzes durch den Anteilseigner gilt Absatz 1 Satz 1 Nr. 1, 3, 4 und Satz 2 sinngemäß. ²Zusätzlich ist in der Bescheinigung anzugeben, daß der Veräußerer erklärt hat,

1. gegen welche Körperschaft sich die veräußerten Ansprüche richten,
2. daß er Anteilseigner der Körperschaft ist,
3. daß er die veräußerten Ansprüche nicht getrennt von dem Stammrecht erworben hat und
4. in welchem Jahr die veräußerten Ansprüche von der Körperschaft voraussichtlich erfüllt werden.

(3) ¹Eine unrichtige Bescheinigung hat der Notar zurückzufordern. ²Wird die Bescheinigung nicht innerhalb eines Monats nach der Rückforderung zurückgegeben, hat der Notar das nach seinen Unter-

Veräußerung von Dividendenscheinen 1–4 § 46

lagen für den Veräußerer zuständige Finanzamt schriftlich zu benachrichtigen.

Abs 1 S 3 lautete bis zur Änderung durch das G v 13. 9. 93 (Anm 2):
§ 44 Abs 4 ist sinngemäß anzuwenden.

Körperschaftsteuerrichtlinien: Abschnitt 103

Übersicht

1. Allgemeines
2. Geltungszeit
3.–5. Bescheinigung bei der Veräußerung von Dividendenscheinen (Abs 1)
6. Bescheinigung bei der Veräußerung von sonstigen Ansprüchen (Abs 2)
7. Unrichtige Bescheinigung (Abs 3)

1. Allgemeines

Schrifttum: *Jerschke,* Die notarielle Bescheinigung über die erstmalige Veräußerung eines Dividendenscheines (§ 46 KStG 1977), DNotZ 77, 294.

§ 46 normiert entspr §§ 44, 45 die materielle Bescheinigungsbedingung für die Anr bei der erstmaligen Veräußerung von Dividendenscheinen und Ansprüchen, soweit in diesen Fällen nach dem EStG die Anr mögl ist. Auch § 46 wird wie §§ 44, 45 (s § 44 Anm 1) von dem Bemühen um größtmögl Sicherheit getragen (BT-Drucks 7/5310, 18). Sonderregelung aufgrund des **Einigungsvertrags** s § 54a Nr 6.

2. Geltungszeit: § 46 gilt ab 1. 1. 77 (§ 54 I idF des KStG 1977). S außerdem § 54 V aF und § 54 Anm 10. Durch das StandOG v 13. 9. 93 (BGBl I 93, 1569; BStBl I 83, 774) wurde der Verweis in Abs 1 S 3 mit Wirkung ab VZ 1994 geändert.

3. Bescheinigung bei der Veräußerung von Dividendenscheinen (Abs 1): „Erstmalige Veräußerung eines Dividendenscheines", Anknüpfung an §§ 20 II Buchst a, 36 II Nr 3 EStG. Dividendenscheine sind Ansprüche auf Leistungen der Körperschaft, regelm auf Gewinnausschüttungen einer AG, systematisch jedoch auf alle Leistungen gem §§ 27, 41 I (s § 27 Anm 4ff, § 41 Anm 3). Verbriefung regelm als Inhaberschuldverschreibung iSv § 793 BGB. Veräußerung: Indentische Auslegung mit § 20 II Nr 2 Buchst a EStG notwendig. Erstmalig: Identische Auslegung mit § 36 II Nr 3 EStG. S jeweils dort. Bescheinigung durch inl Notar. Beurkundungsverfahren: Regelmäßig Protokollverfahren (§ 36 BeurkG), um spätere Ersatzbescheinigung zu ermögl, mögl auch Vermerk nach § 39 BeurkG (s A 103 I KStR; *Jerschke* DNotZ 77, 300 mwEinzelheiten).

4. Inhalt s Gesetz. Zu Nr 2: Angabe der WertpapierNr nicht erforderl (BT-Drucks 7/5310, 18). Zu Nr 3, 4: Maßgebend sind die Angaben des Veräußerers (Abs 1 S 2), auch bei widersprechenden Angaben des Erwerbers; kennt der Notar die Unrichtigkeit der Angaben, scheidet eine Bescheinigung aus; er ist nicht zu eigenen Ermittlungen verpflichtet (BT-Drucks 7/5310, 18). Bei falschen Angaben ist der Erwerber auf einen zivilrechtl Ausgleich angewiesen, falls er durch falsche Angaben überhaupt geschädigt wird, was nur in Ausnahmefällen der Fall sein wird. Im übrigen berühren die Falschangaben nur die spätere Pfl des Notars zur Berichtigung (s Anm 7) und das StSchuldverhältnis des Veräußerers. Zu Nr 5: Trennung und Kennzeichnung müssen in Anwesenheit des Notars erfolgen (*Jerschke* DNotZ 77, 299).

5. Für **Ersatzbescheinigung** gilt § 44 III (s § 44 Anm 13). Nach BT-Drucks 7/5310, 18 erfolgt die Ersatzbescheinigung im Protokollverfahren (§ 36 BeurkG; glV *Jerschke* DNotZ 77, 300).

6. Bescheinigung bei Veräußerung von sonstigen Ansprüchen (Abs 2): Veräußerungsvorgang: Identität mit §§ 20 II Nr 2 Buchst a, 36 II Nr 3 EStG. Beispiele: Fällige oder künftige Gewinnansprüche des GmbH-AntE; vgl A 103 II KStR. Sinngemäße Anwendung von Abs 1 ohne Nr 2 und 5, die auf Dividendenscheine zugeschnitten sind. Bei den ergänzenden Angaben, Nr 1, 3, 4, handelt es sich um Erklärungen des Veräußerers; insoweit gilt im Ergebnis Abs 1 S 2 (s Anm 4). Nicht zitiert ist Abs 1 S 3, die Möglichkeit von Ersatzbescheinigungen; zweifelhaft, ob dies gewollt ist; mE analoge Anwendung erforderl.

7. Unrichtige Bescheinigung (Abs 3): RückforderungsPfl; ggf. ist das FA zu benachrichtigen. Zweifelhaft ist das Verhältnis zu Abs 1 S 2 und Abs 2 S 2, da hier der Notar den Erklärungen des Veräußerers folgen soll. ME besteht aber auch in diesen Fällen die RückforderungsPfl, wenn der Notar die Unrichtigkeit später positiv erfährt (glA *Jerschke* DNotZ 77, 302 mw Einzelheiten für den Notar). Für den Notar gibt es keine besondere StHaftung, abweichend von §§ 44 V, 45 IV; allerdings bleibt die allg AmtshaftPfl nach § 19 BNotO (BT-Drucks 7/5310, 18; A 103 III KStR).

§ 47 Gesonderte Feststellung von Besteuerungsgrundlagen

(1) ¹ **Gesondert festgestellt werden**

1. **die nach § 30 ermittelten Teilbeträge des verwendbaren Eigenkapitals,**
2. **der für Ausschüttungen verwendbare Teil des Nennkapitals im Sinne des § 29 Abs. 3.**

²**Der Bescheid über die gesonderte Feststellung ist Grundlagenbescheid für den Bescheid über die gesonderte Feststellung zum folgenden Feststellungszeitpunkt.** ³**Der Bescheid über die gesonderte Feststellung nach Satz 1 Nr. 1 ist Grundlagenbescheid für den Körperschaftsteuerbescheid, in dem nach § 27 Abs. 3 die Änderung der Körperschaftsteuer auf Grund von Gewinnausschüttungen und sonstigen Leistungen zu berücksichtigen ist, für die die festgestellten Teilbeträge als verwendet gelten.**

(2) **Der Körperschaftsteuerbescheid ist Grundlagenbescheid**

1. **für den Bescheid über die gesonderte Feststellung nach Absatz 1 Satz 1 Nr. 1 hinsichtlich**
   a) **des zu versteuernden Einkommens,**
   b) **der Tarifbelastung,**

Gesonderte Feststellung von Besteuerungsgrundlagen 1 § 47

c) der Steuerermäßigung nach § 21 Abs. 2 Satz 1 oder Abs. 3 Satz 1 des Berlinförderungsgesetzes,
d) der Minderung und Erhöhung der Körperschaftsteuer nach § 27,

2. für den Körperschaftsteuerbescheid des Verlustrücktragsjahrs hinsichtlich eines Verlustes, der sich bei der Ermittlung des Einkommens ergeben hat,
3. für den Bescheid über die gesonderte Feststellung nach § 10 d Abs. 3 des Einkommensteuergesetzes hinsichtlich des Einkommens.

§ 47 lautete bis zur Neufassung durch das G v 25. 2. 92 (Anm 2):

(1) Gesondert festgestellt werden

1. die nach § 30 ermittelten Teilbeträge des verwendbaren Eigenkapitals,
2. der für Ausschüttungen verwendbare Teil des Nennkapitals im Sinne des § 29 Abs. 3.

(2) ¹Der Feststellungsbescheid ist zu ändern, wenn der Körperschaftsteuerbescheid geändert wird und die Änderung die Höhe des Einkommens oder der Tarifbelastung berührt. ²Der Körperschaftsteuerbescheid gilt insoweit als Grundlagenbescheid.

Gesetzesfassung bis zum KStG 1991 (vor § 1 Anm 20) s 3. Auflage.

Körperschaftsteuerrichtlinien: Abschnitt 103 a

Übersicht

1. Allgemeines
2. Geltungszeit
3., 4. Allgemeines zum Feststellungsverfahren nach Abs 1
5. Gegenstand der gesonderten Feststellung Abs 1 Nr 1
6. Bindungswirkung nach Abs 1
7. KStBescheid als Grundlagenbescheid
8. Bindungswirkung nach Abs 2
9. Praxisempfehlung für Rechtsbehelfe
10. Veranlagung des Anteilseigners

1. Allgemeines

Schrifttum: *Rader,* Zur Beschwer bei außergerichtl Rechtsbehelfen gegen kstl Null-Bescheide nach Inkrafttreten des KStG 1977, BB 77, 1141; *Dötsch,* Verfahrensfragen im Zusammenhang mit dem neuen KStRecht, DB 80, 1186; *Ruppel,* Die verfahrensrechtl Realisierung der ausschüttungsabhängigen KStÄnderung, FR 82, 559; *Widmann,* KSt-Anr u Verfahrensrecht, FR 89, 224.

Für die Gliederung des verwendbaren EK führt das KStG 1977 ein besonderes Feststellungsverfahren ein. **Zweck:** Die Gliederung soll Jahr für Jahr bestands- und rechtskräftig festgestellt, Streitfragen sollen sofort, evtl gerichtlich, geklärt werden können. Ohne ein solches Verfahren würde es zu Klärung von Streitfragen oft an der notwendigen Beschwer (§ 350 AO) bzw Rechtsbeeinträchtigung (§ 40 II FGO) fehlen (s BT-Drucks 7/1470, 379). Der Gesetzgeber hat den einfacheren Weg, die Beschwerdevorschriften zu ergänzen, nicht gewählt. Das durch das KStG 1977 geschaffene Verfahren war mangelhaft geregelt. Der BFH mußte die Praxis der Finanzverwaltung mehrfach korrigieren (s Kommentierung der Voraufl). Dies führte schließlich zur **Neufassung** des § 47 (s Anm 2).

2. Geltungszeit: Die erste Feststellung nach der ursprünglichen Fassung des § 47 erfolgte zum Ende des letzten vor dem 1. 1. 77 endenden Wirtschaftsjahres (§ 54 VI idF des KStG 1977; s § 54 Anm 11). Zu weiteren Änderungen bis zum KStG 1991 (s vor § 1 Anm 20) s die 3. Aufl. Das StÄndG 1992 vom 25. 2. 92 (BGBl I 92, 297; BStBl I 92, 146) faßte § 47 neu, und zwar ab VZ 1991 (§ 54 I idF des G v 25. 2. 92); Materialien s vor § 1 Anm 19. Zur erstmaligen Feststellung nach dem **Einigungsvertrag** siehe § 54a Nr 7.

3. Allgemeines zum Feststellungsverfahren nach Abs 1: Das Verfahren gilt für **alle Körperschaften,** die in das **AnrVerf** einbezogen sind, also für KapGes und Gen bzw nach § 43 für alle Körperschaften, deren Ausschüttungen zu Eink aus KapVerm iSv § 20 I Nr 1, 2 EStG führen (vgl § 43 Anm 3). Auch für steuerbefreite Körperschaften ist das Feststellungs-Verf durchzuführen, da sie gem § 5 II Nr 2 die AusschüttungsBel herstellen müssen. Ist die stbefreite Körperschaft partiell, zB mit einem wirtschaftl GeschäftsBetr oder wegen § 6, stpfl, so ist für die Körperschaft eine einheitl gesonderte Feststellung notwendig (s § 5 Anm 15, § 6 Anm 6). Für OrgGes und OrgT sind jeweils gesonderte FeststellungsVerf durchzuführen, falls es sich um Körperschaften handelt, die in das AnrVerf einbezogen sind. Für Körperschaften mit geringem Einkommen hat die Finverw Erleichterungen geschaffen (A 104 KStR: Keine gesonderte Feststellung, wenn das Einkommen offensichtlich DM 1000,– nicht erreicht; anders, falls Ausschüttungen vorgenommen werden); Ergänzungen für stbefreite Ges FinVerw 1979 StEK KStG 1977 § 47 Nr 1; 1981 StEK KStG 1977 § 47 Nr 5. Zur erstmaligen Feststellung s auch A 104 IV KStR. Die Feststellung erfolgt zum **Ende** eines **jeden Wj.**

4. Für die **gesonderte Feststellung** gelten die **§§ 179–183 AO.** Es handelt sich um eine Feststellung iSv § 179 I AO. Sie richtet sich an die Körperschaft und ist an diese zu adressieren (§ 179 II AO). Ist eine notwendige Feststellung unterblieben, ist ein Ergänzungsbescheid gem § 179 III AO möglich. Für das Feststellungsverfahren gelten die Vorschriften für StFestsetzungen (§ 181 I AO). Die Abgabe von Erklärungen erfolgt aufgrund von § 49 II oder von Aufforderungen durch die FinVerw (§ 149 AO); subsidiäre Frist: § 149 II AO. Feststellungsfrist: § 169 AO; Beginn: § 170 II Nr 1, § 181 I AO. Feststellungen sind jedoch auch noch nach Ablauf der Feststellungsfristen zulässig, sofern die Festsetzungsfrist für die KStVeranlagung, für die die Feststellung von Bedeutung ist, im Zeitpunkt der Feststellung noch läuft, wobei § 171 X AO außer Betracht bleibt (§ 181 V AO). Durch die Feststellungen sind auch Schätzungen möglich; sie müssen jedoch in sich folgerichtig und mit den KStVeranlagungen übereinstimmen (zur Angleichung des EK in Schätzungsfällen vgl FinVerw 1980 StEK KStG 1977 § 47 Nr 2 und A 83 II KStR). Die Feststellungsbescheide sind mit dem Einspruch anfechtbar (§ 348 I Nr 2 AO).

5. Gegenstand der gesonderten Feststellung Abs 1 Nr 1: Festgestellt werden die nach § 30 ermittelten Teilbeträge des verwendb EK.

Bindungswirkung 6 § 47

Auch Negativbeträge sind festzustellen. Folgende Feststellungen sind notwendig, und zwar als unselbständige Besteuerungsgrundlagen iSv § 157 AO, soweit sie zu dem festzustellenden EK hinführen (BFH BStBl II 88, 466): EK gem § 29 I; verwendb EK gem § 29 II; Aufteilung des verwendbaren EK (§ 30 I, II), einschließl der Aufteilung gem § 32; hier ist auch über die Zuordnung stfreier Zugänge zu entscheiden (s hierzu auch Anm 7); die Auswirkung von Ausschüttungen auf das verwendb EK (§§ 27, 28, 40, 42). Ob KStErhöhungen und KStMinderungen Gegenstand der bindenden Feststellung waren, war zu § 47 aF streitig (vgl § 47 Anm 6, 3. Aufl); dies ist jetzt durch Abs 2 Nr 1 d geklärt (Anm 7). Die KStErhöhung und -Minderung als solche, dh die Steuerauswirkungen, werden also im KStBescheid bindend festgestellt (entspr BFH BStBl II 89, 633); soweit jedoch die KStErhöhungen und -Minderungen an das verwendbare EK anknüpfen und von diesem beeinflußt werden und ihrerseits schließlich in das verwendbare EK eingehen, sind sie auch Feststellungs- und Streitgegenstand der gesonderten Feststellungen nach Abs 1 (vgl insoweit auch BFH BStBl II 88, 466). So ist auch im FeststellungsVerf zu prüfen, ob sich das EK selbst durch eine vGA gemindert hat (BFH BStBl II 88, 143). Wird um eine KStErhöhung oder -Minderung gestritten, sind also weiterhin in der Regel KSt- und Feststellungsbescheid anzugreifen. In das Feststellungsverfahren ist ebenfalls die Zuordnung von nichtabziehbaren Ausgaben gem § 31 (nicht die Frage der Abziehbarkeit oder Nichtabziehbarkeit; vgl auch Anm 7) einzubeziehen. Außerdem die Verlustauswirkung (§ 33), die Erlaßfolge auf das EK (§ 34) die EK-Folge von fehlendem verwendb EK gem § 35, die Auswirkung auf das EK von OrgVerhältnissen (§§ 36, 37), die Folge des § 38 bei Vermögensübernahme. Um den Bescheid nach § 47 überprüfbar zu machen, muß er die EK-Ermittlungen im einzelnen darstellen (BFH BStBl II 89, 43; BFH/NV 89, 195; s auch HFRAnm 89, 195). **Abs 1 Nr 2:** Feststellungen, die an § 29 III anknüpfen: Umwandlung von Rücklagen in NennKap und Herkunft der Rücklagen gem § 29 III; § 38; die Umwandlungsregelung des § 41 II, III; s dazu auch § 29 Anm 12, § 38 Anm 6 und § 41 Anm 4 ff.

6. Bindungswirkung: Während die Bindungswirkung des § 47 aF nicht geregelt, mithin streitig war (s 3. Aufl), befaßt sich Abs 1 Satz 2 und 3 mit der Reichweite der Bindungswirkung der gesonderten Feststellung. Der Feststellungsbescheid ist einmal Grundlagenbescheid für die Bescheide über die gesonderte Feststellung zum folgenden Feststellungszeitpunkt (dies war zu § 47 aF streitig; s § 47 Anm 5, 3. Aufl u BFH BStBl II 92, 154). Normiert ist jetzt eine Bindungswirkung auf gleicher Ebene; der Bescheid über die Feststellung zum 31. 12. 1995 ist Grundlagenbescheid für den Bescheid über die gesonderte Feststellung zum 31. 12. 1996. Keine Bindungswirkung darüber hinaus. Der Bescheid ist nicht Grundlagenbescheid für andere Feststellungszeitpunkte, dh für vorangehende oder dem folgenden Feststellungszeitpunkt nachfolgende. Die gesonderte Feststellung ist nach Abs 1 Satz 3 außerdem Grundlagenbescheid für den KStBescheid, in dem nach § 27 III die Änderung der KSt aufgrund von Ausschüttungen zu berücksichtigen ist, für die die festgestellten Teilbeträge als verwendet gel-

543

ten. § 27 III bestimmt den VZ, in dem sich KStErhöhungen und -Minderungen auswirken. Diese KStErhöhungen und -Minderungen werden durch Ausschüttungen veranlaßt, die nach § 28 an ein bestimmtes EK anknüpfen. Dieses EK und die sich darauf beziehende gesonderte Feststellung sind in Abs 1 S 3 gemeint. Wird diese gesonderte Feststellung geändert, ist der KStBescheid als Folgebescheid nach § 175 I 1 AO ebenfalls zu korrigieren. Ergeben sich Differenzen zwischen StBilanz und bestandskräftig festgestelltem EK, so korrigiert dies BFH BStBl II 92, 154 über EK_{02} der nachfolgenden Feststellung (dazu auch *Wassermeyer* DB 92, 108).

7. Nach **Abs 2** ist auch der **KStBescheid** in bestimmten Fällen **Grundlagenbescheid.** Grundlagenbescheid heißt, daß bestimmte Besteuerungsgrundlagen bindend für andere StBescheide festgestellt werden. Ändert sich der Grundlagenbescheid, sind andere Bescheide zu ändern, in die die festgestellten Besteuerungsgrundlagen eingehen. S auch Anm 8. Nach **Abs 2 Nr 1a und b** ist der KStBescheid Grundlagenbescheid bezügl der Höhe des Einkommens und der TarifBel (vgl hierzu BFH BStBl II 86, 93; II 88, 460, 463, 466). Insoweit werden unselbständige Besteuerungsgrundlagen durch eine Fiktion zu Grundlagenbescheiden (BFH BStBl II 88, 463). Nur die Höhe des **Einkommens** wird bindend festgestellt, nicht aber die einzelnen Besteuerungselemente, aus denen sich das Einkommen zusammensetzt. Bindend wird damit nicht festgestellt, ob ein konkreter Vermögenszugang stpfl oder stfrei ist (vgl BFH BStBl II 91, 177). Bindend wird auch nicht festgestellt, ob bestimmte Ausgaben abziehbar oder nichtabziehbar sind. Soweit diese Vorgänge Einfluß auf das verwendb EK haben, hat der KStBescheid keine Bindungswirkung für den Feststellungsbescheid. Ändert sich zB nur die Beurteilung nichtabzb Ausgaben ohne Einfluß auf das Einkommen und die TarifBel, gibt es keine Rückwirkung auf einen Feststellungsbescheid. **Tarifbelastung:** Die KStBel nach dem allg Tarif ist zu berücksichtigen (vermindert um den französischen avoir fiscal; A 103 a II KStR), nicht aber KStErhöhungen und -Minderungen, die nach Abs 2 Nr 1 d eine eigenständige Grundlagenfunktion haben. **Abs 2 Nr 1 c:** Der KStBescheid ist Grundlagenbescheid hinsichtl der StErmäßigung iS § 21 II S 1, III S 3 BerlFG. **Abs 2 Nr 1 d:** Der KStBescheid ist außerdem Grundlagenbescheid, soweit er KStMinderungen und -Erhöhungen festsetzt. Zum Streit zu § 47 aF s § 47 Anm 6, 3. Aufl. Die Grundlagenfunktion bezieht sich auf die StErhöhung und -Minderung, nicht auf die damit zusammenhängende Verwedung des EK (s Anm 5). **Abs 2 Nr 2:** Der KStBescheid ist Grundlagenbescheid für den KStBescheid des Verlustrücktragsjahrs hinsichtl eines Verlustes, der sich bei der Ermittlung eines Einkommens ergeben hat. Damit wird im Verlustentstehungsjahr der Verlust bindend für das Verlustrücktragsjahr bestimmt. Der BFH hatte zu § 47 aF anders entschieden (s § 47 Anm 7, 3. Aufl). **Abs 2 Nr 3:** Der KStBescheid ist Grundlagenbescheid für den Bescheid über die gesonderte Feststellung nach § 10 d III EStG hinsichtl des Einkommens. Dieser Normierung hätte es angesichts des § 10 d III S 4 u 5 EStG nicht bedurft, da dort bereits die Grundlagenfunktion des ESt- bzw KStBescheids geregelt ist.

8. Die Grundlagenfunktion und damit die **Bindungswirkung** ist in Abs 2 stets in bezug auf bestimmte Bescheide gegeben. Der KStBescheid ist nach Abs 2 Nr 1 nur Grundlagenbescheid im Hinblick auf die gesonderte Feststellung nach Abs 1 S 1 Nr 1. Zweifelhaft ist, ob sich die Grundlagenwirkung nur auf Feststellungen bezieht, in die die festgestellten Gegenstände, zB das Einkommen und in TarifBel, unmittelb Eingang finden, oder auch auf nachfolgende Feststellungen, die die Feststellungsgegenstände als Anfangsbestand mittelbar übernehmen. Wenn auch die Möglichkeit, Bestandskraft zu durchbrechen, in engen Grenzen gehalten werden soll, spricht hier jedoch der Zweck der Grundlagenfunktion für eine Ausdehnung der Grundlagenwirkung auf die Nachfolgefeststellungen (vgl A 103 III KStR). Der KStBescheid hat mit den Feststellungen nach Abs 2 Nr 1 keine Grundlagenfunktion im Hinblick auf andere KStBescheide (vgl BFH BStBl II 88, 463). Die Grundlagenfunktion des Abs 2 Nr 2 ist ausschließl bezogen auf KStBescheide des Verlustrücktragsjahres. Die Grundlagenfunktion der Abs 2, 3 ausschließl auf die gesonderte Feststellung nach § 10d III EStG. Der KStBescheid ist in den Fällen des Abs 2 Grundlagenbescheid im Fall der Erstveranlagung, auch zB wenn die KStVeranlagung den Feststellungen zeitl vorangeht, und im Fall der Änderung. Er kann eine Bestandskraft allerdings nur insoweit durchbrechen, als er Grundlagenfunktion hat (§§ 182, 171 X, 175 I Nr 1 AO).

9. Das Feststellungsverfahren nach Abs 1 und die Grundlagenfunktion des KStBescheids nach Abs 2 stellen den **Berater** im Streitfall vor das **Problem, welcher Bescheid** bei bestimmten Streitpunkten **anzufechten** ist. Die bereits in den Vorauflagen gegebene **Praxisempfehlung** (s § 47 Anm 9, 3. Aufl), bleibt bestehen: Unabhängig von den Abgrenzungsfragen sollte der Berater idR beide Bescheide, dh KStBescheid und Feststellungsbescheid anfechten. Zwar hat sich der Gesetzgeber bemüht, die Mängel des alten § 47 zu beseitigen. Gleichwohl bleibt die Gefahr, daß sich der Berater im Verfahren irrt und er später deshalb unterliegt, weil er im falschen Verfahren gestritten hat. Bei **verdeckten Gewinnausschüttungen** müssen beide Bescheide angefochten werden. Die nach § 29 I gebotene Hinzurechnung im verwendb EK erfolgt nicht im KStBescheid, sondern im Bescheid nach § 47. Ausschließlich in diesem Bescheid wird auch der „Abfluß" der vGa dokumentiert (vgl auch *Schlagheck* GmbHR 97, 301).

10. Feststellungsbescheid und KStBescheid sind nicht Grundlagenbescheid für die **ESt- oder KStVeranlagung des AntE** der Körperschaft oder im Rahmen des **BewG** (BFH BStBl II 88, 463). Ist noch strittig, in welcher Weise sich eine Ausschüttung bei dem AntE auswirkt, zB ob EK_{04} verwendet wird, so ist es zweckmäßig, dies auf der Bescheinigung nach § 44 zu vermerken, um eine vorläufige Veranlagung des AntE (§ 165 AO) zu ermöglichen (vgl. FG Köln EFG 93, 240: Der Bescheid nach § 47 KStG ist, was die Verwendung von EK_{04} anbelangt, materiell bindend; offen kann bleiben, ob ein Grundlagenbescheid vorliegt). Ist die Veranlagung des AntE bestandskräftig und ändern sich Feststellungsbescheid oder KStVeranlagung mit Auswirkung auf den AntE, so ist mE eine Änderung nach § 173 I AO mögl.

Fünfter Teil.
Entstehung, Veranlagung, Erhebung und Vergütung der Steuer

§ 48 Entstehung der Körperschaftsteuer

Die Körperschaftsteuer entsteht
a) für Steuerabzugsbeträge in dem Zeitpunkt, in dem die steuerpflichtigen Einkünfte zufließen;
b) für Vorauszahlungen mit Beginn des Kalendervierteljahrs, in dem die Vorauszahlungen zu entrichten sind, oder, wenn die Steuerpflicht erst im Laufe des Kalenderjahrs begründet wird, mit Begründung der Steuerpflicht;
c) für die veranlagte Steuer mit Ablauf des Veranlagungszeitraums, soweit nicht die Steuer nach Buchstabe a oder b schon früher entstanden ist.

Übersicht

1. Allgemeines
2. Geltungszeit
3. Abzugsteuern (Buchst a)
4. Vorauszahlungen (Buchst b)
5. Veranlagte KSt (Buchst c)

1. Allgemeines: Die AO 1977 setzt den Entstehungstatbestand der Steuer in den EinzelStGesetzen voraus (§ 38 AO). Die frühere Vorschrift des § 3 V Ziff 2 StAnpG wurde folgl unverändert in das KStG übernommen. Die Entstehung bezieht sich auf die Steuer dem Grund, nicht der Höhe nach (BFH BStBl II 72, 693). Von der Entstehung der StSchuld ist die Fälligkeit zu trennen (§ 220 I AO).

2. Geltungszeit: § 48 gilt ab 1. 1. 77 (§ 54 idF des KStG 1977), dh ab VZ 1977.

3. Buchst a): Abzugsteuern: S § 2 Anm 7; betrifft in erster Linie die KapErtrSt; entspricht § 44 I S 2 EStG. StSchuld entsteht mit dem Zufluß (§ 11 I S 1 EStG; BFH BStBl II 72, 591). Soweit die StSchuld nicht durch den Abzug abgegolten ist, ist die StSchuld auflösend bedingt durch das Entstehen der endgültigen StSchuld. Auswirkung der Entstehung der StSchuld im Konkurs des Schuldners der Abzugsteuer s BFH BStBl II 75, 621. Fälligkeit s zB §§ 49 KStG, 44 EStG betr KapErtrSt.

4. Buchst b): Vorauszahlungen: Entspr § 37 I S 2 EStG. Regelmäßiger Entstehungszeitpunkt (§§ 49 KStG, 37 I EStG): 1. 1. (VorausZ 10. 3.), 1. 4. (VorausZ 10. 6.), 1. 7. (VorausZ 10. 9.), 1. 10. (VorausZ 10. 12.). Begründung der StPfl: Wechsel zur unbeschr StPfl oder Begründung der unbeschr StPfl; Beendigung der Steuerbefreiung; Begründung der partiellen

StErklärung, Veranlagung und Erhebung d. KSt **§ 49**

StPfl, zB durch Gründung eines wirtschaftl GeschäftsBetr. Nicht betroffen ist der Fall vorhandener StPfl dem Grunde nach, wenn Eink anfallen, nachdem bisher keine Eink vorlagen. Fälligkeit s §§ 49 KStG, 37 III EStG.

Der **Einigungsvertrag** (BGBl II 90, 889; BStBl I 90, 656) bestimmt zu den Vorauszahlungen in Anlage I B Kap IV Sachgebiet B Nr 15:

„Vorauszahlungen zur Einkommen-, Körperschaft-, Gewerbe-, Vermögen- und Grundsteuer in dem in Artikel 3 des Vertrages genannten Gebiet

(1) Bis zur Festsetzung von Vorauszahlungen durch das zuständige Finanzamt sind die zuletzt zu leistenden Abschlagszahlungen nach der Selbstberechnungsverordnung vom 27. Juni 1990 (GBl I Nr 41 S 616) und der Verordnung über die Zahlung von Steuern der in Kapitalgesellschaften umgewandelten ehemaligen volkseigenen Kombinate, Betriebe und Einrichtungen im 2. Halbjahr 1990 vom 27. Juni 1990 (GBl I Nr 41 S 618) als Vorauszahlungen für die Einkommen-, Körperschaft-, Gewerbe- und Vermögensteuer ab 1. Januar 1991 in derselben Höhe und zu denselben Zahlungsterminen an das zuständige Finanzamt zu entrichten, ohne daß es dazu eines Steuerbescheids und einer besonderen Aufforderung bedarf. Dabei ist die bisher zusammengefaßte Abschlagzahlung nach Steuerarten aufzugliedern und der Zeitraum, für den die Steuer entrichtet wird, sowie die Steuernummer anzugeben.

(2) Körperschaften im Sinne der Verordnung über die Zahlung von Steuern der in Kapitalgesellschaften umgewandelten ehemaligen volkseigenen Kombinate, Betriebe und Einrichtungen im 2. Halbjahr 1990 vom 27. Juni 1990 (GBl I Nr 41 S 618) haben ab 1. Januar 1991 bis zu der Festsetzung der Grundsteuer zu den in § 28 des Grundsteuergesetzes genannten Fälligkeitstagen Vorauszahlungen auf die Grundsteuer für Betriebsgrundstücke mit Ausnahme der Mietwohngrundstücke und Einfamilienhäuser zu entrichten, ohne daß es dazu eines Steuerbescheides und einer besonderen Aufforderung bedarf. Der Jahresbetrag der Vorauszahlungen beträgt 0,2 vom Hundert des Wertes, mit dem das Betriebsgrundstück in der DM-Eröffnungsbilanz angesetzt worden ist. Festsetzungen der Grundsteuer, die vor dem 1. Januar 1991 für die in Satz 1 genannten Grundstücke erfolgt sind, verlieren für die Zeit ab 1. Janaur 1991 ihre Wirksamkeit."

5. Buchst c): Veranlagte KSt: Entspricht § 36 I EStG. Die KSt entsteht mit Ablauf des VZ. Hierdurch bleibt die Entstehung nach Buchst a) und b) unberührt (Anm 3, 4). Fälligkeit: §§ 49 KStG, 36 IV EStG.

§ 49 Steuererklärungspflicht, Veranlagung und Erhebung der Körperschaftsteuer

(1) Auf die Durchführung der Besteuerung einschließlich der Anrechnung, Entrichtung und Vergütung der Körperschaftsteuer sowie die Festsetzung und Erhebung von Steuern, die nach der veranlagten Körperschaftsteuer bemessen werden (Zuschlagsteuern), sind die Vorschriften des Einkommensteuergesetzes entsprechend anzuwenden, soweit dieses Gesetz nichts anderes bestimmt.

§ 49 1, 2   StErklärung, Veranlagung und Erhebung d. KSt

(2) ¹Unbeschränkt steuerpflichtige Körperschaften und Personenvereinigungen, deren Leistungen bei den Empfängern zu den Einnahmen im Sinne des § 20 Abs. 1 Nr. 1 oder 2 des Einkommensteuergesetzes gehören, haben auf den Schluß jedes Wirtschaftsjahrs Erklärungen zur gesonderten Feststellung von Besteuerungsgrundlagen nach § 47 abzugeben. ²Die Erklärungen sind von den in § 34 der Abgabenordnung bezeichneten Personen eigenhändig zu unterschreiben.

(3) Bei einem vom Kalenderjahr abweichenden Wirtschaftsjahr gilt § 37 Abs. 1 des Einkommensteuergesetzes mit der Maßgabe, daß die Vorauszahlungen auf die Körperschaftsteuer bereits während des Wirtschaftsjahrs zu entrichten sind, das im Veranlagungszeitraum endet.

Abs 1 lautete bis zur Änderung durch das G v 23. 6. 93 (Anm 2):

(1) ¹Auf die Durchführung der Besteuerung einschließlich der Anrechnung, Entrichtung und Vergütung der Körperschaftsteuer sowie die Festsetzung und Erhebung von Steuern, die nach der veranlagten Körperschaftsteuer bemessen werden (Zuschlagsteuern), sind die Vorschriften des Einkommensteuergesetzes entsprechend anzuwenden, soweit dieses Gesetz nichts anderes bestimmt. ²Abweichend von Satz 1 wird eine Zuschlagsteuer, die auf Vorauszahlungen zur Körperschaftsteuer zu entrichten ist, auf die Zuschlagsteuer zur veranlagten Körperschaftsteuer des Veranlagungszeitraums angerechnet, in dem die Vorauszahlungen nach § 37 Abs. 1 des Einkommensteuergesetzes zu entrichten sind.

Abs 1 lautete bis zur Änderung durch das G v 24. 6. 91 (Anm 2):

Auf die Durchführung der Besteuerung einschließlich der Anrechnung, Entrichtung und Vergütung der Körperschaftsteuer sind die für die Einkommensteuer geltenden Vorschriften sinngemäß anzuwenden, soweit dieses Gesetz nichts anderes bestimmt.

Gesetzesfassung bis zum KStG 1991 (vor § 1 Anm 20) s 3. Auflage

Körperschaftsteuerrichtlinien: Abschnitt 104

Übersicht

1. Allgemeines
2. Geltungszeit
3. Für die ESt geltenden Vorschriften (Abs 1)
4. Vereinfachungsregelung
5. Pflicht zur Abgabe der Feststellungserklärung (Abs 2)
6. Vorauszahlungen (Abs 3)

1. Allgemeines: So wie § 8 I die Verweisungsvorschrift für die Einkommensermittlung darstellt, so ist § 49 die Verweisungsvorschrift für die Vorschriften über Veranlagung, Anrechnung, Entrichtung und Vergütung der KSt. Abs 2 normiert die ErklärungsPfl für die Feststellung nach § 47. Abs 3 enthält eine Sonderbestimmung für Vorauszahlungen.

2. Geltungszeit: § 49 gilt ab 1. 1. 77, dh ab VZ 1977 (§ 54 I idF des KStG 1977). Zu Gesetzesänderungen bis zum KStG 1991 (Vor § 1 Anm

Vorauszahlungen 3–6 § 49

20) s 3. Aufl. Abs 1 wurde durch das StÄndG 1991 v 24. 6. 91 (BGBl I 91, 1322; BStBl I 91, 665) mit Wirkung ab VZ 1991 (§ 54 I idF des G v 24. 6. 91) neugefaßt; Zweck: Regelung der verfahrensmäßigen Voraussetzungen für den Solidaritätszuschlag (BT-Drucks 12/219, 34, 43). Zum Solidaritätszuschlag s auch ABC „Solidaritätszuschlag". Abs 1 S 2 wurde sodann durch das G v 23. 6. 93 (BGBl I 93, 944; BStBl I 93, 510) wieder gestrichen.

3. Abs 1 S 1 spricht von den Vorschriften, die für die ESt gelten. Diese Formulierung umfaßt neben dem **EStG** die **EStDV**; zur Problematik der Anwendung der EStDV über § 8 I s § 8 Anm 20. Abs 1 erstreckt die Verweisung nicht nur auf die Veranlagung, sondern auch auf das gesamte BesteuerungsVerf. S im übrigen § 8 Anm 3 ff u A 27 KStR. § 25 EStG: VZ ist Kj. Der Liquidationszeitraum ist ein besonderer VZ (s § 11 Anm 6). Beim Wechsel zur beschr StPfl oder zur unbeschr StPfl entsteht ein entspr kürzerer VZ (§ 25 II EStG; auch § 1 Anm 10, § 2 Anm 5). § 56 EStDV (Erklärungspflicht, § 149 AO) soll nach Ansicht der FinVerw anwendb sein (*Dötsch* DB 85, 11, 13), obwohl nach Abs 1 dem Inhalt nach auf die EStPfl bezogen. § 60 EStDV: anwendb. § 34 c EStG: § 26 greift als lex specialis ein. § 36 II Nr 1 EStG: Anr von VorausZ; § 36 II Nr 2 EStG: Anr von AnzugSt; § 36 II Nr 3 EStG: Anr von KSt; jeweils anwendb; daraus folgt, daß das AnrV zwischen Körperschaften gilt; das alte Schachtelprivileg ist überflüssig. § 36 a EStG: Ausschluß des AnrV; anwendb. § 36 d EStG: anwendb. § 36 e EStG: § 52 einschlägig. § 37 EStG: VorausZ (s Anm 5). §§ 43–45 d EStG: KapErtrSt; anwendb. §§ 49–50 a EStG: beschr StPfl s § 2 Anm 4, 7, § 50 Anm 4 ff, § 51 Anm 1, 3, § 52 Anm 1, 5. *Abs 1 S 2*, eingeführt durch das G v 24. 6. 91 (Anm 2), regelte die Verrechnung einer Zuschlagsteuer, deren Vorauszahlungen zur KSt zu entrichten ist, auf die Zuschlagsteuer zur veranlagten KSt. Richtigerweise hätte Abs 3 ergänzt werden müssen. S 2 wurde wieder gestrichen (Anm 2).

4. Keine Veranlagung in den Fällen, in denen das Einkommen offensichtl 1000 DM nicht erreicht und die §§ 24, 25 nicht eingreifen (vgl A 104 KStR mw Einzelheiten). Ausdehnung 1981 StEK KStG 1977 § 49 Nr 5.

5. Pflicht zur Abgabe der **Feststellungserklärung** nach **§ 47 (Abs 2)**. Zur Neueinführung des Abs 2 s Anm 2, 3. Aufl. Abs 2 schafft die Rechtsgrundlage für die Pflicht zur Abgabe der Feststellungserklärung nach § 47.

6. Vorauszahlungen (Abs 3): Abs 3 war bis 1984 Abs 2 (Anm 2, 3. Aufl), § 37 EStG ist anwendb. Abweichung: Bei abweichendem Wj hat die Körperschaft bereits während dieses Wj die VorausZ zu erbringen, die sie für den VZ schuldet, in dem das Wj endet. Dies ist die allg Regelung, falls Wj = Kj. Bei der EStBesteuerung erfolgt bei abweichendem Wj ein Sprung; Beisp: Wj 1. 2.–31. 1.; in 1995 werden die VorausZ 1995 nach dem Wj 1. 2. 94–31. 1. 95 bemessen, wirtschaftl also verspätet. Bei Körperschaften soll diese „Verspätung" ausgeschlossen sein. Im genannten Beisp sind auf den 10. 3., 10. 6., 10. 9. 94 bereits jeweils VorausZ auf die KStSchuld 1995 zu zahlen. – S auch ABC „Vorauszahlungen". Für Vorauszahlungen auf Zuschlagsteuern gab es eine Sonderregelung in Abs 1 S 2, eingeführt durch das StÄndG 1991 u gestrichen durch das G v 23. 6. 93 (Anm 2 u 3).

§ 50 Sondervorschriften für den Steuerabzug vom Kapitalertrag

(1) Die Körperschaftsteuer für Einkünfte, die dem Steuerabzug unterliegen, ist durch den Steuerabzug abgegolten,

1. wenn die Einkünfte nach § 5 Abs. 2 Nr. 1 von der Steuerbefreiung ausgenommen sind,
2. wenn der Bezieher der Einkünfte beschränkt steuerpflichtig ist und die Einkünfte nicht in einem inländischen gewerblichen oder land- oder forstwirtschaftlichen Betrieb angefallen sind oder
3. wenn es sich um Kapitalerträge im Sinne des § 43 Abs. 1 Nr. 5 des Einkommensteuergesetzes handelt.

(2) Die Körperschaftsteuer ist nicht abgegolten,

1. soweit der Steuerpflichtige wegen der Steuerabzugsbeträge in Anspruch genommen werden kann oder
2. soweit die Ausschüttungsbelastung im Sinne des § 27 herzustellen ist.

Gesetzesfassungen bis zum KStG 1991 (Vor § 1 Anm 20) s 3. Auflage.

Übersicht

1. Allgemeines
2. Geltungszeit
3. KapErtrSt; Anpassung (Abs 1 aF)
4. Abgeltung bei Steuerabzug (Abs 1)
5. Steuerbefreite Körperschaft (Abs 1 Nr 1)
6. Beschränkte Stpfl (Abs 1 Nr 2)
7. § 43 I Nr 5 EStG (Abs 1 Nr 3)
8. Ausschluß der Abgeltung (Abs 2)

1. Allgemeines: § 50 enthält „Sondervorschriften für den StAbzug vom Kapitalertrag". Die Überschrift ist zu eng; § 50 beschäftigt sich allg mit dem StAbzug, dessen bedeutsamsten Anwendungsfall bei Körperschaften allerdings die KapErtrSt darstellt.

2. Geltungszeit: § 50 gilt ab 1. 1. 77 (§ 54 I idF des KStG 1977). Zweifelhaft ist, ob für Erträge vor dem 1. 1. 77, aber in Wj, die nach dem 31. 12. 76 enden, bereits § 50, insbes Abs 3, gilt. ME zu bejahen. S auch § 27 Anm 28 zur Frage, ob die vor dem 1. 1. 77 fälligen AbzugSt, die Wj betreffen, die nach dem 31. 12. 76 enden, zur TarifBel zählen. S weiter § 54 Anm 5. Zu nachfolgenden Änderungen s 3. Aufl.

3. *KapErtrSt: Abs 1 aF* normierte eine Anpassung der §§ 43 Abs 1 Nr 6, 45 EStG, die die Erhebung der sog KuponSt für Gebietsfremde regelten. Diese KuponSt war 1965 eingeführt worden. Die währungspolitische Notwendigkeit für die KuponSt besteht nicht mehr. Das StBerG 1985 strich die Vorschriften (Vor § 1 Anm 19). Vgl *Dötsch* DB 85, 11. Zur aF s im übrigen die 2. Auflage.

4. Abgeltung bei StAbzug (Abs 1): Abs 1 – bis zur Änderung durch das G v 14. 12. 84 (Vor § 1 Anm 19) Abs 2 – betrifft alle Fälle des StAb-

Beschränkte Steuerpflicht 5, 6 § 50

zugs, nicht nur – die Überschrift des § 50 ist zu eng – den StAbzug vom KapErtrag, wenn auch der StAbzug von sonstigen Einnahmen bei Körperschaften an Bedeutung weit hinter dem StAbzug vom KapErtrag zurückbleibt. Unter Abs 2 fallen: Eink mit Abzügen nach §§ 43 ff EStG (KapErtrSt); auch der Vergütungsbetrag gem § 52 zählt hierzu (§§ 43 I Nr 6, 45 c EStG); § 50 a, I, II, III EStG (Aufsichtsrat, seltener Fall), § 50 a IV EStG, nicht § 50 a VII EStG (BFH BStBl III 55, 63); keine LSt, wenn Ges „Angestellte" einer anderen Ges ist (RFH RStBl 28, 360). Abgeltung durch den StAbzug heißt, daß die StPfl hinsichtl der vom Abzug betroffenen Einnahmen durch den ordnungsmäßigen Einbehalt der AbzugSt erfüllt ist; Ausnahmen s Abs 3 und Anm 8. Wegen Abzug von BetrAusg oder Werbungskosten s § 8 VII (§ 8 Anm 161). Befreiungen können eingreifen, zB nach DBA, oder eine Pauschalierung nach § 50 VII EStG; in diesen Fällen ist die KapErtrSt zu erstatten. Ist die Körperschaft, die die Einnahmen bezieht, in das AnrV einbezogen, handelt es sich also um eine unbeschränkt stpfl KapGes (§ 1 I Nr 1) oder Körperschaft iSv § 43 (s § 43 Anm 3), so ist die Vermögensmehrung nach den allg Vorschriften der §§ 27 ff in das verwendb EK aufzunehmen und einzuordnen. Die AbzugSt gehört zur TarifBel iSv § 27 II (s § 27 Anm 28). Zur Frage, ob ein besonderer StSatz vorliegt oder gem § 32 aufzuteilen ist, s § 32 Anm 4. Zeitl ist die AbzugSt als TarifBel des Ertrages des Wj anzusehen, in dem die der AbzugSt unterliegenden Eink erfaßt sind. Zum Übergang 76/77 s § 27 Anm 28. Ebenfalls ist im Haftungsfall die KSt Teil der TarifBel (s Anm 8).

5. Steuerbefreite Körperschaft (Abs 1 Nr 1): Die Eink müssen nach § 5 II Nr 1 von der StBefreiung ausgenommen sein. Voraussetzung ist eine Befreiung nach § 5 I. Gehört zB die Beteiligung an einer KapGes zu dem wirtschaftl GeschäftsBetr einer gemeinnützigen Körperschaft, so tritt keine Befreiung nach § 5 I ein, folgl keine Ausnahme nach § 5 II, folgl findet Abs 2 Nr 1 keine Anwendung; die Beteiligungserträge sind voll stpfl. Die AbzugSt gehört zur TarifBel der beziehenden Körperschaft, sofern diese in das AnrV einbezogen ist (s Anm 4). Eine Anr der KSt der ausschüttenden Körperschaft ist nach § 51 ausgeschlossen.

6. Beschr Stpfl (Abs 1 Nr 2): Beschr StPfl nach § 2 Nr 1 oder Nr 2 ist Voraussetzung. S § 2 mit Anm. Die Eink dürfen nicht in einem inl gewerbl oder land- oder forstwirtschaftl Betr angefallen sein. Im Fall des § 1 Nr 1 heißt das, die Eink dürfen nicht beschr stpfl sein nach § 49 I Nr 1, 2 EStG. Obwohl begriffl nicht übereinstimmend (Betr/Betriebstätte/ständiger Vertreter), muß mE eine parallellaufende Auslegung erfolgen. Beschr StPfl nach § 49 I Nr 1, 2 EStG schließt Abs 1 Nr 2 aus (das gleiche gilt nach § 50 V S 3 EStG, obwohl hier wieder eine andere Formulierung gewählt wurde). Der Betriebstättenbegriff des inl Rechts ist allerdings weiter als derjenige der DBA; folgl kann eine grundsätzl StPfl nach § 49 I Nr 2 EStG gegeben sein, ohne daß der BRD das Besteuerungsrecht zusteht. Auch in diesem Fall ist Abgeltung nach Abs 1 Nr 2 gegeben, obwohl möglicherweise BetrEinnahmen eines inl Betr vorliegen; s auch § 52 Anm 6. Im Fall des § 1 Nr 2 kommt in aller Regel nur eine Zurechnung zu einem land- und forstwirtschaftl Betr in Frage; denn liegt ein gewerbl Betr vor, so

§ 51 1 Ausschluß der Anrechnung und Vergütung von KSt

regelm unbeschr StPfl nach § 1 Nr 6 gegeben und Abs 1 ausgeschlossen. Da land- und forstwirtschaftl Betr der nach § 1 Nr 2 beschr stpfl Körperschaft stfrei sind (§ 4 Anm 11 u § 2 Anm 6 f), führt der Ausschluß von der Abgeltung insoweit zur vollen StBefreiung und zur Erstattung der AbzugSt. Ist die ausschüttende Körperschaft in das AnrV einbezogen, so ist die Anr der auf der Ausschüttung lastenden AusschüttungsBel ausgeschlossen (§ 51). Keine Anr auch, wenn die Anteile zu einem land- und forstwirtschaftl Betr der öffentl Hand zählen, da diese Eink – s o – stfrei sind und § 51 erste Alternative eingreift.

7. § 43 I Nr 5 EStG (Abs 1 Nr 3): Entspr § 19 VII a KStG aF vor 1977. Weitere Änderungen s Anm 2, 3. Aufl. Höhe des Abzugs s § 43 a I Nr 2 EStG. KapErtrSt zählt zur TarifBel (s Anm 4).

8. Ausschluß der Abgeltung (Abs 2): Nr 1: Keine Abgeltung, falls der Stpfl selbst in Anspruch genommen werden kann: Gemeint sind die Fälle der §§ 44 V, 50 a V EStG. Soweit im Wege der Inanspruchnahme KSt gezahlt wird, ist sie mE Teil der TarifBel. **Nr 2:** Keine Abgeltung, soweit die AusschüttungsBel herzustellen ist. Werden die Eink von einer in das AnrV einbezogenen Körperschaft weiter ausgeschüttet, muß nach § 27 die AusschüttungsBel, die regelm die KapErtrSt übersteigt, hergestellt werden. Dies ermöglicht Abs 2 Nr 2.

§ 51 Ausschluß der Anrechnung und Vergütung von Körperschaftsteuer

Sind bei einem Anteilseigner die Einnahmen im Sinne des § 20 Abs. 1 Nr. 1 bis 3 oder Abs. 2 Nr. 2 Buchstabe a des Einkommensteuergesetzes nicht steuerpflichtig oder werden sie nach § 50 Abs. 1 Nr. 1 oder 2 bei der Veranlagung nicht erfaßt, so sind die Anrechnung und Vergütung der nach § 36 Abs. 2 Nr. 3 des Einkommensteuergesetzes anrechenbaren Körperschaftsteuer ausgeschlossen.

Gesetzesfassung bis zum KStG 1991 (Vor § 1 Anm 20) s 3. Auflage.

Übersicht

1. Allgemeines
2. Geltungszeit
3. Ausschluß der Anrechnung
4. Nichtanrechnungsberechtigte/Anrechnungsberechtigte

1. Allgemeines: § 51 grenzt die AnrBer ein. Die KSt bleibt definitiv, wenn die Ausschüttungen nicht stpfl sind; denn nur die DoppelBel des Gewinns soll durch das AnrV beseitigt werden. Zum anderen bleibt sie definitiv, wenn der AntE stbefreit oder beschr stpfl ist. § 51 steht neben §§ 36 II Nr 3 S 4 Buchst a–g, 36 b, 50 V EStG. Die Vorschriften, die in ihren Bedingungen und Einschränkungen teilweise den gleichen Zweck verfolgen – s insbes auch den neu eingefügten § 36 I Nr 3 S 4 Buchst f –, überschneiden sich. Wird § 51 nur auf Körperschaften beschränkt, gibt die Er-

Nichtanrechnungsberechtigte 2–4 **§ 51**

wähnung der „Vergütung" (§ 52 kann nicht gemeint sein) wenig Sinn. ME will der Gesetzgeber in § 51 eine prinzipielle Einschränkung der AnrBer normieren, die ggf zur Ergänzung über das KStG hinaus wirkt (vgl BT-Drucks 7/1470, 380: „unentbehrl Vorschrift", „allg Grundsatz"). Die Differenzierung zwischen AnrBer u NichtAnrBer ist verfassungskonform (BFH BStBl II 91, 427, betr den Ausschluß gemeinnutziger Stiftungen von der Anr; aA *Leisner* StuW 84, 244).

2. Geltungszeit: Die Vorschrift gilt ab 1. 1. 77 (§ 54 I idF des KStG 1977); s weiter § 54 Anm 1–11. Zu weiteren Änderungen bis zum KStG 1991 s 3. Aufl.

3. Fehlende StPfl der Einnahmen iSv § 20 I Nr 1–3, II Nr 2a EStG. Die Einnahmen dürfen dem Grunde nach nicht stpfl sein, was zB auch bei Liebhaberei-Einnahmen gegeben ist; Nichtbesteuerung aufgrund von individuellen Besteuerungsbedingungen eines VZ (zB Verlustjahr) hindert die AnrBer nicht. **§ 50 I Nr 1 oder 2:** Zur Nichterfassung der Einnahmen in der Veranlagung s § 50 Anm 5 und Anm 6. **Ausschluß der Anr:** Keine Anr auch zB, wenn der ausl AntE neben seiner inl Beteiligung an einer KapGes noch eine weitere Einkunftsquelle besitzt, der die Beteiligung nicht zuzurechnen und für die eine Veranlagung durchzuführen ist (BT-Drucks 7/1470, 381). Die Aufhebung der Abgeltung nach § 50 II führt nicht zur AnrBerechtigung. **Keine Vergütung:** Da nur die Vergütungsfälle der §§ 36b–36d EStG (nicht §§ 52 KStG, 36e EStG) angesprochen sein können, hat § 51 auch Bedeutung für das EStG (s auch Anm 1). Der Ausschluß der Anr beim AntE beinflußt nicht die Anwendung der §§ 27 ff. Auch bei Ausschüttungen an nichtanrber AntE ist die AusschüttungsBel herzustellen; dies ist von Bedeutung, da § 52 hieran anknüpft.

4. Faßt man die §§ 50, 51 KStG und die §§ 50, 36 EStG zusammen, so ergibt sich: **Nichtanrechnungsberechtigt** sind
– alle **natürl Pers,** die mit dem Eink aus KapVerm iSv § 20 I Nr 1–3 oder II Nr 2a EStG dem Grunde nach **nicht unbeschr einkommensteuerpflichtig** sind (§ 50 V S 1, 2 EStG),
es sei denn, die Beteiligung und die Beteiligungserträge sind einer inl (mE gewerbl, land- und forstwirtschaftl oder freiberufl, glA *Schmidt* § 50c Rz 10) Betriebsstätte zuzurechnen und der Stpfl ist mit diesen BetriebsstättenEink beschr estpfl (§ 50 V S 3 EStG);
– alle **Körperschaften,** die dem Grunde nach mit den Eink aus KapVerm iSv § 20 I Nr 1–3 oder II Nr 2a EStG (anwendb nach § 8 I KStG) **nicht unbeschr kstpfl** sind (§§ 49 KStG, 50 V S 1, 2 EStG; §§ 51, 50 I Nr 2 KStG),
es sei denn, die Beteiligung und die Beteiligungserträge sind einer inl gewerbl oder land- und forstwirtschaftl Betriebsstätte zuzurechnen und die Körperschaft ist mit dieser Betriebsstätte beschr kstpfl (§§ 51, 50 I Nr 2 KStG);
– alle **unbeschr EStpfl,** die grundsätzl mit ihren Eink iSv § 20 I Nr 1–3 oder II Nr 2a EStG **stbefreit** sind (allg Prinzip des § 51 KStG; s zB konkrete Ausformung in § 36 I Nr 3 Buchst e EStG);

§ 52   Vergütung des Erhöhungsbetrags

– alle **unbeschr KStpfl,** die mit ihren Eink iSv § 20 I Nr 1–3 oder II Nr 2a EStG (anwendb nach § 8 I KStG) **stbefreit** sind (§§ 51, 50 II Nr 1 KStG),

es sei denn, die Beteiligung ist einem steuerpflichtigen Bereich, zB einem wirtschaftl GeschäftsBetr, zuzurechnen und die Beteiligungserträge sind in diesem stpfl Bereich stpfl (§§ 51, 50 I Nr 1 KStG).

Vorstehend ist die Nichtanrechnungsberechtigung dem Grunde nach gemeint, nicht die Nichtanrechnungsberechtigung, weil bestimmte Bedingungen des § 36 I Nr 3 EStG im Einzelfall fehlen.

Die **Anrechnungsberechtigung** ergibt sich aus der Umkehrung der vorstehenden Formulierungen.

§ 52 Vergütung des Erhöhungsbetrags

(1) **Die nach § 51 nicht anzurechnende Körperschaftsteuer wird an unbeschränkt steuerpflichtige, von der Körperschaftsteuer befreite Anteilseigner, an juristische Personen des öffentlichen Rechts und an Anteilseigner, die nach § 2 Nr. 1 beschränkt körperschaftsteuerpflichtig sind, auf Antrag vergütet, soweit sie sich nach § 27 erhöht, weil Eigenkapital im Sinne des § 30 Abs. 2 Nr. 3 als für die Ausschüttung oder für die sonstige Leistung verwendet gilt.**

(2) **Die Vergütung setzt voraus, daß der Antragsteller**

1. die Höhe seiner Einnahmen und die ihm nach Absatz 1 zu vergütende Körperschaftsteuer durch eine Bescheinigung im Sinne des § 44 oder des § 45,
2. seine Befreiung von der Körperschaftsteuer durch eine Bescheinigung des Finanzamts,
3. den ausländischen Ort seines Sitzes und seiner Geschäftsleitung durch eine Bescheinigung der ausländischen Steuerbehörde

nachweist.

(3) **Für die Vergütung ist das Bundesamt für Finanzen zuständig.**

(4) **Die Körperschaftsteuer wird nicht vergütet, soweit die Ausschüttung oder die sonstige Leistung auf Anteile entfällt, die in einem wirtschaftlichen Geschäftsbetrieb des steuerbefreiten Anteilseigners, für den die Steuerbefreiung insoweit ausgeschlossen ist, oder in einem steuerpflichtigen Betrieb gewerblicher Art der juristischen Person des öffentlichen Rechts oder in einer inländischen Betriebsstätte des beschränkt steuerpflichtigen Anteilseigners gehalten werden.**

Abs 1 lautete bis zur Änderung durch das G v 13. 9. 93 (Anm 2):

(1) Die nach § 51 nicht anzurechnende Körperschaftsteuer wird an unbeschränkt steuerpflichtige, von der Körperschaftsteuer befreite Anteilseigner, an juristische Personen des öffentlichen Rechts und an Anteilseigner, die nach § 2 Nr. 1 beschränkt körperschaftsteuerpflichtig sind, auf Antrag vergütet, soweit sie sich nach § 27 erhöht, weil Eigenkapital im Sinne des § 30 Abs. 2 Nr. 1 oder 3 als für die Ausschüttung oder für die sonstige Leistung verwendet gilt.

Vergütungsanspruch 1–3 § 52

Übersicht

1. Allgemeines
2. Geltungszeit
3. Vergütungsanspruch (Abs 1)
4. Formelle Voraussetzungen (Abs 2)
5. Vergütungsverfahren (Abs 3)
6. Ausschluß der Vergütung (Abs 4)

1. Allgemeines:

Schrifttum: *Selling/Riegler,* Vergütung der KSt u Erstattung der KapErtrSt von Gemeinden durch das BfF, ZKF 84, 27; *Krabbe,* Anr und Vergütung von KSt bei Ansässigen im Ausland, IWB 3 Deutschland Gr 4, 271 (4/85).

Die „reine" Durchführung des AnrV führt in einigen Fällen zu einer ungerechtfertigten StBel. Der Gesetzgeber hat in diesen Fällen nicht die Technik des AnrV geändert, sondern den Betroffenen einen Vergütungsanspruch gegeben. Parallelvorschrift im EStG: § 36 e. Zu unterscheiden ist die Vergütung des § 52 von denjenigen Vergütungen der §§ 36 b–d EStG, die das AnrV im Wege der Vergütung verwirklichen.

2. Geltungszeit: § 52 betraf ursprüngl die Verwendung von EK_{01} u EK_{03} zu KStErhöhungen. Durch das StandOG v 13. 9. 93 (BGBl I 93, 1569; BStBl I 93, 774) wurde wegen der Neuregelung durch §§ 8b, 40 Nr 1 der Anwendungsbereich auf die Verwendung von EK_{03}, und zwar mit Wirkung ab VZ 1994 (§ 54 I idF des StandOG), eingeschränkt.

3. Vergütungsanspruch (Abs 1): Berechtigt sind unbeschr stpfl, befreite (zB § 5) AntE, jur Pers des öffentl Rechts und beschr Stpfl iSd § 2 Nr 1, dh ausl AntE mit Sitz und Geschäftsleitung im Ausl. Vergütet wird KSt, die nach § 51 von der Anr ausgeschlossen ist; diese KSt wird jedoch nur insoweit vergütet, als sie auf KStErhöhungen gem § 27 wegen Verwendung von EK_{01} (bis VZ 1993, Anm 2) oder EK_{03} (§ 30 II Nr 1, 3) beruht. Voraussetzung war bis 1993 eine KStErhöhung wegen Verwendung steuerfreier ausl Eink. Zweck: Diese Eink sollen steuerfrei an den AntE hindurchfließen können. Gleichgültig ist, ob die Eink aus voll steuerfreien ausl Eink stammen oder ob sie nach einer Aufteilung gem § 32 EK_{01} zugewiesen wurden (s § 30 Anm 9f, 14 u BT-Drucks 7/1470, 381). Weiter löst die Verwendung von sog Altvermögensmehrungen (EK_{03}) den Vergütungsanspruch aus. Zweck: Dieses EK ist regelm definitiv mit KSt belastet; für eine weitere definitive Bel besteht keine Rechtfertigung. Für die Frage, ob EK_{01} oder EK_{03} als verwendet gilt, gelten die allg Regeln, insbes § 28. Die Körperschaft kann zum Zweck der Anwendung des § 52 das verwendb EK nicht bestimmten AntE innerhalb der Fiktion des § 28 gezielt zurechnen; dazu § 28 Anm 10, 12. Die Bedingungen des Abs 1 können nicht ausgedehnt werden; die Verwendung von $EK_{45(50/56)}$, $EK_{30(36)}$, EK_{02}, EK_{04} führt zu keinen Ansprüchen (zur Problematik inl EnkelGes mit ausl TochterGes mit ausl MutterGes s *Loos* DB 76, 2031; *Uelner* StbJb 76/77, 146). Keine Änderung des Vergütungsanspruchs durch nachfolgende Bp (s § 28 V u § 28 Anm 16f). Die Vergütung erfolgt auf Antrag; zum Verfahren s Anm 5.

4. Abs 2 normiert **Beweisanforderungen** für den Vergütungsanspruch. Zur Bescheinigung gem §§ 44, 45 **(Nr 1)** s dort, insbes § 44 Anm 11, A 97 VII KStR. Die Befreiungsbescheinigung **(Nr 2)** muß sich auf den Zeitpunkt beziehen, in dem die Ausschüttung mangels Befreiung stpfl wäre. Die Bedingung der Bescheinigung einer ausl StBehörde **(Nr 3)** ist nicht unproblematisch; die ausl StBehörde kann die Bescheinigung verweigern; die Bescheinigung kann nach Auffassung des dt Fiskus mit nicht ausreichendem Inhalt ausgestellt sein. Es kann fragl sein, welche StBehörde des ausl Staates zuständig ist. Weiterhin stimmt der Inhalt der Bescheinigung nicht mit der materiellen Bedingung des Abs 1 iVm § 2 Nr 1 überein (vgl die negativ formulierte Bedingung in § 2 Nr 1 und die positive Formulierung in § 52 II Nr 3). ME enthält Abs 2 Nr 3 keine neue materielle Bedingung. Ist der Beweis der beschr StPfl gem § 2 Nr 1 nach Abs 2 Nr 3 nicht zu führen, müssen dem AntE auch weitere Beweismittel offenstehen.

5. Für das **VergütungsVerf** ist das BfF zuständig **(Abs 3).** Das KStG sieht weder Frist noch Form für diesen Antrag vor. Es gelten die allg Vorschriften der AO (§§ 37 I, 155, 218, 228 ff AO). Für die Festsetzungsverjährung gelten die §§ 169 ff AO. Die Festsetzungsverjährung beträgt vier Jahre. Str ist, wann sie beginnt. ME zutreffend *Orth* DB 85, 2223: Beginn mit Ablauf des Jahres, in dem die Gewinnausschüttung dem AntE zufließt; wird die StBescheinigung mit dem Ausweis der nach § 52 KStG zu vergütenden KSt später erteilt, beginnt die Verjährung mit Ablauf des Jahres, in dem die StErklärung nach § 47 KStG erstellt wird, spätestens drei Jahre nach Ablauf des Kj, in dem das Wj endet, für das die Ausschüttung erfolgt (glA *Salomon* FR 90, 182); aA *Thiel* FR 90, 10: Frist beginnt grundsätzl mit Ablauf des Jahres, in das die Ausschüttung fällt. Antrag hemmt den Ablauf (§ 171 III). Eine einstweilige Anordnung, im Hinblick auf § 52 auf die Einbehaltung und Abführung von KSt zu verzichten, ist unzulässig (BFH BStBl II 82, 401 betr § 36b EStG). Die Vergütung ist kapertrstpfl, §§ 43 I Nr 6, 45c EStG; evtl Befreiung nach § 44c I EStG. Keine Teilerstattung für jur Pers des öffentl Rechts gem § 44c II EStG. Soweit ein DBA das Recht zur QuellenSt einschränkt, erstreckt sich die Beschränkung (zB auf 15 vH) auch auf diese KapErtrSt. Zur Aufrechnung mit StSchulden gegen den Vergütungsanspruch s FinVerw 1977 StEK AO 1977 § 226 Nr 3.

6. Ausschluß der Vergütung (Abs 4), falls die Anteile im Inl über einen stpfl wirtschaftl GeschäftsBetr, über einen stpfl Betr gewerbl Art oder eine inl Betriebstätte gehalten werden. In diesem Fall ist die AnrBer gegeben (§ 50 V EStG, §§ 51, 50 I Nr 2; s § 51 Anm 4), so daß kein Veranlassung für die Vergütung besteht. Bei der inl Betriebstätte fehlt das Wort „stpfl"; die StPfl ist aber Voraussetzung; ist nach nationalem Recht eine Betriebstätte zu bejahen, die nach einem vereinbarten DBA wegen des engeren Betriebstättenbegriffs befreit ist, greift mE § 52 ein, weil keine AnrBer gegeben ist (vgl auch § 50 Anm 6).

Sechster Teil.
Ermächtigungs- und Schlußvorschriften

§ 53 Ermächtigungen

(1) ¹Die Bundesregierung wird ermächtigt, zur Durchführung dieses Gesetzes mit Zustimmung des Bundesrates durch Rechtsverordnung

1. zur Wahrung der Gleichmäßigkeit bei der Besteuerung, zur Beseitigung von Unbilligkeiten in Härtefällen und zur Vereinfachung des Besteuerungsverfahrens den Umfang der Steuerbefreiungen nach § 5 Abs. 1 Nr. 3 und 4 näher zu bestimmen. ²Dabei können
   a) zur Durchführung des § 5 Abs. 1 Nr. 3 Vorschriften erlassen werden, nach denen die Steuerbefreiung nur eintritt,
      aa) wenn die Leistungsempfänger nicht überwiegend aus dem Unternehmer oder seinen Angehörigen, bei Gesellschaften aus den Gesellschaftern und ihren Angehörigen bestehen,
      bb) wenn bei Kassen mit Rechtsanspruch der Leistungsempfänger die Rechtsansprüche und bei Kassen ohne Rechtsanspruch der Leistungsempfänger die laufenden Kassenleistungen und das Sterbegeld bestimmte Beträge nicht übersteigen, die dem Wesen der Kasse als soziale Einrichtung entsprechen,
      cc) wenn bei Auflösung der Kasse ihr Vermögen satzungsmäßig nur für soziale Zwecke verwendet werden darf,
      dd) wenn rechtsfähige Pensions-, Sterbe- und Krankenkassen der Versicherungsaufsicht unterliegen,
      ee) wenn bei rechtsfähigen Unterstützungskassen die Leistungsempfänger zu laufenden Beiträgen oder Zuschüssen nicht verpflichtet sind und die Leistungsempfänger oder die Arbeitnehmervertretungen des Betriebs oder der Dienststelle an der Verwaltung der Beträge, die der Kasse zufließen, beratend mitwirken können;
   b) zur Durchführung des § 5 Abs. 1 Nr. 4 Vorschriften erlassen werden
      aa) über die Höhe der für die Inanspruchnahme der Steuerfreiung zulässigen Beitragseinnahmen,
      bb) nach denen bei Versicherungsvereinen auf Gegenseitigkeit, deren Geschäftsbetrieb sich auf die Sterbegeldversicherung beschränkt, die Steuerbefreiung unabhängig von der Höhe der Beitragseinnahmen auch eintritt, wenn die Höhe des Sterbegeldes insgesamt die Leistung der nach § 5 Abs. 1 Nr. 3 steuerbefreiten Sterbekassen nicht übersteigt und wenn der Verein auch im übrigen eine soziale Einrichtung darstellt;

2. Vorschriften zu erlassen
   a) über die Kleinbeträge, um die eine Rückstellung für Beitragsrückerstattung nach § 21 Abs. 2 nicht aufgelöst zu werden braucht, wenn die Auszahlung dieser Beträge an die Versicherten

§ 53 Ermächtigungen

mit einem unverhältnismäßig hohen Verwaltungsaufwand verbunden wäre;
b) über die Herabsetzung oder Erhöhung der Körperschaftsteuer nach § 23 Abs. 4;
c) nach denen bei Anschaffung oder Herstellung von abnutzbaren beweglichen und bei Herstellung von abnutzbaren unbeweglichen Wirtschaftsgütern des Anlagevermögens auf Antrag ein Abzug von der Körperschaftsteuer für den Veranlagungszeitraum der Anschaffung oder Herstellung bis zur Höhe von 7,5 vom Hundert der Anschaffungs- oder Herstellungskosten dieser Wirtschaftsgüter vorgenommen werden kann. ²§ 51 Abs. 1 Nr. 2 Buchstabe s des Einkommensteuergesetzes gilt entsprechend;
d) nach denen Versicherungsvereine auf Gegenseitigkeit von geringerer wirtschaftlicher Bedeutung, die eine Schwankungsrückstellung nach § 20 Abs. 2 nicht gebildet haben, zum Ausgleich des schwankenden Jahresbedarfs zu Lasten des steuerlichen Gewinns Beträge der nach § 37 des Versicherungsaufsichtsgesetzes zu bildenden Verlustrücklage zuführen können;
3. diejenigen Länder zu benennen, die auf Grund ihrer wirtschaftlichen und steuerlichen Verhältnisse und unter Berücksichtigung des mit § 26 Abs. 3 angestrebten Erfolges als Entwicklungsländer im Sinne dieser Vorschrift anzuerkennen sind. ²Die Aufstellung nach Satz 1 ist im jeweils fünften Veranlagungszeitraum, der dem Veranlagungszeitraum 1994 folgt, auf den neuesten Stand zu bringen.

(2) Das Bundesministerium der Finanzen wird ermächtigt,
1. im Einvernehmen mit den obersten Finanzbehörden der Länder Muster der in den §§ 44 und 45 vorgeschriebenen Bescheinigungen sowie die Vordrucke für die Erklärung für die in § 47 vorgeschriebene gesonderte Feststellung zu bestimmen;
2. den Wortlaut dieses Gesetzes und der zu diesem Gesetz erlassenen Durchführungsverordnungen in der jeweils geltenden Fassung mit neuem Datum, unter neuer Überschrift und in neuer Paragraphenfolge bekanntzumachen und dabei Unstimmigkeiten des Wortlauts zu beseitigen.

Abs 1 Nr 3 wurde durch das G v 13. 9. 93 (Anm 2) eingefügt.

Abs 2 begann bis zur Änderung durch das G v 21. 12. 93 (Anm 2):

Der Bundesminister der Finanzen wird ermächtigt ...

Gesetzesfassung bis zum KStG 1991 (Vor § 1 Anm 20) s 3. Auflage.

Übersicht

1. Allgemeines
2. Geltungszeit
3. Abs 1
4. Abs 2

Schlußvorschriften **§ 54**

1. Allgemeines: Ermächtigungsgrundlage für KStDV. Die Grenzen sind enger als in § 23a KStG aF, da die Vorschriften teilweise in das Gesetz übernommen, teilweise den KStR vorbehalten wurden. Vgl. BT-Drucks 7/1470, 381. Zur Frage, ob neben den KStDV auch die EStDV gelten, s § 8 Anm 3.

2. Geltungszeit: Die Ermächtigung gilt ab 1.1.77 (§ 54 I idF des KStG 1977). Wegen nachfolgender Änderungen s 3. Aufl. Abs 1 Nr 3 wurde durch das StandOG v 13. 9. 93 (BGBl I 93, 1569; BStBl I 93, 774) mit Wirkung ab VZ 1994 angefügt. Abs 2 S 1 wurde durch das StMBG v 21. 12. 93 (BGBl I 93, 2310; BStBl I 94, 50) geändert.

3. Abs 1: Hierzu KStDV 1977, BGBl I 77, 848, BStBl I 77, 318 u KStDV 1984, BGBl I 84, 1055, BStBl I 84, 483 betr § 5 I Nr. 3, 4.

4. Abs 2: Zu Nr 1: Ab KStR 1995 nicht mehr in dem KStR enthalten, da das Änderungsverfahren zu schwerfällig ist (*Dötsch/Jost* DB 96 Beil 4, 23).

§ 54 Schlußvorschriften

(1) **Diese Fassung des Gesetzes ist, soweit in den folgenden Absätzen sowie in § 54a nichts anderes bestimmt ist, erstmals für den Veranlagungszeitraum 1996 anzuwenden.**

(1a) [1] **Die Steuerbefreiung nach § 5 Abs. 1 Nr. 1 ist für das Bundeseisenbahnvermögen erstmals für den Veranlagungszeitraum 1994 anzuwenden.** [2] **Die Steuerbefreiung für die Deutsche Bundesbahn und für die Deutsche Reichsbahn nach § 5 Abs. 1 Nr. 1 und 1a des Körperschaftsteuergesetzes 1991 in der Fassung der Bekanntmachung vom 11. März 1991 (BGBl. I S. 638) ist letztmals für den Veranlagungszeitraum 1993 anzuwenden.**

(1b) [1] **§ 5 Abs. 1 Nr. 1 ist für die Deutsche Post AG, die Deutsche Postbank AG und die Deutsche Telekom AG nur für den Veranlagungszeitraum 1995 anzuwenden.** [2] **§ 5 Abs. 1 Nr. 1 in der Fassung des Artikels 6 Abs. 53 Nr. 1 Buchstabe a des Gesetzes vom 27. Dezember 1993 (BGBl. I S. 2378) ist für die Deutsche Bundespost letztmals für den Veranlagungszeitraum 1994 anzuwenden.**

(2) **§ 5 Abs. 1 Nr. 2 ist für das Landesförderinstitut Mecklenburg-Vorpommern – Geschäftsbereich der Norddeutschen Landesbank Girozentrale – erstmals für den Veranlagungszeitraum 1995 anzuwenden.**

(2a) [1] **§ 5 Abs. 1 Nr. 2a ist erstmals für den Veranlagungszeitraum 1995 anzuwenden.** [2] **§ 5 Abs. 1 Nr. 2a des Körperschaftsteuergesetzes 1991 in der Fassung der Bekanntmachung vom 11. März 1991 (BGBl. I S. 638) ist letztmals für den Veranlagungszeitraum 1994 anzuwenden.**

(2b) **§ 5 Abs. 1 Nr. 3 Buchstabe e ist erstmals für Wirtschaftsjahre anzuwenden, die nach dem 31. Dezember 1995 beginnen.**

(2c) **§ 5 Abs. 1 Nr. 8 ist erstmals für den Veranlagungszeitraum 1992 anzuwenden.**

(3) **§ 5 Abs. 1 Nr. 9 Satz 3 ist auch für vor dem 1. Januar 1990 beginnende Veranlagungszeiträume anzuwenden, soweit Bescheide noch**

§ 54 Schlußvorschriften

nicht bestandskräftig sind oder unter dem Vorbehalt der Nachprüfung stehen.

(4) ¹§ 5 Abs. 1 Nr. 10 bis 13 des Körperschaftsteuergesetzes 1984 in der Fassung der Bekanntmachung vom 10. Februar 1984 (BGBl. I S. 217) ist auf Antrag der Körperschaft letztmals für den Veranlagungszeitraum 1990 anzuwenden, wenn die Körperschaft in diesem Veranlagungszeitraum ausschließlich Geschäfte betreibt, die nach den bis zum 31. Dezember 1989 geltenden gesetzlichen Vorschriften zulässig waren. ²In diesem Fall ist § 5 Abs. 1 Nr. 10 und 12 dieses Gesetzes in der vorstehenden Fassung erstmals für den Veranlagungszeitraum 1991 anzuwenden.

(5) ¹Erwerbs- und Wirtschaftsgenossenschaften sowie Vereine können bis zum 31. Dezember 1991, in den Fällen des Absatzes 4 bis zum 31. Dezember 1992 oder, wenn es sich um Erwerbs- und Wirtschaftsgenossenschaften oder Vereine in dem in Artikel 3 des Einigungsvertrages genannten Gebiet handelt, bis zum 31. Dezember 1993 durch schriftliche Erklärung auf die Steuerbefreiung nach § 5 Abs. 1 Nr. 10 und 14 dieses Gesetzes in der vorstehenden Fassung verzichten, und zwar auch für den Veranlagungszeitraum 1990. ²Die Körperschaft ist mindestens für fünf aufeinanderfolgende Kalenderjahre an die Erklärung gebunden. ³Die Erklärung kann nur mit Wirkung von Beginn eines Kalenderjahrs an widerrufen werden. ⁴Der Widerruf ist spätestens bis zur Unanfechtbarkeit der Steuerfestsetzung des Kalenderjahrs zu erklären, für das er gelten soll.

(5a) § 5 Abs. 1 Nr. 18 und 19 ist erstmals für den Veranlagungszeitraum 1993 anzuwenden.

(5b) ¹§ 5 Abs. 1 Nr. 20 ist erstmals für den Veranlagungszeitraum 1993 anzuwenden. ²Abweichend hiervon ist bei den zum 1. Januar 1993 bereits bestehenden Zusammenschlüssen § 5 Abs. 1 Nr. 20 Buchstabe b erstmals für den Veranlagungszeitraum 1998 anzuwenden.

(5c) § 5 Abs. 1 Nr. 21 ist erstmals für den Veranlagungszeitraum 1991 anzuwenden.

(5d) ¹§ 6 Abs. 5 Satz 1 ist auf am 31. Dezember 1995 bestehende Unterstützungskassen für vor dem 1. Januar 1999 endende Wirtschaftsjahre nur anzuwenden, soweit sich aus § 5 Abs. 1 Nr. 3 Buchstabe e in der für vor dem 1. Januar 1996 endende Wirtschaftsjahre geltenden Fassung ein übersteigendes Vermögen ergeben würde. ²§ 6 Abs. 6 bleibt unberührt.

(6) § 8 Abs. 4 ist für den Veranlagungszeitraum 1997 anzuwenden.

(6a) § 8 Abs. 5 des Körperschaftsteuergesetzes in der Fassung der Bekanntmachung vom 11. März 1991 (BGBl. I S. 638) ist letztmals für den Veranlagungszeitraum 1992 anzuwenden, soweit nicht ausgeglichene Verluste des Veranlagungszeitraums 1993 zurückgetragen werden.

(6b) ¹§ 8a ist erstmals für das Wirtschaftsjahr anzuwenden, das nach dem 31. Dezember 1993 beginnt. ²Für Fremdkapital, das die Kapital-

Schlußvorschriften § 54

gesellschaft vor dem 9. Dezember 1992 erhalten hat, gilt § 8a Abs. 1 Nr. 1 für Wirtschaftsjahre, die vor dem 31. Dezember 1997 enden, nur, soweit das Fremdkapital das anteilige Eigenkapital des Anteilseigners übersteigt, und mit der Maßgabe, daß eine Kürzung nach § 8a Abs. 4 Satz 3 nicht vorgenommen wird. ³Sind in diesen Fällen auch Vergütungen im Sinne des § 8a Abs. 1 Nr. 2 vereinbart worden, gelten die Vorschriften des § 8a Abs. 1 Nr. 2 und Abs. 4 Satz 1 sinngemäß.

(6c) ¹§ 8b Abs. 1 und § 15 Nr. 3 gelten erstmals

a) für Bezüge aus Ausschüttungen, die auf einem den gesellschaftsrechtlichen Vorschriften entsprechenden Gewinnverteilungsbeschluß für ein abgelaufenes Wirtschaftsjahr beruhen und die in dem ersten nach dem 31. Dezember 1993 endenden Wirtschaftsjahr der ausschüttenden Körperschaft erfolgen,

b) für Bezüge aus anderen Ausschüttungen und sonstigen Leistungen, die in dem letzten vor dem 1. Januar 1994 endenden Wirtschaftsjahr der ausschüttenden Körperschaft erfolgen.

²Für die Veranlagungszeiträume 1993 und 1994 ist weitere Voraussetzung für die Anwendung des Satzes 1, daß sich die Höhe der Leistung, für die der Teilbetrag im Sinne des § 30 Abs. 2 Nr. 1 als verwendet gilt, aus der Steuerbescheinigung der ausschüttenden Körperschaft oder des Kreditinstituts ergibt.

(7) § 9 Nr. 3 in der Fassung der Bekanntmachung vom 11. März 1991 (BGBl. I S. 638) ist letztmals für den Veranlagungszeitraum 1993 anzuwenden.

(8) § 10 Nr. 2 ist auch für vor dem 1. Januar 1990 beginnende Veranlagungszeiträume anzuwenden, soweit die Vorschrift den Abzug steuerlicher Nebenleistungen untersagt.

(8a) § 12 Abs. 2 ist erstmals auf Vermögensübertragungen anzuwenden, die nach dem 31. Dezember 1991 vorgenommen werden.

(8b) ¹§ 13 Abs. 3 Satz 2 bis 9 ist erstmals für Wirtschaftsjahre anzuwenden, die nach dem 27. Mai 1993 enden. ²Für Wohnungsunternehmen nach § 13 Abs. 3 Satz 2 und Rechtsträger nach § 13 Abs. 3 Satz 9 Nr. 1 ist § 13 Abs. 3 Satz 2 bis 9 erstmals für Wirtschaftsjahre anzuwenden, die nach dem 27. Mai 1993, spätestens am 1. Mai 1994, beginnen. ³Auf Antrag kann auf die Anwendung des Satzes 2 verzichtet werden. ⁴§ 13 Abs. 3 Satz 10 ist erstmals auf Übertragungen anzuwenden, die nach dem 27. Mai 1993 erfolgen. ⁵§ 13 Abs. 3 Satz 11 ist erstmals für Wirtschaftsjahre, die nach dem 27. Mai 1993 enden, oder auf Übertragungen, die nach dem 27. Mai 1993 erfolgen, anzuwenden.

(8c) ¹§ 20 ist erstmals für das Wirtschaftsjahr anzuwenden, das nach dem 31. Dezember 1994 beginnt. ²§ 20 Abs. 1 in der Fassung der Bekanntmachung vom 11. März 1991 (BGBl. I S. 638) ist letztmals für das Wirtschaftsjahr anzuwenden, das vor dem 1. Januar 1995 endet.

(8d) § 21a ist erstmals auf Mehrerträge anzuwenden, die nach dem 31. Dezember 1990 anfallen.

§ 54　　　　　　　　　　　　　　　　　　　　　Schlußvorschriften

(9) § 23 Abs. 4 des Körperschaftsteuergesetzes 1984 ist letztmals für den Veranlagungszeitraum 1987 anzuwenden.

(10) ¹§ 26 Abs. 2a ist erstmals auf nach dem 31. Dezember 1991 vorgenommene Gewinnausschüttungen anzuwenden. ²§ 26 Abs. 8 in der Fassung des Artikels 8 des Gesetzes vom 25. Februar 1992 (BGBl. I S. 297) ist erstmals auf Gewinnminderungen anzuwenden, die auf nach dem 23. Juni 1988 vorgenommene Gewinnausschüttungen zurückzuführen sind.

(10a) ¹Die Vorschriften des Vierten Teils gelten erstmals
a) für Ausschüttungen, die auf einem den gesellschaftsrechtlichen Vorschriften entsprechenden Gewinnverteilungsbeschluß für ein abgelaufenes Wirtschaftsjahr beruhen und die in dem ersten nach dem 31. Dezember 1993 endenden Wirtschaftsjahr erfolgen,
b) für andere Ausschüttungen und sonstige Leistungen, die in dem letzten vor dem 1. Januar 1994 endenden Wirtschaftsjahr erfolgen.
²Auf Antrag der ausschüttenden Körperschaft sind für alle Ausschüttungen und sonstigen Leistungen im Sinne des Satzes 1 Buchstabe a, die in dem ersten nach dem 31. Dezember 1993 endenden Wirtschaftsjahr erfolgen, sowie im Sinne des Satzes 1 Buchstabe b, die in dem letzten vor dem 1. Januar 1994 endenden Wirtschaftsjahr erfolgen, die Vorschriften des Vierten Teils in der Fassung der Bekanntmachung vom 11. März 1991 (BGBl. I S. 638), zuletzt geändert durch Artikel 8 des Gesetzes vom 25. Februar 1992 (BGBl. I S. 297), anzuwenden.

(10b) § 28 Abs. 4 gilt auch, wenn für eine Gewinnausschüttung zunächst die in Absatz 11, 11a und 11b genannten Teilbeträge als verwendet gegolten haben.

(11) ¹In der Gliederung des verwendbaren Eigenkapitals ist zusätzlich ein positiver Teilbetrag auszuweisen, der aus Einkommensteilen entstanden ist, die nach dem 31. Dezember 1976, aber vor dem 1. Januar 1990 der Körperschaftsteuer ungemildert unterlegen haben. ²Bei der Gliederung des verwendbaren Eigenkapitals zum Schluß des letzten Wirtschaftsjahrs, das vor dem 1. Januar 1995 abgelaufen ist, ist er dem Teilbetrag im Sinne des Absatzes 11a Satz 1 in Höhe von 56/44 seines Bestands hinzuzurechnen. ³In Höhe von 12/44 dieses Bestands ist der Teilbetrag im Sinne des § 30 Abs. 2 Nr. 2 zu verringern. ⁴Der in Satz 1 bezeichnete Teilbetrag gilt vor den in § 30 Abs. 1 bezeichneten Teilbeträgen und vor dem in Absatz 11a Satz 1 bezeichneten Teilbetrag als für eine Ausschüttung verwendet.

(11a) ¹In der Gliederung des verwendbaren Eigenkapitals ist zusätzlich ein positiver Teilbetrag auszuweisen, der aus Einkommensteilen entstanden ist, die nach dem 31. Dezember 1989, aber vor dem 1. Januar 1994 der Körperschaftsteuer ungemildert unterlegen haben. ²Bei der Gliederung des verwendbaren Eigenkapitals zum Schluß des letzten Wirtschaftsjahrs, das vor dem 1. Januar 1999 abgelaufen ist, ist er dem Teilbetrag im Sinne des § 30 Abs. 1 Satz 3 Nr. 1 in Höhe von

Schlußvorschriften **§ 54**

11/9 seines Bestands hinzuzurechnen. ³In Höhe von 2/9 dieses Bestands ist der Teilbetrag im Sinne des § 30 Abs. 2 Nr. 2 zu verringern. ⁴Ist der Teilbetrag im Sinne des Satzes 1 negativ, verringert er bei der Gliederung des verwendbaren Eigenkapitals zum Schluß des jeweiligen, nach dem 31. Dezember 1993 endenden Wirtschaftsjahrs den neu entstehenden Teilbetrag im Sinne des § 30 Abs. 1 Satz 3 Nr. 1. ⁵Der in Satz 1 bezeichnete Teilbetrag gilt vor den in § 30 Abs. 1 bezeichneten Teilbeträgen als für eine Ausschüttung verwendet.

(11b) Bei der Gliederung des verwendbaren Eigenkapitals zum Schluß des letzten Wirtschaftsjahrs, das vor dem 1. Januar 1995 abgelaufen ist, ist der Teilbetrag im Sinne des § 30 Abs. 1 Nr. 2 in der Fassung der Bekanntmachung vom 11. März 1991 (BGBl. I S. 638) in Höhe von 11/32 seines Bestands dem Teilbetrag im Sinne des § 30 Abs. 1 Satz 3 Nr. 1 und in Höhe von 21/32 seines Bestands dem Teilbetrag im Sinne des § 30 Abs. 1 Satz 3 Nr. 2 hinzuzurechnen.

(12) § 30 Abs. 3 und die §§ 38 bis 38b sind erstmals auf den Übergang von Vermögen anzuwenden, der auf Rechtsakten beruht, die nach dem 31. Dezember 1994 wirksam werden.

(12a) § 33 Abs. 3 des Körperschaftsteuergesetzes in der Fassung der Bekanntmachung vom 11. März 1991 (BGBl. I S. 638) ist letztmals für das Abzugsjahr 1992 anzuwenden, soweit nicht ausgeglichene Verluste des Veranlagungszeitraums 1993 zurückgetragen werden.

(13) ¹§ 50 Abs. 1 Nr. 3 ist erstmals auf Kapitalerträge anzuwenden, die nach dem 30. Juni 1989 zufließen. ²Auf Kapitalerträge, die nach dem 31. Dezember 1988 und vor dem 1. Juli 1989 zugeflossen sind, ist § 50 Abs. 1 Nr. 3 in der Fassung des Artikels 2 Nr. 11 des Steuerreformgesetzes 1990 vom 25. Juli 1988 (BGBl. I S. 1093) anzuwenden.

Abs 1 lautete bis zur Änderung durch das G v 11. 10. 95 (Anm 2):

(1) Diese Fassung des Gesetzes ist, soweit in den folgenden Absätzen sowie in § 54a nichts anderes bestimmt ist, erstmals für den Veranlagungszeitraum 1994 anzuwenden.

Abs 1 lautete bis zur Änderung durch das G v 13. 9. 93 (Anm 2):

(1) Diese Fassung des Gesetzes ist, soweit in den folgenden Absätzen sowie in § 54a nichts anderes bestimmt ist, erstmals für den am 1. Januar 1991 beginnenden Veranlagungszeitraum anzuwenden.

Abs 1a wurde durch das G v 27. 12. 93 (Anm 2) eingefügt.

Abs 1b wurde durch das G v 14. 9. 94 (Anm 2) eingefügt.

Abs 2 lautete bis zur Änderung durch das G v 18. 12. 95 (Anm 2):

(2) ¹§ 5 Abs. 1 Nr. 2 ist erstmals für den Veranlagungszeitraum 1991, für die Wohnungsbauförderungsanstalt Nordrhein-Westfalen – Anstalt der Westdeutschen Landesbank Girozentrale – erstmals für den Veranlagungszeitraum 1992 und für die Investitionsbank Berlin – Anstalt der Landesbank Berlin-Girozentrale – das Landesförderinstitut Sachsen-Anhalt – Geschäftsbereich der Norddeutschen Landesbank Girozentrale Mitteldeutsche Lan-

§ 54
Schlußvorschriften

desbank – und die Investitions- und Strukturbank Rheinland-Pfalz erstmals für den Veranlagungszeitraum 1993 anzuwenden. ²§ 5 Abs. 1 Nr. 2 in der Fassung der Bekanntmachung vom 11. März 1991 (BGBl. I S. 638) ist für die Wohnungsbauförderungsanstalt des Landes Nordrhein-Westfalen letztmals für den Veranlagungszeitraum 1991 und für die Wirtschaftsaufbaukasse Schleswig-Holstein Aktiengesellschaft sowie die Wohnungsbau-Kreditanstalt Berlin letztmals für den Veranlagungszeitraum 1992 anzuwenden.

Abs 2 lautete bis zur Änderung durch das G v 21. 12. 93 (Anm 2):

(2) § 5 Abs. 1 Nr. 2 ist erstmals für den Veranlagungszeitraum 1991, für die Wohnungsbauförderungsanstalt Nordrhein-Westfalen – Anstalt der Westdeutschen Landesbank Girozentrale – erstmals für den Veranlagungszeitraum 1992 und für die Investitionsbank Berlin – Anstalt der Landesbank Berlin-Girozentrale – erstmals für den Veranlagungszeitraum 1993 anzuwenden. § 5 Abs. 1 Nr. 2 in der Fassung der Bekanntmachung vom 11. März 1991 (BGBl. I S. 638) ist für die Wohnungsbauförderungsanstalt des Landes Nordrhein-Westfalen letztmals für den Veranlagungszeitraum 1991 und für die Wirtschaftsaufbaukasse Schleswig-Holstein Aktiengesellschaft sowie die Wohnungsbau-Kreditanstalt Berlin letztmals für den Veranlagungszeitraum 1992 anzuwenden.

Abs 2 lautete bis zur Änderung durch das G v 13. 9. 93 (Anm 2):

(2) § 5 Abs. 1 Nr. 2 des Körperschaftsteuergesetzes in der Fassung der Bekanntmachung vom 11. März 1991 (BGBl. I S. 638) ist für die Wirtschaftsaufbaukasse Schleswig-Holstein Aktiengesellschaft letztmals für den Veranlagungszeitraum 1992 anzuwenden.

Abs 2 lautete bis zur Änderung durch das G v 25. 2. 92 (Anm 2):

(2) Die Steuerbefreiung nach § 5 Abs. 1 Nr. 2 ist für die Landeskreditbank Baden-Württemberg letztmals für den Veranlagungszeitraum 1988 und für die Landeskreditbank Baden-Württemberg-Förderungsanstalt erstmals für den Veranlagungszeitraum 1989 anzuwenden.

Abs 2a wurde durch das G v 20. 12. 96 (Anm 2) eingefügt; der bisherige Abs 2a wurde Abs 2c.

Abs 2b lautete bis zur Änderung durch das G v 11. 10. 95 (Anm 2):

(2b) § 5 Abs. 1 Nr. 3 Buchstabe e ist erstmals für den Veranlagungszeitraum 1992 anzuwenden.

Abs 2b wurde durch das G v 25. 2. 92 (Anm 2) eingefügt.

Abs 5 lautete bis zur Änderung durch das G v 13. 9. 93 (Anm 2):

(5) ¹Erwerbs- und Wirtschaftsgenossenschaften sowie Vereine können bis zum 31. Dezember 1991, in den Fällen des Absatzes 4 oder, wenn es sich um Erwerbs- und Wirtschaftsgenossenschaften oder Vereine in dem in Art 3 des Einigungsvertrags genannten Gebiet handelt, bis zum 31. Dezember 1992, durch schriftliche Erklärung auf die Steuerbefreiung nach § 5 Abs. 1 Nr. 10 und 14 dieses Gesetzes in der vorstehenden Fassung verzichten, und zwar auch für den Veranlagungszeitraum 1990. ²Die Körperschaft ist mindestens

Schlußvorschriften **§ 54**

für fünf aufeinanderfolgende Kalenderjahre an die Erklärung gebunden.
³Die Erklärung kann nur mit Wirkung von Beginn eines Kalenderjahrs an widerrufen werden. ⁴Der Widerruf ist spätestens bis zur Unanfechtbarkeit der Steuerfestsetzung des Kalenderjahrs zu erklären, für das er gelten soll.

Abs 5 lautete bis zur Änderung durch das G v 24. 6. 91 (Anm 2):

(5) ¹Erwerbs- und Wirtschaftsgenossenschaften sowie Vereine können bis zum 31. Dezember 1991, in den Fällen des Absatzes 4 bis zum 31. Dezember 1992, durch schriftliche Erklärung auf die Steuerbefreiung nach § 5 Abs. 1 Nr. 10 und 14 dieses Gesetzes in der vorstehenden Fassung verzichten, und zwar auch für den Veranlagungszeitraum 1990. ²Die Körperschaft ist mindestens für fünf aufeinanderfolgende Kalenderjahre an die Erklärung gebunden. ³Die Erklärung kann nur mit Wirkung von Beginn eines Kalenderjahrs an widerrufen werden. ⁴Der Widerruf ist spätestens bis zur Unanfechtbarkeit der Steuerfestsetzung des Kalenderjahrs zu erklären, für das er gelten soll.

Abs 5a wurde durch das G v 25. 2. 92 (Anm 2) eingefügt und lautete bis zur Änderung durch das G v. 13. 9. 93 (Anm 2):

(5a) § 6 Abs. 5 Satz 1 ist im Veranlagungszeitraum 1992 nur anzuwenden, soweit sich aus § 5 Abs. 1 Nr. 3 Buchstabe e in der bis Veranlagungszeitraum 1991 geltenden Fassung ein übersteigendes Vermögen ergeben würde. § 6 Abs. 6 bleibt unberührt.

Abs 5b wurde durch das G v 21. 12. 93 (Anm 2) eingefügt.

Abs 5c wurde durch das G v 18. 12. 95 (Anm 2) eingefügt; der bisherige Abs 5c wurde 5d.

Abs 5c lautete bis zur Änderung durch das G v 11. 10. 95 (Anm 2):

(5c) ¹§ 6 Abs. 5 Satz 1 ist im Veranlagungszeitraum 1992 nur anzuwenden, soweit sich aus § 5 Abs. 1 Nr. 3 Buchstabe e in der bis Veranlagungszeitraum 1991 geltenden Fassung ein übersteigendes Vermögen ergeben würde. ²§ 6 Abs. 6 bleibt unberührt.

Abs 5c war bis zum G v 21. 12. 93 (Anm 2) Abs 5b u bis zum G v 13. 9. 93 (Anm 2) Abs 5a.

Abs 6 lautete bis zur Änderung durch das G 1997 (Anm 2):

(6) § 8 Abs 4 ist auch für vor dem 1. Januar 1990 beginnende Veranlagungszeiträume anzuwenden, wenn die Rechtsgeschäfte, die zu dem Verlust der wirtschaftlichen Identität geführt haben, nach dem 23. Juni 1988 abgeschlossen worden sind.

Abs 6a wurde durch das G v 21. 12. 93 (Anm 2) eingefügt.

Abs 6b war bis zum G v. 21. 12. 93 (Anm 2) Abs 6a u wurde durch das G v 13. 9. 93 (Anm 2) eingefügt.

Abs 6c wurde durch das G v 21. 12. 93 (Anm 2) eingefügt.

Abs 7 wurde durch das G v 28. 1. 94 (Anm 2) eingefügt u ersetzte die bish Abs 7 und 7a:

(7) ¹§ 9 Nr. 3 in der Fassung des Gesetzes zur Änderung des Parteiengesetzes und anderer Gesetze vom 22. Dezember 1988 (BGBl. I S. 2615)

ist erstmals für den Veranlagungszeitraum 1989, Buchstabe c dieser Vorschrift erstmals für den Veranlagungszeitraum 1984 anzuwenden. ²Für die Veranlagungszeiträume 1984 bis 1988 ist § 9 Nr. 3 in der Fassung des Gesetzes zur Änderung des Parteiengesetzes und anderer Gesetze mit der Maßgabe anzuwenden, daß sich der Höchstbetrag für Spenden an politische Parteien auf 100 000 Deutsche Mark erhöht und sich der Betrag von 40 000 Deutsche Mark, ab dem eine Veröffentlichung im Rechenschaftsbericht Voraussetzung für den Abzug der Spenden ist, auf 20 000 Deutsche Mark vermindert. ³Für Spenden an politische Parteien, die vor dem 15. Juli 1986 geleistet worden sind, ist § 9 Nr. 3 in der Fassung der Bekanntmachung vom 10. Februar 1984 (BGBl. I S. 217) anzuwenden, wenn dessen Anwendung zu einer niedrigeren Steuer führt.

(7a) § 9 Nr. 3 Buchstabe a Satz 3 und 4 ist erstmals auf Einzelzuwendungen anzuwenden, die nach dem 31. Dezember 1990 geleistet werden.

Abs 8a wurde durch das G v 25. 2. 92 (Anm 2) eingefügt; bish Abs 8a wurde Abs 8b.

Abs 8b lautete bis zur Änderung durch das G v 28. 10. 94 (Anm 2):

(8b) ¹§ 13 Abs. 3 Satz 2 bis 9 ist erstmals für Wirtschaftsjahre anzuwenden, die nach dem 27. Mai 1993 enden; für Wohnungsunternehmen nach § 13 Abs. 3 Satz 2 und Rechtsträger nach § 13 Abs. 3 Satz 9 Nr. 1 ist § 13 Abs. 3 Satz 2 bis 9 erstmals für Wirtschaftsjahre anzuwenden, die nach dem 27. Mai 1993, spätestens am 11. Mai 1994, beginnen. ²§ 13 Abs. 3 Satz 10 ist erstmals auf Übertragung anzuwenden, die nach dem 27. Mai erfolgen.

Abs 8b wurde durch das G v 13. 3. 93 (Anm 2) eingefügt; bish Abs 8b wurde Abs 8c u durch das G v 24. 6. 94 (Anm 2) Abs 8d.

Abs 8c wurde durch G v 24. 6. 94 (Anm 2) eingefügt.

Abs 10 lautete bis zur Änderung durch das G v 13. 9. 93 (Anm 2):

(10) ¹§ 26 Abs. 2a erstmals auf nach dem 31. Dezember 1991 vorgenommene Gewinnausschüttungen anzuwenden. ²§ 26 Abs. 8 ist erstmals auf Gewinnminderungen anzuwenden, die auf nach dem 23. Juni 1988 vorgenommene Gewinnausschüttungen zurückzuführen sind.

Abs 10 lautete bis zur Änderung durch das G v 25. 2. 92 (Anm 2):

(10) § 26 Abs. 8 ist erstmals anzuwenden, soweit die Gewinnminderungen auf Gewinnausschüttungen nach dem 23. Juni 1988 zurückzuführen sind.

Abs 10a lautete bis zur Änderung durch das G v 21. 12. 93 (Anm 2):

(10a) § 27 Abs. 1 gilt erstmals für Gewinnausschüttungen und sonstige Leistungen, die in dem ersten nach dem 31. Dezember 1993 endenden Wirtschaftsjahr erfolgen.

Schlußvorschriften **§ 54**

Abs 10a, 10b wurden durch das G v 13. 9. 93 (Anm 2) eingefügt.

Abs 11 lautete bis zur Änderung durch das G v 21. 12. 93 (Anm 2):

(11) In der Gliederung des verwendbaren Eigenkapitals ist zusätzlich ein positiver Teilbetrag auszuweisen, der aus Einkommensteilen entstanden ist, die nach dem 31. Dezember 1976, aber vor dem 1. Januar 1990 der Körperschaftsteuer ungemildert unterlegen haben. Bei der Gliederung des verwendbaren Eigenkapitals zum Schluß des letzten Wirtschaftsjahrs, das vor dem 1. Januar 1995 abgelaufen ist, ist er dem Teilbetrag im Sinne des § 30 Abs. 1 Satz 3 Nr. 1 in Höhe von 14/9 seines Bestands hinzuzurechnen. In Höhe von 5/9 dieses Bestands ist der Teilbetrag im Sinne des § 30 Abs. 2 Nr. 2 zu verringern. Der in Satz 1 bezeichnete Teilbetrag gilt vor den in § 30 Abs. 1 bezeichneten Teilbeträgen und vor dem in Absatz 11a bezeichneten Teilbetrag als für eine Ausschüttung verwendet.

Abs 11 lautete bis zur Änderung durch das G v 13. 9. 93 (Anm 2):

(11) [1] In der Gliederung des verwendbaren Eigenkapitals ist zusätzlich ein positiver Teilbetrag auszuweisen, der aus Einkommensteilen entstanden ist, die nach dem 31. Dezember 1976, aber vor dem 1. Januar 1990 der Körperschaftsteuer ungemildert unterlegen haben. [2] Bei der Gliederung des verwendbaren Eigenkapitals zum Schluß des letzten Wirtschaftsjahrs, das vor dem 1. Januar 1995 abgelaufen ist, ist er dem Teilbetrag im Sinne des § 30 Abs. 2 Nr. 1 in Höhe von 56/44 seines Bestands hinzuzurechnen. [3] In Höhe von 12/44 dieses Bestands ist der Teilbetrag im Sinne des § 30 Abs. 2 Nr. 2 zu verringern. [4] Ist der Teilbetrag im Sinne des Satzes 1 negativ, verringert er bei der Gliederung des verwendbaren Eigenkapitals zum Schluß des letzten Wirtschaftsjahrs, das vor dem 1. Januar 1991 abgelaufen ist, den neu entstehenden Teilbetrag im Sinne des § 30 Abs. 1 Nr. 1.

Abs 11a, 11b wurde durch das G v 13. 9. 93 (Anm 2) eingefügt.

Abs 12 lautete bis zur Änderung durch das G v 28. 10. 94 (Anm 2):

(12) § 30 Abs. 3 ist auch für Feststellungszeitpunkte vor dem 1. Januar 1991 anzuwenden, soweit Bescheide noch nicht bestandskräftig sind oder unter dem Vorbehalt der Nachprüfung stehen.

Abs 12a wurde durch das G v 21. 12. 93 (Anm 2) eingefügt.

Gesetzesfassungen bis zum KStG 1991 (Vor § 1 Anm 20) s 3. Auflage.

Übersicht

1. Allgemeines
2. Änderungen
3. VZ 1976/1977 (Abs 1, 7 idF des KStG 1977)
4. Ordnungsgemäß beschlossene Gewinnausschüttungen im Übergang zum KStG 1977
5. Nicht ordnungsgemäß beschlossene Ausschüttungen u Vorabausschüttungen im Übergang zum KStG 1977
6. Liquidation im Übergang zum KStG 1977
7. Bescheinigungen gem §§ 44, 45 (Abs 2 idF des KStG 1977)

§ 54 1, 2   Schlußvorschriften

8. Nichtordnungsmäßigkeit eines Verteilungsbeschlusses für Wj alten Rechts (Abs 3 idF des KStG 1977)
9. Bescheinigung unter Verstoß gegen Abs 2 oder Abs 3 (Abs 4) idF des KStG 1977
10. Dividendenscheine (Abs 5 idF des KStG 1977)
11. Erstmalige Feststellung des verwendb Eigenkap (Abs 6 idF des KStG 1977)
12. Abs 8 idF des G v 16. 8. 77 (Anm 2); § 5 Abs 1 Nr 16
13. Abs 9 idF der G v 18. 8. 80 u 20. 8. 80 (Anm 2)
14. § 39 (Abs 10 idF des G v 20. 8. 80, Anm 2)
15. Abs 11–13 idF der G v 22. 8. 80 u 26. 6. 81 (Anm 2)
16. Abs 14 idF des G zur Änderung des PartG v 22. 12. 83 (Anm 2)
17. Neufassung ab VZ 1984 (Abs 1 idF des G v 22. 12. 83, Anm 2)
18. Streichung des § 9 Nr 1 (Abs 5 idF des G v 22. 12. 83, Anm 2)
19. Reform der §§ 27–29, 37, 38 (Abs 1, 6 idF des G v 22. 12. 83, Anm 2)
20. Änderung des § 32 (Abs 7 idF des G v 22. 12. 83, Anm 2)
21. Abs 6 idF des G v 25. 7. 84 (Anm 2) betr § 10 Nr 3
22. Abs 9–13 idF des G v 14. 12. 84, 19. 12. 84 u 8. 12. 86 (Anm 2)
23. Neufassung durch das StRefG 1990 v 25. 7. 88 (Anm 2)
24. Abs 5 idF des G v 25. 7. 88, 20. 12. 88, 22. 12. 88 betr jeweils § 9 Nr 3 (Anm 2)
25. Änderung durch das VereinsförderungsG v 18. 12. 89
26. RentenRefG 1992 v 18. 12. 89
27. WohnungsbauförderungsG v 22. 12. 89 (Anm 2)
28. Einigungsvertrag v 31. 8. 90 (Anm 2)
29. BausparkassenG; Kultur- u StiftungsförderungsG v 13. 12. 90 (Anm 2)
30. StÄndG 1991 v 24. 6. 91 (Anm 2)
31. StÄndG 1992 v 25. 2. 92 (Anm 2)
32. StandOG v 13. 9. 93 (Anm 2) u StMBG v 21. 12. 93 (Anm 2)
33. EisenbahnneuordnungsG, ParteienG, VersicherungsbilanzrichtlinieG, PostneuordnungsG u G zur Änderung des UmwandlungsStR (Anm 2)
34. Jahressteuergesetze 1996, 1997; G zur Fortsetzung der UnternehmensStReform (Anm 2)

1. Allgemeines: § 54 idF des KStG 1977 hatte zum wesentl Inhalt das **Inkrafttreten** des **KStG 1977.** Parallelvorschrift ist § 52 I EStG 1977. Das Inkrafttreten des neuen Systems knüpft grundsätzl an das Wj: Wj, die vor dem 1. 1. 77 enden, unterliegen altem Recht, solche, die nach dem 31. 12. 76 enden, neuem Recht. Vgl auch Übergangserlaß BStBl I 76, 755 u A 106 KStR aF vor 1985. Später wurden mit Rechtsänderungen Absätze angefügt. Durch das G v 22. 12. 83 u v 25. 7. 88 (Anm 2) wurde § 54 neu gefaßt. Während in der Kommentierung der übrigen Paragraphen des KStG bzgl der Rechtsentwicklung bis zum KStG 1991 auf die 3. Auflage verwiesen wurde, wird die **Rechtsentwicklung** zu § 54 vollständig dargestellt, da die Kommentierungen mit einer Vielzahl von Verweisungen hierauf aufbaut.

2. Änderungen bis zur Neufassung durch G v 22. 12. 83 (vor § 1 Anm 20): Abs 8 wurde angefügt durch G v 16. 8. 77 (BGBl I 77, 1586; BStBl I 77, 442), Abs 9 durch G v 18. 8. 80 (BGBl I 80, 1537; BStBl I 80, 581), Abs 9 u 10 geändert und angefügt durch G v 20. 8. 80 (BGBl I 80, 1545; BStBl I 80, 589); gleichzeitig wurde in Abs 1 „Dieses Gesetz" durch „Die vorstehende Fassung dieses Gesetzes" ersetzt. Abs 11 wurde durch G v 22. 8. 80 (BGBl I 80, 1558; BStBl I 80, 624), Abs 12 u 13 durch G v 26. 6. 81 (BGBl I 81, 537; BStBl I 81, 523) angefügt. Das G zur Änderung des PartG v 22. 12. 83 (BGBl I 83, 1577; BStBl I 84, 7) fügte Abs 14 an.

Änderungen　　　　　　　　　　　　　　　　　　　　　　　2 **§ 54**

Durch das StEntlG 1984 v 22. 12. 83 (BGBl I 83, 1583; BStBl I 84, 14) wurden § 54 neu gefaßt, überflüssige Absätze weggelassen und die Übergangsfragen der Neuregelungen durch das StEntlG 1984 normiert.
Änderungen bis zur Neufassung durch das G v 25. 7. 88 (vor § 1 Anm 20): Das G zur Änderung des EStG und KStG v 25. 7. 84 (BGBl I 84, 1006; BStBl I 84, 401) fügte den Abs 6 ein; die Abs 6 und 7 wurden Abs 7 und 8. Das StBerG 1985 v 14. 12. 84 (BGBl I 84, 1493; BStBl I 84, 659) fügte die Abs 9 bis 12 an. Das StBerG 1986 v 19. 12. 85 (BGBl I 85, 2436; BStBl I 85, 735) faßte Abs 9 neu. Das G über das BauGBuch v 8. 12. 86 (BGBl I 86, 2191; BStBl I 87, 95) fügte Abs 13 an. Durch das StRefG 1990 v 25. 7. 88 (BGBl I 88, 1093; BStBl I 88, 224) wurde § 54 neu gefaßt.
Änderungen bis zur Neufassung des KStG durch das G v 11. 3. 91 (Vor § 1 Anm 20 – KStG 1991 –): Das G zur stl Begünstigung von Zuwendungen an unabhängige Wählervereinigungen vom 25. 7. 88 (BGBl I 88, 1185; BStBl I 88, 397) schob einen neuen Abs 5 ein; die bisherigen Abs 5–7 wurden Abs 6–8 (Gesetzgebungsfehler; richtig: Abs 5–8 werden Abs 6–9, da die Neufassung vom 25. 7. 88 acht Abs hatte). Das HaushaltsbegleitG 1989 v 20. 12. 88 (BGBl I 88, 2262; BStBl I 89, 19) fügt wiederum einen neuen Abs 5 ein; die bisherigen Abs 5–8 werden Abs 6–9 (Fortsetzung des Gesetzgebungsfehlers: richtig: Abs 5–9 werden Abs 6–10). Das 5. G zur Änderung der PartG u anderer G v 22. 12. 88 (BGBl I 88, 2615; BStBl I 89, 40) schiebt erneut einen Abs 5 ein; die bisherigen Abs 5–9 werden Abs 6–10; der neue Abs 6 wird redaktionell geändert (weitere Fortsetzung des Gesetzgebungsfehlers: Abs 5–10 werden Abs 6–11; allerdings kann man davon ausgehen, daß der Abs 5 idF des G v 25. 7. 88 – s o – obsolet und – ohne daß eine entspr Anordnung existiert – weggefallen ist; in diesem Fall heißt es tatsächl richtig Abs 6–10). Das VereinsförderungsG v 8. 12. 89 (BGBl I 89, 2212; BStBl I 89, 499) fügt einen neuen Abs 3 ein; der bisherige Abs 3 wird Abs 4; nach dem neuen Abs 4 folgt ein neuer Abs 5; der bisherige Abs 4 wird Abs 6; die bisherigen Abs 5 u Abs 6 werden durch den neuen Abs 7 ersetzt. Die bisherigen Abs 7–10 werden Abs 8–11. Das RentenRefG 1992 v 18. 12. 89 (BGBl I 89, 2261; BStBl I 90, 113) fügt Abs 2a ein. Das WohnungsbauförderungsG v 22. 12. 89 (BGBl I 89, 2408; BStBl I 89, 505) fügt Abs 12 an.
Der **Einigungsvertrag** v 31. 8. 90 iVm dem G v 23. 9. 90 (BGBl II 90, 885, 976; BStBl I 90, 654) änderte Abs 1, fügte einen neuen Abs 12 ein; der bisherige Abs 12 wurde Abs 13 (Anlage I B Kap IV Sachgebiet B II Nr 19). Allgemein bestimmt Anlage I B Kap IV Sachgebiet B II Nr 14 zum **Inkrafttreten** des **KStG im ehemaligen Gebiet der DDR:**
„(1) Das Recht der Bundesrepublik Deutschland auf folgenden Gebieten tritt in dem in Artikel 3 des Vertrages genannten Gebiet am 1. Januar 1991 in Kraft:
1. das Recht der Besitz- und Verkehrsteuern einschließlich der Einfuhrumsatzsteuer,
2. das Recht der Zulagen und Prämien, auf die Abgabenrecht Anwendung findet,
3. das Rennwett- und Lotterierecht sowie die bundesrechtlichen Regelungen der Abgabe von Spielbanken.

§ 54 2

Für die in Satz 1 genannten Abgaben, Zulagen und Prämien, die vor dem 1. Januar 1991 entstehen, ist das bis zum 31. Dezember 1990 in dem in Artikel 3 des Vertrages genannten Gebiet geltende Recht weiter anzuwenden.

(2) Bei der Anwendung des in Absatz 1 genannten Rechts für die Zeit vor dem 1. Januar 1991 behalten die Begriffe „Inland", „Erhebungsgebiet", „inländisch", „einheimisch", „Geltungsbereich des Grundgesetzes", „Land Berlin", „Ausland", „Außengebiet", „ausländisch", gebietsfremd" und „außengebietlich" die Bedeutung, die sie vor der Herstellung der Einheit Deutschlands in dem Staat hatten, in dessen Recht sie enthalten waren.

(3) Bei der Anwendung des in Absatz 1 genannten Rechts für die Zeit nach der Herstellung der Einheit Deutschlands ist unter der Bezeichnung „Deutsche Demokratische Republik" mit oder ohne Hinweis auf den Einschluß von Berlin (Ost) das in Artikel 3 des Vertrages genannte Gebiet und unter der Bezeichnung „Berlin (West)" der Teil des Landes Berlin, in dem das Grundgesetz schon bisher galt, zu verstehen.

(4) Absatz 1 gilt auf den dort genannten Rechtsgebieten auch für Recht, das auf völkerrechtlichen Verträgen oder Vereinbarungen beruht."

Die **Rückwirkungen** des § 54 gelten nicht für die Unternehmen der ehemaligen DDR (s § 54a Nr 8). Text Art 3 Einigungsvertrag s § 54a Anm 2).

Das G zur Änderung der G über Bausparkassen v 13. 12. 90 (BGBl I 90, 2770; BStBl I 91, 43) fügte Abs 8 ein. Das Kultur- u StiftungsförderungsG v 13. 12. 90 (BGBl I 90, 2775; BStBl I 91, 51) ergänzte Abs 5 S 1 u fügte Abs 7a ein.

Änderungen bis zur Neufassung des KStG durch das G v 22. 2. 96 (Vor § 1 Anm 20): Das StÄndG v 24. 6. 91 (BGBl I 91, 1322; BStBl I 91, 665) ergänzte Abs 5. Das StÄndG v 25. 2. 92 (BGBl I 92, 297; BStBl I 92, 146) faßte Abs 2 u 10 neu, fügte Abs 2b, 5a u 8a ein (der bisherige Abs 8a wurde 8b). Das StandOG v 13. 9. 93 (BGBl I 93, 1569; BStBl I 93, 774) faßte Abs 1, 2, 5, 5a, 10 u 11 neu; die Abs 6a, 8b, 10a, 10b, 11a u 11b wurden eingefügt; Abs 5a wurde Abs 5b, Abs 8b wurde 8c; Materialien s Vor § 1 Anm 19. Das StMBG v 21. 12. 93 (BGBl I 93, 2310; BStBl I 94, 50) faßte die Abs 2, 10a u 11 neu, fügte Abs 5b (der bisherige Abs 5b wurde Abs 5c), 6a (der bisherige Abs 6a wurde Abs 6b), Abs 6c u Abs 12a ein; Materialien s Vor § 1 Anm 19. Abs 1a wurde durch das EisenbahnneuordnungsG v 27. 12. 93 (BGBl I 93, 2378; BStBl I 94, 136) eingefügt. Das Sechste G zur Änderung des ParteienG u anderer G v 28. 1. 94 (BGBl I 94, 142; BStBl I 94, 207) ersetzte Abs 7 u Abs 7a durch einen neuen Abs 7. Das VersicherungsbilanzrichtlinieG v 24. 6. 94 (BGBl I 94, 1377; BStBl I 94, 466) fügte Abs 8c ein; der bisherige Abs 8c wurde Abs 8d. Das PostneuordnungsG v 14. 9. 94 (BGBl I 94, 2325) fügte Abs 1b ein. Das G zur Änderung des UmwandlungsStR v 28. 10. 94 (BGBl I 94, 3267) faßte Abs 8b und 12 neu; Materialien s Vor § 1 Anm. 19. Das JStG 1996 v 11. 10. 95 (BStBl I 95, 1250; BStBl I 95, 437) faßte Abs 1, 2b u 5c neu; das JStErgG v 18. 12. 95 (BStBl I 95, 1959, BStBl I 95, 786) änderte Abs 2 u schob einen neuen Abs 5c ein.

Liquidationszeitraum **3–6 § 54**

Änderungen seit dem KStG 1996: Das JStG 1997 v 20. 12. 96 (BStBl I 96, 2049; BStBl I 96, 1523) fügte Abs 2 a ein; der bisherige Abs 2 a wurde Abs 2 c. Das G zur Fortsetzung der UnternehmensStReform aus 1997 änderte Abs 6.

3. VZ 1976/1977 (Abs 1, 7 idF des KStG 1977): Das KStG 1977 ist erstmals für den am 1. 1. 77 beginnenden VZ anzuwenden (Abs 1). Wegen § 7 IV findet neues Recht folgl auf alle Wj Anwendung, die nach dem 31. 12. 76 enden, dh für alle vollen Wj, die nach dem 1. 1. 76, frühestens mit dem 2. 1. 76 beginnen. Abs 7 idF des KStG 1977 stellt klar, daß für alle VZ, die vor dem 1. 1. 77 enden, das bis zum Inkrafttreten des KStG 1977 geltende Recht anzuwenden ist; folgl gilt altes Recht für alle Wj, die vor dem 1. 1. 77 enden. Gleichgültig ist, ob volle Wj oder RumpfWj vorliegen.

4. Auf **Gewinnausschüttungen,** die auf einem **gesellschaftsrechtl ordnungsgem Beschluß** beruhen, findet neues Recht (= Herstellung der AusschüttungsBel) erstmals Anwendung, wenn sie für Wj vorgenommen werden, die nach dem 31. 12. 76 enden (nicht ausdrückl geregelt, Schluß aus §§ 54 I, II idF des KStG 1977, 27 III 1). Altes Recht gilt folgl für alle dem GesRecht entspr Ausschüttungen, die für Wj vorgenommen werden, die vor dem 1. 1. 77 enden. Weiter hierzu Vorauflage.

5. Für **Ausschüttungen,** die **nicht** auf einem **ordnungsgem gesellschaftsrechtl Gewinnverteilungsbeschluß** beruhen, ist grundsätzl der 1. 1. 77 Stichtag; zw ist die Behandlung von derartigen vGA vor dem 31. 12. 77 in Wj, die nach dem 31. 12. 76 enden (Beisp: vGA am 28. 9. 76 im Wj 1. 8. 76–31. 7. 77). ME ist auch für diese Ausschüttungen die AusschüttungsBel herzustellen (glA *Loos* DB 76, 2031); demgegenüber lehnt die FinVerw die Herstellung der AusschüttungsBel ab (A 106 V KStR aF vor 1985); zur Vermeidung von KStErhöhungen verständl auf der Grundlage der von uns abgelehnten Auffassung zur Auslegung des § 29 II aF (§ 28 Anm 7). Für **Vorabausschüttungen** gilt im entspr Fall (Wj 1. 4.– 31. 3., Vorabausschüttung 10. 9. 76) bereits nach dem Wortlaut des § 52 I EStG 1977 voll neues Recht, da Vorabausschüttungen gesellschaftsrechtl ordnungsgem beschlossen werden können (glA *Loos* DB 76, 2031; vgl ABC „Vorabausschüttung"). AA FinVerw A 106 IV KStR aF vor 1985.

6. Auf den **Liquidationszeitraum** (§ 11 I) ist Abs 1 idF des KStG 1977 analog anzuwenden (*Felix/Streck* BB 76, 923). Neues Recht gilt folgl für alle Liquidationen, deren Liquidationszeitraum (§ 11 Anm 6) frühestens am 1. 1. 77 beginnt. Für vor dem 1. 1. 77 beginnende Liquidationen gilt altes Recht. **AA** A 106 II KStR aF vor 1985; *Stolz* DStR 76, 572. Nur für bis zum 31. 12. 76 beendete Liquidationen gilt altes Recht, für später endende voll neues Recht. Wiederum aA *Loos* DB 76, 2032; neues Recht gilt für alle Liquidationsausschüttungen ab 1. 1. 77, für Liquidationsausschüttungen vor diesem Stichtag eines über den 1. 1. 77 reichenden Liquidationszeitraums soll auf KStErhöhungen verzichtet werden; unklar, ob im übrigen neues Recht angewandt ist. Die Ansicht der FinVerw u von *Stolz* wird auf praktische Schwierigkeiten bei lfd Liquidationen stoßen, die bereits vor dem 1. 1. 77 zu Liquidationsauskehrungen führten; zw, ob hier das neue Recht zurückwirken soll. A 106 KStR aF vor 1985 schweigt zu diesem

Problem. Soweit uns von *Loos* vorgehalten wird, wir übersähen § 52 I EStG 1977, wonach Liquidationsraten ab 1. 1. 77 für den AntE voll stpfl seien und dies mit dem KStRecht parallellaufen müsse, vermögen wir nicht zu folgen: Die Liquidationsraten sind nur voll stpfl, wenn sie aus verwendb EK stammen, § 20 I Nr 2 EStG 1977. Da bei Liquidationen vor dem 1. 1. 77 das KStG 1977 nicht anzuwenden ist, gibt es kein verwendb EK und folgl keine stpfl Liquidationsraten. Der Hinweis auf Abs 6 idF des KStG 1977, bereits vor dem 1. 1. 77 sei das verwendb EK festzustellen, überzeugt nicht, da diese Vorschrift Wj voraussetzt, die in das neue Recht hineinreichen. – Beginnt die Liquidation aufgrund GesBeschlusses vor dem 1. 1. 77, so entsteht bis zum Liquidationsbeginn ein RumpfWj (BFH BStBl II 74, 692), für das altes Recht Anwendung findet. Soweit § 11 erstmals auf **Gen** und **VVaG** ausgedehnt wird (s § 11 Anm 2), gilt dies ab 1. 1. 77. Bis VZ 1976 findet altes Recht auch bei schwebenden Liquidationsverfahren Anwendung; mit dem 1. 1. 77 beginnt der erste Besteuerungszeitraum gem § 11 I (glA A 106 III KStR aF vor 1985).

7. Bescheinigungen gem §§ 44, 45 (Abs 2 idF des KStG 1977): Abs 2 hat die Änderungen des § 54 ohne Wortlautänderung bis zur Neufassung 1988 (Anm 2) überlebt. Die Regelung in Abs 2 spiegelt die in Anm 3 ff dargestellte Regelung des Inkrafttretens wider, die in § 54 nicht voll zum Ausdruck gekommen ist; insoweit kann man auch umgekehrt das Inkrafttreten bzgl Ausschüttungen aus Abs 2 ableiten. Ausschüttungen aufgrund eines handelsrechtl ordnungsgem Verteilungsbeschlusses unterliegen nur dann neuem Recht des KStG 1977, wenn sie sich auf Wj beziehen, die nach dem 31. 12. 76 enden (Anm 4). Daher dürfen Bescheinigungen gem §§ 44, 45 bei Ausschüttungen, die auf einem ordnungsgem Verteilungsbeschluß beruhen, nicht ausgestellt werden, wenn sie Wj betreffen, die vor dem 1. 1. 77 enden. Im übrigen dürfen die Bescheinigungen nicht ausgestellt werden, wenn die Ausschüttung in einem vor dem 1. 1. 77 endenden VZ bewirkt wurde (Abs 2 S 2). Dies gilt mE nicht bei vGa in Wj, die nach dem 31. 12. 76 enden; Abs 2 S 2 ist mE zu lesen: „. . . in einem vor dem 1. 1. 77 abgelaufenen VZ (steuerl für diesen VZ wirksam) bewirkt worden sind". AA FinVerw; s o Anm 4, 5. Vorabdividenden sind Ausschüttungen aufgrund ordnungsgem Beschlüsse; werden sie zwar vor dem 1. 1. 77 geleistet, aber für ein Wj, das nach dem 31. 12. 76 endet, so können Bescheinigungen gem §§ 44, 45 ausgestellt werden; auch insoweit aA die FinVerw, s o Anm 5.

8. Nichtordnungsmäßigkeit eines Gewinnverteilungsbeschlusses für Wj alten Rechts (Abs 3 idF des KStG 1977): Keine Änderung dieses Abs bis zur Neufassung 1988 (Anm 2). Entspr der Gewinnverteilungsbeschluß nicht den gesellschaftsrechtl Vorschriften, so kann im alten Recht der ermäßigte AusschüttungsStSatz keine Anwendung finden. Im Zeitpunkt der Ausschüttung liegt eine vGa vor, die – sofern die Ausschüttung in einem Wj bewirkt wird, das bereits neuem Recht unterliegt – eine KStErhöhung auslösen kann (vgl § 27 III). Wird jedoch bei Ausschüttungsbeschlüssen für vor dem 1. 1. 77 abgelaufene Wj nachträgl (= nach der Ausschüttung) festgestellt, daß der Beschluß nicht ordnungsgem war, verbleibt es bei der Versa-

Parteienfinanzierung 9–16 § 54

gung des begünstigten AusschüttungsStSatzes; eine KStErhöhung aufgrund der Ausschüttung ist ausgeschlossen; nach der Technik des AnrV könnte auch eine KStMinderung eintreten; dies ist durch Abs 3 nicht untersagt.

9. Bescheinigung unter Verstoß gegen Abs 2 oder Abs 3 (Abs 4) – jeweils idF des KStG 1977 –: Keine Änderung dieses Abs bis zur Neufassung 1988 (Anm 2). Werden Bescheinigungen entgegen Abs 2, 3 ausgestellt, gilt § 44 VI aF entspr. § 44 VI aF enthält eine Haftungsregelung bei Ausstellung unzutreffender Bescheinigungen, s § 44 Anm 15 ff. § 44 VI 3 aF kennt eine Entlastungsmöglichkeit: Die Haftung greift nicht ein, wenn der Aussteller die Bescheinigung gem § 44 V aF zurückfordert und die weiteren hier normierten Bedingungen erfüllt. In Abs 4 fehlt der Verweis auf § 44 V aF. Dennoch ist mE über Abs 6 S 3 aF auch dieser Abs im Rahmen des § 54 IV anwendb. In der berichtigten Bescheinigung ist ggf auszuweisen, daß eine Bescheinigung nicht erteilt wird.

10. Dividendenscheine (Abs 5 idF des KStG 1977): Die Veräußerungen von Dividendenscheinen und Ansprüchen iSv § 20 II Nr. 2a EStG unterliegen nur dann dem AnrV, wenn sie sich auf Gewinne von Wj beziehen, die nach dem 31. 12. 76 ablaufen; entspr Zulässigkeit, eine Bescheinigung gem § 46 auszustellen.

11. Erstmalige Feststellung des verwendb Eigenkap (Abs 6 idF des KStG 1977): Aufteilung und Gliederung des verwendb EK sowie das in § 47 vorgesehene gesonderte Feststellungsverfahren sind erstmals zum Schluß des letzten dem 1. 1. 77 ablaufenden Wj vorzunehmen. Der früheste Feststellungszeitpunkt ist damit der 1. 1. 76, näml für das Wj 2. 1.–1. 1. Die erste Feststellung umfaßt nur verwendb EK gem § 30 II Nr 3 (glA BdF BStBl I 76, 755 Tz 3.5.5). Hierzu zählt auch der Gewinn, der für das letzte Wj alten Rechts ausgeschüttet wird (*Jurkat* StbKongrRep 77, 304).

12. Abs 8 idF des G v 16. 8. 77 (Anm 2); **zu § 5 I Nr 16:** Befreiung ab VZ 1978; StÄndG 77 (BGBl I 77, 1586; BStBl I 77, 442).

13. Abs 9 idF der G v 18. 8. 80 u 20. 8. 80; ÄndG v 18. 8. 80 (Anm 2): betrifft die §§ 5 I Nr 2 (§ 5 Anm 18), 9 Nr 3a S 2 u Nr 3b (§ 9 Anm 2), 23 III (§ 23 Anm 2); ÄndG v 20. 8. 80 (Anm 2) betr die §§ 26 I, II, VI (§ 26 Anm 2), 28 I (§ 28 Anm 2) u 47 I (§ 47 Anm 2).

14. Abs 10 idF des G v 20. 8. 80; ÄndG v 20. 8. 80 (Anm 2) betr § 39; dazu *Söffing/Wrede* FR 80, 401; *Krebs* BB 80, 1263; *Koch* DStZ 80, 341; *Dötsch* DStR 80, 192. Zur Aufhebung des § 39 weitere Hinweise in der Anm zu § 39 u der Kommentierung in der 2. Auflage zu § 39. Übergangsregelung der FinVerw 1980 StEK KStG 1977 § 39 Nr 2.

15. Abs 11–13 idF der G v 22. 8. 80 u 26. 6. 81; s hierzu Anm 2 und Gesetzestext.

16. Abs 14 bestimmt den VZ 1984 für das Inkrafttreten der reformierten Bestimmungen zur **Parteienfinanzierung** (§ 9 Anm 2, 19f). Die Vorschrift wurde durch G v 22. 12. 83 angefügt (Anm 2) und am gleichen Tag wieder aufgehoben (Anm 17). Ein Beisp des absurden Gesetzesperfektionismus.

§ 54 17–19   Schlußvorschriften

17. Abs 1 und § 54 insgesamt wurden durch das G v 22. 12. 83 (Anm 2) neu gefaßt. Abs 1 bestimmt, daß die Fassung des G ab VZ 1984 gilt.

18. Abs 5 idF des G v 22. 12. 83 (Anm 2) regelt die letztmalige Anwendung des § 9 Nr 1 aF.

19. Für die **Reform** der §§ **27–29, 37, 38** (vgl § 27 Anm 2, § 28 Anm 2, § 29 Anm 2) gilt grundsätzl **Abs 1** idF des G v 22. 12. 83 (Anm 2): Sie gilt ab VZ 1984. **Abs 6** ermöglicht, die Änderungen der §§ 27–29, 37, 38 **rückwirkend** bereits für alle nach dem 31. 12. 1976 abgelaufenen VZ und zum Schluß aller nach dem 31. 12. 76 abgelaufenen Wj anzuwenden. Der erforderl **Antrag** ist nicht formgebunden. Mündl Antragstellung reicht. Der Antrag ist ebenfalls an **keine Frist** gebunden, kann also auch noch nach Jahren gestellt werden. Verwirkung ist denkb, liegt aber nicht schon dann vor, wenn der Stpfl mit den dem Gesetz nachfolgenden Erklärungen zunächst die Rückwirkung nicht begehrt. Die Nichtnormierung einer Frist ist so bedeutsam, daß nur gravierende Tatbestände eine Verwirkung rechtfertigen. Dies gilt um so mehr, als der ReferentenEntw eine Frist vorsah, die im Gesetzgebungsverfahren gestrichen wurde (*Zenthöfer* FR 83, 368). Es besteht keine Pflicht, die Rückwirkung auf alle VZ 1977 – 1983 zu erstrecken; der Stpfl kann für die rückwirkende Anwendung einzelne VZ oder Wj herausgreifen. Nach gestelltem Antrag ist das **FA verpflichtet,** das geänderte Recht anzuwenden. Das Gesetz sieht **keine** weitere **Erklärungspflicht** vor; der Stpfl ist nicht verpflichtet, geänderte Steuer- und Feststellungserklärungen abzugeben (*Streck* KÖSDI 84, 5406). Aus der Tatsache, daß die bisherigen Erklärungen das alte Recht berücksichtigten, kann dem Stpfl kein Nachteil erwachsen, da er sich gesetzeskonform verhalten hat. Wegen der arbeitsmäßigen Mehrbelastung kann das FA den Antrag nicht ablehnen (vgl die Bedenken des Bundesrats in BT-Drucks 10/336, 39); auch die Stpfl und ihre Berater müssen mit der ständigen Gesetzesflut fertig werden. Die FinVerw kann den Stpfl jedoch um Mitwirkung bitten (FinVerw DB 84, 1069). Bestandskräftige Bescheide sind zu ändern, und zwar auch dann, wenn die Festsetzungsfrist abgelaufen ist. Das G kennt insoweit keine Einschränkung. Die abweichende Ansicht in BT-Drucks 10/336, 31 ist nicht begründet (FG RhPf EFG 87, 91; Zweifel auch bei *Goutier* Stbg 84, 49; *Streck* aaO; aA – wie BT-Drucks – BFH BStBl II 88, 962; BFH/NV 89, 461; BFH/NV 90, 129; FG Münster EFG 86, 468; Nds FG EFG 88, 254; FG München EFG 86, 360). Die etwa notwendigen sonstigen Folgeänderungen anderer Bescheide richten sich nach den allg Vorschriften (BT-Drucks 10/336, 31); idR § 175 I Nr 2 AO einschlägig (vgl *Dötsch* DB 84, 15; *Lempenau* BB 84, 265; *Streck* aaO). Der Antrag ist widerrufb (*Dötsch* DB 84, 148) und kann sodann erneut gestellt werden (*Streck* aaO). Im wesentl wie hier **FinVerw** BStBl I 84, 369 (Ausnahme: Begrenzung durch Ablauf der Festsetzungsfrist und die erwähnte Änderungsmöglichkeit nach § 175 I Nr 2 AO; insoweit abermals bekräftigend BMF v 20. 6. 85, DB 85, 1507; dagegen Centrale für GmbH GmbHR 85, 314). Die Bitte der Verw, geänderte EK-Berechnungen vorzulegen, erzeugt keine Pfl. Das Verbot der Verw, den Aktivposten aufgrund FinVerw BStBl I 79, 95, 598 bei Antragstellung zu beseitigen, ist nicht überzeugend. Ein im Hinblick auf die Verjährung versäumter Antrag nach § 54 VII rechtfertigt keinen Billigkeitserlaß von KSt (Nds FG EFG 88, 255). Zur Antragstellung und Kostenfolge im FG-Prozeß FG Saarl EFG 90, 386.

20. Abs 7 idF des G v 22. 12. 83 (Anm 2) befaßt sich mit Übergangsfragen der Streichung der neben EK_{56}, FK_{36}, u EK_0 bis VZ 1983 mögl besonderen EK-Teilen (s § 32 Anm 4f). Zu den Vor- und Nachteilen s *Bullinger* RiW 83, 930.

21. Abs 6 idF des G v 25. 7. 84 (Anm 2): **§ 10 Nr 3** (s § 10 Anm 15) soll rückwirkend gelten, nämlich für alle vor dem 1. 1. 84 beginnenden VZ, soweit StBescheide nicht bestandskräftig sind oder unter dem Vorbehalt der Nachprüfung stehen. Die Rückwirkung ist verfassungsmäßig bedenkl (glA *Offerhaus* StBp 84, 94); das gilt selbst für die Rückwirkung auf den 1. 1. 84. Ein Vertrauensschutz soll allerdings nicht bestehen (BR-Drucks 117/84, 11, ohne weitere Begründung; glA *Rettig* BB 84, 595; *Voß* FR 84, 245). Bzgl der Auflagen nach § 153a StPO soll nach BFH BStBl II 86, 518 u 845 die Rückwirkung verfassungsrechtl unbedenkl sein; glA FG RhPf EFG 85, 111. Daraus kann nicht zwingend das Entsprechende für Geldbußen hergeleitet werden, da es hier keine ständige Rspr gab (*Söffing* NWB F 3, 6377 (11/86)); insoweit bleiben die verfassungsrechtl Bedenken (vgl *von Lishaut* FR 86, 452; *Forchhammer* FR 86, 84; keine Bedenken sieht BFH/NV 90, 557).

Durch den Einschub des Abs 6 wurden die bisherigen Abs 6 u 7 die Abs 7 u 8.

22. Abs 9 bis 13 idF des G v 14. 12. 84, 19. 12. 85 u 8. 12. 86 (Anm 2): Hinweis auf den Gesetzestext u die Kommentierung der einzelnen geänderten Vorschriften.

23. Das StRefG 1990 v 25. 7. 88 (Anm 2) **faßte § 54 neu,** und zwar wie folgt (Abs teilweise wieder geändert, s Anm 24 ff). **Abs 1** bestimmt, daß das KStG idF des G v 25. 7. 88 grundsätzl für den am 1. 1. 90 beginnenden VZ gilt. **Abs 2:** S Gesetz. **Abs 3:** Übergangsregelung für die Einschränkung der StVorteile gemeinnütziger Wohnungsbauunternehmen. **Abs 4:** Zu dieser Übergangsregelung s § 8 Anm 16. **Abs 5:** Betrifft § 10 Nr 2 (s auch § 10 Anm 10). Dazu FinVerw BStBl I 89, 401. Die Rückwirkung gilt nicht insoweit, als Stundungs- und Aussetzungszinsen nach BFH BStBl II 89, 16 BetrAusg darstellen (FinVerw aaO; *Krebs* FR 89, 451; vgl auch *Kiesling* DStZ 90, 159); Rückwirkung für Hinterziehungszinsen gebilligt durch BFH BStBl II 95, 477 u FG D'dorf EFG 94, 267, für Säumniszuschläge FG BaWürt EFG 95, 179. **Abs 6** u **Abs 7** idF des G v 25. 7. 88: S Wortlaut. **Abs 8** idF des G v 25. 7. 88, jetzt Abs 11: Für eine Übergangszeit von 5 Jahren wird das EK_{56} in der EK-Gliederung gesondert weitergeführt. Nach Ablauf der Übergangszeit (Schluß des letzten vor dem 1. 1. 95 ablaufenden Wj) wird der dann noch vorhandene Teilbetrag an EK_{56} dem neu entstandenen EK_{50} in Höhe von 56/44 hinzugerechnet (zur Kritik *Lemm* DStR 88, 763; s auch ABC „Gewinnausschüttung"). Die Umrechnung ergibt einen höheren Teilbetrag von EK_{50} als an EK_{56} vorhanden war. Dies folgt daraus, daß EK_{50} rechnerisch weniger KSt repräsentiert als EK_{56}. Da sich das EK in der Gesamtheit nicht verändert, muß es

§ 54 23   Schlußvorschriften

zur Anpassung korrigiert werden. Zu diesem Zweck ist der nicht mit KSt belastete Teilbetrag an EK_{02} um 12/44 des zuletzt vorhandenen EK_{56} zu kürzen, auch wenn hierdurch ein Negativbetrag entsteht oder erhöht wird. Ist das EK_{56} zum Schluß des letzten, vor dem 1. 1. 91 endenden Wj negativ, so erfolgt eine Umgliederung von EK_{56} in EK_{50} im Verhältnis von 1 : 1 (*Herzig/Förster* DB 87, 1208). **Beisp** (nach *Altenhöfer/Krebs*, Bulletin der Bundesregierung Nr 46 vom 13. 4. 88):

Gliederung des verwendbaren Eigenkapitals zum 31. 12. 1994

	Summe DM	EK 56 DM	EK 50 DM	EK 02 DM
Bestand am 31. 12. 1994 vor der Umgliederung	194 000	44 000	50 000	100 000
Umgliederung				
(1) Abgang beim EK_{56}		– 44 000		
(2) Zugang beim EK_{50} $\frac{56}{44} \times 44 000$			+ 56 000	
(3) Korrektur beim EK_{02} $\frac{12}{44} \times 44 000$				– 12 000
	194 000	0	106 000	88 000

Probe:
Ausschüttungspotential vor der Umgliederung
Verwendung von EK_{56} 44 000 DM
Minderung der Körperschaftsteuer hierauf
$\frac{20}{44} \times 44 000$ 20 000 DM
Verwendung von EK_{50} 50 000 DM
Minderung der Körperschaftsteuer hierauf
$\frac{14}{50} \times 50 000$ 14 000 DM
Verwendung von EK_{02}: $\frac{64}{100} \times 100 000$ 64 000 DM

    192 000 DM

Ausschüttungspotential nach der Umgliederung
Verwendung von EK_{50} 106 000 DM
Minderung der Körperschaftsteuer hierauf
$\frac{14}{50} \times 106 000$ 29 680 DM
Verwendung von EK_{02}: $\frac{64}{100} \times 88 000$ 56 320 DM

    192 000 DM

24. Abs 5 idF des G v 25. 7. 88 betr das G zur stl Begünstigung von Zuwendungen an unabhängige Wählervereinigungen bestimmt, daß der ergänzte **§ 9 Nr 3** erstmals für den VZ 1988 anzuwenden ist. Diese Bestimmung wurde bereits durch das G v 20. 12. 88 durch den neu eingeschobenen Abs 5 dahingehend geändert, daß § 9 Nr 3 S 5 bis 8 idF des G v 25. 7. 88 bereits für den VZ 1984 gilt. Damit nicht genug, änderte das 5. G zur Änderung des PartG und anderer G vom 22. 12. 88 § 9 Nr 3 abermals. Hierzu die Übergangsvorschrift des neuen Abs 5, eingefügt durch das G v 22. 12. 88. Die bisherigen Abs 5–9 werden die Abs 6–10, in den neuen Abs 6 werden die Worte „Satz 5 bis 8" durch die Worte „Buchst c" ersetzt. Insgesamt sind diese Vorschriften über das Inkrafttreten nicht fehlerfrei; s Anm 2. Zu den ÄnderungsG s Anm 2 u § 9 Anm 19 ff

25. Änderung durch das **VereinsförderungsG** v 18. 12. 89 (Anm 2): Der neue Abs 3 befaßt sich mit dem Inkrafttreten des § 5 Abs 1 Nr 9 S 3 (s § 5 Anm 60). Der bisherige Abs 3 wird sodann Abs 4. Nach dem neuen Abs 4 befaßt sich der neue Abs 5 mit einer Übergangsregelung für die Genossenschaften und Vereine des § 5 Abs 1 Nr 10 (s § 5 Anm 64 f u FinVerw DB 91, 2315 betr die Möglichkeit, auf die Befreiung zu verzichten). Hinweis im übrigen auf das G. S auch Anm 29. Der bisherige Abs 4 wird Abs 6. Die Abs 5 und 6 idF der vorangegangenen G werden durch den neuen Abs 7 ersetzt, auf dessen detaillierte Regelung hier verwiesen wird. Die bisherigen Abs 7–10 werden Abs 8–11.

26. Das **RentenRefG 1992** v. 18. 12. 89 (Anm 2) fügt **Abs 2 a** ein. Hinweis auf das G.

27. Das **WohnungsbauförderungsG** v 22. 12. 89 (Anm 2) fügte **Abs 12,** heute **Abs 13** an. Hinweis auf das G.

28. Der **Einigungsvertrag** v 31. 8. 90 (Anm 2) änderte **Abs 1,** fügte **Abs 12** ein; der bish Abs 12 wird Abs 13. Hinweis auf das G und § 54 a.

29. Das G zur Änderung des G über **Bausparkassen** v 13. 12. 90 (Anm 2) fügte Abs 8 a ein. Das **Kultur- u StiftungsförderungsG** v 13. 12. 90 (Anm 2) ergänzte Abs 5 S 1 u fügte Abs 7 a ein; Hinweis auf das Gesetz.

30. Das **StÄndG 1991** v 24. 6. 91 (Anm 2) ergänzte Abs 5 und erweiterte die Übergangsregelung auf Erwerbs- und Wirtschaftsgenossenschaften sowie Vereine der ehemaligen DDR.

31. Das **StÄndG 1992** v 25. 2. 92 (Anm 2) faßte Abs 2, 10 neu, schuf Abs 2 b und Abs 5 a sowie Abs 8 a neu; der bisherige Abs 8 a wurde Abs 8 b.

32. Das **StandOG** v 13. 9. 93 (Anm 2) faßte die Abs 1, 2, 5, 5 a, 10 u 11 neu; die Abs 6 a, 8 b, 10 a, 10 b, 11 a u 11 b wurden eingefügt; Abs 5 a wurde 5 b, Abs 8 b wurde 8 c. Das **StMBG** (Anm 2) faßte Abs 2, 10 a u 11 neu, fügte Abs 5 b (der bisherige Abs 5 b wurde Abs 5 c), Abs 6 a (der bisherige Abs 6 a wurde Abs 6 b), Abs 6 c u Abs 12 a ein. Das StandOG regelte mit den Abs 10 a, 10 b, 11, 11 a u 11 b den Übergang von der TarifBel in Höhe von 50 vH auf 45 vH und den Übergang von der AusschüttungsBel in Höhe von 36 vH auf 30 vH, wobei die Übergangsregelung zur Absenkung der TarifBel von 56 vH auf 50 vH (s oben Anm 23) angepaßt wurde.

§ 54a Sondervorschriften zum Einigungsvertrag

Die Regelung war mißglückt; folgl wurden noch im selben Jahr durch das StMBG (Anm 2) die Abs 10a u 11 neu gefaßt. S hierzu *Dötsch* DB 93, 1790, DB 93, 2200, DB 94, 9; *Cattelaens* Wpg 94, 41; *Pach-Hanssenheimb* DStR 94, 1181. Zur Zwangsumgliederung des EK_{56} s *Heß/Neyer* DB 94, 2364. Die Überangsregelung ermöglicht in 1994 eine Ausschüttung des EK_{56} und die Absenkung der AusschüttungsBel auf 30 vH, dh eine KStMinderung von 26 Punkten, damit einmalige Gestaltungsmöglichkeiten mit Hilfe des Schütt-aus-Hol-zurück-Verfahrens; s *Schneider* DB 94, 541; *Kussel* DB 94, 552; *Robisch* DStR 94, 334; *Eder* BB 94, 1260 betr Vorabausschüttungen. Zu vor dem 1. 1. 95 beschlossenen, aber nach diesem Tag abfließenden Ausschüttungen s BdF BStBl I 94, 315. Zu Ausschüttungen in der Organschaft BdF DB 94, 1546; dazu *Willenberg/Welte* DB 94, 1688. Abs 6a u Abs 12a führen durch die rückwirkende Streichung der Sondervorschriften zum Verlustrücktrag den Gleichklang von ESt u KSt herbei (vgl *Dötsch* DB 93, 2200).

33. Das **EisenbahnneuordnungsG** (Anm 2) fügte Abs 1a ein; das Sechste G zur Änderung des **ParteienG** u anderer G (Anm 2) ersetzte Abs 7 u 7a durch einen neuen Abs 7. Durch das Versicherungsbilanzrichtlinie G (Anm 2) wurde Abs 8c eingefügt; Abs 8c alt wurde Abs 8d. Abs 1b wurde durch das **PostneuordnungsG** (Anm 2) eingefügt. Das G zur Änderung des **Umwandlungssteuerrechts** (Anm 2) faßte die Übergangsregelung des Abs 8b neu; dazu die Begründung BT-Drucks 12/7945, 66. Die merkwürdige Formulierung „auf Antrag kann verzichtet werden" heißt wohl: Das Wohnungsunternehmen „kann verzichten", und zwar durch einseitige Erklärung gegenüber dem FA. Der Verzicht kann auch widerrufen werden. Verzicht und Widerruf sind noch im Einspruchsverfahren, ggf bis zum Ende der mündl Verhandlung vor dem FG möglich. Außerdem wurde das Inkafttreten der §§ 38–38b in dem neu gefaßten Abs 12 geregelt.

34. Das **JStG 1996** v 11. 10. 95 (Anm 2) und sein ErgänzungsG v 18. 12. 95 (Anm 2) änderten die Abs 1, 2, 2b u 5c, das **JStG 1997** v 20. 12. 96 (Anm 2) Abs 2a. Durch das G zur Fortsetzung der UnternehmensStReform aus 1997 wurde Abs 6 geändert. Die Rückwirkung – bezogen auf das Jahr 1997 – ist verfassungsrechtl bedenklich.

§ 54a Sondervorschriften für Körperschaften, Personenvereinigungen oder Vermögensmassen in dem in Artikel 3 des Einigungsvertrages genannten Gebiet

Bei Körperschaften, Personenvereinigungen oder Vermögensmassen, die am 31. Dezember 1990 ihre Geschäftsleitung oder ihren Sitz in dem in Artikel 3 des Einigungsvertrages genannten Gebiet und im Jahre 1990 keine Geschäftsleitung und keinen Sitz im bisherigen Geltungsbereich dieses Gesetzes hatten, gilt folgendes:

1. Gewinnausschüttungen für ein vor dem 1. Januar 1991 endendes Wirtschaftsjahr sind abweichend von § 28 Abs. 3 mit dem Teilbetrag im Sinne des § 30 Abs. 2 Nr. 4 zu verrechnen.

Sondervorschriften zum Einigungsvertrag 1, 2 § 54a

2. Auf Gewinnausschüttungen für ein vor dem 1. Januar 1991 endendes Wirtschaftsjahr ist das Körperschaftsteuergesetz (KöStG) der Deutschen Demokratischen Republik in der Fassung vom 18. September 1970 (Sonderdruck Nr. 671 des Gesetzblattes), geändert durch das Gesetz vom 6. März 1990 zur Änderung der Rechtsvorschriften über die Einkommen-, Körperschaft- und Vermögensteuer – Steueränderungsgesetz – (GBl. I Nr. 17 S. 136) und das Gesetz vom 22. Juni 1990 zur Änderung und Ergänzung steuerlicher Rechtsvorschriften bei Einführung der Währungsunion mit der Bundesrepublik Deutschland (Sonderdruck Nr. 1427 des Gesetzblattes), weiter anzuwenden.
3. Soweit ein Verlust aus dem Veranlagungszeitraum 1990 auf das Einkommen eines Veranlagungszeitraums nach 1990 vorgetragen wird, ist die Hinzurechnung nach § 33 Abs. 2 bei dem Teilbetrag im Sinne des § 30 Abs. 2 Nr. 4 vorzunehmen.
4. Bescheinigungen im Sinne der §§ 44 und 45 dürfen nicht ausgestellt werden, wenn die Ausschüttung vor dem 1. Januar 1991 vorgenommen worden ist.
5. Werden Bescheinigungen im Sinne der §§ 44 und 45 entgegen der Nummer 4 ausgestellt, gilt § 44 Abs. 6 entsprechend.
6. Bescheinigungen im Sinne des § 46 dürfen nur ausgestellt werden, wenn Ansprüche auf den Gewinn aus Wirtschaftsjahren veräußert werden, die nach dem 31. Dezember 1990 ablaufen.
7. [1] Die Aufteilung des Eigenkapitals nach § 29 Abs. 2 Satz 1, die Gliederung des verwendbaren Eigenkapitals nach § 30 und die gesonderte Feststellung von Besteuerungsgrundlagen im Sinne des § 47 sind erstmals auf den 1. Januar 1991 vorzunehmen. [2] Dabei ist das verwendbare Eigenkapital entsprechend § 30 Abs. 3 zuzuordnen.
8. § 54 Abs. 2 bis 13 ist nicht anzuwenden, soweit darin die Anwendung einzelner Vorschriften für Veranlagungszeiträume oder Wirtschaftsjahre vor 1991 geregelt ist.

Übersicht

1. Allgemeines
2. Geltungszeit

1. Allgemeines: Sonderregelung für das ehemalige Gebiet der DDR. Einzelheiten s *Dötsch*, KStFragen im Zusammenhang mit dem Beitritt der Länder der DDR zur BRD, DB DDR Rep 90, 3126.

2. Geltungszeit: Eingefügt wurde § 54a durch den Einigungsvertrag v 31. 8. 90 iVm dem EinigungsvertragsG v 23. 9. 90 (BGBl II 90, 885, 976, BStBl I 90, 654), Anlage I Kap IV Sachgebiet B II Nr 19. Zum Inkrafttreten des KStG in den ehemaligen Gebieten der DDR s § 54 Anm 2. Art. 3 des Einigungsvertrags lautet:
„**Artikel 3. Inkrafttreten des Grundgesetzes**
Mit dem Wirksamwerden des Beitritts tritt das Grundgesetz für die Bundesrepublik Deutschland in der im Bundesgesetzblatt Teil III, Gliederungs-

§ 55 Berlin-Klausel

nummer 100-1, veröffentlichten bereinigten Fassung, zuletzt geändert durch Gesetz vom 21. Dezember 1983 (BGBl I S 1481), in den Ländern Brandenburg, Mecklenburg-Vorpommern, Sachsen, Sachsen-Anhalt und Thüringen sowie in dem Teil des Landes Berlin, in dem es bisher nicht galt, mit den sich aus Artikel 4 ergebenden Änderungen in Kraft, soweit in diesem Vertrag nichts anderes bestimmt ist."
Zum Übergang s BFH BStBl II 95, 578. Weitere Regelungen: BdF BStBl I 91, 506 betr die stl Behandlung der in der DDR im ersten Halbjahr 1990 in KapGes umgewandelten volkseigenen Kombinate, Betriebe und Einrichtungen; BStBl I 91, 921; FinVerw 1991 StEK KStG 1977 § 1 Nr 27 betr LPG; FinVerw 1991 StEK KStG 1977 § 1 Nr 28 betr bäuerl HandelsGen; FinVerw 1991 StEK KStG 1977 § 1 Nr 29 betr Apotheken; FinVerw 1992 StEK KStG 1977 § 1 Nr 31 betr KreditGen; FinVerw 1992 StEK KStG 1977 § 4 Nr 25, 28 betr Schlachthöfe; FinVerw 1992 StEK KStG 1977 § 4 Nr 26 betr Abwasserbeseitigung und Wasserversorgung; FinVerw 1992 StEK KStG 1977 § 4 Nr 27 betr StFreistellung 1990; FinVerw DB 92, 1499 betr Gewinnabführungen u Gewinnausschüttungen von KapGes im Beitrittsgebiet beim Übergang auf das bundesdeutsche StR; FinVerw DB 92, 1604 betr die Besteuerung einer sich auflösenden PGH; FinVerw BB 92, 1704 betr Verlustrücktrag auf 1990.
Rspr zum **KörperschaftStR** der **DDR:** BFH BStBl II 95, 133, 209, 419; I R 67/94 v 9. 11. 94, DB 95, 811; BStBl II 97, 183, dazu FinVerw DB 97, 908; FG Mecklenburg-Vorpommern EFG 94, 115; FG Mecklenburg-Vorpommern betr die Besteuerung einer Ausschüttung als Mindesteinkommen EFG 95, 542.

§ 55 *Berlin-Klausel*

[1] *Dieses Gesetz gilt nach Maßgabe des § 12 Abs 1 des Dritten Überleitungsgesetzes vom 4. Januar 1952 (Bundesgesetzbl. I S. 1) auch im Land Berlin.*
[2] *Rechtsverordnungen, die auf Grund dieses Gesetzes erlassen werden, gelten im Land Berlin nach § 14 des Dritten Überleitungsgesetzes.*

Berlin-Klausel gegenstandslos ab 3. 10. 1990 (Beitritt), s §§ 1, 4 Abs 1 Nr 2 Sechstes Überleitungsgesetz v 25. 9. 1990 (BGBl I 90, 2106; BStBl I 90, 644). Ausdrückl gestrichen durch das StÄndG 1992 v 25. 2. 92 (BGBl I 92, 297; BStBl I 92, 146).

II. Gesetz über steuerrechtliche Maßnahmen bei Erhöhung des Nennkapitals aus Gesellschaftsmitteln *und bei Überlassung von eigenen Aktien an Arbeitnehmer* (KapErhStG)

In der Fassung vom 10. Oktober 1967
(BGBl I 67, 977; BStBl I 67, 367)
Zuletzt geändert durch Gesetz vom 22.12.83 (BGBl I 83, 1592; BStBl I 84, 23)

Vorbemerkung

Übersicht

1. Schrifttum
2. Gegenstand des KapErhStG
3. Einfluß der KStReform
4. Rechtsentwicklung

1. Schrifttum: *Loos,* Die Überführung von verwendb EK einer KapGes auf ihre Ges nach der KStReform, DB 77, 217, 265; *Brezing,* Das KapErhStG nach der KStReform, AG 79, 12; *Döllerer* JbFfSt 80/81, 239, 253 ff; *Glade,* Die Auswirkungen von KapVeränderungen einer GmbH auf die KStAnr, GmbHR 83, 173; *Tillmann,* MindestKapErhöhung aufgrund der GmbH-Novelle 1980, GmbHR 80, 244.

Zu § 8 s dort.

2. Gegenstand des KapErhStG: Zwei Sachverhalte werden geregelt: Die **§§ 1, 3–7** beschäftigen sich mit den Folgen einer KapErh aus Gesellschaftsmitteln. Die Sonderregelung war erforderl geworden, nachdem die Rspr bei diesen gesellschaftsrechtl Vorgängen eine Ausschüttung und folgl estpfl Eink angenommen hatte (sog Doppelmaßnahme, BFH BStBl III 57, 401; III 58, 390; II 78, 414; II 79, 560). Das KapErhStG korrespondiert mit dem handelsrechtl G über die KapErh aus Gesellschaftsmitteln und über die Verschmelzung von GmbH v 23. 12. 59, BGBl I 59, 789 mit nachfolgenden Änderungen bzw – für AG u KGaA – mit §§ 207–220 AktG. **§ 8** erleichtert die Überlassung eigener Anteile an Arbeitnehmer; er wurde ab 1. 1. 84 durch § 19a EStG ersetzt (s Anm 4).

3. Einfluß der KStReform 1977: Die Zwecke der §§ 1–7 KapErhStG haben sich mit der KStReform verschoben. Vor der Reform galten die §§ 1–3 als Vergünstigungen, die durch § 5 eingeschränkt werden mußten. Vorteilhaft war die Nichtausschüttung; die Ausschüttung wurde in bestimmten Fällen fingiert. Nach der KStReform kann in vielen Fällen die Ausschüttung günstiger sein (s ABC „Schütt-aus-Hol-zurück"-Verfahren). Der Mißbrauchsverdacht richtet sich eher gegen die Ausschüttung als gegen ihre Vermeidung. Die KStReform hat jedoch zu einer Neutralität der Ausschüttung geführt, die unter keinem besonderen Mißbrauchsvorbehalt mehr steht; dies muß die Auslegung des KapErhStG beeinflussen (s auch ABC „Schütt-aus-Hol-zurück"-Verfahren).

KapErhStG § 1   Ertrag der Anteilseigner

4. Rechtsentwicklung: Das G v. 30. 12. 59 (BGBl I 59, 834; BStBl I 60, 14) wurde nach verschiedenen Änderungen, die die Rechtsentwicklung anderer G berücksichtigten, am 10. 10. 67 (BGBl I 67, 977; BStBl I 67, 367) neu gefaßt. Weitere Anpassungen vom 23. 12. 71 (BGBl I 71, 2134; BStBl I 72, 13). Am 6. 9. 76 (BGBl I 76, 2641; BStBl I 76, 476) wurde das G durch das EGKStRG in die KStReform einbezogen und teilweise neu gefaßt; dazu BT-Drucks 7/4803, 36. Die Anpassung an die AO 1977 erfolgte am 14. 12. 76 (BGBl I 76, 3341; BStBl I 76, 694). Das 2. HStruktG v 22. 12. 81 (BGBl I 81, 1523; BStBl I 81, 235, 244) änderte § 8; dazu BT-Drucks 9/842 u BR-Drucks 363/81. Das VermögensbeteiligungsG v 22. 12. 83 (BGBl I 83, 1592; BStBl I 84, 23) ersetzte § 8 durch § 19a EStG, und zwar ab 1. 1. 84 (§ 10 idF des G v 22. 12. 83); dazu BR-Drucks 304/83, 517/83; BT-Drucks 10/337, 10/349, 10/724.

§ 1 Steuern vom Einkommen und Ertrag der Anteilseigner

Erhöht eine Kapitalgesellschaft im Sinne des § 1 Abs. 1 Nr. 1 des Körperschaftsteuergesetzes ihr Nennkapital durch Umwandlung von Rücklagen in Nennkapital, so gehört der Wert der neuen Anteilsrechte bei den Anteilseignern nicht zu den Einkünften im Sinne des § 2 Abs. 1 des Einkommensteuergesetzes.

Übersicht

1. Allgemeines
2. Geltungszeit
3. Kapitalgesellschaft
4. Erhöhung des Nennkapitals
5. Rechtsfolge

1. Allgemeines: § 1 schließt aus, in der KapErh aus Gesellschaftsmitteln eine Ausschüttung und Wiedereinlage (Doppelmaßnahme, s Anm 5) zu sehen. Dies kann als Fiktion entgegen der allg Rechtsfolge einer Doppelmaßnahme gesehen werden, wenn man der Rspr (s Anm 5) folgt; man kann sie aber auch als gesetzl Bestätigung begreifen, daß bereits nach allg Regeln entgegen der Rspr eine Ausschüttung bei KapErh aus Gesellschaftsmitteln nicht anzunehmen ist. Insoweit ist § 1 bezügl des Problems der Doppelmaßnahme neutral.

2. Geltungszeit: S Anm zu §§ 8a, 10, 11. § 1 wurde durch das EGKStRG v 6. 9. 76, BGBl I 76, 2641, BStBl I 76, 476 geändert; obwohl die Änderung nur redaktionell sein sollte (BT-Drucks 7/4803, 36), wurde durch die Neufassung § 1 vom Handelsrecht abgekoppelt und die KapErh aus den Rücklagen als selbständige stl Voraussetzung formuliert.

3. Kapitalgesellschaft iSv § 1 I Nr 1 KStG s KStG § 1 Anm 12. Obwohl nicht zwingend aus dem Wortlaut ableitb, folgt aus der besonderen Regelung des § 7, daß § 1 eine Ges voraussetzt, die inl GesRecht unterliegt; durch den Hinweis auf § 1 I Nr 1 KStG werden diese bestimmten inl GesFormen bezeichnet. Die KapGes kann OrgGes iSv §§ 14–17 KStG

Gesellschaftsteuer § 2 **KapErhStG**

sein. StBefreiung der KapGes ist unschädl. Allerdings ist zu prüfen, ob die KapErh für die StBefreiung schädl ist (s dazu auch *Gronemann* DB 81, 1589).

4. Erhöhung des NennKap durch Rücklagenumwandlung. Es entstehen neue Anteilsrechte (Freianteile, Berichtigungsaktien, Gratisaktien). Die KapErh muß aufgrund gesellschaftsrechtl Vorschriften erfolgen. Einschlägig sind die §§ 207–220 AktG für die AG und KGaA und das G über die KapErh aus Gesellschaftsmitteln u über die Verschmelzung von GmbH v 23. 12. 59, BGBl I 59, 789 mit nachfolgenden Änderungen bzw – ab 1995 – die §§ 57c ff GmbHG für die GmbH. Für bergrechtl Gewerkschaften und KolonialGes existieren keine entspr gesellschaftsrechtl Vorschriften; zu diesen Rechtsformen s § 1 KStG Anm 12.

§ 1 setzt die **gesellschaftsrechtl Wirkung der KapErhöhung** voraus. Hinweis im einzelnen auf das GesRecht. Erforderl ist die Eintragung im HReg (§ 8 G v 23. 12. 59; § 57i GmbHG; § 211 AktG). Die Eintragung hat konstitutive Wirkung und ist für das StRecht bindend (BFH BStBl II 74, 32; BT-Drucks 7/4803, 36), selbst wenn die KapErh gegen zwingende gesellschaftsrechtl Vorschriften verstieß (BFH BStBl II 74, 32; II 79, 560). Die KapErh muß aus den Rücklagen erfolgen (§§ 1, 2 G v 23. 12. 59; § 57d GmbHG; §§ 207, 208 AktG). Wird unmittelb der Gewinn in Form von Freiaktien ausgeschüttet, liegen stpfl Gewinnanteile vor; anders, wenn der Gewinn zuerst in die Rücklage eingestellt und sodann zur KapErh verwandt wird (FinVerw 1964 StEK KStG § 19 Nr 5); anders auch, wenn der Gewinnverwendungsbeschluß die Zuweisung zu den Rücklagen ausweist und hieraus die KapErh erfolgt (FinVerw 96, 1445). Die Maßnahmen – Feststellung des Jahresabschlusses, Einstellung des Gewinns in die Rücklagen und KapErh aus diesen Rücklagen – können bei der GmbH zeitl unmittelb einander folgen. Allerdings muß die Bilanz, in der der Gewinn als Rücklage ausgewiesen ist, geprüft und bestätigt sein (vgl §§ 57e, 57f GmbHG), was aber – im Zeitablauf – vor dem gesellschaftsrechtl Beschluß über die Zuweisung zu den Rücklagen erfolgen kann. Wegen § 174 III AktG, wonach der Gewinnverteilungsbeschluß die Bilanz nicht ändert, ist eine derartige Zusammenfassung bei der AG nicht mögl.

5. Rechtsfolge: Keine Eink nach § 2 I EStG. Dies kann als Befreiung verstanden werden oder als Bestätigung, daß kein stpfl Wertzuwachs beim AntE vorliegt (s Anm 1). Im ersteren Fall gilt für zugehörige Werbungskosten oder Betriebsausgaben § 3c EStG (so *Blümich* KapErhStG § 1 Rz 17); im letzteren Fall ist der Abzug nach allgemeinen Regeln mögl. Liegen die Voraussetzungen des § 1 nicht vor, so beurteilt die Rspr die KapErh als Ausschüttung und Einlage, dh als sog Doppelmaßnahme (BFH BStBl III 57, 401; III 58, 390; II 78, 414; II 79, 560). Es liegt eine vGa vor (BFH BStBl II 78, 414; glA FinVerw DB 74, 1745).

§ 2 *Gesellschaftsteuer*

§ 2 wurde ab 1. 1 72 durch G v 23. 12. 71 (BGBl I 71, 2134; BStBl I 72, 13) gestrichen.

§ 3 Anschaffungskosten nach Kapitalerhöhung

Als Anschaffungskosten der vor der Erhöhung des Nennkapitals erworbenen Anteilsrechte und der auf sie entfallenen neuen Anteilsrechte gelten die Beträge, die sich für die einzelnen Anteilsrechte ergeben, wenn die Anschaffungskosten der vor der Erhöhung des Nennkapitals erworbenen Anteilsrechte auf diese und auf die auf sie entfallenen neuen Anteilsrechte nach dem Verhältnis der Nennbeträge verteilt werden.

Übersicht

1. Allgemeines
2. Geltungszeit
3. Voraussetzungen
4. Verteilung der Anschaffungskosten
5. Teilrechte

1. Allgemeines: Durch § 3 werden die Anschaffungskosten der Anteile vor der KapErh gleichmäßig auf die Alt- und Neuanteile verteilt.

2. Geltungszeit: S Anm zu §§ 8a, 10, 11. Durch das EGKStRG v. 6. 9. 76, BGBl I 76, 2641; BStBl I 76, 476 erfolgte nur eine redaktionelle Änderung (BT-Drucks 7/4803, 36).

3. Voraussetzung ist, daß der Tatbestand des § 1 gegeben ist, s § 1 Anm 2, 4.

4. Verteilung der Anschaffungskosten: Ein Anschaffungsgeschäft wird nicht angenommen. Die jungen Anteile sind von den alten „abgespalten"; ihr Anschaffungsvorgang wird von den Altanteilen abgeleitet (aA *Kanwatzki* DB 79, 1150 bzgl der Anschaffung im Spekulationsgeschäft). Die Anschaffungskosten werden linear verteilt. Dies gilt unabhängig davon, ob die Anteile Privatvermögen oder Betriebsvermögen darstellen. Bilanziert der AntE nicht mit der Anschaffungskosten, sondern mit einem anderen zulässigen Wert (Teilwert, § 6b EStG usw), ist dieser Wert zu verteilen. Bei Anteilen mit unterschiedl Anschaffungskosten erfolgt die Verteilung jeweils für die Anteile mit gleichen Anschaffungskosten (oder Buchwerten) gesondert. Sind die unterschiedl Anschaffungskosten nicht mehr bestimmten Anteilen zurechenb, so erfolgt die Verteilung so, als seien die Anschaffungskosten für die Anteile vor der KapErh gleichmäßig auf die Anteile verteilt. Folgt aus dieser mechanischen Regelung des § 3, daß die Anschaffungskosten der Freianteile über dem Börsenkurs liegen, ist nach allg Regeln eine Teilwertabschreibung mögl; § 3 steht nicht entgegen.

5. Teilrechte sind in die Verteilung mit einzubeziehen; ihnen sind nach § 3 folgl Anschaffungskosten zuzuordnen.

Herabsetzung des Nennkapitals   §§ 4, 5   **KapErhStG**

§ 4 Mitteilung der Erhöhung des Nennkapitals an das Finanzamt

Die Kapitalgesellschaft hat die Erhöhung des Nennkapitals innerhalb von zwei Wochen nach der Eintragung des Beschlusses über die Erhöhung des Nennkapitals in das Handelsregister dem Finanzamt mitzuteilen und eine Abschrift des Beschlusses über die Erhöhung des Nennkapitals einzureichen.

Übersicht

1. Allgemeines
2. Geltungszeit
3. Voraussetzungen
4. Mitteilungspflicht

1. Allgemeines: § 4 bezweckt, durch MitteilungsPfl die StFolgen des KapErhStG sicherzustellen.

2. Geltungszeit: S Anm zu §§ 8a, 10, 11. § 4 war bis zum EGKStRG v 6. 9. 76 (BGBl I 76, 2641; BStBl I 76, 476) § 5; im übrigen keine Änderung durch die KStReform.

3. Voraussetzung ist eine Erh des NennKap iSv § 1; s § 1 Anm 3, 4.

4. Die Tatsache der Erh ist **mitzuteilen**. Außerdem ist eine Abschrift des Beschlusses einzureichen; Beglaubigung ist nicht erforderl; Kopie ist ausreichend. Frist: zwei Wochen nach Eintragung des Beschlusses; Fristbemessung: §§ 108 AO, 187f BGB. Fristverlängerung ist durch das FA mögl entspr § 109 AO. Die Mitteilung erfolgt an das für die Besteuerung der KapGes zuständige FA. Eine Sanktion für die Verletzung ist nicht vorgesehen. Führt die vorsätzl oder fahrlässige Verletzung zu einer StVerkürzung, kann StHinterziehung oder leichtfertige StVerkürzung gegeben sein; wohl nur eine sehr theoretische Möglichkeit.

§ 5 Herabsetzung des Nennkapitals

(1) ¹Gilt für die Erhöhung des Nennkapitals eine Rücklage als verwendet, die aus dem Gewinn eines vor dem 1. Januar 1977 abgelaufenen Wirtschaftsjahrs gebildet worden ist, und setzt die Kapitalgesellschaft das Nennkapital innerhalb von fünf Jahren nach Erhöhung herab, so gilt die Rückzahlung dieses Teils des Nennkapitals als Gewinnanteil. ²§ 41 Abs. 2 des Körperschaftsteuergesetzes ist anzuwenden.

(2) ¹Die auf die Gewinnanteile (Dividenden) im Sinn des Absatzes 1 entfallenden Steuern vom Einkommen der Gesellschafter werden im Wege der Pauschbesteuerung erhoben. ²Die Steuer ist von der Kapitalgesellschaft zu entrichten. ³Sie beträgt dreißig vom Hundert der Gewinnanteile. ⁴Sie ist bei der Ermittlung des Einkommens nicht abziehbar und bei der Ermittlung der Teilbeträge des verwendbaren Eigenkapitals dem Teilbetrag im Sinne des § 30 Abs. 2 Nr. 3 des Körperschaftsteuergesetzes zuzuordnen. ⁵§ 27 des Körperschaftsteuerge-

setzes und die Vorschriften über die Anrechnung und Vergütung von Körperschaftsteuer sind nicht anzuwenden.

(3) ¹§ 4 gilt entsprechend. ²Die Mitteilung der Herabsetzung des Nennkapitals gilt als Steuererklärung im Sinn des § 150 der Abgabenordnung.

(4) ¹Das Finanzamt setzt durch Steuerbescheid die Steuer fest. ²Die Steuer ist innerhalb eines Monats nach Bekanntgabe des Steuerbescheids zu entrichten.

Übersicht

1. Allgemeines
2. Geltungszeit
3. Verwendung von Altgewinnen (Abs 1)
4. Kapitalherabsetzung
5. Zusammenhang zwischen KapErh und KapHerabsetzung
6. Verwendung von nichtverwendb EK
7. 5-Jahres-Frist
8. KapHerabsetzung als Gewinnanteil
9.-10. Pauschbesteuerung (Abs 2)
11. MitteilungsPfl und StErklärung (Abs 3)
12. StBescheid und Fälligkeit (Abs 4)
13. § 5 und vGa

1. Allgemeines:

Schrifttum: *Schöneberger* DB 80, 223; *Reuter* AG 83, 148; *Herzig* JbFfSt 82/83, 366.

Vor der KStReform war es für AntE in vielen Fällen günstig, an die Stelle einer Gewinnausschüttung die KapErh und die anschließende KapHerabsetzung zu setzen. Hier bezweckte § 5 einen Mißbrauchsschutz: KapHerabsetzungen innerhalb von 5 Jahren nach der KapErh führten zu Eink. KapAuskehrungen, die nach dem 31. 12. 76 gebildete Gewinne betreffen, führen jedoch nach der KStReform stets zu Eink aus KapVerm. § 5 beschränkt sich heute folgl nur noch auf die zu NennKap umgewandelten Rücklagen, die aus Gewinnen von Wj stammen, die vor dem 1. 1. 77 endeten. Die Vorschrift hat abnehmende Bedeutung, da bei den KapGes das AltKap zunehmend von NeuKap überlagert wird.

2. Geltungszeit: S Anm zu §§ 8a, 10, 11. § 5 war vor der KStReform § 6. Durch das EGKStRG v 6. 9. 76 (BGBl I 76, 2641; BStBl I 76, 476) wurde § 6 aF zu § 5 nF und in wesentl Teilen neu gefaßt. KapAuskehrungen aus Neugewinnen (Gewinne nach 1976) können den allg Vorschriften unterliegen, da hier Ausschüttungen iSd § 27 KStG vorliegen (s § 27 KStG Anm 7); eine Sonderregelung ist nur für Altgewinne (Gewinne vor 1977) notwendig; hierauf wurde § 5 eingeschränkt (s BT-Drucks 7/4803, 36). Außerdem wurde Abs 3 u Abs 4 durch das EGAO v 14. 12. 76 (BGBl I 76, 3341; BStBl I 76, 694) mit Wirkung vom 1. 1. 77 der AO 1977 angepaßt.

3. Verwendung von Altgewinnen (Abs 1): Voraussetzung ist eine Erh des NennKap iSv § 1. S § 1 Anm 2, 4. Die verwendeten Rücklagen

Auflösung, Umwandlung und Formwechsel   § 5 KapErhStG

müssen aus Gewinnen eines vor dem 1. 1. 77 abgelaufenen Wj gebildet sein. Welcher Gewinn für die KapErh als verwendet gilt, ergibt sich aus §§ 41 III, 28 KStG. Maßgebend ist die Reihenfolge EK_{03}, EK_{04}, sodann ohne EK-Änderung $EK_{45(50/56)}$, EK_{36}, EK_{01}, EK_{02} (§ 41 KStG Anm 6). Abs. 1 betr nur die KapErh aus EK_{03}. Allerdings spricht § 5 von Gewinnen aus vor dem 1. 1. 77 abgelaufenen Wj, während EK_{03} auch Alt-Einlagen umfaßt (§ 30 KStG Anm 10). Bei Ausschüttungen vor der KStReform wurde zwischen Gewinn- und Einlagenausschüttungen nicht unterschieden; diese Differenzierung ist erst durch das KStG 1977 mögl. § 5 setzt – eingeschränkt – den vor der KStReform geltenden Rechtszustand fort. Dies spricht dafür, daß der Gesetzgeber auch in § 5 insoweit nicht differenzieren will. Hinzu kommt, daß die Feststellung, welcher Teil der Rücklagen aus Einlagen, welcher aus Gewinnen stammt, häufig kaum mögl ist. ME gilt § 5 folgl für Gewinne ebenso wie für Einlagenausschüttungen (glA *Blümich* KapErhStG § 5 Rz 5).

4. Weitere Voraussetzung ist eine gesellschaftsrechtl ordnungsgemäß durchgeführte **KapHerabsetzung**. Soweit hierdurch Teile des NennKap frei werden, greift § 5 nur ein, wenn dieser Teil an die AntE gezahlt wird (der im Gesetz gebrauchte Begriff Rückzahlung ist mißverständl, da die AntE nicht etwas erhalten, was sie eingezahlt hatten). Keine Zahlung liegt vor, wenn die freigewordenen Beträge zur Verlustabdeckung oder für Rücklagen verwendet werden. Das gilt auch, wenn der Betrag zuerst in die Rücklage eingestellt und später ausgeschüttet wird; dies ist Gewinnausschüttung nach allg Regeln ohne die Rechtsfolge des § 5. Barauszahlung ist nicht Bedingung. Es gelten die allg Regeln über den Zufluß. Zufluß zB mögl durch Verrechnung. Werden nur Teilbeträge ausgezahlt, gilt § 5 für die ausgezahlten Teilbeträge.
Auflösung, Umwandlung und Formwechsel einer KapGes sind keine KapHerabsetzung; für sie gilt § 5 nicht (*Thiel* BB 61, 1007; *Meyer-Arndt* StbJb 76/77, 349, 353). Wird zB die GmbH innerhalb der 5-Jahres-Frist liquidiert, findet § 5 keine Anwendung. Werden bei der verschmelzenden Umwandlung Teile des Übernahmegewinns in die Rücklage der aufnehmenden Ges eingestellt, so führt die Ausschüttung dieser Rücklage nicht zu § 5. Der Hilfstatbestand der vor 1977 geltenden Fassung, der § 5 (bzw § 6 aF) auch an den Erwerb eigener Anteile knüpfte, wurde ersatzlos gestrichen (dazu BT-Drucks 7/4803, 36). Der Erwerb eigener Anteile führt seitdem nicht mehr zur Rechtsfolge des § 5.

5. Die **KapHerabsetzung** führt nur betragsmäßig in der Höhe zur Rechtsfolge des § 5, in der zuvor eine **KapErh** gem § 1 durchgeführt wurde. Die KapHerabsetzung und die vorangegangene KapErhöhung setzen folgl jeweils isoliert wirkende Höchstgrenzen. Außerdem darf der sachl Zusammenhang nicht durch zwischenzeitl erfolgte weitere gesellschaftsrechtl Akte unterbrochen sein. Beisp: KapErh aus Gesellschaftsmitteln in Höhe von DM 200 000 im Jahr 01; im Jahr 02 folgt KapErh durch Einzahlung in Höhe von DM 400 000; sodann im Jahr 03 KapHerabsetzung in Höhe von DM 400 000. ME greift § 5 nicht ein (glA *H/H/R* KapErhStG § 5 Anm 16 mit weiterem Beisp). Wären in diesem Beisp

KapErhStG § 5 Herabsetzung des Nennkapitals

DM 500 000 aufgrund einer KapHerabsetzung ausgezahlt, würde § 5 für DM 100 000 Anwendung finden.

6. Die KapHerabsetzung muß zur **Verwendung** von **EK** führen, das **nicht** zum **verwendb EK** zählt. Das folgt weniger aus dem insoweit unklaren Wortlaut als aus dem Zweck des Gesetzes, Ausschüttungen, die evtl nach § 20 I Nr 2 EStG keine Einnahmen aus KapVerm darstellen, stl zu erfassen. Nach Abs 1 S 2 gilt § 41 II KStG: Zuerst gilt der Teil des Nenn-Kap als für die KapHerabsetzung verwendet, der zum verwendb EK gehört (vgl § 29 III KStG); § 5 findet keine Anwendung. Ist dieses EK nicht vorhanden, gilt das aus Altrücklagen (EK_{03}) gebildete NennKap, das aus dem verwendb EK ausgeschieden ist (vgl § 41 Anm 4), als für die KapHerabsetzung verwendet. Dies ist der Tatbestand des § 5.

§ 5 findet keine Anwendung, wenn die KapErh aus EK_{04} gespeist wurde; auch EK_{04} scheidet aus dem verwendb EK bei einer KapErh aus (vgl § 29 Anm 11). EK_{04} gilt als vor EK_{03} bei der KapHerabsetzung verwendet (so *Widmann* JbFfSt 77/78, 319; aA *Krebs* DB 79, 1577; *Dötsch* DB 81, 1996; s § 41 Anm 5).

Zu überlegen ist, ob bei einer KapHerabsetzung nicht das EK als zuerst zurückgeführt gilt, das den Bedingungen des § 5 nicht genügt und gleichwohl nicht verwendb EK darstellt (Beisp: NennKap aus einer früheren Einzahlung gilt als vor dem EK gezahlt, das aus der KapErh aus Gesellschaftsmitteln herrührt). Aus dem Zweck des § 5 wird man ableiten müssen, daß innerhalb des § 5 – nach Abschälung des verwendb EK – das EK zuerst als gezahlt gilt, das die Folge des § 5 auslöst.

7. Die Rechtsfolge des § 5 wird nur innerhalb eines bestimmten Zeitraums ausgelöst. **Frist:** 5 Jahre. Beginn: Mit dem Tag nach der Eintragung des Beschlusses über die KapErh im HReg (§ 108 AO, § 187 I BGB). Ende: Mit Ablauf des Tags nach fünf Jahren, der durch seine Benennung dem Tag der Eintragung entspr (§ 188 II BGB). Beisp: Eintragung am 6. 8. 1981; Ablauf der Frist mit Ablauf des 6. 8. 86. ME keine Verlängerung, wenn das Ende auf einen Sonntag, Feiertag oder Samstag fällt. Diese Verlängerungen schützen den, der innerhalb der Frist zu seinen Gunsten eine Handlung oder Willenserklärung abgeben kann. In § 5 bedeutet die Verlängerung der Frist demgegenüber eine Benachteiligung, so daß eine schützende Verlängerung nicht eingreifen muß.

Innerhalb der Frist muß die Herabsetzung des NennKap erfolgen, und zwar Beschluß und Eintragung im HReg. Die Auszahlung muß nicht innerhalb der 5-Jahres-Frist erfolgen. Vgl Wortlaut. Allerdings ist ein enger zeitl Bezug zwischen Auszahlung und Herabsetzung erforderl, damit eine Rückzahlung der herabgesetzten Kap vorliegt (anderenfalls ist nicht § 5, sondern eine vGa gegeben).

8. Rechtsfolge des Abs 1: Die Rückzahlung gilt als stpfl **Gewinnanteil.** Für die Besteuerung gelten Abs 2–4 (Anm 9–12). Die Rechtsfolge des § 5 tritt auch ein, wenn die KapHerabsetzung als vGa zu qualifizieren ist; § 5 geht § 8 III KStG vor (FinVerw 1986 StEK KapErhStG § 5 Nr 3).

9. Der Gewinnanteil wird im Wege der **Pauschbesteuerung** gem **Abs 2** erhoben. Die Erhebung erfolgt bei der KapGes. Abgegolten werden

Anschaffungskosten § 6 **KapErhStG**

die ESt bzw KSt des AntE; daher entsteht sie auch, wenn die KapGes Verluste ausweist. Soweit der AntE bilanziert, muß – da sich die Anschaffungskosten durch die KapHerabsetzung nicht ändern (§ 6) – der Gewinn wegen der bereits erfolgten Besteuerung außerbilanziell korrigiert werden. Umstr ist, ob durch die Pauschbesteuerung auch die GewSt abgegolten ist (mE zutr bejahend *Blümich* KapErhStG § 5 Rz 12; *Leingärtner* StuW 68, 333, 343).

10. Einzelheiten: Die PauschSt entsteht, wenn der gesetzl Tatbestand verwirklicht ist. Daß die entspr Steuer auch beim AntE entstanden sein würde, wenn es sich um eine Normaldividende handelte, ist nicht Bedingung; die Pauschbesteuerung ist von der Steuer des AntE abgekoppelt. **StSchuldner** ist die KapGes. Sie ist nicht nur Haftender. Dies folgt mE aus Abs 2 S 2. Dem FA ist der Weg zum AntE verschlossen. Kommt die KapGes ihrer StPfl nicht nach, kann sich das FA nicht an den AntE halten. **Bemessungsgrundlage** ist der ausgezahlte Betrag, der dem Grunde und der Höhe nach § 5 Abs 1 entspr. BetrAusg oder Werbungskosten können nicht abgezogen werden; da die Besteuerung jedoch ein Vorgang der KapGes ist, sind die BetrAusg bei der allg Besteuerung abzb. Eine Erhöhung um die Steuer erfolgt nicht. **StSatz:** 30 vH. Keine Ermäßigung nach dem BerlFG (FG Berlin EFG 72, 609). Die PauschSt ist **nicht abzb.** Sie wird vom **EK$_{03}$ abgezogen** (S 4); sie ist damit definitiv (BT-Drucks 7/4803, 36). Im übrigen finden die Regeln des **AnrV keine Anwendung** (S 5).

11. Abs 3: Zur entspr **MitteilungsPfl** gem § 4 s Anm zu § 4. Die 2-Wochen-Frist gilt ebenfalls. Die Mitteilung bezieht sich mE auf die KapHerabsetzung und die Rückzahlung; dies ist die „entspr" Anwendung des § 4 (glA *Blümich* KapErhStG § 5 Rz 17). Abweichend von § 4 gilt die Mitteilung jedoch als StErklärung iSv § 150 AO.

12. Abs 4 berechtigt das FA zur StFestsetzung durch **StBescheid.** Außerdem bestimmt es die Fälligkeit.

13. Fragl ist, ob neben der Rechtsfolge des § 5 eine **vGa** angenommen werden kann. Ist der Tatbestand des § 5 verwirklicht, ist seine Rechtsfolge der der vGa vorrangig (glA FinVerw 1961 StEK KapErhStG § 5 Nr 1). Ist § 5 nicht verwirklicht, kann nach allg Regeln eine vGa vorliegen; s auch § 8 KStG Anm 150 „Kapitalherabsetzung".

§ 6 Anschaffungskosten nach Kapitalherabsetzung innerhalb von fünf Jahren

Setzt eine Kapitalgesellschaft innerhalb von fünf Jahren nach Erhöhung des Nennkapitals (§ 1) das Nennkapital herab und zahlt sie die dadurch frei werdenden Mittel ganz oder teilweise an die Gesellschafter zurück, so gelten als Anschaffungskosten der nach der Kapitalherabsetzung verbleibenden Anteilsrechte die Beträge, die sich für die einzelnen Anteilsrechte ergeben, wenn die Anschaffungskosten der vor der Kapitalherabsetzung vorhandenen gesamten Anteilsrechte auf die

KapErhStG § 6 Anschaffungskosten

nach der Kapitalherabsetzung verbleibenden Anteilsrechte nach dem Verhältnis ihrer Nennbeträge verteilt werden.

Übersicht

1. Allgemeines
2. Geltungszeit
3. KapHerabsetzung nach KapErh
4. Anschaffungskosten
5. Behandlung als Ausschüttung

1. Allgemeines: § 6 befaßt sich mit den Anschaffungskosten für die Anteile bei einer KapHerabsetzung nach KapErh. Innerhalb von 5 Jahren bleibt die KapHerabsetzung ohne Einfluß auf die Anschaffungskosten. Die Herabsetzung wird wie eine Ausschüttung behandelt. Die Voraussetzungen in § 6 sind weiter gefaßt als diejenigen des § 5, so daß § 6 eigenständige Bedeutung hat.

2. Geltungszeit: S Anm zu §§ 8a, 10, 11. Durch das EGKStRG v 6. 9. 76 (BGBl I 76, 2641; BStBl I 76, 476) eingefügt; inhaltsgleich, redaktionell geändert, mit § 6 V aF (BT-Drucks 7/4803, 37).

3. Voraussetzungen: KapErh iSv § 1; s § 1 Anm 3, 4; kein Bezug zu bestimmten Rücklagen wie in § 5 erforderl. KapHerabsetzung: s § 5 Anm 4; gleichgültig ist jedoch in § 6, welches EK als verwendet gilt. 5-Jahres-Frist s § 5 Anm 7. § 6 bezieht sich nur auf den Betrag der KapHerabsetzung, der der vorangegangenen KapErh entspr. Übersteigt die KapHerabsetzung diesen Betrag, gelten für den übersteigenden Betrag die allg Regeln. Der weitergehende Wortlaut ist einschränkend auszulegen (glA *Blümich* KapErhStG § 6 Rz 5). § 6 findet ebenfalls keine Anwendung, wenn der sachl Zusammenhang zwischen KapHerabsetzung und KapErh durch weitere gesellschaftsrechtl Maßnahmen unterbrochen wird (vgl § 5 Anm 5).

4. Anschaffungskosten: Die KapHerabsetzung führt nicht zu einer Minderung oder Verrechnung mit den Buchwerten bzw Anschaffungskosten der Anteile. Die Anschaffungskosten sind auf die verbleibenden Anteile gleichmäßig zu verteilen. An die Stelle der Anschaffungskosten treten evtl die maßgebenden Buchwerte. Auch Teilrechte sind zu berücksichtigen. S im übrigen § 3 Anm 5.

5. Die KapHerabsetzung wird wie eine **Ausschüttung behandelt.** § 6 sieht Besonderheiten für die AnrV bei der KapGes nicht vor. Hier gelten – vorbehaltl § 5 – die allg Regeln. Die Abrechnung beim EK erfolgt nach den Verwendungsfiktionen, §§ 41 II, 28, 29 III KStG. Damit ergeben sich folgende Möglichkeiten: Fällt die KapRückzahlung unter § 20 I Nr 2 EStG, ist sie in das AnrV einbezogen. Sie wird voll als Einnahme aus KapVerm erfaßt. Die Zahlung fällt unter § 5, s dort. EK_{04} oder sonstiges EK – NennKap – wird verwendet, ohne daß § 5 eingreift: Stl Erfassung nur bei Gewinnermittlung nach §§ 4 I, 5, 15 EStG, nicht in sonstigen Fällen; die KapHerabsetzung wird wie eine Ausschüttung behandelt; ausschüttungsbedingte Teilwertabschreibungen bleiben gleichwohl mögl.

Ausländische Gesellschaften § 7 KapErhStG

§ 7 Anteilsrechte an ausländischen Gesellschaften

(1) ¹§ 1 ist auf den Wert neuer Anteilsrechte an ausländischen Gesellschaften anzuwenden, wenn

1. die ausländische Gesellschaft einer Aktiengesellschaft, einer Kommanditgesellschaft auf Aktien oder einer Gesellschaft mit beschränkter Haftung vergleichbar ist,
2. die neuen Anteilsrechte auf Maßnahmen beruhen, die einer Kapitalerhöhung aus Gesellschaftsmitteln nach den Vorschriften der §§ 207 bis 220 des Aktiengesetzes oder nach den Vorschriften des Gesetzes über die Kapitalerhöhung aus Gesellschaftsmitteln und über die Gewinn- und Verlustrechnung vom 23. Dezember 1959 (Bundesgesetzbl. I S. 789), zuletzt geändert durch das Einführungsgesetz zum Strafgesetzbuch vom 2. März 1974 (Bundesgesetzbl. I S. 469), entsprechen und
3. die neuen Anteilsrechte wirtschaftlich den Anteilsrechten entsprechen, die nach den in Nummer 2 bezeichneten Vorschriften ausgegeben werden.

²Der Erwerber der Anteilsrechte hat nachzuweisen, daß die Voraussetzungen der Nummern 1 bis 3 erfüllt sind.

(2) ¹Setzt die ausländische Gesellschaft in den Fällen des Absatzes 1 innerhalb von fünf Jahren nach Ausgabe der neuen Anteilsrechte ihr Kapital herab und zahlt sie die dadurch freiwerdenden Mittel ganz oder teilweise zurück, so gelten die zurückgezahlten Beträge bei den Anteilseignern insoweit als Einkünfte aus Kapitalvermögen im Sinne des § 20 Abs. 1 Nr. 1 des Einkommensteuergesetzes, als sie den Betrag der Erhöhung des Kapitals nicht übersteigen. ²Das gleiche gilt, wenn die ausländische Gesellschaft Maßnahmen trifft, die den in Satz 1 bezeichneten Maßnahmen vergleichbar sind.

Übersicht

1. Allgemeines
2. Geltungszeit
3. Ausl Gesellschaft (Abs 1 Nr 1)
4. KapErh (Abs 1 Nr 2)
5. Neue Anteilsrechte (Abs 1 Nr 3)
6. Beweislast (Abs 1 S 2)
7. Anwendung von §§ 1, 3
8. KapHerabsetzung (Abs 2)
9. Frist
10. Eink nach § 20 I Nr 1 EStG

1. Allgemeines: §§ 1–6 gelten nur für KapGes, die Gesellschaften nach dt GesRecht darstellen. § 7 dehnt die Regelung auf vergleichb ausl Ges aus. Zum Verhältnis des § 7 zum DBA Brasilien s FinVerw 1980, 1983 StEK KapErhStG § 7 Nr 67, 83.

2. Geltungszeit: S Anm zu §§ 8a, 10, 11. § 7 wurde durch das EGKStRG v 6. 9. 76 (BGBl 76, 2641; BStBl 76, 476) neu gefaßt, um für

KapErhStG § 7 Ausländische Gesellschaften

ausl Ges die bis 1976 geltende Rechtslage beizubehalten (BT-Drucks 7/4803, 37).

3. Die **ausl Ges** muß einer AG, KGaA oder GmbH vergleichb sein (Abs 1 Nr 1). S hierzu auch § 1 KStG Anm 5. Die Grundsätze, die zur Qualifizierung ausl Ges als KStSubjekte entwickelt wurden, gelten auch hier. Maßgebend ist nicht die Tatsache, ob die Ges im Ausl jur Pers ist oder der KStG unterliegt, sondern ob sie bei wirtschaftl Betrachtung in der rechtl Organisation, in ihrer Funktion und in ihrer Bedeutung für das Wirtschaftsleben einer der genannten KapGes entspr.

4. Neue Anteilsrechte aufgrund einer der **KapErh** entspr Maßnahme (Abs 1 Nr 2). Wesentl Bedingung ist, daß die neuen Anteile den bisherigen AntE im Verhältnis ihrer Beteiligung zustehen und daß sie wirtschaftl etwas erhalten, was ihnen über die Altanteile ohnehin zustand. Es ist nicht erforderl, daß die ausl KapErh den in der Vorschrift genannten dt handelsrechtl Vorschriften im einzelnen entspr muß; so BFH BStBl II 77, 177 betr eine KapErh nach Schweizer Recht entgegen der früheren engeren Praxis der FinVerw; folgend FinVerw 1977 StEK KapErhStG § 7 Nr 37; GmbHR 96, 873. Entsteht durch die KapErh eine Einzahlungsverpflichtung, wäre dies schädl (BFH aaO). BFH aaO läßt ausdrückl offen, ob eine KapErh aus dem Gewinn oder Gewinnvortrag – nicht aus den Rücklagen – ausreicht; mE ist dies zu bejahen, wenn dies das ausl Recht zuläßt; der Umweg über die Rücklage ist nicht wesensnotwendig für die KapErh aus eigenen Mitteln (so auch *Loos* RIW 91, 124). Demgegenüber sieht es BFH BStBl II 78, 414 (ebenso FinVerw 1977 StEK KapErhStG § 7 Nr 37) als notwendig an, daß die Umwandlung aus Rücklagen erfolgt; bei einer KapErh aus dem Gewinn erbringe der AntE insoweit eine Einlage, als er auf seinen Gewinnanspruch verzichte. Ebenso Nds FG EFG 92, 747: KapErh bei einer französischen S.A.R.L. als stpfl Ertrag, wenn sie von einem Gewinnausschüttungen noch zugängl Gewinnvortragskonto finanziert wird. Die KapErh muß nach dem ausl GesRecht ordnungsgemäß sein. Wird die KapErh in das ausl HReg eingetragen, kann idR davon ausgegangen werden, daß die KapErh dem ausl Recht entsprach (BFH BStBl II 77, 177). Allerdings kann nicht ohne weiteres von einer heilenden Wirkung ausgegangen werden (*Döllerer* JbFfSt 80/81, 256).

Werden inflationsbedingte Gewinne oder Aufwertungsgewinne, die durch Neubewertung entstehen, in NennKap umgewandelt, findet § 7 keine Anwendung; ebenfalls liegt keine Doppelmaßnahme (Ausschüttung und Rückgewähr) vor (FinVerw DB 74, 1745 u 1975; 1983 StEK KapErhStG § 7 Nr 26, 97 betr Brasilien; 1978 StEK KapErhStG § 7 Nr 41 betr Argentinien). Die StFolge für diese Anteile richtet sich damit im Ergebnis ebenfalls nach §§ 1, 3, ohne daß allerdings die Voraussetzungen des § 7 vorliegen.

Die Aufteilung ausl Aktien (Aktiensplit), die zur Vermehrung der Aktien führt, ohne das Kap zu erhöhen, fällt nicht unter § 7; ebenfalls keine Doppelmaßnahme. Behandlung im Ergebnis nach §§ 1, 3 (FinVerw 1967 StEK KapErhStG § 7 Nr 3; 1968 § 7 Nr 6; 1970 § 7 Nr 9; 1973 § 7 Nr 21).

Ausländische Gesellschaften § 7 **KapErhStG**

5. Die **neuen Anteile** müssen wirtschaftl den Anteilsrechten an einer AG, KGaA oder GmbH entspr (Abs 1 Nr 3). Diese Voraussetzung wird von der Voraussetzung des Abs 1 Nr 1 – entspr Gesellschaftsform – umfaßt; Abweichungen sind schwer vorstellb. Werden mit den neuen Anteilen Barausschüttungen vorgenommen – zB zur Begleichung von Steuern –, findet hierauf § 7 keine Anwendung; es liegen stpfl Eink vor (FG Hbg EFG 81, 140).

6. Abs 1 S 2 bürdet dem AntE die objektive **Beweislast** auf. Die FinVerw prüft allerdings die Voraussetzung bzgl ausl Ges auch auf ministerieller Ebene; die Ergebnisse werden im Erlaßweg veröffentlicht (Verfahren FinVerw 1990 StEK KapErhStG § 1 Nr 169; GmbHR 96, 873; vgl die Erlasse in StEK zu § 7 KapErhStG). Bei französischen und italienischen KapGes genügt es, Namen und Sitz der Ges anzugeben und zu versichern, daß der Erwerb aufgrund einer KapErh aus Gesellschaftsmitteln unentgeltl erfolgte (FinVerw 1963 StEK KapErhStG § 7 Nr 1; gilt nicht für Österreich, FinVerw 1968 StEK KapErhStG § 7 Nr 4). Die Erlasse sind für die Gerichte nicht bindend.

7. Die **Rechtsfolge** des **§ 1** greift ein. Es werden keine Eink angenommen. Vgl § 1 Anm 5. **§ 3** wird nicht erwähnt, obwohl in der bis 1976 geltenden Fassung enthalten und die Änderung nur redaktionellen Charakter haben sollte (BT-Drucks 7/4803, 37). Da die Regelung des § 3 sachnotwendig ist und auch gelten würde, gäbe es ihn nicht, findet § 3 auch entspr im Fall des § 7 Anwendung. Liegen die Voraussetzungen des § 7 nicht vor, liegt regelmäßig eine Doppelmaßnahme, dh vGA und Einlage, vor (§ 1 Anm 5 und BFH BStBl II 78, 414; FinVerw 1977 StEK KapErhStG § 7 Nr 37). Bleiben die Einzelheiten der KapErh ungeklärt, so kann aus der zu Lasten des AntE wirkenden objektiven Beweislast gefolgert werden, daß eine Doppelmaßnahme vorliegt (so FG Nds EFG 75, 444). Eine Zwischenlösung zwischen StFreiheit und StPfl ist nicht zulässig.

8. **Abs 2** behandelt die Rückzahlung von Kap aufgrund einer **KapHerabsetzung,** die innerhalb von 5 Jahren nach der KapErh erfolgt, als Eink aus KapVerm iSv § 20 I Nr 1 EStG. Vergleichb Maßnahmen werden nach Abs 2 S 2 ebenso behandelt. Nur das rückgezahlte Kap wird zu Eink, nicht das Kap, das zur Verlustabdeckung oder zur Rücklagenbildung in der Ges bleibt (vgl auch § 5 Anm 4). Außerdem können nur Eink entstehen bis zur Höhe der früheren KapErh; hierdurch wird eine betragsmäßige Grenze gezogen. Werden KapErh und KapHerabsetzung durch andere gesellschaftsrechtl Akte in ihrem sachl Bezug aufeinander unterbrochen, findet § 7 II keine Anwendung (s § 5 Anm 5).

9. Zur 5-Jahres-**Frist** s § 5 Anm 4. Allerdings ist Fristbeginn die Ausgabe neuer Anteilsrechte, nicht die Eintragung ins HReg. Fristgebunden ist die KapHerabsetzung, nicht auch die Auszahlung (§ 5 Anm 7).

10. Die zurückgezahlten Beträge sind **Eink nach § 20 I Nr 1 EStG.** Allerdings führt diese Fiktion nicht dazu, daß für diese Eink die StGutschrift nach § 20 I Nr 3 EStG zu gewähren ist; vgl § 36 II Nr 3 EStG. Sachnotwendig muß auch die Regelung des § 6 eingreifen: Keine Ver-

rechnung mit den Anschaffungskosten; diese bzw die maßgebenden Buchwerte müssen gleichmäßig auf die verbleibenden Anteile verteilt werden (glA *Blümich* KapErhStG § 7 Rz 19).

§ 8[1] *Einkommensteuer (Lohnsteuer) bei Überlassung von eigenen Aktien an Arbeitnehmer zu einem Vorzugskurs*

(1) ¹ Überläßt eine Aktiengesellschaft oder eine Kommanditgesellschaft auf Aktien ihren Arbeitnehmern eigene Aktien zu einem unter dem Börsenkurs liegenden Kurs (Vorzugskurs) und wird hierbei vereinbart, daß die Aktien innerhalb von fünf Jahren nicht veräußert werden dürfen (Sperrfrist), so gehört der Vorteil, der sich aus dem Unterschied zwischen dem am Tag der Beschlußfassung maßgebenden Börsenkurs und dem Vorzugskurs (Kursunterschied) errechnet, außer in den Fällen der Sätze 2 und 3 nicht zu den Einkünften aus nichtselbständiger Arbeit. ² Soweit der Unterschied höher ist als die Hälfte des Börsenkurses, gehört der Vorteil aus dem Kursunterschied in voller Höhe zu den Einkünften aus nichtselbständiger Arbeit. ³ Das gleiche gilt, soweit der Vorteil aus dem Kursunterschieden für den einzelnen Arbeitnehmer 300 Deutsche Mark im Kalenderjahr übersteigt. ⁴ Bei Aktien, die nicht zum Handel an der Börse oder im geregelten Freiverkehr zugelassen sind, tritt an die Stelle des Börsenkurses der gemeine Wert. ⁵ Wird außer im Falle des Todes des Arbeitnehmers oder des Eintritts seiner völligen Erwerbsunfähigkeit die Sperrfrist nicht eingehalten, so wird eine Nachversteuerung durchgeführt.

(2) Die Bundesregierung wird ermächtigt, durch Rechtsverordnung mit Zustimmung des Bundesrates Vorschriften zur Durchführung des Absatzes 1 zu erlassen über

1. die Festlegung der Aktien und die Art der Festlegung,
2. die Begründung von Anzeigepflichten zum Zwecke der Sicherung der Nachversteuerung,
3. die Nachversteuerung mit einem Pauschsteuersatz,
4. das Verfahren bei der Nachversteuerung.

Verordnung zur Durchführung
des § 8 Abs. 1 des Gesetzes über steuerrechtliche Maßnahmen bei
Erhöhung des Nennkapitals aus Gesellschaftsmitteln und bei
Überlassung von eigenen Aktien an Arbeitnehmern:[2]

§ 1 *Festlegung*

Werden Aktien vom Arbeitgeber (Aktiengesellschaft oder Kommanditgesellschaft auf Aktien) dem Arbeitnehmer nach Maßgabe des § 8 Abs. 1 des Gesetzes überlassen, so sind die Aktien unverzüglich zur Vermeidung einer Nachversteuerung auf den Namen des Arbeitnehmers dadurch festzulegen, daß sie für die Dauer der Sperrfrist in Verwahrung gegeben werden.

---

[1] § 8 ist durch G v 22. 12. 83 aufgehoben.
[2] Vom 28. 2. 62 (BGBl I 62, 162; BStBl I 62, 890). Aufgehoben durch G v 22. 12. 83 (BGBl I 83, 1592; BStBl I 84, 23).

Durchführungsverordnung § 8 **KapErhStG**

§ 2 *Sperrfrist*

¹ Die Sperrfrist beginnt für Aktien, die vor dem 1. Juli eines Kalenderjahrs überlassen worden sind, am 1. Januar und für Aktien, die nach dem 30. Juni eines Kalenderjahrs überlassen worden sind, am 1. Juli dieses Kalenderjahrs. ² Die Sperrfrist endet mit Ablauf von fünf Jahren seit Beginn des Tages, an dem die Sperrfrist begonnen hat.

§ 3 *Verwahrung*

(1) Die Festlegung ist dadurch vorzunehmen, daß die Aktien in Verwahrung gegeben werden

1. bei dem Arbeitgeber, von dem der Arbeitnehmer die Aktien erworben hat oder bei einem von diesem Arbeitgeber bestellten Treuhänder oder
2. bei einem Kreditinstitut in Sonderverwahrung oder Sammelverwahrung.

(2) Die Verwahrung ist wie folgt kenntlich zu machen:

1. Werden die Aktien von dem Arbeitgeber oder einem von ihm bestellten Treuhänder verwahrt, so sind die Verwahrung und die Sperrfrist in geeigneter Form zu vermerken.
2. ¹ Werden die Aktien von einem Kreditinstitut verwahrt, so ist auf dem Streifband des Depots und in den Depotbüchern ein Sperrvermerk für die Dauer der Sperrfrist anzubringen. ² Bei Drittverwahrung oder Sammelverwahrung genügt ein Sperrvermerk im Kundenkonto beim erstverwahrenden Kreditinstitut.

(3) Bei einer Verwahrung durch ein Kreditinstitut hat der Arbeitnehmer innerhalb von drei Monaten nach dem Erwerb der Aktien dem Arbeitgeber eine Bescheinigung des Kreditinstituts darüber vorzulegen, daß die überlassenen Aktien unter Beachtung der Vorschriften in Absatz 2 Nr. 2 in Verwahrung genommen worden sind.

(4) Ein Wechsel des Verwahrers innerhalb der Sperrfrist ist zulässig.

§ 4 *Anzeigepflichten*

(1) Legt der Arbeitnehmer die Bescheinigung nach § 3 Abs. 3 nicht fristgemäß vor, so hat der Arbeitgeber dies am Wohnsitzfinanzamt (§ 73 a Abs. 2 der Reichsabgabenordnung) des Arbeitnehmers innerhalb eines Monats anzuzeigen.

(2) ¹ Werden, außer im Fall des Todes des Arbeitnehmers oder seines Ehegatten, vor Ablauf der Sperrfrist Aktien veräußert oder aus der Verwahrung genommen, so hat der Verwahrer dies dem Wohnsitzfinanzamt des Arbeitnehmers innerhalb eines Monats anzuzeigen. ² Die Anzeige kann unterbleiben, wenn dem Verwahrer durch eine Bescheinigung nachgewiesen wird, daß die Aktien unter Beachtung der Vorschriften des § 3 Abs. 1 und 2 erneut in Verwahrung gegeben worden sind.

(3) Veräußert der Arbeitnehmer Aktien vor Ablauf der Sperrfrist, so hat er dies seinem Wohnsitzfinanzamt innerhalb eines Monats anzuzeigen.

§ 5 *Nachversteuerung*

(1) ¹*Werden Aktien, außer im Fall des Todes des Arbeitnehmers oder seines Ehegatten oder des Eintritts seiner völligen Erwerbsunfähigkeit, vor Ablauf der Sperrfrist veräußert, so ist, vorbehaltlich der Behandlung beim Lohnsteuer-Jahresausgleich und bei der Veranlagung zur Einkommensteuer, eine Nachversteuerung durchzuführen.* ²*Die pauschal zu erhebende Lohnsteuer beträgt 20 vom Hundert des steuerfrei gebliebenen Vorteils.* ³*Die Nachversteuerung unterbleibt, wenn der nachzufordernde Betrag zehn Deutsche Mark nicht übersteigt.*

(2) *Einer Veräußerung steht es gleich, wenn der Arbeitnehmer die Aktien nicht innerhalb von drei Monaten nach Erwerb in Verwahrung (§ 3 Abs. 1) gegeben hat oder die Aktien aus der Verwahrung genommen hat, ohne sie innerhalb von drei Monaten erneut in Verwahrung gegeben zu haben.*

(3) ¹*Für die nachzufordernde Lohnsteuer ist der Arbeitnehmer in Anspruch zu nehmen.* ²*Der Arbeitgeber haftet nur, wenn er eine nach § 4 bestehende Anzeigepflicht verletzt hat.*

(4) *Beim Lohnsteuer-Jahresausgleich und bei der Veranlagung zur Einkommensteuer gehört der steuerfrei gebliebene Vorteil zum Arbeitslohn des Kalenderjahrs, in das die Veräußerung (Absätze 1 und 2) fällt.*

§ 6 *Anwendungsbereich und Übergangsregelung*

(1) *Diese Verordnung ist in allen Fällen anzuwenden, in denen Aktien nach Maßgabe des § 8 Abs. 1 des Gesetzes erworben werden.*

(2) ¹*Bei Aktien, die vor dem Inkrafttreten dieser Verordnung erworben und nicht in einer Weise festgelegt worden sind, die den Vorschriften dieser Verordnung entspricht, ist die Festlegung der Aktien (§ 3 Abs. 1) innerhalb von drei Monaten nach dem Inkrafttreten dieser Verordnung zur Vermeidung einer Nachversteuerung vorzunehmen.* ²*Für die Berechnung der Sperrfrist gilt auch in diesen Fällen § 2.* ³*Werden Aktien, die vor dem Inkrafttreten dieser Verordnung erworben worden sind, durch ein Kreditinstitut verwahrt, so ist die Bescheinigung nach § 3 Abs. 3 innerhalb von drei Monaten nach dem Inkrafttreten dieser Verordnung vorzulegen.*

§ 7 *Anwendung im Land Berlin*

Diese Verordnung gilt nach § 14 des Dritten Überleitungsgesetzes vom 4. Januar 1952 (Bundesgesetzblatt I S. 1) in Verbindung mit § 9 des Gesetzes auch im Land Berlin.

§ 8 *Inkrafttreten*

Diese Verordnung tritt am Tage nach ihrer Verkündung[1] in Kraft.

Kommentierung s Vorauflage.

---

[1] Die VO wurde am 24. 3. 62 verkündet.

Schlußvorschriften § 8a **KapErhStG**

§ 8a Schlußvorschriften

¹Dieses Gesetz ist erstmals auf Kapitalerhöhungen anzuwenden, die in einem nach dem 31. Dezember 1976 abgelaufenen Wirtschaftsjahr der Kapitalgesellschaft wirksam werden. ²Ist eine Kapitalerhöhung in einem früheren Wirtschaftsjahr wirksam geworden, so treten in den Fällen der §§ 6 und 7 Abs. 2 des Gesetzes in der Fassung der Bekanntmachung vom 10. Oktober 1967 (Bundesgesetzbl. I S. 977)¹ die in diesen Vorschriften bezeichneten Rechtsfolgen ein.

---

¹ § 6 lautet:

§ 6 Herabsetzung des Nennkapitals

(1) Setzt eine Kapitalgesellschaft innerhalb von fünf Jahren nach einer Erhöhung des Nennkapitals (§ 1) das Nennkapital herab und zahlt sie die dadurch freiwerdenden Mittel ganz oder teilweise an die Gesellschafter zurück, so gelten die Rückzahlungen insoweit als Gewinnanteile (Dividenden), als sie den Betrag der Erhöhung des Nennkapitals nicht übersteigen. Als Gewinnanteile (Dividenden) gelten auch die Beträge, die die Kapitalgesellschaft innerhalb von fünf Jahren nach der Erhöhung des Nennkapitals für den Erwerb eigener Anteile aufwendet, soweit die Nennbeträge dieser Anteile den Betrag der Erhöhung des Nennkapitals nicht übersteigen. Satz 2 gilt nicht, soweit

1. der Erwerb notwendig ist, um einen schweren Schaden von der Gesellschaft abzuwenden,
2. die Anteile den Arbeitnehmern der Gesellschaft zum Erwerb angeboten werden sollen,
3. der Erwerb geschieht, um Aktionäre nach § 305 Abs. 2 oder § 320 Abs. 5 des Aktiengesetzes abzufinden,
4. auf die Anteile der Nennbetrag oder der höhere Ausgabebetrag voll geleistet ist und der Erwerb unentgeltlich geschieht oder die Gesellschaft mit dem Erwerb eine Einkaufskommission ausführt oder
5. der Erwerb durch Gesamtrechtsnachfolge geschieht.

Der Gesamtnennbetrag der zu den Zwecken nach Satz 3 Nrn. 1 bis 3 erworbenen Anteile darf jedoch zusammen mit dem Betrag anderer Anteile der Gesellschaft, die die Gesellschaft oder ein abhängiges oder ein in ihrem Mehrheitsbesitz stehendes Unternehmen oder ein anderer für Rechnung der Gesellschaft oder eines abhängigen oder eines in ihrem Mehrheitsbesitz stehenden Unternehmens bereits zu diesen Zwecken erworben hat und noch besitzt, zehn vom Hundert des Grundkapitals nicht übersteigen.

(2) Die auf die Gewinnanteile (Dividenden) im Sinn des Absatzes 1 entfallenden Steuern vom Einkommen der Gesellschafter werden im Wege der Pauschbesteuerung erhoben. Die Steuer ist von der Kapitalgesellschaft zu entrichten. Sie beträgt dreißig vom Hundert der Gewinnanteile. Sie ist bei der Ermittlung des Einkommens der Kapitalgesellschaft nicht abzugsfähig.

(3) § 5 gilt entsprechend. Die Mitteilung der Herabsetzung des Nennkapitals gilt als Steuererklärung im Sinn des § 166 der Reichsabgabenordnung.

(4) Das Finanzamt setzt durch Steuerbescheid (§ 212 der Reichsabgabenordnung) die Steuer fest. Die Steuer ist innerhalb eines Monats nach Bekanntgabe des Steuerbescheids zu entrichten.

(5) Als Anschaffungskosten der nach der Kapitalherabsetzung verbleibenden Anteilsrechte gelten die Beträge, die sich für die einzelnen Anteilsrechte ergeben, wenn
[Fn-Forts. nächste Seite]

Regelung für das **Inkrafttreten** der durch das **EGKStRG** v 6. 9. 76 (BGBl I 76, 2641; BStBl I 76, 476) eingeführten Änderungen. Die KapErh wird durch die Eintragung im HReg wirksam. Fällt der Tag der Eintragung in ein Wj, auch ein Rumpf-Wj, das nach dem 31. 12. 76 endet, ist die Fassung nach dem EGKStRG maßgebend.

§ 9 *Anwendung im Land Berlin*

¹ *Dieses Gesetz gilt nach Maßgabe des § 12 Abs. 1 des Dritten Überleitungsgesetzes vom 4. Januar 1952 (Bundesgesetzbl. I S. 1) auch im Land Berlin.* ² *Rechtsverordnungen, die auf Grund dieses Gesetzes erlassen werden, gelten im Land Berlin nach § 14 des Dritten Überleitungsgesetzes.*

§ 10 Anwendungszeitraum

(1) ¹ Die vorstehende Fassung dieses Gesetzes ist erstmals ab 1. Januar 1984 anzuwenden. ² Auf Aktien, die vor dem 1. Januar 1984 an Arbeitnehmer überlassen worden sind, ist § 8 Abs. 1 dieses Gesetzes in der vor dem 1. Januar 1984 jeweils geltenden Fassung weiter anzuwenden.

(2) ¹ Die Verordnung zur Durchführung des § 8 Abs. 1 des Gesetzes über steuerrechtliche Maßnahmen bei Erhöhung des Nennkapitals aus Gesellschaftsmitteln und bei Überlassung von eigenen Aktien an Arbeitnehmer in der im Bundesgesetzblatt Teil III, Gliederungsnummer 610-6-4-1, veröffentlichten bereinigten Fassung wird aufgehoben. ² Auf Aktien, die vor dem 1. Januar 1984 an Arbeitnehmer überlassen worden sind, ist diese Verordnung weiter anzuwenden.

§ 10 lautete bis zur Änderung durch das G v. 22. 12. 83:

¹ Die vorstehende Fassung dieses Gesetzes ist erstmals auf Aktien anzuwenden, die nach dem 31. Dezember 1981 überlassen werden. ² Für Aktien, die vor dem 1. Januar 1982 überlassen worden sind, gilt die Vorschrift des § 8 Abs. 1 in der Fassung der Bekanntmachung vom 10. Oktober 1967 (BGBl I S. 977).

[Fn-Forts.]
die Anschaffungskosten der vor der Kapitalherabsetzung vorhandenen gesamten Anteilsrechte auf die nach der Kapitalherabsetzung verbleibenden Anteilsrechte nach dem Verhältnis ihrer Nennbeträge verteilt werden.

§ 7 Abs. 2 lautet:

§ 7 Anteilsrechte an ausländischen Gesellschaften

(2) § 6 Abs. 1 Satz 1 und Abs. 5 sind anzuwenden, wenn in den Fällen des Absatzes 1 die ausländische Gesellschaft innerhalb von fünf Jahren nach dem Erwerb der Anteilsrechte Maßnahmen trifft, die den in § 6 Abs. 1 Satz 1 bezeichneten Maßnahmen vergleichbar sind.

Inkrafttreten § 11 **KapErhStG**

Die Vorschrift betrifft die **Geltungszeit** des G idF der **Änderung** durch das **G v 22. 12. 83** (BGBl I 83, 1592; BStBl I 84, 23). Für alle vor dem 1. 1. 84 überlassenen Aktien gelten § 8 und die DVO fort.

§ 11 Inkrafttreten[1]

Dieses Gesetz tritt am Tage nach seiner Verkündung in Kraft.

Die Vorschrift war vor der Änderung durch das 2. HStruktG v 22. 12. 81 (BGBl I 81, 1523; BStBl I 82, 235, 244) § 10. Das Gesetz wurde am 11. 11. 61 verkündet.

---

[1] *[Amtliche Anmerkung:]* Diese Vorschrift betrifft das Inkrafttreten des Gesetzes in der ursprünglichen Fassung vom 30. Dezember 1959 (Bundesgesetzbl. I S. 834). Der Zeitpunkt des Inkrafttretens der späteren Änderungen ergibt sich aus Artikel 15 des Steueränderungsgesetzes 1961 vom 13. Juli 1961 (Bundesgesetzbl. I S 981), Art. 7 des Gesetzes zur Änderung des Bewertungsgesetzes vom 10. August 1963 (BGBl. I S. 676) und Art. 4 des Gesetzes zur Änderung des Gesetzes über steuerrechtliche Maßnahmen bei Erhöhung des Nennkapitals aus Gesellschaftsmitteln und bei Überlassung von eigenen Aktien an Arbeitnehmer vom 10. August 1967 (BGBl. I S. 889).

III. Texte

1. Einkommensteuergesetz 1997 (EStG 1997)

– Auszug –

In der Fassung der Bekanntmachung vom 16. April 1997

(BGBl I 97, 821; BStBl I 97, 415)

Zuletzt geändert durch Gesetz zur Fortsetzung der Unternehmenssteuerreform 1997
(BT-Drucks 13/8325 iVm BR-Drucks 221/97)

Übersicht

§ 20	Kapitalvermögen
§ 36	Entstehung und Tilgung der Einkommensteuer
§ 36 a	Ausschluß der Anrechnung von Körperschaftsteuer in Sonderfällen
§ 36 b	Vergütung von Körperschaftsteuer
§ 36 c	Vergütung von Körperschaftsteuer auf Grund von Sammelanträgen
§ 36 d	Vergütung von Körperschaftsteuer in Sonderfällen
§ 36 e	Vergütung des Körperschaftsteuer-Erhöhungsbetrags an beschränkt Einkommensteuerpflichtige
§ 43	Kapitalerträge mit Steuerabzug
§ 45 c	Entrichtung der Kapitalertragsteuer in den Fällen des § 43 Abs 1 Nr 6 EStG
§ 46	Veranlagung bei Bezug von Einkünften aus nichtselbständiger Arbeit
§ 50	Sondervorschriften für beschränkt Steuerpflichtige
§ 50 b	Prüfungsrecht
§ 50 c	Wertminderung von Anteilen durch Gewinnausschüttungen

§ 20 Kapitalvermögen

(1) Zu den Einkünften aus Kapitalvermögen gehören

1. Gewinnanteile (Dividenden), Ausbeuten und sonstige Bezüge aus Aktien, Kuxen, Genußrechten, mit denen das Recht am Gewinn und Liquidationserlös einer Kapitalgesellschaft verbunden ist, aus Anteilen an Gesellschaften mit beschränkter Haftung, an Erwerbs- und Wirtschaftsgenossenschaften sowie an bergbautreibenden Vereinigungen, die die Rechte einer juristischen Person haben. ²Zu den sonstigen Bezügen gehören auch verdeckte Gewinnausschüttungen. ³Die Bezüge gehören nicht zu den Einnahmen, soweit sie aus Ausschüttungen einer unbeschränkt steuerpflichtigen Körperschaft stammen, für die Eigenkapital im Sinne des § 30 Abs. 2 Nr. 4 des Körperschaftsteuergesetzes als verwendet gilt;

2. Bezüge, die auf Grund von Kapitalherabsetzung oder nach der Auflösung unbeschränkt steuerpflichtiger Körperschaften oder Personenvereinigungen im Sinne der Nummer 1 anfallen, soweit bei diesen für Ausschüttungen verwendbares Eigenkapital im Sinne des § 29 des Körperschaftsteuergesetzes als verwendet gilt und die Bezüge nicht zu den Einnahmen im Sinne der Nummer 1 gehören. ²Nummer 1 Satz 3 gilt entsprechend;

3. die nach § 36 Abs. 2 Nr. 3 anzurechnende oder nach den §§ 36 b bis 36 e dieses Gesetzes oder nach § 52 des Körperschaftsteuergesetzes zu vergütende Körperschaftsteuer. ²Die anzurechnende oder zu vergütende Körper-

Texte § 20 **EStG**

schaftsteuer gilt außer in den Fällen des § 36e dieses Gesetzes und des § 52 des Körperschaftsteuergesetzes als zusammen mit den Einnahmen im Sinne der Nummern 1 oder 2 oder des Absatzes 2 Nr. 2 Buchstabe a bezogen;
4. Einnahmen aus der Beteiligung an einem Handelsgewerbe als stiller Gesellschafter und aus partiarischen Darlehen, es sei denn, daß der Gesellschafter oder Darlehensgeber als Mitunternehmer anzusehen ist. ²Auf Anteile des stillen Gesellschafters am Verlust des Betriebs ist § 15a sinngemäß anzuwenden;
5. Zinsen aus Hypotheken und Grundschulden und Renten aus Rentenschulden. ²Bei Tilgungshypotheken und Tilgungsgrundschulden ist nur der Teil der Zahlungen anzusetzen, der als Zins auf den jeweiligen Kapitalrest entfällt;
6. außerrechnungsmäßige und rechnungsmäßige Zinsen aus den Sparanteilen, die in den Beiträgen zu Versicherungen auf den Erlebens- oder Todesfall enthalten sind. ²Dies gilt nicht für Zinsen aus Versicherungen im Sinne des § 10 Abs. 1 Nr. 2 Buchstabe b, die mit Beiträgen verrechnet oder im Versicherungsfall oder im Fall des Rückkaufs des Vertrags nach Ablauf von zwölf Jahren seit dem Vertragsabschluß ausgezahlt werden. ³Satz 2 gilt nicht in den Fällen des § 10 Abs. 1 Nr. 2 Buchstabe b Satz 5. ⁴Satz 2 gilt in den Fällen des § 10 Abs. 2 Satz 2 nur, wenn die Voraussetzungen für den Sonderausgabenabzug nach § 10 Abs. 2 Satz 2 Buchstabe a oder b erfüllt sind oder soweit bei Versicherungsverträgen Zinsen in Veranlagungszeiträumen gutgeschrieben werden, in denen Beiträge nach § 10 Abs. 2 Satz 2 Buchstabe c abgezogen werden können. ⁵Die Sätze 1 bis 4 sind auf Kapitalerträge aus fondsgebundenen Lebensversicherungen entsprechend anzuwenden;
7. Erträge aus sonstigen Kapitalforderungen jeder Art, wenn die Rückzahlung des Kapitalvermögens oder ein Entgelt für die Überlassung des Kapitalvermögens zur Nutzung zugesagt oder gewährt worden ist, auch wenn die Höhe des Entgelts von einem ungewissen Ereignis abhängt. ²Dies gilt unabhängig von der Bezeichnung und der zivilrechtlichen Ausgestaltung der Kapitalanlage;
8. Diskontbeträge von Wechseln und Anweisungen einschließlich der Schatzwechsel.

(2) ¹Zu den Einkünften aus Kapitalvermögen gehören auch
1. besondere Entgelte oder Vorteile, die neben den in den Absätzen 1 und 2 bezeichneten Einnahmen oder an deren Stelle gewährt werden;
2. Einnahmen aus der Veräußerung
    a) von Dividendenscheinen und sonstigen Ansprüchen durch den Inhaber des Stammrechts, wenn die dazugehörigen Aktien oder sonstigen Anteile nicht mitveräußert werden. ²Diese Besteuerung tritt an die Stelle der Besteuerung nach Absatz 1;
    b) von Zinsscheinen und Zinsforderungen durch den Inhaber oder ehemaligen Inhaber der Schuldverschreibung, wenn die dazugehörigen Schuldverschreibungen nicht mitveräußert werden. ²Entsprechendes gilt für die Einlösung von Zinsscheinen und Zinsforderungen durch den ehemaligen Inhaber der Schuldverschreibung;

3. Einnahmen aus der Veräußerung von Zinsscheinen und Zinsforderungen, wenn die dazugehörigen Schuldverschreibungen mitveräußert werden und das Entgelt für die auf den Zeitraum bis zur Veräußerung der Schuldverschreibung entfallenden Zinsen des laufenden Zinszahlungszeitraums (Stückzinsen) besonders in Rechnung gestellt ist;
4. Einnahmen aus der Veräußerung oder Abtretung von
   a) abgezinsten oder aufgezinsten Schuldverschreibungen, Schuldbuchforderungen und sonstigen Kapitalforderungen durch den ersten und jeden weiteren Erwerber,
   b) Schuldverschreibungen, Schuldbuchforderungen und sonstigen Kapitalforderungen ohne Zinsscheine und Zinsforderungen oder von Zinsscheinen und Zinsforderungen ohne Schuldverschreibungen, Schuldbuchforderungen und sonstige Kapitalforderungen durch den zweiten und jeden weiteren Erwerber zu einem abgezinsten oder aufgezinsten Preis,
   c) Schuldverschreibungen, Schuldbuchforderungen und sonstigen Kapitalforderungen mit Zinsscheinen oder Zinsforderungen, wenn Stückzinsen nicht besonders in Rechnung gestellt werden oder bei denen die Höhe der Erträge von einem ungewissen Ereignis abhängt,
   d) Schuldverschreibungen, Schuldbuchforderungen und sonstigen Kapitalforderungen mit Zinsscheinen oder Zinsforderungen, bei denen Kapitalerträge in unterschiedlicher Höhe oder für unterschiedlich lange Zeiträume gezahlt werden,

soweit sie der rechnerisch auf die Besitzzeit entfallenden Emissionsrendite entsprechen. ²Weist der Steuerpflichtige die Emissionsrendite nicht nach, gilt der Unterschied zwischen dem Entgelt für den Erwerb und den Einnahmen aus der Veräußerung, Abtretung oder Einlösung der Wertpapiere und Kapitalforderungen als Kapitalertrag. ³Die Besteuerung der Zinsen und Stückzinsen nach Absatz 1 Nr. 7 und Satz 1 Nr. 3 bleibt unberührt; die danach der Einkommensteuer unterliegenden, dem Veräußerer bereits zugeflossenen Kapitalerträge aus den Wertpapieren und Kapitalforderungen sind bei der Besteuerung nach der Emissionsrendite abzuziehen. ⁴Die Sätze 1 bis 3 gelten für die Einlösung der Wertpapiere und Kapitalforderungen bei deren Endfälligkeit durch den zweiten und jeden weiteren Erwerber entsprechend. ⁵Die Sätze 1 bis 4 sind nicht auf Zinsen aus Gewinnobligationen und Genußrechten im Sinne des § 43 Absatz 1 Satz 1 Nr. 2 anzuwenden.

²Die Nummern 2 und 3 gelten sinngemäß für die Einnahmen aus der Abtretung von Dividenden- oder Zinsansprüchen oder sonstigen Ansprüchen im Sinne der Nummer 2, wenn die dazugehörigen Anteilsrechte oder Schuldverschreibungen, nicht in einzelnen Wertpapieren verbrieft sind. ³Satz 2 gilt auch bei der Abtretung von Zinsansprüchen aus Schuldbuchforderungen, die in ein öffentliches Schuldbuch eingetragen sind.

(2a) ¹Einkünfte aus Kapitalvermögen im Sinne des Absatzes 1 Nr. 1 bis 3 erzielt der Anteilseigner. ²Anteilseigner ist derjenige, dem nach § 39 der Abgabenordnung die Anteile an dem Kapitalvermögen im Sinne des Absatzes 1 Nr. 1 im Zeitpunkt des Gewinnverteilungsbeschlusses zuzurechnen sind. ³Sind einem Nießbraucher oder Pfandgläubiger die Einnahmen im Sinne des Absatzes 1 Nr. 1 oder 2 zuzurechnen, gilt er als Anteilseigner.

(3) Soweit Einkünfte der in den Absätzen 1 und 2 bezeichneten Art zu den Einkünften aus Land- und Forstwirtschaft, aus Gewerbebetrieb, aus selbständiger Arbeit oder aus Vermietung und Verpachtung gehören, sind sie diesen Einkünften zuzurechnen.

(4) ¹Bei der Ermittlung der Einkünfte aus Kapitalvermögen ist nach Abzug der Werbungskosten ein Betrag von 6000 Deutsche Mark abzuziehen (Sparer-Freibetrag). ²Ehegatten, die zusammen veranlagt werden, wird ein gemeinsamer Sparer-Freibetrag von 12000 Deutsche Mark gewährt. ³Der gemeinsame Sparer-Freibetrag ist bei der Einkunftsermittlung bei jedem Ehegatten je zur Hälfte abzuziehen; sind die um die Werbungskosten geminderten Kapitalerträge eines Ehegatten niedriger als 6000 Deutsche Mark, so ist der anteilige Sparer-Freibetrag insoweit, als er die um die Werbungskosten geminderten Kapitalerträge dieses Ehegatten übersteigt, beim anderen Ehegatten abzuziehen. ⁴Der Sparer-Freibetrag und der gemeinsame Sparer-Freibetrag dürfen nicht höher sein als die um die Werbungskosten einschließlich einer abzuziehenden ausländischen Steuer geminderten Kapitalerträge.

§ 36 Entstehung und Tilgung der Einkommensteuer

(1) Die Einkommensteuer entsteht, soweit in diesem Gesetz nichts anderes bestimmt ist, mit Ablauf des Veranlagungszeitraums.

(2) ¹Wurde das Einkommen in den Fällen des § 31 um den Kinderfreibetrag vermindert, so wird im entsprechenden Umfang das gezahlte Kindergeld der Einkommensteuer hinzugerechnet; § 11 Abs. 1 findet insoweit keine Anwendung. ²Auf die Einkommensteuer werden angerechnet:
1. die für den Veranlagungszeitraum entrichteten Einkommensteuer-Vorauszahlungen (§ 37);
2. die durch Steuerabzug erhobene Einkommensteuer, soweit sie auf die bei der Veranlagung erfaßten Einkünfte oder auf die nach § 8b Abs. 1 des Körperschaftsteuergesetzes bei der Ermittlung des Einkommens außer Ansatz bleibenden Bezüge entfällt und nicht die Erstattung beantragt oder durchgeführt worden ist. ²Die durch Steuerabzug erhobene Einkommensteuer wird nicht angerechnet, wenn die in § 45a Abs. 2 oder 3 bezeichnete Bescheinigung nicht vorgelegt worden ist;
3. die Körperschaftsteuer einer unbeschränkt körperschaftsteuerpflichtigen Körperschaft oder Personenvereinigung in Höhe von ³/₇ der Einnahmen im Sinne des § 20 Abs. 1 Nr. 1 oder 2, soweit diese nicht aus Ausschüttungen stammen, für die Eigenkapital im Sinne des § 30 Abs. 2 Nr. 1 des Körperschaftsteuergesetzes als verwendet gilt. ²Das gleiche gilt bei Einnahmen im Sinne des § 20 Abs. 2 Satz 1 Nr. 2 Buchstabe a, die aus der erstmaligen Veräußerung von Dividendenscheinen oder sonstigen Ansprüchen durch den Anteilseigner erzielt worden sind; in diesen Fällen beträgt die anrechenbare Körperschaftsteuer höchstens ³/₇ des Betrags, der auf die veräußerten Ansprüche ausgeschüttet wird. ³Die Anrechnung erfolgt unabhängig von der Entrichtung der Körperschaftsteuer. ⁴Die Körperschaftsteuer wird nicht angerechnet:
a) in den Fällen des § 36a;

b) wenn die in den §§ 44, 45 oder 46 des Körperschaftsteuergesetzes bezeichnete Bescheinigung nicht vorgelegt worden ist;
c) wenn die Vergütung nach den §§ 36b, 36c oder 36d beantragt oder durchgeführt worden ist;
d) wenn bei Einnahmen aus der Veräußerung von Dividendenscheinen oder sonstigen Ansprüchen durch den Anteilseigner die veräußerten Ansprüche erst nach Ablauf des Kalenderjahrs fällig werden, das auf den Veranlagungszeitraum folgt;
e) wenn die Einnahmen nach einem Abkommen zur Vermeidung der Doppelbesteuerung in dem anderen Vertragsstaat besteuert werden können;
f) wenn die Einnahmen oder die anrechenbare Körperschaftsteuer bei der Veranlagung nicht erfaßt werden;
g) wenn sie auf Einnahmen aus Kapitalvermögen im Sinne des § 20 Abs. 1 Nr. 1 oder 2 entfällt, soweit diese nicht zur Festsetzung einer Einkommensteuer führen, weil ihnen damit zusammenhängende abziehbare Aufwendungen mit Ausnahme marktüblicher Kreditkosten gegenüberstehen, die bei dem Empfänger nicht der deutschen Besteuerung unterliegen.

(3) [1] Die Steuerbeträge nach Absatz 2 Nr. 2 und 3 sind jeweils auf volle Deutsche Mark aufzurunden. [2] Bei den durch Steuerabzug erhobenen Steuern ist jeweils die Summe der Beträge einer einzelnen Abzugsteuer aufzurunden.

(4) [1] Wenn sich nach der Abrechnung ein Überschuß zuungunsten des Steuerpflichtigen ergibt, hat der Steuerpflichtige (Steuerschuldner) diesen Betrag, soweit er an fällig geworden, aber nicht entrichteten Einkommensteuer-Vorauszahlungen entspricht, sofort, im übrigen innerhalb eines Monats nach Bekanntgabe des Steuerbescheids zu entrichten (Abschlußzahlung). [2] Wenn sich nach der Abrechnung ein Überschuß zugunsten des Steuerpflichtigen ergibt, wird dieser dem Steuerpflichtigen nach Bekanntgabe des Steuerbescheids ausgezahlt. [3] Bei Ehegatten, die nach den §§ 26, 26b zusammen zur Einkommensteuer veranlagt worden sind, wirkt die Auszahlung an einen Ehegatten auch für und gegen den anderen Ehegatten.

§ 36a Ausschluß der Anrechnung von Körperschaftsteuer in Sonderfällen

(1) [1] Die Anrechnung von Körperschaftsteuer nach § 36 Abs. 2 Nr. 3 ist einem Anteilseigner mit beherrschendem Einfluß auf die ausschüttende Körperschaft oder Personenvereinigung zu versagen oder bei ihm rückgängig zu machen, soweit die anzurechnende Körperschaftsteuer nicht durch die ihr entsprechende gezahlte Körperschaftsteuer gedeckt ist und nach Beginn der Vollstreckung wegen dieser rückständigen Körperschaftsteuer anzunehmen ist, daß die vollständige Einziehung keinen Erfolg haben wird. [2] Das gleiche gilt für einen wesentlich beteiligten Anteilseigner ohne beherrschenden Einfluß.

(2) [1] Absatz 1 ist nur anzuwenden, wenn der beherrschende Einfluß oder die wesentliche Beteiligung zu einem Zeitpunkt innerhalb der letzten drei Jahre vor dem Jahr der Ausschüttung bestanden hat. [2] Ein Anteilseigner gilt

als wesentlich beteiligt im Sinne des Absatzes 1, wenn er zu mehr als 25 vom Hundert unmittelbar oder mittelbar beteiligt war.

(3) Wird die Anrechnung rückgängig gemacht, so ist der Steuerbescheid zu ändern.

(4) Soweit die Körperschaftsteuer nachträglich gezahlt wird, ist bei dem Anteilseigner die Anrechnung durchzuführen und der Steuerbescheid zu ändern.

§ 36b Vergütung von Körperschaftsteuer

(1) [1] Einem Anteilseigner, der Einnahmen im Sinne des § 20 Abs. 1 Nr. 1 oder 2 bezieht und im Zeitpunkt ihres Zufließens unbeschränkt einkommensteuerpflichtig ist, wird die anrechenbare Körperschaftsteuer auf Antrag vergütet, wenn anzunehmen ist, daß für ihn eine Veranlagung zur Einkommensteuer nicht in Betracht kommt oder ein Freistellungsauftrag im Sinne des § 44a Abs. 2 Satz 1 oder eine Bescheinigung im Sinne des § 44a Abs. 5 vorliegt. [2] § 36 Abs. 2 Nr. 3 Satz 1, 3 und 4 Buchstabe a und e ist entsprechend anzuwenden. [3] Die für die Höhe der Vergütung erforderlichen Angaben sind durch die Bescheinigung eines inländischen Kreditinstituts im Sinne des § 44 Abs. 1 Satz 3 oder des § 45 des Körperschaftsteuergesetzes nachzuweisen.

(2) [1] Der Anteilseigner hat durch eine Bescheinigung des für ihn zuständigen Wohnsitzfinanzamts nachzuweisen, daß er unbeschränkt einkommensteuerpflichtig ist und daß für ihn eine Veranlagung zur Einkommensteuer voraussichtlich nicht in Betracht kommt. [2] Die Bescheinigung ist unter dem Vorbehalt des Widerrufs auszustellen. [3] Ihre Geltungsdauer darf höchstens drei Jahre betragen; sie muß am Schluß eines Kalenderjahrs enden. [4] Fordert das Finanzamt die Bescheinigung zurück oder erkennt der Anteilseigner, daß die Voraussetzungen für ihre Erteilung weggefallen sind, so hat der Anteilseigner dem Finanzamt die Bescheinigung zurückzugeben.

(3) [1] Für die Vergütung ist das Bundesamt für Finanzen zuständig. [2] Der Antrag ist nach amtlich vorgeschriebenem Muster zu stellen und zu unterschreiben.

(4) [1] Die Antragsfrist endet am 31. Dezember des Jahres, das dem Kalenderjahr folgt, in dem die Einnahmen zugeflossen sind. [2] Die Frist kann nicht verlängert werden.

(5) Die Vergütung ist ausgeschlossen,
1. wenn die Vergütung nach § 36d beantragt oder durchgeführt worden ist,
2. wenn die vorgeschriebenen Bescheinigungen nicht vorgelegt oder durch einen Hinweis nach § 45 Abs. 2 des Körperschaftsteuergesetzes gekennzeichnet worden sind.

§ 36c Vergütung von Körperschaftsteuer auf Grund von Sammelanträgen

(1) [1] Wird in den Fällen des § 36b Abs. 1 der Antrag auf Vergütung von Körperschaftsteuer in Vertretung des Anteilseigners durch ein inländisches Kreditinstitut gestellt, so kann von der Übersendung der in § 36b Abs. 2

dieses Gesetzes und in § 44 Abs. 1 Satz 3 oder in § 45 des Körperschaftsteuergesetzes bezeichneten Bescheinigungen abgesehen werden, wenn das Kreditinstitut versichert,

1. daß eine Bescheinigung im Sinne des § 44 Abs. 1 Satz 3 oder des § 45 des Körperschaftsteuergesetzes nicht ausgestellt oder als ungültig gekennzeichnet oder nach den Angaben des Anteilseigners abhanden gekommen oder vernichtet ist,
2. daß die Aktie im Zeitpunkt des Zufließens der Einnahmen in einem auf den Namen des Anteilseigners lautenden Wertpapierdepot bei dem Kreditinstitut verzeichnet war,
3. daß ihm eine Bescheinigung im Sinne des § 36b Abs. 2 oder ein Freistellungsauftrag im Sinne des § 44a Abs. 2 Satz 1 oder eine Bescheinigung im Sinne des § 44a Abs. 5 vorliegt und
4. daß die Angaben in dem Antrag wahrheitsgemäß nach bestem Wissen und Gewissen gemacht worden sind.

²Über Anträge, in denen das Kreditinstitut versichert, daß die Bescheinigung als ungültig gekennzeichnet oder nach den Angaben des Anteilseigners abhanden gekommen oder vernichtet ist, hat es Aufzeichnungen zu führen. ³Das Recht der Finanzbehörden zur Ermittlung des Sachverhalts bleibt unberührt.

(2) ¹Absatz 1 gilt entsprechend für Anträge, die

1. eine Kapitalgesellschaft in Vertretung ihrer Arbeitnehmer stellt, soweit es sich um Einnahmen aus Anteilen handelt, die den Arbeitnehmern von der Kapitalgesellschaft überlassen worden sind und von ihr oder einem inländischen Kreditinstitut verwahrt werden;
2. der von einer Kapitalgesellschaft bestellte Treuhänder in Vertretung der Arbeitnehmer dieser Kapitalgesellschaft stellt, soweit es sich um Einnahmen aus Anteilen handelt, die den Arbeitnehmern von der Kapitalgesellschaft überlassen worden sind und von dem Treuhänder oder einem inländischen Kreditinstitut verwahrt werden;
3. eine Erwerbs- oder Wirtschaftsgenossenschaft in Vertretung ihrer Mitglieder stellt, soweit es sich um Einnahmen aus Anteilen an dieser Genossenschaft handelt.

²Den Arbeitnehmern im Sinne der Nummern 1 und 2 stehen Arbeitnehmer eines mit der Kapitalgesellschaft verbundenen Unternehmens (§ 15 Aktiengesetz) sowie frühere Arbeitnehmer der Kapitalgesellschaft oder eines mit ihr verbundenen Unternehmens gleich. ³Den von der Kapitalgesellschaft überlassenen Anteilen stehen Aktien gleich, die den Arbeitnehmern bei einer Kapitalerhöhung auf Grund ihres Bezugsrechts aus den von der Kapitalgesellschaft überlassenen Aktien zugeteilt worden sind oder die den Arbeitnehmern auf Grund einer Kapitalerhöhung aus Gesellschaftsmitteln gehören.

(3) ¹Erkennt der Vertreter des Anteilseigners vor Ablauf der Festsetzungsfrist im Sinne der §§ 169 bis 171 der Abgabenordnung, daß die Vergütung ganz oder teilweise zu Unrecht festgesetzt worden ist, so hat er dies dem Bundesamt für Finanzen anzuzeigen. ²Das Bundesamt für Finanzen

hat die zu Unrecht gezahlte Vergütung von dem Anteilseigner zurückzufordern, für die sie festgesetzt worden ist. ³Der Vertreter des Anteilseigners haftet für die zurückzuzahlende Vergütung.

(4) ¹§ 36b Abs. 1 bis 4 und 5 Nr. 1 gilt entsprechend. ²Die Antragsfrist gilt als gewahrt, wenn der Anteilseigner die beantragende Stelle bis zu dem in § 36b Abs. 4 bezeichneten Zeitpunkt schriftlich mit der Antragstellung beauftragt hat.

(5) Die Vollmacht, den Antrag auf Vergütung von Körperschaftsteuer zu stellen, ermächtigt zum Empfang der Steuervergütung.

§ 36d Vergütung von Körperschaftsteuer in Sonderfällen

(1) ¹In den Fällen des § 36c Abs. 2 wird die anrechenbare Körperschaftsteuer an den dort bezeichneten Vertreter unabhängig davon vergütet, ob für den Anteilseigner eine Veranlagung in Betracht kommt und ob eine Bescheinigung im Sinne des § 36b Abs. 2 vorgelegt wird, wenn der Vertreter sich in einem Sammelantrag bereit erklärt hat, den Vergütungsbetrag für den Anteilseigner entgegenzunehmen. ²Die Vergütung nach Satz 1 wird nur für Anteilseigner gewährt, deren Bezüge im Sinne des § 20 Abs. 1 Nr. 1 und 2 im Wirtschaftsjahr 100 Deutsche Mark nicht überstiegen haben.

(2) ¹Werden in den Fällen des § 36c Abs. 2 Nr. 1 oder 2 die Anteile von einem inländischen Kreditinstitut in einem Wertpapierdepot verwahrt, das auf den Namen des Anteilseigners lautet, setzt die Vergütung nach Absatz 1 zusätzlich voraus:
1. Das Kreditinstitut hat die Überlassung der Anteile durch die Kapitalgesellschaft an den Anteilseigner kenntlich gemacht;
2. es handelt sich nicht um Aktien, die den Arbeitnehmern bei einer Kapitalerhöhung auf Grund ihres Bezugsrechts aus den von der Kapitalgesellschaft überlassenen Aktien zugeteilt worden sind oder die den Arbeitnehmern auf Grund einer Kapitalerhöhung aus Gesellschaftsmitteln gehören;
3. der Anteilseigner hat dem Kreditinstitut für das Wertpapierdepot eine Bescheinigung im Sinne des § 36b Abs. 2 nicht vorgelegt und
4. die Kapitalgesellschaft versichert,
   a) daß die Bezüge aus den von ihr insgesamt überlassenen Anteilen bei keinem der Anteilseigner den Betrag von 100 Deutsche Mark überstiegen haben können und
   b) daß das Kreditinstitut schriftlich erklärt hat, daß die in den Nummern 1 bis 3 bezeichneten Voraussetzungen erfüllt sind.

²Ist die in Nummer 4 Buchstabe b bezeichnete Erklärung des Kreditinstituts unrichtig, haftet es für die auf Grund der Erklärung zu Unrecht gewährten Steuervorteile.

(3) ¹Das Finanzamt kann einer unbeschränkt steuerpflichtigen Körperschaft auch in anderen als den in § 36c Abs. 2 bezeichneten Fällen gestatten, in Vertretung ihrer unbeschränkt steuerpflichtigen Anteilseigner einen Sammelantrag auf Vergütung von Körperschaftsteuer zu stellen,
1. wenn die Zahl der Anteilseigner, für die der Sammelantrag gestellt werden soll, besonders groß ist,

2. wenn die Körperschaft den Gewinn ohne Einschaltung eines Kreditinstituts an die Anteilseigner ausschüttet und
3. wenn im übrigen die Voraussetzungen des Absatzes 1 erfüllt sind.

²In diesen Fällen ist nicht erforderlich, daß die Anteile von einer der in § 36c bezeichneten Stellen verwahrt werden.

(4) ¹Für die Vergütung ist das Finanzamt zuständig, dem die Besteuerung des Einkommens des Vertreters obliegt. ²Das Finanzamt kann die Vergütung an Auflagen binden, die die steuerliche Erfassung der Kapitalerträge sichern sollen. ³Im übrigen ist § 36c sinngemäß anzuwenden.

§ 36e Vergütung des Körperschaftsteuer-Erhöhungsbetrags an beschränkt Einkommensteuerpflichtige

Für die Vergütung des Körperschaftsteuer-Erhöhungsbetrags an beschränkt Einkommensteuerpflichtige gilt § 52 des Körperschaftsteuergesetzes sinngemäß.

§ 43 Kapitalerträge mit Steuerabzug

(1) ¹Bei den folgenden inländischen und in den Fällen der Nummer 7 Buchstabe a und Nummer 8 sowie Satz 2 auch ausländischen Kapitalerträgen wird die Einkommensteuer durch Abzug vom Kapitalertrag (Kapitalertragsteuer) erhoben:
1. Kapitalerträgen im Sinne des § 20 Abs. 1 Nr. 1 und 2 sowie Bezügen, die nach § 8b Abs. 1 des Körperschaftsteuergesetzes bei der Ermittlung des Einkommens außer Ansatz bleiben;
2. Zinsen aus Teilschuldverschreibungen, bei denen neben der festen Verzinsung ein Recht auf Umtausch in Gesellschaftsanteile (Wandelanleihen) oder eine Zusatzverzinsung, die sich nach der Höhe der Gewinnausschüttungen des Schuldners richtet (Gewinnobligationen), eingeräumt ist, und Zinsen aus Genußrechten, die nicht in § 20 Abs. 1 Nr. 1 genannt sind. ²Zu den Gewinnobligationen gehören nicht solche Teilschuldverschreibungen, bei denen der Zinsfuß nur vorübergehend herabgesetzt und gleichzeitig eine von dem jeweiligen Gewinnergebnis des Unternehmens abhängige Zusatzverzinsung bis zur Höhe des ursprünglichen Zinsfußes festgelegt worden ist. ³Zu den Kapitalerträgen im Sinne des Satzes 1 gehören nicht die Bundesbankgenußrechte im Sinne des § 3 Abs. 1 des Gesetzes über die Liquidation der Deutschen Reichsbank und der Deutschen Golddiskontbank in der im Bundesgesetzblatt Teil III, Gliederungsnummer 7620-6, veröffentlichten bereinigten Fassung, zuletzt geändert durch das Gesetz vom 17. Dezember 1975 (BGBl. I S. 3123);
3. Einnahmen aus der Beteiligung an einem Handelsgewerbe als stiller Gesellschafter und Zinsen aus partiarischen Darlehen (§ 20 Abs. 1 Nr. 4);
4. Kapitalerträgen im Sinne des § 20 Abs. 1 Nr. 6. ²Der Steuerabzug vom Kapitalertrag ist in den Fällen des § 20 Abs. 1 Nr. 6 Satz 4 nur vorzunehmen, wenn das Versicherungsunternehmen auf Grund einer Mitteilung des Finanzamts weiß oder infolge der Verletzung eigener Anzeigeverpflichtungen nicht weiß, daß die Kapitalerträge nach dieser Vorschrift zu den Einkünften aus Kapitalvermögen gehören;

5. Zinsen aus in der Bundesrepublik Deutschland oder in Berlin (West) nach dem 31. März 1952 und vor dem 1. Januar 1955 ausgegebenen festverzinslichen Wertpapieren unter folgenden Voraussetzungen:
   a) die Wertpapiere müssen spätestens innerhalb eines Jahres nach der Ausgabe zum Handel an einer Börse in der Bundesrepublik Deutschland oder in Berlin (West) zugelassen werden;
   b) die Wertpapiere dürfen auf die Dauer von mindestens fünf Jahren nicht kündbar und nicht rückzahlbar sein;
   c) nach den Anleihebedingungen darf die Laufzeit der Wertpapiere zu den bei der Ausgabe vorgesehenen Zinsbedingungen für die Dauer von fünf Jahren nicht geändert werden.
   2Diese Vorschrift bezieht sich nicht auf Zinsen aus Anleihen, die im Saarland ausgegeben worden sind, und nicht auf Zinsen aus Wertpapieren im Sinne des § 3a in der bis einschließlich 1991 gültigen Fassung. 3Eine Anleihe gilt im Sinne des Satzes 1 als ausgegeben, wenn mindestens ein Wertpapier der Anleihe veräußert worden ist;
6. Einnahmen aus der Vergütung von Körperschaftsteuer nach § 36e dieses Gesetzes oder nach § 52 des Körperschaftsteuergesetzes. 2Der Steuerabzug wird nicht vorgenommen, wenn die Kapitalertragsteuer im Fall ihrer Einbehaltung nach § 44c Abs. 1 in voller Höhe an den Gläubiger zu erstatten wäre;
7. Kapitalerträgen im Sinne des § 20 Abs. 1 Nr. 7, außer bei Kapitalerträgen im Sinne der Nummer 2,
   a) wenn es sich um Zinsen aus Anleihen und Forderungen handelt, die in ein öffentliches Schuldbuch oder in ein ausländisches Register eingetragen oder über die Sammelurkunden im Sinne des § 9a des Depotgesetzes oder Teilschuldverschreibungen ausgegeben sind;
   b) wenn der Schuldner der nicht in Buchstabe a genannten Kapitalerträge ein inländisches Kreditinstitut im Sinne des Gesetzes über das Kreditwesen ist. 2Kreditinstitut in diesem Sinne ist auch die Kreditanstalt für Wiederaufbau, eine Bausparkasse, die Deutsche Bundespost POSTBANK, die Deutsche Bundesbank bei Geschäften mit jedermann einschließlich ihrer Betriebsangehörigen im Sinne der §§ 22 und 25 des Gesetzes über die Deutsche Bundesbank und eine inländische Zweigstelle eines ausländischen Kreditinstituts im Sinne des § 53 des Gesetzes über das Kreditwesen, nicht aber eine ausländische Zweigstelle eines inländischen Kreditinstituts. 3Die inländische Zweigstelle gilt an Stelle des ausländischen Kreditinstituts als Schuldner der Kapitalerträge. 4Der Steuerabzug muß nicht vorgenommen werden,
      aa) wenn auch der Gläubiger der Kapitalerträge ein inländisches Kreditinstitut im Sinne des Gesetzes über das Kreditwesen einschließlich der inländischen Zweigstelle eines ausländischen Kreditinstituts im Sinne des § 53 des Gesetzes über das Kreditwesen, eine Bausparkasse, die Deutsche Bundespost POSTBANK, die Deutsche Bundesbank oder die Kreditanstalt für Wiederaufbau ist,
      bb) wenn es sich um Kapitalerträge aus Sichteinlagen handelt, für die kein höherer Zins oder Bonus als 1 vom Hundert gezahlt wird,

cc) wenn es sich um Kapitalerträge aus Guthaben bei einer Bausparkasse auf Grund eines Bausparvertrages handelt und wenn für den Steuerpflichtigen im Kalenderjahr der Gutschrift oder im Kalenderjahr vor der Gutschrift dieser Kapitalerträge für Aufwendungen an die Bausparkasse eine Arbeitnehmer-Sparzulage oder eine Wohnungsbauprämie festgesetzt oder von der Bausparkasse ermittelt worden ist oder für die Guthaben kein höherer Zins oder Bonus als 1 vom Hundert gezahlt wird,

dd) wenn die Kapitalerträge bei den einzelnen Guthaben im Kalenderjahr nur einmal gutgeschrieben werden und zwanzig Deutsche Mark nicht übersteigen;

8. Kapitalerträgen im Sinne des § 20 Abs. 2 Satz 1 Nr. 2 Buchstabe b und Nummern 3 und 4 außer bei Zinsen aus Wandelanleihen im Sinne der Nummer 2. ²Bei der Veräußerung von Kapitalforderungen im Sinne der Nummer 7 Buchstabe b gilt Nummer 7 Buchstabe b Doppelbuchstabe aa entsprechend.

²Dem Steuerabzug unterliegen auch Kapitalerträge im Sinne des § 20 Abs. 2 Satz 1 Nr. 1, die neben den in den Nummern 1 bis 8 bezeichneten Kapitalerträgen oder an deren Stelle gewährt werden.

(2) Der Steuerabzug ist nicht vorzunehmen, wenn Gläubiger und Schuldner der Kapitalerträge (Schuldner) oder die auszahlende Stelle im Zeitpunkt des Zufließens dieselbe Person sind.

(3) Kapitalerträge sind inländische, wenn der Schuldner Wohnsitz, Geschäftsleitung oder Sitz im Inland hat.

(4) Der Steuerabzug ist auch dann vorzunehmen, wenn die Kapitalerträge beim Gläubiger zu den Einkünften aus Land- und Forstwirtschaft, aus Gewerbebetrieb, aus selbständiger Arbeit oder aus Vermietung und Verpachtung gehören.

§ 45c Entrichtung der Kapitalertragsteuer in den Fällen des § 43 Abs. 1 Satz 1 Nr. 6

¹In den Fällen des § 43 Abs. 1 Satz 1 Nr. 6 entsteht die Kapitalertragsteuer in dem Zeitpunkt, in dem die Körperschaftsteuer vergütet wird. ²In diesem Zeitpunkt hat das Bundesamt für Finanzen den Steuerabzug vom Kapitalertrag für Rechnung des Vergütungsberechtigten von der Körperschaftsteuer einzubehalten, die nach § 36e dieses Gesetzes oder nach § 52 des Körperschaftsteuergesetzes vergütet wird.

§ 46 Veranlagung bei Bezug von Einkünften aus nichtselbständiger Arbeit

(1) (weggefallen)

(2) Besteht das Einkommen ganz oder teilweise aus Einkünften aus nichtselbständiger Arbeit, von denen ein Steuerabzug vorgenommen worden ist, so wird eine Veranlagung nur durchgeführt,

1. wenn die Summe der einkommensteuerpflichtigen Einkünfte, die nicht dem Steuerabzug vom Arbeitslohn zu unterwerfen waren, vermindert

Texte § 46 EStG

um die darauf entfallenden Beträge nach § 13 Abs. 3 und § 24a, oder die Summe der Einkünfte und Leistungen, die dem Progressionsvorbehalt unterliegen, jeweils mehr als 800 Deutsche Mark beträgt;
2. wenn der Steuerpflichtige nebeneinander von mehreren Arbeitgebern Arbeitslohn bezogen hat;
3. wenn für einen Steuerpflichtigen, der zu dem Personenkreis des § 10c Abs. 3 gehört, die Lohnsteuer im Veranlagungszeitraum oder für einen Teil des Veranlagungszeitraums nach den Steuerklassen I bis IV der allgemeinen Lohnsteuertabelle (§ 38c Abs. 1) zu erheben war;
3a. wenn von Ehegatten, die nach den §§ 26, 26b zusammen zur Einkommensteuer zu veranlagen sind, beide Arbeitslohn bezogen haben und einer für den Veranlagungszeitraum oder einen Teil davon nach der Steuerklasse V oder VI besteuert worden ist;
4. wenn auf der Lohnsteuerkarte eines Steuerpflichtigen ein Freibetrag im Sinne des § 39a Abs. 1 Nr. 1 bis 3, 5 oder 6 eingetragen worden ist; dasselbe gilt für einen Steuerpflichtigen, der zum Personenkreis des § 1 Abs. 2 gehört, wenn diese Eintragungen auf einer Bescheinigung nach § 39c erfolgt sind;
4a. wenn bei einem Elternpaar, bei dem die Voraussetzungen des § 26 Abs. 1 Satz 1 nicht vorliegen,
 a) (weggefallen)
 b) (weggefallen)
 c) im Fall des § 32 Abs. 7 Satz 2 auf Grund der Zustimmung der Mutter entweder auf der Lohnsteuerkarte des Vaters die Lohnsteuerklasse II bescheinigt worden ist oder der Vater den Haushaltsfreibetrag beantragt oder
 d) im Fall des § 33a Abs. 2 Satz 8 beide Elternteile die Übertragung des einem Elternteil zustehenden Anteils am abzuziehenden Ausbildungsfreibetrag auf den anderen Elternteil beantragen oder
 e) im Fall des § 33b Abs. 5 Satz 3 beide Elternteile eine Aufteilung des Pauschbetrags für Behinderte oder des Pauschbetrags für Hinterbliebene in einem anderen Verhältnis als je zur Hälfte beantragen.
²Die Veranlagungspflicht besteht für jeden Elternteil, der Einkünfte aus nichtselbständiger Arbeit bezogen hat;
5. (weggefallen)
6. wenn die Ehe des Arbeitnehmers im Veranlagungszeitraum durch Tod, Scheidung oder Aufhebung aufgelöst worden ist und er oder sein Ehegatte der aufgelösten Ehe im Veranlagungszeitraum wieder geheiratet hat;
7. wenn
 a) für einen unbeschränkt Steuerpflichtigen im Sinne des § 1 Abs. 1 auf der Lohnsteuerkarte ein Ehegatte im Sinne des § 1a Abs. 1 Nr. 2 berücksichtigt worden ist oder
 b) für einen Steuerpflichtigen, der zum Personenkreis des § 1 Abs. 3 oder des § 1a gehört, das Betriebsstättenfinanzamt eine Bescheinigung nach § 39c Abs. 4 erteilt hat; dieses Finanzamt ist dann auch für die Veranlagung zuständig;
8. wenn die Veranlagung beantragt wird, insbesondere zur Anrechnung von Lohnsteuer auf die Einkommensteuer. ²Der Antrag ist bis zum Ab-

lauf des auf den Veranlagungszeitraum folgenden zweiten Kalenderjahrs durch Abgabe einer Einkommensteuererklärung zu stellen. ³Wird der Antrag zur Berücksichtigung von Verlustabzügen nach § 10d oder einer Steuerermäßigung nach § 34f Abs. 3 gestellt, ist er für den zweiten vorangegangenen Veranlagungszeitraum bis zum Ablauf des diesem folgenden vierten Kalenderjahrs und für den ersten vorangegangenen Veranlagungszeitraum bis zum Ablauf des diesem folgenden dritten Kalenderjahrs zu stellen.

(3) ¹In den Fällen des Absatzes 2 ist ein Betrag in Höhe der einkommensteuerpflichtigen Einkünfte, von denen der Steuerabzug vom Arbeitslohn nicht vorgenommen worden ist, vom Einkommen abzuziehen, wenn diese Einkünfte insgesamt nicht mehr als 800 Deutsche Mark betragen. ²Der Betrag nach Satz 1 vermindert sich um den Altersentlastungsbetrag, soweit dieser 40 vom Hundert des Arbeitslohns mit Ausnahme der Versorgungsbezüge im Sinne des § 19 Abs. 2 übersteigt, und um den nach § 13 Abs. 3 zu berücksichtigenden Betrag.

(4) ¹Kommt nach Absatz 2 eine Veranlagung zur Einkommensteuer nicht in Betracht, so gilt die Einkommensteuer, die auf die Einkünfte aus nichtselbständiger Arbeit entfällt, für den Steuerpflichtigen durch den Lohnsteuerabzug als abgegolten, soweit er nicht für zu wenig erhobene Lohnsteuer in Anspruch genommen werden kann. ²§ 42b bleibt unberührt.

(5) Durch Rechtsverordnung kann in den Fällen des Absatzes 2 Nr. 1, in denen die einkommensteuerpflichtigen Einkünfte, von denen der Steuerabzug vom Arbeitslohn nicht vorgenommen worden ist, den Betrag von 800 Deutsche Mark übersteigen, die Besteuerung so gemildert werden, daß auf die volle Besteuerung dieser Einkünfte stufenweise übergeleitet wird.

§ 50 Sondervorschriften für beschränkt Steuerpflichtige

(1) ¹Beschränkt Steuerpflichtige dürfen Betriebsausgaben (§ 4 Abs. 4 bis 8) oder Werbungskosten (§ 9) nur insoweit abziehen, als sie mit inländischen Einkünften in wirtschaftlichem Zusammenhang stehen. ²§ 10 Abs. 1 Nr. 5 ist anzuwenden. ³§ 10d ist nur anzuwenden, wenn Verluste in wirtschaftlichem Zusammenhang mit inländischen Einkünften stehen und sich aus Unterlagen ergeben, die im Inland aufbewahrt werden. ⁴§ 34 ist nur insoweit anzuwenden, als er sich auf Gewinne aus der Veräußerung eines land- und forstwirtschaftlichen Betriebs (§ 14), eines Gewerbebetriebs (§ 16), einer wesentlichen Beteiligung (§ 17) oder auf Veräußerungsgewinne im Sinne des § 18 Abs. 3 bezieht. ⁵Die übrigen Vorschriften der §§ 10 und 34 und die §§ 9a, 10c, 16 Abs. 4, § 20 Abs. 4, §§ 24a, 32, 32a Abs. 6, §§ 32d, 33, 33a, 33b und 33c sind nicht anzuwenden. ⁶Abweichend von Satz 5 sind bei beschränkt steuerpflichtigen Arbeitnehmern, die Einkünfte aus nichtselbständiger Arbeit im Sinne des § 49 Abs. 1 Nr. 4 beziehen, § 9a Satz 1 Nr. 1 Buchstabe a, § 10c Abs. 1 mit der Möglichkeit, die tatsächlichen Aufwendungen im Sinne des § 10 Abs. 1 Nr. 5 und des § 10b nachzuweisen, sowie § 10c Abs. 2 und 3 mit der Möglichkeit, die tatsächlichen Aufwendungen nachzuweisen, anzuwenden. ⁷Die Jahres- und Monatsbeträge der Pauschalen nach § 9a Satz 1 Nr. 1 Buchstabe a und

§ 10c Abs. 1 bis 3 ermäßigen sich zeitanteilig, wenn Einkünfte im Sinne des § 49 Abs. 1 Nr. 4 nicht während eines vollen Kalenderjahrs oder Kalendermonats zugeflossen sind.

(2) ¹Bei Einkünften, die dem Steuerabzug unterliegen, und bei Einkünften im Sinne des § 20 Abs. 1 Nr. 5 und 7 ist für beschränkt Steuerpflichtige ein Ausgleich mit Verlusten aus anderen Einkunftsarten nicht zulässig. ²Einkünfte im Sinne des Satzes 1 dürfen bei einem Verlustabzug (§ 10d) nicht berücksichtigt werden.

(3) ¹Die Einkommensteuer bemißt sich bei beschränkt Steuerpflichtigen, die veranlagt werden, nach § 32a Abs. 1. ²Die Einkommensteuer beträgt mindestens 25 vom Hundert des Einkommens; dies gilt nicht in den Fällen des Absatzes 1 Satz 6.

(4) (weggefallen)

(5) ¹Die Einkommensteuer für Einkünfte, die dem Steuerabzug vom Arbeitslohn oder vom Kapitalertrag oder dem Steuerabzug auf Grund des § 50a unterliegen, gilt bei beschränkt Steuerpflichtigen durch den Steuerabzug als abgegolten. ²§ 36 Abs. 2 Satz 2 Nr. 3 ist nicht anzuwenden. ³Die Sätze 1 und 2 gelten nicht, wenn die Einkünfte Betriebseinnahmen eines inländischen Betriebs sind. ⁴Satz 1 gilt nicht, wenn

1. nachträglich festgestellt wird, daß die Voraussetzungen der unbeschränkten Einkommensteuerpflicht im Sinne des § 1 Abs. 2 oder 3 oder des § 1a nicht vorgelegen haben; § 39 Abs 5a ist sinngemäß anzuwenden;

2. ein beschränkt steuerpflichtiger Arbeitnehmer, der Einkünfte aus nichtselbständiger Arbeit im Sinne des § 49 Abs. 1 Nr. 4 bezieht und Staatsangehöriger eines Mitgliedstaats der Europäischen Union oder eines Staates ist, auf den das Abkommen über den Europäischen Wirtschaftsraum Anwendung findet, und im Hoheitsgebiet eines dieser Staaten seinen Wohnsitz oder gewöhnlichen Aufenthalt hat, eine Veranlagung zur Einkommensteuer beantragt. ²In diesem Fall wird eine Veranlagung durch das Betriebsstättenfinanzamt, das die Bescheinigung nach § 39d Abs. 1 Satz 3 erteilt hat, nach § 46 Abs. 2 Satz 1 Nr. 8 durchgeführt. ³Bei mehreren Betriebsstättenfinanzämtern ist das Betriebsstättenfinanzamt zuständig, in dessen Bezirk der Arbeitnehmer zuletzt beschäftigt war. ⁴Bei Arbeitnehmern mit Steuerklasse VI ist das Betriebsstättenfinanzamt zuständig, in dessen Bezirk der Arbeitnehmer zuletzt unter Anwendung der Steuerklasse I beschäftigt war. ⁵Absatz 1 Satz 7 ist nicht anzuwenden. ⁶Einkünfte, die dem Steuerabzug vom Kapitalertrag oder dem Steuerabzug auf Grund des § 50a unterliegen, werden nur im Rahmen des § 32b berücksichtigt; oder

3. ein beschränkt Steuerpflichtiger, dessen Einnahmen dem Steuerabzug nach § 50a Abs. 4 Nr. 1 oder 2 unterliegen, die völlige oder teilweise Erstattung der einbehaltenen und abgeführten Steuer beantragt. ²Die Erstattung setzt voraus, daß die mit diesen Einnahmen in unmittelbarem wirtschaftlichen Zusammenhang stehenden Betriebsausgaben oder Werbungskosten höher sind als die Hälfte der Einnahmen. ³Die Steuer wird erstattet, soweit sie 50 vom Hundert des Unterschiedsbetrags zwischen

den Einnahmen und mit diesen in unmittelbarem wirtschaftlichen Zusammenhang stehenden Betriebsausgaben oder Werbungskosten übersteigt, im Falle einer Veranstaltungsreihe erst nach deren Abschluß. ⁴Der Antrag ist bis zum Ablauf des Kalenderjahrs, das dem Kalenderjahr des Zuflusses der Vergütung folgt, nach amtlich vorgeschriebenem Muster beim Bundesamt für Finanzen zu stellen und zu unterschreiben; die Bescheinigung nach § 50a Abs. 5 Satz 7 ist beizufügen. ⁵Über den Inhalt des Erstattungsantrags und den Erstattungsbetrag kann das Bundesamt für Finanzen dem Wohnsitzstaat des beschränkt Steuerpflichtigen Auskunft geben. ⁶Abweichend von § 117 Abs. 4 der Abgabenordnung ist eine Anhörung des Beteiligten nicht erforderlich. ⁷Mit dem Erstattungsantrag gilt die Zustimmung zur Auskunft an den Wohnsitzstaat als erteilt. ⁸Das Bundesamt für Finanzen erläßt über den Steuererstattungsbetrag einen Steuerbescheid.

(6) § 34c Abs. 1 bis 3 ist bei Einkünften aus Land- und Forstwirtschaft, Gewerbebetrieb oder selbständiger Arbeit, für die im Inland ein Betrieb unterhalten wird, entsprechend anzuwenden, soweit darin nicht Einkünfte aus einem ausländischen Staat enthalten sind, mit denen der beschränkt Steuerpflichtige dort in einem der unbeschränkten Steuer-pflicht ähnlichen Umfang zu einer Steuer vom Einkommen herangezogen wird.

(7) Die obersten Finanzbehörden der Länder oder die von ihnen beauftragten Finanzbehörden können mit Zustimmung des Bundesministeriums der Finanzen die Einkommensteuer bei beschränkt Steuerpflichtigen ganz oder zum Teil erlassen oder in einem Pauschbetrag festsetzen, wenn es aus volkswirtschaftlichen Gründen zweckmäßig ist oder eine gesonderte Berechnung der Einkünfte besonders schwierig ist.

§ 50b Prüfungsrecht

¹Die Finanzbehörden sind berechtigt, Verhältnisse, die für die Anrechnung oder Vergütung von Körperschaftsteuer oder für die Anrechnung oder Erstattung von Kapitalertragsteuer sowie für die Nichtvornahme des Steuerabzugs von Bedeutung sind oder der Aufklärung bedürfen, bei den am Verfahren Beteiligten zu prüfen. ²Die §§ 193 bis 203 der Abgabenordnung gelten sinngemäß.

§ 50c Wertminderung von Anteilen durch Gewinnausschüttungen

(1) ¹Hat ein zur Anrechnung von Körperschaftsteuer berechtigter Steuerpflichtiger einen Anteil an einer in dem Zeitpunkt des Erwerbs oder in dem Zeitpunkt der Gewinnminderung unbeschränkt steuerpflichtigen Kapitalgesellschaft von einem nichtanrechnungsberechtigten Anteilseigner oder von einem Sondervermögen im Sinne des § 38, des § 43a oder des § 44 des Gesetzes über Kapitalanlagegesellschaften erworben, sind Gewinnminderungen, die

1. durch den Ansatz des niedrigeren Teilwerts oder
2. durch Veräußerung oder Entnahme des Anteils

Texte § 50c **EStG**

im Jahr des Erwerbs oder in einem der folgenden neun Jahre entstehen, bei der Gewinnermittlung nicht zu berücksichtigen, soweit der Ansatz des niedrigeren Teilwerts oder die sonstige Gewinnminderung nur auf Gewinnausschüttungen oder auf organschaftliche Gewinnabführungen zurückgeführt werden kann und die Gewinnminderungen insgesamt den Sperrbetrag im Sinne des Absatzes 4 nicht übersteigen. ²Als Erwerb im Sinne des Satzes 1 gilt auch die Vermögensmehrung durch verdeckte Einlage des Anteils, nicht aber der Erbanfall oder das Vermächtnis.

(2) Setzt die Kapitalgesellschaft nach dem Erwerb des Anteils ihr Nennkapital herab, ist Absatz 1 sinngemäß anzuwenden, soweit für Leistungen an den Steuerpflichtigen verwendbares Eigenkapital im Sinne des § 29 Abs. 3 des Körperschaftsteuergesetzes als verwendet gilt.

(3) ¹Wird die Kapitalgesellschaft im Jahr des Erwerbs oder in einem der folgenden neun Jahre aufgelöst und abgewickelt, erhöht sich der hierdurch entstehende Gewinn des Steuerpflichtigen um den Sperrbetrag. ²Das gleiche gilt, wenn die Abwicklung der Gesellschaft unterbleibt, weil über ihr Vermögen das Konkursverfahren eröffnet worden ist.

(4) ¹Sperrbetrag ist der Unterschiedsbetrag zwischen den Anschaffungskosten und dem Nennbetrag des Anteils. ²Hat der Erwerber keine Anschaffungskosten, tritt an deren Stelle der für die steuerliche Gewinnermittlung maßgebende Wert. ³Der Sperrbetrag verringert sich, soweit eine Gewinnminderung nach Absatz 1 nicht anerkannt worden ist. ⁴In den Fällen der Kapitalherabsetzung sowie der Auflösung der Kapitalgesellschaft erhöht sich der Sperrbetrag um den Teil des Nennkapitals, der auf den erworbenen Anteil entfällt und im Zeitpunkt des Erwerbs nach § 29 Abs. 3 des Körperschaftsteuergesetzes zum verwendbaren Eigenkapital der Kapitalgesellschaft gehört.

(5) ¹Wird ein Anteil an einer unbeschränkt steuerpflichtigen Kapitalgesellschaft zu Bruchteilen oder zur gesamten Hand erworben, gelten die Absätze 1 bis 4 sinngemäß, soweit die Gewinnminderungen anteilig auf anrechnungsberechtigte Steuerpflichtige entfallen. ²Satz 1 gilt sinngemäß für anrechnungsberechtigte stille Gesellschafter, die Mitunternehmer sind.

(6) ¹Wird ein nichtanrechnungsberechtigter Anteilseigner mit einem Anteil an einer Kapitalgesellschaft anrechnungsberechtigt, sind die Absätze 1 bis 5 insoweit sinngemäß anzuwenden. ²Gehört der Anteil zu einem Betriebsvermögen, tritt an die Stelle der Anschaffungskosten der Wert, mit dem der Anteil nach den Vorschriften über die steuerliche Gewinnermittlung in einer Bilanz zu dem Zeitpunkt anzusetzen wäre, in dem die Anrechnungsberechtigung eintritt.

(7) ¹Bei einem Anteil an einer Kapitalgesellschaft, die unmittelbar oder mittelbar einen Anteil im Sinne des Absatzes 1 erworben hat, sind Gewinnminderungen, die durch den Ansatz des niedrigeren Teilwerts oder durch die Veräußerung oder Entnahme des Anteils oder bei Auflösung oder Herabsetzung des Nennkapitals der Kapitalgesellschaft entstehen, bei der Gewinnermittlung nicht zu berücksichtigen, soweit der Ansatz des

niedrigeren Teilwerts oder die sonstige Gewinnminderung darauf zurückzuführen ist, daß Gewinnausschüttungen im Sinne des Absatzes 1 weitergeleitet worden sind. ²Die Absätze 1 bis 6 gelten entsprechend.

(8) ¹Bei Rechtsnachfolgern des anrechnungsberechtigten Steuerpflichtigen, die den Anteil innerhalb des in Absatz 1 bezeichneten Zeitraums erworben haben, sind während der Restdauer dieses Zeitraums die Absätze 1 bis 7 sinngemäß anzuwenden. ²Das gleiche gilt bei jeder weiteren Rechtsnachfolge.

(9) Die Absätze 1 bis 7 sind nicht anzuwenden, wenn die Anschaffungskosten der im Veranlagungszeitraum erworbenen Anteile höchstens 100 000 Deutsche Mark betragen.

(10) Werden die Anteile über die Börse erworben, sind die Absätze 1 bis 9 nur anzuwenden, soweit nicht § 36 Abs. 2 Nr. 3 Satz 4 Buchstabe g anzuwenden ist und

a) zwischen dem Erwerb der Anteile und der Veräußerung dieser oder gleichartiger Anteile nicht mindestens 10 Tage liegen und der Gewinnverwendungsbeschluß der ausschüttenden Kapitalgesellschaft in diesen Zeitraum fällt oder

b) die oder gleichartige Anteile unmittelbar oder mittelbar zu Bedingungen rückveräußert werden, die allein oder im Zusammenhang mit anderen Vereinbarungen dazu führen, daß das Kursrisiko begrenzt ist oder

c) die Gegenleistung für den Erwerb der Anteile ganz oder teilweise in der Verpflichtung zu Übertragung nicht oder nicht voll dividendenberechtigter Aktien besteht,

es sei denn, der Erwerber macht glaubhaft, daß der Veräußerer, bei mittelbarem Erwerb über zwischengeschaltete Veräußerer jeder Veräußerer, anrechnungsberechtigt ist.

(11) ¹Hat ein zur Anrechnung von Körperschaftsteuer berechtigter Steuerpflichtiger einen Anteil an einer Kapitalgesellschaft im Sinne des Absatzes 1 von einem anrechnungsberechtigten Anteilseigner erworben, sind Absätze 1 bis 8 entsprechend anzuwenden. ²Dies gilt nicht, wenn die Veräußerung durch den Rechtsvorgänger bei diesem steuerpflichtig ist. ³Satz 1 gilt entsprechend bei unentgeltlich erworbenen oder in ein Betriebsvermögen eingelegten Anteilen, es sei denn, eine Veräußerung der Anteile anstelle der unentgeltlichen Übertragung oder der Einlage wäre steuerpflichtig gewesen.

Einkommensteuerrichtlinien:

Zu § 20: R 153–156 EStR
Zu § 36: R 213f–213h EStR
Zu § 36a: R 213i EStR
Zu § 36b: R 213j, 213k EStR
Zu § 36c: R 213l EStR
Zu § 36d: R 213m EStR
Zu § 46: R 214–221 EStR
Zu § 50: R 224–227 EStR
Zu § 50c: R 227d EStR

2. Solidaritätszuschlaggesetz (SolZG)

Vom 24. Juni 1991 (BGBl I 91, 1318; BStBl I 91, 640)
Geändert durch G v 25. 2. 1992 (BGBl I 92, 297; BStBl I 92, 146)

§ 1 Erhebung eines Solidaritätszuschlags

Zur Einkommensteuer und zur Körperschaftsteuer wird ein Solidaritätszuschlag als Ergänzungsabgabe erhoben.

§ 2 Abgabepflicht

Abgabepflichtig sind

1. natürliche Personen, die nach § 1 des Einkommensteuergesetzes einkommensteuerpflichtig sind,
2. Körperschaften, Personenvereinigungen und Vermögensmassen, die nach § 1 oder § 2 des Körperschaftsteuergesetzes körperschaftsteuerpflichtig sind,

es sei denn, die jeweilige Steuerpflicht hat vor dem 14. Mai 1991 geendet.

§ 3 Bemessungsgrundlage

(1) Der Solidaritätszuschlag bemißt sich vorbehaltlich Absatz 2,

1. soweit eine Veranlagung zur Einkommensteuer vorzunehmen ist:
   nach der für die Veranlagungszeiträume 1991 und 1992 festgesetzten Einkommensteuer;
2. soweit eine Veranlagung zur Körperschaftsteuer vorzunehmen ist:
   nach der für die Veranlagungszeiträume 1991 und 1992 festgesetzten positiven Körperschaftsteuer;
3. soweit Vorauszahlungen zur Einkommensteuer oder Körperschaftsteuer zu leisten sind:
   nach den im Zeitraum vom 1. Juli 1991 bis 30. Juni 1992 zu leistenden Vorauszahlungen für die Kalenderjahre 1991 und 1992;
4. soweit Lohnsteuer zu erheben ist:
   nach der Lohnsteuer, die
   a) vom laufenden Arbeitslohn zu erheben ist, der für einen nach dem 30. Juni 1991 und vor dem 1. Juli 1992 endenden Lohnzahlungszeitraum gezahlt wird,
   b) von sonstigen Bezügen zu erheben ist, die nach dem 30. Juni 1991 und vor dem 1. Juli 1992 zufließen;
5. soweit ein Lohnsteuer-Jahresausgleich durchzuführen ist:
   nach der Jahreslohnsteuer für die Ausgleichsjahre 1991 und 1992;
6. soweit Kapitalertragsteuer zu erheben ist außer in den Fällen des § 44d des Einkommensteuergesetzes:
   nach der im Zeitraum vom 1. Juli 1991 bis 30. Juni 1992 zu erhebenden Kapitalertragsteuer;
7. soweit bei beschränkt Steuerpflichtigen ein Steuerabzugsbetrag nach § 50a des Einkommensteuergesetzes zu erheben ist:
   nach dem im Zeitraum vom 1. Juli 1991 bis 30. Juni 1992 zu erhebenden Steuerabzugsbetrag.

(2) § 51a Abs. 2 des Einkommensteuergesetzes ist nicht anzuwenden. Steuerermäßigungen nach den §§ 21 und 26 des Berlinförderungsgesetzes mindern die Bemessungsgrundlage nicht.

§ 4 *Tarifvorschriften*

Der Solidaritätszuschlag beträgt in den Fällen
1. *des § 3 Abs. 1 Nr. 1, 2 und 5*
   3,75 vom Hundert,
2. *des § 3 Abs. 1 Nr. 3, 4, 6 und 7*
   7,5 vom Hundert

der Bemessungsgrundlage. Bruchteile eines Pfennigs bleiben außer Ansatz.

§ 5 *Doppelbesteuerungsabkommen*

Werden auf Grund eines Abkommens zur Vermeidung der Doppelbesteuerung im Geltungsbereich dieses Gesetzes erhobene Steuern vom Einkommen ermäßigt, so ist diese Ermäßigung zuerst auf den Solidaritätszuschlag zu beziehen.

3. Solidaritätszuschlaggesetz 1995

Vom 23. Juni 1993 (BGBl I 93, 944, 975; BStBl I 93, 510)
Zuletzt geändert durch G v 18. 12. 95 (BGBl I 95, 1959)

§ 1 Erhebung eines Solidaritätszuschlags

Zur Einkommensteuer und zur Körperschaftsteuer wird ein Solidaritätszuschlag als Ergänzungsabgabe erhoben.

§ 2 Abgabepflicht

Abgabepflichtig sind
1. natürliche Personen, die nach § 1 des Einkommensteuergesetzes einkommensteuerpflichtig sind,
2. natürliche Personen, die nach § 2 des Außensteuergesetzes erweitert beschränkt steuerpflichtig sind,
3. Körperschaften, Personenvereinigungen und Vermögensmassen, die nach § 1 oder § 2 des Körperschaftsteuergesetzes körperschaftsteuerpflichtig sind.

§ 3 Bemessungsgrundlage und zeitliche Anwendung

(1) Der Solidaritätszuschlag bemißt sich vorbehaltlich der Absätze 3 bis 5,
1. soweit eine Veranlagung zur Einkommensteuer oder Körperschaftsteuer vorzunehmen ist:
   nach der nach § 51a Abs. 2 des Einkommensteuergesetzes berechneten Einkommensteuer oder der festgesetzten Körperschaftsteuer, vermindert um die anzurechnende oder vergütete Körperschaftsteuer, wenn ein positiver Betrag verbleibt;

2. soweit Vorauszahlungen zur Einkommensteuer oder Körperschaftsteuer zu leisten sind:
nach den Vorauszahlungen auf die Steuer für Veranlagungszeiträume ab 1995;
3. soweit Lohnsteuer zu erheben oder ein Lohnsteuer-Jahresausgleich durchzuführen ist, nach § 51a Abs. 2a des Einkommensteuergesetzes;
4. *(aufgehoben)*
5. soweit Kapitalertragsteuer oder Zinsabschlag zu erheben ist außer in den Fällen des § 44d des Einkommensteuergesetzes:
nach der ab 1. Januar 1995 zu erhebenden Kapitalertragsteuer oder dem ab diesem Zeitpunkt zu erhebenden Zinsabschlag;
6. soweit bei beschränkt Steuerpflichtigen ein Steuerabzugsbetrag nach § 50a des Einkommensteuergesetzes zu erheben ist:
nach dem ab 1. Januar 1995 zu erhebenden Steuerabzugsbetrag.

(2) *(aufgehoben)*

(3) Der Solidaritätszuschlag ist von einkommensteuerpflichtigen Personen nur zu erheben, wenn die Bemessungsgrundlage nach Absatz 1
1. in den Fällen des § 32a Abs. 5 oder 6 des Einkommensteuergesetzes 2664 Deutsche Mark,
2. in anderen Fällen 1332 Deutsche Mark
übersteigt.

(4) [1]Beim Abzug vom laufenden Arbeitslohn ist der Solidaritätszuschlag nur zu erheben, wenn die Bemessungsgrundlage im jeweiligen Lohnzahlungszeitraum
1. bei monatlicher Lohnzahlung
   a) in der Steuerklasse III mehr als 222 Deutsche Mark und
   b) in den Steuerklassen I, II, IV bis VI mehr als 111 Deutsche Mark,
2. bei wöchentlicher Lohnzahlung
   a) in der Steuerklasse III mehr als 51,80 Deutsche Mark und
   b) in den Steuerklassen I, II, IV bis VI mehr als 25,90 Deutsche Mark,
3. bei täglicher Lohnzahlung
   a) in der Steuerklasse III mehr als 7,40 Deutsche Mark und
   b) in den Steuerklassen I, II, IV bis VI mehr als 3,70 Deutsche Mark
beträgt. [2]§ 39b Abs. 4 des Einkommensteuergesetzes ist sinngemäß anzuwenden.

(5) Beim Lohnsteuer-Jahresausgleich ist der Solidaritätszuschlag nur zu ermitteln, wenn die Bemessungsgrundlage in Steuerklasse III mehr als 2664 Deutsche Mark und in den Steuerklassen I, II oder IV mehr als 1332 Deutsche Mark beträgt.

§ 4 Zuschlagsatz

[1]Der Solidaritätszuschlag beträgt 7,5 vom Hundert der Bemessungsgrundlage. [2]Er beträgt nicht mehr als 20 vom Hundert des Unterschiedsbetrags zwischen der Bemessungsgrundlage und der nach § 3 Abs. 3 bis 5 jeweils maßgebenden Freigrenze. [3]Bruchteile eines Pfennigs bleiben außer Ansatz.

Konzernrichtlinie

§ 5 Doppelbesteuerungsabkommen

Werden auf Grund eines Abkommens zur Vermeidung der Doppelbesteuerung im Geltungsbereich dieses Gesetzes erhobene Steuern vom Einkommen ermäßigt, so ist diese Ermäßigung zuerst auf den Solidaritätszuschlag zu beziehen.

§ 6 Anwendungsvorschrift

(1) § 2 in der Fassung des Gesetzes vom 18. Dezember 1995 (BGBl. I S. 1959) ist ab dem Veranlagungszeitraum 1995 anzuwenden.

(2) Das Gesetz in der Fassung des Gesetzes vom 11. Oktober 1995 (BGBl. I S. 1250) ist erstmals für den Veranlagungszeitraum 1996 anzuwenden.

4. Richtlinie (EWG) Nr. 90/435 über das gemeinsame Steuersystem der Mutter- und Tochtergesellschaften verschiedener Mitgliedstaaten

Vom 23. Juli 1990 (ABl EG Nr. L 225 S. 6)

Geändert durch Beitrittsakte 1995 (ABl EG Nr. L 1/144)

DER RAT DER EUROPÄISCHEN GEMEINSCHAFTEN –

gestützt auf den Vertrag zur Gründung der Europäischen Wirtschaftsgemeinschaft, insbesondere auf Artikel 100,
auf Vorschlag der Kommission,
nach Stellungnahme des Europäischen Parlaments,
nach Stellungnahme des Wirtschafts- und Sozialausschusses,
in Erwägung nachstehender Gründe:
Zusammenschlüsse von Gesellschaften verschiedener Mitgliedstaaten können notwendig sein, um binnenmarktähnliche Verhältnisse in der Gemeinschaft zu schaffen und damit die Errichtung und das Funktionieren des Gemeinsamen Marktes zu gewährleisten. Sie dürfen nicht durch besondere Beschränkungen, Benachteiligungen oder Verfälschungen aufgrund von steuerlichen Vorschriften der Mitgliedstaaten behindert werden. Demzufolge müssen wettbewerbsneutrale steuerliche Regelungen für diese Zusammenschlüsse geschaffen werden, um die Anpassung von Unternehmen an die Erfordernisse des Gemeinsamen Marktes, eine Erhöhung ihrer Produktivität und eine Stärkung ihrer Wettbewerbsfähigkeit auf internationaler Ebene zu ermöglichen.
Derartige Zusammenschlüsse können zur Schaffung von aus Mutter- und Tochtergesellschaften bestehenden Unternehmensgruppen führen.
Die für die Beziehungen zwischen Mutter- und Tochtergesellschaften verschiedener Mitgliedstaaten geltenden Steuerbestimmungen weisen von einem Staat zum anderen erhebliche Unterschiede auf und sind im allgemeinen weniger günstig als die auf die Beziehung zwischen Mutter- und Tochtergesellschaften desselben Mitgliedstaats anwendbaren Bestimmungen. Die Zusammenarbeit von Gesellschaften verschiedener Mitgliedstaaten wird auf diese Weise gegenüber der Zusammenarbeit zwischen Gesellschaften desselben Mitgliedstaats benachteiligt. Diese Benachteiligung ist durch

Texte   **Art. 1, 2 Konzernrichtlinie**

Schaffung eines gemeinsamen Steuersystems zu beseitigen, wodurch Zusammenschlüsse von Gesellschaften auf Gemeinschaftsebene erleichtert werden.
Bezieht eine Muttergesellschaft als Teilhaberin ihrer Tochtergesellschaft Gewinnausschüttungen, so
- besteuert der Staat der Muttergesellschaft diese entweder nicht oder
- läßt er im Fall einer Besteuerung zu, daß die Gesellschaft den Steuerteilbetrag, den die Tochtergesellschaften für die von ihr ausgeschütteten Gewinne entrichtet, auf die Steuer anrechnen kann.

Im übrigen sollten zur Sicherung der steuerlichen Neutralität von der Tochtergesellschaft an die Muttergesellschaft ausgeschüttete Gewinne vom Quellensteuerabzug befreit werden. Jedoch ist es erforderlich, der Bundesrepublik Deutschland und der Republik Griechenland aufgrund der Besonderheit ihres Körperschaftsteuersystems und der Republik Portugal aus budgetären Gründen zu gestatten, zeitweise eine Quellensteuer beizubehalten –

HAT FOLGENDE RICHTLINIE ERLASSEN:

Art. 1 [Anwendungsbereich]

(1) Jeder Mitgliedstaat wendet diese Richtlinie an
- auf Gewinnausschüttungen, die Gesellschaften dieses Staates von Tochtergesellschaften eines anderen Mitgliedstaats zufließen;
- auf Gewinnausschüttungen von Tochtergesellschaften dieses Staates an Gesellschaften anderer Mitgliedstaaten.

(2) Die vorliegende Richtlinie steht der Anwendung einzelstaatlicher oder vertraglicher Bestimmungen zur Verhinderung von Steuerhinterziehungen und Mißbräuchen nicht entgegen.

Art. 2 [Begriff der Gesellschaft]

Im Sinne dieser Richtlinie ist „Gesellschaft eines Mitgliedstaats" jede Gesellschaft
a) die eine der im Anhang aufgeführten Formen aufweist;
b) die nach dem Steuerrecht eines Mitgliedstaats in bezug auf den steuerlichen Wohnsitz als in diesem Staat ansässig und aufgrund eines mit einem dritten Staat geschlossenen Doppelbesteuerungsabkommens in bezug auf den steuerlichen Wohnsitz nicht als außerhalb der Gemeinschaft ansässig betrachtet wird;
c) die ferner ohne Wahlmöglichkeit einer der nachstehenden Steuern
  - vennootschapsbelasting/impôt des sociétés in Belgien,
  - selskabsskat in Dänemark,
  - Körperschaftsteuer in Deutschland,
  - φόρος εισοδηματος νομικών προσώπων κερδοσκοπικού χαρακτήρα in Griechenland,
  - impuesto sobre sociedades in Spanien,
  - impôt sur les sociétés in Frankreich,
  - corporation tax in Irland,
  - imposta sul reddito delle persone giuridiche in Italien,
  - impôt sur le revenu des collectivités in Luxemburg
  - vennootschapsbelasting in den Niederlanden,
  - imposto sobre o rendimento das pessoas colectivas in Portugal,

- corporation tax im Vereinigten Königreich,
- Körperschaftsteuer in Österreich,
- Yhteisöjen tulovero/inkomstskatten för samfund in Finnland,
- Statlig inkomstskatt in Schweden,

oder irgendeiner Steuer, die eine dieser Steuern ersetzt, unterliegt, ohne davon befreit zu sein.

Art. 3 [Muttergesellschaft, Tochtergesellschaft]

(1) Im Sinne dieser Richtlinie gilt als

a) „Muttergesellschaft" wenigstens jede Gesellschaft eines Mitgliedstaats, die die Bedingungen des Artikels 2 erfüllt und die einen Anteil von wenigstens 25% am Kapital einer Gesellschaft eines anderen Mitgliedstaats, die die gleichen Bedingungen erfüllt, besitzt;

b) „Tochtergesellschaft" die Gesellschaft, an deren Kapital eine andere Gesellschaft den unter Buchstabe a) genannten Anteil besitzt.

(2) Abweichend von Absatz 1 haben die Mitgliedstaaten die Möglichkeit,

- durch bilaterale Vereinbarung als Kriterium die Stimmrechte statt des Kapitalanteils vorzusehen;
- von dieser Richtlinie ihre Gesellschaften auszunehmen, die nicht während eines ununterbrochenen Zeitraums von mindestens zwei Jahren im Besitz einer Beteiligung bleiben, aufgrund deren sie als Muttergesellschaften gelten, oder an denen eine Gesellschaft eines anderen Mitgliedstaats nicht während eines ununterbrochenen Zeitraums von mindestens zwei Jahren eine solche Beteiligung hält.

Art. 4 [Besteuerungsgrundsätze]

(1) Bezieht eine Muttergesellschaft als Teilhaberin ihrer Tochtergesellschaft Gewinne, die nicht anläßlich der Liquidation der Tochtergesellschaft ausgeschüttet werden, so

- besteuert der Staat der Muttergesellschaft diese Gewinne entweder nicht oder
- läßt er im Fall einer Besteuerung zu, daß die Gesellschaft auf die Steuer den Steuerteilbetrag, den die Tochtergesellschaft für die von ihr ausgeschütteten Gewinne entrichtet, und gegebenenfalls die Quellensteuer, die der Mitgliedstaat der Tochtergesellschaft nach den Ausnahmebestimmungen des Artikels 5 erhebt, bis zur Höhe der entsprechenden innerstaatlichen Steuer anrechnen kann.

(2) Jeder Mitgliedstaat kann bestimmen, daß Kosten der Beteiligung an der Tochtergesellschaft und Minderwerte, die sich aufgrund der Ausschüttung ihrer Gewinne ergeben, nicht vom steuerpflichtigen Gewinn der Muttergesellschaft abgesetzt werden können. Wenn in diesem Fall die mit der Beteiligung zusammenhängenden Verwaltungskosten pauschal festgesetzt werden, darf der Pauschalbetrag 5% der von der Tochtergesellschaft ausgeschütteten Gewinne nicht übersteigen.

(3) Absatz 1 gilt bis zum Zeitpunkt der tatsächlichen Anwendung eines gemeinsamen Körperschaftsteuersystems.

Der Rat erläßt rechtzeitig die nach diesem Zeitpunkt geltenden Bestimmungen.

Art. 5 [Steuerabzug an der Quelle]

(1) Die von einer Tochtergesellschaft an ihre Muttergesellschaft ausgeschütteten Gewinne sind, zumindest wenn diese einen Anteil am Gesellschaftskapital der Tochtergesellschaft von wenigstens 25% besitzt, vom Steuerabzug an der Quelle befreit.

(2) Abweichend von Absatz 1 kann die Republik Griechenland, solange sie auf ausgeschüttete Gewinne keine Körperschaftsteuer erhebt, auf Gewinnausschüttungen an Muttergesellschaften anderer Mitgliedstaaten einen Steuerabzug an der Quelle vornehmen. Der Satz dieses Steuerabzugs darf jedoch den in den bilateralen Doppelbesteuerungsabkommen festgesetzten Satz nicht überschreiten.

(3) Abweichend von Absatz 1 kann die Bundesrepublik Deutschland, solange sie auf ausgeschüttete Gewinne einen um mindestens 11 Punkte niedrigeren Körperschaftsteuersatz anwendet als auf einbehaltene Gewinne, spätestens jedoch bis Mitte 1996 als Ausgleichsteuer einen Steuerabzug an der Quelle in Höhe von 5% auf Gewinnausschüttungen ihrer Tochtergesellschaften vornehmen.

(4) Abweichend von Absatz 1 kann die Portugiesische Republik bis zum Ende des achten Jahres nach Beginn der Anwendung dieser Richtlinie eine Quellensteuer auf Gewinnausschüttungen ihrer Tochtergesellschaften an Muttergesellschaften eines anderen Mitgliedstaats erheben.

Vorbehaltlich der Bestimmungen in den zwischen Portugal und einem Mitgliedstaat bestehenden bilateralen Abkommen darf der Satz dieser Quellensteuer während der ersten fünf Jahre dieses Zeitraums 15% und während der letzten drei Jahre 10% nicht überschreiten.

Vor Ablauf des achten Jahres beschließt der Rat auf Vorschlag der Kommission einstimmig über eine mögliche Verlängerung der Bestimmungen dieses Absatzes.

Art. 6 [Ausschluß des Steuerabzugs]

Der Mitgliedstaat der Muttergesellschaft kann einen Steuerabzug an der Quelle auf Gewinne vornehmen, die diese Gesellschaft von ihrer Tochtergesellschaft bezieht.

Art. 7 [Abgrenzungsvorschriften]

(1) Der in dieser Richtlinie verwendete Ausdruck „Steuerabzug an der Quelle" umfaßt nicht die in Verbindung mit der Ausschüttung von Gewinnen an die Muttergesellschaft erfolgende Vorauszahlung der Körperschaftsteuer an den Sitzmitgliedstaat der Tochtergesellschaft.

(2) Diese Richtlinie berührt nicht die Anwendung einzelstaatlicher oder vertraglicher Bestimmungen, die die Beseitigung oder Minderung der

Doppelbesteuerung der Dividenden bezwecken, und insbesondere nicht die Bestimmungen, die die Auszahlung von Steuerkrediten an die Dividendenempfänger betreffen.

Art. 8 [Umsetzungsfrist]

(1) Die Mitgliedstaaten erlassen die erforderlichen Rechts- und Verwaltungsvorschriften, um dieser Richtlinie vor dem 1. Januar 1992 nachzukommen. Sie unterrichten die Kommission unverzüglich hiervon.

(2) Die Mitgliedstaaten tragen dafür Sorge, daß der Kommission der Wortlaut der wichtigsten innerstaatlichen Vorschriften mitgeteilt wird, die sie auf dem unter diese Richtlinie fallenden Gebiet erlassen.

Art. 9 [Adressat]

Diese Richtlinie ist an die Mitgliedstaaten gerichtet.

ANHANG
Liste der unter Artikel 2 Buchstabe a) fallenden Gesellschaften

a) Die Gesellschaften belgischen Rechts mit der Bezeichnung: naamloze vennootschap/société anonyme, commenditaire vennootschap op aandelen/société en commandite par action, besloten vennootschap met beperkte aansprakelijkheid/société privée à responsabilité limitée sowie öffenlich-rechtliche Körperschaften, deren Tätigkeit unter das Privatrecht fällt;
b) die Gesellschaften dänischen Rechts mit der Bezeichnung: aktieselskab, anpartsselskab;
c) die Gesellschaften deutschen Rechts mit der Bezeichnung: Aktiengesellschaft, Kommanditgesellschaft auf Aktien, Gesellschaft mit beschränkter Haftung, bergrechtliche Gewerkschaft;
d) die Gesellschaften griechischen Rechts mit der Bezeichnung: ανώνυμη εταιρία;
e) die Gesellschaften spanischen Rechts mit der Bezeichnung: sociedad anónima, sociedad commanditaria por acciones, sociedad de responsabilidad limitada sowie öffentlich-rechtliche Körperschaften, deren Tätigkeit unter das Privatrecht fällt;
f) die Gesellschaften französischen Rechts mit der Bezeichnung: société anonyme, société en commandite par actions, société à responsabilité limitée sowie die staatlichen Industrie- und Handelsbetriebe und -unternehmen;
g) die Gesellschaften irischen Rechts mit der Bezeichnung: public companies limited by shares or by guarantee, private companies limited by shares or by guarantee, gemäß den Industrial and Provident Societies Acts eingetragene Einrichtungen oder gemäß den Building Societies Acts eingetragene „building societies";
h) die Gesellschaften italienischen Rechts mit der Bezeichnung: società per azioni, società in accomandita per azioni, società a responsabilità limitata sowie die staatlichen und privaten Industrie- und Handelsunternehmen;
i) die Gesellschaften luxemburgischen Rechts mit der Bezeichnung: société anonyme, société en commandite par actions, société à responsabilité limitée;
j) die Gesellschaften niederländischen Rechts mit der Bezeichnung: naamloze vennootschap, besloten vennootschap met beperkte aansprakelijkheid;
k) die Gesellschaften portugiesischen Rechts in Form von Handelsgesellschaften, zivilrechtlichen Handelsgesellschaften oder Genossenschaften sowie die öffentlichen Unternehmen;
l) die nach dem Recht des Vereinigten Königreichs gegründeten Gesellschaften;
m) die Gesellschaften österreichischen Rechts mit der Bezeichnung: Aktiengesellschaft, Gesellschaft mit beschränkter Haftung;

Texte **§§ 1, 2 UmwStG**

n) die Gesellschaften finnischen Rechts mit der Bezeichnung: osakeyhtiö/aktiebolag, osuuskunta/andelslag, säästöpankki/sparbank and vakuutusyhtiö/försäkringsbolag;
o) die Gesellschaften schwedischen Rechts mit der Bezeichnung: aktiebolag, bankaktiebolag, försäkringsaktiebolag.

5. Umwandlungssteuergesetz (UmwStG)[1]

Vom 28. Oktober 1994

(BGBl I 94, 3267)

Zuletzt geändert durch Gesetz zur Fortsetzung der Unternehmenssteuerreform 1997 (BT-Drucks 13/8325 iVm BR-Drucks 221/97)

Erster Teil. Allgemeine Vorschriften zu dem zweiten bis siebten Teil

§ 1 Anwendungsbereich des zweiten bis siebten Teils

(1) [1]Der zweite bis siebte Teil gilt nur für Umwandlungen im Sinne des § 1 des Umwandlungsgesetzes von Kapitalgesellschaften, eingetragenen Genossenschaften, eingetragenen Vereinen (§ 21 des Bürgerlichen Gesetzbuchs), wirtschaftlichen Vereinen (§ 22 des Bürgerlichen Gesetzbuchs), genossenschaftlichen Prüfungsverbänden, Versicherungsvereinen auf Gegenseitigkeit sowie Körperschaften und Anstalten des öffentlichen Rechts. [2]Diese Teile gelten nicht für die Ausgliederung.

(2) Für die Verschmelzung im Sinne des § 2 des Umwandlungsgesetzes gelten der zweite, dritte sowie der sechste und siebte Teil, für die Vermögensübertragung (Vollübertragung) im Sinne des § 174 Abs. 1 des Umwandlungsgesetzes der dritte und sechste Teil sowie § 19.

(3) Für den Formwechsel einer Kapitalgesellschaft in eine Personengesellschaft im Sinne des § 190 Abs. 1 des Umwandlungsgesetzes und den Formwechsel einer eingetragenen Genossenschaft in eine Personengesellschaft im Sinne des § 38a des Landwirtschaftsanpassungsgesetzes gelten die §§ 14, 17 und 18.

(4) Für die Aufspaltung und die Abspaltung im Sinne des § 123 Abs. 1 und 2 des Umwandlungsgesetzes gelten der fünfte bis siebte Teil, für die der Aufspaltung und der Abspaltung entsprechenden Vorgänge der Vermögensübertragung (Teilübertragung) im Sinne des § 174 Abs. 2 Nr. 1 und 2 des Umwandlungsgesetzes die §§ 15, 17 und 19.

(5) Die Absätze 1 bis 4 gelten nur für Körperschaften, die nach § 1 des Körperschaftsteuergesetzes unbeschränkt steuerpflichtig sind.

§ 2 Steuerliche Rückwirkung

(1) [1]Das Einkommen und das Vermögen der übertragenden Körperschaft sowie der Übernehmerin sind so zu ermitteln, als ob das Vermögen

---

[1] Das Gesetz ist seit **1. Januar 1995** in Kraft. Gleichzeitig trat das UmwStG 1977 außer Kraft.

UmwStG §§ 3, 4

der Körperschaft mit Ablauf des Stichtages der Bilanz, die dem Vermögensübergang zugrunde liegt (steuerlicher Übertraggungsstichtag), ganz oder teilweise auf die Übernehmerin übergegangen wäre ²Das gleiche gilt für die Ermittlung der Bemessungsgrundlagen bei der Gewerbesteuer.

(2) Ist die Übernehmerin eine Personengesellschaft, so gilt Absatz 1 Satz 1 für das Einkommen und das Vermögen der Gesellschafter.

(3) Soweit die Regelung des Absatzes 1 an dem auf den steuerlichen Übertragungsstichtag folgenden Feststellungszeitpunkt (§§ 21 bis 23 des Bewertungsgesetzes) oder Veranlagungszeitpunkt (§§ 15 bis 17 des Vermögensteuergesetzes) zu einem höheren Einheitswert des Betriebsvermögens oder des land- und forstwirtschaftlichen Vermögens oder zu einem höheren Gesamtvermögen führt, ist bei der Feststellung des Einheitswerts des Betriebsvermögens oder des land- und forstwirtschaftlichen Vermögens oder bei der Ermittlung des Gesamtvermögens ein entsprechender Betrag abzuziehen.

Zweiter Teil. Vermögensübergang auf eine Personengesellschaft oder auf eine natürliche Person

§ 3 Wertansätze in der steuerlichen Schlußbilanz der übertragenden Körperschaft

¹Wird das Vermögen der übertragenden Körperschaft Betriebsvermögen der übernehmenden Personengesellschaft oder der übernehmenden natürlichen Person, können die Wirtschaftsgüter in der steuerlichen Schlußbilanz mit dem Buchwert oder einem höheren Wert angesetzt werden. ²Der Ansatz mit dem Buchwert ist auch zulässig, wenn in der Handelsbilanz das eingebrachte Betriebsvermögen nach handelsrechtlichen Vorschriften mit einem höheren Wert angesetzt werden muß. ³Buchwert ist der Wert, der sich nach den steuerrechtlichen Vorschriften über die Gewinnermittlung ergibt. ⁴Die Teilwerte der einzelnen Wirtschaftsgüter dürfen nicht überschritten werden.

§ 4 Auswirkungen auf den Gewinn der übernehmenden Personengesellschaft

(1) Die Personengesellschaft hat die auf sie übergegangenen Wirtschaftsgüter mit dem in der steuerlichen Schlußbilanz der übertragenden Körperschaft enthaltenen Wert zu übernehmen.

(2) ¹Die übernehmende Personengesellschaft tritt bezüglich der Absetzungen für Abnutzung, der erhöhten Absetzungen, der Sonderabschreibungen, der Inanspruchnahme einer Bewertungsfreiheit oder eines Bewertungsabschlags, der den steuerlichen Gewinn mindernden Rücklagen sowie der Anwendung des § 6 Abs. 1 Nr. 2 Satz 2 und 3 des Einkommensteuergesetzes in die Rechtsstellung der übertragenden Körperschaft ein. ²Das gilt nicht für einen verbleibenden Verlustabzug im Sinne des § 10d Abs. 3 Satz 2 des Einkommensteuergesetzes. ³Ist die Dauer der Zugehörig-

keit eines Wirtschaftsguts zum Betriebsvermögen für die Besteuerung bedeutsam, so ist der Zeitraum seiner Zugehörigkeit zum Betriebsvermögen der übertragenden Körperschaft der übernehmenden Personengesellschaft anzurechnen.

(3) Sind die übergegangenen Wirtschaftsgüter in der steuerlichen Schlußbilanz der übertragenden Körperschaft mit einem über dem Buchwert liegenden Wert angesetzt, sind die Absetzungen für Abnutzung bei der übernehmenden Personengesellschaft in den Fällen des § 7 Abs. 4 Satz 1 und Abs. 5 des Einkommensteuergesetzes nach der bisherigen Bemessungsgrundlage, in allen anderen Fällen nach dem Buchwert, jeweils vermehrt um den Unterschiedsbetrag zwischen dem Buchwert der einzelnen Wirtschaftsgüter und dem Wert, mit dem die Körperschaft die Wirtschaftsgüter in der steuerlichen Schlußbilanz angesetzt hat, zu bemessen.

(4) [1] Infolge des Vermögensübergangs ergibt sich ein Übernahmegewinn oder Übernahmeverlust in Höhe des Unterschiedsbetrags zwischen dem Wert, mit dem die übergegangenen Wirtschaftsgüter zu übernehmen sind und dem Buchwert der Anteile an der übertragenden Körperschaft. [2] Der Buchwert ist der Wert, mit dem die Anteile nach den steuerrechtlichen Vorschriften über die Gewinnermittlung in einer für den steuerlichen Übertragungsstichtag aufzustellenden Steuerbilanz anzusetzen sind oder anzusetzen wären. [3] Bei der Ermittlung des Übernahmegewinns oder des Übernahmeverlustes bleibt der Wert der übergegangenen Wirtschaftsgüter außer Ansatz, soweit er auf Anteile an der übertragenden Körperschaft entfällt, die am steuerlichen Übertragungsstichtag nicht zum Betriebsvermögen der übernehmenden Personengesellschaft gehören.

(5) [1] Ein Übernahmeverlust bleibt außer Ansatz, soweit er auf einem negativen Wert des übergegangenen Vermögens beruht. [2] Ein Übernahmegewinn erhöht sich und ein nach Anwendung des Satzes 1 verbleibender Übernahmeverlust verringert sich um die nach § 10 Abs. 1 anzurechnende Körperschaftsteuer und um einen Sperrbetrag im Sinne des § 50c des Einkommensteuergesetzes, soweit die Anteile an der übertragenden Körperschaft am steuerlichen Übertragungsstichtag zum Betriebsvermögen der übernehmenden Personengesellschaft gehören.

(6) [1] Verbleibt nach Anwendung des Absatzes 5 ein Übernahmeverlust, so sind die Wertansätze der übergegangenen Wirtschaftsgüter nach Absatz 1 in der Bilanz der Personengesellschaft einschließlich der Ergänzungsbilanzen für ihre Gesellschafter bis zu den Teilwerten der Wirtschaftsgüter aufzustocken. [2] Ein darüber hinausgehender Betrag ist zu aktivieren und auf fünfzehn Jahre gleichmäßig abzuschreiben, soweit er nicht als Anschaffungskosten der übernommenen immateriellen Wirtschaftsgüter einschließlich eines Geschäfts- oder Firmenwertes zu aktivieren ist. [3] Für die Bemessung der Absetzungen für Abnutzung gilt Absatz 3 entsprechend.

§ 5 Auswirkungen auf den Gewinn der übernehmenden Personengesellschaft in Sonderfällen

(1) Hat die übernehmende Personengesellschaft Anteile an der übertragenden Körperschaft nach dem steuerlichen Übertragungsstichtag ange-

UmwStG § 6 Texte

schafft oder findet sie einen Anteilseigner ab, so ist ihr Gewinn so zu ermitteln, als hätte sie die Anteile an diesem Stichtag angeschafft.

(2) ¹Anteile an der übertragenden Körperschaft im Sinne des § 17 des Einkommensteuergesetzes, die an dem steuerlichen Übertragungsstichtag nicht zu einem Betriebsvermögen eines unbeschränkt steuerpflichtigen Gesellschafters der übernehmenden Personengesellschaft gehören, gelten für die Ermittlung des Gewinns als an diesem Stichtag in das Betriebsvermögen der Personengesellschaft mit den Anschaffungskosten eingelegt. ²Anteile, bei deren Veräußerung ein Veräußerungsverlust nach § 17 Abs. 2 Satz 4 des Einkommensteuergesetzes nicht zu berücksichtigen wäre, gelten nicht als Anteile im Sinne des § 17 des Einkommensteuergesetzes.

(3) ¹Gehören an dem steuerlichen Übertragungsstichtag Anteile an der übertragenden Körperschaft zum inländischen Betriebsvermögen eines Gesellschafters der übernehmenden Personengesellschaft, so ist der Gewinn so zu ermitteln, als seien die Anteile an diesem Stichtag zum Buchwert in das Betriebsvermögen der Personengesellschaft überführt worden. ²Unterschreiten die Anschaffungskosten den Buchwert, so sind die Anschaffungskosten anzusetzen, wenn die Anteile innerhalb der letzten fünf Jahre vor dem steuerlichen Übertragungsstichtag in ein inländisches Betriebsvermögen eines Gesellschafters der übernehmenden Personengesellschaft eingelegt worden sind. ³Anteile an der übertragenden Körperschaft, die innerhalb der letzten fünf Jahre vor dem steuerlichen Übertragungsstichtag in das Betriebsvermögen der übernehmenden Personengesellschaft eingelegt worden sind, sind ebenfalls mit den Anschaffungskosten anzusetzen, wenn die Anschaffungskosten den Buchwert unterschreiten.

(4) Einbringungsgeborene Anteile an einer Kapitalgesellschaft im Sinne des § 21 gelten als an dem steuerlichen Übertragungsstichtag in das Betriebsvermögen der Personengesellschaft mit den Anschaffungskosten eingelegt.

§ 6 Gewinnerhöhung durch Vereinigung von Forderungen und Verbindlichkeiten

(1) Erhöht sich der Gewinn der übernehmenden Personengesellschaft dadurch, daß der Vermögensübergang zum Erlöschen von Forderungen und Verbindlichkeiten zwischen der übertragenden Körperschaft und der Personengesellschaft oder zur Auflösung von Rückstellungen führt, so darf die Personengesellschaft insoweit eine den steuerlichen Gewinn mindernde Rücklage bilden.

(2) Vorbehaltlich des Absatzes 3 ist die Rücklage in den auf ihre Bildung folgenden drei Wirtschaftsjahren mit mindestens je einem Drittel gewinnerhöhend aufzulösen.

(3) ¹Ist die Rücklage auf Grund der Vereinigung einer vor dem 1. Januar 1955 entstandenen Darlehensforderung im Sinne des § 7c des Einkommensteuergesetzes mit der Darlehensschuld gebildet worden, so ist die Rücklage in den auf ihre Bildung folgenden Wirtschaftsjahren mindestens in Höhe der Tilgungsbeträge gewinnerhöhend aufzulösen, die ohne den Vermögensübergang nach dem Darlehensvertrag in dem jeweiligen

Wirtschaftsjahr zu erbringen gewesen wären. ²Der aufzulösende Betrag darf 10 vom Hundert der Rücklage nicht unterschreiten. ³Satz 1 gilt entsprechend, wenn die Rücklage auf Grund der Vereinigung einer Darlehensforderung im Sinne der bis zum 31. Dezember 1954 anzuwendenden Fassung des § 7d Abs. 2 des Einkommensteuergesetzes in der Fassung der Bekanntmachung vom 28. Dezember 1950 (BGBl. 1951 I S. 1), zuletzt geändert durch das Gesetz zur Änderung steuerrechtlicher Vorschriften und zur Sicherung der Haushaltsführung vom 24. Juni 1953 (BGBl. I S. 413), mit der Darlehensschuld gebildet worden ist.

(4) Vereinigt sich infolge des Vermögensübergangs eine nach dem 31. Dezember 1954 entstandene Darlehensforderung im Sinne des § 7c des Einkommensteuergesetzes mit der Darlehensschuld, so ist § 7c Abs. 5 des Einkommensteuergesetzes nicht anzuwenden.

(5) ¹Vereinigt sich infolge des Vermögensübergangs eine Darlehensforderung im Sinne des § 17 des Berlinförderungsgesetzes 1990 mit der Darlehnsschuld, so ist Absatz 3 Satz 3 dieser Vorschrift mit der Maßgabe anzuwenden, daß die Steuerermäßigung mit soviel Zehnteln unberührt bleibt, als seit der Hingabe des Darlehens bis zum steuerlichen Übertragungsstichtag volle Jahre verstrichen sind. ²Satz 1 gilt entsprechend für Darlehensforderungen im Sinne des § 16 des Berlinförderungsgesetzes 1990 mit der Maßgabe, daß bei Darlehen, die vor dem 1. Januar 1970 gegeben worden sind, an die Stelle von einem Zehntel ein Sechstel, bei Darlehen, die nach dem 31. Dezember 1969 gegeben worden sind, an die Stelle von einem Achtel ein Zehntel ein Achtel tritt.

(6) ¹Die Absätze 1 bis 5 gelten entsprechend, wenn sich der Gewinn eines Gesellschafters der übernehmenden Personengesellschaft dadurch erhöht, daß eine Forderung oder Verbindlichkeit der übertragenden Körperschaft auf die Personengesellschaft übergeht oder daß infolge des Vermögensübergangs eine Rückstellung aufzulösen ist. ²Satz 1 gilt nur für Gesellschafter, die im Zeitpunkt der Eintragung des Umwandlungsbeschlusses in das Handelsregister an der Personengesellschaft beteiligt sind.

§ 7 Ermittlung der Einkünfte nicht wesentlich beteiligter Anteilseigner

¹Haben Anteile an der übertragenden Körperschaft im Zeitpunkt des Vermögensübergangs zum Privatvermögen eines Gesellschafters der übernehmenden Personengesellschaft gehört, der nicht wesentlich im Sinne des § 17 des Einkommensteuergesetzes beteiligt war, so sind ihm

1. der Teil des für Ausschüttungen verwendbaren Eigenkapitals der übertragenden Körperschaft mit Ausnahme des Teilbetrags im Sinne des § 30 Abs. 2 Nr. 4 des Körperschaftsteuergesetzes, der dem Verhältnis des Nennbetrags der Anteile zur Summe der Nennbeträge aller Anteile an der übertragenden Körperschaft entspricht, und
2. die nach § 10 Abs. 1 anzurechnende Körperschaftsteuer

als Einkünfte aus Kapitalvermögen zuzurechnen. ²Für Anteile, bei deren Veräußerung ein Veräußerungsverlust nach § 17 Abs. 2 Satz 4 des Einkommensteuergesetzes nicht zu berücksichtigen wäre, gilt Satz 1 entsprechend.

§ 8 Vermögensübergang auf eine Personengesellschaft ohne Betriebsvermögen

(1) ¹Wird das übergehende Vermögen nicht Betriebsvermögen der übernehmenden Personengesellschaft, so sind die infolge des Vermögensübergangs entstehenden Einkünfte bei den Gesellschaftern der Personengesellschaft zu ermitteln. ²§ 4 Abs. 2 und 3, § 5 Abs. 1 und § 7 gelten entsprechend.

(2) ¹In den Fällen des Absatzes 1 sind § 17 Abs. 3, § 22 Nr. 2 und § 34 Abs. 1 des Einkommensteuergesetzes nicht anzuwenden. ²Ein Veräußerungsgewinn im Sinne des § 17 Abs. 4 des Einkommensteuergesetzes erhöht sich um die nach § 10 Abs. 1 anzurechnende Körperschaftsteuer.

§ 9 Entsprechende Anwendung von Vorschriften beim Vermögensübergang auf eine natürliche Person

(1) Wird das Vermögen der übertragenden Körperschaft Betriebsvermögen einer natürlichen Person, so sind die §§ 4 bis 6 Abs. 5 entsprechend anzuwenden.

(2) Wird das Vermögen der übertragenden Körperschaft Privatvermögen einer natürlichen Person, so sind § 4 Abs. 2 Satz 1 und 2 und Abs. 3 sowie § 5 Abs. 1 und § 8 Abs. 2 sinngemäß anzuwenden.

§ 10 Körperschaftsteueranrechnung

(1) Die Körperschaftsteuer, die auf den Teilbeträgen des für Ausschüttungen verwendbaren Eigenkapitals der übertragenden Körperschaft im Sinne des § 30 Abs. 1 Nr. 1 und 2 des Körperschaftsteuergesetzes lastet, ist vorbehaltlich des Absatzes 2 auf die Einkommensteuer oder Körperschaftsteuer der Gesellschafter der übernehmenden Personengesellschaft oder auf die Einkommensteuer der übernehmenden natürlichen Person anzurechnen.

(2) Die Anrechnung von Körperschaftsteuer ist bei Anteilseignern ausgeschlossen, bei denen der anteilige Übernahmegewinn oder die Einkünfte im Sinne des § 7, 8 oder 9 Abs. 2 nicht der Einkommensteuer oder der Körperschaftsteuer unterliegen.

Dritter Teil. Verschmelzung oder Vermögensübertragung (Vollübertragung) auf eine andere Körperschaft

§ 11 Auswirkungen auf den Gewinn der übertragenden Körperschaft

(1) ¹In der steuerlichen Schlußbilanz für das letzte Wirtschaftsjahr der übertragenden Körperschaft können die übergegangenen Wirtschaftsgüter insgesamt mit dem Wert angesetzt werden, der sich nach den steuerrechtlichen Vorschriften über die Gewinnermittlung ergibt, soweit
1. sichergestellt ist, daß die in dem übergegangenen Vermögen enthaltenen stillen Reserven später bei der übernehmenden Körperschaft der Körperschaftsteuer unterliegen und
2. eine Gegenleistung nicht gewährt wird oder in Gesellschaftsrechten besteht.

Texte § 12 **UmwStG**

²Der Ansatz eines höheren Wertes ist zulässig. ³Die Teilwerte der einzelnen Wirtschaftsgüter dürfen nicht überschritten werden.

(2) ¹Liegen die in Absatz 1 genannten Voraussetzungen nicht vor, sind die übergegangenen Wirtschaftsgüter mit dem Wert der für die Übertragung gewährten Gegenleistung anzusetzen. ²Wird eine Gegenleistung nicht gewährt, sind die Wirtschaftsgüter mit dem Teilwert anzusetzen.

§ 12 Auswirkungen auf den Gewinn der übernehmenden Körperschaft

(1) ¹Für die Übernahme der übergegangenen Wirtschaftsgüter gilt § 4 Abs. 1 entsprechend. ²Beim Vermögensübergang von einer steuerfreien auf eine steuerpflichtige Körperschaft sind die übergegangenen Wirtschaftsgüter abweichend von § 4 Abs. 1 mit dem Teilwert anzusetzen.

(2) ¹Bei der Ermittlung des Gewinns der übernehmenden Körperschaft bleibt ein Gewinn oder ein Verlust in Höhe des Unterschieds zwischen dem Buchwert der Anteile (§ 4 Satz 2) und dem Wert, mit dem die übergegangenen Wirtschaftsgüter zu übernehmen sind, außer Ansatz. ²Übersteigen die tatsächlichen Anschaffungskosten den Buchwert der Anteile an der übertragenden Körperschaft, so ist der Unterschiedsbetrag dem Gewinn der übernehmenden Körperschaft hinzuzurechnen; die Zuwendungen an Unterstützungskassen rechnen zu den tatsächlichen Anschaffungskosten. ³Die Hinzurechnung unterbleibt, soweit eine Gewinnminderung, die sich durch den Ansatz der Anteile mit dem niedrigeren Teilwert ergeben hat, nach § 50c des Einkommensteuergesetzes nicht anerkannt worden ist.

(3) ¹Die übernehmende Körperschaft tritt bezüglich der Absetzungen für Abnutzung, der erhöhten Absetzungen, der Sonderabschreibungen, der Inanspruchnahme einer Bewertungsfreiheit oder eines Bewertungsabschlags, der den steuerlichen Gewinn mindernden Rücklagen sowie der Anwendung der Vorschriften des § 6 Abs. 1 Nr. 2 Satz 2 und 3 des Einkommensteuergesetzes sowie der Frist im Sinne des § 5 Abs. 2 des Gesetzes über steuerliche Maßnahmen bei Erhöhung des Nennkapitals aus Gesellschaftsmitteln in die Rechtsstellung der übertragenden Körperschaft ein. ²Das gilt auch für einen verbleibenden Verlustabzug im Sinne des § 10 d Abs. 3 Satz 2 des Einkommensteuergesetzes unter der Voraussetzung, daß der Betrieb oder Betriebsteil, der den Verlust verursacht hat, über den Verschmelzungsstichtag hinaus in einem nach dem Gesamtbild der wirtschaftlichen Verhältnisse vergleichbaren Umfang in den folgenden fünf Jahren fortgeführt wird.

(4) ¹§ 4 Abs. 2 Satz 3 und Abs. 3 sowie § 5 Abs. 1 gelten entsprechend. ²§ 6 Abs. 1 bis 5 gilt sinngemäß für den Teil des Gewinns aus der Vereinigung von Forderungen und Verbindlichkeiten, der der Beteiligung der übernehmenden Körperschaft am Kapital der übertragenden Körperschaft entspricht.

(5) ¹Im Falle des Vermögensübergangs von einer Kapitalgesellschaft auf eine Körperschaft, deren Leistungen bei den Empfängern nicht zu den Einnahmen im Sinne des § 20 Abs. 1 Nr. 1 oder 2 des Einkommensteuergesetzes gehören, sind der Körperschaft der Teil des für Ausschüttungen

verwendbaren Eigenkapitals der übertragenden Kapitalgesellschaft mit Ausnahme des Teilbetrags im Sinne des § 30 Abs. 2 Nr. 4 des Körperschaftsteuergesetzes, der dem Verhältnis des Nennbetrags der Anteile zur Summe der Nennbeträge aller Anteile an der übertragenden Kapitalgesellschaft entspricht, und die nach § 10 Abs. 1 anzurechnende Körperschaftsteuer als Einkünfte zuzurechnen. ²§ 10 gilt entsprechend. ³Absatz 3 gilt in diesem Fall nicht für einen verbleibenden Verlustabzug im Sinne des § 10d Abs. 3 Satz 2 des Einkommensteuergesetzes.

§ 13 Besteuerung der Gesellschafter der übertragenden Körperschaft

(1) ¹Die Anteile an der übertragenden Kapitalgesellschaft, die zu einem Betriebsvermögen gehören, gelten als zum Buchwert veräußert und die an ihre Stelle tretenden Anteile als mit diesem Wert angeschafft. ²Satz 1 gilt entsprechend für Anteile an sonstigen Körperschaften im Sinne des § 43 des Körperschaftsteuergesetzes.

(2) ¹Gehören Anteile an der übertragenden Körperschaft nicht zu einem Betriebsvermögen und sind die Voraussetzungen des § 17 oder des § 23 des Einkommensteuergesetzes erfüllt, treten an die Stelle des Buchwerts die Anschaffungskosten. ²Die im Zuge des Vermögensübergangs gewährten Anteile gelten als Anteile im Sinne des § 17 des Einkommensteuergesetzes. ³Werden aus Anteilen, die die Voraussetzungen des § 17 des Einkommensteuergesetzes nicht erfüllen, Anteile im Sinne des § 17 des Einkommensteuergesetzes, gilt für diese Anteile der gemeine Wert am steuerlichen Übertragungsstichtag als Anschaffungskosten.

(3) ¹Für einbringungsgeborene Anteile im Sinne des § 21 gilt Absatz 1 entsprechend. ²Die erworbenen Anteile treten an die Stelle der hingegebenen Anteile.

(4) In den Fällen der Absätze 1 und 3 ist § 50c des Einkommensteuergesetzes auch auf die Anteile anzuwenden, die an die Stelle der Anteile an der übertragenden Kapitalgesellschaft treten.

Vierter Teil. Formwechsel einer Kapitalgesellschaft und einer Genossenschaft in eine Personengesellschaft

§ 14 Entsprechende Anwendung von Vorschriften, Eröffnungsbilanz

¹Im Falle des Formwechsels einer Kapitalgesellschaft in eine Personengesellschaft sind die §§ 3 bis 8 und 10 entsprechend anzuwenden. ²Die Kapitalgesellschaft hat für steuerliche Zwecke auf den Zeitpunkt, in dem der Formwechsel wirksam wird, eine Übertragungsbilanz, die Personengesellschaft eine Eröffnungsbilanz aufzustellen. ³Die Bilanzen nach Satz 2 können auch für einen Stichtag aufgestellt werden, der höchstens acht Monate vor der Anmeldung des Formwechsels zur Eintragung in das Handelsregister liegt (Umwandlungsstichtag). ⁴Die Sätze 1 bis 3 gelten auch für den Formwechsel einer eingetragenen Genossenschaft in eine Personengesellschaft im Sinne des § 38a des Landwirtschaftsanpassungsgesetzes.

Fünfter Teil. Aufspaltung, Abspaltung und Vermögensübertragung (Teilübertragung)

§ 15 Aufspaltung, Abspaltung und Teilübertragung auf andere Körperschaften

(1) ¹Geht Vermögen einer Körperschaft durch Aufspaltung oder Abspaltung oder durch Teilübertragung auf andere Körperschaften über, gelten die §§ 11 bis 13 vorbehaltlich des § 16 entsprechend, wenn auf die Übernehmerinnen ein Teilbetrieb übertragen wird. ²Im Falle der Abspaltung oder Teilübertragung muß das der übertragenden Körperschaft verbleibende Vermögen ebenfalls zu einem Teilbetrieb gehören. ³Als Teilbetrieb gilt auch ein Mitunternehmeranteil oder die Beteiligung an einer Kapitalgesellschaft, die das gesamte Nennkapital der Gesellschaft umfaßt.

(2) Die übertragende Körperschaft hat eine Steuerbilanz auf den steuerlichen Übertragungsstichtag aufzustellen.

(3) ¹§ 11 Abs. 1 ist auf Mitunternehmeranteile und Beteiligungen im Sinne des Absatzes 1 nicht anzuwenden, wenn sie innerhalb eines Zeitraums von drei Jahren vor dem steuerlichen Übertragungsstichtag durch Übertragung von Wirtschaftsgütern, die kein Teilbetrieb sind, erworben oder aufgestockt worden sind. ²§ 11 Abs. 1 ist ebenfalls nicht anzuwenden, wenn durch die Spaltung die Veräußerung an außenstehende Personen vollzogen wird. ³Das gleiche gilt, wenn durch die Spaltung die Voraussetzungen für eine Veräußerung geschaffen werden. ⁴Davon ist auszugehen, wenn innerhalb von fünf Jahren nach dem steuerlichen Übertragungsstichtag Anteile an einer an der Spaltung beteiligten Körperschaft, die mehr als 20 vom Hundert der vor Wirksamwerden der Spaltung an der Körperschaft bestehenden Anteile ausmachen, veräußert werden. ⁵Bei der Trennung von Gesellschafterstämmen setzt die Anwendung des § 11 Abs. 1 außerdem voraus, daß die Beteiligungen an der übertragenden Körperschaft mindestens fünf Jahre vor dem steuerlichen Übertragungsstichtag bestanden haben.

(4) ¹Ein verbleibender Verlustabzug im Sinne des § 10d Abs. 3 Satz 2 des Einkommensteuergesetzes ist vorbehaltlich des § 16 im Verhältnis der übergehenden Vermögensteile zu dem bei der übertragenden Körperschaft vor der Spaltung bestehenden Vermögen aufzuteilen, wie es in der Regel in den Angaben zum Umtauschverhältnis der Anteile im Spaltungs- und Übernahmevertrag oder im Spaltungsplan (§ 126 Abs. 1 Nr. 3, § 136 des Umwandlungsgesetzes) zum Ausdruck kommt. ²Entspricht das Umtauschverhältnis der Anteile nicht dem Verhältnis der übergehenden Vermögensteile zu dem bei der übertragenden Körperschaft vor der Spaltung bestehenden Vermögen, ist das Verhältnis der gemeinen Werte der übergehenden Vermögensteile zu dem vor der Spaltung vorhandenen Vermögen maßgebend. ³Satz 2 ist ebenfalls anzuwenden, wenn im Rahmen der Spaltung keine Anteile, sondern Mitgliedschaften an der übernehmenden Körperschaft erworben werden.

§ 16 Aufspaltung oder Abspaltung auf eine Personengesellschaft

¹ Soweit Vermögen einer Körperschaft durch Aufspaltung oder Abspaltung auf eine Personengesellschaft übergeht, gelten die §§ 3 bis 8, 10 und 15 entsprechend. ² Die Anwendung des § 10 gilt für den Teil der Teilbeträge des für Ausschüttungen verwendbaren Eigenkapitals, die nach § 38 a Abs. 1 Satz 3 des Körperschaftsteuergesetzes die Eigenkapitalteile der übertragenden Kapitalgesellschaft mindern. ³ Ein verbleibender Verlustabzug der übertragenden Kapitalgesellschaft mindert sich in dem Verhältnis, in dem das Vermögen auf eine Personengesellschaft übergeht.

Sechster Teil. Barabfindung des Minderheitsgesellschafters

§ 17 Anwendung des § 6 b des Einkommensteuergesetzes

Wird ein Anteilseigner ganz oder teilweise in bar abgefunden und erhöht sich dadurch sein Gewinn, so ist auf Antrag § 6 b des Einkommensteuergesetzes mit der Maßgabe anzuwenden, daß die Sechsjahresfrist gemäß Absatz 4 Nr. 2 dieser Vorschrift entfällt.

Siebter Teil. Gewerbesteuer

§ 18 Gewerbesteuer bei Vermögensübergang auf eine Personengesellschaft oder auf eine natürliche Person sowie bei Formwechsel in eine Personengesellschaft

(1) ¹ Die §§ 3 bis 9, 14, 16 und 17 gelten bei Vermögensübergang auf eine Personengesellschaft oder auf eine natürliche Person sowie bei Formwechsel in eine Personengesellschaft vorbehaltlich des Absatzes 2 auch für die Ermittlung des Gewerbeertrags. ² Der maßgebende Gewerbeertrag der übernehmenden Personengesellschaft oder natürlichen Person kann nicht um die vortragsfähigen Fehlbeträge der übertragenden Körperschaft im Sinne des § 10 a des Gewerbesteuergesetzes gekürzt werden.

(2) Ein Übernahmegewinn ist nicht zu erfassen.

(3) ¹ Auf übergegangene Renten und dauernde Lasten finden § 8 Nr. 2 und § 12 Abs. 2 Nr. 1 des Gewerbesteuergesetzes keine Anwendung. ² Satz 1 gilt nicht, wenn die Voraussetzungen für die Hinzurechnung nach den bezeichneten Vorschriften bereits bei der Körperschaft erfüllt waren.

(4) ¹ Wird der Betrieb der Personengesellschaft oder der natürlichen Person innerhalb von fünf Jahren nach dem Vermögensübergang aufgegeben oder veräußert, unterliegt ein Auflösungs- oder Veräußerungsgewinn der Gewerbesteuer. ² Satz 1 gilt entsprechend, soweit ein Teilbetrieb oder ein Anteil an der Personengesellschaft aufgegeben oder veräußert wird.

§ 19 Gewerbesteuer bei Vermögensübergang auf eine andere Körperschaft

(1) ¹Geht das Vermögen der übertragenden Körperschaft auf eine andere Körperschaft über, so gelten die §§ 11 bis 13, 15 und 17 auch für die Ermittlung des Gewerbeertrags. ²§ 18 Abs. 3 ist entsprechend anzuwenden.

(2) ¹In Höhe der vortragsfähigen Fehlbeträge der übertragenden Körperschaft im Sinne des § 10a des Gewerbesteuergesetzes wird der maßgebende Gewerbeertrag der übernehmenden Körperschaft gekürzt. ²Voraussetzung ist, daß die übertragende Körperschaft ihren Geschäftsbetrieb noch nicht eingestellt hatte. ³Die vortragsfähigen Fehlbeträge der übertragenden Kapitalgesellschaft mindern sich in dem Verhältnis, in dem das Vermögen auf eine Personengesellschaft übergeht.

Achter Teil. Einbringung eines Betriebs, Teilbetriebs oder Mitunternehmeranteils in eine Kapitalgesellschaft gegen Gewährung von Gesellschaftsanteilen

§ 20 Bewertung des eingebrachten Betriebsvermögens und der Gesellschaftsanteile

(1) ¹Wird ein Betrieb oder Teilbetrieb oder ein Mitunternehmeranteil in eine unbeschränkt körperschaftsteuerpflichtige Kapitalgesellschaft (§ 1 Abs. 1 Nr. 1 des Körperschaftsteuergesetzes) eingebracht und erhält der Einbringende dafür neue Anteile an der Gesellschaft (Sacheinlage), so gelten für die Bewertung des eingebrachten Betriebsvermögens und der neuen Gesellschaftsanteile die nachfolgenden Absätze. ²Satz 1 ist auch auf die Einbringung von Anteilen an einer Kapitalgesellschaft anzuwenden, wenn die übernehmende Kapitalgesellschaft aufgrund ihrer Beteiligung einschließlich der übernommenen Anteile nachweisbar unmittelbar die Mehrheit der Stimmrechte an der Gesellschaft hat, deren Anteile eingebracht werden.

(2) ¹Die Kapitalgesellschaft darf das eingebrachte Betriebsvermögen mit seinem Buchwert oder mit einem höheren Wert ansetzen. ²Der Ansatz mit dem Buchwert ist auch zulässig, wenn in der Handelsbilanz das eingebrachte Betriebsvermögen nach handelsrechtlichen Vorschriften mit einem höheren Wert angesetzt werden muß. ³Der Buchwert ist der Wert, mit dem der Einbringende das eingebrachte Betriebsvermögen im Zeitpunkt der Sacheinlage nach den steuerrechtlichen Vorschriften über die Gewinnermittlung anzusetzen hat. ⁴Übersteigen die Passivposten des eingebrachten Betriebsvermögens die Aktivposten, so hat die Kapitalgesellschaft das eingebrachte Betriebsvermögen mindestens so anzusetzen, daß sich die Aktivposten und die Passivposten ausgleichen; dabei ist das Eigenkapital nicht zu berücksichtigen. ⁵Erhält der Einbringende neben den Gesellschaftsanteilen auch andere Wirtschaftsgüter, deren gemeiner Wert den Buchwert des eingebrachten Betriebsvermögens übersteigt, so hat die Kapitalgesellschaft das

UmwStG § 20

eingebrachte Betriebsvermögen mindestens mit dem gemeinen Wert der anderen Wirtschaftsgüter anzusetzen. ⁶Bei dem Ansatz des eingebrachten Betriebsvermögens dürfen die Teilwerte der einzelnen Wirtschaftsgüter nicht überschritten werden.

(3) Die Kapitalgesellschaft hat das eingebrachte Betriebsvermögen mit seinem Teilwert anzusetzen, wenn das Besteuerungsrecht der Bundesrepublik Deutschland hinsichtlich des Gewinns aus einer Veräußerung der dem Einbringenden gewährten Gesellschaftsanteile im Zeitpunkt der Sacheinlage ausgeschlossen ist.

(4) ¹Der Wert, mit dem die Kapitalgesellschaft das eingebrachte Betriebsvermögen ansetzt, gilt für den Einbringenden als Veräußerungspreis und als Anschaffungskosten der Gesellschaftsanteile. ²Soweit neben den Gesellschaftsanteilen auch andere Wirtschaftsgüter gewährt werden, ist deren gemeiner Wert bei der Bemessung der Anschaffungskosten der Gesellschaftsanteile von dem sich nach Satz 1 ergebenden Wert abzuziehen.

(5) ¹Auf einen bei der Sacheinlage entstehenden Veräußerungsgewinn ist § 34 Abs. 1 des Einkommensteuergesetzes anzuwenden, wenn der Einbringende eine natürliche Person ist. ²§ 16 Abs. 4 oder § 17 Abs. 3 des Einkommensteuergesetzes sind in diesem Fall nur anzuwenden, wenn die Kapitalgesellschaft das eingebrachte Betriebsvermögen oder die eingebrachte wesentliche Beteiligung mit dem Teilwert ansetzt. ³In den Fällen des Absatzes 1 Satz 2 gelten die Sätze 1 und 2 jedoch nicht, wenn eine im Betriebsvermögen gehaltene Beteiligung an einer Kapitalgesellschaft eingebracht wird, die nicht das gesamte Nennkapital der Gesellschaft umfaßt.

(6) In den Fällen des Absatzes 3 gilt für die Stundung der anfallenden Einkommensteuer oder Körperschaftsteuer § 21 Abs. 2 Satz 3 bis 6 entsprechend.

(7) ¹Das Einkommen und das Vermögen des Einbringenden und der übernehmenden Kapitalgesellschaft sind auf Antrag so zu ermitteln, als ob das eingebrachte Betriebsvermögen mit Ablauf des steuerlichen Übertragungsstichtags (Absatz 8) auf die Übernehmerin übergegangen wäre. ²Dies gilt hinsichtlich des Einkommens und des Gewerbeertrags nicht für Entnahmen und Einlagen, die nach dem steuerlichen Übertragungsstichtag erfolgen. ³Die Anschaffungskosten der Gesellschaftsanteile (Absatz 4) sind um den Buchwert der Entnahmen zu vermindern und um den sich nach § 6 Abs. 1 Nr. 5 des Einkommensteuergesetzes ergebenden Wert der Einlagen zu erhöhen.

(8) ¹Als steuerlicher Übertragungsstichtag darf in den Fällen der Sacheinlage durch Verschmelzung im Sinne des § 2 des Umwandlungsgesetzes der Stichtag angesehen werden, für den die Schlußbilanz jedes der übertragenden Unternehmen im Sinne des § 17 Abs. 2 des Umwandlungsgesetzes aufgestellt ist; dieser Stichtag darf höchstens acht Monate vor der Anmeldung der Verschmelzung zur Eintragung in das Handelsregister liegen. ²Entsprechendes gilt, wenn Vermögen im Wege der Sacheinlage durch Aufspaltung, Abspaltung oder Ausgliederung nach § 123 des Umwandlungsgesetzes auf eine Kapitalgesellschaft übergeht. In anderen Fällen der

Sacheinlage darf die Einbringung auf einen Tag zurückbezogen werden, der höchstens acht Monate vor dem Tag des Abschlusses des Einbringungsvertrages liegt und höchstens acht Monate vor dem Zeitpunkt liegt, an dem das eingebrachte Betriebsvermögen auf die Kapitalgesellschaft übergeht.

§ 21 Besteuerung des Anteilseigners

(1) [1] Werden Anteile an einer Kapitalgesellschaft veräußert, die der Veräußerer oder bei unentgeltlichem Erwerb der Anteile der Rechtsvorgänger durch eine Sacheinlage (§ 20 Abs. 1 und § 23 Abs. 1 bis 4) unter dem Teilwert erworben hat (einbringungsgeborene Anteile), so gilt der Betrag, um den der Veräußerungspreis nach Abzug der Veräußerungskosten die Anschaffungskosten (§ 20 Abs. 4) übersteigt, als Veräußerungsgewinn im Sinne des § 16 des Einkommensteuergesetzes. [2] § 34 Abs. 1 des Einkommensteuergesetzes ist anzuwenden, wenn der Veräußerer eine natürliche Person ist. [3] Sind bei einer Sacheinlage nach § 20 Abs. 1 Satz 2 oder § 23 Abs. 4 aus einem Betriebsvermögen nicht alle Anteile der Kapitalgesellschaft eingebracht worden, so sind § 16 Abs. 4 und § 34 Abs. 1 des Einkommensteuergesetzes nicht anzuwenden. [4] Führt der Tausch von Anteilen im Sinne des Satzes 1 wegen Nämlichkeit der hingegebenen und der erworbenen Anteile nicht zur Gewinnverwirklichung, so treten die erworbenen Anteile für die Anwendung der Sätze 1 bis 4 an die Stelle der hingegebenen Anteile.

(2) [1] Die Rechtsfolgen des Absatzes 1 treten auch ohne Veräußerung der Anteile ein, wenn

1. der Anteilseigner dies beantragt oder
2. das Besteuerungsrecht der Bundesrepublik Deutschland hinsichtlich des Gewinns aus der Veräußerung der Anteile ausgeschlossen wird oder
3. die Kapitalgesellschaft, an der die Anteile bestehen, aufgelöst und abgewickelt wird oder das Kapital dieser Gesellschaft herabgesetzt und zurückgezahlt wird oder Eigenkapital im Sinne des § 30 Abs. 2 Nr. 4 des Körperschaftsteuergesetzes ausgeschüttet oder zurückgezahlt wird, soweit die Bezüge nicht die Voraussetzungen des § 20 Abs. 1 Nr. 1 oder 2 des Einkommensteuergesetzes erfüllen oder
4. der Anteilseigner die Anteile verdeckt in eine Kapitalgesellschaft einlegt.

[2] Dabei tritt an die Stelle des Veräußerungspreises der Anteile ihr gemeiner Wert. [3] In den Fällen des Satzes 1 Nr. 1, 2 und 4 kann die auf den Veräußerungsgewinn entfallende Einkommen- oder Körperschaftsteuer in jährlichen Teilbeträgen von mindestens je einem Fünftel entrichtet werden, wenn die Entrichtung der Teilbeträge sichergestellt ist. [4] Stundungszinsen werden nicht erhoben. [5] Bei einer Veräußerung von Anteilen während des Stundungszeitraums endet die Stundung mit dem Zeitpunkt der Veräußerung. [6] Satz 5 gilt entsprechend, wenn während des Stundungszeitraums die Kapitalgesellschaft, an der die Anteile bestehen, aufgelöst und abgewickelt wird oder das Kapital dieser Gesellschaft herabgesetzt und an die Anteilseigner zurückgezahlt wird.

UmwStG § 22

(3) Ist der Veräußerer oder Eigner von Anteilen im Sinne des Absatzes 1 Satz 1
1. eine juristische Person des öffentlichen Rechts, so gilt der Veräußerungsgewinn als Gewinn aus einem Betrieb gewerblicher Art dieser Körperschaft,
2. persönlich von der Körperschaftsteuer befreit, so gilt diese Steuerbefreiung nicht für den Veräußerungsgewinn.

(4) ¹Werden Anteile an einer Kapitalgesellschaft im Sinne des Absatzes 1 in ein Betriebsvermögen eingelegt, so sind sie mit ihren Anschaffungskosten (§ 20 Abs. 4) anzusetzen. ²Ist der Teilwert im Zeitpunkt der Einlage niedriger, so ist dieser anzusetzen; der Unterschiedsbetrag zwischen den Anschaffungskosten und dem niedrigeren Teilwert ist außerhalb der Bilanz vom Gewinn abzusetzen.

(5) Bei Anteilen, die durch Sacheinlage nach § 20 Abs. 1 erworben worden sind, treten beim Einbringenden die Rechtsfolgen des § 102 des Bewertungsgesetzes auch ein, wenn die zeitlichen Voraussetzungen dieser Vorschrift nicht erfüllt sind.

§ 22 Auswirkungen bei der übernehmenden Kapitalgesellschaft

(1) Setzt die Kapitalgesellschaft das eingebrachte Betriebsvermögen mit dem Buchwert (§ 20 Abs. 2 Satz 2) an, so gelten § 4 Abs. 2 Satz 3 und § 12 Abs. 3 Satz 1 entsprechend.

(2) Setzt die Kapitalgesellschaft das eingebrachte Betriebsvermögen mit einem über dem Buchwert, aber unter dem Teilwert liegenden Wert an, so gilt § 12 Abs. 3 Satz 1 entsprechend mit der folgenden Maßgabe:
1. Die Absetzungen für Abnutzung oder Substanzverringerung nach § 7 Abs. 1, 4, 5 und 6 des Einkommensteuergesetzes sind vom Zeitpunkt der Einbringung an nach den Anschaffungs- oder Herstellungskosten des Einbringenden, vermehrt um den Unterschiedsbetrag zwischen dem Buchwert der einzelnen Wirtschaftsgüter und dem Wert, mit dem die Kapitalgesellschaft die Wirtschaftsgüter ansetzt, zu bemessen.
2. Bei den Absetzungen für Abnutzung nach § 7 Abs. 2 des Einkommensteuergesetzes tritt im Zeitpunkt der Einbringung an die Stelle des Buchwerts der einzelnen Wirtschaftsgüter der Wert, mit dem die Kapitalgesellschaft die Wirtschaftsgüter ansetzt.

(3) Setzt die Kapitalgesellschaft das eingebrachte Betriebsvermögen mit dem Teilwert an, so gelten die eingebrachten Wirtschaftsgüter als im Zeitpunkt der Einbringung von der Kapitalgesellschaft angeschafft, wenn die Einbringung des Betriebsvermögens im Wege der Einzelrechtsnachfolge erfolgt; erfolgt die Einbringung des Betriebsvermögens im Wege der Gesamtrechtsnachfolge nach den Vorschriften des Umwandlungsgesetzes, so gilt Absatz 2 entsprechend.

(4) Der maßgebende Gewerbeertrag der übernehmenden Kapitalgesellschaft kann nicht um die vortragsfähigen Fehlbeträge des Einbringenden im Sinne des § 10a des Gewerbesteuergesetzes gekürzt werden.

(5) § 6 Abs. 1 bis 5 und § 18 Abs. 3 gelten entsprechend.

§ 23 Einbringung in der Europäischen Union

(1) ¹Bringt eine unbeschränkt körperschaftssteuerpflichtige Kapitalgesellschaft (§ 1 Abs. 1 Nr. 1 des Körperschaftsteuergesetzes) einen Betrieb oder Teilbetrieb in eine inländische Betriebsstätte einer Kapitalgesellschaft ein, die die Voraussetzungen des Artikels 3 der Richtlinie 90/434/EWG des Rates vom 23. Juli 1990 (ABl. EG Nr. L 225 S. 1) erfüllt (EU-Kapitalgesellschaft) und beschränkt körperschaftsteuerpflichtig ist, und erhält die einbringende Kapitalgesellschaft dafür neue Anteile an der übernehmenden Kapitalgesellschaft, so gelten für die Bewertung des eingebrachten Betriebsvermögens in der Betriebsstätte der übernehmenden Kapitalgesellschaft und der neuen Anteile bei der einbringenden Kapitalgesellschaft § 20 Abs. 2 Satz 1 bis 4 und 6, Abs. 4 Satz 1, Abs. 5 Satz 2, Abs. 7 und 8 entsprechend. ²Satz 1 gilt auch, wenn die einbringende Kapitalgesellschaft nur steuerpflichtig ist, soweit sie einen wirtschaftlichen Geschäftsbetrieb unterhält, oder wenn die inländische Betriebsstätte der übernehmenden Kapitalgesellschaft erst durch die Einbringung des Betriebs oder Teilbetriebs entsteht.

(2) Bringt eine beschränkt körperschaftsteuerpflichtige EU-Kapitalgesellschaft ihre inländische Betriebsstätte im Rahmen der Einbringung eines Betriebs oder Teilbetriebs in eine unbeschränkt oder beschränkt körperschaftsteuerpflichtige EU-Kapitalgesellschaft ein, so gilt für die Bewertung des eingebrachten Betriebsvermögens § 20 Abs. 2 Satz 1 bis 4 und 6, Abs. 4 Satz 1, Abs. 5 Satz 2, Abs. 7 und 8 entsprechend.

(3) Bringt eine unbeschränkt körperschaftsteuerpflichtige Kapitalgesellschaft im Rahmen der Einbringung eines Betriebs oder Teilbetriebs eine in einem anderen Mitgliedstaat der Europäischen Union belegene Betriebsstätte in eine beschränkt körperschaftsteuerpflichtige EU-Kapitalgesellschaft ein, so gilt für den Wertansatz der neuen Anteile § 20 Abs. 4 Satz 1, Abs. 7 und 8 entsprechend.

(4) ¹Werden Anteile im Sinne des § 20 Abs. 1 Satz 2 an einer EU-Kapitalgesellschaft in eine andere EU-Kapitalgesellschaft eingebracht, so gilt für die Bewertung der Anteile, die die übernehmende Kapitalgesellschaft erhält, § 20 Abs. 2 Satz 1 bis 4 und 6 und für die Bewertung der neuen Anteile, die der Einbringende von der übernehmenden Kapitalgesellschaft erhält, § 20 Abs. 4 Satz 1 entsprechend. ²Abweichend von § 20 Abs. 4 Satz 1 gilt für den Einbringenden der Teilwert der eingebrachten Anteile als Veräußerungspreis, wenn das Besteuerungsrecht der Bundesrepublik Deutschland hinsichtlich des Gewinns aus einer Veräußerung der dem Einbringenden gewährten Gesellschaftsanteile im Zeitpunkt der Sacheinlage ausgeschlossen ist. ³Der Anwendung des Satzes 1 steht nicht entgegen, daß die übernehmende Kapitalgesellschaft dem Einbringenden neben neuen Anteilen eine zusätzliche Gegenleistung gewährt, wenn diese 10 vom Hundert des Nennwerts oder eines an dessen Stelle tretenden rechnerischen Werts der gewährten Anteile nicht überschreitet. ⁴In den Fällen des Satzes 3 ist für die Bewertung der Anteile, die die übernehmende Kapitalgesellschaft erhält, auch § 20 Abs. 2 Satz 5 und für die Bewertung der Anteile, die der Einbringende erhält, auch § 20 Abs. 4 Satz 2 entsprechend anzuwenden. ⁵§ 20 Abs. 5 gilt entsprechend.

Neunter Teil. Einbringung eines Betriebs, Teilbetriebs oder Mitunternehmeranteils in eine Personengesellschaft

§ 24 Einbringung von Betriebsvermögen in eine Personengesellschaft

(1) Wird ein Betrieb oder Teilbetrieb oder ein Mitunternehmeranteil in eine Personengesellschaft eingebracht und wird der Einbringende Mitunternehmer der Gesellschaft, so gelten für die Bewertung des eingebrachten Betriebsvermögens die Absätze 2 bis 4.

(2) ¹Die Personengesellschaft darf das eingebrachte Betriebsvermögen in ihrer Bilanz einschließlich der Ergänzungsbilanzen für ihre Gesellschafter mit seinem Buchwert oder mit einem höheren Wert ansetzen. ²Buchwert ist der Wert, mit dem der Einbringende das eingebrachte Betriebsvermögen im Zeitpunkt der Einbringung nach den steuerrechtlichen Vorschriften über die Gewinnermittlung anzusetzen hat. ³Bei dem Ansatz des eingebrachten Betriebsvermögens dürfen die Teilwerte der einzelnen Wirtschaftsgüter nicht überschritten werden.

(3) ¹Der Wert, mit dem das eingebrachte Betriebsvermögen in der Bilanz der Personengesellschaft einschließlich der Ergänzungsbilanzen für ihre Gesellschafter angesetzt wird, gilt für den Einbringenden als Veräußerungspreis. ²§ 16 Abs. 4 und § 34 Abs. 1 des Einkommensteuergesetzes sind nur anzuwenden, wenn das eingebrachte Betriebsvermögen mit seinem Teilwert angesetzt wird. ³In den Fällen des Satzes 2 gilt § 16 Abs. 2 Satz 3 des Einkommensteuergesetzes entsprechend.

(4) § 22 Abs. 1 bis 3 und 5 gilt entsprechend; in den Fällen der Einbringung in eine Personengesellschaft im Wege der Gesamtrechtsnachfolge gilt auch § 20 Abs. 7 und 8 entsprechend.

Zehnter Teil. Formwechsel einer Personenhandelsgesellschaft in eine Kapitalgesellschaft

§ 25 Entsprechende Anwendung des achten Teils

¹Der achte Teil gilt in den Fällen des Formwechsels einer Personenhandelsgesellschaft in ein Kapitalgesellschaft im Sinne des § 190 des Umwandlungsgesetzes entsprechend. ²Die übertragende Gesellschaft hat eine Steuerbilanz auf den steuerlichen Übertragungsstichtag aufzustellen.

Elfter Teil. Verhinderung von Mißbräuchen

§ 26 Wegfall von Steuererleichterungen

(1) ¹Die Anwendbarkeit des § 6 entfällt rückwirkend, wenn die Übernehmerin den auf sie übergegangenen Betrieb innerhalb von fünf Jahren nach dem steuerlichen Übertragungsstichtag in eine Kapitalgesellschaft einbringt oder ohne triftigen Grund veräußert oder aufgibt. ²Bereits erteilte Steuerbescheide, Steuermeßbescheide, Freistellungsbescheide oder Feststellungsbescheide sind zu ändern, soweit sie auf der Anwendung der in Satz 1 bezeichneten Vorschrift beruhen.

Texte **Anlage UmwStG**

(2) ¹ § 23 Abs. 4 ist nicht anzuwenden, wenn die übernehmende Kapitalgesellschaft die erhaltenen Anteile innerhalb eines Zeitraums von sieben Jahren nach der Einbringung veräußert, es sei denn, der Steuerpflichtige weist nach, daß die erhaltenen Anteile Gegenstand einer weiteren Sacheinlage zu Buchwerten auf Grund von Rechtsvorschriften eines anderen Mitgliedstaates der Europäischen Union sind, die § 23 Abs. 4 entsprechen. ² § 23 Abs. 2 ist nicht anzuwenden, wenn die einbringende Kapitalgesellschaft die erhaltenen Anteile innerhalb eines Zeitraums von sieben Jahren nach der Einbringung veräußert, es sei denn, der Steuerpflichtige weist nach, daß die erhaltenen Anteile Gegenstand einer Sacheinlage zu Buchwerten auf Grund von Rechtsvorschriften eines anderen Mitgliedstaates der Europäischen Union sind, die § 23 Abs. 1 entsprechen ³ § 23 Abs. 1 bis 3 ist außerdem nicht anzuwenden, soweit Gewinn aus dem Betrieb von Seeschiffen oder Luftfahrzeugen im internationalen Verkehr oder von Schiffen, die der Binnenschiffahrt dienen, nach einem Abkommen zur Vermeidung der Doppelbesteuerung in der Bundesrepublik Deutschland nicht besteuert werden können.

Zwölfter Teil. Übergangs- und Schlußvorschriften

§ 27 Anwendungsvorschriften

(1) Dieses Gesetz ist erstmals auf den Übergang von Vermögen anzuwenden, der auf Rechtsakten beruht, die nach dem 31. Dezember 1994 wirksam werden.

(2) Das Gesetz über steuerliche Maßnahmen bei Änderung der Unternehmensform vom 6. September 1976 (BGBl. I S. 2641), zuletzt geändert durch Artikel 9 des Gesetzes vom 21. Dezember 1993 (BGBl. I S. 2310), ist letztmals auf den Übergang von Vermögen anzuwenden, der auf Rechtsakten beruht, die vor dem 1. Januar 1995 wirksam werden.

(3) § 4 Abs. 5 und 6, § 5 Abs. 2, §§ 7 und 12 Abs. 2 und 3 sind erstmals auf den Übergang von Vermögen anzuwenden, der auf Rechtsakten beruht, die nach dem 31. Dezember 1996 wirksam werden.

(4) § 18 Abs. 4 ist erstmals auf Aufgabe- und Veräußerungsvorgänge anzuwenden, die nach dem 31. Dezember 1996 erfolgen.

(5) § 21 Abs. 1 in der Fassung des Artikels 15 des Gesetzes vom 11. Oktober 1995 (BGBl. I S. 1250) ist erstmals auf Einbringungen anzuwenden, die nach dem 31. Dezember 1995 erfolgen.

(6) § 21 Abs. 2 Satz 1 Nr. 3 in der Fassung des Artikels 11 des Gesetzes vom 20. Dezember 1996 (BGBl. I S. 2049) ist erstmals auf Vorgänge anzuwenden, die nach dem 31. Dezember 1996 erfolgen.

Anlage (zu § 23)

Kapitalgesellschaften im Sinne des Artikels 3 der Richtlinie 90/434/EWG des Rates vom 23. Juli 1990 über das gemeinsame Steuersystem für Fusionen, Spaltungen, die Einbringung von Unternehmensteilen und den Austausch von Anteilen, die Gesellschaften verschiedener Mitgliedstaaten betreffen (ABl. EG Nr. L 225 S. 1), ergänzt durch die Akte über die Bedingungen des Beitritts der Republik Österreich, der Re-

UmwStG Anlage

publik Finnland und des Königreichs Schweden und die Anpassung der die Europäische Union begründenden Verträge vom 24. Juni 1994 (BGBl. II S. 2031)

Kapitalgesellschaft im Sinne des Artikels 3 der genannten Richtlinie ist jede Gesellschaft, die

1. eine der aufgeführten Formen aufweist:
   - Gesellschaften belgischen Rechts mit der Bezeichnung:
     naamloze vennootschap/société anonyme, commenditaire vennootschap op aandelen/société en commandite par actions, besloten vennootschap met beperkte aansprakelijkheid/société privée à responsabilité limitée sowie öffentlich-rechtliche Körperschaften, deren Tätigkeit unter das Privatrecht fällt;
   - Gesellschaften dänischen Rechts mit der Bezeichnung:
     aktieselskab, anpartsselskab;
   - Gesellschaften deutschen Rechts mit der Bezeichnung:
     Aktiengesellschaft, Kommanditgesellschaft auf Aktien, Gesellschaft mit beschränkter Haftung, bergrechtliche Gewerkschaft;
   - Gesellschaften finnischen Rechts mit der Bezeichnung:
     osakeyhtiö/aktiebolag, osuuskunta/andelslag, säästöpankki/sparbank and vakuutusyhtiö/försäkringsbolag;
   - Gesellschaften griechischen Rechts mit der Bezeichnung:
     Ανώνυμη Εταιρία;
   - Gesellschaften spanischen Rechts mit der Bezeichnung:
     sociedad anónima, sociedad comanditaria por acciones, sociedad de responsabilidad limitada sowie öffentlich-rechtliche Körperschaften, deren Tätigkeit unter das Privatrecht fällt;
   - Gesellschaften französischen Rechts mit der Bezeichnung:
     société anonyme, société en commandite par actions, société à responsabilité limitée sowie die staatlichen Industrie- und Handelsbetriebe und -unternehmen;
   - Gesellschaften irischen Rechts mit der Bezeichnung:
     public companies limited by shares or by guarantee, private companies limited by shares or by guarantee, gemäß den Industrial and Provident Societies Acts eingetragene Einrichtungen oder gemäß den Building Societies Acts eingetragene „building societies";
   - Gesellschaften italienischen Rechts mit der Bezeichnung:
     società per azioni, società in accomandita per azioni, società a responsabilità limitata sowie die staatlichen und privaten Industrie- und Handelsunternehmen;
   - Gesellschaften luxemburgischen Rechts mit der Bezeichnung:
     société anonyme, société en commandite par actions, société à responsabilité limitée;
   - Gesellschaften niederländischen Rechts mit der Bezeichnung:
     naamloze vennootschap, besloten vennootschap met beperkte aansprakelijkheid;
   - Gesellschaften österreichischen Rechts mit der Bezeichnung:
     Aktiengesellschaft, Gesellschaft mit beschränkter Haftung;
   - Gesellschaften portugiesischen Rechts in Form von Handelsgesellschaften, zivilrechtlichen Handelsgesellschaften oder Genossenschaften sowie die öffentlichen Unternehmen;
   - Gesellschaften schwedischen Rechts mit der Bezeichnung:
     aktiebolag, bankaktiebolag, försäkringsaktiebolag;
   - nach dem Recht des Vereinigten Königreichs gegründete Gesellschaften,
2. nach dem Steuerrecht eines Mitgliedstaats in bezug auf den steuerlichen Wohnsitz als in diesem Staat ansässig und aufgrund eines mit einem dritten Staat geschlossenen Doppelbesteuerungsabkommens in bezug auf den steuerlichen Wohnsitz nicht als außerhalb der Gemeinschaft ansässig betrachtet wird und
3. ohne Wahlmöglichkeit einer der nachstehenden Steuern
   - vennootschapsbelasting/impôt des sociétés in Belgien,
   - selskabsskat in Dänemark,

Texte §§ 1–4 **Wasserkraftwerke-VO**

- Körperschaftsteuer in Deutschland,
- Yhteisöjen tulovero/inkomstskatten för samfund in Finnland,
- φόρος εισοδήματος νομικών προσώπων κερδοσκοπικού χαρακτήρα in Griechenland,
- impuesto sobre sociedades in Spanien,
- impôt sur les sociétés in Frankreich,
- corporation tax in Irland,
- imposta sul reddito delle persone giuridiche in Italien,
- impôt sur le revenu des collectivités in Luxemburg,
- vennootschapsbelasting in den Niederlanden,
- Körperschaftsteuer in Österreich,
- imposto sobre o rendimento das pessoas colectivas in Portugal,
- Statlig inkomstskatt in Schweden,
- Corporation tax im Vereinigten Königreich

oder irgendeiner Steuer, die eine dieser Steuern ersetzt, unterliegt, ohne davon befreit zu sein.

6. Verordnung über die steuerliche Begünstigung von Wasserkraftwerken

Vom 26. Oktober 1944

(RGBl I 44, 278; RStBl 44, 657)

Zuletzt geändert durch SteuerbereinigungsG 1985 vom 14. 12. 84 (BGBl I 84, 1493; BStBl I 84, 659)

§ 1 Steuerbegünstigte Unternehmen

Unternehmen, die elektrische Arbeit durch Wasserkräfte erzeugen, werden nach Maßgabe dieser Verordnung steuerlich begünstigt.

§ 2 Steuerbegünstigte Anlagen

(1) ¹Die steuerliche Begünstigung erstreckt sich nur auf die Anlagen zur Erzeugung elektrischer Arbeit durch Wasserkräfte (Wasserkraftwerke). ²Zu den Wasserkraftwerken gehören die Anlagen zur Fortleitung der erzeugten elektrischen Arbeit bis zu den Abspannketten der Fernleitungen.

(2) Die steuerliche Begünstigung kann auf Antrag auch für die Anlagen zur Fortleitung des Stroms aus steuerbegünstigten Wasserkraftwerken gewährt werden.

§ 3 Voraussetzung der steuerlichen Begünstigung

Die steuerliche Begünstigung tritt nur ein, wenn der Baubeginn der Anlagen in die Zeit vom 1. Januar 1938 bis zum 31. Dezember 1990 fällt.

§ 4 Einkommensteuer und Körperschaftsteuer

(1) Die Einkommensteuer oder die Körperschaftsteuer, die auf den Gewinn aus den steuerbegünstigten Anlagen entfällt, ermäßigt sich ab dem Betriebsbeginn für die Dauer von zwanzig Jahren auf die Hälfte der gesetzlichen Beträge.

(2) Die Bundesregierung wird ermächtigt, mit Zustimmung des Bundesrates durch Rechtsverordnung Vorschriften über die Ermittlung des steuerbegünstigten Gewinns für den Fall zu erlassen, daß ein Unternehmen steuerbegünstigte und nicht steuerbegünstigte Anlagen unterhält.

§ 5 Vermögensteuer und *Aufbringungsumlage*

¹Die Vermögensteuer *und die Aufbringungsumlage,* die auf die steuerbegünstigten Anlagen entfallen, sind während der Bauzeit nicht zu entrichten. ²Sie ermäßigen sich ab dem Betriebsbeginn für die Dauer von zwanzig Jahren auf die Hälfte der gesetzlichen Beträge.

§ 6 Gewerbesteuer

(1) Die einheitlichen Gewerbesteuermeßbeträge, die auf die steuerbegünstigten Anlagen entfallen, ermäßigen sich ab dem Betriebsbeginn für die Dauer von zwanzig Jahren auf die Hälfte der gesetzlichen Beträge.

(2) ¹Für die Bauzeit sind Gewerbesteuermeßbeträge nicht festzusetzen. ²Der *Reichsminister des Innern* setzt zur Abgeltung der zusätzlichen Lasten, die Gemeinden und Gemeindeverbänden durch den Bau der steuerbegünstigten Anlagen entstehen, für die Bauzeit im Einvernehmen mit dem *Reichsminister der Finanzen* und dem *Generalinspektor für Wasser und Energie* jährliche Pauschalbeträge fest.

§ 7 Absetzung für Abnutzung

(1) Die Summe der Absetzungen für Abnutzung auf die Wirtschaftsgüter, die zu den steuerbegünstigten Anlagen gehören, muß für die gesamte Dauer der Steuerbegünstigung bei den Wasserkraftwerken mindestens 25 vom Hundert, bei den Fortleitungsanlagen (§ 2 Abs. 2) mindestens 40 vom Hundert der Anschaffungs- oder Herstellungskosten betragen.

(2) ¹Die Bundesregierung wird ermächtigt, mit Zustimmung des Bundesrates durch Rechtsverordnung zu bestimmen, wie der Gesamtbetrag der Absetzung für Abnutzung auf die einzelnen Jahre zu verteilen ist. ²Bleibt die Summe der Absetzungen für Abnutzung eines Jahres hinter dem danach maßgebenden Betrag zurück, so tritt die steuerliche Begünstigung für dieses Jahr nicht ein.

§ 8 *[aufgehoben]*

§ 9 *[gegenstandslos]*

§ 10 Anwendungsvorschriften

(1) Die Bestimmungen dieser Verordnung sind erstmalig anzuwenden:
a) bei der Veranlagung zur Einkommensteuer und zur Körperschaftsteuer für das Kalenderjahr 1943;
b) bei der Veranlagung zur Vermögensteuer und zur Aufbringungsumlage für das Rechnungsjahr 1943;
c) bei der Festsetzung der einheitlichen Gewerbesteuermeßbeträge für das Kalenderjahr 1943.

(2) [Übergangsvorschrift] ...

Texte　　　　　　　　　　　　　　　　　　**§ 37a KAGG**

(3) § 8 in der im Bundesgesetzblatt Teil III, Gliederungsnummer 610–6–2, veröffentlichten bereinigten Fassung ist letztmals für Wirtschaftsjahre anzuwenden, die vor dem 1. Januar 1984 enden.

7. Verordnung über die Steuerbegünstigung von Stiftungen, die an die Stelle von Familienfideikommissen getreten sind

Vom 13. Februar 1926

(RGBl I 26, 101; RStBl 26, 113)

§ 1

Ist eine Vermögensmasse, die zu einem standesherrlichen Hausvermögen, einem Familienfideikommiß, einem Lehen oder einem Erbstammgut gehört hat, ganz oder zum Teil nach den für die Auflösung geltenden Vorschriften in eine Stiftung umgewandelt worden, so bleiben bei der Veranlagung einer solchen Stiftung zur Körperschaftsteuer die Einkünfte außer Ansatz, die an die nach der Stiftungssatzung bezugsberechtigten, unbeschränkt einkommensteuerpflichtigen Familienmitglieder verteilt werden.

§ 2

Diese Verordnung gilt erstmalig für den ersten Steuerabschnitt, für den nach dem Körperschaftsteuergesetz vom 10. August 1925 (Reichsgesetzbl. I S. 208) eine Stiftung der in § 1 bezeichneten Art zur Körperschaftsteuer zu veranlagen ist.

8. Gesetz über Kapitalanlagegesellschaften (KAGG)

In der Fassung vom 14. Januar 1970

(BGBl I 70, 127; BStBl I 70, 187)

Zuletzt geändert durch JahressteuerG 1997 v 20. 12. 96 (BGBl I 96, 2049)

– Auszug –

Sechster Abschnitt. Steuerrechtliche Vorschriften

1. Titel. Geldmarkt-Sondervermögen

§ 37a

Für das Geldmarkt-Sondervermögen, für die Ausschüttungen auf Anteilscheine an einem Geldmarkt-Sondervermögen, für die von einem Geldmarkt-Sondervermögen nicht zur Kostendeckung oder Ausschüttung verwendeten Einnahmen im Sinne des § 20 des Einkommensteuergesetzes und für Zwischengewinne im Sinne des § 39 Abs. 1a gelten die §§ 38 bis 42 entsprechend.

KAGG §§ 37b, 38 Texte

§ 37b

§ 37a ist wie folgt anzuwenden:
1. § 38 ist erstmals auf Einnahmen anzuwenden, die dem Geldmarkt-Sondervermögen nach dem 31. Juli 1994 zufließen.
2. Die §§ 38b bis 42 sind erstmals
   a) auf Ausschüttungen auf Anteilscheine an einem Geldmarkt-Sondervermögen und Zwischengewinne anzuwenden, die nach dem 31. Juli 1994 zufließen,
   b) auf die nicht zur Kostendeckung oder Ausschüttung verwendeten Einnahmen des Geldmarkt-Sondervermögens anzuwenden, die in dem Geschäftsjahr als zugeflossen gelten, das nach dem 31. Juli 1994 endet.

2. Titel. Wertpapier-Sondervermögen

§ 38 [Steuerliche Behandlung des Wertpapier-Sondervermögens]

(1) ¹Das Wertpapier-Sondervermögen (§ 8) gilt als Zweckvermögen im Sinne des § 1 Abs. 1 Nr. 5 des Körperschaftsteuergesetzes. ²Das Wertpapier-Sondervermögen ist vorbehaltlich des § 38a von der Körperschaftsteuer und der Gewerbesteuer befreit.

(2) ¹Gehören zu einem Wertpapier-Sondervermögen Anteile an einer unbeschränkt steuerpflichtigen Kapitalgesellschaft, so wird die anrechenbare Körperschaftsteuer an die Depotbank auf Antrag vergütet. ²Die Vorschriften des Einkommensteuergesetzes über die Vergütung von Körperschaftsteuer an unbeschränkt einkommensteuerpflichtige Anteilseigner sind sinngemäß anzuwenden. ³An die Stelle der in § 36b Abs. 2 des Einkommensteuergesetzes bezeichneten Bescheinigung tritt eine Bescheinigung des für das Wertpapier-Sondervermögen zuständigen Finanzamts, in der bestätigt wird, daß ein Zweckvermögen im Sinne des Absatzes 1 vorliegt. ⁴Die anrechenbare Körperschaftsteuer wird auch vergütet, wenn die Ausschüttung aus dem Wertpapier-Sondervermögen nicht von der Vorlage eines Dividendenscheins abhängig ist.

(3) ¹Die von Kapitalerträgen des Wertpapier-Sondervermögens einbehaltene und abgeführte Kapitalertragsteuer wird auf Antrag an die Depotbank erstattet, soweit nicht nach § 44a des Einkommensteuergesetzes vom Steuerabzug Abstand zu nehmen ist; dies gilt auch für den als Zuschlag zur Kapitalertragsteuer einbehaltenen und abgeführten Solidaritätszuschlag. ²Für die Erstattung ist bei Kapitalerträgen im Sinne des § 43 Abs. 1 Nr. 1 und 2 des Einkommensteuergesetzes das Bundesamt für Finanzen und bei den übrigen Kapitalerträgen das Finanzamt zuständig, an das die Kapitalertragsteuer abgeführt worden ist. ³Im übrigen sind die Vorschriften des Einkommensteuergesetzes über die Abstandnahme vom Steuerabzug und über die Erstattung von Kapitalertragsteuer bei unbeschränkt einkommensteuerpflichtigen Anteilseignern sinngemäß anzuwenden. ⁴Absatz 2 Satz 3 gilt abweichend von § 44b Abs. 1 Satz 1 des Einkommensteuergesetzes entsprechend.

§ 38a [Anrechen- oder vergütbare Ausschüttungsteile]

(1) ¹Für den Teil der Ausschüttungen auf Anteilscheine an einem Wertpapier-Sondervermögen, der nach § 39a Abs. 1 zur Anrechnung oder Vergütung von Körperschaftsteuer berechtigt, ist die Ausschüttungsbelastung mit Körperschaftsteuer nach § 27 des Körperschaftsteuergesetzes herzustellen. ²Die Körperschaftsteuer entsteht in dem Zeitpunkt, in dem die Ausschüttungen den Anteilscheininhabern zufließen. ³§ 44 Abs. 2 des Einkommensteuergesetzes ist entsprechend anzuwenden. ⁴Die Körperschaftsteuer ist innerhalb eines Monats nach der Entstehung zu entrichten. ⁵Die Kapitalanlagegesellschaft hat bis zu diesem Zeitpunkt eine Steuererklärung nach amtlich vorgeschriebenem Vordruck abzugeben und darin die Steuer selbst zu berechnen.

(2) Für den Teil der nicht zur Ausschüttung oder Kostendeckung verwendeten Einnahmen des Wertpapier-Sondervermögens im Sinne des § 39 Abs. 1 Satz 2, der nach § 39a Abs. 2 zur Anrechnung oder Vergütung von Körperschaftsteuer berechtigt, gilt Absatz 1 entsprechend.

§ 38b [Steuerabzug vom Kapitalertrag]

(1) ¹Von dem Teil der Einnahmen eines Wertpapier-Sondervermögens, der zur Ausschüttung auf Anteilscheine an dem Sondervermögen verwendet wird, wird eine Kapitalertragsteuer von dem ausgeschütteten Betrag erhoben, soweit darin enthalten sind

1. Erträge des Sondervermögens, bei denen nach § 38 Abs. 3 in Verbindung mit § 44a des Einkommensteuergesetzes vom Steuerabzug Abstand zu nehmen ist, sowie der hierauf entfallende Teil des Ausgabepreises für ausgegebene Anteilscheine,
2. Erträge des Sondervermögens im Sinne des § 43 Abs. 1 Satz 1 Nr. 2 des Einkommensteuergesetzes, bei denen die Kapitalertragsteuer nach § 38 Abs. 3 erstattet wird, sowie der hierauf entfallende Teil des Ausgabepreises für ausgegebene Anteilscheine,
3. ausländische Erträge des Sondervermögens im Sinne des § 43 Abs. 1 Satz 1 Nr. 7 und 8 sowie Satz 2 des Einkommensteuergesetzes,
4. aber nicht Gewinne aus der Veräußerung von Wertpapieren und die hierauf entfallenden Teile des Ausgabepreises für ausgegebene Anteilscheine.

²Die für den Steuerabzug von Kapitalerträgen im Sinne des § 43 Abs. 1 Satz 1 Nr. 7 und 8 sowie Satz 2 des Einkommensteuergesetzes geltenden Vorschriften des Einkommensteuergesetzes sind entsprechend anzuwenden. ³In der nach § 45a des Einkommensteuergesetzes zu erteilenden Bescheinigung ist der zur Anrechnung oder Erstattung von Kapitalertragsteuer berechtigende Teil der Ausschüttung gesondert anzugeben.

(2) ¹Für den Teil der nicht zur Ausschüttung oder Kostendeckung verwendeten Einnahmen des Sondervermögens im Sinne des § 39 Abs. 1 Satz 2 gilt Absatz 1 entsprechend. ²Die darauf zu erhebende Kapitalertragsteuer ist von dem ausgeschütteten Betrag einzubehalten.

(3) ¹Werden die Einnahmen des Sondervermögens im Sinne des § 39 Abs. 1 Satz 2 nicht zur Ausschüttung oder Kostendeckung verwendet, hat die Kapitalanlagegesellschaft den Steuerabzug vorzunehmen. ²Die §§ 44a und 45a Abs. 2 des Einkommensteuergesetzes sind nicht anzuwenden. ³Im übrigen gilt Absatz 1 entsprechend. ⁴Die Kapitalertragsteuer ist innerhalb eines Monats nach der Entstehung zu entrichten. ⁵Die Kapitalanlagegesellschaft hat bis zu diesem Zeitpunkt eine Steuererklärung nach amtlich vorgeschriebenem Vordruck abzugeben und darin die Steuer zu berechnen.

(4) ¹Die Kapitalertragsteuer wird auch von Zwischengewinnen (§ 39 Abs. 1a) erhoben. ²Absatz 1 Satz 2 und 3 gilt entsprechend.

§ 39 [Steuerliche Behandlung von Erträgen aus Wertpapier-Sondervermögen]

(1) ¹Die Ausschüttungen auf Anteilscheine an einem Wertpapier-Sondervermögen sowie die von einem Wertpapier-Sondervermögen nicht zur Kostendeckung oder Ausschüttung verwendeten Einnahmen im Sinne des § 20 des Einkommensteuergesetzes gehören zu den Einkünften aus Kapitalvermögen im Sinne des § 20 Abs. 1 Nr. 1 des Einkommensteuergesetzes, wenn sie nicht Betriebseinnahmen des Steuerpflichtigen sind. ²Die nicht zur Kostendeckung oder Ausschüttung verwendeten Einnahmen im Sinne des § 20 des Einkommensteuergesetzes gelten mit dem Ablauf des Geschäftsjahres, in dem sie vereinnahmt worden sind, als zugeflossen.

(1a) ¹Zu den Einkünften im Sinne des Absatzes 1 Satz 1 gehört auch der Zwischengewinn. ²Zwischengewinn ist das Entgelt für die dem Anteilscheininhaber noch nicht zugeflossenen oder als zugeflossen geltenden Einnahmen des Wertpapier-Sondervermögens im Sinne des § 20 Abs. 1 Nr. 7 und Abs. 2 mit Ausnahme der Nummer 2 Buchstabe a des Einkommensteuergesetzes sowie für die angewachsenen Ansprüche des Wertpapier-Sondervermögens auf derartige Einnahmen. ³Die Ansprüche sind auf der Grundlage des § 20 Abs. 2 des Einkommensteuergesetzes und des § 21 Abs. 2 und 3 zu bewerten. ⁴Der Zwischengewinn gilt als in den Einnahmen aus der Rückgabe oder Veräußerung von Anteilscheinen an einem Wertpapier-Sondervermögen oder aus der Abtretung der in den Anteilscheinen verbrieften Ansprüche enthalten.

(2) Von Kapitalerträgen im Sinne des § 38a wird kein Steuerabzug vorgenommen.

§ 39a [Ausschüttungen auf Anteilscheine]

(1) ¹Für Ausschüttungen auf Anteilscheine an einem Wertpapier-Sondervermögen wird die Körperschaftsteuer nur angerechnet oder vergütet, soweit darin enthalten sind
1. Erträge des Sondervermögens, die nach § 38 Abs. 2 zur Vergütung von Körperschaftsteuer an die Depotbank berechtigen,
2. der auf Erträge im Sinne der Nummer 1 entfallende Teil des Ausgabepreises für ausgegebene Anteilscheine.

Texte **§ 39b KAGG**

² Für die Ermittlung des Teils der Ausschüttung, der zur Anrechnung oder Vergütung von Körperschaftsteuer berechtigt, ist die nach § 38a zu entrichtende Körperschaftsteuer von den in den Nummern 1 und 2 bezeichneten Beträgen abzuziehen. ³ § 45 des Körperschaftsteuergesetzes gilt entsprechend. ⁴ In der hiernach zu erteilenden Bescheinigung ist der zur Anrechnung oder Vergütung berechtigende Teil der Ausschüttung gesondert anzugeben.

(2) ¹ Gelten die nicht zur Ausschüttung oder Kostendeckung verwendeten Einnahmen des Wertpapier-Sondervermögens nach § 39 Abs. 1 Satz 2 als zugeflossen, so ist Absatz 1 Satz 1 und 2 entsprechend anzuwenden. ² An die Stelle der in § 45 des Körperschaftsteuergesetzes bezeichneten Bescheinigung tritt eine Bescheinigung im Sinne der Sätze 3 bis 5. ³ Die Bescheinigung darf nur durch das Kreditinstitut erteilt werden, das im Zeitpunkt des Zufließens der Einnahmen ein auf den Namen des Empfängers der Bescheinigung lautendes Wertpapierdepot führt, in dem der Anteilschein verzeichnet ist. ⁴ In der Bescheinigung sind die Zahl und die Bezeichnung der Anteile sowie der Name und die Anschrift des Anteilscheininhabers anzugeben. ⁵ Für die Bescheinigung gelten im übrigen die Vorschriften des § 45 des Körperschaftsteuergesetzes sinngemäß. ⁶ Der Steuererklärung oder dem Antrag auf Vergütung von Körperschaftsteuer ist ein Abdruck der Bekanntmachung im Sinne des § 42 beizufügen. ⁷ Wird der Anteilschein aus dem Wertpapierdepot entnommen und ausgehändigt, so hat ihn das Kreditinstitut unter Hinweis auf die zuletzt ausgestellte Bescheinigung zu kennzeichnen.

(3) ¹ Sind die in Absatz 2 bezeichneten Voraussetzungen für die Erteilung der Bescheinigung durch ein Kreditinstitut nicht erfüllt, so wird die Körperschaftsteuer nur angerechnet, wenn der Steuerpflichtige Tatsachen glaubhaft macht, aus denen sich ergibt, daß ihm die Einnahmen zuzurechnen sind. ² Absatz 2 Satz 6 gilt sinngemäß.

§ 39b [Anrechnung und Erstattung der Kapitalertragsteuer]

(1) ¹ Bei Kapitalerträgen im Sinne des § 38b Abs. 3, die einem unbeschränkt einkommensteuerpflichtigen oder einem von der Körperschaftsteuer befreiten Gläubiger als zugeflossen gelten, wird auf Antrag die einbehaltene Kapitalertragsteuer unter den Voraussetzungen des § 44b Abs. 1 Satz 1 des Einkommensteuergesetzes in dem dort bestimmten Umfang von der Kapitalanlagegesellschaft erstattet. ² Im übrigen sind die für die Anrechnung und die Erstattung der Kapitalertragsteuer geltenden Vorschriften des Einkommensteuergesetzes entsprechend anzuwenden.

(2) ¹ Die Kapitalanlagegesellschaft erstattet die einbehaltene Kapitalertragsteuer auf Antrag auch in Fällen, in denen die Kapitalerträge im Sinne des § 38b Abs. 3 einem Gläubiger ohne Wohnsitz oder gewöhnlichen Aufenthalt im Inland als zugeflossen gelten. ² Sie hat sich zuvor Gewißheit über die Person des Gläubigers der Kapitalerträge zu verschaffen; § 154 der Abgabenordnung ist entsprechend anzuwenden. ³ Wird der Antrag in Vertretung des Gläubigers der Kapitalerträge durch ein Kreditinstitut gestellt,

das die Anteilscheine im Zeitpunkt des Zufließens der Einnahmen in einem auf den Namen des Gläubigers der Kapitalerträge lautenden Wertpapierdepot verwahrt, hat die Kapitalanlagegesellschaft sich von dem Kreditinstitut versichern zu lassen, daß der Gläubiger der Kapitalerträge nach den Depotunterlagen weder Wohnsitz noch gewöhnlichen Aufenthalt im Inland hat.

(3) [1] Für die Anrechnung der einbehaltenen und abgeführten Kapitalertragsteuer nach § 36 Abs. 2 des Einkommensteuergesetzes oder deren Erstattung nach § 50d des Einkommensteuergesetzes gilt § 39a Abs. 3 entsprechend. [2] § 36b Abs. 4 und 5, § 36c Abs. 1 und 5 des Einkommensteuergesetzes gelten sinngemäß.

§ 40 [Steuerfreiheit von Ausschüttungen]

(1) [1] Die Ausschüttungen auf Anteilscheine an einem Wertpapier-Sondervermögen sind insoweit steuerfrei, als sie Gewinne aus der Veräußerung von Wertpapieren und Bezugsrechten auf Anteile an Kapitalgesellschaften enthalten, es sei denn, daß die Ausschüttungen Betriebseinnahmen des Steuerpflichtigen sind. [2] Enthalten die Ausschüttungen Erträge aus der Veräußerung von Bezugsrechten auf Freianteile an Kapitalgesellschaften, so kommt die Steuerfreiheit insoweit nicht in Betracht, als die Erträge Kapitalerträge im Sinne des § 20 des Einkommensteuergesetzes sind.

(2) [1] Die Ausschüttungen auf Anteilscheine an einem Wertpapier-Sondervermögen sind insoweit, als sie Zinsen im Sinne des § 43 Abs. 1 Nr. 5 des Einkommensteuergesetzes enthalten, bei der Einkommensteuer oder Körperschaftsteuer mit 30 vom Hundert dieses Teils der Ausschüttungen zu besteuern. [2] Auf den so besteuerten Teil der Ausschüttungen ist § 9 Ziff. 6 des Gewerbesteuergesetzes entsprechend anzuwenden.

(3) [1] Die Ausschüttungen auf Anteilscheine an einem Wertpapier-Sondervermögen sind bei der Veranlagung der Einkommensteuer oder Körperschaftsteuer insoweit außer Betracht zu lassen, als sie aus einem ausländischen Staat stammende Einkünfte enthalten, für die die Bundesrepublik Deutschland auf Grund eines Abkommens zur Vermeidung der Doppelbesteuerung auf die Ausübung des Besteuerungsrechts verzichtet hat. [2] Die Einkommensteuer oder Körperschaftsteuer wird jedoch nach dem Satz erhoben, der für die Bemessungsgrundlage vor Anwendung des Satzes 1 (Gesamteinkommen) in Betracht kommt, wenn in dem Abkommen zur Vermeidung der Doppelbesteuerung ein entsprechender Progressionsvorbehalt vorgesehen ist.

(4) [1] Sind in den Ausschüttungen auf Anteilscheine an einem Wertpapier-Sondervermögen aus einem ausländischen Staat stammende Einkünfte enthalten, die in diesem Staat zu einer nach § 34c Abs. 1 des Einkommensteuergesetzes oder § 26 Abs. 1 des Körperschaftsteuergesetzes oder nach einem Abkommen zur Vermeidung der Doppelbesteuerung auf die Einkommensteuer oder Körperschaftsteuer anrechenbaren Steuer herangezogen werden, so ist bei unbeschränkt steuerpflichtigen Anteilscheininhabern die festgesetzte und gezahlte und keinem Ermäßigungsanspruch unterliegende ausländische

Steuer auf den Teil der Einkommensteuer oder Körperschaftsteuer anzurechnen, der auf diese ausländischen, um die anteilige ausländische Steuer erhöhten Einkünfte entfällt. ²Dieser Teil ist in der Weise zu ermitteln, daß die sich bei der Veranlagung des zu versteuernden Einkommens – einschließlich der ausländischen Einkünfte – nach den §§ 32a, 32b, 32c, 34 und 34b des Einkommensteuergesetzes ergebende Einkommensteuer oder nach § 23 des Körperschaftsteuergesetzes ergebende Körperschaftsteuer im Verhältnis dieser ausländischen Einkünfte zur Summe der Einkünfte aufgeteilt wird. ³Der Höchstbetrag der anrechenbaren ausländischen Steuern ist für die Ausschüttungen aus jedem einzelnen Wertpapier-Sondervermögen zusammengefaßt zu berechnen. ⁴Bei der Anwendung der Sätze 1 und 2 ist der Berechnung der auf die ausländischen Einkünfte entfallenden inländischen Körperschaftsteuer die Körperschaftsteuer zugrunde zu legen, die sich vor Anwendung der Vorschriften des Vierten Teils des Körperschaftsteuergesetzes für das zu versteuernde Einkommen ergibt. ⁵§ 34c Abs. 2 und 3 des Einkommensteuergesetzes ist sinngemäß anzuwenden.

(5) Den in den Ausschüttungen enthaltenen Beträgen im Sinne der Absätze 1 bis 4 stehen die hierauf entfallenden Teile des Ausgabepreises für ausgegebene Anteilscheine gleich.

§ 41 [Bekanntgabe der Zusammensetzung von Ausschüttungen; ausländische Steuern]

(1) Die Kapitalanlagegesellschaft hat den Anteilscheininhabern bei jeder Ausschüttung bezogen auf einen Anteilschein an dem Wertpapier-Sondervermögen bekanntzumachen
1. den Betrag der Ausschüttung;
2. die in der Ausschüttung enthaltenen Beträge an
   a) Zinsen im Sinne des § 43 Abs. 1 Nr. 5 des Einkommensteuergesetzes (§ 40 Abs. 2),
   b) Veräußerungsgewinnen im Sinne des § 40 Abs. 1 Satz 1,
   c) Erträgen im Sinne des § 40 Abs. 1 Satz 2, soweit die Erträge nicht Kapitalerträge im Sinne des § 20 des Einkommensteuergesetzes sind,
   d) Einkünften im Sinne des § 40 Abs. 3,
   e) Einkünften im Sinne des § 40 Abs. 4;
3. den zur Anrechnung oder Vergütung von Körperschaftsteuer berechtigenden Teil der Ausschüttung;
4. den Betrag der anzurechnenden oder zu vergütenden Körperschaftsteuer;
5. den zur Anrechnung oder Erstattung von Kapitalertragsteuer berechtigenden Teil der Ausschüttung;
6. den Betrag der anzurechnenden oder zu erstattenden Kapitalertragsteuer;
7. den Betrag der nach § 34c Abs. 1 des Einkommensteuergesetzes anrechenbaren und nach § 34c Abs. 3 des Einkommensteuergesetzes abziehbaren ausländischen Steuern, der auf die in den Ausschüttungen enthaltenen Einkünfte im Sinne des § 40 Abs. 4 entfällt.

(2) ¹Die Kapitalanlagegesellschaft hat auf Anforderung des für ihre Besteuerung nach dem Einkommen zuständigen Finanzamts den Nachweis über die Höhe der ausländischen Einkünfte und über die Festsetzung und

Zahlung der ausländischen Steuern durch Vorlage entsprechender Urkunden, z. B. Steuerbescheid, Quittung über die Zahlung, zu führen. ²Sind diese Urkunden in einer fremden Sprache abgefaßt, so kann eine beglaubigte Übersetzung in die deutsche Sprache verlangt werden.

(3) Wird der Betrag einer anrechenbaren Steuer nach der Bekanntmachung im Sinne des Absatzes 1 erstmalig festgesetzt, nachträglich erhöht oder ermäßigt oder hat die Kapitalanlagegesellschaft einen solchen Betrag in unzutreffender Höhe bekanntgemacht, so hat die Kapitalanlagegesellschaft die Unterschiedsbeträge bei der im Zusammenhang mit der nächsten Ausschüttung vorzunehmenden Ermittlung der anrechenbaren Steuerbeträge auszugleichen.

(4) Die Kapitalanlagegesellschaft hat börsentäglich den Zwischengewinn (§ 39 Abs. 1a) zu ermitteln; sie hat ihn mit dem Rücknahmepreis zu veröffentlichen.

§ 42 [Nicht verwendete Zinsen und Dividenden]

¹Die Vorschriften des § 40 Abs. 2 bis 5 und des § 41 mit Ausnahme des Absatzes 1 Nr. 2 Buchstaben b und c gelten sinngemäß für die in § 38b Abs. 2 und 3, § 39 Abs. 1 Satz 2, § 39a Abs. 2 und 39b bezeichneten Einnahmen des Wertpapier-Sondervermögens, die nicht zur Kostendeckung oder Ausschüttung verwendet werden. ²Die Angaben im Sinne des § 41 Abs. 1 sind spätestens drei Monate nach Ablauf des Geschäftsjahres bekanntzumachen.

§ 43 [Anwendbarkeit der §§ 38 bis 42]

(1) ¹Die Vorschriften des § 38 und des § 38a sind erstmals für den Veranlagungszeitraum 1977 anzuwenden. ²Bei der Vergütung von Körperschaftsteuer und bei der Erstattung von Kapitalertragsteuer an die Depotbank ist die Vorschrift des § 38 erstmals auf Einnahmen anzuwenden, die dem Wertpapier-Sondervermögen nach dem 31. Dezember 1976 zufließen. ³Beruhen die Einnahmen auf einem den gesellschaftsrechtlichen Vorschriften entsprechenden Gewinnverteilungsbeschluß, gilt Satz 2 mit der Maßgabe, daß die Vorschrift erstmals anzuwenden ist, soweit sich der Beschluß auf die Gewinnverteilung für ein Wirtschaftsjahr bezieht, das nach dem 31. Dezember 1976 abgelaufen ist.

(2) Die Vorschrift des § 39 ist erstmals für Ausschüttungen auf Anteilscheine an einem Wertpapier-Sondervermögen anzuwenden, die nach dem 31. Dezember 1969 zufließen.

(3) Die Vorschriften der §§ 39a bis 41 sind erstmals für Ausschüttungen auf Anteilscheine an einem Wertpapier-Sondervermögen anzuwenden, die nach dem 31. Dezember 1976 zufließen.

(4) Die Vorschriften der §§ 39a und 42 sind für die nicht zur Kostendeckung oder Ausschüttung verwendeten Einnahmen des Wertpapier-Sondervermögens erstmals für das Geschäftsjahr anzuwenden, das nach dem 31. Dezember 1976 endet.

Texte **§ 43 KAGG**

(5) Die Vorschriften des § 40 Abs. 4 sind erstmals anzuwenden für Ausschüttungen auf Anteilscheine an einem Wertpapier-Sondervermögen, die nach dem 31. Dezember 1979 zufließen, und für die nicht zur Kostendeckung oder Ausschüttung verwendeten Einnahmen des Wertpapier-Sondervermögens erstmals für das Geschäftsjahr, das nach dem 31. Dezember 1979 endet.

(6) Von den Vorschriften in der Fassung des Artikels 9 Nr. 1 bis 9 des Steuerreformgesetzes 1990 vom 25. Juli 1988 (BGBl. I S. 1093) sind

1. § 38 Abs. 3 für Einnahmen anzuwenden, die dem Wertpapier-Sondervermögen nach dem 31. Dezember 1988 und vor dem 1. Juli 1989 zufließen,
2. die §§ 38b, 39, 39b, 40 Abs. 2 und § 41 Abs. 1 für Ausschüttungen auf Anteilscheine an einem Wertpapier-Sondervermögen anzuwenden, die nach dem 31. Dezember 1988 und vor dem 1. Juli 1989 zufließen,
3. § 38a Abs. 2, §§ 38b, 39, 39a Abs. 2, §§ 39b, 40 Abs. 2, § 41 Abs. 1 und § 42 für die nicht zur Kostendeckung oder Ausschüttung verwendeten Einnahmen des Wertpapier-Sondervermögens für das Geschäftsjahr anzuwenden, das nach dem 31. Dezember 1988 und vor dem 1. Juli 1989 endet,
4. § 38b auch anzuwenden, soweit in Ausschüttungen, die nach dem 31. Dezember 1988 und vor dem 1. Juli 1989 zufließen, Einnahmen des Wertpapier-Sondervermögens enthalten sind, bei denen vor dem 1. Januar 1989 Kapitalertragsteuer nicht zu erheben war. [2]Dies gilt auch für die nicht zur Kostendeckung oder Ausschüttung verwendeten Einnahmen des Wertpapier-Sondervermögens, die in dem Geschäftsjahr als zugeflossen gelten, das nach dem 31. Dezember 1988 und vor dem 1. Juli 1989 endet.

(7) Bei der Erstattung des Solidaritätszuschlags an die Depotbank ist die Vorschrift des § 38 erstmals auf Einnahmen anzuwenden, die dem Wertpapier-Sondervermögen nach dem 30. Juni 1991 zufließen.

(8) Von den Vorschriften in der Fassung des Artikels 2 des Zinsabschlaggesetzes vom 9. November 1992 (BGBl. I S. 1853) sind

1. § 38b Abs. 3 erstmals für Einnahmen anzuwenden, die dem Wertpapier-Sondervermögen nach dem 31. Dezember 1992 zufließen,
2. die §§ 38b, 39 Abs. 2, § 40 Abs. 1 und § 41 Abs. 1 erstmals für Ausschüttungen auf Anteilscheine an einem Wertpapier-Sondervermögen anzuwenden, die nach dem 31. Dezember 1992 zufließen,
3. § 38b Abs. 2 und 3, § 39 Abs. 2, §§ 39b, 40 Abs. 1, § 41 Abs. 1 und § 42 für die nicht zur Kostendeckung oder Ausschüttung verwendeten Einnahmen des Wertpapier-Sondervermögens erstmals für das Geschäftsjahr anzuwenden, das nach dem 31. Dezember 1992 endet,
4. § 38b auch anzuwenden, soweit in Ausschüttungen, die nach dem 31. Dezember 1992 zufließen, Einnahmen des Wertpapier-Sondervermögens enthalten sind, bei denen vor dem 1. Januar 1993 Kapitalertragsteuer nicht zu erheben war. [2]Dies gilt auch für die nicht zur Kostendeckung oder Ausschüttung verwendeten Einnahmen des Wertpapier-

Sondervermögens, die in dem Geschäftsjahr als zugeflossen gelten, das nach dem 31. Dezember 1992 endet.

(9) ¹§ 40 Abs. 4 in der Fassung des Artikels 16 des Gesetzes vom 13. September 1993 (BGBl. I S. 1569) sowie § 38b Abs. 1 und § 41 Abs. 1 in der Fassung des Gesetzes vom 21. Dezember 1993 (BGBl I S. 2310) sind erstmals für Ausschüttungen auf Anteilscheine an einem Wertpapier-Sondervermögen anzuwenden, die nach dem 31. Dezember 1993 zufließen. ² § 38b Abs. 4, § 39 Abs. 1a, § 41 Abs. 4 und § 43a in der Fassung des Gesetzes vom 21. Dezember 1993 (BGBl. I S. 2310) sind erstmals auf Zwischengewinne anzuwenden, die nach dem 31. Dezember 1993 zufließen. ³ Ist in der Zeit vom 1. Januar bis 31. März 1994 der Zwischengewinn nicht ermittelt und veröffentlicht worden (§ 41 Abs. 4), bemißt sich der Steuerabzug vom Kapitalertrag nach 20 vom Hundert des Rücknahmepreises. ⁴ Dieser Betrag ist auch bei der Veranlagung zur Einkommensteuer anzusetzen; weist der Steuerpflichtige den Zwischengewinn nach, ist dieser anzusetzen.

(10) § 38 Abs. 1 in der Fassung des Artikels 23 des Gesetzes vom 20. Dezember 1996 (BGBl. I S. 2049) ist erstmals für den Veranlagungszeitraum 1997 anzuwenden.

3. Titel. Beteiligungs-Sondervermögen

§ 43a [Anwendbarkeit des 1. Titels]

¹ Für das Beteiligungs-Sondervermögen, für die Ausschüttungen auf Anteilscheine an einem Beteiligungs-Sondervermögen, für die von einem Beteiligungs-Sondervermögen nicht zur Kostendeckung oder Ausschüttung verwendeten Einnahmen im Sinne des § 20 des Einkommensteuergesetzes einschließlich der Einnahmen aus einer stillen Beteiligung und für Erträge im Sinne des § 39 Abs. 1a gelten vorbehaltlich des Satzes 3 die §§ 38 bis 42 sinngemäß. ² Die Steuerbefreiung des Beteiligungs-Sondervermögens wird nicht dadurch ausgeschlossen, daß eine stille Beteiligung steuerrechtlich als Mitunternehmerschaft (§ 15 Abs. 1 Nr. 2 des Einkommensteuergesetzes) zu beurteilen ist. ³ Auf Ausschüttungen auf Anteilscheine, die auf eine stille Beteiligung im Sinne des Satzes 2 entfallen, sowie auf die nicht zur Kostendeckung oder Ausschüttung verwendeten Einnahmen aus einer solchen Beteiligung ist § 39a nicht anzuwenden.

§ 43b [Anwendung des § 43a]

§ 43a ist wie folgt anzuwenden:

1. Die Vorschriften der §§ 38 und 38a sind erstmals für den Veranlagungszeitraum 1987 anzuwenden.
2. Die Vorschriften der §§ 39 bis 41 sind erstmals für Ausschüttungen auf Anteilscheine an einem Beteiligungs-Sondervermögen anzuwenden, die nach dem 31. Dezember 1986 zufließen.
3. Die Vorschriften der §§ 39, 39a und 42 sind für die nicht zur Kostendeckung oder Ausschüttung verwendeten Einnahmen des Sondervermö-

gens für das Geschäftsjahr anzuwenden, das nach dem 31. Dezember 1986 endet.
4. Für die Anwendung der §§ 38 bis 42 gilt § 43 Abs. 6 bis 9 sinngemäß.

4. Titel. Grundstücks-Sondervermögen

§ 44 [Steuerliche Behandlung des Grundstücks-Sondervermögens]

¹ Für das Grundstücks-Sondervermögen (§ 27) gilt § 38 sinngemäß. ² Von Kapitalerträgen im Sinne des § 45 wird eine Kapitalertragsteuer erhoben. ³ Im übrigen gelten die §§ 38b und 39b sinngemäß. Sind in den Ausschüttungen Gewinne aus der Veräußerung von Gegenständen im Sinne des § 27 enthalten, wird der Steuerabzug nur vorgenommen, wenn der Zeitraum zwischen Anschaffung und Veräußerung der Gegenstände nicht mehr als zwei Jahre betragen hat.

§ 45 [Steuerliche Behandlung von Ausschüttungen und anderen Erträgen]

(1) ¹ Die Ausschüttungen auf Anteilscheine an einem Grundstücks-Sondervermögen sowie die von einem Grundstücks-Sondervermögen vereinnahmten nicht zur Kostendeckung oder Ausschüttung verwendeten Erträge aus der Vermietung und Verpachtung der in § 27 bezeichneten Gegenstände gehören zu den Einkünften aus Kapitalvermögen im Sinne des § 20 Abs. 1 Nr. 1 des Einkommensteuergesetzes, wenn sie nicht Betriebseinnahmen des Steuerpflichtigen sind. ² Zu den Kosten gehören auch Absetzungen für Abnutzung oder Substanzverringerung, soweit diese die nach § 7 des Einkommensteuergesetzes zulässigen Beträge nicht übersteigen. ³ Die vereinnahmten nicht zur Kostendeckung oder Ausschüttung verwendeten Erträge gelten mit dem Ablauf des Geschäftsjahres, in dem sie vereinnahmt worden sind, als zugeflossen.

(2) § 39 Abs. 2 gilt sinngemäß.

§ 46 [Steuerfreiheit von Ausschüttungen]

(1) Die Ausschüttungen auf Anteilscheine an einem Grundstücks-Sondervermögen sind insoweit steuerfrei, als sie Gewinne aus der Veräußerung von Gegenständen im Sinne des § 27 enthalten, es sei denn, daß es sich um Veräußerungsgeschäfte handelt, bei denen der Zeitraum zwischen Anschaffung und Veräußerung nicht mehr als zwei Jahre betragen hat (§ 23 des Einkommensteuergesetzes) oder daß die Ausschüttungen Betriebseinnahmen des Steuerpflichtigen sind.

(2) Sind in den Ausschüttungen auf Anteilscheine an einem Grundstücks-Sondervermögen aus einem ausländischen Staat stammende Einkünfte enthalten, gilt § 40 Abs. 3 und 4 sinngemäß.

(3) Den in den Ausschüttungen enthaltenen Beträgen im Sinne der Absätze 1 und 2 stehen die hierauf entfallenden Teile des Ausgabepreises für ausgegebene Anteilscheine gleich.

KAGG §§ 47–50

§ 47 [Bekanntgabe der Zusammensetzung von Ausschüttungen]

(1) Die Kapitalanlagegesellschaft hat den Anteilscheininhabern bei jeder Ausschüttung bezogen auf einen Anteilschein an dem Grundstücks-Sondervermögen bekanntzumachen
1. den Betrag der Ausschüttung;
2. die in der Ausschüttung enthaltenen Beträge an
    a) Veräußerungsgewinnen im Sinne des § 46 Abs. 1,
    b) Einkünften im Sinne des § 46 Abs. 2;
3. den Betrag der anzurechnenden oder zu erstattenden Kapitalertragsteuer;
4. den Betrag an anrechenbaren ausländischen Steuern, der auf die in den Ausschüttungen enthaltenen Einkünfte im Sinne des § 46 Abs. 2 entfällt, auf die § 40 Abs. 4 anzuwenden ist.

(2) § 41 Abs. 2 und 3 gilt sinngemäß.

§ 48 [Erträge aus Vermietung und Verpachtung]

¹Die Vorschriften des § 40 Abs. 3 und 4, §§ 44, 45 und 47 mit Ausnahme des Absatzes 1 Nr. 2 Buchstabe a gelten sinngemäß für die von dem Grundstücks-Sondervermögen vereinnahmten nicht zur Kostendeckung oder Ausschüttung verwendeten Erträge aus der Vermietung und Verpachtung der in § 27 bezeichneten Gegenstände (§ 45 Abs. 1). ²Die Angaben im Sinne des § 47 Abs. 1 sind spätestens drei Monate nach Ablauf des Geschäftsjahres bekanntzumachen.

§ 49 [Unterhaltung von Guthaben oder Wertpapieren]

Werden Guthaben oder Wertpapiere im Sinne des § 35 unterhalten, gelten die §§ 38 bis 42 sinngemäß.

§ 50 [Anwendbarkeit der §§ 45 bis 49]

(1) Die Vorschriften der §§ 45 bis 47 und des § 49 sind erstmals auf Ausschüttungen auf Anteilscheine an einem Grundstücks-Sondervermögen anzuwenden, die nach dem 31. Oktober 1969 zufließen.

(2) Die Vorschriften der §§ 45, 48 und 49 gelten für nicht zur Kostendeckung oder Ausschüttung verwendete Erträge erstmals für das Geschäftsjahr, das nach dem 31. Oktober 1969 endet.

(3) Für die Anwendung der §§ 45, 45a, 47 Abs. 1, § 48 in der Fassung des Artikels 9 Nr. 13 bis 16 des Steuerreformgesetzes 1990 vom 25. Juli 1988 (BGBl. I S. 1093) gilt § 43 Abs. 6 sinngemäß.

(4) Werden Wertpapiere im Sinne des § 35 Satz 3 gehalten, ist § 43 Abs. 7 entsprechend anzuwenden.

(5) Für die Anwendung der §§ 44, 47 Abs. 1 und § 48 gilt § 43 Abs. 8 und 9 sinngemäß.

Sechster Abschnitt. Bußgeld-, Übergangs- und Schlußvorschriften

§ 50a

(1) Ordnungswidrig handelt, wer
1. einer Vorschrift
   a) der §§ 8, 8a Abs. 1, 2 Satz 1 oder 4, Abs. 3, 4 Satz 1, Abs. 5 Satz 1 oder 2 oder Abs. 6 Satz 2, des § 8b Abs. 1 oder 2 Satz 1, auch in Verbindung mit Abs. 3, des § 8d Abs. 1, 2, des § 8e Abs. 1 Satz 1, des § 8f Abs. 1 Satz 1 bis 3 oder Abs. 3 Satz 2 oder der §§ 9a, 9b Abs. 1 Satz 1 oder Abs. 3 über die Anlage eines Wertpapier-Sondervermögens,
   b) des § 25b Abs. 1 bis 4 über die Anlage eines Beteiligungs-Sondervermögens oder
   c) des § 27 Abs. 1 oder 2 Satz 2 bis 4, des § 28 Abs. 2 oder des § 35 Abs. 1 Satz 1 oder Abs. 2 über die Anlage eines Grundstücks-Sondervermögens oder
2. einer Vorschrift des § 9 Abs. 2, 4 Satz 1 oder Abs. 5 Satz 1 über das Verbot oder die Beschränkung von Rechtsgeschäften

zuwiderhandelt.

(2) Ordnungswidrig handelt, wer vorsätzlich oder leichtfertig
1. eine Anzeige nach
   a) § 8g Abs. 1,
   b) § 15 Abs. 5 oder
   c) § 25e Abs. 2 Satz 3 über die Unterschreitung von Grenzen

nicht, nicht richtig, nicht vollständig oder nicht rechtzeitig erstattet,
2. entgegen § 15 Abs. 2 Satz 4 Vertragsbedingungen dem Verkaufsprospekt beifügt,
3. entgegen § 19 Abs. 2 Satz 1 oder 3 einen Verkaufsprospekt nicht oder ohne die vorgeschriebenen Mindestangaben der Öffentlichkeit zugänglich macht,
4. entgegen § 24a Abs. 1 Satz 1 oder 3 oder Abs. 2 Satz 3 in Verbindung mit Satz 1 oder 2 einen Rechenschaftsbericht oder einen Halbjahresbericht nicht, nicht mit den vorgeschriebenen Mindestangaben oder nicht rechtzeitig bekanntmacht oder
5. entgegen § 24a Abs. 3 Satz 4 eine Vermögensaufstellung nicht, nicht vollständig oder nicht rechtzeitig einreicht.

(3) ¹Die Vorschriften des Absatzes 1 Nr. 1 Buchstabe a, Nr. 2 und des Absatzes 2 Nr. 1 Buchstaben a und b, Nr. 2 und 3 sowie Nr. 4 und 5, diese auch in Verbindung mit § 25j Abs. 2 und 3, gelten auch für ein Beteiligungs-Sondervermögen (§ 25a). ²Die Vorschriften des Absatzes 1 Nr. 2 und des Absatzes 2 Nr. 1 Buchstabe b, Nr. 2 und 3 sowie Nr. 4 und 5, diese auch in Verbindung mit § 34 Abs. 1 Satz 1 und 3, gelten auch für ein Grundstücks-Sondervermögen (§ 26).

(4) Die Ordnungswidrigkeit kann mit einer Geldbuße bis zu fünfzigtausend Deutsche Mark geahndet werden.

(5) Verwaltungsbehörde im Sinne des § 36 Abs. 1 Nr. 1 des Gesetzes über Ordnungswidrigkeiten ist das Bundesaufsichtsamt für das Kreditwesen.

KAGG § 51

§ 51

(1) ¹Aktiengesellschaften oder Gesellschaften mit beschränkter Haftung, die beim Inkrafttreten dieses Gesetzes die in § 1 Abs. 1 aufgeführten Geschäfte betreiben, sind Kapitalanlagegesellschaften im Sinne dieses Gesetzes. ²Für sie gelten die Vorschriften dieses Gesetzes, soweit nachstehend nichts anderes bestimmt ist.

(2) ¹Diese Kapitalanlagegesellschaften bedürfen keiner erneuten Erlaubnis zum Geschäftsbetrieb; ihre Vertragsbedingungen für bereits bestehende Sondervermögen bedürfen keiner Genehmigung. ²Bereits erteilte Erlaubnisse und Genehmigungen gelten als nach diesem Gesetz erteilt.

(3) Spätestens bis zum 31. Dezember 1958 haben diese Kapitalanlagegesellschaften

a) einen Aufsichtsrat zu bilden, der §§ 3, 4 entspricht; einen bereits bestehenden Aufsichtsrat haben sie entsprechend umzubilden;
b) ihr Nennkapital und ihre Satzung § 2 Abs. 2 anzupassen;
c) beim Inkrafttreten dieses Gesetzes bestehende Sondervermögen auf einen bestimmten Stichtag in Übereinstimmung mit den Vorschriften des § 8 über die Anlegung und den Erwerb von Wertpapieren und Bezugsrechten zu bringen;
d) soweit beabsichtigt ist, auch künftig Sondervermögen in ausländischen Wertpapieren (§ 8 Abs. 1 Buchstabe c) anzulegen, die Genehmigung der Bankaufsichtsbehörde dafür einzuholen;
e) mit der Verwahrung der Sondervermögen sowie mit der Ausgabe und Rücknahme von Anteilscheinen eine Depotbank unter Beachtung von § 12 zu beauftragen;
f) die Vertragsbedingungen entsprechend § 15 Abs. 3 unter Beachtung von § 15 Abs. 2 zu ergänzen.

(4) ¹Die nach Absatz 3 erforderlichen Änderungen und Ergänzungen der Vertragsbedingungen werden auch ohne Zustimmung der Anteilinhaber mit Ablauf von drei Monaten seit dem Zeitpunkt wirksam, in welchem die Änderungen im Bundesanzeiger bekanntgemacht worden sind. ²Jeder Anteilinhaber kann ohne Rücksicht auf die bisherigen Vertragsbedingungen die Rücknahme seines Anteils binnen drei Monaten seit der Bekanntmachung der Änderungen im Bundesanzeiger verlangen; die Ansprüche aus der Rücknahme bestimmen sich nach den bisherigen Vertragsbedingungen.

(5) Haften bei einer dieser Kapitalanlagegesellschaften die Anteilinhaber persönlich oder die Sondervermögen für die Verbindlichkeiten der Gesellschaft oder aus von ihr für gemeinschaftliche Rechnung der Anteilinhaber getätigten Geschäften, so bleiben die beim Inkrafttreten dieses Gesetzes bereits entstandenen Ansprüche ohne Rücksicht auf § 10 Abs. 2 und 3 bestehen.

(6) ¹Für Anteilscheine, die vor dem Inkrafttreten dieses Gesetzes ausgegeben worden sind oder bis zum 31. Dezember 1958 ausgegeben werden und die über Sondervermögen ausgestellt sind, die vor dem Inkrafttreten dieses Gesetzes gebildet worden sind, gilt § 18 Abs. 1 Satz 4 nicht. ²Diese Anteilscheine gelten als Urkunden, in denen die Ansprüche des Anteilinhabers gegenüber der Kapitalanlagegesellschaft verbrieft sind. ³Lauten sie

nicht auf Namen und sind sie mit der Bestimmung ausgegeben, daß die in der Urkunde versprochenen Leistungen an jeden Inhaber bewirkt werden können, so gelten sie als Schuldverschreibungen auf den Inhaber.

(7) § 18 Abs. 3 gilt auch für die in Absatz 6 bezeichneten Anteilscheine.

§ 52

Kommt eine beim Inkrafttreten dieses Gesetzes bestehende Kapitalanlagegesellschaft den in § 51 Abs. 3 bestimmten Auflagen nicht fristgemäß nach, so ist sie mit Ablauf des 31. Dezember 1958 aufgelöst; ihre Fortsetzung kann nicht beschlossen werden.

§ 53

Enthält beim Inkrafttreten dieses Gesetzes die Firma eines Kaufmanns die Bezeichnung „Kapitalanlagegesellschaft" oder „Investmentgesellschaft", ohne daß der Geschäftsbetrieb des Unternehmens auf die in § 1 Abs. 1 aufgeführten Geschäfte gerichtet ist, so ist die Führung dieser Bezeichnung nur noch bis zum 31. Juli 1957 gestattet; andere Bezeichnungen, in denen das Wort „Kapitalanlage" oder „Investment" oder „Investor" oder „Invest" allein oder in Zusammensetzungen mit anderen Worten vorkommt, dürfen bis zu einer Änderung der Firma fortgeführt werden.

§ 53a

Die Kapitalanlagegesellschaft darf auf die am 1. März 1990 bestehenden Sondervermögen noch bis zum 28. Februar 1991 die Vorschriften dieses Gesetzes in der vor dem 1. März 1990 geltenden Fassung anwenden.

§ 53b

¹Die Kapitalanlagegesellschaft kann die Vertragsbedingungen für die am 1. August 1994 bestehenden Sondervermögen ändern, um für Rechnung der Sondervermögen die nach § 8 Abs. 2 und 3, § 8a Abs. 1a und 5, §§ 8d bis 8f, 9a, 9d und 35 zugelassenen Rechtsgeschäfte abschließen zu können. ²Die Bankaufsichtsbehörde erteilt die nach § 15 Abs. 2 Satz 1 erforderliche Genehmigung, wenn die Änderung der Vertragsbedingungen mit den bisherigen Anlagegrundsätzen des Sondervermögens vereinbar ist. ³Die Kapitalanlagegesellschaft hat die vorgesehenen Änderungen der Vertragsbedingungen im Rechenschaftsbericht oder Halbjahresbericht bekanntzumachen. ⁴Die Änderungen müssen innerhalb von einem Jahr bei der Bankaufsichtsbehörde beantragt werden und dürfen frühestens drei Monate nach der Bekanntmachung gemäß Satz 3 in Kraft treten.

§§ 53c, 54

(aufgehoben)

§ 55

Dieses Gesetz tritt am Tage nach seiner Verkündung in Kraft.

IV. Beratungs-ABC

Themen und Beratungshilfen

Übersicht

Abfindungen
Anrechnungsverfahren (Überblick)
Anteilsrotation
Auffanggesellschaft
Ausländer als Unternehmer im Inland
Ausländische Anteilseigner
Ausländische Einkünfte
Ausschüttungsverhalten

Basisgesellschaften
Berlinförderungsgesetz
Beteiligungserträge
Betriebsaufspaltung
Betriebsführung
Betriebsprüfung
Betriebsübernahmegesellschaft
Buchwertfortführung

Dividendenregelung

Einziehung von Geschäftsanteilen
Erfolgsabhängige Bezüge

Familiengesellschaft
Flucht aus der GmbH
Fortführungsgesellschaft
Freibetrag

Geschäftsführergehalt
Gesetzgebungsmaterialien
Gewinnausschüttung
Gewinnverteilung

Handelsbilanz

Investment-Club, Investmentverein

Kantinen
Körperschaftsteuerrückstellung

„Leg-ein-Hol-zurück"-Verfahren
Liquidation

Marktförderungs-, Marktstabilisierungsfonds
Mißbrauch
Mitunternehmerschaft

Abfindungen **ABC**

Nichtabziehbare Aufwendungen
Nichtanrechnungsberechtigte Anteilseigner
Nichtrechtsfähige Stiftungen

Öffentliche Hand

Personengesellschaft

Sammelvermögen
Sanierungsgesellschaft
Satzung der GmbH und KSt
Schachtelprivileg
Schrifttum
„Schütt-aus-Hol-zurück"-Verfahren
Solidaritätszuschlag
Sportvereine
Steuerbefreite Anteilseigner
Steuerbefreite Körperschaften
Steuerbelastungsvergleich
Steuerfreie Erträge
Steuerfreie Körperschaften
Steuergünstige Gestaltungen
Steuerstreit
Stiftung

Tantieme
Tauschring

Übergangsfragen
Unternehmensform

Veräußerung von Anteilen an KapGes und AnrV
Verdeckte Gewinnausschüttungen
Verluste
Vorabausschüttung
Vorabdividende
Vorauszahlungen

Zweckvermögen
Zwischengesellschaft

Abfindungen
S „Satzung der GmbH und KSt", „Veräußerung von Anteilen an KapGes und AnrV".

1. Abfindungen können in der **GmbH-**Satzung vereinbart werden, wenn AntE einer GmbH im Wege der **Einziehung** ihres Geschäftsanteils (§ 34 GmbHG) ausscheiden. Tritt an die Stelle der Einziehung alternativ eine Zwangsabtretung, tritt das **Veräußerungsentgelt** an die Stelle des Abfindungsbetrags. In entspr Satzungen sind Abfindung und Veräußerungsentgelt regelm identisch bzw durch Bezugnahme aneinander gekoppelt. Problematisch ist die Auswirkung des AnrV auf diese Satzungsvereinbarung. Weiter können für den Kündigungs- oder Erbfall Abfindungstatbestände vereinbart werden.

661

2. Die **Buchwertabfindung** geht oft von der StBilanz aus. Verfügt die Körperschaft über ein positives verwendb EK, so kann hierdurch gespeicherte KSt ausgewiesen werden. Es muß geprüft werden, ob der Abfindungsberechtigte an diesem KStGuthaben zu beteiligen ist. Entscheidet man sich **gegen eine Beteiligung** an dem **KStGuthaben,** so heißt Buchwertabfindung nicht nur Ausschluß von stillen Reserven und Firmenwert, sondern auch von einem oft beträchtl KStGuthaben, auf welches zugunsten der anderen AntE verzichtet wird. Zugunsten des Abfindungsberechtigten kann auch die **KSt insgesamt „aufgedeckt"** werden. Da die GmbH selbst zumindest die AusschüttungsBel herzustellen hat und in Zukunft schuldet, ist die Vollaufdeckung problematisch. ME abzulehnen. Im Rahmen der Buchwertabfindung ist als mögl Alternative erwägenswert, eine **Vollausschüttung** des verwendb EK zu **fingieren.** Insgesamt wird die AusschüttungsBel hergestellt. Wirtschaftl gesehen, wird in diesem Fall zum Zweck der Abfindungsbemessung eine Buchwertliquidation fingiert. Werden auf diese Weise KStMinderungen vorgezogen, die insgesamt die KStErhöhungen übersteigen, so kann zusätzl die Differenz pauschalierend abgezinst werden. Im umgekehrten Fall sollte auf eine Aufzinsung verzichtet werden.

3. Sieht die GmbH-Satzung eine **Abfindung über den Buchwerten** vor, müssen die vorstehenden Überlegungen entspr angestellt werden. Zusätzl ist zu entscheiden, ob die Mehrwerte (stille Reserven, Firmenwert) mit KSt zu belasten sind und – falls ja – mit der TarifBel oder AusschüttungsBel. Bei einer einheitl Vertragsregelung sollte die Regelung insoweit mit der Behandlung der Rücklagen identisch sein.

4. Neben die Frage der Bewertung der gespeicherten KSt in den Rücklagen und der KSt auf der stillen Reserven bzw den Firmenwert tritt die **Auswirkung des AnrV** bei dem **Abfindungsempfänger.** Zwei Auswirkungen sind mögl: Die Abfindung kann zu den Eink aus KapVerm iSv § 20 I Nr 1, 2 EStG führen. Die Abfindung vermittelt die StGutschrift in Höhe von $^9/_{16}$ oder $^3/_7$. Oder: Die Abfindung ist wie die Veräußerung des Geschäftsanteils zu behandeln; die Abfindung vermittelt nicht das KStGuthaben. Im ersten Fall realisiert der Empfänger der Abfindung die in der Körperschaft gespeicherte KSt nach den Regeln des AnrV. Im zweiten Fall gibt er diese Möglichkeit an den Erwerber (an den Dritten oder auch an die erwerbende GmbH) weiter. Hierfür erhält er ein Entgelt. ME führt die Abfindung zu einer Ausschüttung iSv § 27 I bzw § 20 I Nr 1, 2 EStG; der entgeltl Abtretung hingegen steht ein Veräußerungsentgelt gegenüber, dh keine Ausschüttung (§ 27 Anm 9 u Anm 13).

5. Beide Möglichkeiten – Anm 2 – können damit in der **GmbH-Satzung** durch folgende Formel verknüpft werden:

Abfindung, die das KStGuthaben vermittelt = Abfindung, die ein Veräußerungsentgelt darstellt + KStGuthaben (= + $^9/_{16}$ oder $^3/_7$)

oder

Anrechnungsverfahren (Überblick) **ABC**

Abfindung, die ein Ver-   Abfindung, die das KStGuthaben vermittelt
äußerungsentgelt dar- = ./. $9/25$ (AusschüttungsBel 36 vH) oder ./.
stellt $3/10$ (AusschüttungsBel 30 vH)

Im Fall der Buchwertabfindung unter Außerachtlassung der KSt (Anm 2) wird die Vertragsformulierung zB durch den Vorbehalt ergänzt, daß sich der Abfindungsbetrag um den Betrag mindert, den der Abfindungsberechtigte als StGutschrift erhält. StGutschrift + Abfindungsbarbetrag müssen den vertragsgemäßen Abfindungsbetrag ergeben. Wird die Abfindungsmodalität unter Herstellung der AusschüttungsBel (Anm 2) gewählt, muß die Satzungsvereinbarung folgenden Weg nehmen: Es wird akzeptiert, daß die Abfindung möglicherweise vollständig oder teilweise die StGutschrift vermittelt. Erhält der Berechtigte nunmehr ein Veräußerungsentgelt (also keine Anr), so erhöht sich dieses Entgelt um $9/16$ bzw $3/7$, soweit er mit diesem Entgelt in den Genuß der StGutschrift gelangen würde, wenn er einen anderen Abfindungsweg gewählt hätte.

Anrechnungsverfahren (Überblick)

1. Schrifttum und **Reformentwicklung:** s vor § 1 Anm 1 ff. Die nachfolgend in Klammern gesetzten StSätze gelten vor 1994; s § 23 Anm 3 u § 27 Anm 1.

2. Das **AnrV vermeidet** die **DoppelBel** der Gewinne der Körperschaft mit KSt (bei der Körperschaft) und ESt oder KSt bei den AntE. Die Körperschaften bleiben grundsätzl kstpfl. Der normale Tarifsatz beträgt 45 (50/56) vH, er entspr bis 1993 in etwa dem SpitzenStSatz der ESt.

Erst wenn der AntE **Ausschüttungen** der Körperschaft **bezieht,** greift der Mechanismus des AnrV ein:

Es wird eine einheitl KStBel der Ausschüttung mit 30 (36) vH hergestellt (**AusschüttungsBel**) (§§ 27 ff).

Zu den **Eink** des AntE zählt neben der **Ausschüttung** die KSt (= $3/7$ ($9/16$) der Ausschüttung), § 20 I Nr 3 EStG. Auf die StSchuld des AntE wird die **KSt angerechnet,** § 36 II Nr 3 EStG. Auf diese Weise wird die DoppelBel nur insoweit aufgehoben, als Ausschüttungen vorgenommen wurden.

Es soll nur die DoppelBel vermieden werden. Folgl entfällt die Anr, wenn die Ausschüttung selbst nicht stpfl ist (§ 51).

3. Um die **einheitl AusschüttungsBel herzustellen,** muß die StBel des ausgeschütteten Betrages **(TarifBel)** bekannt sein. Sie kann sodann auf 30 (36) vH angehoben oder gesenkt werden. Dies wird wie folgt erreicht: Alle Vermögensmehrungen, die für Ausschüttungen zur Verfügung stehen, werden – neben der Bilanz – in einer Aufstellung über das **verwendb EK** erfaßt (§§ 29–39).

Das verwendb EK ist im einzelnen nach der **StBel untergliedert** (§§ 30, 32).

Das Gesetz bestimmt im Wege einer Fiktion, welcher Betrag des verwendb EK **für** die **Ausschüttung als verwendet** gilt (§ 28).

ABC Anrechnungsverfahren (Überblick)

Die Differenz zwischen der TarifBel des EK, das als verwendet gilt, und der AusschüttungsBel von 36 vH entsteht sodann als **KStErhöhung** oder **KStMinderung** (§ 27).

4. Darüber hinaus behält das KStG 1977 die **KapErtrSt** in der bisherigen Form bei.

5. Grundmuster

KStSatz	(56 vH)	(50 vH)	45 vH
Gewinn vor KSt	100 P	100 P	100 P ←
KSt zum allg Tarif	56 P	50 P	45 P
Ungemildert belastetes EK	44 P	50 P	55 P
Soll der Gewinn höchstmögl ausgeschüttet werden, mindert sich die KStSchuld um	20 P	14 P	15 P
auf	(36 P)	(36 P)	30 P ←
Ausgeschüttet können werden		64 P	70 P
Der AntE hat folgende Eink aus KapVerm:			
(1) Dividende 64 P 70 P			
./. 25 vH KapErtrSt 16 P 18 P		48 P	52 P
(2) KapErtrSt		16 P →	18 P
(3) KStGuthaben		36 P →	30 P ←
Der AntE versteuert also		100 P	100 P ←
– dh den gesamten Gewinn der Körperschaft vor KSt – zu seinem individuellen StSatz von zB 30 vH		30 P	30 P
Hierauf wird angerechnet			
(1) KStGuthaben		36 P →	30 P
(2) KapErtrSt		16 P →	18 P
StErstattung		22 P	18 P
KStVeranlagung 56/50/45 vH	(56 P)	(50 P)	45 P
./. KStMinderung	20 P	14 P	15 P
KStSchuld	(36 P)	(36 P)	30 P

6. Durch das neue KStRecht wurden **neue Begriffe** eingeführt, die vorstehend bereits erwähnt, nachfolgend noch einmal erläutert werden.

7. Alle Ausschüttungen der Körperschaft müssen mit 30 (36) vH KSt belastet werden, da bei der Besteuerung des AntE und der bei ihm anzurechnenden KSt allg hiervon ausgegangen wird (§§ 20 I Nr 3, 36 II Nr 3 EStG). Diese KStBel ist die **AusschüttungsBel**. Sie führt bei den AntE zu KapEink; sie wird auf die StSchuld bei AntE angerechnet. 30 (36) vH KSt des unbelasteten Betrages sind $3/7$ ($9/16$) des belasteten Betrages. Also: Einer Ausschüttung von 105 P entspr ein Gewinnanteil der Körperschaft von 150 P; denn 150 P ./. 30 vH (= 45 P) sind 105 P. 105 P × $3/7$ ist ebenfalls 45 P.

8. Der AusschüttungsBel gegenüber steht die **TarifBel** (s § 27). TarifBel ist die Bel der ausgeschütteten Gewinne mit KSt vor (!) Herstellung der AusschüttungsBel. Also: Wenn ein Einkommen von 100 P mit 45 (50/56) vH KSt belastet wird, so sind 45 (50/56) P die TarifBel.

9. Aus der TarifBel wird die AusschüttungsBel errechnet. Die Differenz führt zu einer **KStErhöhung oder KStMinderung** (§ 27 I). Beträgt die

Anrechnungsverfahren (Überblick) **ABC**

TarifBel eines Gewinnanteils in Höhe von 55 P = 45 P (also Gewinnanteil vor Steuer: 100 P), so beträgt die KStMinderung, um die AusschüttungsBel herzustellen, 15 P; denn die KStBel ist von 45 vH auf 30 vH, bezogen auf 100 P also um 15 P, zu senken. Wird ein Gewinnanteil ausgeschüttet, der nicht mit KSt belastet ist, so ist eine KSt in Höhe von 30 vH nachzuerheben (= KStErhöhung); Ausnahmen s § 40.

10. Um die TarifBel jederzeit feststellen zu können, verlangt das Gesetz, daß neben der HB und StB eine **besondere Berechnung** durchgeführt wird. Für diese Berechnung sieht das Gesetz ein **gesondertes Feststellungsverfahren** vor (§ 47).

11. In diese Berechnung werden alle Vermögensmehrungen aufgenommen, die für eine Ausschüttung in Frage kommen, dh Gewinn + Rücklagen + Gewinnvortrag ./. Verlust ./. Verlustvortrag. Oder: Aktivvermögen der StB ./. Passivvermögen der StB ./. NennKap (§ 29 I, II). Diese „Ausschüttungsmasse" nennt das Gesetz **verwendb EK** (§ 29).

12. Das verwendb EK wird in **drei Gruppen untergliedert** (§ 30):
$EK_{45(50/56)}$ KStBel mit 45 (50/56) vH.
$EK_{30 (36)}$ KStBel mit 30 (36) vH.
EK_0 KStBel mit 0 vH.
EK_0 wird nochmals untergliedert; dazu § 30 II.
Soweit eine TarifBel vorliegt, die in keine der Gruppen fällt (zB: TarifBel = 49 vH), erfolgt nach § 32 eine Umrechnung; die belasteten Beträge werden auf jeweils zwei der genannten Gruppen **aufgeteilt.**

13. Wenn bekannt ist, **aus welcher Gruppe** des **verwendb EK** die Ausschüttung erfolgt, so kann ohne Schwierigkeit die AusschüttungsBel rechnerisch hergestellt werden. Wird aus der 45 vH Gruppe (EK_{45}) entnommen, so tritt eine KStMinderung ein. Wird aus EK_0 entnommen, so folgt eine KStErhöhung. Das **Gesetz fingiert,** daß das **verwendb EK in der Reihenfolge** als **für eine Ausschüttung verwendet** gilt, in der die **Bel abnimmt** (§ 28 III). Zuerst EK_{45}, dann EK_{30}, dann EK_0.

14. Noch **zwei Punkte** sind **wichtig:**
Tritt eine KStMinderung ein (Verwendung aus $EK_{45(50/56)}$), so **gilt** die **KStMinderung als mitausgeschüttet** (§ 28 VI S 1). Will man eine Bardividende von 70 P ausschütten, so braucht man dem verwendb EK_{45} nur 55 P zu entnehmen, denn auf 55 P lasten 45 P KSt (= 45 vH). Wird die KStBel auf die AusschüttungsBel von 30 vH vermindert, so können für die Ausschüttung von 70 P verwendet werden: 55 P verwendb EK aus EK_{45} und 15 P KStMinderung.

Tritt hingegen eine KStErhöhung ein, so kann das **verwendb EK EK_0** nur **insoweit verwendet** werden, als **aus dem verwendb EK** Ausschüttung und (!) KStErhöhung bestritten werden können (§ 28 VI S 2). Also: Ein Betrag in EK_0 von 100 P kann maximal in Höhe von 70 P verwendet werden, da aus den 100 P die Ausschüttung (70 P) und die KStErhöhung (30 P) gedeckt sein müssen.

ABC Ausländer als Unternehmer im Inland

15. Steht fest, **welcher Teil des verwendb EK** als ausgeschüttet gilt (Anm 13) und mit **welcher KSt** dieser Teil belastet ist (Anm 12), so kann die **AusschüttungsBel,** die stets 30 (36) vH betragen muß, durch eine einfache Rechenoperation (**„Dreisatz"**) hergestellt werden.

Entweder sind die **ausgeschütteten EKTeile** mit **30 (36) vH** belastet ($EK_{30\ (36)}$), dann ist TarifBel = AusschüttungsBel. Keine weitere Folge.

Oder die **TarifBel** übersteigt die **AusschüttungsBel;** sie muß gesenkt werden. Folge: **KStMinderung.**

Oder die **TarifBel** des **ausgeschütteten EKTeils** liegt unter der AusschüttungsBel. Folge: **KStErhöhung.**

§ 27 KStG ist die Rechtsgrundlage dieses **„Schleusenvorgangs"**, dh der Hinab- oder der Hinaufschleusung zur AusschüttungsBel Darstellung:

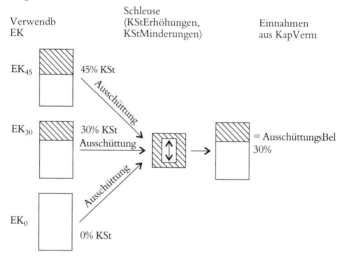

Anteilsrotation
S zu diesem von *Herzig* (DB 80, 1605; BB 81, 109) geschaffenen Gestaltungsbegriff und seiner Funktion „Liquidation" und „Steuergünstige Gestaltungen".

Auffanggesellschaft
S „Fortführungsgesellschaft".

Ausländer als Unternehmer im Inland
S „Ausländische Anteilseigner".

1. Der Ausl kann sich im Inl in einer Weise betätigen, die **keine StPfl** auslöst. Er darf keine Betriebstätte im Inl begründen (§ 12 AO); außer-

Ausländer als Unternehmer im Inland **ABC**

dem darf er im Inl nicht über einen ständigen Vertreter verfügen (§ 13 AO); s §§ 49 I Nr 2 EStG, 2 GewStG. Beispiele: Handel im Inl durch reisende Angestellte, Einschaltung selbständiger inländischer Agenten, von denen keiner die Bedingungen des § 13 AO erfüllen darf. Ist mit dem ausl Staat ein DBA vereinbart, so reicht es, um der ErtragStPfl zu entgehen, aus, wenn die Betriebstättenbedingungen des DBA vermieden werden. Der Betriebstättenbegriff der DBA ist idR enger als derjenige der AO.

2. Gründet das ausl Unternehmen im Inl eine **unselbständige Zweigniederlassung,** so verfügt es über eine **Betriebstätte,** die zur beschr EStPfl oder KStPfl führt. Für ausl jur Pers bestand bis 30. 9. 84 eine Genehmigungspflicht nach § 12 GewO, die für jur Pers innerhalb der EG aufgehoben war (§ 12a GewO); wegen der leichten Umgehungsmöglichkeit durch Gründung einer selbständigen TochterGes wurde die Genehmigungspflicht aufgehoben (G v 25. 7. 84, BGBl I 84, 1008); die Gründung von Zweigniederlassungen und Betriebstätten ist seitdem jedem Ausländer mögl. Ist das ausl Unternehmen eine Körperschaft, so beträgt die KStLast der beschr Stpfl 42 vH (§ 23 III KStG).

3. Gründet das ausl Unternehmen im Inl eine **selbständige Ges** – idR eine **GmbH** –, so steigt die StBelastung – ohne DBA – auf 47,5 vH; s „Ausl AntE" 5.

4. Pro und Contra – Betriebstätte oder selbständige GmbH
Betriebstätte/Pro
- Geringere StBelastung;
- leichter zu gründen;
- Verlustausgleich im Sitzstaat des Mutterhauses eher mögl;
- Chance, die StPfl insgesamt zu vermeiden, wenn der Betriebstättenbegriff nicht erfüllt wird.

Betriebstätte/Contra
- Auftreten in der inl Wirtschafts- und Rechtsordnung im ausl Rechtsgewand;
- problematische Abgrenzung des Betriebstättengewinns von dem der MutterGes;
- keine Zins- und Lizenzberechnung zwischen Mutterhaus und Betriebstätte.

GmbH/Pro
- Auftreten in der inl Wirtschaftsordnung in einem Rechtsgewand dieser Ordnung;
- es kann unbekannt bleiben, daß ein Ausl am Markt teilnimmt;
- klare organisatorische und wirtschaftl Abgrenzung der inl gewerbl Aktivität;
- Manager des ausl Unternehmens können Geschäftsführer werden;
- Übersichtlichkeit der Gestaltung;
- Haftungsbegrenzung; idR kein Durchgriff auf die MutterGes;
- leichtere stl Abgrenzung zur MutterGes;
- Lizenzen und Zinsen sind zugunsten der MutterGes, sofern angemessen, mögl.

GmbH/Contra
- Steuerlich geringfügig nachteiliger;
- inl Prüfungs- und PublizitätsPfl;
- kostenmäßig aufwendiger.

Fazit: Die Möglichkeit einer in jeder Hinsicht klaren Gestaltung und Abgrenzung sowie die Verwendung einer inl Rechtsform sprechen für die GmbH. Hierfür ist ein leichter StNachteil in Kauf zu nehmen. Dem entspricht, daß tatsächl in der Bundesrepublik Deutschland die ausl Unternehmen weit überwiegend durch selbständige Ges – idR GmbH – tätig sind.

5. Ein Sonderfall der Betriebstättenwahl ist die Gründung einer **GmbH & Co KG,** die wie eine Betriebstätte des Ausl behandelt wird (vgl BFH BStBl III 64, 165, 166; *Streck* AWD 71, 521). Die Komplementär-GmbH bleibt im AnrV eingebunden, da die Anteile Sonderbetriebsvermögen der KG sind und folgt einer inl Betriebstätte zugeordnet sind. Die GmbH & Co KG ist hinsichtl der klaren Gliederung und Abgrenzung der GmbH vergleichb. Wenn sie gleichwohl nur selten als Tochter eines ausl Unternehmens zu finden ist, so liegt dies daran, daß die Rechtsform der GmbH & Co KG für den Ausl ungewohnt und nicht klar durchschaub ist. Es bleibt im übrigen der Nachteil, daß Zinsen und Lizenzen zugunsten der MutterGes nicht abzugsfähig sind; dies ist nicht nur eine Folge von § 15 I Nr 2 EStG, sondern auch des Verbots, Zinsen und Lizenzen zwischen Mutterhaus und Betriebstätte zu berechnen.

6. Zur **BetrAufsp** über die **Grenze** s „BetrAufsp".

Ausländische Anteilseigner
S „Ausl als Unternehmer im Inl"; „Mißbrauch"; „Veräußerung von Anteilen an KapGes und AnrV".

1. Schrifttum:
Aus der Reformdiskussion vor 1977: *Salditt,* Die dt Auslandsinvestition unter der Geltung eines kstl AnrV, AWD 71, 394; *Wrede,* Die stl Behandlung ausl MutterGes im AnrV, DStZ/A 71, 353; *Loos,* Zur Besteuerung ausl MutterGes bei der KStReform (AnrV), DB 71, 1634; *Mersmann,* Diskriminierung ausl Beteiligungen bei der KStReform, DStZ/A 71, 310; *Salditt,* Das kstl AnrV, AWD 71, 474; *Vogel,* Die aussenstl Wirkungen eines AnrV bei der KSt, FS für Kuno Barth, 1971, 263; *Hoyer,* Zum „Ausländereffekt" der KStReform in Deutschland, DB 71, 2429; *Parczyk,* KSt-AnrV mit vermeidb Vorfinanzierungs- und Ausländerdiskriminierungseffekten, DB 72, 743; *Jahn,* Die Besteuerung der KapGes und ihrer Gewinnausschüttungen in der StReform, Wpg 72, 238; *Hoyer,* StAnr für ausl MutterGes in der KStReform, DB 72, 844; K *Vogel,* Der ausl Aktionär in den Gesetzentwürfen zur KStReform, 1973; *Grasnick,* Verfassungsrechtl Untersuchung der außenstl Wirkungen eines AnrV bei der KSt, GmbHR 73, 224 und StuW 73, 131.

Zum RegEntw und zum KStG 1977: *Vogel,* Zur außenstl Wirkung der KSt-Reform, DB 75, 756; *Rath,* Die Besteuerung ausl MutterGes und ihrer Tochter-Ges in Deutschland nach der KStReform, BB 76, 1066; *Wohlschlegel,* KStReform mit Hindernissen: Herstellung der AusschüttungsBel und StBefreiungen nach Abkommensrecht, FR 76, 243; *Flick,* Außenstl Aspekte der KStReform, DB 77, 33; *Krebs* BB 76, Beil 3, 32; *Haas,* Die KStReform in der BRD – Grundsätze und Auswirkungen auf ausl (österreichische) AntE, ÖStZ 76, 255; *Ault,* Germany: The New Corporation Tax System, Intertax 76, 262; *Ault/Rädler,* The German Corporation Tax

Ausländische Anteilseigner **ABC**

Reform Law 1977, 1976; *Raupach* JbFfSt 77/78, 424; Korreferat *Manke* JbFfSt 77/78, 444; *Manke,* Auswirkungen der KStReform auf das AußenStR, StbJb 77/78, 268; *Telkamp,* Die Auswirkungen der KStReform auf die Besteuerung international tätiger Unternehmungen, FR 77, 285, 313; *v Mettenheim,* Zur Verfassungsmäßigkeit der Behandlung von beschr Stpfl nach der KStReform, RIW/AWD 78, 511; *Görlich,* Ausländerdiskriminierung im KStRecht, FR 78, 367; *Böckli,* Die Verweigerung der StGutschrift gegenüber StAusl nach der KStReform 1977 aus der Sicht eines Vertragsstaates, Archiv für Schweizer Abgabenrecht 78, 161 u StuW 79, 1; *Haas,* Anrechnen ohne Mißbrauch, RIW/AWD 78, 581; *Becker,* Auswirkungen der KStReform auf europäische Unternehmensverschmelzungen, BB 78, 1373; *ders,* StI Möglichkeiten einer europäischen Zusammenarbeit und Unternehmensverschmelzung, JbFfSt 78/79, 135; *Wrede,* Aktuelle Fragen zur Behandlung von Gewinnausschüttungen bei der KSt, DB 79, 1619, 1674; *Streck* KÖSDI 79, 3383; *Hoffmann,* Zum Problem der stillen Beteiligung und AntE an inl Beteiligungsunternehmen, DB 79, 1195; *Kaiser,* KstI AnrV und Ausländerproblematik, StbKongrRep 80, 191, *Streck/Rainer* KÖSDI 82, 4566; *Ritter,* Ausl Eink und ausl Streubesitz unter dem Regime der KStReform, BB 83, 325; *Hoffmann,* Die Belastung der vGA mit KSt u ESt bei maximaler Gewinnausschüttung, BB 84, 909.

2. *einstweilen frei*

3. Inl StLast ausl AntE bis 1976: Gewinne, die ausl AntE von inl Körperschaften beziehen, waren nach altem Recht mit 15 vH bzw wegen der „Schattenwirkung" mit 24,55 vH KSt und mit 25,75 vH KapErtrSt des ausgeschütteten Betrages – einschl ErgAbg – belastet; sie unterschieden sich insoweit nicht von inl AntE. In DBA wird die KapErtrSt allerdings regelm auf 15 vH (bzw 25 vH bei ausl MutterGes mit einer Beteiligung von mindestens 25 vH an einer inl TochterGes) beschränkt.

StLast altes Recht (ohne GewSt):	25,75 vH KapErtrSt	25,75 vH KapErtrSt beschr auf 25 vH lt DBA	25,75 vH KapErtrSt beschr auf 15 vH lt DBA
Gewinn vor KSt	100,00 P	100,00 P	100,00 P
./. KSt + ErgAbg bei Maximalausschüttung	24,55 P	24,55 P	24,55 P
Dividende	75,45 P	75,45 P	75,45 P
./. KapErtrSt	19,43 P	18,86 P	11,32 P
Ertrag nach St	56,02 P	56,59 P	64,13 P
Bel mit dt KSt	43,98 P	43,41 P	35,87 P

„**Ausländereffekt**": Ausl MutterGes waren hinsichtl ihrer TochterGes, an welchen sie zu mindestens mit 25 vH beteiligt waren, gegenüber inl MutterGes – bei grober StBerechnung – begünstigt.

Dieser Vorteil von 9,12 P wurde als „Wettbewerbsvorsprung" der ausl MutterGes angesehen, wenn die Erträge der ausl MutterGes bei der Besteuerung im Sitzstaat der ausl MutterGes aufgrund eines internationalen Schachtelprivilegs oder eines indirect tax credit stfrei blieben und im Inl reinvestiert wurden. Zur Kritik der „Effektsberechnung" s die Nachweise in der 3. Aufl.

ABC Ausländische Anteilseigner

	Ausl **MutterGes**	Inl **MutterGes**	
		entweder: Ausschüttung	oder: Thesaurierung
Gewinn vor KSt	100,00 P	100,00 P	100,00 P
./. KSt + ErgAbg bei Maximalausschüttung	24,55 P	24,55 P	–
./. KSt + ErgAbg bei Thesaurierung	–	–	52,53 P
Dividende	75,45 P	75,45 P	
./. KapErtrSt 25 vH	18,86 P		
./. NachSt § 9 III KStG aF einschl ErgAbg 37,08 vH		27,98 P	
StBel	56,59 P / 43,41 P	47,47 P / 52,53 P	52,53 P

4. Nach dem **KStG 1977** werden auf der Ebene der KapGes ausl AntE und inl AntE **formal gleich behandelt**, gleichgültig, ob es sich um ausl MutterGes oder ausl Steuerbesitz handelt. Die **Schlechterstellung** der ausl AntE folgt jedoch daraus, daß sie nicht anrechnungsberechtigt sind (vgl § 51 Anm 1 ff), so daß jede geschuldete KSt zur definitiven StBel wird. Die Tarifreform durch das StRefG 1990 (s § 23 Anm 2 3. Aufl) hat hier bzgl der definitiven StBel der ausl AntE zu keiner Änderung geführt (anders das StandOG v 13. 9. 93, unten 5.).

Allgemein gilt:	bis 1989	1990–1993
Gewinn vor KSt	100 P	100 P
./. KSt	56 P	50 P
+ KStMinderung	20 P	14 P
Dividende	64 P	64 P
./. 25 vH KapErtrSt	16 P	16 P
	48 P	48 P
StBelastung	52 P	52 P

Milderung nur, wenn das einschlägige DBA bei Streubesitz die KapErtrSt auf 15 vH senkt; allerdings auch hier keine Auswirkung der Tarifreform:

Gewinn vor KSt	100 P	100 P
./. KSt	56 P	50 P
+ KStMinderung	20 P	14 P

Ausländische Anteilseigner **ABC**

Dividende	64 P	64 P
./. 15 vH KapErtrSt	9,6 P	9,6 P
	54,4 P	54,4 P
StBelastung	45,6 P	45,6 P

Bei ausl MutterGes und in sonstigen Fällen mit 25 vH KapErtrSt hat sich die **StBel** gegenüber 1976 folgl um 8,59 Punkte, bei ausl Streubesitz, dh in den Fällen der Senkung der KapErtrSt auf 15 vH, um 9,73 Punkte **erhöht**. Unterstellt man im letztgenannten Fall die Anr der KapErtrSt bei der ausl Besteuerung des AntE, so verbleibt eine definitive KStLast von 36 vH, die um 36 vH ./. 24,55 vH − 11,45 vH höher liegt als diejenige des alten Rechts vor 1977.

Zur Kritik an dieser BelAnhebung, insbes zur Vereinbarung mit den abgeschlossenen DBA, nach der KStReform 1977 s *Wohlschlegel* FR 76, 243; *Raupach* JbFfSt 77/78, 437; *Manke* JbFfSt 77/78, 453 und die Diskussion JbFfSt 77/78, 464; *Manke* StbJb 77/78, 273, 286; *v Mettenheim* RIW/AWD 78, 511. Aus Schweizer Sicht: *Böckli* Archiv für Schweizer Abgabenrecht 78, 161; völkerrechtswidrig. Der Gesetzgeber war selbst der Neuregelung nicht sicher: Durch eine die KStReform begleitende Entschließung − BT-Drucks 7/5303, 4 − wird die BundesReg ausdrückl aufgefordert, das Problem der Außenwirkungen der KStReform zu überprüfen. FG Köln BB 83, 2097 bejaht die Verfassungsmäßigkeit. Zur Frage, wann bei ausl AntE eine **Billigkeitsmaßnahme** nach § 163 AO in Betracht kommt, s BFH BStBl II 87, 682, und die äußerst abl Haltung der FinVerw BStBl I 87, 721; dazu *Selling* FR 87, 245; ablehnend bzgl der StBel der inl KapGes BFH/NV 90, 737.

5. Das StandOG vom 13. 9. 93 (s Vor § 1 Anm 19) **senkte** die Steuerbelastung **ab 1994** nicht nur im Thesaurierungs-, sondern auch im Ausschüttungsfall. Der TarifStSatz wurde auf 45% (s § 23 Anm 3, der AusschüttungsStSatz auf 30% (§ 27 Anm 1) gesenkt. Damit errechnet sich die StBel für Ausländer im Ausschüttungsfall wie folgt:

	25 vH KapErtrSt	15 vH KapErtrSt
Gewinn vor KSt	100 P	100 P
./. KSt	45 P	45 P
+ KStMinderung	15 P	15 P
Dividende	70 P	70 P
./. KapErtrSt	17,5 P	10,5 P
	52,5 P	59,5 P
StBelastung	47,5 P	40,5 P

Differenzierende Berechnungen bei *Schneider* DB 94, 545.

6. Neben der Änderung des StSatzes kam und kommt zur Minderung der StBel ausl AntE die Vereinbarung der **Anr** der dt KSt **über die Grenze** in Betracht, wie sie zB das DBA Großbritannien für Schachtelbeteiligungen (Art XVIII Abs 1 DBA) und das DBA Frankreich hinsichtl der Anr des „avoir fiscal" bei der deutschen Besteuerung kennt (Art 20 I DBA). Außerdem kann die **KapErtrSt** im **DBA-Weg** modifiziert werden. Zur

Auswirkung der Tarifsenkung durch das StRefG 1990 (§ 23 Anm 3) auf die nach dem DBA zulässige KapErtrSt s *Bellstedt* RIW 88, 285; *Riegler/Salomon* DB 90, 1002.

7. Die Schlechterstellung ausl AntE – bzw allg: nichtanrber AntE – führte zu **Ausweichgestaltungen.** Ausl stellen ihren inl Ges Kapital im Wege der **stillen Beteiligung** oder eines **Darlehens,** evtl partiarisch, zur Verfügung; s dazu bereits alsbald nach dem Inkrafttreten des KStG 1977 *Moebus* DStR 77, 705 und *Vesely/Kumpf* RiW/AWD 77, 309; *Hintzen* RIW/AWD 78, 788, der auch auf Gefahren bei der Besteuerung im ausl Staat, hier erläuternd für die Niederlande, aufmerksam machte. Beispiel: Beschr stpfl MutterGes verkauft ihre Anteile an einer inl GmbH an eine 2., neu gegründete inl GmbH, die den Kaufpreis über Darlehen, die von der MutterGes gegeben werden, oder über gestundete Kaufpreisschulden finanziert. Die 2. GmbH garantiert den AnrMechanismus. Die anfallenden Gewinne werden durch die Darlehenszinsen abgesogen. Der Veräußerungsgewinn ist aufgrund DBA regelmäßig nicht stpfl. Bei stillen Beteiligungen an inl Unternehmen war und ist auf die Angemessenheit der Gewinnbeteiligung besonders zu achten; dies minderte erheblich den angestrebten Vorteil (vgl *Hoffmann* DB 79, 1195; *Streck* KÖSDI 79, 3386). Außerdem mußte und muß die sich aufgrund solcher Gestaltungen ergebende ausl StBel in die BelBerechnung einbezogen werden. Darüber hinaus gingen die Gestaltungsempfehlungen dahin zu prüfen, ob der Gewinn in zulässigem Rahmen (§ 1 AStG) nicht durch **andere Leistungsentgelte** an die ausl AntE, zB die MutterGes, vermindert bzw vermittelt werden kann (Umlagen, Know-how, Lizenzen, Warenpreise uä; s auch hierzu bereits *Telkamp* FR 77, 289). Da diese Überlegungen insgesamt zum Ziel hatten und haben, Gewinnausschüttungen durch Entgelte (= BetrAusg) zu ersetzen, waren und sind sie vGA-gefährdet.

Soweit der Gewinn durch **Nutzungsentgelte** für die Hingabe von **Kapital,** insbes **Zinsen,** gemindert werden sollte, hat die FinVerw versucht, hier durch die Fiktion von verdecktem EigenKap Grenzen zu ziehen, was jedoch mißlang (s § 8 Anm 42). Der Gesetzgeber hat diesen „Mißerfolg" durch die Schaffung des **§ 8a** wettgemacht (s § 8a Anm 1 und die weitere Kommentierung). Soweit § 8a nicht greift, soweit es insbes nicht um KapNutzungsentgelte geht, behalten frühere Empfehlungen, Gewinn im Gestaltungswege durch Leistungsentgelte zu ersetzen, ihren Wert (vgl auch § 8a Anm 5).

8. Weiterhin kann die **AnrBer** dadurch **erreicht** werden, daß die Anteile einer **inl Betriebstätte** oder **inl PersGes** zugerechnet werden (dazu *Haas* RIW/AWD 78, 581; *Görlich* RIW/AWD 78, 730); da in diesem Fall allerdings an die Stelle der StBel der TochterGes die StBel der Betriebstätte oder PersGes tritt, sind idR entscheidende Vorteile hierdurch kaum zu gewinnen. Der Einschaltung von Betriebstätten oder PersGes zur Umgehung des § 8a werden durch § 8a V Schranken gesetzt (s § 8a Anm 21). Die Übertragung des **Gewinnbezugsrechts** auf einen AnrBer scheitert an §§ 20 II Nr 2a, 36 II Nr 3 S 2 EStG; der AnrBer bleibt bei dem Übertragenden (*Kaiser* StbKongrRep 80, 203). Ungeeignet ist auch die **Nieß-**

Basisgesellschaften **ABC**

brauchsbestellung; bei unentgeltl Nießbrauch geht nach der Ansicht der Rspr u FinVerw die Einkunftsquelle nicht über; beim entgeltl Nießbrauch bleibt die Anr beim ausl Nießbrauchbesteller (FinVerw BStBl I 83, 508, Tz 55 ff; *Korn* KÖSDI 81, 4310; positiv *Kaiser* aaO, 204). Der **Verkauf** kurz **vor** der **Ausschüttung** (Preis: Wert X + Dividende + StGutschrift) und **Rückkauf** nach Ausschüttung (Wert X) soll gegen § 42 AO verstoßen (so FinVerw 1978 StEK EStG § 20 Nr 63; *Kaiser* aaO, 207). S auch „Mißbrauch". Im übrigen kann hier § 50 c EStG in der durch das StandOG v 13. 9. 93 (Vor § 1 Anm 19) verschärften Fassung Anwendung finden (s zu diesem „Dividendenstripping" *Dötsch* DB 93, 1842).

9. Die **Problematik** der Verrechnung von **vGA** mit dem **EK** vor Änderung der §§ 27 ff (§ 28 Anm 8) konnte insbesondere ausl AntE treffen, da sich die für den Ausl definitiv wirkende KStBel erhöhte. Zur „Rettung" von KSt durch das „Leg-ein-Hol-zurück"-Verfahren s dort. S im übrigen die 3. Aufl.

Ausländische Einkünfte
S „Steuerfreie Erträge".

Ausschüttungsverhalten
S „Gewinnausschüttung".

Basisgesellschaften
S auch „Mißbrauch", „Zwischengesellschaft".

1. Schrifttum: *Selling,* Die Abschirmwirkung ausl Basisgesellschaften gegenüber dem deutschen Fiskus, DB 88, 930; *Zacharias/Weisert,* Steuerrechtliche Aspekte zur Errichtung einer Basisgesellschaft in einem Niedrigsteuerland, NJW 88, 1421; *Selling,* Ausländische Holding-, Vermögens- u DienstleistungsGes im Licht des § 42 AO, RIW 91, 235; s im übrigen die im Text zitierte Literatur.

Der **Begriff** BasisGes ist kein gesetzl Begriff. In der Praxis wird unter BasisGes eine ausl KapGes in einem stgünstigen Land verstanden, die bestimmte Aktivitäten für den StInländer übernimmt. Zur Frage der Qualifizierung ausl Körperschaften im Inl s im übrigen § 1 Anm 5.

2. Problematisch ist, ob **ausl BasisGes** wegen **Rechtsmißbrauch** (§ 42 AO) nicht anzuerkennen sind. Nach der Rspr des BFH sind sie anzuerkennen, wenn für ihre Errichtung wirtschaftl oder sonst beachtl Gründe sprechen und sie eine eigene wirtschaftl Tätigkeit entfalten (BFH BStBl II 75, 553; II 76, 401, 513, 608; II 77, 261, 263, 265, 266, 268; II 79, 586; II 81, 339; II 82, 150; II 92, 1026, 1029; II 93, 84; dazu auch *Debatin* DB 79, 183, 229; *Schulze-Osterloh* ZHR 76, 46; *Kluge* StRKAnm StAnpG § 6 I R 34 (1975); *Bellstedt* StRKAnm StAnpG § 6 I R 36, 37, 38, 40–42 und StAnpG § 6 II–III R 9 (1976/1977); *Streck* KÖSDI 80, 3601; *Rainer* KÖSDI 82, 4720; *Luttermann* IStR 93, 153). Auch wenn ausl Ges anerkannt und nicht anerkannt werden, so zielt der Kontrollzweck des § 42 AO bei diesen Gestaltungen auf die Einkommenszurechnung, nicht auf die GesGründung ab (*Debatin* DB 79, 229). Es geht um die Frage, wem ein bestimmtes Einkommen zuzurechnen ist, weniger um die konkrete Anerkennung oder Nichtanerkennung einer Ges. Der Ges selbst kann auch über

ABC Basisgesellschaften

§ 42 AO die Existenz nicht abgesprochen werden (*Kluge* StuW 76, 107; *Schulze-Osterloh* StRKAnm StAnpG § 6 I R 34). Daraus folgt einmal: Eine ausl Ges ist hinsichtl der Anerkennung teilbar; sie kann bzgl der Wertpapierverwaltung als BasisGes nicht anzuerkennen, bzgl eines Hotelbetriebs anzuerkennen sein (vgl BFH BStBl II 93, 84 mit HFRAnm 92, 393). Zum anderen kann sich die Nichtanerkennung auf bestimmte Geschäfte beziehen; die Grenzziehung zwischen nicht anerkannten Ges im Ausl und nicht anerkannten Geschäften im einzelnen ist allerdings wenig geklärt (vgl *Kluge* StRKAnm StAnpG § 6 I R 34 (1975); s auch Anm 8). Die Rechtsfolge des § 42 AO kann sich folgl auch unter voller Anerkennung der AuslGes auf einzelne Geschäftsbedingungen oder Verträge beziehen. *Arndt/Ringel* BB 88, 2147 halten es für mögl, daß die Rspr zu den BasisGes entspr auf **inl KapGes** Anwendung findet, wenn an der inl KapGes ausl AntE beteiligt sind; richtig ist, daß § 42 AO auf alle Sachverhalte und Rechtsgestaltungen, mithin auch auf inl KapGes Anwendung finden kann; die Rspr zu den BasisGes ist jedoch auf die Besonderheiten ausl Ges im Verhältnis zur Bundesrepublik bezogen; für inl KapGes müssen eigene Maßstäbe entwickelt werden; ein nennenswerter Bedarf besteht nicht.

3. Die **hinreichenden Gründe** für die ausl Ges müssen sich auf die Rechtsform und Sitz der Ges – zB: warum gerade Schweiz? Liechtenstein? – beziehen (BFH BStBl II 77, 261). Die Gründungszwecke richten sich nicht allein nach den Statuten (BFH BStBl II 76, 401; II 77, 261, 263). Sie müssen durch wirtschaftl Handeln in Erscheinung treten (BFH BStBl II 76, 401; II 77, 261, 263). Bei einer vermögensverwaltenden Ges im Ausl besteht die tatsächl Vermutung, daß es keine hinreichenden Gründe für die Zwischenschaltung gibt (BFH BStBl II 93, 84 mit HFRAnm 92, 393; BFH/NV 1993, 416); in diesem Fall trifft also die Vortrags- und Beweislast den zwischenschaltenden Stpfl. Der hinreichende Gründungszweck kann insbesondere durch eine sich fortsetzende wirtschaftl Betätigung belegt werden (BFH BStBl II 93, 84; s auch unten Anm 4). Weitere Gründungszwecke: Aufbau eines Konzerns (BFH BStBl II 75, 553); Beteiligungserwerb im Inl und Ausl (BFH BStBl II 77, 261, 268); Finanzierung von TochterGes (BFH BStBl II 75, 553). Nicht ausreichend ist die Gründung allein aus stl Gründen (BFH BStBl II 77, 261); diese Aussage bedarf der Differenzierung. *Debatin* DB 79, 183 weist zutr darauf hin, daß die Verlegung einer Produktionsstätte nach Liechtenstein ausschließl aus stl Gründen sicher nicht an § 42 AO scheitert. Stl Gründe reichen für die ausl Ges dann nicht aus, wenn nicht eine entspr Auslagerung von Wirtschaftsaktivitäten erfolgt (*Debatin* aaO).

4. Wirtschaftl Betätigung: Hinsichtl der wirtschaftl Betätigung gibt es keine Vermutung tatsächl Art zur Gründung einer Ges im niedrig besteuernden Ausl (s Anm 3). Allerdings ist der Stpfl aufgrund der gesteigerten Mitwirkungspflicht bei Auslandsbeziehungen gehalten, die wirtschaftl Betätigung glaubhaft zu machen. Mit der wirtschaftl Betätigung kann sodann auch der Gründungszweck belegt werden (s Anm 3; BFH BStBl II 93, 84). Allein das Halten des StammKap ist für die wirtschaftl Betätigung nicht ausreichend (BFH BStBl II 76, 401). Ebenfalls ist es nicht genügend, wenn

Basisgesellschaften **ABC**

mit diesem Kapital oder mit vom Gesellschafter darlehensweise überlassenen Mitteln Wertpapiere erworben und verwaltet werden (BFH BStBl II 77, 261; II 93, 84). Erforderl ist eine Beteiligung am allgemeinen wirtschaftl Verkehr (BFH BStBl II 77, 261), zB das Betreiben eines Hotels (vgl BFH BStBl II 93, 84). Vorbereitende Aktivitäten müssen mit späteren Betätigungen zusammengesehen werden (BFH BStBl II 77, 261). Damit ist ein nur schwer lösbares Problem angesprochen, nämlich der zu Beurteilung stehende Zeitraum (vgl *Luttermann* IStR 93, 153, 157). Was sich im ersten Jahr noch als nicht ausreichend darstellt, kann bei längerfristiger Beurteilung der Beginn einer ausreichenden Betätigung sein. Dem wirtschaftl bedeutsamen Geschäft des ersten Jahres kann umgekehrt nichts mehr folgen. Hierzu auch *Bellstedt* StRKAnm StAnpG § 6 I R 40–42 (1977).

5. Besondere Schwierigkeiten ergeben sich, wenn die ausl Ges **Holdingfunktion** haben soll. Grundsätzl wird diese Funktion von der Rspr anerkannt (BFH BStBl II 77, 263). Problematisch ist jedoch, wie hier die geforderte Beteiligung am allgemeinen wirtschaftl Verkehr glaubhaft gemacht werden kann. Fragl ist auch, in welcher Zeit wieviele Beteiligungen erworben werden; hierzu BFH BStBl II 81, 339: eine Beteiligung ist nicht ausreichend. Ist hingegen die Zahl ausreichend, ist wiederum zu erörtern, von welchem Zeitpunkt sodann die Ges anzuerkennen ist. Die Grundpositionen im StStreit zwischen der Fiskalseite und dem StBürger sind hier bereits in der Sache selbst angelegt (zur Holdingproblematik s auch *Selling* RIW 91, 235). Ist ein **Berater** – Finanzberater, Unternehmensberater etc – im Inl tätig, so kann er diese Leistungen nicht über eine in der Schweiz gegründete Ges abrechnen. Auch wenn er sich von dieser Ges einsetzen läßt, so liegt idR Rechtsmißbrauch vor; vgl BFH BStBl II 76, 608. Der Kern dieser Entscheidung liegt darin, daß die eigentl Beratungstätigkeit nicht in die Schweiz verlagert wird (*Bellstedt* StRKAnm StAnpG § 6 I R 38 (1977)). In derartigen Fällen bietet sich im übrigen anstelle der Anwendung des § 42 AO die Rechtsfolge der unbeschr StPfl der ausl Ges an (Anm 10). Da durch § 42 AO nur eine bestimmte Einkommenszurechnung, nicht aber die ausl Ges selbst betroffen wird (s Anm 2), ist es durchaus mögl, daß eine Ges zwar in den ersten Jahren nicht anerkannt wird – richtiger: daß die GesEinkünfte den AntE zugerechnet werden –, daß ihre stl Rechtszuständigkeit später aber, wenn sie eine volle wirtschaftl Tätigkeit entfaltet, anzuerkennen ist; so auch *Debatin* DB 79, 229.

6. Praxishinweise: Die geforderte wirtschaftl Betätigung im Ausl erfordert regelmäßig ein eigenes Büro und zumindest einen leitenden Angestellten im Ausl. Hieran fehlt es, wenn die Ges von einem Berufstreuhänder gehalten und geführt wird. Natürl kann die ausl Ges ihre wirtschaftl Funktion auch durch Entscheidungen aus dem Inl erfüllen. Dieser Fall ist in den klassischen Briefkastenfällen nicht selten. Damit gerät man in der Argumentation in einen Konflikt, den der Berater sicher handhaben muß. Je mehr er näml die wirtschaftl Tätigkeit herausarbeitet, um so mehr weist er auf die wirtschaftl Führung aus dem Inl hin. Damit bringt er zwar einerseits die ausl Ges zur Anerkennung. Gleichzeitig kann aber das FA „nachziehen" und die unbeschr StPfl der Ges im Inl bejahen (s u Anm 10): darauf weist auch ausdrückl BFH BStBl II 76, 401 hin; ähnl auch *Bellstedt* StR-KAnm StAnpG § 6 I R 36 (1976).

7. Die dargestellte Rspr setzt voraus, daß der **inl Stpfl,** bei dessen Besteuerung die AuslGes zu beurteilen ist, überhaupt **an der ausl Ges beteiligt** ist (BFH BStBl II 79, 586; II 89, 216, mit Anm v *Rainer* KFR F 2 AO § 41 1/89, 91). Ist das nicht der Fall, so sind die Geschäfte zwischen dem Inländer und der ausl Ges nach den allg Regeln des § 42 AO zu beurteilen (BFH II 79, 586; Anm 8). Ist das Geschäft außergewöhnl, können vernünftige Gründe nicht vorgetragen werden und fehlt es an klaren Vereinbarungen, kann die Beziehung nicht anerkannt werden; so BFH aaO betr die Beteiligung einer Schweizer Ges an einer inl GmbH als stille Gesellschafterin. Die Rspr findet keine Anwendung, wenn an der ausl Ges nur beschr StPfl beteiligt sind, da diese Ges ohne Interesse für den dt Fiskus ist (BFH BStBl II 82, 150; FG D'dorf EFG 82, 413; krit *Rauer* BB 83, 2276). Nach FG BaWürt EFG 82, 250 u *Rainer* KÖSDI 82, 4721 reicht eine Beteiligung unter 50 vH eines beschr Stpfl, um der Ges die Anerkennung zu verschaffen. Soweit Ausländer jedoch eine ausl Ges in eine bestehende Rechtsbeziehung zum Inland einschalten, will BFH BStBl II 84, 605 die Rspr zu den BasisGes anwenden.

8. Soweit die Ges anerkannt wird, können die **Geschäftsbeziehungen** zu dieser Ges nach **§ 42 AO** (vgl BFH BStBl II 79, 586; BStBl II 82, 150) oder nach **§ 41 AO** (Scheingeschäft) überprüft werden (BFH BStBl II 89, 216, mit krit Anm v *Rainer* KFR F 2 AO § 41 1/89, 91). Das Geschäft mit einer fremden ausl Ges ist jedoch idR anzuerkennen. Verlangt zB ein libyscher Auftraggeber, daß eine Provisionszahlung an eine liechtensteinische Anstalt gezahlt wird, die die Funktion einer Briefkastenfirma – des Libyers – hat, so ist die Provision BetrAusg (vorbehaltl § 160 AO). Verlangt der französische Kunde, daß sein Einkauf über eine Firma der Kanalinseln erfolgt, mit der der inl Verkäufer nichts zu schaffen hat, so sind die von der Einkaufsfirma berechneten Preise anzuerkennen.

9. Zwar trägt grundsätzl das FA die **Beweislast** für den Rechtsmißbrauch (BFH BStBl II 75, 553). Nach BFH BStBl II 93, 84 hat diese Grundaussage jedoch dadurch in ihr Gegenteil verkehrt, daß bei einer vermögensverwaltenden Gesellschaft im niedrigbesteuerten Ausl die tatsächl Vermutung bestehe, daß es keine hinreichenden Gründe für die Zwischenschaltung gibt (s oben Anm 3). Im übrigen ist der Stpfl mit der gesteigerten Mitwirkungspflicht bei AuslBeziehungen belastet (BFH BStBl II 76, 513). S hierzu § 8 Anm 102; dort auch zu Art 273 Schweizer Strafgesetzbuch. Beweislast des Stpfl und seine gesteigerten Mitwirkungspflichten verleiten Finanzbeamte und Prüfer vorschnell zu folgendem Zirkelschluß: Es wird eine Beteiligung des Stpfl an der ausl Ges behauptet. Aus der Behauptung wird gefolgert, der Stpfl möge nunmehr sich entlasten und mitwirken. Da der Stpfl – er sei in diesem Beispiel tatsächl nicht an der ausl Ges beteiligt – dieser Entlastung und Mitwirkung nicht nachkommen kann, nimmt dies der Prüfer als Beleg für seine ursprüngl Annahme. Der Prüfer sieht die Mitwirkungspflicht als verletzt und den Gegenbeweis als nicht geführt an. Folgl ist der Stpfl an der ausl Ges beteiligt. Allerdings:

Basisgesellschaften **ABC**

Wird ein ungewöhnl, nicht beweisb Sachverhalt behauptet, soll dies zu Lasten des Stpfl gehen (BFH BStBl II 79, 587; zweifelhaft). Das weitere **Verfahren** richtet sich nach der Folge des § 42 AO. Wird die Ausl Ges nicht anerkannt und hinweggedacht, werden die Besteuerungsgrundlagen unmittelb in die Einkommen- oder Körperschaftsteuerveranlagung des AntE übernommen. Sind an der ausl Ges mehrere beteiligt, ist ein Feststellungsverfahren nach § 180 AO notwendig.

10. Mißbrauch und **unbeschr StPfl** der KapGes stehen nicht im Verhältnis der Vor- u Nachrangigkeit (BFH BStBl II 85, 2; zur unbeschr KStPfl ausl Körperschaften s auch BFH BStBl II 92, 972 eine Liechtensteiner AG betr). Gleichwohl ist die StBel ein Indiz für den Mißbrauch; da die StBel von der StPfl abhängt, kommt der Frage nach der unbeschr StPfl eine faktische Priorität zu (BFH aaO; FG BaWürt RIW 85, 994; *Köster* DStR 83, 326; *Streck* KÖSDI 83, 5090).

11. Die Mißbrauchskontrolle wird durch **DBA** nicht gehindert (BFH BStBl II 76, 513; II 77, 263). Eine **Anr** der von der ausl Ges **gezahlten St** scheidet aus, weil die für die Anr erforderl Subjektidentität fehlt; die schweizerische und die dt St werden für unterschiedl StSubjekte gezahlt (BFH BStBl II 77, 265; krit *Bellstedt* StRKAnm StAnpG § 6 I R 40–42 (1977); s auch § 26 Anm 7). Bleibt eine wirtschaftl DoppelBel, so ist hierfür notfalls das Verständigungsverfahren einzuleiten (BFH BStBl II 79, 265; *Debatin* DB 79, 234). Speziell zur Frage der Erstattung von dt **KapErtrSt** an eine ausl nichtanerkannte Ges s BFH BStBl II 76, 513; dazu *Bellstedt* StRKAnm StAnpG § 6 I R 37 (1977).

12. Nach Ansicht der FinVerw wird **§ 42 AO** durch das **AStG** nicht ausgeschlossen. Die Verw geht von dem Vorrang des § 42 AO aus (so 1974 EinfErl AStG Tz 0 und 7.0.2, StEK AStG Vor § 1 Nr 6; glA BFH BStBl II 84, 605; II 92, 1026, 1029; *Raupach* JbFfSt 77/78, 430; *Döllerer* ZGR 82, 580). Diese Ansicht wird mit beachtl Gründen abgelehnt ua von *Schulze-Osterloh* StRKAnm StAnpG § 6 I R 34 (1977); *Flick/Wassermeyer/Becker*, AStG, § 7 Anm 8); *Bellstedt* StRKAnm StAnpG § 6 I R 40–42 (1977); soweit die 7 ff AStG eingreifen, seien sie leges speciales. **BFH** BStBl II 92, 1026 (§ 42 AO bejahend), 1029 (§ 42 AO verneinend) berücksichtigen dies insoweit, als die Zwecke der §§ 7 ff AStG innerhalb des § 42 AO zu verwirklichen sind; typische Regelungsgegenstände der §§ 7 ff AStG sind nach diesen Vorschriften nicht nach § 42 AO zu beurteilen (dazu auch *Kraft* IStR 93, 148).

Die Besteuerungs, Prüfungs- und Fahndungs**praxis** denkt nicht in grundsätzl und systematischen Kategorien. Der Weg über die Nichtanerkennung ist häufig praktikabler; auf diesen wichtigen Gesichtspunkt weist auch *Blümich* hin. Sie vermeidet nachteilige Folgen, die an eine offene oder vGa anknüpfen. Die Anwendung des § 42 AO kann im Einzelfall die Einigung erleichtern. Fälle, in denen im Wege nachträgl Ermittlungen oder Schätzungen bei ausl Ges die §§ 7 ff AStG angewandt werden, sind – möglicherweise noch im Augenblick – äußerst selten.

13. Die Rspr zu den BasisGes hat keine Auswirkungen auf das **stl Vollstreckungsrecht.** Schuldet die BasisGes eine inl St, kann mit Vollstrekkungsmaßnahmen nicht gegen die AntE oder die sonstigen Personen vorgegangen werden, die hinter der BasisGes stehen.

Berlinförderungsgesetz

1. Text s bis zur 4. Aufl.

2. Zu den Vergünstigungen des BerlFG und ihrer Auswirkung auf das AnrV s – soweit nicht im Kommentar eingearbeitet – neben den Kommentaren das **Spezialschrifttum:** *Bareis,* Betriebswirtschaftl StBelVergleich zwischen der Berlinpräferenz im kstl Doppelbel- u im AnrSystem, BB 77, 657; *Uelner* StbJb 76/77, 148; *Maas,* Auswirkungen der ertragstl Vergünstigungen nach dem BerlFG auf das verwendb EK nach dem KStG 77, BB 77, 36; *ders,* Die Gewährung von Darlehen nach §§ 16 oder 17 BerlFG in Verbindung mit dem kstl AnrV, BB 77, 351; *Schröder,* Die KStPräferenz nach dem BerlFG, FR 78, 4; *Müller-Dott,* Geänderte KStErmäßigung auf Berliner Eink, BB 79, 205; *Uhmann,* Auswirkungen der Neufassung der §§ 21 und 27 BerlFG auf die Berechnung der KSt und die Gliederung des verwendb EK nach dem KStG 1977, StWa 79, 158; *Merten,* Gestaltung des EK_{56} durch Vergabe von Darlehen nach dem BerlFG, DB 79, 1714; *Bareis,* Auslegungsprobleme und Wahl der besten Alternative bei der kstl BerlVergünstigung 1977, DB 79, 1715; *ders,* Grundzüge und betriebswirtschaftl Auswirkungen der kstl BerlVergünstigungen, GmbHR 79, 19; *ders,* Entscheidungsprobleme beim Übergang zum neuen Recht der kstl BerlVergünstigung, GmbHR 79, 144; *Jost* DB 80, 413; *ders* DB 81, 1011; *Kaligin,* Stl optimale Gestaltung bei wirtschaftl Engagements in Berlin, DB 83, 2168; *Jost/Bullinger,* Ertragstl Vorteile bei wirtschaftl Engagements in Berlin, DB 83, 2724; *Jost,* Unterschiedl Präferenzvorteile gem § 21 III BerlFG bei Einzelunternehmen u KapGes, DB 89, 1795; *Jost,* Ermäßigung der KSt gem § 21 II, III BerlFG, DB 91, 931; Unterrichtung der **BReg** über die Auswirkungen der KStReform auf die Berlin-Darlehen nach den §§ 16 u 17 BerlFG, BT-Drucks 8/3930 v 22. 4. 80.

3. S außerdem **FinVerw** A 86 IV KStR vor KStR 1995; FinVerw 1978 StEK KStG 1977 § 23 Nr 4, 1985 Nr 13; BStBl I 91, 377. Zur Berechnungsgrundlage für die Präferenz nach § 21 II S 2 BerlFG bei Körperschaften s FG Berlin EFG 84, 386; zum Sitz einer GmbH iSv § 21 II BerlFG BFH BStBl II 90, 553; zu § 21 II BerlFG s außerdem BFH BStBl II 90, 926.

4. BerlFG und **vGA** s § 8 Anm 150 „Berlindarlehen".

Beteiligungserträge
S „Handelsbilanz".

Betriebsaufspaltung
S „StBelastungsvergleich", „Unternehmensform", „Verlust".

Schrifttum: *Felix* (Hrsg), Kölner Hdbch der BetrAufsp, 4. Aufl, 1979; *Heinemann/Korn,* Beratungsbuch zur Gründung von BetrAufsp, 1980; *Zartmann,* Die BetrAufsp, 1980; *Kessler,* Typologie der Betriebsaufspaltung, 1989; *Priester/Timm,* Abschied von der Betriebsaufspaltung?, 1990; *Donath,* Die Betriebsaufspaltung, 1991; *Knoppe,* BetrVerpachtung – BetrAufsp, Pachtverhältnisse gewerbl Betr im StR,

Betriebsaufspaltung **ABC**

7. Aufl, 1985; *Brandmüller,* Die BetrAufsp nach Handels- u StRecht, 6. Aufl, 1994; *Dehmer,* Die BetrAufsp, 2. Aufl, 1987; *Kaligin,* Die BetrAufsp, 3. Aufl, 1995; *Fichtelmann,* BetrAufsp im StR, 9. Aufl, 1996; *Heyel,* Die BetrAufsp, 1989; *Söffing,* Die BetrAufsp, 2. Aufl, 1990; *Donath,* Die BetrAufsp, 1991; *Frost,* Die BetrAufsp, 1993; *Fikmeier,* Die Rspr zur BetrAufsp unter dem Blickwinkel des § 42 AO, 1995.

1. Die **BetrAufsp** ist eine **Unternehmensform,** die im zivilrechtl GesRecht als Typus nicht vorgezeichnet ist, sondern aus wirtschaftl und stl Motivationen geschaffen wurde. Bei der BetrAufsp wird das Unternehmen in einen aktiven Teil und einen passiven Teil geteilt. Der aktive Teil, idR eine GmbH oder eine GmbH & Co KG, führt das Unternehmen (BetriebsGes), der passive Teil (Besitzunternehmen) verwaltet die wesentl Betriebsgrundlagen, idR das Betriebsgrundstück, und verpachtet es an die BetrGes. BetrGes und Besitzunternehmen werden von den gleichen Pers oder der gleichen PersGruppe beherrscht. Die BetrAufsp wird hier nicht umfassend dargestellt, sondern nur in Schwerpunkten, die den Bezug zum KStRecht haben.

2. Steuerfolgen bei der **BetrGes:** Keine besonderen StFolgen in der BetrGes. Ist die BetrGes eine GmbH, wird diese nach den allg Regeln besteuert. Vorsicht ist im Hinblick auf die Gefahr von vGa zu üben; s hierzu § 8 Anm 150 „BetrAufsp"; dort auch zur **Buchwertfortführung.** Zum Problem der nicht ausgeglichenen **Verluste** in der BetrGes s „Verluste". Da **steuerfreie** Erträge der BetrGes, sofern es eine KapGes ist, im Ausschüttungsfall steuerpflichtig werden, sollten Gestaltungen gesucht werden, stfreie Erträge, zB InvZul, im Besitzunternehmen anfallen zu lassen. S „Steuerfreie Erträge".

3. Besonderheiten gelten im **Besitzunternehmen:** Obwohl eine Tätigkeit vorliegt, die als VuV zu qualifizieren ist, nimmt die Rspr eine gewerbl und gewerbestpfl Verpachtungstätigkeit an. Zur Erfassung des AnrGuthabens s „Handelsbilanz". In der BetrAufsp kann § 36a EStG Aktualität gewinnen.

4. Ein Betr kann von einer KapGes an eine andere KapGes verpachtet werden. Werden beide KapGes vom gleichen Willen beherrscht, liegt eine **kapitalistische BetrAufsp** vor. Auch hier sind Beherrschung durch Gesellschaftsrechte und faktische Beherrschung denkb. Die Rspr nimmt eine BetrAufsp zwischen SchwesterGes nicht an, weil die Beherrschung der BetrGmbH durch den AntE der BesitzGmbH letzterer nicht zugerechnet werden könne; anderenfalls liege ein unzulässiger Durchgriff durch die jur Pers vor (vgl BFH BStBl II 80, 77; dazu HFRAnm 80, 59 und *L Schmidt* FR 80, 51). Da die einheitl Beherrschung evident ist, ist die BetrAufspAskese in diesem Fall nicht recht verständl; krit *Fichtelmann* Inf 81, 433; *ders* FR 83, 78, 81. Für den Ausschluß der BetrAufsp ist es – auf der Grundlage der BFH-Rspr – gleichgültig, ob der AntE der SchwesterGes eine natürl Pers oder eine KapGes ist (HFRAnm 80, 59). Ausgehend von der Rspr muß bei der „echten" kapitalistischen BetrAufsp die BesitzGmbH die MutterGes der BetriebsGmbH sein (vgl *L Schmidt* JbFfSt 82/83, 346). Der einheitl Beherrschungswille ist mE aber auch dann hergestellt, wenn die BetriebsGmbH MutterGes der BesitzGmbH ist. Die Genossenschaft soll nach *Gaßner* Rpfl 80, 409 als Besitzunternehmen rechtl nicht mögl sein. Bei entspr Beschränkung des Unternehmensgegenstandes sei sie zu löschen oder ihre Auflösung von Amts wegen zu veranlassen. Unabhängig von dieser handelsrechtl Frage gelten die Rechtsfolgen der kapitalistischen BetrAufsp für die Genossenschaft als Besitzunternehmen, solange sie besteht. Als beständig ist sie im übrigen zumindest dann zu betrachten, wenn eine anerkannte Genossenschaft zusätzl die Funktion eines Besitzunternehmens übernimmt.

5. Einzelheiten zur kapitalistischen BetrAufsp: **Buchwertfortführung:** S hierzu grundsätzl § 8 Anm 150 „BetrAufsp". Bei der Gründung einer „üblichen" BetrAufsp können die WG ohne Gewinnrealisierung vom Besitzunternehmen auf die BetrGes übertragen werden. Zweifelhaft ist, ob diese Rechtsfolge auch für die BetrAufsp unter KapGes gilt. Da die Begründung für die Buchwertfortführung in der BetrAufsp nicht an die besondere Rechtsform des Besitzunternehmens anknüpft, ist dies zu bejahen (*Schmidt* § 15 Rz 877). Das gleiche gilt für die Übertragung von WG während der BetrAufsp. Vgl glA *L Schmidt* JbFfSt 82/83, 346; *ders* JbFfSt 81/82, 235. Eine Buchwertfortführung ist auch anzunehmen bei Übertragung von der BesitztochterGes auf die BetriebsmutterGes; der Grundsatz der Buchwertfortführung geht den Rechtsgrundsätzen der vGA vor (vgl § 8 Anm 150 „BetrAufsp" mit Nachweisen der abw herrschenden Ansicht). Zur Übertragung von WG zwischen SchwesterGes s außerdem § 8 Anm 107. Zur **Einlage** von **Nutzungsvorteilen** in einer KapGes s § 8 Anm 48. Hieraus folgt: Ist die TochterGes Pächterin, die MutterGes Verpächterin, so führt eine überhöhte Pacht zur vGA, eine zu geringe Pacht jedoch nicht zur Einlage. Ist die TochterGes Verpächterin, die MutterGes Pächterin, so führt eine überhöhte Pacht zur Einlage, da keine Nutzungs-, sondern eine Geldeinlage vorliegt, eine zu geringe Pacht zur vGA bei der TochterGes. Sind Verpächterin und Pächterin SchwesterGes, dh TochterGes der gleichen MutterGes, so führt eine zu geringe Pacht zur vGa bei der Verpächterin. Die zu geringe Pacht – verbilligte Nutzungsüberlassung – hat jedoch bei dem gemeinsamen Gesellschafter und SchwesterGes keine Auswirkung, da hier eine Einlage (TochterGes) nicht stattfindet; gleichwohl ist die Anr mögl (§ 8 Anm 48). Wird bei der Verpachtung zwischen SchwesterGes eine zu hohe Pacht gezahlt, so liegen eine vGa bei der Pächterin, ein Zufluß bei dem Gesellschafter und eine Einlage – mithin eine BetrEinnahmekürzung – bei der Verpächterin vor. Soweit die Rspr eine BetrAufsp verneint, zB zwischen SchwesterGes, wendet sie **§ 9 Nr 1 S 2 GewStG** an (BFH BStBl II 80, 77). Im übrigen greift bei der anerkannten kapitalistischen BetrAufsp § 9 Nr 1 S 2 GewStG nicht ein. Gestaltungshinweis: Hat man sich entschieden, auch den Grundbesitz in eine GmbH einzubringen, ist die Gründung zweier GmbHs (SchwesterGes) zu erwägen, um die Pachterträge auf den Grundbesitz infolge § 9 Nr 1 S 2 GewStG gewstl zu entlasten; vgl auch *L Schmidt* JbFfSt 81/82, 233 ff; allerdings muß es sich um eine reine Immobilien-Verpachtung handeln; der Firmenwert darf nicht mitverpachtet werden (vgl *L Schmidt* aaO). Im übrigen führt die kapitalistische BetrAufsp selten zu besonderen Problemen. Eine entscheidend

Betriebsaufspaltung **ABC**

belastende Rechtsfolge der klassischen BetrAufsp – BetrVermögenseigenschaft der wesentl BetrGrundlage – stellt in der kapitalistischen BetrAufsp keine besondere Benachteiligung dar, weil sie bereits ohne das Vorliegen einer BetrAufsp gegeben ist.

6. BetrAufsp über die Grenze: Grundsätzl ist die BetrAufsp nicht an nationale Grenzen gebunden. Soweit das dt StR aufgrund des Welteinkommensprinzips auch die StTatbestände im Ausl erfaßt, kann die BetrAufsp auch im Ausl realisiert werden.

Wesentl BetrGrundlage im Inl: Die BetrAufsp liegt vor, wenn die inl Besitzunternehmer der inl BetrGrundlage die **inl BetrGes** über eine **ausl KapGes** – zB die MutterGes der BetrGes – **mittelb beherrschen** (BFH BStBl II 75, 112; dazu *Freudling* RiW/AWD 75, 532 und Kölner Hdbch der BetrAufsp Tz 216). Verpachten unbeschr stpfl Besitzunternehmer eine inl wesentl BetrGrundlage, zB ein Grundstück, an eine **ausl Körperschaft,** die von den Besitzunternehmern beherrscht wird, so ist zweifelhaft, ob die BetrAufspGrundsätze Anwendung finden. ME ist dies zu bejahen, wenn die ausl Körperschaft selbst im Inl mit den gepachteten Gegenständen gewerbl stpfl ist iSv § 49 I Nr 2 EStG; in diesem Fall ist der Sachverhalt der klassischen BetrAufsp vergleichb. Ist die ausl Körperschaft nicht im Inl gewerbl stpfl, weil etwa nach dem deutschen oder DBA-Recht keine Betriebstätte vorliegt, so sind hinsichtlich der verpachteten Gegenstände BetrAufspGrundsätze dann anzuwenden, wenn bei einer inl BetrGes gewerbl inl Eink vorliegen würden. Beispiele: Verpachten die Besitzunternehmer ein Grundstück für eine – beschr stpfl – Produktion, ist eine BetrAufsp gegeben. Verpachten die Besitzunternehmer ein Grundstück für eine gewerbl Tätigkeit, die die Bedingungen des § 49 I Nr 2 EStG für die ausl Ges nicht erfüllt, liegt mE gleichwohl eine BetrAufsp vor. Verpachten die Besitzunternehmer ein Grundstück, das die ausl KapGes nicht als wesentl BetrGrundlage nutzt, liegt eine BetrAufsp nicht vor.

Sind die **Besitzunternehmer beschr stpfl,** ist die von ihnen beherrschte KapGes unbeschr stpfl, konzentriert sich die Problematik auf die Behandlung des Besitzunternehmens. In der BetrAufsp vermittelt die BetrGes nicht grundsätzl dem Besitzunternehmen eine Betriebstätte oder einen ständigen Vertreter iSv §§ 12, 13 AO. Eine solche Annahme würde BFH GrS BStBl II 72, 63 widerstreiten, der von zwei selbständigen Unternehmen ausgeht; so BFH BStBl II 83, 77; *Woerner* RiW 83, 71. Die beschr StPfl des § 49 I Nr 2 EStG greift folgl nicht zwingend. Das gilt auch im Fall der BetrAufsp zwischen einer ausl (Besitz-) und einer inl (Betriebs-) KapGes (BFH BStBl II 83, 77). Allerdings kann im Einzelfall die BetrGes ständiger Vertreter (§ 13 AO) der Besitzunternehmer sein (BFH BStBl II 83, 77 unter Berufung auf BFH BStBl II 78, 494 und II 72, 785). Zu den Bedingungen, unter denen der inl Pächter ständiger Vertreter des Verpächters sein kann, s insbes BFH BStBl II 78, 494. Die Gewerblichkeit des Verpächters kann im übrigen auch dann gegeben sein, wenn die Vermietung oder Verpachtung als solche nach allg Kriterien gewerbl wird (vgl hierzu BFH BStBl II 81, 522). Mangels der Voraussetzungen des § 49 I Nr 2 EStG entfällt jedoch nicht die StPfl der Besitzunternehmer (so aber

Gassner BB 73, 1352; *Bopp* DStZ/A 74, 94; *Günkel/Kussel* FR 80, 553; *Dehmer* aaO Tz 1060 ff). Miet- und PachtEink aus einem inl Besitzunternehmen sind idR nach § 49 I Nr 6 EStG stpfl und können nach dem Belegenheitsprinzip der DBA in der Bundesrepublik versteuert werden, und zwar auch bei gewerbl VermietungsEink ohne Betriebstätte (vgl BFH BStBl II 78, 494 betr USA; II 83, 77 betr Belgien). Die Zuordnung zu den DBA-Eink aus unbewegl Verm gilt auch für den Veräußerungsgewinn (BFH BStBl II 78, 494; s weiter § 2 Anm 4). Wie hier *Barth* DB 68, 819; *Streck* in Kölner Hdbch der BetrAufsp, Tz 318; *Piltz* DB 81, 2045; *Kaligin* Wpg 83, 457. Daraus folgt: Lfd Pachtzahlungen sind nach § 49 I Nr 6 EStG stpfl. Die Veräußerung des Besitzunternehmens oder Teile von ihm waren stfrei; dies selbst dann, wenn die Besitzunternehmer ausl KapGes sind (zu folgern aus BFH BStBl III 59, 133; II 75, 464; *Piltz* DB 81, 2044; *Streck* KÖSDI 83, 5089; *Kaligin* Wpg 83, 458); mögl blieb die Erfassung als Spekulationsgeschäft (§ 49 I Nr 8 EStG); heute: s § 49 idF des StMBG v 21. 12. 93 (Vor § 1 Anm 19). Ausschüttungen der BetrKapGes sind stpfl nach § 49 I Nr 5 EStG.

Zur BetrAufgabe beim **Wegzug** von Besitzunternehmern ins Ausl s BFH BStBl II 78, 494 und *Streck* in Kölner Hdbch der BetrAufsp Tz 319. Wird eine **inl Betriebstätte** eines ausl Unternehmens **aufgespalten** dergestalt, daß der Betr von einer neuen inl GmbH fortgeführt wird, während das Grundstück an die GmbH verpachtet wird, so wird das Grundstück entnommen (*Piltz* DB 81, 2047). Für die **GewStPfl** kann aus BFH BStBl II 83, 77 gefolgert werden, daß das Besitzunternehmen im Inl nur gewstpfl ist, wenn es im Inl über eine Betriebstätte iSv § 12 AO verfügt; zust *Kaligin* Wpg 83, 458.

Wesentl BetrGrundlage im Ausl: Da die Regeln der BetrAufsp nicht an die deutschen Staatsgrenzen gebunden sind, kann sie sich auch im Ausl realisieren. Der inl Beteiligte eines ausl Besitzunternehmens bezieht gewerbl Eink. Soweit ein DBA eingreift, wird jedoch regelmäßig die Besteuerung nach dem Belegenheitsprinzip vorgehen; dies gilt unabhängig davon, ob die Eink aus der Immobilie als gewerbl Eink oder als VuV-Eink zu qualifizieren sind. Für die Frage, ob das Besitzunternehmen im Ausl eine Betriebstätte begründet, gilt das vorstehend Gesagte entsprechend (vgl auch BFH BStBl II 83, 77). Soweit dem inl Besitzunternehmer Beteiligungen an der ausl BetrKapGes gehören, stellen diese notwendiges BetrVerm dar; im Fall der Veräußerung fallen gewerbl Eink an. Wird das Grundstück als wesentl BetrGrundlage veräußert, ist diese Veräußerung stpfl (evtl BetrAufgabe). Ist mit dem ausl Staat ein DBA vereinb, wird regelmäßig der Vorrang des Belegenheitsstaats eingreifen.

Betriebsführung

Schrifttum: *Schulze zur Wiesche* BB 83, 1026; *Schneider* JbFfSt 82/83, 387; *Strobl* JbFfSt 82/83, 413.

Durch Vertrag kann die Führung eines Betr einem anderen übertragen werden. A führt den Betr für B. A und B können Einzelunternehmer, PersGes oder jur Pers sein. Wenn A den Betr für B führt, so wird er auf Rechnung und im Namen des B geführt. Mögl ist allerdings auch die

Betriebsprüfung **ABC**

BetrFührung im eigenen Namen für fremde Rechnung. Das Führen auf fremde Rechnung entscheidet über den Unterschied zur BetrVerpachtung: Der Pächter führt den Betr auf eigene Rechnung. Der Komplementär einer KG – zB die GmbH der GmbH & Co KG – führt den Betr nicht aufgrund eines BetrFührungsvertrages, sondern aufgrund seiner gesellschaftsrechtl Stellung. Der BetrFührungsvertrag ist zivilrechtl ein unentgeltl Auftrag oder eine entgeltl Geschäftsbesorgung. Ein GesVerhältnis liegt nicht vor. S *Schulze zur Wiesche* BB 83, 1026; *Schneider* JbFfSt 82/83, 387. Der BetrFührer erzielt mit dem Entgelt für die BetrFührung steuerlich gewerbl Eink, soweit sich die Gewerblichkeit nicht nach der Rechtsform bestimmt. Das Entgelt bildet BetrAusg bei dem geführten Unternehmen. Der BetrFührungsvertrag kann die organisatorische Eingliederung bei der Org begründen (§ 14 Anm 29). Die Anteile einer BetrführungsGmbH sind bei Beteiligungsidentität mE nicht notwendiges BetrVerm der geführten PersGes. Die Bindung ist nicht derart eng wie bei der BetrAufsp; der „Führer" ist austauschb und nicht mit dem geführten Unternehmen notwendig verbunden (aA *Schulze zur Wiesche* BB 83, 1028). Zur vGa s § 8 Anm 150 „Betriebsführung".

Betriebsprüfung
S „Steuerstreit".

1. Die **verdeckte Gewinnausschüttung** ist bei BetrPrüfungen von KapGes ein zentrales Thema, nicht der Streit um die AnrTechnik (vgl „Steuerstreit" Anm 1). Der Streit um die Angemessenheit von Entgelten ist durch das Fehlen klarer Maßstäbe belastet. Betriebsprüfer und FA neigen dazu, eine Unangemessenheit zu behaupten und schließlich die Unangemessenheit als vorliegend hoheitl zu bestimmen. Begründet ist sie damit in aller Regel nicht. Die Begründung ist aber Voraussetzung; denn idR trägt das FA die Beweislast (s aber § 8 Anm 102). Wenn der Geschäftsführer oder der Vorstand der KapGes von der Angemessenheit eines Entgelts überzeugt ist, sollte er diese Beurteilung hartnäckig verfolgen. Die Beratungserfahrung lehrt, daß auf dem Weg durch die Instanzen schließl das FA oder das FG überzeugt werden können. Vgl auch § 8 Anm 100.

2. Anrechnungsverfahren

Schrifttum: *Palitzsch,* Auswirkungen der KStReform auf die Praxis der stl Bp, StBp 78, 58; *ders,* Muß nach der KStReform zu jedem Stichtag eine Prüferbilanz erstellt werden?, StBp 78, 132; *ders,* Möglichkeiten zur Abstimmung des verwendb EK mit der StB, BB 79, 928.

Korrekturen der stl Bemessungsgrundlagen müssen unter Geltung des KStG 1977 sorgfältig periodengerecht erfaßt werden. Zwar wird weiterhin eine Prüferbilanz zum Ende des Bp-Zeitraumes ausreichend sein (*Palitzsch* StBp 78, 132), jedoch nur unter der Voraussetzung, daß die StSchuld eines jeden VZ nach dem Bp-Bericht ermittelt und das verwendb EK fortentwickelt werden kann. Zur vergleichenden Kontrolle StB/verwendb EK s *Palitzsch* BB 79, 928. Zur Problematik der Bescheinigung nach § 44, wenn die von der Bp festgestellte vGa bestritten wird, s *Schoor* StBp 82, 68 u § 44

ABC Fortführungsgesellschaft

Anm 7, 14. Zum Prüfungsrecht nach § 50b EStG s Erläuterung dieser EStG-Vorschrift; es hat keine praktische Bedeutung.

Betriebsübernahmegesellschaft
S „Fortführungsgesellschaft".

Buchwertfortführung
S „BetrAufsp" u § 8 Anm 150 „BetrAufsp".

Dividendenregelung
S „Gewinnausschüttung".

Einziehung von Geschäftsanteilen
S „Abfindungen".

Erfolgsabhängige Bezüge
S „Gewinnausschüttung".

Zum Einfluß der KStReform auf erfolgsabhängige Geschäftsführer- und Vorstandsbezüge *Loos* BB 76, 1425; *Krawitz* DB 77, 1197; *Popp* Wpg 77, 175, 378; *Krawitz* DB 78, 1137; *Csik/Gassner/Letters* JbFfSt 78/79, 442, 452; *Döllerer* BB 83, 4. Zum vGa-Risiko bei erfolgsabhängigen Bezügen s § 8 Anm 150 „Dienstverhältnis" (zur Tantieme), „Stille Gesellschaft".

Familiengesellschaft
S „Gewinnausschüttung".

Flucht aus der GmbH
S „Unternehmensform".

Fortführungsgesellschaft

1. Schrifttum: *Groß,* Sanierung durch FortführungsGes, 2. Aufl, 1988; *Post,* Sanierung durch FortführungsGes, DB 84, 280.

FortführungsGes sind Unternehmen, die insolvenzgefährdete Unternehmen − KapGes, PersGes, Einzelunternehmen − sanierend fortführen. Die FortführungsGes kann dem schwachen Unternehmen neues Kap zuführen, das Unternehmen übernehmen oder auffangen. Andere Begriffe sind Sanierungs-, Betriebsübernahme- und AuffangGes.

2. Das stl Instrumentarium gehorcht den allg Regeln und stl Möglichkeiten. Hierzu zählen im wesentl:
− StFreiheit des Sanierungsgewinns (§ 3 Nr 66 EStG), anwendb im KStG (§ 8 Anm 7);
− Verwertung des Verlustvor- u -rücktrags; z Mantelkauf s § 8 Anm 151 f;
− Rücklage § 6d EStG, anwendb im KStG (§ 8 Anm 12);
− Stl Regeln der BetrVerpachtung;
− Einlagen;
− Verluste nach § 17 EStG;
− Gewinnrealisierung beim Wechsel des StSubjekts;
− KapHerabsetzungen;
− KapZuführung durch stille Gesellschafter;
− Umwandlungen und Verschmelzungen;
− StHaftung des BetrÜbernehmers (§§ 75 AO, 419 BGB);

Gewinnausschüttung **ABC**

– Stundung, Erlaß und Vollstreckungsaufschub im Hinblick auf StForderungen.

Freibetrag
Gestaltungen zur Ausnutzung des Freibetrages gem § 24 s § 24 Anm 5.

Geschäftsführergehalt
L Schmidt setzt in FR 76, 229 in „politische" Zweifel, ob nach der KStReform bei den Körperschaften die Geschäftsführergehälter noch abzugsfähig sind. Diese Zweifel haben sich nicht durchgesetzt. Das abzugsfähige Geschäftsführergehalt wird grundsätzl anerkannt.
Das Geschäftsführergehalt ist bei Unternehmensgestaltungen im übrigen das wesentliche Element, um Gewinnanteile dadurch gewerbesteuerfrei zu stellen, daß sie – durchaus zulässig – als Geschäftsführergehälter an tätige Gesellschafter-Geschäftsführer gezahlt werden.
Zur Gefahr einer vGa bei Geschäftsführergehältern s § 8 Anm 150 „Dienstverhältnis".

Gesetzgebungsmaterialien
Zum KStG 1977 s Vor § 1 Anm 12 ff.

Gewinnausschüttung
S auch „Handelsbilanz", „Körperschaftsteuerrückstellung", „Leg-ein-Hol-zurück"-Verfahren, „Schütt-aus-Hol-zurück"-Verfahren, „Steuerfreie Erträge", „Vorabausschüttung".

1. Der **Gewinnausschüttungsbeschluß** bezieht sich in seiner Formulierung auf den HB-Gewinn, der die mit der Ausschüttung vermittelte KSt nicht ausweist. Folgl muß auch der gesellschaftsrechtl Beschluß das KStGuthaben nicht erwähnen (IdW-Verlautbarung DB 77, 412). Die KStGutschrift ist die gesetzl Folge der Ausschüttung. Zur Frage, ob auf Ausschüttungen aus EK_{01} und EK_{04} hingewiesen werden sollte, s *Hocker* DB 97, 1007.

2. Die **Gewinnausschüttung zugunsten** von **Familienangehörigen** ist in Körperschaften unproblematischer als in Mitunternehmerschaften. Zweifel allerdings in HFRAnm 76, 293. Gegen die Anwendung der 15 vH-Rspr zu den Familienmitunternehmerschaften mE zutr *Priester* DB 77, 224; *Raupach* in Pro GmbH, 1980, 214; zurückhaltend bei einer GmbH mit Normalstatut auch *L Schmidt* JbFfSt 77/78, 221, StbKongrRep 77, 99, JbFfSt 82/83, 347 u in *Tipke*, Übertragung von EinkQuellen im StR, 1978, 57; *Widmann* DStR 80, 526. Für die Anwendung der 15 vH-Rspr *Mannhold* StuW 80, 135. In der Betriebsprüfungs- und Finanzamts**praxis** spielt die Anwendung der 15 vH-Grenze keine Rolle. Volle Gewinnausschüttung an einen von mehreren Familienangehörigen, um ihm einen Verlustausgleich zu ermögl, kann Mißbrauch sein (FG BaWürt EFG 89, 292).

3. Soweit **Vorzugs-** und **Mindestdividenden** vereinbart sind, sind sie auch nach der KStReform unverändert ohne KSt, auch ohne das KStAnrechnungsguthaben zu verstehen (vgl OLG D'dorf BB 82, 762). Allerdings empfiehlt sich, die Behandlung des KStGuthabens ausdrückl in die Regelung einzubeziehen. Im Einzelfall kann eine Pfl zur Anpassung bestehen (s

ABC Gewinnausschüttung

u 5; zurückhaltend *Fleck* JbFfSt 78/79, 445). Schrifttum *Csik/Gassner/Letters* JbFfSt 78/79, 442.

4. Ausschüttungsverhalten

Schrifttum: *Hofmann* AG 74, 301, 306; *Knorr* DB 76, 1977; *Rose* DB 76, 1873; *Schindler*, Dividendenpolitik und Besteuerung, DB 77, 737 (betr größere AG); *Philipowski*, Der Einfluß der KStReform auf die Dividendenpolitik und Rücklagenbildung der Volksbanken und Raiffeisenbanken, Bankinformation 1977 Heft 3; *Bähr* JbFfSt 77/78, 393; *Ritter*, Ausschüttungsverhalten nach der KStReform, FR 78, 234; *Strauß*, KStReformgesetz und Gewinnverteilungsrechnung mit BelFaktoren, Wpg 78, 497; *Ossendorf*, Zur Ermittlung der Maximalausschüttung des Bilanzgewinns aus dem Jahresüberschuß, BB 78, 1464; *Hockmann*, Gewinnverwendungspolitik u Dividendenabschlag nach der KStReform, DB 78, 1994; *Siegel*, Ein Ansatz zur simultanen Optimierung von Gewinnausweis und Ausschüttung in der personenbezogenen KapGes, StuW 81, 126; *Gehrig*, Vollausschüttungen der GmbH-Erträge bringen meistens das günstigste Ergebnis, DStR 81, 223; *Reuter*, Die Anerkennung von Altrücklagen an die Gesellschafter, AG 83, 148; *Heibel*, Die Ausschüttung von Auslandseinkünften, DB 84, 2060; *Goutier*, Fragen der Ausschüttungspolitik unter der Geltung des KStG 1977/1984, NWB F 4, 3337 (5/84); *Bauer*, Ausschüttungspolitik personenbezogener KapGes vor, in und nach der StRef 1990, GmbHR 89, 209; *Wittstock/Klein*, KSt Tarifabsenkung u Ausschüttungspolitik nach dem StRefG 1990, DStR 89, 155; *Ketterer/Pumbo*, Ausschüttungseffekte des Standortsicherungsgesetzes, IStR 93, 289; *Eggesiecker*, Stl Dividenden-Optimierung ab 1994, GmbHR 94, 364.

Ausschüttungsmöglichkeiten und KStAufwand sind **wechselseitig** miteinander **verknüpft.** Um Ausschüttungsüberlegungen mathematisch zu erfassen, sind komplizierte Formelsysteme erforderl; Hinweis auf das Schrifttum. Auch eine **maximale Ausschüttung** kann nicht mehr durch eine allgemeine einfache Formel oder einen allgemeinen Prozentsatz angegeben werden. Sie hängt von dem verwendb EK und den individuellen StBedingungen ab. Nur wenn regelmäßig der gesamte Gewinn ausgeschüttet wird und keine stl Besonderheiten vorliegen, kann von folgender Faustregel ausgegangen werden. Maximalausschüttung nach neuem Recht, falls keine StErmäßigungen gegeben sind.

Vorläufiger Jahresüberschuß
+ KStVorausZ
./. KSt auf nichtabzb Aufwendungen
  (nichtabzb Aufwendungen × 0,8181 bei 45 vH KStBel – bzw 1,2727/1 bei 56 vH/50 vH KStBel)
= Ausschüttung vor KSt
./. 30 (bzw 36) vH KSt
= maximale Ausschüttung
KStRückstellung sodann
$3/7$ (bzw $9/16$) der Ausschüttungen
+ KSt auf nichtabzb Aufwendungen
  (nichtabzb Aufwendungen × 0,8181 bei 45 vH KStBel – bzw 1,2727/1 bei 56 vH/50 vH KStBel)
./. VorausZ
= Rückstellung

In der **Praxis** wird auf Vollausschüttungen häufig verzichtet, ua um $EK_{45(50/56)}$ **„vorrätig"** für **vGA** zu halten. Dieses Speichern von EK ist

Gewinnausschüttung **ABC**

allerdings in der Sache nichts anderes als eine Vorauszahlung von KSt für mutmaßliche vGa; vgl § 8 Anm 150 „Steuerbelastung" 6.

Gespaltene Dividenden (inkongruente Ausschüttungen) wegen unterschiedl KStBel oder aus anderen Gründen sind gesellschaftsrechtl zulässig, wenn alle AntE zustimmen, gegen den Widerspruch einzelner AntE nicht (vgl LG Köln BB 80, 1288; zu den Bedingungen im einzelnen s *Emmerich* in *Scholz*, GmbHG, 8. Aufl, 1993, § 29 Anm 135 ff). Ob sie, wenn sie steuerlich motiviert sind, anzuerkennen oder nach § 42 AO zu verwerfen sind, ist zweifelhaft (Anerkennung durch FG Köln EFG 97, 291; BFH I R 77/96).

S insbes auch **„Schütt-aus-Hol-zurück"**-Verfahren.

5. Vertragsanpassung: Sah die GmbH Satzung vor, daß bestimmte Teile des Gewinns nicht ausgeschüttet werden dürfen und einer Rücklage zuzuführen sind, so besteht mE die gesellschaftsrechtl Verpflichtung, den Vertrag dem KStSystem ab 1977 anzupassen; aus der AnpassungsPfl kann die Pfl abgeleitet werden, das „Schütt-aus-Hol-zurück"-Verfahren einzuführen (so *Lutter* DB 78, 1969). S auch oben 3.

6. Auswirkungen der **Änderung der TarifBel** von 56 vH zu **50 vH** auf das Ausschüttungsverhalten: Soweit EK_{50} als verwendet gilt, ergibt sich eine KStMinderung, die wegen der verringerten TarifBel nicht wie bisher 20 P, sondern nur noch 14 P beträgt. Dies zeigt, daß die Absenkung der TarifBel von 56 vH auf 50 vH nur während der Thesaurierung eine stl Entlastung der KapGes bewirkt. Im Ausschüttungsfall wird die stl Entlastung auf die RegelBel der AusschüttungsBel zurückgeführt. Wegen der verringerten KStMinderung erhöht sich in Zukunft der Verbrauch an ungemildert belastetem verwendb Eigenkapital bei Gewinnausschüttungen. Der Finanzbedarf für Ausschüttungen erhöht sich damit aber nur scheinbar. Die Erhöhung korrespondiert mit einer entsprechend geringeren TarifBel, weshalb per Saldo für den Ausschüttungsfall keine Änderung gegenüber dem bisherigen Rechtszustand eintritt.

Für eine Ausschüttung bis zum Verzehr des EK_{56} aus Anlaß der Gesetzesänderung besteht grundsätzl keine Notwendigkeit. Entgegen anderer Darstellung (vgl zB *Schneider* BB 87, 693) ist die Verwendung von EK_{56} im wirtschaftl Ergebnis für die KapGes nicht vorteilhafter, vorausgesetzt EK_{02} wird voll mit ausgeschüttet. Wo EK_{02} erst später ausgeschüttet wird, ergibt sich eine Verzögerung der vollen Erstattung. Etwas anderes gilt dann, wenn EK_{02} zum Zeitpunkt der Umgliederung negativ ist oder durch die Umgliederung negativ wird. Hier kann es auf Dauer bei einer geringeren KStMinderung bleiben (vgl *Singbartl/Dötsch/Hundt* DB 88, 1771, 1820); zu helfen ist hier durch das „Leg-ein-Hol-zurück"-Verfahren (s ABC zu diesem Stichwort); vgl auch *Felder* Inf 90, 97, 99.

7. Zu den Auswirkungen der Änderung der TarifBel von 50 vH auf **45 vH** ab 1994 (s § 23 Anm 3) auf das Ausschüttungsverhalten gilt das zu 6. Gesagte entsprechend. Folge dieser Tarifabsenkung ist, daß der thesaurierte Gewinn geringer belastet ist und damit für Investitionen ein größerer Teil zur Verfügung steht. Dies entsprach dem Gesetzeszweck, den Standort Deutschland für Investitionsvorhaben attraktiver zu machen (wenn auch nicht zu übersehen ist, daß diese TarifBel immer noch höher ist als die anderer Industriestaaten). Die **Absenkung** der **AusschüttungsBel** von 36 vH auf **30 vH** kann u soll hingegen das Ausschüttungsverhalten beeinflussen. Für Anrechnungsberechtigte ist es, versteuern sie die Einkünfte, gleichgültig, ob das AnrGuthaben $^9/_{16}$ oder $^3/_7$ beträgt. Für nicht Anrechnungsberechtigte mindert sich jedoch die StBel (s „Ausl AntE" 5). Dem Bemühen, Gewinne durch Leistungsentgelte zu ersetzen (s „Ausl AntE" 7), wird mithin auch auf diesem Wege – und nicht nur durch § 8a (s § 8a Anm 1 ff) – entgegengesteuert. Zur Dividenden-Optimierung ab 1994 s auch *Eggesiecker* GmbHR 94, 364; *Küffner* DStR 96, 497. Zum Einfluß des § 8b auf das Ausschüttungsverhalten s *Ketterer/Pumbo* IStR 93, 289.

Gewinnverteilung
S „Gewinnausschüttung".

Handelsbilanz
S auch „Gewinnausschüttung", „Körperschaftsteuerrückstellung", § 8 Anm 11 zur Bilanzierung von Schachtelerträgen.

1. In die HB wird die endgültige **KStLast nach KStMinderungen** oder **KStErhöhungen** aufgrund einer **Ausschüttung** für das betreffende Geschäftsjahr eingestellt. Weicht der Ausschüttungsbeschluß von dem Vorschlag ab, der der Fertigstellung der HB zugrunde liegt, so ist eine Abweichung von der berechneten KSt ohne Änderung der HB im Gewinnverteilungsbeschluß zu berücksichtigen. Der zusätzl Aufwand oder Ertrag ist im nächsten Geschäftsjahr erfolgsneutral zu passivieren oder zu aktivieren (so § 174 II Nr 5 AktG; BT-Drucks 7/1470, 366f; dazu *Tesdorpf* BB 78, 1150). Bei der GmbH kann auch die HB berichtigt werden (Regel). Für die endgültige StBerechnung sind die Vorbereitung und der Ausschüttungsvorschlag der HB ohne Bedeutung; entscheidend ist ausschließl der endgültige Ausschüttungsbeschluß. Ebenso IdW-Verlautbarung zur Auswirkung der KStReform auf die Rechnungslegung (DB 77, 412; hierzu *Marks* Wpg 77, 197; *Weber* BFuP 77, 346; *Wysocki* DB 77, 1909, 1961). Krit zu der IdW-Verlautbarung *Knapp* DB 79, 173; *Klink* DB 79, 804.

2. Die Erfassung von **Beteiligungserträgen,** die ein KStGuthaben vermitteln, in der **Handelsbilanz** ist streitig (vgl hierzu *Schwedhelm* GmbHR 92, 652).

Nach hM sind die Beteiligungserträge in der **Gewinn- und Verlustrechnung brutto** auszuweisen (vgl statt vieler *Adler/Düring/Schmaltz,* Rechnungslegung und Prüfung der Unternehmen, 5. Aufl, 1987, § 275 HGB Rz 146; *Greif/Reinhardt* DB 96, 2237). Die einbehaltene Kapitalertragsteuer sowie die anrechenbare KSt sind nicht von den Beteiligungserträgen abzuziehen, vielmehr unter dem Posten „Steuern vom Einkommen und Ertrag" (§ 275 Abs 2 Nr 18 HGB) zusätzl auszuweisen und so zu neutralisieren. Die in HFR 2/77, Wpg 1977, 463 ebenfalls für zulässig angesehene Form, den KStAnrechnungsbetrag offen von den Steuern abzusetzen (und nicht bei den Beteiligungserträgen zu aktivieren), hat sich nicht durchgesetzt (*Langer* in *Küting/Weber,* Handbuch der Rechnungslegung, 4. Aufl, 1995, § 278 HGB Rz 3). Der Bruttoausweis wird aus dem Sal-

Investment-Club, Investmentverein **ABC**

dierungsverbot des § 246 II HGB hergeleitet. Die hA hat für dividendenempfangende KapGes kaum Widerspruch gefunden; die Methode des Bruttoausweises im Rechnungswesen der **PersGes** ist jedoch Gegenstand der Kritik. Einmal werden Unterschiede verneint (*Greif/Reinhardt* DB 96, 2237; zum anderen wird alternativ die Auffassung vertreten, daß die PersGes in ihren handelsrechtl Jahresabschlüssen, und zwar in der Gewinn- und Verlustrechnung, als Beteiligungsertrag nur den Nettobetrag ohne KStGuthaben (*Simon* DB 81, 1985; *Döllerer,* FS Stimpel, 1985, 729; *Roser* DB 92, 850, 851; so auch **BGH** NJW 95, 1088 – dazu *Bartholl* DB 95, 1797; *Borde* DB 96, 233; *Ley* DStR 95, 1122 u DStR 96, 817; *Greif/Reinhardt* DB 96, 2237; *Groh* BB 96, 631; *Sommer* DStR 96, 1487) bzw sogar ohne KapErtrSt (*Maul* DB 81, 1104) auszuweisen haben. Soweit das KStAnrechnungsguthaben aus der GuV der PersGes herausgenommen wird, gehört es steuerlich zum Sonderbetriebsvermögen; s „Mitunternehmerschaft".

In der **Bilanz** wird der Dividendenanspruch aufgespalten (vgl *Glade,* Rechnungslegung und Prüfung nach dem Bilanzrichtliniengesetz, 1986, Anm 404). Soweit er sich gegen die ausschüttende KapGes richtet, erfolgt die Erfassung unter der Position „Forderungen gegen verbundene Unternehmen" (§ 266 Abs 2 B II Nr 2 HGB). Ein Anspruch in Höhe von DM 70 (64) + $^3/_7$ ($^9/_{16}$) ist also mit DM 70 (64) anzusetzen. Soweit sich dieser Anspruch gegen das Finanzamt richtet – angesprochen ist das **KStGuthaben,** die $^3/_7$ ($^9/_{16}$) – erfolgt die Erfassung unter dem Sammelposten „sonstige Vermögensgegenstände" (§ 266 Abs 2 B II Nr 4 HGB) oder durch Saldierung mit der Steuerrückstellung. Die **KapErtrSt** kann von der Dividende erst dann abgespalten und als Anspruch gegen das Finanzamt ausgewiesen werden, wenn sie als Anspruch entstanden ist. Bei der sog phasengleichen Aktivierung von **Beteiligungserträgen** (s § 8 Anm 11) ist dies regelmäßig noch nicht der Fall (vgl *Schwedhelm* aaO; vgl auch *Rampert* DB 91, 1994; **aA** offensichtl FinVerw GmbHR 92, 835: die KapErtrSt ist abzuführen u zu berücksichtigen, unabhängig vom Zufluß des Beteiligungsertrags).

3. Zw ist, ob das Vorhandensein von EK_{01-03} wegen der zu erwartenden KStErh auch handelsrechtl zur **Rückstellung** zwingt; bejahend *Selchert* BB 82, 407; abl jedoch für die Vermögensaufstellung *ders* BB 82, 1831. Keine KStRückstellung bei **negativem EK_{56}** nach *Herzig/Borstell* BB 86, 1540. Zur **Schätzung** des StBGewinns aus dem HBGewinn bei einer AG s *Selchert* BB 78, 509. Nach *Meilicke* BB 91, 241 ist die **TarifBel** des verwendb EK im **Jahresabschluß** der AG offenzulegen.

Investment-Club, Investmentverein

1. Schrifttum: *Märkle* DB 70, 1945; *Gudczinski* DStR 73, 33; *Kamprad* AG 71, 143.

2. Zusammenschluß einer bestimmten Zahl von Personen zu einer Ges mit dem **Zweck,** regelmäßige Zahlungen der Mitgl in **Wertpapieren anzulegen.** Regelmäßig Mitunternehmerschaft mit Eink nach § 15 oder § 20 EStG (*H/H/R* EStG § 15 Anm 30; *Märkel* DB 70, 1945; *Gudczinski* DStR 73, 33; *Kamprad* AG 71, 143; ebenso FinVerw 1970 StEK KStG § 1 Nr 52 für den Zusammenschluß aufgrund des Muster-

GesVertrages der Dt Schutzvereinigung für Wertpapierbesitz eV). Das Interesse der Mitgl, unmittelb am Vermögen der Ges als Eigentümer beteiligt zu sein, hindert die Annahme eines nichtrechtsf Vereins (s § 3 Anm 3). Bei sehr starker Fluktuation und/oder größerer MitglZahl kann im Einzelfall gleichwohl die Schwelle zum nichtrechtsf Verein überschritten werden (FinVerw 1970 StEK KStG § 1 Nr 52). Der Investmentclub hindert die Anwendung des § 44a EStG; es ist keine Anlageform, die zu Sparprämien und zur Anwendung der VermBG berechtigt (FinVerw 1970 StEK KStG § 1 Nr 53).

3. Zum Investmentverein als Mittel, **ausl AntE** die **AnrMöglichkeit** zu verschaffen, s *Haas* RIW/AWD 78, 581; *Görlich* RIW/AWD 78, 730 u oben „Ausl AntE" Anm 7.

Kantinen

Werden Kantinen in der Rechtsform eines Einzelunternehmens, einer PersGes oder einer KapGes betrieben, ist die Behandlung regelm ohne besondere Problematik. Zweifelhaft ist das Betreiben einer Kantine durch den **Betriebsrat** für die **Belegschaft** eines Betr. Überwiegend aus Praktikabilitätserwägungen nimmt BFH BStBl III 60, 496 einen kstpfl nichtrechtsf Verein an; glA FG München EFG 56, 49; FG Nbg EFG 57, 96. Für stpfl Eink müssen die Merkmale eines GewerbeBetr vorliegen. Verkauf nur innerhalb des Betr ist Beteiligung am allg Verkehr (aA FG Münster EFG 64, 69). Zweifelhaft ist die Gewinnerzielungsabsicht; FG RhPf EFG 66, 81 will hierauf in Analogie zum wirtschaftl GeschäftsBetr verzichten; für gewerbl Eink innerhalb des wirtschaftl GeschäftsBetr ist aber die Gewinnerzielungsabsicht erforderl (§ 5 Anm 10f). Falls sich in einem Verfahren finden läßt, die Auszahlung von Überschüssen an die Belegschaft an den Verzehrumsatz anzuknüpfen, hält BFH BStBl III 60, 496, ebenso FG Nbg EFG 57, 96, eine Analogie zu den abzugsfähigen Rückvergütungen für mögl (mE bedenkl). Die Auszahlung der Überschüsse an die Belegschaft führt hier weder zu Eink aus KapVerm noch aus nichtselbst Arbeit. Nichtselbst Kantinen von **Körperschaften des öffentl Rechts** sind Betr gewerbl Art; s § 4 Anm 11.

Körperschaftsteuerrückstellung

Schrifttum: *Popp,* Die Berechnung der KSt und GewSt, der Rücklagenzuweisungen und der erfolgsabhängigen Entgelte nach dem KStG 1977, Wpg 77, 175; *ders,* Die Berücksichtigung der 9/10 Methode bei der Berechnung der KSt- und GewSt-Rückstellung, der Rücklagenzuweisung und der erfolgsabhängigen Entgelte nach dem KStG 1977, Wpg 77, 378; *Heuser/Röhl/Willms,* KStAufwand und KStRückstellung im Jahresabschluß, DB 78, 753, 801); *Sender,* Jahresabschluß der GmbH u Berechnung des KStAufwands, BB 90, 1799.

S dazu „Gewinnausschüttung", „Handelsbilanz", „Vorauszahlungen"; § 27 Anm 29; § 29 Anm 6.

„Leg-ein-Hol-zurück"-Verfahren

Schrifttum: *Herzig,* KStl DefintivBel im Liquidationsfall, BB 79, 173; *ders,* Das Leg-ein-Hol-zurück-Verfahren bei der Liquidation von KapGes, BFuP 79, 325; *Bullinger* RiW/AWD 80, 173; *Krebs* StbKongrRep 81, 366; *Herzig* StbKongrRep 81, 395; *Heimfarth* DB 83, 1734; *Goutier* GmbHR 85, 264.

Investment-Club, Investmentverein **ABC**

1. Die in einer ins AnrV einbezogenen Körperschaft **gespeicherte KSt** kann nur durch Ausschüttungen **realisiert** werden. Verfügt zB eine GmbH wohl über $EK_{45(50/56)}$ oder EK_{36}, aber wegen Schulden über kein Ausschüttungsvermögen (dem ein negatives EK_0 entspr), kann die KSt nicht aufgedeckt werden. Die KSt wird zur DefinitivBel. Der StB

Anlagevermögen	200 P	NennKap	50 P
Umlaufvermögen	300 P	Div Passiva	450 P
	500 P		500 P
entspr ein verwendb EK	$EK_{45(50/56)}$		300 P
	$EK_{30(36)}$		100 P
	EK_{02}		− 400 P
	$EK_{01, 03, 04}$		0 P
	EK_{45-04}		0 P

Von dem verwendb $EK_{45(50/56)}$ u $_{30(36)}$ in Höhe von 400 P kann nichts ausgeschüttet werden.

2. Das „Leg-ein-Hol-zurück"-Verfahren erhöht durch **Einlage** die **Ausschüttungsmasse.** Wegen der Verwendungsfiktion des § 28 führt das zusätzl Vermögen zuerst zu einer Verwendung der belasteten Teile und ermögl damit die Realisierung von KSt. Fortsetzung des Beispiels. Werden 400 P eingelegt, so erhält die StB das folgende Bild:

Anlagevermögen	200 P	NennKap	50 P
Umlaufvermögen	700 P	Rücklagen	400 P
		DivPassiva	450 P
	900 P		900 P
Das verwendb EK weist aus	$EK_{45(50/56)}$		300 P
	$EK_{30(36)}$		100 P
	EK_{01}		0 P
	EK_{02}		− 400 P
	EK_{03}		0 P
	EK_{04}		400 P
	EK_{45-04}		400 P

Da für eine Ausschüttung 400 P zur Verfügung stehen, können ohne weiteres $EK_{45(50/56)}$ und $EK_{30(36)}$ ausgeschüttet werden. $EK_{30(36)}$ wird „zum Nennbetrag" ausgekehrt. $EK_{45(50/56)}$ löst zusätzl eine KStMinderung aus, so daß 400 P + die KStMinderung, deren Höhe von dem StSatz 45 vH (50/56 vH) abhängt, ausgeschüttet werden können.

3. Auf der **Ebene** des **AntE** ist das Verfahren idR nicht unbedingt nachteilig. Bei Anteilen im BetrVerm erhöhen sich entspr der Einlage die Anschaffungskosten, so daß gespeicherter Aufwand entsteht. Das gleiche gilt bei Anteilen nach § 17 EStG. Nur bei Anteilen im PrivVerm, die nicht Anteile nach § 17 EStG sind, „erzeugt" man durch das „Leg-ein-Holzurück"-Verfahren grundsätzl stpfl Eink; hier ist zu ermitteln, ob der Vorteil der KStGutschrift die Qualifikation als Eink überwiegt; dies ist zB dann der Fall, wenn die Eink durch anderweitige Verluste aufgezehrt werden.

4. Die Gefahr einer DefinitivBel mit KSt tritt insbesondere bei einer **Liquidation** ein. Denn auch bei der Liquidation kann die gespeicherte KSt nur durch Ausschüttungen realisiert werden (vgl *Herzig* BB 79, 173). Gerade hier kann das „Leg-ein-Hol-zurück"-Verfahren optimal eingesetzt werden (vgl *Herzig* BB 79, 173; *Heimfarth* DB 83, 1734). Andere Fälle sind denkb, und zwar immer dann, wenn das $EK_{45(50/56)}$ oder $EK_{30(36)}$ besonders angereichert ist und einem entspr hohen Negativbetrag im EK_0 gegenübersteht. Zum „Leg-ein-Hol-zurück"-Verfahren in der Org s FinVerw DB 94, 1546; *Willenberg/Welte* DB 94, 1688; § 14 Anm 73.

5. Das „Leg-ein-Hol-zurück"-Verfahren zur Auskehrung der in der KapGes gespeicherten KSt stellt keinen **Mißbrauch** dar; denn es entspr dem Zweck des KStG, die KSt zur Anr zu bringen. Gesetzl Zweckerfüllung ist kein Mißbrauch. Für eine Anerkennung des „Leg-ein-Hol-zurück"-Verfahrens *Behrens* StbKongrRep 79, 92; *Streck* KÖSDI 80, 3595; *Herzig* StbKongrRep 81, 395; *Fuchs/Lempenau* BB 82, 485; *D/E/J/W* § 41 Rz 71; auch BFH BStBl II 89, 473 spricht gegen die Annahme eines Mißbrauchs; *Goutier* GmbHR 85, 264, 274; zurückhaltend im Hinblick auf die Möglichkeit des Mißbrauchs *Krebs* StbKongrRep 81, 366, 405.

Liquidation

Schrifttum: S § 11 Anm 1.

1. Auf der **Seite** des **AntE unterscheidet** sich die Besteuerung der Liquidationsraten entscheidend von derjenigen nach dem bis **1976 geltenden Recht.** Bis 1976 waren Liquidationsausschüttungen nur unter den Voraussetzungen der §§ 17, 23 EStG, oder falls die Anteile zu einem BetrVerm gehörten, estpfl; dies galt auch, sofern mit den Liquidationsraten thesaurierte Gewinne ausgeschüttet wurden.

2. Die EStPflicht nach **§ 17 EStG** – wesentl Beteiligung – bleibt auch ab 1977 erhalten. Allerdings vermindert sich der Veräußerungspreis im Liquidationsfall nach § 17 IV EStG um die Beträge, die als Eink aus KapVerm gem § 20 I Nr 1 oder 2 EStG zu erfassen sind. Sind Anschaffungskosten und NennKap des wesentl Beteiligten dem Betrage nach identisch, so fallen neben Eink aus § 20 EStG Eink aus § 17 EStG idR nicht an. Hat der wesentl Beteiligte Einlagen erbracht oder hat er zB offene Rücklagen oder stille Reserven beim Erwerb der Beteiligungen bezahlt, versteuert er im Liquidationsfall die Einlagen, die Rücklagen und die realisierten stillen Reserven gem § 20 I Nr 1, 2 EStG und gleicht dies durch einen entspr Verlust nach § 17 EStG aus; denn hier übersteigen nunmehr die Anschaffungskosten den Veräußerungspreis. Während folgl in der StBemessungsgrundlage die §§ 17, 20 EStG aufeinander abgestimmt sind, führt die Verlagerung der Eink aus der Vorschrift des § 17 EStG in die des § 20 EStG zu einem **Verlust des Freibetrages** nach § 17 III EStG **und der Tarifermäßigung** des § 34 EStG. Liquidationsgewinne, die bisher nach § 17 EStG tarifmäßigt zu versteuern waren, sind ab 1977 zu vollem Tarif zu versteuern, soweit sie unter § 20 I Nr 2 EStG fallen. Es ist widersprüchl, den normalen Veräußerungsvorgang im Bereich des § 17 EStG mit StVer-

Liquidation **ABC**

günstigungen zu versehen, im Fall der Liquidation hingegen diese Vergünstigungen weitgehend zu verneinen.

3. Gestaltungsvorschlag: In § 17-Fällen ist die Veräußerung der Liquidation vorzuziehen. Die KapGes versilbert ihr Vermögen. Es erfolgt keine Auskehrung von Liquidationsraten, sondern Verkauf der GmbH-Anteile an einen Dritten, der die Liquidation durchführen kann. Erfolg: Der Veräußerer erhält die Vergünstigungen der §§ 17, 34 EStG; der Erwerber kann idR ohne neue StLast liquidieren. ME bei wirtschaftl vollzogener Veräußerung kein Fall des § 42 AO (vgl hierzu BFH BStBl II 93, 426, der gegen FG Münster EFG 92, 605 die Aussetzung der Vollziehung gewährt, in dem das FA die Anwendung des § 42 AO bejaht hatte; dazu auch *Weindl* BB 92, 1467; *Streck* BB 92, 685; *Grögler* DStR 93, 981). Soweit nicht wesentl beteiligte AntE im Liquidationsfall einen steuerlich nicht berücksichtigungsfähigen Verlust erleiden (dem Eink nach § 20 EStG gegenüberstehen), kann empfehlenswert sein, vor der Liquidation durch Anteilsveräußerung unter den AntE („Anteilsrotation") eine wesentl Beteiligung iSd § 17 EStG zu begründen; s hierzu *Herzig* DB 80, 1605; s auch „Steuergünstige Gestaltungen", ab VZ 1996 ist § 17 II S 4 EStG zu beachten. Ebenso ist zu überlegen, die Anteile der nicht wesentl beteiligten AntE in ein BetrVerm – zB eine GmbH & Co KG – einzulegen; s auch nachfolgend.

4. Greift § 20 III EStG ein, weil die **Anteile im BetrVerm** liegen, und bilanziert der AntE, gelten die Überlegungen zu § 17 EStG, abgesehen von den Vergünstigungen, entspr. Die Erfassung von Liquidationsausschüttungen führt gewinnmäßig zu dem gleichen Ergebnis, gleichgültig, ob die Liquidationszahlungen über das Beteiligungskonto oder über die Gewinn- und Verlustrechnung abgewickelt werden.

5. Zu den einkommensteuerpflichtigen Liquidationsausschüttungen rechnet auch das verwendb EK, das in vor dem 1. 1. 77 abgelaufenen Wj entstanden ist (§ 30 II Nr 3). Estpfl wird damit die **Rückzahlung von Alteinlagen und nach altem Recht versteuerten Gewinnen** im Liquidationsfall. Diese Rückzahlungen waren nach bisherigem Recht nur in den Fällen der §§ 15, 17, 20 III, 23 EStG möglicherweise stpfl. Insoweit trat durch die KStReform 1977 eine eindeutige Verschärfung ein, die **vermeidbar** ist (vgl *Stolz* DStR 76, 572; *Felix/Streck* BB 76, 923): Werden die Alt-Rücklagen vor der Liquidation in NennKap umgewandelt – und dies kann gem § 41 III vorrangig vor anderen „neuen" Rücklagen geschehen –, werden die Alt-KapTeile dem verwendb EK entzogen und scheiden folgl auch bei den Eink aus KapVerm aus. Bedingung ist, daß die Voraussetzungen des KapErhStG (s die Kommentierung dieses Gesetzes) erfüllt sind. Die 5-Jahres-Frist des § 5 KapErhStG gilt nicht im Fall der Liquidation (§ 5 KapErhStG Anm 4; *Thiel* BB 61, 1007). Vor einer Liquidation ist folgl sorgfältige Beratung notwendig. Bei wesentl beteiligten AntE, § 17 EStG, oder bei AntE, deren Anteile im BetrVerm liegen, stellt sich dieses Problem nicht in vollem Umfang: Einlagen haben die Anschaffungskosten erhöht und bilden folgl zu berücksichtigenden Aufwand. Für gekaufte Rücklagen gilt Entspr. Die Zulässigkeit einer **KapErhöhung**

während der Liquidation ist allerdings umstritten (abl *Baumbach/Hueck,* GmbHG, 16. Aufl, 1996, Vor § 57 c Rz 5). Sie sollte nur mit der Rückumwandlung in eine werbende Ges beschlossen werden.

6. Bei der Körperschaft selbst muß im Liquidationsfall die gesamte **gespeicherte KSt realisiert** werden; s § 11 Anm 12 ff. Ist dies nicht mögl, weil keine Ausschüttungsmasse zur Verfügung steht, kann das „Leg-ein-Hol-zurück"-Verfahren eingesetzt werden. S zu diesem Stichwort.

7. Liquidationsraten sind im neuen Recht, soweit Eink iSv § 20 I Nr 1, 2 EStG vorliegen, **kapitalertragstpfl** (§ 43 I Nr 1 EStG). Zweifelhaft ist, ob bei ausl AntE in diesem Fall die DBA-Regeln für Dividenden, evtl Einschränkung der KapErtrSt auf 15 vH oder die Regeln für Veräußerungsgewinne, regelm keine Quellenbesteuerung, eingreifen; mE gilt letzteres (BFH BStBl II 93, 189; aA *Piltz* DStR 89, 133).

8. Zum **Inkrafttreten** des neuen Rechts und zu **Übergangsregelungen** s § 54 Anm 6 u „Übergangsfragen" 10.

9. Überträgt eine in Liquidation befindl GmbH ihr gesamtes Vermögen auf einen Gesellschafter, so **haftet** dieser Gesellschafter für die darauf beruhende KSt nach § 419 BGB (FG BadWürt EFG 79, 581).

Marktförderungs-, Marktstabilisierungsfonds
S „Zweckvermögen".

1. Zur **Markterschließung, -förderung** und **-stabilisierung** sind einige Handels- und Produktionszweige den Weg gegangen, durch Beiträge der Händler, Produzenten oder Erzeuger Förderungs- und Stabilisierungsfonds zu schaffen, die zur Marktbeeinflussung eingesetzt werden können. Zweck dieser Fonds ist es, durch einen zeitweiligen KapEinsatz bei den Mitgl dieser Fonds oder durch ausgleichende Zuschüsse einen bestimmten Markterfolg zu erreichen. Diese Fonds können als ZweckVerm, dh als selbständige StSubj, ausgestaltet werden. Beispiele: **Mastgeflügel-Stabilisierungsfonds; Eier-Stabilisierungsfonds.** Zum Fonds zur Förderung der **Hybrid-Schweinezucht** s FinVerw 1971 StEK KStG § 4 Nr 69.

2. Die Fonds gleichen, sofern selbständige Zweckvermögen geschaffen werden sollten, den Sammelvermögen und damit den nichtrechtsf Stiftungen (s ABC dort). Die Beiträge der Mitgl scheiden aus dem rechtl und wirtschaftl Eigentum der Mitgl aus. Formalrechtl Eigentümer wird regelm eine bereits bestehende jur Pers oder eine eigens hierfür geschaffene Ges (zB GmbH). Die Zweckbindung erfolgt durch Richtlinien oder durch ein Statut des Fonds, die jedes zum Fonds beitragende Mitgl expressis verbis, durch Verweis oder stillschweigend als rechtl Gehalt der Beitragszahlung zugrunde legt. Diese Zweckbindung ist entscheidend, allein ein vom Träger selbst abgesonderter Vermögensfonds reicht nicht zur Schaffung eines Zweckvermögens aus; s RFH StuW 43 Nr 244 betr eine nichtrechtsf Pensionskasse. Von den nichtrechtsf Stiftungen unterscheidet sich die Fonds wie das Sammelvermögen durch die Vielzahl der Stifter oder Mitgl vom Sammelvermögen dadurch, daß es für einen dauernden Zweck geschaffen ist.

Mißbrauch **ABC**

3. Das **Zusammentragen** des Fonds ist **keine Betriebseinnahme** des Zweckvermögens, der Einsatz des Fondsvermögens keine **BetrAusg** (FinVerw 1971 StEK KStG § 4 Nr 69). Zu weiteren Fragen der Besteuerung s ABC „Zweckvermögen" und FinVerw aaO.

Mißbrauch
S „Steuergünstige Gestaltungen".

1. Anerkennung der Körperschaft: Eine KapGes, die nur „zwischengeschaltet" werde und keinen eigenen Geschäftsbetrieb unterhalte, sei wegen Rechtsmißbrauchs nicht anzuerkennen (RFH RStBl 35, 148). In der Praxis kommt die Nichtanerkennung einer GmbH wegen Verstoßes gegen § 42 AO jedoch nicht vor (*Streck* KÖSDI 80, 3593). Die Komplementär-GmbH wird anerkannt, obwohl von einem eigenen GeschäftsBetr wirtschaftl kaum die Rede sein kann. Ausnahme: Ausl BasisGes; s nachfolgend. Im übrigen ist in der Praxis eher die gegenteilige Tendenz feststellb. Wer eine GmbH gegründet hat und sie nicht ernst nimmt, wird mit nachteiligen StFolgen auf diese Nachlässigkeit hingewiesen. Beispiel: Der Grundstücksmakler gründet eine Immobilien-GmbH, führt aber gleichwohl sein Einzelunternehmen weiter. Wird die GmbH „vergessen" oder wird der Bereich GmbH/Einzelunternehmen nicht abgegrenzt, kann der Mangel zur vGa führen; s § 8 Anm 150 „Wettbewerbsverbot u Betriebsabgrenzung". *Arndt/Ringel* BB 88, 2147 halten es für mögl, daß die Rspr zu den ausl BasisGes (s u 2) auch auf inl KapGes Anwendung finden, wenn an der inl KapGes ausl AntE beteiligt sind; krit dazu „BasisGes" 2.

2. Basisgesellschaft: Unter BasisGes werden ausl Ges in Niedrigsteuerländern verstanden. Sie werden kritisch unter Mißbrauchsgesichtspunkten geprüft; s zu diesem Stichwort. Soweit eine ausl Ges nicht wegen Mißbrauchs verworfen wird, sind die Geschäftsbeziehungen zu dieser ausl Ges zu prüfen; s „Basisgesellschaft" 8.

3. Gewinnausschüttung: Zur Anwendung der 15 vH-Rspr auf die Familien-GmbH u zu inkongruenten Ausschüttungen s „Gewinnausschüttung". „Schütt-aus-Hol-zurück"-Verfahren und „Leg-ein-Hol-zurück"-Verfahren s zu diesen Stichworten. Mißbrauch und vGa s § 8 Anm 150 „Mißbrauch". **Einlagen:** BetrAusg bleiben BetrAusg, auch wenn sie als Einlagen zurückgewährt werden (BFH BStBl II 89, 473). Der Annahme eines Mißbrauchs im Rahmen der KSt muß nicht die gleiche Annahme bei der KapVSt entsprechen (BFH BStBl II 84, 147).

4. Mantelkauf: S § 8 Anm 151 f.

5. Ausnutzung des **§ 17 EStG** und der StFreiheit der Veräußerung **nicht wesentl Beteiligungen** s „Liquidation" 3 u „Steuergünstige Gestaltungen" 3.

6. Das **Anrechnungsverfahren** ist ein höchst mechanisiertes Verfahren, das seinen Zweck nur erfüllt, wenn seine Technik uneingeschr anerkannt wird. Der Einsatz dieser Technik und seine Ausnutzung verstoßen grundsätzl nicht gegen § 42 AO (*Streck* KÖSDI 80, 3595). Zum „Schütt-aus-

Hol-zurück"-Verfahren und zum „Leg-ein-Hol-zurück"-Verfahren s zu diesen Stichworten.

7. Die StBel von **Ausl** und sonstigen **nichtanrechnungsberechtigten AntE** (stbefreite Körperschaften, öffentl Hand) hatte sich durch die KStReform in der Regel erhöht; s zB ABC „Ausl AntE" 4. Um diese Bel zu mindern, wurden Ausgleichsgestaltungen entwickelt, deren Grundprinzip lautet: Gewinne werden durch Leistungsentgelte ersetzt; s ABC „Ausl AntE" 7. Das Leistungsentgelt ist qualitativ etwas anderes als die Gewinnausschüttung. Für § 42 AO ist hier kein Platz. Aus eben diesem Grund kann die Verw auch nicht im Erlaßwege eingreifen (vgl *Wrede* JbFfSt 79/80, 466 ff; *ders* DB 79, 1619, 1674). Vielmehr geschah dies nach verschiedenen Ansätzen durch den Gesetzgeber. Das Entgelt für die Nutzung von Kap wurde in bestimmten Fällen als vGa fingiert (vgl **§ 8a** und seine Kommentierung), nachdem die FinVerw mit einem Versuch gescheitert war, das Problem im Erlaßwege zu lösen (vgl § 8 Anm 42). Werden Anteile kurzfristig zum Empfang der Ausschüttung an AnrBer veräußert und anschließend rückgekauft, so soll auch dies gegen § 42 AO verstoßen (s „Ausl AntE" 8).

8. KapErh und Mißbrauch: S KapErhStG Vorbem Anm 3.

9. Gemeinnützige Körperschaften: Ausnutzung der Bagatellgrenze des § 64 III AO als gesetzl normierter Mißbrauch s § 64 IV AO.

Mitunternehmerschaft

1. Ist AntE einer KapGes eine Mitunternehmerschaft, so sind die Mitunternehmer anrechnungsberechtigt. In dem gesonderten Gewinnfeststellungsverfahren für diese Mitunternehmerschaft wird das KStGuthaben „mit verteilt" (s § 44 Anm 4, 5; BFH BStBl II 96, 531; FG Bremen EFG 94, 1078), und zwar mE bestands- bzw rechtskräftig. Das KStGuthaben ist SonderBetrVerm (*Döllerer* BB 79, 1304; s auch „Handelsbilanz"). Die Verteilung des KStGuthabens erfolgt nach Maßgabe der Ausschüttungsverteilung; es kann nicht gesondert verteilt werden (BFH, FG Bremen aaO). Die Bescheinigung nach § 44 wird auf die Mitunternehmerschaft ausgestellt (s § 44 Anm 4, 5).

2. Zur Frage, ob in der Mitunternehmerschaft die Beteiligungserträge mit oder ohne Anrechnungsguthaben zu bilanzieren sind, s „Handelsbilanz".

3. Zu einzelnen vGa-Problemen s § 8 Anm 150 „PersGes" mit Weiterverweisungen.

Nichtabziehbare Aufwendungen

1. Nichtabzb Aufwendungen sollen **voll mit KSt belastet** werden (§ 31 Anm 1). Die Bel beträgt 45 (50/56) vH. Sie beträgt damit $9/_{11}$ ($1/_1$ / $14/_{11}$) der nichtabzb Aufwendungen (Faktor 0.8181 bzw 1 bzw 1.2727). Insgesamt wird für eine derartige Aufwendung **ein Ertrag von 81.81** P (= **45 vH** KSt) bzw 200 P (= 50 vH KSt) bzw 227,27 P (= 56 vH KSt) der Aufwendung benötigt.

Nichtrechtsfähige Stiftungen **ABC**

2. Gestaltungsempfehlung: Handelt es sich bei den nichtabzb Aufwendungen um Geschenke, Schmiergelder uä, so sollte überlegt werden, ob sie nicht vom AntE unmittelb getragen werden. Bei ihm unterliegen sie möglicherweise einer geringeren EStLast als der 45 (50/56)-vH-Bel.

Nichtanrechnungsberechtigte Anteilseigner
S „Ausländische AntE", „Offentl Hand", „Steuerbefreite Körperschaften".

Mit den vorstehenden Stichworten sind wirtschaftl die nichtanrechnungsberechtigten AntE erfaßt. Nichtanrechnungsberechtigung setzt voraus, daß der AntE mit seinen KapErträgen iSv § 20 I Nr 1–3, II Nr 2 Buchst a EStG nicht stpfl ist. S hierzu grundsätzl § 51 Anm 1 ff.

Nichtrechtsfähige Stiftungen
S „Zweckvermögen".

1. Schrifttum: *Berkel/Neuhoff/Schindler/Steinsdörfer,* Treuhänderische Stiftungen, 3. Aufl, 1992; *Seifart,* Handbuch des Stiftungsrechts, 1987.

2. Steuerliche Bedingungen: Die nichtrechtsfähige Stiftung ist die häufigste Erscheinungsform, in der ZweckVerm (s zu diesem Stichwort) kstpfl sind. Zur Stpfl nach § 1 I Nr 5 s § 1 Anm 16 f und § 3 Anm 3. Ein gesetzl ausgeformtes Rechtsinstitut für die nichtrechtsf Stiftung gibt es nicht. Regelm wird eine nichtrechtsf Stiftung angenommen, wenn der Stifter einen bestimmten Vermögensgegenstand formell auf einen Dritten überträgt, wenn der Gegenstand aus dem Vermögen des Stifters rechtl und wirtschaftl ausscheidet und in das Vermögen des neuen Trägers zwar formal-rechtl, jedoch nicht wirtschaftl eingeht (vgl RFH StuW 30 Nr 14; StuW 32 Nr 769; RStBl 36, 442; RStBl 38, 284; RStBl 38, 573; RStBl 38, 827; RStBl 43, 658); vgl weiter die Entscheidungen zu § 3 KapErtrStG 1920; RFHE 9, 178; RFHE 9, 325. Die Frage des Eigentumswechsels bestimmt die nichtrechtsf Stiftung als Erscheinungsform; notwendige Bedingung für das ZweckVerm ist dieser Wechsel nicht. Der Empfänger des Vermögens erhält regelm die Stellung eines Verwalters oder Treuhänders. Die Verwaltung kann auch einem vom Stifter und dem Eigentümer verschiedenen Dritten übertragen werden. Entscheidend ist, daß der Treuhänder nicht wirtschaftl Eigentümer wird. Wird ihm zB das Vermögen geschenkt mit der Auflage, es in bestimmter Weise anzulegen, soll es ihm aber in absehbarer Zeit zur freien Verfügung stehen, so ist er von Anfang an als wirtschaftl Eigentümer zu betrachten (RFH RStBl 30, 364).

3. Zweifelhaft ist, ob ein selbständig stpfl Subj entstehen kann, wenn für die nichtrechtsf Stiftung der **gleiche Zweck** wie für den **Träger** bestimmt ist. Das Problem stellt sich zB dann, wenn eine gemeinnützige Körperschaft eine nichtrechtsf Stiftung verwaltet, die mit dem gleichen Zweck gemeinnützig ist. Liegen die Bedingungen eines steuerrechtsf ZweckVerm vor, so hindert diese Zweckparallelität die selbständige StPfl nicht (*Bachstädt,* Die unselbständige Stiftung des Privatrechts. Diss Göttingen, 1966, 31; *Streck* StuW 75, 141). Da der Rechtsgrund der Zweckverfolgung unterschiedl ist, können sich beide StSubj im übrigen jederzeit in der Zweckverfolgung trennen. Allerdings ist in derartigen Fällen zu prüfen, ob der Stifter tatsächl eine nichtrechtsf Stiftung errichten oder ob er den Träger selbst bereichern wollte. Erhält die Kirche eine Stiftung für die Priesterausbildung oder zum Kirchenbau, so ist nach dem Willen des Stifters Zuwendungsempfänger regelm die Kirche; erfolgt eine Stiftung zur Errichtung eines Altenheims, so steht im Mittelpunkt der Zweck der Altenpflege; die Kirche wird nur als „Verwalter" oder als „Treuhänder" der Stiftung eingeschaltet (hierzu A F 6 zu § 4 KStG aF KStKartei OFD D'dorf/Köln/Münster).

4. Zivilrechtl Gestaltung: Um zivilrechtl eine nichtrechtsf Stiftung isv § 1 I Nr 5 zu schaffen, muß sichergestellt werden,
– daß ein bestimmter Vermögensgegenstand auf einen Dritten übertragen (für die nichtrechtsf Stiftung typ, für das Zweckvermögen nicht notwendige Bedingung),
– daß ein Zweck, dem dieser Vermögensgegenstand dienen soll, bestimmt (Zweckbestimmung),
– daß die Zweckbindung vertragl mit dem formal-rechtl Träger sowohl hinsichtl des Vermögensstammes als auch hinsichtl der Erträge sichergestellt
– und daß schließl die Verw des Zweckvermögens, dh die Zweckverfolgung, geregelt wird.

5. Das **Zivilrecht** kennt in den §§ 80 ff BGB nur die rechtsf Stiftung. Die Errichtung einer nichtrechtsf Stiftung muß sich daher der allg Formen des bürgerl Rechts bedienen, insbes des Vertrags und der Verfügung von Todes wegen, auch wenn das Ergebnis „juristisch weder Fisch noch Fleisch, halb Stiftung und halb Vertragswerk" (*Liermann,* Die unselbständige Stiftung in: Deutsches Stiftungswesen 1948–1966, hrsg v *Franz* ua 1968, 229) ist. Bei der **vertragl Vereinbarung** müssen – nach der Übertragung des Vermögensgegenstandes auf den Träger – zwischen Stifter und Träger Zweckbestimmung, -bindung und -verfolgung, dh die treuhänderische oder fiduziarische Bindung, obligatorisch vereinbart werden. Bei dem Vertrag, den man Stiftungs- oder Treuhandvertrag nennen kann, handelt es sich um einen **Auftrag** (§ 662 BGB) oder – bei Vereinbarung eines Entgelts – um einen **Geschäftsbesorgungsvertrag** (§ 675 BGB). Träger (Vertragspartner) wird regelm eine jur Pers, kann aber auch eine natürl Pers sein; im letzteren Fall muß vereinbart werden, daß die Stiftungsverpflichtung über den Tod hinausreicht und auf die Erben übergeht. Besondere **Formvorschriften** bestehen nicht. Allerdings kann der Vertrag ein Geschäft umfassen, das als solches einer Form unterliegt (zB § 313 BGB). Als zweckmäßig äußere Gestaltungsform ist ein Rahmenvertrag, kraft dessen der Träger die Stiftung gem einem besonderen Statut, das Zweckbindung und Zweckverfolgung regelt, verwalten soll, übl. Bei der vertragl Vereinbarung ist die **Abgrenzung zur Schenkung** unter Auflage wichtig (§ 525 BGB). Unterscheidungskriterium ist die Frage, ob der Stifter den Träger trotz Auflage bereichern will (RGZ 105, 305). Da er in diesem Fall dem Träger wirtschaftl regelm etwas zuwendet, wenn auch vielleicht nach Ablauf einer bestimmten Zeit, liegt in diesen Fällen ein stl Zweckvermögen nicht vor. Der Stiftungsvertrag ist weiter gegen den **Dienst- oder Werkvertrag abzugrenzen,** bei dem der Zuwendung des Stiftungsgegenstan-

Öffentliche Hand **ABC**

des eine konkrete Gegenleistung des Trägers gegenübersteht. Auch hier liegt wirtschaftl eine Zuwendung an den Träger vor, die ein Zweckvermögen ausschließt. Beisp: Wird einer Friedhofsverwaltung ein Vermögen gestiftet, um ein Grab zu pflegen, so kann eine nichtrechtsf Stiftung oder ein Dienst- oder Werkvertrag, das Grab entgeltl – näml als Gegenleistung für das „gestiftete" Vermögen – zu pflegen, vorliegen, Nur im ersteren Fall ist ein Zweckvermögen entstanden (vgl RFH RStBl 38 827).

6. Eine nichtrechtsf Stiftung kann durch **Verfügung von Todes** wegen entstehen. Einmal kann der Erblasser die Erben verpflichten, vertragl eine nichtrechtsf Stiftung zu errichten. In diesem Fall gilt das vorstehend zu den vertraglichen Stiftungen Gesagte entspr. Die übl Form einer Stiftung von Todes wegen ist die Anordnung einer Auflage gem §§ 1940, 2192ff BGB (RGZ 96, 15). Der Erbe oder der Vermächtnisnehmer ist Träger; durch die Auflage werden Zweckbestimmung, -bindung und -verfolgung geregelt. Das Vermächtnis eignet sich schon wegen der Frist des § 2162 BGB wenig für die nichtrechtsf Stiftung.

7. Nichtrechtsf Stiftungen unterliegen im übrigen nach diesen Rechtsbereichen weder **Form-** noch **Genehmigungserfordernissen,** weder inhaltlichen Mindest- noch Mußbedingungen. Sie sind mit großer Gestaltungsfreiheit und **einfach zu schaffen.** Der Stifterverband für die deutsche Wissenschaft fördert die Errichtung sog treuhänderischer Stiftungen, die selbst keine Rechtsfähigkeit besitzen und treuhänderisch vom Stifterverband verwaltet und geführt werden. Der Stifterverband hat **Vertragsmuster** entwickelt, die eine Treuhandvereinbarung vorsehen, die den Stifterverband verpflichtet, das ZweckVerm gemäß einem gesonderten Stiftungsstatut, das Zweck, Mittelverwendung und die Entscheidungskompetenzen regelt, zu verwalten. Vgl *Berkel/Krüger/Mecking/Schindler/Steinsdorfer,* Treuhänderische Stiftungen, 5. Aufl, 1995.

8. Ausl Rechtsordnungen kennen im Gegensatz zum dt Recht für nichtrechtsf Stiftungen besondere Rechtsformen. Hinweis auf das nichtrechtsf Treuunternehmen des liechtensteinischen Privatrechts (dazu BFH BStBl II 68, 695) oder den Trust des angloamerikanischen Rechtskreises.

Öffentliche Hand

1. Jur Pers des öffentl Rechts sind grundsätzl von der **AnrBer ausgeschlossen;** eine Ausnahme gilt nur dann, wenn sie die Anteile in einem Betr gewerbl Art halten (vgl §§ 2, 50, 51 mit Anm). Ihre Situation entspr derjenigen der ausl AntE; auf die Ausführungen zu diesem Stichwort wird verwiesen. § 44c II EStG halbiert allerdings für jur Pers des öffentl Rechts die KapErtrSt. Die StBel beläuft sich daher – bezogen auf 100 P Gewinn – im Ausschüttungsfall auf

AusschüttungsBel	(36 P)	30	P
Ausschüttung	64 P	70	P
./. 25 vH ½ KapErtrSt	8 P	8,75	P
StBel	44 P	38,75	P

2. Gestaltungshinweise: Die StBel kann gesenkt werden, indem die jur Pers des öffentl Rechts ihre TochterGes nicht mit EigenKap, sondern mit **FremdKap** ausstattet; wir verweisen auf „Ausl AntE" 6 ff; das dort Ausgeführte gilt entspr. Insbes die dort erwähnte Zwischenschaltung einer 2. GmbH ist auch für die öffentl Hand attraktiv. Der Veräußerungsvorgang der öffentl Hand in die zwischengeschaltete GmbH ist steuerfrei (§ 4 Anm 12). Die Schaffung des § 8a durch das StandOG v 13. 9. 93 (Vor § 1 Anm 19) trifft ebenfalls die Beteiligungen der öffentl Hand (s § 8a Anm 4) und schränkt die Gestaltungsmöglichkeiten ein. Zu den Vorteilen des **„Schütt-aus-Hol-zurück"-Verfahrens** s zu diesem Stichwort. Zum **Wechsel** aus der NichtAnrBer in die AnrBer s Anm zu § 39 bis 1979 u § 50c EStG zeitl nachfolgend (dazu „Veräußerung von Anteilen an KapGes u AnrV" 9). Zu **Verlustbetrieben** s „Verluste" mit Weiterverweisungen.

3. Vergütung von KSt s § 52 KStG; *Selling/Riegler* ZKF 84, 27.

Personengesellschaft
S „Mitunternehmerschaft", „Unternehmensform".

Sammelvermögen
S „Nichtrechtsfähige Stiftung", „Zweckvermögen".

Oft genanntes Beisp eines ZweckVerm (s dort) ist das Sammelvermögen des § 1914 BGB („Ist durch öffentl Sammlung Vermögen für einen vorübergehenden Zweck zusammengebracht worden . . ."). Bürgerl-rechtl wird es überwiegend als Treuhandvermögen des Sammlers aufgefaßt. Der Sammler ist zwar formal-rechtl Eigentümer, jedoch durch den Sammlungszweck gehindert, über das Sammelvermögen wirtschaftl wie ein Eigentümer zu verfügen. Im Ergebnis ist damit das Sammelvermögen eine nichtrechtsf Stiftung (*Evers,* KStG 1925, 2. Aufl, 1927, § 5 Anm 10), die sich von dieser durch die Vielzahl der Stifter und dadurch unterscheidet, daß in erster Linie das gestiftete Vermögen selbst und nicht dessen Ertrag alsbald dem Stiftungszweck zufließen soll. Wie die nichtrechtsf Stiftung ist das Sammelvermögen als ZweckVerm iSv § 11 Nr 5 stpfl. Der StPfl unterliegen bei dem Sammelvermögen die Erträge, die das Vermögen bis zur Verteilung abwirft. Das gesammelte Vermögen selbst unterliegt nicht der KStPfl (RFH RStBl 40, 835).

Sanierungsgesellschaft
S „Fortführungsgesellschaft".

Satzung der GmbH und KSt
S „Abfindungen".

Schrifttum: *Felix* (Hrsg.), Die GmbH in der Steuerberatung, 1979, Anm 339 ff; *Raupach,* Die GmbH-Satzung nach der KStReform, in Pro GmbH, 1980, 205. S auch das Muster einer GmbH-Satzung von *Streck/Schwedhelm* in Steuerl Vertrags- u Formularbuch, 3. Aufl, 1996.

1. Allgemeines: Die Satzung der GmbH muß die stl Bedingungen berücksichtigen. Das GesRecht nimmt das StR als Gegebenheit hin. Dabei kommt es zu Rückwirkungen des StR auf das GesRecht. Beisp: Anknüpfung der HB an die StB. Obwohl rechtslogisch die HB Maßstab der StB ist, beeinflußt das StR wiederum die HB. Allerdings sind diesen Rückwirkungen durch die Änderungen des HGB durch das BilRiG Schranken gesetzt. Vorher schon zwang die Einführung des AnrV zu einer Überprüfung der Beziehungen zwischen StR und Satzungsrecht. Grundsatz: Vertragl Vereinbarungen über die Technik des AnrV sind nicht mögl. So kann die Verwendungsfiktion des § 28 KStG nicht durch eine Vereinbarung unterlaufen werden. Wohl sind die Sachverhalte gestaltbar, an die das AnrV anknüpft (Beisp: „Schütt-aus-Hol-zurück"-Verfahren, s dort).

2. Anknüpfung an die Steuerbilanz: Die Regelung des Jahresabschlusses in der Satzung kann an die StB anknüpfen: allerdings kann der Gesellschaftsvertrag den Geschäftsführer nicht verpflichten, die Bilanz ausschließl nach steuerrechtl Vorschriften – unter Außerachtlassung der handelsrechtl Normen – aufzustellen (BayObLG DB 88, 171). Wird – im Rahmen des Möglichen – von der Maßgeblichkeit der StB unter den Gesellschaftern ausgegangen, gilt das im Zweifel auch für geänderte Bilanzen (BFH BStBl II 71, 600; dazu *Felix* NJW 72, 473); es kann sich empfehlen, eine dahingehende ÄnderungsPfl in der Satzung aufzunehmen.

3. Ausschüttungen: Jede Ausschüttung beeinflußt durch KStErhöhungen oder KStMinderungen die Höhe des ausschüttb Gewinns, Prinzipiell ist diese Auswirkung nicht neu, da auch das alte Recht einen besonderen AusschüttungsStSatz kannte. Grundsätzl neu ist die Tatsache, daß durch die Ausschüttung der Gewinn vermehrt werden kann, ohne daß in dem Wj, für das ausgeschüttet wird, dieser Gewinn entstanden ist. Durch die Ausschüttung kann die KSt vergangener Jahre gemindert und ausgeschüttet werden. S im übrigen „Gewinnausschüttung", „Leg-ein-Hol-zurück"-Verfahren, „Schütt-aus-Hol-zurück"-Verfahren, „Vorabausschüttung".

4. Satzungsbestimmungen können zu **verdeckten Gewinnausschüttungen** führen. Gewährt die Satzung einem AntE ein Recht, das sich bei ihm mangels angemessener Gegenleistung als Vorteilszuwendung darstellt, besteht die Möglichkeit einer vGa. Beispiele: Ein AntE hat das Recht, zu einem in der Satzung fixierten Gehalt als Geschäftsführer berufen zu werden. Entspr das Gehalt nicht seiner Leistung, liegt eine vGa vor. Vereinbarungen über überhöhte Darlehenszinsen an AntE führen zu vGa. Ist der Abfindungsbetrag beim Ausscheiden höher als der Wert des hingegebenen Gesellschaftsanteils, kann eine vGa gegeben sein. Vereinbarte Vorzugspreise hinsichtl der Leistungen und der Produkte der GmbH sind als vGa gefährdet. Unentgeltl Wohn- oder Nutzungsrechte an Grundstücken, Wohnungen und sonstigen Wirtschaftgütern können vGa sein. Betreibt der AntE neben der GmbH noch ein Einzelunternehmen oder ist er aktiv in einer PersGes, die den gleichen Zweck wie die GmbH verfolgt, ist idR eine klare Abgrenzung zwischen der Tätigkeit der GmbH und derjenigen des Einzelunternehmens bzw der PersGes erforderl. Hinweis auf § 8 Anm 60 ff.

5. Einlagen: In Anm 4 wurde dargestellt, daß satzungsmäßige Vorteilszuwendungen an AntE zu vGa führen können. Auch der umgekehrte Fall ist zu vermeiden, auch wenn er weniger schwer wiegt. Unentgeltl oder unangemessen niedrig entgoltene Lieferungs- und Leistungserbringung von seiten des AntE an die GmbH können als verdeckte Einlage zu werten (vgl § 8 Anm 40 ff) und kapitalverkehrstpfl sein.

6. Steuer- und Satzungsklauseln: Zu solchen Klauseln zur Vermeidung von vGa bzw der nachteiligen Folge von vGa s § 8 Anm 110 ff.

7. Abfindungen: S zu diesem Stichwort.

8. Liquidation: S zu diesem Stichwort. Die Liquidationsbesteuerung ist zwingend. Der Vertrag muß insoweit keine Besonderheiten vorsehen; in die Besteuerung eingreifende Regelungen sind nicht mögl.

9. Gründungskosten kann die GmbH nur tragen, wenn dies in der Satzung geregelt oder anläßl der Gründung festgelegt ist, und zwar auch betragsmäßig; anderenfalls vGa (s § 8 Anm 150 „Gründungskosten").

Schachtelprivileg

Auch KapGes kommen in den Genuß des AnrV. Damit entfällt die Notwendigkeit des früheren, bis 1976 geltenden kstl Schachtelprivilegs. Der durch mehrere KapGes durchgeschüttete Gewinn gelangt schließl von KSt unbelastet zum AntE, dh einer natürl Person. Zu dem gleichwohl fortbestehenden Bedürfnis für ein Schachtelprivileg im Konzernverbund s *Merkert* DB 77, 1819; *Müller-Dott* BB 77, 1267; *Mayer-Wegelin* BB 78, 1404. Zum Schachtelprivileg nach der KStReform im nicht kstl Bereich *Reuter* DStR 79, 107. S außerdem *Moebus,* Schachtelbeteiligung bei der KSt, VSt und GewSt in nationaler und internationaler Sicht, 1979.

Schrifttum

Allg Schrifttum zur Körperschaftsbesteuerung, zur KStReform, zum KStG 1977, zum AnrV u zur Rechtsvergleichung und -harmonisierung s Vor § 1 Anm 1 ff sowie vor den Erläuterungen zu den jeweiligen Paragraphen.

„Schütt-aus-Hol-zurück"-Verfahren

1. Schrifttum: *Felix/Streck* DStR 77, 42; *Hintzen* BB 77, 1247; *Priester,* KStReform und Gewinnverwendung – Probleme des Ausschüttungsrückholverfahrens, ZGR 77, 445; *L Schmidt* JbFfSt 77/78, 225; *Hintzen* FR 78, 60; *Tillmann,* Das neue KStRecht der GmbH, 2. Aufl, 1978, Tz 195 ff; *Hintzen,* Das Schütt-aus-Hol-zurück-Verfahren nach der KStReform, BB 78, 1302; *Lutter,* Bilanzierung, Reservebildung und Ausschüttung in der GmbH, DB 78, 1965; *Tillmann* StbKongrRep 78, 189; *Esch,* Die gesellschaftsvertragl Vereinbarung der Rückgewähr ausgeschütteter Gewinne der GmbH, NJW 78, 2529; *Lutter,* Finanzierungsregeln im Gesellschaftsvertrag der GmbH und ihrer Sonderformen, JbFfSt 78/79, 57; *Durchlaub,* Wiederanlage ausgeschütteter Gewinne und Minderheitenschutz in der GmbH, DB 79, 777; *Felix* (Hrsg), Die GmbH in der StBeratung, 1979, Tz 1122 ff; *Paulke/Weckbecker,* Steuer- und Liquiditätswirkungen beim Schütt-aus-Hol-zurück-Verfahren, DB 80, 649; *Raupach* in Pro GmbH, 1980, 216; *Siegel,* Das Schütt-aus-Hol-zurück-Verfahren bei Nichterreichen der Standardausschüttung, DB 81, 1847; *Krebs* StbKongrRep 81, 365; *Streck* GmbHR 82, 22; *Widmann* DStR 82, 523; *Kruschwitz,* Krit EStSätze für die Schütt-aus-Hol-zurück-Politik nach dem KStG 1977, DB 83, 683; *Siegel,* Probleme der Schütt-aus-Hol-zurück-Politik: Zur Berücksichtigung der GewStÄnderung und zur Erfassung der späteren Restausschüttung, DB 83, 1881; *Kruschwitz,* Schütt-aus-Hol-zurück-Verfahren oder Sofortthesaurierung bei dividendenabhängigen Gehältern? DB 84, 1049; *Goutier* GmbHR 85, 264; *Essig,* Gewinnausschüttung und nachfolgende Wiedereinlage – zivil- und steuerrechtl Grenzen des Schütt-aus-Hol-zurück-Verfahrens, Diss 1987, Darmstadt; *Orth,* Neue Aspekte zum Schütt-aus-Hol-zurück-Verfahren, GmbHR 87, 195; *Neufang,* Besonderheiten des Schütt-aus-Hol-zurück-Verfahrens, Inf 91,

„Schütt-aus-Hol-zurück"-Verfahren

299; *Decker,* Schütt-aus-Hol-zurück-Politik bei mehreren Anteilseignern, DB 92, 1001; dazu Entgegnung von *Schult* DB 92, 2456; *Mosthaft,* „Schütt-aus-Hol-zurück" oder die Sacheinlagen in bar, FS Beusch 1993, 65; *Robisch,* Optimale Schütt-aus-Hol-zurück-Politik von KapGes u Wandel der Tarifstruktur, DStR 94, 334; *Zielke,* Vorteile der Schütt-aus-Hol-zurück-Politik im Jahre 1994, BB 94, 2177; dazu *Richter* BB 94, 2398; *Keller,* Die Behandlung des Schütt-aus-Hol-zurück-Verfahrens in der Rechnungslegung der Gesellschafters, Wpg 94, 617; dazu *Bareis* Wpg 95, 691; *Mayer/Heiß/Block,* Die Schütt-aus-Hol-zurück-Politik unter dem Einfluß der Steuerreform, DB 95, 281; *Semetz,* Die Folgen der neuen Zivilrechtsprechung zum „Ausschüttungs-Rückhol-Verfahren" für frühere KapErhöhungen bei der GmbH, ZIP 95, 173; *Sigel,* Reparaturmöglichkeiten bei fehlgeschlagener KapErhöhung nach Schütt-aus-Hol-zurück-Verfahren, GmbHR 95, 487.

2. Ausschüttungen an unbeschr stpfl AntE führen zur Entlastung von der KSt und zur Bel mit der ErtragSt des AntE **(Belastungaustausch)**. Bei Gewinnverteilungsbeschlüssen ist diese Auswirkung zu berücksichtigen. Liegt der AntE nicht in der Spitzenprogression, so führt die Ausschüttung im Ergebnis zu einer niedrigeren Bel, sofern voll belastetes EK ausgeschüttet wird. Zweifelhaft ist dies bei EK der Gruppe 2 ($EK_{30(36)}$, da die Bel der AntE oft die AusschüttungsBel erreicht. EK der Gruppe 3 (EK_0) auszuschütten, heißt regelm – sieht man von Einlagerückzahlungen (Verwendung von EK_{04}) im privaten Bereich ab –, nichtbelastetes EK mit einer Steuer zu belegen. Folgl ist es regelm günstig, EK aus $EK_{45(50/56)}$, weder gut noch schlecht, EK aus $EK_{30(36)}$, unvorteilhaft, EK aus EK_0 auszuschütten. Beisp: Gewinn, bei der KapGes belastet mit 45 (50/56) vH, ausgeschüttet an einen AntE mit hohen sonstigen Verlusten, kann zur völligen Entlastung, InvZul bei der KapGes stfrei, kann im Ausschüttungsfall stpfl werden.

3. Die Ausschüttung ist nicht nur zu erwägen, wenn die Gewinne das Unternehmen endgültig verlassen sollen. Auch **Investitions-Kap** kann **ausgeschüttet** und **reinvestiert** werden. Durch das sog **„Schütt-aus-Hol-zurück"-Verfahren** erfolgt für die im Unternehmen verbleibenden Erträge der Austausch der StBel (dazu *Felix/Streck* DStR 77, 42; zu den Finanzierungsvorteilen auch *Paulke/Weckbecker* DB 80, 649). Das „Schütt-aus-Hol-zurück"-Verfahren ist keine Neuschöpfung infolge des KStG 1977; zu diesem Verfahren bereits im alten Recht s *Claussen* ZgK 62, 869; *Silcher* ZgK 65, 20; *von Lindeiner* StuW 71, 250; *Priester* ZGR 77, 450; es war Bedingung für den sog „Ausländereffekt" (dazu ua *H Vogel,* Die außenstl Wirkungen eines AnrV bei der KSt, FS für Kuno Barth, 1971, 266; *ders,* Der ausl Aktionär, 1973, 6 ff; *Hoyer* DB 71, 2429; *Jahn* Wpg 72, 238; *Garber* BB 74, 1479 u 75, 1570 mwN; s „Ausl AntE").

4. Das „Schütt-aus-Hol-zurück"-Verfahren eignet sich im wesentl nur für überschaub Verhältnisse, insb für **mittelständische** Unternehmen und **Familienunternehmen.** Anwendb ebenfalls in der **BetrAufsp.** Zu Betr der öffentl Hand, gemeinnützigen Körperschaften und BerufsVerb s u Anm 11. Bei der Praktizierung des „Schütt-aus-Hol-zurück"-Verfahrens sollten die Unternehmen nicht nur an den evtl **StVorteil** denken. Die erforderl **Bindung** von **Kapital** und das **Bilanzbild** sind zB weitere Aspekte, die die Entscheidung und Durchführung beeinflussen.

5. Zur **kritischen, marginalen EStBelastung,** bis zu welcher das „Schütt-aus-Hol-zurück"-Verfahren lohnt, vgl bis 1992 4. Aufl. Nachdem die TarifBel nur noch 45 vH bzw 50 vH beträgt (§ 23 III), haben sich die Grenzen zu Lasten des „Schütt-aus-Hol-zurück"-Verfahrens verschoben. Nach *Robisch* DStR 94, 334 ist das Verfahren günstiger als die Thesaurierung, wenn die individuelle EStBelastung unter 53,7% (1993), 49,1% (1994) u 45,7% (1995) liegt (GewStHebesatz 420%; ohne KiSt). Weitere Differenzierungen bei *Robisch;* etwas andere Zahlen errechnet *Schneider* DB 94, 544. S weiter *Zielke* BB 94, 2177; *Richter* BB 94, 2398 u BB 97, 69; *Mayer/Heiß/Block* DB 95, 281.

6. Das **„Hol-zurück"** kann im Wege einer **Darlehensgewährung,** einer **stillen Beteiligung,** einer **Einlage** oder einer **KapErhöhung** erfolgen. Die Rückgewähr kann **freiwillig** geschehen oder aufgrund einer vorher eingegangenen **obligatorischen** oder **gesellschaftsrechtl Verpflichtung.** Beisp: Darlehensvertrag zwischen AntE und Körperschaft verpflichtet zur Aufstockung im Ausschüttungsfall. Die Verpflichtung zur Rückgewähr muß nicht mit der Körperschaft vereinbart werden; dies kann auch durch einen Vertrag unter den AntE geschehen. Wiederanlageverpflichtung – in Form eines Darlehens, über eine stille Ges oder als Einlage – kann auch die GmbH-Satzung vorsehen, zB über § 3 II GmbHG als Nebenleistungsverpflichtung (*Baumbach/Hueck,* GmbHG, 16. Aufl, 1996, § 3 Rz 40; *Tillmann,* Das neue KStRecht der GmbH, 2. Aufl, 1978, Tz 205; *Esch* NJW 78, 2531), evtl auch als NachschußPfl gem §§ 26 ff. GmbHG (vgl *Esch* aaO). Entspr ist bei der AG nicht mögl (§§ 54, 55 AktG; *Priester* ZGR 77, 465). Zur Minderheitenproblematik s *Durchlaub* DB 79, 777. Kannte die GmbH-Satzung eine zwingende Rücklagenbildung, so nimmt *Lutter* DB 78, 1969, JbFfSt 78/79, 80 eine gesellschaftsrechtl Pfl zur Einführung des „Schütt-aus-Hol-zurück"-Verfahrens an (s auch „Gewinnausschüttung"). Soweit die Rückholung durch Rücklagenbildung erfolgt, ist darauf zu achten, daß die Rücklagen als Kapitalrücklagen iSv § 272 II Nr 4 HGB ausgewiesen werden (*Orth* GmbHR 87, 195). Zur Forderungseinlage als Sacheinlage s BGH BB 91, 994; OLG Köln WM 90, 1385 u GmbHR 96, 682; *Roth* NJW 91, 1913; *Axer/Stuirbrink* Wpg 91, 669; *Sernetz* ZIP 95, 173; *Sigel* GmbHR 95, 487. Die Wiederanlage kann auch auf einen **vH-Satz** festgelegt werden (zB 60 vH, um den AntE die Versteuerung zu ermögl. Die Regelung der **Gewinnverteilung** bei der Körperschaft kann Erschwerungen, zB qualifizierte Mehrheiten, vorsehen, falls der Gewinn nicht reinvestiert wird; zust *Priester* ZGR 77, 469. Bei **Übertragung** von **Anteilen** gehen schuldrechtl Verpflichtungen auf den Erwerber nicht über; Sicherung dadurch mögl, daß die Übertragung nur mit Genehmigung der Ges mögl ist und diese die Genehmigung nur erteilen darf, wenn der Erwerber Wiedereinlagepflichten übernimmt (*Priester* ZGR 77, 467).

7. Die **FinVerw** erkennt das „Schütt-aus-Hol-zurück"-Verfahren grundsätzl an. Eine Ausschüttung, die zur KapErhöhung verwendet wird, ist stets eine Ausschüttung iSd AnrV (A 77 f KStR 1985, A 77 VII KStR 1990); diese KStR-Regelung gilt mE auch für Nachschüsse (§§ 26–28 GmbHG). Auch darüber hinaus erkennt die FinVerw das Schütt-aus-Hol-

"Schütt-aus-Hol-zurück"-Verfahren **ABC**

zurück"-Verfahren an (s A 77 KStR): Ausschüttungen bleiben Ausschüttungen, auch wenn die Gewinne als Darlehen, aufgrund einer still Ges o als Einlagen zurückgewährt werden. Das „gilt selbst dann, wenn schon vor dem Gewinnverteilungsbeschluß eine Verpflichtung des Gesellschafters zur Darlehenshingabe oder zur Einlage bestanden hat" (KStR aaO).

8. Fragl ist, wann ein **Mißbrauch** (§ 42 AO) vorliegt. Das „Schütt-aus-Hol-zurück"-Verfahren entspr den Prinzipien des AnrV; es wird ausdruckl in den Materialien erwähnt (BT-Drucks 7/5310, 9). Daher ist der Mißbrauchsvorbehalt auf Extremfälle zu beschränken (glA *Jurkat* JbFfSt 79/80, 420; *Döllerer* JbFfSt 80/81, 258; *Streck* KÖSDI 80, 3595; HFRAnm 80, 191; gegen Mißbrauchseinwand auch nach dem Inkrafttreten des BilRiG *Orth* GmbHR 87, 195). A 77 IV KStR 1977 enthielt unter Anführung von BFH BStBl II 73, 806 einen Vorbehalt zugunsten § 42 AO; BFH BStBl II 73, 806 kann jedoch nur sehr bedingt angewandt werden, da die Entscheidung zum alten Recht erging (vgl *Priester* ZGR 77, 445, 472ff). BFH BStBl II 80, 247 betont zur KapHerabsetzung die Notwendigkeit, bis 1976 durch § 42 AO die DoppelBel mit KSt und St des AntE zu schützen. Dieser Zweck entfällt ab 1977. Die Übernahme der älteren Rspr in die KStR war daher verfehlt. In den KStR 1981 wurde der Vorbehalt gestrichen, was die grundsätzl Geltung des § 42 AO nicht berührt. Gegen Mißbrauch BFH BStBl II 89, 473, wenn BetrAusg als Einlagen zurückgewährt werden; die BetrAusg bleiben BetrAusg. Weiterhin zugunsten der Anwendung des § 42 AO *Nicolai* StBp 81, 63; nicht abgeneigt auch *Widmann* DStR 80, 525. Bei der Überprüfung von Gestaltungen im Hinblick auf § 42 AO sind die Grundentscheidungen des KStG 1977 zu beachten. Die KapErhöhung aus GesMitteln erfolgt nach dem KStG 1977 aus mit KSt belasteten Mitteln, also ohne Schütt-aus-Hol-zurück"-Fiktion (s BT-Drucks 7/1470, 332). Diese gesetzgeberische Entscheidung darf nicht umgangen werden. Warnung auch in HFRAnm 76, 292. Gegen diese Argumentation aber: Die genannte gesetzgeberische Entscheidung ist nicht neu; sie galt bereits im alten Recht. Dennoch hat hier die Rspr bei KapErhöhungen aus GesMitteln das „Schütt-aus-Hol-zurück" fingiert (BFH BStBl III 57, 401; III 58, 391). Die Rspr verursachte das fortbestehende KapErhStG (s die Kommentierung des KapErhStG). Selbst aus dem KStG 1977 läßt sich also nur sehr eingeschränkt der Mißbrauchstatbestand ableiten.

9. Mißbrauch bei **einzelnen Gestaltungen:** Jede **Wiederanlage,** die **freiwillig** erfolgt, ist anzuerkennen. Der AntE hätte auch eine andere Anlage wählen können; an einer vorliegenden Ausschüttung kann kein Zweifel bestehen. Besteht eine **gesellschaftsrechtl** oder **obligatorische Verpflichtung** zur Wiederanlage in obligatorischer Form **(Darlehen, stille Ges),** ist die Ausschüttung ebenfalls anzuerkennen. Das gilt auch bei langfristigen Darlehens- und Gesellschaftsverträgen. ME zu eng *L Schmidt* JbFfSt 77/78, 227, der in diesem Fall verlangt: Wiederanlage nur eines geringen Teils (zB 25 vH); Gleichbehandlung aller AntE; Darlehens- und GesVerträge „wie unter Fremden"; Bindung allenfalls auf 3 Jahre. *L Schmidt* hat in erster Linie die Familien-GmbH (Eltern/Kinder) im Auge; selbst hier sind seine Anforderungen überspitzt. Weder ist eine Beschränkung der Wiederanlage gerechtfertigt noch eine Gleichbehandlung; die Vertragsbedingung „wie unter Fremden" ist schon aus vGa-Gesichtspunkten erforderl; eine Bindung von 8 Jahren ist mE mögl. Trotz des unmittelb Sachverhaltsbezugs zu BFH BStBl II 73, 806 ist die **Einlage** unbedenkl, wenn Rücklagen-Gewinne ausgeschüttet und unmittelb wieder eingelegt und in die Rücklagen eingestellt werden; BFH aaO ist zum KStG 1977 unanwendb. Anm 8; wie hier *Tillmann,* Das neue KStRecht der GmbH, 2. Aufl, 1978, Tz 211 und grundsätzl auch *Priester* ZGR 77, 445, 472; allenfalls aus pragmatischer Vorsicht sollte man dieser Gestaltung keinen Vorrang geben. Auf jeden Fall ist das „Schütt-aus-Hol-zurück" anzuerkennen, wenn die Wiederanlage – wirtschaftl trennb – nach der Ausschüttung erfolgt und die Ges den Rücklagengewinn auch ohne weiteres hätte auszahlen können. Eine **obligatorisch** oder **gesellschaftsrechtl geschuldete Einlage** der Ausschüttung, die unmittelb durch oder nach der Ausschüttung zur Reinvestition führt, ist ebenfalls anzuerkennen (Bedenken bei *L Schmidt* JbFfSt 77/78, 227). Zur **Absicherung gegen Mißbrauchsverwerfung** kann eine Kombination der KStR-Regelungen in A 77 KStR sinnvoll sein: Verpflichtende Darlehensrückgewähr über § 3 II GmbHG; von Zeit zu Zeit werden die Darlehen – evtl aufgrund einer entspr schuldrechtl Verpflichtung – in NennKap umgewandelt (Vertragsformulierung bei *Esch* NJW 78, 2534).

10. Bei **FamilienGes** sind die zivilrechtl Formen zu beachten. Zur Sacheinlage s 6. Für die Wiedereinlage in Form eines Darlehens oder einer stillen Beteiligung ist, sofern sie freiwillig von einem Minderjährigen erfolgt, während die Körperschaft von seinem Vater vertreten wird, Pflegerbestellung erforderl. Das gilt nicht, falls die Wiedereinlage geschuldet wird, § 181 letzter Halbs BGB. *Widmann* DStR 80, 526 spricht sich in diesem Bereich für eine nicht allzu große Strenge aus.

11. „Schütt-aus-Hol-zurück" ist auch bei **KapGes der öffentl Hand** empfehlenswert; die StBel kann von 45 (50/56) vH auf 38,75 vH gesenkt werden (*Hoppe* GemH 77, 5; s „Öffentliche Hand"). Entspr gilt, soweit im übrigen die Befreiungen und Ermäßigungen der KapErtrSt nach § 44c EStG – zB **gemeinnützige Körperschaften, Berufsverbände** – eingreifen. **Beisp:** Ist es stl günstiger, den wirtschaftl GeschäftsBetr eines BerufsVerb als wirtschaftl GeschäftsBetr oder als GmbH zu führen? Der wirtschaftl GeschäftsBetr unterliegt einem StSatz von 42 vH, die GmbH von 45 vH, sofern die Gewinne thesauriert werden, und von 30 vH + $^1\!/_2$ KapErtrSt (§ 44c II EStG), dh 8,75 vH bezogen auf den Gewinn vor KSt, insgesamt also 30 vH + 8,75 vH = 38,75 vH, sofern der Gewinn ausgeschüttet wird. Wird also wenig Gewinn thesauriert, ist die GmbH günstiger, andernfalls der wirtschaftl GeschäftsBetr. Durch das „Schütt-aus-Hol-zurück"-Verfahren wird aber auch die GmbH dann günstiger, wenn der Gewinn im Betrieb gebunden werden muß.

Solidaritätszuschlag

1. Solidaritätszuschlaggesetz v 24. 6. 91 (BGBl I 91, 1318; BStBl I 91, 640). **Text** s S 579. Höhe: 3,75 vH der ESt/KSt 1991 u 1992.

2. Der Solidaritätszuschlag (nicht verfassungswidrig, BFH BStBl II 92, 702) gehört zu den nichtabzb Ausgaben, der das EK_{50} mindert (vgl § 31 Anm 8; *Scheumann-Kettner/Dötsch* DB 91, 1591; *Korn* KÖSDI 91, 8646, 8652). Bei Ausschüttungen beeinflussen sich KSt und Solidaritätszuschlag wechselseitig (vgl hierzu *Scheumann-Kettner/Dötsch* aaO). Die Festsetzung der KSt ist Grundlagenbescheid für die Festsetzung des Solidaritätszuschlags (BFH BStBl II 95, 305; II 96, 619). Zur MehrfachBel mit Solidaritätszuschlag bei Ausschüttungen s *Dötsch* GmbHR 92, 513; *Siegel* GmbHR 92, 795. Zur Berechnung und Rechnungslegung *Küffner/Raaz* DStR 93, 750. Solidaritätszuschlag und vGa s *Krag/Böth/Harle* StBp 93, 160.

3. Solidaritätszuschlaggesetz 1995 v 23. 6. 93 (BGBl I 93, 944; BStBl I 93, 510). **Text** s S 580. Höhe: 7,5% der ESt/KSt ab 1995 ohne Befristung.

4. Der Zuschlag gehört zu den nichtabzb Ausgaben, der das EK_{45} mindert (vgl § 31 Anm 8). Damit ist der Zuschlag selbst definitiv mit KSt und Solidaritätszuschlag belastet. Um die Ausschüttungen einer in das AnrVerf einbezogenen Körperschaft nicht abermals mit Solidaritätszuschlag zu belasten, vermindert sich die Bemessungsgrundlage bei der ESt um die anzurechnende KSt (vgl § 3 Abs 1 I Nr 1 SolZG). Es handelt sich um ein vereinfachtes AnrVerf, das neben der kstl AnrVerf tritt. Vereinfacht ist es deshalb, weil das KStGuthaben unabhängig davon abgezogen wird, ob es selbst bei der Körperschaft mit dem Zuschlag belastet war oder nicht. Vgl im übrigen das **Schrifttum:** *Korn* KÖSDI 93, 9588; *Dötsch* DB 93, 1440; *Heidemann* DB 93, 2501 betr Ausschüttungspolitik u SolZ; *Schult/Hundsdoerfer* DB 94, 285; *Geiger* Inf 94, 554; *Dötsch* GmbHR 94, 592; *Grefe*, Auswirkungen des Solidaritätszuschlags auf die Dividendenbesteuerung, BB 95, 1446; *Schiffers*, Solidaritätszuschlag 1995 – „Mittelb Anrechnung" beim Dividendenempfänger, Belastungswirkung und Auswirkung auf das Gewinnausschüttungspotential, GmbHR 95, 876; *Kempka,* Die Wirkung des Solidaritätszuschlags im kstl AnrVerf, DB 95, 4; dazu *Bitz* DB 95, 594; *Draspa*, Solidaritätszuschlag und Ausschüttungsvolumen 1995, DB 95, 742; *Mielke*, Vollausschüttung und Ausschüttungsbemessung unter Berücksichtigung des Solidaritätszuschlags, DStR 95, 386; *Hoffmann,* Die Steuerbelastungswirkungen des Solidaritätszuschlags im Rahmen der Konzernbesteuerung, GmbHR 95, 511; *Schaufenberg/Tillich*, Berechnung des Solidaritätszuschlags bei Ausschüttungen unter Beachtung der Verwendungsreihenfolge gem § 28 III KStG, DB 96, 589.

Sportvereine

1. Schrifttum (ab 1976): *Jungmann*, Die Auswirkungen der Reformen der AO und der KSt auf die Besteuerung der Sportvereine, DB 76, 2324; *Winter,* Der Sport als steuerbegünstigter Zweck im Sinn des Gemeinnützigkeitsrechts, FR 78, 503; *Gothe,* Sport und St im Vergleich nach der alten und neuen AO, DB 79, 474; *Roth*, Reibungspunkte bei der Besteuerung von gemeinnützigen Vereinen und Verbänden, insbes gesehen aus der Sicht der Sportvereine, Deutscher Steuerberatertag 1984, Protokoll, 123; *Martens,* Die Besteuerung wirtschaftl Aktivitäten im Amateursport, 1989; *Kirch*, Zur Besteuerung von Fußballbundesligavereinen, StBp 90, 255; *Hopt,* Aktiengesellschaft im Berufsfußball, BB 91, 778; *Jansen*, Einzelfragen zur Besteuerung von Sportvereinen, DStR 92, 133; *Müller-Gatermann*, Gemeinnützigkeit und Sport, FR 95, 261; *Madl*, Die Sonderstellung der Sportvereine im StR, BB 97, 1126.

2. KStPflicht: Sportvereine sind als eingetragene oder nichteingetragene Vereine kstpfl; zur Befreiung s u Anm 3. Sie erzielen Eink gem § 2 I EStG; die EinkErmittlung entspr der jeweiligen EinkArt. KStSatz: 42 (46/50) vH (§ 23 II). Die Vereine können den Freibetrag gem § 24 (s dort) beanspruchen. In das AntrV sind sie nicht einbezogen.

3. KstBefreiung wegen Gemeinnützigkeit (§ 5 I Nr 9): Durch die AO 1977 wurde die Gemeinnützigkeit des Sports ausgedehnt. Gem § 52 II Nr 2 AO ist die Förderung des Sports schlechthin gemeinnützig (enger § 17 III Nr 1 StAnpG, BFH BStBl II 70, 67), also auch der Motorsport (Motorwasser-, Motorflugsport, aber auch Motorstraßensport; AnwErl AO BStBl I 87, 664 zu § 52 Tz 2; gegen die Gemeinnützigkeit des Motorsports allerdings FG Nürnberg EFG 86, 621; einschränkend auch BFH BStBl II 92, 1048). „Körperl Ertüchtigung" wird jedoch von der FinVerw (aaO) weiter gefordert; zw; Schach ist so förderungswürdig wie der Motorsport u, da die „körperl Ertüchtigung" problematisch sein könnte, inzwischen als Sport definiert (§ 52 II Nr 2 S 2 AO). Berufssport ist nicht gemeinnützig (AnwErl AO BStBl I 87, 664 zu § 52 Tz 3). Nach BdF BStBl I 80, 786 kann eine Förderung der Allgemeinheit (§ 52 I AO) ab VZ 79 nur angenommen werden, wenn der Beitrag im Durchschnitt DM 1000, die Aufnahmegebühr im Durchschnitt DM 1500 nicht übersteigt; ab 1991 angehoben auf DM 2000/DM 3000 (BdF BStBl I 91, 792); ab 1995 zusätzlich Investitionsumlage alle 10 Jahre in Höhe von DM 10000 (BdF BStBl I 96, 51); soweit BFH BStBl II 79, 488 dem entgegensteht, ist die Entscheidung nicht anzuwenden; s auch BFH I R 152/93 v 13. 11. 96, DB 97, 509. Ein reiner Berufs-Sportverein ist voll kstpfl. Ist der Berufssport Teil eines Vereinsbetriebs, so ist er als „wirtschaftl GeschäftsBetr" kstpfl (s § 5 I Nr 9 KStG, § 64 AO). – **Mustersatzung** s AnwErl AO BStBl I 87, 664 zu § 60.

4. Wirtschaftl GeschäftsBetr des Vereins ist kstpfl (§ 5 I Nr 9 KStG, § 64 AO). Begriff § 14 AO; dazu § 5 Anm 6 ff. **Besteuerungsgrenze** von DM 60000 Einnahmen s § 64 III, IV AO. **StSatz** 42 vH (§ 23 Anm 4). **Freibetrag** gem § 24. **Beginn** und **Ende** der StPfl s § 13 (§ 5 Anm 12). Für die **EinkErmittlung** gelten die allg Vorschriften (dazu im einzelnen § 5 Anm 10). Abweichendes Wj kann gestattet werden (FinVerw 1991, StEK KStG 1977 § 7 Nr 1). Zahlungen von wirtschaftl GeschäftsBetr an den stfreien Bereich, zB „Spenden" von Fußballizenzspielerabteilungen an den Amateurbereich, sollen stets nicht abzugsfähig sein (vgl BReg DB 77, 657 unter Zit v BFH I R 148/73 v 12. 3. 75). ME unter Spendengesichtspunkten mögl; s § 9 Anm 14. **Beispiele:** s § 5 Anm 14. Kein wirtschaftl Geschäftsbetr ist die **Vermögensverwaltung** (§ 14 S 3 AO; § 5 Anm 8); sie führt bei gemeinnützigen Vereinen zu stfreien Einnahmen. Beisp: Zins-Eink, VuV. Zur Vermietung von Sportstätten s § 5 Anm 14 „Sportwerbung".

5. Zweckbetriebe hindern die Gemeinnützigkeit nicht und sind nicht stpfl (§ 64 AO): Betr muß die Verwirklichung des gemeinnützigen Zwecks bezwecken. Dazu § 65 AO. Der Überschuß muß für die stbegünstigten

Sportvereine **ABC**

gemeinnützigen Zwecke des Sportvereins verwendet werden; keine Vermischung mit einem wirtschaftl GeschäftsBetr (BFH/NV 93, 341). Beispiele: Sportunterricht (BdF BStBl I 78, 202); Sportreisen, wenn die sportl Betätigung wesentl und notwendiger Bestandteil ist (BdF BStBl I 78, 202); Veräußerung von Formularen und Prüfungsmarken durch einen Dachverband (FG Münster EFG 67, 476); Verkauf von Leistungsabzeichen (FG SchH EFG 64, 30). Zur sportl Veranstaltung als ZweckBetr s § 67a AO u unten 6. S auch § 5 Anm 13.

6. Für die Sportvereine ist von besonderer Bedeutung **§ 67a AO,** der sich mit **sportl Veranstaltungen** befaßt. Auf die detaillierte Gesetzesregelung wird verwiesen; s auch BFH V R 7/95 v 25. 7. 96, BB 97, 399. § 67a AO wurde durch das VereinsförderungsG v 18. 12. 1989 (BGBl I 89, 2212; BStBl I 89, 499) eingeführt und gilt ab 1. 1. 1990 (Art 2 Vereinsförde rungsG aaO). Wird die Zweckbetriebsgrenze in Höhe von DM 60000 überschritten, liegt ein wirtschaftl GeschäftsBetr vor (*Kirch* StBp 90, 256). § 68 Nr 7 Buchst b AO aF begünstigte **gesellige Veranstaltungen.** Diese Vergünstigung wurde durch das VereinsförderungsG mit Wirkung ab 1. 1. 1990 gestrichen. Maßgebend waren die Wettbewerbsnachteile des Hotel- und Gaststättengewerbes (vgl BT-Drucks 11/4176 S 12). Zur bis 1989 geltenden Regelung des § 68 Nr 7 AO s 2. Aufl.

8. Verfahrensfragen. S § 5 Anm 59. **Spenden** an Sportvereine sind nicht unmittelb abzugsfähig (§ 10b EStG, § 48 EStDV, Anl 7 Nr 3 zu A 111 EStR; BFH StRK KStG § 11 Ziff 5 R 4; nicht verfwidrig FG Nbg EFG 68, 404). Ausweg: Spenden an eine Gemeinde mit der Bitte um Weiterleitung; die Gemeinde hat jedoch ein Prüfungsrecht. Zum Vertrauensschutz der Spender, wenn StBegünstigung des Sportvereins rückwirkend aufgehoben wird, s BFH BStBl II 81, 52.

10. Einzelfälle:
Angelvereine: Sportfischereivereine, Gemeinnützigkeit mögl; Verkauf von Angelkarten kein wirtschaftl GeschäftsBetr (FinVerw DStZ/B 68, 338). **Billard** ist Sport (OVG Lüneburg DGStZ 68, 9 betr VergnSt unter Hinweis auf eine eigene unveröffentl Entscheidung). **Denksport** nicht gemeinnützig, kein Sport. **Deutscher Sportbund:** Mitgliedschaft ist Indiz für Sport. **Freikörperkultur** nicht gemeinnützig (BFH BStBl II 70, 133; II 72, 197; nach *Widmann* JbFfSt 76/77, 387 nicht mehr haltbar), hindert jedoch nicht die Gemeinnützigkeit des Sportvereins (FinVerw 1980 StEK AO 1977 § 52 Nr 7). **Fußball:** Bundesligastatut s A 11 KStR 1985 bis 1989; ab 1990 gilt auch für Bundesligavereine § 67a AO (*Kirch* StBp 90, 255; s o 6). **Golf:** ist gemeinnützig (BFH BStBl II 79, 488); FinVerw s Erlasse 1967/68/72 StEK GemVO Nr 26, 27, 38; StEK KStG § 4 Nr 73 zur Beschränkung des Jahresbeitrags als Bedingung der Gemeinnützigkeit; damit befaßt sich auch BFH BStBl II 79, 488; die Entscheidung ist großzügiger als die FinVerw, die sie insoweit nicht anwendet (BStBl I 80, 786, I 91, 792 u I 96, 51 mit eigener Grenzziehung; s oben 3); FG Münster EFG 77, 341 lehnt wegen der finanziellen Bel im konkreten Fall die Gemeinnützigkeit ab. **Hundesport** nicht gemeinnützig (BFH BStBl II 79, 495). **Kegeln** ist Sport (OVG Lüneburg DGStZ 68, 9 betr VergnSt unter Hinweis auf Sächs OVG

ABC Steuerbefreite Körperschaften

PrVBl 48, 17). **Minicar-Sport** gemeinnützig (FG BaWürt EFG 95, 337). **Minigolf:** Gemeinnützigkeit mögl (abl VergnStBefreiung OVG Lüneburg DGStZ 68, 9). **Modellbau-, -flug, -sport:** auch nach AO 1977 nicht gemeinnützig (FinVerw 1976 StEK GemVO Nr 41; glA FG RhPf EFG 80, 145); anders jetzt BFH BStBl II 95, 499. **Motorsport** kann ab 1977 gemeinnützig sein (s o Anm 3; aA: Motorsportvereine nicht gemeinnützig Hess FG EFG 97, 514). **Motorsportclub** im ADAC: verneinend BFH BStBl II 92, 1048; FinVerw 1980 StEK AO 1977 § 52 Nr 8, DStR 92, 1812. **Olympische Sportarten** können Zweck eines gemeinnützigen Sportvereins sein. **Pferderennvereine** können gemeinnützig sein (FinVerw 1994 StEK AO 1977 § 52 Nr 80); glA Nds FG EFG 82, 320. **Pferdeeinstellen/Pferdevermietung** ist wirtschaftl GeschäftsBetr (BFH BStBl II 69, 43; FinVerw 1974 StEK KStG § 4 Nr 79). **Reitunterricht** von gemeinnützigen Reit- und Sportvereinen ist wirtschaftl GeschäftsBetr (BFH BStBl II 69 43; s auch FinVerw 1970/74 StEK GemVO Nr 31, KStG § 4 Nr 79). **Schach** gemeinnützig; (s Anm 3). **Schießsport/Schützenverein:** Gemeinnützigkeit ja; gesellige Veranstaltungen dürfen nicht überwiegen (s Anm 6; RFH RStBl 32, 105, 572; 39, 688); Abgabe von Leistungsabzeichen und Schießscheiben kein wirtschaftl GeschäftsBetr (FG SchH EFG 64, 30). **Segelsport:** Gemeinnützigkeit ja (RFH RStBl 31, 553); Aufnahmegebühr von DM 2000 nicht hinderl (BFH HFR 82, 265). **Skat** nicht gemeinnützig. **Sportdachverbände** sind auch gemeinnützig, wenn die Mitgliedsverbände gemeinnützig sind (FG SchH EFG 64, 30; FG Münster EFG 67, 476). **Sportschule:** Eine Ges, die nur für die Unterbringung und Verpflegung von Personen zu sorgen hat, die an Lehrgängen einer Sportschule teilnehmen, kann gemeinnützig sein (FG RhPf EFG 77, 504; aA BFH DB 81, 2105). **Sportunterricht** ist ZweckBetr (BdF BStBl I 78, 202). **Tanzverein** (Turniertanz) ist Sport (FinVerw 1972 StEK GemVO Nr 35; aA Hess FG EFG 69, 39, wenn auch die Pflege des GesTanzes bezweckt wird); Formationstanz gegen Entgelt kann ZweckBer sein (FG D'dorf EFG 90, 81). **Tischfußball** s FG Berlin EFG 82, 272; unter bestimmten Bedingungen gemeinnützig; abl BFH/NV 87, 705; FG Berlin EFG 86, 419.

Steuerbefreite Anteilseigner

S „Ausl AntE", „Öffentl Hand", „Steuerbefreite Körperschaften".
Durch die vorgenannten besonderen Stichworte ist der wirtschaftl bedeutsame Kreis der AntE, die mit den EinK aus KapGes stbefreit sind oder befreit sein können (vorbehaltl der StBel mit der KapErtrSt), erfaßt. Sie sind, soweit sie befreit sind, nicht anrechnungsberechtigt; s zu den angegebenen Stichworten. Soweit im übrigen natürl Pers stbefreit sind, können die Ausführungen zu den stbefreiten Körperschaften herangezogen werden. Zu der Frage, ob die §§ 51, 50 KStG ein Grundprinzip ausdrücken (Ausschluß des AnrV bei StBefreiung des AntE), s § 51.

Steuerbefreite Körperschaften

Schrifttum: *Birk/Pöllath,* Zur unterschiedl Bel von Zins- und Dividendenerträgen stfreier inl KapGes, StuW 79, 16.

1. Zur StBefreiung s § 5. Stbefreite Körperschaften im **AnrV** s § 5 Anm 15.

Steuerbelastungsvergleich **ABC**

2. Stbefreite Körperschaften als AntE sind nicht anrechnungsberechtigt; anders, wenn die Beteiligung in einem wirtschaftl GeschäftsBetr gehalten wird (s § 51 Anm 1 ff, § 50 Anm 6, § 5 Anm 15). Ihre Stellung im AnrV ist derjenigen der ausl AntE vergleichb (s zu diesem Stichwort). Das gleiche gilt für die StBel dieser AntE mit Erträgen aus der TochterGes, die in das AnrV einbezogen ist. Allerdings ändert sich die Bel je nach der Bel mit KapErtrSt. Die Bel beträgt bei den unterschiedl KapErtrStBel gerechnet auf 100 P Gewinn vor KSt:

	25 vH	12,5 vH	0 vH
KStG	30 (36) P	30 (36) P	30 (36) P
KapErtrSt v 70 (64) P	17,5 (16) P	8,75 (8) P	0 (0) P
Bel	47,5 (52) P	38,75 (44) P	30 (36) P

3. Wie bei den ausl AntE kann auch hier durch **Ausweichgestaltungen** die Bel gesenkt werden. Grundsätzl verweisen wir auf „AuslAntE". Soweit die KapErtrSt vollständig entfällt, wie zB bei gemeinnützigen Körperschaften, kann durch **Leistungsentgelte** wie Zinsen oder eine stille Beteiligung die ErtragStBel auf die GewSt beschränkt werden. Das Halten von Darlehen oder einer stillen Beteiligung ist kein wirtschaftl GeschäftsBetr (§ 5 Anm 14). Gegen Mißbraucheinwände s *Birk/Pöllath* StuW 79, 16. Ab 1994 schränkt § 8a Ausweichgestaltungen ein, s „Ausl AntE" 7 u § 8a Anm 1 ff.

4. Soweit ein wirtschaftl GeschäftsBetr einer stbefreiten Körperschaft stpfl ist, muß überlegt werden, ob der Betr optimaler in der Rechtsform einer **GmbH**, deren Anteile im stfreien Bereich gehalten werden, geführt wird (vgl *Stobbe* DStZ 96, 298). Die KStBel der GmbH beträgt zwar im Thesaurierungsfall 45 (50/56) vH; durch eine Ausschüttung kann die Bel jedoch auf 30 (36) vH gesenkt werden. Die KapErtrSt kann – zB bei gemeinnützigen Körperschaften – erstattet werden (vgl § 44c I EStG). Durch Einsatz des „Schütt-aus-Hol-zurück"-Verfahrens (s zu diesem Stichwort) kann die Bel von 30 (36) vH folgl auch für die betriebl benötigten Gewinne erreicht werden. Häufig ist die GmbH günstiger als der wirtschaftl Geschäftsbetr, zumal eine Kombination mit dem Vorteil zu Anm 3 mögl ist.

5. Bei **gemeinnützigen Körperschaften** ist allerdings sorgfältig zu prüfen, ob die Gestaltung die Gemeinnützigkeit gefährdet.

Steuerbelastungsvergleich
S „Unternehmensform".

1. StBelVergleiche sind einmal davon abhängig, welche **StBedingungen** der Verfasser der Vergleiche einbezieht, zum anderen von den konkreten **zeitl StVerhältnissen**. Ich gebe hier **Schrifttumshinweise**.

2. 1972: *Eggesiecker,* Die Veränderung der StBelUnterschiede zwischen KapGes und PersGes durch die geplante StReform, GmbHR 72, 85.
1974: *Flämig,* Die Auswirkungen der StReform auf die KapGes in der BRD, 1974; *Taubmann,* Zur StBel beim vorgesehenen KStAnrV im Vergleich zum geltenden Recht, DB 74, 357.
1975: *Krawitz,* St und FinPolitik der KapGes, 1975.
1976: *Korn,* StBelVergleiche zwischen GmbH und GmbH & Co KG nach der KStReform, KÖSDI 76, 1922; *ders,* StBelVergleiche nach der KStReform, KÖSDI

76, 2073; *Haase,* ErtrStBel und ErtrStPolitik der KapGes, 1976; *Bareis,* Betriebswirtschaftl StBelVergleich zwischen geltendem KStRecht und künftigem AnrSystem, BB 76, 893; *Rose,* TeilStSätze nach der KStReform ab 1. 1. 1977, DB 76, 1681; *Eggesiecker,* StBelUnterschiede zwischen Kap- und PersGes nach der KStReform, GmbHR 76, 253.

1977: *Herzig,* Auswirkungen der KStReform auf das System der TeilStRechnung, StuW 77, 143; *Büschgen,* Zur Auswirkung der KStReform auf die Finanzierung der Unternehmen, BFuP 77, 291; *Hambrecht,* Zur stl Bel der Eigen- und Fremdfinanzierung bei KapGes in neuen KStSystem, BB 77, 393.

1978: *Beck,* VStBel der KapGes nach dem KStG 1977, DB 78, 1997; *Korn* in: Reform der Körperschaft- und Umwandlungsteuer, hrsg v *Felix,* 3. Aufl, 1978; *Eggesiecker/Schweigert,* Anleitung für StBelastungsvergleiche: GmbH, PersGes oder GmbH & Co KG? 1978

1979: *Euler/Rzepka,* Die BelWirkung der ertragunabhängigen St bei KapGes, BB 79, 1137.

1980: *Wurster,* StBelVergleiche zwischen PersGes und KapGes, StuW 80, 200; *Gehrig,* 50 StBelVergleiche zwischen Betr unterschiedl Rechtsform, 1980.

1982: *Endriss* DB 82, 137.

1983: *Gehrig,* BelVergleich: Reine GmbH/BetrAufsp, GmbHR 83, 74.

1984: *Gehrig,* Ausschüttung von GmbH-Erträgen trotz KiSt-Pflicht?, GmbHR 84, 124.

1988: *Jacobs,* Unternehmensbesteuerung und Rechtsform.

1990: *D Schneider,* Investition, Finanzierung und Besteuerung, 6. Aufl 1990.

1991: *Gretzinger/Schulze-Borges,* Stgünstige Gestaltung mittelständischer Unternehmen, 1991.

1992: *Herzig/Kessler,* Steuerorientierte Wahl der Unternehmensform – GmbH, OHG, GmbH & Co KG u BetrAufsp – Ein EDV-gestützter StBelVergleich, GmbHR 92, 232; *Haase/Hinterdobler,* StBelastung u Unternehmensgröße, 1992.

S auch § 8 Anm 150 „Steuerbelastung" betr vGa u ABC „Nichtabziehbare Aufwendungen" 1.

Steuerfreie Erträge

Bei Gestaltungen ist zu beachten, daß sich die StFreiheiten von Eink – Beisp: InvZul, steuerfreie Auslandserträge –, die der Körperschaft gewährt sind, stets nur bei der „vorläufigen" KStG auswirken; sie schlagen nicht auf den AntE durch, s hierzu *Tietze* BB 77, 438; *Brezing* StbJb 81/82, 397 u insbes die Kritik von *Brezing,* Die Behandlung ausl Eink u steuerfreie inl Einnahmen, GmbHR 87, 152. Ausweg: Organschaft (vgl § 19 Anm 9); BetrAufsp verbunden mit StFreiheiten, die im Besitzunternehmen anfallen. Zur Problematik bei **steuerfreien Auslandseinkünften** s *Jonas* RIW 91, 41, 46; *Haase/Roßmayer* DStR 91, 1126; *Pumbo* DB 92, 1993. Ab 1994 erlaubt **§ 8b** – s dort – bei ausl steuerfreien Einkünft ein eingeschränktes stfreies „Durchschütten" an andere Körperschaften.

Steuerfreie Körperschaften

S „Steuerbefreite Körperschaften".

Steuergünstige Gestaltungen

1. Die besonderen Besteuerungseigentümlichkeiten von **KapGes** und ihren **AntE** erlauben Gestaltungen mit bemerkenswerten stgünstigen Auswirkungen. Soweit gesetzgeberische Entscheidungen bei der Gestaltung bewußt eingesetzt werden, liegt ein Mißbrauch nicht vor.

Steuergünstige Gestaltungen **ABC**

2. S zu nachfolgenden **Stichworten** des ABC:
„Ausländische Anteilseigner",
„Leg-ein-Hol-zurück"-Verfahren,
„Liquidation",
„Mißbrauch",
„Öffentliche Hand",
„Schütt-aus-Hol-zurück"-Verfahren,
„Steuerbefreite Körperschaften",
„Steuerfreie Erträge",
„Veräußerung von Anteilen an KapGes und AnrV",
„Verluste".

3. Vorteile des § 17 EStG und **nicht wesentlicher Beteiligungen:** Eine 25%ige Beteiligung an einer KapGes (oder weniger), die im PrivVerm gehalten wird, kann steuerfrei veräußert werden. Beispiele zur Gestaltung: Kinder werden an der GmbH beteiligt. Wird die 25%-Grenze überschritten, bleibt, sofern die Beteiligung PrivVerm darstellt, der Vorteil der Tarifermäßigung nach §§ 17, 34 EStG. Weiteres Beisp zur Gestaltung: Veräußerung ist besser als Liquidation; s „Liquidation" 2, 3. Umgekehrt kann es interessant sein, die Bedingungen des § 17 EStG zu begründen. Dies ist dann denkb, wenn sich Einlagen steuerlich auswirken sollen. Fallbeisp: Der AntE verzichtet zur Rettung seiner GmbH auf eine Forderung in Höhe von 1 Mio DM; ist er unwesentl beteiligt, ist dies Aufwand ohne steuerliche Berücksichtigung, ist er wesentl Beteiligter, sind 1 Mio DM Aufwand bei einer evtl notwendig werdenden Einkunftsberechnung nach § 17 EStG im Veäußerungs- oder Liquidationsfall (problematisch kann die Bewertung des Aufwands sein; vgl *Schmidt* § 17 Rz 170 ff; *Brenner* DStZ 95, 97). Soweit in solchen Fällen die Bedingungen des § 17 EStG durch Verkäufe oder Übertragungen unter den AntE geschaffen werden, spricht *Herzig* von einer Anteilsrotation; s *Herzig,* Anteilsrotation vor Liquidation einer KapGes, DB 80, 1605. Durch die Kombination von StFreiheit und StPfl nach § 17 EStG ist eine endgültige StFreistellung von Gewinnen mögl: Nicht wesentl Beteiligte erwirtschaften mit ihrer GmbH Gewinn, ohne diesen auszuschütten. Sie veräußern die GmbH zum realen Wert einschl KStGuthaben stfrei. Der Käufer hält die Anteile im PrivVerm oder BetrVerm; er liquidiert die Ges steuerneutral oder veräußert die GmbH erneut nach der Ausschüttung des Gewinns; die Ausschüttung wird in beiden Fällen durch einen Verlust nach §§ 17 oder 15 EStG kompensiert. Die Veräußerung kann an einen Dritten oder unter den AntE erfolgen; vgl hierzu *Herzig,* Anteilsrotation bei laufender Geschäftstätigkeit, BB 81, 109 u *Eggesiecker* BB 80, 1043 (Fall 2; insoweit ohne Antwort bei *Krebs* BB 80, 1843). Der Gesetzgeber hat inzwischen diese Modelle dadurch „gebremst", daß er den Verlust nach § 17 EStG ab VZ 1996 nur unter bestimmten Bedingungen anerkennt (vgl § 17 II EStG). In entsprechender Weise kann durch Schaffung einer 100%igen Beteiligung der Vorteil der **§§ 16 I Nr 1 2. Hs, 34 EStG** angestrebt werden. Da gewollte steuerrechtl Systembestandteile eingesetzt werden, liegt in diesen Fällen mE ein Mißbrauch nicht vor (glA *Goutier* GmbHR 85, 264, 275; aA *Hollatz* DStR 94, 817); vgl auch BFH BStBl II 93, 426 der gegen FG Münster EFG 92, 605 die Aussetzung der Vollziehung in einem Fall gewährt, in dem das FA die Anwendung des § 42 AO bejaht hatte; Hauptsache: FG Münster EFG 97, 482 wie AdVVerf; BFH I R 4/97. Zur Frage des Rechtsmißbrauchs der Teilwertabschreibung s BFH I R 55/95 v 23. 10. 96, DB 97, 507; *Kempermann* FR 97, 223.

4. Das **AnrV** kann ebenfalls „eingesetzt" werden, um stgünstige Ergebnisse zu erzielen. Allerdings werden hier nicht StFreiheiten oder Tarifermäßigungen ausgenutzt, sondern mechanische Verrechnungstechniken, die grundsätzl weder mit StFreiheiten oder StVergünstigungen verbunden sind. Das AnrV läßt sich nur einsetzen, um in der KapGes gespeicherte KSt zu realisieren, um KSt dort zu speichern, um die Realisation vorzuziehen oder zu verschieben. Eine Doppelverrechnung und Doppelverwirklichung von KStGuthaben ist nicht mögl (mit *Krebs* BB 80, 1843 gegen *Eggesiecker* BB 80, 1043 (Fall 1).

Steuerstreit

1. Im **Mittelpunkt** der Steuerstreitigkeiten des KStRechts steht die Frage, ob **vGA** oder **verdeckte Einlagen** vorliegen (vgl auch *Bahlau* DStZ 86, 576). S hierzu weiter § 8 Anm 150 „Steuerstreit".

2. Nachrangig sind Streitverfahren um sonstige Fragen des KStRechts (Organschaft, Anrechnung ausl KSt usw).

3. Trotz der Kompliziertheit der Materie entspr die Anzahl der Streitverfahren um Fragen des **AnrV** nicht der Häufigkeit ihrer Anwendung (vgl *Bahlau* aaO). Dies ist Folge des sehr mechanisierten Verfahrens, das sich weitgehend formel- bzw rechenmäßig behandeln läßt. Hinzu kommt, daß die Streitfragen zum Teil ohne nennenswerte StAuswirkungen sind; es geht allenfalls um die Frage, in welchem zeitl Ablauf im EK eingefrorene StBeträge zur Anr gelangen. Ausnahme: Die nicht optimale Gesetzesfassung des § 47 aF, dh die formelle Feststellung des verwendb EK, führte in der Tat zu einer Reihe von Gerichtsverfahren; s hierzu die Kommentierung zu § 47 aF. Die Rspr veranlasste schließl eine Neufassung des § 47 (s § 47 Anm 1 f).

4. Trotz der Neufassung des § 47 (s § 47 Anm 1 f) bleibt das Verhältnis zwischen KStBescheid und Feststellungsbescheid nach § 47 problematisch. Um Streitfragen nicht im falschen Verfahren zur Entscheidung zu bringen, bleibt der Rat bestehen, regelmäßig **sowohl** den **KStBescheid als auch** den **Bescheid nach § 47 anzufechten** (s auch § 47 Anm 9).

5. Einen besonderen Stellenwert haben die Streitfragen, die sich mit dem Problem befassen, ob eine Körperschaft **steuerbefreit** ist oder nicht (dh ob sie gemeinnützig, ein Berufsverband usw ist). Auch hier gibt es im Verhältnis zu der Zahl der anfallenden Streitfragen nur wenige Urteile. Dies liegt daran, daß eine Körperschaft kaum um die Frage der StBefreiung streiten kann. Dies gilt in erster Linie für Körperschaften, die die Gemeinnützigkeit behaupten; Berufsverbände können sich eher auf den Weg durch die Instanzen machen. Kein Verein kann als gemeinnütziger Verein weiterarbeiten, wenn über ihm langjährig die Frage schwebt, ob er über-

Übergangsfragen **ABC**

haupt gemeinnützig ist oder nicht. Dies führt dazu, daß gerade in Fragen des Gemeinnützigkeitsrechts recht häufig neben den FÄ auch die Oberbehörden angesprochen werden. Entweder wird die OFD (oder das FinMin) gebeten, eine Entscheidung des FA zu korrigieren. Oder aber man sucht zusammen mit FA/OFD/FinMin einen Weg, der die Gemeinnützigkeit eröffnet.

Stiftung
S „Nichtrechtsfähige Stiftung".

Tantieme
Zur Zulässigkeit bei Ges-Geschäftsführern s § 5 Anm 150 „Dienstverhältnis".

Tauschring
S dazu *Brandenstein/Corino/Petri* NJW 97, 825.

Übergangsfragen[1]

1. Schrifttum: *Felix/Streck* DStR 76, 539; *Loos* BB 76, 1314 u DB 76, 2031; *Pinggéra* DB 76, 1927; *Gürtzgen* DB 76, 1794; *Theis* DB 76, 2273; *Rose* DB 76, 1877; dazu *Tischer* DB 77, 14.

2. Der 1. 1. 77 ist die **Nahtstelle** zwischen altem und neuem System. Noch oder nur noch einmal war es den Körperschaften mögl, auf ihre Erträge altes Recht anzuwenden. Auf der anderen Seite war es den Körperschaften ebenfalls mögl, Gewinne in das neue Recht – legitim – zu verlagern und damit wirtschaftl die Anwendung des KStG vorzuziehen. **Belastungskriterien:** Das bis 1976 geltende KStRecht belastete thesaurierte Gewinne mit 52,53 vH (51 vH + ErgAbg) bzw bei personenbezogenen Körperschaften mit 50,47 vH nach der Staffel des § 19 I Nr 2 KStG aF. Thesaurierte Gewinne blieben kirchenstfrei. Die StBel ist definitiv. Das KStG 1977 besteuert thesaurierte Gewinne – kirchenstfrei – mit 56 vH KSt. Die KStBel ist vorläufig. Sie wird zu irgendeinem Zeitpunkt mit der EStBel des AntE ausgetauscht. Wurden Gewinne nach altem Recht ausgeschüttet, so senkte sich die KStBel – wegen der Schattenwirkung – auf 24,55 vH KSt bzw bei personenbezogenen Körperschaften auf 34,19 vH (einschließ ErgAbg); die Bel ist endgültig. Der Restbetrag wird mit der individuell bedingten ESt des AntE belastet; hinzu kommt evtl die KiSt. Die Ausschüttung nach neuem Recht führt zur Befreiung von der KSt. Ausgeschüttete Gewinne werden im Wege des AnrV nach den individuellen StBedingungen des AntE belastet (evtl plus KiSt). Die **Reinvestition** ausgeschütteter Gewinne erfolgte nach bisherigem Recht nach der erwähnten Bel mit KSt und ESt (evtl plus KiSt). Die Reinvestition der nach neuem Recht besteuerten Gewinne erfolgt mit Erträgen, die ausschließl mit ESt (evtl plus KiSt) belastet sind.

3. Die unterschiedl Bel zwang zur Überlegung, ob **Gewinne im alten oder neuen Recht entstehen** sollen; die „taktischen" Mittel sind bekannt (Bewertungs-, Abschreibungs-, Rückstellungsrechte). Sollen Gewinne der **Investitionszwecke thesauriert** werden, ist die KStBel nach altem Recht um 3,47 P bzw 5,53 P günstiger, läßt man die spätere AnrMöglichkeit außer Betracht. Läßt sich für Investitionszwecke das „Schütt-aus-Hol-zurück"-Verfahren praktizieren (s zu diesem Stichwort),

---

[1] Obwohl zum Zweck der Gestaltung nicht mehr aktuell, gebe ich die Überlegungen wieder, da fortbestehende Auslegungsfragen berührt werden, die ihre Aktualität behalten. Hinweise auf andere Stellen dieses Kommentars beziehen sich auf die 2. Aufl, sofern sie nicht heute noch Bedeutung haben.

ABC

Übergangsfragen

so ist die EStBel der AntE in die Überlegung mit einzubeziehen; liegt die EstBel (evtl mit KiSt) auch unter Berücksichtigung der Ausschüttung unter 52,53 bzw 50,47 vH, so ist das neue Recht vorteilhafter, **Konsumgewinne** – dh für die Ausschüttung in absehb Zeit bestimmte Gewinne – sind im neuen Recht besser aufgehoben, da die DoppelBel entfällt.

4. Ausschüttungsüberlegungen: Letztmalige Anwendung des ermäßigten AusschüttungStSatzes nach altem Recht: Nach altem Recht thesaurierte Gewinne, die folgl mit 52,53 oder 50,47 vH, vor Einführung der ErgAbg mit 51 oder 49 vH, versteuert sind, behalten diese StBel im neuen System definitiv (BdF BStBl I 76, 755 Tz 3.3). Eine Entlastung oder Teilentlastung ist in Zukunft nicht mehr mögl, da sie als nicht mit KSt belastet gelten (EK_{03}). Da wegen der nichtabzb Ausgaben (KSt!) das zu versteuernde Einkommen oft beträchtl höher war als der HB-Gewinn, war es nach altem Recht mögl, in Höhe der Differenz von HB-Gewinn und Einkommen versteuerte Rücklagen auszuschütten und nachträgl zumindest teilweise zu entlasten. Diese Möglichkeit ist unter der Geltung des KStG 1977 verschlossen. **Daraus folgt:** Nicht verlagerbare Gewinne sollten für das letzte Wj, auf das altes Recht Anwendung findet, maximal ausgeschüttet werden, sofern die Gewinne ohnehin in absehb Zeit an den AntE fließen sollen. Denn die teilweise KStEntlastung aufgrund der Ausschüttung, die nach altem Recht – zwar recht beschränkt, aber dennoch nachholb – noch später mögl ist, entfällt. Verbleibt noch eine Differenz zwischen Einkommen und Ausschüttungsbetrag – regelm wegen nichtabzb Ausgaben –, sollte der Ausschüttungsbetrag bis zur Höhe des Einkommens aus bereits versteuerten Rücklagen aufgefüllt werden (dazu auch *Diehl* FR 76, 551; *Pinggéra* DB 76, 1934). Dies ist die letzte Möglichkeit, die VollBel der Rücklagen zumindest teilweise zu mindern. Zur Frage, in welchem Zeitraum die Ausschüttungen noch für 1976 erfolgen können, s § 54 Anm 4. Eine „Einkommensausschüttung" kann natürl auch erreicht werden, falls die Körperschaft im letzten Wj stfreie Einnahmen bezogen hat, zB InvZul, da die stfreien Teile den für die Anwendung des AusschüttungStSatzes erhebl Ausschüttungsbetrag erhöhen, ohne gleichzeitig das stpfl Einkommen zu vergrößern.

5. Alternativüberlegung: Alt-Gewinne und Alt-Rücklagen werden im Wege einer **KapErhöhung** im NennKap umgewandelt und – wegen des KapErhStG (s dort) nach 5 Jahren – nach einer Herabsetzung des NennKap ausgeschüttet. Hier bleibt die VollBel mit alter KSt bestehen. Die Rückzahlung führt jedoch regelm nicht zu Eink aus KapVerm, evtl zu Eink nach §§ 15, 17 EStG; dazu auch *Pinggéra* DB 76, 1934.

6. Die vorstehenden Überlegungen gelten nicht oder nur sehr bedingt, falls die Gewinne für **Investitionszwecke** benötigt werden. Hier ist abzuwägen: Bel mit 52,53 vH bzw 50,47 vH KSt auf der einen und 24,55 vH KSt plus Est (evtl KiSt) auf der anderen Seite. Bleibt bei dem AntE auch nach der Ausschüttung, zB wegen anderweitiger Verluste, der SpitzenStSatz unter 37,08 vH bzw 34,35 vH (evtl noch abzgl der KiSt), sollte das „Schütt-aus-Hol-zurück"-Verfahren (s zu diesem Stichwort) für das letzte Wj des alten Rechts praktiziert werden.

7. Wird regelm **teilweise thesauriert, teilweise ausgeschüttet,** ist im letzten Wj alten Rechts eine Vollthesaurierung und im ersten Wj neuen Rechts eine Vollausschüttung zu erwägen (s *Loos* BB 76, 1314). Die Vorteile beider Wj (s Anm 3, 4, 6) werden gekoppelt. S auch Anm 11.

8. Personenbezogene KapGes können, sofern sie ausschütten, von dem Wahlrecht des § 19 IV KStG aF Gebrauch machen. Frist: In der Frist zur Abgabe der KStErklärung für den VZ 1976 (BdF BStBl I 76, 755 Tz 3.2). Der AusschüttungStSatz senkt sich in diesem Fall von 26,5 vH auf 15 vH (ohne ErgAbg). Die 5-Jahres-Bindung verliert durch den Systemwechsel ihre Bedeutung.

Übergangsfragen **ABC**

9. Die Anwendung des neuen Rechts kann für solche Gewinne, die in den letzten Monaten des Jahres entstehen, noch durch eine **Veränderung des Wj** erreicht werden. Wer das Kalender-Wj auf das Wj 1. 11. bis 31. 10. umstellt, verlagert die Gewinne ab 1. 11. 76 in das neue Recht. Nach § 4a I Nr 2 EStG kann die Umstellung nur im Einvernehmen mit dem FA erfolgen. Wird ein Unternehmen in 1976 gegründet, so kann durch die in diesem Fall freie Wahl des Wj die ausschließl Anwendung des neuen Rechts erreicht werden. Umgekehrt kann ein lfd, vom Kj abw Wj dem alten Recht erhalten bleiben, wenn es, Zustimmung des FA ist nicht erforderl (§ 4a I Nr 2 EStG), auf das Kj umgestellt wird.

10. Liquidations-Ausschüttungen waren nach altem Recht, soweit es sich um privat gehaltene Anteile – zu § 17 EStG nachfolgend – handelte, stfrei, auch soweit thesaurierte Gewinne ausgeschüttet wurden. Die Ausschüttungen im Liquidationsfall sind nach dem KStG 1977 regelm estpfl, allerdings ist die KStBel des Liquidationsgewinns anrechenb. Für wesentl beteiligte AntF iSd § 17 EStG bringt das KStG 1977 die Verschärfung, daß der Gewinn iSd § 17 EStG im Liquidationsfall nicht mehr nach § 34 EStG begünstigt ist und auch der Freibetrag nach § 17 III EStG entfällt (Neufassung des § 17 IV EStG; s auch „Liquidation". Die Liquidation von KapGes, deren Anteile PrivVerm sind, kann nach altem Recht günstiger sein. Hoher Liquidationsgewinn kann für neues, hohe, bereits versteuerte Rücklagen können für altes Recht sprechen; im letzteren Fall kann jedoch auch eine vorherige KapErhöhung aus GesMitteln ratsam sein (s Anm 5). Weitere Einzelheiten bei *Felix/Streck* BB 76, 923. Zur Anwendung des alten oder des neuen Rechts s § 54 Anm 5.

11. Zu den **VorausZ 1976/1977:** Wird für 1976 voll thesauriert und für 1977 voll ausgeschüttet (s auch Anm 7), gestalten sich die VorausZ wie folgt: 1977 beim AntE kein Zufluß, also EStVorausZHerabsetzung. VorausZ bei der Körperschaft in 1977: Bemessung unter der Bedingung der Vollausschüttung in 1978. Also positive VorausZGestaltung. S auch *Kantenwein* DStR 78, 460.

12. Das **Schachtelprivileg** (§ 9 KStG aF) entfällt im neuen Recht. Die NachSt des § 9 III KStG aF wird beim Übergang durch die volle KSt mit 56 vH ersetzt. Schüttet also die Tochter, Wj = Kj, für 1976 in 1977 aus, so mindert sich die KStBel aufgrund der berücksichtigungsfähigen Ausschüttung; bei der Mutter unterliegt die Dividende voll der Bel in 1977 mit 56 vH. Im Fall der Gewinnthesaurierung steigt damit die GesamtBel von 51 vH + ErgAbg (einschließl NachSt im alten Recht) auf 66,8 vH bei einer Ausschüttung „über den Stichtag". Von den 66,8 vH sind allerdings nur 24,55 vH definitiv, der Rest ist anrechenb bei einer Ausschüttung durch die MutterGes (s u).

Beseitigung der nachteiligen Folgen im **Billigkeitsweg** durch BdF BStBl I 76, 679 und I 79, 598; dazu *Jost* DB 77, 1673 und *Bullinger* DB 78, 27. Der **Nachteil** ist aber auch auf einem **anderen Weg vermeidb.** Die Ausschüttung der Tochter kann bei der Mutter noch für 1976 erfaßt werden, wenn Bilanz und Gewinnverwendungsbeschluß der Tochter vor Bilanzerstellung der Mutter vorliegen (BGH DB 76, 38; FinVerw BdF BStBl I 76, 679 und 755 Tz 3.6; Aktivierungsgebot, dort auch Übergangsregelung; s auch *Krebs* BB 76, Beil 3, 26; *Reuter* BB 76, 1264; *Schulze-Osterloh* ZGR 77, 104; *Uelner* StbJb 76/77, 143; *Pasdika* AG 77, 159; *Reuter* DStR 77, 186; *Palitzsch* BB 79, 1391; nach *Schröder* FR 78, 403 ist die Rechtmäßigkeit der Übergangsregelung zw; s § 8 Anm 11). Dies ist jedoch nur sinnvoll, wenn die Erträge im Unternehmenskreis bleiben und die Anrechenbarkeit bei langfristiger Bindung des Kap außer Betracht bleibt.

ABC
Unternehmensform

Beisp:

(1) Wird an die AntE der MutterGes ausgeschüttet, beträgt die Bel:

	1976:	1977:
TochterGes:	KSt 24,55 vH	KSt 24,55 vH
MutterGes:	keine NachSt	KSt 36 vH = AusschüttungsBel
AntE:	persönl St	persönl St + Anr der KSt der MutterGes
Ergebnis:	Kein Unterschied	

(2) Verbleibt die Ausschüttung bei der MutterGes:

	1976:	1977:	
Tochter	KSt + NachSt	KSt 24,55 vH	
Mutter:	= 51 vH + ErgAbg	KSt 56 vH auf Ausschüttung Die KSt der Mutter bleibt anrechenb	66,8 vH

13. Sofern der sog **„Ausländereffekt"** (s „Ausl AntE") für **inl Töchter ausl Mütter** von Bedeutung ist, sollten sie ihn durch eine „Einkommensausschüttung" (s Anm 4) für das letzte Wj, das altem Recht unterliegt, noch einmal maximal nutzen. In diesem Fall haben die inl Töchter auch Interesse daran, Gewinne vorzuziehen, ggf ist das Wj noch auf das Kj 1976 umzustellen (s Anm 9). Das gleiche gilt, falls die Gewinne endgültig das inl Unternehmen verlassen sollen, da die StBel für den ausl AntE durch die Reform steigt (s „Ausl AntE"; glA Loos BB 76, 1314; nach BFH/NV 90, 737 – **nichtanrechnungsberechtigter AntE betreffend** – keine Billigkeitsmaßnahme gerechtfertigt). Kann eine Körperschaft finanziell die optimale Ausschüttung an die ausl AntE für 1976 nicht erbringen, sofern gleichzeitig inl AntE berücksichtigt werden müssen, so kann auch, was bei Übereinstimmung unter den AntE zivilrechtl zulässig ist, für 1976 eine Ausschüttung nur an die ausl AntE, für 1977 nur an die inl AntE beschlossen werden. **Inl Mütter mit ausl AntE** müssen bei den Ausschüttungen der eigenen inl Töchter auf jeden Fall die in Anm 12 erwähnte Bel vermeiden, da die MehrBel im Falle der Weiterausschüttung nur auf die AusschüttungsBel reduziert wird und diese nicht anrechenb ist. Sie müssen den Ausweg der Anm 12 wählen oder auf Ausschüttungen der Töchter verzichten (s Loos DB 76, 2033). Zur Frage, ob eine Thesaurierung nach altem Recht besser bei **Enkel- oder** besser bei **TochterGes** ausl AntE erfolgt s auch Loos DB 76, 2031 und § 52 Anm 3.

14. Wichtiger Grund für **Kündigung eines EAV** ist das KStG 1977. Der Vertrag muß bis zum Schluß des ersten nach dem 31. 12. 76 abgelaufenen Wj der OrgGes beendet sein (BdF BStBl I 76, 755 Tz 3.8).

Unternehmensform

S „Ausl als Unternehmer im Inland", „Basisgesellschaften", „BetrAufsp", „Betriebsführung", „Familiengesellschaft", „Fortführungsgesellschaft", „Steuerbelastungsvergleich", „Steuergünstige Gestaltungen", „Verluste".

1. Die optimale Unternehmensform hängt von einer Vielzahl von Faktoren ab. Sie werden durch die objektiven Interessen des Unternehmens, von den subjektiven Bewertungen der Interessen durch die Unternehmer, von zivilrechtl, gesellschaftsrechtl, arbeitsrechtl, wettbewerbsrechtl und strechtl Bedingungen bestimmt; sie liegen nicht statisch fest, sondern ändern sich in dem Maße, in dem sich die objektiven Interessen, die subjektiven Bewertungen, insbes aber die gesetzl Bedingungen ändern. Wir

Unternehmensform **ABC**

führen hier aktuelle Problembereiche an, um dem Berater zu ermögl, den Kreis der Bestimmungsfaktoren zu prüfen.

2. Schrifttum: Ich gebe eine Auswahl des Schrifttums, das sich insbes mit dem Einfluß des KStRechts auf die Unternehmensform befaßt.

1974–1979: S 3. Aufl.

1980: *Widmann,* Die Familien-GmbH im neuen KStRecht, DStR 80, 522; Empfehlungen des Deutschen Juristentags zur rechtsformneutralen Besteuerung der Unternehmen, GmbHR 80, 243; s dazu auch § 1 Anm 18; *Hönik-Schreiner,* Vor- und Nachteile der KapGes unter Berücksichtigung der KStReform 1977, BB 80, 829; *Jacobs,* Steueroptimale Rechtsform mittelständischer Unternehmen, Wpg 80, 705.

1981: *Wagner,* Grundsätzl Anmerkungen zu Irrtümern und Mängeln stl Rechtsformvergleiche, DStR 81, 243; *Brönner,* Steuerrechtl Fragen der Rechtsformwahl, DStZ 81, 243.

1983: *Stehle,* Die „Freiberufler-GmbH" – ihre Vor- und Nachteile, DStR 83, 100; *Sorg,* Hat die Familienstiftung jetzt noch eine Überlebenschance?, BB 83, 1620; *Höinle,* Wahl der Unternehmensform im Konzernverbund unter stl Gesichtspunkten, BB 83, 1975; Institut FuSt, Brief Nr 229, Die Familien-GmbH nach der KStReform (Bearbeiter: *Niemann*); *Stehle,* Die GmbH – Unternehmensreform mit Zukunft für mittelständische Betriebe.

1986: *Felix/Stahl,* Steuer- und zivilrechtl Erwägungen zur Umgründung von Gesellschaften mbH in PersGes oder Einzelunternehmen, Beihefter DStR 86, Heft 3; *Hennerkes/Binz/Sorg,* Die Stiftung als Rechtsform bei Familienunternehmen, DB 86, 2217, 2269; *Schneeloch,* Zur Vermeidung von Nachteilen nach dem BilRiG, DStR 86, 807; *Scheidle,* Die GmbH & Co KG als attraktive Unternehmensform nach dem BilRiG?, BB 86, 2065.

1987: *Weimar/Geitzhaus,* Die GmbH & Co KG vor den Toren des GmbHRechts, DB 87, 2026, 2085; *Binz,* Die Familienstiftung – Renaissance einer Rechtsform für Familienunternehmen?, StbJb 87/88, 145.

1988: *Hennerkes/May,* Überlegungen zur Rechtsformwahl in Familienunternehmen, DB 88, 483, 537; *Bader/Pietsch/Schulze zur Wiesche,* Flucht aus der Publizität, 1988.

Zur etwa 1986 verstärkt auftretenden Diskussion über die Möglichkeit einer **Stiftung und Co** s: *Weimar/Geitzhaus/Delp,* BB 86, 1689; *K Schmidt* DB 87, 261; *Weimar/Delp* BB 87, 1707.

1990: *Dieterle/Winckler,* Unternehmensgründung, 1990.

1991: *Ahlers,* Die Anwalts-GmbH nach geltendem Recht, AnwBl 91, 226.

1992: *Herzig/Kessler,* Steuerorientierte Wahl der Unternehmensform – GmbH, OHG, GmbH & Co und BetrAufsp – Ein EDV-gestützter StBelVergleich, GmbHR 92, 232; *Krüger,* Zweckmäßige Wahl der Unternehmensform, 5. Aufl, 1992; *Pfefferle,* Optimale Unternehmensgestaltung, 1992; *Heidemann,* Rechtsformwahl für ein Ein-Mann-Unternehmen, 1992; *Beckmann,* Die AG & Co KG, 1992.

1993: *Turner,* Finanzielle Aspekte bei der Wahl von GmbH u Genossenschaft, DB 93, 363; *ders,* GmbH oder Genossenschaft, GmbHR 93, 390.

1994: *Flick,* Motto 1994: Raus aus der GmbH, rein in die PersGes, DB 94, 64.

1995: *Peter/Crezelius,* Gesellschaftsverträge u Unternehmensform, 6. Aufl, 1995.

1997: *Giere,* Steuerl Rechtsformvergleich zwischen Pers- u KapGes mit Hilfe der Teilsteuerrechnung, DB 97, 1351.

3. Problembereiche bei der Wahl von Unternehmensformen und Unternehmensbeteiligungen, hier gedacht als **„Überlegungs-Liste",** ohne Anspruch auf systematische Vollständigkeit.

Beteiligungsformen
  – Gesellschafter einer oHG/GbR
  – Kommanditist

- atypisch stiller Gesellschafter
- typisch stiller Gesellschafter
- atypischer Unterbeteiligter
- typischer Unterbeteiligter
- Kapitalgesellschafter

Insbesondere: Betriebsteilung
- „Klassische" BetrAufsp (Besitzpersonenunternehmen/Betriebs-GmbH)
- Mitunternehmerische BetrAufsp (Besitzpersonenunternehmen/Betriebs-PersGes)
- Kapitalistische BetrAufsp (Besitz-/Betriebs-GmbH oder Besitz-GmbH/Betriebs-PersGes)
- Einzelunternehmerische BetrAufsp (Einzelbesitzunternehmen/Einzelbetriebsunternehmen)
- Produktions-/VertriebsGes
- Anderweitige personale, sachl oder funktionale Teilung

Persönliche Eigenschaften der Beteiligten
- Natürl/jur Person, Gesellschaften
- Arbeitnehmer, evtl nur Leitende
- Familienangehörige
- Voll-, Minderjährige
- Ausländer
- Anrechnungsberechtigte/Nichtanrechnungsberechtigte

Persönliche Haftung
- Einzelunternehmung
- oHG
- KG
- GbR

Ohne persönliche Haftung
- GmbH & Co KG
- GmbH
- Betriebsaufspaltung (BetriebsGes)
- GmbH & Still
- AG
- Haftungsdurchgriff im Einzelfall mögl

Beherrschung
- der Gesellschaft
- der Geschäftsführung
- der Gesellschaftsrechte
- der Gewinnverwendung
- der Entnahmen
- der wesentlichen Betriebsgrundlage
- der Kündigungsmöglichkeit
- Minderheitsrechte

Kündigung
- Kündigungsrecht
- Sich-selbst-Herauskündigen

Unternehmensform **ABC**

- Hinauskündigen des anderen
- Folge der Kündigung
- Höhe der Abfindung
- Auszahlungsmodus

Todesfall
- Bleibt die Unternehmensform?
- Wird die Ges aufgelöst?
- Gesellschaftsrechtl Nachfolgeregelung
- Testamentsvollstreckung mögl?

Bilanzrecht
- Welche Vorschriften sind maßgebend?
- Publizitätszwang?
- Prüfungszwang?

Form und Kosten der Einrichtung/Gründung
- privatschriftl Form
- notarielle Form
- Beratungs-, Notarkosten
- StFolgen

Veräußerungs- und Belastungsmöglichkeit von Gesellschaftsrechten
- Veräußerung
- Verpfändung
- Nießbrauch
- Unterbeteiligung
- StFreiheiten und StLasten

Partneraufnahme
- Zustimmungen
- StFolgen

Umwandlungsmöglichkeiten
- Leichter oder schwerer Wechsel der Rechtsform
- StFolgen
- Haftungsfolgen
- Kosten

Arbeitsrecht
- Übergang von Arbeitsverhältnissen bei Neugründung
- Haftung für übergehende Arbeitsverhältnisse
- Betriebsrat
- Mitbestimmung

Berufsrecht
- Beschränkungen und Erfordernisse des Berufsrechts

Öffentliches Recht
- öffentl-rechtl Bedingungen und Erfordernisse

Wesentliche Betriebsgrundlagen, insbes Grund und Boden
- Steuerliches Privatvermögen?
- Steuerliches Betriebsvermögen?

- Miete gewstpfl?
- Haftung für die allg Geschäftsverbindlichkeiten?

Unternehmerlohn
- als Gehalt gewstfrei?
- als Gewinn-Vorab gewstpfl?
- Pensionsrückstellungen zulässig?

Sonstige Leistungsvergütungen
- gewstfrei?
- als Gewinn-Vorab gewstpfl?

Steuerbelastung
- ESt
- ESt/KSt
- GewSt
- VSt (vor 1997, nach 1996)
- ErbSt im Schenkungs- und Todesfall
- GrErwSt

Gewinnverteilung
- Steuerliche Anerkennung gesichert?

Verlustberücksichtigung
- Vorfrage: Erhebl? Unternehmen mit konkreter Verlustmöglichkeit?
- Unmittelb Verlustausgleich mit anderen Eink im Verlustjahr?
- Verlustrück- und -vortrag
- ESt/KSt
- GewSt

Ausnutzung besonderer Steuervorteile
- Buchwertverknüpfungen bei Formwechsel, Verschmelzung, Spaltung und Einbringung
- stbegünstigte Gewinnrealisierung auf der einen, Abschreibung der realisierten stillen Reserven zu Lasten der Normalsteuer auf der anderen Seite; s allerdings die Einschränkungen des § 17 durch das StandOG u des § 16 EStG u § 24 UmwSt durch das StMBG (Vor § 1 Anm 19)
- Vorteile des Umwandlungsrechts
- GrErwSt-Befreiungen
- Vorteile des AnrV

Steuergefährdung durch fehlende Steuersorgfalt des Unternehmers
- Hinweis insb auf das Problem verdeckter Gewinnausschüttungen bei KapGes

4. Auswirkungen des am 1. 1. 86 in Kraft getretenen **BilRiG** auf die **Unternehmensform:** Das BilRiG hat in geringerem Maße zu einer Änderung bestehender Unternehmensformen geführt als ursprüngl erwartet. Es spielt hingegen bei der **Wahl** einer **neuen Unternehmensform** eine nicht unerhebl Rolle. Insbesondere belasten Offenlegungspflicht und Prüfungspflicht die GmbH. Die Angst vor der Publizität ist nicht ohne irrationale Elemente (zu den vernünftigen Bedenken vgl *Schneeloch* DStR 86, 807). Der Publizität wird zum Teil durch Verweigerung begegnet (vgl *Streck* GmbHR 91, 407). Darüber hinaus versucht man, Einfluß auf die

Unternehmensform **ABC**

Größenmerkmale des HGB und die damit verbundene Intensität der Publizität zu nehmen. Folge ist ein sanfter Druck aus der GmbH heraus, von der GmbH weg. Damit geschieht das Gegenteil dessen, was 1976 bei der KSt-Reform 1977 zu bemerken war, nämlich eine deutliche Hinwendung zur GmbH. Als beständig zeigt sich nur die Erkenntnis: Eine sichere und immer optimale Unternehmensform gibt es nicht. Die Rechtsform muß fortlaufend überprüft werden (vgl *Rose,* FS Meilicke, 1985, 111; *Hennerkes/May* DB 88, 483).

5. Der sanfte Druck aus der GmbH heraus wurde auch als „Flucht aus der GmbH" gekennzeichnet. Der **Weg aus der GmbH** heraus war **bis 1994** schwierig und kostspielig. Nach dem bis 1994 geltenden Recht führte die Umwandlung einer GmbH zwangsläufig zur Aufdeckung der stillen Reserven des Anlagevermögens mit Ausnahme des Firmenwertes. Ein hierdurch entstehender Umwandlungsgewinn war für die Gesellschafter voll steuerpflichtig (keine Begünstigung nach § 34 EStG). Dies galt selbst in Fällen, in denen der Gesellschafter nicht dem § 17 EStG unterfiel. Hier einige Hinweise zu **Gestaltungsüberlegungen** (vgl dazu *Meilicke* DB 86, 2445; *Felix* KÖSDI 86, 6545; *Felix/Stahl* Beihefter DStR 86 zu Heft 3; *Schneeloch* DStR 86, 807, 811; *Weimar/Reeh* DB 88, 1637; *Schwedhelm,* Unternehmensumwandlung, 1. Aufl, 1993, 135 ff; außerdem bis zur 4. Aufl). Zu den Erleichterungen durch das **ab 1995** geltende UmwStG s am Ende dieser Nr.

Allgemein ließen sich **bis 1994** folgende Erkenntnisse zur **Abkehr von der GmbH** formulieren: Verfügt die GmbH über relativ wenig stille Reserven im Anlagevermögen, ist das Haftungsrisiko nicht hoch anzusetzen, kann – auch bei hohem Firmenwert – der Weg der Umwandlung als relativ einfacher Gestaltungsweg gegangen werden. Erfolgen Veräußerungen oder Verpachtungen, so ist das Problem des angemessenen Entgelts von hohem Stellenwert. Das Problem liegt weniger in der abstrakten Gefahr der vGa, sondern in der konkreten Berateraufgabe, den richtigen Preis zu finden. Verkaufs- und Verpachtungs-GmbH beseitigen die vermögende GmbH nur bei einer langfristigen Betrachtungsweise. In der Zwischenzeit muß der Unternehmer relativ unübersichtliche Gestaltungen akzeptieren. Ist dieser Weg aus der GmbH trotz der Hindernisse notwendig oder trotz der Hindernisse gewollt, so ist für jeden Fall eine maßgeschneiderte Lösung zu fordern. Es gibt kein Patentrezept. Das neue **ab 1995** geltende **Umwandlungssteuerrecht** erleichtert den Weg aus der GmbH. Wie bisher bei der Umwandlung einer Personengesellschaft in eine Kapitalgesellschaft besteht nunmehr für die Umwandlung (Formwechsel) einer GmbH in eine Personengesellschaft – neben der **Verschmelzung** auf eine Personengesellschaft – ein Wahlrecht, die Buchwerte fortzuführen oder einen höheren Wert bis hin zum Teilwert anzusetzen (§ 14 iVm § 3 bis 8 und 10 UmwStG). Ferner sieht das ab 1995 geltende Umwandlungsgesetz die Möglichkeit einer **Spaltung** der GmbH in Personengesellschaften vor. Auch sie kann zu Buchwerten erfolgen, wenn der jeweils übergebende Vermögensteil einen Teilbetrieb darstellt (§ 15 UmwStG).

6. Die **Wahl** zwischen **GmbH** und **GmbH & Co KG** ist immer weniger eindeutig zu treffen. Beide Rechtsformen haben sich **einander an-**

genähert (vgl *Hennerkes/May* DB 88, 483, 486; *Weimar/Geitz/Haus* DB 87, 2026).

Die **GmbH** hat sich auf die GmbH & Co KG zubewegt:
- durch das AnrVerf des KStG; die ertragstl DoppelBel entfällt; durch das „Schütt-aus-Hol-zurück"-Verfahren (s ABC zu diesem Stichwort) kann das StNiveau des AntE erreicht werden;
- durch die Senkung des StSatzes auf 50 vH, später auf 45 vH (dazu auch unten 7.); durch des StReformG 1990.

Die **GmbH & Co KG** hat sich auf die GmbH zubewegt:
- die einkommenstl Verlustverrechnung zwischen KG und Ges wurde eingeschränkt (§ 15a EStG);
- handelsrechtl Gleichstellung mit der GmbH (Firmen- und Geschäftsbriefpublizität gemäß §§ 19 Abs 5, 125a, 177a HGB; KonkursantragsPfl bei Zahlungsunfähigkeit und Überschuldung, §§ 177a, 130a, 130b HGB; § 172a HGB bzgl des Verbots der Rückgewähr von Einlagen und eigenkapitalersetzenden Leistungen);
- über die Komplementär-GmbH wirkt selbst das Auskunftsrecht des § 51a GmbHG in die KG hinein (OLG Hamm DB 86, 580).

Natürl bleiben gravierende **Unterschiede:**

GmbH
- juristische Personen;
- leichtere Verfügbarkeit bzgl der Geschäftsanteile;
- leichtere Vererbbarkeit;
- Ausschüttungen statt Entnahmen;
- OffenlegungsPfl;
- PrüfungsPfl (teilweise);
- keine Verlustverrechnung mit Eink des AntE;
- Abzugsfähigkeit des Unternehmerlohns;
- Gefahr bzgl vGa;
- erhöhte VStBel (bis 1996);
- Benachteiligung bei der ErbSt.

GmbH & Co KG
- PersGes;
- zwei Ges statt einer;
- größere Gebundenheit der Anteile bei Veräußerungen und Vererbungen;
- Entnahmen statt Ausschüttungen;
- keine Offenlegungs- und PrüfungsPfl;
- Verlustverrechnung in den Grenzen des § 15a EStG;
- keine Abzugsfähigkeit des Unternehmerlohns;
- einfache VStBl (bis 1996);
- Begünstigung bei der ErbSt.

7. Renaissance der **persönl Haftung:** Die persönl Haftung erlebt seit einiger Zeit eine Renaissance, sei es in der Form des **Einzelunternehmens,** sei es in der Form der **oHG** oder der **KG.** Hier wird der sicherste Weg beschritten, Publizität und Prüfung zu vermeiden. Nach der **Absenkung** des **StSatzes** für gewerbl Eink ab VZ 1994 (§ 23 Anm 3) sind Einzelunternehmen und PersGes insoweit begünstigt, als bei ihnen die Absen-

Unternehmensform **ABC**

kung definitiv greift, während sie bei KapGes im Ausschüttungsfall wieder verlorengeht (vgl hierzu auch *Robisch* DStR 93, 1379; *Schultz* DB 93, 2193; *Binger/Pinkos* GmbHR 93, 556); *Herzig/Kessler* DStR 94, 219, 26; *Scharb* BB 94, 40). Natürl ist sorgfältig zu prüfen, ob die persönl Haftung übernommen werden kann. Denkt man jedoch an die weitreichende StHaftung und den Druck vieler Großgläubiger, der Gesellschafter einer GmbH solle auch die persönl Haftung übernehmen, so ist der Schritt von der haftungsbeschränkenden GmbH zur persönl Haftung möglicherweise kleiner, als der Unternehmer auf den ersten Blick annimmt.

8. Der **Entscheidungsprozeß** bei der **Suche** nach der **Unternehmensform:**
Wird die Rechtsform für ein **neu zu gründendes Unternehmen** gesucht, werden die Entscheidungsabläufe folgende Wege gehen:
Besteht das Erfordernis einer **Haftungsbegrenzung?**
Wird die Frage **verneint**, ist es richtig, das Unternehmen als **Einzelunternehmen** oder als **oHG** bzw **KG** zu starten.
Wird die Frage **bejaht**, ist der Weg offen zu der entscheidenden weiteren Frage: **GmbH oder GmbH & Co KG?**
Dieser Ablauf ist deshalb wichtig, weil viele Überlegungen mit dem StVorteil der GmbH (GewSt) beginnen. Es ist jedoch sichere Erkenntnis, daß alleine dieser Vorteil nicht ausreicht, die Entscheidung für die GmbH zu begründen.
Also: Wird die Notwendigkeit der Haftungsbegrenzung bejaht, lautet die Alternative GmbH oder GmbH & Co KG. Verfügt das Unternehmen über Grundbesitz, heißt die Alternative regelm BetrAufsp oder GmbH & Co KG.
In dieser Alternative scheint sodann der Rat in erster Linie zur GmbH & Co KG zu gehen. Geht es nicht um eine BetrAufsp, so sollte nicht übersehen werden, daß die einfache GmbH eine klare und übersichtl Struktur hat. Die GmbH & Co KG führt im übrigen zu zwei Ges, wovon eine – die Komplementärin – ebenfalls prinzipiell mit den Problemen der GmbH belastet ist.
Kann diese Schwelle genommen werden, so sprechen sodann in der Tat Vermeidung der PrüfungsPfl und – falls die Bedingungen mögl erscheinen – die PublizitätsPfl, die weitere Verlustverrechnungsmöglichkeit und die im übrigen größere Flexibilität des Personenhandelsrechts für die GmbH & Co KG. Aber: regelm eine Entscheidung mit nur knappem Argumentationsvorsprung.
Soll die GmbH gewählt werden und steht eigener **Grundbesitz** zur Verfügung, lautet die nächste Alternative reine **GmbH** oder **BetrAufspaltung.**
Diese Alternative entscheidet der Unternehmer immer noch im Zweifel zugunsten der BetrAufspaltung. Zwar sind einige Entscheidungskriterien zugunsten der BetrAufspaltung inzwischen entfallen (zB VStBelastung; Probleme, ein Grundstück ohne Gewinnrealisierung wieder aus der GmbH zu „entnehmen"). Ein besonderes Gewicht behält jedoch: Das vermögensmäßige Herzstück soll nicht dem Zugriff der Allgemein-Gläubiger im Insolvenzfall unterliegen. Es soll ein Teil „Privatvermögen" bleiben (gleichgültig, ob das StRecht es als BetrVerm qualifiziert).

ABC   Veräußerung von Anteilen an KapGes und AnrV

Wird über die **Änderung** der **Unternehmensform** nachgedacht, gilt: Die Änderung ist nicht von leichter Hand vorzunehmen. Die Gründe müssen gewichtig sein.

Die ab 1995 geltenden UmwG und UmwStG müssen präzise eingesetzt werden, um unbeabsichtigte StFolgen zu vermeiden. Der Einzelunternehmer sollte **in „Stufen"** denken. Mit einer GmbH zu beginnen, um evtl später die GmbH & Co KG zu wählen, ist idR falsch. Wer ein Einzelunternehmen betreibt, kann in einem vorsichtigen Schritt die Umwandlung in eine GmbH & Co KG vornehmen. Diese Gesellschaftsform kann später zur GmbH weiterentwickelt werden.

Veräußerung von Anteilen an KapGes und AnrV

S „Mißbrauch", „Steuergünstige Gestaltungen".

1. Schrifttum: s § 39 (aF) Anm 1; *Rathmann,* Einkommensbesteuerung von gekauften Rücklagen bei Anteilsübertragungen unter der Herrschaft der KStG/EStG 1977, DB 80, 800; *Streck,* Die Steuerinteressen und Steuermodelle beim Unternehmenskauf, BB 92, 685; *Schlütter* NJW 93, 2023.

2. Bei der Veräußerung von Anteilen an KapGes sind die **unterschiedl Auswirkung** der **Veräußerung** im AnrMechanismus und die unterschiedl Besteuerungsfolgen je nach der Veräußerung von BetrVerm, einer wesentl Beteiligung oder privatem Streubesitz von großer Bedeutung. Das aufgezeichnete und festgestellte verwendb EK muß bei Verkaufsverhandlungen von erhebl Bedeutung sein, da hier die gezahlte KSt und die AnrMöglichkeit ausgewiesen werden.

3. Veräußerung zwischen AnrBerechtigten: Der Veräußerer wird bemüht sein, sich die in Rücklagen gespeicherte KSt und stille Reserven vor KSt bezahlen zu lassen; natürl nur, soweit sie für ihn von wirtschaftl Wert sind. StPfl bei dem Veräußerer ist gegeben gem §§ 15, 17 oder 23 EStG, nicht aber nach § 20 EStG bei Privatbesitz außerhalb des § 17 EStG. Beim Erwerber ist der Preis Anschaffungsaufwand. Bilanziert er und kommt es zur Ausschüttung der bezahlten KSt sowie von bezahlten Rücklagen und stillen Reserven, kann er den Ertrag durch eine Teilwertabschreibung neutralisieren. Beim Erwerb ins PrivVerm – kein Fall des § 17 EStG – sind Ausschüttungen stets stpfl, auch wenn sie bezahlt wurden; sind die Voraussetzungen des § 17 EStG gegeben – eine Teilwertabschreibung ist nicht mögl –, erfolgt der Ausgleich im Veräußerungsfall, da die ausgeschütteten Beträge, sofern sie bezahlt wurden, zwar die Anschaffungskosten, nicht aber das Veräußerungsentgelt bestimmen. Auf die Einschränkungen des § 17 II vom VZ 1996 an sei hingewiesen. Wegen § 23 IV EStG ist dieser Ausgleich bei Spekulationsgeschäften nicht mögl.

4. Beispiel (gerechnet mit einer TarifBel v 45 vH u einer AusschüttungsBel v 30 vH – das Ergebnis einer Berechnung mit einer TarifBel v 45 vH einer AusschüttungsBel v 30 vH sähe im Ergebnis nicht anders aus):
GmbH. StammKap 30 000 P; offene Rücklagen 12 500 P;
verwendb EK: EK_{45} 5500 P, EK_{30} 7000 P;
ausgewiesene KSt: 5500 P EK_{45} = 4500 P; 7000 P EK_{30} = 3000 P;
zusammen 7500 P; keine stillen Reserven;

Veräußerung von Anteilen an KapGes und AnrV **ABC**

Anschaffungskosten des Veräußerers: 30 000 P;
Kaufpreis: 30 000 P + 12 500 P Rücklagen + 7500 P KSt = 50 000 P.

	§ 15 EStG P	§ 17 EStG P	§ 23 EStG P	sonstiges PrivVerm P
Veräußerer	50 000 ./. 30 000 steuerpflichtig	50 000 ./. 30 000 steuerpflichtig	50 000 ./. 30 000 steuerpflichtig	./. nicht steuerpflichtig
Erwerber **Vorgang (1):** Ausschüttung der Rücklagen maximal EK_{45} 5500 P erlaubt Ausschüttung von 7000 P; EK_{30} 7000 P erlaubt Ausschüttung von 7000 P; insgesamt 14 000 P	14 000 + 3/7 6 000 20 000 ./. 20 000 Teilwertabschreibung, dh nicht steuerpflichtig	14 000 + 6 000 20 000 steuerpflichtig	14 000 + 6 000 20 000 steuerpflichtig	14 000 + 6 000 20 000 steuerpflichtig
Vorgang (2): Veräußerung zu 30 000 P	30 000 ./. 30 000 Restbuchwert nicht steuerpflichtig	30 000 ./. 50 000 Anschaffungskosten ./. 20 000 Verlust; insgesamt nicht steuerpflichtig	30 000 ./. 50 000 Anschaffungskosten ./. 20 000 Verlust; Ausgleichsverbot	./. ./. keine Einkünfte

5. Für **unentgeltl Übertragungen** oder **teilweise unentgeltl Übertragungen** gelten keine Besonderheiten aufgrund des AnrV. Mit der Übertragung der Anteile geht auf den Erwerber die potentielle Berechtigung über, die von der Körperschaft vorläufig gezahlte oder später noch zu zahlende KSt als Ausschüttung zu erwerben.

6. Übertragung zwischen nichtanrechnungsberechtigten AntE.: Die KStBel ist endgültig. Zwar wird auch im Fall von Ausschüttungen an nichtanrechnungsberechtigte AntE die AusschüttungsBel hergestellt; zur nicht anrechenb KSt in Höhe von 30 (36) vH kommt jedoch die KapErtrSt (RegelStSatz: 25 vH der Ausschüttung), die die StLast insgesamt auf 47,5 (52) vH anhebt. S „Ausl AntE". Im Einzelfall, zB bei Körperschaften des öffentl Rechts wegen § 44 II EStG oder bei beschr Stpfl aufgrund eines DBA, kann die KapErtrSt niedriger sein; s Stichworte „Öffentl Hand", „Steuerbefreite AntE". Die Veräußerung von Anteilen zwischen AntE, die vom AnrV ausgeschlossen sind, hat folgl allenfalls Einfluß auf die Höhe der KapErtrSt, nicht aber auf die Besteuerung der Körperschaft und das AnrV.

ABC Veräußerung von Anteilen an KapGes und AnrV

7. Übertragung von Anteilen eines anrechnungsberechtigten AntE an einen nichtanrechnungsberechtigten AntE: Der Anteil verläßt das AnrSystem. Der Erwerber wird offene Rücklagen und stille Reserven nur „nach KSt" bezahlen. Bei dem Veräußerer wirkt sich wirtschaftl der Verlust der AnrMöglichkeit aus; durch einen geringen Veräußerungspreis realisiert sich bei ihm die DoppelBel mit KSt und ErtragSt des AntE, die das AnrV gerade aufhebt. Evtl tritt eine dritte Besteuerung bei dem Erwerber im Ausschüttungsfall hinzu.

8. Veräußerung von **nichtanrechnungsberechtigten AntE** an **anrechnungsberechtigte AntE:** Der Anteil betritt das AnrSystem. Der Nichtanrechnungsberechtigte (zB beschr Stpfl, öffentl Hand; s zu diesen Stichworten) kann sich die KSt auf die Rücklagen bezahlen lassen und muß bei den stillen Reserven keine StBel ansetzen. Sein Gewinn unterliegt möglicherweise nicht der dt Besteuerung (zB bei der öffentl Hand und bei beschr Stpfl in DBA-Ländern). Bilanziert der Erwerber und schüttet er alles, was er bezahlt hat (zB offene Rücklagen + KSt), aus, neutralisiert er die Ausschüttung durch eine Teilwertabschreibung, bleiben die bezahlten Rücklagen und stillen Reserven letztl – mit inl St – unbesteuert. Die für nichtanrechnungsberechtigte AntE gewollte StBel und der gewollte Ausschluß der Anr (vgl § 51 Anm 1 ff) wird aufgehoben. Dies will – bis 1979 – § 39a aF für gravierende Fälle verhindern (s dort). Ab 1980 schränkt **§ 50c EStG** Teilwertabschreibungen in diesen Fällen ein.

9. Text § 50c EStG:
Wertminderung von Anteilen durch Gewinnausschüttungen
(1) [1]Hat ein zur Anrechnung von Körperschaftsteuer berechtigter Steuerpflichtiger einen Anteil an einer in dem Zeitpunkt des Erwerbs oder in dem Zeitpunkt der Gewinnminderung unbeschränkt steuerpflichtigen Kapitalgesellschaft von einem nichtanrechnungsberechtigten Anteilseigner oder von einem Sondervermögen im Sinne des § 38, des § 43a oder des § 44 des Gesetzes über Kapitalanlagegesellschaften erworben, sind Gewinnminderungen, die
1. durch den Ansatz des niedrigeren Teilwerts oder
2. durch Veräußerung oder Entnahme des Anteils
im Jahr des Erwerbs oder in einem der folgenden neun Jahre entstehen, bei der Gewinnermittlung nicht zu berücksichtigen, soweit der Ansatz des niedrigeren Teilwerts oder die sonstige Gewinnminderung nur auf Gewinnausschüttung oder auf organschaftliche Gewinnabführung zurückgeführt werden kann und die Gewinnminderungen insgesamt den Sperrbetrag im Sinne des Absatzes 4 nicht übersteigen. [2]Als Erwerb im Sinne des Satzes 1 gilt auch die Vermögensmehrung durch verdeckte Einlage des Anteils, nicht aber der Erbanfall oder das Vermächtnis.

(2) Setzt die Kapitalgesellschaft nach dem Erwerb des Anteils ihr Nennkapital herab, ist Absatz 1 sinngemäß anzuwenden, soweit für Leistungen an den Steuerpflichtigen verwendbares Eigenkapital im Sinne des § 29 Abs. 3 des Körperschaftsteuergesetzes als verwendet gilt.

(3) [1]Wird die Kapitalgesellschaft im Jahr des Erwerbs oder in einem der folgenden neun Jahre aufgelöst und abgewickelt, erhöht sich der hierdurch entstehende Gewinn des Steuerpflichtigen um den Sperrbetrag. [2]Das gleiche gilt, wenn die Abwicklung der Gesellschaft unterbleibt, weil über ihr Vermögen das Konkursverfahren eröffnet worden ist.

(4) [1]Sperrbetrag ist der Unterschiedsbetrag zwischen den Anschaffungskosten und dem Nennbetrag des Anteils. [2]Hat der Erwerber keine Anschaffungskosten, tritt an

Verdeckte Gewinnausschüttungen ABC

deren Stelle der für die steuerliche Gewinnermittlung maßgebende Wert. ³Der Sperrbetrag verringert sich, soweit eine Gewinnminderung nach Absatz 1 nicht anerkannt worden ist. ⁴In den Fällen der Kapitalherabsetzung sowie der Auflösung der Kapitalgesellschaft erhöht sich der Sperrbetrag um den Teil des Nennkapitals, der auf den erworbenen Anteil entfällt und im Zeitpunkt des Erwerbs nach § 29 Abs 3 des Körperschaftsteuergesetzes zum verwendbaren Eigenkapital der Kapitalgesellschaft gehört.

(5) ¹Wird ein Anteil an einer unbeschränkt steuerpflichtigen Kapitalgesellschaft zu Bruchteilen oder zur gesamten Hand erworben, gelten die Absätze 1 bis 4 sinngemäß, soweit die Gewinnminderungen anteilig auf anrechnungsberechtigte Steuerpflichtige entfallen. ²Satz 1 gilt sinngemäß für anrechnungsberechtigte stille Gesellschafter, die Mitunternehmer sind.

(6) ¹Wird ein nichtanrechnungsberechtigter Anteilseigner mit einem Anteil an einer Kapitalgesellschaft anrechnungsberechtigt, sind die Absätze 1 bis 5 insoweit sinngemäß anzuwenden. ²Gehört der Anteil zu einem Betriebsvermögen, tritt an die Stelle der Anschaffungskosten der Wert, mit dem der Anteil nach den Vorschriften über die steuerliche Gewinnermittlung in einer Bilanz zu dem Zeitpunkt anzusetzen wäre, in dem die Anrechnungsberechtigung eintritt.

(7) ¹Bei einem Anteil an einer Kapitalgesellschaft, die unmittelbar oder mittelbar einen Anteil im Sinne des Absatzes 1 erworben hat, sind Gewinnminderungen, die durch den Ansatz des niedrigeren Teilwerts oder durch die Veräußerung oder Entnahme des Anteils oder bei Auflösung oder Herabsetzung des Nennkapitals der Kapitalgesellschaft entstehen, bei der Gewinnermittlung nicht zu berücksichtigen, soweit der Ansatz des niedrigeren Teilwerts oder die sonstige Gewinnminderung darauf zurückzuführen ist, daß Gewinnausschüttungen im Sinne des Absatzes 1 weitergeleitet worden sind. ²Die Absätze 1 bis 6 gelten entsprechend.

(8) ¹Bei Rechtsnachfolgern des anrechnungsberechtigten Steuerpflichtigen, die den Anteil innerhalb des in Absatz 1 bezeichneten Zeitraums erworben haben, sind während der Restdauer dieses Zeitraums die Absätze 1 bis 7 sinngemäß anzuwenden. ²Das gleiche gilt bei jeder weiteren Rechtsnachfolge.

(9) Die Absätze 1 bis 7 sind nicht anzuwenden, wenn die Anschaffungskosten der im Veranlagungszeitraum erworbenen Anteile höchstens 100 000 Deutsche Mark betragen.

(10) Werden die Anteile über die Börse erworben, sind die Absätze 1 bis 9 nur anzuwenden, soweit nicht § 36 Abs 2 Nr 3 Satz 4 Buchstabe g anzuwenden ist und
a) zwischen dem Erwerb der Anteile und der Veräußerung dieser oder gleichartiger Anteile nicht mindestens 10 Tage liegen und der Gewinnverwendungsbeschluß der ausschüttenden Kapitalgesellschaft in diesen Zeitraum fällt oder
b) die oder gleichartige Anteile unmittelbar oder mittelbar zu Bedingungen rückveräußert werden, die allein oder im Zusammenhang mit anderen Vereinbarungen dazu führen, daß das Kursrisiko begrenzt ist oder
c) die Gegenleistung für den Erwerb der Anteile ganz oder teilweise in der Verpflichtung zur Übertragung nicht oder nicht voll dividendenberechtigter Aktien besteht,
es sei denn, der Erwerber macht glaubhaft, daß der Veräußerer, bei mittelbarem Erwerb über zwischengeschaltete Veräußerer jeder Veräußerer, anrechnungsberechtigt ist.

Verdeckte Gewinnausschüttungen

Zur Behandlung der vGa im KStRecht s § 8 Anm 60ff und das vGa-ABC § 8 Anm 150. Die vGa bei ausl AntE ist außerdem behandelt zu „Ausl AntE". VGa-Probleme der öffentl Hand s auch „Verluste" mit Weiterverweisungen. Zum Problem der Rückgängigmachung und Satzungsklauseln s § 8 Anm 110ff.

Verluste

1. Verluste bei Körperschaften verursachen typische **Problemsituationen:**
– Kein Verlustausgleich mit den Eink des AntE.
– Verluste werden durch stpfl Entgelte an den AntE (Gehalt, Miete usw) begründet oder erhöht, ohne daß zwischen dem AntE und der Körperschaft eine Ausgleichsmöglichkeit besteht.
– Verluste können vGa indizieren; dazu § 8 Anm 97 f.
– Verlustvorträge können nicht mehr ausgenutzt werden oder drohen zu verfallen.
– Bei der öffentl Hand stehen Gewinnbetriebe und Verlustbetriebe nebeneinander; die Verrechnungsmöglichkeit wird gesucht.

2. Der fehlende **Verlustausgleich** zwischen GmbH und ihren AntE führt manchen optimistischen GmbH-Start in Schwierigkeiten. Geschäftsführergehälter müssen gezahlt und versteuert werden; die Verluste, die sie hinterlassen, können nicht ausgegl werden. Insbes sind Startprobleme bei BetrAufsp mögl. **Auswege** (vgl auch *Dörner* Inf 96, 587 zur Verlustproblematik in der BetrAufsp):

3. Organschaft: Sorgt man dafür, daß die Eingliederungsvoraussetzungen bereits zu Jahresbeginn gegeben sind, kann der EAV erst zum Jahresende auf den Jahresbeginn rückwirkend vereinb werden (§ 14 Anm 68), also dann, wenn der Verlust bereits bekannt ist; vgl *Dreissig* StbJb 93/94, 258. Dann aber 5-jährige Bindung (§ 14 Anm 67). **Verlustübernahme außerhalb der Organschaft** kann Teil eines anzuerkennenden Vertrags sein; vgl hierzu BFH BStBl II 83, 744 u § 14 Anm 102.

4. Verzicht oder **Teilverzicht** auf Gehalt und sonstige Entgelte des AntE: Rückwirkung idR wirkungslos (Einlage, BFH VIII R 133/82 v 22. 11. 83 BB 84, 513; § 8 Anm 32 f). Der Gesellschafter macht hier von seiner Möglichkeit Gebrauch, Leistungen (schuldrechtl) unentgeltl oder teilunentgeltl für die GmbH zu erbringen (vgl § 8 Anm 120; *Streck* GmbHR 82, 30 u GmbHR 87, 105). Soweit in der Bp teilweise ein Zwang zur Entgeltlichkeit angenommen wird, ist dies abzulehnen (vgl BFH BStBl III 63, 513; § 8 Anm 120; gegen *Sarrazin* JbFfSt 79/80, 393). Ein Verzicht auf die Zahlung von Gegenleistungen (Gehalt, Pacht usw) ist auch dann anzuerkennen, wenn zum gleichen Zeitpunkt an den Entgeltberechtigten Darlehen zurückgezahlt werden, und zwar auch dann, wenn die Darlehensrückzahlung zum Zeitpunkt des Entgeltsverzichts einsetzt und in solchen Raten erfolgt, die dem bisherigen Entgelt entspr. **Gefahren:** Ein häufiger Wechsel zwischen Entgeltlichkeit und Unentgeltlichkeit kann die **Durchführung** der entgeltl Vereinbarung in Frage stellen (§ 8 Anm 137; FG Münster EFG 94, 117). Das FA könnte argumentieren, der entgeltl Vertrag sei nicht ernsthaft durchgeführt, wenn der AntE willkürl zur Unentgeltlichkeit (Teilentgeltlichkeit) wechsele; folgl stellte das Entgelt in der „Entgeltlichkeitsphase" eine vGa dar. Diese Begründung ist mE allenfalls bei extremer Wechselgeschwindigkeit durchgreifend. Da der AntE grundsätzl die Art der Leistung bestimmen kann, kann er auch den Wechsel bestimmen. Die Verlustvermeidung in der GmbH ist eine vernünftige

Verluste **ABC**

Begründung für die unentgeltl Arbeits- oder Nutzungserbringung, die die Ernsthaftigkeit der regulären obligatorischen entgeltl Verträge für die Zeit ihrer Geltung nicht in Frage stellt. Zum Vernünftigkeitsargument vgl auch BFH BStBl III 60, 513 u VIII R 133/82 v 22. 11. 83, aaO; BFH BStBl II 94, 952: Aus dem Forderungsverzicht eines beherrschenden AntE kann nur unter besonderen Umständen auf eine von Anfang an nicht gewollte Schuld geschlossen werden. S auch § 8 Anm 137. Der Zweck der Verlustvermeidung steht auch dem möglichen Argument der „Unüblichkeit" s § 8 Anm 120) entgegen. Soweit bei der BetrVerpachtung oder BetrAufsp auf seiten des AntE Kosten zur Verrechnung stehen, sollte zumindest in dieser Höhe eine Pacht verbleiben, um dem FA den Einwand zu nehmen, mangels Gewinnerzielungsabsicht liege auf der Ebene des AntE **keine Einkunftsquelle** vor. Allerdings halte ich idR diesen Einwand für nicht durchgreifend. Denn das Besitzunternehmen wird in derartigen Fällen nur vorübergehend auf die Pacht verzichten, und zwar gerade um das Pachtverhältnis für die Zukunft zu sichern (vgl *Streck* GmbHR 82, 30).

5. Verluste in der GmbH können durch **gewollte Nichtdurchführung** vermieden werden. Der BFH fordert bei beherrschenden AntE die Durchführung der Verträge (§ 8 Anm 137). Diese Rspr läßt sich mE zugunsten der StBürger anwenden. Pachtzahlungen werden in der BetrAufsp zB häufig erst mit dem Jahresabschluß errechnet und passiviert. Bei den Jahresabschlußarbeiten stellt der Berater fest, daß die GmbH durch die Pachtzinspassivierung einen Verlust ausweist. Er unterläßt die Passivierung. Der Vertrag ist nicht durchgeführt (s § 8 Anm 137). Zwar ist später eine Nachzahlung auf die nicht passivierte Verpflichtung unmögl, soll eine vGa vermieden werden; ein Verlust in der GmbH entsteht jedoch nicht und wird auch nicht vergrößert (vgl *Streck* GmbHR 82, 30). **Gefahren:** In der Praxis nehmen Prüfer eine Pflicht zur Passivierung an (ähnl der oben Anm 4 und in § 8 Anm 120 erwähnten abgelehnten Pflicht zur Entgeltlichkeit). Dies ist abzulehnen. Wenn die Rspr an die Nicht-Durchführung bestimmte StFolgen knüpft, sind Tatbestand und Rechtsfolge aufeinander bezogen. Dieser Verbindung hätte es nicht bedurft, wenn das StRecht den Prüfer verpflichtet, eine Zwangsdurchführung des Nichtgewollten zu realisieren. Weiterer Einwand: Der Pachtvertrag sei insgesamt, dh auch für frühere und spätere Jahre, in der Durchführung gefährdet, so daß frühere oder spätere Pachtzahlungen zw vGa werden. Die Verträge und ihre Durchführung beziehen sich auf bestimmte, zeitl festlegb Leistungen und Leistungsentgelte, nicht auf frühere, nicht auf spätere. Die Rspr fordert eine klare Entscheidung des AntE, in welcher Weise er tätig ist. Diese ist auch bei gewollter Nichtdurchführung bzgl eines Zeitraums gegeben, ohne daß die gewollte Durchführung anderer Zeiträume gehindert oder gefährdet wird. Anders kann man allenfalls in Extremfällen entscheiden, in denen keinerlei Bemühen erkennb ist, einen Vertrag in irgendeinem Zeitraum durchzuführen. Die Nichtpassivierung in der GmbH verbietet – mangels Durchführung – auch eine Aktivierung im **Besitzunternehmen.**

Soweit auf Verträge **Teilzahlungen** erbracht wurden, gefährdet die Nichtzahlung des Restes oder die insoweit gestaltete Nichtdurchführung

ABC Verluste

(Nichtpassivierung) nicht den BetrAusgAbzug der bereits erbrachten Zahlungen. Hier liegt eine Teilentgeltlichkeit vor, die ebenso anzuerkennen ist wie die Unentgeltlichkeit oder die vollständige Nichtdurchführung.

6. Die Verlustentstehung kann dadurch eingeschränkt werden, daß die **Entgelte** für Dienste und Nutzungsüberlassungen **gewinnabhängig** gestaltet werden. Ich bin zurückhaltend. Die Gewinnabhängigkeit kann die Brücke zur Mitunternehmerschaft schlagen.

7. Problematisch ist der Versuch, innerhalb der BetrAufsp im Besitzunternehmen den Verlustausgleich im Ergebnis durch eine **Teilwertabschreibung** auf die Beteiligung an der Betriebs-GmbH zu erreichen. In der GmbH bleibt der Verlust; sie gerät in Überschuldungsgefahr. Auf der Ebene des AntE vermeidet man zwar positive Einkünfte, muß hierfür jedoch Aufwand – Aktiva GmbH-Anteile – einsetzen, der damit verloren ist.

8. Zur Anwendung des § 10 d EStG s grundsätzlich § 8 Anm 16; dort auch zum **Wahlrecht** bzgl des **Verlustrücktrags**.
Optimaler Verlustrücktrag bei Ausschüttungen. S hierzu auch *Pach-Hanssenheimb* DStR 94, 1408; *Schlagheck* GmbHR 95, 869; *Kirchgesser* BB 95, 2618; *Schiffers* GmbHR 96, 331; *Fischer* Stbg 96, 551; *Gebhardt* Stbg 97, 68. § 8 V aF sah bis 1993 zur Sicherung der AusschüttungsBel eine Einschränkung des Verlustrücktrags vor. Diese Vorschrift stand in engem Zusammenhang mit der Verwendungsfestschreibung nach § 33 III, die Steuernachteile im Rahmen der Herstellung der AusschüttungsBel durch eine nachträgliche KStErhöhung anstelle einer bisherigen Minderung bei Ausschüttungen für das Verlustrücktragsjahr verhinderte (s § 33 Anm 8). Beide Sonderregelungen sind erstmals für nach dem 31. 12. 93 entstandene steuerliche Verluste ersatzlos weggefallen (s § 33 Anm 8 u § 8 Anm 153). Nunmehr muß die gliederungspflichtige Körperschaft im Rahmen der Ausübung des Antragswahlrechts auf Ausschluß oder Einschränkung des Verlustrücktrages achten, daß durch den Verlustrücktrag nicht nachträglich das für die Verrechnung einer Ausschüttung notwendige belastete EK wegfällt und die Herstellung der AusschüttungsBel für die bereits abgeflossene Ausschüttung wegen Verrechnung mit unbelasteten EK-Teilen EK_{02} oder EK_{03} zu einer KStErhöhung führt. Der Verlustrücktrag würde insoweit letztlich ohne Steuerentlastung für die Körperschaft sein. Dieses Ergebnis kann durch eine bestmögliche **antragsmäßige Begrenzung** des möglichen Verlustrücktrags vermieden werden.

Beisp:
Bei der X-GmbH ergeben sich folgende **Besteuerungsmerkmale:**

		DM
– vEK zum 31. 12. 92	EK 02	+ 40 000
– VZ 1993	Jahresüberschuß	200 000
	nichtabziehb Ausg (zB VSt)	10 000
	= Einkommen	150 000
	Gewinnausschüttung	
	für 93 mit Beschluß in 94	70 000

Verluste **ABC**

- VZ 1994 Jahresüberschuß 40 000
  VSt 10 000
  = Einkommen 50 000
  keine Gewinnausschüttung
- VZ 1995 Jahresfehlbetrag − 70 000
  VSt 10 000
  = steuerlicher Verlust 60 000

EK-Gliederung vor Verlustrücktrag:

		Summe	EK 50	EK 45	EK 02
	DM	DM	DM	DM	DM
Bestand 31. 12. 92		40 000	− −		40 000
Einkommen 1993	150 000				
KSt 1993 50 vH	− 75 000				
Zugang EK 50	+ 75 000	+ 75 000	+ 75 000		
nichtabziehb Ausgaben		− 10 000	− 10 000		
Bestand 31. 12. 93		105 000	65 000		40 000
Gewinnausschüttung für 1993 mit					
Beschluß in 1994	70 000				
Verrechnung mit EK 50	− 50 000	− 50 000	− 50 000		
KSt-Minderung	− 20 000				
Zwischensumme		55 000	15 000		40 000
Einkommen 1994	50 000				
KSt 45 vH	− 22 500				
Zugang EK 45	+ 27 500			+ 27 500	
VSt 1994		− 10 000		− 10 000	
Bestand 31. 12. 94		70 000	15 000	17 500	40 000

Rechtslage

Variante 1:
Es erfolgt ein Verlustrücktrag (VR) in voller Höhe des steuerlichen Verlustes 1995, wenn ein Antrag iSd § 10 d I S 4 EStG **nicht** gestellt wird.

EK-Gliederung nach Verlustrücktrag:

		Summe	EK 50	EK 45	EK 02
	DM	DM	DM	DM	DM
Bestand 31. 12. 92		40 000	0	−	40 000
Einkommen 1993 vor VR	150 000				
− VR aus 1995	60 000				
Einkommen 1993 nach VR	90 000				
KSt 1993 nach VR	45 000				
Zugang zum EK 45	45 000	+ 45 000		+ 45 000	
Verlustrücktrag (§ 33 II)		+ 60 000			+ 60 000
KSt-Erstattungsanspruch wegen VR					
(50% von 60 000)		− 30 000			− 30 000
− nichtabziehb Ausgaben		− 10 000	− 10 000		
Bestand 31. 12. 93		105 000	35 000		70 000

ABC Verluste

oGa für 1993	70 000			
Verrechnung mit EK 50	35 000	− 35 000	− 35 000	
KSt-Minderung 20/50	14 000			
Rest	21 000			
Verrechnung mit EK 02	21 000	− 21 000		− 21 000
KSt-Erhöhung 30/70		− 9 000		− 9 000
Zwischensumme		40 000	0	−	40 000
Einkommen 1994	50 000			
KSt 1994 45%	22 500			
Zugang zum EK 45	27 500	+ 27 500		+ 27 500	
− VSt 1994		− 10 000		− 10 000	
Bestand 31. 12. 94 nach VR		57 500	0	17 500	40 000

Ergebnis: Die Entlastung der KSt durch den Verlustrücktrag wird infolge der KSt-Erhöhung für die Gewinnausschüttung wieder aufgezehrt.

Variante 2:
Im Beispielsfall ist es sinnvoller, hinsichtlich des Verlustrücktrages einen Antrag gemäß § 10 d I S 4 EStG zu stellen, nachdem im Beispielsfall der steuerliche Verlust 1995 in Höhe von DM 30 000 in den VZ 1993 und in Höhe von DM 30 000 in den VZ 1994 zurückgetragen wird. Denn für die mit dem vEK zum 31. 12. 93 zu verrechnende Gewinnausschüttung von DM 70 000 ist bei einer KSt-Änderung ausschließlich in Form der Minderung ein EK 50 von DM 50 000 erforderlich.

EK-Gliederung nach Verlustrücktrag:

	Summe DM	EK 50 DM	EK 45 DM	EK 02 DM
	DM			
Bestand 31. 12. 92		40 000	0	−	40 000
Einkommen 1993 vor VR	150 000			
− VR aus 1995	30 000			
Einkommen 1993 nach VR	120 000			
KSt 1993 nach VR	60 000			
Zugang zum EK 50	60 000	+ 60 000	+ 60 000		
Verlustrücktrag (§ 33 II)		+ 30 000			+ 30 000
KSt-Erstattungsanspruch wegen VR					
(50% von 30 000)		− 15 000			− 15 000
− nichtabziehb Ausgaben		− 10 000	− 10 000		
Bestand 31. 12. 93		105 000	50 000	−	55 000
oGa für 1993	70 000			
Verrechnung mit EK 50	50 000	− 50 000	− 50 000		
KSt-Minderung 20/50	20 000			
Rest	−			
Zwischensumme		55 000	0	−	55 000
Einkommen 1994 vor VR	50 000			
− VR aus 1995	30 000			
Einkommen 1994 nach VR	20 000			
KSt 1994 nach VR	9 000			
Zugang zum EK 45	11 000	+ 11 000		+ 11 000	

Verluste **ABC**

Verlustrücktrag (§ 33 II)		+ 30 000		+ 30 000
KSt-Erstattungsanspruch wegen VR				
(45% von 30 000)		− 13 500		− 13 500
− VSt 1994		− 10 000	− 10 000	
Bestand 31. 12. 94 nach VR		72 500	0	1 000	71 500

Ergebnis: Durch die Begrenzung des Verlustrücktrages in den VZ 93 steht der Kapitalgesellschaft zum 31. 12. 93 ausreichendes EK 50 für die Verrechnung der Gewinnausschüttung zur Verfügung.

Variante 3:
Für die KapGes wurde das verwendbare EK zum 31. 12. 92 mit EK 50 DM 15 000 und EK 1993 DM 25 000 (anstelle EK 1993 DM 40 000) festgestellt. Ein Antrag nach § 10 d I S 4 EStG wird **nicht** gestellt.

EK-Gliederung nach Verlustrücktrag:

	DM	Summe DM	EK 50 DM	EK 45 DM	EK 02 DM
Bestand 31. 12. 92		40 000	15 000	−	25 000
Einkommen 1993 vor VR	150 000				
− VR aus 1995	60 000				
Einkommen 1993 nach VR	90 000				
KSt 1993 nach VR	45 000				
Zugang zum EK 50	45 000	+ 45 000	+ 45 000		
Verlustrücktrag (§ 33 II)		+ 60 000			+ 60 000
KSt-Erstattungsanspruch wegen VR					
(50% von 60 000)		− 30 000			− 30 000
− nichtabziehb Ausgaben		− 10 000	− 10 000		
Bestand 31. 12. 93		105 000	50 000	−	55 000
oGa für 1993	70 000				
Verrechnung mit EK 50	50 000	− 50 000	− 50 000		
KSt-Minderung 20/50	20 000				
Rest	−				
Zwischensumme		55 000	0	−	55 000
Einkommen 1994	50 000				
KSt 1994 45%	22 500				
Zugang zum EK 45	27 500	+ 27 500		+ 27 500	
− VSt 1994		− 10 000		− 10 000	
Bestand 31. 12. 94 nach VR		72 500	0	17 500	55 000

Ergebnis: Die Neuregelung kann vorteilhaft sein, wenn aufgrund der im Verlustrücktragsjahr vorhandenen Anfangsbestände beim belasteten EK (zB EK_{50}) trotz uneingeschränktem Verlustrücktrag noch genügend belastetes EK zur Verrechnung der Gewinnausschüttung zur Verfügung steht. In diesem Fall führt der Verlustrücktrag zur Entlastung der tariflichen KSt des Rücktragsjahres, ohne daß gleichzeitig eine KSt-Erhöhung durch die Gewinnausschüttung ausgelöst wird.

Variante 4:
Sachverhalt wie in Variante 3, allerdings beträgt der steuerliche Verlust 1995 DM 130 000. Es wird gemäß § 10 d I S 4 und 5 EStG beantragt, diesen Verlust in

Höhe von DM 60 000 in das Jahr 1993 und in Höhe von DM 50 000 in das Jahr 1994 zurückzutragen; der Restbetrag von DM 20 000 wird vorgetragen.

EK-Gliederung nach Verlustrücktrag:

		Summe DM	EK 50 DM	EK 45 DM	EK 02 DM
Bestand 31. 12. 92		40 000	15 000	–	25 000
Einkommen 1993 vor VR	150 000				
– VR aus 1995	60 000				
Einkommen 1993 nach VR	90 000				
KSt 1993 nach VR	45 000				
Zugang zum EK 50	45 000	+ 45 000	+ 45 000		
Verlustrücktrag (§ 33 II)		+ 60 000			+ 60 000
KSt-Erstattungsanspruch wegen VR					
(50% von 60 000)		– 30 000			– 30 000
– nichtabziehb Ausgaben		– 10 000	– 10 000		
Bestand 31. 12. 93		105 000	50 000	–	55 000
oGa für 1993	70 000				
Verrechnung mit EK 50	50 000	– 50 000	– 50 000		
KSt-Minderung 20/50	20 000				
Rest	–				
Zwischensumme		55 000	0	–	55 000
Einkommen 1994 vor VR	50 000				
– VR aus 1995	50 000				
Einkommen 1994 nach VR	0				
KSt 1994 nach VR	0				
Zugang zum EK 45	0	+ 0		0	
Verlustrücktrag (§ 33 II)		+ 50 000			+ 50 000
KSt-Erstattungsanspruch wegen VR					
(45% von 50 000)		– 22 500			– 22 500
– VSt 1994		– 10 000		– 10 000	
Bestand 31. 12. 94 nach VR		72 500	0	– 10 000	82 500

Ergebnis: Durch die Ausübung des Wahlrechtes im vorstehenden Sinne wird im Beispiel der steuerliche Verlust optimal berücksichtigt.

9. Soweit **Verlustvorträge** verfallen oder nicht greifen, kann dies dadurch verhindert werden, daß Gewinne in der Verlust-GmbH erzeugt werden. Es ist zu prüfen, ob Gewinnverlagerungen zugunsten der GmbH mögl sind; das gleiche gilt für Gewinnrealisationen in der GmbH durch Veräußerungsgeschäfte. Durch Verschmelzungen, Aufspaltung oder Abspaltung können Verlustvorträge ggf nach §§ 12 III S 2, 15 I UmwStG auf andere Kapitalgesellschaften übertragen werden. Liegen die Voraussetzungen des UmwStG nicht vor, muß die GmbH mit dem Verlustvortrag bestehen bleiben (vgl zur Fusion zweier GmbHs vor 1981 unter Fortbestand der GmbH mit dem Verlustvortrag positiv FG RhPf EFG 83, 36; kein Mißbrauch).

Zum Problem des **Mantelkaufs** s § 8 Anm 151 f.

Vorabausschüttung **ABC**

10. Verlustjahre und AnrV: Langjährige Verluste haben nicht zu übersehende tiefgreifende Auswirkungen im AnrV. Die Negativbestände von $EK_{45(50/56)}$ – wegen der nichtabzugsfähigen Aufwendungen und § 31 I Nr 4 – und EK_{02} wachsen. Dies ist insbes hinsichtl $EK_{45(50/56)}$ belastend, weil in Gewinnjahren zuerst dieses negative $EK_{45(50/56)}$ wieder aufgefüllt werden muß, bevor der AnrMechanismus – Belastung der Ausschüttungen nur mit 30 vH – voll funktioniert (vgl § 31 Anm 12 f); trotz Gewinnen ist vor Ausgleichen des negativen $EK_{45(50/56)}$ zusätzl neben der NormalBel die AusschüttungsBel im Ausschüttungsfall herzustellen; vgl hierzu *Herzig* StbJb 82/83, 161.

11. Öffentliche Hand: Hier geht es um die Frage, Verluste in Betr gewerbl Art oder in TochterGes auszugleichen. Positive Eink werden in diese Bereiche verlagert; zB werden DividendenEink aus dem Hoheitsbereich in den mit Verlust abschließenden Bereich oder auf die mit Verlust abschließende Gesellschaft übertragen (vgl hierzu auch *Arndt* GemH 81, 1; *Pott* StuW 79, 321, 329). Ein Nießbrauch zugunsten der Verlustgesellschaft ist wegen der dem Nießbrauch feindlichen BFH-Rspr problematisch (*Arndt* aaO). Zur Problematik einer vGa bei Verlustbetrieben s § 4 Anm 15 f, 38, § 8 Anm 150 „Verlustbetriebe" u *Pott* StuW 79, 321. Im Einzelfall kann die Verlustübernahme (außerhalb einer Organschaft) anzuerkennender Vertragsbestandteil sein (vgl BFH BStBl II 83, 744).

Vorabausschüttung

Schrifttum: *Eder* BB 94, 1260 betr Vorabausschüttungen in 1994.

1. Wird eine Ausschüttung bereits **vor dem Beschluß** über den Jahresabschluß eines Geschäftsjahres vorgenommen, liegt eine Vorabausschüttung vor. Beisp: der Jahresabschluß 1995 wird am 20. 5. 96 von den GmbH-AntE genehmigt; eine Ausschüttungsbeschluß bis zum 20. 5. 96, der sich auf 1995 bezieht, führt zu einer Vorabausschüttung für 1995 (BFH BStBl II 79, 510; *Krebs* StbKongrRep 81, 359). Unkorrekt A 81 KStR 1981 (in KStR 1985 gestrichen), der Vorabausschüttungen nur in bezug auf im Zeitpunkt des Ausschüttungsbeschlusses laufende Wj kennt.

2. Bei der **AG** ist eine Vorabausschüttung im Rahmen des § 59 AktG mögl, allerdings erst nach Ablauf des Geschäftsjahres. Wegen der Seltenheit von Vorabausschüttungen bei einer AG wird nachfolgend insbes die Rechtslage bei der GmbH erläutert.

3. Die Vorabausschüttung der **GmbH** ist gesellschaftsrechtl zulässig (*Baumbach/Hueck*, GmbHG, 16. Aufl, 1996, § 29 Anm 4). Daß die Vorabausschüttung in der Satzung nicht vorgesehen ist, ist mE unerhebl. Nur noch eine Mindermeinung macht die Zulässigkeit einer Vorabausschüttung von einer Satzungsklausel abhängig (vgl die die hM nicht zur Kenntnis nehmende Entscheidung LG Essen ZIP 81, 1094; dazu *Streck* GmbHR 82, 24). Die BFH und die FinVerw entziehen sich dieser Frage dann, wenn der Ausschüttungsbeschluß nicht angefochten wird; der Beschluß sei in diesem Fall selbst dann gültig, wenn der Mindermeinung zu folgen wäre (BFH BStBl II 77, 491; FinVerw BB 76, 1498).

4. Die Vorabausschüttung wird bei der GmbH mit der **Mehrheit** beschlossen, die für reguläre Ausschüttungen gilt (*Müller* BB 77, 1196).

5. § 30 GmbHG – Erhaltung des StammKap – darf durch die Vorabausschüttung nicht verletzt werden. Um einen Verstoß gegen § 30 GmbHG feststellen zu können, ist nur in Zweifelsfällen eine Zwischenbilanz im Zahlungszeitpunkt erforderl (vgl BFH BStBl II 77, 491, der im UrtFall keine Zwischenbilanz fordert; FinVerw 1980 StEK KStG 1977 § 29 Nr 8; *Müller* BB 77, 1194; *Ranft* StRKAnm KStG § 19 R 69 (1977); *Gassner* JbFfSt 77/78, 329; *Geschwendtner* BB 78, 109, 119; *Baumbach/ Hueck*, 16. Aufl, 1996, § 29 Rz 61).

6. Die Vorabausschüttung wird in der **HB** als Aktivposten ausgewiesen, der allerdings kein WG darstellt (vgl *Geschwendtner* BB 78, 109, 118; *Fasold* DStR 78, 369). Verrechnung gegen früheren Gewinnvortrag ist aber auch mögl; dazu BFH BStBl II 77, 491. Der endgültige Verteilungsbeschluß muß die Vorabausschüttung nicht noch einmal bestätigen (BFH aaO u *Geschwendtner* aaO, 113; *Müller* BB 77, 1194).

7. Die Vorabausschüttung erfolgt im übrigen unter der **Bedingung,** daß zumindest ein Gewinn in Höhe der Vorabausschüttung erzielt wird; ist dies nicht der Fall, entsteht ein Rückforderungsanspruch nach § 812 BGB (BFH BStBl II 79, 510). Soweit der Rückforderungsanspruch entstanden ist, liegt eine Ausschüttung nicht vor (FG Berlin EFG 94, 409); zu dieser Problematik s allerdings oben § 8 Anm 113 u *Schäfer* Inf 95, 545.

8. Der Beschluß über die Vorabausschüttung ist den gesellschaftsrechtl Vorschriften entspr Gewinnverteilungsbeschluß iSd KStG (BFH BStBl II 77, 491; das Urt betraf das KStG aF; offengelassen von BFH BStBl II 91, 734).

9. Zinslosigkeit der Vorabausschüttung ist keine vGa, da es sich um eine Ausschüttung handelt (FG D'dorf EFG 72, 93).

10. Behandlung der Vorabausschüttung im **AnrV,** insbes zur Verrechnung mit dem verwendb EK s § 27 Anm 29, § 28 Anm 4, 6, 7.

11. Zufluß der Vorabausschüttung beim AntE erfolgt zu dem Zeitpunkt, zu dem er über die Ausschüttung verfügen kann. Unerhebl ist nach der hA, ob die Vorabausschüttung gesellschaftsrechtl zulässig war und ob gleichzeitig ein Rückforderungsanspruch entstanden ist; selbst bei Verstoß gegen § 30 GmbHG ist Zufluß anzunehmen (BFH BStBl II 77, 545; FG Münster EFG 74, 521; aA s oben 7.). Die Rückzahlung führt, falls entspr eine Rückzahlungsverpflichtung besteht, zu negativen Eink (s § 8 Anm 150 „Rückzahlung").

12. Alternativ zur Vorabausschüttung: „Dividendenvorschuß" als Darlehen. Zur Vermeidung einer vGa Verzinsung erforderl. S auch § 8 Anm 150 „Darlehen". Vorabausschüttung unter der Bedingung eines späteren endgültigen Beschlusses (Vorschlag von *Müller* BB 77, 1194) dürfte hingegen bedenkl sein.

Vorabdividende
S „Vorabausschüttung".

Zweckvermögen **ABC**

Vorauszahlungen

1. Schrifttum: *Gonella/Sterke,* Zur Berücksichtigung des Ausschüttungsverhaltens bei der Bemessung von KSt-Vorauszahlungen, FR 96, 664.

2. Die **Vorauszahlungen bemessen** sich grundsätzl nach der **KSt der letzten Veranlagung;** sie können nach dem mutmaßl Einkommen des lfd VZ angepaßt werden (§§ 49 KStG, 37 EStG; s § 49 Anm 5). Bei **abw Wj** können die VorausZ für das gesamte Wj bereits nach Maßgabe des VZ erhoben werden, in dem das Wj endet (§ 49 II; dazu § 49 Anm 5).

3. Bei der Bemessung der Vorauszahlungen ist das **wahrscheinl Ausschüttungsverhalten** maßgebend. Nach der Neufassung des § 29 GmbHG durch das BiRiLiG 1985 kann nicht ohne weiteres die Vollausschüttung vermutet werden.

4. Einfache Formel für VorausZ bei Vollausschüttung:
Einkommen × 40 (50/56) vH ./. $3/12$ ($7/25/5/11$) des Ausschüttungsbetrags = Vorauszahlungs-Soll

Beisp:

	45[1]	50[2]	56[2]
Einkommen 300 000 P × 45 (50/56)	135 000 P	150 000 P	168 000 P
Ausschüttung: 120 000 P			
./. 120 000 P × $3/11$ ($7/25/5/11$)	32 727 P	33 600 P	54 545 P
Vorauszahlungs-Soll	102 273 P	111 400 P	113 455 P

[1] AusschüttungsBel 30 vH.
[2] AusschüttungsBel 36 vH.

5. Durch gegenläufige Anpassung der **Vorauszahlungen** des AntE kann erst im Wj nach dem maßgebenden Wj der Körperschaft die KStVorausZErhöhung gemildert und die Anr berücksichtigt werden, da die Einnahmen des AntE idR erst entspr ziel verschoben anfallen. Ausnahme (1): Bei abw Wj kann der Gewinn, der bei der Körperschaft im VZ 1996 erfaßt wird, beim AntE auch bereits 1996 zufließen. Ausnahme (2): Erfaßt im Schachtelverhältnis die Mutter den Gewinn 1996 der Tochter ihrerseits bereits 1996, so ist dies bei den VorausZ zu berücksichtigen; s dazu § 8 Anm 11.

Zweckvermögen

S „Marktförderungs-, Marktstabilisierungsfonds"; „Nichtrechtsfähige Stiftungen"; „Sammelvermögen".

1. Schrifttum: *Streck,* Die StPfl nichtrechtsf Stiftungen und anderer Zweckvermögen, StuW 75, 135.

2. Steuerliche Bedingungen: Das Zweckvermögen ist kstpfl nach § 1 I Nr 5; Zweckvermögen ist der Oberbegriff zu den nichtrechtsf Stiftungen (s dort), nichtrechtsf Anstalten und sonstigen Zweckvermögen. Zur allg Definition s § 1 Anm 17, 19. **Sonstige Zweckvermögen** sind als Erscheinungsform dann gegeben, wenn ein Vermögensgegenstand nur wirtschaftl, nicht jedoch rechtl aus dem Vermögen einer Person ausscheidet, ohne in das wirtschaftl Eigentum einer anderen Person überzugehen (s *Streck* StuW 75, 135). Im Unterschied zur nichtrechtsf Stiftung (s dort) bleibt die eigentumsmäßige Zuständigkeit erhalten. Daraus folgen die **Gestaltungsbedingungen:** Obwohl eine Person Eigentümer und damit rechtl verfügungsberechtigt bleibt, muß ihr diese Verfügungsmacht derart genommen oder eingeschränkt werden, daß weder ihr noch einem Dritten das Zweckvermögen und seine Erträge wirtschaftl zuzurechnen sind. Aussonderung und getrennte Verwaltung eines Vermögensteils reichen nicht aus, solange der Eigentümer noch über die Erträge oder den Vermögensstamm verfügen darf (*Streck* aaO mwN).

3. Die **Konkursmasse, Erbengemeinschaft, Vorerbschaft,** das **Gesamthandsvermögen** und **dergleichen** unterliegen zwar einer gewissen Zweckbindung, sind jedoch wirtschaftl noch dem formalrechtl Eigentümer zuzurechnen, da er grundsätzl, wenn auch nur eingeschränkt oder in bestimmter Form, die Verfügungsmöglichkeit behält und die Vermögensteile seiner wirtschaftl Leistungsfähigkeit zuzurechnen sind. Ausnahmen sind auch hier mögl: Ist die Vorerbschaft zB so ausgestaltet, daß sie für den Vorerben keinerlei wirtschaftl Substanz hat, weil er alle Erträge für den Nacherben thesaurieren muß, so kann ein eigenständiges, stpfl Zweckvermögen angenommen werden. Das gleiche gilt, wenn der Erbe die Erbschaft aufgrund einer Auflage als nichtrechtsf Stiftung zugunsten eines bestimmten Zwecks verwalten muß. S § 1 Anm 19.

4. Ein „anderes" Zweckvermögen kann auch bei **zeitl begrenztem Anfall** einer **EinkQuelle** angenommen werden. Hier wird eine Person zwar formal-rechtl Eigentümer; dennoch kann sie nicht wie ein Eigentümer über die Quelle verfügen, weil sich der Gegenstand zugunsten eines Zwecks verselbständigt hat. Beisp: Eine Persönlichkeit des öffentl Lebens (oder des Show-business) schreibt ein Buch (spielt in einem Film mit, besingt eine Schallplatte, CD) mit dem von Anfang an erklärten Ziel, die Erträge einem gemeinnützigen Zweck zuzuführen. Nunmehr fallen Erträge an. Das Urheberrecht kann in diesem Fall als (evtl gemeinnütziges, s Anm 8) Zweckvermögen aufgefaßt werden.

5. Die Rspr hat schließl Zweckvermögen angenommen, wenn **unklar,** unbestimmt oder nur mit unzumutbaren Schwierigkeiten feststellb ist, **wem** zivilrechtl ein Gegenstand **zuzurechnen** ist, zB bei Erbengemeinschaften mit unbekannten, insbes ausl Beteiligten (RFH RStBl 40, 918).

6. Zivilrechtl Gestaltung: Notwendig ist ein Rechtsgeschäft, durch das jemand sich selbst in die Lage versetzt, einen Teil seines Vermögens nur noch unter einer Auflage zu besitzen (RFHE 10, 240). Dieses Ergebnis läßt sich vertragl erreichen, wenn sich der Stpfl einem Dritten gegenüber (zB einer jur Pers) unwiderrufl und auch über den Tod hinaus verpflichtet, einen Gegenstand einem bestimmten Zweck zu widmen und die Verwaltung und Zweckverfolgung in bestimmter Weise – zB nach einem Statut – durch den Vertragspartner oder durch einen Dritten vornehmen zu lassen. Auf diese Weise wird vertragl der gleiche Zustand wie bei einer nichtrechsf Stiftung (s dort) erreicht, ohne daß sich allerdings ein Eigentumswechsel vollzieht.

7. Selbständigkeit des StSubj: Nichtrechtsf Stiftungen, Anstalten und Zweckvermögen sind selbständige KStSubj. Ihre **Einkünfte** sind getrennt von denen des Trägers zu ermitteln; sie sind gesondert zu veranlagen. Oft entfällt die StPfl nach § 24. Träger und Zweckvermögen dürfen nicht zusammengefaßt werden, wie dies zum Teil in der Praxis geschieht. Aus der Selbständigkeit folgt, daß zwischen den nichtrechtsf Körperschaften und dem Träger Beziehungen, die die EinkErmittlung des Zweckvermögens beeinflussen, bestehen können. S hierzu § 4 Anm 8 betr „Rechtsbeziehungen" zwischen den jur Pers des öffentl Rechts und ihre Betr gewerbl Art. Erfüllt bei einer treuhänderischen Stiftung der Träger den Stiftungszweck (zB eine Grabpflege) und erhält er aus dem Stiftungsvermögen die Kosten erstattet und evtl ein Geschäftsbesorgungsentgelt, so liegen bei ihm Betriebseinnahmen vor (RFH RStBl 38, 827). **Beginn** und **Ende** s § 1 Anm 7 ff.

8. Steuerbefreiung § 5 I Nr 9: Gemeinnützig und stbefreit können alle kstpfl Subj sein, also auch Zweckvermögen (s § 5 Anm 57). Die Anerkennung der StFreiheit setzt nach § 59 AO eine die Bedingungen der Gemeinnützigkeit festlegende Satzung voraus. Satzung können hiernach „Satzung, Stiftungsgeschäft oder – daran sei bei Zweckvermögen erinnert – sonstige Verfassung" sein. Bei Zweckvermögen mit geringem Umfang kann und sollte hierbei die Verw bewegl sein. Im Einzelfall wird man bereits im Stiftungsakt selbst dann die Voraussetzungen der Gemeinnützigkeit als gegeben annehmen können, wenn eine förml Satzung nicht vorliegt. Ist das Zweckvermögen eigentumsmäßig einem nach § 5 I Nr 9 befreiten Subj (eV usw) zugeordnet, so folgt aus der Gemeinnützigkeit des Trägers nicht die Gemeinnützigkeit des Zweckvermögens.

Zwischengesellschaft

S „Basisgesellschaft".

Die ZwischenGes ist eine ausl KapGes, von StInländern beherrscht, im Ausl mit niedrigem StNiveau, deren „passive Eink" (Eink, die ohne eigene wirtschaftl Aktivität erwirtschaftet werden) den inl AntE zugerechnet werden; s hierzu §§ 7 ff AStG. Zur Abgrenzung von der BasisGes s „BasisGes".

Sachverzeichnis

Die **fettgedruckte Zahl** bezeichnet den Paragraphen des KStG, **KapErh-StG** verbunden mit einer fettgedruckten Zahl den Paragraphen des KapErhStG. Die nachfolgende magere Ziffer gibt die jeweilige Anmerkung (= Textziffer) an. Die kursiv gesetzten Worte zu **8** 150 (= vGa-ABC) sowie zum **ABC** (= Beratungs-ABC) verweisen auf die Schlagworte, zu denen das jeweilige Stichwort zu finden ist; auch hier bezieht sich die magere Ziffer auf die Erläuterungs-Anmerkung zu diesem Schlagwort.

Abfallbeseitigung 4 41
Abfallverwertung 4 41
Abfindung 8 150 *Abfindung;* **27** 9; **ABC** *Abfindung, Satzung der GmbH und KSt* 7
Abfluß 27 10, 11; **28** 5; **29** 7
Abgeltung bei Steuerabzug **50** 4
Abrechnungsstelle 5 47
Abrundung 23 16
Abrundungsbetrag 30 7
Absatzförderungsfonds 5 78
AbschreibungsGmbH & Co KG 1 12
Abspaltung 38a 1 ff.
Abwässer 4 21
Abwasserbeseitigung 4 41
Abwicklungs-Anfangsvermögen 11 9
Abwicklungs-Endvermögen 11 8
Abziehbare Aufwendungen 9 1 ff.
Abzug ausländischer Steuern **26** 83, 84
Abzugsteuern 27 28; **30** 7; **48** 3
AG Vor 1 6; **1** 12; **8** 150 *Aktiengesellschaft*
Agio 8 150 *Agio*
Akkumulationsrücklage 30 15
Aktien 8 150 *Aktien*
Aktienbesitz 5 15
Aktiengesellschaft *siehe AG*
Aktionsgemeinschaft Deutsche Steinkohlereviere GmbH **5** 78
Aktive Ausgleichsposten 14 90; **30** 17
Aktive Tätigkeiten 8 b 9; **26** 28

Altenheim 5 15
Altersrückstellungen 20 3
Altherrenverband 10 7
Altkleidersammlung 5 15
Altmaterialsammlung 5 15
Altvermögensmehrungen 30 16
Amortisation 8 150 *Amortisation*
Amtliche Unterlagen 4 41
Amtsblatt 4 41
Andere Ausschüttungen 28 7 f.
Änderungen des KStG 1977 Vor 1 19
Änderung von Gewinnverteilungsbeschlüssen 27 30
Anerkennung der Körperschaft **ABC** *Mißbrauch* 1
Anfangsbilanz 13 7
Angehörige 14 15
Angelkarten 5 15
Angelvereine ABC *Sportvereine* 10
Angemessene Entgelte 8 88
Angemessenheitsprüfung 8 92
Angestelltenverhältnis 8 150 *Angestelltenverhältnis*
Anhang 28 4
Anpassung der Gliederungsrechnung 30 15
Anrechenbare Steuer 26 35, 38
Anrechnung nach DBA **26** 85
Anrechnungsbetrag ABC *Handelsbilanz* 2
Anrechnungsverfahren Vor 1 2 ff., 14; **5** 15; **8** 109; **11** 12; **12** 8; **15** 15; **24** 3; **26** 48; **27** 1 ff.; **ABC** *Anrechnungsverfahren (Überblick), Be-*

743

Sachverzeichnis
fette Zahlen ohne Gesetz = §§ des KStG

triebsprüfung 2, *Mißbrauch* 6, *Steuerstreit* 3
Anrechnungszeitraum 26 18
Anschaffungskosten KapErhStG 3 4
Anscheinshaftung 8 150 *Anscheinshaftung*
Anschlagstellen 4 41
Anstalten 1 ff.; **23** 4
Anteile, eigene **8** 150 *Eigene Anteile, Gesellschaftsanteile;* **27** 9; Erwerb eigener A. **27** 9
Anteiliges Eigenkapital 8 a 14
Anteilsbewertung 8 150 *Anteilsbewertung*
Anteilseigner, beherrschende **8** 65
Anteilskauf 8 150 *Steuerklauseln*
Anteilsrechte an ausländischer Gesellschaft **KapErhStG 7** 1 ff.
Anteilsrotation ABC *Anteilsrotation*
Anwachsung 8 35, 150 *Anwachsung*
Anwalts-GmbH 1 4
Anwaltskammern 4 3
Anzeigengeschäft 5 15
Anzurechnende Steuer 26 38
Apotheke 4 41; **5** 14
Arbeitgeberanteil 8 150 *Arbeitgeberanteil*
Arbeitgeberverband 5 47
Arbeitnehmer 8 75
Arbeitnehmererfinder 8 150 *Arbeitnehmererfinder*
Arbeitnehmerwohnungen 8 150 *Arbeitnehmerwohnungen*
Arbeitsgemeinschaften Medizinischer Dienst 5 77
Arbeitsmedizinische Zentren 4 41; **5** 14
Arbeitsverhältnis 8 150 *Arbeitsverhältnis*
Architektenkammer 4 41; **5** 47
Ärztekammern 4 3, 41; **5** 47
Ärzteversorgung 4 41
Arztkosten 8 150 *Arztkosten*
ASU-Plaketten 4 41
Asylbewerber 4 41
Atypische stille Beteiligung 8 150 *Stille Gesellschaft*

Atypische stille Gesellschaft 4 13; **8** 150 *Stille Gesellschaft*
Auffanggesellschaft ABC *Auffanggesellschaft*
Aufgeld 8 39, 150 *Aufgeld*
Aufsichtsrat 8 150 *Aufsichtsrat*
Aufsichtsratsvergütungen 10 16 ff.; **31** 8
Aufspaltung 38 a 1 ff.
Aufstockungsbetrag 26 43
Aufteilung ermäßigt belasteter Eigenkapitalteile **32** 1 ff.
Auftragsforschung 5 14; **8** 150 *Auftragsforschung*
Aufwandsentschädigungen 10 21
Aufwendungen, nichtabziehbare **14** 74; **15** 12
Aufwendungsersatz 8 150 *Aufwendungsersatz*
Aufwertungsgewinn 8 150 *Aufwertungsgewinn*
Ausbildung 8 150 *Ausbildung*
Ausbildungsplatz-Abzugsbetrag 8 19; **30** 7, 15
Ausbildungsveranstaltungen 5 14
Ausgabekosten 9 10
Ausgaben 9 12; nichtabziehbare *siehe Nichtabziehbare Ausgaben*
Ausgabe von Gesellschaftsanteilen 8 150 *Ausgabe von Gesellschaftsanteilen*
Ausgleichsposten 14 83, 89 ff.
Ausgleichszahlungen 8 150 *Ausgleichszahlungen;* **16** 1 ff.
Ausländer als Unternehmer im Inland **ABC** *Ausländer als Unternehmer im Inland*
Ausländereffekt ABC *Ausländische Anteilseigner* 2, Übergangsfragen 13
Ausländische Anteilseigner 8 150 *Ausländische Anteilseigner;* **ABC** *Ausländische Anteilseigner, Mißbrauch* 7
Ausländische Einkünfte 8 b 1 ff.; **40** 3; **ABC** *Ausländische Einkünfte*
Ausländische Einkunftsteile 26 1 ff.
Ausländische Ertragsanteile 30 9

magere Zahlen = Anmerkung

Sachverzeichnis

Ausländische Gesellschaften 8 b 1 ff.; **KapErhStG 7** 1 ff.; Anteilsrechte **KapErhStG 7** 1 ff.
Ausländische juristische Person 4 4
Ausländische Körperschaften 1 3, 5; **8** 27, 49
Ausländische Organträger 18 1 ff.
Ausländische Steuer 26 8, 37, 83, 84; **30** 10, 12; **31** 7; Abzug **26** 83, 84; Personensteuern **10** 12
Ausländische steuerfreie Einkünfte 30 14
Auslandsbeteiligungen 26 88
Auslandsbeziehungen 8 102
Auslandseinkünfte ABC Steuerfreie Erträge
Auslandsreise 8 150 Auslandsreise
Ausschluß der Anrechnung und Vergütung von Körperschaftsteuer **51** 1 ff.
Ausschüttbarer Gewinn 26 40
Ausschüttungen 26 66; **27** 4 ff., 10, 29; **28** 4, 6; **ABC** Satzung der GmbH und KSt 3; mehrere **28** 11; offene **8** 56
Ausschüttungsbelastung 27 1 ff., 14 ff.; **ABC** Gewinnausschüttung 7
Ausschüttungsverhalten ABC Ausschüttungsverhalten, Gewinnausschüttung 4
Außensteuergesetz 1 5; **2** 3; **8** 64, 150 Außensteuergesetz; **15** 14; **30** 15; **ABC** Basisgesellschaften 12
Außerbetriebliche Sphäre 8 26; **9** 10
Aussetzungszinsen 10 10
Aussiedler 4 41
Aussiedlerheime 5 14
Auswärtiger Dienst 4 41
Avalgebühren 8 150 Avalgebühren
Avoir fiscal 30 10; **47** 7

Back-to-back-Finanzierung 8 a 11
Bäderverwaltung 4 41
Bagatellaufwendungen 8 150 Bagatellaufwendungen
Bahn 4 41

Bahn-Card 8 150 Bahn-Card
Bahnkosten 8 150 Bahnkosten
Bandenwerbung 4 41; **5** 14
Bankenverbände 5 47
Bankinkasso 45 3
Basisgesellschaften ABC Basisgesellschaften, Mißbrauch 2
Bauernverband 5 47
Baugenehmigung 8 150 Baugenehmigung
Bauhof 4 41
Baukostenzuschüsse 8 11, 150 Baukostenzuschüsse
Baupläne 8 150 Baugenehmigung, Baupläne
Bausparkassen 21 a 1 ff.
Bauten auf fremdem Grund und Boden 8 150 Bauten auf fremdem Grund und Boden
Bauzinsen 8 150 Bauzinsen
Beendigung des Gewinnabführungsvertrags **14** 65; vorzeitige **14** 71
Beerdigungskosten 8 150 Beerdigungskosten
Befreiung, Einschränkung **5** 79; von der Körperschaftsteuer **30** 5
Beginn der beschränkten Körperschaftsteuerpflicht **2** 5; der Körperschaftsteuerpflicht **1** 7 ff.
Beherrschende Anteilseigner 8 65
Beherrschende Gesellschafter 8 120; Sonderbedingungen **8** 120
Beherrschung 8 138 ff.
Beherrschungsvertrag 14 29
Behindertenwerkstatt 5 14
Beirat 10 16
Beitragsrückerstattungen 21 3
Bemessungszeitraum 7 5
Beratung 5 14; **8** 150 Beratung
Beratungskosten 8 150 Beratungskosten
Beregnungsverband 4 41
Bergrechtliche Gewerkschaften 1 12; **17** 3
Berichtigungssperre 28 19
Berichtigungsverfahren 44 14
Berlindarlehen 8 150 Berlindarlehen

745

Sachverzeichnis

fette Zahlen ohne Gesetz = §§ des KStG

Berlinförderungsgesetz 15 14; **30** 7; **ABC** *Berlinförderungsgesetz*
Berufskammer 4 41; Zusammenschluß von B. **5** 47
Berufsverband 5 39 ff.; **8** 15; **ABC** *Schütt-aus-Hol-zurück-Verfahren* 11, *Steuerstreit* 5
Beschaffungsstellen 5 14
Bescheinigung 8 150 *Bescheinigung;* 44 1 ff.; **45** 1 ff.; **46** 1 ff.
Beschränkte Steuerpflicht 2 1 ff.; **5** 4, 79; **23** 8; **50** 6
Beschränkt steuerpflichtige Kapitalgesellschaft 26 89
Beschränkt steuerpflichtige Körperschaft 8 b 13
Besitzunternehmen ABC *Betriebsaufspaltung* 3
Besserungsschein 8 150 *Besserungsschein*
Bestattungswesen 4 41
Besteuerungsgrundlagen 8 1
Beteiligung 8 150 *Beteiligung;* am allgemeinen wirtschaftlichen Verkehr **4** 10; an Gesellschaften **4** 41; an Gesellschaften, ausländische G. **8 b** 1 ff.; an einer Körperschaft **5** 14; an einer Personengesellschaft **5** 14; wesentliche **13** 12, *siehe dort;* **ABC** *Steuergünstige Gestaltungen* 3; Zusammenrechnung von B. **26** 62
Beteiligungserträge ABC *Beteiligungserträge*
Beteiligungsverträge ABC *Handelsbilanz* 2
Betreuungseinrichtungen 4 41
Betrieb gewerblicher Art 5 4; **8** 150 *Betrieb gewerblicher Art,* 154; **14** 7; **23** 4; **26** 23; Zusammenfassung mehrerer B.g.A. **4** 15
Betriebe gewerblicher Art 10 16; von juristischen Personen des öffentlichen Rechts **1** 22; **2** 6; von Körperschaften des öffentlichen Rechts **4** 1 ff.; **8 b** 3; **10** 7
Betriebsabgrenzung 8 150 *Wettbewerbsverbot und Betriebsabgrenzung*
Betriebsaufgabe 4 36; **8** 18

Betriebsaufspaltung 1 4; **2** 4; **4** 19, 41; **5** 11, 14; **8** 11, 35, 48, 150 *Betriebsaufspaltung;* **14** 5, 6; **ABC** *Betriebsaufspaltung,* Verluste 5; über die Grenze **ABC** *Betriebsaufspaltung* 6; kapitalistische **ABC** *Betriebsaufspaltung* 4
Betriebsausgaben, Nichtabzugsfähigkeit **8** 78
Betriebsführung 8 150 *Betriebsführung;* **ABC** *Betriebsführung*
Betriebsprüfung 8 150 *Betriebsprüfung;* **ABC** *Betriebsprüfung*
Betriebsstätten 8 21; **12** 6, 9; **ABC** *Ausländer als Unternehmer im Inland* 2, *Ausländer als Unternehmer im Inland* 4, *Ausländische Anteilseigner* 7; in DBA-Staaten **33** 7
Betriebsteuer Vor 1 14
Betriebsübernahmegesellschaft ABC *Betriebsübernahmegesellschaft*
Betriebsveräußerung 4 36; **8** 18, 150 *Betriebs-, Teilbetriebsveräußerung;* **14** 96
Betriebsvermögen 8 29
Betriebsverpachtung 4 41; **5** 11, 14, 17; **8** 150 *Betriebs-, Teilbetriebsverpachtung;* **14** 5
Beweislastfragen 8 102
Bewertung 8 150 *Bewertung;* der verdeckten Gewinnausschüttung **8** 88
Bewirtung 5 14
Bewirtungskosten 8 150 *Bewirtungskosten*
Bezugsrecht 8 150 *Bezugsrecht*
Bierzelt 5 14
Bilanzänderung 15 10
Bilanzrichtliniengesetz ABC *Unternehmensform* 4
Bilder 8 150 *Bilder*
Billard ABC *Sportvereine* 10
Billigkeit 5 78
Blindenbetrieb 5 14
Blutalkoholuntersuchungsstelle 4 41
Blutspendedienst 5 14
Bohranlagen 1 25

magere Zahlen = Anmerkung

Sachverzeichnis

Bohrschiffe **1** 25
Börse **4** 41; **5** 47
Botanischer Garten **4** 41
Branntweinmonopol **5** 17
Bruchteilsgemeinschaften **44** 5
Bruttoerträge **26** 29
Buchführung **5** 14; **8** 81; Nichtordnungsmäßigkeit **14** 74
Buchführungspflicht **7** 6 ff.
Buchführungspflichtige **8** 25; Wirtschaftsjahr **7** 6 ff.
Buchstelle **4** 41; **5** 14
Buchungen **8** 81, 150 *Buchungen*
Buchwerte **8** 35
Buchwertfortführung **8** 150 *Buchwertfortführung;* **ABC** *Betriebsaufspaltung* 2, *Buchwertfortführung*
Bullenhaltung **4** 41
Bund **2** 6; **4** 3
Bundesbahnhotel **4** 41
Bundesbank **4** 3
Bundesverdienstkreuz **8** 150 *Bundesverdienstkreuz*
Bundesvereinigung der kommunalen Spitzenverbände **5** 47
Bundeswehr **4** 41
Bürgschaft **8** 150 *Bürgschaft*
Bürgschaftsbanken **5** 74
Bürgschaftszahlungen **8** 43
Bus **4** 41

Café **5** 14
Cafeteria **4** 41; **5** 14
Campingplatz **4** 41
Clubhaus **5** 14

Damnum **8** 150 *Damnum*
Darlehen **5** 14; **8** 42, 150 *Darlehen;* **ABC** *Ausländische Anteilseigner* 6, *Schütt-aus-Hol-zurück-Verfahren* 6, *Schütt-aus-Hol-zurück-Verfahren* 9
Datenzentrale **4** 41
Dauerrechtsverhältnisse **8** 84
DBA **5** 78
DBA-Anrechnungsbestimmungen **26** 85
DBA-Befreiung **8 b** 15; **26** 86
DBA-Länder **26** 2

DBA-Staaten **26** 21
DDR, ehemalige **8** 150 *DDR*
Deckungsrücklage **20** 3
Denksport **ABC** *Sportvereine* 10
Desinfektion **4** 21, 41
Deutsche Bahn AG **5** 17
Deutsche Bundesbahn **4** 41; **5** 17
Deutsche Bundespost **4** 41; **5** 17
Deutsche Reichsbahn **5** 17
Deutscher Landkreistag **5** 47
Deutscher Sportbund **ABC** *Sportvereine* 10
Deutscher Städte- und Gemeindebund **5** 47
Deutscher Städtetag **5** 47
Deutsches Rotes Kreuz **5** 14
Devisengeschäfte **8** 150 *Devisengeschäfte*
Diebstahl **8** 150 *Diebstahl*
Dienstleistungsvorteile **8** 106
Dienstüberlassung **8** 48
Dienstverhältnis **8** 150 *Dienstverhältnis*
Differenzgeschäfte **8** 150 *Differenzgeschäfte*
Direkte Steueranrechnung **26** 2, 4 ff., 45
Direktversicherung **8** 150 *Direktversicherung*
Dividende **8** 150 *Dividende;* **27** 10
Dividendenabzugsverfahren **Vor 1** 14
Dividendenfreistellung **Vor 1** 14
Dividendenpapiere **45** 3
Dividendenregelung **ABC** *Dividendenregelung*
Dividendenscheine **46** 3; **54** 10
Dividenden-Stripping **ABC** *Ausländische Anteilseigner* 7
D-Markbilanzgesetz **8** 11
Doppelbelastung **26** 1
Doppelbesteuerungsabkommen **ABC** *Ausländische Anteilseigner* 5, *Basisgesellschaften* 11; siehe auch *DBA*
Duales System **4** 41
Durchführung **8** 137; **14** 70; **ABC** *Verluste* 5

747

Sachverzeichnis

fette Zahlen ohne Gesetz = §§ des KStG

Edelmetallgeschäfte 8 150 *Edelmetallgeschäfte*
EG-Materialien Vor 1 11
Ehegatten 8 75
Ehegattengesellschaft 1 4
Ehrung des Gesellschafter-Geschäftsführers 8 150 *Ehrung des Gesellschafter-Geschäftsführers*
Eigene Anteile 8 150 *Eigene Anteile, Gesellschaftsanteile;* 27 9
Eigenkapital 4 29; 29 3; anteiliges 8a 14; fehlendes 28 14; 31 12 f.; fehlendes verwendbares 35 1 ff.; verwendbares 29 1 ff., 9; Verwendung 28 1 ff.
Eigenkapitalgliederung, fehlerhafte 30 15
Eigentumswohnung 8 150 *Eigentumswohnung*
Eigenverbrauch 10 13
Eigenversorgungsbetrieb 4 41
Einbringung 8 35; 12 10; 30 17
Einfamilienhaus 8 150 *Einfamilienhaus*
Einführungskosten 8 150 *Einführungskosten*
Einkaufsgesellschaft 8 97
Einkommen 29 5; des Organträgers 14 82; zu versteuerndes 7 4
Einkommensarten 8 5
Einkommensverwendung 10 3
Einkünfte, ausländische *siehe Ausländische Einkünfte;* aus Gewerbebetrieb 8 26; aus Kapitalvermögen 8 105, 114
Einlagen 8 32 ff., 114, 150 *Einlagen;* 14 73; 30 17; 40 4; **ABC** *Mißbrauch* 3, *Satzung der GmbH und KSt* 5, *Schütt-aus-Hol-zurück-Verfahren* 6; Rückzahlung von E. 27 6
Einlagenrückgewähr 8 150 *Einlagenrückgewähr;* 27 6
Einmanngesellschaft 1 4
Einnahmen aus Kapitalvermögen 27 11
Einrichtung 4 7
Einrichtungen der Tarifvertragsparteien 5 77

Ein- und Verkaufsgesellschaft 8 150 *Ein- und Verkaufsgesellschaft*
Einzelunternehmen ABC *Unternehmensform* 7
Einziehung 8 150 *Einziehung*
Einziehung von Geschäftsanteilen ABC *Einziehung von Geschäftsanteilen*
Eislaufbahn 5 14
Elektrizität 4 18
Elektrizitätslieferung 8 150 *Elektrizitätslieferung*
Elektrizitätswerk 4 41
Empfängerbenennung 8 78, 150 *Empfängerbenennung*
Ende der beschränkten Körperschaftsteuerpflicht 2 5; der Körperschaftsteuerpflicht 1 7 ff.
Englische Ltd 1 5
Enkelgesellschaft 26 2, 57, 59, 61
Enteignungsentschädigungen 4 31
Entnahme 8 150 *Entnahme*
Entschädigung 8 150 *Entschädigung*
Entstehung der Körperschaftsteuer 48 1 ff.; des KStG 1977 **Vor** 1 15
Entwicklungsländer 26 50, 51
Entwicklungsländer-Steuergesetz 26 51
Erbbaurecht 8 150 *Erbbaurecht*
Erbengemeinschaft 1 19
Erbersatzsteuer 10 9
Erbmasse 1 19
Erbschaften 8 31, 150 *Erbschaften*
Erbschaftsteuer 10 9
Erfinder 8 150 *Erfinder*
Erfolgsabhängige Bezüge ABC *Erfolgsabhängige Bezüge*
Erfüllung 8 150 *Erfüllung*
Ergänzungsabgaben zur Körperschaftsteuer 10 9
Ergebnisabführungsvertrag 8 150 *Ergebnisabführungsvertrag*
Erhöhung der Körperschaftsteuer 27 1 ff.; des Nennkapitals **KapErhStG** 1 4
Erholungsgebiet 4 41
Erholungsheim 4 41; 5 14
Erholungspark 4 41

magere Zahlen = Anmerkung

Sachverzeichnis

Erlaß von Körperschaftsteuer, Anteilseigner **34** 9
Ermächtigungen **53** 1 ff.
Ermäßigung der Körperschaftsteuer **30** 5
Eröffnungsbilanz **4** 31
Ersatzbescheinigungen **11** 13; **16** 5
Erschließungskosten **8** 150 *Erschließungskosten*
Erschließungstätigkeit **4** 41
Erstattung nichtabziehbarer Ausgaben **31** 11
Erstattungszinsen **27** 30
Erstausstattung **8** 65
Erwerb eigener Anteile **27** 9
Erwerbschance **8** 150 *Erwerbschancen*
Erwerbsgenossenschaften **1** 13; **22** 4; **25** 1 ff.; land- und forstwirtschaftliche **5** 66
Erzeuger- und Kontrollringe **5** 47
Eßwarenverkauf **5** 14
EStG **8** 3 ff.
European Transonic Windtunnel GmbH **5** 78

Fachausstellung **5** 14
Fachmesse **5** 14
Fähre **4** 41
Fahrgelderstattungen **4** 33
Familienangehörige **ABC** *Gewinnausschüttung* 2
Familienfideikommisse **1** 15
Familienfonds **1** 19
Familiengesellschaft **1** 4; **ABC** *Familiengesellschaft, Schütt-aus-Hol-zurück-Verfahren*
Familienstiftungen **1** 15; **2** 3
Fehlendes verwendbares Eigenkapital **35** 1 ff.
Fensterwerbung **8** 150 *Fensterwerbung*
Ferienerholung **4** 41
Fernsehturm **4** 41
Fernwärme **4** 33, 41
Festlandsockel **1** 25
Festschrift **5** 14
Feststellungsverfahren **47** 3; **ABC** *Steuersicherheit* 4

Feuerwehr **4** 41
Fiktionstheorie **8** 106
Filmproduktion **5** 14
Filmvorführung **5** 14
Finanzgeschäfte **8** 150 *Finanzgeschäfte*
Finanzielle Eingliederung **14** 13 ff., 44; **18** 6
Finanzierungskosten **8** 150 *Finanzierungskosten*
Finanzverwaltung **4** 41
Firma **8** 150 *Firma*
Firmenjubiläum **8** 150 *Firmenjubiläum*
Firmenwert **8** 150 *Firmenwert*
Flucht aus der GmbH **ABC** *Flucht aus der GmbH, Unternehmensform* 5
Flughafen **4** 41
Flugkosten **8** 150 *Flugkosten*
Forderungen **8** 43
Forderungserfüllung **8** 150 *Forderungserfüllung*
Forderungsverzicht **8** 150 *Forderungsverzicht*
Formeln für Körperschaftsteuererhöhung **27** 15; für Körperschaftsteuerminderung **27** 15; und Multiplikatoren **27** 22 ff.
Formularverkauf **5** 14
Formwechsel **42** 3; **ABC** *Unternehmensform* 5; **KapErhStG 5** 4
Forschung **5** 14; **8** 150 *Forschung*
Forschungsanstalten **4** 21, 41
Forstwirtschaft **4** 41; **5** 14
Forstwirtschaftliche Zusammenschlüsse **5** 78
Fortbildungsveranstaltungen **5** 14
Fortführungsgesellschaft **ABC** *Fortführungsgesellschaft*
Frachtkosten **8** 150 *Frachtkosten*
Französisches Anrechnungsverfahren **Vor 1** 14
Freiberufliche Einkünfte **2** 4; **8** 27
Freiberufliche Leistungen **8** 19
Freiberufliche Praxis **8** 150 *Freiberufliche Praxis*
Freiberufliche Tätigkeit **1** 4

749

Sachverzeichnis fette Zahlen ohne Gesetz = §§ des KStG

Freibetrag 24 1 ff.; **25** 1 ff.; **ABC** *Freibetrag*
Freie Berufe 4 41
Freier Mitarbeiter 8 150 *Freier Mitarbeiter*
Freie Rücklagebildung 14 76
Freie Rücklagen 14 60; **17** 12
Freihäfen 1 24
Freikörperkultur ABC *Sportvereine* 10
Freiwillige Feuerwehr 4 41
Freizeitgebiet 4 41
Fremdfinanzierung 8 a 1 ff.
Fremdkapital 8 a 5
Fremdvergleich 8 89, 150 *Lieferverkehr*
Freud- und Leidkasse 5 14
Friedhöfe 4 21, 41
Friedhofsgärtnerei 4 41
Friseurstuben 4 41
Fürsorgeerziehung 5 14
Fürsorgefonds 1 17
Fusion 8 65
Fußball ABC *Sportvereine* 10; Bundesliga **5** 14
Fußballverein 10 4

Garantieversprechen 8 150 *Garantieversprechen*
Gärtner 8 150 *Gärtner*
Gärtnerei 5 14
Gas 4 18
Gaststätte 4 15, 41; **5** 14
Gastwirtschaft 4 41
Gasversorgungsunternehmen 8 11
Gaswerk 4 41
GbR 1 19; **3** 3; **4** 13
Gebäude 8 150 *Gebäude*
Gebrauchsmuster 8 150 *Gebrauchsmuster*
Gebrauchsüberlassung 8 48, 150 *Gebrauchsüberlassung*
Gebrauchsvorteile 8 105
Gebühren 8 88
Geburtstag 8 150 *Geburtstag*
Geburtstagskasse 5 14
Gegengeschäft 5 67
Gehälter 8 88, 150 *Gehalt*

Gehaltsabrechnungsstellen 5 14
Gehaltsverzicht 8 44
Geheimnisse 8 150 *Geheimnisse*
Geldbußen 8 150 *Geldbuße;* **10** 15
Geldstrafen 10 15
Geldwerter Vorteil 8 76
Gelegenheitsgeschenke 8 150 *Gelegenheitsgeschenke*
Gemeinden 1 16; **2** 6; **4** 3
Gemeindeverbände 2 6; **4** 3
Gemeinnützige Körperschaften 5 7, 13, 45; **24** 3; **ABC** *Nichtanrechnungsberechtigte Anteilseigner* 9, *Schütt-aus-Hol-zurück-Verfahren* 11, *Steuerbefreite Körperschaften* 5, *Steuerstreit* 5
Gemeinnützig gebundenes Vermögen 27 13
Gemeinnützigkeit ABC *Sportvereine* 3
Gemischtes Interesse 8 95
Generalversammlung 8 150 *Generalversammlung*
Genossenschaften Vor 1 7; **5** 65; **8** 66, 150 *Genossenschaft;* **8 b**; **10** 16; **17** 3; **24** 3
Genußrechte 8 58, 150 *Genußrechte*
Genußscheine 8 150 *Genußrechte, Genußscheine;* **28** 7
Gepräge-Rechtsprechung 8 5; **14** 5
Gerichte 4 41
Gerichtskosten 10 15
Gesamtausstattung 8 150 *Dienstverhältnis*
Gesamthafenbetriebe 5 75
Gesamthänderschaften 44 5
Gesamtrechtsnachfolge 27 13; **38** 3; **42** 3 ff.
Geschäftsberichte 8 150 *Geschäftsberichte*
Geschäftschancen 8 150 *Geschäftschancen*
Geschäftsführer 14 6
Geschäftsführergehalt 8 150 *Geschäftsführergehalt;* **ABC** *Geschäftsführergehalt*
Geschäftsführervertrag 8 124

magere Zahlen = Anmerkung

Sachverzeichnis

Geschäftsleitung 1 11; 8 79; im Ausland 12 1 ff.
Geschäftsleitungsverlegung 12 12
Geschäftsstelle 5 14
Geschäftswert 8 47, 150 *Geschäftswert*
Gescheiterte Organschaft 14 102
Geschenke 8 150 *Geschenke*
Gesellige Veranstaltungen 5 14
Gesellschaft, ausländische 8 b 1 ff.
Gesellschaft mit beschränkter Haftung *siehe GmbH*
Gesellschaft des bürgerlichen Rechts *siehe GbR*
Gesellschafter, beherrschende, Sonderbedingungen 8 120
Gesellschafterbeschluß 8 124
Gesellschafterdarlehen 8 43
Gesellschafter-Fremdfinanzierung 8 a 1 ff.
Gesellschafter-Geschäftsführer, Ehrung 8 150 *Ehrung des Gesellschafter-Geschäftsführers*
Gesellschafterversammlung 8 150 *Gesellschafterversammlung*
Gesellschaftsanteile 8 45, 150 *Gesellschaftsanteile*; Ausgabe von G. 8 150 *Ausgabe von Gesellschaftsanteilen*
Gesellschaftsrechtliche Ausschüttungen 29 7
Gesetzgebungsmaterialien ABC *Gesetzgebungsmaterialien;* zur KSt-Reform Vor 1 12 ff.
Gesonderte Feststellung 5 12; 47 1 ff.
Gespaltene Dividenden ABC *Gewinnausschüttung* 4
Gespaltener Steuersatz Vor 1 14
Gestüt 8 150 *Gestüt*
Getränkeverkauf 5 14
Getreidebörse 5 47
Gewerbesteuer 8 150 *Gewerbesteuer;* 10 9
Gewerbliches Unternehmen 14 4 ff.; 18 3
Gewerkschaft 5 47; bergrechtliche *siehe Bergrechtliche Gewerkschaften*
Gewillkürtes Betriebsvermögen 4 31

Gewinn 29 3; ausschüttbarer 26 40
Gewinnabführung 4 35; 8 150 *Gewinnabführung;* 27 13
Gewinnabführungsvertrag 8 150 *Gewinnabführungsvertrag;* 14 57 ff.; 17 7; Beendigung 14 65
Gewinnabhängige Entgelte ABC *Verluste* 6
Gewinnausschlußvereinbarungen 1 3
Gewinnausschüttungen 8 55 ff., 150 *Gewinnausschüttungen;* 15 9; 27 4; ABC *Gewinnausschuttung, Mißbrauch* 3; laufendes Wirtschaftsjahr 29 8; offene 26 31; Zeitverzögerung 28 5; 29 7; *siehe auch Verdeckte Gewinnausschüttung*
Gewinnbezugsrecht ABC *Ausländische Anteilseigner* 7
Gewinnchance 8 150 *Gewinnchance*
Gewinnerzielungsabsicht 4 9
Gewinnlosigkeit 3 3
Gewinnminderungen 8 b 5
Gewinnrücklagen 27 30; 30 15
Gewinnsituation 8 7
Gewinntantiemen 8 150 *Dienstverhältnis*
Gewinn- und Verlustrechnung ABC *Handelsbilanz* 2
Gewinnverteilung 27 5; ABC *Gewinnverteilung*
Gewinnverteilungsbeschluß 28 4; 29 10; Änderung 27 12, 30; handelsrechtlicher 27 5
Gewinnvortrag 14 60; 29 3
Gliederung des verwendbaren Eigenkapitals 30 1 ff.
GmbH Vor 1 6; 1 12; 4 16; 17 3; ABC *Ausländer als Unternehmer im Inland* 3 f., *Unternehmensform* 6; Flucht aus der G. ABC *Flucht aus der GmbH, Unternehmensform* 5; ruhende 8 150 *Ruhende GmbH*
GmbH & Co KG 1 12; 3 3; 8 47, 150 *GmbH & Co KG;* 10 16; 14 27; 17 3; 24 3; ABC *Unternehmensform* 5 f.
GmbH-Anteile 8 150 *GmbH-Anteile*

751

Sachverzeichnis
fette Zahlen ohne Gesetz = §§ des KStG

GmbH-Satzung ABC *Gewinnausschüttung* 5
Golf ABC *Sportvereine* 10
Grabpflege 4 41
Grabpflegelegat 1 17
Gratisaktien 29 12
Greenfee 5 14
Grenzüberschreitende Beziehungen 8 102
Großspenden 31 15
Grundbuchamt 4 41
Gründerlohn 8 150 *Gründerlohn*
Grundlagenbescheid 47 6 ff.
Grundstücksankauf 4 41
Grundstückskauf 8 150 *Grundstückskauf*
Grundstücksverkauf 4 41
Grundstücksverwaltung 5 14
Gründungsgesellschaft 1 8
Gründungskosten 8 150 *Gründungskosten;* **ABC** *Satzung der GmbH und KSt* 9
Gutachterkosten 10 15
Güterschutzgemeinschaft 5 47

Hafenbetriebe 4 15, 18, 41
Haftung 8 150 *Haftung;* **44** 15 ff.; persönliche **ABC** *Unternehmensform* 7
Haftungsbegrenzung 14 1
Handelsbilanz ABC *Handelsbilanz*
Handelskammern 5 47
Handelsrecht 8 64
Handelsrechtliche Gewinnverteilungsbeschlüsse 27 5
Handelsregister 4 41
Handelsschiffe 1 24; **26** 2, 82
Handelsvertreter 8 150 *Handelsvertreter*
Handelsvertreter-GmbH 8 150 *Handelsvertreter-GmbH*
Handwerkerverbände 5 47
Handwerksinnung 5 47; **8** 150 *Handwerksinnung*
Handwerkskammern 4 3, 41
Hauptversammlung 8 150 *Hauptversammlung*
Hausbesitzervereine 5 47

Hausgehilfin 8 150 *Hausgehilfin*
Hauskauf 8 150 *Hauskauf*
Heimatabende 5 14
Heizungskosten 8 150 *Heizungskosten*
Herabsetzung des Nennkapitals **KapErhStG 4** 1 ff.
Hilfsgeschäft 5 67
Hinterbliebenenrente 8 150 *Hinterbliebenenrente, Pensionszusage*
Hinterbliebenenzusagen 8 150 *Pensionszusage*
Hinterziehungszinsen 10 10
Hinzuschätzungen 8 150 *Hinzuschätzungen*
Hochseeyachten 1 5
Höchstbetrag 26 44
Hoheitsbetriebe 4 21
Holding 5 14; **14** 26
Holdinggesellschaft 8 a 18 ff.; **ABC** *Basisgesellschaften* 5
Holdingunternehmen 14 27
Holznutzung 8 19
Hubinseln 1 25
Hundesport ABC *Sportvereine* 10
Hütten 5 14

Immaterielle Wirtschaftsgüter 8 47, 106, 150 *Immaterielle Wirtschaftsgüter*
Incentive-Reise 8 150 *Incentive-Reise*
Indirekte Steueranrechnung 26 2, 21 ff., 49, 89
Industrie- und Handelskammer 4 3; **5** 47
Industrieclub 5 47
Informationskosten 8 150 *Informationskosten*
Inkasso 5 14
Inkongruente Ausschüttungen ABC *Ausschüttungsverhalten* 4
Inland 1 24
Inländische Betriebstätte 8 b 13
Innungen 4 3, 41; **5** 47
In-sich-Geschäfte 8 124, 150 *In-sich-Geschäfte*
Interessenübereinstimmung 8 143

752

magere Zahlen = Anmerkung

Sachverzeichnis

Internationale Mosel GmbH 5 78
Internationales Schachtelprinzip 15 17
Internationales Schachtelprivileg 16 6
Invaliditätsrente 8 150 *Invaliditätsrente, Pensionszusage*
Investitionszulage 8 150 *Investitionszulage;* 16 6; 30 15
Investment-Club, Investmentverein ABC *Investment-Club, Investmentverein*

Jagd 4 11, 41
Jahnschaft 3 5
Jahrbuch 5 14
Jahresabschluß 8 150 *Jahresabschluß*
Jahresabschlußkosten 8 150 *Jahresabschlußkosten*
Jahressteuer 7 5
Job-Tickets 4 41
Jubiläum 8 150 *Jubiläum*
Jugend- und Erholungsstätte 4 41
Jugendheim 5 14
Jugendherberge 5 14
Jugendreisen 5 14
Juristische Person 4 14, 16; ausländische 4 4; des gemeinen Rechts 1 12; des privaten Rechts 1 15
Juristische Person des öffentlichen Rechts 2 6; 4 3; 40 6; 42 4; ABC *Öffentliche Hand;* Zusammenschluß von j. P. d. ö. R. 5 47

Kaffekasse 5 14
Kalenderjahrbuch 5 14
Kantine 4 41; 5 14; ABC *Kantinen*
Kapitalanlagegesellschaft 5 78
Kapitalerhöhung 8 150 *Kapitalerhöhung;* 27 7; ABC *Nichtanrechnungsberechtigte Anteilseigner* 8, *Schüttaus-Hol-zurück-Verfahren* 6; aus Gesellschaftsmitteln 41 6
Kapitalerhöhungskosten 8 150 *Kapitalerhöhungskosten*
Kapitalerhöhungsteuergesetz 41 5; KapErhStG Vorbem 1 ff.
Kapitalersetzendes Darlehen 8 42

Kapitalertragsteuer ABC *Investment-Club, Investmentverein* 2
Kapitalgesellschaft 1 12; 8 66; 8 b 3; 10 16; 26 23; KapErhStG 1 3; beschränkt steuerpflichtige 26 89; personenbezogene ABC *Übergangsfragen* 8
Kapitalherabsetzung 8 150 *Kapitalherabsetzung;* 29 12; 41 4 f.; KapErhStG 5 1 ff.; KapErhStG 6 1 ff.
Kapitalistische Betriebsaufspaltung ABC *Betriebsaufspaltung* 4
Kapitalistische KG 1 4; 3 3
Kapitalrückzahlung 8 150 *Kapitalrückzahlung;* 28 7; 41 4
Kapitalsteuer 10 9
Kapitalverkehrsteuer 8 36, 64, 150 *Kapitalverkehrsteuer*
Karnevalssitzungen 5 14
Karnevalsumzug 5 14
Kartelle 3 4
Kartenverkauf 4 41
Kaskadeneffekt 8 a 20
Kassenärztliche Vereinigung 4 41
Kauf 8 150 *Kauf*
Kaufangebot 8 150 *Kaufangebot*
Kegeln ABC *Sportvereine* 10
Kfz-Einstellplätze 4 41
KG 1 4, 19; 3 3; 4 13; 5 14; ABC *Unternehmensform* 7
KGaA 1 12; 9 10
Kiesgrube 4 41
Kinderfonds 1 19
Kindergarten 5 14
Kinderheim 5 14
Kino 4 41
Kirchen 1 16; 5 4
Kirchturmbesteigung 4 41
Kirmes 5 14
Kleiderkasse 4 41
Kleidersammlung 5 14
Kliniken 4 41
Klosterbetriebe 4 41
Klösterliche Niederlassungen 1 15
Know-how 8 47, 150 *Know-how*
Kolonialgesellschaft 1 12; 17 3

Sachverzeichnis

fette Zahlen ohne Gesetz = §§ des KStG

Kommanditgesellschaft, kapitalistische *siehe Kapitalistische KG; siehe auch KG*
Kommanditgesellschaft auf Aktien *siehe KGaA*
Kommunale Spitzenverbände 5 44, 47
Komplementär-GmbH 14 22; **27** 3
Kongreß 8 150 *Kongreß*
Kongreßhalle 4 41
Kongreßveranstaltungen 4 41
Kongruenz 27 11
Konkurs 11 4
Konkursmasse 1 19
Kontokorrent 8 150 *Kontokorrent*
Konzern 8 120
Konzernhaftung 8 150 *Konzernhaftung*
Konzernname 8 150 *Konzernname*
Konzernrückhalt 8 150 *Konzernrückhalt*
Konzernumlagen 8 150 *Konzernumlagen;* **14** 73, 84
Konzernvorteil 8 150 *Konzernvorteil*
Konzert 5 14
Konzessionsabgaben 4 33; **8** 150 *Konzessionsabgaben*
Körperschaft, Anerkennung **ABC** *Mißbrauch* 1; ausländische *siehe Ausländische Körperschaften;* gemeinnützige **ABC** *Schütt-aus-Hol-zurück-Verfahren* 11
Körperschaft des öffentlichen Rechts Vor 1 10
Körperschaftsbesteuerung Vor 1 1 ff.
Körperschaftsteuer 10 9; **29** 6
Körperschaftsteueränderung 28 16
Körperschaftsteuerbefreiung 30 5
Körperschaftsteuer-Durchführungsverordnung 1977 Vor 5
Körperschaftsteuer-Durchführungsverordnung 1984 Vor 5
Körperschaftsteuererhöhung 23 18; **27** 1 ff.; **28** 17; **29** 6; **42** 1 ff.; **43** 1 ff.; **ABC** *Handelsbilanz* 1; Ausnahmen **40** 1 ff.; Formeln **27** 15; Zeitpunkt **27** 29
Körperschaftsteuerermäßigung 30 5
Körperschaftsteuerminderung 23 18; **27** 1 ff.; **28** 16, 18; **29** 6; **31** 4; **42** 1 ff.; **43** 1 ff.; **ABC** *Handelsbilanz* 1; Formeln **27** 15; Zeitpunkt **27** 29
Körperschaftsteuerreform Vor 1 1 ff., 12 ff.
Körperschaftsteuerrichtlinien 1977 Vor 1 3
Körperschaftsteuerrückstellung ABC *Gewinnausschüttung* 4, *Körperschaftsteuerrückstellung*
Korrektur der verdeckten Gewinnausschüttung **8** 110 ff.
Kosten 10 10
Kostenersatz 8 150 *Kostenersatz*
Krankenbeförderung 4 41
Krankenhaus 5 14
Krankenhausapotheke 5 14
Krankenkassen 5 19 ff.
Krankentransporte 5 14
Kreditanstalten 4 41
Kreditgarantiegemeinschaften 5 74
Kreditinstitute 5 18; **44** 10; **45** 1 ff.
Kreditschutz 5 14
Kreditvermittlungsgebühren 8 150 *Kreditvermittlungsgebühren*
Kreditwirtschaftsverbände 5 47
Kreise 4 3
Kreisverbände 4 3
Kulturelle Veranstaltungen 5 14
Kundenstamm 8 47, 150 *Kundenstamm*
Kunstausstellung 5 14
Kunstwerke 8 150 *Kunstwerke*
Kur- und Bäderverwaltung 4 41
Kurse 5 14
Kurtaxe 4 41
Küstengewässer 1 24

Labor- und Apparategemeinschaft 1 16
Labor- und Untersuchungseinrichtungen 5 14

magere Zahlen = Anmerkung

Sachverzeichnis

LAG 7 16
Lagerhaus 4 41
Land- und Forstwirtschaft 4 11, 41; **5** 14; **8** 27; **25** 1 ff.
Land- und forstwirtschaftliche Erwerbs- und Wirtschaftsgenossenschaften und Vereine 5 66
Land- und forstwirtschaftlicher Nebenbetrieb 4 11
Länder 2 6; **4** 3
Landeszentralbank 4 3
Landschaftsverbände 4 3
Landwirtschaftskammern 4 3, 41; **5** 47
Lastenausgleichsgesetz siehe LAG
Lästiger Gesellschafter 8 150 Lästiger Gesellschafter
Leasing 8 150 Leasing
Lebensmitteluntersuchung 4 21, 41
Lebensversicherung 8 150 Lebensversicherung
„Leg-ein-Hol-zurück"-Verfahren ABC Leg-ein-Hol-zurück-Verfahren
Leibwächter 8 150 Leibwächter
Leichenverbrennung 4 21, 41
Leihanstalten 4 41
Leistungsabzeichen 5 14
Leistungsentgelte ABC Steuerbefreite Körperschaften 3
Leistungsschau 5 14
Liebhaberei 5 9; **8** 5, 29, 31, 150 Liebhaberei
Liechtensteinische AG 1 5
Lieferverkehr 8 150 Lieferverkehr
Liquidation 8 65, 70, 150 Liquidation; **11** 1 ff.; **27** 8; **41** 7 ff.; **ABC** Liquidation, Satzung der GmbH und KSt 8
Liquidationsgewinn 11 7
Liquidationsraten 28 7
Liquidationszeitraum 8 16; **54** 6
Lizenz 8 150 Lizenz
Lizenzverträge 5 14
Lohnaufträge 5 14
Lohnsteuer 8 150 Lohnsteuer
Lohnsteuerzahler 5 47

Lotsen 4 41
Lotterie 5 14; **10** 7

Mahlzeitendienst 5 14
Management Buy-Out 8 150 Management Buy-Out
Mandantenstamm 8 150 Mandantenstamm
Mantelkauf 8 151 ff.; **ABC** Mißbrauch 4, Verluste 9
Marketing-Club 5 47
Markt 4 7, 15, 41; **5** 14
Markteroberung 8 150 Markteroberung
Marktförderungs-/Marktstabilisierungsfonds ABC Marktförderungs-/Marktstabilisierungsfonds
Markthalle 4 41
Marktmeister 4 7
Materialprüfungsämter 4 41
Materialprüfungsanstalten 4 41
Mehr- oder Minderabführungen, vororganschaftliche **37** 6
Mehrmütter-Organschaft 14 55
Mehrsteuern durch Änderungsveranlagungen 31 16
Mensa 4 41; **5** 14
Messehalle 4 41
Metageschäft 8 150 Metageschäft
Mieterstattung 8 150 Mieterstattung
Mieterverein 5 47
Mietverträge 8 150 Mietverträge
Miles and More 8 150 Miles and More
Minderung der Körperschaftsteuer **27** 1 ff.
Mindestdividende ABC Gewinnausschüttung 3
Mindesteinnahmen 4 7
Mineralwasserbetrieb 4 41
Minicar-Sport ABC Sportvereine 10
Minigolf ABC Sportvereine 10
Mißbrauch 1 4; **8** 150 Mißbrauch; **8 a** 1; **27** 30; **ABC** Liquidation 5, Mißbrauch, Schütt-aus-Hol-zurück-Verfahren 8, Schütt-aus-Hol-zurück-Verfahren 9
Missionsgesellschaft 10 4

755

Sachverzeichnis

fette Zahlen ohne Gesetz = §§ des KStG

Mitgliedergeschäft **5** 67; **22** 5
Mitgliedsbeiträge 8 150 *Mitgliedsbeiträge*, 155 ff.
Mittelstandsvereinigung 5 47
Mitunternehmerschaft 4 13, 41; **5** 14; **8** 150 *Mitunternehmerschaft;* **14** 10, 27, 38 ff., 80, 100; **19** 5; **26** 11; **44** 4; **ABC** *Mitunternehmerschaft*
Modellbau ABC *Sportvereine* 10
Modellflug ABC *Sportvereine* 10
Monopol 5 17
Motorsport ABC *Sportvereine* 10
Motorsportclub ABC *Sportvereine* 10
Müllbeseitigung 4 21
Müllverbrennung 4 41
Müllverbrennungsanlage 5 14
Multiplikatoren 27 22 ff.
Museum 4 41; **5** 14
Muttergesellschaft 26 23, 58, 61
Mutter-Tochter-Richtlinie der EG 26 49

Nachausschüttungen 27 30
Nachzahlungen 8 150 *Nachzahlungen*
Nachzahlungsverbot 8 150 *Nachzahlungsverbot*
Nahestehende 8 94, 120; **8 a** 11
Nahestehende Personen 8 34, 72 ff.
Namenslizenz 8 150 *Namenslizenz, Namensüberlassung*
Nebengeschäft 5 67
Nebenleistungen 8 126
Nennkapital 29 3, 10, 12; **41** 4; Erhöhung **KapErhStG 1** 4; Herabsetzung **KapErhStG 4** 1 ff.; Rückzahlung **27** 7; **41** 4, 8
Nichtabziehbare Aufwendungen 10 1; **14** 74; **15** 12; **ABC** *Nichtabziehbare Aufwendungen*
Nichtabziehbare Ausgaben 31 1 ff., 8; **32** 10; Erstattung **31** 11
Nichtabziehbare Steuern 10 8
Nichtabzugsfähigkeit von Betriebsausgaben **8** 78

Nichtanrechnungsberechtigte **Anteilseigner 28** 14; **ABC** *Mißbrauch* 7, *Nichtanrechnungsberechtigte Anteilseigner*
Nichtgeltendmachung eines Anspruchs 27 10
Nichtigkeit des Jahresabschlusses 8 150 *Nichtigkeit des Jahresabschlusses*
Nichtmitgliedergeschäft 5 67
Nichtordnungsmäßigkeit der Buchführung **14** 74
Nichtrechtsfähige Stiftungen 1 17; **ABC** *Nichtrechtsfähige Stiftungen*
Nichtrechtsfähige Vereine 1 16
Nießbrauch 14 14
Nießbraucher 44 4
Nießbrauchsbestellung ABC *Ausländische Anteilseigner* 7
Notar 46 1 ff.
Notarkammer 4 41; **5** 47
Notarverweserschaft 4 41
Nur-Tantiemen 8 150 *Dienstverhältnis*
Nutzungseinlage 8 48
Nutzungsentgelte ABC *Ausländische Anteilseigner* 6
Nutzungsüberlassung 8 48, 150 *Nutzungsüberlassung*
Nutzungsvorteile 8 105

Obdachlose 4 41
OECD 8 99
Offene Ausschüttungen 8 56; **28** 11
Offene Einlage 8 38
Offene Gewinnausschüttungen 26 31
Offene Handelsgesellschaft siehe *OHG*
Öffentliche Hand 8 150 *Öffentliche Hand;* **ABC** *Öffentliche Hand, Schütt-aus-Hol-zurück-Verfahren* 11, *Verluste* 11
Öffentliche Zuschüsse 4 31
Öffnungsklausel 8 150 *Öffnungsklausel*
OHG 1 19; **3** 3; **4** 13; **5** 14; **ABC** *Unternehmensform* 7

magere Zahlen = Anmerkung

Sachverzeichnis

Olympische Sportarten ABC *Sportvereine* 10
Optionsgeschäfte 8 150 *Optionsgeschäfte*
Orden 4 41
Ordensangehörige 10 7
Ordensgemeinschaften 1 4, 15
Ordnungsgelder 10 15
Ordnungsgemäße Ausschüttung 8 150 *Ordnungsgemäße Ausschüttung*
Organgesellschaft 14 3; 15 3 ff.; 17 1 ff.; 26 23
Organisationsrechtliche Akte 8 65, 150 *Organisatorische Akte*
Organisatorische Eingliederung 14 28 ff., 48; 18 7
Organschaft 8 150 *Organschaft;* 14 1 ff.; 30 15; 31 12; ABC *Verluste* 3; Rechtsfolge 14 80
Organschaftsverluste 14 82
Organträger 14 4; 18 3; 19 1 ff.; 26 23; 36 1 ff.; Einkommen 14 82
Organtransporte 5 14

Pachten 8 88
Pachtvertrag 8 150 *Pachtvertrag*
Pachtzinsen 4 31
Pack-Sets 4 41
Parkhaus 4 15, 41
Parkplatz 4 41
Parkscheinautomaten 4 41
Parkuhren 4 41
Parteienfinanzierung 5 14; 54 16
Parteispenden 8 150 *Parteispenden*
Partielle Steuerpflicht 6 1 ff.; 13 11
Partnergesellschaft 39 3
Partnerschaftsgesellschaft 1 4, 16; 39 3
Passive Ausgleichsposten 14 83, 90
Patente 8 150 *Patente*
Patronatserklärung 8 150 *Patronatserklärung*
Pauschalierung 26 2
Pauschbesteuerung 26 76 ff.; KapErhStG 3 9
Pensions-, Sterbe- und Krankenkasse 6 1 ff.

Pensionsanwartschaft 8 44
Pensionskassen 5 19 ff.
Pensionsverein 5 72
Pensionszusage 8 150 *Pensionszusage*
Per-country-limitation 26 10
Personalgestaltung 4 41
Personalgestellung 8 150 *Personalgestellung, Personalkostenübernahme*
Personalkostenübernahme 8 150 *Personalgestellung, Personalkostenübernahme*
Personenbezogene Kapitalgesellschaft ABC *Übergangsfragen* 8
Personengesellschaft 5 7, 14; 8 11, 150 *Personengesellschaft;* 8 a 21; 14 38 ff.; 16 18; 29 4; ABC *Ausländische Anteilseigner* 7, *Investment-Club, Investmentverein* 2
Personenschutz 8 150 *Personenschutz*
Personensteuern 8 31; 10 8
Persönliche Haftung ABC *Unternehmensform* 7
Pfandgläubiger 44 4
Pfandleihanstalten 4 35
Pfändung 14 14
Pfännerschaften 1 12
Pferde 5 14
Pferdeeinstellen, Pferdevermietung ABC *Sportvereine* 10
Pferderennvereine 5 14; ABC *Sportvereine* 10
Pflegeheim 5 14
Pflichtprüfung 8 150 *Pflichtprüfung*
Pilotlizenz 8 150 *Pilotlizenz*
Pkw-Kosten 8 150 *Pkw-Kosten*
Plakatierung 4 41
Politische Parteien 5 43
Politische Vereine 5 47, 55
Polizei 4 41
Postbank 4 41; 5 17
Postdienst 4 41; 5 17
Postgebühren 8 150 *Bagatellaufwendungen, Postgebühren*
Praxisverkauf 8 150 *Praxisverkauf*
Praxiswert 8 150 *Praxiswert*
Preise 8 88

Sachverzeichnis

fette Zahlen ohne Gesetz = §§ des KStG

Preiskorrekturen 8 150 *Preiskorrekturen*
Preissteigerungsrücklage 29 4
Preis- und Konditionenkartell 1 16
Privatsphäre 8 28
Privatstrafen 10 15
Progressionsvorbehalt 8 19
Projektträgerschaft 5 14
Provisionen 8 150 *Provisionen*
Prozeßzinsen 10 14
Prüfungskosten 8 150 *Prüfungskosten*
Prüfungsmarken 5 14
Prüfungspflicht 8 150 *Prüfungspflicht*
Prüfungsverband 5 47
Psychiatrisches Landeskrankenhaus 4 41
Publikumsgesellschaft 3 3
Putzfrau 8 150 *Putzfrau*

Qualifikationsfragen 1 4

Rabatte 8 150 *Rabatte*
Rabattsparverein 5 47
Rabattvereinigung 8 150 *Rabattvereinigung*
Rationalisierungsverband Steinkohlebergbau 5 78
Realgemeinde 3 5
Rechnungsprüfungsamt 4 35
Rechtsanwaltskammer 4 41; 5 47
Rechtsanwaltsvereine 5 47
Rechtsberatungsgesellschaft 8 150 *Rechtsberatungsgesellschaft*
Rechtsharmonisierung Vor 1 11
Rechtsmißbrauch ABC *Basisgesellschaften* 2
Rechtspflege 4 41
Rechtsvergleichung Vor 1 11
Rechtswirksamkeit, zivilrechtliche 8 123 ff.
Reformdiskussion nach dem KStG 1977 Vor 1 18
Regieverlag 8 150 *Regieverlag*
Reisegelder 10 21
Reisekosten 8 150 *Reisekosten*
Reitunterricht ABC *Sportvereine* 10

Reklameamt 4 41
Repräsentationen 8 150 *Repräsentationen*
Risikogeschäfte 8 150 *Risikogeschäfte*
Röntgeninstitut 1 16
Rübenpreise 8 150 *Rübenpreise, Zuckerfabriken/Rübenpreise*
Rückforderungsanspruch 27 12
Rückgängigmachung einer verdeckten Gewinnausschüttung 8 80, 110 ff.; 30 17
Rückgewähransprüche 8 111 f.
Rückhalt im Konzern 8 150 *Rückhalt im Konzern*
Rücklagebildung 14 76
Rücklagen 14 73, 74; 29 3; 41 6; Auflösung 30 15; für Ersatzbeschaffung 29 4; versicherungstechnische 20 1
Rückstellungen 14 82
Rückstellungskonto 27 10
Rückvergütungen 8 150 *Rückvergütungen*; 22 1 ff.; 27 13
Rückwirkungsverbot 8 131 ff.
Rückzahlung 8 150 *Rückzahlung*; von Einlagen 27 6; von Nennkapital 27 7; 41 4
Ruhende GmbH 8 150 *Ruhende GmbH*
Rumänische Gesellschaft 1 5
Rundfunkanstalten 4 3, 41

Saarland − Sporttoto GmbH 5 78
Sachbezüge 8 150 *Sachbezüge*
Sacheinlage 30 17
Sachliche Steuerpflicht 1 23
Sachspenden 9 12
Sachverständigengutachten 8 121
Sammelvermögen 1 19; ABC *Sammelvermögen*
Sanierung 8 50, 150 *Sanierung*
Sanierungsgesellschaft ABC *Sanierungsgesellschaft*
Sanierungsgewinne 8 7; 30 15
Satzung 8 150 *Satzung*; der GmbH ABC *Satzung der GmbH und KSt*
Satzungsänderungen 8 65

magere Zahlen = Anmerkung

Sachverzeichnis

Satzungsbestimmungen **8** 150 *Steuerklauseln*
Satzungsklauseln **8** 112, 150 *Satzungsklauseln;* **ABC** *Satzung der GmbH und KSt* 6
Säumniszuschläge **10** 10
Sauna **8** 150 *Sauna*
Schachtelbeteiligungen **8** 8
Schachtelerträge **8** 11
Schachtelprivileg **ABC** *Schachtelprivileg, Übergangsfragen* 12
Schadensersatz **8** 150 *Schadensersatz*
Schadensersatzleistungen **10** 14
Schalterfälle **45** 4
Schätzung **8** 150 *Schätzung;* des verwendbaren Eigenkapitals **30** 15
Schenkung **8** 31, 150 *Schenkung*
Schießsport **ABC** *Sportvereine* 10
Schiffe **4** 41
Schlachthausbetrieb **4** 41
Schlachthöfe **4** 21
Schlußbilanz **13** 6
Schlußvorschriften **54** 1 ff.
Schmiergelder **8** 150 *Schmiergelder*
Schriftform **8** 125
Schrifttum Vor **1** 1 ff.; **ABC** *Schrifttum*
Schuldtilgung **8** 150 *Schuldübernahme, Schuldtilgung*
Schuldübernahme **8** 150 *Schuldübernahme, Schuldtilgung*
Schule **4** 41; **5** 14
Schülerheime **4** 41
Schullandheim **5** 14
Schulschwimmbad **4** 41
Schulung **5** 14
Schulverpflegung **4** 41
„Schütt-aus-Hol-zurück"-Verfahren **54** 33; **ABC** *Schütt-aus-Holzurück-Verfahren, Steuerbefreite Körperschaften* 4
Schützenfest **5** 14
Schützenverein **ABC** *Sportvereine* 10
Schwankungsrückstellungen **20** 4
Schwarzgelder **8** 150 *Schwarzgelder*
Schweinezuchtverband **5** 47
Schwestergesellschaft **8** 75, 107, 120, 150 *Schwestergesellschaft*

Schwimmbad **4** 41; **8** 150 *Schwimmbad*
Segeljacht **8** 150 *Segeljacht*
Segelsport **ABC** *Sportvereine* 10
Selbstversorgungsbetrieb **4** 8, 41; **5** 14
Sicherungseigentümer **14** 14
Sicherungseinrichtungen von Banken **5** 73
Sicherungsverein **5** 72
Siedlungsunternehmen **5** 61 ff.
Sitz **1** 11
Sitzverlegung **12** 12
Skat **ABC** *Sportvereine* 10
Societatis causa **8** 65
Soldatenverband **5** 47
Solidaritätszuschlag **10** 9; **31** 8; **ABC** *Solidaritätszuschlag*
Sonderbedingungen für beherrschende Gesellschafter **8** 120
Sonderbetriebsvermögen **14** 45; **44** 5
Sonderposten **29** 4; mit Rücklageanteil **14** 61
Sondervermögen der Kapitalanlagegesellschaft **1** 19
Sonstige Befreiungen **5** 78
Sonstige Körperschaften **43** 1 ff.
Sonstige Leistungen **27** 5; **41** 1 ff.
Sorgfalt eines ordentlichen und gewissenhaften Geschäftsleiters **8** 65, 88 f.
Sozialabgaben **8** 150 *Sozialabgaben*
Soziale Einrichtungen **5** 26
Sozialfürsorge **4** 41
Sozialversicherung **4** 41
Spaltgesellschaft **1** 6
Spaltung **27** 13; **42** 3; **ABC** *Unternehmensform* 5
Spanische Personengesellschaft **1** 5
Sparerfreibetrag **8** 20
Sparkassen **4** 17, 41; **8** 150 *Sparkassen*
Spazierwege **4** 41
Spenden **8** 150 *Spenden;* **14** 94; **15** 13; **20** 8; **30** 10; **ABC** *Sportvereine* 8

759

Sachverzeichnis

fette Zahlen ohne Gesetz = §§ des KStG

Spendenabzug 9 11 ff.
Sportanlagen 5 14
Sportdachverbände ABC *Sportvereine* 10
Sportreisen 5 14
Sportschule ABC *Sportvereine* 10
Sportunterricht 5 14; ABC *Sportvereine* 10
Sportveranstaltungen 5 14
Sportvereine ABC *Sportvereine*
Sportwerbung 5 14
Staatliche Lotterieunternehmen 5 17
Staatsbanken 4 41
Staatsbetrieb 5 15
Staatshandelsunternehmen 8 75
Stadionwerbung 5 14
Städtebauförderungsgesetz 5 78
Stammeinlagen 8 150 *Stammeinlagen*
Stammkapital, verdecktes siehe Verdecktes Stammkapital
Standplätze 5 14
Sterbekassen 5 14, 19 ff.
Steuerabzug vom Kapitalertrag 50 1 ff.
Steuerabzugsbetrag 20 8; nach § 58 III EStG 34 8
Steueranrechnung 26 1 ff.
Steuerart 14 95
Steuerbefreite Anteilseigner ABC *Steuerbefreite Anteilseigner*
Steuerbefreite Körperschaft 38 11; 40 5, 6; 42 1 ff.; 50 5; ABC *Steuerbefreite Körperschaften, Steuerstreit* 5
Steuerbefreiung 5 3; 8 b 3; 13 1 ff.; 20 9
Steuerbelastung 8 150 *Steuerbelastung*
Steuerberaterkammern 4 3, 41; 5 47
Steuerberaterverbände 5 47
Steuerberatervereine 5 47
Steuerberatung 4 41; 5 14
Steuerberatungsgesellschaft 8 150 *Steuerberatungsgesellschaft*
Steuerberatungs-GmbH 8 150 *Dienstverhältnis*

Steuerberatungskosten 8 150 *Steuerberatungskosten;* 10 11
Steuerberatungspraxis 8 150 *Steuerberatungspraxis*
Steuerbescheinigung 8 150 *Steuerbescheinigung;* 8 b 4; 28 12, 14 f.; 40 5
Steuerbilanz 29 5; ABC *Satzung der GmbH und KSt* 2
Steuererklärungspflicht 49 1 ff.
Steuerfreie Einkünfte, ausländische 30 14
Steuerfreie Einnahmen 8 7; 16 6
Steuerfreie Vermögensmehrungen 30 15
Steuergünstige Gestaltungen ABC *Steuergünstige Gestaltungen*
Steuerhaftung 8 150 *Steuerhaftung*
Steuerhinterziehung 8 150 *Steuerhinterziehung*
Steuerklauseln 8 150 *Steuerklauseln;* ABC *Satzung der GmbH und KSt* 6
Steuerliche Ausgleichsposten 29 4
Steuerpflicht, beschränkte 23 8; 50 6; partielle 13 11
Steuersatz 23 1 ff.
Steuerstreit 8 150 *Steuerstreit;* ABC *Steuerstreit*
Steuerumlagen 14 73, 84
Steuervergünstigungen 15 4
Steuerzahlung 8 150 *Steuerzahlung*
Stiftungen Vor 1 9; 1 15, 16; 10 3; 23 6; ABC *Stiftung;* nichtrechtsfähige 1 17; ABC *Nichtrechtsfähige Stiftungen*
Stiftungsfest 5 14
Stille Beteiligung 5 14; 8 150 *Stille Gesellschaft;* ABC *Ausländische Anteilseigner* 6, *Schütt-aus-Hol-zurück-Verfahren* 6
Stille Gesellschaft 8 150 *Stille Gesellschaft;* ABC *Schütt-aus-Hol-zurück-Verfahren* 9
Stille Gesellschafter 8 42
Stille Reserven 14 61
Stille Rücklagen 14 61, 84
Strafen 8 150 *Strafen*
Strafverteidiger 8 150 *Strafverteidiger*

magere Zahlen = Anmerkung

Sachverzeichnis

Strafvollzugsanstalt 4 41
Strandkorbvermietung 4 41
Strandpromenade 4 41
Straßenbaulast 4 41
Straßenbeleuchtung 4 41
Straßenreinigung 4 21, 41
Stromlieferung 8 150 *Stromlieferung*
Studentenheim 5 14
Studentenwerke 4 3, 41
Studienfahrt 8 150 *Studienfahrt*
Studium 8 150 *Studium*
Stundungszinsen 10 10
Stuttgarter Verfahren 8 150 *Stuttgarter Verfahren*
Subunternehmer 8 150 *Subunternehmer*
Süßstoffmonopol 5 17
Syndikate 3 4

Tabakwarenverkauf 5 14
Tagegelder 10 21
Tageszeitung 8 150 *Tageszeitung*
Tagungen 5 14
Talsperre 4 41
Tantiemen 8 121, 150 *Dienstverhältnis*; ABC *Tantiemen*
Tanzveranstaltungen 5 14
Tanzverein ABC *Sportvereine* 10
Tarif 14 95; 23 1 ff.
Tarifbelastung 27 28; 30 4; 31 5 f.; 32 6; ABC *Gewinnausschüttung* 6, *Gewinnausschüttung* 7
Tarifermäßigungen 16 6
Tarifvergünstigungen 14 96; 16 6
Tarifvorschriften 19 3
Tätigkeitsvergütungen 8 150 *Tätigkeitsvergütungen*
Tatsächliche Übung 8 125
Tausch 8 150 *Tausch*
Tauschringe 1 16; ABC *Tauschring*
Teilanrechnungsverfahren Vor 1 14
Teilbetriebsveräußerung 8 150 *Betriebs-, Teilbetriebsveräußerung*; 14 63, 73
Teilbetriebsverpachtung 8 150 *Betriebs-, Teilbetriebsverpachtung*
Teilhabersteuer Vor 1 14

Teilhaberversicherung 8 150 *Teilhaberversicherung*
Teilverzicht ABC *Verluste* 4
Teilwertabschreibung 8 b 5, 16; 14 83; 26 88; ABC *Verluste* 7
Telefongebühren 8 150 *Bagatellaufwendungen*
Telekom 4 41; 5 17
Terroristenschutz 8 150 *Terroristenschutz*
Thailändische KG 1 5
Theater 5 14
Theaterkartenverkauf 5 14
Tiefgarage 4 41
Tierhaltung 8 27
Tierkliniken 4 41
Tierzucht 4 41; 8 27
Tierzuchtverband 5 14
Tigerfall 8 150 *Tigerfall*
Tischfußball ABC *Sportvereine* 10
Tochtergesellschaft 26 24, 58, 60
Tonbandverleih 5 14
Totalgewinn 8 5
Trägerschaft 5 14
Trauerfeiern 4 41
Treuhandanstalt 8 64, 150 *Treuhandanstalt*; 8 a 4
Treuhänder 1 3; 14 14
Treuhänderische Stiftungen 1 17
Treuhandschaft 8 150 *Treuhandschaft*; 44 4
Trikotwerbung 5 14
Trinkgelder 8 150 *Bagatellaufwendungen*
Trust 1 19
Typisch stille Beteiligung 8 150 *Stille Gesellschaft*

U-Bahn 4 41
Überdotierung 5 36 f.; rechtsfähige Pensions-, Sterbe- und Krankenkassen 6 1 ff.
Übergangsfragen ABC *Übergangsfragen*
Übernahmegewinn 36 10; 38 10
Übernahmeverlust 36 10; 38 10
Übersiedler 4 41
Übersiedlerheime 5 14

Sachverzeichnis

fette Zahlen ohne Gesetz = §§ des KStG

Überstundenvergütung 8 150 *Überstundenvergütung*
Üblichkeit 8 120
Ufermauern 4 41
Umgliederung 54 23, 32
Umlagenverträge 8 150 *Konzernumlagen*
Umrechnungskurs 26 37
Umsatzgrenzen 4 8, 20
Umsatzsteuer 8 150 *Umsatzsteuer;* 10 9, 22; auf den Eigenverbrauch 10 13
Umsatztantiemen 8 150 *Dienstverhältnis*
Umstellung des Wirtschaftsjahres 7 11 ff.; 14 34
Umwandlung 8 16, 65; 27 13; 36 10; 38 1 ff.; 42 3
Umwandlungsvorgänge 8 150 *Umwandlungsvorgänge;* zurückgezahlte 30 17
Unangemessene Preise 8 46
Unberechtigte Entnahmen 8 80, 150 *Unberechtigte Entnahmen*
Unbeschränkte Steuerpflicht 1 3 ff.
Universitäten 4 3, 41
Universitätsklinik 4 41
Unterbeteiligung 44 4
Unternehmensform ABC *Unternehmensform*
Unternehmensvertrag 14 57
Unterschlagung 8 80, 150 *Unterschlagung*
Unterstützungsfonds 1 17
Unterstützungskassen 5 19 ff.; 8 150 *Unterstützungskasse*
Untersuchungseinrichtungen 5 14
Urheberrechte 8 150 *Urheberrechte*
Urheberrechtsverträge 5 14
Urlaubsabgeltung 8 150 *Urlaubsabgeltung*
Urlaubsgeld 8 150 *Urlaubsgeld*
Urlaubskasse 1 19

Venezolanische KG 1 4
Veranlagung der Körperschaftsteuer 49 1 ff.

Veranlagungszeitraum 7 5
Veräußerung 27 13
Veräußerung von Anteilen ABC *Veräußerung von Anteilen an Kapitalgesellschaft und Anrechnungsverfahren*
Veräußerungsgewinne 8 b 7
Veräußerungsverluste 8 b 8, 16; 26 88
Verdeckte Ausschüttungen 28 11
Verdeckte Einlagen 8 40 ff., 64
Verdeckte Gewinnausschüttung 4 35; 8 60 ff.; 14 73, 85; 15 9; 26 31, 41; 27 5, 29; 29 8; 44 7; 47 9; ABC *Betriebsführung* 1, *Satzung der GmbH und KSt* 4, *Verdeckte Gewinnausschüttungen;* Bewertung 8 88; Korrektur 8 110 ff.; Rückgängigmachung einer vGa 8 80, 110 ff.; 8 a 1
Verdecktes Stamm- oder Nennkapital 29 10
Verdecktes Stammkapital 8 42, 150 *Verdecktes Stammkapital*
Vereine Vor 1 8; 5 65; 8 66, 150 *Verein;* 10 16; 23 4; 24 3; land- und forstwirtschaftliche 5 66; rechtsfähige 1 15
Vereinsgaststätte 5 14
Vereinsheim 5 14
Vereinsmitglieder 8 75
Vereinssäle 5 14
Vereinsstrafen 10 15
Verfahrenskosten 10 15
Verfügungsbeschränkung 8 150 *Verfügungsbeschränkung*
Vergleichsverfahren 8 150 *Vergleichsverfahren*
Vergütung des Erhöhungsbetrages 52 1 ff.
Vergütungsfälle 28 19
Verkehrsbetriebe 4 15, 18, 41
Verkehrswege 4 41
Verlag 4 41
Verlagsrecht 8 150 *Verlagsrecht*
Verlegung der Geschäftsleitung ins Ausland 12 1 ff.
Verlustabzug 5 16; 8 151 f.; 14 93; 15 16; 30 10

magere Zahlen = Anmerkung

Sachverzeichnis

Verlustausgleich 4 15; 5 12; 14 93; ABC *Verluste* 2
Verlustbetriebe 8 150 *Verlustbetriebe*
Verluste 8 150 *Lieferverkehr;* **8 b** 8; 14 73, 74, 86; 30 10; 33 1 ff.; **ABC** *Betriebsaufspaltung* 2, *Verluste;* nach § 2 AIG, § 2 a III EStG 33 7
Verlustjahre ABC *Verluste* 10
Verlustklauseln 14 87; 15 8
Verlustrücktrag 4 38; 5 16; 8 153; 33 6, 8; **ABC** *Verluste* 8; optimaler **ABC** *Verluste* 8
Verlustübernahme 8 150 *Verlustübernahme;* 14 62; 17 11; **ABC** *Verluste* 3
Verlustvermeidung 8 150 *Verlustvermeidung*
Verlustvortrag 4 38; 5 16; 29 3; 33 4; **ABC** *Verluste* 9
Vermietung und Verpachtung 5 14; 8 150 *Vermietung und Verpachtung*
Vermögensabfluß 27 10
Vermögensbindung 5 31
Vermögensteuer 10 9
Vermögensübertragung 38 b 1 ff.
Vermögensverwaltung 4 12, 41; 5 8
Verpachtung 5 14; eines Betriebs gewerblicher Art 4 19; eines Hoheitsbetriebs 4 21
Verpackungsverordnung 4 41
Verrechnungskonto 8 150 *Verrechnungskonto;* 27 10
Verrechnungspreise 8 99
Verrechnungsstellen 5 14
Verschmelzung 8 150 *Verschmelzung;* 27 13; 38 1 ff.; 42 3
Versicherungen 4 41; 5 14; 8 150 *Versicherung*
Versicherungsanstalten, öffentlrechtl 4 17
Versicherungsbilanzen 20 2
Versicherungseinrichtungen 5 56
Versicherungstechnische Rücklagen 20 1
Versicherungsunternehmen 8 150 *Versicherungsunternehmen;* 20 1

Versicherungsverein auf Gegenseitigkeit siehe *VVaG*
Versicherungsvermittlung 4 41
Versorgungsbetrieb 4 15, 18, 33, 41; 8 150 *Versorgungsbetriebe*
Versorgungseinrichtung 4 41; 5 56
Versorgungsunternehmen 4 35
Versorgungsverbände 5 76
Verteidigerkosten 10 15
Verträge 8 120
Vertragsanpassung ABC *Gewinnausschüttung* 5
Vertragschancen 8 150 *Vertragschancen*
Vertragskosten 8 150 *Vertragskosten*
Vertragsstrafen 10 15
Vertretertätigkeit 8 150 *Vertretertätigkeit*
Vertreterversammlung 8 150 *Vertreterversammlung*
Vertriebsgesellschaft 8 150 *Vertriebsgesellschaft*
Veruntreuung 8 80
Verwaltungsgrundsätze für die Prüfung der Einkunftsabgrenzung bei international verbundenen Unternehmen 8 99
Verwarngelder 10 15
Verwendbares Eigenkapital 29 1 ff., 10
Verwendetes Eigenkapital 28 1 ff.
Verwendungsfiktion 28 9 ff.; 33 8
Verzicht ABC *Verluste* 9; auf Anspruch oder Recht 8 150 *Verzicht auf Anspruch oder Recht;* auf eine Forderung 27 10
Viehmarkt 4 41
Völkerrecht 5 78
Volkshochschule 4 41; 5 14
Vollverzinsung 27 30
Vorabausschüttung 27 29; 28 4, 6 f.; **ABC** *Vorabausschüttung*
Vorabdividende ABC *Vorabdividende*
Vorauszahlungen 48 4; **ABC** *Vorauszahlungen*
Vorerbschaft 1 19

763

Sachverzeichnis fette Zahlen ohne Gesetz = §§ des KStG

Vorgesellschaft 1 8
Vorgründungsgesellschaft 1 7
VorruhestandsG 5 78
Vorteilsausgleich 8 41, 93
Vorträge 5 14
Vorzeitige Beendigung 14 71
Vorzugsdividende ABC *Gewinnausschüttung 3*
VVaG 1 14; 5 38; 8 66, 150 *VVaG;* 23 4

Währungsrisiko 8 150 *Währungsrisiko*
Währungsverluste 26 11
Waisenrenten 8 150 *Waisenrenten*
Waldfeste 5 14
Wanderwege 4 41
Warenentnahme 8 150 *Warenentnahme*
Warentermingeschäfte 8 150 *Warentermingeschäfte*
Warenverkehr 8 150 *Warenverkehr*
Warenzeichen 8 150 *Warenzeichen*
Warenzeichenverband 5 47
Wärme 4 18, 41
Wäscherei 5 14
Wasser 4 18
Wasserentnahme 4 41
Wasserkraftwerke 4 37
Wasserversorgung 4 41
Wasserwerk 4 41
Wechsel der Steuerpflicht 1 10
Wegebenutzungsrecht 4 41
Weihnachtsgeld 8 150 *Weihnachtsgeld*
Weingut 5 14
Welteinkommen 1 23
Werbung 5 14, 47; 8 150 *Werbung*
Werkskantine 1 16
Wertpapierbesitzervereine 5 47
Wertpapiergeschäfte 8 150 *Wertpapiergeschäfte*
Wesentliche Beteiligung 5 14; 8 a 16; 13 12; ABC *Mißbrauch 5, Steuergünstige Gestaltungen 3*
Wettbewerbsverbot und Betriebsabgrenzung 8 150 *Wettbewerbsverbot und Betriebsabgrenzung*

Wetterwarten 4 21, 41
Wirtschaftliche Eingliederung 14 18 ff., 48; 18 7
Wirtschaftlicher Geschäftsbetrieb 5 5 ff., 40, 60; 8 5; 23 7; 40 5; ABC *Sportvereine 4*
Wirtschaftliches Eigentum 8 150 *Wirtschaftliches Eigentum;* 14 14
Wirtschaftsförderungsgesellschaften 5 75
Wirtschaftsgenossenschaften 1 13; 22 4; 25 1 ff.; land- und forstwirtschaftliche 5 66
Wirtschaftsjahr, Umstellung 7 11 ff.
Wirtschaftsprüferkammer 4 41; 5 47
Wirtschaftsrat 5 47
Witwe 8 75
Witwenrente 8 150 *Witwenrente*
Wohnungsunternehmen 5 61 ff.
Würstchenverkauf 5 14

ZDF 24 19
Zeitpunkt der Körperschaftsteuerminderung oder -erhöhung 27 29
Zeitschrift 5 14
Zeitungsgelder 8 150 *Bagatellaufwendungen*
Zeltplatz 4 41
Zentrale Gehaltsabrechnungsstellen 5 14
Zentraleinkauf 4 41
Zentrallabor 5 14
Zentralwäscherei 5 14
Zinsen 8 88, 150 *Zinsen;* 10 10, 23; ABC *Ausländische Anteilseigner 6*
Zinstermingeschäfte 8 150 *Zinstermingeschäfte*
Zoll 4 41
Zollausschüsse 1 24
Zoo 4 41
Zu versteuerndes Einkommen 7 4
Zuckerfabriken 8 150 *Zuckerfabriken/Rübenpreise*
Zufluß 27 10, 11
Zugriffsbesteuerung 30 15
Zündwarenmonopol 5 17

magere Zahlen = Anmerkung

Sachverzeichnis

Zusammenfassung mehrerer Betriebe gewerblicher Art **4** 15
Zusammenrechnung von Beteiligungen **26** 62
Zusammenschluß von Berufskammern **5** 47; von juristischen Personen des öffentlichen Rechts **5** 47
Zuschläge nach § 3 b EStG 8 150
Zuschläge nach § 3 b EStG
Zuschüsse, öffentliche **4** 31
Zustellungsbevollmächtigter 8 150
Zustellungsbevollmächtigter
Zuteilungsrücklage 21 a 1 ff.
Zwang zur Entgeltlichkeit 8 120

Zwangsgelder 10 10
Zwangsverwaltung 1 19
Zweckänderungen 8 65
Zweckaufwendungen 10 3
Zweckbetrieb 5 13, 14, 60; **ABC** *Sportvereine* 5
Zweckgeschäft 5 67
Zweckverbände 4 3
Zweckvermögen 1 16 f., 19 ff.; **23** 4; **ABC** *Zweckvermögen*
Zweigniederlassung 29 6; **ABC** *Ausländer als Unternehmer im Inland* 2
Zwischengesellschaft ABC *Zwischengesellschaft*

Buchanzeigen

Meincke
Erbschaftsteuer- und Schenkungsteuergesetz

Kommentar. Von Dr. Jens Peter Meincke, ord. Professor an der Universität zu Köln
11., neubearbeitete Auflage. 1997
XVI, 811 Seiten. In Leinen DM 138,–
ISBN 3-406-42523-2

Der bewahrte Kommentar

erläutert gleichermaßen kompetent das **Erbschaft- und Schenkungsteuergesetz** und die damit zusammenhängenden **zivilrechtlichen Vorschriften** des Schenkungsrechts, des Gesellschaftsrechts und des Erbrechts.

Die wissenschaftlich fundierte Kommentierung vertieft besonders die in der Praxis relevanten Themen. Gerade auch bei Gestaltungsfragen zeichnet sich das Werk aus, weil es umfassend über Grundlagen, Auswirkungen bei den anderen Steuern und praktische Konsequenzen informiert. Der „Meincke" ist der handliche, gleichwohl umfassende Erbschaftsteuerkommentar, der in jede Aktentasche paßt. Der Autor, ordentlicher Professor für Zivil- und Steuerrecht in Köln, bietet die Gewähr für eine zivil- wie steuerrechtlich fundierte Erläuterung des ErbStG aus einem Guß!

Schwerpunkte der Neuauflage

Das **Jahressteuergesetz 1997** hat das ErbStG in wichtigen Bereichen geändert. Hervorzuheben sind:

- Vergünstigungen beim Betriebsvermögen (Freibetrag, Bewertungsabschlag, Tarifbegrenzung)
- Neue Erbschaftsteuersätze und persönliche Freibeträge
- Bedarfsbewertung für Grundbesitz

Aus Rezensionen zur Vorauflage:

„… für das Erbschaftsteuerrecht geradezu ein Glücksfall … beschert dem deutschen Steuerrecht einen Schub Qualitätssteigerung."
(RA Prof. Dr. Günther Felix, in: Betriebs-Berater 22/1994)

„Die Anschaffung des Kommentars kann in besonderem Maße empfohlen werden."
(RiBFH Dr. Gerd Albrecht, in: DStR 46/1994)

„…; wer sich aber vertieft mit dem Erbschaftsteuerrecht befassen will oder muß, kommt an dem Werk von Meincke nicht vorbei."
(MinRat Dr. Dietmar Moench, in: NJW 6/1995)

Verlag C. H. Beck · 80791 München

Bunjes/Geist

Umsatzsteuergesetz (UStG)

Kommentar. Begründet von Dr. Johann Bunjes †, Vors. Richter am Finanzgericht, und Reinhold Geist, Steuerberater in Stuttgart. Erläutert von Helga Zeuner, Vizepräsidentin des Niedersächsischen Finanzgerichts, Bernd Cissée, Richter am Niedersächsischen Finanzgericht, Dr. Hans-Hermann Heidner, Richter am Niedersächsischen Finanzgericht, Georg von Wallis, Rechtsanwalt und Fachanwalt für Steuerrecht, Berlin
5., völlig neubearbeitete Auflage. 1997
XXVI, 773 Seiten. In Leinen DM 138,–
ISBN 3-406-42785-5

Änderungen auf allen Ebenen

Die nach der Lohnsteuer einträglichste Steuerart kommt nicht zur Ruhe und hat seit dem Umsatzsteuer-Binnenmarktgesetz insgesamt **13 weitere Änderungsgesetze** erfahren. Zusätzliche Änderungen betrafen die **UStDV**, die **6. EG-Richtlinie** sowie die umfangreiche und richtungsweisende Rechtsprechung des **EuGH**, des **BFH** und der **Finanzgerichte**, außerdem unzählige **Verwaltungsanweisungen**.

Das Umsatzsteuer-Änderungsgesetz 1997 hat durch die Neuregelung des viel diskutierten **Reihengeschäfts**, die Sonderbestimmung für innergemeinschaftliche **Dreiecksgeschäfte**, die Einführung des **Fiskalvertreters** sowie die geänderte Regelung bei **Telekommunikationsleistungen** wesentliche Neuerungen gebracht.

Andere Gesetzesänderungen betrafen u. a. die **Differenzbesteuerung** beweglicher Gegenstände, die Einführung der nichtsteuerbaren **Geschäftsveräußerung** im ganzen, Anpassung an die **Zollkodexregelungen** und Herausnahme von **Teilentgelten** aus der Mindest-Istbesteuerung.

Die Rechtsprechung von EuGH und BFH brachte grundlegend Neues u. a. zum sog. **erfolglosen Unternehmer** (Inzo-Fall), zur **Zuordnung von Teilen** eines einheitlichen Gegenstands zum Unternehmen (Armbrecht-Fall), zur **Vermietung von Freizeitgegenständen** (Enkler-Fall), zur **Abgabe von Speisen und Getränken** zum sofortigen Verzehr (Faaborg-Gelting-Fall), zum Entgelt bei **Mietleistungen zwischen nahestehenden Personen** (Skripalle-Fall), zur **mißbräuchlichen Option** bei Illiquidität sowie bei Vorschaltmodellen, zum Vorsteuerabzug bei **Zwischenvermietungsmodellen**, zum Verzicht auf Rückgabe der sog. Erstrechnung bei **Rechnungsberichtigung**, zur Steuerbefreiung innergemeinschaftlicher Leistungen bei **richtiger Angabe der USt-Identifikationsnummer**, zum Regelsteuersatz von Computersoftware u. v. a. m.

Umfassend eingearbeitet wurden außerdem die **UStR 1996**, unzählige **Verwaltungsanweisungen** sowie das umfangreiche **Schrifttum**.

Verlag C. H. Beck · 80791 München